DK

KNOWLEDGE ENCYCLOPEDIA

知识大百科

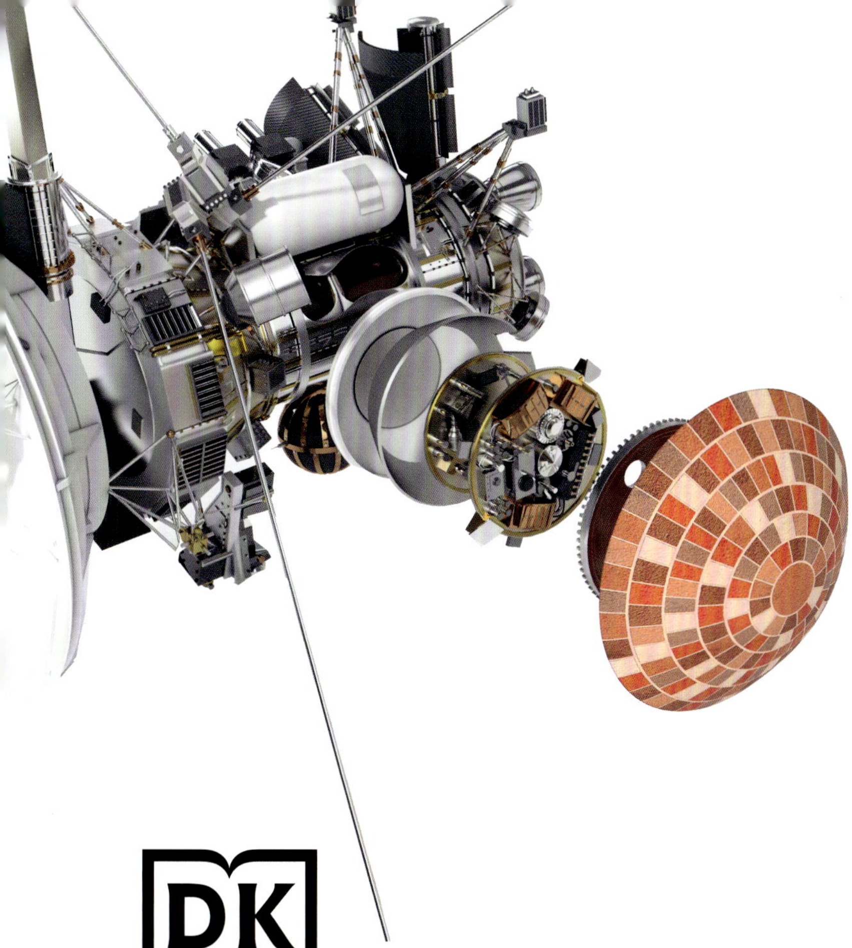

DK

KNOWLEDGE ENCYCLOPEDIA

知识大百科

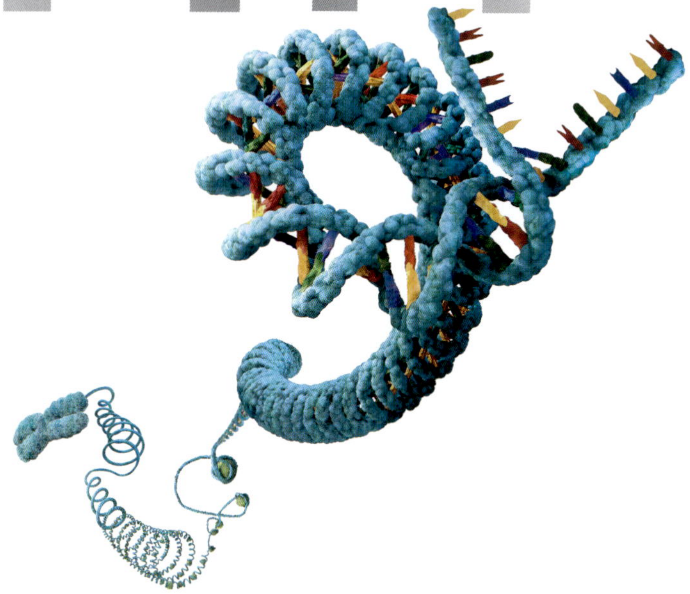

寇文 等译

中国大百科全书出版社

DK Penguin Random House

Original Title: Knowledge Encyclopedia

北京市版权登记号：图字01-2019-7933
审图号：GS（2019）6089号

图书在版编目（CIP）数据

DK知识大百科 / 英国DK公司编；寇文等译.—北京：中国大百科全书出版社，2021.10
书名原文：Knowledge Encyclopedia
ISBN 978-7-5202-1029-4

Ⅰ.①D… Ⅱ.①英… ②寇… Ⅲ.①科学知识—青少年读物 Ⅳ.①Z251.6

中国版本图书馆CIP数据核字（2021）第169400号

译　者
太空 寇文；地球 李霓；自然 赵星；人体 郑伯承；
科学 马甜甜；历史 杜倩；附录 汪俊

专业审定
太空：关晓武，中国科学院自然科学史研究所副所长
地球：贾跃明，中国自然科学博物馆学会副理事长
自然：吴海峰，《中国国家地理》杂志社《博物》杂志运营编辑
人体：王昊，首都医科大学解剖学教研室副教授
科学：关晓武，中国科学院自然科学史研究所副所长
历史：乐宇轩，南京师范大学社会发展学院历史系

策 划 人：杨　振
责任编辑：王　杨
责任校对：杜　倩
封面设计：邹流昊

DK知识大百科
中国大百科全书出版社出版发行
（北京阜成门北大街17号　邮编 100037）
http://www.ecph.com.cn
新华书店经销
北京华联印刷有限公司印制
开本：889毫米×1194毫米　1/8　印张：45
2021年10月第1版　2025年8月第7次印刷
ISBN 978-7-5202-1029-4
定价：368.00元

FSC 混合产品 纸张 | 支持负责任林业 FSC® C018179

www.dk.com

目录

太空

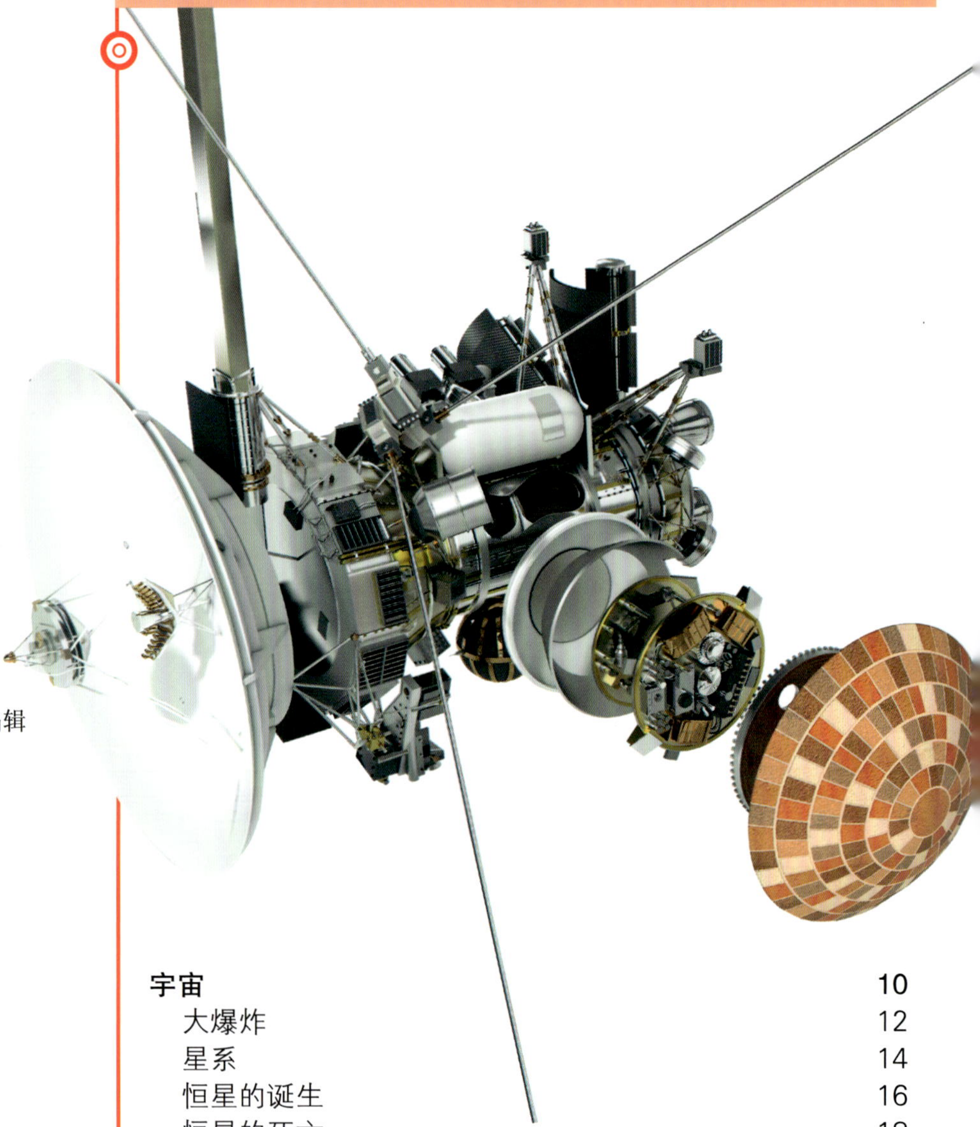

地球

自然

人体

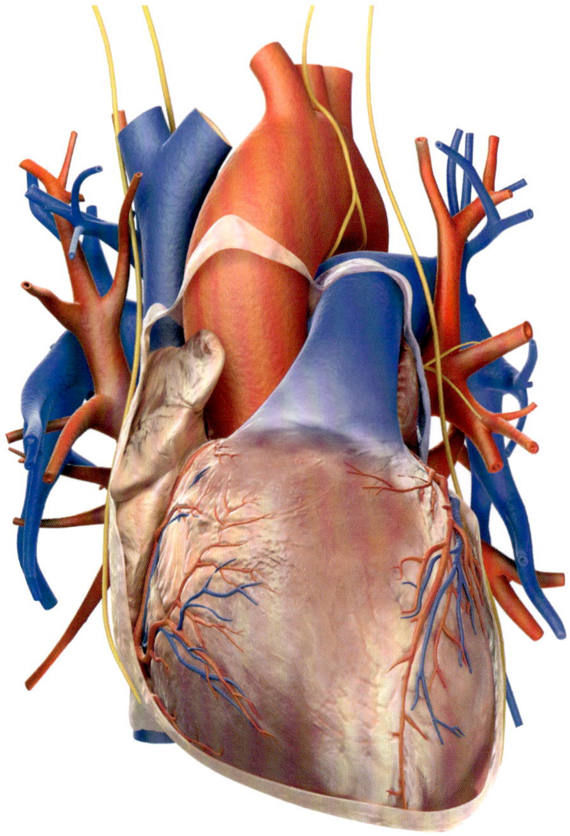

科学

历史

本书地图系原书原图

太空

当你向漆黑的夜空望去，看到的是遥不可测的宇宙。太空中的恒星、行星和星系不仅比你看到的远，而且比你能想象到的还要远。

宇宙

宇宙是一切存在的总称，包括所有空间、物质、能量和时间。宇宙的巨大是不可想象的，但我们知道，自138亿年前宇宙大爆炸之后，宇宙一直在稳定地膨胀。

天体

宇宙中99.99%的区域都是空的。在这广阔、黑暗的宇宙空间中有各种物体，天文学家称之为天体。它们小到尘埃颗粒，大到行星、恒星和星系。太阳系除了一颗恒星（太阳）之外还有一大群行星和卫星，它们和太阳诞生于同一片气体云中。太阳只是银河系中大约2000亿颗恒星中的一颗。

小行星
太阳系形成时遗留下来的岩石块，它们的尺寸小的如巨石，大的接近矮行星的大小。

认识宇宙

人们曾经认为宇宙是一个巨大的球体，但现在，更多的研究表明，情况没那么简单。宇宙可能既无中心又无边界。人们所观测到的只是可见宇宙的一小部分。整个宇宙要远远大于这部分，也许是无限的。

空间的形状

三维空间在宇宙中物质的引力作用下“弯曲”成人们看不到的四维空间。这是很难想象的，所以科学家使用二维橡胶板做比喻来解释这个理论。宇宙的质量可以使橡胶板弯曲成3种形状，这取决于宇宙所拥有的物质的密度。现在，大多数科学家认为宇宙是平的。

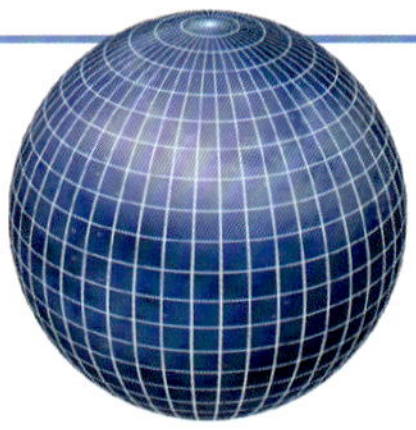

封闭的
致密的宇宙会使自身弯曲成一个封闭的形状。以直线行进可以回到出发点。

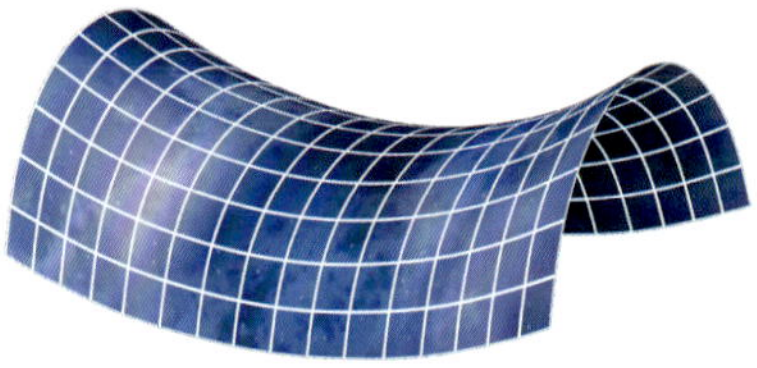

开放的
如果宇宙不够致密，它可能会延伸成一个开放的形状，无限大，没有外边界。

平的
只有物质的量刚刚好时，宇宙才会呈现平的形状。这种形状无限大，没有外边界。

时间回溯

光的传播需要时间，因此当人们观测太空时，相当于在时间上回望过去。最遥远的可见天体是哈勃空间望远镜所拍摄到的星系。我们看到的是它们130亿年前的样子。宇宙的范围远远超过它们，但是我们不可能看到更远的天体，因为它们发出的光无法到达地球。

最远的天体
在这张哈勃空间望远镜拍摄的照片上，最暗的星系发出的光用了130亿年才到达地球。

物质是什么？

宇宙中，我们能看到的物质中的98%是由氢和氦构成的。但这些物质的质量似乎不足以使星系和恒星通过引力聚在一起。因此，天文学家认为星系中还包含人们看不到的暗物质，同时还有一种使宇宙膨胀的未知力量——暗能量。

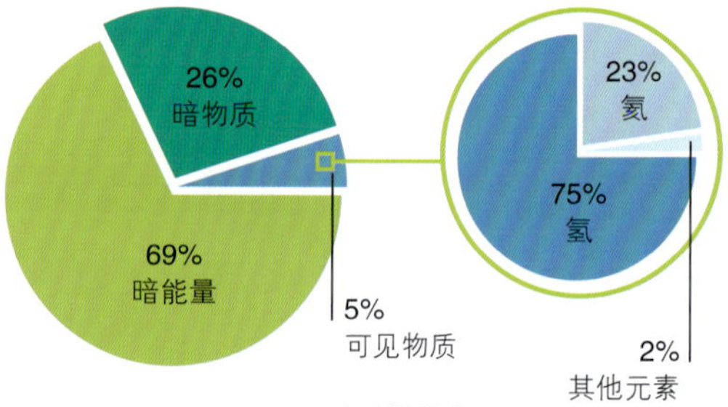

宇宙的组成

空间的尺度

宇宙是如此广阔，如果不用这种跳跃式增长尺度的形式，人们很难真正理解它的大小。在这一系列图片中，前6张图片在右边的图片中只表现为一个小小的斑块。在度量宇宙空间中超远的距离时，千米就太小了，此时天文学家用光年作为单位。光速非常快，每秒可以绕地球赤道7.5圈。1光年是光在1年中走过的距离，将近10万亿千米。

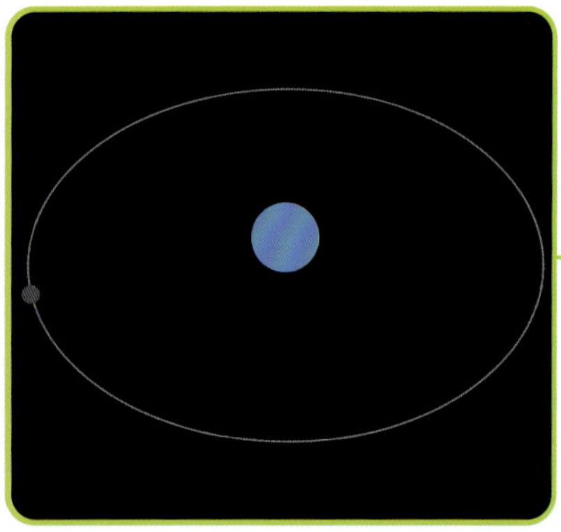

地球和月球
地球的直径是12756千米。月球是太空中离我们最近的邻居，在距离地球约384400千米的轨道上围绕地球运转。如果把地球看成一个足球，月球则相当于21米外的一个甜瓜。

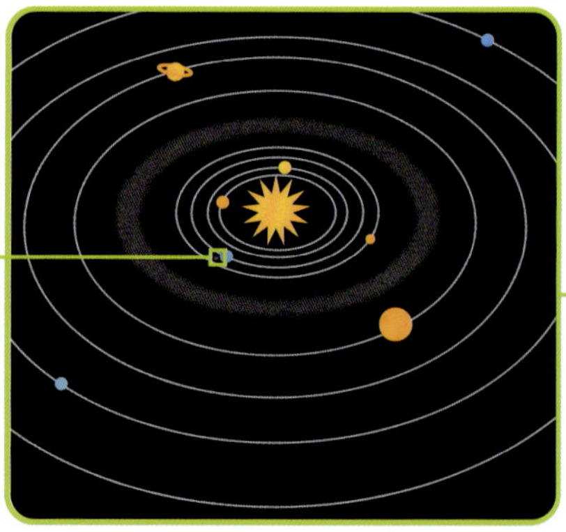

太阳系
太阳家族中的8颗行星占据了90亿千米宽的空间区域。如果把地球看成一个足球，那么它穿越太阳系中这片区域需要5天时间，到达最近的恒星（除太阳外）需要58年。

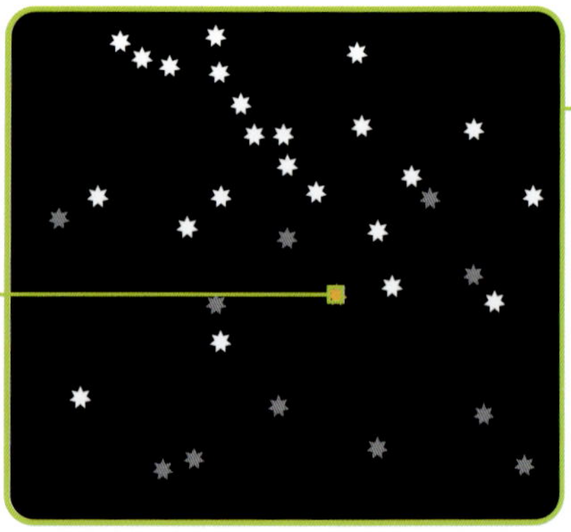

临近的恒星
离太阳最近的恒星是半人马座的比邻星，距太阳只有4光年多。太阳周围50光年范围内约有2000颗恒星，它们是与太阳临近的恒星，只占银河系恒星中很少的一部分。

彗星
来自太阳系外层空间的巨大冰块。当接近太阳受热后，有些彗星会产生气体和尘埃，形成长长的尾巴。

卫星
卫星，或者说天然卫星，是围绕行星运行的天体。地球只有1颗卫星，而木星目前有79颗卫星，木卫一（上图）便是其中之一。

矮行星
矮行星比小行星大，比行星小。它和行星一样是球形的。冥王星是最著名的矮行星。

行星
行星是围绕恒星运行的近似球形的巨大天体，轨道上的其他碎片都已被它清除。太阳系中有8颗行星。

恒星
这些发光、发热的气体星球（如太阳）通过自身的核能产生光亮。恒星在类型、温度、大小方面差异很大。

星云
太空中发光的气体尘埃云被称为星云。有些星云是恒星死亡后的残骸，而有些正在形成新的恒星。

地球之外还有生命吗？

生命仅仅出现于地球上，还是其他地方也存在？这是科学上最大的问题之一。如果其他地方也存在生命，它们是否已经进化成智能生物？科学家目前已经开展了观测和接收外星人信号的项目，并且向一些恒星发送了信息，告知那里可能出现的外星人人类的存在。

阿雷西博信息

1974年，科学家使用设在波多黎各的巨大的阿雷西博射电望远镜向M13星团发射了无线电信息。信息中包含一些符号（右图），这些符号代表了人类资料、数字、DNA分子结构和太阳系。这个行动的炒作成分大于认真和外星人接触的尝试，发送的信息要经过2.5万年才能到达M13星团，而一个应答反馈回来又需要2.5万年。

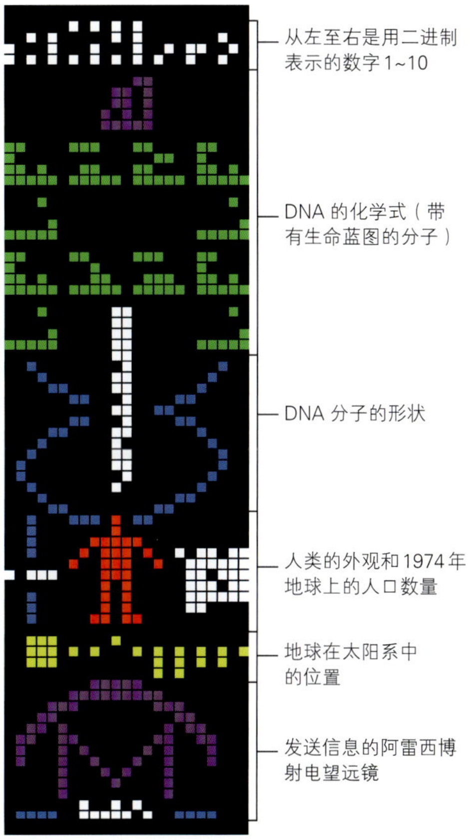

地外智慧生物搜寻（SETI）

天文学家参与到地外智慧生物搜寻（Search for Extraterrestrial Intelligence）中，使用强大的射电望远镜扫描天空，寻找外星文明发出的无线电信号。地外智慧生物搜寻自1960年开始开展至今，没有发现有外星人信号的确凿证据，只有一些虚假的警报。

“先驱者”号的镀金铝板

“先驱者”10号和11号无人探测器在1973~1974年访问了木星和土星，然后飞向了更远的太空。如果外星人在星际空间中发现了这两个探测器中的任何一个，都会找到一块刻有地球信息的镀金铝板。

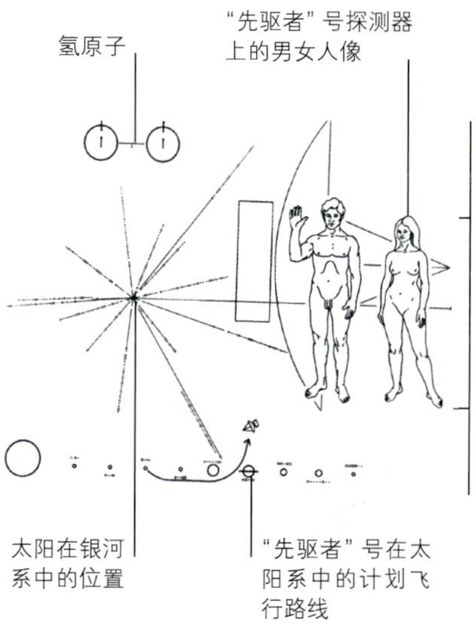

银河系
银河系是一个由大约2000亿颗恒星组成的巨大的云状物。它是中间隆起四周扁平的“圆盘”，像两只煎蛋背对背放到一起。“圆盘”的直径有10万光年，中间隆起部分的厚度有2000光年。

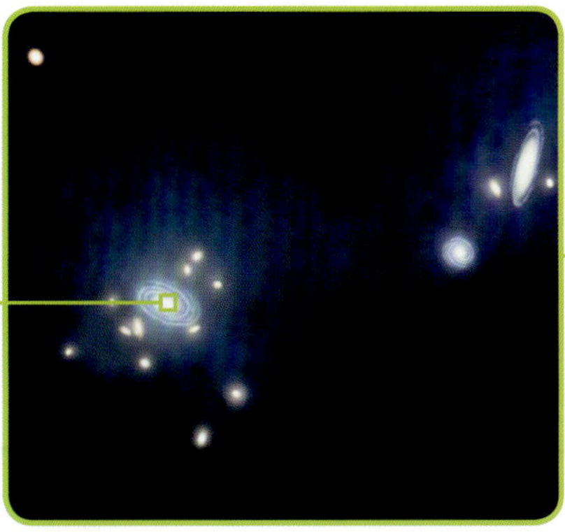

本星系群
银河系只是可见宇宙中约2万亿个星系中的一个。通过引力聚集在一起的一群星系被称为星系团。银河系所在的星系团被称为本星系群，宽度约有1000万光年。

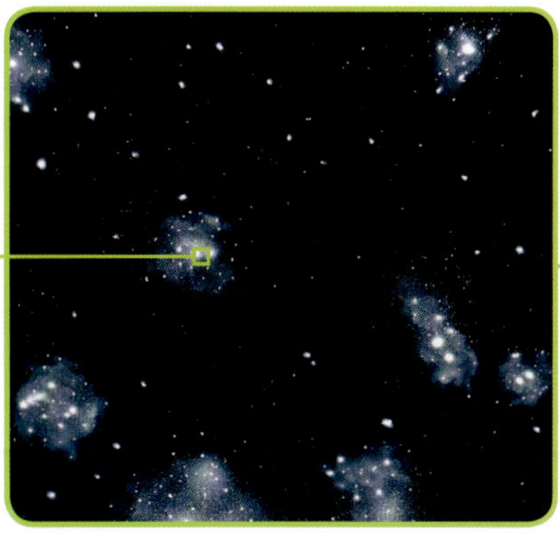

超星系团
更大的星系团被称为超星系团。地球处在室女超星系团，这是已知宇宙中数百万个超星系团中的一个。超星系团之间是广阔的空白区域，被称为宇宙巨洞。

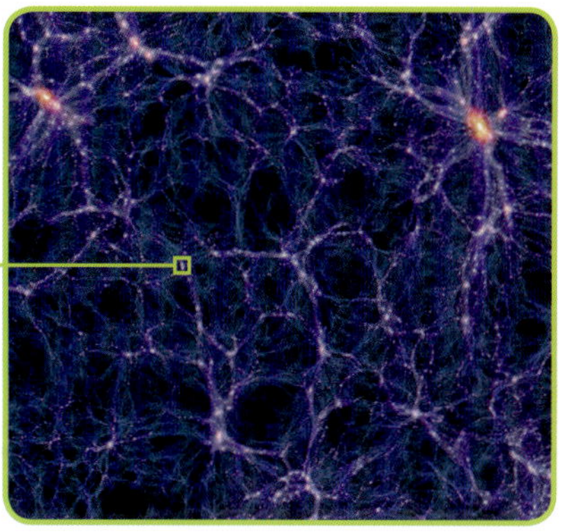

宇宙
人们认为，超星系团构成了广阔的丝网状结构，之间充斥着无星系的巨大空隙。宇宙的真正大小是个谜，人们能看到的只是它的一小部分。宇宙甚至可能是无限大的。

大爆炸

138亿年前，不知什么原因，宇宙从无到有诞生出来。开始时，宇宙是一个比原子还要小的奇点，在一秒内直径膨胀到上万亿千米，这个事件被称为宇宙大爆炸。

宇宙诞生后时间才开始，所以讨论“在那之前发生了什么”这个问题是没有意义的。同时，空间也才开始存在。大爆炸不是物质扩散到空间中，而是空间本身在扩张。

最初，宇宙只由纯粹的能量组成，但在一万亿分之一秒内，一部分能量转化成物质，形成一堆亚原子粒子（比原子还小的微粒）。这些粒子冷却形成原子用了将近40万年的时间，之后又过了3亿年，原子形成了行星、恒星和星系。从大爆炸开始，宇宙的膨胀一直持续到今天，大多数科学家认为这种膨胀将一直持续下去。

宇宙最初是一个奇点，这一点的大小为0，但质量却无穷大。

膨胀的宇宙

下图显示的不是人类未知的宇宙的形状，而是一个时间表，说明了宇宙自大爆炸以来是如何膨胀和变化的。我们知道宇宙在膨胀是因为最远的星系正在以惊人的速度快速远离。时间向过去回溯，天文学家发现膨胀开始于138亿年前的一个点。

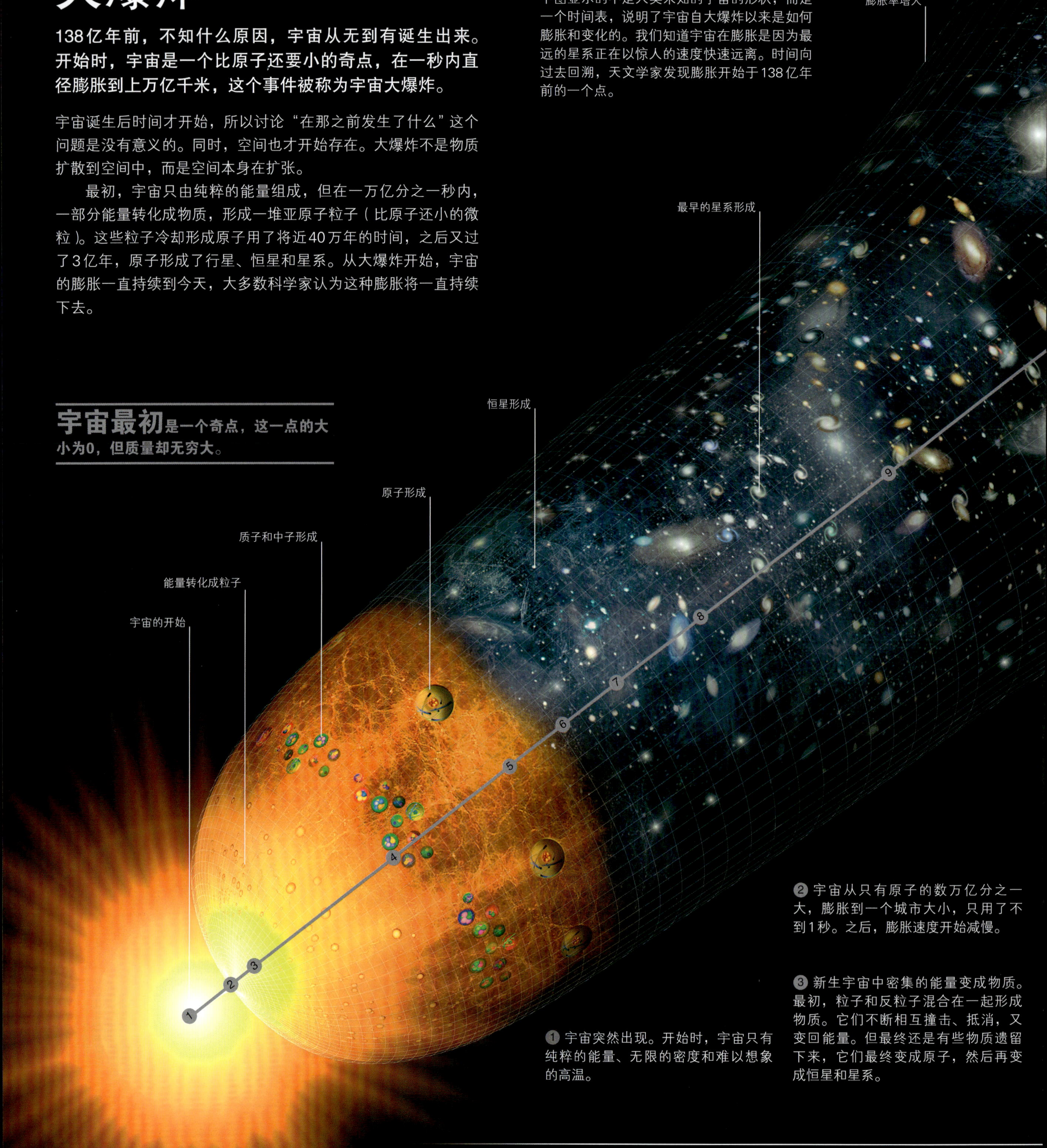

① 宇宙突然出现。开始时，宇宙只有纯粹的能量、无限的密度和难以想象的高温。

② 宇宙从只有原子的数万亿分之一大，膨胀到一个城市大小，只用了不到1秒。之后，膨胀速度开始减慢。

③ 新生宇宙中密集的能量变成物质。最初，粒子和反粒子混合在一起形成物质。它们不断相互撞击、抵消，又变回能量。但最终还是有些物质遗留下来，它们最终变成原子，然后再变成恒星和星系。

④ 宇宙现在的年龄约是1微秒，直径是1000亿千米。剩下的粒子开始形成质子和中子，即构成原子核的粒子。但是，宇宙的温度还太高，它们不能形成原子。光不能穿过粒子的海洋，因此年轻的宇宙看起来就像一团浓雾。

⑤ 大约38万年之后，宇宙已经冷却到足以形成原子的程度。它现在是由氢和氦组成的巨大云团。光可以在空间穿过，宇宙变得透明了。

⑥ 大爆炸50万年之后，宇宙中的物质分布基本均匀，但还有少量的波纹存在。在这些物质密集的区域，引力开始把物质聚集成团块。

⑦ 大爆炸3亿年之后，恒星出现了。在大团气体云受引力作用收缩成密集的一团时，恒星形成了。这团浓密气体内部的压力和热量变得很高，最终核反应开始，点亮了恒星。

⑧ 大爆炸5亿年之后，最初的星系形成了。星系是通过引力聚集在一起的巨大恒星团块。

⑨ 现在宇宙50亿岁了，宇宙中包含着排列成串的巨大星系团，它们之间有巨大的空隙。随着宇宙的膨胀，空隙越来越大。到80亿年时，宇宙膨胀的速度开始加快。

⑩ 90亿年时，太阳系形成了。到宇宙200亿岁时，太阳会增大到能够毁掉地球。

⑪ 宇宙会不断膨胀下去，最终到处都变得寒冷、黑暗。

大爆炸证据的发现

宇宙大爆炸的第一个科学证据发现于1929年。当时，天文学家发现来自遥远星系的光变红了，原因是天体远离时造成光波变长而引起颜色改变。星系距离越远，逃逸的速度越快。这表明整个宇宙正在膨胀。

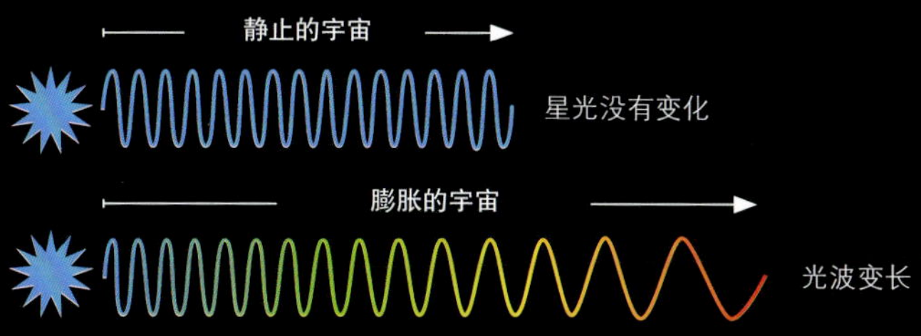

大爆炸的余晖

在20世纪60年代，关于宇宙大爆炸的更多的证据出现。当时，天文学家探测到来自太空的微弱的微波辐射。这种神秘的能量是大爆炸时集中释放出的巨大能量的微弱残留。

整个天空的微波图

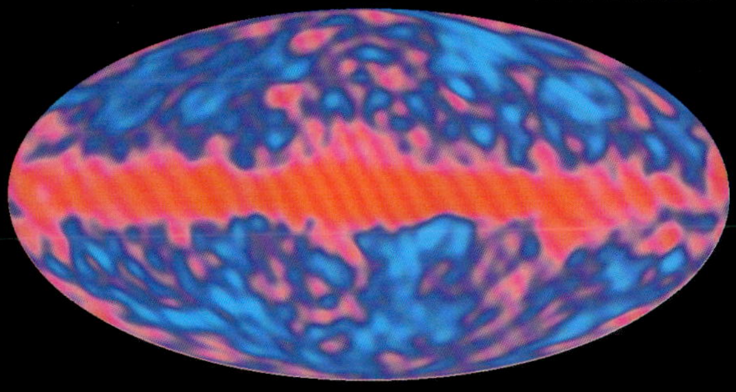

变化中的元素

在上亿年中，宇宙几乎完全由非常简单的化学元素——氢和氦组成。恒星出现后，新的元素开始在濒临死亡的恒星的核心中产生。人类身体中所有复杂的元素都是这样在濒临死亡的恒星中产生的。

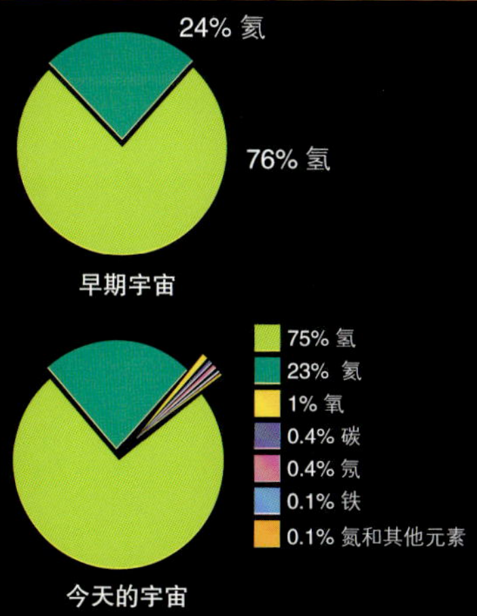

大反冲理论

宇宙大爆炸是怎么引起的？人们可能永远也不能确定。但有一些科学家认为可能有多次大爆炸，宇宙膨胀到一定程度后又开始收缩，这个过程不断重复。这个理论被称为大反冲理论。

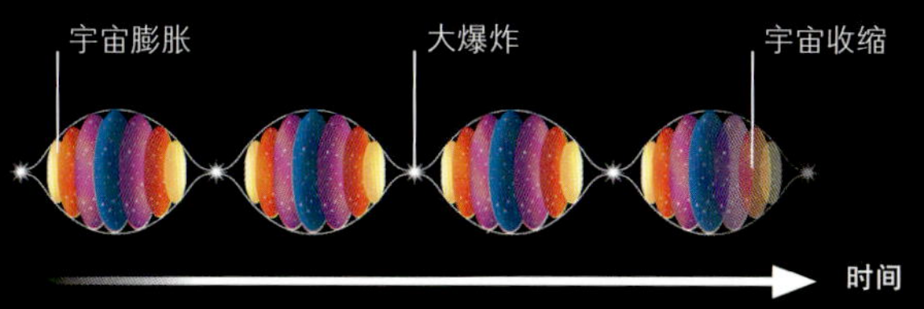

银河系中恒星大约有2000亿颗。

23 太阳系已经绕银河系中心运转了23圈。

星系

太阳属于一个被称为银河系的巨大恒星旋涡。巨大的恒星集团被称为星系。像所有星系一样，银河系的巨大是人难以想象的。

星系有许多不同的形状和大小，有的像我们的星系一样是旋涡形的，而有的是椭圆形或不规则的云雾状。最小的星系只包含几百万颗恒星，而最大的则有上万亿颗。

虽然星系中看似挤满了恒星，但其实绝大多数的空间都是空的。如果你制作一个等比例的银河系模型，用沙粒代表每一颗恒星，那么离太阳最近的恒星应在6千米外，距离太阳最远的会在13万千米外。星系中的恒星通过引力聚集在一起，并缓慢地围绕星系中心运行。许多星系（包括我们的银河系）中心隐藏着一个超大质量的黑洞。恒星和其他物质被引力吸入这个深渊后永远消失了。

① **银心**

红外（热敏）望远镜拍摄到的这张照片显示出银河中心充满了恒星和气体云。一个超大质量的黑洞就隐藏在这个区域的某个地方。

② **太阳系**

太阳系位于猎户臂上，绕银河系中心运转一周需要2.25亿年，运行速度约220千米/秒。

③ **蟹状星云**

银河系里遍布气体和尘埃，特别是在旋臂中。蟹状星云是一颗死亡的恒星爆炸后遗留下来的残迹。

④ **球状星团**

不是银河系中所有的恒星都在银盘里，还有许多在球状星团中。球状星团是由在星系上方和下方被称为银晕的球形区域内的年老恒星聚集在一起形成的球形天体。

银河系

如果你能够俯瞰银河系，你看到的景色就像在夜晚从一个闪闪发光的城市上空飞过看到的一样。在银河系的2000亿颗恒星中，大多数恒星位于中央隆起的部分。隆起部分周围环绕着两个巨大的旋臂和几个较小的臂。银河系是一个棒旋星系，但由于地球位于它的内部，所以从地球上我们无法清楚地看出它的形状。在夜空中，银河看起来只是一条乳白色的光带。

银河系俯视图

银河系侧视图

星系的形状

天文学家根据在地球上观测到的形状，把星系分成几种主要的类型。

旋涡星系
中央恒星组成的核心周围环绕着弯曲的旋臂。

棒旋星系
一个棒状结构穿过中心，两端连着旋臂。

椭圆星系
超过一半以上的星系是简单的圆形或椭圆形。

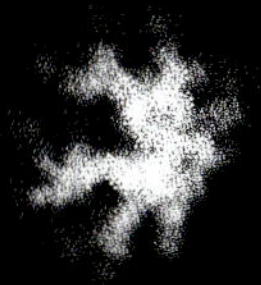

不规则星系
没有明确形状的星系。

旋臂是如何形成的?

星系中的恒星围绕中心运转一周需要上百万年。恒星经过的拥挤的区域就形成了旋臂，就像汽车临时经过一个交通拥堵点。有种理论认为会出现这样的“拥堵”，是因为不同恒星的轨道不是整齐排列的。

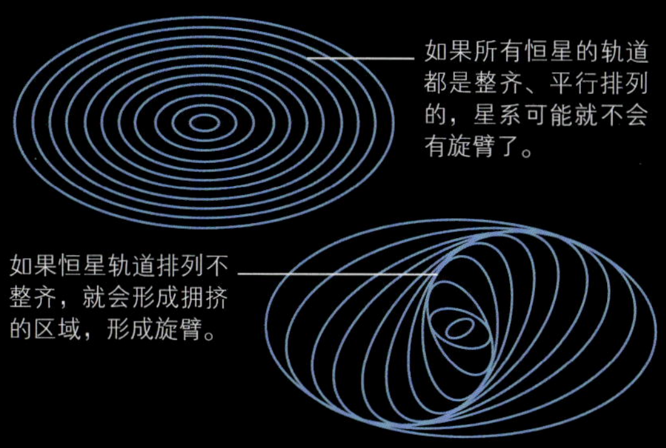

碰撞星系

有时星系之间会发生碰撞并将对方撕裂。单个恒星不会碰撞，但气体云可以。引力会让碰撞后的星系改变形状。

银河系的结局
在未来，银河系将和仙女星系相撞。这幅艺术作品显示的是当它们碰撞时天空可能出现的样子。

最亮的恒星发出的光比太阳光强600万倍。

已知最古老的恒星的年龄为130亿年。

恒星的诞生

夜空中**最大的恒星**比太阳大10亿倍。

在宇宙形成之后的大部分时间里，总有恒星形成。它们形成于巨大的星云中，在那里可以同时产生数千颗恒星。

孕育恒星的星云寒冷而浓密，主要由氢气组成。新形成的恒星是旋转着的巨大、炽热、发光的气体球，主要成分是氢，还有氦和少量其他元素。这些物质大部分被紧紧挤压在恒星核心，核反应就在这里以光和热的形式释放能量。

新恒星的形成

星云变得不稳定并分裂成碎块时，恒星开始形成。引力使碎块中的物质变得越来越紧密，慢慢收缩成一个球体，形成原恒星。它继续收缩，核心的密度越来越大，温度越来越高。最终当温度和压力达到一定程度时，引起核反应，恒星开始发光。

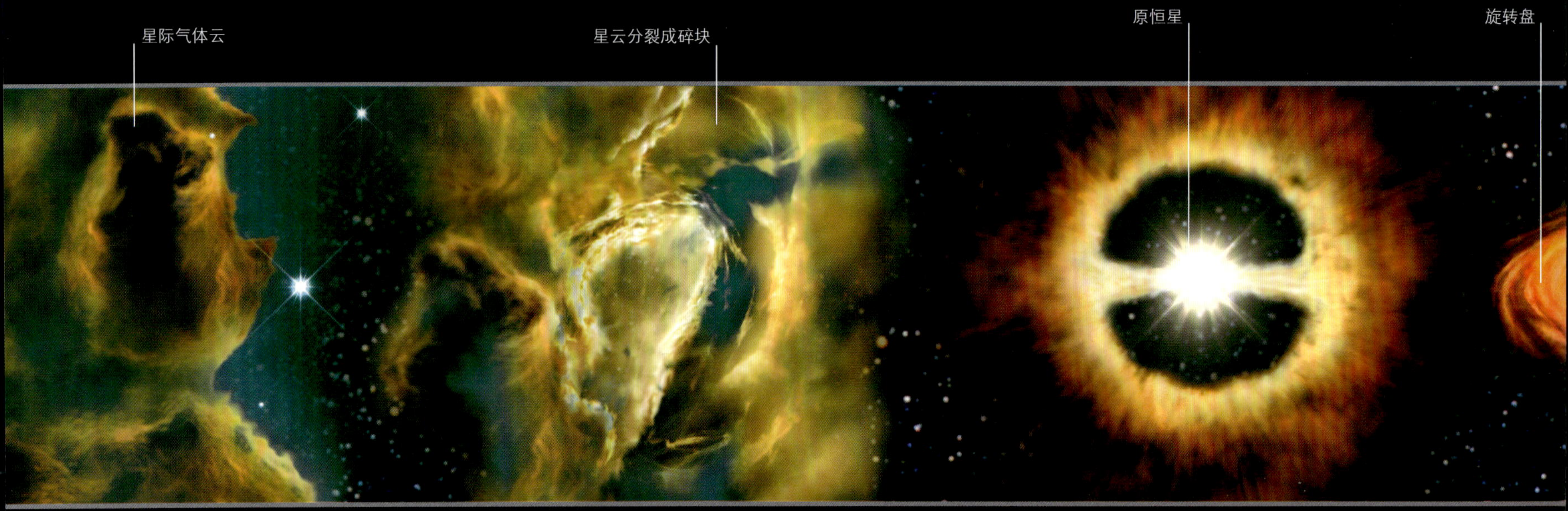

1 星际云
恒星诞生于巨大、寒冷、密集的星云中。如果星云受到某种干扰，例如和其他星云碰撞或超新星爆发造成了冲击，就可能触发恒星的形成。

2 碎块的形成
现在的状态不稳定，星云分裂成大小和质量不同的碎块。那些质量最大、密度最大的碎块在自身引力作用下逐渐变成更致密的团块。这些收缩的碎块最终会变成原恒星。

3 原恒星
一颗原恒星形成了。引力把物质集中到核心，这里的密度、压力和温度逐渐升高。在原恒星形成过程中，原始的星云碎块包含的物质越多，温度和压力增长得越多。

诞生恒星的星云

太空中的气体尘埃云叫作星云。星云中大多数的气体和尘埃是年老的恒星耗尽燃料爆炸后的残留物。上百万年后，这些物质重新组成新的恒星。诞生恒星的星云是太空中最美丽的天体之一，星云内新生恒星发出的蓝光把星云照射得色彩斑斓。

猎户星云

猎户星云是距离地球最近的正在形成恒星的区域之一。在夜空中，它看起来就像猎户座“宝剑”上一颗模糊的恒星。但实际上它是一团巨大的气体尘埃云，比太阳系大数千倍。

恒星的类型

当恒星核心的核反应把氢转化成氦并释放能量时，恒星开始发光。之后，它就被称为主序星（位于主星序上的恒星）。主序星并不都是一样的，它们的大小、温度、颜色、光度和所包含的物质质量都会有所不同。当恒星的燃料将要耗尽、生命接近终点时，它们就不再是主序星，而可能膨胀变成红巨星，或收缩成为白矮星。

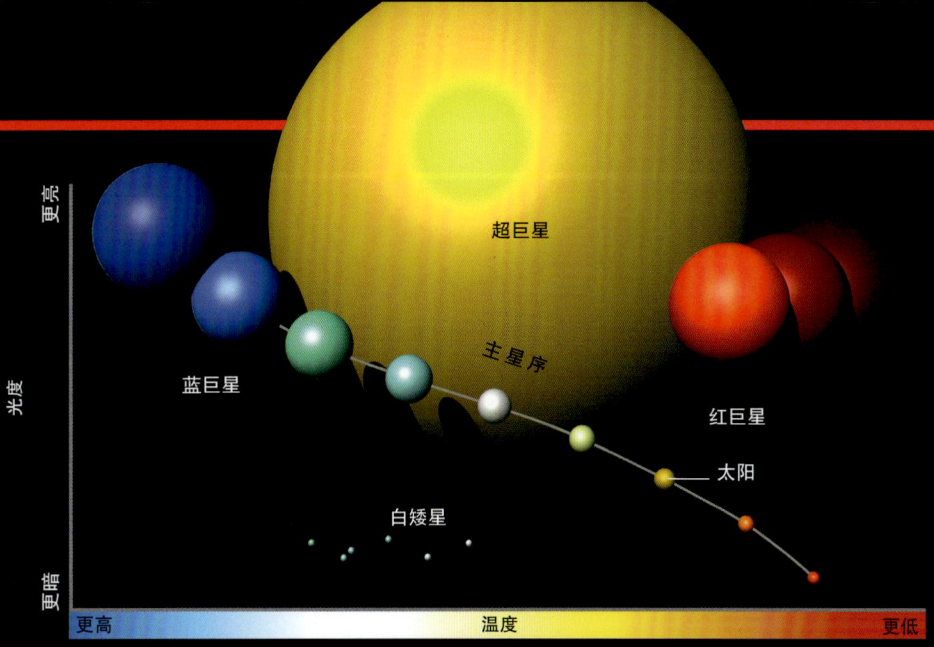

恒星分类

著名的赫罗图是天文学家用来对恒星进行分类的。图中绘制了恒星的光度和对应的温度，揭示出恒星分成不同类型，比如红巨星（濒死的恒星）和主序星（普通恒星）。天文学家也把恒星按颜色分类，这与恒星的温度相关。温度高的恒星是蓝色的，温度较低的恒星是橙色或红色的。

4 旋转盘

核心质量的增长产生引力，把更多的气体尘埃吸引过来。受到恒星吸引的物质开始旋转，有点像水流向一个排泄孔。在这个过程中产生了强大的气流，从核心向外喷射气体。

5 一颗恒星诞生了

在引力的挤压下，原恒星的核心变得温度越来越高、密度越来越大，最后引起核反应，恒星开始发光。发光的核心产生向外的压力，平衡了向内的引力，使恒星保持稳定。这时，它已经是一颗主序星了。

6 行星的形成

不是气体云中的所有物质都形成了恒星。剩余的物质会形成环绕恒星的气体尘埃盘。这个残骸可能会被抛入太空中，也可能聚在一起形成行星、卫星、彗星和小行星。

星团

恒星不会单独形成，它们会在大致相同的时间里成群诞生于同一片星云中。星团中的恒星会逐渐远离彼此，最终独处于太空中，或者只有一两个相距较近的同伴。太阳就是独处的，离地球相对较近的那些恒星中有大约一半都是这样的。夜空中有1/3的恒星是成对出现的，它们通过引力联系在一起。

昴星团

大约5000颗恒星聚集在一起形成昴星团，肉眼就可以看到。在约2.5亿年内，这些恒星会逐渐分散，昴星团将不复存在。

超巨星的体积可以长到太阳的10亿倍。

恒星的死亡

所有的恒星最终都会耗尽燃料而死亡。大部分恒星会悄悄地消失，但那些最大质量的恒星会在巨大的爆炸中自我毁灭，照亮整个星系。

像地球一样，恒星产生的引力会挤压它们炽热的核。恒星的质量越大，它的引力就越大，核的温度就越高，密度也就越大。恒星死亡的方式取决于它所包含的物质有多少（质量），因为质量决定了核心受到引力挤压的力量有多大。

恒星通过核聚变发出光和热。在这个过程中，核心中的氢原子结合形成氦原子，同时释放能量。对于小恒星来说，当核心中的氢耗尽后，星光会慢慢变暗。但是对于更大质量的恒星来说，核心的温度、密度大到了其中的核聚变可以扩散到外部，改变恒星的外观。最大质量的恒星最终会被自身的引力压垮，猛烈的挤压会使它坍缩成极小的一点，形成黑洞。

4种死亡方式

恒星的死亡有4种方式。太阳是一颗典型的恒星，它将按照中等恒星的方式死亡，但是现在它的燃料还足够维持50亿年。当较大的恒星死亡时，它们会把氢元素转化成较重的化学元素，比如碳和氧。之后，这些元素会再次形成新的恒星和行星。

50亿 1茶匙中子星核心物质的质量为50亿吨。

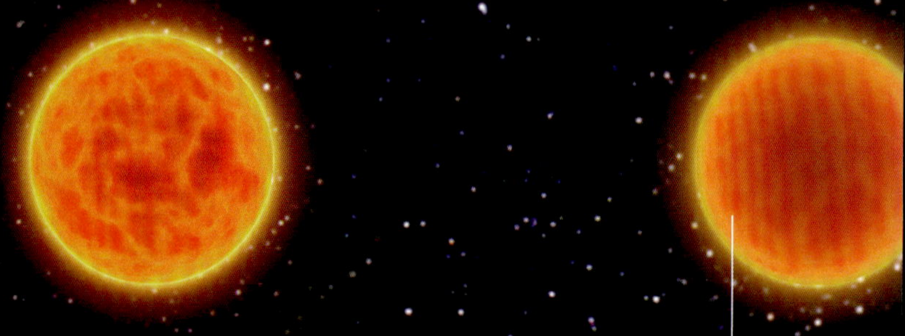

小恒星

质量不到太阳一半的恒星消失得非常缓慢。一旦核心的氢用尽，恒星就会开始消耗大气中的氢。但它自身的引力不足以使它利用其他元素作为燃料，因此只能慢慢坍缩成一颗黑矮星。这个过程比宇宙数万亿年的年龄还要长很多。

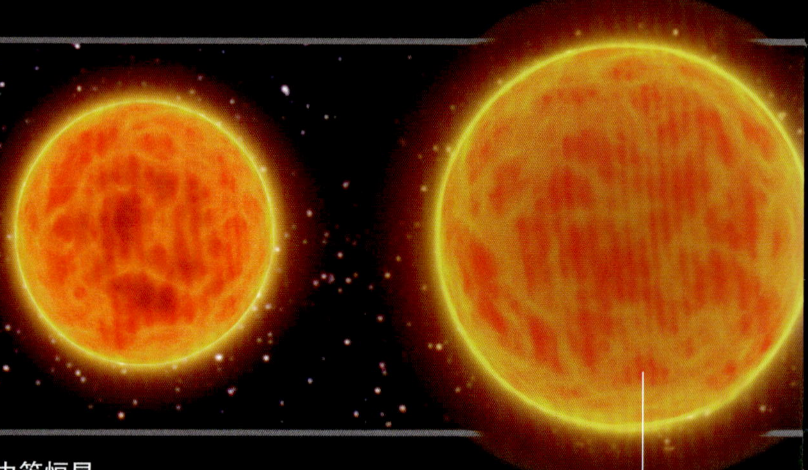

中等恒星

当一颗太阳大小的恒星耗尽了核心的氢后，核反应将向核心以外扩展，使恒星膨胀成为红巨星。核心将会坍缩，直到温度和密度达到足够使氦开始聚变的程度，但最终氦也会耗尽。恒星最终变成一颗白矮星，它的外层像碎片云一样扩散到太空中。

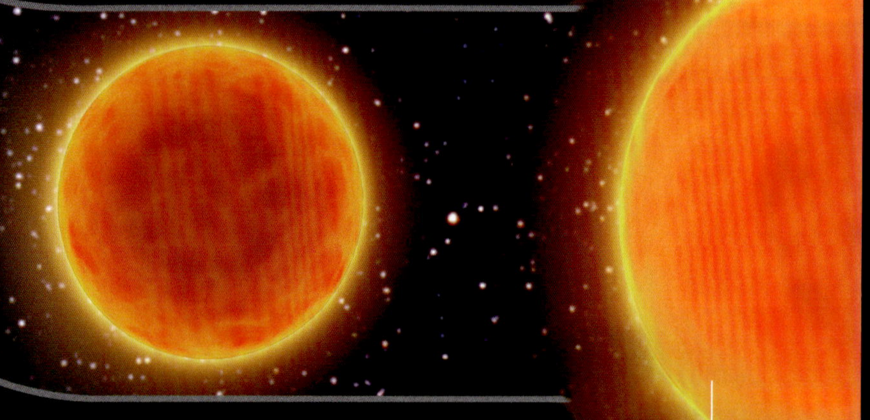

大质量恒星

比太阳质量大8倍以上的恒星是以一种奇特而猛烈的方式结束生命的。恒星核心内部的热量和压力变得非常大，以至于不仅氢原子可以聚变成氦，甚至氦和更大的原子也可以聚合，产生碳和氧等元素。当这一切发生后，恒星膨胀成为恒星中最大的超巨星。

1 红巨星上一茶匙的物质比地球上一粒盐还轻。

1600 地球到最近的黑洞的距离为1600光年。

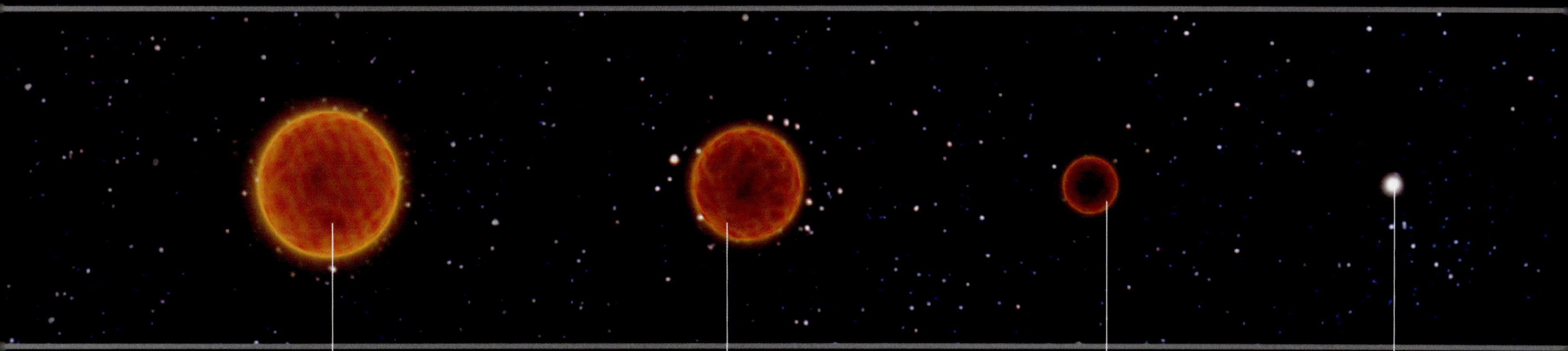

燃料耗尽后，恒星变暗

恒星持续收缩变暗

越来越暗

黑矮星
最后，燃料彻底用完，光也熄灭了。恒星成为黑矮星——一块地球大小的灰烬。

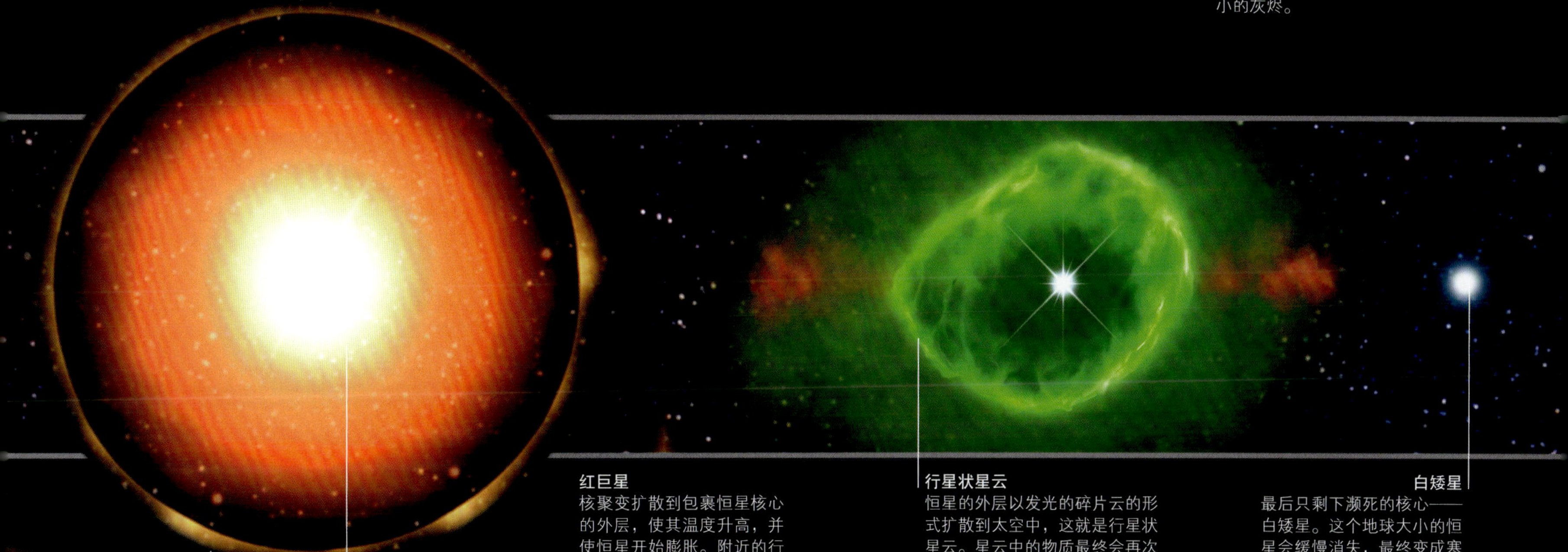

外层

核心

红巨星
核聚变扩散到包裹恒星核心的外层，使其温度升高，并使恒星开始膨胀。附近的行星可能会被这个不断成长的巨人吞没。

行星状星云
恒星的外层以发光的碎片云的形式扩散到太空中，这就是行星状星云。星云中的物质最终会再次被利用，形成新的恒星。

白矮星
最后只剩下濒死的核心——白矮星。这个地球大小的恒星会缓慢消失，最终变成寒冷、死寂的黑矮星。

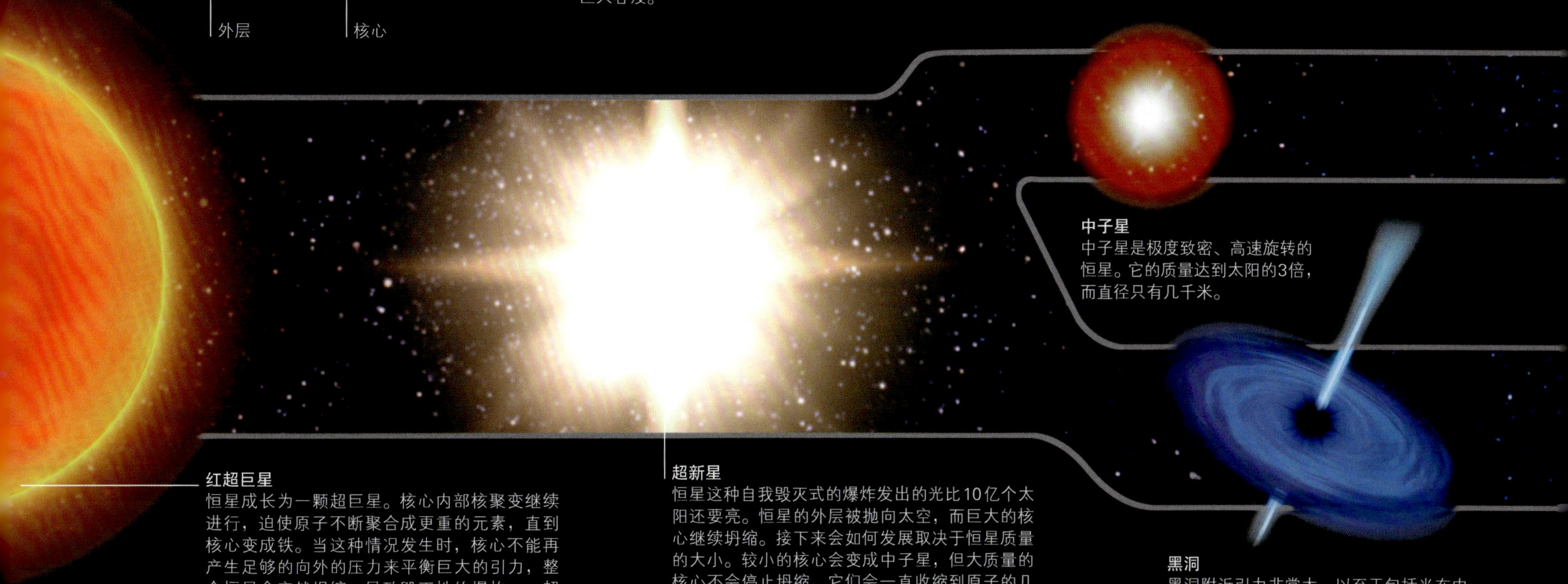

中子星
中子星是极度致密、高速旋转的恒星。它的质量达到太阳的3倍，而直径只有几千米。

红超巨星
恒星成长为一颗超巨星。核心内部核聚变继续进行，迫使原子不断聚合成更重的元素，直到核心变成铁。当这种情况发生时，核心不能再产生足够的向外的压力来平衡巨大的引力，整个恒星会突然坍缩，导致毁灭性的爆炸——超新星爆发。

超新星
恒星这种自我毁灭式的爆炸发出的光比10亿个太阳还要亮。恒星的外层被抛向太空，而巨大的核心继续坍缩。接下来会如何发展取决于恒星质量的大小。较小的核心会变成中子星，但大质量的核心不会停止坍缩。它们会一直收缩到原子的几十亿分之一，变成一个黑洞。

黑洞
黑洞附近引力非常大，以至于包括光在内的任何事物都不能从中逃逸。任何掉入黑洞的东西都会被引力撕碎，然后被压成密度无穷大的一个点。

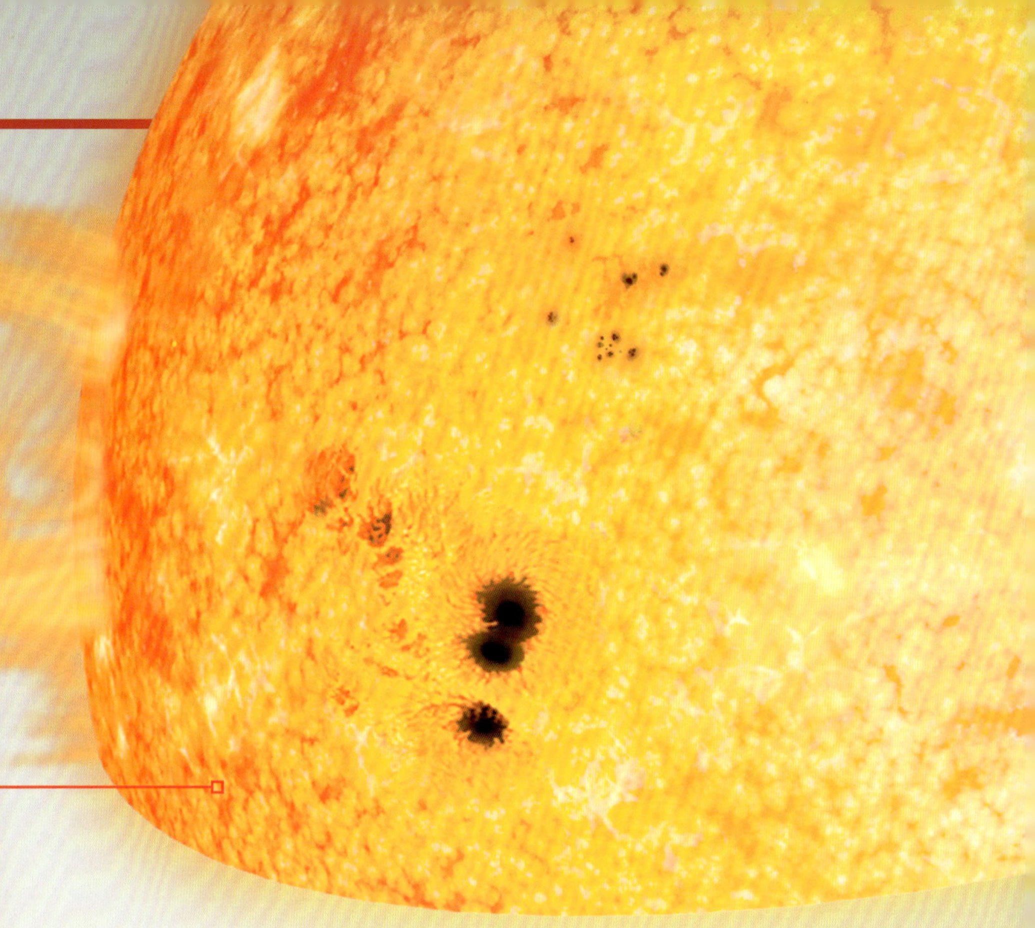

针状物
太阳表面不停地喷射出炽热的气体，形成高高耸立的尖峰，只持续几分钟就会瓦解。针状物可以达到上千千米的高度。从上方看（右图），它们在黑子周围形成闪闪发光的像头发丝一样的结构形态。

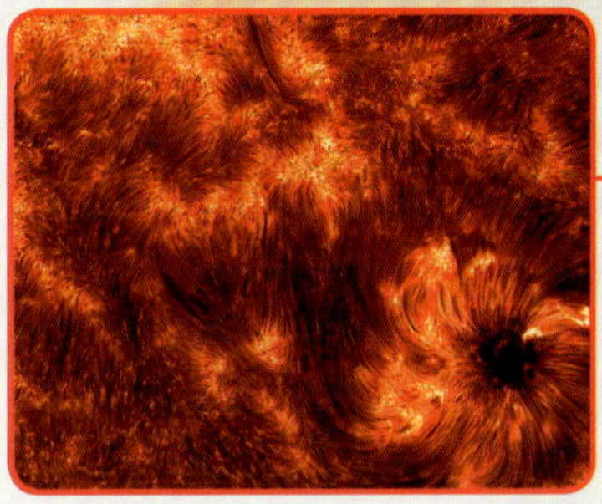

太阳

太阳是一个近乎正圆、炽热发光的气态球体。它的能量之源深埋在中央核心处。在这里，核聚变反应不停地进行，把物质转化成纯粹的光和热。

太阳的体积比一般的恒星稍大一点，足够装下130万个地球。太阳的质量占太阳系总质量的99.8%，这个巨大质量的天体产生的引力控制着行星围绕它运转。从地球的角度来看，太阳持续稳定地向地球发出光和热，使地球生命得以生存。但从近处看，太阳则是一个惊人的狂暴世界，沸腾的表面发生着剧烈的喷发，把火热的气体抛到太空。

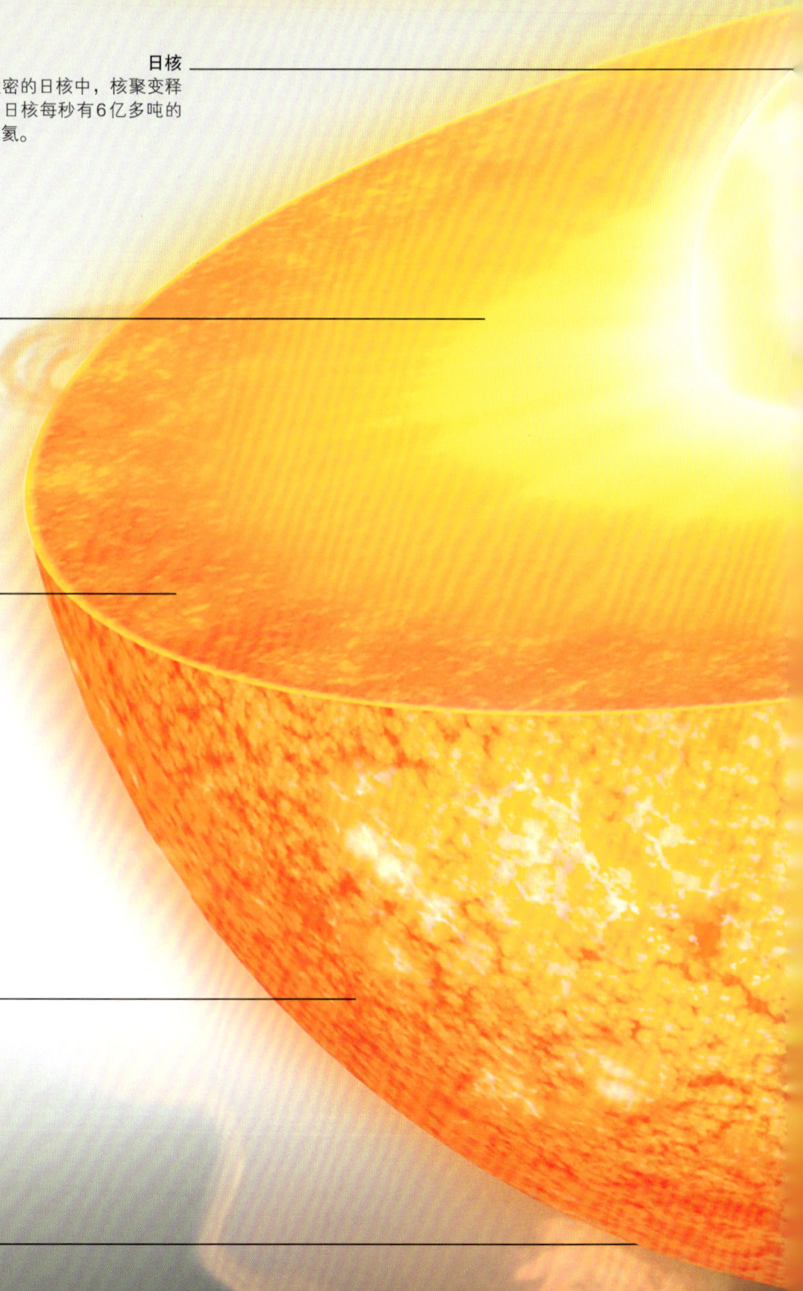

太阳内部

科学家把太阳内部分为明晰的三层——日核、辐射区和对流层。这三层都由气体构成，越靠近中心，气体温度越高、密度越大。在日核，温度猛增到1500万℃，这里气体的密度比水大150倍。

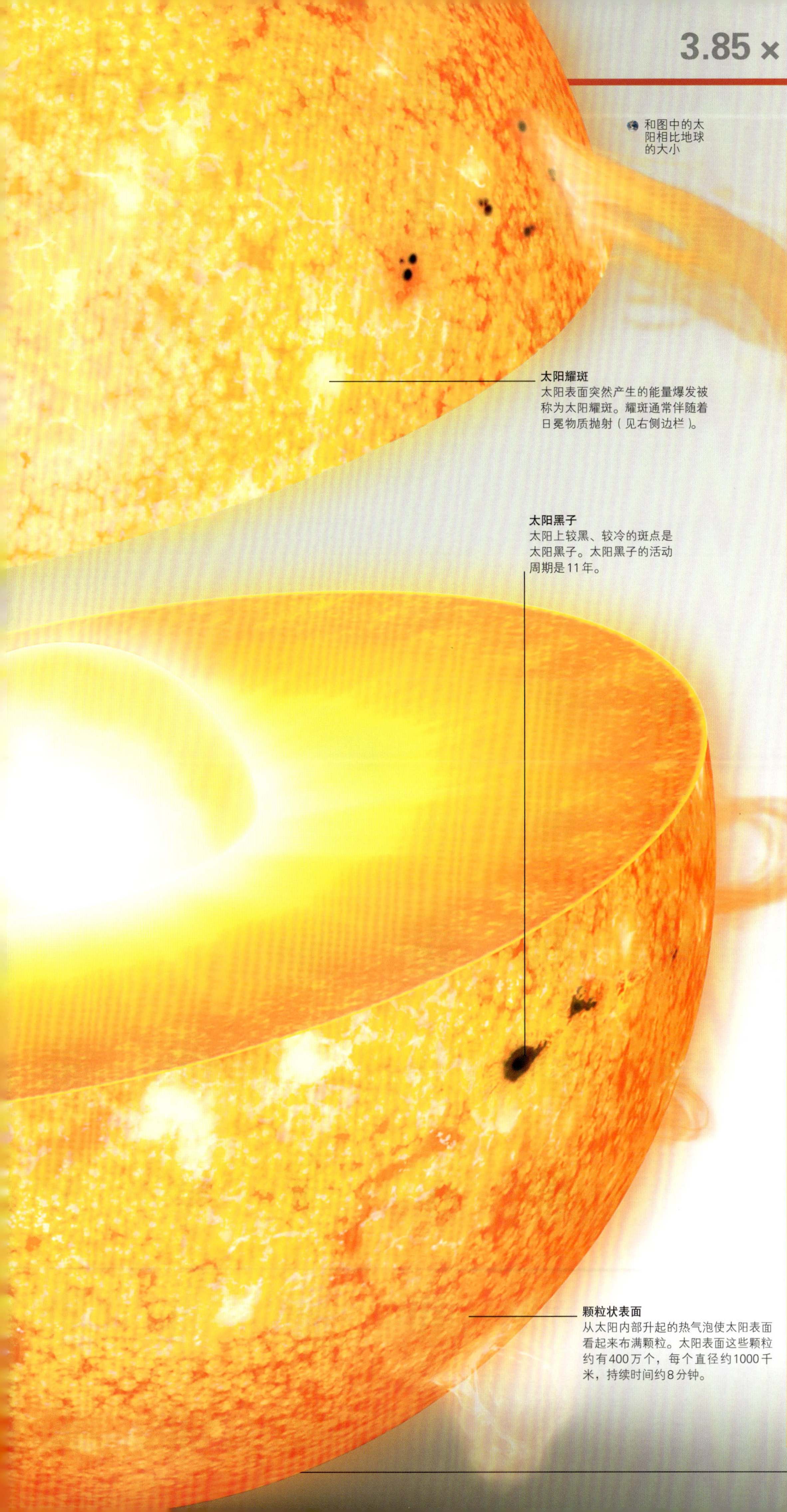

太阳的数据

直径	1392600千米
与地球的距离	1.5亿千米
质量（地球=1）	333000
表面温度	5500 ℃
核心温度	15000000℃

能量释放

太阳光到达地球只需要8分钟，但是太阳核心释放的能量到达太阳表面则需要10万年的时间，再以光的形式出现。旅途如此漫长，是因为能量在经过密集的辐射区时会被数以万亿的原子吸收后再释放出来。

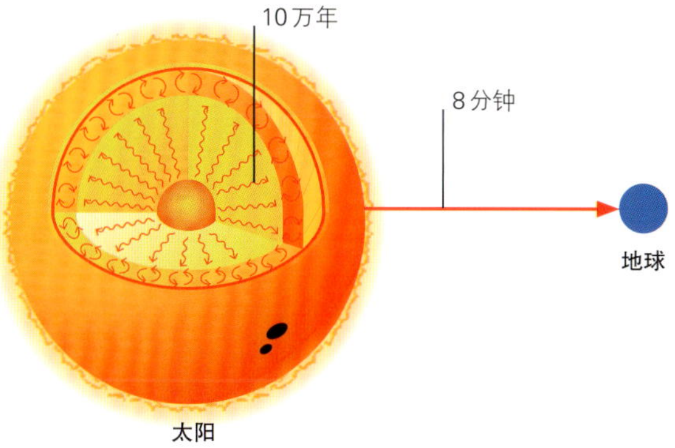

自转

与太空中所有天体一样，太阳也在自转。与地球是以一个固态球整体旋转不同，太阳是一个气态球体，不同的地方旋转速度不一样。太阳的赤道带每25天（地球日）自转一周，而极区要34天。

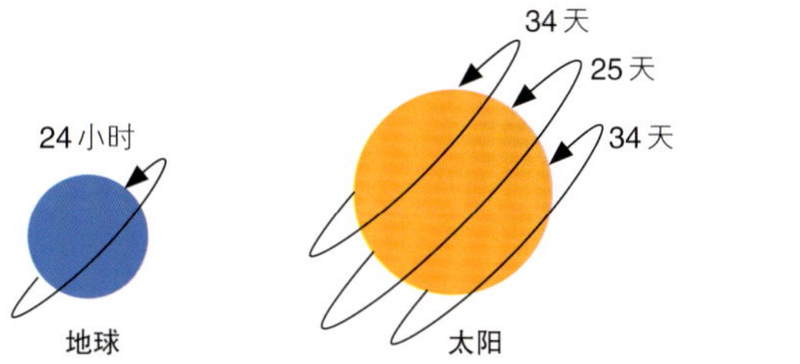

日冕物质抛射

太阳每天喷发巨大的超热气体（等离子体）气泡的次数多达3次，每一个气泡质量约11亿吨。这些气泡在几小时内增大到上百万千米宽，然后爆裂，爆裂发出的带电粒子快速穿越太阳系，这个过程被称为日冕物质抛射。爆裂产生的波有时会和地球相遇，这时异常绚烂的极光会照亮南北极的天空。

下午3:23　　下午6:09　　下午6:25

83 如果**太阳**是一个**篮球**，那么**地球**就相当于距它83米外的一颗**豌豆**。

270 如果**太阳**是一个**篮球**，那么**海王星**就相当于距它270千米外的一颗**草莓**。

小行星

小行星是内太阳系中巨大的太空石块。它们大部分位于火星和木星之间的区域内，但也有一些会偶然接近地球，从而带来危险。最小的小行星有房子大小，最大的则大到足以归类为矮行星。科学家认为小行星是行星形成后残留下来的物质，所有小行星的质量加起来还不到月球质量的1/20。

土星
这颗第二大的行星引人注目的地方在于围绕它的明亮的环系统。它有82颗卫星和几十颗超小卫星。

太阳
太阳就像一个巨大的核电站，不断地通过把氢转化成氦来产生能量。它是唯一一颗我们可以近距离研究的恒星。

地球
我们的地球是已知唯一有生命生存的行星，这多亏了它的表面有液态水。

水星
水星是离太阳最近的行星，也是最小的行星。远古时期留下的陨星坑使得它的表面伤痕累累。

火星
火星是一个酷寒荒芜的世界。与地球一样，它也有山脉、火山和冰冷的极点。

金星
虽然大小和地球相似，但金星是地狱般的世界。任何到访的航天员都会被压碎或者热死。

轨道的距离

下方的比例尺条显示了各个行星到太阳的相对距离。太阳系从内向外，行星之间的距离会变得越来越大。

26 已知直径超过200千米的小行星有26颗。

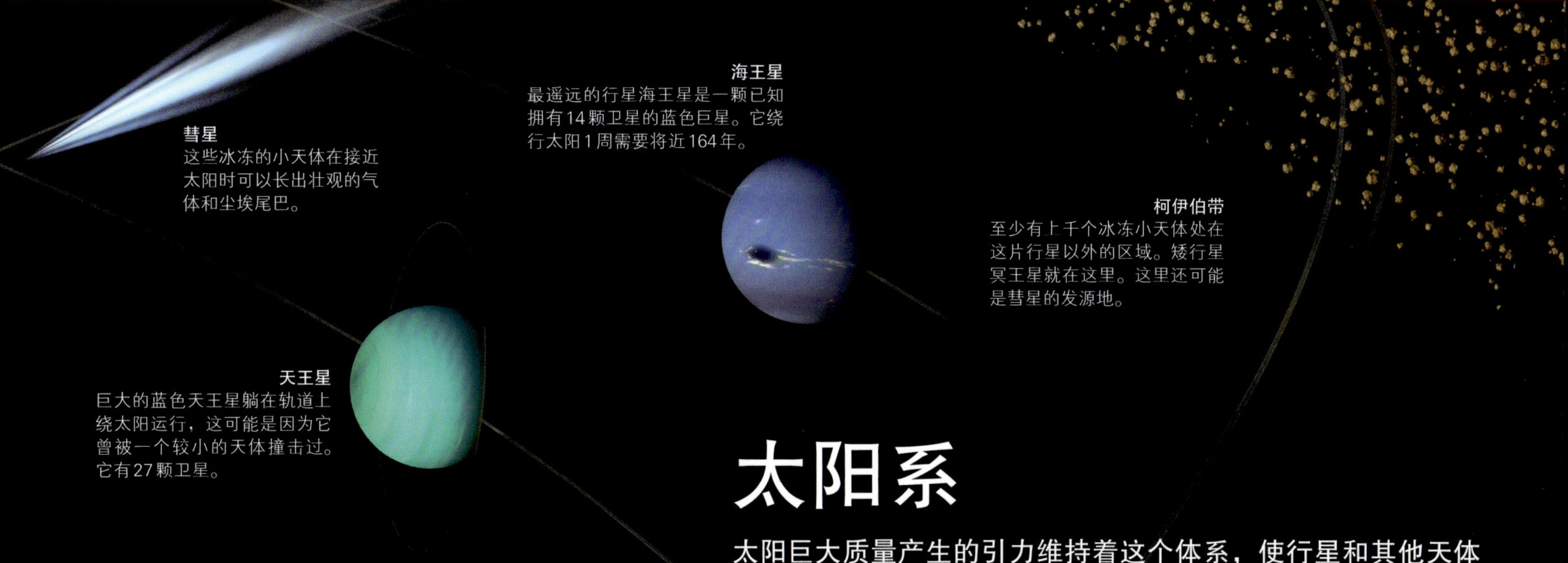

太阳系

太阳巨大质量产生的引力维持着这个体系，使行星和其他天体在环绕太阳的轨道上运转。太阳和所有这些天体共同组成了太阳系。

46亿年前，太阳从一片巨大的星云中形成。这颗恒星在形成过程中吸入了大量的物质，但这些物质并没有完全被吸收。剩下的物质中极小的一部分（仅占太阳系总质量的0.14%）形成了环绕这颗新生恒星的气体尘埃盘。数百万年中，盘中的尘埃微粒慢慢聚集在一起，逐渐形成更大的天体，最终成长到行星大小，并在自身引力作用下变成球形。在内太阳系，太阳的热度太高，气体无法凝聚，行星是由岩石和金属构成的。在外太阳系，气体凝聚成更大的行星。

太阳系有8颗行星，超过100颗卫星，还有数不清的矮行星和无数的彗星和小行星。

太阳系

太阳系的行星分成两组，4颗较小的带内行星由岩石和金属构成，4颗巨大的带外行星由气体和液体构成。它们之间是由岩石质天体小行星形成的小行星带。在行星之外是包括矮行星和彗星在内的冰态天体区域。在更遥远的外部空间，有一个拥有很多彗星的巨大球形云——奥尔特云。太阳系目前还没有确定的外边界。

轨道

太阳系中所有主要天体都围绕太阳同向运转。由于它们从气体尘埃盘中形成，所以它们都处在同一个平面中近似圆形的轨道上。许多稍小的天体（例如矮行星冥王星）的轨道受到了拉伸而与这个平面产生了夹角，而彗星则来自各个方向。

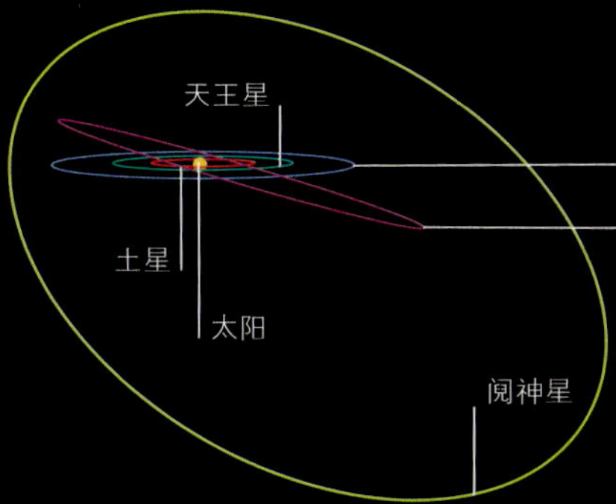

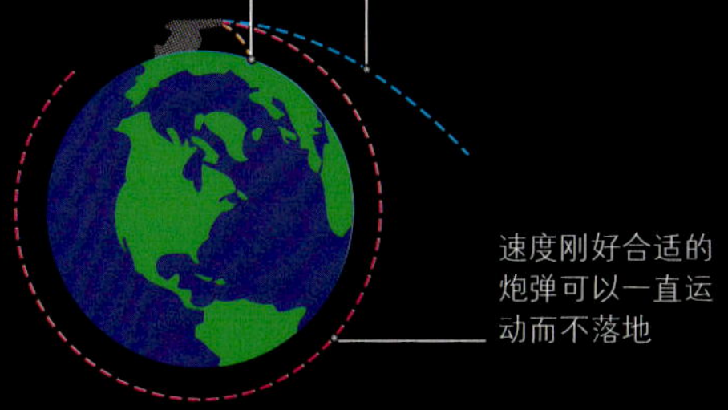

轨道是如何作用的？

英国科学家艾萨克·牛顿是第一个发现为什么卫星和行星会沿着它们的轨道运行的人——因为它们被引力所束缚。为了解释这个理论，牛顿画了一个正在地球上发射炮弹的大炮，如果炮弹的运动速度足够快，它下落的路径曲线将会和地球的曲面吻合，这样它就永远保持在轨道上不会落地。

矮行星

矮行星是球形的，比真正的行星要小，而且它们的引力不足以把所在空间区域内的小碎片清除干净。最著名的矮行星是冥王星，2006年之前它一直被认为是一颗真正的行星。

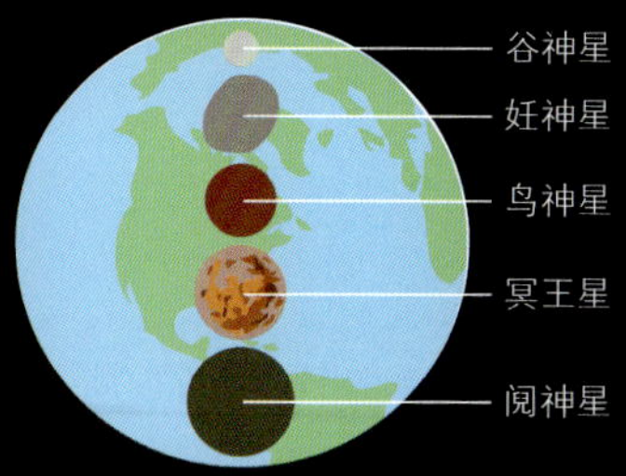

和地球比大小

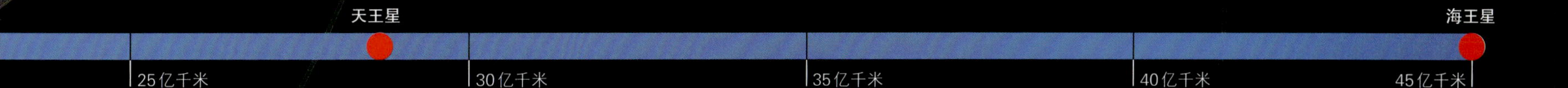

2/3 水星的铁质核心占其总质量的2/3。

带内行星

水星、金星、地球和火星是太阳系的带内行星。从表面上看，它们有着天壤之别，但实际上却不是这样的。

所有的带内行星都是在约46亿年前由相同的物质形成的，全都是岩石和金属的混合体，内部结构大致分成几层。较重的金属向中心集中，而较轻的岩石停留在上层。

在太阳系形成早期，这些行星全都遭受过小行星和彗星的撞击，也都曾受到火山活动的影响。水星表面仍然存在大量因早期撞击形成的陨星坑，而其他3颗行星的表面已经随着时间的流逝而发生了改变。

在太阳的强光照射下

水星是太阳系行星中最小的，也是距离太阳最近的行星。它毫无生机，在30亿年中几乎没有什么变化。水星的整个表面布满陨星坑，这些都是水星早期遭受小行星撞击后形成的。陨星坑小的如碗状，大的宽度几乎达到水星直径的1/3，这就是巨大的卡路里盆地。

水星环绕太阳运行的速度比其他任何行星都快，但它的自转速度很慢，每公转2圈才自转3圈。所以，水星上的1天（从日出到下次日出）相当于地球上的176天。如此长的昼夜，再加上大气层非常稀薄，使得水星表面温差是所有行星中最大的。在白天，表面热到足以使铅熔化，但到了夜晚，又冷到可以使空气液化。

水星概况

直径	4879千米
表面平均温度	167℃
自转周期	58.6个地球日
公转周期	88个地球日
卫星数量	0颗

热点

在这张水星热力图上，颜色表示行星表面的温度。位于面向太阳的赤道上的红色区域温度最高。其次温度较高的是黄色区域，然后是绿色。这颗行星的极区（蓝色）是最寒冷的。

熔岩地带

金星有时被描述成地球的孪生兄弟，因为它和我们的星球有着几乎相同的大小和相似的内部结构。但是，这两个世界非常不同。

如果航天员在金星上行走，他就会瞬间死亡。金星表面温度相当于烤比萨时烤箱内的温度，气压是地球的90倍。

金星表面致命的环境被厚厚的云层遮挡，但轨道飞行器利用雷达可以穿透云层看到金星表面，着陆器也已经登陆金星并拍照。金星是一个火山的世界，许多火山依然活跃，火山表面布满由熔岩凝固而成的碎石。这里永远是阴天，只有少量微弱泛黄的光线透过云层。

金星的自转速度比其他行星都慢，自转方向（顺时针方向）和除天王星之外的其他行星也相反。

金星概况

直径	12104千米
表面平均温度	464℃
自转周期	243个地球日
公转周期	224.7个地球日
卫星数量	0颗

温室效应

造成金星炎热的原因是温室效应。太阳的热量穿过大气层温暖了地面，随后地面会把热量反射回去。反射出去的热量会被大气层存留住，就像温室的玻璃会留住热量一样。

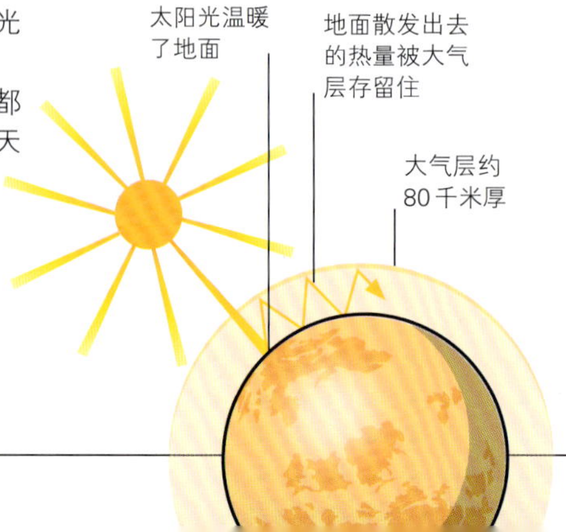

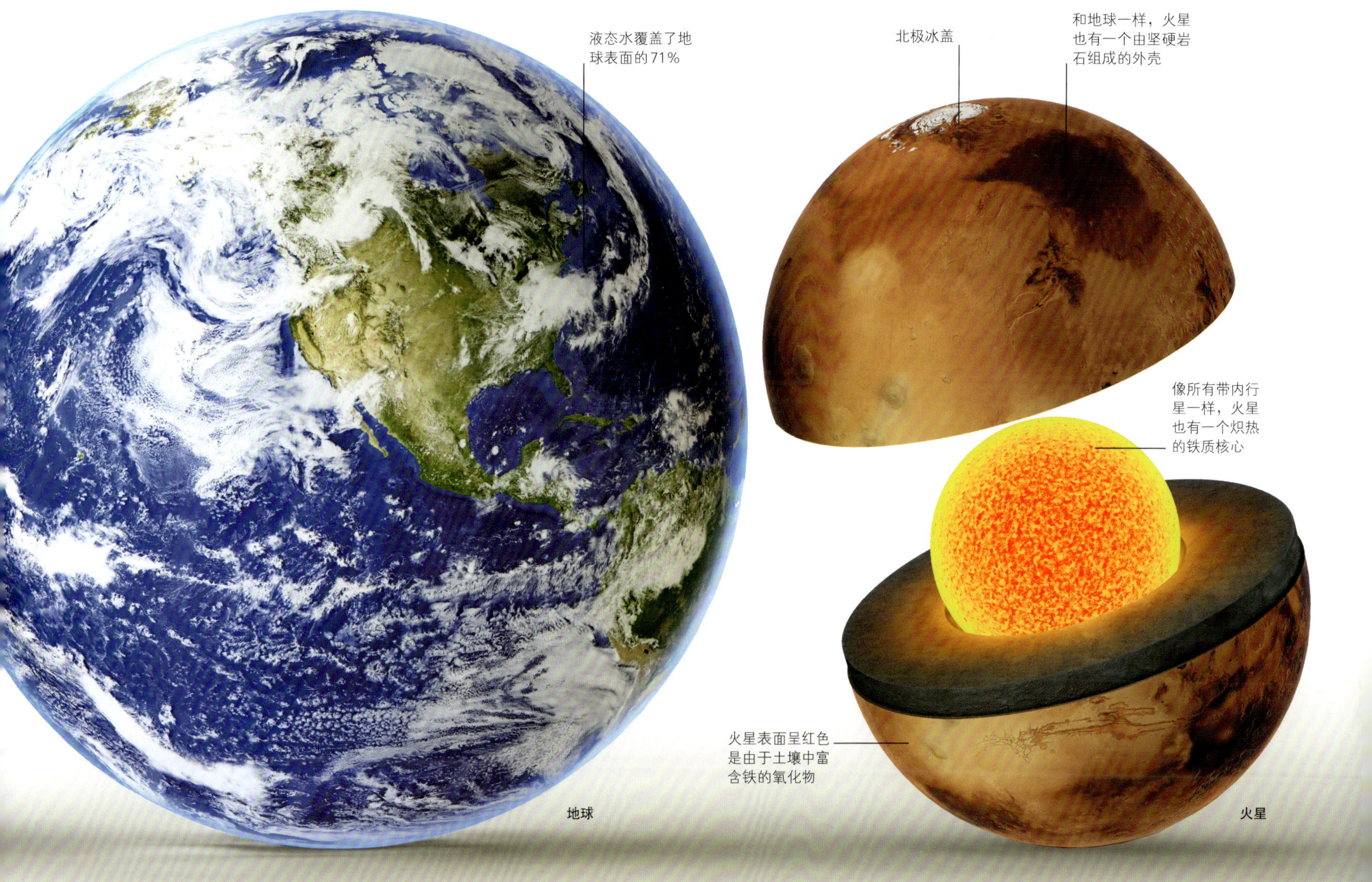

生命的世界

距离太阳第三远的地球是带内行星中最大的。它是唯一有液态水在表面自由流动的行星，也是目前宇宙中已知唯一有生命存在的行星。

地球表面有广阔的海洋、大陆和两极的冰盖，所有这些都由一个薄薄的坚硬岩石外壳支撑着。外壳分成7大块和许多小块，它们被称为板块。地球内部充满了柔软、炽热的岩浆，岩浆翻腾搅动，推动巨大的岩石板块在地球表面缓缓移动。板块运动时相互碰撞摩擦，产生出巨大的力量，堆起山脉，引起火山喷发和地震。这些强大的力量不断改变着地球的外观。

地球概况

直径 12756千米
表面平均温度 ....15℃
自转周期 23.9小时
公转周期 365.3个地球日
卫星数量 1颗

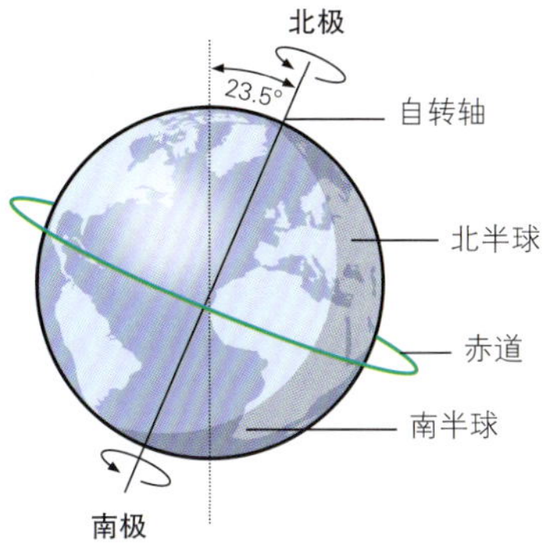

倾斜的地球

地球一天自转一周，但它的自转轴与公转平面并不垂直。自转轴是从南极穿到北极的一条假想线，赤道与公转平面有23.5°的夹角。因此当地球围绕太阳运动时，两个半球依次向太阳倾斜，这就是季节形成的原因。

红色的行星

火星是太阳系中第二小的行星，直径只有地球直径的一半。因为它呈铁锈色，有时也被称为红色行星。一个名叫水手谷的巨大峡谷在这个冰冻的荒凉世界上占据近1/4周长。峡谷形成于很久以前这颗年轻行星外壳裂开的时候。其他地方是散落着巨石和巨大死火山的平原，太阳系中最大的火山奥林波斯山就位于此。

火星概况

直径 6792千米
表面平均温度 .... −63℃
自转周期 24.6小时
公转周期 687个地球日
卫星数量 2颗

乱石滩

火星上并不都是沙漠，干涸的河床证明很久以前这里曾有流水。被洪水携带的石块被丢弃在河滩上（如下图所示）。火星甚至有可能曾经温暖潮湿，足以使生命蓬勃发展。

1300 **木星**内可以装下的**地球**的数量。

1665 1665年，木星的**大红斑**被首次发现。

行星之王

巨大的木星到太阳的距离排在第五位，它也是太阳系中最大的行星。它太大了，质量是其他所有行星质量总和的2.5倍。它巨大的引力对太阳系其他天体的轨道有很大的影响。

木星极快的自转速度使表面的云呈带状，并伴随着风暴和波纹。

目前已经有几个航天器到访过木星，包括自2016年起环绕木星飞行的“朱诺”号探测器。

木星概况

直径	142984千米
表面平均温度	−145℃
自转周期	9.9小时
公转周期	11.87个地球年
卫星数量	92颗

木星系统

就像一个国王被他的大臣包围着一样，木星周围环绕着大量的卫星。下图显示的是靠内的卫星，其中有4颗最大的。最大的木卫三比水星还大。其他卫星大多数可能是被木星引力捕获的小行星。

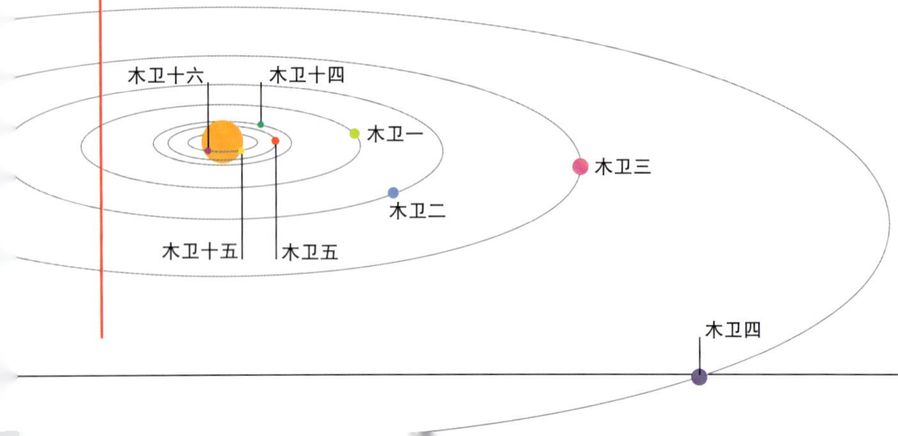

蓝色行星

海王星是距离太阳最远的行星，发现于1846年。当时，天文学家注意到天王星不是按照预定的路线运行的，看起来似乎有一个看不见的天体在吸引着它，可能是一颗未被发现的行星。两位数学家——英国的约翰·库奇·亚当斯和法国的于尔班·勒威耶计算出这颗未知行星在天空中所处的位置。几天后，海王星被德国的一个天文台发现。

海王星比天王星稍小一些，由于大气中含有许多甲烷，所以海王星看起来呈蓝色。它有一个厚厚的液态幔，稠密而炽热，含有水、氨和甲烷。海王星还有一个几乎看不见的环系统。它最大的卫星海卫一与冥王星相似，可能是在数十亿年前和海王星相遇后被它的引力所捕获的。

海王星概况

直径	49528千米
表面平均温度	−201℃
自转周期	16.1小时
公转周期	164.8个地球年
卫星数量	14颗

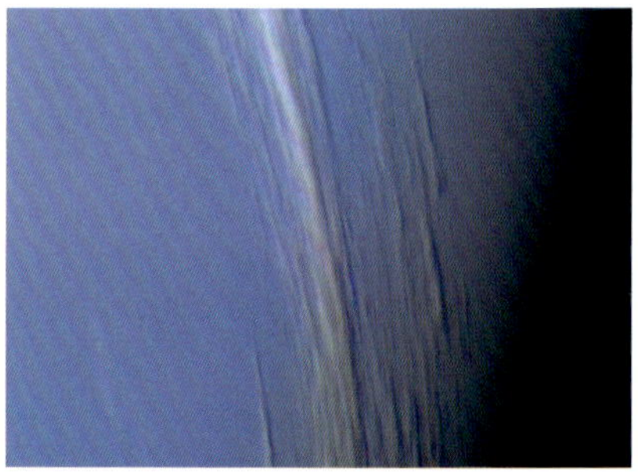

已知最快的风

“旅行者”2号在1989年飞过海王星时，拍摄到被时速2100千米的风吹成条纹状的白云，这是已知太阳系中持续风力最强的风。这种恶劣天气是由于海王星内部的热量向外散发而造成的，因为这颗行星距离太阳过于遥远，无法从太阳获得更多的热量。

24000 据估测，**木星核心**的**温度**为2.4万℃。

150 观测到的**围绕土星**运转的**卫星**及**超小卫星**的数量。

带外行星

4颗巨大的行星主宰着外太阳系。与岩石质的带内行星非常不同，这些神奇的星球是巨大的气态和液态球，没有坚固的表面，却有数以百计的卫星。

太阳形成初期，它自身的热把气体驱离内太阳系，留下的是较重的岩石和金属。岩石和金属形成了固态的带内行星，气体形成了带外行星。虽然带外行星主要由液体构成且含有固态核心，但天文学家还是把带外行星称为气态巨行星。这4颗行星具有很多共同点：拥有众多的卫星，剧烈活动的厚厚的大气层，以及由岩石或冰粒构成的环。

带环的行星

土星是太阳系第二大行星，到太阳的距离排在第六位，是一颗明亮的黄色行星。即使用一架小型望远镜也可以看到它最著名的特征——一组漂亮的环。土星的大小和木星差不多，但它的密度只有木星的一半。它的云带不如木星明显，但每30年左右就会刮起猛烈的风暴，风暴能产生巨大的白色斑点。

土星最大的卫星土卫六，有着稠密的大气层和岩石表面，表面上还有由液态甲烷形成的海。"卡西尼"号探测器从2004年开始环绕土星飞行。2005年，它释放的"惠更斯"号着陆器降落在土卫六上。

土星概况

直径	120536千米
表面平均温度	–180℃
自转周期	10.7小时
公转周期	29.5个地球年
卫星数量	146颗

环系

土星的主环直径有28万千米，但是厚度只有1千米。如果用一张纸成比例地做出土星环的模型，这张纸直径将有3千米。在主环之外还有朦胧的外环，下面这张图是"卡西尼"号在太阳位于土星后面时拍摄下来的。

颠倒的世界

天王星到太阳的距离排在第七位。虽然在完全晴朗、黑暗的夜空下肉眼刚好能看到它，但古代的天文学家并不知道它的存在。直到1781年，天文学家威廉·赫舍尔在位于英国巴斯的自家后院里观测星空，发现了它。

天王星和海王星相似，但呈浅蓝色的表面几乎没什么特点。它的部分大气是太阳系中最冷的，行星内部也只能产生非常少的热。天王星是平躺在轨道上运行的，这可能是由于在它形成早期，有一颗行星撞击了它并把它"撞翻"。

1977年，天文学家发现天王星有一个微弱的环。天王星的卫星都是以英国诗人威廉·莎士比亚和亚历山大·蒲柏作品中的人物命名的。

天王星概况

直径	51118千米
表面平均温度	–216℃
自转周期	17.2小时
公转周期	84个地球年
卫星数量	27颗

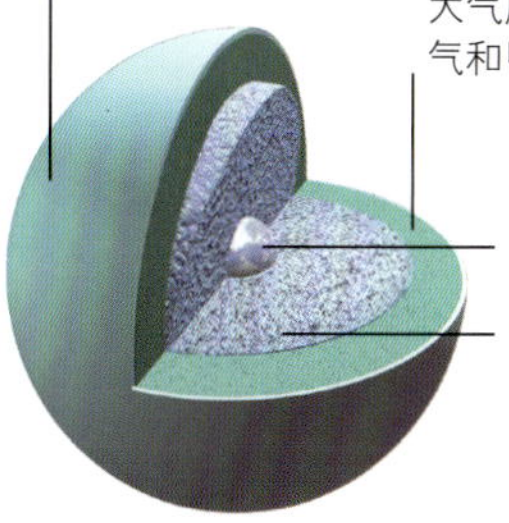

热的液态幔

天王星的淡蓝色是由于大气层中有甲烷。云中还检测出了水和氨。天王星比木星和土星含有的氢和氦要少，但有更多的岩石和水。

18 以喷气式飞机的速度从地球飞到月球需要18天。

月球

月球是地球在太空中最近的邻居，看起来隐约比夜空中其他天体都要大。它布满陨星坑的表面是冰冷死寂的，但内部深处是一个巨大的炽热铁球。

自从宇宙大碰撞形成月球以后，地球和月球就一直共同存在于太空中。月球在围绕地球运转时始终以同一面朝向我们。当我们的目光停留在它被阳光照亮的表面时，我们所看到的景象和35亿年前几乎没有区别。那时，年轻的月球遭受了小行星的连续撞击。在数百万年内，表面被不断炸开，形成陨星坑。之后，那些最大的陨星坑被火山熔岩填平，形成黑暗平坦的平原，看起来像海洋一样。

月海 黑暗平坦的区域是月海，是熔岩凝固后形成的广阔平原。

灰色的表面 月球表面覆盖着一层几厘米厚的灰色细尘。

月球概况

直径	3475千米
表面平均温度	−53℃
地月平均距离	384400千米
绕地球公转周期	27.3个地球日
表面重力（地球＝1）	0.17

月球是如何形成的?

科学家认为月球形成于45亿年前地球和一个天体之间的撞击。撞击产生的碎片在引力作用下结合在一起形成了月球。

撞击
一个天体撞向地球，飞溅出的熔岩进入太空。

月球形成
残骸形成一个圆盘。颗粒逐渐结合在一起形成月球。

月相

由于月球围绕地球运转，所以我们看到的被阳光照亮的部分不断变化，月亮呈现的不同形状就是月相。一个月相变化周期大约持续29.5天。

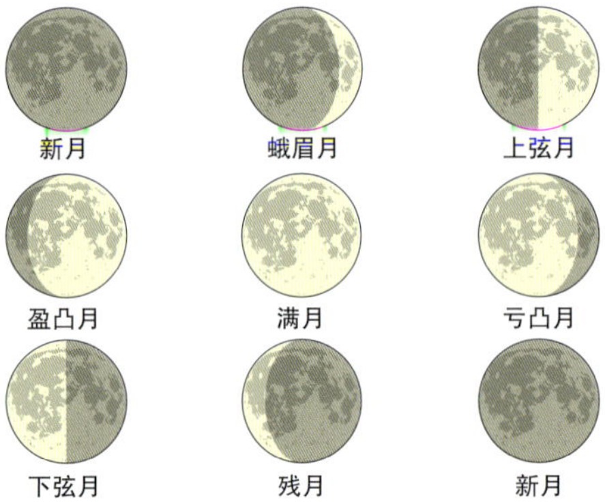

背面

月球朝向地球的永远是同一面，背向地球的一面我们永远看不见，只有航天器才能够看到。月球背面的月壳比正面厚，受到过的撞击也多。高程图显示出月球表面区域的起伏。

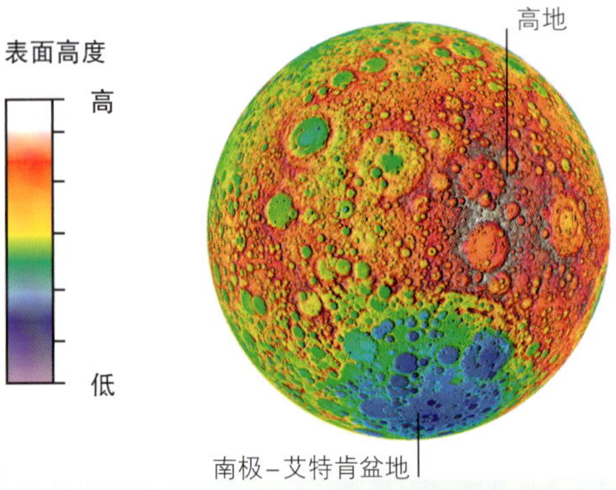

月球陨星坑
月球表面布满了陨星坑，小型的碗状坑只有几千米宽，较大的陨星坑也叫作环形山，而巨大的南极艾肯特盆地直径有2500千米。像厄拉多塞环形山（上图）一样，许多陨星坑中都有中央峰，这是在小行星撞击后月面回弹形成的。

人类登月
在美国国家航空航天局的“阿波罗”计划中，航天员共登上月球6次。他们在漆黑的天空下看到了积满灰尘的灰色平原和起伏的丘陵。下图中，一名航天员正在走向停在卡默洛陨星坑附近的月球车，他在那里采集样品。那些巨大的石块是陨星坑形成的时候被抛射出来的。

月球分层

像地球一样，月球也有不同的分层，这是在很久以前当月球内部整体还处于熔融状态时分离出来的。较轻的矿物上升到顶部，较重的金属下沉到中心。最外面是一层较薄的岩石外壳，就像地球上的岩石一样。下面一层是厚厚的岩石层——月幔，越接近中心，温度越高。月幔的底部处于熔融状态。月球的中心是一个金属内核，被放射性元素的能量加热到约1400℃。科学家认为月核的外层是熔融的，但由于周围岩石的压力，月核内部反而是坚实的固体。

3.78 月球每年都会向远离地球的方向移动3.78厘米。

12 曾在月球上行走的人数。

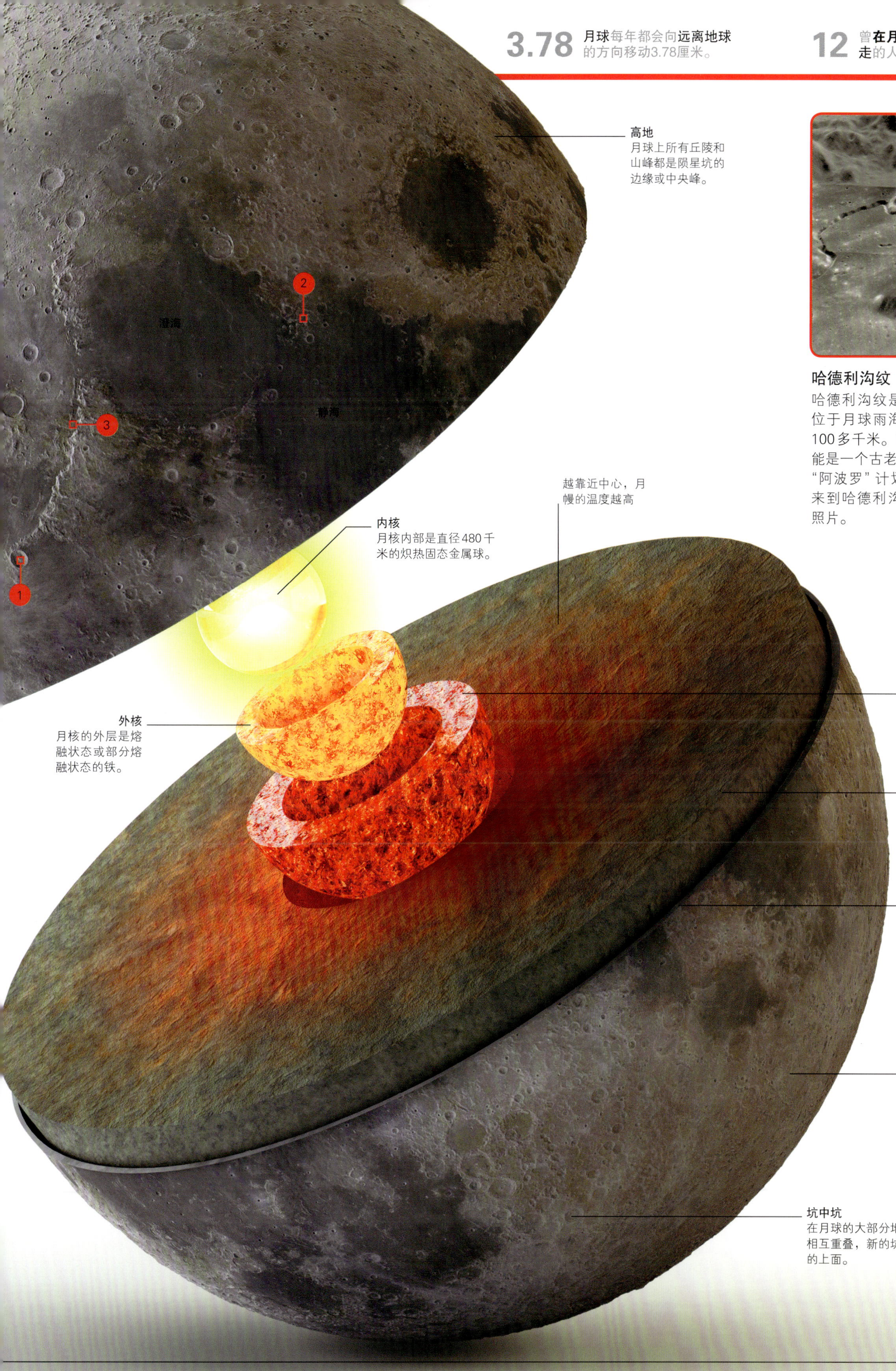

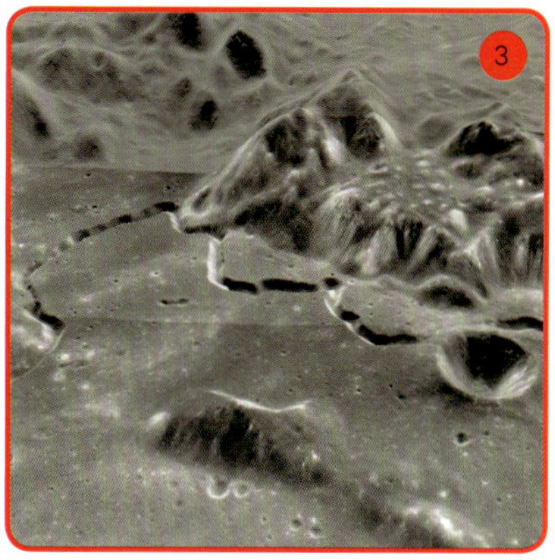

哈德利沟纹

哈德利沟纹是一个陡峭的峡谷，穿过位于月球雨海边缘平坦的平原，蜿蜒100多千米。它的形成是一个谜，有可能是一个古老的岩浆通道。1971年7月，“阿波罗”计划的航天员驾驶着月球车来到哈德利沟纹的边缘，拍下了它的照片。

太空探索

自远古时期以来，恒星和行星就深深吸引着人们，但直到20世纪，太空探索才成为可能。近几十年中，人们把航天员送上了月球，无人航天器已经能到达外太阳系，搜寻浩瀚宇宙的巨大望远镜也已投入使用。

探索行星

对载人飞行任务来说，行星太遥远了，因此人们用无人航天器代替。第一个访问其他行星的探测器是“水手”2号，这个美国探测器于1962年掠过了金星。从那时起，尽管早期经历了多次失败，但还是有数以百计的航天器访问了太阳系中的行星、卫星、小行星和彗星。大多数航天器只是掠过或环绕目标飞行，但也有一些释放了着陆器，使其降落到目标星球的表面。

机器人探索

机器人航天器可以访问对人类来说太遥远、太危险的地方。火箭使航天器发射进入太空，航天器在太空中需要航行很长的距离，可能要花费数年的时间才能到达目的地。航天器有各种类型，每种都对应着特定的任务。

掠过天体

一些航天器是在掠过目标时进行观测。美国国家航空航天局著名的“旅行者”1号和“旅行者”2号就曾掠过几颗行星。

轨道飞行器

轨道飞行器可以围绕一颗行星反复飞行，从而有更长的时间研究目标。轨道飞行器已经访问了月球和除天王星、海王星以外的其他行星。

观测星空

几个世纪以来，天文学家一直在观测星空，或者仅用肉眼，或者使用简单的能放大图像的望远镜。但是，我们能看到的可见光只是从太空中到达地球的电磁波谱中的一部分。恒星和其他天体也能发出不可见的无线电波、X射线、红外线和紫外线。现代望远镜可以观测所有波段，每种类型的辐射所展示的内容都是不同的。

捕捉光线

望远镜有许多不同的种类和设计，但基本上都在做同样的事情：收集来自太空的电磁辐射，并把它们聚焦成像。地球大气会阻碍或使图像模糊，因此有些望远镜会建在高山顶上，甚至发射进太空。

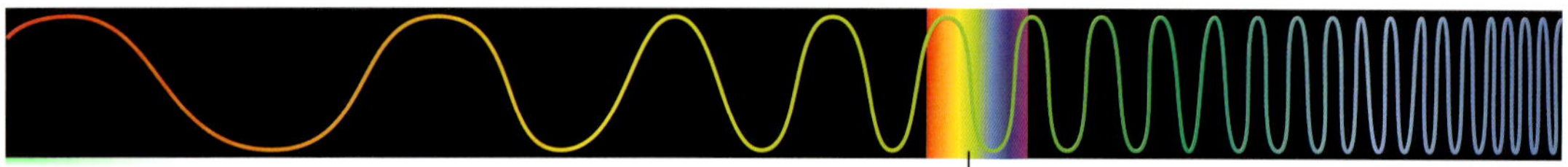

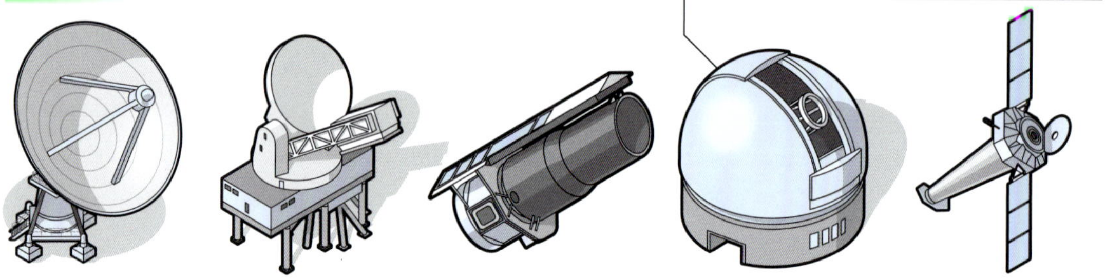

射电望远镜
巨大而弯曲的碟形天线用于聚集来自星系、脉冲星和黑洞等天体发出的无线电波。

微波望远镜
微波是波长较短的无线电波。望远镜通过捕捉这些射线可以接收到来自宇宙大爆炸的古老的辐射。

红外望远镜
这些设备有的已被送入太空，用于探测星云等天体散发的热量。

光学望远镜
光学望远镜使用巨大的透镜或反射镜收集微弱的可见光，能够比肉眼看得更远。

X射线望远镜
这类望远镜被用来捕获来自极热天体的高能射线。X射线望远镜只能在太空中工作。

绘制星空

因为地球被太空环绕，所以当人们遥望夜空时，所有的星星看起来都好像是镶嵌在一个巨大的球体上。天文学家把这个球称为天球，并用它来标定恒星和行星的位置。垂、水平线用于把天球划分出网格，就像地球表面的经纬线。

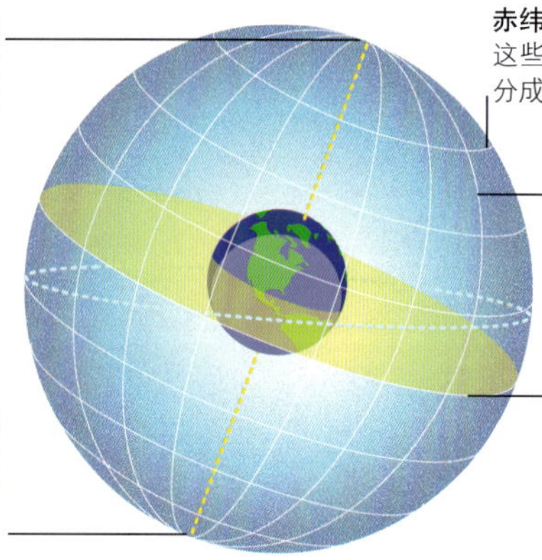

运载火箭

地球表面100千米以上就是太空，火箭到达那里只需要不到10分钟的时间。路程虽然很短，但火箭需要巨大的动力来摆脱地球引力。运载火箭就是用来完成这个任务的，它们绝大多数是一次性的，而且大部分重量都来自燃料。

世界上最大的火箭

把航天员送上月球的“土星”5号是有史以来制造出的最大的火箭。苏联的N1运载火箭虽能与之抗衡，但是4次发射都以失败告终。

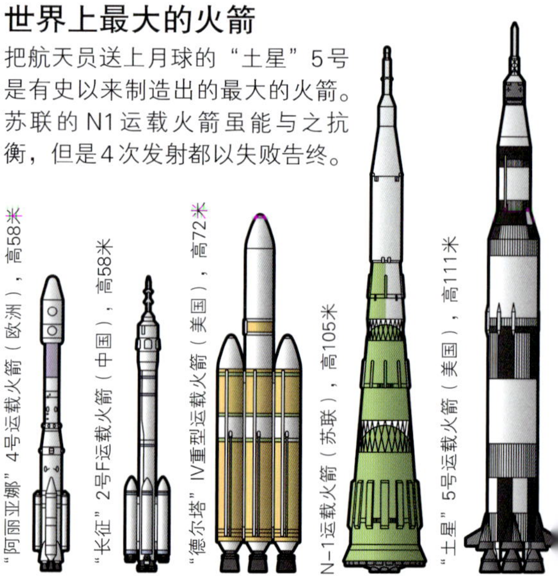

发射地点

许多国家都有航天发射场。靠近赤道的发射点可以发射更重的负荷，因为那里的火箭可以更多地借助地球自转的速度。

主要发射场

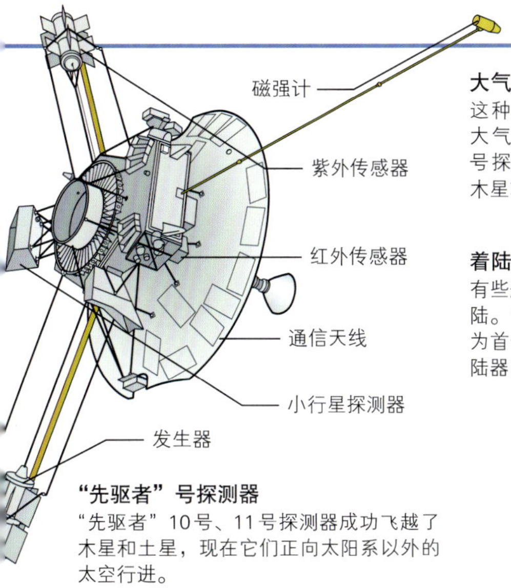

“先驱者”号探测器

“先驱者”10号、11号探测器成功飞越了木星和土星，现在它们正向太阳系以外的太空行进。

大气探测器

这种航天器可以进入行星的大气层。1995年，“伽利略”号探测器的探测部分进入环木星轨道。

着陆器

有些航天器可以在星球表面着陆。1976年，“海盗”1号成为首个成功在火星表面释放着陆器的探测器。

漫游机器人

漫游机器人是装有轮子的可以行驶的机器人着陆器，也叫作漫游车。发送到火星上的漫游车对火星岩石进行研究，来寻找远古生命的迹象。

穿透器

穿透器被用来高速撞击目标后自毁。2005年，“深度撞击”空间探测器穿透了一颗彗星的表面。

“旅行者”2号探测器从地球到达海王星用了**12年43天**。

太阳系飞行任务

在50多年的时间里，约有200艘飞船飞离地球轨道去太阳系探索。其中一半以上的任务是去往太空中距离地球最近的邻居——月球、火星和金星。

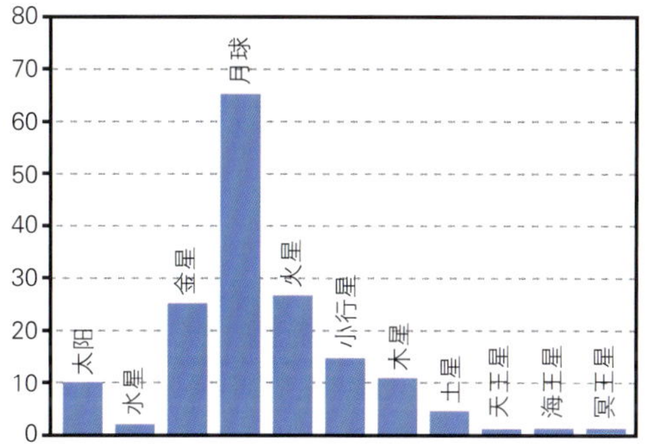

被访问最多的天体

这张图表显示了曾经登陆过太阳系内各主要天体的航天器的数量。

人造卫星

约有2000颗正常运转的人造卫星环绕地球飞行，执行向全世界传送电视信号、采集气象预报数据、搜集军事情报等任务。还有成千上万的太空垃圾环绕着地球，包括旧卫星、废弃的火箭部件和撞击产生的碎片。这些数量不断增长的太空碎片对航天器是一个威胁。

环绕地球的天体有超过50万个，包括人造卫星和太空垃圾。

卫星轨道

有些卫星距离地面的高度只有几百千米，有的轨道高度更高。最高的气象、电视、电话卫星位于地球静止轨道，它们永远位于地球的一个固定地点的上方。近地轨道卫星相对地球的位置则永远在变化。

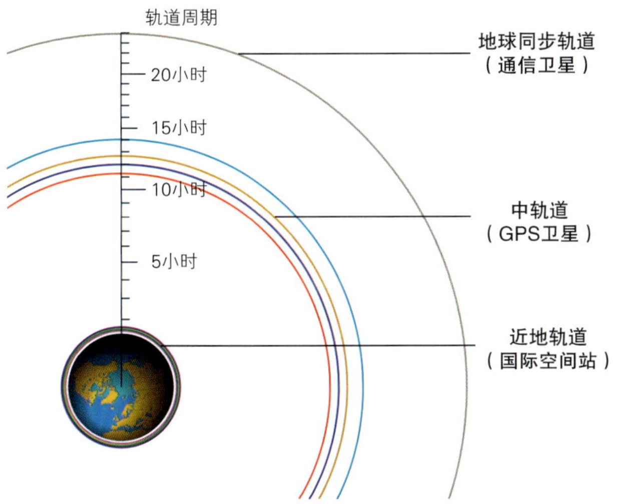

在太空生活

航天员在太空生活必须适应失重的环境。虽然失重状态很有趣，但失重会使身体出现问题。空间站是非常拥挤的地方，条件并不舒适。航天员吃的是装在袋中的冷冻干燥的预制食物。所有的水都是循环利用的，包括人们呼出的水汽。航天员用不需要水洗的特殊洗发水和肥皂清洁身体。他们使用的太空厕所能吸走排泄物，不需要用水冲。

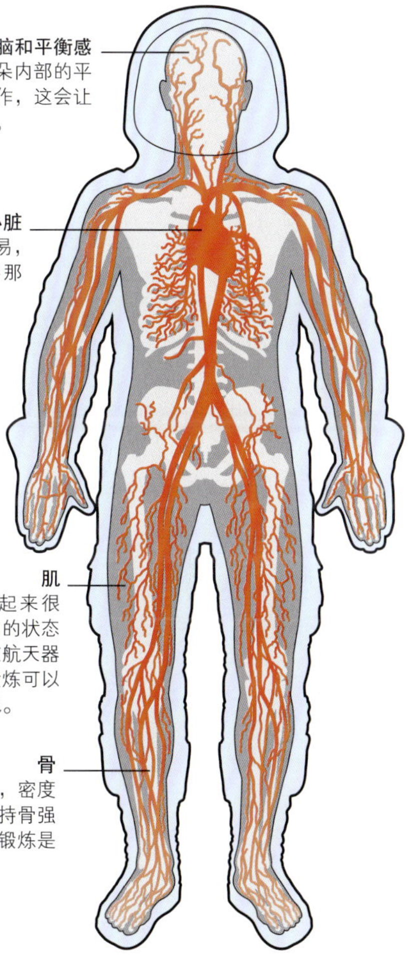

对身体的影响

长期在太空中，人的身体会发生变化。没有引力牵拉脊柱，身体会长高约5厘米。原本在地球上应向下流动的体液逐渐积累在头部，这会导致航天员脸肿鼻塞，没有食欲。航天员返回地球时，恢复的引力会使他们虚弱无力。

空间站

空间站是一种载人卫星，在这个环地轨道实验室里，航天员和科学家可以居住和工作。1971年，苏联发射了第一个空间站“礼炮”1号。随后，美国在1973年也发射了“天空实验室”空间站。1986～2001年服役的“和平”号空间站是当时最成功的空间站，直到1998年由美国、俄罗斯和其他十多个国家联合建立的国际空间站发射入轨。中国空间站雏形“天宫”1号于2011年发射升空，“天宫”2号于2016年发射升空，中国空间站于2022年全面建成。

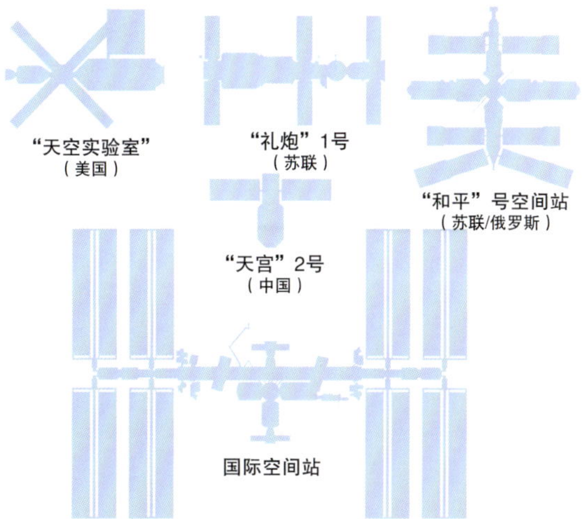

地球到除太阳外**最近的恒星**——比邻星的距离为40万亿千米。

天文学

数千年以来，人们仰望夜空，对它的美丽和神秘充满好奇。今天，天文学已经成为科学的一个重要分支。

专业天文学家研究的对象不仅仅是星星，还包括了宇宙空间的一切事物，从闯入地球大气层的燃烧发光的壮丽流星和太阳系中的行星，到数十亿光年外的遥远星系。当然，也可以把天文学作为一个有趣的爱好，许多业余天文爱好者喜欢用家用望远镜或双目望远镜观察星空。不管什么时候望向星空，他们都是在回溯过去，因为宇宙空间中遥远天体发出的光要经过漫长的时间才能到达地球。人们看到的月球其实是1.25秒前的样子，而恒星则是上千年以前的样子。

天文学简史

为了记录时间，许多古代文明都会关注太阳和星星。在古希腊时代，天文学家已经计算出地球是圆形的。今天，功能强大的望远镜可以让人们看到非常遥远的太空，几乎能看到宇宙诞生之初。

公元前3000年 天文历法

许多古代人建造的纪念性建筑都和太阳有关，比如英国的巨石阵。这些建筑可能曾被当作日历，用来确定何时是仲夏，因为人们要在仲夏时拜神。

公元150年 托勒密

古希腊天文学家托勒密记录了48个星座中的1022颗恒星。他认为地球是太阳系和宇宙的中心，太阳、月球、行星和恒星都围绕地球运转。

1543年 哥白尼

波兰天文学家尼古拉·哥白尼通过数学计算，提出太阳系的中心是太阳而不是地球。这是一个令人震惊的想法，因为这意味着地球是在太空中飞行和旋转着的。

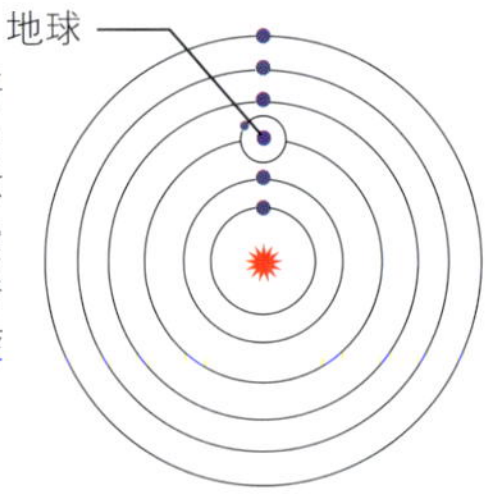

1610年 伽利略·伽利莱

意大利科学家伽利略·伽利莱制作了一架望远镜用来研究夜空，他看到了太阳黑子、月球上的山和围绕木星转动的4颗卫星。

1687年 艾萨克·牛顿

英国科学家艾萨克·牛顿提出了万有引力定律，万有引力就是使物体落向地面的力。他发现引力使月球绕地球运转，使行星绕太阳运转。

1990年 现代天文学

今天，通过空间望远镜，如1990年发射的哈勃空间望远镜，我们能见到太空中遥远的天体呈现出的壮丽无比的景象。

夜晚的星空

古代的天文学家把星星组成的各种形状的图案按照神话中的人物或动物来命名。这些星星组成的各种图案被称为星座，虽然它们可能看起来和代表的事物不太像，但我们仍然采用它们原来的名字。今天，天文学家把整个星空分成88个部分，并用每个区域中星座的名称为其命名。这张星图中所显示的星座只在特定的时间和地点才能看到。有些星座只在每年某一时间可见。图中显示的是在北半球1月份的午夜所见的星空。

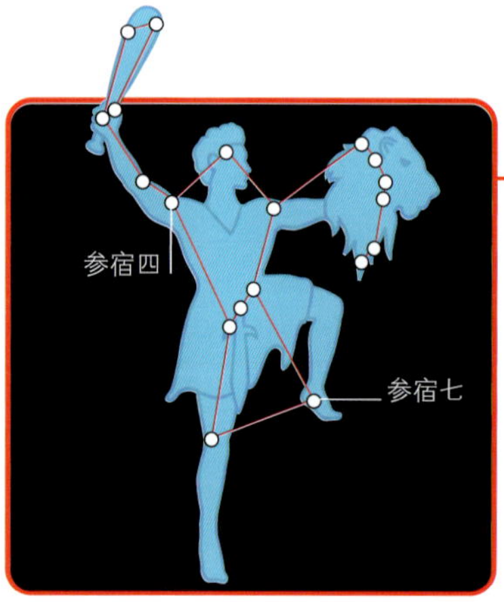

猎户座

猎户座是最著名、最明亮的星座之一，你在世界各地都能看到它。猎户座包含红超巨星参宿四和蓝超巨星参宿七。

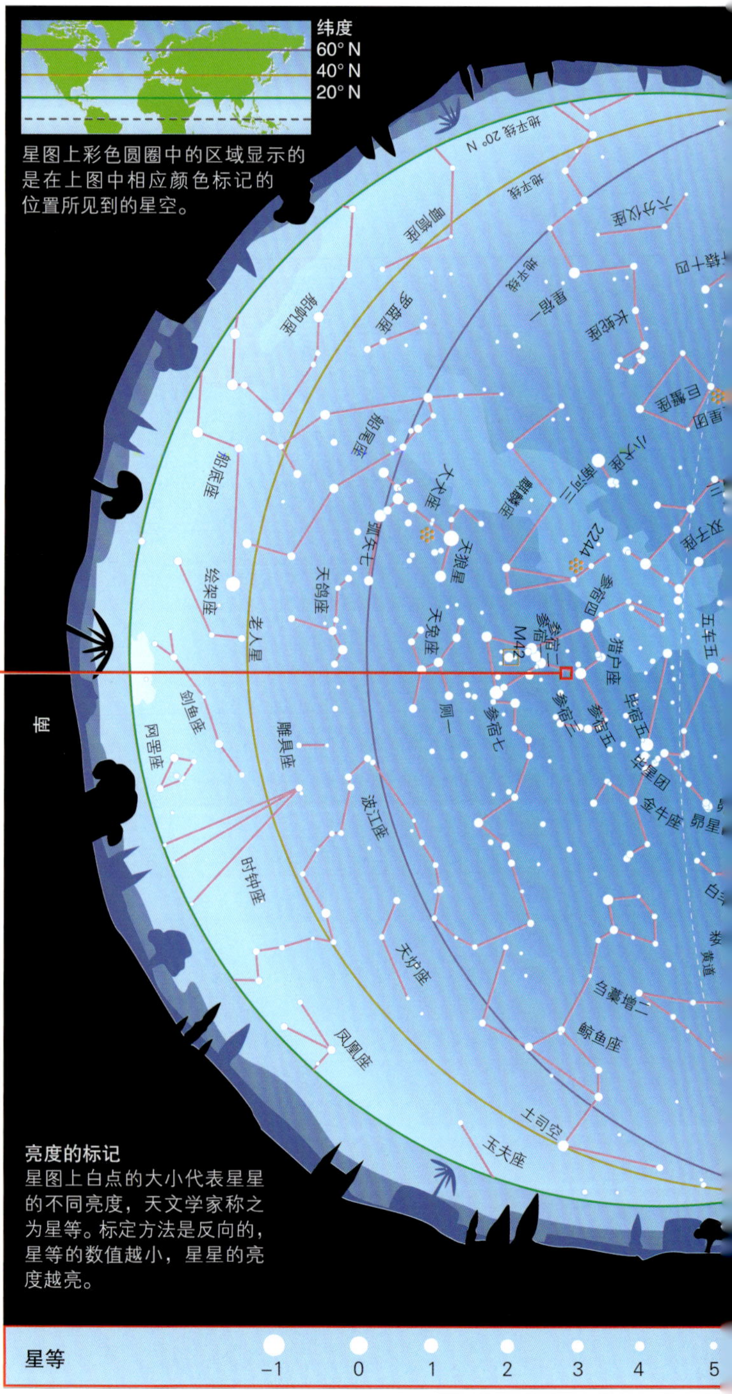

星图上彩色圆圈中的区域显示的是在上图中相应颜色标记的位置所见到的星空。

亮度的标记
星图上白点的大小代表星星的不同亮度，天文学家称之为星等。标定方法是反向的，星等的数值越小，星星的亮度越亮。

望远镜工作原理

望远镜的发明彻底改变了天文学。比起人眼，望远镜能够更多地收集天体发出的光线，利用这些光线可以形成放大的图像。望远镜有两种基本类型——折射望远镜和反射望远镜。折射望远镜用一个大的凸透镜收集并聚集光线，反射望远镜则用的是凹面镜。

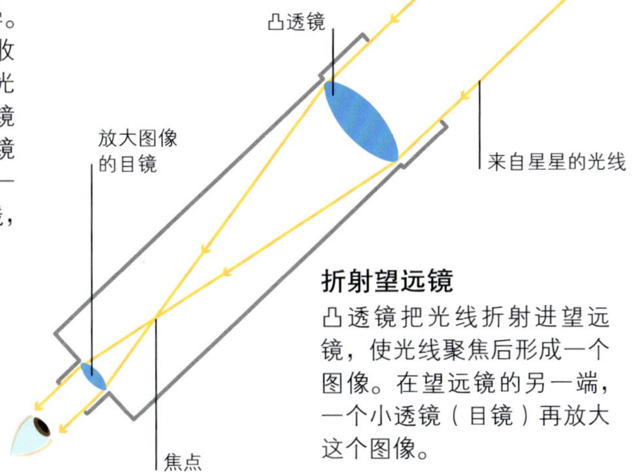

折射望远镜

凸透镜把光线折射进望远镜，使光线聚焦后形成一个图像。在望远镜的另一端，一个小透镜（目镜）再放大这个图像。

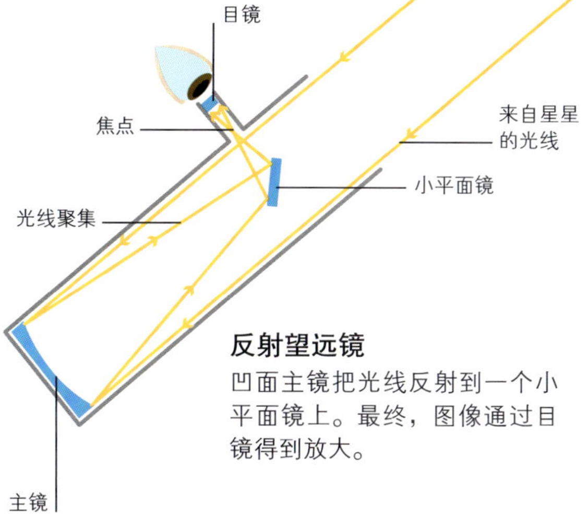

反射望远镜

凹面主镜把光线反射到一个小平面镜上。最终，图像通过目镜得到放大。

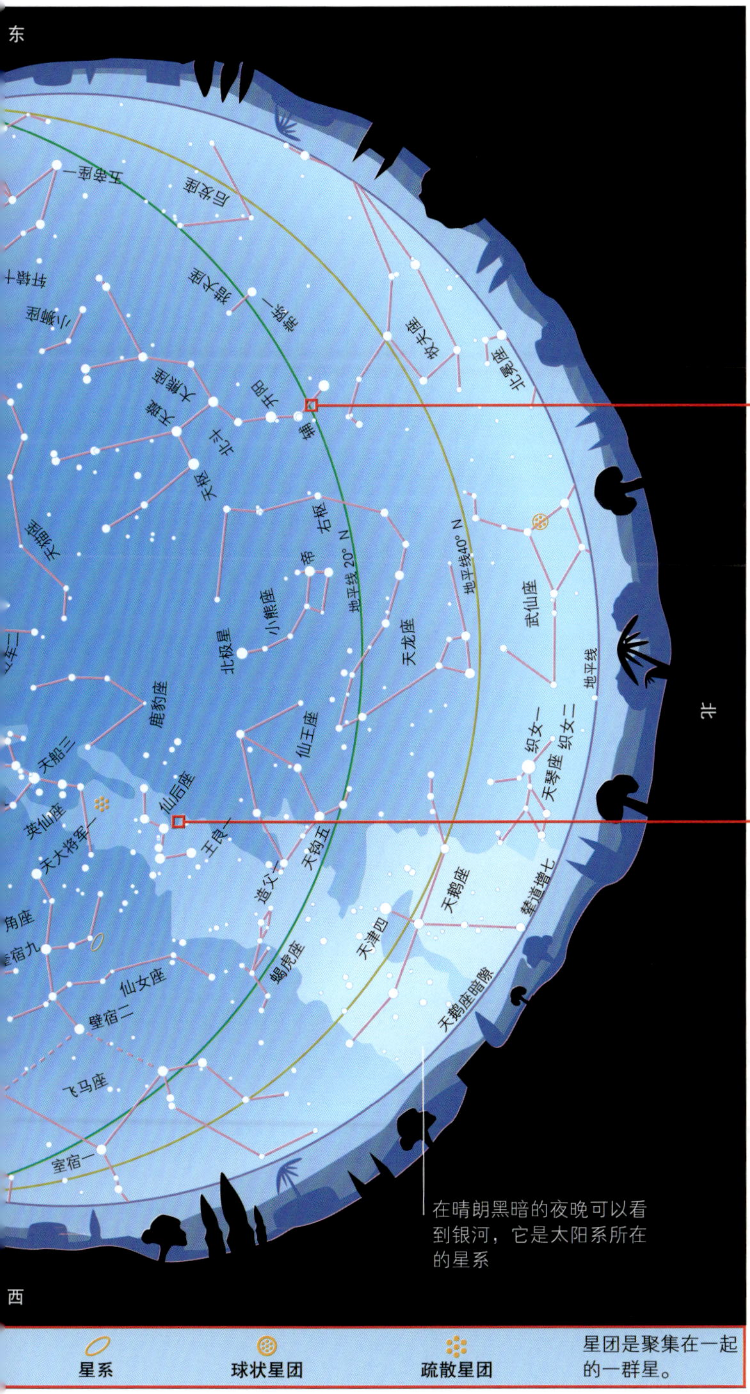

在晴朗黑暗的夜晚可以看到银河，它是太阳系所在的星系

大熊座

大熊座好像一头熊，组成熊尾巴的7颗明亮的星就是著名的“北斗七星”。这7颗星中最顶端的两颗指向永远位于正北方的北极星。在古代，水手们用北极星找到正确的方向。

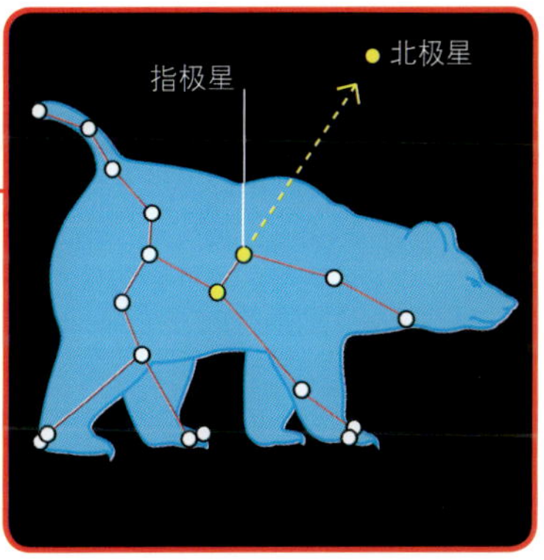

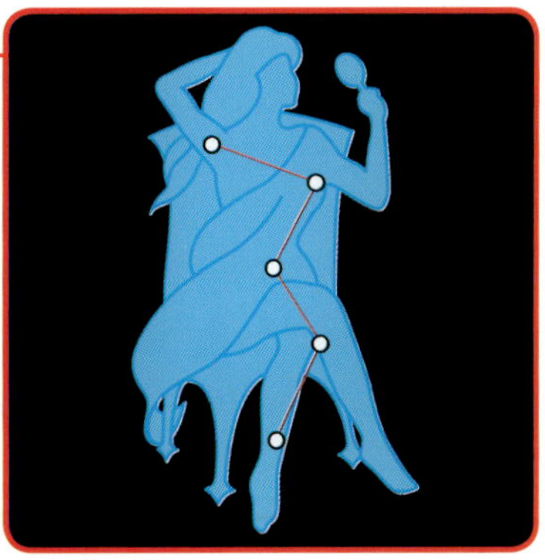

仙后座

这个星座是以希腊神话中一位自负的王后来命名的。在北方天空中非常容易找到，因为它看起来就像一个歪斜的字母“W”。

在不可见光波段观测

专业天文学家不只利用可见光观测夜空，他们的望远镜还可以利用肉眼不可见的光线形成图像，比如X射线、无线电波和红外线。下图中显示的是开普勒超新星，它是1604年一颗巨大的恒星爆炸后留下的残骸。

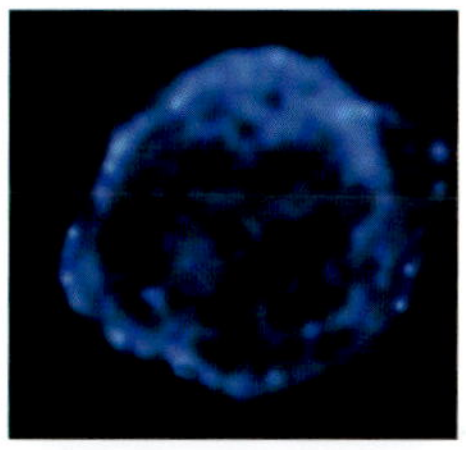

X射线图像

这幅开普勒超新星的图像是钱德拉X射线天文台拍摄的。它显示出有一团极热的气体向外辐射高能X射线。

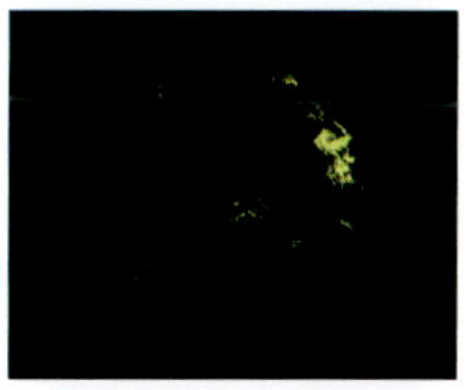

可见光图像

即使在哈勃空间望远镜拍摄的这幅可见光图像上，也只能看到这个天体很小的一部分。明亮的区域是气体团块。

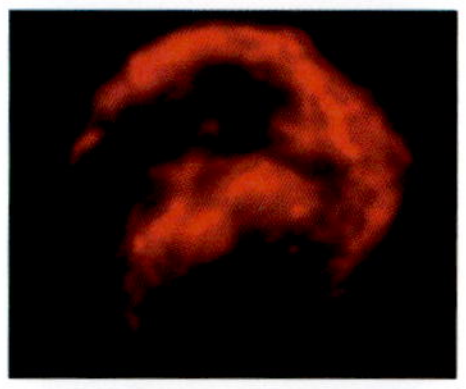

红外图像

在这幅由斯皮策空间望远镜拍摄的红外图像上，显示出恒星爆炸产生的冲击波激起的尘云。

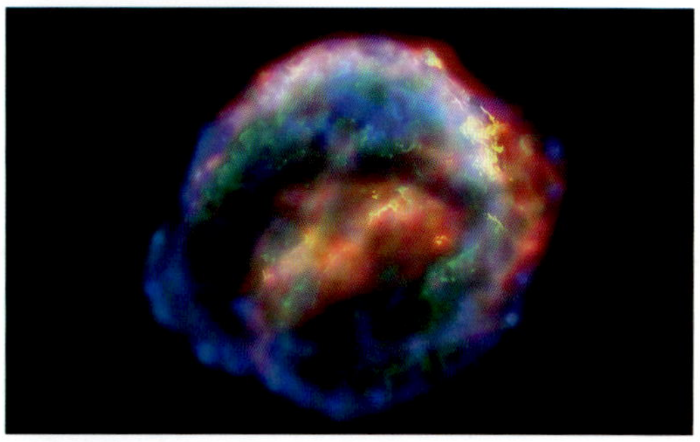

合成图像

用3张原图合成一张完整的图像，显示出超新星残骸的外层在以2000千米/秒的速度向太空扩散。

1969年7月16日，共有约**100万**人到美国佛罗里达州**观看**“阿波罗”11号发射。

“土星”5号运载火箭比纽约的自由女神像还高。

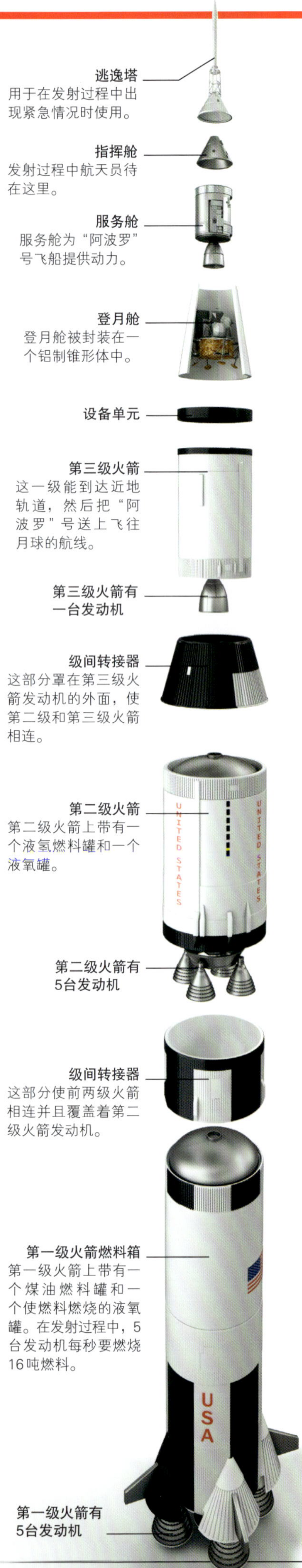

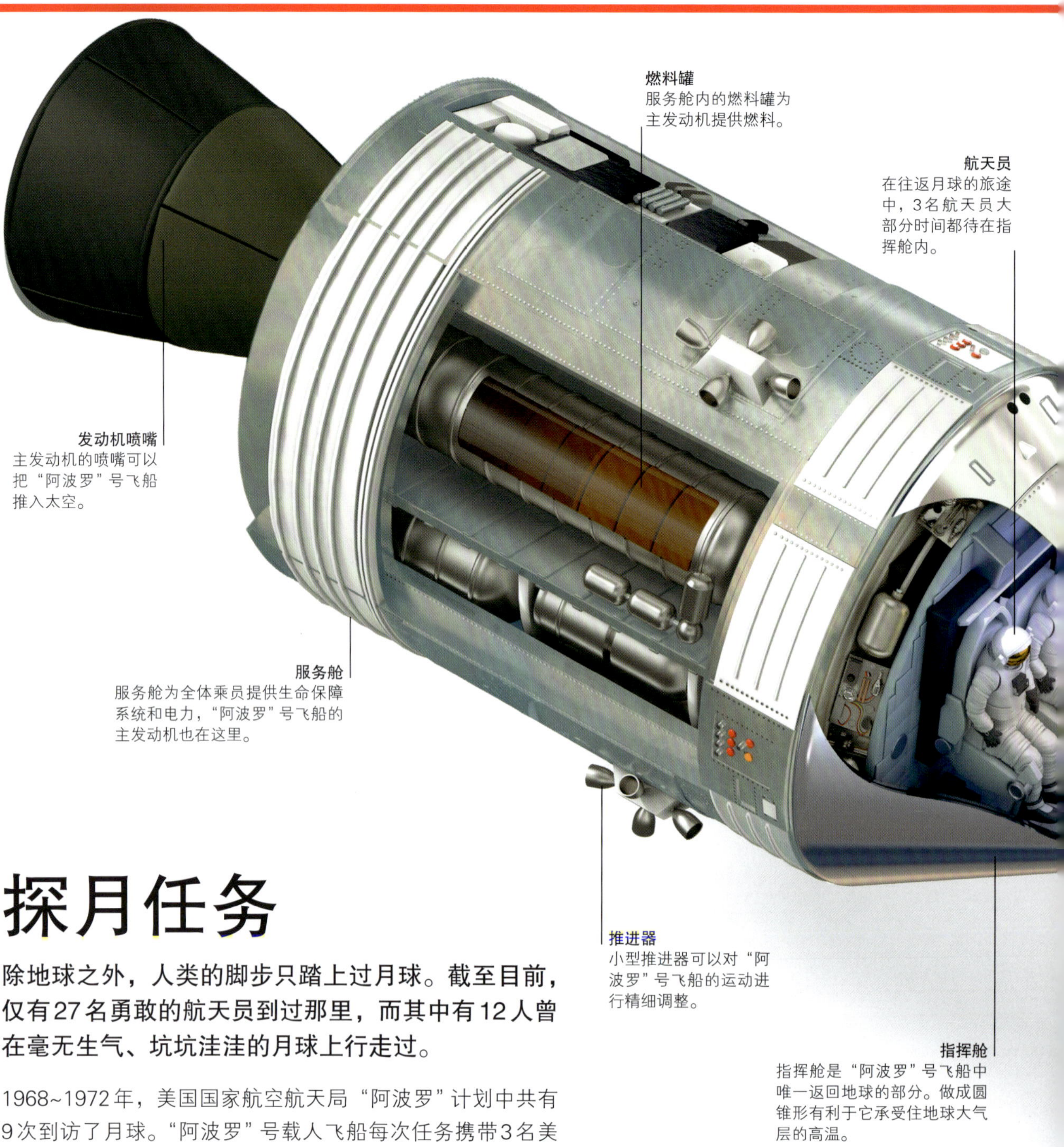

探月任务

除地球之外，人类的脚步只踏上过月球。截至目前，仅有27名勇敢的航天员到过那里，而其中有12人曾在毫无生气、坑坑洼洼的月球上行走过。

1968~1972年，美国国家航空航天局“阿波罗”计划中共有9次到访了月球。“阿波罗”号载人飞船每次任务携带3名美国航天员，由“土星”5号运载火箭发射升空。“阿波罗”8号在绕月飞行时对飞船进行了测试。随后，“阿波罗”10号进行了降落预演，它在月球表面低空飞行。到“阿波罗”13号绕月飞行时，人类已经完成了6次登月。第一次是在1969年，“阿波罗”11号成功在月面降落。航天员尼尔·阿姆斯特朗和巴兹·奥尔德林于同年7月踏上月球表面。当阿姆斯特朗迈出历史性的一步时，他说：“对一个人来说，这是一小步。对人类来说，这是巨大的一步。”中国探月工程于2004年正式展开，先后成功发射了6艘“嫦娥”号探测器，并计划在2030年前实现中国人首次登陆月球。

“土星”5号运载火箭

把“阿波罗”计划的航天员送入太空的火箭是当时最大的火箭“土星”5号，航天员位于火箭前端的锥形体内。“土星”5号运载火箭的高度将近111米，同30层楼差不多高。这个巨大的运载火箭由三级火箭组成，前两级火箭负责把“阿波罗”号飞船送入太空，第三级火箭把飞船送往月球。

“阿波罗”号飞船

“阿波罗”号飞船由三部分组成：指挥舱、服务舱和登月舱。在去往月球的40万千米的航程中，它们是连接在一起的。到达月球后，两名航天员乘坐登月舱降落到月球表面，第三名航天员留在指挥舱和服务舱（CSM）内继续绕月飞行。登月舱的上半部分被称作上升段，它把两名航天员带回指挥舱和服务舱，然后返回地球。

21 **“阿波罗”11号航天员尼尔·阿姆斯特朗和巴兹·奥尔德林在月球表面停留了21小时。“阿波罗”17号航天员在月球表面停留了3天。**

往返

6次“阿波罗”载人登月任务中每一次走的都是相同的路线，从美国佛罗里达州起飞，返回时航天员降落在太平洋。

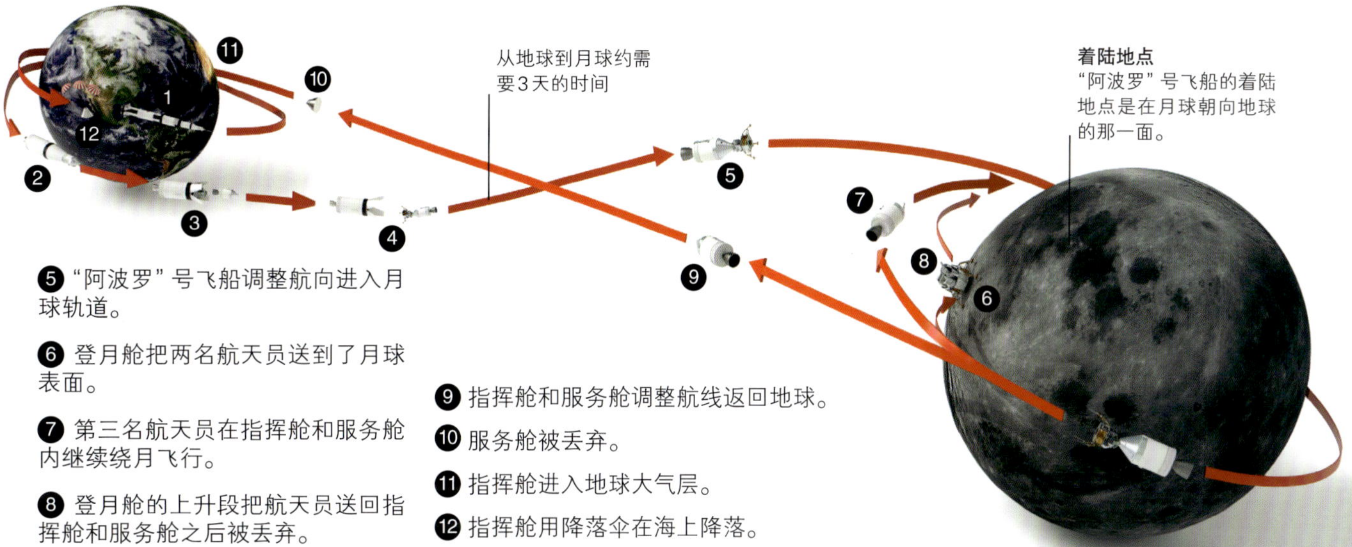

❶“土星”5号运载火箭携带“阿波罗”号飞船发射升空，进入地球轨道。

❷ 第三级火箭和“阿波罗”号飞船离开地球轨道飞向月球。

❸ 指挥舱和服务舱同火箭分离。

❹ 指挥舱和服务舱转变方向并与登月舱对接。现在，第三级火箭已经被丢弃。

❺“阿波罗”号飞船调整航向进入月球轨道。

❻ 登月舱把两名航天员送到了月球表面。

❼ 第三名航天员在指挥舱和服务舱内继续绕月飞行。

❽ 登月舱的上升段把航天员送回指挥舱和服务舱之后被丢弃。

❾ 指挥舱和服务舱调整航线返回地球。

❿ 服务舱被丢弃。

⓫ 指挥舱进入地球大气层。

⓬ 指挥舱用降落伞在海上降落。

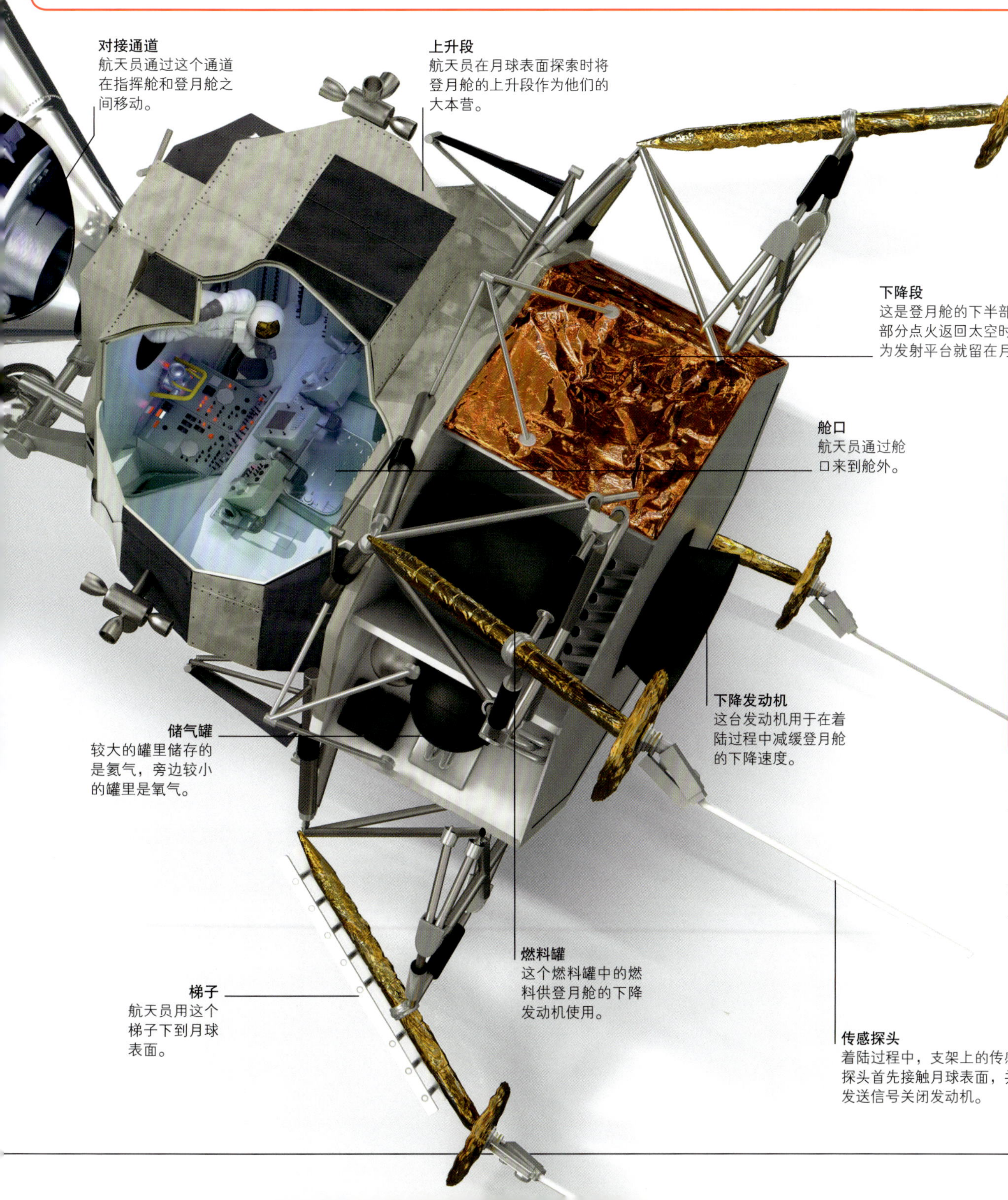

月球上的人

登月舱是“阿波罗”号飞船中唯一接触月球表面的部分。预先编好的程序使登月舱对准降落地点，然后航天员操纵飞船降落。科学设备、照相机、岩石采集工具和存储盒都放置在登月舱的底部。

4 已经访问过土星的航天器的数量。

飞向行星之路

航天器的飞行路线往往都是经过精心设计的。它们在途中会接近一颗或多颗行星，利用各个行星的引力助推作用，提高速度并节省燃料。“卡西尼－惠更斯”号探测器在去往土星的路上掠过了金星、地球和木星。

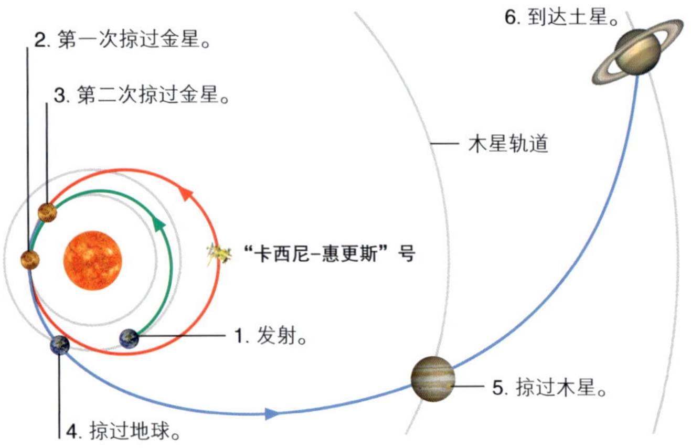

重大飞行任务

从1962年航天器首次访问行星以来，约有200个探测器对太阳系进行了探索。这里列出了其中一些著名的探测器。

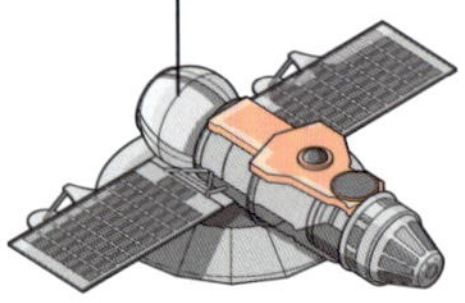

“金星”7号

“金星”7号于1970年在金星着陆，它是第一个降落在地球之外的行星上的探测器。23分钟之后它被高温摧毁。

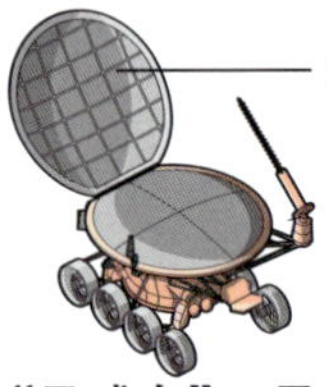

“月球车”1号

苏联建造的“月球车”1号是第一个月球车。它于1970年降落在月球上，进行了322天的探测，总共行进了10.5千米。

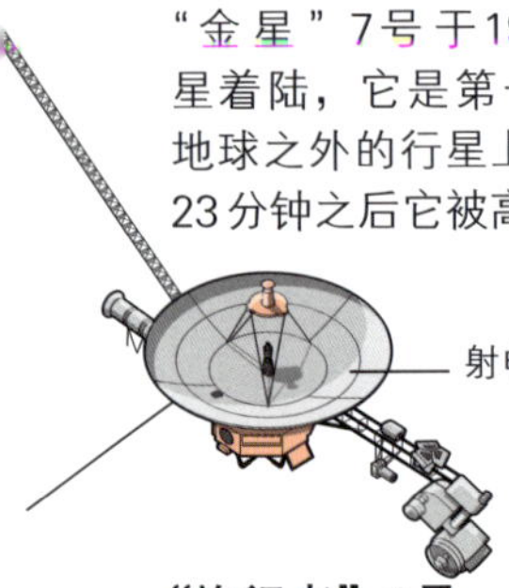

“旅行者”1号

“旅行者”1号1977年发射，至今仍在工作，是距离地球最远的人造天体。它在2012年进入星际空间。

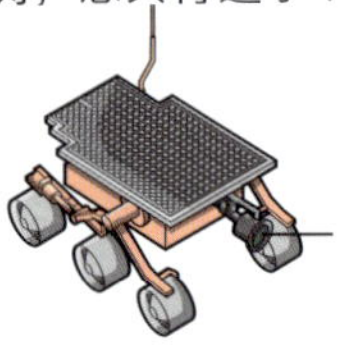

“旅居者”号火星车

“旅居者”号火星车是第一个在行星上探测的漫游车。它于1997年到达火星，用了12个星期研究土壤和拍照。

漫游车

漫游车是用于在行星或月球表面探测的机器人车辆，其中在火星着陆的也叫作火星车。目前已有4辆火星车成功地在火星表面着陆。它们虽然接收来自地球的无线电指令，但是可以独立地四处找寻道路并完成任务。

“好奇”号着陆

2012年，“好奇”号火星车通过一个火箭动力航天器在火星上降落。

“卡西尼–惠更斯”号土星探测器

“卡西尼－惠更斯”号于1997年发射，2004年到达土星。探测器分两部分：在2017年前一直围绕土星运转的“卡西尼”号轨道飞行器和将在土星最大的卫星土卫六上降落的“惠更斯”号着陆器。它的主要使命是进一步探测土星大气、土星环和卫星，如土卫六——这个除地球以外，太阳系中唯一一颗有高密度、富氮大气的星球。

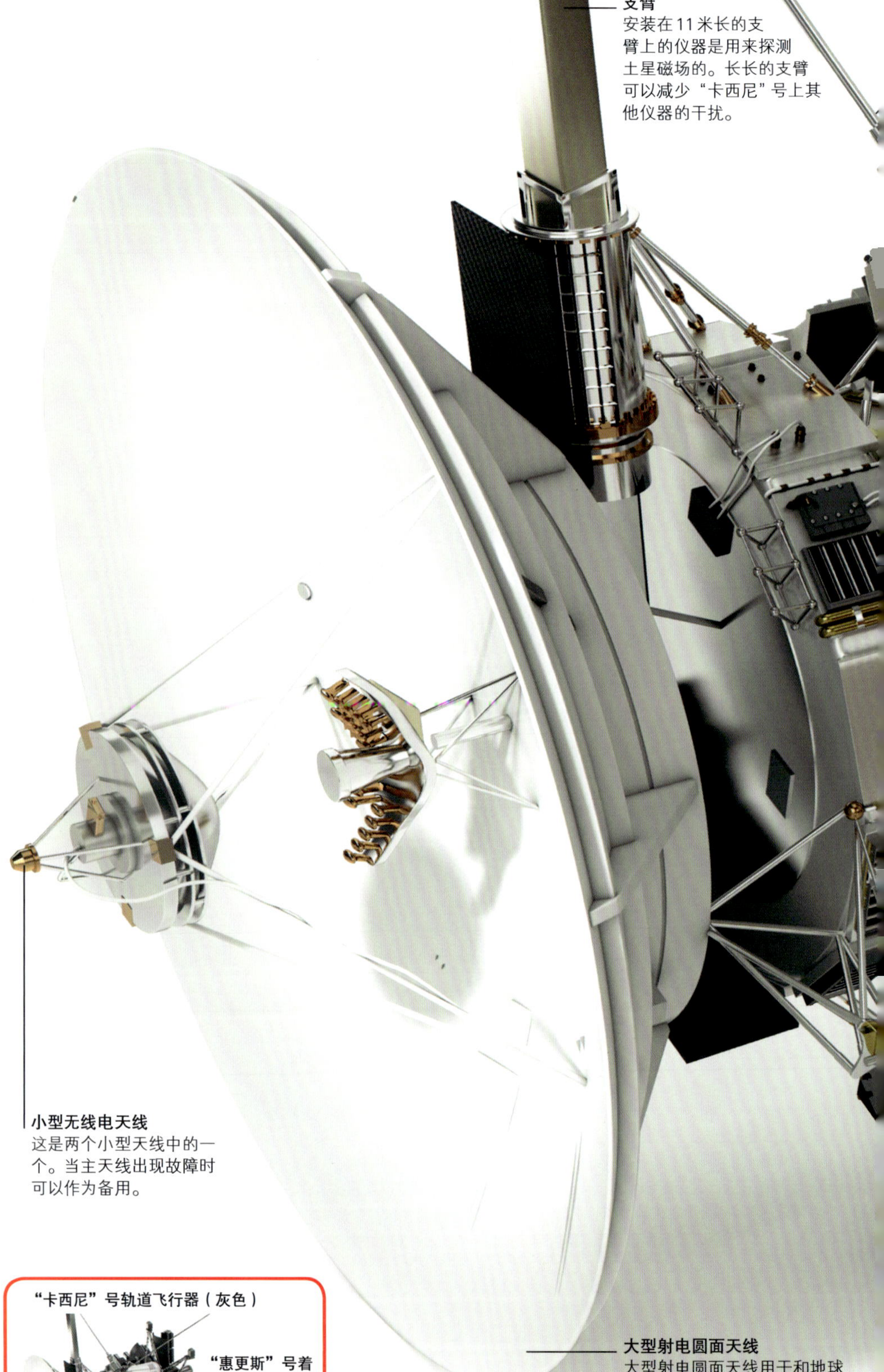

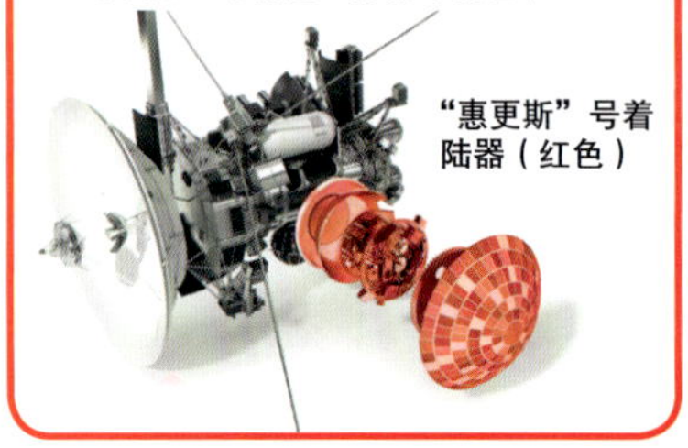

探索行星

虽然载人飞船最远只到过月球，但机器人探测器已经访问了太阳系中所有的行星和100多颗卫星。

机器人探测器可以到访那些对航天员有致命伤害的地方，比如灼热的金星表面或木星周围致命的辐射带。探测器携带了科学仪器、望远镜和照相机，通过这些设备进行了大量的实验，获得了上千幅图像，并通过无线电将这些图像传回地球。

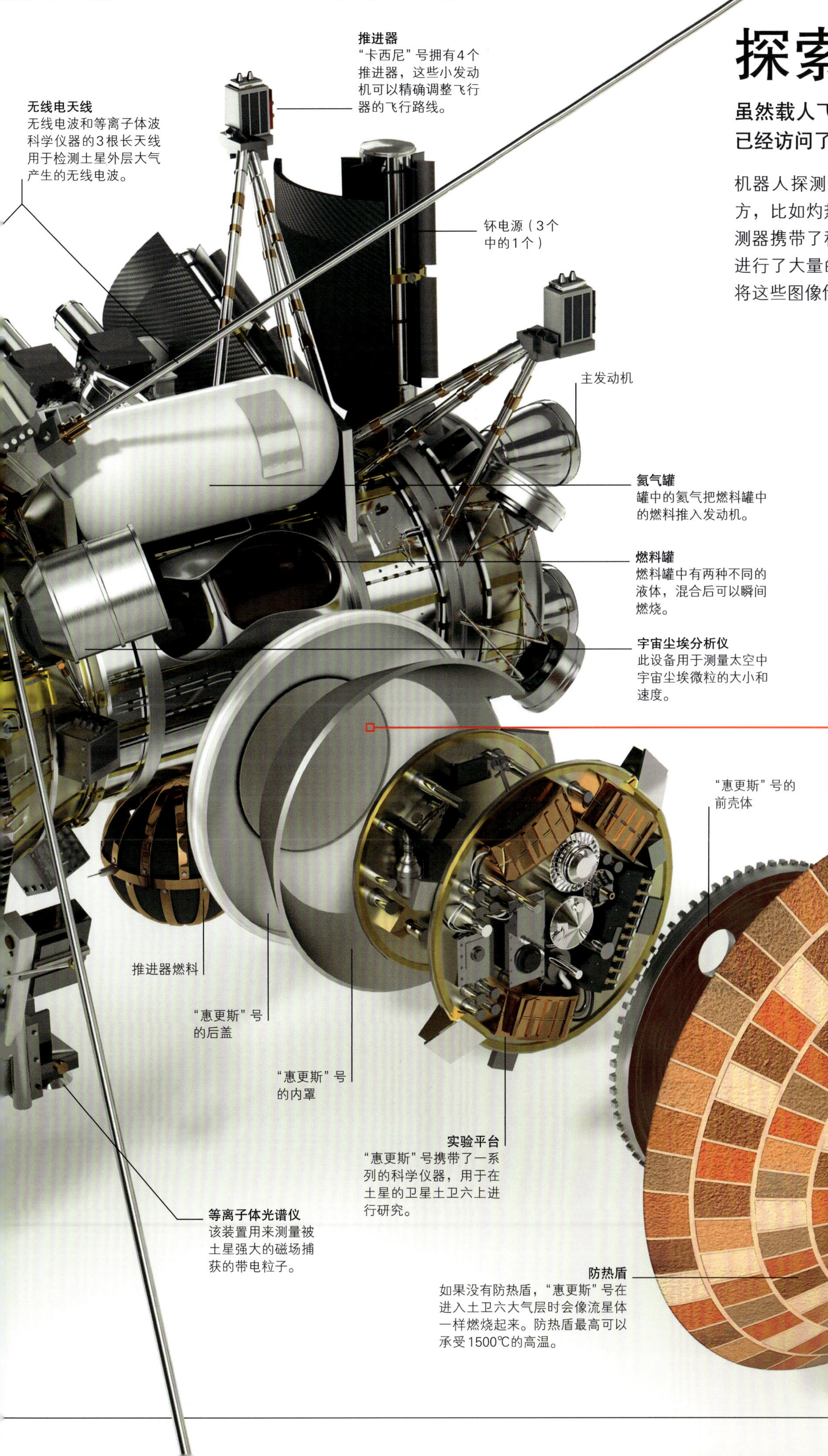

3个降落伞

“惠更斯”号后盖上有3个降落伞，打开后能缓慢地降落在土卫六上。“惠更斯”号发现了一个新的世界，在这个世界里，有冰冻平原，还有充满液态甲烷和乙烷的湖泊。

地 球

广阔的海洋、移动的大陆和生生不息的生命使地球成为独一无二的行星。板块的缓慢漂移和持续的侵蚀作用使陆地表面不断发生变化。

行星地球

地球大约形成于46亿年前，那时的地球与现在很不一样。它的表面是一个炽热的"炼狱"，大部分是熔融的岩浆，几乎没有液态水，大气中也没有氧气。但从那以后，地球开始形成海洋、大陆、富氧大气和生命。

变化的地球

看一下地图，你就会找到大陆的位置，但事实上，我们的世界一直在变化。地球表面裂开，分成几大块，称为构造板块。板块连带着大陆和海洋不停地来回移动，当它们碰撞时就会推挤隆升形成新的山脉。之后，经过数百万年的时间，风、水和冰会逐渐剥蚀山脉，使其高度降低。

3.35亿年前，地球上的大陆开始连在一起，形成一个巨大的超级大陆，称为泛大陆。

独一无二的星球

地球是目前已知宇宙中唯一存在生命的地方。根据现有证据，人们认为生命起源于富含化学物质的海底热泉。起初，微小的海洋生物诞生，将阳光作为能量来源，然后不断进化。这些微生物向大气中释放氧气——在生物演化过程中这是至关重要的一步。

地球大气

地球大气是由几种不同的气体组成的。

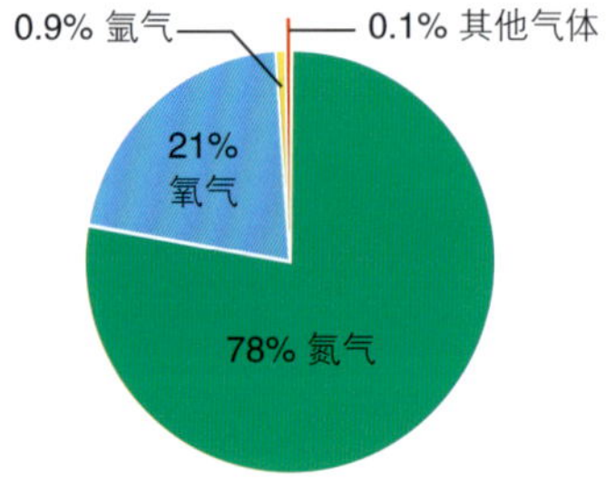

氮气：78%
一种可以"固着"在土壤中的气体，也在大气中松散地存在。植物需要从土壤中吸收氮来生存。

氧气：21%
氧气对动物的呼吸很重要，是直到微生物出现后才有的。这些微生物可以利用阳光把二氧化碳和水转变为碳水化合物，并释放氧气。

氩气：0.9%
一种惰性气体，不易与其他物质发生反应。

其他气体：0.1%
这部分气体包括二氧化碳。大气中二氧化碳的含量曾经很高。

我们的星球内部

地球内部是分层的。这是科学家通过研究地震波穿越地球的路径发现的。

厚度
- 6~90千米
- 2880千米
- 2255千米
- 1215千米

地壳
不同类型的地壳组成了地球的陆地和洋底。陆壳比洋壳厚，包含的岩石类型更多。

外核
外核是唯一的液态层，主要由铁组成，但也含有一些镍及少量的其他物质。

地幔
这个岩石圈层比地壳致密。虽然它可以很缓慢地变形和流动，但几乎是固态的。

内核
内核是固态的，大部分是铁，还有一些镍。它的温度很高，约6000℃。

每个圈层里面有什么？

地壳和地幔大部分由被称为硅酸盐的矿物质组成，这是一种二氧化硅和金属氧化物的混合物。地幔富含含镁的硅酸盐，而地壳相比于地幔则含有较少的镁以及较多的铝和钙。地核主要由金属铁组成。一般认为，地核中的物质从未被带到地表，它的成分是通过科学方法获知的，如地震波研究。

海洋

地球的表面和大气中含有相当于13.9亿立方千米的水。海洋既有深海区域，也有浅海区域，浅海区域覆盖了大陆边缘地区——大陆架。地球表面并不是一直以液态水为主。在过去的冰期，极地冰盖很厚，分布范围很广，很多水冻结在里面，海平面比现在至少低120米，使大陆架暴露在外，成为干燥的陆地。

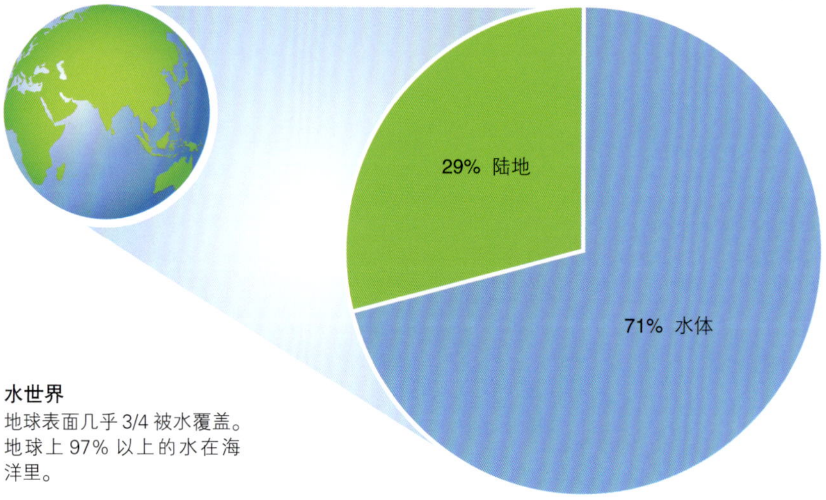

水世界
地球表面几乎3/4被水覆盖。地球上97%以上的水在海洋里。

大陆漂移

经过几亿年，各个板块移动到现在地表各大陆的位置上。大陆板块分离，相互推挤，形成新的大陆板块并使海洋移动，这个过程称为大陆漂移。

2亿年前
泛大陆刚刚开始分裂为两个主要的大陆板块。

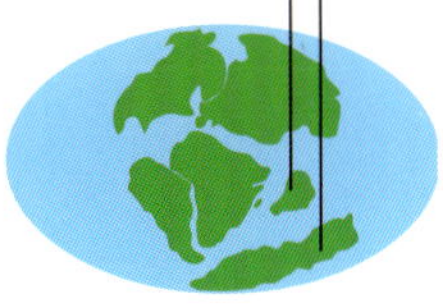

1.3亿年前
印度半岛从南部大陆板块分离，朝着亚洲向北缓慢移动。

7000万年前
南美洲从非洲分离出去，而在北部，北美洲从欧洲分离。

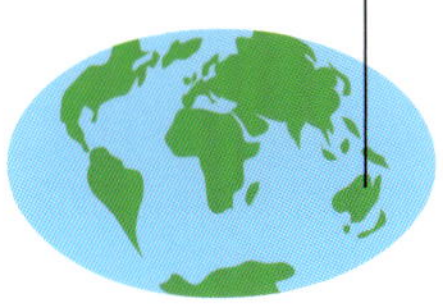

现今
澳大利亚大陆已经从南极洲分离。印度半岛与亚洲碰撞，形成了喜马拉雅山脉。

板块运动

大陆被重新排列组合，是因为它们是板块的一部分，随着板块移动。这个过程已经经历了上亿年，人们认为这是由热能驱动地幔缓慢移动造成的。

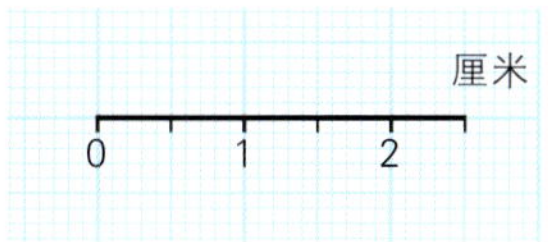

年移动量
板块通常以大约每年 2.5 厘米的速度移动，这大概相当于人类手指甲生长的速度。一些板块运动较快，最快可达每年 10 厘米。

观察地球

我们的星球表面很不平坦，大陆和洋底都伤痕累累，这是板块运动造成的。地球在宇宙中的位置也影响着它的形状，不停转动使得它中间部位凸出，而不是一个标准的球形。自转也使地球周围产生了一个磁场。

山脉占了地球陆地景观的大约1/5。

一个旋转的星球

地球的引力把它拉拽成一个球的形状，其自身旋转又使它中部略微凸出，使得地球赤道的直径比两极之间的距离长 41 千米。

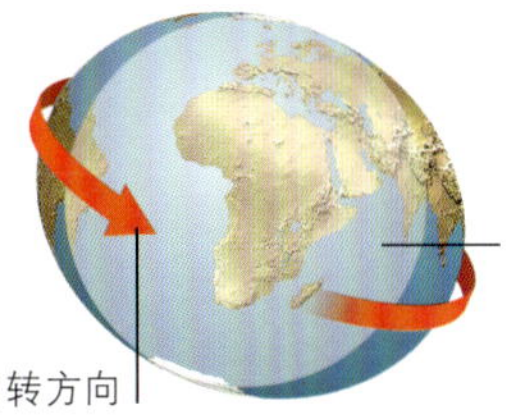

不是很圆
巨大的木星比地球的转动速度快，它的赤道直径比两极距离长 7%。

地磁场

因为地球的外核是液态的，所以地球的旋转会使它运动。这种运动会使液态金属中产生电流，进而产生磁场。对地球来说，这个磁场类似于星球内部一个大的条形磁铁产生的磁场。磁场保护着地球，防止地球被来自太阳的有害高能粒子伤害。

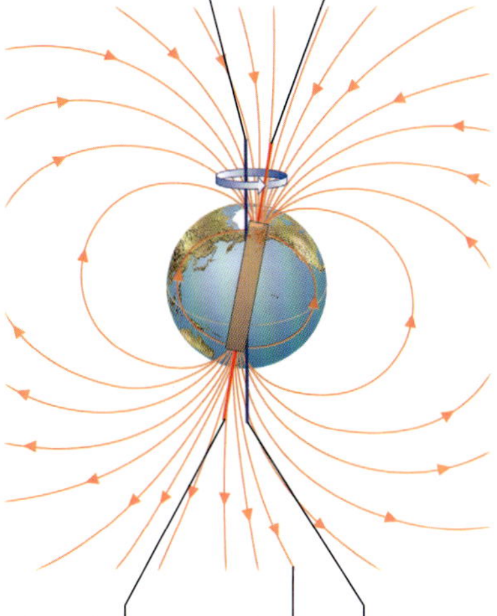

磁场
磁极并非正好与地理上的两极吻合，它们随着时间推移逐渐变换位置。

地球表面

地球的固体表面最低处在海平面以下 11034 米的太平洋马里亚纳海沟，最高至海平面之上 8848.86 米的珠穆朗玛峰峰顶，并且珠穆朗玛峰可能正以每年大约 4 毫米的速度上升。大部分陆地表面的高度不超过海平面以上 500 米。

海拔高度
- 4000米以上
- 2000～4000米
- 1000～2000米
- 500～1000米
- 250～500米
- 100～250米
- 0～100米

海洋深度
- 0～250米
- 250～2000米
- 2000～4000米
- 4000米以下

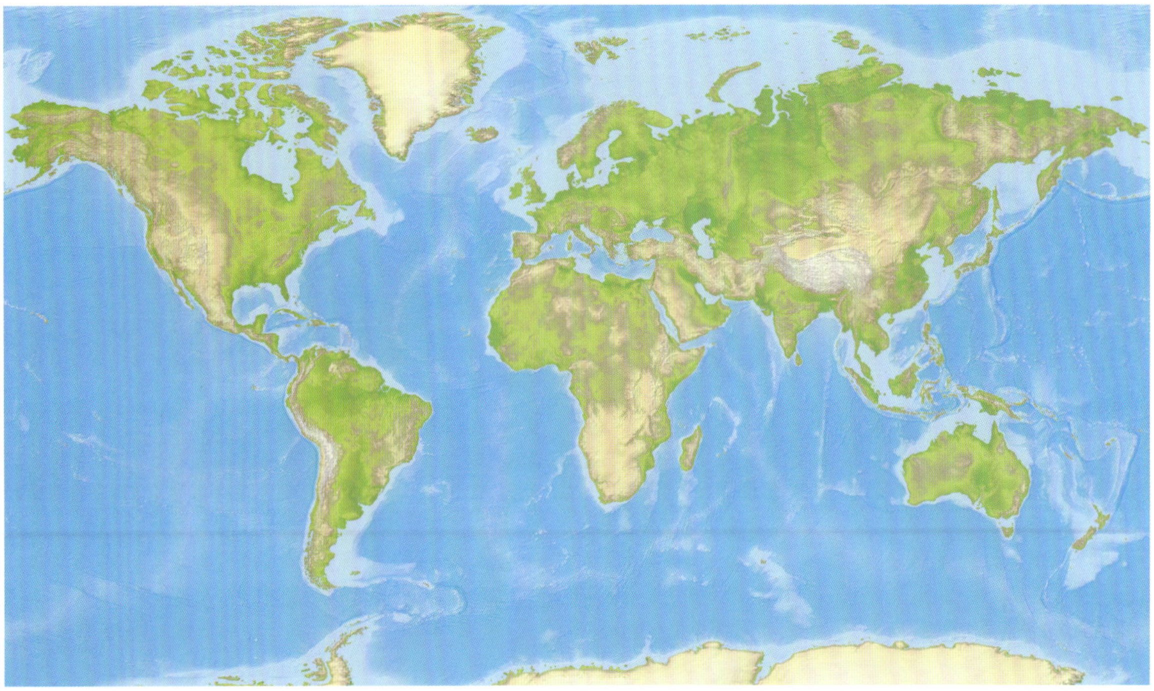

山脉与海沟
地球的固体表面不是平的。上图显示了地表的高度和深度——从最高的山峰到最深的海沟。

地球大致已经存在了46亿年。

地球内部

地球内部的大部分区域人类都无法直接探索，目前最深的矿井只能挖掘到地壳下约3.9千米处。尽管如此，还是能用科学方法来探明地球内部到底是什么样子的。

地质学家可以研究来自地壳各个深度的岩石，因为大陆之间的碰撞使本来在地表下的岩石抬升到地面，形成了山脉。在一些地区，碰撞甚至挤出了大片的地幔物质。火山有时也会喷发出大块的地幔物质。地幔以下是地核，地核物质在地面上从来没有出露过。不过，科学家已经用地震波探明地核分为两层——液态的外核和固态的内核。

夏威夷的火山
夏威夷群岛位于太平洋中部，是由火山喷发形成的。火山喷发时，地幔中炽热的岩浆向上运动。

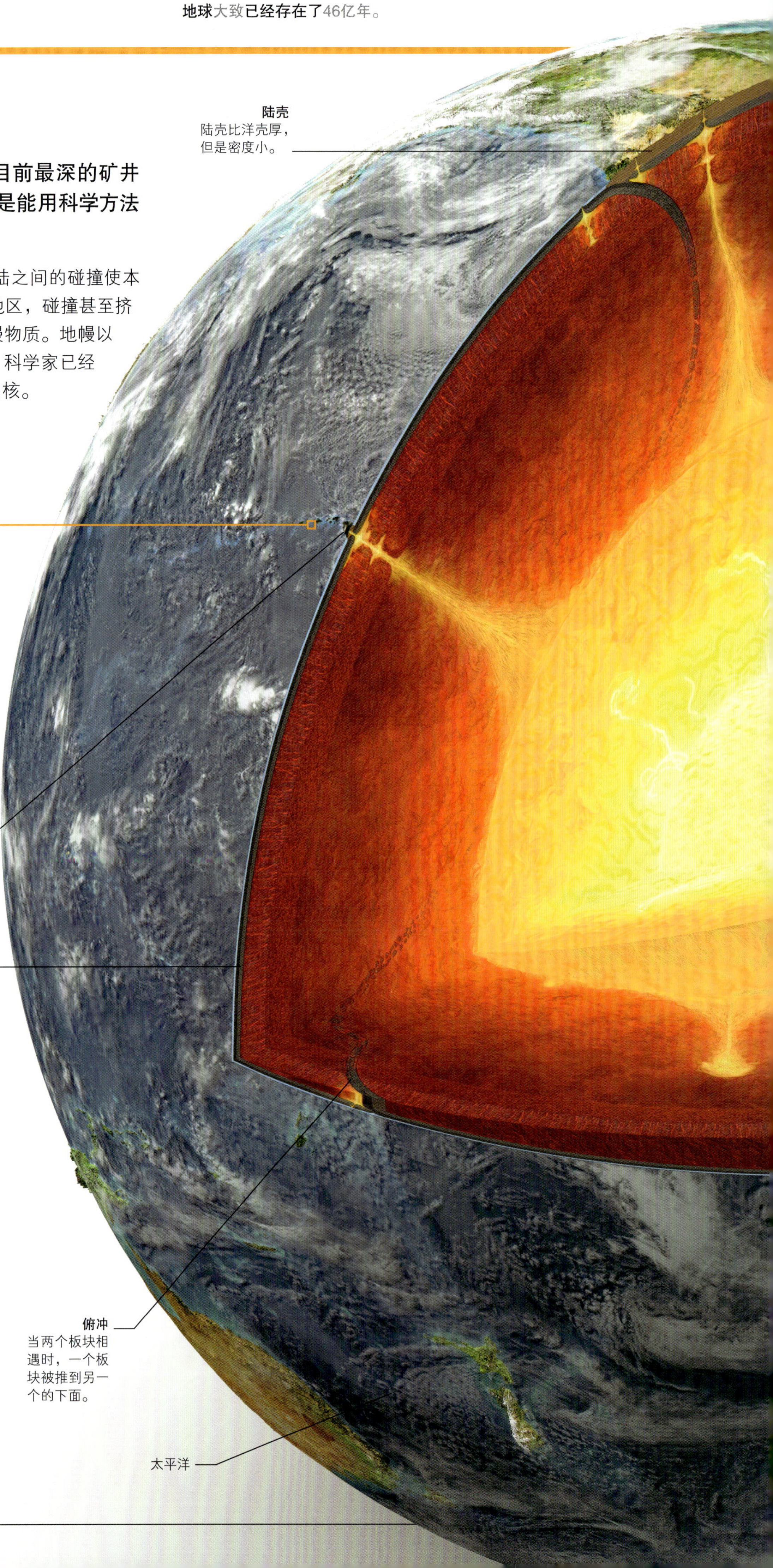

6000 地球内核的大致温度为6000℃。

分层的地球

地球由许多岩石圈层组成。最上层是地壳，在地壳下面，均匀而略致密的岩石形成了地幔。地壳和地幔顶部共同形成一个单独的坚固层，即岩石圈。岩石圈分裂成一些碎片，称为构造板块。岩石圈之下为软流圈。软流圈只有极小部分是液态的，但是它足够软，能让上面的板块移动。地幔下面是地核，外核是铁和硫的液态混合物，而内核为固态的铁和镍。

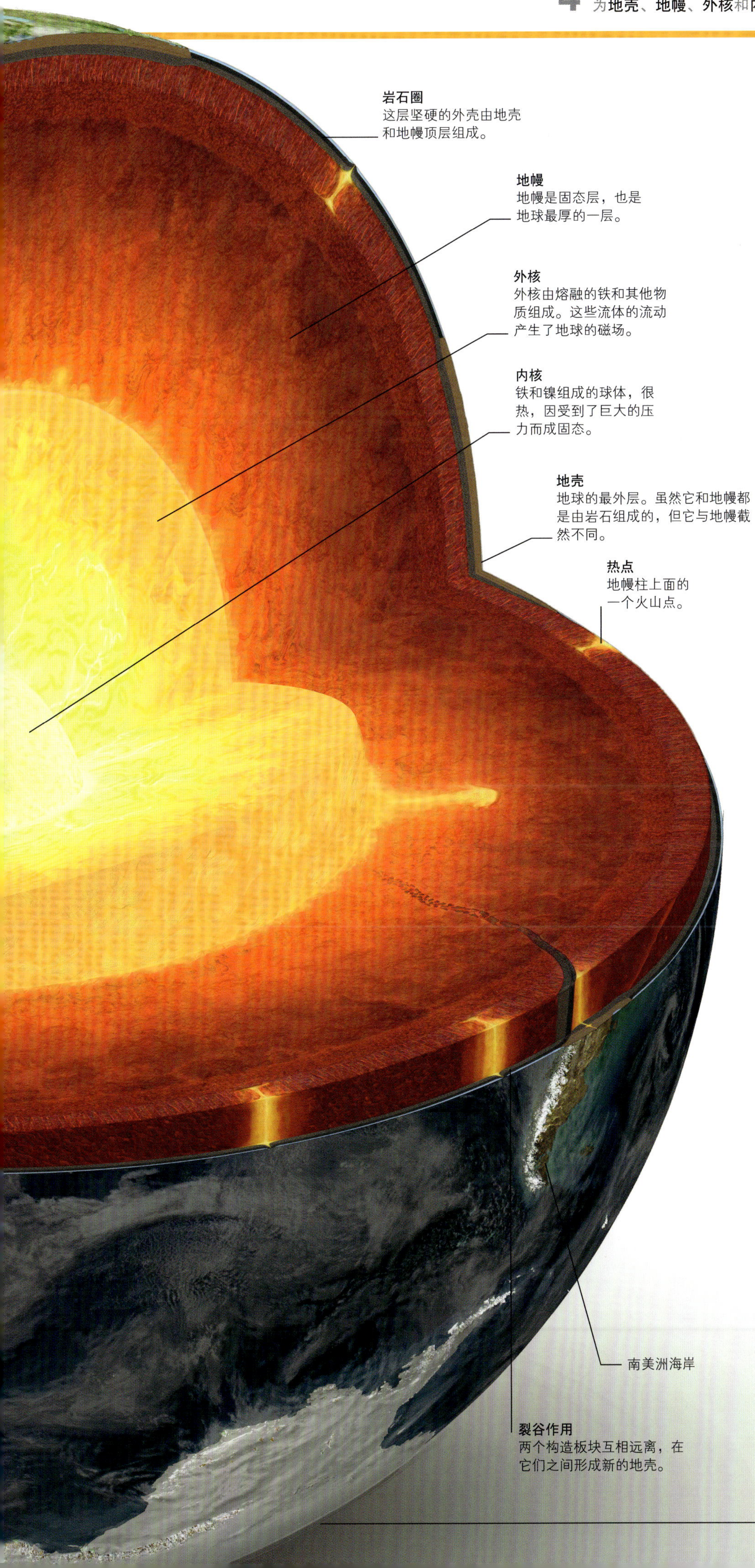

大气层

地球的大气层是由气体组成的，受引力作用而被束缚在地球周围。大气层的外边缘并没有清晰的边界——它只是消失在太空中。一般认为，太空从距地球表面大约 100 千米的地方算起。

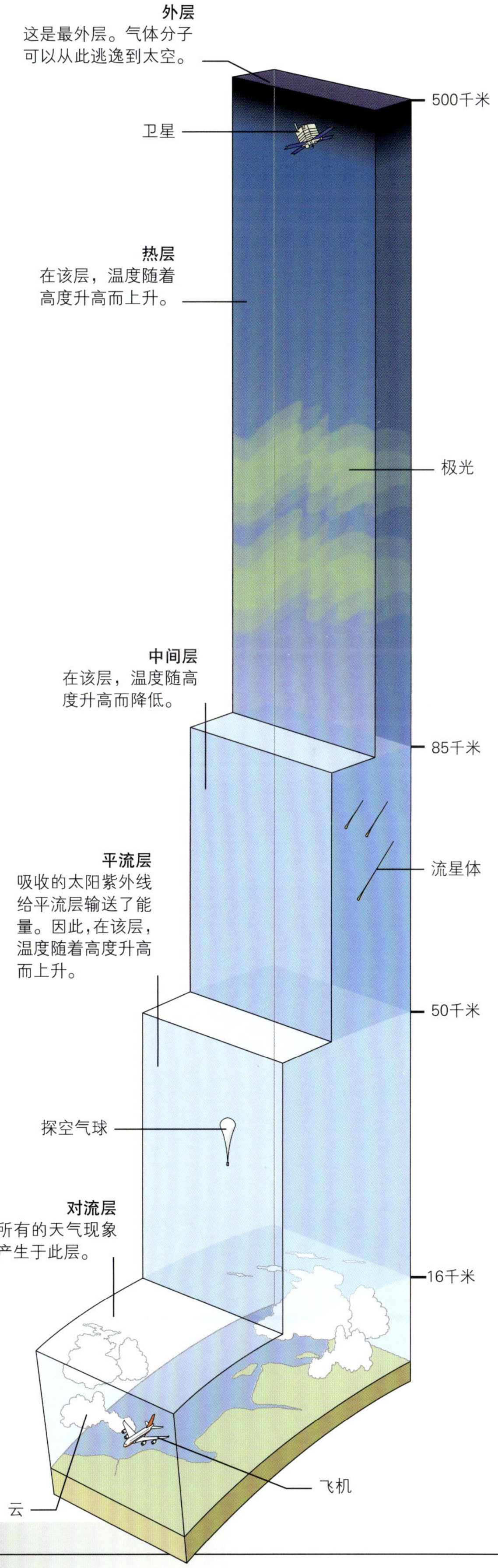

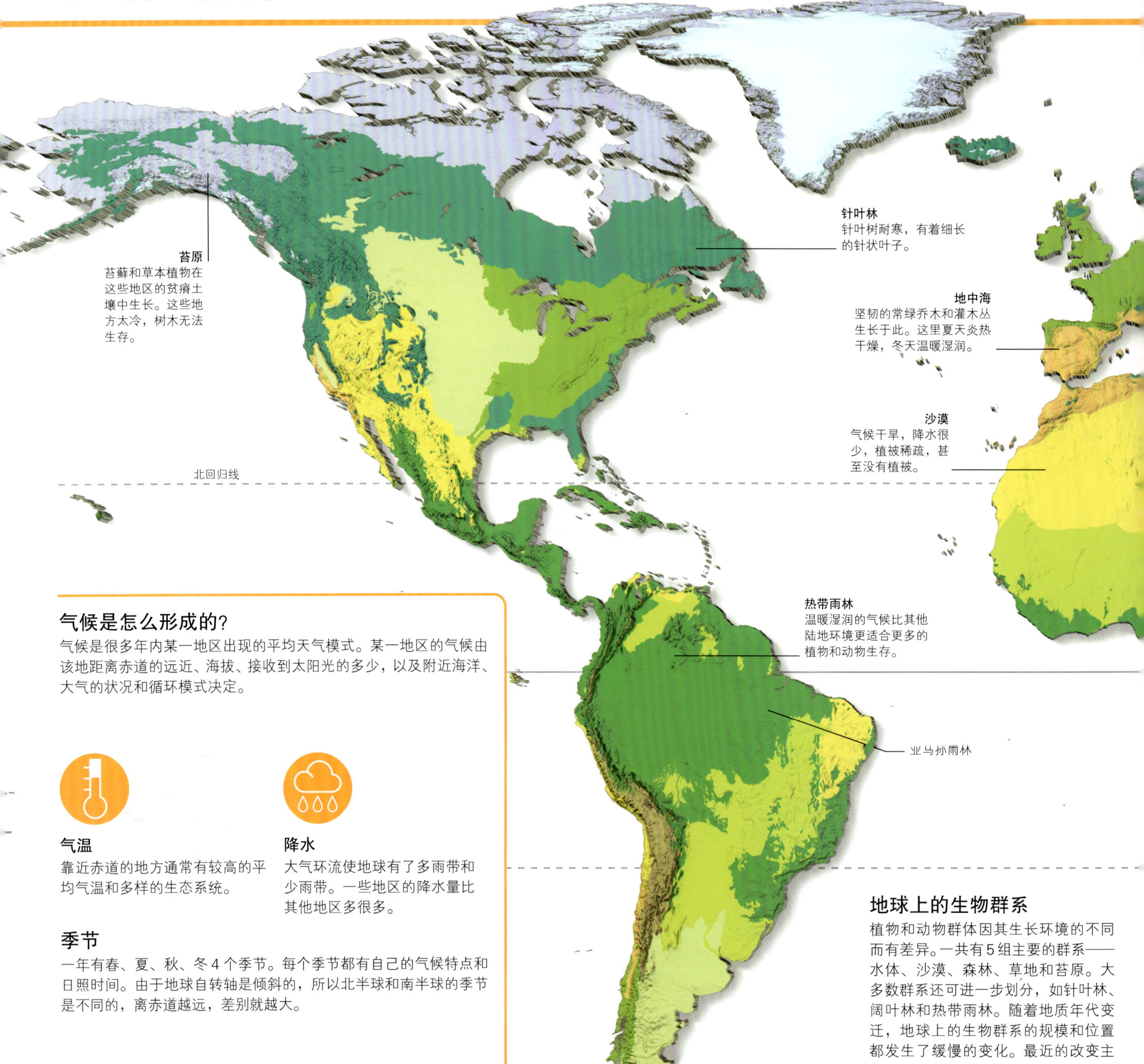

气候是怎么形成的?

气候是很多年内某一地区出现的平均天气模式。某一地区的气候由该地距离赤道的远近、海拔、接收到太阳光的多少，以及附近海洋、大气的状况和循环模式决定。

气温

靠近赤道的地方通常有较高的平均气温和多样的生态系统。

降水

大气环流使地球有了多雨带和少雨带。一些地区的降水量比其他地区多很多。

季节

一年有春、夏、秋、冬 4 个季节。每个季节都有自己的气候特点和日照时间。由于地球自转轴是倾斜的，所以北半球和南半球的季节是不同的，离赤道越远，差别就越大。

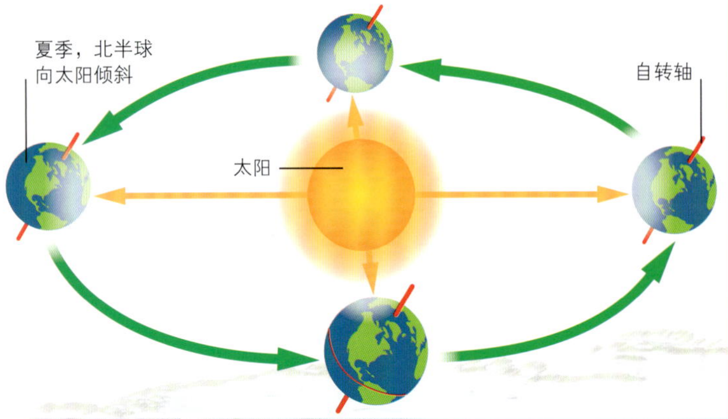

地球上的生物群系

植物和动物群体因其生长环境的不同而有差异。一共有 5 组主要的群系——水体、沙漠、森林、草地和苔原。大多数群系还可进一步划分，如针叶林、阔叶林和热带雨林。随着地质年代变迁，地球上的生物群系的规模和位置都发生了缓慢的变化。最近的改变主要是由人类活动引起的。

150万 生活在热带雨林中的动植物的物种数量。

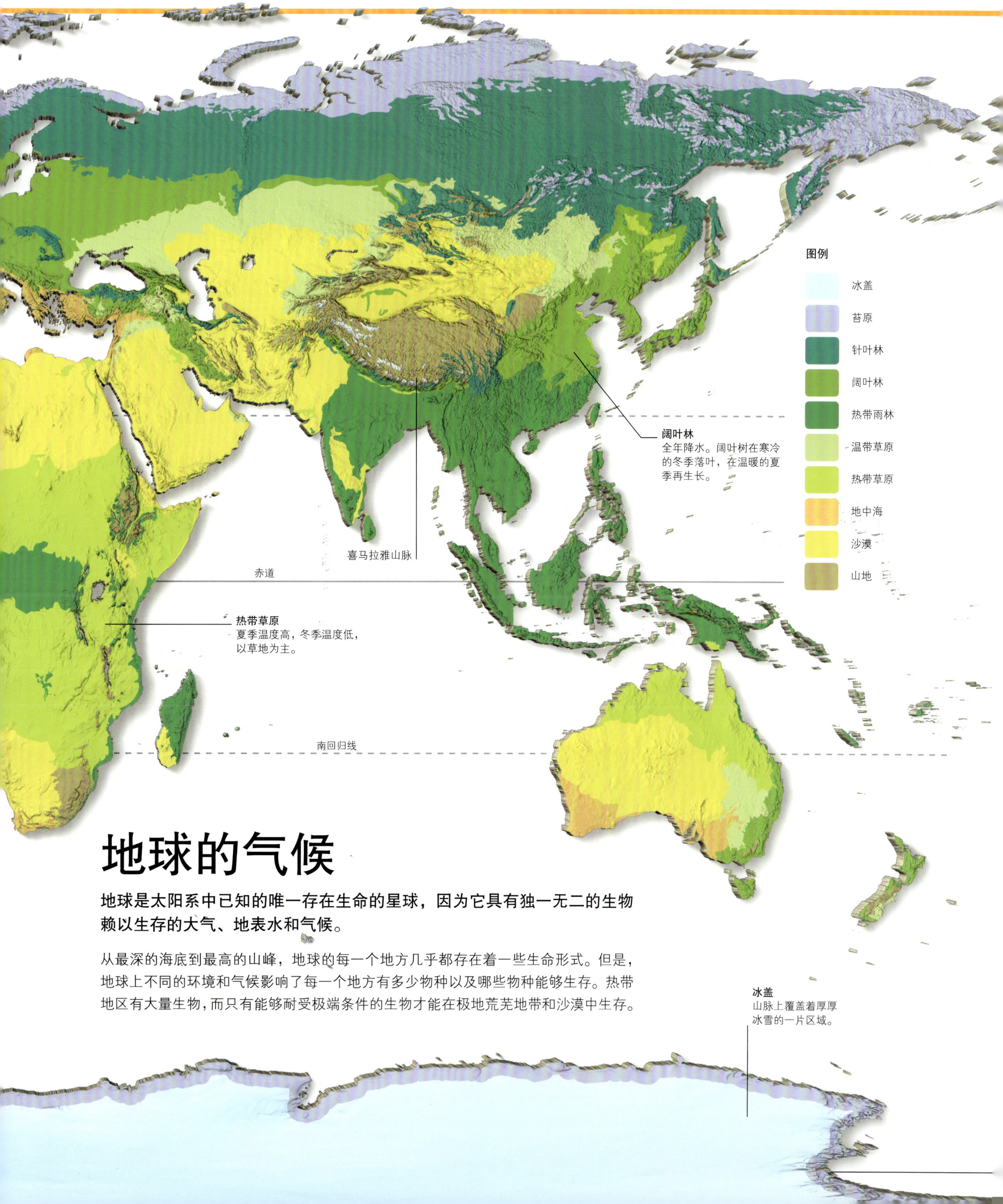

地球的气候

地球是太阳系中已知的唯一存在生命的星球，因为它具有独一无二的生物赖以生存的大气、地表水和气候。

从最深的海底到最高的山峰，地球的每一个地方几乎都存在着一些生命形式。但是，地球上不同的环境和气候影响了每一个地方有多少物种以及哪些物种能够生存。热带地区有大量生物，而只有能够耐受极端条件的生物才能在极地荒芜地带和沙漠中生存。

构造地球

地球最外层破裂成一些巨大的碎片，这些碎片被称为构造板块。这些板块移动、碰撞、重叠或擦肩而过，在这些过程中形成新的洋底和山脉，引发地震，生成火山。

移动的板块

地球表面看上去似乎是静止的，但实际上它是由一直移动的板块组成的。这些板块之所以能够移动是因为下方很薄弱。海洋下面的板块比大陆下面的板块更薄，且密度大。它们相互推挤，大洋板块俯冲到大陆板块之下。

拼接星球

构造板块拼合在一起组成了地球的表面。板块一直在移动，它们的相遇方式可以改变地球的面貌。在板块相撞的地方形成山脉和火山，在它们分离的地方形成新的洋底。

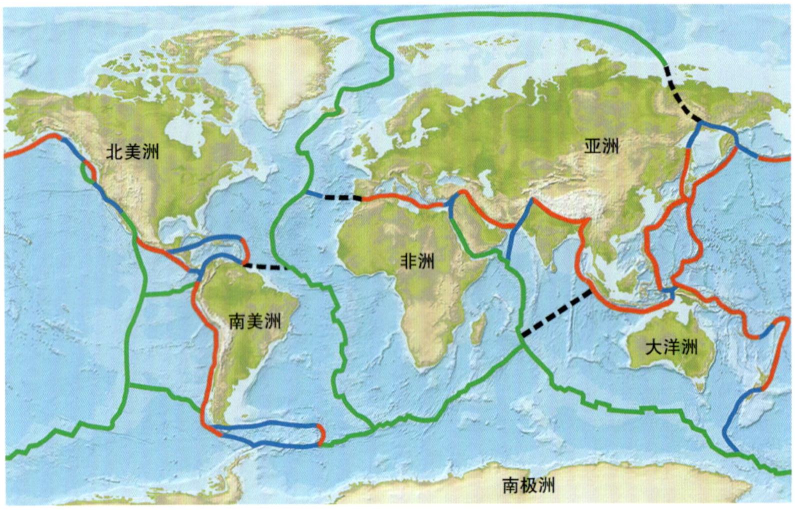

构造板块边界
板块边界的分类取决于板块是相向运动（会聚）、相背运动（离散），还是擦肩而过（转换）。

图例
- 会聚边界
- 离散边界
- 转换边界
- 未确定

最大的构造板块是太平洋板块。
它是唯一一个没有大陆的大板块。

板块是如何移动的？

没有人确切知道为什么板块会移动，但是科学家认为有的板块可能是随着地下地幔顶部地幔物质的运动而移动，并认为这些地幔物质以稳定的环流运动着——当在地球内部被加热时地幔物质上升，当地幔物质移动到近地面时因降温而下沉。

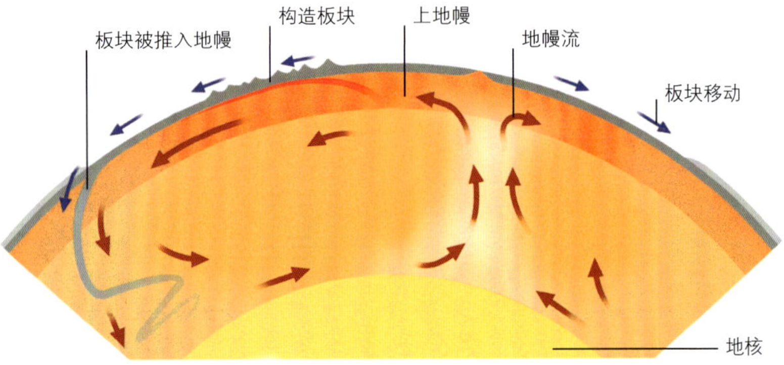

运动的地幔
地幔虽然几乎是固态的，但它是运动的。地幔物质上升、冷却、下沉，拖拽着上面的板块移动。

地震

大多数地震发生在构造板块相互摩擦的地方，这些地方称为断层。一些断层稳定且非常缓慢地运动着。在一些地区，断层可以“被锁住”几年、几十年或几个世纪，然后在几秒内突然破裂。地震就是由破裂之后大地的颤动引起的。破裂发生处的深度越浅，地面颤动得越剧烈。

测量地震

地震的大小通过测量它释放出来的能量多少来确定，可以用里氏震级表示，每个震级之间对应大约 30 倍的能量差异。地震对某一特定地点的影响可以用麦加利地震烈度（见下表）来表述，地震烈度分为 I~XII 度。

I~II	人不容易感觉到，但是可以用仪器监测到。	VII~VIII	警报响起，建筑物出现裂缝，树枝折断。
III~IV	门窗快速振动，悬挂物微微晃动。	IX~XI	很多建筑物被破坏，地下管道破裂。
V~VI	大多数人能感觉到摇动，建筑物摇晃。	XII	几乎所有建筑物都被破坏，河流改道。

与地震相伴生活

地震可以在世界上任何地方发生，但是最具破坏性的一般发生在板块边缘附近。地震有时会非常危险——建筑物倒塌，地面上出现巨大的裂缝。在地震可能发生的地区，建筑物要设计成当地震发生时可以随地震摇晃而不会被摇裂。地基要建在坚硬的岩石上，不能建在沙地或湿地上。

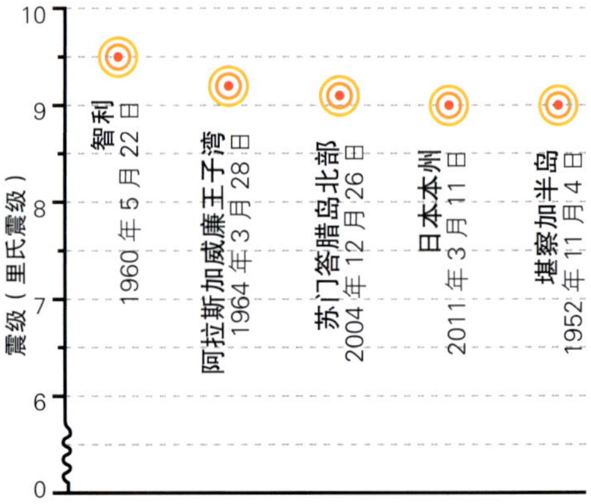

最大的地震
在过去的 100 年里发生过许多次大地震。最大的一次发生在智利，剧烈到使河流改道。

火山

火山喷发时地下熔融的岩石（岩浆）喷出地表。火山喷发是地球上最惊人、最危险的景象之一。火山常形成于板块边缘，但也可以在其他地方见到，如“热点”处，该处炽热的岩浆从地下深处向上运动。陆地上大约有 550 座活火山，更多的火山位于洋底。

熔岩

沿着地面流动的热的熔融岩石叫作熔岩，而且在它冷却并凝固成岩石之后还叫这个名字。熔岩以何种形式存在取决于它是由什么组成的，有多黏稠或有多稀薄，以及流动的速度有多快。

渣块熔岩

这是一种玄武质熔岩，表面为疏松、破碎和尖利的熔岩块。它流动时前部会坍塌。

结壳熔岩

这是一种表面未被破坏的玄武质熔岩。当它流动时，它的表面被逐渐拉伸，最后熔岩看上去要么很光滑，要么呈绳状，所以又叫绳状熔岩。

块状熔岩

这些熔岩块是在坚硬的熔岩流破碎成棱角状岩石时形成的。这些熔岩块要比渣块熔岩的表面光滑。

喷发类型

火山喷发可以产生巨大的力量，哪怕是一次小的喷发都会如此。每座火山喷发的方式取决于它的岩浆厚度和岩浆内含有多少气体。在富含气体的岩浆中，气泡剧烈膨胀可以使岩浆破碎，以巨大的力量把火山灰喷到空中，产生火山灰云。比较温和的喷发产生熔岩流，熔岩沿着火山缓慢流淌下来。

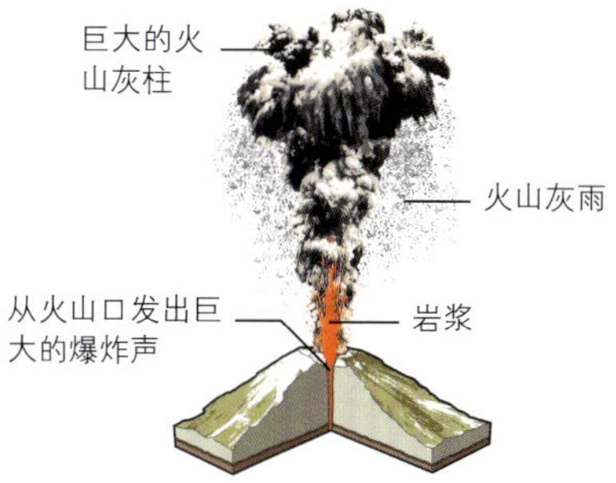

普林尼式喷发

最强烈的爆炸式喷发类型。气体和岩浆持续猛烈地迸发到空中。

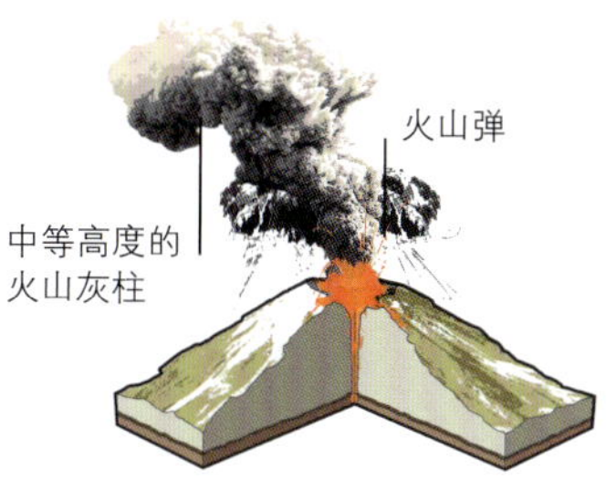

武尔卡诺式喷发

以一种大炮发射般的喷发为前导的猛烈喷发，抛出火山弹。

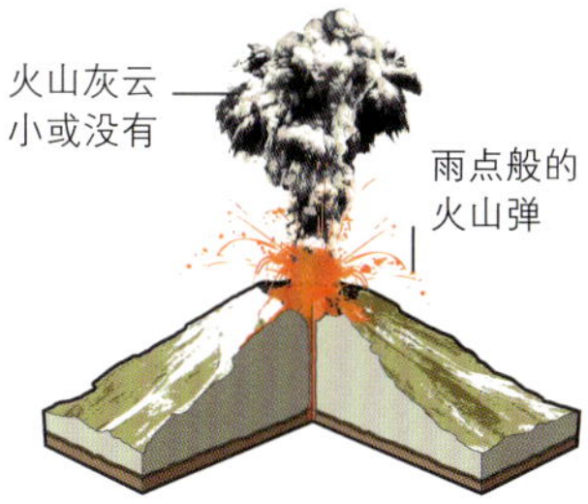

斯通博利式喷发

持续时间短的爆炸式喷发，形成雨点般的火山渣和火山弹。

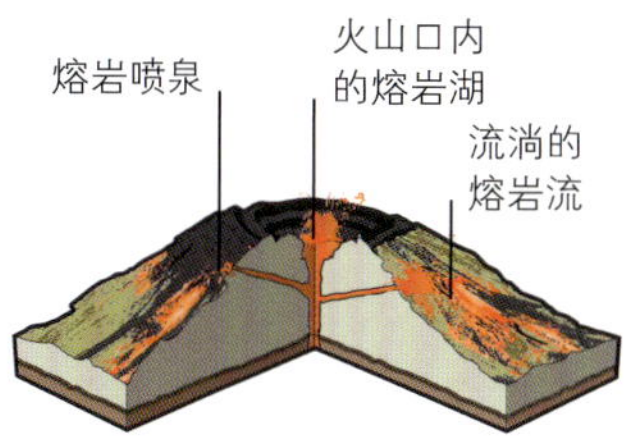

夏威夷式喷发

一般为较温和的喷发，形成熔岩喷泉和流淌的熔岩流。

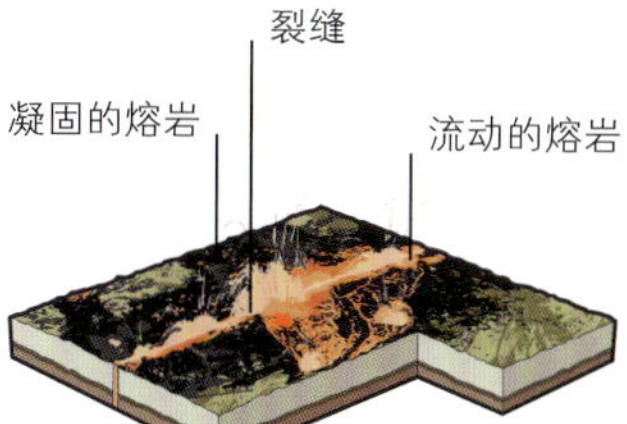

裂隙式或冰岛式喷发

这些都是安静的喷发，没有大的爆炸声。喷发沿着地面很长的裂缝发生。

火山灰柱

火山喷发时可以形成很高的火山灰柱。这些喷发柱的高度不同，其高低取决于喷发的能量大小和岩浆量的多少。一次火山喷发中最剧烈的阶段可以持续数小时。

有多高?

从喷发柱的高度可以估计火山喷发的程度。喷发有不同的类型，对应不同等级的火山爆发指数。

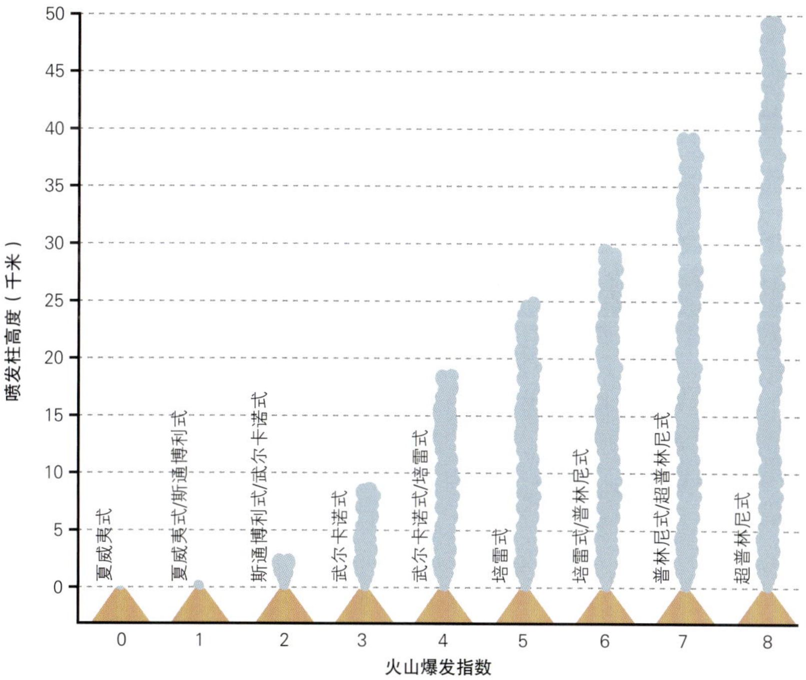

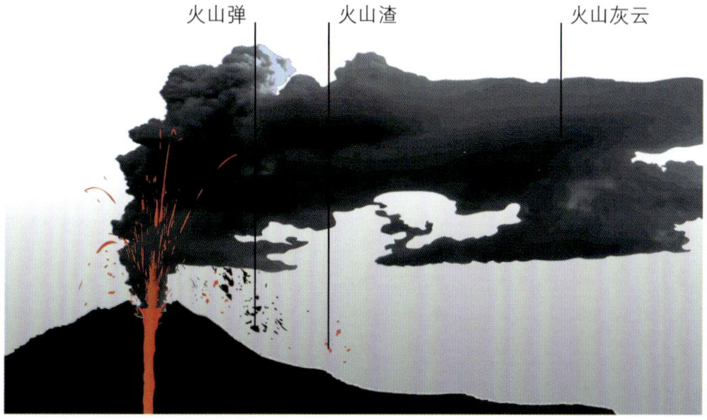

火山空降物

如果有风，火山灰云会被吹向火山的一侧，因此火山灰云中的火山灰落到地面会形成带状，并且可以延伸到距离火山几百千米的地方。虽然火山灰在落到地面时已经冷却，但它可使植物的叶子脱落，对呼吸也有危害。飞机也要避开空中火山灰，因为火山灰会堵塞发动机。

什么东西落在了哪里?

在一次喷发中产生的较大碎屑，如火山弹和火山渣，会落在火山附近。细小的火山灰会落到很远的地方。

构造板块由**地壳**和**地幔的顶层**构成，它们共同组成了**岩石圈**。

板块构造说

地球表面看上去是固定不动的，但事实上它是由很多块被称为构造板块的巨大板块组成的。这些板块缓慢并持续地运动着，它们之间的运动产生了地震和火山。

尽管有一些板块上方几乎全部为海洋，但大多数板块既有海洋也有大陆。当两个板块在海洋下分离时，新的洋底便会形成。当板块碰撞推挤在一起时，地貌会发生巨大的变化。如果两个板块边缘均为大陆，在碰撞带会形成巨大的山脉。如果一个板块为海洋，另一个为大陆，海洋板块边缘通常会俯冲于大陆板块下。这样的边缘称为俯冲带，沿着这些边缘会发生剧烈的火山喷发。

大西洋中脊
这条洋中脊大部分在水下约 2500 米处，冰岛是它在海平面以上的唯一部分。

地球的板块

地球的最顶层就像一幅拼图，含有七八个大的板块和几十个小的较破碎的板块。这些板块来回“漂浮”，在下方较热地层的顶层移动着。它们缓慢而稳定的移动可以改变海洋的大小，并携带着大陆移动。

图例

1 太平洋板块
2 北美板块
3 欧亚板块
4 非洲板块（努比亚板块）
5 非洲板块（索马里板块）
6 南极板块
7 澳大利亚板块
8 南美洲板块
9 纳斯卡板块
10 印度板块
11 巽他板块
12 菲律宾板块
13 阿拉伯板块
14 鄂霍茨克板块
15 加勒比板块
16 科科斯板块
17 扬子板块
18 斯科舍板块
19 加罗林板块
20 北安第斯板块
21 阿尔蒂普拉诺板块
22 安那托利亚板块
23 班达板块
24 缅甸板块
25 冲绳板块
26 伍德拉克板块
27 马里亚纳板块
28 新赫布里底板块
29 爱琴海板块
30 帝汶板块
31 鸟首板块
32 北俾斯麦板块
33 南桑威奇板块
34 南设得兰群岛板块
35 巴拿马板块
36 南俾斯麦板块
37 毛克板块
38 所罗门板块

板块边界

构造板块的边界以不同的方式相遇。这些板块会相背运动、相向运动或擦肩而过，其中任何一种情况都会导致地震的发生。研究地震可以帮助我们确定板块边界的位置。有时候板块会有许多裂缝，人们不能确切地知道哪里是这个板块的终点，哪里是另一个板块的起点。

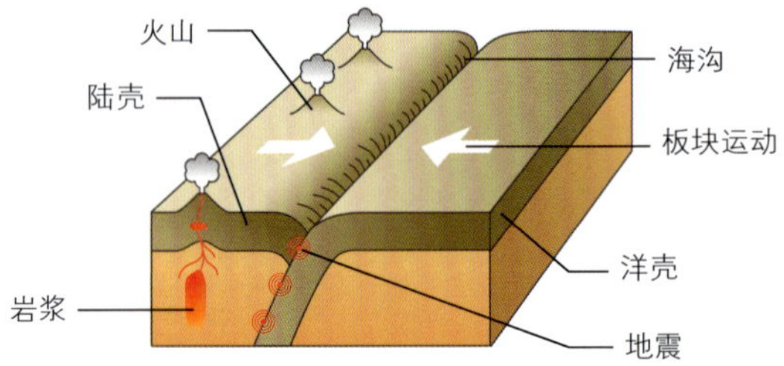

会聚边界

当一个板块带着洋壳向一个具有较厚陆壳的板块移动时，它会俯冲到大陆板块下。然后大洋板块熔化，沸腾的岩浆上升到地面形成火山。如果是两个大陆板块碰撞，它们会互相推挤，形成山脉。

2 **北大西洋洋底的扩张速度为2厘米/年。**

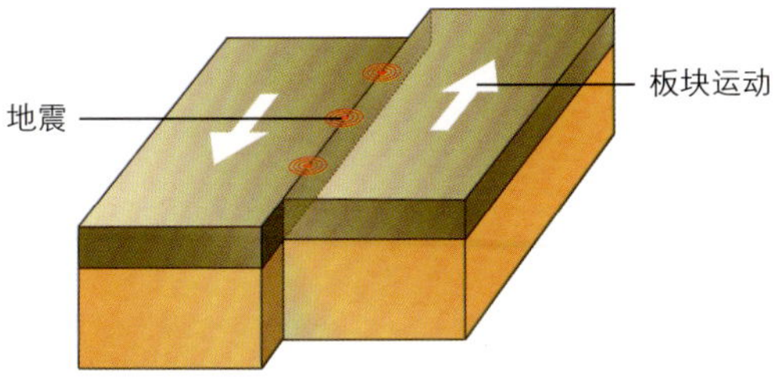

转换边界

两个板块擦肩而过时会形成转换边界。这些板块边界的运动不是平稳渐变的，而是忽动忽停的。当一次突然的移动释放出巨大的能量时，地震就发生了。这里岩浆很少甚至没有，所以这些边界上的火山很少。

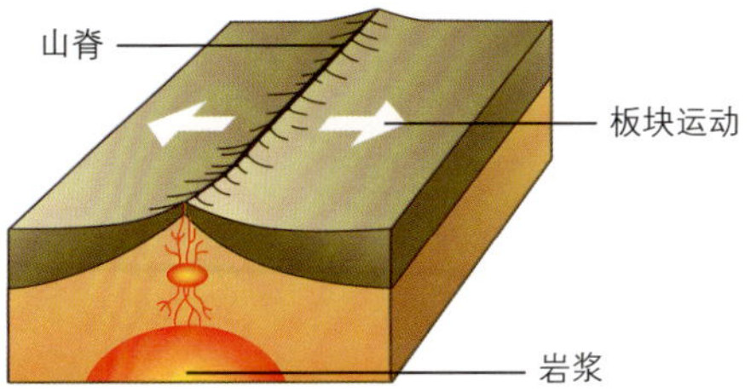

离散边界

板块相背运动的地方形成离散边界。当相背运动正好发生在海洋下面时，地幔的岩石就会进入中间的空隙，其中一部分在上升时熔化，形成新的洋壳。当新洋壳形成时，在会聚边界处的洋壳部分被破坏，因此地球的大小不会改变。

火山

熔融的岩石从地球表面一个开口处喷出就形成了火山。大多数火山形成于构造板块的边缘。

全世界75%
的活火山在水下。

熔融的岩石称为岩浆，是在地壳深处，甚至地幔中的一些地方形成的。如果岩浆到达地表，它就叫作熔岩。成层火山这种大型火山是由一系列喷发形成的，每次喷发都会在上次喷发物的顶部增加一层凝固的熔岩和火山灰。根据喷发频率的不同，火山分为活火山、休眠火山和死火山。活火山是历史上新近喷发的火山。近期没有喷发，但是有再次喷发可能的火山为休眠火山。已经完全停止喷发的就是死火山。一些小火山只喷发一次，而大的火山在它一生中可以喷发几千次。

熔岩流
有些火山喷发会产生流动的熔岩流，而不是爆炸式喷发产生的火山灰云。熔岩从火山上平稳地沿着斜坡向下流动，流动速度通常比人类奔跑的速度还要慢一点儿。

沸泥塘
在近火山处逃逸的热蒸汽和其他气体可在地表形成沸泥塘。它们不是在“沸腾”，气泡是由难闻的逃逸气体产生的。

火山喷发
岩浆穿过坚硬的岩石向上到达地表。当它上升时，岩浆中的气泡越来越大，速度越来越快，直到喷出地表。这些气泡强烈膨胀会使岩浆破碎，并以爆炸式喷出，形成火山灰或名为“火山弹”的大岩块。如果不发生爆炸式喷发，岩浆就会以熔融溪流的方式从火山向下流淌，称为熔岩流。

60 平均每年火山喷发的次数。

60 一座大型火山喷发产生的火山灰云可高达60千米。

火山的类型

火山的大小和形状由几个因素决定：喷发的岩浆类型，喷发的岩浆量，是否为爆炸式喷发。

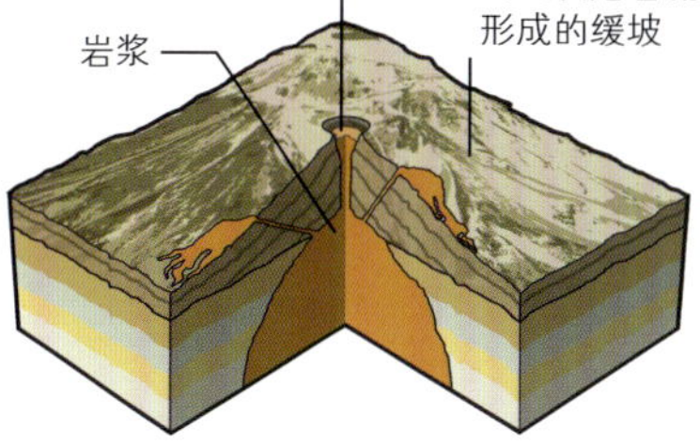

盾形火山

体积最大但坡度最缓的一类火山，大多是由可流动的玄武质熔岩流形成的。

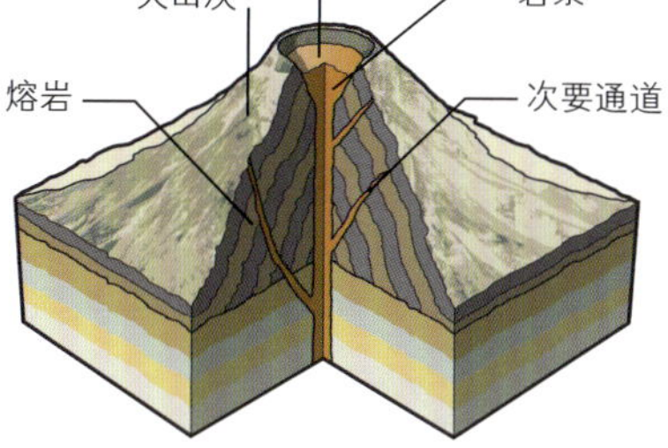

层状火山

最陡的大型火山，由多层火山灰和熔岩组成。

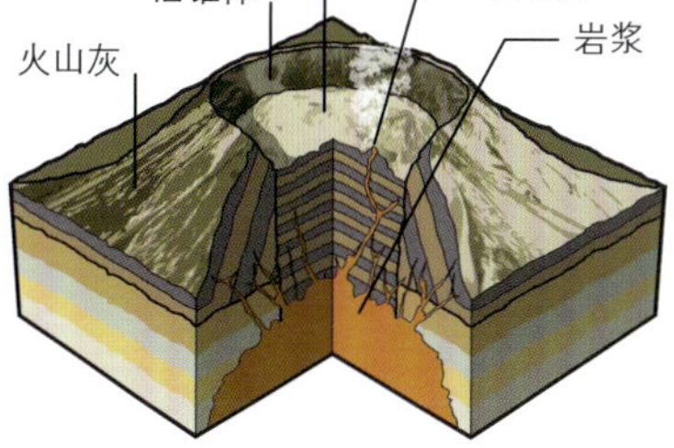

破火山口

经过一次超级大喷发后，成层火山被掏空了大部分岩浆房后的残留物。

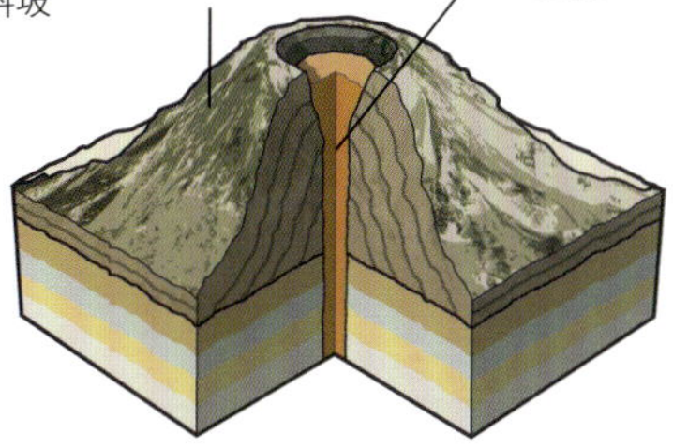

火山渣锥

一个很陡的小型山丘，是在很黏稠的熔岩喷出的地方形成的。

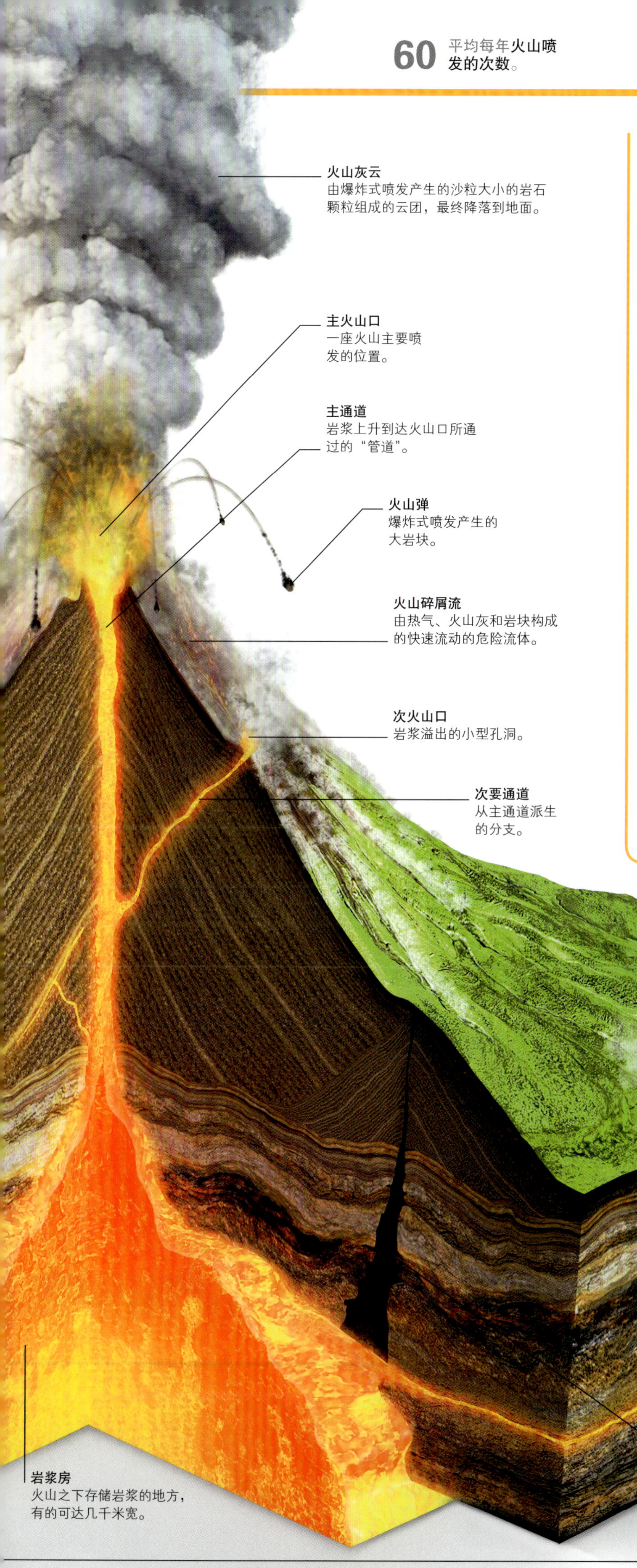

30 加利福尼亚南部每天发生的小震次数。

地震

作为地球活动产生的一种自然现象，地震是可怕的破坏性事件。一些地震可触发具有强大破坏力的海浪，即海啸。

地球的外壳是由被称为构造板块的巨大厚板组成的。这些板块一直在移动，以艰难的忽动忽停的移动方式互相推挤着。在一些地方，相向运动的岩体由于摩擦而连在一起。在此期间，连接区域的应力会逐渐累积。最终，应力水平足够高时，岩块之间会产生突然的错动或巨大的破裂。错动和破裂通常发生在地球表面的断层上或断层附近。随着错动和破裂的发生，能量以巨大的冲击波或振动的形式释放出来，引发地震。地震发生在海底时能引发海啸。

海啸是怎么发生的?

许多事件都可以引发海啸，包括靠近海洋或在海里发生的大型火山喷发、海底滑坡，甚至是小行星的撞击。但是，最常见的诱发因素是发生在海底的剧烈地震，通常会发生在一个构造板块的边缘被抬升到另一个板块上面的地方。

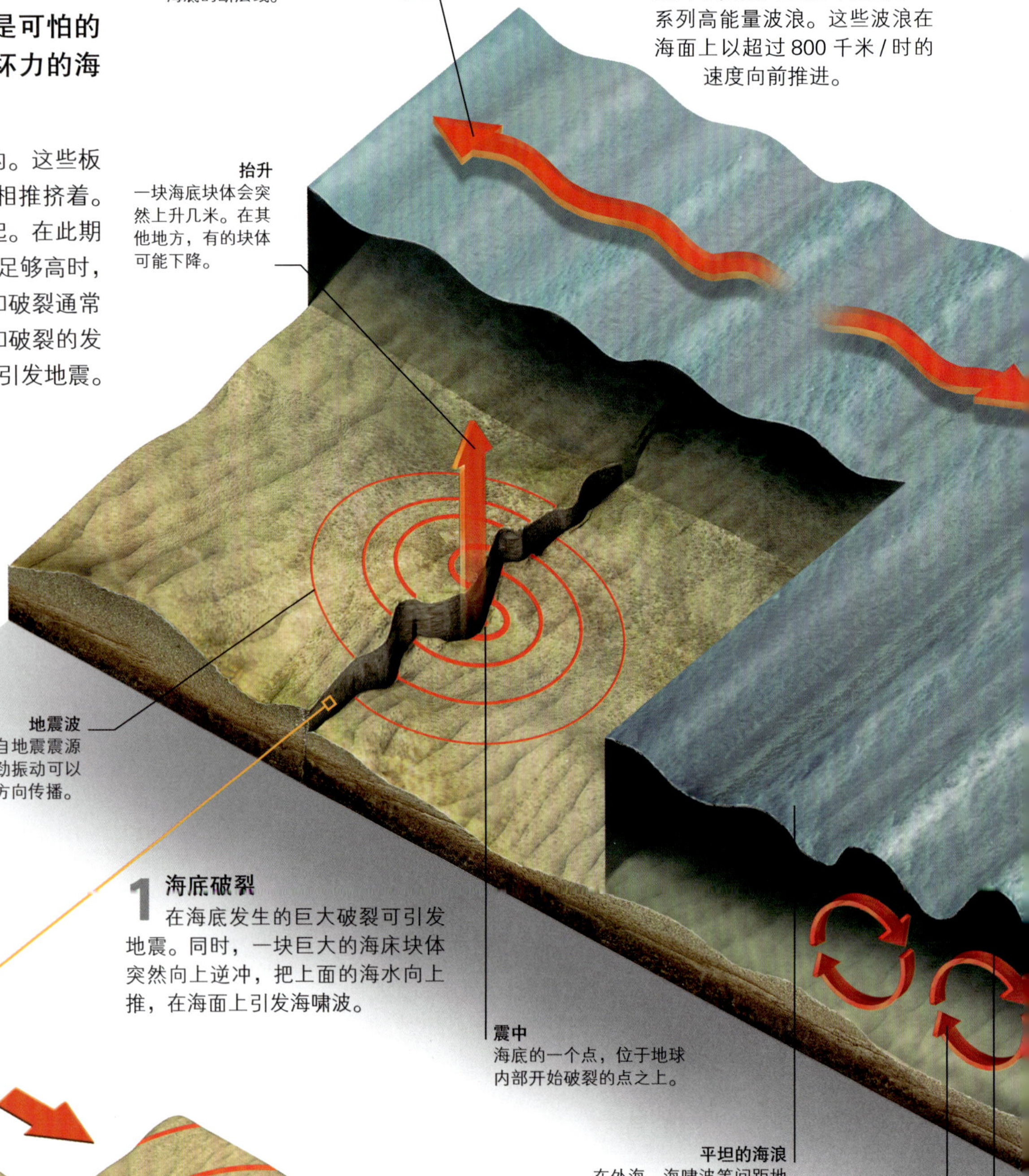

断层内部

构造板块边界断层处容易发生地震。在此，两个板块相向运动而彼此错过。当板块被卡住时，板块间就累积了应力。这些累积的应力最终造成板块突然错动或破裂，释放出巨大的能量。

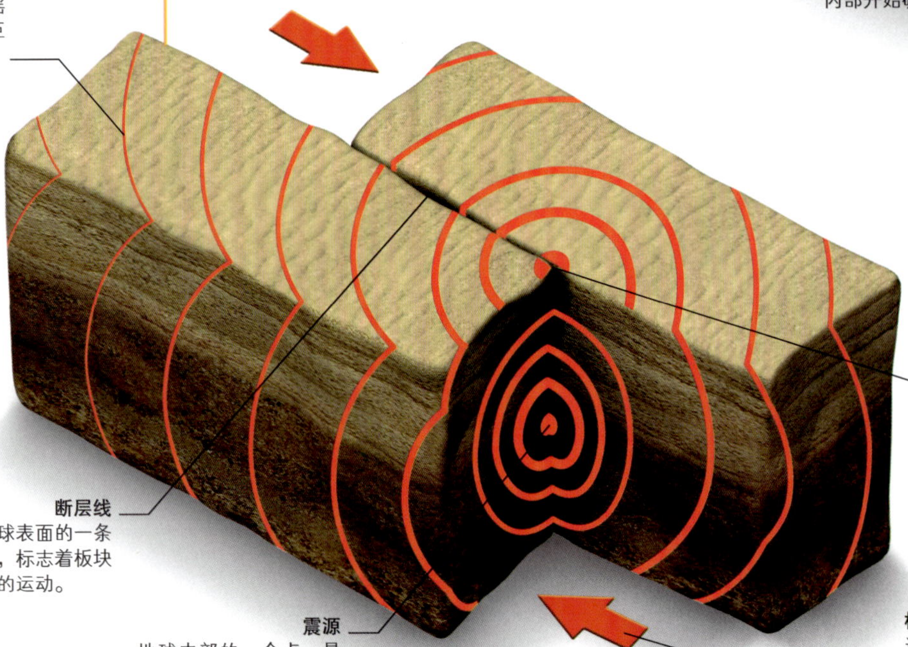

冲击波

地震产生两种地震波，分别叫作P波（纵波）和S波（横波），它们从地球内部穿过。科学家通过检测这些重新回到地球表面的地震波，计算出地震发生的时间和地点。

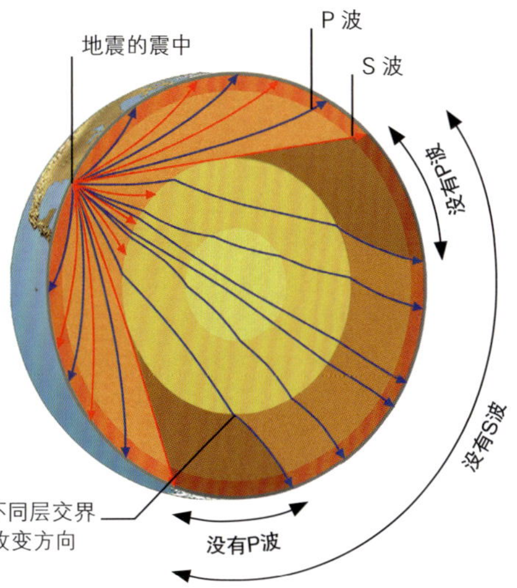

生活在板块边缘

一些国家因为处在构造板块的边缘，所以比其他国家更容易受到地震的影响。这张地图标示出地震死亡人数最多的10个国家。

1600 **造成2004年印度洋海啸的海底破裂长1600千米。**

3 放大

海啸波接近海岸时，速度减慢，高度增加。向上倾斜的海床对海水的运动产生一个阻力——它推动了海水，使海浪“放大”，变得更高更宽。

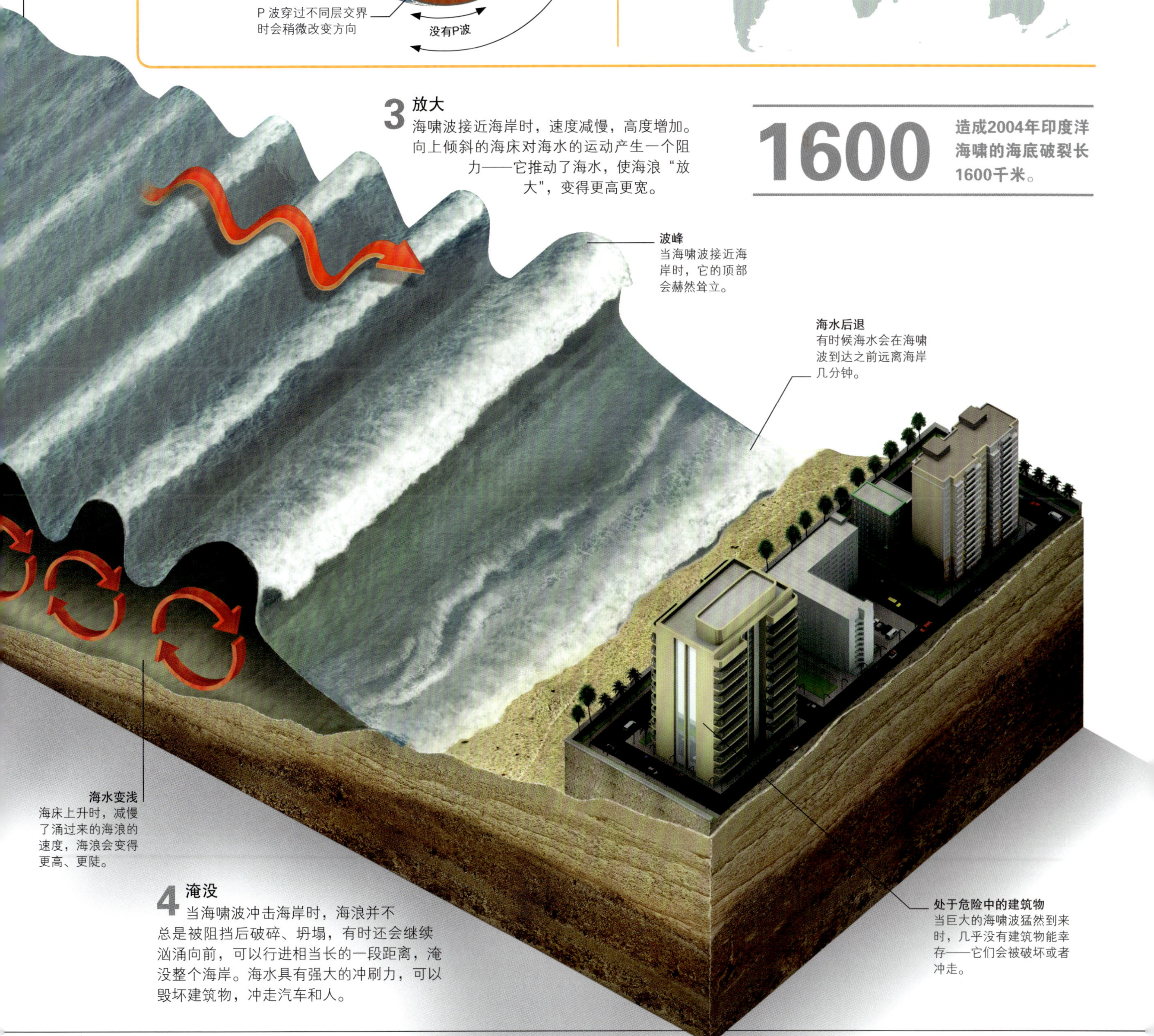

4 淹没

当海啸波冲击海岸时，海浪并不总是被阻挡后破碎、坍塌，有时还会继续汹涌向前，可以行进相当长的一段距离，淹没整个海岸。海水具有强大的冲刷力，可以毁坏建筑物，冲走汽车和人。

地球资源

地球拥有许多有用且必不可少的自然资源，这些资源在最近的几个世纪里已经被人类消耗得越来越多。这些资源包括水、食物、燃料和建筑材料，以及制作如金属制品和塑料等更复杂物质的材料。许多资源的供给是有限的，而且使用这些资源对环境会造成越来越大的影响。

岩石和矿物

在地球形成后的 40 多亿年里，地球上出现了几千种不同的矿物，它们组成了成百上千种岩石类型。从建筑材料到金属制品，人们发现了这些岩石和矿物的许多用处。但是，一些最有用和最有价值的矿物是很稀少的。开采矿石常常很危险，还会产生一系列环境问题。

岩石

人类利用自然界的岩石已经几千年了，开始是把岩石作为工具，后来又有了很多其他的用途，如建造房子、工厂和修筑道路。

岩石景观
我们周围的景观有很多是由岩石构成的。为了获得有用的岩石，人们需要使用重型机械，钻探到地下很深的地方。

矿物

地球上存在着几千种天然矿物。许多矿物，如金属矿石、硫黄和云母，被用于工业。其他的还有金、银和石英等。

矿物形成了岩石
岩石是由天然的非生命物质构成的，这些物质称为矿物。大多数岩石中含有多种矿物。

宝石

矿物经过切割和抛光后就成为宝石。其中一种有用的宝石就是金刚石，它以硬度大和可以切割大多数其他矿物而知名。还有一些宝石具有实用性，但是绝大多数宝石是因为漂亮和稀少而珍贵。宝石可以被切割成许多不同的形状，尤其是用来制作珠宝或其他装饰性物品。

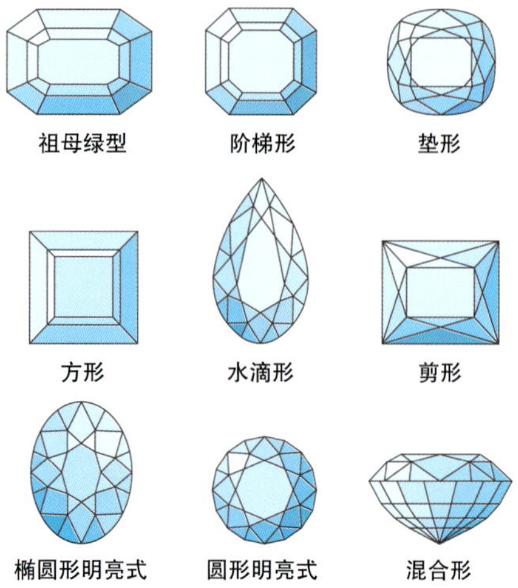

切割宝石
宝石可以被切割成许多不同的形状。如果切割适当，宝石就可以反射多个方向的光线，变得更闪亮。

能源

人类的生活需要能源，能源以光、热和食物等形式出现。地球上的能量有多种来源，但大部分来自太阳和炽热的地球内部的热能。这种热能极其丰富，但是要获得、储存和运输足够多的这种能源来满足我们的所有需求是很困难的，需要复杂且昂贵的技术。

化石燃料

人类很早就开始使用燃料，如泥炭、煤、石油和天然气，用来取暖和为机械提供动力。地球上的化石燃料要花费几亿年才会形成，因为需要一定的时间、压力和热才会使植物和动物残骸转化为碳氢化合物。但是，大部分化石燃料在仅仅 100 年内就被消耗掉了。

1 5亿~2.5亿年前
海洋里的动物和微生物死后，残骸沉入海底，被沙和沉积物掩埋。

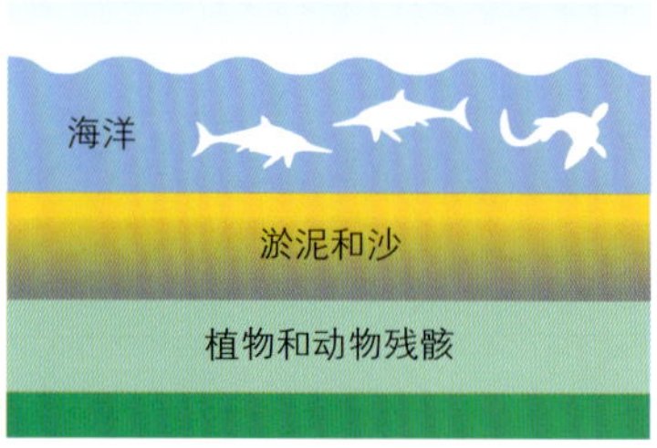

2 2.5亿~60万年前
植物和动物的残骸被深埋在海底。在一定的时间、压力和热作用下，这些残骸转变成石油和天然气。

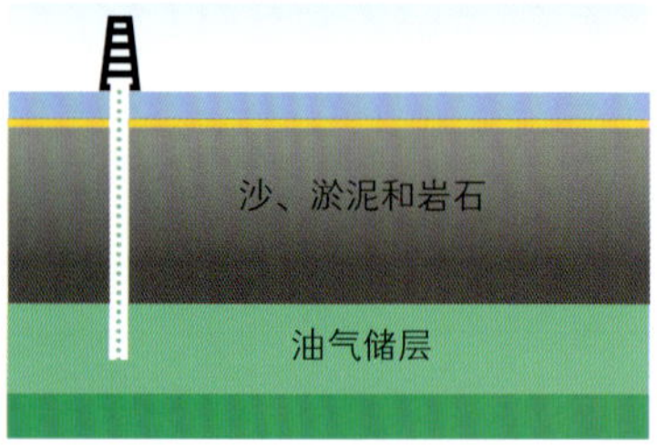

3 今天
油气储层被深埋在沙、淤泥和岩石层之下。石油钻机穿过这个覆盖层就可以抽取出下面的石油。

核能

天然放射性矿物，如铀，在地球内部形成时会发生核反应。它们的原子核分裂所释放出来的能量可以用来发电，而且碳排放量远低于燃烧化石燃料。

可再生能源

一些可持续利用、对环境影响相对较小的能源可替代化石燃料。

太阳能
人们可以获取太阳产生的光能，并利用太阳能电池板将其转化为电能。

风能
风力发电机组可以让我们利用风能。涡轮机最适合在高处工作。

潮汐能
潮汐涨落形成的海水运动可用来发电。

地热能
在火山地区，地球内部的热能能够到达近地面处，可用来加热水。

水力发电
通过大坝涡轮机的水流的运动可用来发电。

生物燃料
由植物、脂肪和有机废物等有机物形成的燃料叫作生物燃料。

燃烧木材
通过燃烧木材来取暖和做饭是最原始的能量供应方式。

农业

种植可食用的植物和饲养可食用的动物的产业称为农业。现今，全球大约 70 亿人口主要用几种粮食作物来制作赖以生存的食物。这些作物包括玉米、小麦、水稻、马铃薯、木薯、大豆和红薯。来自鱼、牛、猪和家禽的蛋白质占全球食物总量的不到 20%。

森林

森林给地球上大多数陆生野生动物提供了栖息地和食物，通过吸收大气中的二氧化碳帮助控制全球变暖。尽管如此，森林也处于危险之中——它们正被砍伐，用于燃料供应和建造房屋。

管理良好的森林
人们可以“管理”森林，在不破坏森林的前提下收获产品，如木材。

耕作

耕作开始于 1 万年以前的中东地区。最初的农民种植小麦等粮食作物，并且饲养动物来获得肉和奶。后来，新的机械技术使农民可以从他们的土地上收获更多。其他的革新有升级灌溉、研发杀虫剂、培育新型植物、饲养新型动物和运输全球化等。现在的农民可以把他们的产品卖到世界各地，但农业生产对环境仍然有影响。

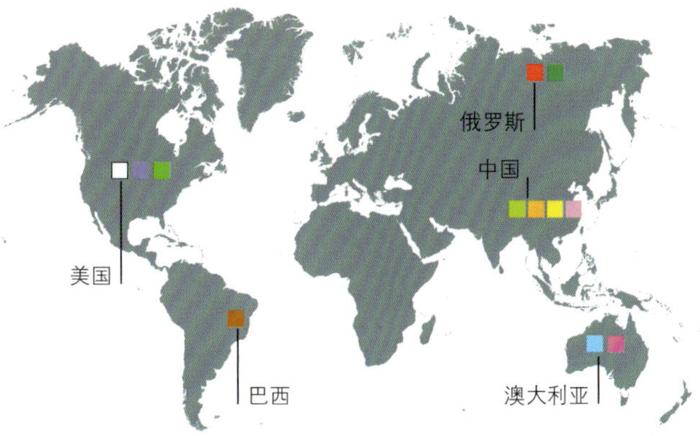

养活全世界
世界各地都生产食物，不但供给当地人消费，还出口到外国。这张图展示了几种作物和家畜的主要生产地。

超过一半的世界人口把 3 种粮食——小麦、玉米和水稻，作为基本的食物。

渔业

鱼类是最具营养价值的富含蛋白质的食物之一，人类吃鱼的历史已有几千年。现代捕鱼技术可以从全球的海洋里捕获大量的野生鱼类。虽然国际上已规定了捕鱼限额，但是现在许多常见的鱼种仍面临着灭绝的危险。解决过度捕捞的一个方法是在养鱼场里养鱼来供人们食用。

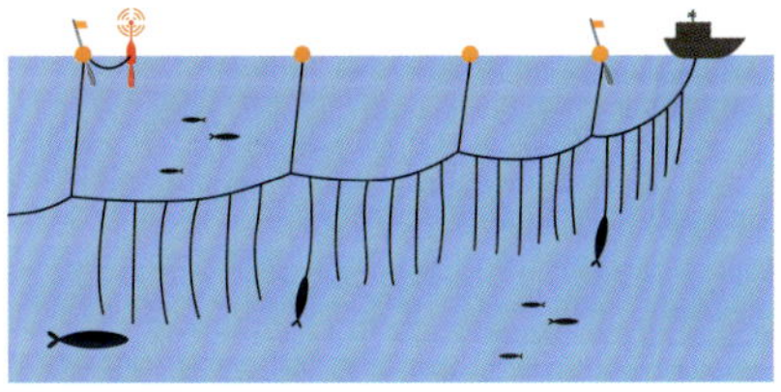

钓鱼
把装有鱼饵的钩子连在长线上钓鱼是很廉价的捕鱼方法。但是，海龟和海鸟等动物可能会不小心被这种捕鱼方法杀死。

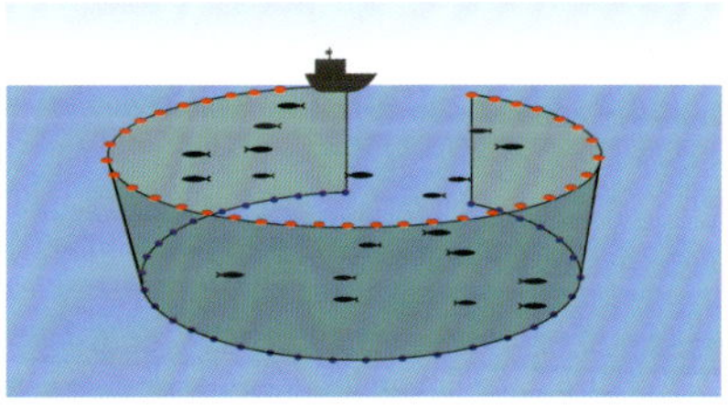

用网捕鱼
用网捕鱼是一种很古老的方法，但是现代的用网捕鱼方式则达到了一定的产业规模，利用较大的人造网一次出海就可以捕获大量的鱼。

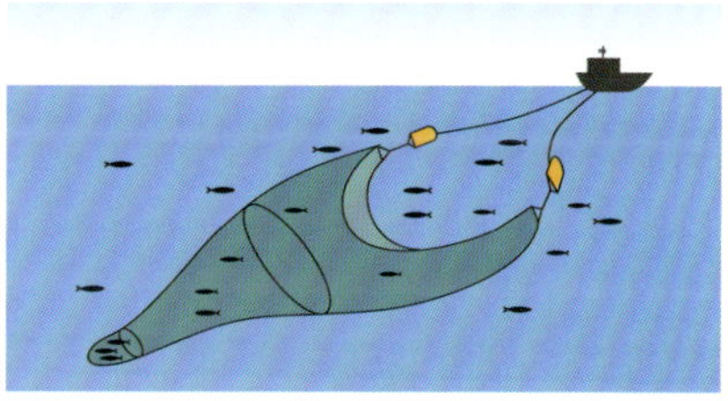

拖网捕鱼
拖网捕鱼是用网捕鱼的一种形式，通过在水里或沿着海底拖拽渔网来捕鱼。这种捕鱼方法会破坏海床，捕获的鱼类大小和类型也不一。

可持续性

地球的自然资源是有限的。如果人们对基本资源的需求持续增加，这些资源将会变得稀有且昂贵。为了生活的可持续性，我们必须确保资源不会被耗尽。

人类的影响

人口增长意味着我们会消耗更多的地球资源，改变地球的形貌，破坏我们周围的环境。为了减少人类对环境的负面影响，方法之一就是确保尽可能多的废物被回收利用，而不是被倾倒到垃圾填埋场。

垃圾填埋场

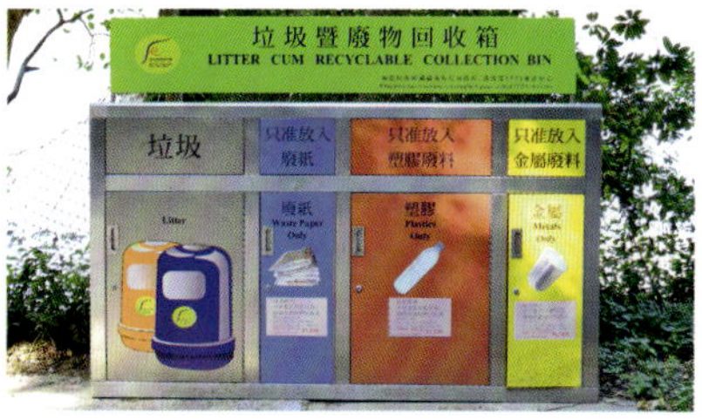

回收中心

污染

在全世界，工厂、发电站、农场、企业和家庭通过排放化学物质和其他废品产生了大量污染物，污染自然环境，包括土地、空气和水体。每年有大约 900 万人死于空气污染。

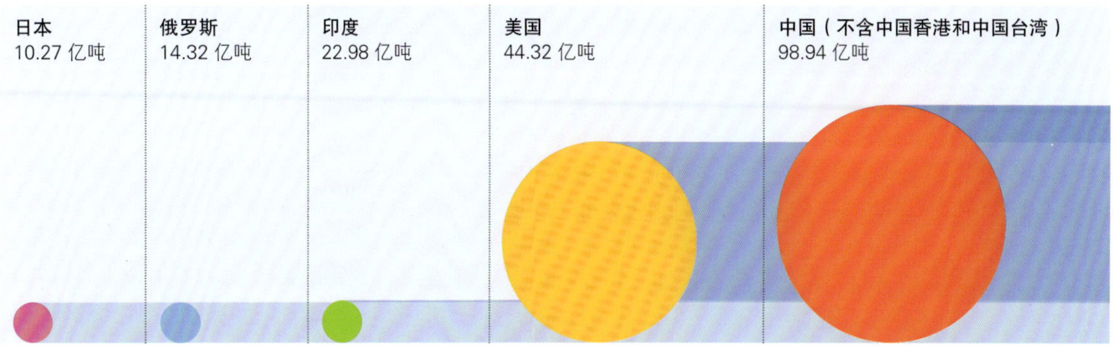

工业的影响
各个国家产生污染物的量不同。这里列举了 2020 年全球碳排放量最多的 5 个国家。数据源自《BP 世界能源统计年鉴》2021 年版。

地球上已知**最古老的岩石**有40亿年的历史，这是加拿大的一种**片麻岩**。

岩石

岩石是一种坚硬的天然物体，由矿物颗粒（晶体）组成，晶体以一种紧密的结构结合在一起。岩石有几百种，根据其形成原因，它们被分为火成岩、沉积岩和变质岩 3 种主要的类型。

火成岩

岩浆冷却并凝固后形成火成岩。

沉积岩

较老的岩石碎屑被压紧并结合在一起形成沉积岩。

变质岩

较老的岩石受到温度和压力作用变质后形成变质岩。

花岗岩

砂岩

片麻岩

矿物

岩石是由矿物组成的。矿物有几千种，但是在地球表面常见的只有约 30 种。多数矿物为晶体——它们的原子有规律地排列，使得它们具有简单的几何形状。每种矿物具有独特的化学成分和物理性质。

自然元素

这些矿物每个都只含有一种化学元素，比如硫、碳或铜。

硫

铜

化合物

这些矿物含有两种或两种以上的化学元素，如萤石含有钙和氟。

斑铜矿

萤石

测量硬度

矿物可以像石膏一样软，也可以像金刚石一样硬。人们用不同的方法来表示硬度。莫氏硬度是用划痕法测得的硬度值，表示材料表面抵抗断裂的能力，而绝对硬度是根据精确的实验测定得出的。

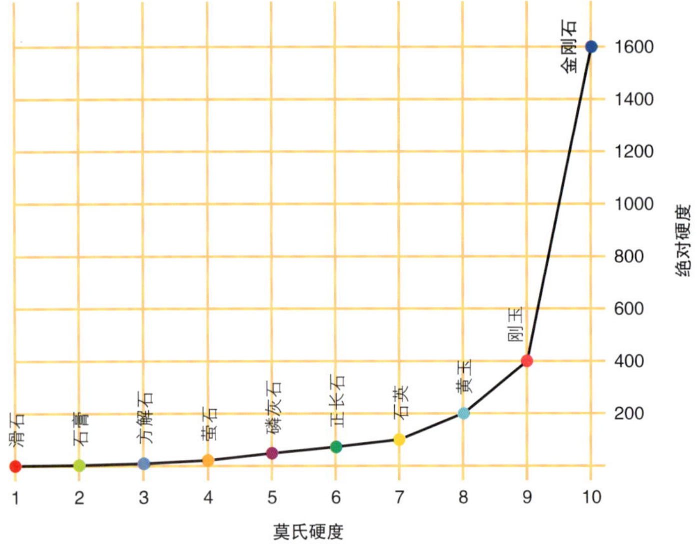

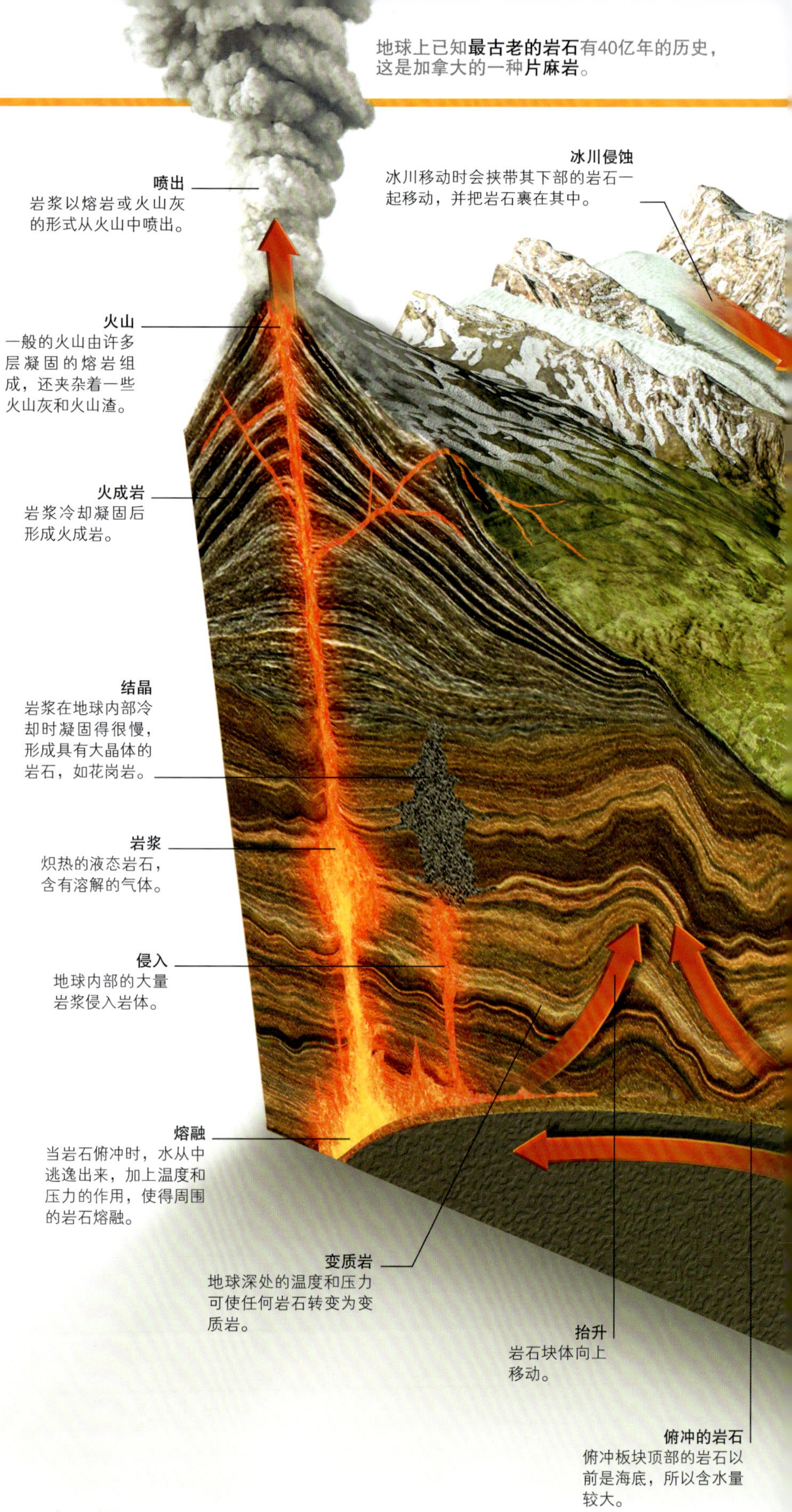

岩石循环

岩石以一个无尽的循环从一种类型向另一种类型转变。无论在地球表面还是内部，很多因素促成了这个过程。在地球表面，岩石受风化作用而分解破碎，冰川、河流和风力的作用侵蚀岩石，带走岩石颗粒。在湖底、海岸和海床这样的地方形成由细小的岩石和泥颗粒组成的沉积物。在地球内部，温度、压力和熔融作用把沉积岩和火成岩转变为变质岩，火山喷发形成新的火成岩。

岩石与矿物

地球绝大部分由固态岩石组成。岩石造就了地球的山脉、峡谷和平原等各种地貌特征。矿物是构成每一种岩石的基础。

地球上的多数岩石隐藏在土壤和植被层下，但是在一些地区，如山脉和峡谷这样的地貌景观区，在地表就可以见到岩石。许多类型的岩石已经演化了几十亿年，并经历了一系列过程：火山活动可在地表或近地表生成岩石；岩石被侵蚀后在海底等处形成沉积物；地球深处的温度和压力使沉积物发生变质作用，再成为岩石；这种岩石再熔化成岩浆。这个无限循环的过程被称为岩石循环。

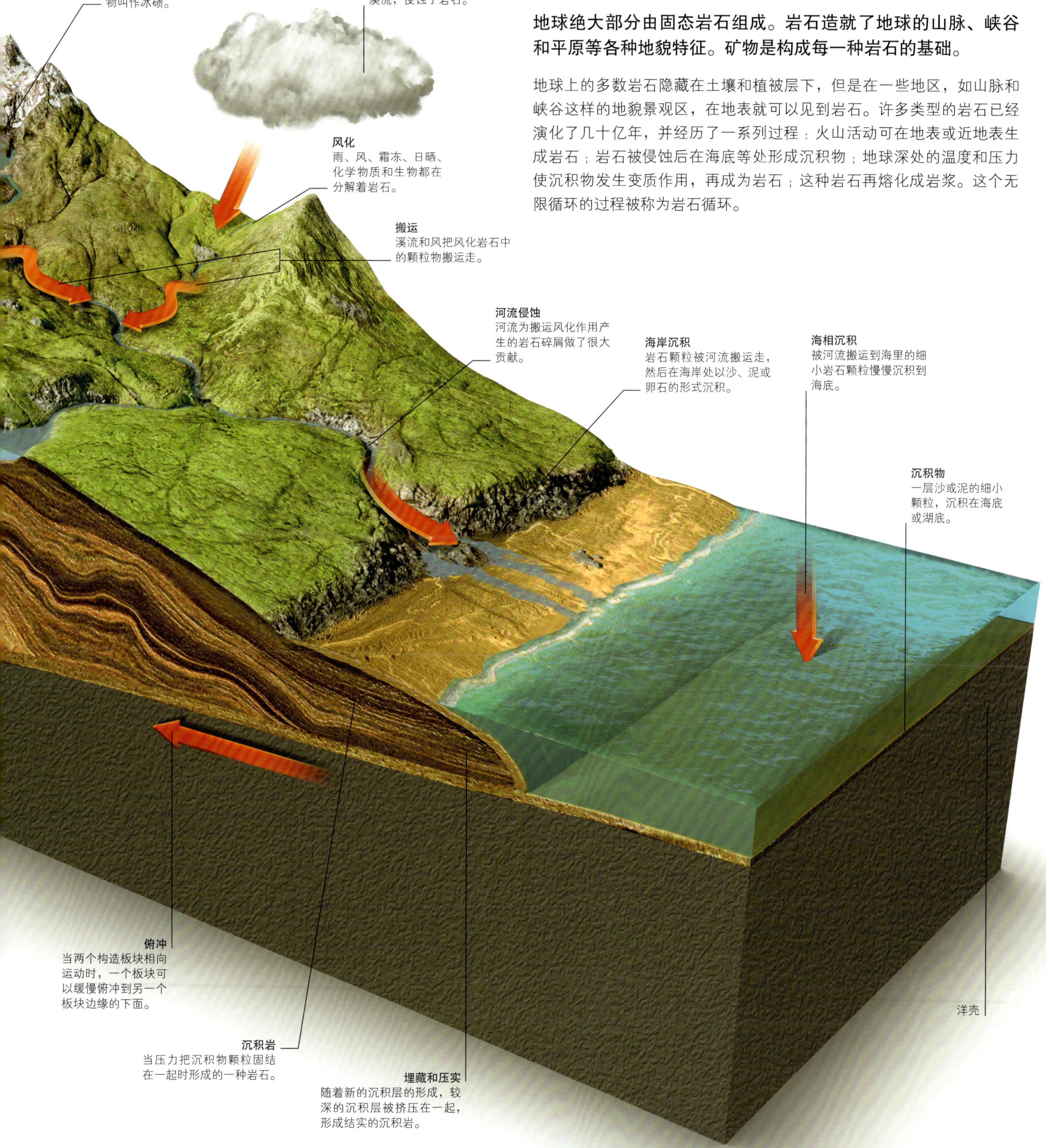

天气

不断变化的地球大气状况塑造了各种各样的天气——雨天或晴天、炎热或寒冷、风平浪静或狂风暴雨。太阳光的多少和强度决定了大气的温度和压力。大气中的水分含量决定了云的形成高度，决定了是否会产生雾、雨或雪，以及何时会有暴风雨。对天气的研究揭示了世界各地的季节模式，即气候。然而，随着气候变暖，这种模式也在发生变化。

天气系统

天气模式取决于当地的气团和气压，它们在一年之中是变化的。例如，在夏季，地面温度升高，温暖干燥的空气上升，这就形成了一个低压系统，吸引了周围更多暖空气，能形成暴风雨。在冬季，地面温度降低，冷而重的空气从上部大气中下沉。

锋

锋把两种不同的气团分开。水分含量、密度、温度和压力不同的气团并不容易混合，它们之间的锋常常以倾斜上升的云层为标志。例如，低压暖气团会上升到高压冷气团之上。暖气团中的水分在空气变冷时会凝结，形成云，还可能会产生降水。

冷锋
当冷气团向暖气团推进时形成冷锋，暖空气被迫迅速抬升，形成一个陡的暴风雨云团，产生强降水。

暖锋
在暖锋处，暖气团占据了冷气团的位置，并沿着冷气团斜坡缓缓爬升，形成云。当暖空气冷却时会产生降水。

锢囚锋
当一个快速移动的冷气团追上一个缓慢移动的暖锋时形成锢囚锋，会使暖空气上升，产生持续降水。

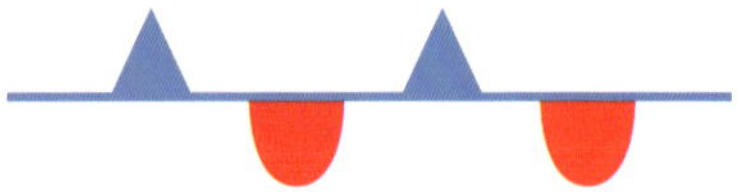

静止锋
强度相当的冷暖气团相遇且不太移动时形成静止锋，可以维持几天，经常产生持续性降水。

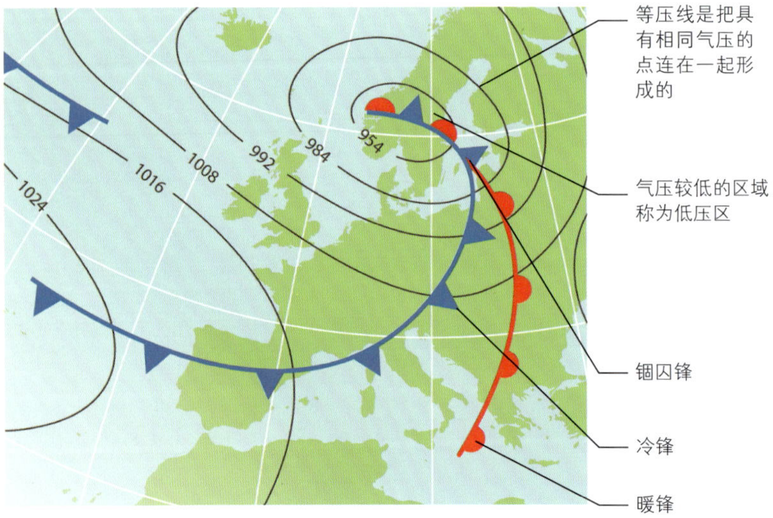

天气图
天气图显示了一个地区的主要天气情况。等压线代表气压，用黑色线表示，把具有相同气压的点连接在一起。图中的锋显示哪些地区气温会上升，哪些地区气温会下降。

季风

季风是受季节影响强烈的风。在夏季，季风给亚热带地区带来强降雨，如东南亚和印度；而在冬季，季风带来干燥凉爽的天气。季风在亚洲最显著，也出现在非洲西部、澳大利亚北部、北美洲和南美洲的部分地区。季风在夏季和冬季之间会改变方向。

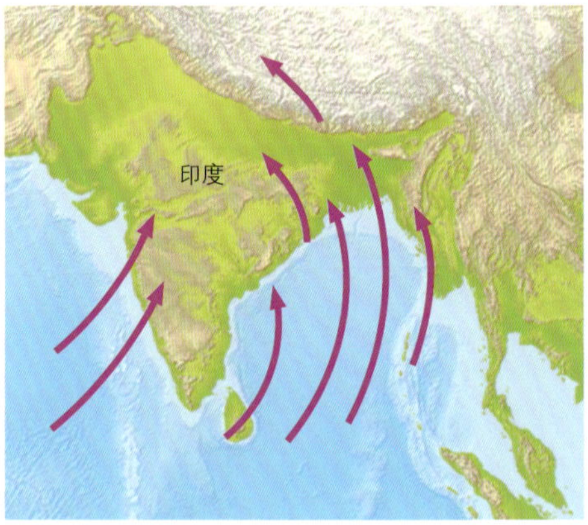

夏季
在夏季，来自印度洋的南亚季风穿越印度，带来雨季的暴雨，这对大陆主要粮食作物的生长至关重要。

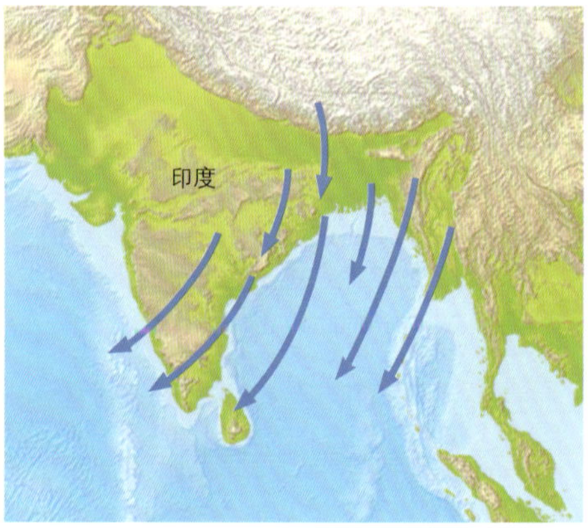

冬季
在冬季，南亚季风反向，带着温暖干燥的空气和旱季晴朗的天气穿越印度大陆，吹向印度洋。

锋是具有不同温度、湿度和压力的气团之间的界线。

飓风

飓风指在大西洋、东太平洋上产生的中心附近风力达 12 级或以上的一种巨大而旋转的热带气旋，会产生大风和强降水。这种热带气旋始于一组雷暴云，这些雷暴云是在夏末温暖的热带洋面发展起来的，然后聚合在一起成为一个大型的螺旋状飓风。它们强大的低压会吸引暖湿空气，暖湿空气随着旋转速度的加快做螺旋状上升。快速上升的空气冷却后形成高耸的云墙和猛烈的降水。飓风到达陆地时会引发洪水，极具破坏力。

飓风影像
右图为一个飓风的卫星影像，显示了它螺旋的形状和清晰的风眼。

降水

以任何形态降落的水分都属于降水。降水包含的范围很广，从云或雾中的小水滴到较大的降雨、冰雹或降雪。水从云中落下后是雨还是雪取决于气温的高低。

降水类型

降水可从空中降落，也可从地面上升。降水类型取决于温度条件。

降雨
云是由小水滴组成的。当这些水滴变重而不能浮在空气中时就会产生降雨。

降雪
水滴凝固为晶体时形成雪花，雪花在下降过程中穿过很冷的空气时会粘连在一起。

雨夹雪
雨夹雪是雨和雪的混合物。当雨滴开始结冰，或空气的温度高于冰点，雪开始融化的时候，就会形成雨夹雪。

冰雹
冰雹是小冰球，由结冰的对流云中的冰晶生长而成。云越高，冰雹越大。

雾
在接近地面的高度，当温暖、充满水分的空气与冷的地面或海面接触时受冷而形成雾。

云的形成

当太阳光照射在海面或湖面时，一些水分会蒸发到温暖的空气中。这些温暖的水汽上升，离开地表。空气上升时会变冷，而且由于冷空气不像暖空气一样可携带较多的水分，所以水汽会析出，凝结成小水滴，形成云。在较高的位置（约 5 千米之上）形成的云，是由冰晶组成的，而不是小水滴。

1 水分上升
炽热的阳光使来自地面或海面的水分以水汽的形式上升到空气中。

2 水汽凝结
水汽上升冷却，凝结成人们看得见的云。云是由小水滴组成的。

3 云上升
当水滴形成云时，它们向周围空气释放热量，使云上升。

云的类型

云主要可分为 3 类，每一类中又有很多种。积云为多层重叠状，层云是分层的，卷云呈束状或纤维状。云的形状反映了大气中水分的含量和移动方式。

云的名称
云是根据它们的形状、大小和在大气中的形成高度命名的。

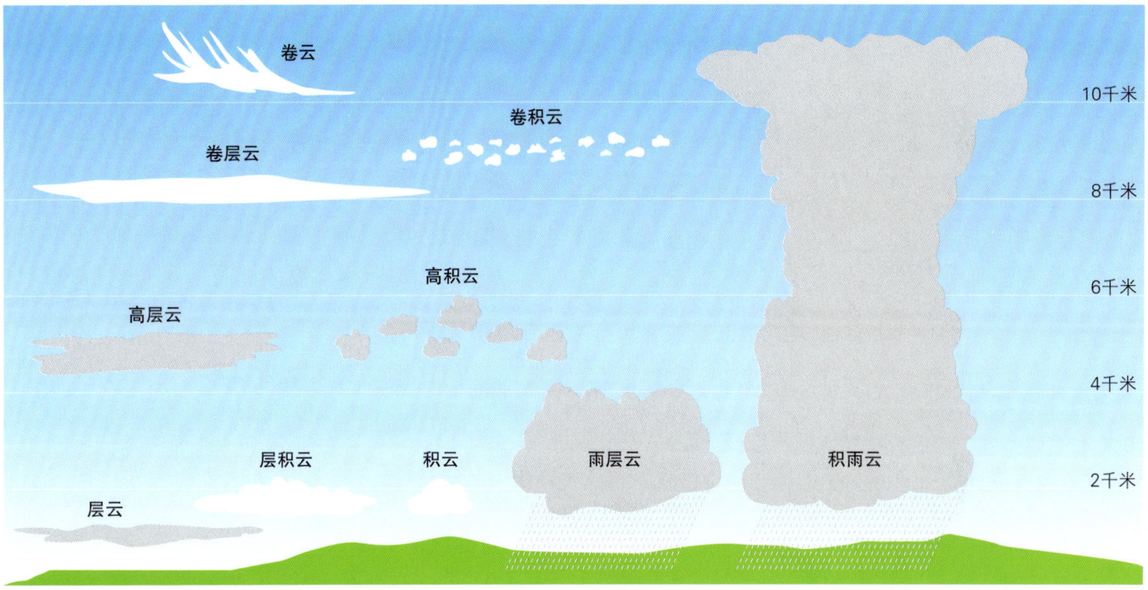

风

风在地球大气中是普遍存在的。它的规模和强度都是变化的，从微风到龙卷风这样的强烈风暴，既可以是日常性的，也可以是季节性的。

风是什么？

风是因空气从高压区向低压区运动而产生的。区域间气压差越大，风速越快。风速用蒲福风级来表示，等级为 0~12。风速为 12 级时是飓风，其速度可以达到 480 千米 / 时。

蒲福风级	
0	无风
1	软风
2	轻风
3	微风
4	和风
5	清劲风
6	强风
7	疾风
8	大风
9	烈风
10	狂风
11	暴风
12	飓风

龙卷风

龙卷风是旋转的空气柱，有强烈的破坏性。大多数龙卷风风速低于 200 千米 / 时，但有的会达到 480 千米 / 时。龙卷风以中心旋转的漏斗状空气柱为特征，从云中延伸下来。它会破坏庄稼和建筑物。龙卷风与夏季风暴密切相关，尤其在美国时常发生。

1 稳定旋转
上升的暖空气开始旋转，云的底部向下方延伸。

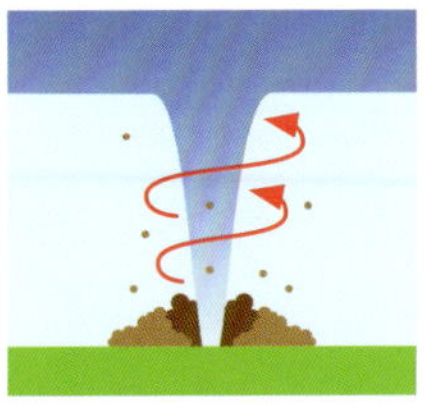

2 漏斗生长
漏斗向下延伸到地面，吸收暖空气，开始快速旋转。

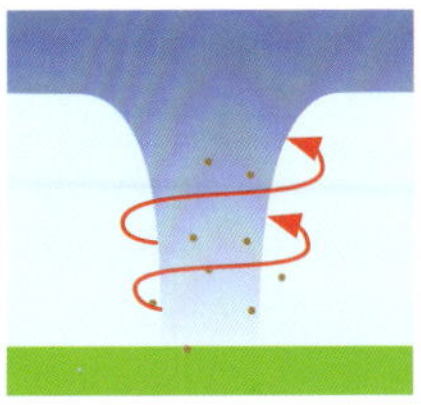

3 发展中
旋转的空气柱可达几千米宽，极具破坏力。

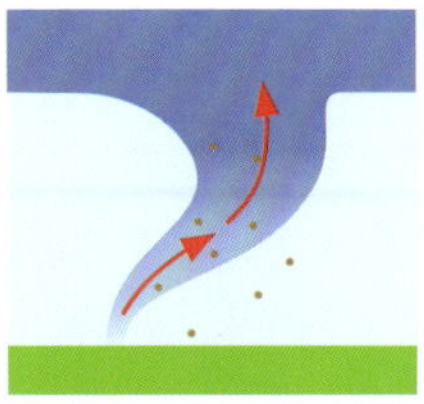

4 空气柱消亡
最后，空气柱变窄，上升回到云中。

雷暴

雷暴在大范围的积雨云中产生。积雨云把水汽带入高层大气中，在那里，水汽变成冰晶。

闪电
积雨云中的冰晶在移动时使电荷聚集，以闪电的形式向下放电。

飓风在其形成和发展过程中所携带的能量相当于**1万颗核弹**的能量。

50 **飓风每小时**产生的**降水量**为50毫米。

飓风

地球上最具破坏性的风暴发生在热带地区温暖海域的上方。这种风暴产生暴雨和极快速的风，风速超过 120 千米 / 时。

飓风形成于夏末温暖海域的上方。雷暴群涡旋在一起，演变成伴有强烈螺旋式降雨的复杂结构，此时飓风开始形成。这些结构产生的低压吸入海洋上的暖湿空气，然后空气上升，产生暴雨并释放热量。当飓风接近陆地时，120 千米 / 时以上的风速加上低压会产生几米高的巨浪，淹没海滨地带。当飓风经过陆地时，飓风不再有温暖海水的热量供给，很快失去了威力，但这通常是在它们引发的狂风、暴雨和巨浪已经造成巨大的人员伤亡和财产损失之后。

命名

无论出现在哪里，飓风都有着相同的结构和演化方式。尽管如此，它们如何命名还是取决于它们发生在世界上的哪个地区。这张图展示了它们在全球不同地区的名称。

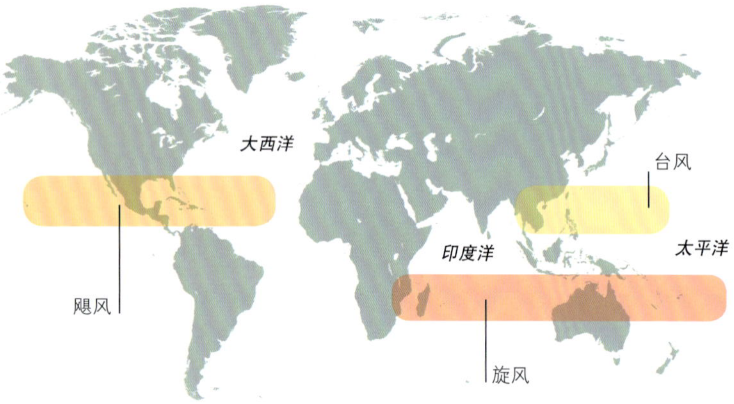

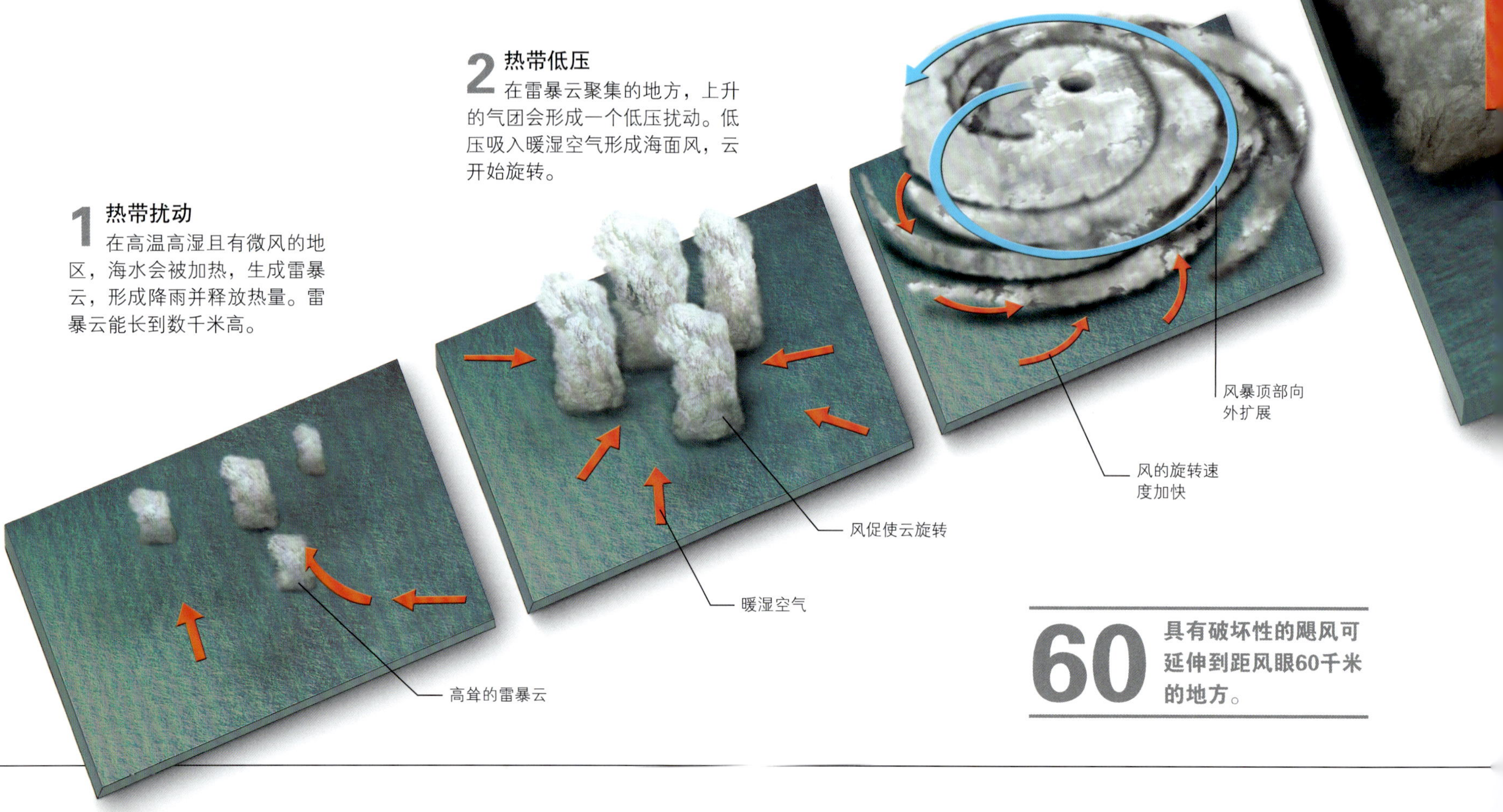

3 热带风暴
当海面风速达到 61~120 千米 / 时就会形成热带风暴。随着云团上升到 5 千米以上，风暴快速形成，产生暴雨。

2 热带低压
在雷暴云聚集的地方，上升的气团会形成一个低压扰动。低压吸入暖湿空气形成海面风，云开始旋转。

1 热带扰动
在高温高湿且有微风的地区，海水会被加热，生成雷暴云，形成降雨并释放热量。雷暴云能长到数千米高。

60 **具有破坏性的飓风可延伸到距风眼60千米的地方。**

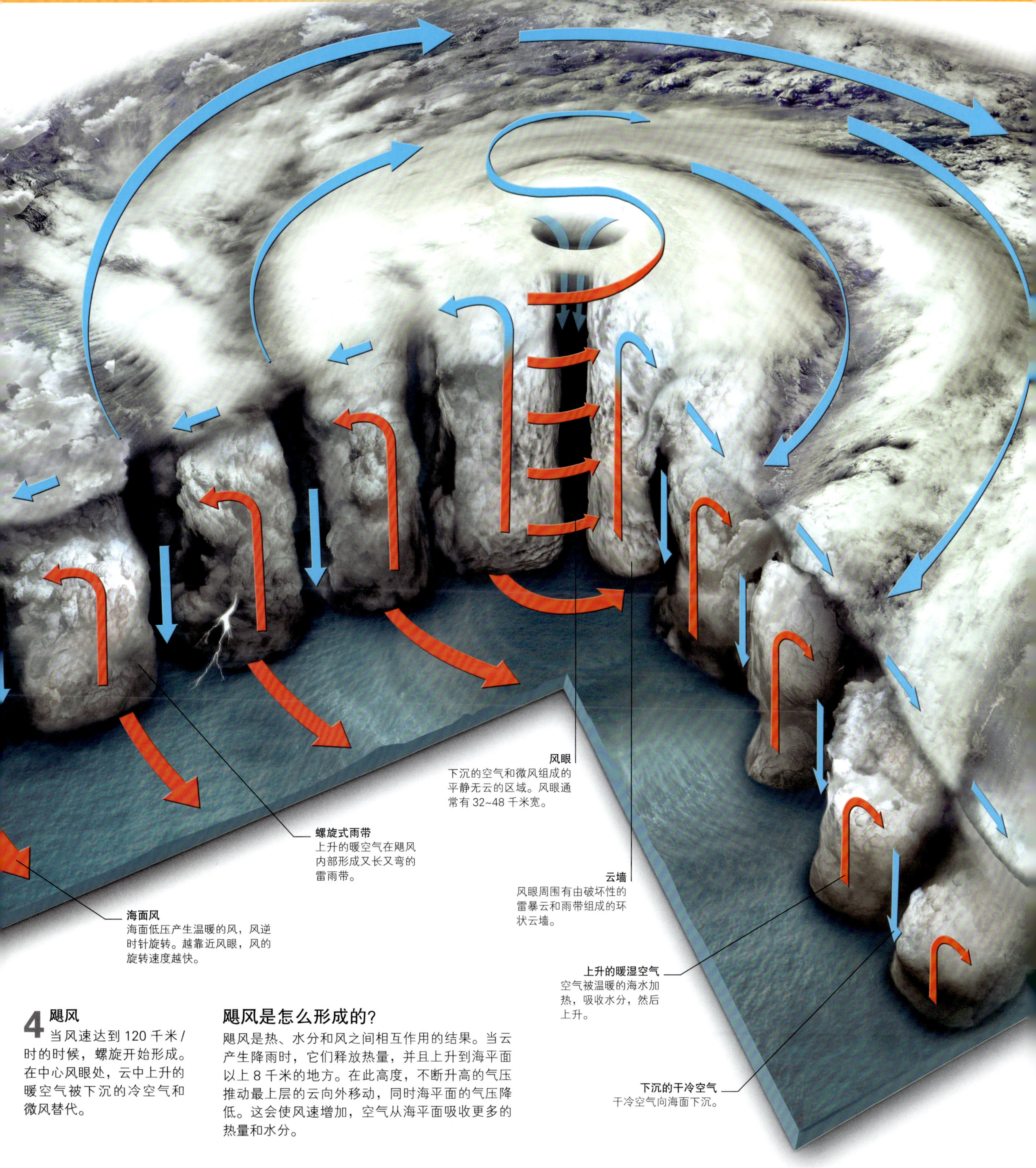

4 飓风

当风速达到 120 千米 / 时的时候，螺旋开始形成。在中心风眼处，云中上升的暖空气被下沉的冷空气和微风替代。

飓风是怎么形成的?

飓风是热、水分和风之间相互作用的结果。当云产生降雨时，它们释放热量，并且上升到海平面以上 8 千米的地方。在此高度，不断升高的气压推动最上层的云向外移动，同时海平面的气压降低。这会使风速增加，空气从海平面吸收更多的热量和水分。

20% 全世界淡水的20%储存在俄罗斯贝加尔湖里。

水循环

地球上的水通常是流动的，以水循环的方式不停地围绕地球运动着。没有水，地球上就不会有生命。

地球上的水以多种方式存在，包括海洋、河流、湖泊、冰川、地下水和大气中的水。这些水不停地流动。当来自太阳的热量使水汽进入大气时，水循环开始，在那里，水汽会变成云、露水或雾。这些水以降雨或降雪的形式又回到地球表面，然后小溪和河流把水带到湖泊或大海里，也就是水最终蒸发的地方，整个循环又重新开始。

水的出现使地球拥有温暖湿润的大气。大气保护地球不受太阳辐射的损害，使地球上的生命得以生存和繁衍。地球是目前已知宇宙中唯一存在生命的星球。

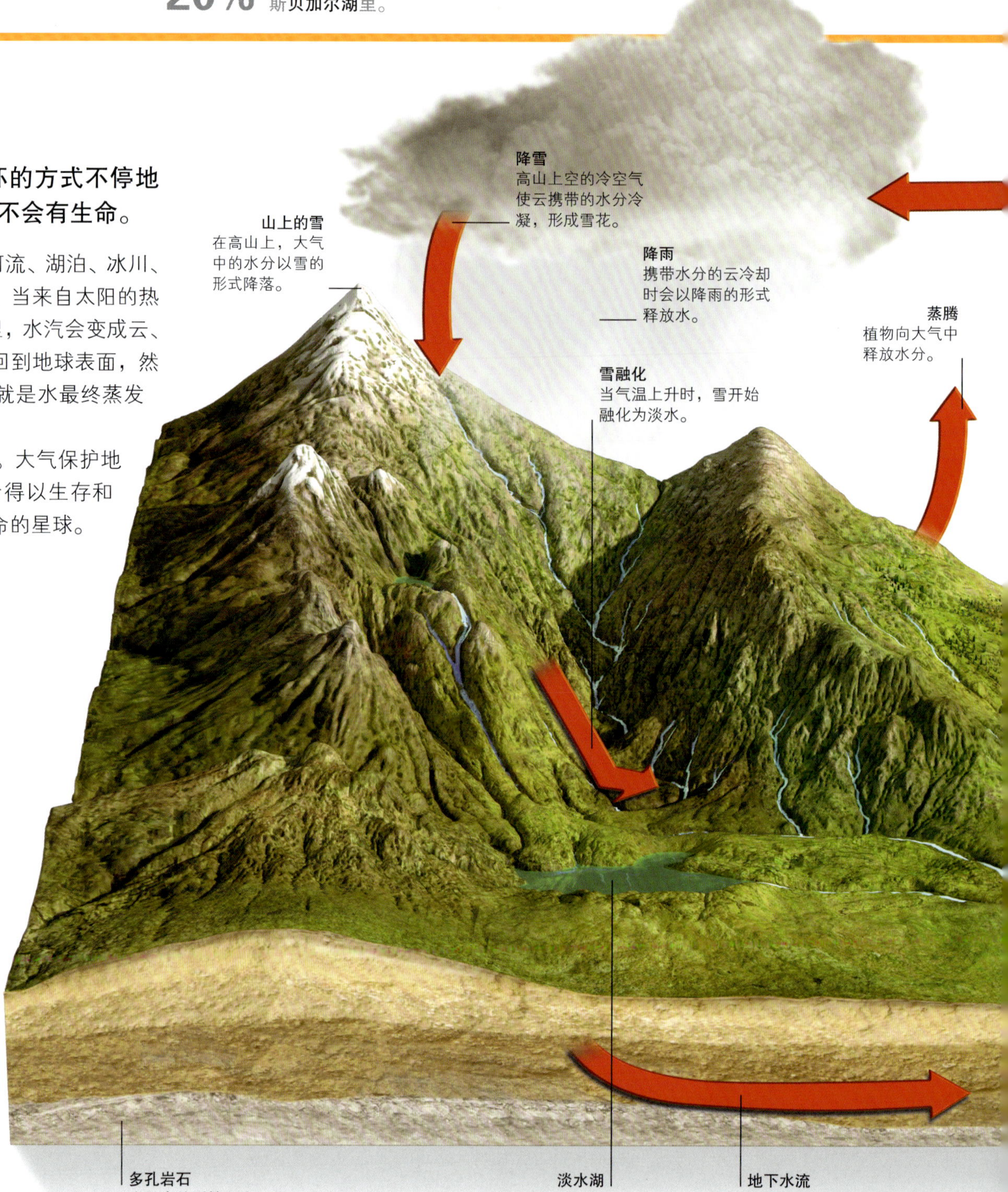

流动的水

地球上所有的水都处于持续不断的水循环中，即使是山顶和南极冰盖中的雪也是——它们最终会融化并再次流动。地下水也包括在水循环中，尽管人们看不见，但地下水仍以与其他的水类似的方式汇入河流。

湖泊的类型

当水填充地表的洞坑时就会形成湖泊。大多数湖泊中的水是淡水，但也有的是咸水。湖泊的大小范围可以从池塘到大的湖泊，甚至是内陆海。低洼湖泊的形成方式有很多种，形成过程可能经历了几百万年，也可能是人工新开挖的。湖泊不是永久不变的，它们随着层层沉积物的累积会逐渐消失。

断层湖
构造板块的运动产生长长的洼地，洼地被水填满。

锅穴湖
地下冰块融化形成的一个内壁很陡的圆形湖。

火山口湖
火山喷发后在山顶留下一个洞形凹陷，当雨水将其填充时，会形成一个圆形湖。

人工湖
人类挖掘出的湖，用于发电，也可作为储存清洁水源的水库。

97% 世界上97%的水储存在海洋里。

9 一滴水经历一个水循环的时间短则9天，长则4万年。

20% 世界上流量最大的河流是亚马孙河，大约拥有世界上流动淡水的20%。

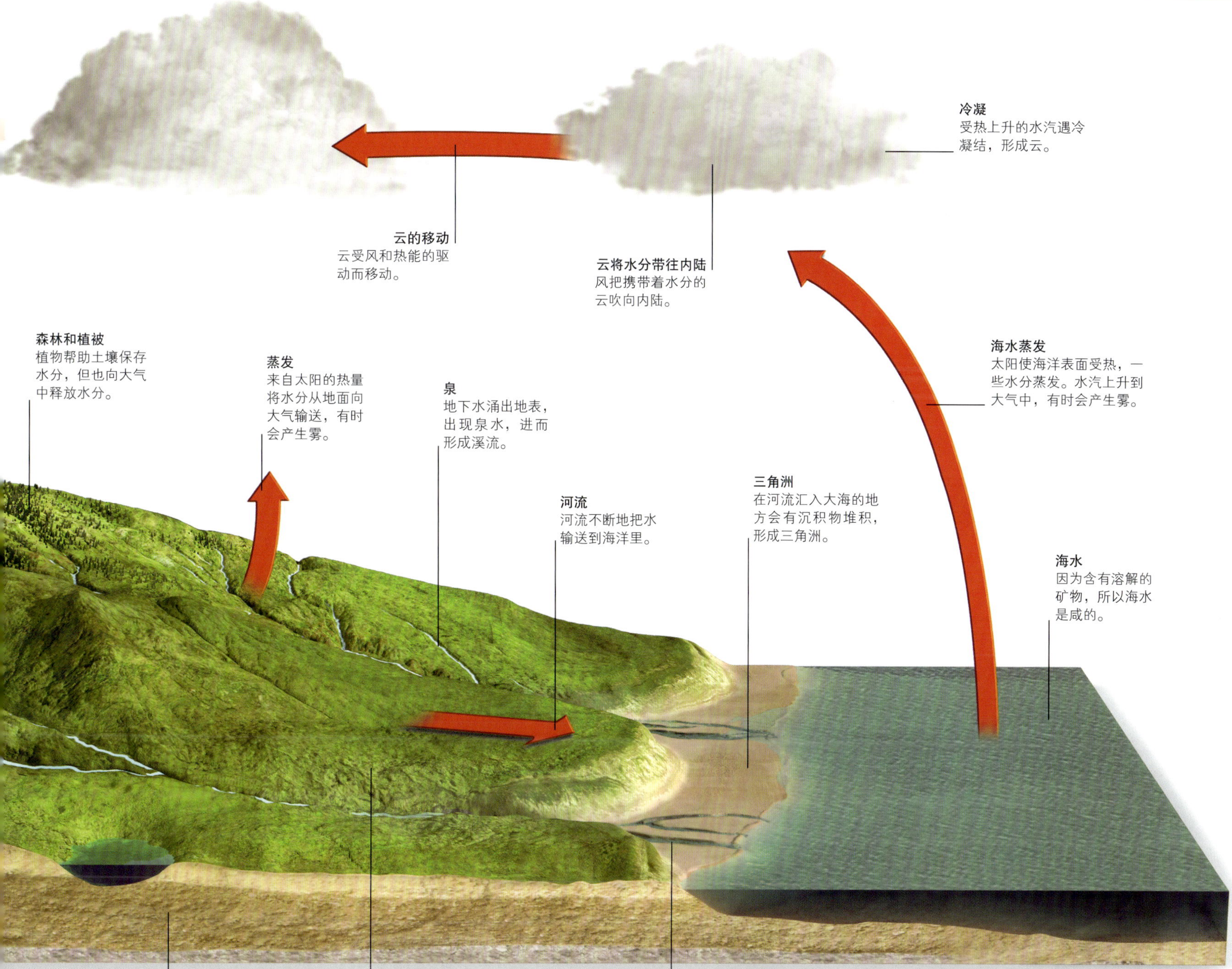

河流

降雨时，水从地势高处流向低处。小的水流汇集，形成小溪和河流，流进大海或填充凹地形成湖泊。河流的形状和流速是不断变化的——在源头处流速快且河道狭窄，接近河口，河道渐渐变宽，流速渐缓。

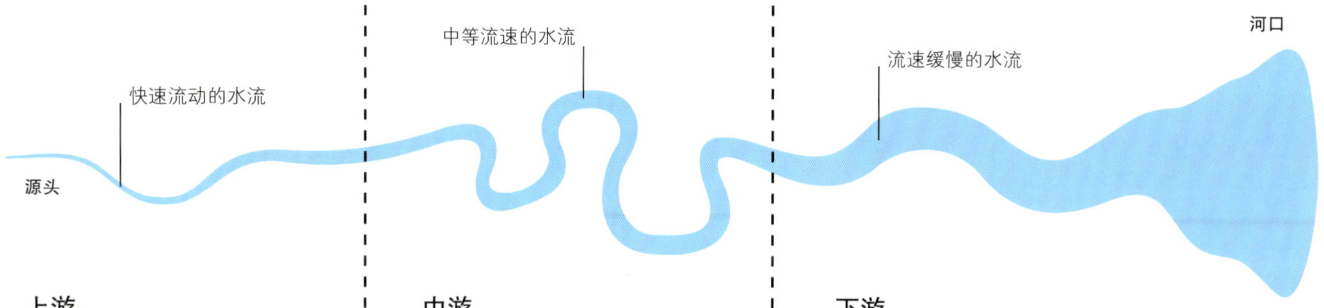

上游

河流发源的地方，流速很快。水中充满沙子和砾石，河水侵蚀并加深了河道。

中游

在较低且平坦的地面上，河流的流动变得缓慢。河道弯曲，又称曲流，发生洪水的危险性增大。

下游

当水流到达更低的地方，河道变宽，水流缓慢，然后流入湖泊或大海。水携带的沉积物随着流速减慢被留在河道中。

塑造地形

地球上的景观可能看上去没有变化，但它是经过几百万年的时间，在火山、构造运动、重力和生物，以及风和水的作用下被塑造出来的。风和水的作用力共同分解或侵蚀岩石，使岩石破碎成被称为沉积物的小碎片，然后带走它们。这通常是一个非常缓慢的过程，但有一些极端的事件，如洪水和飓风，会加快这个过程。

风

在海滩上，你可能会感觉到有沙砾吹在脸上，这时你就会知道风的强度足以吹起灰尘、沙砾和土颗粒。这些沉积物颗粒可能会被带到很远的地方。风力侵蚀和沉积（把沉积物放下）一般发生在干旱地区，那里植被很少，难以保护岩石。这种环境多为沙漠，以降雨很少为特征，沙漠中常常有沙丘。

沙丘

风越强劲，沉积物颗粒在降落到地面以前被挟带的距离就越远。这些颗粒在地面上滚动、弹跳时，会形成小的波纹。这些波纹有时候会堆积变大，成为沙丘。随着风持续不断地吹，沙丘可长到数米高、几千米长。

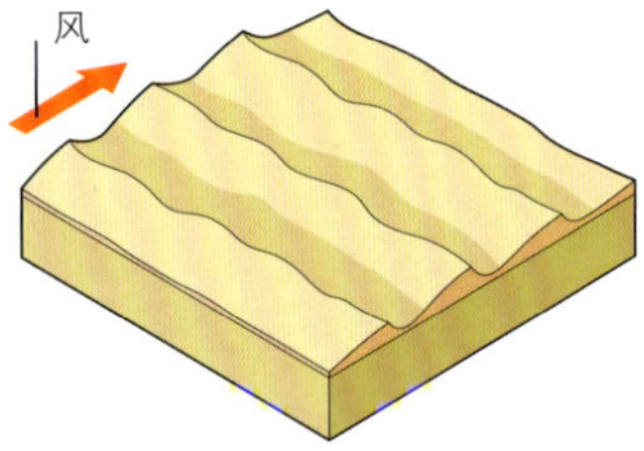

横向沙丘
持续的风挟带大量的沙砾形成一排排的沙丘，其波峰与风向相垂直。

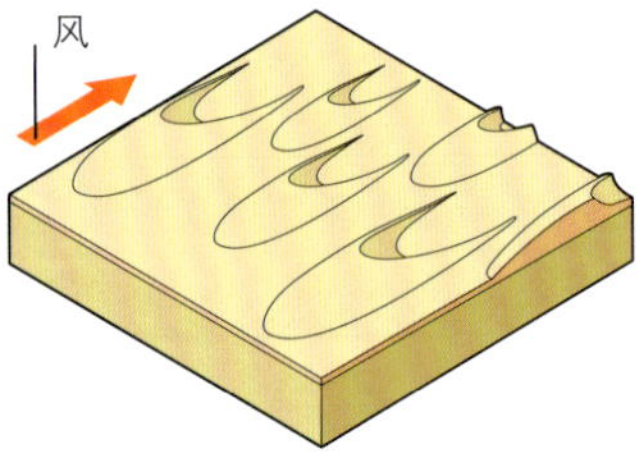

新月形沙丘
强度不断改变并挟带不同数量沙砾的风会形成新月形状的沙丘，其“喇叭”部分指向顺风方向。

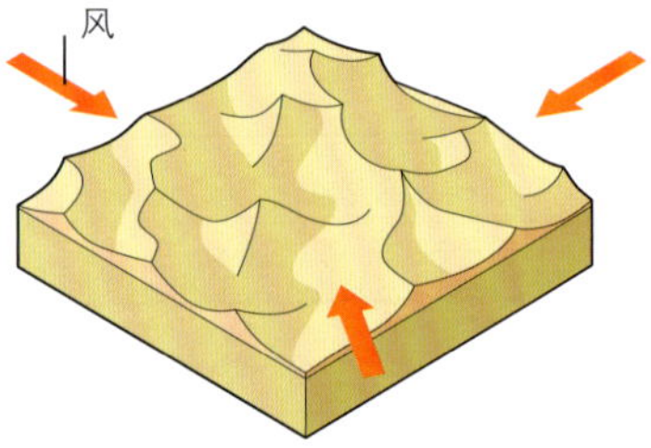

星状沙丘
当风向不断改变时会形成这样的沙丘。这种沙丘有时会很高。

风力侵蚀

随着时间的流逝，挟带沙砾的风会不断磨蚀裸露的岩石表面。这种风力侵蚀会形成看上去怪异且不稳定的产物，大多数最终会倒塌。即使是很坚硬的岩石也可能因沙砾的冲击慢慢地改变形状或被磨光。如果一个地区所有的土壤都被风吹走，这个地区就会变成荒地。

岩石拱门
沙砾的冲击可造就出奇形怪状的岩石，如美国拱门国家公园的这个天然拱门。

海岸

海岸不断地接受大自然的改造。在海岸出露的地方，强劲的海流和海浪侵蚀着地貌景观，形成海蚀崖和海岬。在较隐蔽的海岸，沉积物堆积起来形成海滩、沙丘、泥滩和盐碱滩。在河流入海处，由于流速变慢，河流把挟带的沉积物留下，也会影响海岸的形貌。

海岸侵蚀

不断地冲击，日复一日，海浪在塑造海岸线的形态方面起着重要作用。它们以巨大的力量冲击海岸，冲下破碎或松散的岩石碎屑，并把它们打磨成卵石。卵石受海浪的作用，不断地在海岸间来回打转，所以卵石本身也会加强海浪的侵蚀作用。

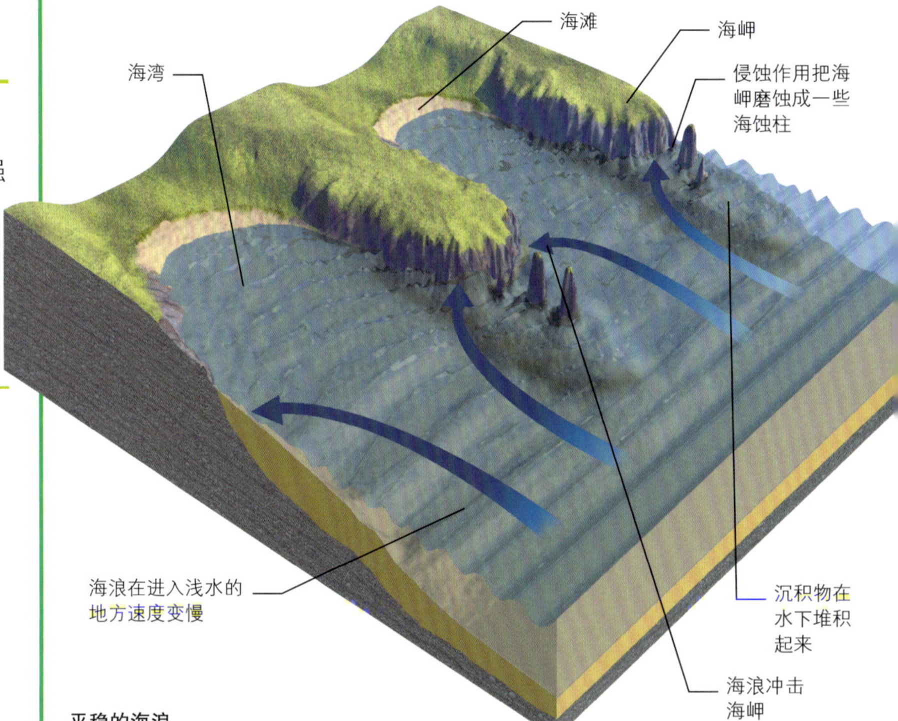

平稳的海浪
海浪及其能量的大小取决于风的强度和海浪在到达海岸前所经过的距离有多远。

沉积物

河流把挟带的沉积物倾泻在入海处，形成了宽阔的浅水区域，称为河口。海浪和海流冲刷着沿海岸线的大部分沉积物，泥和沙会形成海滩、沙丘和海岬，保护着海岸线，使它避免被侵蚀。

堆积的沉积物
沉积物可被冲刷或沿着海岸被风吹行很长一段距离，可能被冲进海水里，甚至被冲到陆地上，形成沙丘。

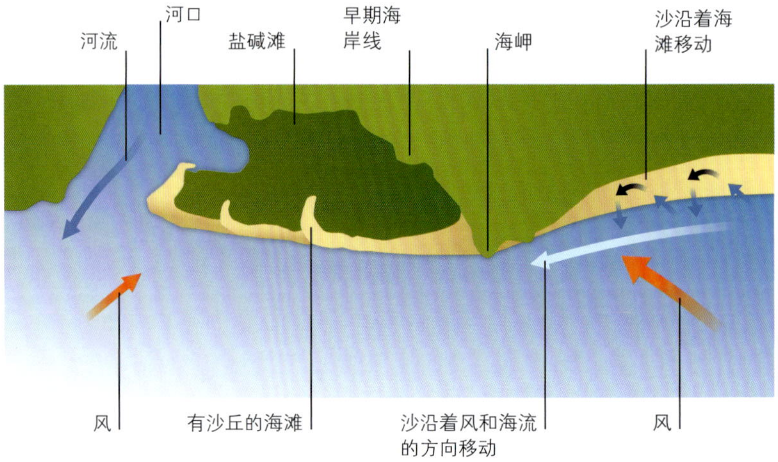

水

海洋的咸水几乎覆盖了地球整个表面的3/4。来自太阳的热量使海水蒸发，水汽上升到大气中形成云。这些大气中的水分最终以降水的形式落到地面。一些雨水被土壤吸收，或者存储在地下的岩石中。剩余的水在陆地上流动形成河流，流回大海，这个过程就是水循环。

降水

地球大气中含有微小的水分子，这些水分子以云、雾和水汽的形式存在。温度和压力的变化使水分凝结成较大较重的水滴，以雨、冰雹或雪的形式重新降落到地上。雨滴撞击地面会带走一些土壤或沙粒。

至关重要的水
水对生命至关重要，它滋养着生长在地球上的所有生物。

雨滴总是小的，如果大小超过 4 毫米，就会分裂为两个雨滴。

河流

水在重力的影响下向低处流。因此，地球表面的水起初以山间小溪的形式在地上流淌，然后汇聚成较大的河流，河流流向大海时可以冲刷出山谷。河水流动得越强劲有力，其挟带的泥沙等松散沉积物就越多。

弯曲的河流
当河流在低洼的地面缓慢流动并且不被山谷所限时，河道会侧向弯曲成曲线状，形成曲流。

世界上最长的河流
尼罗河是世界上最长的河流，长达 6671 千米。亚马孙河虽然不是最长的，但是流量更大——约占地球上河水流量的 1/5。恒河-布拉马普特拉河是地球上挟带沉积物最多的河流。

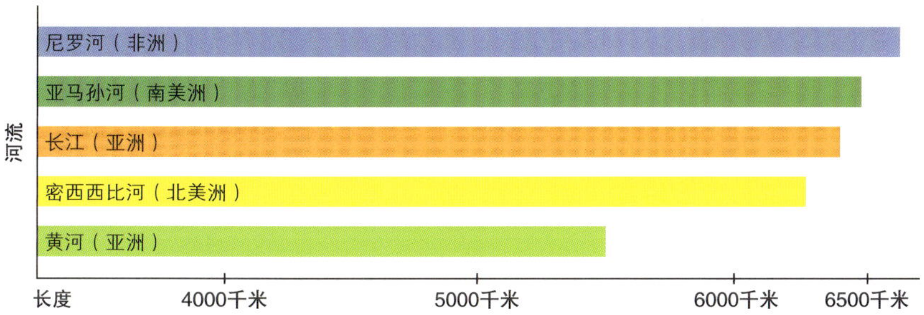

牛轭湖

在低洼的地方，河道可能会弯曲，形成蛇状的曲流。如果曲流弯曲得很厉害，最终就会完全与主河道断开，形成一个 U 形的水体，称为牛轭湖。

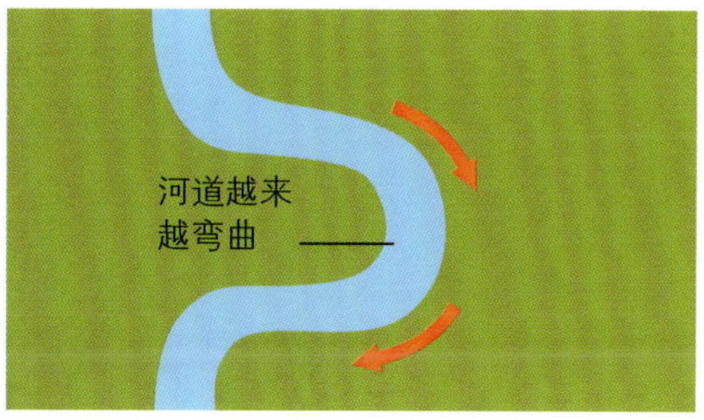

1 有曲流的河流
随着河道里的流水不断侵蚀一侧河岸，在另一侧河岸沉积，河道会发生轻微的弯曲。久而久之，这种过程使弯曲加大，形成了曲流。

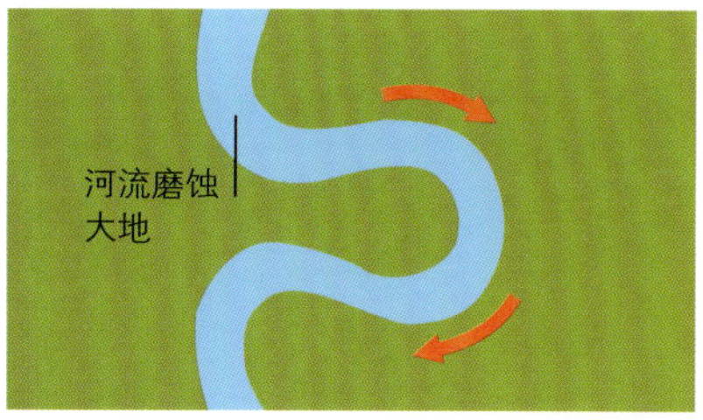

2 弯曲加剧
不断地侵蚀和沉积收紧了曲流的曲线，使曲流变成一个反 C 形的环，曲流的颈部变得越来越窄。

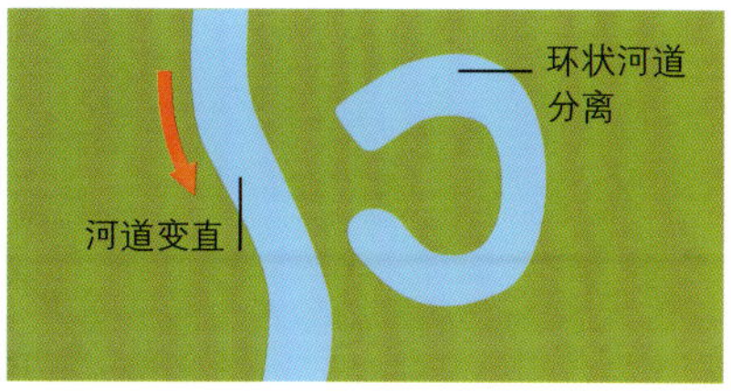

3 河道断开
曲流越来越弯，以至于河道在曲流的颈部断开，形成一个新而直的河道。沉积物封堵了旧环的尾端，留下一个牛轭湖。

瀑布

河流侵蚀山谷的能力取决于它所经过的岩石的硬度。软岩比坚硬岩石被侵蚀得快。在河流经过的地方既有坚硬岩石也有软岩时，不同的侵蚀速度可能会逐渐导致瀑布的形成。

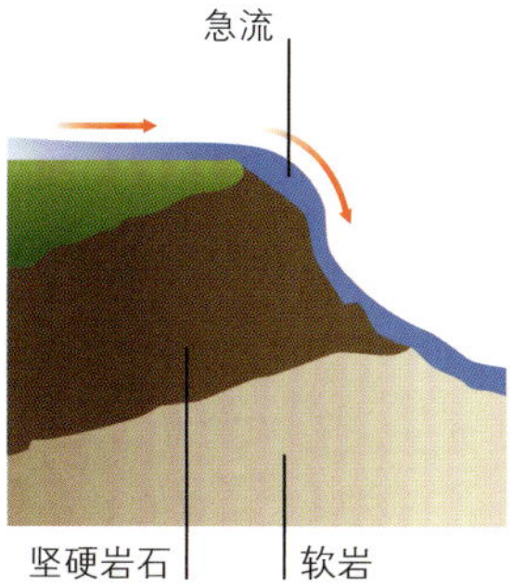

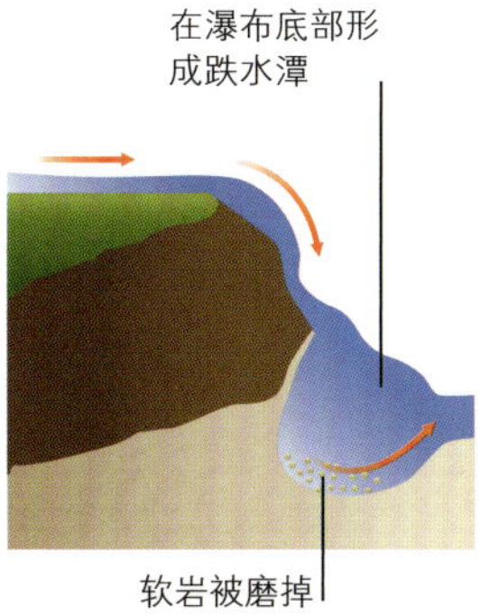

1 急流
一条浅河流经一片坚硬的岩石，它的流动被突出的岩石打断，形成急流。

2 瀑布
湍急的河水侵蚀河床上的软岩，形成一个水潭。水流在其中自由地翻滚。

冰川

冰是硬而易碎的，但它会在移动的冰河的带动下缓慢流动，这种冰河就是冰川。冰川移动时会挟带沿途的一些沙砾，磨蚀地貌，在冰的下面开凿出一个很深的峡谷，把岩屑带下去。

移动中的冰川
冰川在重力的影响下从高山向低地流动。冰川是重要的淡水资源，参与全球水循环，对全球的气候也有影响。

563 世界上最长的洞穴系统——美国猛犸洞的长度为563千米。

洞穴

洞穴和地下通道遍布世界各地。无论在哪里，这种景观都是由石灰岩形成的。

当酸性水在岩石中溶蚀出一条通路时就形成了洞穴系统。雨水吸收了来自大气的二氧化碳变为酸性，而地下水也会吸收土壤中的酸。酸性水溶解石灰岩中的碳酸钙，导致岩石中的裂隙扩大形成通道。随着时间的推移，在流水和落石的作用下形成了更大的通道和洞穴。洞穴中富含矿物质的水暴露在空气中就会蒸发，在岩石表面留下碳酸钙，形成各种固体矿物结构，如流石、石钟乳和石笋。

喀斯特

化学风化作用产生的裸露的石灰岩地貌称为喀斯特。它的特征是具有深沟和尖利的石灰岩峰林。

石钟乳和石笋的形成

当富含矿物质的水滴从洞穴顶部蒸发时，它们会在洞顶和下方的地面上留下碳酸钙矿物。经过一段时间，水滴不断下滴形成了悬挂在顶部（石钟乳）和从地面生长（石笋）的尖尖的沉淀物。最终，这些沉淀物会连接在一起，成为一个柱体。

地球内部

石灰岩逐渐被酸性水腐蚀，形成了不可思议的洞穴系统。经过数千年时间，小的洞穴不断地生长，形成巨大的洞穴，而岩石中小的裂隙也会变成大的通道。这些洞穴和通道连接起来，形成数千米长的网络，里面长着几千块石钟乳和石笋。如果配备了恰当、安全的设备，这些洞穴是可供人们探索的奇妙之地。

8 菲律宾普林塞萨地下河国家公园拥有世界上最长的可航行的地下河，其长度超过8千米。

28 世界上最长的石钟乳长28米。

峡谷是怎么形成的？

洞穴系统的发育意味着大量石灰岩从地下被移走。由于岩石脱落，地下的空洞扩大，形成洞穴。最终，洞穴顶部坍塌，形成天坑，然后这些天坑连在一起形成大型的具有陡壁的凹陷区，也就是峡谷。

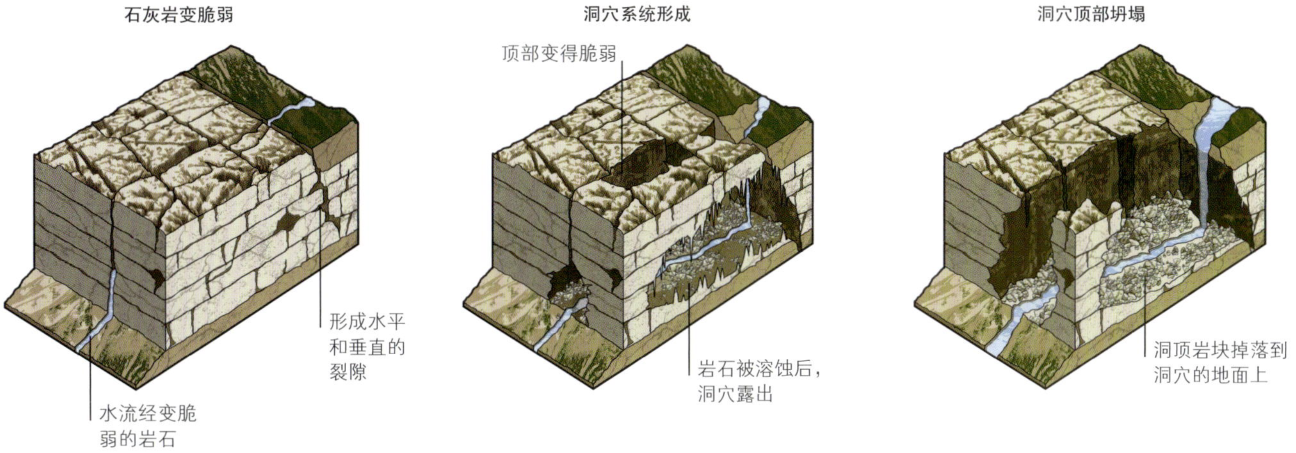

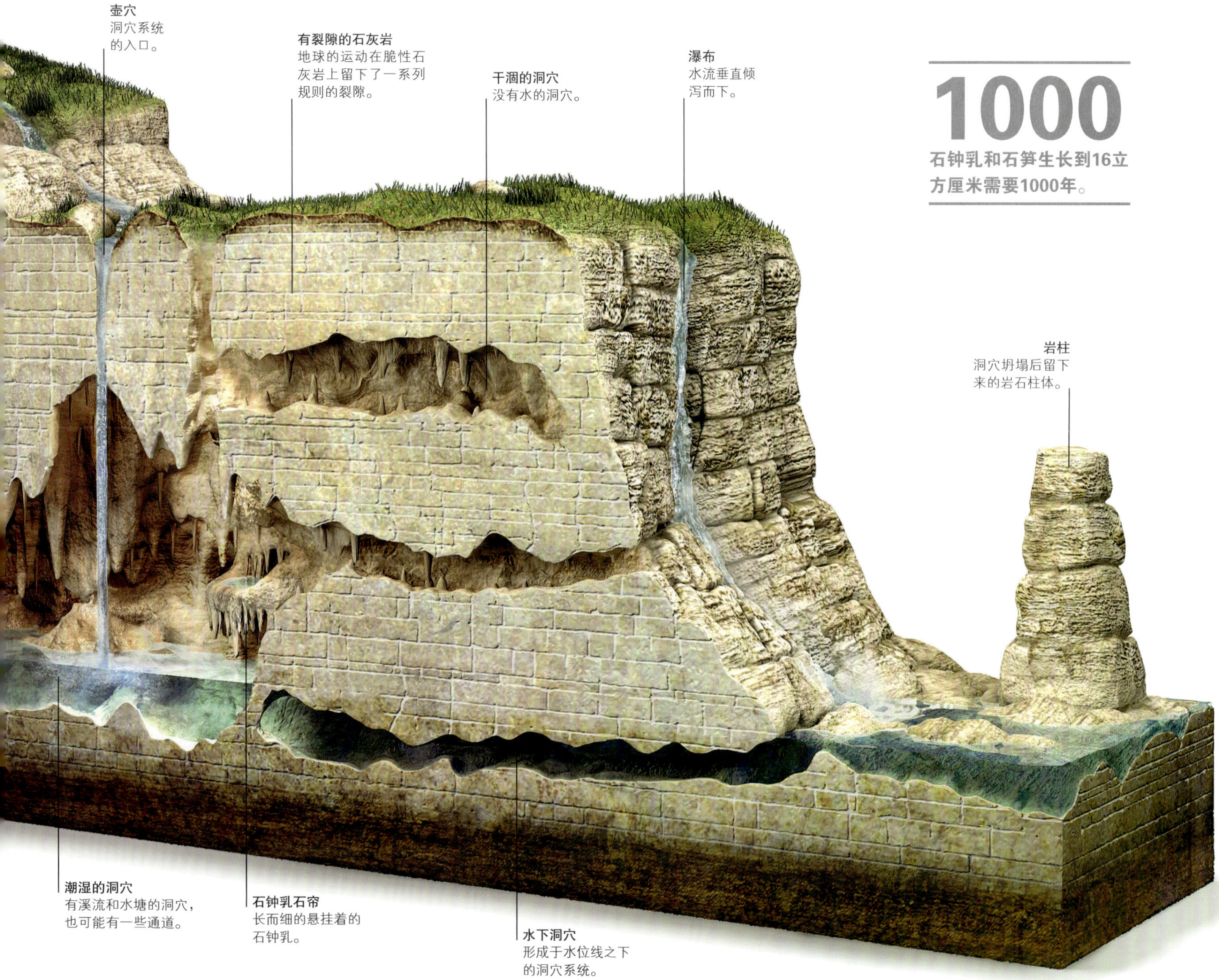

1000

石钟乳和石笋生长到16立方厘米需要1000年。

10% 地球上10%的陆地被冰川冰覆盖。

70 如果所有的冰川冰融化，全球海平面会上升70米。

冰川谷

冰川流动会碾碎岩石地表和山谷的两侧，带走岩屑。脆弱的冰川破裂开来，形成裂缝，也就是冰川裂隙，融化的水便从裂缝中流出。

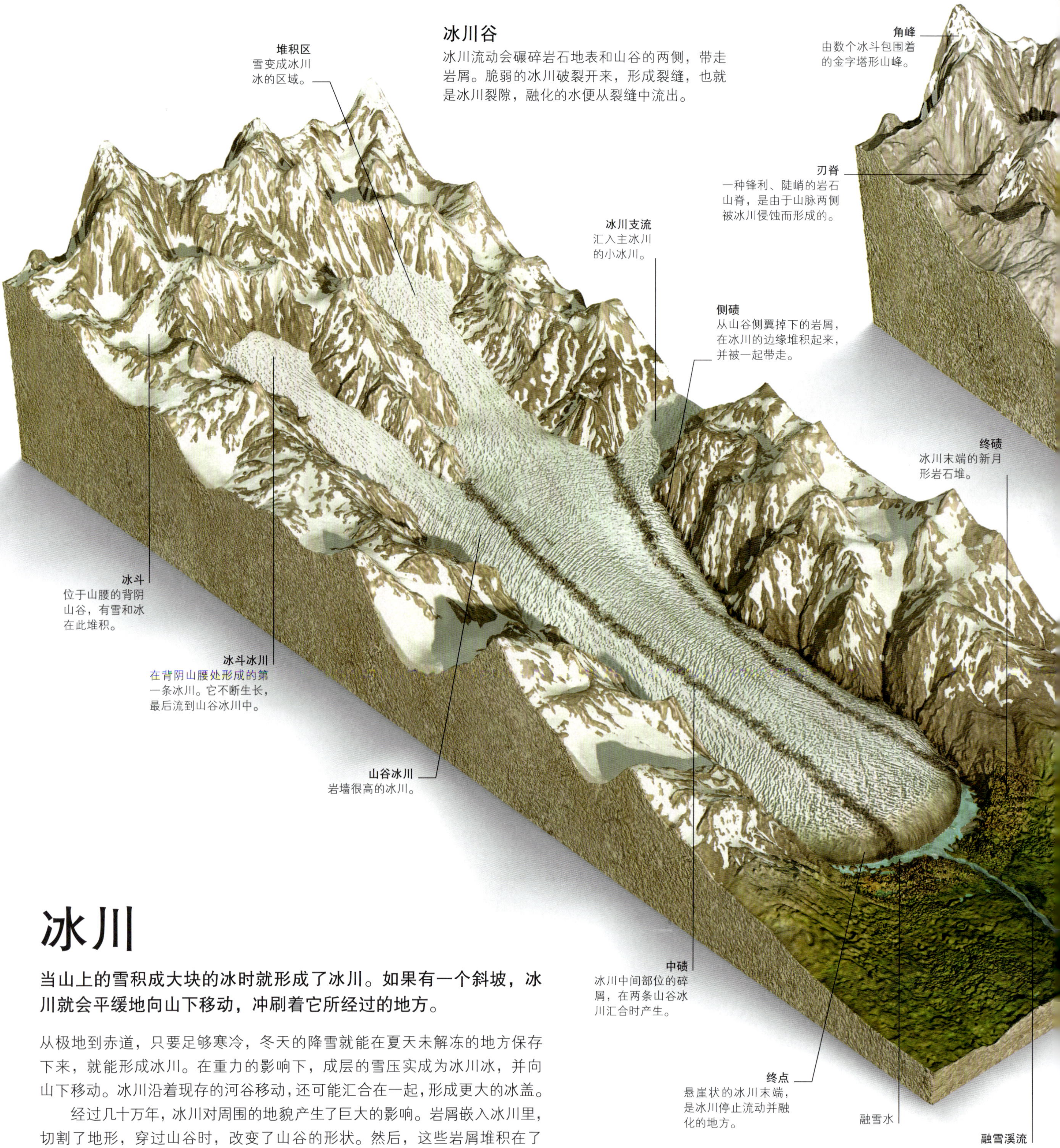

冰川

当山上的雪积成大块的冰时就形成了冰川。如果有一个斜坡，冰川就会平缓地向山下移动，冲刷着它所经过的地方。

从极地到赤道，只要足够寒冷，冬天的降雪就能在夏天未解冻的地方保存下来，就能形成冰川。在重力的影响下，成层的雪压实成为冰川冰，并向山下移动。冰川沿着现存的河谷移动，还可能汇合在一起，形成更大的冰盖。

经过几十万年，冰川对周围的地貌产生了巨大的影响。岩屑嵌入冰川里，切割了地形，穿过山谷时，改变了山谷的形状。然后，这些岩屑堆积在了冰川停止移动并融化的地方。

4.2 南极冰盖的某些地方厚度超过了4.2千米。

32% 在最后一个冰期，32%的陆地被冰川冰覆盖。

冰川作用之后

冰川经过一个地区之后，会留下很多印记。岩屑被成堆地留下，形成冰碛。山谷被凿成U形深谷，具有几乎垂直的边坡，且融化的雪水经常泛滥。含砾冰川携带的岩石和岩屑刷蹭其他岩石，即使巨大的岩石也会被移动。

70%

地球上70%的淡水存储在冰川冰中。

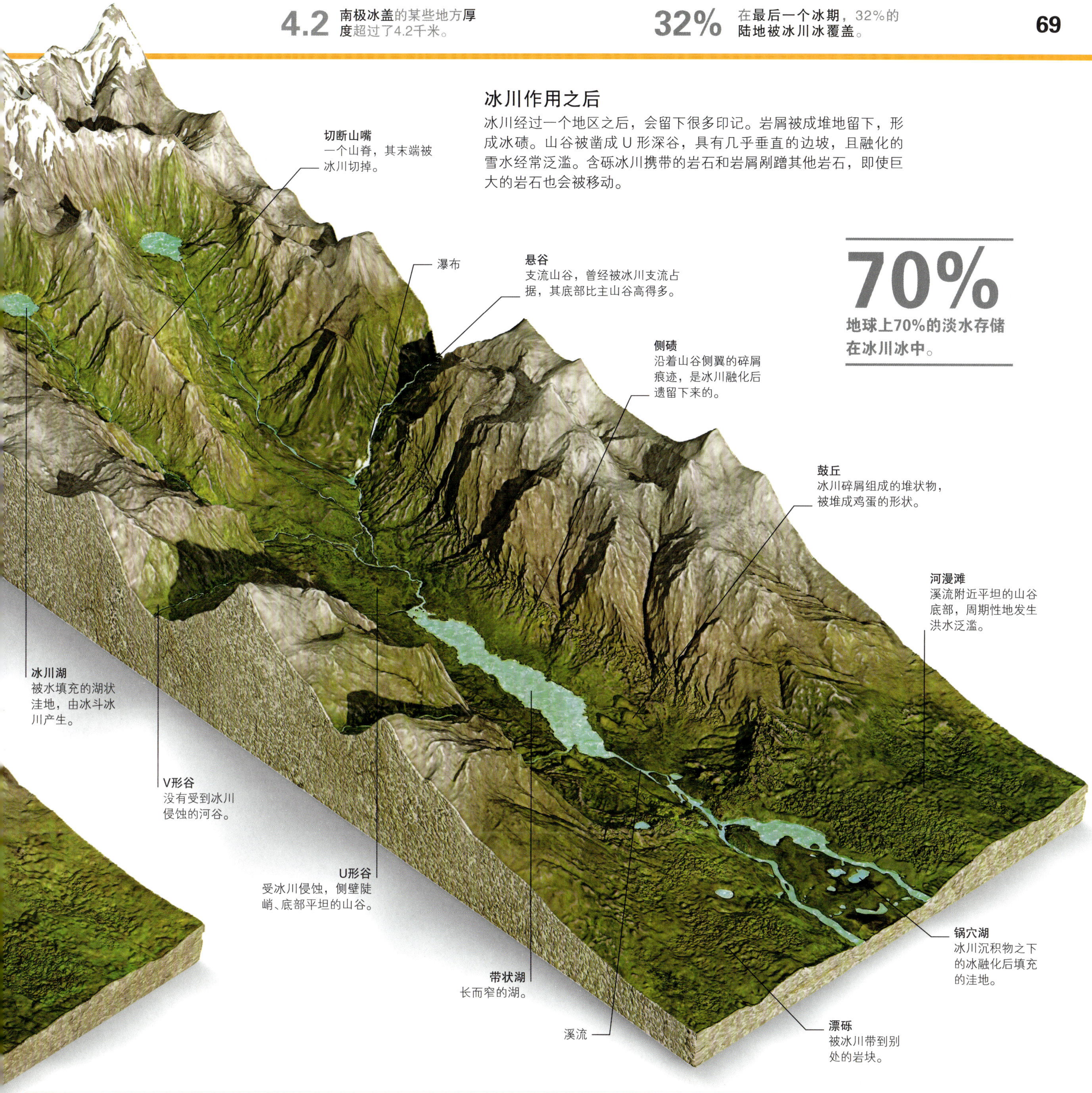

冰川冰是怎样形成的?

雪被更新的雪埋压在下面时逐渐形成了冰川冰。压力使雪片暂时融化，然后雪片又冻结成密度更大、气泡更少的冰晶。

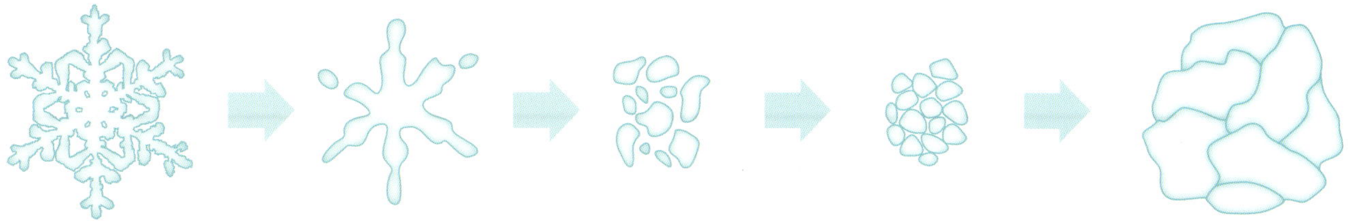

降雪
新雪飘落，形成精致的六边形晶体。

地面雪
雪片在几天之内就被新雪压碎。

粒状冰
破碎的雪片在不到一年的时间里就形成了圆形致密的颗粒。

积雪
雪花颗粒逐渐变小，挤压得更紧密。

冰川冰
积雪颗粒挤压在一起，形成了较大的冰晶。

地球上的海洋

地球上的蓝色海洋水体几乎占地球表面的 3/4，是地表的主体。水下世界是地球上最神秘的地方，也是人类探索最少的区域。地球上 50% 的物种生活在海洋里，从 40 亿年前生命开始演化以来，海洋一直是生命的家园。

海洋水

地球上的水大多在海洋里，覆盖了地球表面的大部分，平均深度约 3370 米。深海水域从南北两极到赤道都有分布，环绕全球。它们的性质差异很大，如盐度、温度、压力、透光度及所拥有的生物种类，都有不同。

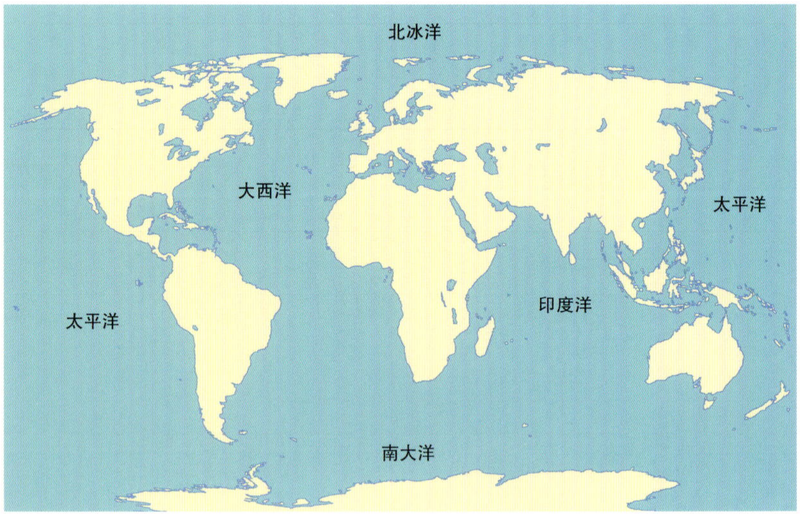

洋和海

洋是大片开放的咸水区域。海也是咸水，但是它们更小一些，有的海被陆地包围。地球有超过 50 个海。

世界上的海洋

海洋虽然单独命名，但是它们全都连接在一起，成为一个全球性水体。

注：南大洋曾有南极洋、南冰洋等称呼。联合国教科文组织的政府间海洋学委员会建议把南极大陆到南纬40°的纬圈海域定义为南大洋。但因其北边缺乏陆块作为传统意义上的界限，有些科学家不予承认。

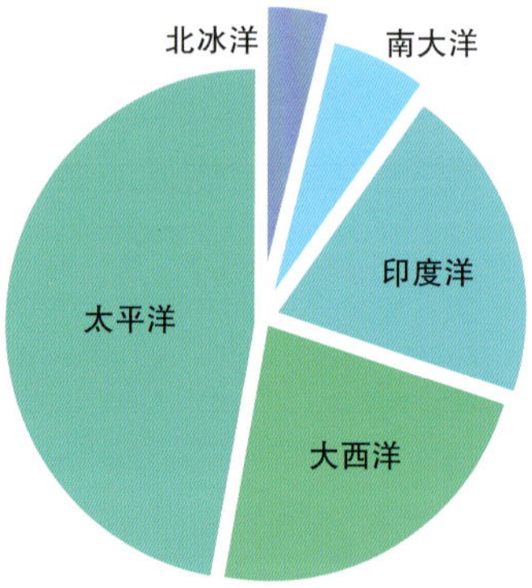

海洋的大小

地球上海洋的大小差别很大。最大的海洋是太平洋，面积为 1.56 亿平方千米，最小的是北冰洋，面积为 1406 万平方千米。

71% 地球表面的71%是在水下。

如果把海水均匀地铺在地球表面，它会覆盖整个地球表面，且深度达 2800 米。

咸水

所有的海水都是咸的，但是盐只占很少的一部分。除了盐，海水中还含有 86 种以上的化学元素和极少量的贵金属，如铂和金。

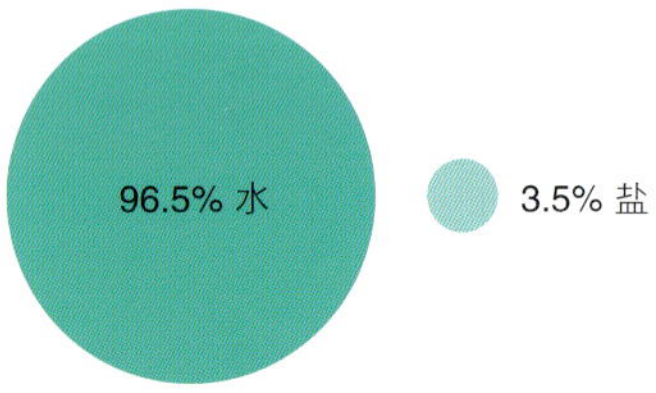

海底

海底像陆地一样千变万化。它的特征主要是由组成地壳的板块运动形成的。在板块分离的地方，洋脊产生新的海底。在板块碰撞的地方，洋壳被向下推入地球内部，形成深深的海沟。火山岛在海底喷发，有些甚至上升到海平面以上。它们四周是平坦的深海平原，平原上覆盖着细粒沉积物。

海洋的特征

海沟
当构造作用力将两个海洋板块推到一起时，一个板块会被推挤到另一个板块下面，这个过程称为俯冲。板块间形成深的峡谷状海沟，有些海沟的深度可超过 11 千米。

火山岛
海洋下面构造板块的运动使得熔融的岩石（岩浆）起泡并向上进入海水中。如果岩浆很多，那么它们会上升并喷出海面，形成一系列弧状火山。

洋脊
当两个构造板块分离，岩浆从它们中间涌出并凝固为新岩石时形成洋脊。洋脊系统在全球延伸超过 59200 千米。

海底烟囱
扩张洋脊下面的炽热岩层带来了数不清的热泉，称为海底热泉。灼热的海水富含矿物，矿物喷涌到海底，形成塔状物，这种塔状物叫作海底烟囱。这种极端的水下环境类似于生命最初形成时的环境。

深海平原
深海海底位于海平面下超过 3000 米的地方，它占地球表面的 50%，却是人类探索最少的地方。海底崎岖的火山山脉景观被埋藏在细粒泥状沉积物下，形成一个黑暗、一成不变、极度寒冷和荒凉的环境。

隐藏的山脉

如果测量从水下山底到山顶的高度，美国夏威夷的冒纳罗亚火山甚至比珠穆朗玛峰都高。

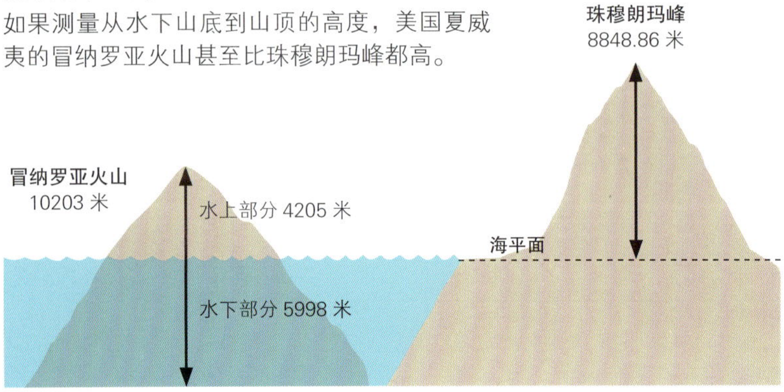

阳光和黑暗

阳光在海水里无法照射得太远。只有蓝光可照到水下 45 米的地方，到水下 200 米以下就几乎没有光了。根据光照和温度，可以把海水分层——水越深，温度越低。海水的每一层都给不同的生物提供了栖息地。生活在深水区域的动物具有特殊的适应能力，能在那里生存下来。

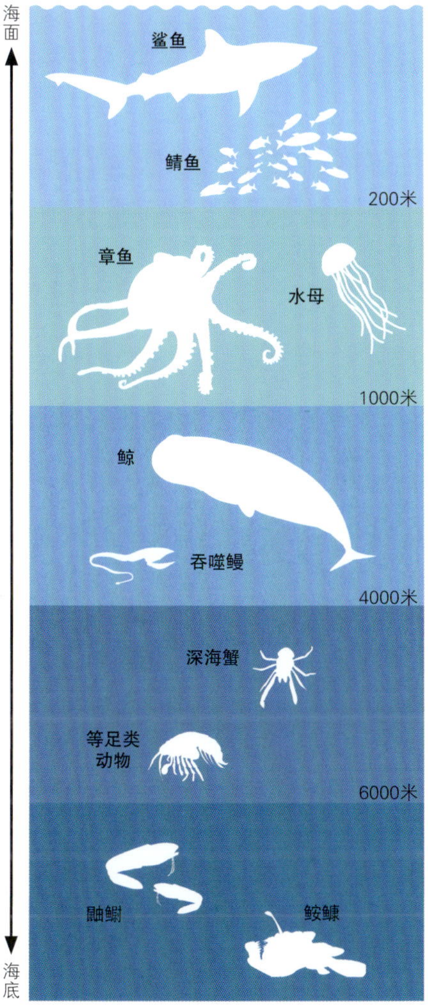

透光层
该层有很多生物，包括利用阳光进行光合作用并产生能量的植物。

弱光层
由于太黑，植物在此无法生长，但是这些光线对动物捕食是足够的。

无光层
这里仅有的光线来自一些能自己发光的动物。

深渊带
此层的动物必须能够承受上部海水产生的巨大压力。

超深渊带
只有少数几条海沟能达到这样的深度。目前只有两个人曾经到达过该层。

水温

深海水总是冷的，但是表层海水的温度变化很大。这意味着不同地方的海中生长着不同的动植物。温暖的地方生长着热带珊瑚礁，而在南北两极生活着一些更耐寒的动物。

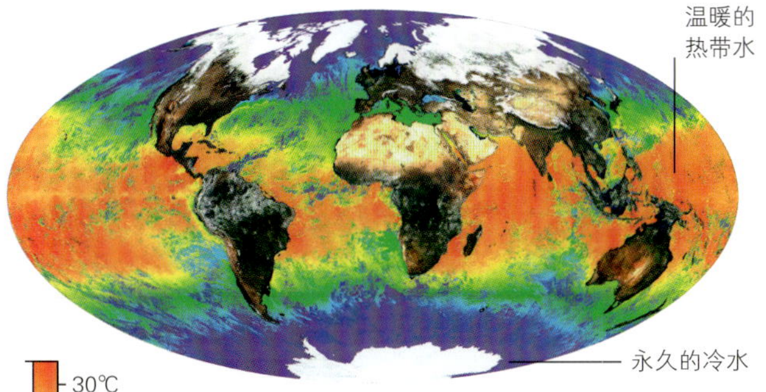

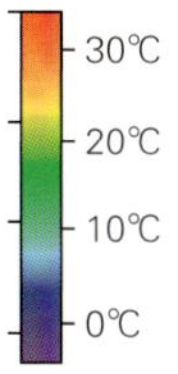

海面温度
海洋表面的水温在热带地区最暖，在两极地区最冷。

流动的水

海水一直在流动。风吹在海面上产生海浪，太阳、月球和地球间的引力产生潮汐。随着受热的海水上升到海面而冷水下沉，来自太阳的热能引发了全球范围内洋流的流动。

人类已经探索的海洋还不到 10%。

海浪

大多数海浪是风造成的，海浪的高度、间距和方向取决于风的强度和持续的时间。长期的风吹产生了巨大的间距很宽的海浪。

一圈一圈
水分子并不随着海浪前进，它们以小的环形运动着。

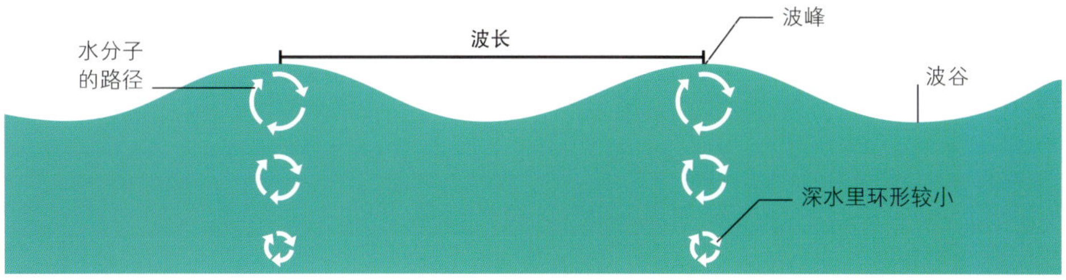

潮汐

全球海平面有规律的升降现象称为潮汐。月球的引力在地球两个相对的地方产生两个高的海水潮汐隆起。在这些高潮之间是低潮。随着地球的自转，潮汐在全球涨落。除了这种每日一次的涨落循环，太阳的弱牵引力还产生一次额外的月循环，高潮和低潮的高度都随之变化。

低潮
海平面每天都在变化。图中为低潮时的海边，高潮时图中的这些船会浮起来。

洋流

风从热带地区吹向较冷的区域，驱动着表层洋流。这些洋流构成了整个海洋范围内的大洋环流。海洋还有较深的洋流，这种洋流构成了大洋输送带。这些深层洋流主要是由阳光加热热带水域产生的。温暖的水向寒冷的极地地区流动，在那里水变冷下沉，形成一个流回热带地区的深层洋流，然后在热带再次变暖上升。盐分也对深层洋流有推动作用。

全球洋流
地球上的海洋有两套洋流系统——顶部的表层洋流和下部的深层洋流。

温暖的表层洋流
寒冷的表层洋流
温暖的深层洋流
寒冷的深层洋流

海底最古老的岩石的年龄为2亿年。

2 海底的平均温度为2℃。

海底

海面以下的世界与人们所熟悉的海面以上的世界一样变化多端，有巨大的山脉和火山、广阔的平原、深深的峡谷和海沟，以及像蛇一样在海底绵延的巨大洋脊。

许多海底地形都是岩浆从地球内部上升造成的。构造板块在大洋中脊处分离，在此处岩浆凝固并形成新的海底。旧的板块滑离洋脊，最终可能会移动到相邻板块的下面，造成岩浆上涌，形成火山岛。并非所有的海底地形都是由岩浆造成的——海底峡谷是由周围大陆边缘侵蚀作用造成的，深海扇是由海底洋流挟带的泥沙堆积而成的。

进入深海

在海底，一个构造板块移动到另一个构造板块之下的地方会形成海沟。下图展示了世界上一些最深的海沟——大多数是在太平洋边缘发现的。

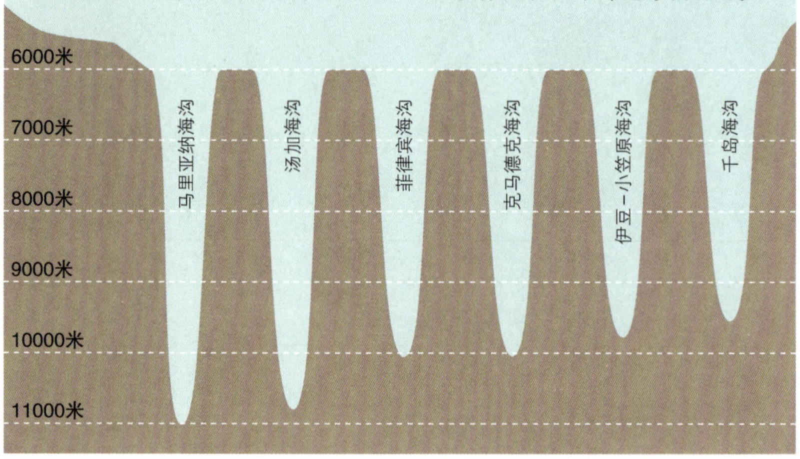

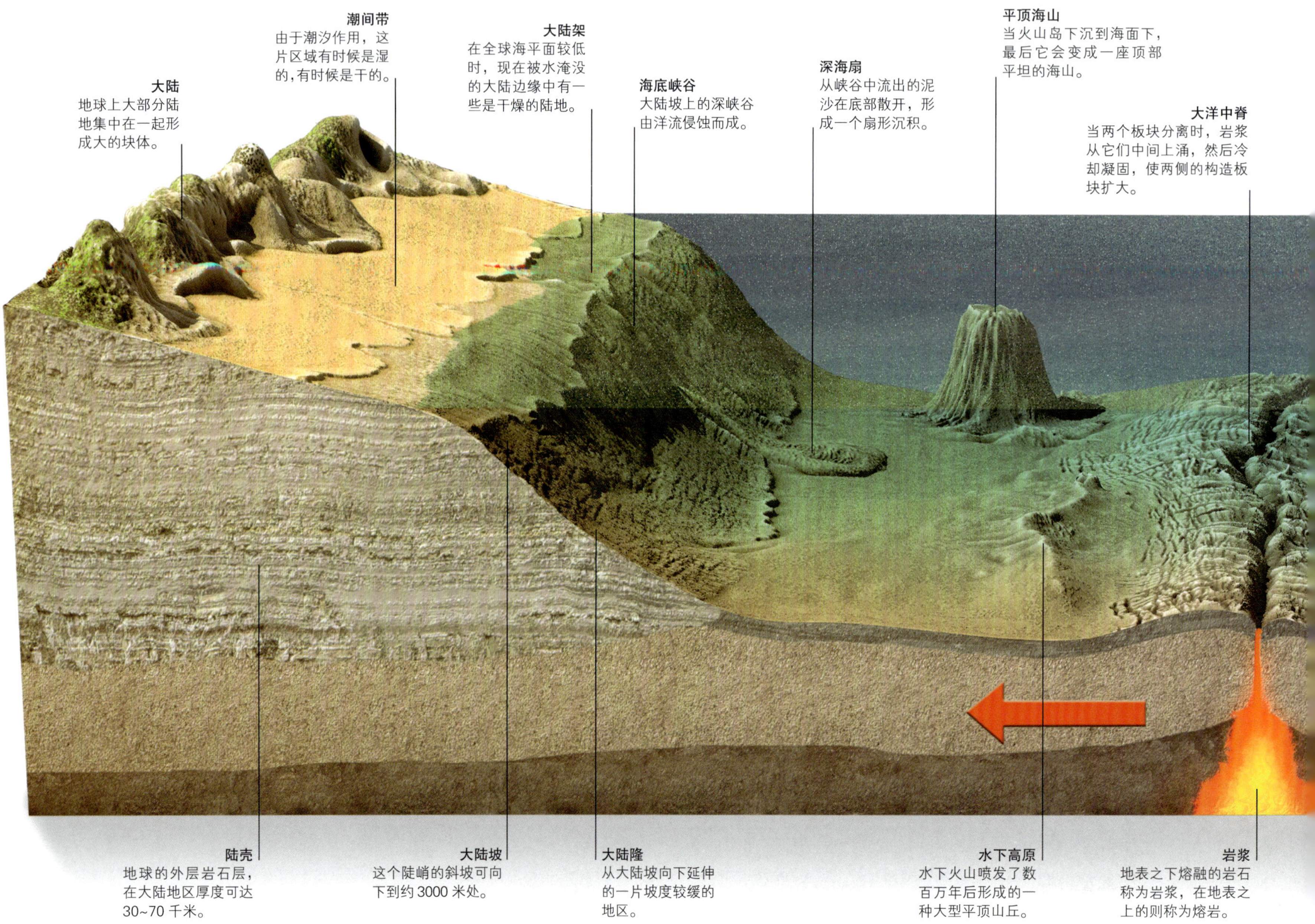

海底烟囱

在大洋中脊附近，有超热的水从海底喷发出来的地方通常生长着海底烟囱。海水向下渗入海床获得热量。热水上升，涌回到寒冷的海水中，溶解在其中的矿物变成固体颗粒，看起来像烟一样。这些固体颗粒积聚起来，在热水喷发柱周围形成固体烟囱。

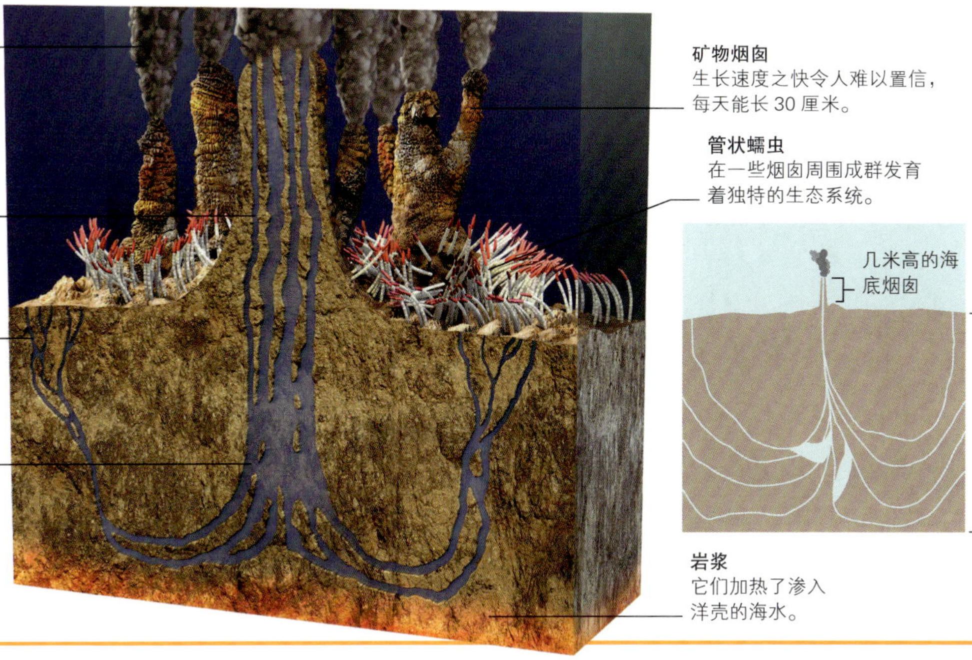

海面之下

海床平均位于海面之下约3.7千米处，由岩石状的洋壳组成，上面覆盖着泥状沉积物。构造板块通常由这些洋壳、陆壳以及其下面的部分地幔层构成。海床上喷发的岩浆可以形成火山岛和海山。

自　然

38亿年前，地球上出现了最初的生命有机体，后来演化出数百万个物种。今天，这个星球处处生机勃勃，从高高的山巅到深深的海底，生命无处不在。

生命是如何开始的？

数十亿年前，由于一次偶然的机会，地球表面某个地方的化学物质发生了化合反应，生成了一种能摄取能量并自我复制的物质，即最初的生命有机体。地球生命的传奇故事由此开始。

生命迹象

地球是由大量的太空岩石、尘埃和气体构成的。在数百万年间，地球只是一块庞大炽热的熔融状的岩石，外层笼罩着有毒的大气。但是后来，地壳冷却，水汇聚成了浩瀚的海洋。生命很有可能就起源于这些海洋的浅滩上。大约 38 亿年前，在一系列化学反应的作用下，最原始的生命细胞在这里诞生。

1 早期地球

在大约 5 亿年中，地球只是一块如火炉般炽热的巨大岩石，不断遭到小行星和陨石的撞击。每一块太空岩石撞击地球时，都会把自身的能量转化成更多的热量。但是，这种冲击也带来了化学元素，化学元素是构成生命的重要物质。

2 化学反应锅

随着地球逐渐冷却，大规模的火山喷发导致空气中充满了有毒气体。但是，这些火山也喷发出了大量的蒸汽，蒸汽逐渐冷却凝结，形成降雨，而后形成了海洋。这时，可能是闪电激发了水中的化学反应，形成能自我复制的复杂的分子，这就是生命的基础。

3 最原始的细胞

对生命至关重要的化学过程需要发生在一个有保护的环境中。有一种物质能提供这种环境，形成微小的、外壁牢固的气泡，这就是最原始的生命细胞——包含构成生命的化学物质的微小结构。这些细胞形成了细菌，也就是最简单的生命形式。

4 来自光的能量

生命需要能量。最原始的细胞利用的是化学能。但是在约 35 亿年前，蓝细菌开始利用太阳能从水和二氧化碳中制造食物，并且释放生命生存所必需的氧气。人们在澳大利亚西海岸发现了蓝细菌类似物形成的叠层石（左图）。

5 深层热能

最早的生命细胞很有可能出现在温暖的蓄满咸水的海岸水池中。然而，生命也有可能诞生于深海，出现在海底炎热的火山口附近。这些火山口会迸发出能量丰富的化学物质。目前，在这些火山口附近仍然有简单生命有机体，这些有机体很有可能与最早的生命细胞相似。

生物多样性

生命自诞生伊始，就在不断变化。生物通过繁衍后代而逐渐兴旺，但是后代往往会与上一代存在差异。随着时间的推移，这些差异逐渐缔造出了新的生命形式。这个变化过程被称为进化，它创造了地球上的生物多样性。

进化

每个生物都与亲代略有差异。如果这些差异有助于生物生存下去，那么它们很有可能就会把这种生存优势遗传给后代，这是进化的基本原则。多年以后，这种遗传方式可能会使物种发生非常明显的改变，最终进化出新的物种。

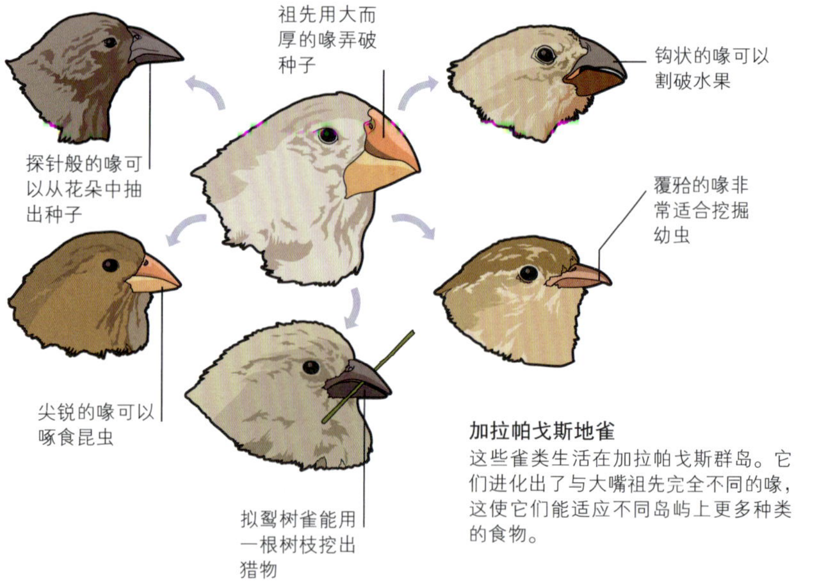

加拉帕戈斯地雀

这些雀类生活在加拉帕戈斯群岛。它们进化出了与大嘴祖先完全不同的喙，这使它们能适应不同岛屿上更多种类的食物。

自然选择

进化的主要机制是自然选择。自然界的生命之间存在激烈的竞争，优胜劣汰。那些侥幸存活并且能繁衍后代的生物只是恰好具备了在某栖息地繁衍生息的条件。如果环境发生改变，优胜者也可能会遭到淘汰。

适者生存

大多数桦尺蛾都长有一双灰白色的翅膀，用以伪装。但是在被煤烟熏黑的树林中，却大量生活着一种黑色的桦尺蛾，因为这样不太显眼，不容易被鸟类发现。

在自然色的桦树皮上，灰白色的桦尺蛾很难被发现。

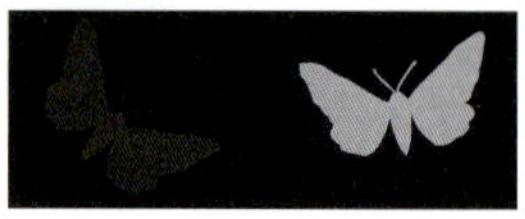

在被煤烟熏黑的桦树皮上，灰白色的桦尺蛾十分显眼。

亘古不变

随着时间的推移，生命不断进化。人们在岩石中找到了不同生命形式曾经存在过的证据，这些生命形式在远古时期曾盛极一时。而这些将现在与逝去的世界联系在一起的岩石就是化石。化石通常保存了骨骼、牙齿或外壳的形态。科学家将它们与相似的动物对比，拼凑出生物进化的故事。每发现一块新化石，都能让故事的脉络更加清晰。

化石猎人

研究化石的科学家被称为古生物学家。他们是发现、鉴定和保存化石的专家。他们可以计算出每一块化石的年龄，还可以弄清楚这些化石在进化故事中所扮演的角色。通常，他们面对的只是化石碎片，但即便是一根骨头，也可能是一个重要的线索。

发掘

如图所示，在美国内布拉斯加州，古生物学家正小心翼翼地挖掘动物化石。该化石是一种类似犀牛的动物的化石，距今已有1000万年。

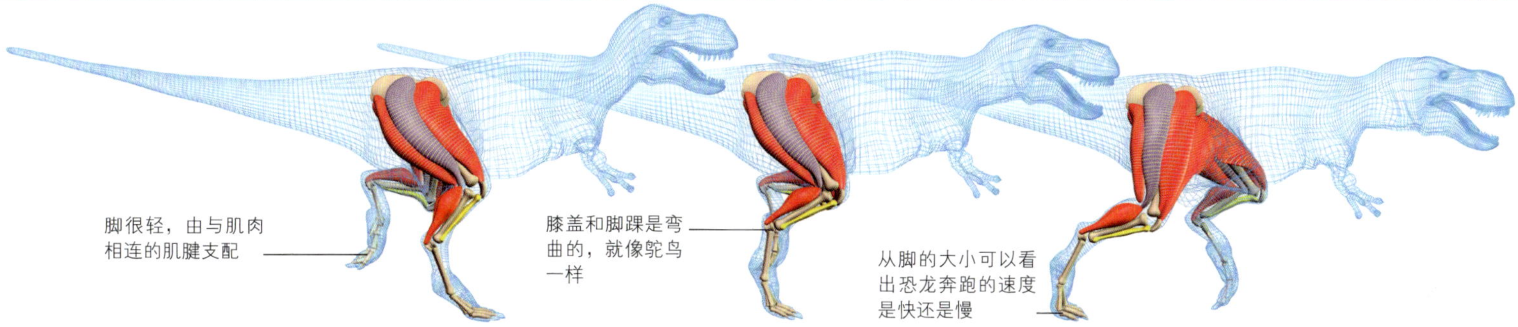

解开谜团

化石可能会非常大，但是即便发掘出体积最大、保存最完好的化石也不过是研究的开始。为了理解一组骨化石的意义，古生物学家必须弄清楚它们是如何组合的，组合起来后像什么生物，以及这个生物是怎么行动的。

运动

人们利用君王暴龙的骨骼和关节的研究结果，制作了这幅计算机模拟图。从上图可以看出，君王暴龙的奔跑动作与鸵鸟相似。

变化中的星球

生命的历史进程并不是一个恒定、稳步发展的过程。生物曾遭受过多次全球性的灾难，如小行星撞击地球和气候变化。有些灾难过后，只有极少数的生物活了下来，这些幸存者不得不适应一个迥然不同的世界。由此，生物进化的方向多次发生改变，许多新的动植物物种进化了出来，同时有些物种也灭绝了。

生命快照

在38亿年的生命历史进程中，大约84%的时间里，数量最多的生命形式是微小的细菌。复杂生命出现时，生物进化的步伐加快，由此产生了数不清的生物物种。

起初

30亿年间，地球上仅生活着最简单的单细胞生物。

复杂生命进化形成

最早的动物——多细胞生物在6亿年前才出现。

生物大灭绝

自生命诞生至今，地球已经经历了5次生物大灭绝。生物大灭绝是毁灭地球上相当大一部分生物的灾难性事件。每一次大灭绝后，生命都会缓慢地恢复，新的动物、植物和其他生物会相继出现。这几次灭绝都是自然力导致的，但是有证据表明，我们正处在由人为活动导致的第六次生物大灭绝的早期阶段。

奥陶纪（4.4亿年前）

这一次生物大灭绝毁灭了60%的海洋生物物种。当时，地球上几乎没有陆地生物。

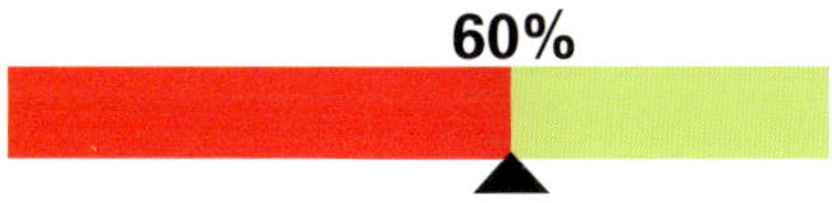

泥盆纪（3.6亿年前）

超过75%的泥盆纪生物物种被彻底消灭。浅海区生物受到的影响最为严重。

二叠纪（2.5亿年前）

在二叠纪末期，地球上的生物遭受了一次全球性的大灾难，几乎全部灭绝。只有非常少的物种幸存。

三叠纪（2亿年前）

这是恐龙时代——中生代的第一个纪，结束于一次生物大灭绝。这次灭绝消灭了恐龙的大多数竞争对手。

白垩纪（6600万年前）

在白垩纪末期爆发的生物大灭绝毁灭了巨型恐龙，而此次大灭绝很有可能是由小行星撞击地球导致的。

在过去的5亿年间，地球上超过90%的生物物种灭绝了。

动物已经在地球上生活了6亿多年，人类只生活了大约20万年——时间长河中很短的一部分。

生命演化历程

生命已经在地球上存在了 38 亿年之久。在这漫长的岁月中，从微小的细菌到巨型恐龙，生命逐渐演化出了令人目不暇接的多样形态。

地球历史悠久，但是在大部分时间里，只有海洋单细胞微生物这一类生物存在。大约 6 亿年前，地球上出现了最早的多细胞生物，直接引发了寒武纪生命大爆发，各种复杂的海洋生物相继出现。最早的简单植物出现后便逐渐蔓延至陆地和海洋。

地质年代

生命的历史进程被岩层中的化石记录了下来。比较古老的岩层在较为近期的岩层下面，因此每一个岩层都代表了一个时间跨度。科学家把这个巨大的时间跨度分成了几个代，然后又把这些代进一步划分成了更小的时间跨度，称为纪。

图例

- 早期地球
- 古生代
- 中生代
- 新生代

尾羽龙
许多小型肉食性恐龙都有羽毛，就像鸟类。

古近纪

6600万～2300万年前
新生代开始于古近纪，是一个气候逐渐变冷的时期。这时，哺乳动物进化得很快，逐渐取代了已经灭绝的恐龙。

尤因他兽
尤因他兽是植食性哺乳动物，体形相当于现在的犀牛。

古花
一种小型植物。古花的花朵和现在的木兰花相似。

白垩纪

1.45亿～6600万年前
白垩纪见证了第一批开花植物和某些最惊人的恐龙的进化过程。但是，一次生物大灭绝消灭了大型恐龙，终结了这个时期，同时中生代结束。

异特龙
异特龙体长约 7.5 米，长有如刀般锋利的牙齿。它们拥有非常全面的身体素质，可捕食巨型植食性恐龙。

节甲鱼
这种鱼生活在泥盆纪晚期。它们的鼻子很长，以贝类等有壳的水生动物为食。

石炭纪

3.59亿～2.99亿年前
在石炭纪，陆地生物繁荣兴旺，树木大小的原始植物形成了茂密的森林。昆虫和蜘蛛已经十分常见，它们会被大型两栖动物捕食。

镰甲鱼
这种鱼身披鳞甲，但是却没有下颌，它们的头部被宽大扁平的护甲覆盖。体长可以达到 35 厘米。

泥盆纪

4.19亿～3.59亿年前
泥盆纪是鱼的时代，因为这个时代出现了很多新的鱼类。有些鱼类进化成了 4 条腿的两栖动物，两栖动物是所有陆生脊椎动物的祖先。

前寒武纪

46亿～5.41亿年前
这个巨大的时间跨度被称为前寒武纪，其中涵盖了只有最简单的单细胞生物存在的 30 亿年。最早的动物在接近前寒武纪末期时出现。

早期火山喷发
古老的火山喷发出的蒸汽形成了生命的发源地——海洋。

彗星
在前寒武纪早期，太空碎片不断撞击地球，有些最终溶解在了海洋里。

新近纪

2300万～260万年前

在新近纪，气候变冷的趋势仍在持续。现生哺乳动物和鸟类已经出现，人类的祖先——南方古猿，也已经在非洲进化了出来。

阿法南方古猿
400万年前，这些早期原始人类开始直立行走，它们是第一批直立行走的人类。

第四纪

260万年前至今

这个时期的气候会发生骤然变化，漫长的冰期与间冰期交替出现，而且间冰期的气候与今天相似。然而，尽管气候会发生突变，现代人类——智人，仍然逐渐遍及世界各地。

尼安德特人
这些身体结实强壮的人类适应了冰期的生活。

侏罗纪

01亿～1.45亿年前

罗纪是恐龙的鼎盛寸期，此时恐龙不断增多，逐渐成为陆地统治者。它们中既有庞大的植食性恐龙，又有实力强大的肉食性恐龙。

摩尔根兽
摩尔根兽是最早出现的哺乳动物之一，体形娇小，以昆虫为食。

真双型齿翼龙
真双型齿翼龙是最早的食肉动物之一，它们的翅膀表面是一层皮膜，飞行能力可能不错。

板龙
这种恐龙有着很长的脖子，可以吃到很高的树顶上的树叶。

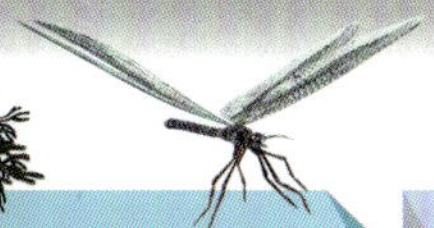

巨脉蜻蜓
巨脉蜻蜓是一种长得很像蜻蜓的昆虫，它们的翅展可以达到75厘米。

鳞木
这种生长于石炭纪的树木可以长到30米高甚至更高，而且长有鳞状的树皮。

二叠纪

2.99亿～2.52亿年前

二叠纪是哺乳动物的祖先和爬行动物的统治时期，以一次灾难性的生物大灭绝而告终。

异齿龙
这种食肉动物的背像船帆一样，它们的化石是这个时期最常见的化石。

三叠纪

2.52亿～2.01亿年前

终结了古生代的二叠纪生物大灭绝过后，生命缓慢地恢复。但是到三叠纪末期，早期的恐龙已经进化出来，同期出现的还有最早在空中飞翔的翼龙和第一批真正的哺乳动物。

库克逊蕨
库克逊蕨在世界上绝大多数地区均有发现，它们是地球上最古老的有茎植物之一。

4.43亿～4.19亿年前

志留纪出现了第一批硬骨鱼，这类鱼的颌部可以咬合、活动。与此同时，生命已经发展到了陆地上，很多简单的菌类和绿色植物已经出现。

志留纪

萨卡班甲鱼
这种动物身上长有鳞甲，两只眼睛长在前方，而且距离十分接近。它们与最早的原始鱼类一样，没有下颌。

前寒武纪占据了**地球**整个历史进程的88%。

寒武纪

5.41亿～4.85亿年前

在古生代伊始的寒武纪岩层中，复杂生命的化石十分常见。很多动物都已经进化出坚硬的外壳，这也是它们会形成化石的原因。

马尔三叶形虫
马尔三叶形虫体长约2厘米，主要生活在海床上。它们的腿就像螃蟹的腿一样，有多个关节，而且身体表面有很多刺。

奥陶纪

4.85亿～4.43亿年前

在奥陶纪，海洋生物繁荣兴旺。这个时期出现了很多鱼类和其他动物，如三叶虫。但是，奥陶纪最终被一次生物大灭绝终结了。

80% 目前已知恐龙中的80%或者更多是在1990年之后发现的。

恐龙

在长达 1.65 亿年的时间里，地球一直被曾经出现过的最不可思议的动物——恐龙统治。

中生代是生命进化史上的一个繁荣时期，因为这是恐龙的时代。这些令人难以置信的生物包揽了最庞大、最重和最恐怖的陆地动物。恐龙的形态千奇百怪，从巨大的、长有鳞甲的植食性恐龙到行动敏捷、长有羽毛的肉食性恐龙，各种各样。此外，如今依旧繁盛的鸟类就是恐龙的近亲。

家系图

除了最早出现的物种，中生代的所有恐龙都可以分为鸟臀目恐龙和蜥臀目恐龙两大类。鸟臀目又主要演变成 3 类，而且几乎都是素食主义者。蜥臀目恐龙主要分为肉食性兽脚类恐龙和庞大的植食性蜥脚类恐龙。

恐龙

鸟臀目

“鸟臀”的意思是“拥有鸟类的臀部”，指的是这些恐龙的腰带结构与鸟类的很像。鸟臀目恐龙还长有鸟类的喙，由特殊的下颌支撑。但是让人感到不解的是，鸟类本身却与小型的肉食性兽脚类恐龙亲缘更近。

蜥臀目

中生代早期的蜥臀目恐龙的腰带结构与蜥蜴的很像，因此名为“蜥臀”。但是后来，很多蜥臀目恐龙都进化出了鸟类的腰带结构，并将其遗传给了它们的后代——鸟类。蜥臀目恐龙的脖子要比鸟臀目恐龙的更长，而且更柔软。

头饰龙类

这类恐龙包括角龙类。如图所示的五角龙就是角龙类的一种，它的脖子上长有一个巨大的角状饰物。而肿头龙则长有一个极其坚硬的有着厚头骨的头颅。

兽脚类

棘龙是最大的兽脚类恐龙之一。这类恐龙几乎囊括了所有强大的捕食者。兽脚类能用后腿站立行走，很多都长有羽毛。

蜥脚形类

恐龙中的庞然大物，如腕龙，几乎都隶属蜥脚形类。蜥脚形类都是植食性恐龙，长有 4 条柱子般的腿，就像大象腿一样，支撑着庞大的体重。它们的脖子非常长，因此它们通常长有与脖子同等长度的尾巴来平衡身体。

鸟脚类

鸟脚类恐龙是进化得最成功的恐龙类群之一，包括两条腿奔跑的轻量级恐龙和图中这种重量级穆塔布拉龙等。它们都是素食主义者。

覆盾甲龙类

覆盾甲龙类包括长有厚重铠甲的甲龙类和剑龙类，图为身上长有很多刺的肯氏龙。

强壮的腿

与鳄类和蜥蜴等现生爬行动物不同的是，恐龙的站立方式与哺乳动物十分相似——腿在身体的下方。恐龙中既有恒温动物也有变温动物，所以很多恐龙的活动能力比现生变温爬行动物要强得多。

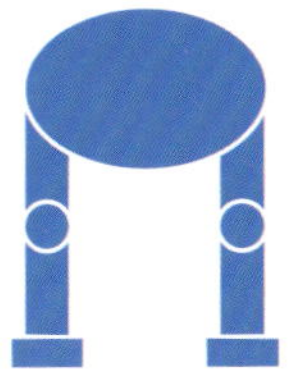

恐龙的站姿
恐龙站直时，腿是直的。这样，恐龙庞大的体重才可以得到支撑。

鳄类的站姿
现生鳄类是恐龙的近亲，但它们的腿无法很好地支撑身体。

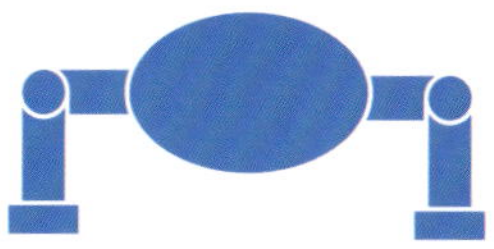

蜥蜴的站姿
蜥蜴通常是四肢向外伸展地趴在地上，这个姿势减缓了它们的爬行速度。

爬行动物的邻居

恐龙并不是中生代唯一一种庞大的爬行动物。它们与沧龙等海洋爬行动物和翼手龙等翼龙共同统治世界。尽管翼龙是恐龙的近亲，但这些动物都不是恐龙，大多以捕猎为生。部分海洋爬行动物拥有宽大结实的下颌。翼龙更加轻盈，它们很小，翅膀很长，飞行能力很好，翅膀的表面是一层皮膜。

沧龙
沧龙的体长可以达到 15 米。这是一种凶猛的捕食者，生活在恐龙时代的最末期。

翼手龙
与所有的翼龙一样，翼手龙也是恒温动物。它们身上毛茸茸的，飞起来很有可能跟鸟儿一样。

化石残骸表明，最大的翼龙有一架**小型飞机**那么大，它们**惊人的翼展**可以达到12米。

中生代

恐龙时代始于 2.3 亿年前的三叠纪，这是中生代 3 个时期中的第一个时期。最早的恐龙不得不与其他类型的爬行动物竞争，但是很多爬行动物都在三叠纪末期灭绝了，这使恐龙得以在侏罗纪繁荣兴旺。在最后的白垩纪，恐龙进化出了各种惊人的形态，如恐怖的暴龙。

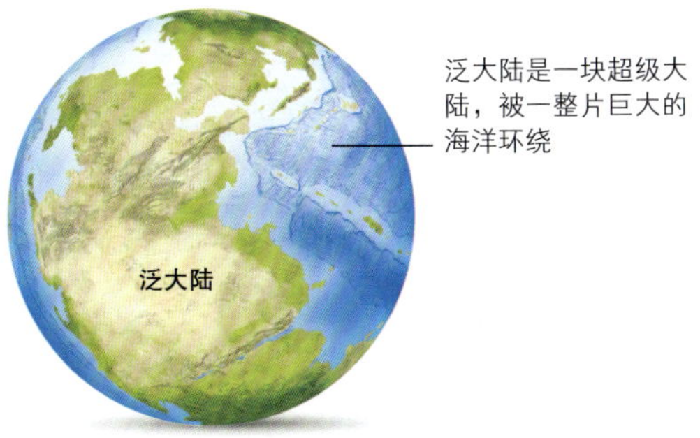

三叠纪时期的地球
2.52 亿 ~2.01 亿年前，所有的大陆板块都连接在一起，以一块巨大的超级大陆的形式存在。大陆的中心是一片广阔的沙漠。大多数植物和动物都生活在大陆板块的边缘附近。

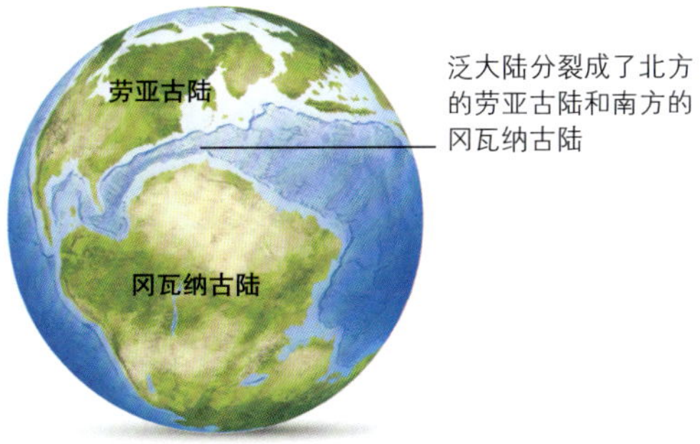

侏罗纪时期的地球
在侏罗纪即将开始时，超级大陆分裂成两个板块。沙漠的面积缩小了，繁茂的森林不断生长，为庞大的植食性恐龙提供了食物来源。

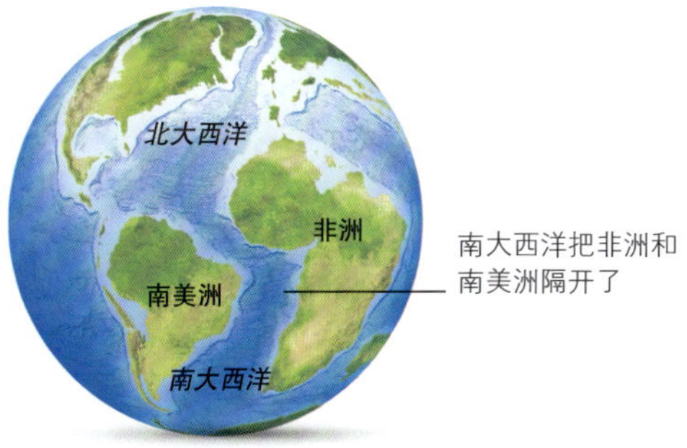

白垩纪时期的地球
1.45 亿年前，侏罗纪结束，地球迎来了白垩纪。此时，大陆分裂成了更多的板块。在不同的大陆上，出现了很多不同种类的恐龙。

骤然而至的大灾难

6600 万年前爆发的生物大灭绝事件终结了中生代，毁灭了除鸟类以外的所有恐龙。这场灭绝可能是因为一颗巨大的小行星撞击了今天的墨西哥境内导致的。与此同时，在印度地区发生了大规模的火山喷发。两件事情结合，势必对气候造成灾难性的影响。

小行星撞击地球
6600 万年前撞击墨西哥的小行星的直径有 10 千米。如此巨大的一块岩石以高速撞击地球势必会产生大量残骸，掀起无数灰尘。灰尘充斥在大气中，使阳光被遮蔽了许多年。

科学家仍然不知道究竟是什么导致了大型恐龙灭绝，**也不知道鸟类、鳄类和**其他动物是如何幸存下来的。

一只名叫“苏”的君王暴龙的化石是迄今为止科学家发现的**最大、最完整的暴龙化石**。

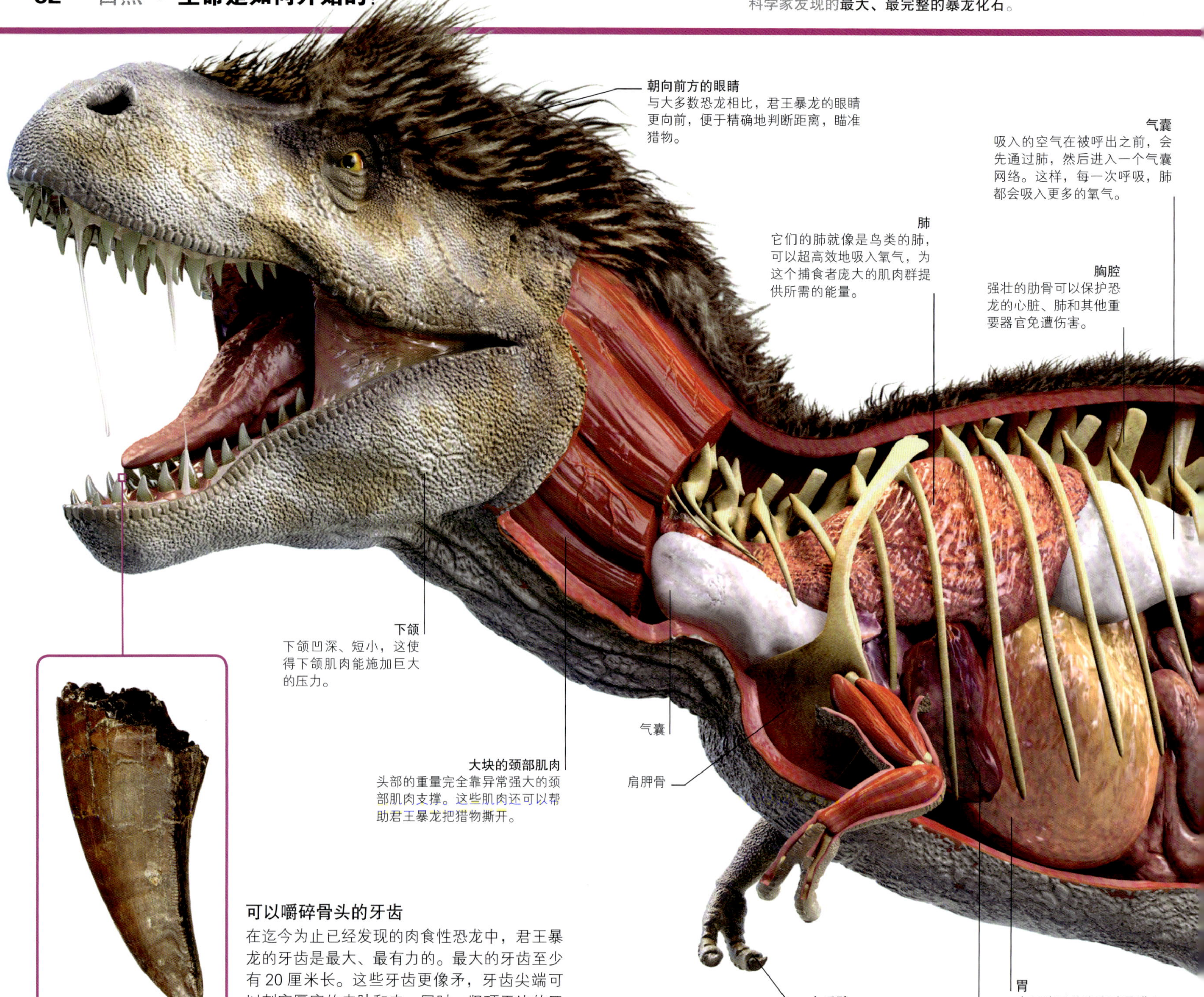

可以嚼碎骨头的牙齿
在迄今为止已经发现的肉食性恐龙中，君王暴龙的牙齿是最大、最有力的。最大的牙齿至少有 20 厘米长。这些牙齿更像矛，牙齿尖端可以刺穿厚实的皮肤和肉。同时，坚硬无比的牙齿也可以把猎物的骨头咬碎。

君王暴龙

曾经存在过的最强大的陆地捕食者是一种庞大的兽脚类恐龙。这是一种个头超大的杀手，它们拥有巨大的下颌和牙齿，可以咬断坚硬的骨头。

在长达 1.65 亿年的中生代——恐龙时代，暴龙是最致命的捕食者。君王暴龙也叫雷克斯暴龙或霸王龙，是暴龙中最庞大，也是最著名的，出现在中生代末期，即灭绝所有巨型恐龙的全球性灾难爆发前的几百万年。它们的专长就是杀戮——张开血盆大口咬住猎物，使猎物受伤致残或者致死，然后再把猎物撕成大块，将大块的肉咬在嘴里，全部吞下。

君王暴龙的体重与一头成年雄性非洲草原象差不多。

30 已发现来自30多只君王暴龙的化石。

60 暴龙有60颗牙齿。

恐龙档案

生存年代	6800 万~6600 万年前（白垩纪晚期）
产地	北美洲
食性	食肉动物
体长	最长可达 12.4 米

纵观所有存在过的**陆地动物，君王暴龙的咬合力**绝对是空前绝后的，至少是短吻鳄咬合力的4倍。

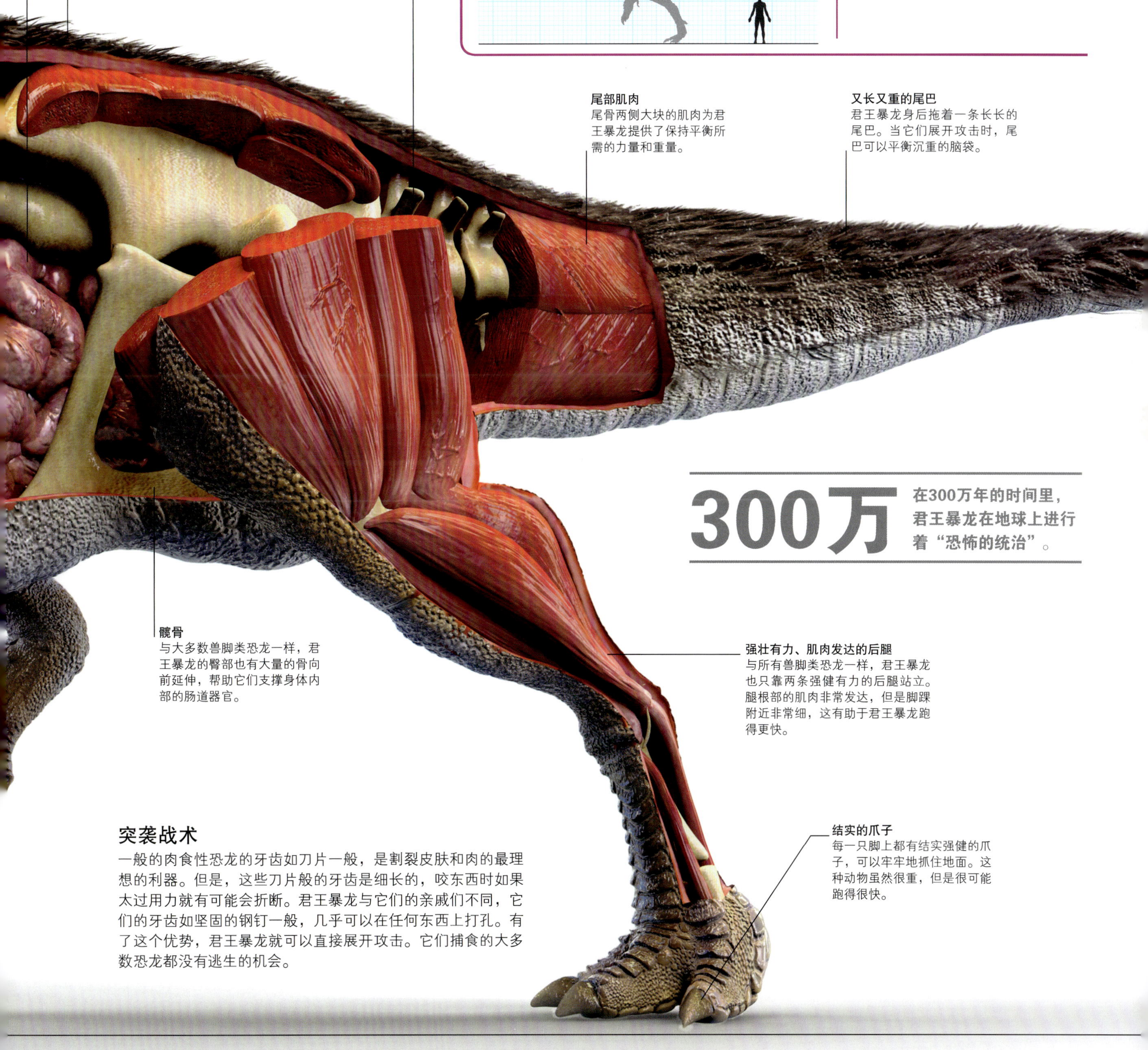

300万 **在300万年的时间里，君王暴龙在地球上进行着“恐怖的统治”。**

突袭战术

一般的肉食性恐龙的牙齿如刀片一般，是割裂皮肤和肉的最理想的利器。但是，这些刀片般的牙齿是细长的，咬东西时如果太过用力就有可能会折断。君王暴龙与它们的亲戚们不同，它们的牙齿如坚固的钢钉一般，几乎可以在任何东西上打孔。有了这个优势，君王暴龙就可以直接展开攻击。它们捕食的大多数恐龙都没有逃生的机会。

化石是如何形成的？

化石是连接现在与远古世界的纽带，是人们探索很久以前生活在地球上的壮观生物及其演化过程的唯一依据。

数百万年前，每当生物死亡，它们的遗骸或者痕迹就可能会以某种物质的形式保留下来，这种物质就是化石。生物死亡后，它们的残骸通常会被吃掉和分解，最终彻底消失。但是，这些生物的某些部分很有可能比其他部分更容易留存下来，尤其是壳、骨头和牙齿。如果这些部分在相当长的时间里都没有遭到破坏，并且被埋在地下，它们就有可能逐渐被地下水中溶解的矿物质变成坚硬的石头，形成化石。

化石的种类

化石通常是变成石头的贝壳或骨头，但也存在其他种类的化石。有些生物没有变成石头，它们只是被保存了起来，如琥珀中的蚊子。有些化石保存的是某些生物的痕迹，如脚印，而不是整体形态。这种痕迹化石能告诉我们灭绝已久的那些生物是如何生活的。

保存在琥珀中的化石
数百万年前，这只蚊子被困在了黏糊糊的树脂中，然后被保存了下来。树脂变硬逐渐形成了化石的形态，被称为琥珀。

漫长的过程

化石的形成是一个渐进的过程。贝壳或骨头经历数千年的洗礼后，看上去仍然像是只被埋藏了几个星期，尤其是在被冷冻的情况下。化石通常需要数万年的时间才能形成，因为动物的身体组织要逐渐被矿物质取代，最终才会变成化石。通常，化石的每一个微小细节都像极了原来的生物，这为科学家提供了至关重要的线索，可以帮助他们了解这个动物及其在远古时期的生活习性。

1 殊死搏斗
在与对手的殊死搏斗中，受伤严重的君王暴龙跌落河中，不久后死去。它巨大的身体最终留在了河床上。此时，它的肉体已经开始腐烂。

2 赤裸的骨架
河水深处缺少氧气，所以腐化进程得以减缓。最终，恐龙的身体变成了一副赤裸的骨架，但是骨头仍然完好无损，与恐龙活着的时候一模一样。

3 深埋
河泥埋葬了骨架。数百万年后，海平面上升，海水淹没了这个地方，河泥上覆盖了一层灰白色的海洋沉积物。

从木头到石头
植物和动物残骸一样，也会变成化石。整根树干都有可能变成石头（这个过程被称为石化），这样树木的细胞结构就被保存了下来。

留下印记
这只狄更逊水母陷进柔软的海泥中。后来，这块海泥变成了石头，但是水母却已经被分解，只留下了它的身体印记，这个印记被称为印痕。

自然铸型
水中溶解的矿物质会缓慢地聚集在印痕的内部，重塑生物原来的形态。这个菊石化石就是这样形成的。

足迹化石
6600 万年前，一只肉食性恐龙在淤泥里留下了这个 3 根脚趾的脚印。从一串脚印就可以推断出这只动物的步幅大小和它的行动方式。

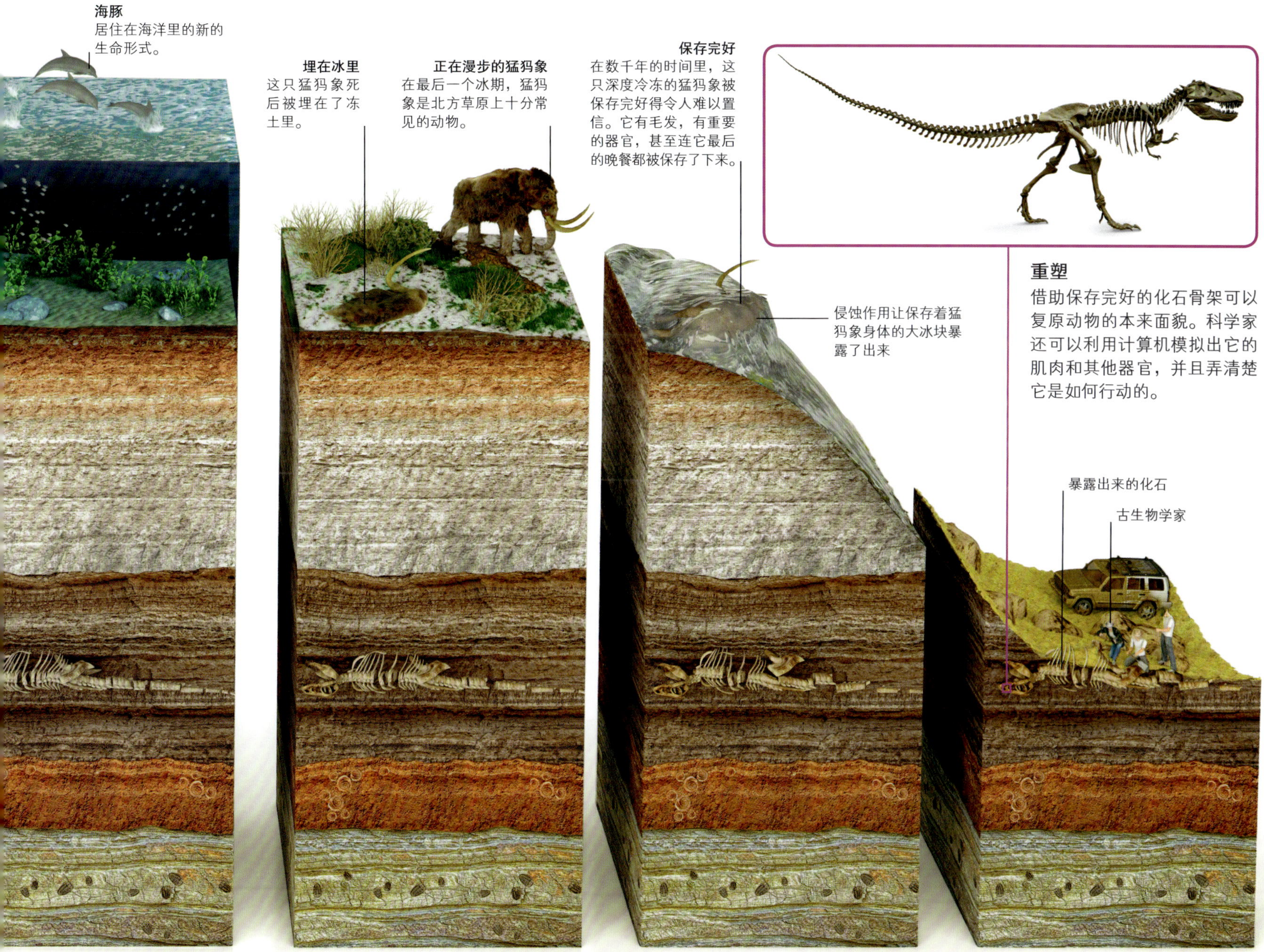

重塑
借助保存完好的化石骨架可以复原动物的本来面貌。科学家还可以利用计算机模拟出它的肌肉和其他器官，并且弄清楚它是如何行动的。

4 骨头变成矿物质
随着沉积层被埋得越来越深，溶解的矿物质逐渐把它变成了坚固的岩石，如白垩岩和页岩。矿物质渗透到被埋起来的骨头中，慢慢地把骨头变成了石头。

5 冰期
时间逐渐接近我们的时代。一次冰期将大量的水冻结成冰，导致海平面下降。在冻得并不结实的苔原上，一只正在漫步的猛犸象不慎陷入沼泽中，不久后死亡，尸体被冻得结结实实的。

6 表面侵蚀
一条改变了流向的河流切开了灰白色的白垩岩，暴露出了猛犸象冰冷的尸体。但是，恐龙的骨架仍然深埋地下。

7 发掘
冰期结束很久以后，侵蚀作用切开了黑色的页岩，露出了恐龙化石。古生物学家开始了小心翼翼的发掘工作。

生物世界

生命已经进化出了各种不可思议的形态，目前已知物种约有180万，还有更多的物种尚未发现。科学家把物种分成6个界。每个界都把有所关联的生物分成几组，依次称为门、纲、目、科、属、种。这些有机体在各自的栖息地上进化出了不同的生存方式，但是有很多生物越来越难以适应这个不断变化的世界。

地球上的生命

地球上，生命几乎无处不在，但是某些地区的物种明显多于其他地区。这样的地区被称为生物多样性热点地区。温暖的热带地区生物多样性最显著，尤其是热带雨林和热带珊瑚礁。这些栖息地为生命有机体提供了多种生存方式，促使它们演变出了不同的生物类型。

图解

- 主要的生物多样性热点地区
- 北美洲
- 南美洲
- 欧洲
- 非洲
- 亚洲
- 大洋洲

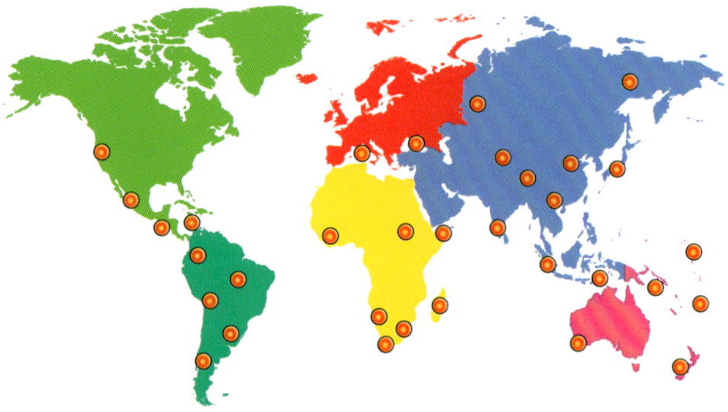

生命形式

每一个物种都与由相同祖先进化而来的其他物种有亲缘关系。这些物种形成了特定的类群，同样地，这些类群也与由相同祖先进化而来的其他类群相关，就像一个巨大的家系树。这棵树有6个主要的枝干——生物的6个界。其中，有3个界几乎都是由不用显微镜就无法看到的微生物构成的，其他的界则包括动物界、植物界和真菌界。

6个界

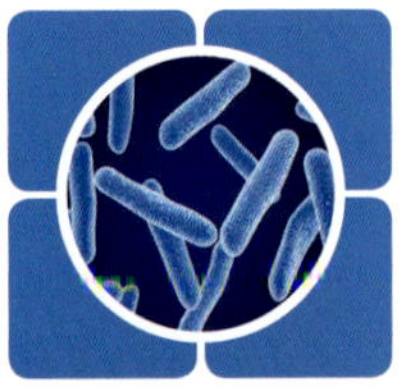

1 古菌
地球上出现的第一种生命形式是一种微小的有机体——古菌。古菌的结构非常简单，只有一个含有一滴水状液的单细胞，水状液中含有对生命至关重要的分子。有些古菌生活在环境比较恶劣的地方，如酸性温泉中。

4 真菌
尽管真菌长得很像植物，但是它们却是以其他有机体为食的生物。有些真菌是单细胞微生物，但是大多数真菌都是有根的多细胞生物。蘑菇和生长在腐烂水果上的霉菌就是有根的多细胞生物。

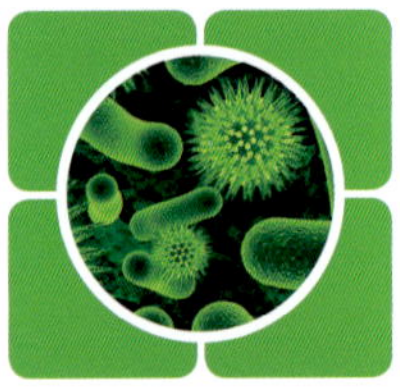

2 细菌
这些微生物很像古菌，它们拥有相似的结构，但是构成它们的化学物质并不相同，由此可见它们的演化方式是不同的。有些细菌会引发疾病，有些细菌则对人类的生存至关重要。

5 植物
绿色植物是多细胞生物，可以利用光能制造有机物。在此过程中，植物会释放出对动物生存至关重要的氧气。植物大多生长在陆地或者淡水中，既有低矮的苔藓，也有高大的树木。

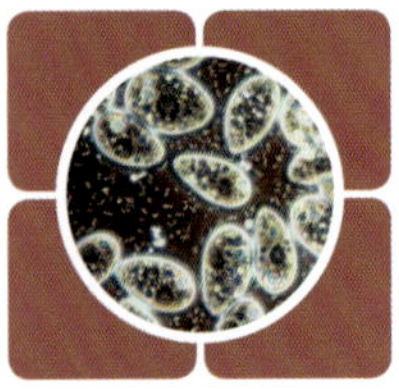

3 原生生物
人们熟知的原生生物有藻类和原虫，主要是极其微小的单细胞有机体。与细菌和古菌不同，原生生物的每个细胞内都含有一个细胞核，里面包含了大多数的生命遗传分子。细胞内还有制造食物或者将食物转化为能量的其他结构。有的科学家会把藻类单独分为一界。

6 动物
与植物一样，所有动物都是多细胞生物。但是与植物不同的是，动物无法自己制造食物，而是必须要吃掉其他有机物。因此，大多数动物都需要四处活动，利用感觉器官寻找所需的食物。这激发了智力的发展。

有多少?

与植物、真菌和原生生物相比，动物中已经命名的物种最多。然而，细菌和古菌的物种数量却达数百万之多，具体数字难以估计。

真菌和原生生物

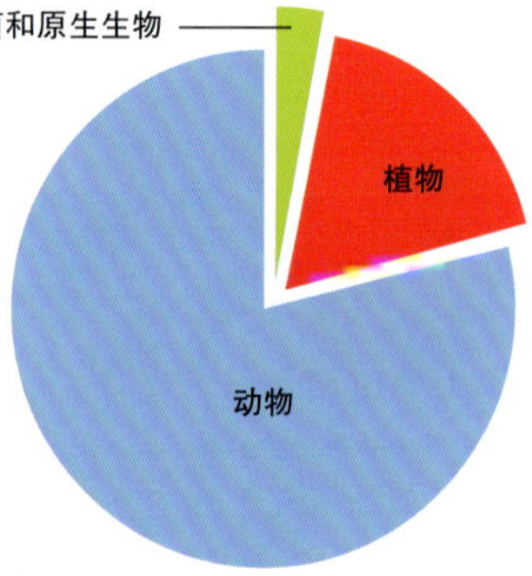

图例

- 动物：>1368000种
- 植物：>321000种
- 真菌和原生生物：>52000种

科学家预计，尚未被发现的动物种类可能高达870万种。

生物分类

每个界都会被划分成几个门，相似的有机体被划分为同一门，然后再逐次分为纲、目和科。通常，每一科内都有一些密切相关的有机体构成的群体，被称为属。每一个属通常都会包含一些单独的物种。

虎属于哪个属?
生物的学名是由它所属的属和种构成的。虎隶属于豹属（*Panthera*），它的学名是 *Panthera tigris*。

界 → 门 → 纲 → 目 → 科 → 属 → 种

界：动物界
由多个细胞构成的生物，通过吃有机物来摄取能量。

门：脊索动物门
大多都是脊椎动物——长有脊椎或软骨的动物。

纲：哺乳纲
几乎所有哺乳动物都是恒温动物，长有毛发。雌性哺乳动物能分泌乳汁，哺育幼崽。

目：食肉目
这群哺乳动物依靠捕猎为生。它们长有特殊的臼齿，可以把肉切断。

科：猫科
专业的捕食者，没有咀嚼齿，很多都长有伸缩自如的爪子。

属：豹属
最强大的猫科动物，会吼叫，狮也属于这一属。

种：虎
最大的森林猫科动物，身上有标志性的条纹。

生命必需品

所有生物都有一些共同的基本需求。它们必须要“喝水”，因为没有水，生物体内的化学反应就无法进行。事实上，地球表面有液态水是生命能在这个星球上进化的主要原因。生物还需要合成身体组织的原料和促进化学物质转化为生物细胞的能量。它们可以通过多种途径获得这些必需品，但通常还要依赖其他有机体的供应。

生活需求

虽然几乎所有生物都需要同样的生命必需品，但是也有很多生物有一些比较特殊的需求。例如，植物和动物获得能量的方式截然不同——植物需要阳光，动物则需要能量丰富的食物。但是，几乎没有生物可以在缺少大多数基本必需品的情况下生存。

能量
植物和很多微生物都可以吸收太阳能。它们利用太阳能制造富含能量的有机物，为其他生命提供能量来源。

水
所有生物都是由含水的细胞构成的，因此水是至关重要的必需品。沙漠生物能依靠很少的水存活，但是却不能没有水。

庇护所
很多动物的生存环境都比较恶劣，因此它们需要庇护所，用以躲避炽热的太阳或者寒风。即使是植物，可能也需要一些保护。

生存空间
植物需要扎根的土壤，动物必须要找到足够的食物。即使是微生物，也需要自己的生存空间。

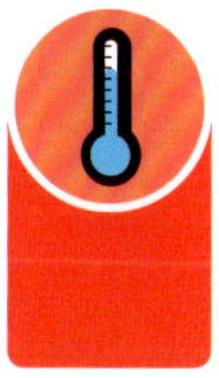

温暖
很少有生物能在严寒或者酷热的地方生活。大多数生物都生活在四季如春或夏季不太炎热的地方。

养分
植物吸收的水分中含有溶解的矿物质，植物可以利用这些矿物质合成身体组织。动物可以从食物中获取养分。

氧气
大多数生物都能利用氧气将食物转化为能量。幸运的是，植物会源源不断地释放氧气。

能量金字塔

大多数自然栖息地中都有很多制造食物的有机体，以及不同等级的消费者。这片天然草地上生活着几只兔子——素食者，以及吃兔子的鼬鼠（鼬鼠的数量明显少于兔子），还有唯一的一只狐狸——顶级捕食者。消费者的等级越高，数量越少，因为每个等级的生物都有部分能量转化为生物本身的活力和热量，而不是全部变为高一等级生物的食物。这意味着供养一只狐狸需要很多草，同时也解释了为什么狐狸的数量比兔子少。

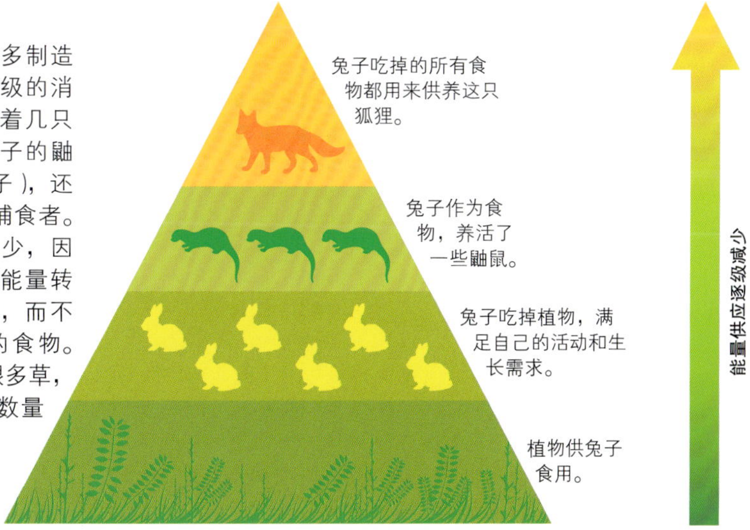

食物链

所有生物都需要能量。植物等有机体可以从阳光中汲取能量，然后利用这些能量合成糖类物质。这些植物被动物吃掉后，糖类物质会重新转化为能量和身体组织。接着，这些食草动物会继续被其他动物吃掉，能量连同生命所必需的营养物质就这样沿着食物链传递了下去。但是，能量和营养物质最终会转化为一种能被植物循环利用的形式。

生产者
这株植物在制造有机物时，把天然的化学物质转化成了碳水化合物和蛋白质。然后，植物利用这些物质生成了茎、叶、花和种子。

初级消费者
一只沙鼠吃掉了种子，并且将种子消化吸收。在此过程中，蛋白质和碳水化合物被转化成了可以合成肌肉等身体组织的物质。

次级消费者
如果一只聊狐捉到并且吃掉了这只沙鼠，那么它在消化沙鼠的过程中就把沙鼠转化成了营养物质和能量，用以满足身体所需，使自己有行动能力。

顶级捕食者
聊狐成为暗中觅食的鬣狗的盘中餐后，储存在聊狐体内的营养物质和能量就传递给了食物链的另一环。

分解者
鬣狗死后，它的尸体被蠕虫等动物循环利用。蠕虫把鬣狗的身体组织转化成化学物质，然后被荒漠灌丛吸收，用以制造更多的有机物。

濒临灭绝

每个界都存在濒临灭绝的物种。导致这种现象的原因有很多，但主要是人为活动。有些动物被蓄意杀害，包括稀有物种。野生动物的栖息地遭到大面积破坏，如今已经无法满足动物对生存空间和食物的基本需求。建立野生动植物保护区是挽救濒危物种的最佳方法。

植物

人们对热带雨林等栖息地的破坏正在对植物丰富的多样性造成威胁。

爬行动物

最新调查显示，全世界超过 1/5 的爬行动物物种正在遭受严峻的生存威胁。

鱼类

尽管鱼类遭受的威胁并不像某些动物那么严峻，但是污染和过度捕捞已经使许多鱼类变得稀有。

鸟类

捕杀和自然栖息地的减少已经导致至少 12% 的鸟类物种前途未卜。

两栖动物

生存环境受影响最为严重的是蛙、蝾螈以及其他的两栖动物。1/3 的两栖动物物种正在迅速消失。

哺乳动物

每 5 种哺乳动物中，就有 1 种正在面临生存威胁，其中不乏庞大的动物，如犀牛和大象。

5000 现存的**最古老的植物**是一种生长在**美国的狐尾松**，据推测它的树龄约有5000年。

植物

从低矮匍匐的苔藓到高大挺拔的树木，植物生长在我们周围的每一个角落，是陆地动物的主要食物来源。我们呼吸的氧气很多是由植物制造的。

植物是多细胞生物，大多数植物生长在陆地或者淡水中。几乎所有的植物都能利用太阳光能把水和二氧化碳转变为氧气和有机物，这个过程被称作光合作用。植物利用有机物合成复杂的原料，用以生成根、茎和叶。最原始的植物只能在潮湿的地方匍匐生长，而有的植物不仅生得高大，而且分布广泛。被绿色植被覆盖的陆地为动物提供了生存空间和至关重要的食物。

生命之水

植物离不开水。大多数植物都从土壤中汲取水分，然后通过茎向上输送，用以合成糖类物质。有些植物的茎本身比较柔软，内部的水压可以让茎挺立起来。因此，如果水分耗尽，这些植物就会倒伏甚至枯萎。还有许多植物的茎很强壮，而且是木质的，不会枯萎。即使是最高大的树木，也可以在离地很高的地方长满树叶。

植物的种类

植物主要分为两种——非维管植物和维管植物。非维管植物，如苔藓，是进化出来的第一批植物。与维管植物不同，它们内部没有输送水分和植物体液的管束构造。

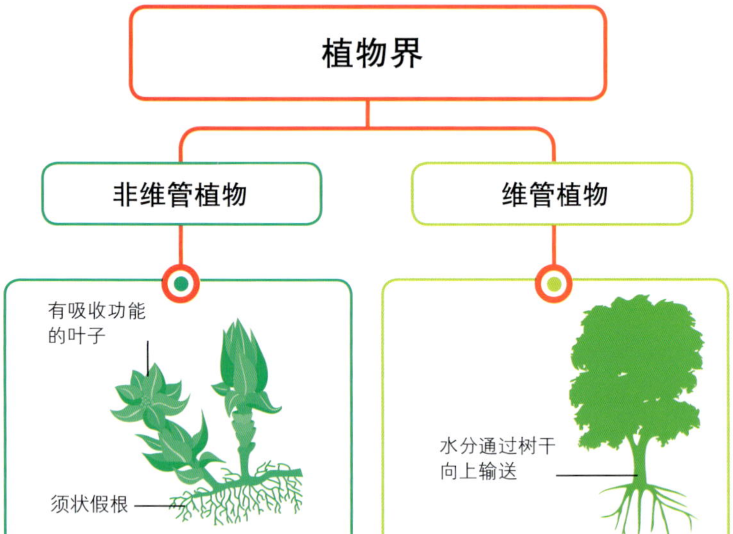

苔藓

苔藓直接通过叶子吸收水分，因此它们通常生长在比较潮湿的地方，这样才不会干枯。它们用须状假根紧紧抓住岩石和树木，形成了像海绵一样的吸水垫。

树木

大多数植物都利用根吸收水分。根通过植物脉络与植物其他部分相连，这个脉络被称作维管系统。维管系统能让树木在潮湿的土壤环境中茁壮生长。

开花植物

原始植物，如苔藓和蕨类植物，是不会开花结果的。大约2亿年前，即恐龙生活的时代，第一次出现了开花植物。如今，开花植物的数量已经远远超过了无花植物。花朵产生花粉后，花粉会被传播到同种植物的其他花朵上完成授粉。然后，这些花粉就长成了种子。

风媒传粉

有些开花植物，如草类植物和许多树木，会产生大量花粉。这些花粉随风飘散，可能会落到同种植物的花朵上授粉。这些植物的花朵通常都很小，外表也很普通。

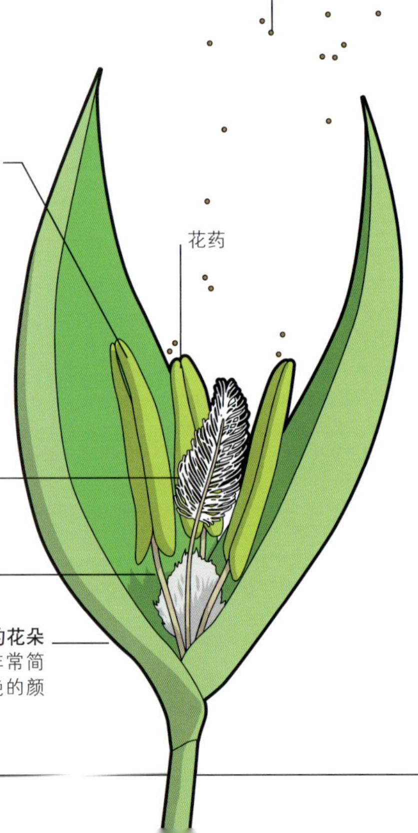

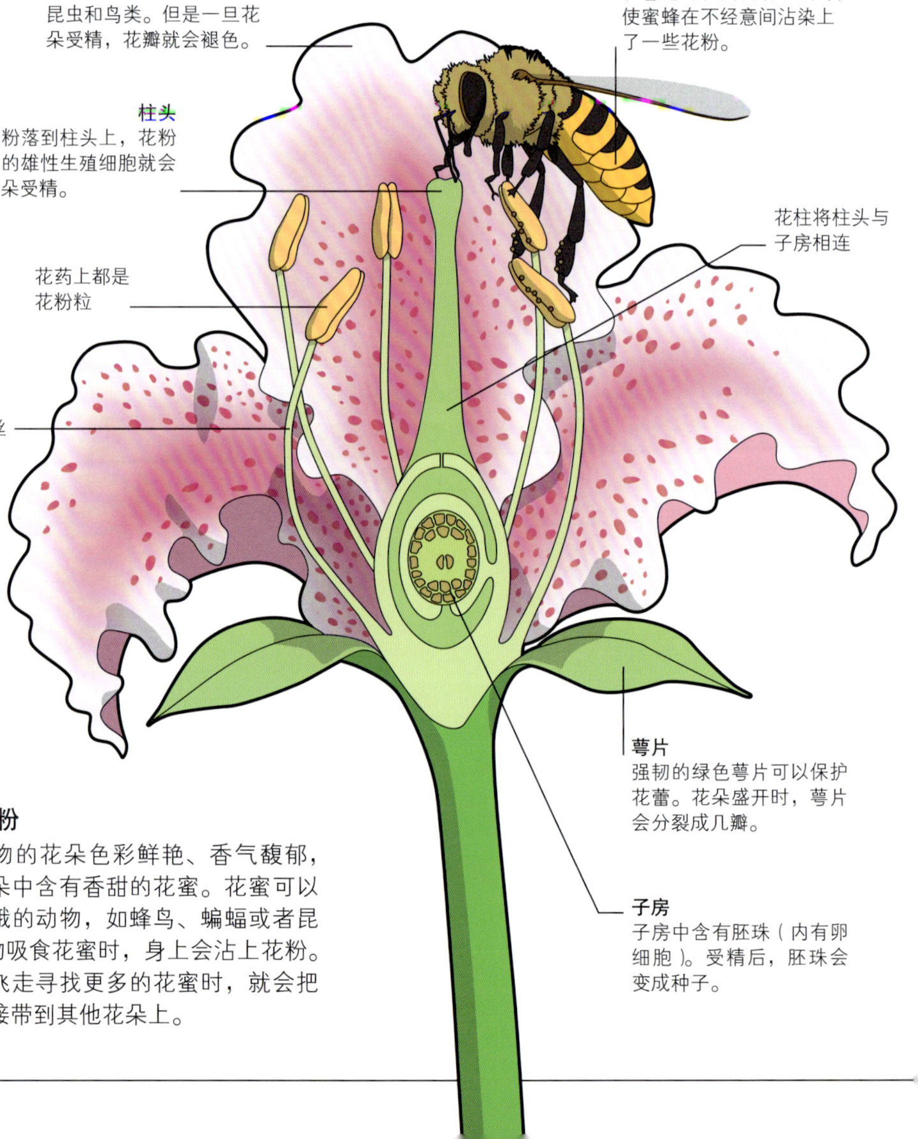

动物传粉

很多植物的花朵色彩鲜艳、香气馥郁，这些花朵中含有香甜的花蜜。花蜜可以吸引饥饿的动物，如蜂鸟、蝙蝠或者昆虫。动物吸食花蜜时，身上会沾上花粉。当动物飞走寻找更多的花蜜时，就会把花粉直接带到其他花朵上。

植物是如何生长的？

当环境足够温暖湿润时，开花植物的种子就会发芽，而后长成一株植物幼苗。幼苗的根逐渐深入土壤中汲取水分，以促进茎的生长。很多幼苗的茎上有两片子叶，它们是从分裂成两半的种子中形成的。

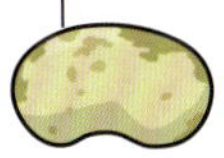

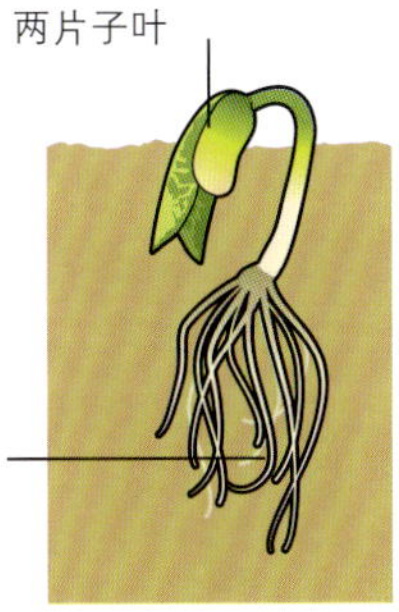

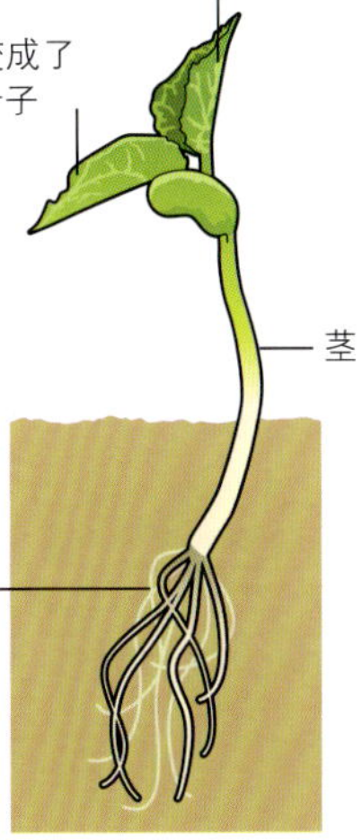

1 发芽 种子的外面有一层坚实的种皮，可以保护种子数月甚至数年不变形。但是最终，温暖湿润的环境使种子膨胀裂开。

2 根 种子落地生根后，根系逐渐向下生长。根上细小的根毛可以从土壤中吸收水分和溶解于其中的矿物质。

3 茎 幼苗顶部弯曲的部分逐渐向上伸展。种子的两片子叶逐渐迎向阳光，成了这株植物的第一对叶子。

常绿植物和落叶植物

许多热带植物都是长年生长的。然而，有些植物必须要应对寒冷的冬季，寒冷会阻止它们生长，甚至可能会致其死亡。有些生命力顽强的植物活了下来，而那些生命力没那么顽强的植物则演化出冬天停止生长、气候回暖后再开始生长的生存方式。

常绿树

许多针叶树，如图中的冷杉，都长有强韧的针状树叶，可以忍受冰冻。它们可以在整个冬季保持常绿，因此几乎随时都能吸收太阳能，制造食物。

落叶树

橡树等树木的树叶很薄，而且光合作用的效率非常高，所以它们在夏季就能制造出一年所需的养分。冬天，树叶掉光；春天，长出新叶。

奇异的植物

大多数植物都会从土壤中获取几乎所有必需的营养物质，它们会根植于一个地方，然后利用太阳光能制造有机物。但在某些地方，有些植物进化出了其他的生存方式。

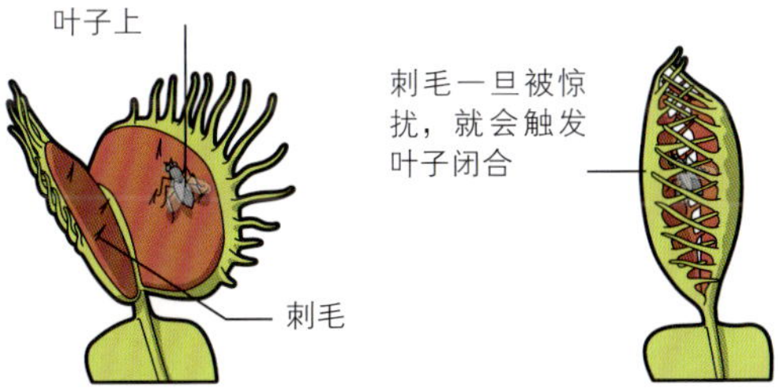

捕蝇草

这种神奇的植物会诱捕昆虫，然后“吃掉”它们。捕蝇草生长的土壤很贫瘠，昆虫提供的营养物质能让捕蝇草生存下去。捕蝇草饱餐一顿后，经过一周叶子才会再次打开，继续诱捕昆虫。

强刺球

在洪水泛滥时，这种仙人掌的钩刺钩住了漂浮的残骸。它们被连根拔起，漂到了别处。

白花列当

这种植物不能自己制造有机物。它们寄生在亚菊属植物的根上，偷取植物的汁液。

生命周期

有些植物可以生长多年，而且每年都开花，被称为多年生植物。一年生植物虽然只有一个生长季，但它们的种子有着坚硬的种皮，可以挨过艰难时期。这种寿命很短的植物，很多都生长在冬季严寒或者夏季酷热的地方。二年生植物有两个生长季，它们的根部蕴藏着巨大能量，可以帮助植物熬过寒冷或干旱的季节。

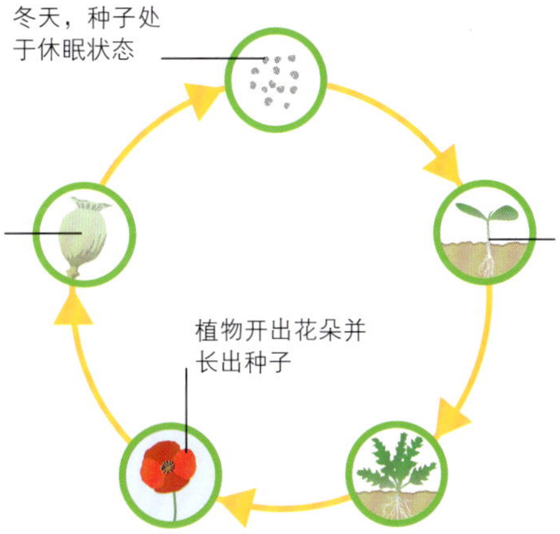

一年生植物

这种植物可以结出几百粒种子。冬天，这些种子一直埋在地下。春天，种子长成了新的植物，开花后，结出了更多的种子。沙漠里生长着类似的植物，它们的种子在经历多年的干旱后依然可以存活。

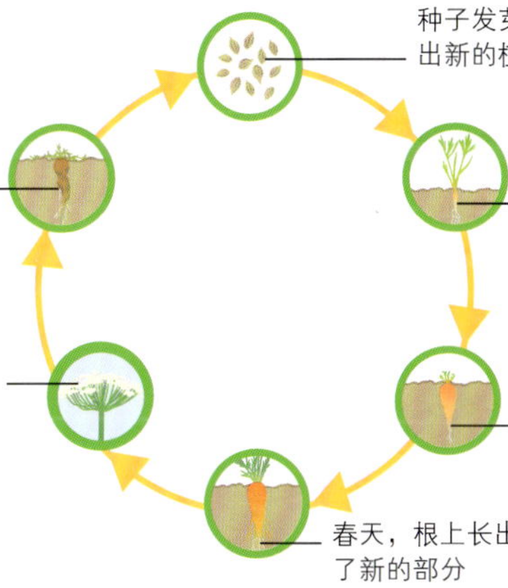

二年生植物

有些植物拥有两年的生命周期。一颗胡萝卜种子逐渐生长，长出了可以制造养分的叶子。它把养分存贮在粗大、多汁的根部，根部能熬过寒冷的冬季。春天，根继续生长，植物开出了可以长出种子的花朵。

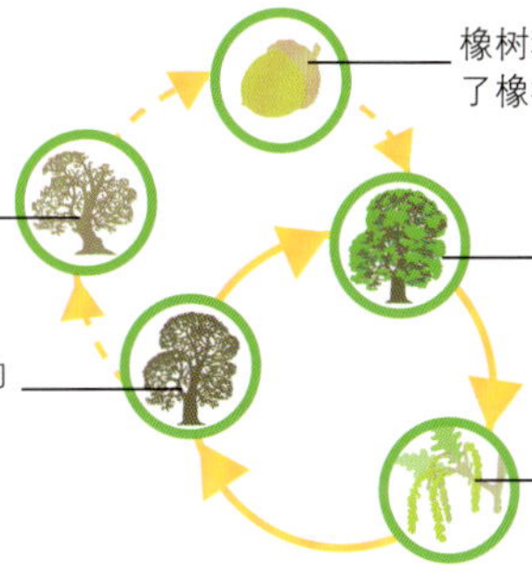

多年生植物

这些植物可以存活多年，但可能会在寒冷或者干燥的季节掉光所有叶子。成株在每一个生长季内都会开花结果，长出的种子可以长成新的树苗。

绿色能源

动物必须要寻找食物，而绿色植物可以利用太阳光能，将二氧化碳和水合成有机物，自己制造“食物”。这个过程被称作光合作用。

植物的叶子相当于太阳能电池板，会吸收太阳光能。光能促进碳、氢和氧发生化学反应，生成葡萄糖。该反应也会向空气中释放氧气。植物利用葡萄糖合成纤维素（植物纤维），并利用来自土壤的营养物质合成用于植物生长的蛋白质。

叶片的横切面

叶片中含有数以千计的微小细胞，好似“食品制造工厂”。每个细胞中都含有许多名为叶绿体的微小结构。叶绿体里充满了绿色的叶绿素，叶绿素是一种化学物质，可以吸收太阳光能，并将其转化为光合作用所需的化学能。其他的细胞组成了叶表皮。叶片中的运输网络——导管，可以为叶片输送水分，同时也可以将以植物含糖汁液形式存在的糖类物质运走。

具有保护作用的表皮
叶片表面有一层透明的蜡质，形成了一个防水层。

植物看上去是绿色的，因为它们的细胞中含有叶绿素。

上表皮
上表皮由很薄的一层细胞构成。细胞分泌物形成了蜡状角质层。角质层可以控制蒸腾作用导致的水分流失。

叶绿体
这种微小的绿色结构可以把太阳光能转化为化学能，然后利用这些化学能把水分解成氢和氧。接下来，它们会促使氢和二氧化碳结合生成葡萄糖——植物的“食物”。

栅栏组织细胞
这些呈长圆柱状的细胞是叶片中主要的食物生产者。每个栅栏组织细胞内都装满了叶绿体，这些叶绿体可以吸收太阳光能，合成糖类物质。

叶脉
叶脉可以向植物各部分输送液体。每条叶脉都是一束管状纤维，由很长的中空细胞构成。细胞壁是强韧的植物纤维。

下表皮
下表面的表皮和蜡状角质层更薄一些，因为它们背对阳光。

木质部导管
叶脉中的这些管状物会将根吸收的水分向上运送。这些根液中含有溶解的矿物质，是植物合成蛋白质所需的物质。

韧皮部筛管
叶片合成的糖类物质溶解于水中，然后由韧皮部筛管输送到植物的其他部分。

水分运输途径

白天，植物叶片的气孔会打开，使水分向外蒸发。植物会通过根和茎的木质部导管向上输送水分，对蒸发掉的这部分水分进行补充。在此过程中，植物会从土壤中汲取更多水分和植物合成自身组织所需的溶解矿物质。这个过程叫作蒸腾作用。

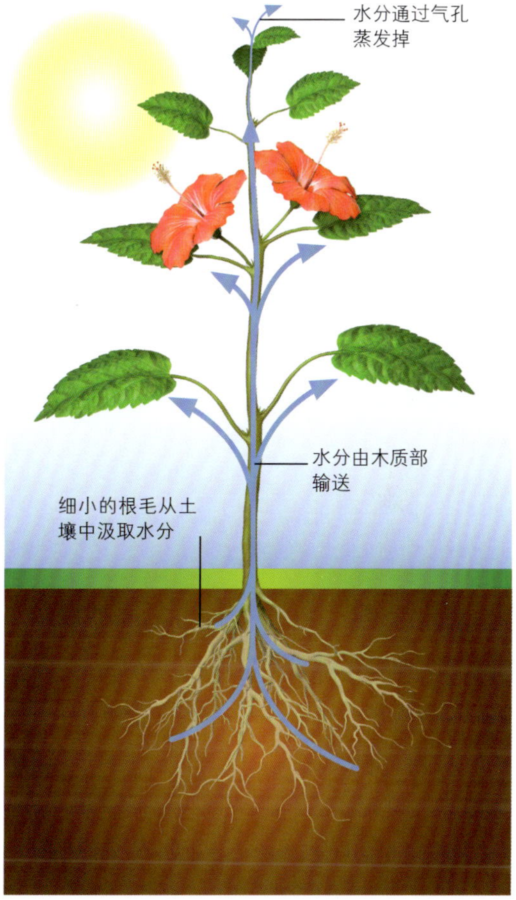

氧气制造工厂

陆地植物和海洋藻类的光合作用制造了人类呼吸所需的大部分氧气。一棵大树每年可制造供最多10人呼吸的氧气。

热带雨林几乎制造了全世界40%的氧气。

无脊椎动物

生活在我们周围的大多数陆地动物和海洋动物都是无脊椎动物——这种动物没有像人类一样的脊椎或内骨骼。有些无脊椎动物长有坚实的外骨骼，也有一些长有坚硬的贝壳，但是大部分无脊椎动物身体柔软，没有任何坚硬的骨骼。

惊人的物种多样性

从显微镜可见的蠕虫到大王乌贼，无脊椎动物的形状和大小超出了人类的想象。有些无脊椎动物很常见，如那些经常在我们耳边嗡嗡叫的昆虫，而其他的看起来就像是来自外星的生物。

数量众多

地球上体形最大、最容易见到的陆地动物大多是脊椎动物，包括人类在内。但是，与无脊椎动物惊人的物种多样性相比，脊椎动物的物种数量少得令人咂舌。

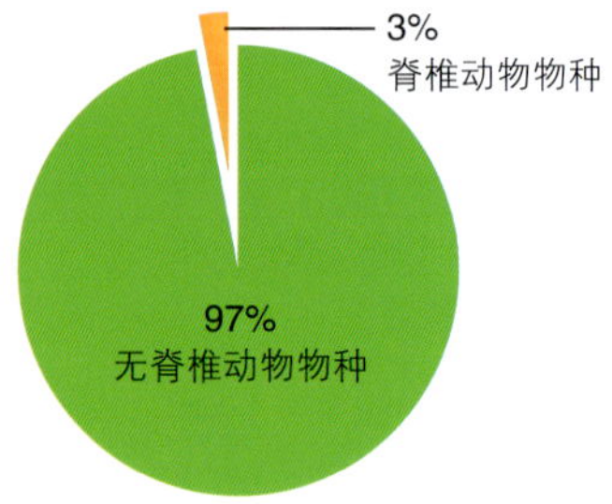

无脊椎动物

动物界被划分成了 35 个大类，每个类别都被称作一门，每一门又被分成许多纲。脊椎动物仅仅构成了一个门的一部分。以下是分属不同门和不同纲的无脊椎动物。

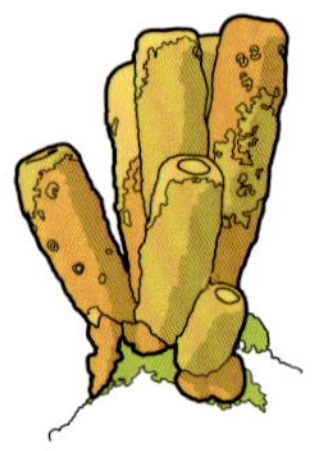

多孔动物门
多孔动物可能看起来像植物，但其实它们是最简单的动物——它们甚至没有神经系统。

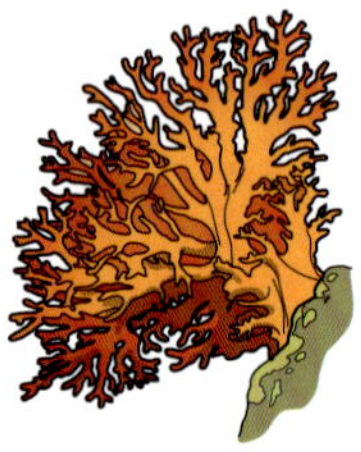

刺胞动物门
海葵、水母和图中的珊瑚虫都是水生动物，它们都长有带刺细胞的触手，用以捕获猎物。

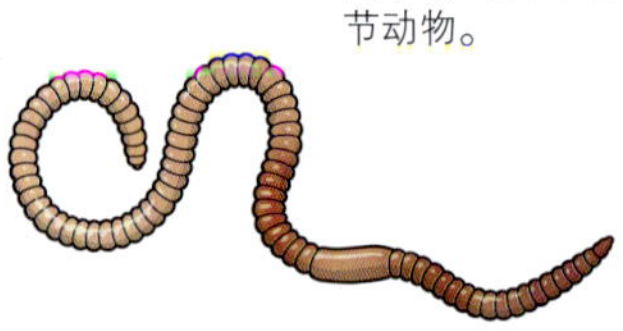

环节动物门
图中蠕虫状的蚯蚓就是环节动物。

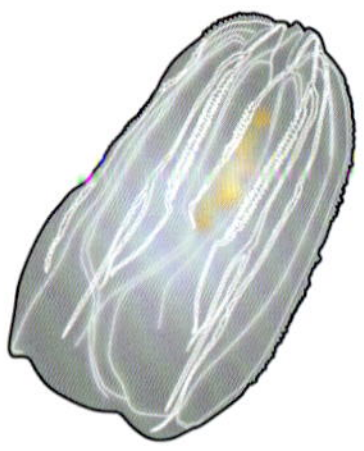

栉水母动物门
栉水母动物都是结构非常简单的动物，会随着洋流漂游。

软体动物门
蛤蚌、蜗牛和头足类动物（章鱼及其近亲）构成了无脊椎动物的第二大门。

昆虫纲
这个庞大的节肢动物集群在物种数量上已经超过了其他动物的总和。

甲壳动物亚门
虾、蟹等长有分节的腿的海洋生物是最常见的甲壳动物。

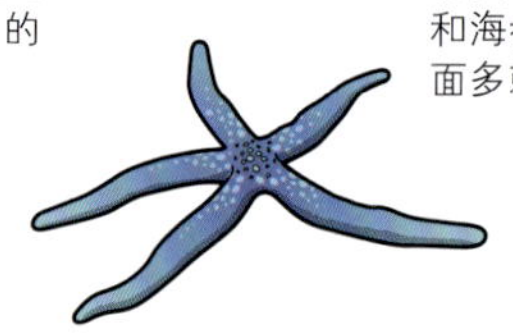

棘皮动物门
棘皮动物包括海星、海胆和海参等，它们的皮肤表面多刺。

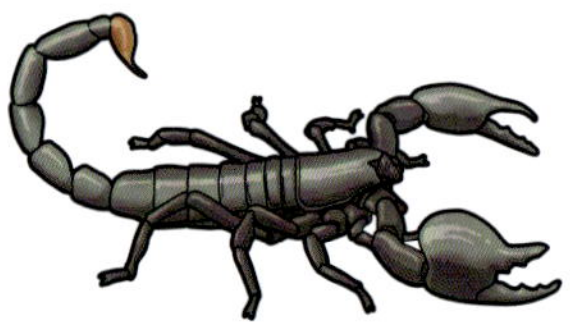

蛛形纲
有毒的蝎子、蜘蛛及其近亲构成了陆生节肢动物的蛛形纲。

节肢动物

节肢动物构成了最大的无脊椎动物集群。该集群包括昆虫、蜘蛛、蝎子和甲壳动物等。成年的节肢动物长有坚硬的外骨骼和几对分节的腿。如果是昆虫的话，还长有翅膀。

成功史

节肢动物的物种数占所有已知动物的 80% 以上。它们是地球上进化得最为成功的动物，征服了海陆空三界。科学家平均每天会发现大约 25 种新的节肢动物，而且尚未发现的物种数不胜数。

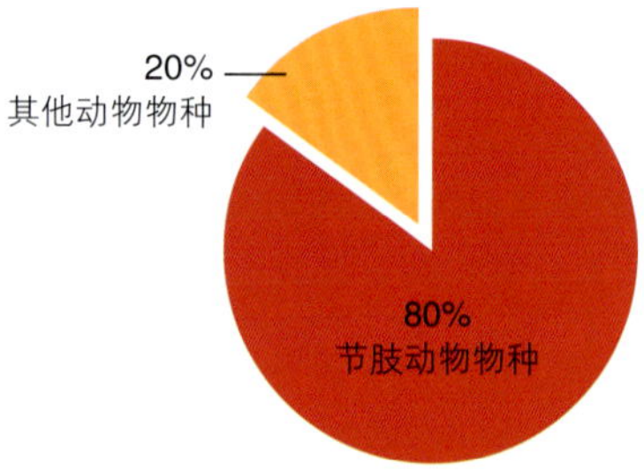

里面朝外

成年节肢动物坚硬的外骨骼（外壳）是由几丁质构成的，与组成手指甲的物质相似。某些海洋甲壳动物，如图中的这只龙虾，它的几丁质外壳被白垩矿物质加固了。坚硬的外壳由许多节构成，包裹着动物柔软的身体组织。节与节之间被更加纤薄、柔韧的部分连接在一起，形成了关节，便于动物的身体和腿自由活动。

沉重的外壳
龙虾有着沉重的外壳，在海底悄悄地移动，用强壮的螯捕获猎物。

紧密配合

坚硬的外骨骼无法自如伸展，因此节肢动物在成长过程中不得不蜕去让它们感到紧绷的旧壳，长出更大的新壳。龙虾蜕壳时，身体表面会长出一层柔软的表皮，表皮在变硬之前可以膨胀到更大的尺寸。节肢动物的这种复杂的生命周期意味着当它们蜕皮时，它们的身体形状和大小通常会变化。

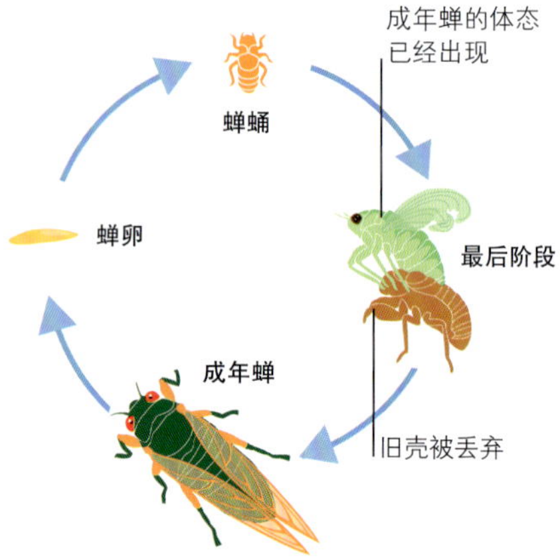

蝉的生命周期
与许多昆虫一样，蝉也是卵生的。蝉卵会孵化出没有翅膀的若虫，进而变成蝉蛹，最终蜕变成带有翅膀的成年蝉。

扎根生活

尽管许多无脊椎动物都生活在陆地上，但其实水下的生物物种才最丰富。水下环境使某些生物形成了一种截然不同的生活方式，它们不再主动寻找食物，而是被动地等待食物随着水流漂到它们身边。它们不需要腿或者鳍，很多生物甚至从未移动过。这些无脊椎动物在整个成年期都扎根在一个地方生活，它们更像植物，而不像动物。

陷阱和刺

某些海洋无脊椎动物，如海绵、贻贝和很多蛤蜊，会让水流从身体内通过，然后从中获得可食用的微粒。其他的则会在水中暗设陷阱，捕捉个头较小的动物。海葵和珊瑚的顶端都有触手形成的冠状物，上面遍布有毒的刺细胞。这些刺细胞甚至可以刺晕或杀死一条小鱼。

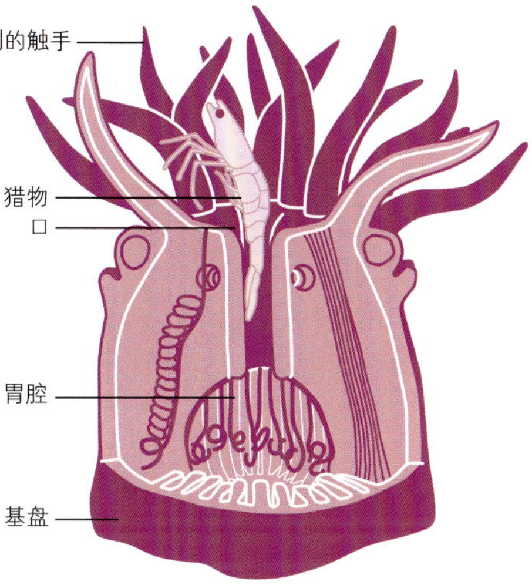

致命王冠
这只海葵的身体呈圆柱形，顶端有一个致命的冠状物，是由一簇带刺的触手构成的。

大多数无脊椎动物的个头都很小，但是大王乌贼的体长（包括触腕）却可以达到不可思议的18米，差不多是3头大象体长的总和。

奇特的外形

很多无脊椎动物的外形较为常见，如昆虫长着一个脑袋、两只眼睛，身体连着头部，两侧长有数目相等的足和翅膀。但是，也有一些无脊椎动物的身体构造非常奇特。

辐射状体形和吸盘

成年的棘皮动物，如海星，身体成辐射状对称，就像车轮的辐条一样。它们没有头部，口长在身体的中间。章鱼和枪乌贼的身体构造也非常奇特，从头部伸出的腕布满肉质的吸盘，将口包围在中间。

全副武装
在已知的海洋生物中，章鱼可以说是一种非常聪明的动物。它们会用自己强壮而布满吸盘的腕来捕食。

保护壳

很多软体动物柔软的身体都被一层壳包裹着，壳是由白垩矿物质构成的。蜗牛等腹足类动物有一个壳，而蛤蚌等双壳类动物则有两扇贝壳。这些软体动物在长大的同时，壳的层数也在增多，其内层泛有珠光色，称为珍珠层。

法螺

宝螺

扇贝

群居

很多海洋无脊椎动物会大群聚居在某一个地方。这些动物大多定居在某一理想的栖息地中独立生活。但是，也有一些群居的无脊椎动物互相依赖，犹如一棵树上的树枝，分享共同的体液循环，同时自己有独立的口和消化系统。

贻贝集群

如图所示，这些贻贝聚居在潮间带的岩石上，因为涨潮时它们能从通过自身的水流中获取大量食物。它们个体之间毫无关联，只是共同需要一个赖以生存的环境。

固着
贻贝用自己强有力的足丝固着在岩石上。退潮时，它们会闭合贝壳以防软体干涸。

水下花园
珊瑚礁生长在能照到阳光的温暖浅海中，通常位于热带或亚热带海岸低潮线以下的海域。

珊瑚礁

礁石顶部的珊瑚是由一种相连的动物——珊瑚虫构成。珊瑚虫类似小型海葵，自给自足，聚集在一起形成了形态各异、种类繁多的珊瑚。

漂流的集群

有些动物集群看起来像一只单独的动物，如图中这只令人惊讶的僧帽水母。僧帽水母的外形与一般水母无异，但它其实是一个包含了很多动物个体的集群。动物之间相互独立，在集群中各自扮演不同的角色。有的负责漂浮在水上，有的负责捕食、保卫集群或繁衍后代。

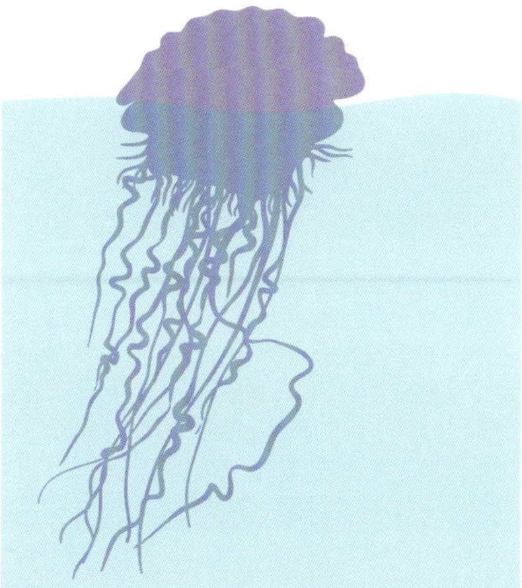

带刺的触手
僧帽水母漂浮在海面上，拖着有毒的长触手捕食。

75 曾经存在过的**最大的昆虫**是**巨脉蜻蜓**，翅展大约可达75厘米。

昆虫

在种类和数量方面，昆虫远远超过了地球上其他动物的总和。昆虫是地球上最繁盛的动物。

现在已经被科学命名和描述的昆虫有 100 多万种，每年发现的新物种也有几千种。昆虫有着惊人的生存适应能力，在每片栖息地上都很繁荣昌盛。同时，昆虫也在全球生态系统中扮演着重要的角色——它们可以循环利用死掉的植物和动物，为更大的动物提供食物。事实上，昆虫对于地球上的生命来说是至关重要的，没有它们，人类将无法生存。

复眼视觉

成虫的眼睛由成千上万个微小的晶状体（单眼）构成，每个晶状体都有独立的光传感器，能看到一个彩色小圆点。这些小圆点合在一起构成一幅马赛克图像。晶状体越多，昆虫看到的细节就越多。

昆虫解剖

昆虫是数量最庞大的节肢动物，拥有结实的外骨骼和分节的足。所有成虫的身体都分为 3 个部分——头、胸、腹，腹部通常分为几节。所有成虫都有 6 条足，大多还会长有 1 对或 2 对翅膀。但是，幼虫的形态却多种多样。

上颚

胡蜂的上颚可以咬合，又硬又利的边缘帮助胡蜂切断、磨碎猎物。许多昆虫都有类似的上颚，但也有些昆虫的口器高度特化，可以啜饮花蜜，甚至吸血。

翅膀
大多数成虫都有翅膀。这些翅膀是由几丁质构成的扁平薄片，而几丁质是包裹昆虫身体的硬质材料。胸部肌肉为翅膀提供飞行动力。

翅脉
细小的中空脉纹构成的网络叫作翅脉，可以让翅膀变得硬挺。因此在飞行时，翅膀可以弯曲和扭转，而不会折叠起来。

预警模式
色彩对比鲜明的黑黄条纹会警告鸟儿这只胡蜂的尾部有螯针，进而让胡蜂远离麻烦。

腹
昆虫的腹部很柔软，而且分成好多节。大多数重要的器官位于腹部，包括胃。

刺痛
大多数昆虫都是无攻击性的，但是胡蜂有一根螯针，用以刺死猎物，或者自我防卫和保护蜂巢。

73% 在所有已知动物中，73%的物种是昆虫，而昆虫差不多有一半都是甲虫。

主要特征

不同种类的成虫的外形和大小有很大差异，但是几乎所有昆虫都有一些主要的共同特征。

大多数昆虫都有翅膀

复眼

外骨骼

三段式的身体

6条分节的足

研究昆虫

昆虫纲被划分为30个目，每一目的昆虫都具有一些相同的特征。以下是比较常见的一些目。

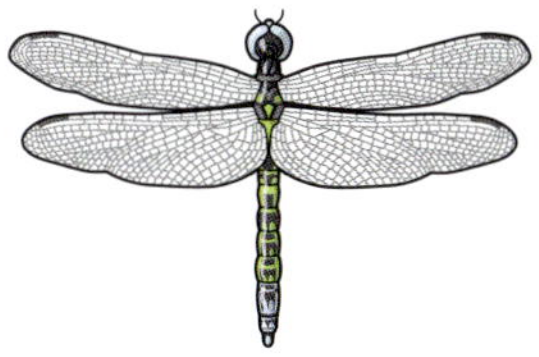
蜻蜓目
大大的眼睛和翅膀，身体细长。

鞘翅目
前翅相对于后翅更加坚韧，保护着后翅。

鳞翅目
拥有可以啜饮花蜜的口器，身上和翅膀上有多层翅鳞。

半翅目
拥有两对翅膀和可以刺穿、吸吮的长口器。

双翅目
只有一对用于飞行的翅膀，另一对翅演化成小型的平衡器官——平衡棒。

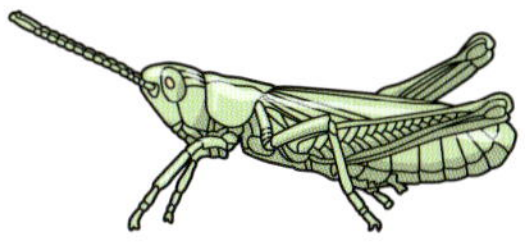
直翅目
拥有强健有力的后足和咀嚼式口器。

膜翅目
拥有膜质翅二对，部分种类社会组织发达，包括蜂类和蚂蚁等。

地球上每个人都对应有
2亿只昆虫。

在墨西哥，每年都有**数百万只黑脉金斑蝶在同一片树林里过冬**。

4 新皮
附着在树枝上几小时后，毛虫会再次蜕皮。但是这一次条纹表皮会彻底蜕掉，露出鲜绿色的蝶蛹。

5 蝶蛹
最终，蝶蛹会把旧皮蜕到顶端，并用一根细小的黑茎将自己再次附着到丝垫上。之后，它会扭动，直到旧皮彻底脱落。

6 变态
蝶蛹一旦蜕掉旧皮，就会变得更加短小，更加光滑，颜色也会变成暗绿色。蝶蛹里面的身体已经进行了彻底地改造，变成了一只成年蝴蝶。

7 成形
9~10 天后，蝴蝶表皮的颜色逐渐变黑，蝶蛹的颜色也随之变黑。翅膀上鲜明的黑橘相间的图案也逐渐变得清晰可见。

3 牢牢地抓住
约 14 天后，已经完全长大的毛虫会爬上树枝，把短粗的尾足附着在一个由韧丝纺成的丝垫上，让自己倒挂在树枝上。

2 成长中的毛虫
毛虫需要连续进食好多天，在此期间它的身体会不断变大，还会有 5 次蜕皮。随着它不断地进食，马利筋属植物叶子中的毒素会在它的体内逐渐累积，最终使它成为鸟类不敢食用的有毒食物。

马利筋属植物
与许多蝴蝶一样，黑脉金斑蝶也只在马利筋属植物上产卵。它的毛虫会一直吃这类植物，直到做好长大成年的准备。

从卵到蝴蝶

从新生卵到成年黑脉金斑蝶的变态过程大约需要一个月的时间。卵会孵化出一条小毛虫，这条小毛虫会贪婪地吃上两个星期，让身体不断强壮变大，直到它的个头大到可以进入结蛹阶段。蝶蛹蜕变成蝴蝶需要 10 天。

1 幼虫
雌蝶在马利筋属植物上产下小小的淡绿色的卵。每枚卵都如针头般大小，卵壳上有美丽的雕刻般的花纹。几天后，这枚卵孵化出了一只幼虫，它咬碎卵壳，爬了出来。幼虫会在开始吃叶子之前先把卵壳吃掉。

30 **成年黑脉金斑蝶的寿命是30天。但是迁徙到南方的那些斑蝶可能会存活8个月的时间。**

一段非凡的旅程

黑脉金斑蝶会在墨西哥和美国加利福尼亚温暖的树林里冬眠。春天，它们苏醒过来，飞往北方寻找马利筋属植物——这类植物不会生长在温暖的西南方。它们产卵，然后死去。它们的下一代会继续飞往更加遥远的北方，然后做同样的事情。繁衍超过两代后，它们就到了加拿大边境。然后，第四代沿着原路迁徙回南方，飞越了美国。

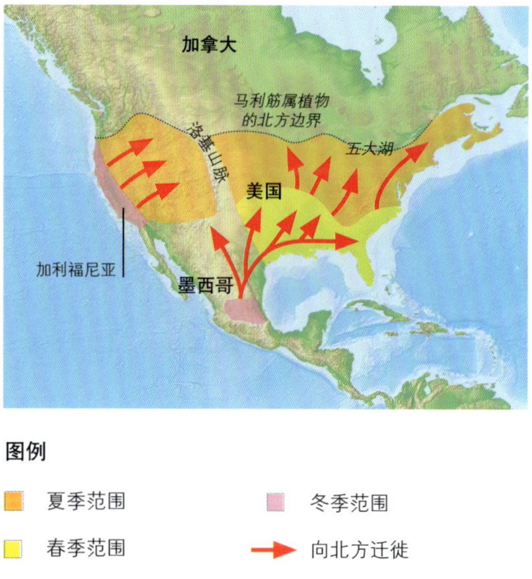

8 蝶蛹破裂

蝶蛹表面变黑不久后，底部附近就会破裂，蝴蝶开始破蛹而出。最初，蝴蝶的身体相当肥大，而翅膀看上去则非常小。但是不久，翅膀就会开始变形。

9 翅膀展开

蝴蝶会把体液挤压到翅膀中空的翅脉里，让翅膀得以充分地展开。这个过程大约需要 20 分钟。然后，蝴蝶必须等待翅膀变干、变硬。

蝴蝶的生命周期

美丽的黑脉金斑蝶的生命周期从没有翅膀的毛虫开始，这时的它们大多数时间都在吃东西。毛虫蜕变成蝶的变态过程是自然界最不可思议的变化之一。

有些昆虫从卵中孵化出来时就已经是其父母的雏形了。随着不断成长，它们要蜕掉坚硬的外骨骼，这个过程不仅非常困难，还充满风险。很多昆虫，如蝴蝶、飞蛾、甲虫和苍蝇，已经进化出了更好的蜕变方法。它们在幼虫阶段就完成了所有的成长，因为幼虫蜕皮是非常容易的。幼虫完全长大后会进入另一阶段，在这个阶段它们被称作蛹。在此时期，它们会变成有翅膀的成虫。

10 成年蝴蝶

在翅膀成形的 2 小时内，蝴蝶已经做好了第一次飞行的准备。它收缩几次翅膀后就可以飞起来了。它会找到一些香甜的花蜜，大口啜饮，然后会开始寻找伴侣，繁衍后代，产下新一代的卵了。

脊椎动物

生活在我们周围的大多数比较显眼的动物都是脊椎动物，包括哺乳动物（人类）、鸟类、爬行动物、两栖动物和鱼类，它们拥有柔韧的脊椎和内骨骼。与其他动物极其丰富的生物多样性相比，脊椎动物的种类相对较少。但是，现今生活在陆地上和海洋里的最庞大的动物，以及曾经存在过的最庞大的动物——巨型恐龙，都是脊椎动物。

3%

科学家把动物划分为35个大类，每个大类叫作一门。脊索动物门涵盖了所有的脊椎动物，但它的物种数量仅占科学界已知动物种类的3%。其余97%是无脊椎动物。相比而言，无脊椎动物的个头通常比较小，因此一只无脊椎动物所需的生存空间一般比一只脊椎动物所需的生存空间小得多。

脊椎动物类群

脊椎动物通常可分为哺乳动物、鸟类、爬行动物、两栖动物和鱼类五大类。但是鱼类其实是由3种迥然不同的动物类群构成的，它们只是恰好全都生活在水中，而且用鳃呼吸，并拥有相似的形态——只有鳍，没有腿。因此，科学家又把脊椎动物划分为7个主要群体。它们构成了绝大多数的脊索动物，这是一类拥有脊神经，并且脊神经被一根强韧的棒状结构——脊索加固的动物。大多数脊椎动物只在早期生命阶段有脊索，后来脊索会被脊柱取代。

身体结构

除了一些原始的无颌鱼，所有脊椎动物都长有柔韧的脊柱，脊柱是由一连串小的椎骨组成的。脊椎动物还有坚硬的颅骨。鱼类还含有其他骨骼结构，这些结构撑起了它们的鳃，并且让鳍变得更加硬挺。所有脊椎动物，包括蛇和鲸，都是由它们的祖先——4条腿的陆生脊椎动物演化而来的。

四足动物

现生肺鱼和腔棘鱼都属于原始鱼类，它们有4只由强壮骨骼支撑的肥厚鱼鳍。大约3.8亿年前，一部分生活在淡水沼泽中的肉鳍鱼开始把鱼鳍当成腿使用。最终，它们从水里爬了出来，成为最早的两栖动物。

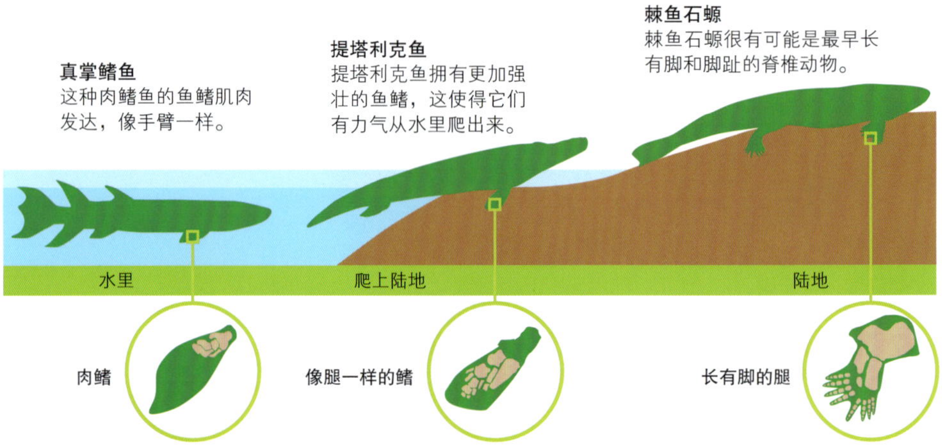

超人型的动物

有史以来最庞大的动物都是脊椎动物，这在很大程度上是因为强壮的内骨骼可以支撑起它们庞大的体重。某些已经灭绝的恐龙，如阿根廷龙，很可能是地球上有史以来最重的陆地动物。唯一一种比阿根廷龙还重的脊椎动物是蓝鲸，但蓝鲸是海洋动物，必须依靠水才能存活。

阵容

除了鲸，大型脊椎动物还有鲨鱼、象、河马、长颈鹿、熊和大型猫科动物等。但是，这些动物与生活在远古时期的恐龙相比就显得十分小了。

梁龙
梁龙是体形最大的恐龙之一。这种体长可达33米的庞然大物是食草动物，生活在约1.5亿年前的侏罗纪。

蓝鲸
蓝鲸很有可能是地球上有史以来最重的动物，体重达180吨。蓝鲸的心脏有一辆小轿车那么大。

鲸鲨
鲸鲨是海洋中最大的鱼类，体长可以达到12米。尽管鲸鲨是鲨鱼，但它们主要以小虾和小鱼为食。

长颈鹿
长颈鹿不可思议的长脖子使它们的身高达到了6米，超过了现存的其他所有动物，甚至是象。

无颌鱼
外形很像鳗鱼的七鳃鳗没有颌骨，这一点与最原始的脊椎动物相似。

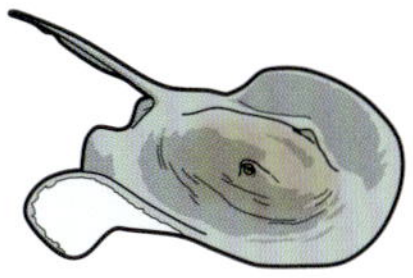

软骨鱼
鳐鱼和鲨鱼的骨骼是由柔韧的软骨构成的。

硬骨鱼
包括鲑鱼和鲱鱼在内的这些鱼的骨骼是由硬骨构成的。

两栖动物
蛙和蝾螈的皮肤都很薄，而且很湿润。它们通常在淡水中繁殖。

哺乳动物
哺乳动物几乎都是恒温动物，它们身上通常长有毛发，用乳汁喂养幼崽。

爬行动物
这些变温的脊椎动物身体表面是一层干燥、鳞状的皮肤。这类动物包括鳄类、蜥蜴和蛇等。

鸟类
鸟类能飞翔，是长有羽毛的恒温脊椎动物，由会飞的恐龙演化而来。

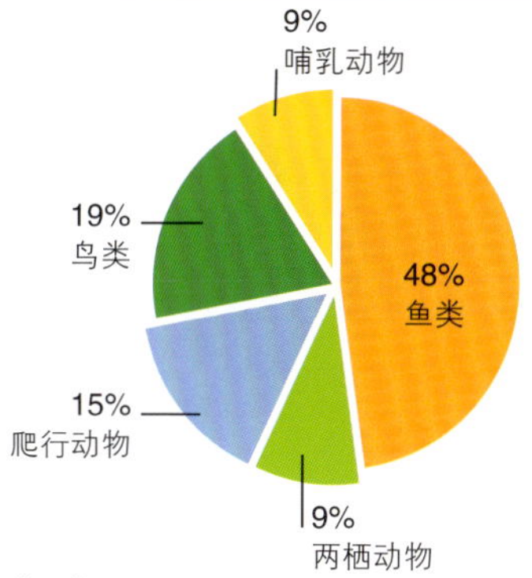

占比

已经被科学命名和描述的脊椎动物大约有 6.4 万种。其中，近一半是鱼类。

内骨骼

鲨鱼等鱼类的身体会受到水的浮力作用，因此体内的骨骼不需要承受自身体重。这些骨骼的主要作用是保护和支撑脆弱的器官，如脑和鳃，同时还要固定肌肉。但是，陆生脊椎动物却不同。例如，狗的骨骼必须要承受狗的体重，因此狗的骨，尤其是腿骨，必须比鱼类的骨强壮很多才行。

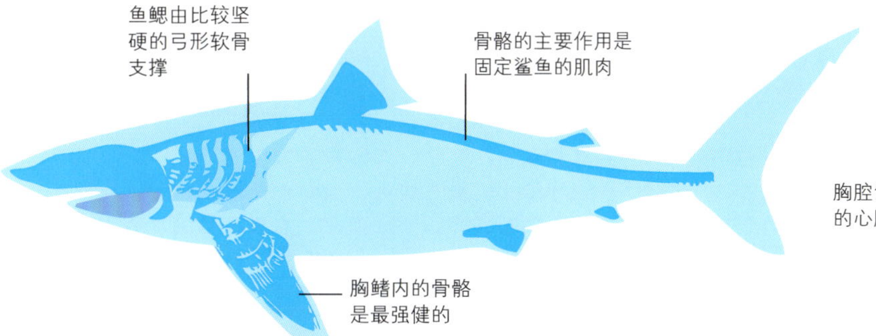

鲨鱼
鲨鱼不需要用鳍来支撑身体，因此它们的骨骼可以由柔韧的软骨构成。软骨就是让我们的耳朵变得硬挺的物质。部分鱼鳍的骨甚至都没有与鱼的脊柱相连。

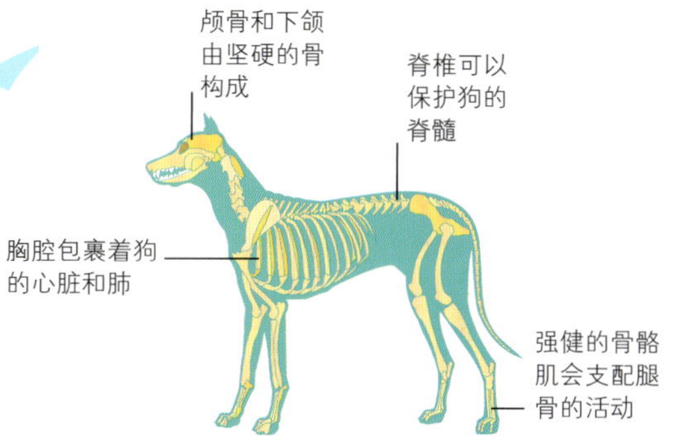

狗
在狗的身体里，所有的骨相互连接，形成了一副强壮的能承受体重的骨骼，保护着重要器官。

化石证据显示，梁龙的体长可以达到 33 米——这是 3 辆校车的长度总和。

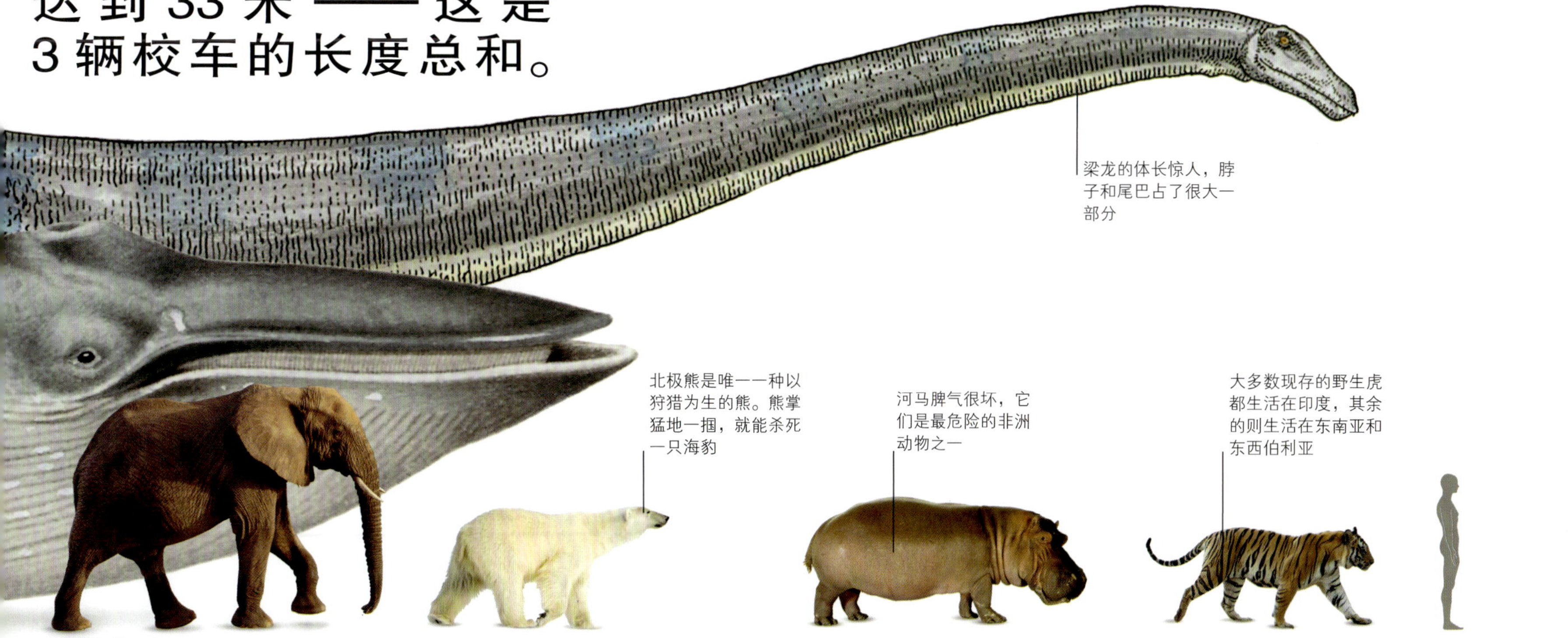

非洲草原象
体形较大的雄性非洲草原象重达 11 吨，是目前陆地上最大的动物——但仍然比许多恐龙要小。

北极熊
笨重的北极熊是最强壮的陆生肉食性哺乳动物。体格健壮的雄性北极熊的体重可达 700 千克。

河马
河马是最大、最重的陆生哺乳动物之一，体重可达 3 吨。它们与鲸的亲缘关系很近。

虎
虎是最大的猫科动物，从头到尾总长可达 3.3 米。这是一种凶猛的肉食性动物，现在已经非常稀少。

11 人们已经在**海洋的最深处**——海面下方11千米的地方发现了**活的鱼类**。

鱼类

鱼类是最早出现的脊椎动物，或者说是最早出现的体内长有脊柱的动物。如今，鱼类的物种数量占所有脊椎动物的将近一半。地球上最壮观的动物很多都是鱼类。

鱼类是脊椎动物。约 5.3 亿年前，鱼类最早的祖先进化出来后，就一直主要生活在水下。其他的脊椎动物，如鲸和海豹，也都生活在水里，但是它们必须到水面呼吸空气。很明显，鱼的骨骼、内部器官、鳃、皮肤、肌肉和感官都非常适应水中的生活。

主要特征

尽管不同鱼类的大小、形态、生活习性，甚至基本的生物结构都存在极大差异，但是几乎所有鱼类都具有一些相同的主要特征。

脊椎动物

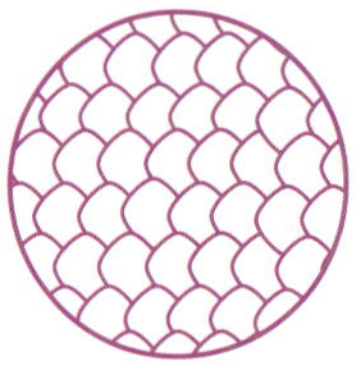
皮肤表面覆盖着鱼鳞

用鳃呼吸

生活在水中

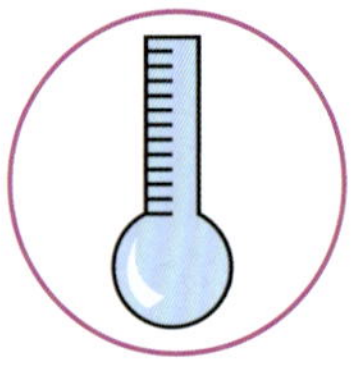
变温动物（冷血动物）

鱼的种类

鱼类涵盖了亲缘关系较远且差异很大的 3 个类群。每个类群有同样的水生栖息地，因此发生了很多相同的适应性变化。下面是幸存至今的无颌鱼、硬骨鱼（如金枪鱼）和软骨鱼（如鲨鱼）。

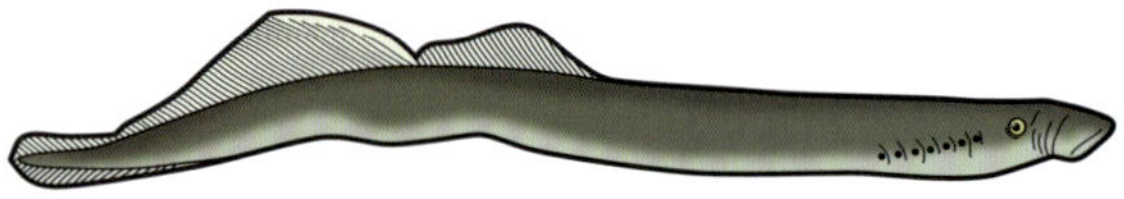

无颌鱼

最早进化出来的鱼类长有肌肉发达的嘴巴，但是没有颌骨。无颌鱼的种类曾经有很多，但是今天却只剩不到 80 种。这种鱼的嘴巴像吸管，里面整齐地排列着适合挫磨的牙齿。

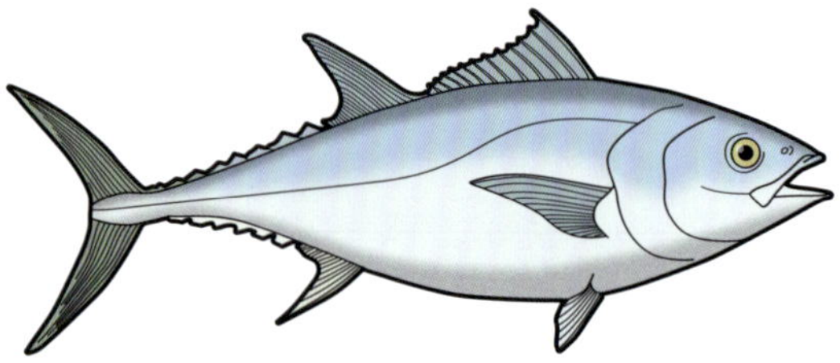

硬骨鱼

至少有 3.2 万种鱼的骨骼是由硬骨构成的。硬骨鱼的身体形态多种多样，如鳗鱼、比目鱼和海马，但大多数都具备如这条金枪鱼一般的流线型身体。

软骨鱼

软骨鱼包括鲨鱼、鳐鱼和银鲛，共约 1200 种。软骨鱼的骨骼都是由柔韧的软骨组成，与人类耳郭的成分相似。很多鲨鱼，如灰鲭鲨，是非常高效的捕食者。

鱼的身体内部构造

几乎所有鱼类一生都会生活在水中，然后用鳃从水中吸取氧气。鱼的身体会受到水的浮力作用，因此肌肉和骨骼的主要功能是让身体动起来。鳍可以帮助鱼类在水中游动并控制方向。一般来讲，鱼类有着流线型的身体，这使它们在水中穿行时能尽可能少地消耗能量。

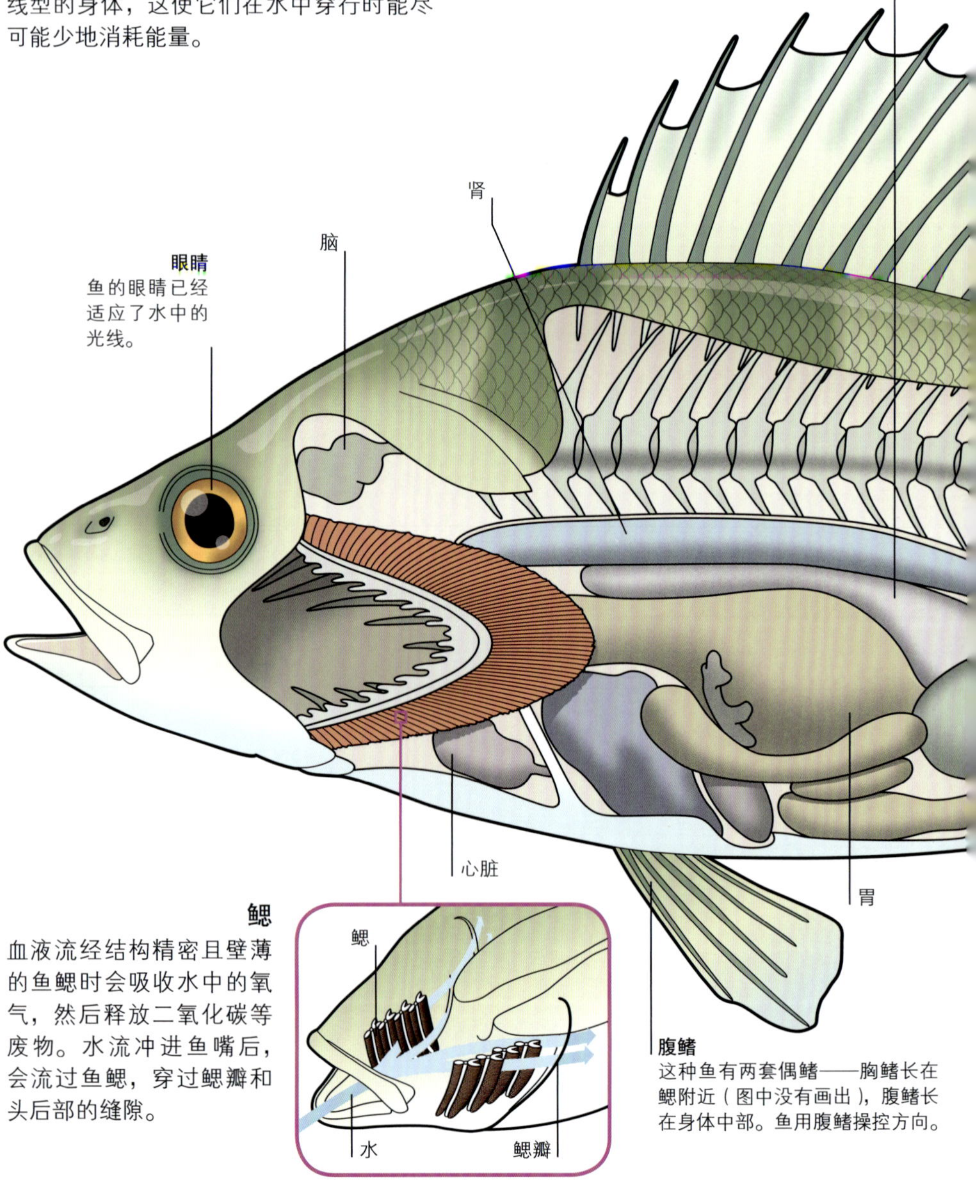

鱼鳔
硬骨鱼体内长有充气的鱼鳔，可以起到浮球的作用。鱼类通过增加或减少鱼鳔中的气体让自己在水中上浮或下沉。鲨鱼等软骨鱼体内没有鱼鳔。

眼睛
鱼的眼睛已经适应了水中的光线。

鳃
血液流经结构精密且壁薄的鱼鳃时会吸收水中的氧气，然后释放二氧化碳等废物。水流冲进鱼嘴后，会流过鱼鳃，穿过鳃瓣和头后部的缝隙。

腹鳍
这种鱼有两套偶鳍——胸鳍长在鳃附近（图中没有画出），腹鳍长在身体中部。鱼用腹鳍操控方向。

鱼是如何游动的？

通常，鱼类不停地摆动身体，向后推水，利用由此产生的动力游动。鳗鱼的身体很长，因此它们游动时会像蛇一样扭来扭去，但其他的鱼大多摆动的是鱼尾附近部位。鳐鱼有着很独特的游动方式，它们会利用翅膀一般的胸鳍在水中穿行。很多小鱼都会用鳍游动，就像划桨一样。

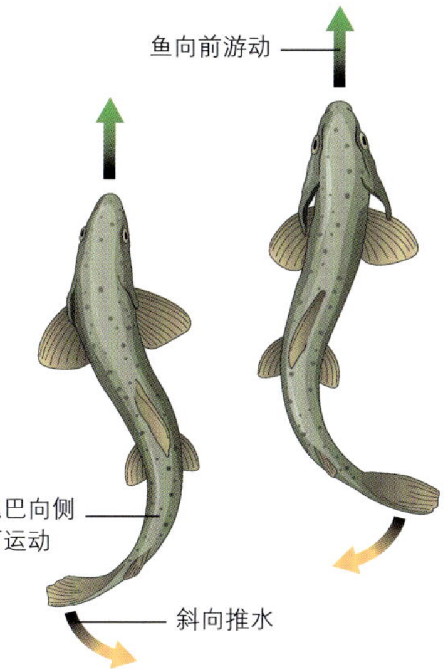

S形游泳者

大多数鱼类在水中穿行时利用身体两侧壮硕的肌肉把身体扭成S形。尾鳍可以让它们游得更快。

尾鳍

鱼尾有多种形状和尺寸。大多数鲨鱼的尾鳍上叶都会格外长一些，它们扭动身体时，这部分尾鳍可以作为身体的延伸。硬骨鱼，如鳟鱼，它们的尾鳍是一个对称的梯形。金枪鱼和其他一些游速很快的鱼的尾鳍是狭长的新月形。擅长伏击捕食的鱼类，如梭鱼，则长有宽大的尾鳍。

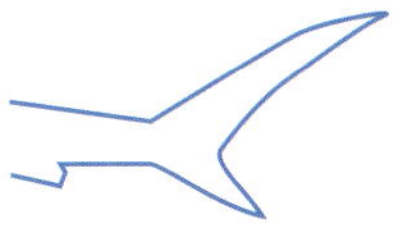

鲨鱼
更长的尾鳍上叶有助于保持身体平衡及远距离游动。

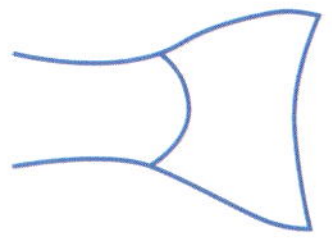

鳟鱼
这种尾鳍可以让鱼在狭窄的空间自由穿行。

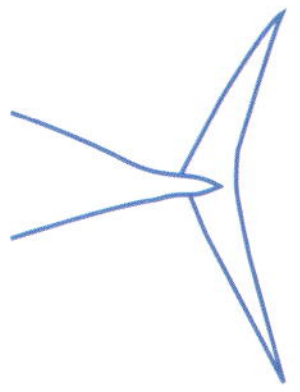

金枪鱼
尾鳍呈细长形，适于高速游动。

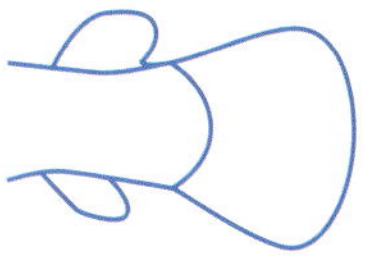

梭鱼
尾鳍有一个很大的平面区域，可以瞬间加速。

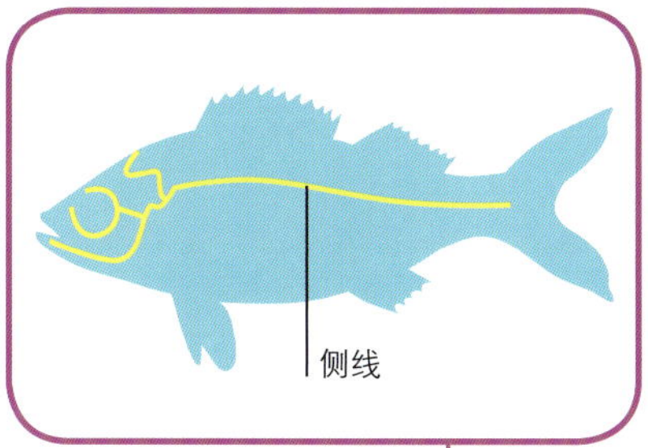

侧线

鱼体两侧皮下有感觉器官侧线，可以感觉水流方向、强度和振动。侧线可以让鱼警惕水中的变化和障碍，以避免在浅滩游动时发生碰撞。

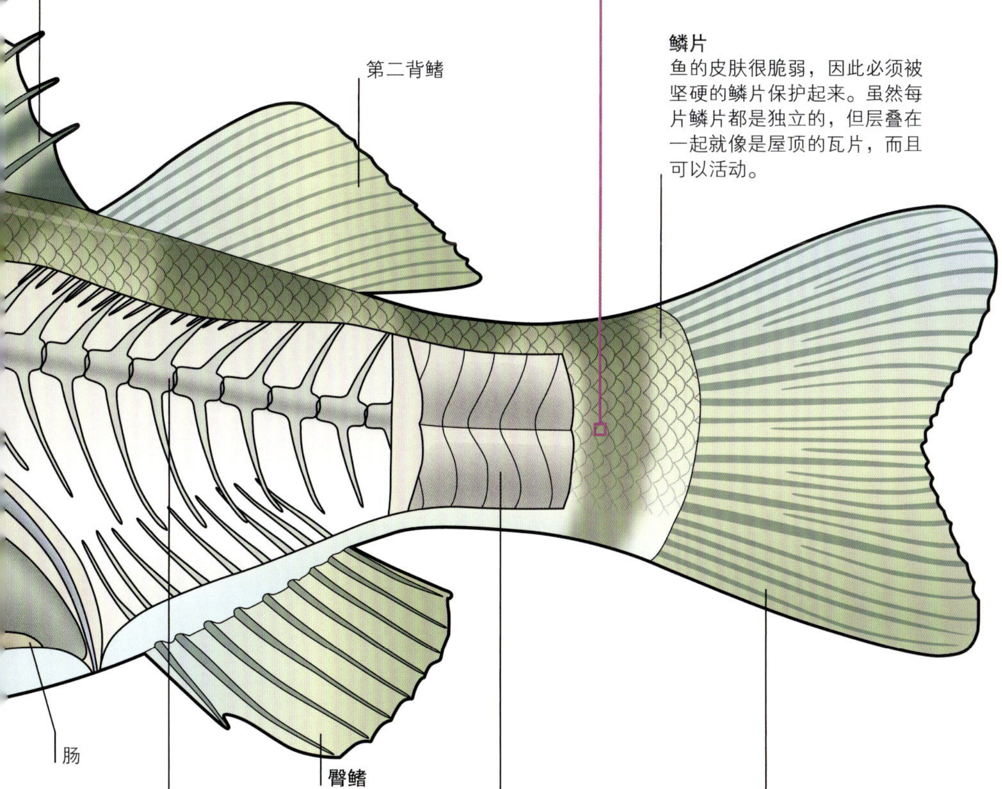

前背鳍
这条鱼有两个背鳍，有助于它在水中平稳地直行。前背鳍多刺，可用于防御。

鳞片
鱼的皮肤很脆弱，因此必须被坚硬的鳞片保护起来。虽然每片鳞片都是独立的，但层叠在一起就像是屋顶的瓦片，而且可以活动。

臀鳍
臀鳍可以在鱼游动时保持身体稳定。

骨骼
鱼的骨骼主要是一根柔韧纤长的脊柱，上面伸出很多细长的肋骨用以保护身体。还有一些与它们并不相连的骨支撑起了鱼鳍，构成了鱼的颅骨和颌骨。

侧腹肌肉
鱼柔韧的脊柱两侧长有壮硕的肌肉。肌肉收缩时可以使身体和尾鳍摆动，从而推动鱼在水中游动。

尾鳍
鱼的桨状尾鳍从一侧摆向另一侧，推动身体在水中前进。

卵和幼鱼

大多数鱼都会产下成百上千甚至上百万枚卵，雌鱼在随波逐流时会随意地把这些卵产在开阔的水域。但是，产卵较少的鱼会把卵产在比较安全的巢穴里，或者留在自己体内。有些鱼，包括很多鲨鱼，会直接生出已经完全成形的幼鱼。

安全的育儿室

雌性口孵鱼产下的卵受精后，雄性口孵鱼会把卵含在嘴里，并带着卵四处游动，直到卵孵化成幼鱼。这种做法可以保护鱼卵，避免卵被其他动物吃掉。

整装待发

有些鲨鱼会把卵产在珊瑚或者海藻上。这些卵的外层是一层坚硬的具有保护作用的卵鞘，幼鱼可以在卵鞘里面继续发育。有的鲨鱼会直接生出已经完全成形的幼鱼，如这只柠檬鲨。

鲨鱼已经在地球上生活了4亿多年，比恐龙存在的时间要长得多。

大白鲨

大白鲨是地球上最恐怖的捕食者，它们有灵敏得不可思议的感官和能像锯子一样割断猎物的牙齿。

300 大白鲨的嘴里整齐地排列着300颗牙齿。它们的牙齿会不停地更换。大白鲨一生大约会拥有3万颗牙齿。

大多数鲨鱼都是非常高效的捕食者，但大白鲨却还是让其他鲨鱼望尘莫及。大白鲨比其他鲨鱼更庞大，也更强壮有力。当大白鲨发起进攻时，超高效的推力系统能让它们以惊人的速度在水中穿行，它们的感官系统能让它们在伸手不见五指的环境中准确无误地击中目标。与那些只能吞咽小鱼小虾的鲸相比，鲨鱼如刀锋般锋利的巨大牙齿特别适合杀死大型猎物。即便是被它们咬上一口，也足以致命。

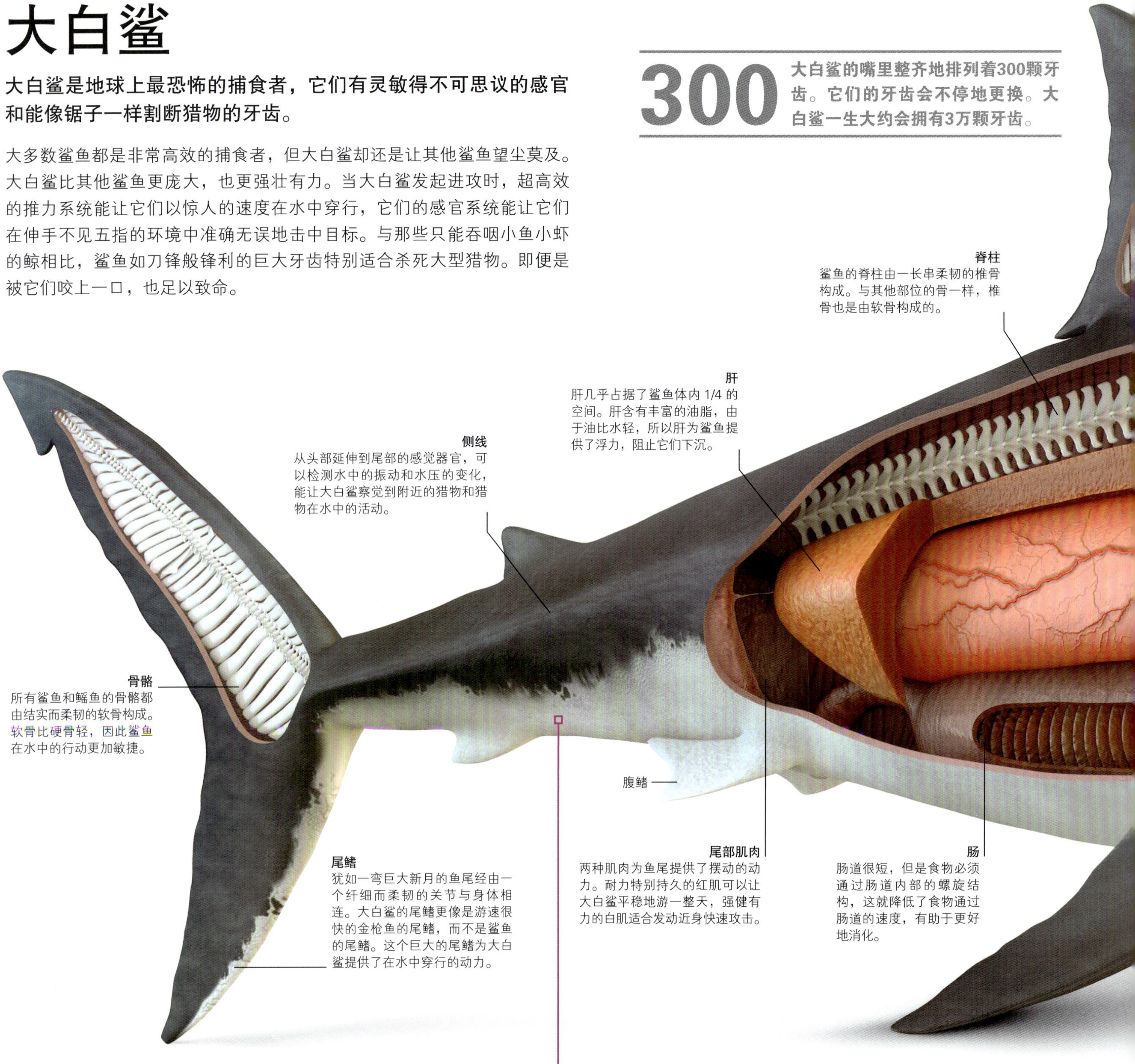

为速度而生的外形

鲨鱼在游泳时，整个尾部都会摆动，但是大白鲨却有所不同。大白鲨的身体会一直保持僵硬，就像鱼雷一样，但是侧腹厚实的肌肉会让尾鳍这个高效系统快速有力地摆动。大白鲨具备能在水中高速穿行的理想身形——中间宽，两边窄，这赋予了它们非凡的速度，几乎超越了所有海洋鱼类。

鳞片
大白鲨的皮肤表面镶嵌着数百万片鳞片，这些鳞片的形状像小牙齿一样，而且边缘锋利，人们把它们叫作肤齿。鳞片表面覆盖着一层釉质——与人类牙齿表面的物质一样。鳞片不仅可以作为一件柔软的、有保护作用的盔甲，还可以帮助大白鲨快速地游动——层叠的鳞片可以改变流经鲨鱼表面的水流方向，减少游动的阻力。

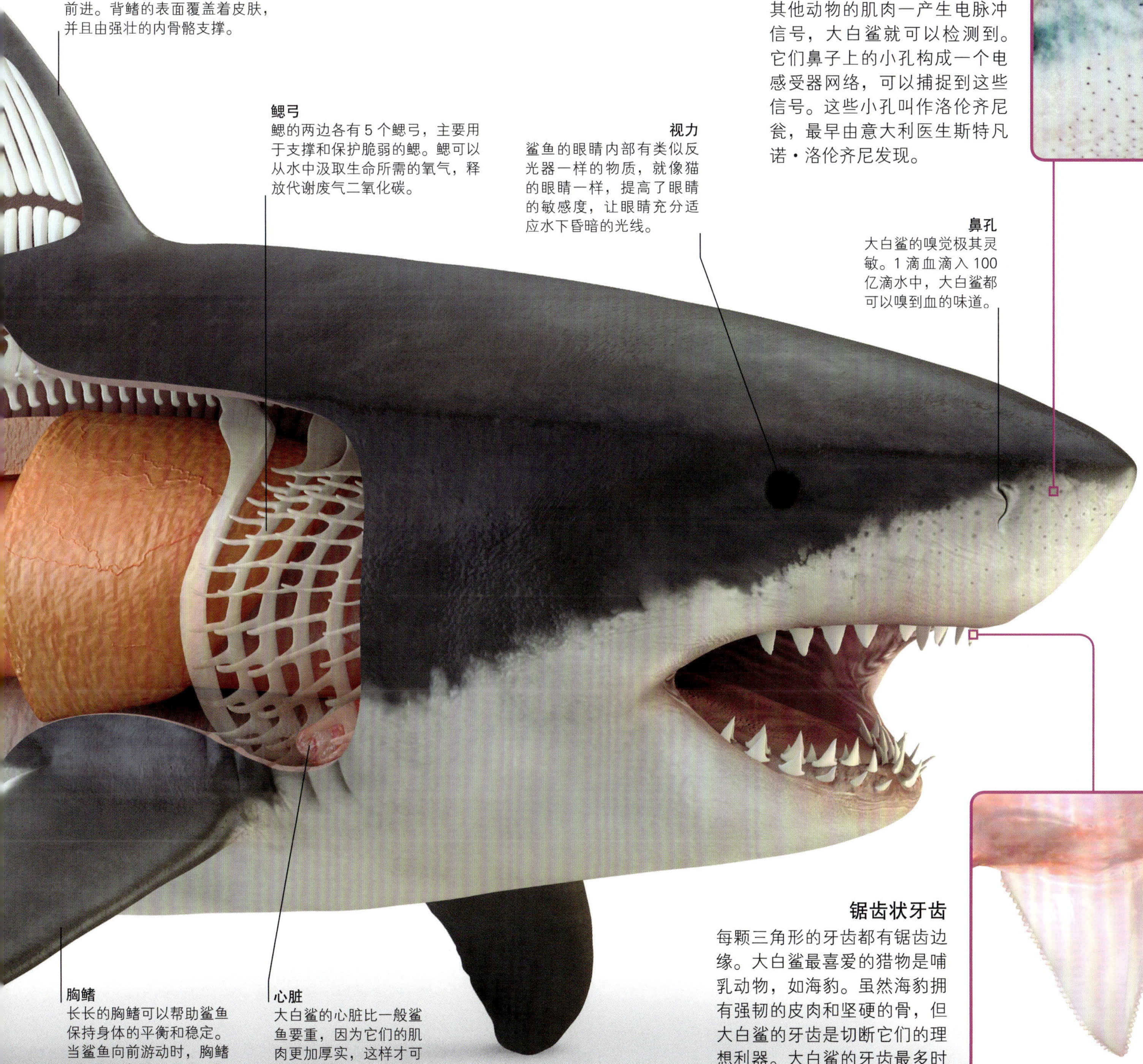

背鳍
大白鲨的背鳍又长又尖。游动时，背鳍可以帮助它们保持身体直立，并且按照预期的方向前进。背鳍的表面覆盖着皮肤，并且由强壮的内骨骼支撑。

鳃弓
鳃的两边各有5个鳃弓，主要用于支撑和保护脆弱的鳃。鳃可以从水中汲取生命所需的氧气，释放代谢废气二氧化碳。

视力
鲨鱼的眼睛内部有类似反光器一样的物质，就像猫的眼睛一样，提高了眼睛的敏感度，让眼睛充分适应水下昏暗的光线。

鼻孔
大白鲨的嗅觉极其灵敏。1滴血滴入100亿滴水中，大白鲨都可以嗅到血的味道。

胸鳍
长长的胸鳍可以帮助鲨鱼保持身体的平衡和稳定。当鲨鱼向前游动时，胸鳍可以起到翅膀的作用，阻止鲨鱼下沉。

心脏
大白鲨的心脏比一般鲨鱼要重，因为它们的肌肉更加厚实，这样才可以更加高效地向全身泵送血液。

特别的感官

大白鲨所有的感觉器官都是高度协调的。最不可思议的是，其他动物的肌肉一产生电脉冲信号，大白鲨就可以检测到。它们鼻子上的小孔构成一个电感受器网络，可以捕捉到这些信号。这些小孔叫作洛伦齐尼瓮，最早由意大利医生斯特凡诺·洛伦齐尼发现。

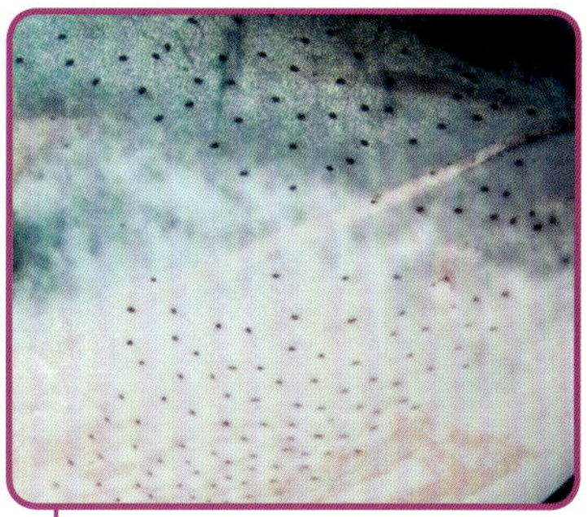

锯齿状牙齿

每颗三角形的牙齿都有锯齿边缘。大白鲨最喜爱的猎物是哺乳动物，如海豹。虽然海豹拥有强韧的皮肉和坚硬的骨，但大白鲨的牙齿是切断它们的理想利器。大白鲨的牙齿最多时可达7排。

大白鲨档案

体长	最长可达7米
最快速度	50千米/时
寿命	超过30年
猎物	鱼类、海龟和海洋哺乳动物

大白鲨有时会把头伸出水面，四处观望，寻找猎物。

致命的嘴巴

大白鲨的上颌骨很松地附着在颅骨上。当大白鲨张开嘴巴准备咬东西时，上颌会向前移动，鼻子会上翘，给上颌让路，这样可以使嘴巴咬得更紧。大白鲨啪的一声合上嘴巴后，会猛地把头扭向一旁，这样牙齿就会像锯子一样把猎物的肉撕裂，然后咬下一大口。

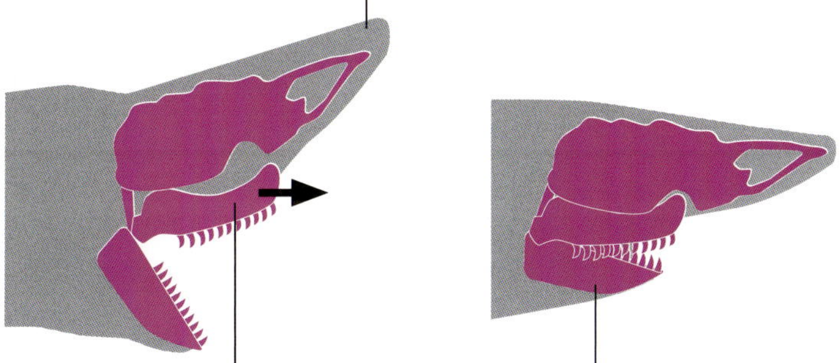

9 最长的蚓螈约有2.4米长，而最短的只有9厘米。

两栖动物

两栖动物最大的特征是既能在水中生活，又能活跃在陆地上。其实，“两栖”这个词本身就是“两种生活”的意思。

早期的两栖动物是最早生活在陆地上的脊椎动物（长有脊柱的动物）。它们是从发展出呼吸空气能力的鱼类进化而来，并保留了水生祖先的一些重要特征。但两栖动物的卵没有坚硬的外壳来防止变干，所以它们通常必须在水中产卵。卵孵化出水生幼体，幼体最终变成呼吸空气的成体。

主要特征

两栖动物已经演化出了不可思议的多样形态，这不仅可以帮助它们适应陆地生活，还让它们成为最多样化的陆生脊椎动物类群。但是尽管如此，几乎所有的两栖动物都拥有一些共同特征，这些特征对它们生活习性的影响很大。

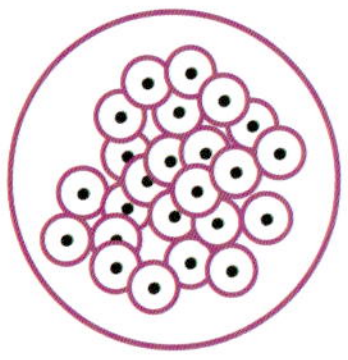

大多数两栖动物都是卵生

皮肤湿润

大多数两栖动物会在生命周期的一段时期生活在水中

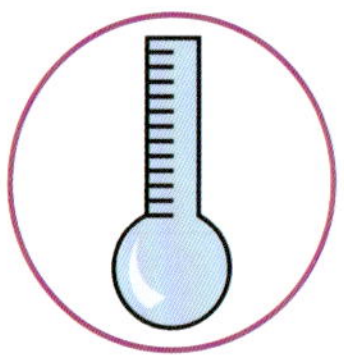

变温动物

两栖动物的种类

两栖动物共有 3 个类群。最大且最常见的类群由蛙和蟾蜍构成，它们都有很长的特别适合跳跃的后腿。第二大类群包括鲵和蝾螈，它们的尾巴很长，但是腿很短。第三大类群由没有腿、擅于钻洞的蚓螈构成。

蛙和蟾蜍

蛙和蟾蜍都没有尾巴，但是腿很长，既可以生活在水里，也可以生活在陆地上。大多数蛙的皮肤要比蟾蜍光滑有光泽，但是蛙和蟾蜍之间没有截然分明的科学界线。

鲵和蝾螈

鲵和蝾螈拖着一条长长的尾巴，而且腿都很短。它们两个之间不存在本质区别，很多终生生活在陆地，只在繁殖时才到水中。也有很少一些会终生生活在水里。

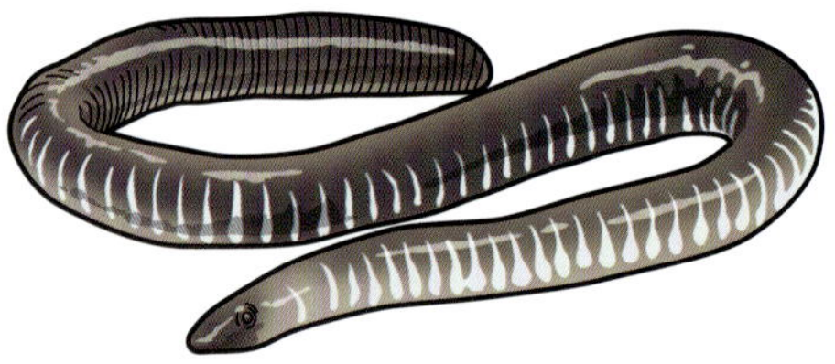

蚓螈

这些热带动物大多生活在地下。蚓螈没有腿，而且几乎看不见东西。但是，它们拥有强壮的颅骨，方便它们在土壤中钻来钻去。坚韧的皮肤可以保护它们免受锋利岩石的伤害。

某些两栖动物在每个繁殖期内的产卵数

可以多达 50000 枚，

但是只有很少一部分幼体能活到繁衍后代时。

进化

两栖动物由鱼类进化而来，这些鱼都长有肉乎乎的像腿一样的鳍，它们中也包括了现生的能呼吸空气的肺鱼的祖先。3.8 亿年前，这些肉鳍鱼中的一部分开始捕食小型陆地动物。它们的后代变成了今天的两栖动物。

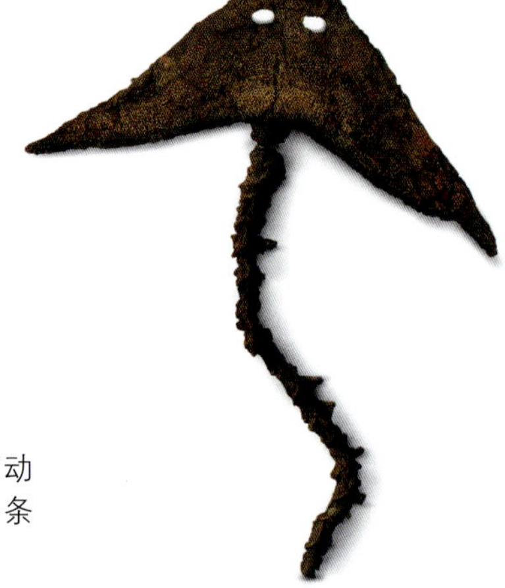

早期的两栖动物

2.8 亿年前，地球上生活着很多种两栖动物，笠头螈就是其中之一。笠头螈有 4 条腿，外形很像蝾螈，脑袋扁平。

身体里面都有什么?

基本上，所有两栖动物都长有四肢，但是与其他动物一样，它们也已经进化出了很多不同的身体形态。鲵和蝾螈拖着长尾巴、长着小短腿的身体形态仍然与它们祖先是一样的。但是，没有腿的蚓螈和擅于跳跃的蛙却进化得特殊多了。

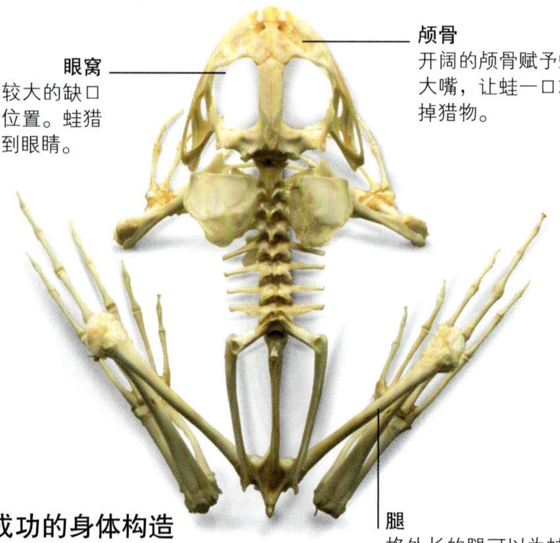

眼窝
这两个比较大的缺口是眼睛的位置。蛙猎食时要用到眼睛。

颅骨
开阔的颅骨赋予蛙一张大嘴，让蛙一口就能吞掉猎物。

腿
格外长的腿可以为蛙提供空中跳跃或者水中穿行的动力。

进化得非常成功的身体构造

几乎 90% 的两栖动物都是蛙和蟾蜍。它们的后背很短，但是后腿很长，非常适合跳跃和游泳。它们的头也非常大，如上图所示。

至关重要的氧气

与其他动物一样，两栖动物也需要呼吸，也会吸入氧气，排出二氧化碳废物。很多两栖动物的幼体都生活在水中，像鱼一样用鳃呼吸。有些水生两栖动物在成年后仍保留着鳃，但是大多数都已经进化出了肺，用肺呼吸。两栖动物还能通过非常纤薄、湿润的皮肤与外界进行气体交换。

欧洲林蛙的皮肤能呼吸，它们能以水下冬眠的方式度过整个冬季。

鳃

成年墨西哥钝口螈生活在水下。它们羽毛状的鳃富含血液，可以吸收水中的氧气。

肺

蟾蜍幼体用鳃呼吸，但当它们逐渐进入成年期时会长出一对肺。蟾蜍会用肌肉发达的咽喉把空气吸入肺里。

皮肤

两栖动物能用潮湿的皮肤吸入氧气，排出二氧化碳。这个过程既可在陆地发生，也可在水下进行。

凶残的食肉动物

所有的成年两栖动物都是捕食者。除蚓螈外，两栖动物主要依靠视觉捕食，它们用大眼睛寻找移动的猎物。大多数两栖动物都以昆虫、蜘蛛、蛞蝓和其他小动物为食，但是体形大的蛙可能会吃小型爬行动物和哺乳动物，还会吃其他的两栖动物，包括个头较小的同类。

4 澳大利亚火箭蛙跳跃一次的距离是4米。这个长度是它们体长的80多倍，它们的体长仅有5厘米。

跳跃

很多蛙的跳跃能力非常惊人，它们可以利用这个优势来逃避危险或者捕获猎物。蛙细长的后腿拥有结实有力的肌肉，肌肉收缩产生的爆发力可将蛙弹向空中。

肤色和斑纹

几乎所有两栖动物的皮肤都长有毒腺。对于捕食者来说，这些毒腺大多只是味道难以忍受，但有时也是致命的。很多物种都会用鲜艳的肤色来宣扬这一点，警告敌人不要来招惹自己。某些两栖动物的肤色和斑纹可以起到伪装作用，使自己不易被发现。其他两栖动物则会根据季节改变肤色，当它们准备交配时，肤色会变得格外鲜艳明亮。

火蝾螈

火蝾螈色彩鲜明的肤色向周围发出警告——它们的皮肤能分泌危险的毒素。

角蛙

这种热带蛙神奇的保护色让它们看起来就像是森林地面上的一片枯叶。

普通蝾螈

当这些蝾螈准备交配时，雄性和雌性的腹部都会出现明亮的橘黄色。

2000 春天，一只欧洲林蛙可产卵多达2000枚。

蛙的生命周期

大多数两栖动物在生命初始阶段看起来都与它们的父母截然不同。它们的形态会随时间逐渐发生变化，直到变为成年形态。这个过程称为变态。

初春时节，欧洲林蛙从冬眠中苏醒，然后回到自己的出生地——浅水塘。雌蛙把卵产在水里，在那里，卵与雄蛙的精子相结合，形成胚胎。最终，这些胚胎会孵化成蝌蚪——一种没有腿的小生物，像鱼一样生活在水里。它们在长出腿、变得更像蛙之前会不停进食，然后慢慢长大，尾巴逐渐消失。最终，它们从水中爬上岸，开启新的生命阶段。

变化的形态

蝌蚪在变成幼蛙以前，要经历几个不同的生命阶段。在此过程中，它们的生活方式也会发生变化。数周以后，这些水生素食主义者逐渐变成了主要在陆地活动的呼吸空气的捕食者。

1 蛙卵

蛙卵与鱼卵十分相像。卵必须一直保持湿润，因此欧洲林蛙会把卵产在水里。每只雌蛙都会耐心等待，直到找到一个雄性伴侣。当雌蛙产卵时，雄蛙会趴在雌蛙的背上，让卵在水中迅速受精。然后，这对蛙就游走了，留下这些卵自生自灭。

2 蝌蚪

孵化出来的蝌蚪就像黑色的小带子，紧紧依附在水草上。但是，蝌蚪很快就长出了明显的头部和不停扭动的尾巴，然后开始四处游动。起初，每只蝌蚪都长有一对羽毛状的鳃，但是鳃会逐渐隐藏在具有保护作用的鳃盖下面。蝌蚪主要以岩石和植物表面微小的藻类碎屑为食。

3 长出后腿

随着蝌蚪不断进食，它们的身体变得越来越肥，越来越大。一只大约5周的蝌蚪，身体就已经有一颗豆子那么大了，还会长出一双后腿。起初，这双后腿又小又弱，基本没有什么用，所以蝌蚪只是拖着它们，在游泳时把它们用作强健的尾巴。这一时期蝌蚪的食物仍然以藻类为主，同时也会吃其他碎屑。

13 蛙卵变成可以跳跃，能呼吸空气，并且可以在陆地上捕食的幼蛙，需要13周的时间。

4 长出前腿

第 12 周左右，蝌蚪已经停止进食。它们的身体开始变形，不仅长出了一双前腿，胖乎乎的身体也瘦了下来。此时，它们顶着一个尖尖的脑袋，还有一张大嘴。它们仍然用尾巴游泳，但是更多时候，它们会趴在岩石和植物上，将鼻子伸出水面呼吸空气。

5 幼蛙

蝌蚪的身体变形后不久，尾巴就开始退化了。它们开始用后腿游泳，接着很快，它们就能跳跃了。它们已经变成了一只幼蛙，但是身体却还没有人的手指甲大。现在，幼蛙已经准备好去陆地上捕食苍蝇这样的小动物了。它们爬出了水面，找个安全的地方藏起来。

6 成蛙

对于幼蛙来说，生活是非常危险的，因为它们有很多敌人。存活下来的幼蛙会在第三年变成有繁殖能力的成蛙，那时它们的体长会达到 10 厘米。白天，它们通常会待在水里；晚上，皮肤干涸的风险较小时，它们会到陆地上捕食。它们会用黏糊糊的舌头捕捉小动物，无论捉到什么，都会吃下去。

2.9 最小的变色龙体长只有2.9厘米，是全世界已知最小的爬行动物。

主要特征

现存的所有爬行动物类群都有一些共同特征。史前时代的恐龙也是爬行动物，但它们与现生爬行动物还是有很大差别。

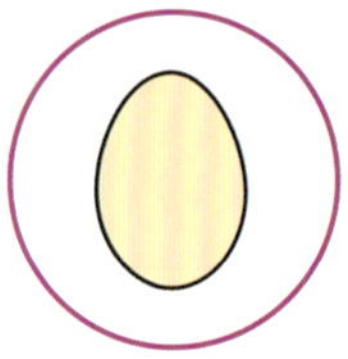
大多卵生

有些会直接生出幼崽（卵胎生）

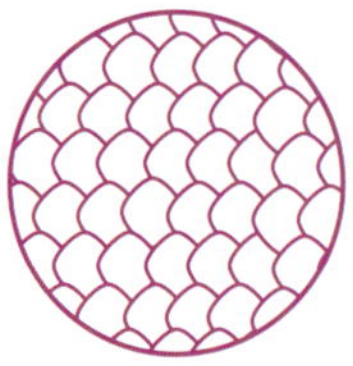
鳞状皮肤

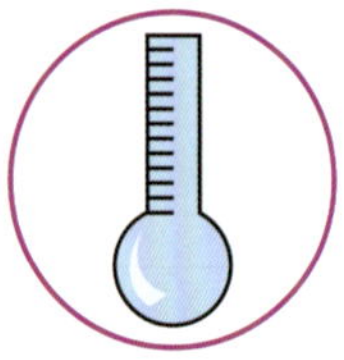
变温动物

爬行动物

爬行动物身上长有鳞状皮肤，这使它们看起来就像是史前时代的“文物”。然而，很多爬行动物远没有人们想象的那么古老。

现生爬行动物是变温动物，由两栖动物演化而来，是第一批在陆地上生活的脊椎动物。很硬且不透水的皮肤不会让身体流失重要的水分，因此爬行动物比两栖动物更早地占领了干燥的陆地。这使得爬行动物有能力生活在地球上温度最高、气候最干燥的一些栖息地，但是很少有爬行动物能在寒冷的地方存活下来。

家系图

最早的爬行动物出现在 3.1 亿多年前，正值地球漫长历史进程中的石炭纪。当时的爬行动物是 4 条腿的变温动物，与现生蜥蜴类似。但是随着时间的推移，爬行动物逐渐分成了不同的类群。一个类群进化成了鳄类和已经灭绝的恐龙、翼龙。其他依然现存于世的类群还有龟、喙头蜥、蜥蜴和蛇。

鸟类

6600 万年前，巨型恐龙灭绝，但是一个个头较小、长有羽毛的恒温恐龙类群却幸存了下来——它们就是鸟类的祖先。尽管鸟类与爬行动物中的鳄类亲缘关系最近，但鸟类仍被单独划分为一个类群。

爬行动物

加拉帕戈斯象龟是最大的龟类之一，也是脊椎动物中寿命最长的动物之一

水龟和陆龟

这些动物进化出来的时间与恐龙最早出现的时间大致相同，但是进化的方式却截然不同。坚硬的外壳能为陆龟提供保护，但是太过沉重，以至于陆龟只能非常缓慢地爬行。得益于水的浮力作用，水龟不用在乎这个问题，它们很多都是优雅的泳者。

美国短吻鳄是现存最大的鳄类之一

鳄类

最强大的现生爬行动物是鳄类。这些身上长满鳞甲的大型捕食者很适合在浅水水域狩猎。鳄类与暴龙是同一时代的动物，但是鳄类的生活方式却与暴龙截然不同。

经过精心的保护，人类已经将喙头蜥从濒临灭绝的边缘挽救了回来

喙头蜥

这种古老的、外形似蜥蜴的爬行动物隶属于 2 亿年前繁荣鼎盛的一个类群。但是，这个类群在恐龙消失以前就几乎灭绝了。现在，这个类群只有 1 个物种存活了下来，它们生活在新西兰的一些小岛上。

蛇

蛇是由蜥蜴演化而来的。蛇没有四肢，并且进化出了特殊的下颌，可以吞掉整个猎物。有些蛇还会分泌毒液。

在美国东南部发现了这种毒性很强的珊瑚蛇

绿鬣蜥是非常具有代表性的蜥蜴，长着 4 条腿和长尾巴

蜥蜴

这是最大的爬行动物类群，囊括了形态千差万别的各种生物，从娇小的壁虎到庞大的科莫多巨蜥。大多数蜥蜴都有 4 条腿，长着长尾巴，但是有些蜥蜴没有腿。尽管它们大多以捕食小型动物为生，但也有些蜥蜴，如鬣蜥，是食草动物。

防水的卵

与两栖动物祖先的卵不同，爬行动物的卵拥有防水外壳，不会干涸，这有助于爬行动物在沙漠等气候干燥的地方繁衍生息。但是，卵需要在温暖的条件下才会孵化，所以有些生活在寒冷地区的爬行动物会生下已经完全成形的幼崽。

1 卵

爬行动物的卵就像鸟卵一样，必须保持环境温暖，否则不会孵化。爬行动物为了确保这一点，通常会把卵产在温暖的地方，如堆积起来的绿色植被中。当植被腐烂时，温度会随之升高。

2 孵化

当爬行动物宝宝准备破壳而出时，它们会用口鼻部末端锋利的、像刺一般的卵齿把坚韧如皮革的卵壳割破，然后探出头来，呼吸生命中的第一口空气。

3 幼蛇

一旦幼蛇能呼吸了，它们通常会先在卵里休息几小时，然后再从卵里爬出来。这只幼蛇已经做了最后的决定，准备采取行动，探索新世界了。

鳞状表皮

所有爬行动物的外表皮都很坚硬，由增厚的鳞片构成，鳞片通过纤薄、柔韧的物质连接在一起。鳞片和连接物共同构成了一张连续的表皮。爬行动物终生都可以蜕皮，所以表皮一旦受损或者感染就会被直接蜕掉。

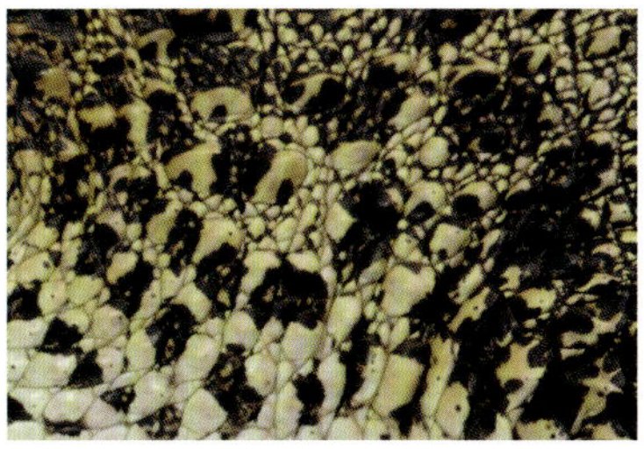

鳄类

鳄类的表皮深处长有片状骨。这些片状骨让鳞片变得更加坚硬，可以在猎物不断挣扎乱踢的时候有效地防止被猎物伤到。

蛇

许多蛇的皮肤都有色彩斑斓的花纹图案。然而，这些颜色是深层皮肤的颜色，蛇的外表皮其实是透明的。蛇会蜕掉一整张皮，包括覆盖在眼睛上的鳞片。

蜥蜴

不同蜥蜴皮肤上的鳞片差别很大。有些长有光滑的小鳞片，而有些则长有边缘锋利的大鳞片。与蛇不同的是，蜥蜴蜕皮是一块一块掉落的。

爬行动物的感官

许多爬行动物都有非常敏锐的感官，尤其是捕食者，如鳄类和庞大的巨蜥。变色龙拥有非常出色的视力，每只眼睛都可以独立活动，以便留意危险或者锁定猎物。蛇靠气味捕食，舌头可以搜集情报。蛇没有真正的耳朵，但对地面传来的振动非常敏感。

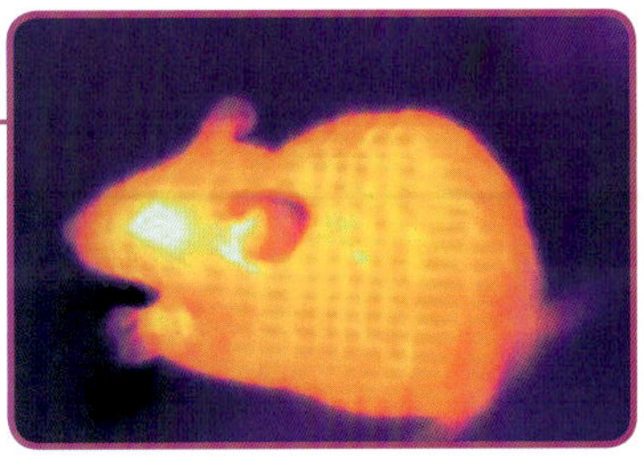

超感官

某些蛇，如响尾蛇，眼睛与鼻孔之间的凹陷处有感温器官——颊窝，可以让它们在一片漆黑中找到恒温动物。对于响尾蛇来说，老鼠温暖的身体看起来就像是在寒冷黑暗的洞穴中发光一样，非常容易锁定。

变温动物

爬行动物依靠栖息的环境所提供的热量来维持身体功能的正常运作。它们无须将能量转化为体温，所以它们维持生命所需的食物量比哺乳动物要少很多。然而早上，爬行动物可能要晒几小时的太阳，才能让身体变暖。中午，它们通常不得不寻找阴凉处，以防止身体过热。这从下面的曲线图就可以看出，该图展示了蜥蜴的活动模式。

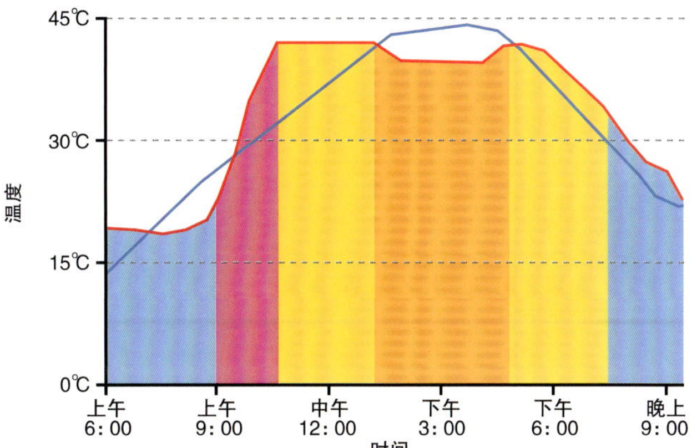

1 鳄可以把**心跳频率**降低到每小时只有几次，这样它们就可以**在水下持续待上1个多小时**。

鼻孔
当口鼻部大部分都在水中时，它们会用冒出水面的鼻孔来呼吸空气，因为如果它们在水下张开嘴巴，瓣膜会封住气管。

尖尖的嘴巴
嘴巴又长又尖，上颌和下颌一样宽。

超强大的嘴巴
在大块颊肌的作用下，嘴巴可以迅速闭合，从而产生强大的咬合力，使猎物无法逃脱。

夜间视力

鳄的眼睛很像猫眼。在阳光下，巨大的瞳孔几乎收缩成了一条纵向的缝。但是在夜间，为了提高视觉敏感度，瞳孔会放大。它们的眼睛还会像猫眼一样反射光线。每只眼睛都额外长有一个透明的眼睑。当鳄浸入水中时，这个眼睑会把眼睛盖起来，起到保护作用，但是也会妨碍眼睛在水下聚焦的准确性。

交错的牙齿

湾鳄长有64~68颗粗大、尖利的牙齿。闭上嘴巴时，这些牙齿会部分重叠在一起。新牙长在旧牙里面，当旧牙磨损时，新牙会把旧牙替换掉。

鳄类

鳄类是恐龙时代的幸存者，是强壮有力、全副武装的爬行动物，恐怖的大嘴可以吞食它们捕获的任何猎物。

鳄类是现存最大的爬行动物。尽管外形很像蜥蜴，但其实鳄类与鸟类以及大约6600年前从地球上消失的巨型恐龙的亲缘关系更近。最早的鳄类与恐龙共同生活，可能会采用伏击战术捕食恐龙，这与现生湾鳄捕食野牛的策略是一样的。自那时起，鳄类的体貌特征就没有发生过太大的变化，因为不需要——它们总是能很好地调整自己的生活方式。

有蹼的脚
脚趾上长有坚硬的利爪，并且脚趾有部分被蹼连在了一起，这样鳄就可以用脚在水下游动。

鳞状皮肤
与其他爬行动物一样，鳄的皮肤表面也被坚硬的、不透水的鳞片覆盖。这些鳞片的构成物质是角蛋白——与构成手指甲的物质相同。

100 鳄最多能活到100岁。

10 鳄的**胃酸酸性**是人类的10倍。

3000 鳄一生中生长和更换的**牙齿数量**。

湾鳄的档案

陆地爬行速度........3 千米 / 时
水中游动速度........35 千米 / 时
栖息地........东南亚和大洋洲的河流、河口和咸水湖
食物........动物，甚至是水牛那么大的动物
捕猎武器........强大的嘴巴和尖利的牙齿
平均体长........3~5 米

湾鳄是体形最大的鳄类，某些雄性湾鳄的体长可能会达到 7 米，甚至更长。

它们是谁？

在全世界比较温暖的地区一共生活着 20 多种鳄类，主要分为真鳄、短吻鳄和长吻鳄。与真鳄相比，短吻鳄的嘴巴更大，而且上颌很宽，可以完全覆盖住下排的牙齿。长吻鳄以吃鱼为生，嘴巴略显细长，共有 110 颗锋利的牙齿，这是捕食易滑脱猎物的理想利器。

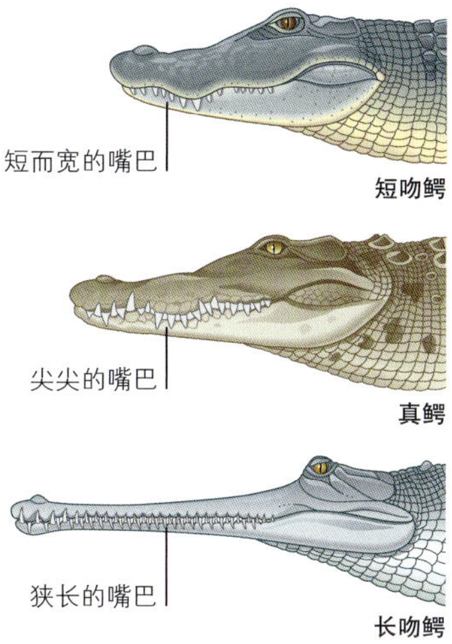

擅长伏击的捕食者

湾鳄擅长在水中捕食。打伏击时，它们会隐藏起来，让自己半沉没在水中，只留鼻孔在水面上呼吸空气，这样它们就可以像潜艇一样埋伏在水中了。任何涉水的猎物都可能被它们立即咬住，强行拖入水中淹死。成功后，它们会把猎物撕成大块，直接吞咽，然后依靠强大的胃液消化掉每一块肉。

12 一只巨大的湾鳄两餐的间隔时间最多可达12个月。

320 游隼俯冲袭击其他鸟类时的飞行速度能达到320千米/时。

鸟类

漂亮的羽毛、有趣的生活习性、神奇的飞行技能，这些都使鸟类成功跻身最多姿多彩和最具吸引力的动物的行列。

鸟类是最常见的野生动物，因为它们就生活在我们周围，我们很容易观察到它们外出觅食、筑造鸟巢和养育幼鸟。与人类一样，鸟类也主要依赖视觉生存，同时还拥有强烈的色彩意识。但是鸟类还有其他一些特点，令人尤为感兴趣。最新的研究证实，鸟类是由远古时期像伶盗龙这样的捕食者进化而来的。这些早已灭绝的恐龙很多都长有羽毛，就像今天的鸟类一样。当时这些羽毛主要起到保温隔热的作用，而如今，鸟类能更好地利用羽毛飞向天际。

主要特征

鸟类是恒温脊椎动物。它们身上覆盖着羽毛，卵生，大多数都能飞。

脊椎动物

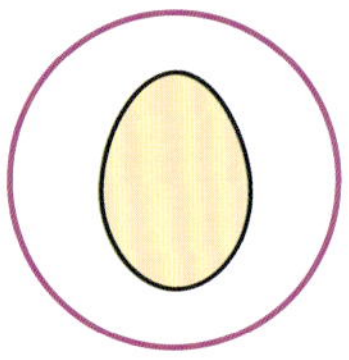

卵生

覆盖着羽毛

大多数都能飞

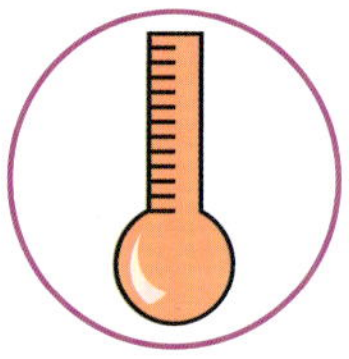

恒温动物

鸟的身体构造

鸟类有些特征遗传自它们的恐龙祖先，如覆羽和有着高效的呼吸系统。与此同时，飞行还促使鸟类进化出了其他的特征，比如很轻的喙和消化系统，以及格外强壮但却很轻盈的骨骼。鸟类还拥有出色的听觉和视觉。某些鸟类，如乌鸦和鹦鹉，可能是动物界中最聪明的动物。

卵和幼鸟

鸟类通过产卵繁衍后代，卵（也叫作蛋）的大小和颜色多种多样。大多数鸟类都会筑巢产卵，并利用自己的体温维持卵的温度，直至孵化出幼鸟。某些幼鸟，如小鸡和小鸭孵化出来后马上就能自己找食物。但有些幼鸟，包括大多数鸣禽的幼鸟，就显得无助多了，它们必须要依靠父母喂食和保暖几个星期。

1枚鸵鸟卵的体积相当于24枚鸡卵，或者相当于4700枚吸蜜蜂鸟的卵。吸蜜蜂鸟的卵是世界上最小的鸟卵。

吸蜜蜂鸟的卵　画眉的卵　鸡卵　银鸥的卵　鸵鸟卵

芦鹀巢

迁徙

夏季，许多鸟类都会飞到遥远的北方筑巢，那里的白昼持续时间长，成群的昆虫为幼鸟提供了充足的食物。夏末，它们飞往南方，在相对温暖的地方越冬。有些鸟类的迁徙旅程简直令人难以置信，它们能跨越大洲和大洋，飞行非常远的距离。

图例

美洲金鸻
这种滨鸟在加拿大的北极地区筑巢后，会飞往阿根廷草原过冬。其中的一些可能会不着陆飞行。

北极燕鸥
当北半球处于冬季时，北极燕鸥会在南极洲附近海域捕食。之后，它们会飞越大半个地球，去遥远的北方繁衍后代。

短尾鹱
这种海鸟每年的环线旅行距离为3万千米。它们会到澳大利亚海岸繁殖，然后再迁徙到北极圈。

大杜鹃
大杜鹃会在赤道以南越冬。春天，它们返回北欧和亚洲，把卵产在其他鸟的鸟巢里。

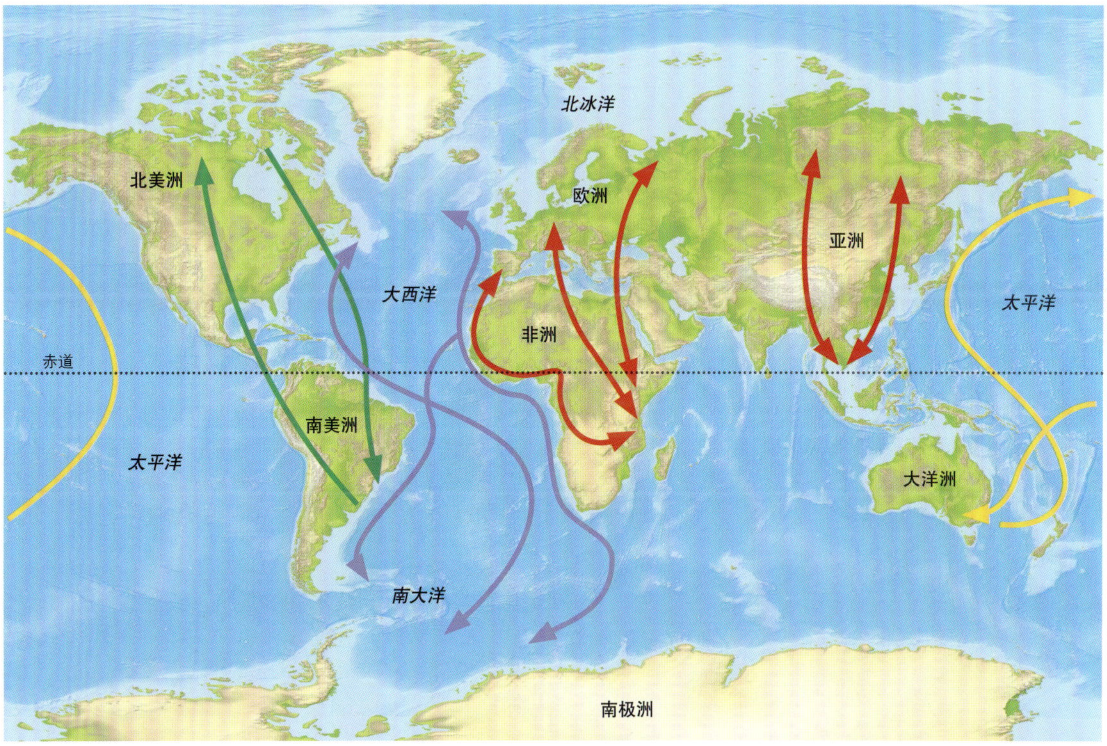

海鸟

很多鸟类都在海上度过了大半生，以枪乌贼等海洋生物为食。它们通常连续几个月不在陆地生活，回到陆地也只是为了在海岸产卵和养育幼鸟。海鸟包括鲣鸟、海鹦和海鸥，以及经常在南部海洋上空翱翔的个头巨大的信天翁，等等。

速度奇快的潜水鸟

北鲣鸟以其惊人的捕食方式而闻名。在空中发现海里游动的鱼后，北鲣鸟会垂直俯冲到海里捉鱼。它们喜欢一大群聚在一起筑巢，群体数量可达6万对。有些北鲣鸟群会遍布整个岛屿。

不会飞的鸟

飞行是鸟类的专长，但是有些鸟却完全不会飞，这是因为它们大多生活在没有天敌的环境中。这些鸟类中有强壮的奔跑者，如鸵鸟，还有个头较小的生活在岛屿上的某些鸟类。它们都具有一些特征可以证明它们的祖先是会飞的，然而经过数千年甚至更长时间的演变，它们失去了飞行能力。

奔跑冠军

与所有不会飞的鸟类一样，鸵鸟的翅膀也很短，翅肌不发达。鸵鸟尽管不能飞，却可以跑得很快。结实有力的长腿可以帮助它们逃离捕食者，它们的奔跑速度最高可达72千米/时。

信天翁可以在完全不扇动翅膀的情况下，借助风力在空中滑翔几小时。

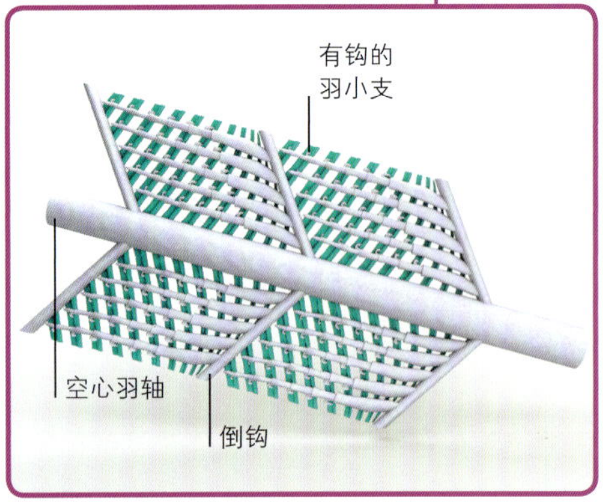

羽毛

鸟的大部分羽毛都有羽轴，从羽轴两侧生出的硬挺细丝叫作羽支。每一根羽支的两侧都长有数排更细小的羽小支，前列的羽小支会钩住后列羽小支的倒钩。所有羽支连接在一起，形成了一个光滑而连续的表面，因此气流经过时只会拂过羽毛，不会穿透它。尽管大多数鸟类每年都会长出新的羽毛，但是却需要花大量时间梳理这些羽毛，以确保羽毛能保持原有的形态，更好地发挥作用。

鸟类如何飞行？

鸟类是天空的统治者。其他的动物可能也会飞，但是没有哪一种动物飞行的速度、灵活性和持久性能与鸟类相媲美。鸟类的飞行特质是经过数百万年的演化，不断完善形成的。

鸟类比其他动物飞得更快、更高、更远。许多鸟类每年都会绕着地球飞行很远的距离，普通雨燕可以在空中连续飞行数年，中途不着陆。人们认为，鸟类可以飞越地球的最高点珠穆朗玛峰。鸟类很可能有这样的本事，因为它们已经进化得非常适于飞行。从羽毛到骨，鸟类身体的几乎每一部分都经过了改造，要么形状被改造得适于飞行，要么减轻了重量以便于飞行。

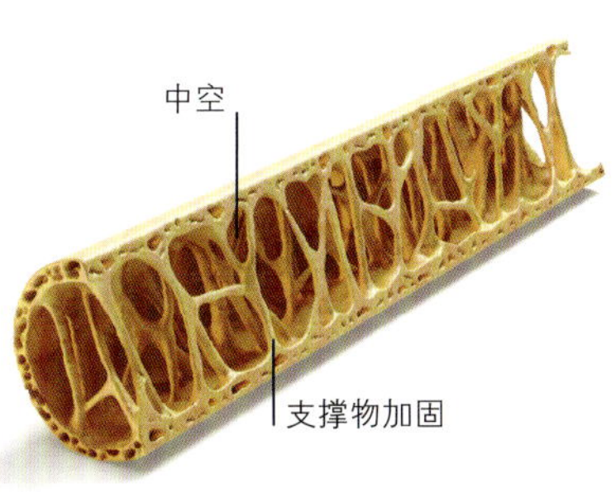

中空的骨

飞行会消耗大量能量，这可能会让鸟儿迅速疲劳。但是体重越轻，消耗的能量就越少。所以，鸟类在进化的过程中，尽可能地减轻了身体每一部分的重量。鸟类的许多骨都纤细得不可思议，强度仅够它们完成特定的工作。最大的骨也有一些是空心的，但是内部有支撑物加固，可以防止骨在飞行张力的作用下折断。

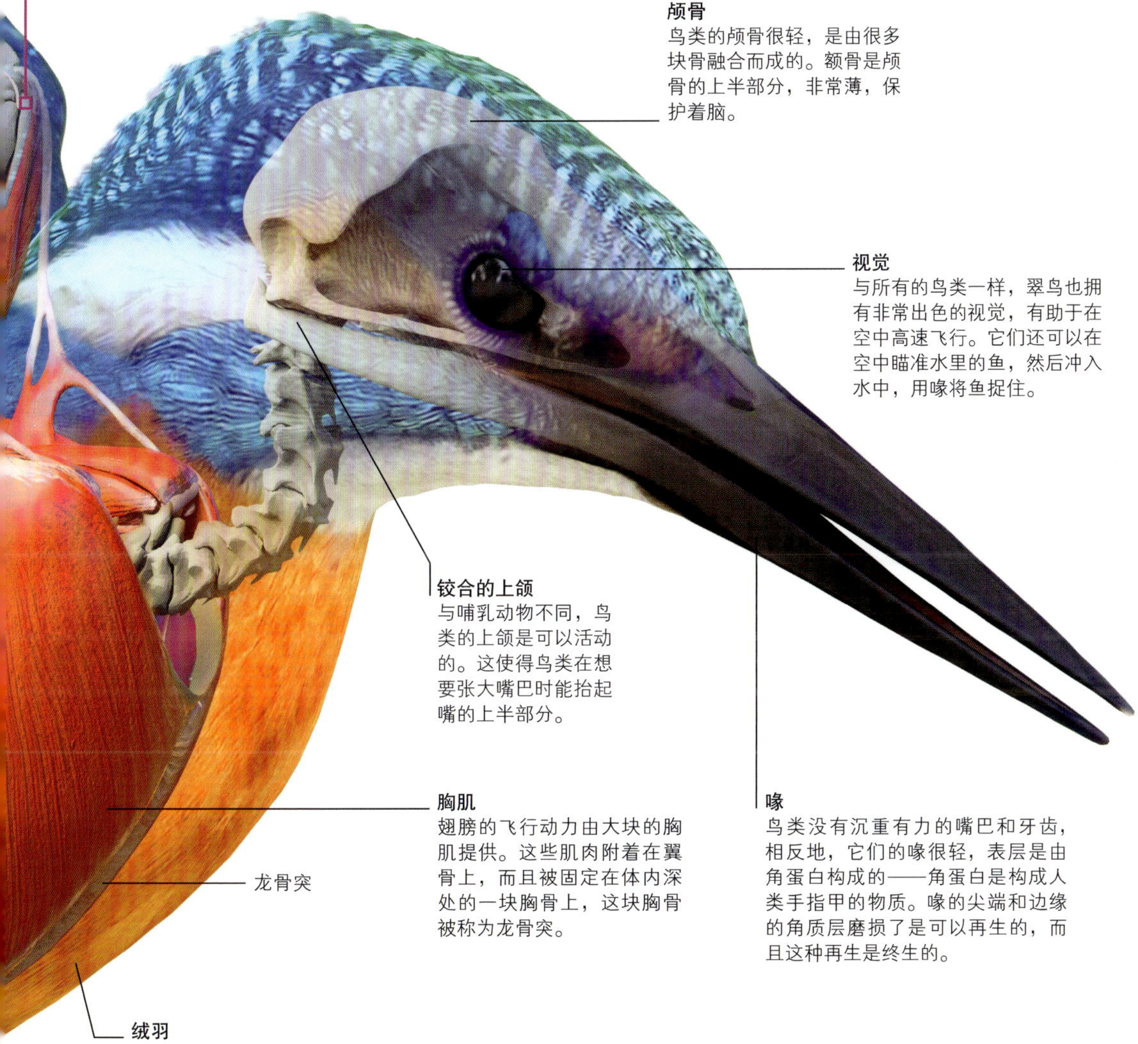

颅骨
鸟类的颅骨很轻，是由很多块骨融合而成的。额骨是颅骨的上半部分，非常薄，保护着脑。

视觉
与所有的鸟类一样，翠鸟也拥有非常出色的视觉，有助于在空中高速飞行。它们还可以在空中瞄准水里的鱼，然后冲入水中，用喙将鱼捉住。

铰合的上颌
与哺乳动物不同，鸟类的上颌是可以活动的。这使得鸟类在想要张大嘴巴时能抬起嘴的上半部分。

胸肌
翅膀的飞行动力由大块的胸肌提供。这些肌肉附着在翼骨上，而且被固定在体内深处的一块胸骨上，这块胸骨被称为龙骨突。

喙
鸟类没有沉重有力的嘴巴和牙齿，相反地，它们的喙很轻，表层是由角蛋白构成的——角蛋白是构成人类手指甲的物质。喙的尖端和边缘的角质层磨损了是可以再生的，而且这种再生是终生的。

绒羽
绒羽位于覆羽下方，贴近皮肤，有保暖作用。与飞羽不同的是，绒羽的羽支很松软，彼此没有钩在一起。因此，绒羽很蓬松，并且形成了一个可以抵御寒冷的保温层。

飞行

其实鸟类与人类一样，也是四足动物，它们的翅膀是特化了的上肢。但是，植根于翅膀皮肤的飞羽却使翅膀的表面积大了许多。这些层叠的飞羽形成了宽阔的表面，翅膀每次向下拍打时，这个表面都会发生弯曲，从而对空气产生向后的推力，由此产生的反作用力会使鸟儿向前飞行。与此同时，光滑的翅膀表面呈弧形，这使得空气通过时会产生升力，就像气流通过飞机的机翼一样，这样可以让鸟儿在空中持续飞行。

翠鸟、吸蜜蜂鸟和红隼拥有令人讶异的空中旋停的能力。它们能做到这一点，是因为它们向上飞的力可以抵消重力。

翅膀形状

鸟类翅膀的形状与飞行方式有关。狭长的翅膀非常适于滑翔；宽大的翅膀有助于鸟儿借助上升气流在空中翱翔；短而圆的翅膀可以提供快速起飞所需的动力。

滑翔
信天翁拥有狭长的翅膀，可以获得最大的升力。

翱翔
鹰拥有比较宽大的翅膀，可以捕获上升气流。

快速起飞
雉鸡的圆形翅膀有助于快速逃跑。

高速飞行
尖角形的翅膀可以让鸟儿在空中快速而灵活地飞行。

空中旋停
蜂鸟长有短小的三角形翅膀，非常适于快速振翅。

飞行方式

鸟类使用翅膀的方式不尽相同。有些鸟类会以恒定的速率拍打翅膀，要么快，要么慢；有些鸟类会采用振翅和滑翔相结合的方式；有些鸟类则很少拍打翅膀。

快速振翅
鸭子的翅膀与笨重的身体相比小了许多。它们会快速而有规律地拍打翅膀。

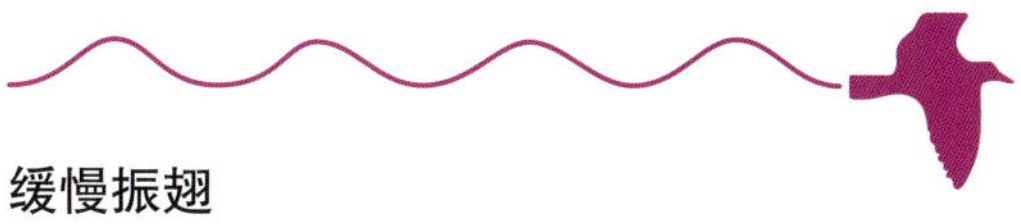

缓慢振翅
许多鸟类都长有相对较大的翅膀，如海鸥。它们飞行时，会缓慢而悠闲地拍打翅膀。

间歇性地拍打翅膀
啄木鸟会有规律地、间歇性地拍打翅膀，有时也会短暂地俯冲滑翔。

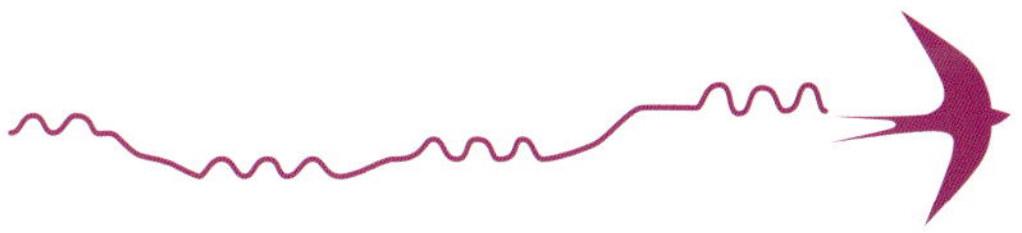

无规律地振翅
燕子在捕食空中的昆虫时，采用振翅和滑翔相结合的飞行方式。

哺乳动物

恒温而且通常身体被毛的哺乳动物是最容易被人们理解的动物，因为我们人类就是哺乳动物。一些共同的特征使哺乳动物成为进化得非常成功的一个动物类群。

最早的陆生哺乳动物由类似于爬行动物的祖先进化而来，它们与最早的恐龙差不多是同一时代的，都出现在生命长河的初始阶段，我们称之为中生代。约 6600 万年前，标志着那个时代终结的一场灾难性生物大灭绝使所有的巨型恐龙灭绝了，但是有些哺乳动物却存活了下来。它们在这颗星球上不断“开疆拓土”，演化出了很多适应性特征，在每一片有可能成为栖息地的地方繁衍生息。现在，从寒冷的极地冰川到烈日炎炎的沙漠，从高高的山巅到深深的海里，哺乳动物无处不在。

主要特征

所有的哺乳动物都是恒温的脊椎动物，会分泌乳汁，喂养刚出生的幼崽。在已知的哺乳动物物种中，除了鸭嘴兽和针鼹是卵生的，其他物种都是胎生的。

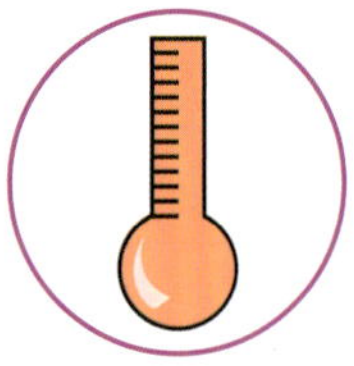
恒温动物

大多长有毛发

脊椎动物

大多是胎生的

用乳汁喂养幼崽

适应性很强的哺乳动物

所有的哺乳动物都是由生活在干燥陆地上的长有四肢的动物（四足动物）进化而来。经过数百万年的演化，它们身体的基本结构已经发生了改变，帮助它们适应不同的生活方式。这些变化使有些哺乳动物具有了飞行的能力，有些则具有了在海洋中生活的能力。

陆栖动物

雪豹用 4 条腿站立，并且长有长长的尾巴，它们的身体形态是典型的陆生哺乳动物的形态。此外，它们已经进化得非常适合狩猎这种生活方式。

树栖动物

许多哺乳动物都很适应树栖生活，尤其是那些生活在热带雨林中的哺乳动物。绝大多数灵长类都是树栖动物，如猿、猩猩和这只来自马达加斯加的狐猴。

飞行动物

蝙蝠挑战了鸟类的制空权。蝙蝠可以用翅膀飞行，它们的翅膀其实由极其纤长的指骨和其间可以拉伸的皮肤构成。大多数蝙蝠会在夜间捕食飞虫。蝙蝠是进化得最成功的哺乳动物之一。

水栖动物

有些哺乳动物，如海豹和图中这只蓝鲸，已经适应了海洋中的生活。但是，海豹仍然有四肢，而鲸和海豚的后肢已经进化成了尾鳍。

养育宝宝

90% 以上的哺乳动物的幼崽在出生前都会在母体内发育到一个相对完全的高级阶段。这些动物被称为有胎盘类哺乳动物，因为胎儿在母体内时，胎盘会通过与母体相连的脐带为胎儿提供氧和营养。相对地，长有育儿袋的哺乳动物被称为有袋类哺乳动物。没有发育完全的幼崽出生后，会爬进妈妈身上的育儿袋，然后一直待在里面，直到完全成形。

育儿袋里的生活

刚出生的有袋类动物就是一个粉红色的“小肉团”，几乎无法动弹。但是尽管如此，这个小生命仍然要努力地爬进妈妈的育儿袋中吸食营养丰富的母乳。幼崽会一直在这里成长发育，直到能吃固态食物。

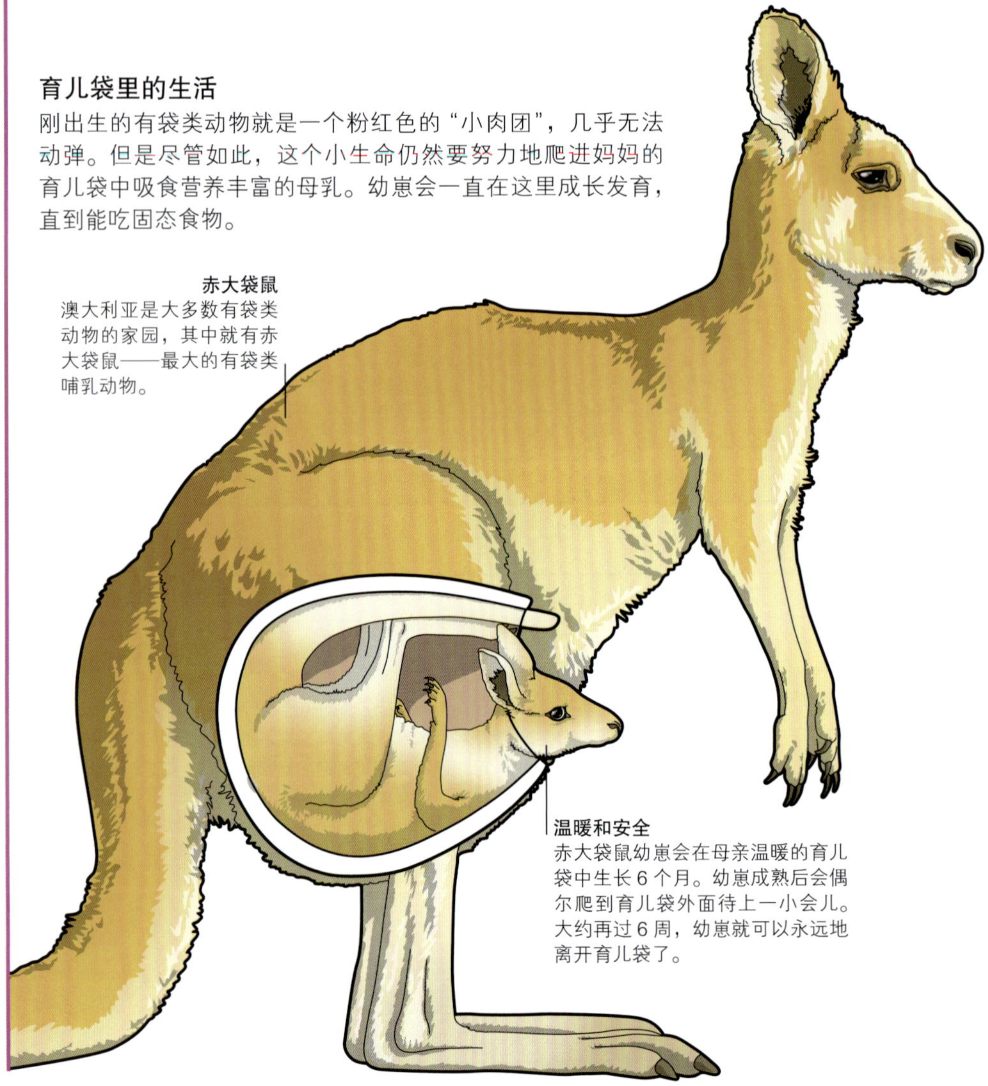

赤大袋鼠
澳大利亚是大多数有袋类动物的家园，其中就有赤大袋鼠——最大的有袋类哺乳动物。

温暖和安全
赤大袋鼠幼崽会在母亲温暖的育儿袋中生长 6 个月。幼崽成熟后会偶尔爬到育儿袋外面待上一小会儿。大约再过 6 周，幼崽就可以永远地离开育儿袋了。

北极狐身上厚厚的“冬装外套”具有很强的保暖效果，只有在温度下降到-50℃时，北极狐才会被冻得瑟瑟发抖。

恒温

哺乳动物凭借从食物中获取的能量，使体温维持在理想的38℃左右。这个温度可以确保它们的身体机能有效地运作，还能让它们在寒冷的季节保持活力。然而，有些哺乳动物在冬季几个月的时间里很难找到食物，便会通过冬眠和降低体温的方式来减少能量消耗。春天，它们会再次苏醒。

沉睡的睡鼠

睡鼠每年要冬眠大约6个月。在此期间，体温会下降到4℃以下。

感官

许多哺乳动物喜欢在夜间频繁活动。它们主要依赖于听觉和嗅觉，它们的这些感觉比人类敏锐很多。它们还拥有高度发达的触觉。喜欢在夜间活动的哺乳动物的眼睛已经适应了在近乎黑暗的环境下看东西，它们的眼睛有很多敏感的视杆细胞，在昏暗的光线下也能辨识物体。但是，这也意味着它们的眼睛只有很少的可以检测到颜色的视锥细胞，所以这些哺乳动物不会看到人类眼中所看到的颜色。

人眼中看到的

狗眼中看到的

色盲

狗的祖先擅于在夜间捕食，因此狗在黑暗中的视力非常好，但对颜色却不敏感。尽管狗能看到黄色、蓝色和灰色，但是它们基本上是红绿色盲。

饮食和牙齿

大多数哺乳动物都长有好几种牙齿：前面的切齿适于啃咬，尖利的犬齿适于紧紧地咬合，较大的臼齿适于咀嚼。牙齿已经进化出了不同的形状，可以配合每一种哺乳动物的饮食习惯。因此，食肉动物与食草动物的牙齿完全不同。

海豚

与其他哺乳动物不同，海豚的每一颗牙齿都是一样的——简单、锋利的尖牙，是捉住易滑脱的鱼类的理想利器。

狮

狮的牙齿由长而尖的犬齿和剪刀般的臼齿组成，适于切肉。狮的牙齿不能咀嚼。

牛

牛的臼齿是扁平的，适于咀嚼青草。牛的切齿比较短，而且没有锋利的犬齿。

保暖

哺乳动物体温恒定，需要消耗大量能量用于保暖，所以它们必须要比个头相等的变温动物多吃很多东西。哺乳动物能保留的身体热量越多，需要吃的食物越少，这也是为什么许多哺乳动物的身上都覆盖着又厚又温暖的毛。皮肤下面的脂肪层也具有保暖作用。只有哺乳动物才有毛，尽管有些物种的毛进化成了刺或鳞片。

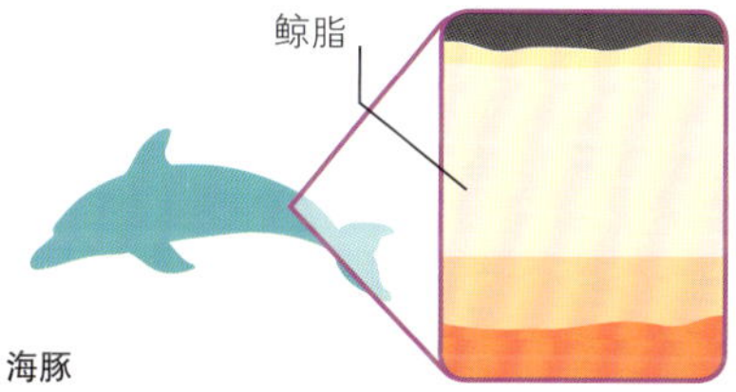

鲸脂

海洋哺乳动物需要隔热效果良好的“外衣”，防止寒冷的海水耗尽它们的身体热量。它们大多拥有厚厚的皮下脂肪层——鲸脂。鲸脂内遍布血管，有助于调控体温。

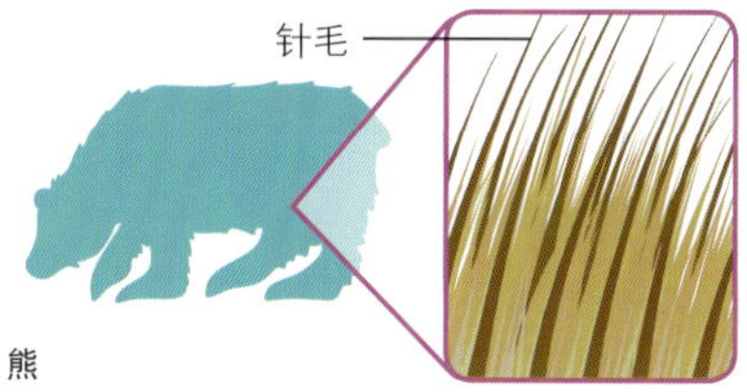

毛

生活在气候寒冷地区的陆生哺乳动物，如北极熊和北极狐，都长有非常厚实、浓密的毛。外层又长又硬的针毛形成了一件外套，保护着细小、稠密且温暖的下层绒毛。

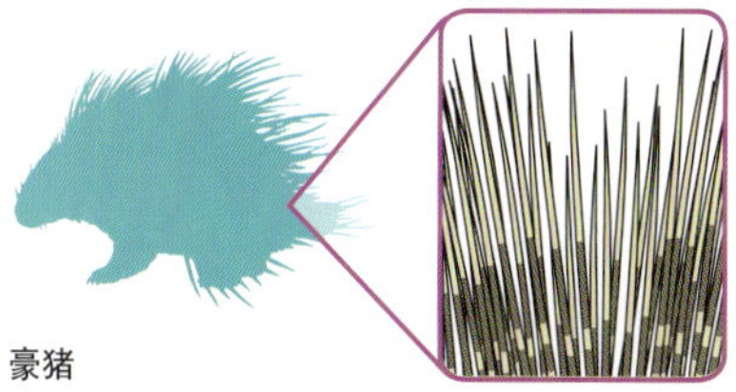

刺

豪猪、刺猬等哺乳动物身上长满了刺。这些刺是进化后的毛，又粗又硬，而且非常尖利，可以保护动物免遭敌人的毒手。

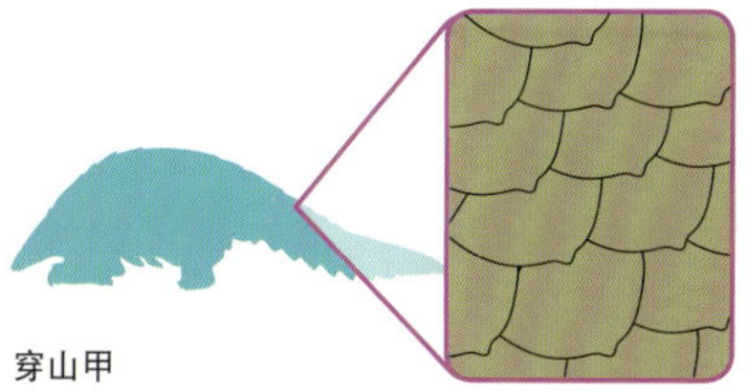

鳞片

穿山甲是唯一一类长有鳞片的哺乳动物，这些鳞片可以起到保护作用。鳞片的构成物质与动物的毛和爪子是一样的。犰狳也有类似的盔甲，只不过是由很大的骨板构成的。

非洲草原象

雄壮的非洲草原象是最大、最重的陆地动物。大象是素食主义者，胃口跟它们的个头一样夸张。它们因出色的智力和超强的记忆力闻名遐迩。

长长的鼻子、让人生畏的象牙、巨大的耳朵和庞大的身体，所有这些都让非洲草原象成为动物界名副其实的奇葩。它们的特别之处还在于能吃下大量粗糙的植物，包括坚韧的草和树皮。如果饿极了，它们还会用自己无穷的力量推倒一棵大树，然后吃树叶。但是，大象也是很温柔、很敏感的，拥有亲密的家庭生活。

生命开始

小象会在妈妈肚子里待上 22 个月——将近 2 年。大象的妊娠期比其他哺乳动物，包括巨鲸的妊娠期都长。象宝宝会在旱季充分发育，在雨季出生。此时，会有大量的草供大象妈妈食用，然后转化成奶水哺育小象。

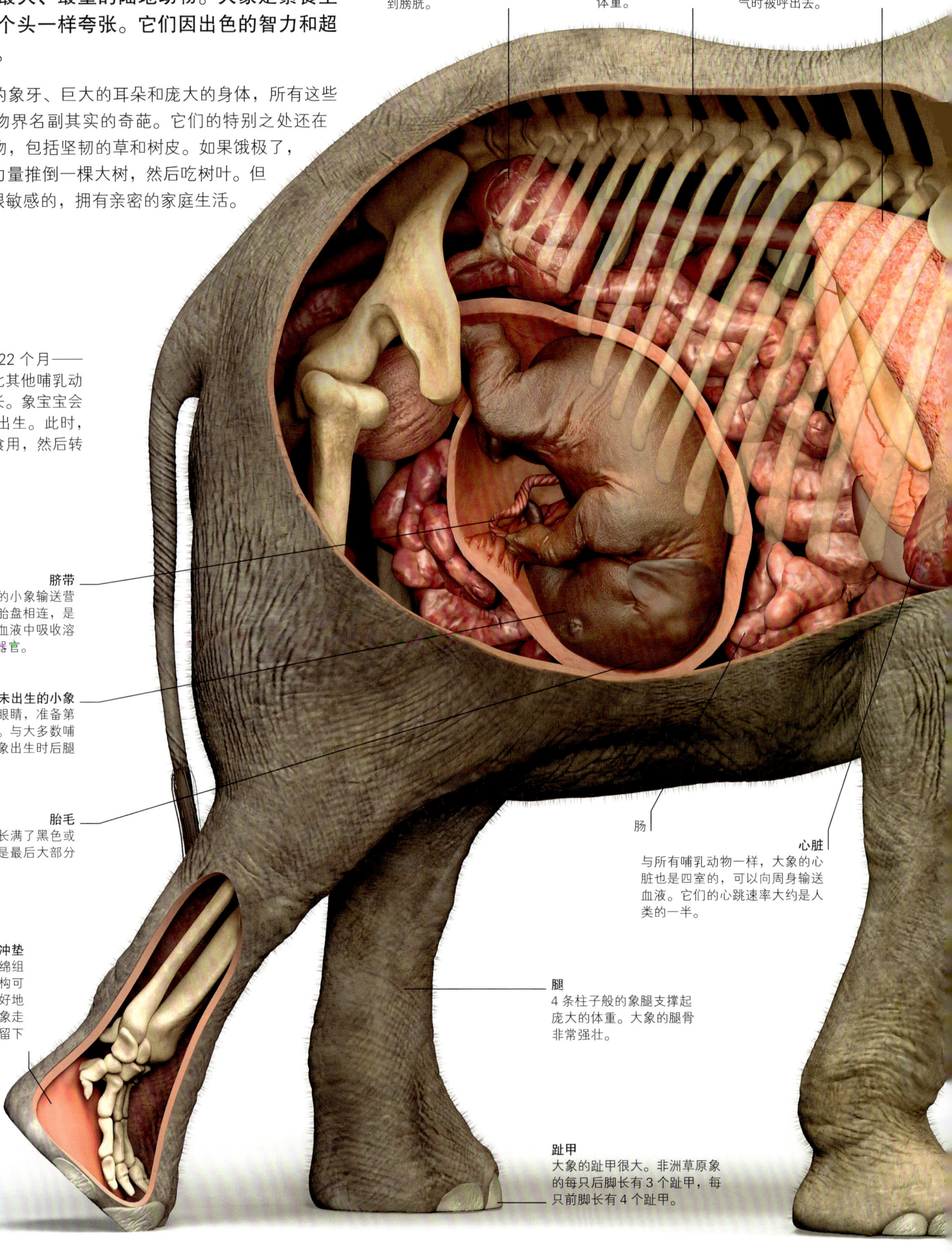

18 为了给庞大的身体提供能量，大象每天**吃东西的时间**长达18小时。

当**大象**涉水穿过一条**深河**时，它们会**把鼻子伸出水面**。鼻子就像潜水用的通气管一样。

大象鼻尖的灵敏程度就像我们的**指尖一样**，其用途也与指尖类似。

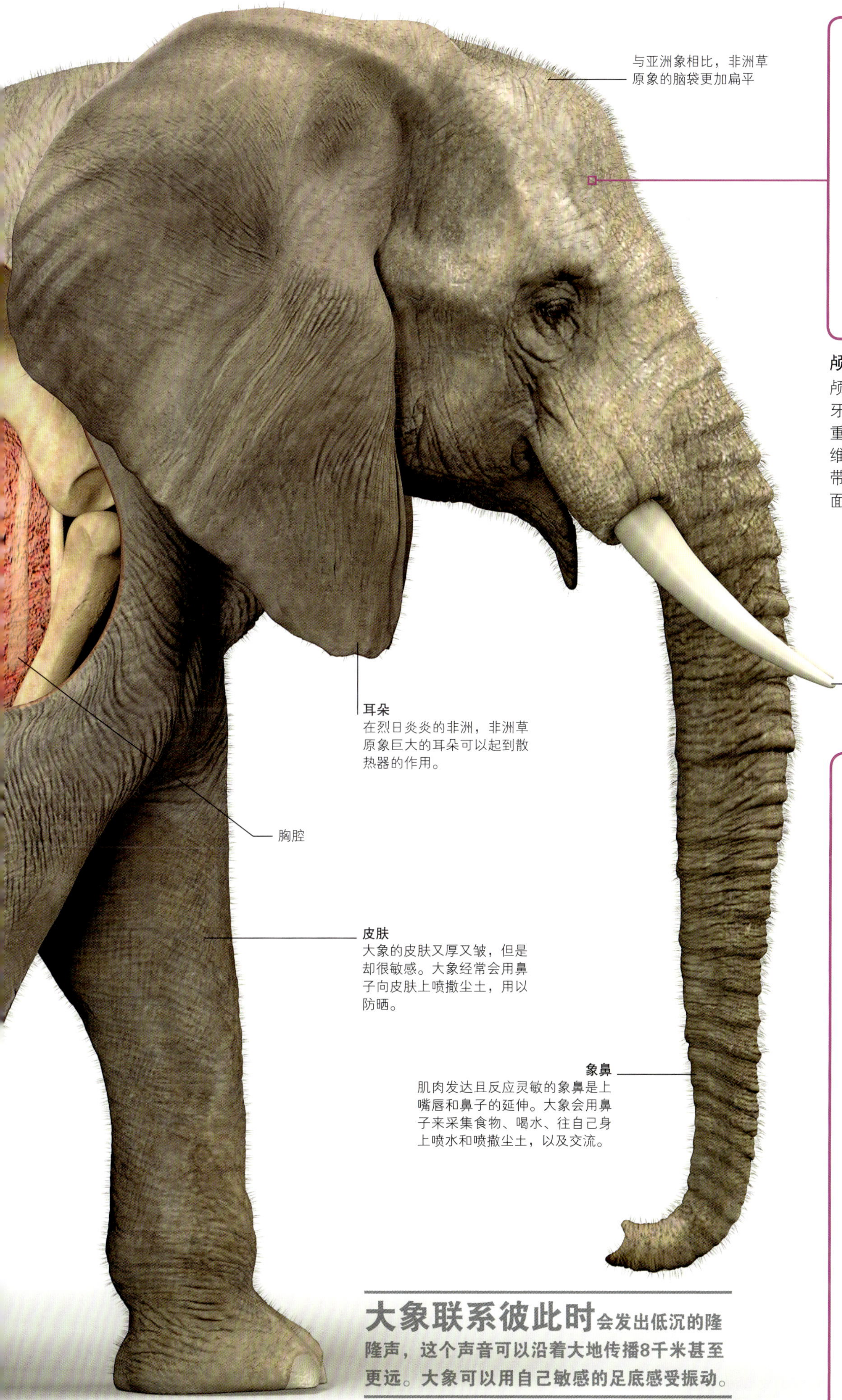

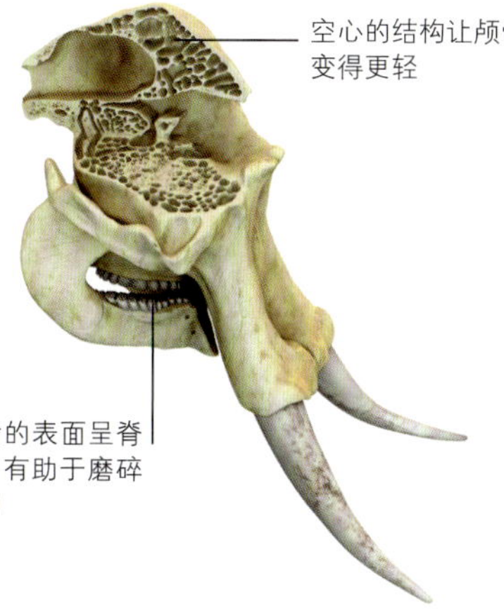

颅骨和牙齿

颅骨的结构为蜂窝状，可以减轻重量。但是加上象牙和鼻子的重量，头部依然占据了大象将近 1/4 的体重。表面呈脊形的巨大臼齿可以将大象吃到嘴里的纤维食物磨成糊状。经过一段时间，这些臼齿会像传送带一样向前移动，已经磨损的旧牙脱落，然后被从后面前移过来的新牙取代。

大象联系彼此时会发出低沉的隆隆声，这个声音可以沿着大地传播8千米甚至更远。大象可以用自己敏感的足底感受振动。

非洲草原象档案

身高	最高达 4 米
体重	11 吨
寿命	70 年
栖息地	非洲热带草原
食性	植食性
现状	濒危

家庭关系

母象和它们年幼的孩子构成家庭小组。这些家庭小组由最年长、最聪明的母象领导，这只母象知道可以去哪里找到食物和水。家庭成员之间关系非常亲密，经常会用鼻子抚摸和拥抱彼此。公象成年后，会离开这些家庭小组，组建一个全是公象的群体，但是会经常跟自己的家人见面。

生存的秘密

动物有一个独有的特征——能活动，这是其他生物，如植物和真菌所不具备的。大多数动物都会寻找食物、相互交流，还拥有与求偶和繁殖相关的复杂行为模式。这就需要它们能感知周围的环境，并且在某些情况下，根据自己以往的经验做出决定。但是，最终这些行为都只为了一个目的——生存。

动物智力

动物和其他生物之间有着明显区别：动物拥有神经细胞网络。神经发出的信息可以瞬间传遍全身，使身体对周围环境立即做出反应。简单生物，如水母和蛞蝓，会做出无意识反应。更加高级的动物有脑，可以记住好与坏。这些动物会根据已有信息做出行为选择，这就是智力的基础。

本能

包括人类在内的所有动物都会做出很多本能行为。本能是不需要刻意思考的一种行为，是遗传自父母的。例如，小蜘蛛不需要教就会结网，因为就像长有 8 条步足一样，结网本能也是遗传的一部分。对于很多动物来说，本能至少控制了它们 90% 的行为。

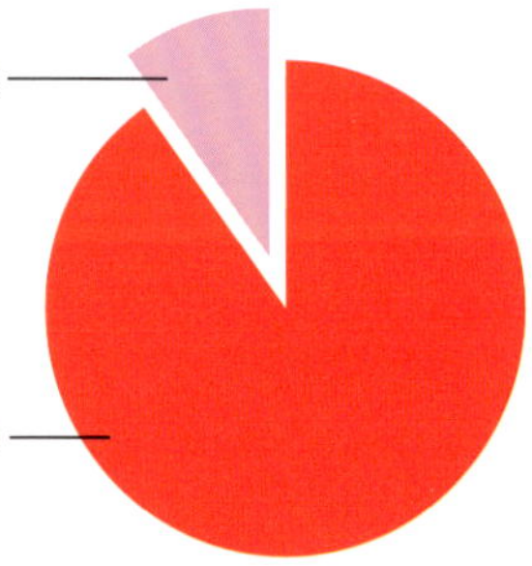

动物本能

记忆和学习

聪明的海豚
海豚的脑容量比人类的还要大，因此海豚无疑是非常聪明的。它们学东西很快，有些甚至能学会一种手语。

昆虫的脑就是一小包神经细胞，但即便是昆虫，也是有记忆的。正在采集花蜜的蜜蜂会记住哪里的花最好，然后把这个信息传递给同伴。动物的脑容量越大，所能存储的记忆就越多。这样动物就能用经验来指导自己的行为，而不是仅仅对那一刻正在发生的事情做出反应。这样的动物能思考和学习，但就目前所知，它们学习的大多数内容都是实用性的。

榜样教学

有些聪明的动物不仅可以学习新的技能，还能通过亲自示范将这些技能教授给同伴。母亲就经常会用这种方法教孩子。还有的群居动物可能会通过模仿一个特别聪明的个体来学习。黑猩猩是这样学习制作工具的：把树枝上的树叶拔光，就可以用树枝把虫子从洞里“钓”出来。这种学习就是“文化”，是人类文明的基础。

日本猕猴
在日本中部冰天雪地的山上，日本猕猴会泡温泉取暖。人类从中学到这种习惯，并于 1963 年第一次提出“泡温泉”这个想法。

在美国夏威夷研究中心，一只海豚通过手语教学，已经学会了 60 多个词语，并且能理解 2000 多个句子。

迁徙

动物总是在移动。有些动物是会待在原地，但更多的动物会为了寻找食物而爬、游、走、跑或飞。有些或许是在游荡，但也有些动物清楚地知道要去哪里。有些动物有领地意识，熟悉领地内的每块岩石、每棵树和每个洞穴。许多动物迁徙的路途非常遥远，需要穿越几乎整个地球才能到达目的地。

找到路线

候鸟每年都会飞越大陆两次，而鲸和海龟则会穿越浩瀚的海洋，年复一年地回到同一个地方。候鸟可能会利用地标，但是这却无法解释鲸是如何找到穿越海洋的路线的，它们似乎就是知道该怎么走。但是，迁徙动物不会盲目地遵循自己的本能。例如，候鸟会谨慎地选择迁徙路线，而且如果天气对飞行不利，它们就会推迟启程的时间。

导航
候鸟可能会借用一系列提示来导航。这些提示可能包括太阳、星星和地球的磁场，以及诸如海岸线和山脉这样的地标。

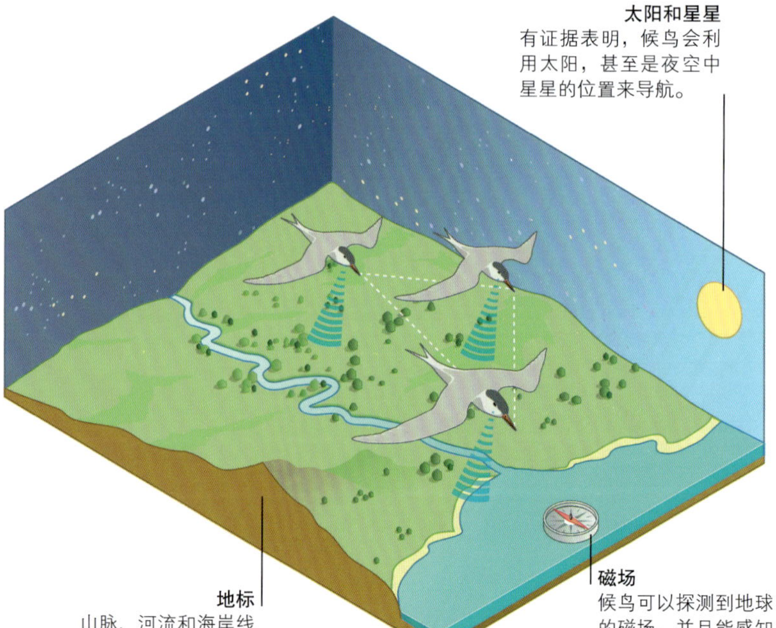

太阳和星星
有证据表明，候鸟会利用太阳，甚至是夜空中星星的位置来导航。

地标
山脉、河流和海岸线可以帮助候鸟导航。

磁场
候鸟可以探测到地球的磁场，并且能感知到它们正在飞往北方还是南方。

群居

有些动物喜欢独居，但大多数还是会选择跟同伴一起生活。还有些动物会跟非同类动物，甚至非同类生物生活在一起。它们彼此之间会形成一种关系，这种关系通常会使搭档双方的生活变得更轻松。在条件恶劣的栖息地中，食物、庇护所等生活必需品都很稀缺，但群居模式可以帮助动物在这些栖息地中存活下来。

完美搭档

清洗服务

有一种小珊瑚鱼叫作濑鱼，它们的谋生方式是剔除其他鱼类身上的吸血寄生虫和块状死皮。它们的“客户”通常都是大型鱼类，完全可以吃掉它们。但这些“客户”却没有这么做，因为它们需要这项服务。

食物工厂

珊瑚虫是构成珊瑚礁的生物，它们的身体组织内有藻类。藻类可以利用光能制造食物，这些食物可以供养珊瑚虫。居住在珊瑚礁上的库氏砗磲也和藻类是一对搭档。

蚜虫农场

蚜虫是个头较小的昆虫，它们会分泌一种非常美味的甜液——蜜露。蚂蚁很喜欢吃这个东西，所以它们会把蚜虫当作农场动物一样照看，保护蚜虫免受敌人的伤害，以获得一些甜食。

响蜜䴕

黑喉响蜜䴕是非洲的一种鸟类，以野蜂的蜂巢为食。它们在强壮的动物面前翩翩起舞，引领动物抵达目标蜂巢，然后引诱这些动物闯入蜂巢。这样，它们自己也有机会享用一些蜂蜜。

大多数大型动物的胃里都有着数百万微生物来帮助消化食物。

求偶

求偶和繁殖是延续物种的重要过程。许多动物都精心设计了求偶套路。通常，雄性会向雌性炫耀自己。例如，当一只雄性变色龙的肤色变得鲜艳时，它就是在对外宣告对交配的渴望。雌雄共同求偶的情况也会发生，如一对蝎子会夹住彼此的钳子在沙地上跳“华尔兹”。

鸣叫和鸣唱

声音在求偶过程中可以起到重要的作用，尤其是在森林深处，茂密的植物让动物们彼此很难见上一面。在求偶时，当雄鸟和雄蛙与同类雄性竞争并力图战胜情敌时，它们的声音会在森林里此起彼伏。雌性通常会选择与声音最响亮的雄性交配，因为这种雄性可能是最健康的。

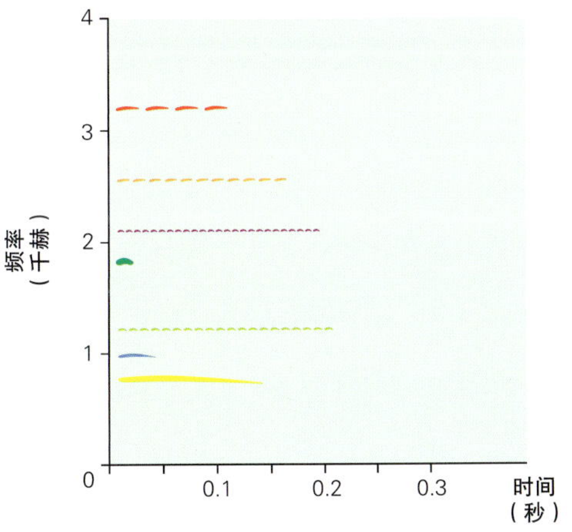

图例

- 斑索蟾
- 南部棕树蛙
- 维氏雨滨蛙
- 湖侧褶蛙
- 南部雨滨蛙
- 棕条汀蟾
- 杜氏汀蟾

独特的声音

在澳大利亚，雄蛙经常举行“大合唱”。每个物种都有自己独特的叫声，所以雌蛙知道谁是谁。

仪式之舞

鸟类上演了一出最令人难以置信的求偶表演。在欧洲的湖泊中，一对凤头䴙䴘演出了极其复杂的“芭蕾舞”。这段舞蹈包含几套舞蹈动作，这些动作按照严格的顺序衔接在一起，要求两个搭档起舞时动作必须完全一致。如果舞蹈跳得很顺利，这对伴侣就会交配，组建家庭。

摇晃头部

求偶的䴙䴘在水中面对面游泳，长有羽冠的头上下摇晃。

潜入水中衔取水草

它们潜入水中，咬住满满一嘴的水草，然后浮出水面，快速游向对方。

交换礼物

它们在水中快速前行。突然，它们跃出水面，站立起来，互赠为仪式准备的礼物。

亲代抚育

包括大多数鱼类在内的许多动物都会产下成百上千枚卵，这是因为孵化出的大多数后代都不会存活。另一些动物产下的卵或者幼崽比较少，但是父母会提供暂时的照顾，以提高后代的存活率。父母会保护孩子，而且会亲自喂食或者教孩子如何找到食物。有些动物会抚育孩子数月甚至数年。在此期间，它们会将十分重要的生活技能都教给孩子。

靠自己努力

这是一只刚刚孵化出来的蓝闪蝶毛虫。它的母亲为它所做的安排就只是把卵产在一株植物上，让它可以有东西吃，除此之外，别无其他。这只毛虫必须要自己照顾自己。然而，尽管毛虫可以依靠本能和一种可用于防御的化学物质保护自己，防止被饥饿的鸟儿捕食，但它要想存活足够长的时间并最终蜕变成一只成年蝴蝶，仍然需要足够多的运气。

温柔的嘴巴

鳄妈妈差不多会在卵窝旁边坚守3个月，等待小鳄孵化出来。它只要一听到吱吱的叫声，就会把卵挖出来，帮助小鳄爬出卵壳，再把它们含到嘴里，小心翼翼地送到水里。鳄妈妈会守护小鳄几个月，而小鳄则会在这段时间学会捕食。

漫长的童年

抚养小狼是一个家庭、一个狼群的工作之一。最初，小狼由妈妈照顾，妈妈会用营养丰富的乳汁喂养它。但是渐渐地，小狼会学着吃其他狼带回来的肉。当小狼长得够大时，它开始跟狼群的其他狼一起狩猎，模仿它们做的事情，学习生存及养家糊口所需的一切技能。

橡树为种类繁多的野生动物提供了栖息地，数百种动物栖息在橡树树枝上。

栖息地

所有生物都会让自己适应周围的自然环境。这些不同的环境叫作栖息地。

地球上的每个物种都有自己青睐的栖息地，并会与其他物种共享栖息地。同一栖息地的物种之间会相互影响，同时也会与周围炎热或寒冷、潮湿或干燥的自然环境相互作用，由此形成一个生命网络，叫作生态系统。有些生态系统很小，而有些生态系统，如雨林和沙漠，则覆盖了广袤的区域。这些面积广大的野生栖息地构成生物群系。

生态演替

随着不同物种的迁入，曾经生活在那里的物种遭到排挤，因此生态系统会不断地发生变化，这个过程称为生态演替。例如：一片光秃秃的土地会被低矮的植物占领；不久，更大的植物在这里生根发芽，然后是小灌木；树木进入这片土地后，逐渐长高，形成了一片林地；如果一场火灾摧毁了这片树林，那么这一系列的变化或者演替就会从头再来。

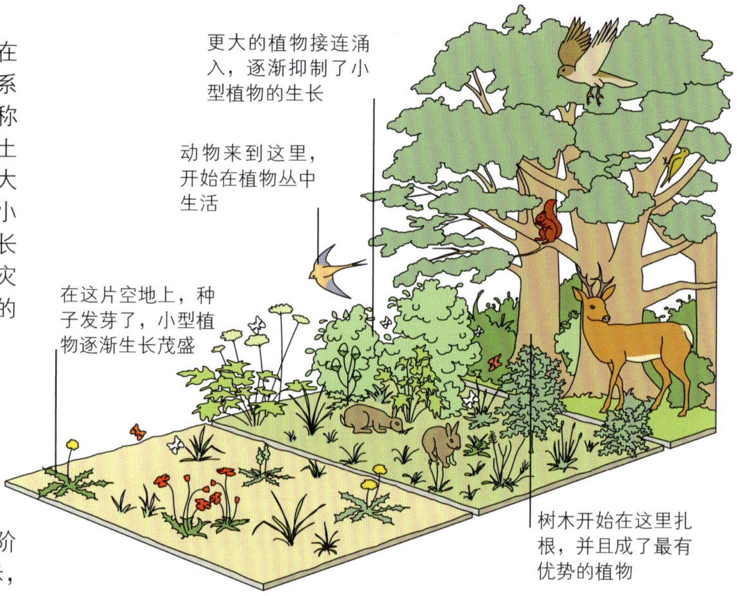

不断变化

在同一片栖息地上，演替的不同阶段通常是比较接近的。如图所示，新的植物会在林间空地生长。

生态系统

所有的动物、植物和微生物的生存都离不开其他生物。一个生态系统里的生物可以为彼此提供庇护所、食物和植物养分，甚至是生命所必需的氧气。所有生态系统都是由气候主导的，因为气候会影响植物的生长。例如，生长在沙漠里的仙人掌就有别于热带雨林的树木，它们所供养的动物种类也不相同。除了气候，岩石的类型也很重要，因为岩石决定了土壤、河水、湖水和其他淡水栖息地中的矿物质。富含矿物质的水非常有利于繁殖，所以这样的水中有很多微小的藻类和水生植物。小型生物会以它们为食，同时这些小型生物又是鱼类和其他动物的食物。

淡水生态系统

一个池塘就是一个小型生态系统。水中的植物会为动物提供食物，同样地，动物也会为植物提供生长所需的养分。

美国佛罗里达州南部的沼泽地是全世界最大的淡水栖息地。

水生植物
沉水植物将氧气释放到水中。其他的植物有些漂浮在水面，有些生长在浅滩地区。

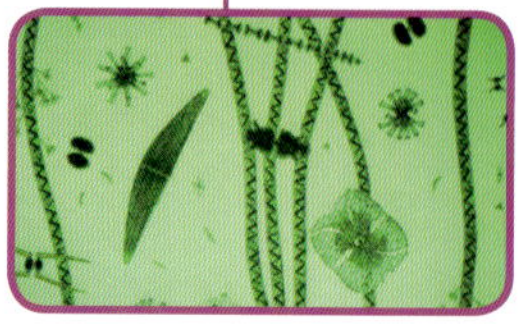

藻类
池塘中有很多微小的藻类，鱼类等动物会以它们为食。

苍鹭
像苍鹭这样的捕食者主要以鱼和蛙为食。一只苍鹭可能会光顾几个池塘，所以没有生态系统是完全孤立的。

陆地生物

不同的气候为陆地生物打造出了不一样的栖息地。例如，温暖湿润的地方生长着茂密的森林，炎热干燥的地区出现了沙漠。它们只是世界上两种主要的生物群系。每种生物群系都由很多面积较小的栖息地构成。在很多地区，人类活动，如农耕，已经彻底改变了栖息地。

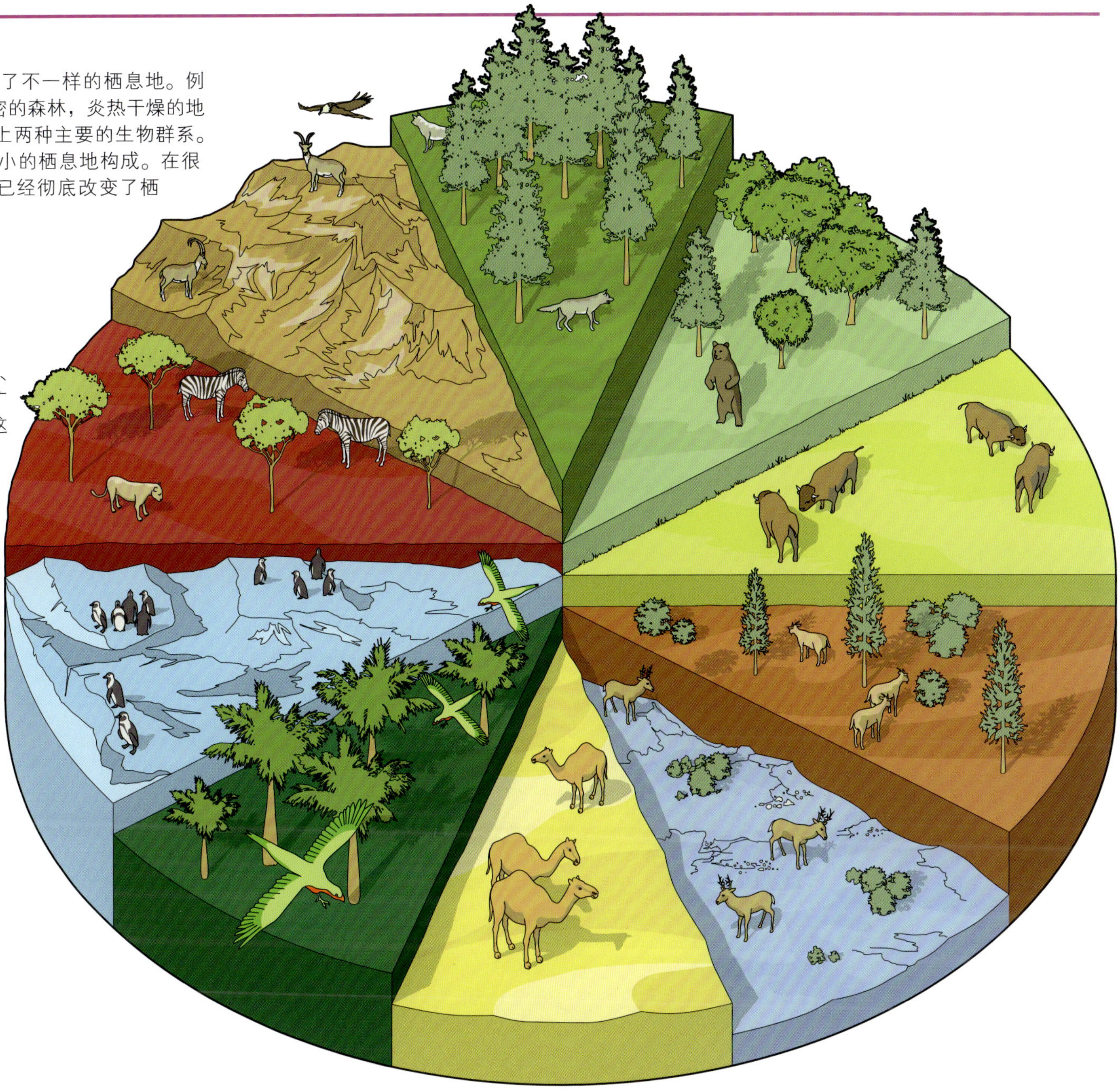

图例

■ **针叶林**
斯堪的纳维亚半岛、俄罗斯、美国阿拉斯加和加拿大的广袤地区都被针叶林覆盖。这里是驼鹿、河狸和狼的家园。

■ **山地**
高山山顶附近的气候如同极地一般，这里寸草不生。生活在这里的动物必须要应对险峻的地势。

■ **热带稀树草原**
热带稀树草原有雨季和旱季，这里供养了大量的食草动物和强大的捕食者。

■ **极地冰**
寒冷的海洋表面经常会结冰，这些冰成了在水中捕食的动物的庇护所。大陆冰原上几乎没有生命存在。

■ **热带雨林**
位于赤道附近的常绿林是物种最丰富的生物群系，这些地方生活着多种多样的植物和动物。

■ **沙漠**
有些沙漠只有光秃的岩石和贫瘠的沙地，但也有很多沙漠中有许多动植物。它们早已适应了干旱的环境。

■ **苔原**
这些地区位于极地冰原的边缘。夏季，冰原会融化，很多动物被吸引至此，如驯鹿和在此繁殖的鸟类。

■ **地中海**
在干燥的灌木丛地带，如地中海附近，生活着种类繁多的昆虫和耐旱的植物。

■ **温带草原**
在气候干燥、草类茂盛的大草原上生活着大量群居动物。草原上有炎热的夏季和寒冷的冬季。

■ **落叶林**
在凉爽湿润的地区，许多树木都会在夏季茁壮生长，在冬季落叶。这里的野生生物会随着季节的变化而变化。

水中生态

海洋是世界上最大的生物群系，几乎覆盖了地球表面的3/4。从热带珊瑚礁到极地海洋，再到黑漆漆的海底，海洋拥有各种各样的栖息地。也有很多动物和水生植物生活在淡水栖息地中，如河流、湖泊、沼泽和湿地。

海洋生物群系是地球上最大的生物群系，形成了地球上的动物奇观

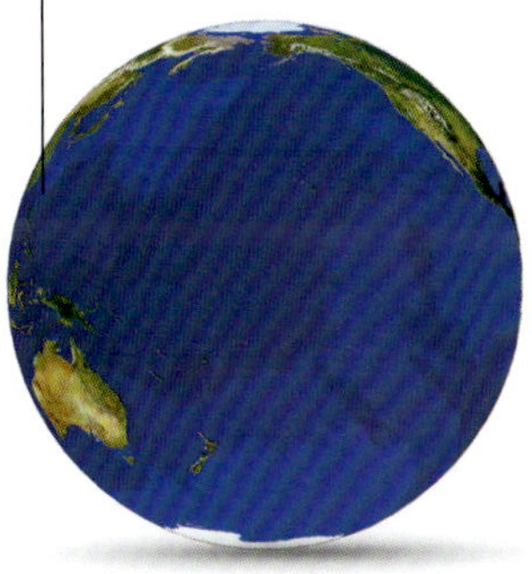

栖息地的丧失

全球野生生物面临的最大威胁是自然栖息地的丧失。大多数生物都已经进化出了在某特定生态系统中生活的适应性特征，如果该生态系统遭到破坏，其中的生物将无法生存。栖息地的丧失是野生物种数量骤减的主要原因。

森林砍伐

原始森林每天都会遭到大面积砍伐。究其原因，无非是为了获得木料，或者为了开拓耕地。

索诺拉沙漠是**全世界生物多样性最为丰富**的沙漠之一，养活了数量惊人的植物和动物。

美洲沙漠

美国西南部和墨西哥的沙漠里生活着种类丰富的动植物。这些生物已经完全适应了炎热干燥的环境。

沙漠是全世界最干燥的地方。很多沙漠气候炎热，有些也冷得要命。有些沙漠连续多年不降雨，几乎成了不毛之地。然而，美洲沙漠的气候远没有这么极端。例如索诺拉沙漠，虽然这里的降雨量不大，但也会经常下雨。仙人掌等植物会吸收这些雨水以维持生命，从而为更格卢鼠、地松鼠和长耳大野兔这样的食草动物提供食物。当然，这些动物也是响尾蛇、猫头鹰和郊狼等捕食者的猎物。

许多沙漠捕食者都有很强的毒性，可以帮助它们捕获难得一见的猎物。

沙漠生物

凉爽的清晨，索诺拉沙漠中的动物纷纷出洞，有些开始寻找可以果腹的植物和种子，有些开始搜寻猎物，此时的沙漠生机盎然。还有很多动物是夜间活动的，它们依靠自己灵敏的感官在黑暗中行动。当气温逐渐升高时，大多数动物都会回到自己的地下洞穴，以躲避正午灼人的热度。

大角鸮
这种大型猫头鹰通常捕食小型哺乳动物。它们足够大，可以猎杀并且吃下一只长耳大野兔。

郊狼
郊狼吃的东西很杂。它们既吃水果和昆虫，也会捕食个头较大的猎物。

沙漠毒菊
这种低矮的灌木的叶片上长满了茸毛，用以吸收空气中对生命至关重要的水分。

大角鸮的巢穴
全身满是刺的巨柱仙人掌是筑巢的绝佳地点，很多动物都会因为仙人掌的刺而打消偷卵或者偷没有自保能力的幼鸟的念头。

司虾鹿角柱
这种植物外形呈桶状，刺的尖端弯曲得像鱼钩一样。花朵是亮粉色的，结出的果实却是鲜红色的。

沙漠蜈蚣
这种多足捕食者长约20厘米，它们的毒性足以杀死蜥蜴和小型哺乳动物。

球葵
这种顽强的沙漠灌木在春天开花。花朵呈橘黄色，花期通常有几个月。

环颈蜥
环颈蜥行动迅捷，经常追逐昆虫和其他小型动物，有时甚至会用后腿站起来跑。

西部菱斑响尾蛇
这种蛇是有毒的，而且口鼻部有检测热量的器官，可以帮助它们在夜间和黑暗的洞穴中锁定恒温动物。

墨西哥刺木

更格卢鼠
这种老鼠以植物的种子为食。长长的后腿使它们既可以非常快速地跳跃，还能大范围活动，以寻找本就匮乏的食物。

世界主要沙漠区

气候炎热的沙漠大多位于赤道的南北两侧。在这些沙漠中，干燥的空气下沉，阻止了云的形成，因此很少会有降雨。稍微凉爽些的沙漠位于亚洲中部，远离海洋。南极大陆的核心区域是气候最寒冷的沙漠。

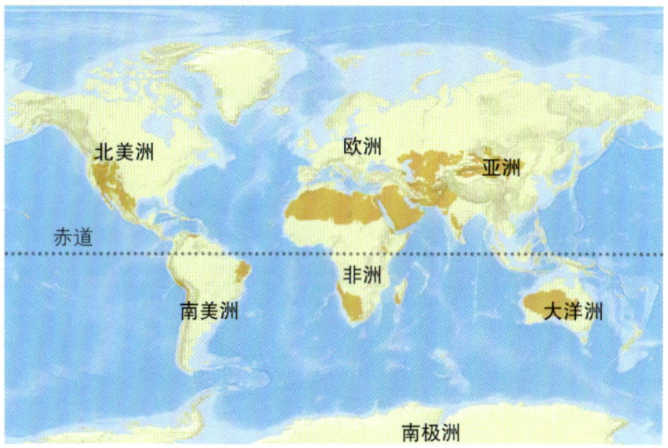

沙漠蛛蜂

这种大型蛛蜂会用蜘蛛喂养幼虫。沙漠蛛蜂把蜘蛛从隐蔽处引诱出来，再用有毒的刺将其麻痹。接着，沙漠蛛蜂拖着这只无法动弹的蜘蛛回到洞穴，然后在蜘蛛身上产下一枚卵。当蛛蜂的幼虫孵化出来后，幼虫面前已经有了现成的食物。

亚马孙热带雨林

炎热、潮湿和不可思议的生物多样性是亚马孙热带雨林的显著特征，这些特征使它成为地球上资源最丰富的生物栖息地之一。

亚马孙热带雨林占地广阔，面积差不多有澳大利亚那么大，位于气势磅礴的亚马孙河流域，因此得名。这里温暖湿润的气候非常适合植物生长，由于这些植物完全不需要应对寒冷和干旱，所以终年都在不停地生长。高大的常绿树巍然耸立，郁郁葱葱的绿叶几乎构成了一个连绵不断的苍穹，昆虫、树蛙、蛇、鸟和猴子无处不在。

高处的生物

在热带雨林里生活的动物大多都会在树上度过一生。终年生长的树叶、水果和花朵，以及成群的昆虫和其他生物，都是它们的食物。极少有动物会在阴暗的森林地面上生活。

切叶蚁

个头很小的切叶蚁成群地生活在巨大的地下洞穴里，蚁群个体数量最多可达800万。切叶蚁以一种特殊的真菌为食，这种真菌生长在蚁洞里树叶发酵后形成的堆肥上。工蚁在森林里采集树叶后，用锋利的上颚把树叶切断，然后顺着气味将树叶扛回蚁洞。

琉璃金刚鹦鹉
金刚鹦鹉是一类体形较大的鹦鹉。它们以树上的水果和坚果为食，吃东西时会用强有力的喙将果实弄裂。

美洲角雕
凶猛的美洲角雕长有极其强壮的爪子，可以将生活在树顶的猴子和树懒撕裂。

吼猴
这类猴子以树叶为食，会发出巨大的叫声。这些声音经常在拂晓和临近黄昏时分回荡在森林里。

箭毒蛙

这种个头小巧、色彩鲜艳的蛙生活在高高的树上。它们的皮肤会分泌毒性很强的毒液，它们的肤色向鸟儿发出警告——吃掉它们是会致命的。生长在树顶树枝上的植物形成了很多微型的池塘，很多箭毒蛙会在这些微型池塘里产卵。

三趾树懒
三趾树懒以树叶为食。它们用又长又结实的爪子让自己悬空倒挂在树枝上。它们的行动缓慢是出了名的。

翠绿树蚺
在热带雨林，蛇也是生活在树上的。翠绿树蚺擅于攀爬。捕猎时，它们先用牙齿咬住猎物，再把身体缠紧将猎物勒死。

美洲豹
美洲豹是凶猛的捕食者，经常夜间出来觅食。它们一口就能咬死一只黑凯门鳄。

藤本植物
很多软茎植物都具有向阳性，它们的藤蔓会缠绕着高大树木的树干向上攀。

木棉树
木棉树的板状根十分发达，可以支撑木棉树长到60米高，比构成雨林穹顶的那些树木高出许多。

绿鬣蜥
绿鬣蜥与大多数蜥蜴不同，它们是食草动物，经常爬到树木形成的穹顶上吃树叶、水果和花朵。

热带雨林

世界上的热带雨林主要分布在赤道和赤道附近，即拉丁美洲、非洲中部、东南亚、新几内亚岛和澳大利亚东北部。这些地区终年温暖多雨，温暖湿润的空气逐渐上升形成巨大的雷雨云，然后雨水降落形成暴雨。

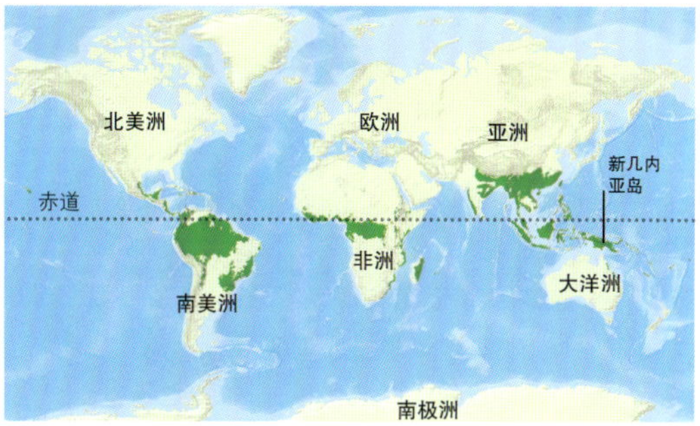

热带雨林的穹顶

成熟的热带雨林是一个多层次栖息地，每一层都有不同的野生生物。主要树种的树冠几乎连成一片，间或会有非常高的树木突兀地冒出来。树冠下面比较松散的一层由较小的树种构成，叫作林下层。林下层以下是地面层。树荫浓密的森林地面上几乎没有植物，大多数草本植物都是攀缘植物或者生长在树木高处的植物。

图例

露生层　林下层
林冠层　地面层

热带雨林里有全球一半以上的动植物物种。

非洲稀树草原是最大的陆生动物——非洲草原象和最高的陆生动物——长颈鹿的家。

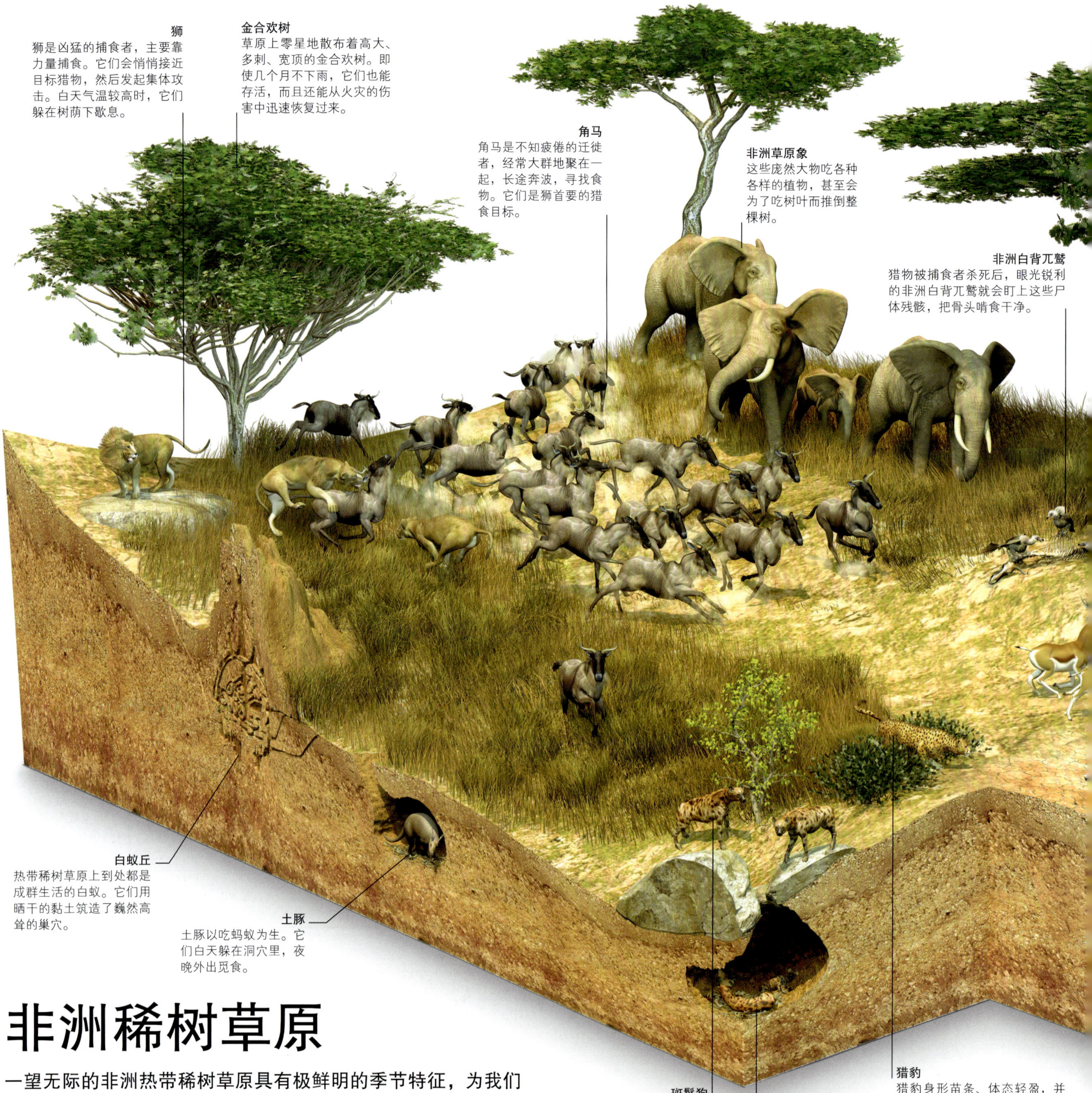

非洲稀树草原

一望无际的非洲热带稀树草原具有极鲜明的季节特征，为我们展示了一幕地球上最震撼的野生动物景观。

纵观整个热带地区，有些地区的降雨量不足以滋养茂密的森林，于是这些地方便演变成了草原。在非洲，草类生长茂盛、树木却很稀少的平原叫作稀树草原。在这里，每年都有一半的时间是炎热干燥的，而且经常野火肆虐。但是旱季过后，就迎来了雨季，草类植物会重新焕发生机。它们是平原上来回游走的大群食草动物的食物。当然，这些食草动物也会被狮和鬣狗等恐怖的捕食者捕杀。

吃嫩叶、吃草和吃肉的动物

雨季开始之初，从天而降的一场暴雨让干涸的池塘蓄满了雨水，吸引口干舌燥的动物从四面八方赶来喝水。这些动物包括吃嫩树叶的长颈鹿，以及角马和瞪羚等食草动物。吃肉的捕食者会埋伏在池塘附近，伺机给猎物致命一击。

金合欢树的树冠呈伞状，一部分原因是因为长颈鹿吃树叶时把靠近下方的树枝“修剪”掉了。

长颈鹿
长颈鹿高达6米，非常适合吃高处的嫩叶。它们的嘴唇和舌头上的表皮异常坚韧，无惧树上尖利的长刺。

獴
这种动物已经习惯把白蚁丘当成自己的窝了。白天，它们会外出捕食小动物。

非洲岩蟒
非洲岩蟒体长可达7米，是非洲最大的蛇。非洲岩蟒可以轻而易举地杀死并吃掉一只瞪羚大小的动物。它们用身体把猎物死死缠住，让猎物窒息而死，再把猎物整个吞下。

瞪羚
瞪羚是很多捕食者的主要猎杀对象，但是它们通常可以依靠快速的奔跑和敏捷的反应脱离险境。

斑马
斑马是群居动物，身上有美丽的条纹，经常成群地游走在大草原上，寻找鲜嫩的草和水坑。每只斑马的条纹都是独一无二的。

热带草原

地球上的热带草原都位于赤道附近，主要分布在热带雨林的南北两侧，这些气候炎热的地区拥有特征显著的雨季和旱季。南美洲、澳大利亚和印度也有热带草原。但是非洲稀树草原是占地面积最大、野生生物种类最丰富的热带草原。

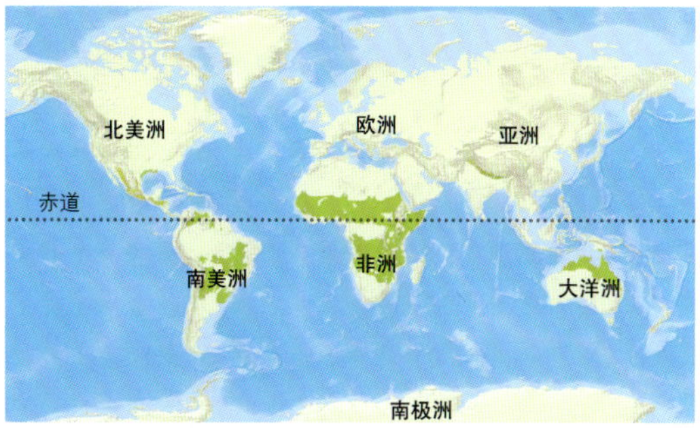

金合欢属树木

长颈鹿即使饿了，也尽量避免吃金合欢属树木的树叶，因为树上生活着带刺的蚂蚁。这些蚂蚁居住在树枝表面隆起的长刺里，微风吹过时，蚂蚁进出的洞口就会发出吹口哨般的声音。一旦长颈鹿靠近，蚂蚁就会蜂拥而出，攻击长颈鹿。

蜣螂

大草原上的食草动物排出的粪便中含有大量半消化的草。勤劳的蜣螂可以重新利用这些粪便。它们把粪便滚成球，然后埋起来作为自己和孩子的食物储备。

现存的一些**珊瑚礁**已经有**数千年的历史**。**澳大利亚大堡礁**在**50万年前**就已经开始形成了。

热带珊瑚礁

珊瑚礁一般生长在热带海岸海水清澈、水温高于18℃的浅海区域。西南太平洋和印度洋附近的珊瑚礁最多。

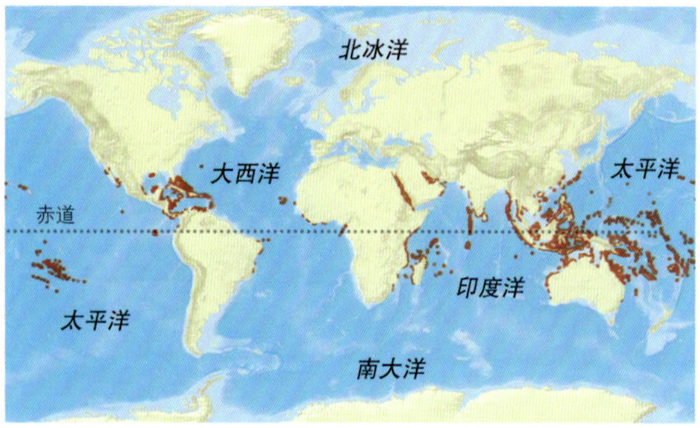

世界上的自然奇观

澳大利亚东北部海岸的大堡礁是世界上最大的珊瑚礁，面积有34万平方千米，几乎和日本一样大。大堡礁由3000多个单独的珊瑚礁构成，这些珊瑚礁为种类极其繁多的海洋生物提供了栖身之所。

海豚
大约有30种海豚和鲸生活在较深海域。

鱼类
1500多种鱼在珊瑚礁之间穿梭。

珊瑚虫
珊瑚礁大约由400种珊瑚虫构成。这些珊瑚虫聚集在一起，呈现出炫丽的颜色。

软体动物
人们已经在珊瑚礁里发现了约4000种软体动物，如库氏砗磲。

海龟
6种海龟在珊瑚礁中生活。

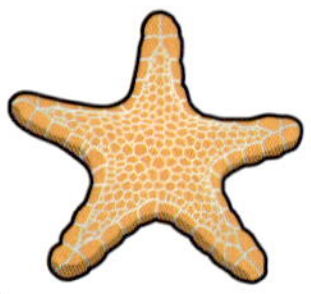

海星
约有600种以吃珊瑚虫为生的棘皮动物，如海星和海胆。

大堡礁是最大的活体建筑，在太空中也可以看到它。

海葵和小丑鱼
海葵用有毒的触手捕捉猎物，很多海葵甚至能杀死鱼类。尽管如此，小丑鱼仍然能生活在某些海葵的触手中而不受到伤害，这是因为它们的皮肤上有一层保护层。海葵有毒的触手反而可以保护小丑鱼，防止小丑鱼被更大的鱼袭击、吃掉。

珊瑚礁

热带珊瑚礁是最壮观奇丽的海洋栖息地，这里居住着纷繁复杂、多姿多彩的海洋生物。

造礁珊瑚的珊瑚虫是一种结构简单的动物，外形很像海葵。珊瑚虫生长在温暖的浅海区，彼此相连，构成了集群。珊瑚虫从海水中吸收的矿物质形成了支撑它们的石灰质骨骼。珊瑚虫死后，它们的石灰质骨骼依然存在，新的珊瑚虫会在这些骨骼的顶部继续生长。经过几个世纪，石灰质骨骼不断增加，逐渐形成了一个有生命的岩礁。

珊瑚礁生态

造礁珊瑚的细胞里有微小的藻类，这些藻类能利用太阳光能制造食物。珊瑚虫需要吃藻类制造的食物才能在清澈的热带海域生存，因为这里几乎没有其他任何食物——尽管它们也会捕捉一些小型浮游动物，但这根本无法养活自己。珊瑚虫形成的珊瑚礁里生活着令人眼花缭乱的鱼类和其他生物。

珊瑚鱼

绚丽多彩的小鱼聚集成群，在珊瑚礁周围快速地出没。由于食物匮乏，为了避免抢夺同一种食物，这些鱼形成了略微不同的生活习性。这促进了很多物种的形成，每一个物种都进化出独特的适应性特征。

前鳍鲉
伏击小鱼时，前鳍鲉会先埋伏起来，等待猎物游到自己的攻击范围之内。前鳍鲉的背上满是有毒的刺，可以保护它们免遭大型捕食者袭击。

苔表鹿角珊瑚
苔表鹿角珊瑚是世界上最大的珊瑚之一。这种珊瑚的每一个顶端都是由数百只小珊瑚虫构成的集群，它们可以吸收阳光，制造食物。

红海树
红海树与珊瑚很相似，但它们拥有坚韧的可以弯曲的骨骼。红海树向外蔓延的分支上到处都是小珊瑚虫。它们用触手捕食可食用微粒。

箱水母
箱水母是最致命的海洋动物之一。它们拖着 4 束长长的触手游动，每束触手都长有数百万个毒性极强的刺细胞。

鞍带石斑鱼
这种鱼非常巨大，是珊瑚礁中主要的捕食者之一。它们可以把猎物整个吞下，据称曾经吞下过小型鲨鱼。

海蛞蝓
五彩缤纷的海蛞蝓可以吃下带刺细胞的动物，如海葵。它们把这些动物的刺细胞回收利用，用以组建自己的防御系统。

脑珊瑚

与所有的造礁珊瑚一样，脑珊瑚也是由动物集群构成的。珊瑚虫彼此连接成排，中间被狭窄的凹槽隔开，使珊瑚的外形酷似大脑。每一只珊瑚虫都长有触手，用以捕捉微小的浮游动物。这些动物是珊瑚非常重要的食物，因为珊瑚体内的藻类无法合成这种食物。

30000 白蚁蚁后一天产卵高达3万枚，可以组建一支拥有700万只工蚁和兵蚁的蚁群。

动物建筑师

有些动物具备不可思议的建筑才能。它们利用这项技能盖房子、搭建临时的巢穴，或者在某些情况下设置巧妙的陷阱，用以捕获猎物。

许多动物都会挖洞或筑巢，有些动物已经日臻完善了自己的建筑技术，创造出了很多工程奇迹。一些最令人震惊的建筑，如白蚁的巨型城堡，就是由这些构造简单的生物建造的。经过数百万年，白蚁已经进化出了筑造复杂建筑的本能。其他动物，如河狸和鸟类，主要也是依靠本能筑巢，但是它们会通过反复试验和学习其他动物来完善自己的技术。

10 一个巨大的白蚁丘，从凉爽黑暗的地下到巍然耸立的“烟囱”顶端，高度可达10米。

白蚁城市

这种名为白蚁的小昆虫是群居动物，蚁群的核心成员是负责繁殖的蚁后。有些蚁群可以筑造出惊人的巢穴，巢穴里面有蚁后居住的华丽房间、抚育后代的育儿室和种植食物的室内菜园。这些都是由数百万工蚁修建的。有些工蚁没有眼睛，它们的这种能力是代代相传的本能。

菌圃

白蚁很特别，它们不能消化植物，但是可以吃真菌。于是，它们在巢穴里把植物嚼烂，让植物转化成肥料，再在上面种一种特殊的真菌。

白蚁蚁后

蚁后比没有眼睛的工蚁要大很多。她住在巢穴中一个特殊的房间里，由个头稍小的蚁王照料。她一天会产下数千枚卵，这些卵由工蚁带走照料。

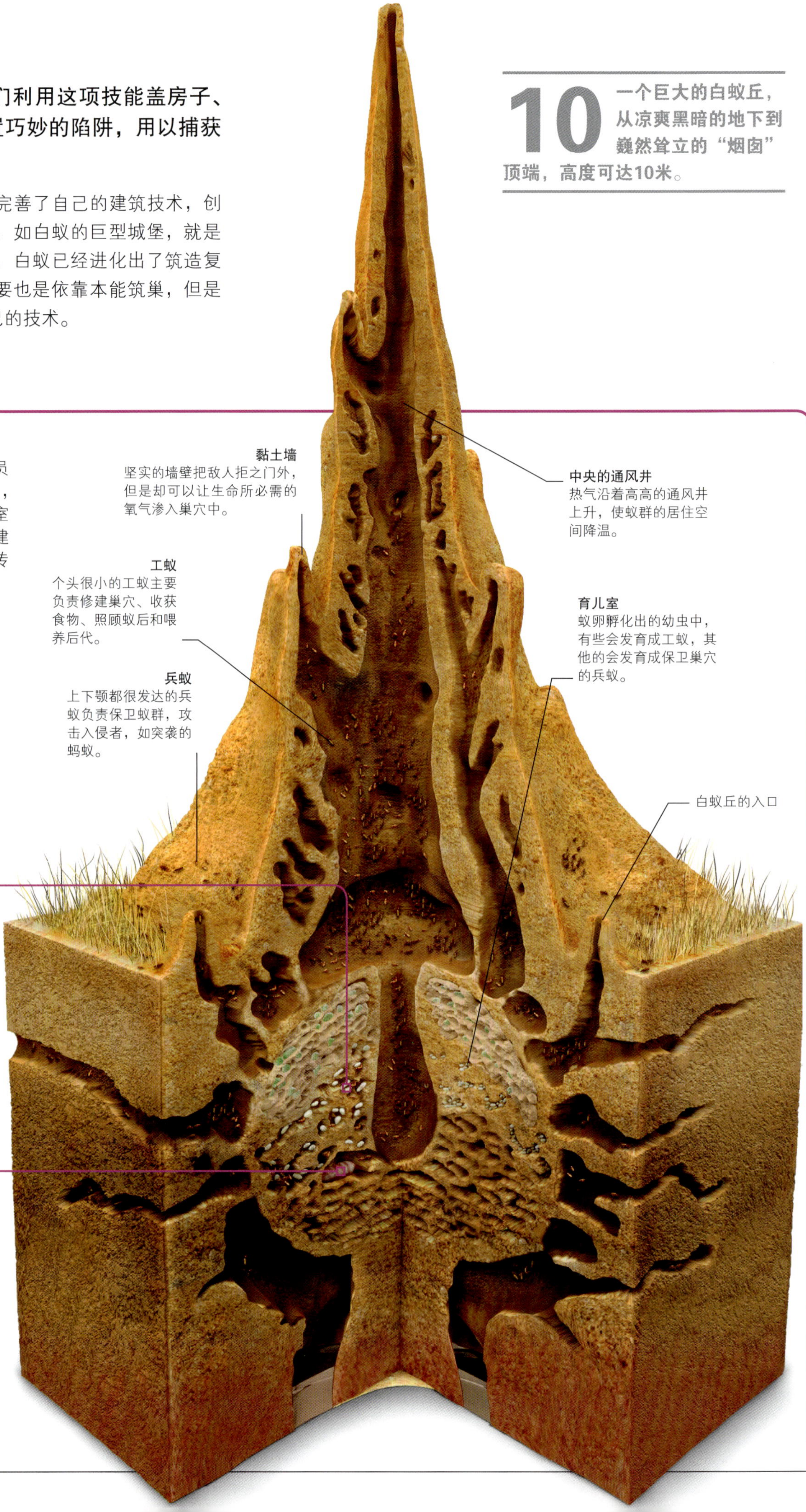

河狸穴

生活在北方森林的河狸把自己的巢穴修建在一堆树枝里。河狸会保护巢穴，防止狼等敌人入侵。它们在附近的河流边上修建了一个水坝，这样，巢穴的周围就形成了一个湖。冬天，湖面结冰，但是巢穴的入口在冰面下，所以巢穴仍然可以保护河狸，避免河狸遭受饥饿的捕食者的伤害。

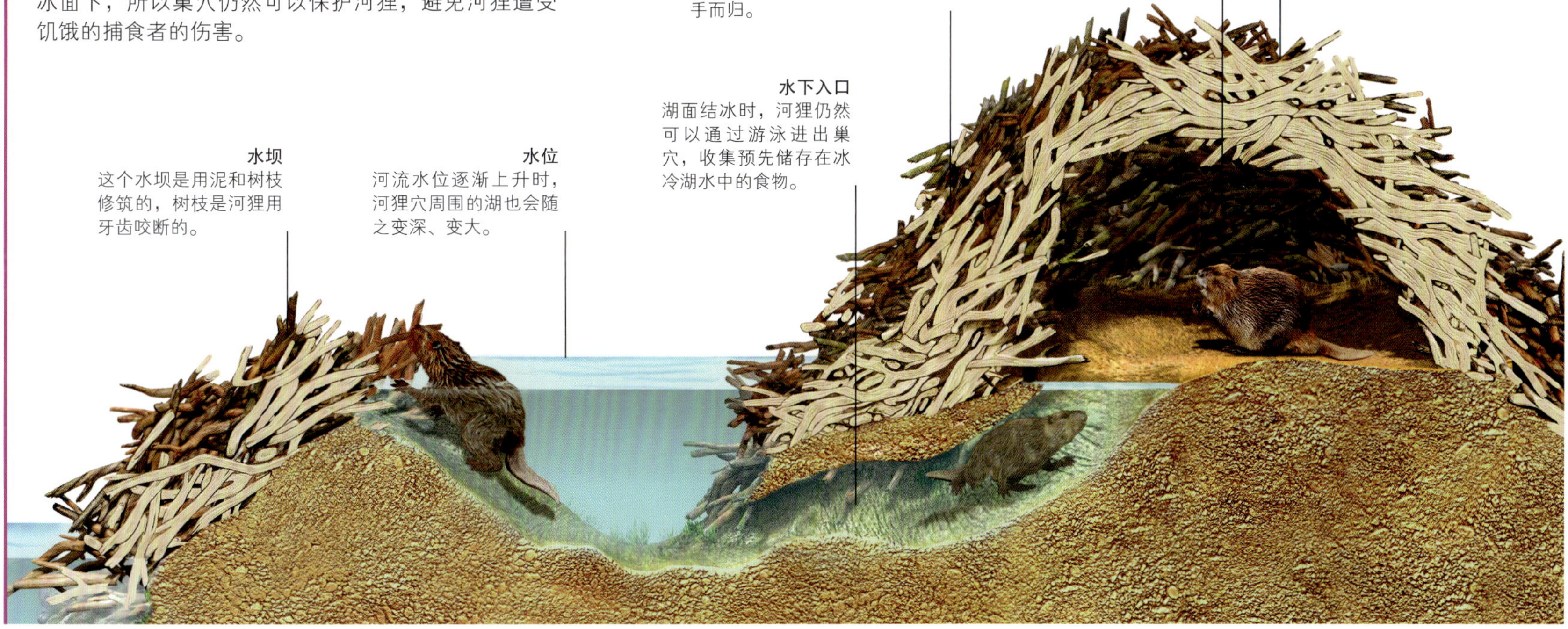

织网的动物

蜘蛛是结网捕虫的专家，其中又以园蛛结的网最为壮观。即使是刚出生的小园蛛也能结出完美的蛛网，这说明结网完全是出于它们的本能。园蛛开始结网时，尾尖会分泌一根长长的强韧的细丝，并任其在风中飘摇，直到细丝的末端附着在某个物体上。一旦园蛛用细丝架起一座“桥梁”，它们就可以开始编织捕捉昆虫的螺旋形的陷阱了。

1 开始
园蛛从第一根丝上爬过时，会一边爬一边吐出第二根比较松弛的丝。当园蛛下落时，它会把第二根丝扯成Y形。

2 框架
为了形成结实的框架，园蛛又从中间向外吐出了多条细丝。它用一个简易的网固定住了这个框架。

3 圆网
随着工作的继续，园蛛会清理掉简易的网，然后用一种特殊的有黏性的丝在这个辐射状的框架上重新织一个圆网，形成最终的捕虫网。

织巢的动物

在东非，雄性萨氏织雀筑巢的方法是用喙将草叶编织在一起。它们先将一个编织好的草环挂在一根树枝上，然后持续不断地将越来越多的草编织到这个草环上，直到最后草环变成一个空心球。它们会在空心球底部附近留一个洞作为入口。

在空中，小鸟经常会攻击比自己大的捕食性鸟类，以警告它不要靠近，尽管这些捕食性鸟类可能会吃掉自己。

捕食者和猎物

许多动物都以狩猎和吃其他动物为生。这些捕食者进化出了专门用于寻找、捕获和杀死猎物的适应性特征。与此同时，猎物也进化出了防御能力，让自己逃脱。

捕猎是很困难的，有时还充满了危险，但是捕食者们已经找到了许多可以提高成功率的捕猎方式。捕食者拥有敏锐的感官，可以迅速发现猎物，还可以在不被发现的前提下伏击或悄悄接近猎物。极快的速度、敏捷的反应和强大的力量可以帮助捕食者捕获晚餐，而锋利的牙齿、爪子和毒牙这样的武器则可以帮助它们杀死猎物。但是，这些猎物并不是没有行动能力，它们可以躲开侦查、逃跑、迷惑敌人，甚至是反击。所以，捕食者和猎物在这场生存之战中通常是势均力敌的。

陷阱和诡计

悄悄接近和追逐猎物是非常辛苦的事情，需要消耗大量的体力。有些毒蛇为了避免消耗体力，会利用诱饵将动物引诱到自己的攻击范围内。还有的捕食者，如蜘蛛，可以结网引诱猎物。有些昆虫会设计非常巧妙的陷阱，等待猎物自己送上门。

沙坑陷阱

蚁狮是一种有翅昆虫的幼虫，生活在气候温暖的地区。它们会在沙地上挖出一个内壁十分陡峭的坑。当有猎物路过时，它们会朝猎物扔沙粒，使猎物跌倒，滚落到坑里。

集体捕猎

大多数食肉动物都是单独捕猎的。但是，有些食肉动物已经找到了集体合作智取猎物的方法，或者已经能相互协作捕杀只靠一己之力无法杀死的猎物。这些已经懂得相互合作的捕食者有行军蚁、狼、鬣狗、海豚和座头鲸等。最近，科学家发现黑猩猩有时也会团结起来，一起捕捉穿过树顶的小猴子。

黑猩猩伏击战

在非洲的热带森林里，黑猩猩军团正在捕捉疣猴。它们爬到树上，各自散开，隐藏在树枝和树叶之间。接下来，一只黑猩猩负责去把猴子吓得四处逃窜，其他黑猩猩负责围追堵截，一起把猴子赶向埋伏起来的那只黑猩猩。

独居的捕食者

食肉动物独自在野外狩猎时，主要依靠潜行、速度和力量来捕获猎物。狩猎会消耗大量体力，所以食肉动物必须尽可能缩短追逐猎物的时间。想要做到这一点，它们就需要在发动快速攻击前悄悄接近猎物。这些独居的捕食者通常会锁定它们能轻易制服的小型动物。

速度奇快的捕食者

这种捕食者会利用自己惊人的速度出其不意地袭击猎物，几乎不给猎物留有逃跑的机会。

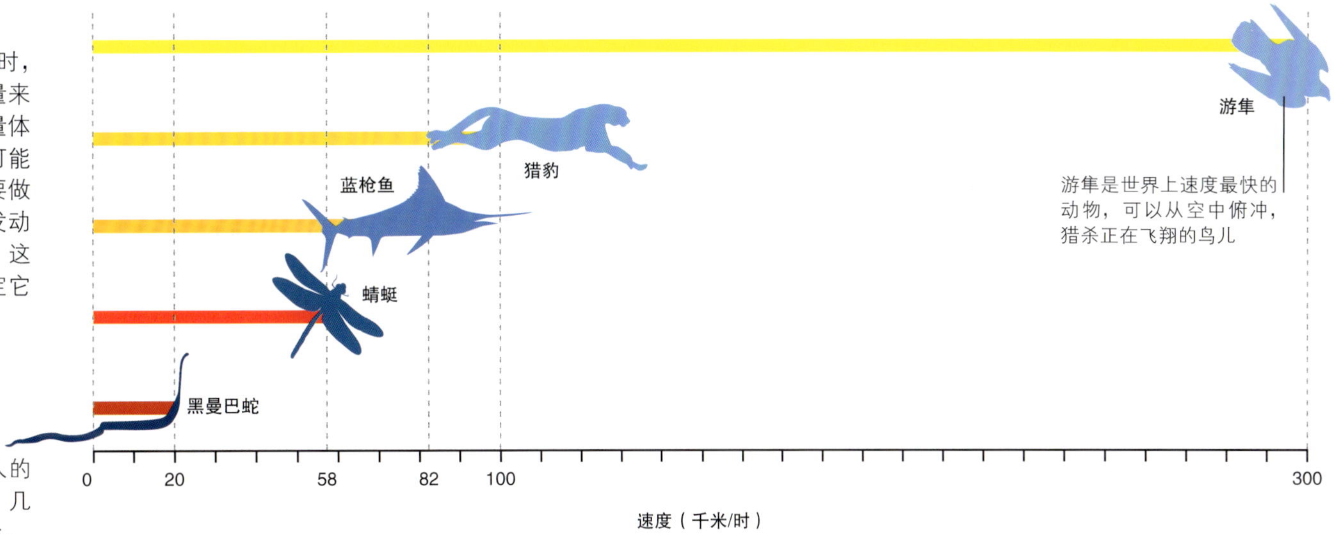

防御战术

有些猎物身上长有盔甲或者刺，可以抵御捕食者袭击。犰狳、龟和蟹等动物身上长有盔甲，而刺猬、豪猪和海胆身上则长满了刺。很多两栖动物的皮肤里有毒腺，这使它们气味难闻，甚至可以杀死敌人。很多昆虫的体内也累积了毒素。臭鼬可以向敌人喷射难闻的化学物质。

三带犰狳可以把自己身披盔甲的身体蜷起来，形成一个没有缝隙而且**难以被咬裂的球**。这是世界上唯一一种可以这么做的动物。

装甲球

犰狳的身体和头部有盔甲保护。当三带犰狳遭到攻击时，它们会把身体蜷起来，形成一个装甲球。几乎没有捕食者可以咬裂这个球。

坚硬的盔甲由质地刚硬又有韧性的骨板相互连接而成

1 坚守阵地
犰狳不会逃离危险，而是留在原地不动。

2 绝不冒险
犰狳把身体蜷起来，头和腿全都塞进了壳里。

3 完美契合
这个装甲球没有大的缝隙，因此敌人无法把它撬开。

巧妙的保护色

捕食者和猎物都会借助保护色做掩护，防止自己被发现。捕食者与周围的背景融为一体时，就可以对近处徘徊的猎物设下致命的埋伏。被捕食的动物让自己近乎隐身时，就可以防止鸟类等依靠视觉猎食的捕食者捉到自己。大多数具有保护色的动物，身上都有类似于植物或者沙地的图案。有些昆虫甚至连形态都与栖息地相配。

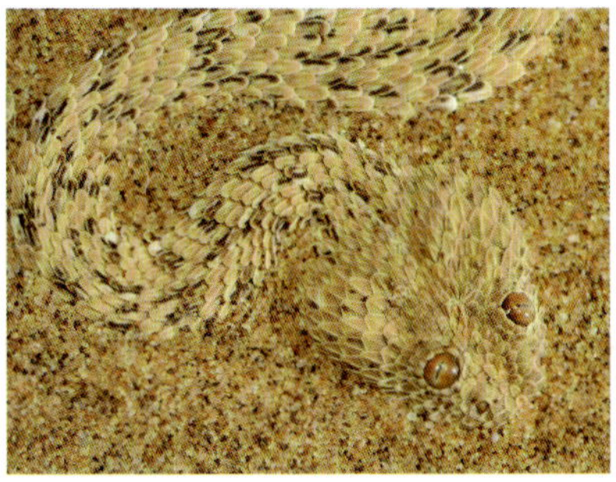

埃及角蝰

在非洲的纳米布沙漠，这种毒蛇埋藏在干沙里，静静等待小动物进入自己的攻击范围。

兰花螳螂

这种热带捕食者的形态和颜色都很像一朵兰花。那些前来啜饮花蜜的昆虫会被兰花螳螂突然抓住并吃掉。

当壁虎紧紧地趴在树上时，身体边缘的形态让壁虎与树皮融为一体

叶尾壁虎

叶尾壁虎是夜间捕食的动物。白天，它们会趴在树上，利用不可思议的保护色将自己伪装起来。它们连眼睛的图案都与树皮相似。

叶虫身上有叶脉一样的纹路，足也很像叶子，这些特征都让它们很难被捕食者发现

叶虫

很少有像马来西亚叶虫这么难以发现的动物。它们活动时，身体竟然会左右摇摆，看上去就像是被风吹动的一片叶子。

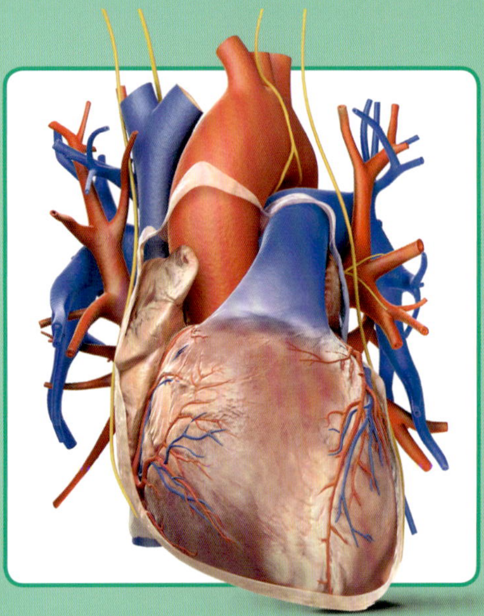
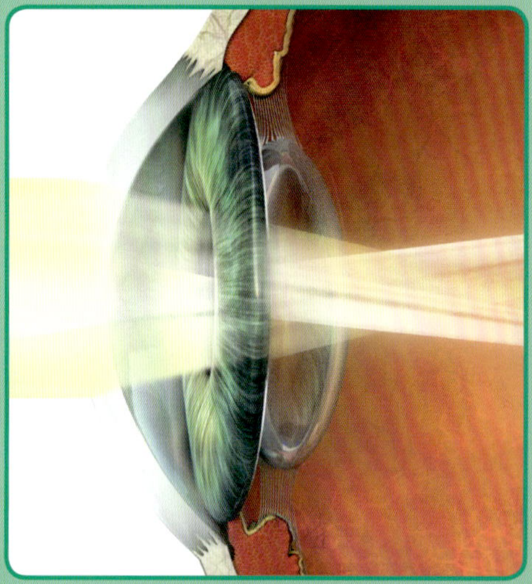
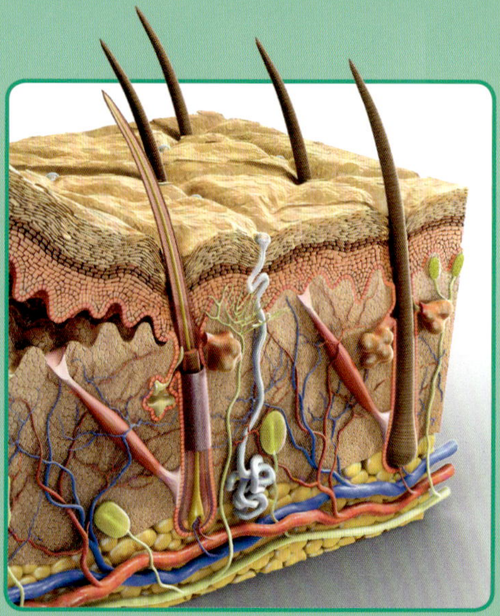

人 体

人体像一台复杂得难以置信的机器，包含206块骨、600多块肌和75万亿个细胞。科学家对历史上任何对象的研究，都没有像对人体的研究那么详细，但是关于人体还有许多未解之谜。

人体基本知识

人体像是一台由几百万个部件构成的复杂得难以置信的机器，这些部件在皮肤下紧紧地排列在一起。想要了解人体是怎样工作的，我们必须研究和观察各个部件是怎样装配在一起，怎样分工合作，怎样使我们成为一个会呼吸、能思考的活生生的人。

人体的系统

构成你身体的器官和组织联合起来，形成被称为系统的联合体。每个系统都能完成它特定的工作。例如，你的消化系统分解食物，生成能被你身体吸收的营养物质，你的循环系统将这些营养物质和其他重要的化合物运输到全身各处。下面介绍了人体部分重要的系统。

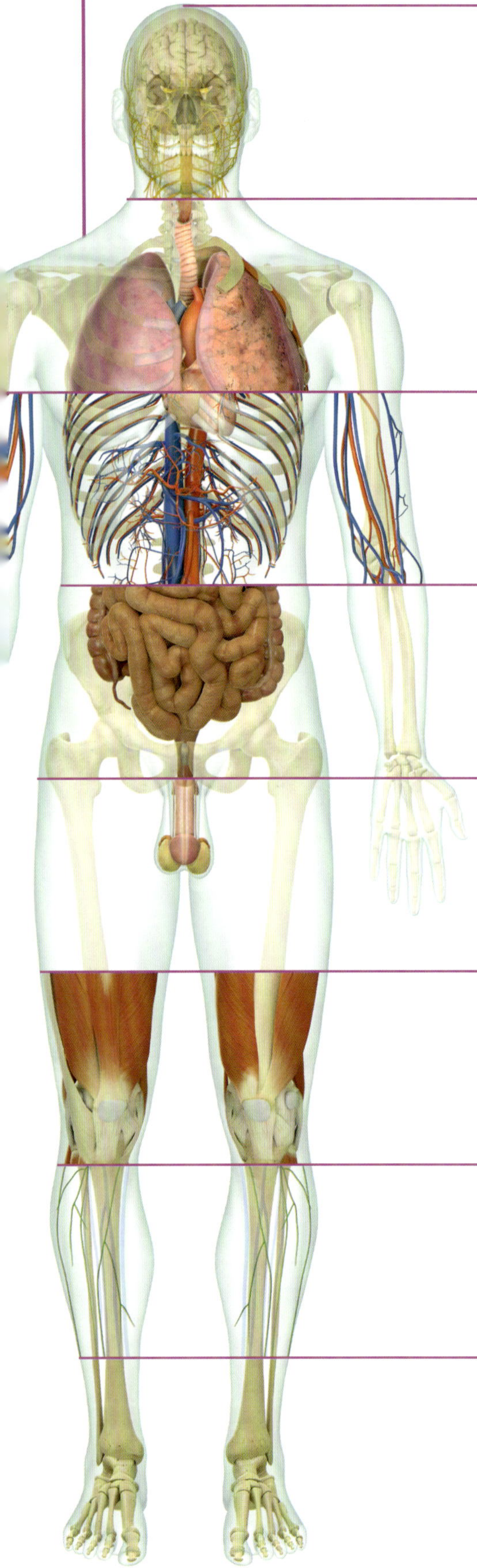

神经系统
神经系统使你的身体能迅速做出反应。神经遍布全身，把电信号传入和传出脑。有些神经把来自感觉器官的信号传入脑。另一些神经把信号送达肌，好让身体做出反应。

呼吸系统
你全身的细胞都需要氧供应，氧来自空气，是维持生命所必需的。呼吸系统负责摄入氧并通过血液运输氧。呼吸系统的主要器官是两个肺，呼吸时，两肺吸入空气。

循环系统
心脏、血液和血管构成的网络组成循环系统。它的工作是运输生命攸关的氧和营养物质，供应全身。血液也会把代谢废物带走并排泄掉。

消化系统
你吃的所有食物都要经过消化系统。消化系统是一根又长又复杂的管子，连接着口和肛门。消化系统的器官把食物中的大分子分解为血液能够吸收的小分子。

生殖系统
这个系统只在成年时才发挥作用，它的任务是生育宝宝。男性和女性的生殖系统是不一样的。来自男人生殖系统的生殖细胞与位于女人生殖系统内的生殖细胞结合，发育成一个宝宝。

运动系统——肌
肌是你的运动器官。当人体里体积最大的肌牵拉你的骨并移动它时，你就能跑、跳、系鞋带或踢球。肌也让心脏不间断地跳动，让胃搅拌食物。

免疫系统
免疫系统的任务是抵御病原微生物的入侵。病原微生物可引发疾病。如果有病原微生物侵入你的身体，在血液和其他组织里巡逻的白细胞就会发起攻击。

运动系统——骨
骨骼是由骨组成的坚韧的有生命力的框架，支撑着身体的重量，保护脆弱的内部器官，如脑和心脏。骨和肌协同工作，使身体运动。

建构人体

正如建筑物是由成千上万的砖块精心堆砌而成一样，人体也是由许多简单的部件有组织地装配起来构成的。细胞是很小的有生命的结构单位，可以像砖块一样连接起来，形成更大的结构——组织，组织再按一定次序结合在一起构成器官和系统。

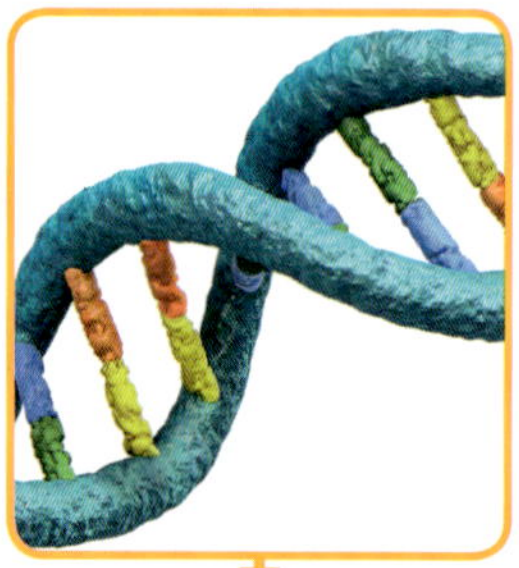

原子和分子
人体里最小的单个零件是原子和分子。DNA 分子（左）储存着构建和维持人体所必需的指令。

细胞
人体的每个部件都是由被称为细胞的有生命的微小单位组成的。人体约有 75 万亿个细胞。大部分细胞都已特化，以完成特定的工作，从储藏脂肪到传送神经信号。

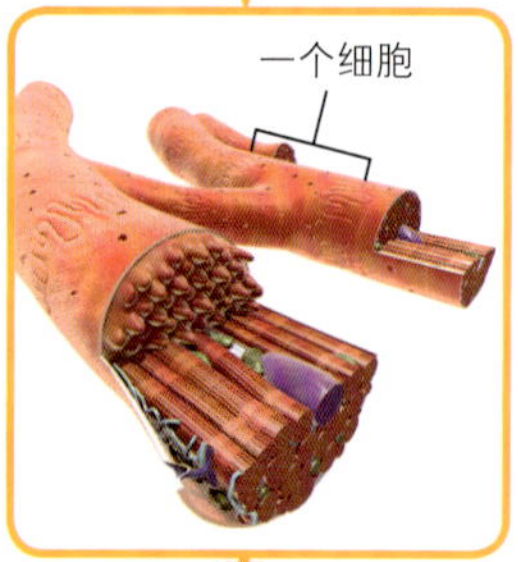

组织
细胞聚集在一起形成组织。例如，心脏的壁就是由一种特殊的肌组织构成的。身体组织还有上皮组织、神经组织等。

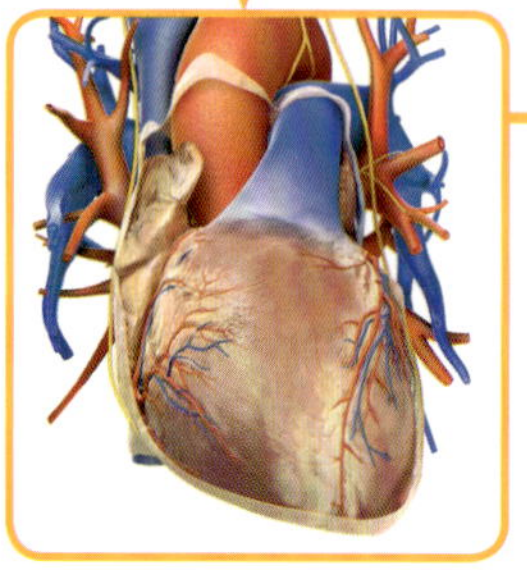

器官
组织联合起来就构成器官，如心脏、胃、脑等。各个器官负责自己特定的工作。心脏的工作就是把血液泵出，送至全身。

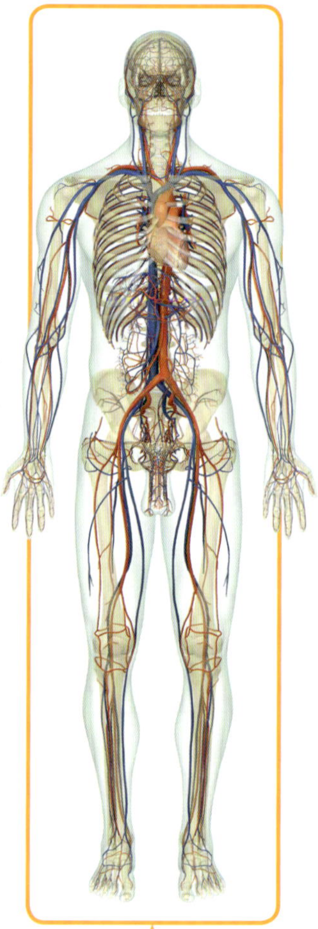

系统
完成共同任务的器官组成系统。心脏与血管、血液等一起，组成循环系统。

人体是由什么构成的？

人体几乎只由几种简单的化学元素构成。人体里含量最丰富的元素是氧和氢，氧和氢构成了水分子，而人体体重的60%是水。有些元素，如钠、镁和铁，是维持生命必不可少的，但人体对它们的需求量却很小。

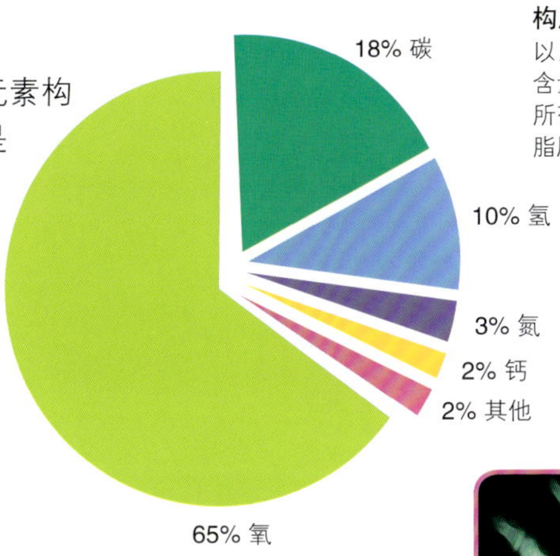

构成人体的元素
以质量计算，人体的 65% 是氧。含量占第二位的元素是碳，碳构成所有有机分子的骨架，如蛋白质和脂肪的骨架。

往里面看

过去，医生想研究人体的内部只能通过解剖尸体，但要想观察活体的内部，看看到底是什么引起疾病的，就无计可施了。今天，借助各种扫描仪器和技术手段，医生就能用多种方式检查人体的内部情况。有了这些技术，当疾病还处于很容易治疗的早期阶段医生就能及时发现。

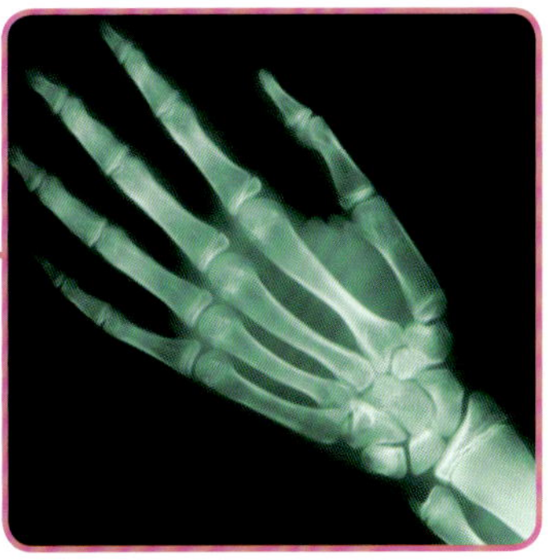

X射线图像
X 射线与可见光一样，是一种电磁辐射，但人的肉眼是看不到 X 射线的。如果让 X 射线照射并穿透身体，显影在胶片上，便能得到骨的图像。

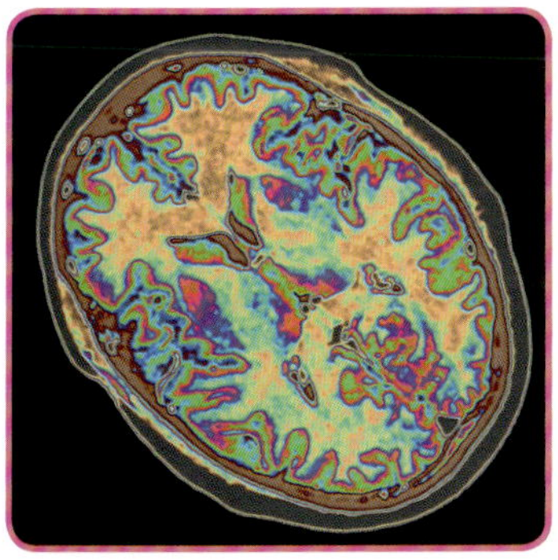

磁共振成像（MRI）扫描
MRI 扫描仪用强力的磁场，使体内的水分子发出无线电波。计算机把这些无线电波转变为图像。上图就是一幅脑的磁共振扫描图像。

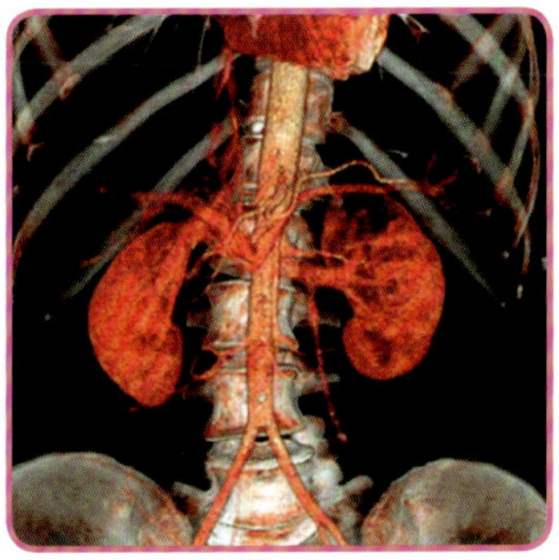

计算机断层（CT）扫描
多束 X 射线从多个角度照射并穿透身体，由计算机重建为三维图像。医生用这项技术观察身体各“切面”的图像。

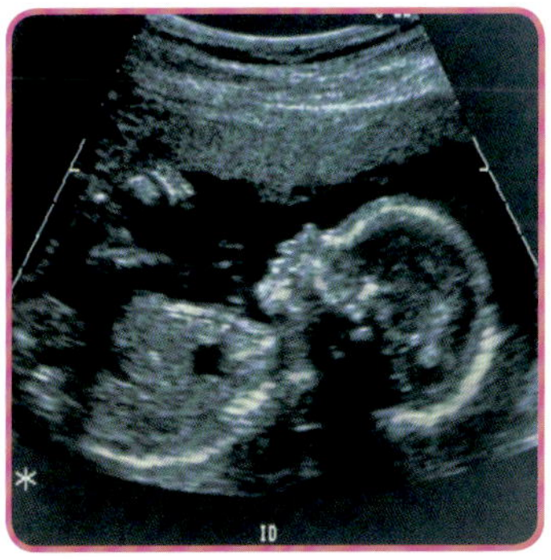

超声检查
可以利用这项技术看到母亲体内的胎儿。人耳感知不到的高频声波射入身体，被内部器官反射回来，产生回声，然后经计算机处理得到图像。

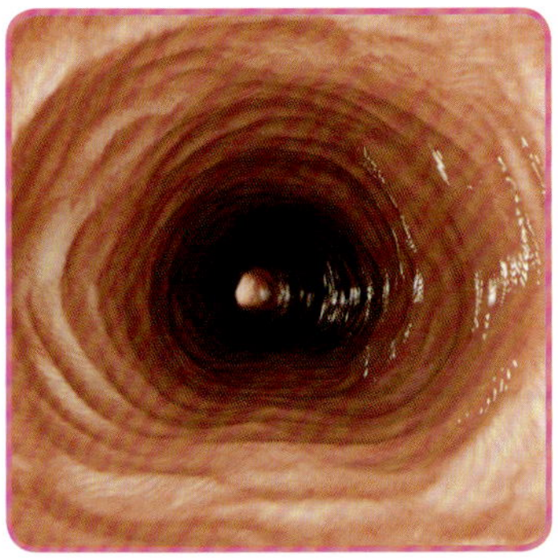

内镜
内镜是一根可弯曲的管子，顶端装有一台微型摄影机和一个光源。可通过体表开口（如口）或小切口推送进入体内。

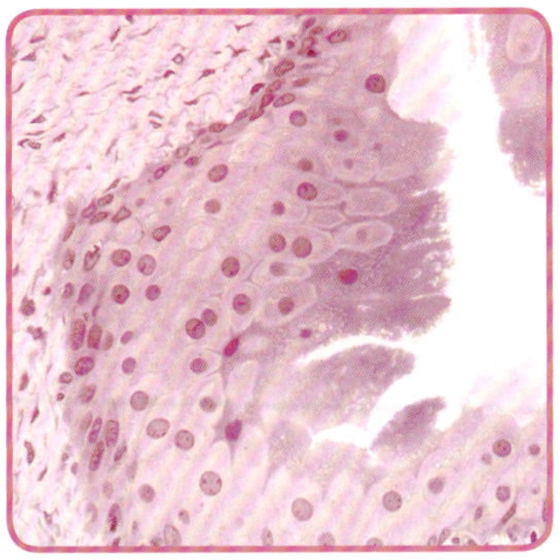

光学显微镜
就像望远镜一样，光学显微镜也使用玻璃透镜来放大要观察的物体。医生用这种显微镜来观察组织样本中的人体细胞，并寻找疾病的蛛丝马迹。

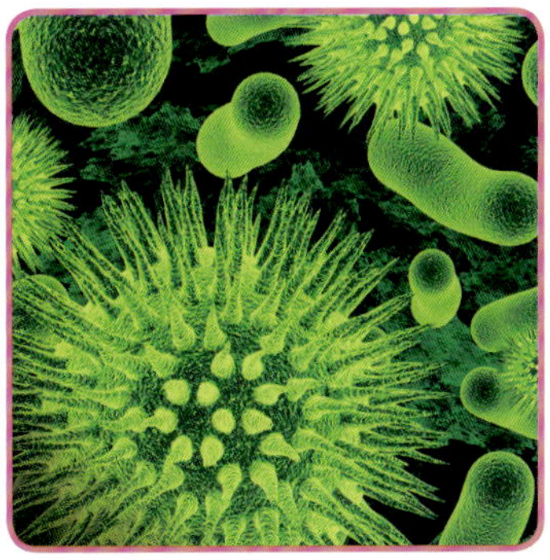

电子显微镜
电子显微镜的放大能力比光学显微镜大得多，它能把物体放大到 1000 万倍。使用电子显微镜，人们就能看清细菌和病毒等微生物的精细结构。

了解我们的身体

在人类历史的大部分时间里，人体是怎样运作的一直是个谜，人们依赖超自然的理论来解释疾病。人们也曾试图科学地研究疾病，这方面最早的记录可以追溯至古埃及。但人体到底是如何工作的，疾病为什么会发生，人类弄懂这些花费了几个世纪的时间。

公元前3000–前1000年

古埃及人

古埃及人在把遗体做成木乃伊之前，要把内脏取出单独保存。他们发现，心脏像泵一样，能把血液输送到全身。

公元前400年

医学之父

古希腊医生希波克拉底被誉为“医学之父”。他也是最早认识到疾病有其自然成因而非神灵惩罚的人之一。

16世纪

解剖尸体

比利时安德烈亚斯·维萨里教授在 16 世纪通过解剖尸体，详细地绘制出骨、肌和内脏等器官的图像。他出版了一本极具开拓性的书《人体构造论》，将对人体的研究变成一门科学——解剖学。

17世纪70年代

发现细胞

荷兰纺织商人安东尼·列文虎克制造了一台显微镜，这也是世界上最早的显微镜之一。他用这台显微镜观察了血细胞和精子，并发现了只能在显微镜下才看得到的微生物。现在，我们已经知道了微生物可引起疾病。

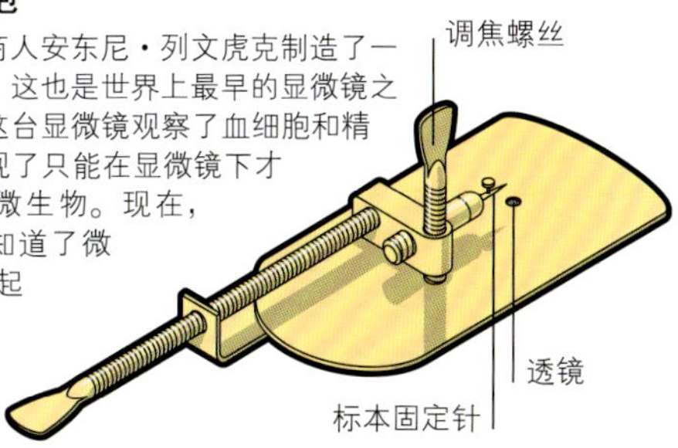

1953年

脱氧核糖核酸（DNA）

1953 年，英国科学家弗兰西斯·克里克和美国同事詹姆斯·沃森用英国化学家罗莎琳德·富兰克林拍摄的一组 DNA 照片，弄清楚了 DNA 的结构。DNA 分子用简单的四碱基密码来承载生命信息。

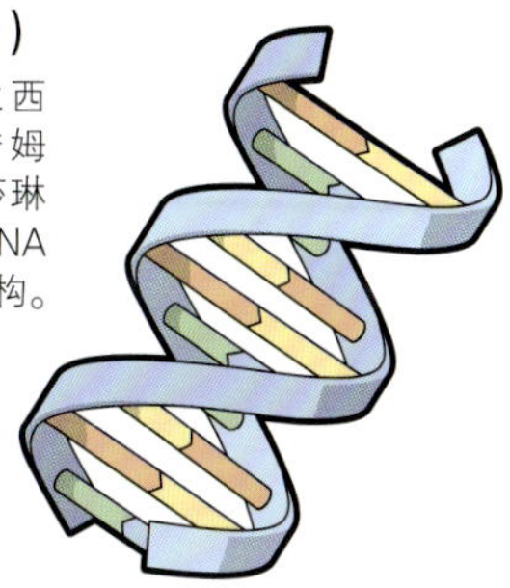

当你阅读这个句子时，将有**3亿个新细胞**在你体内生成。

人体的构件

人体就像一幅拼图，由大约 75 万亿个被称为细胞的微小构件组成。你身体的每一部分，从眼睫毛到趾甲，都是由这些微小的构件构成的。

单个细胞太小了，肉眼是看不到的。大多数细胞的个头比头发丝直径的一半还小。但有些细胞更小，以至于 3 万个这样细胞能挤进一个“句号”里。细胞作为独立的单元工作，能从周围环境中吸收营养物质、氧和其他基本的化学物质，并且制造出复杂的有机化合物，以供细胞生长和发挥功能之需。一些细胞，如血细胞，能自由地在全身巡游。其他细胞相互聚集成层状结构，形成组织。

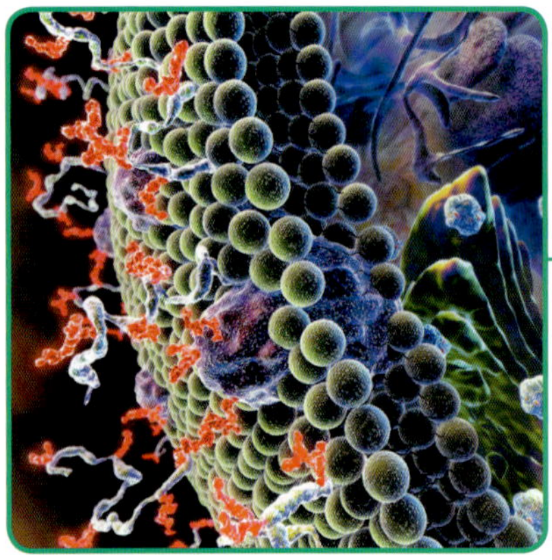

细胞膜

细胞的最外层称为细胞膜，它是由两层特殊分子（磷脂）共同形成的一层疏水膜，容纳着含水内容物，防止各种物质渗入或渗出细胞。大型蛋白分子镶嵌在细胞膜中，起门户的作用，只允许某些特定分子进入或离开细胞。

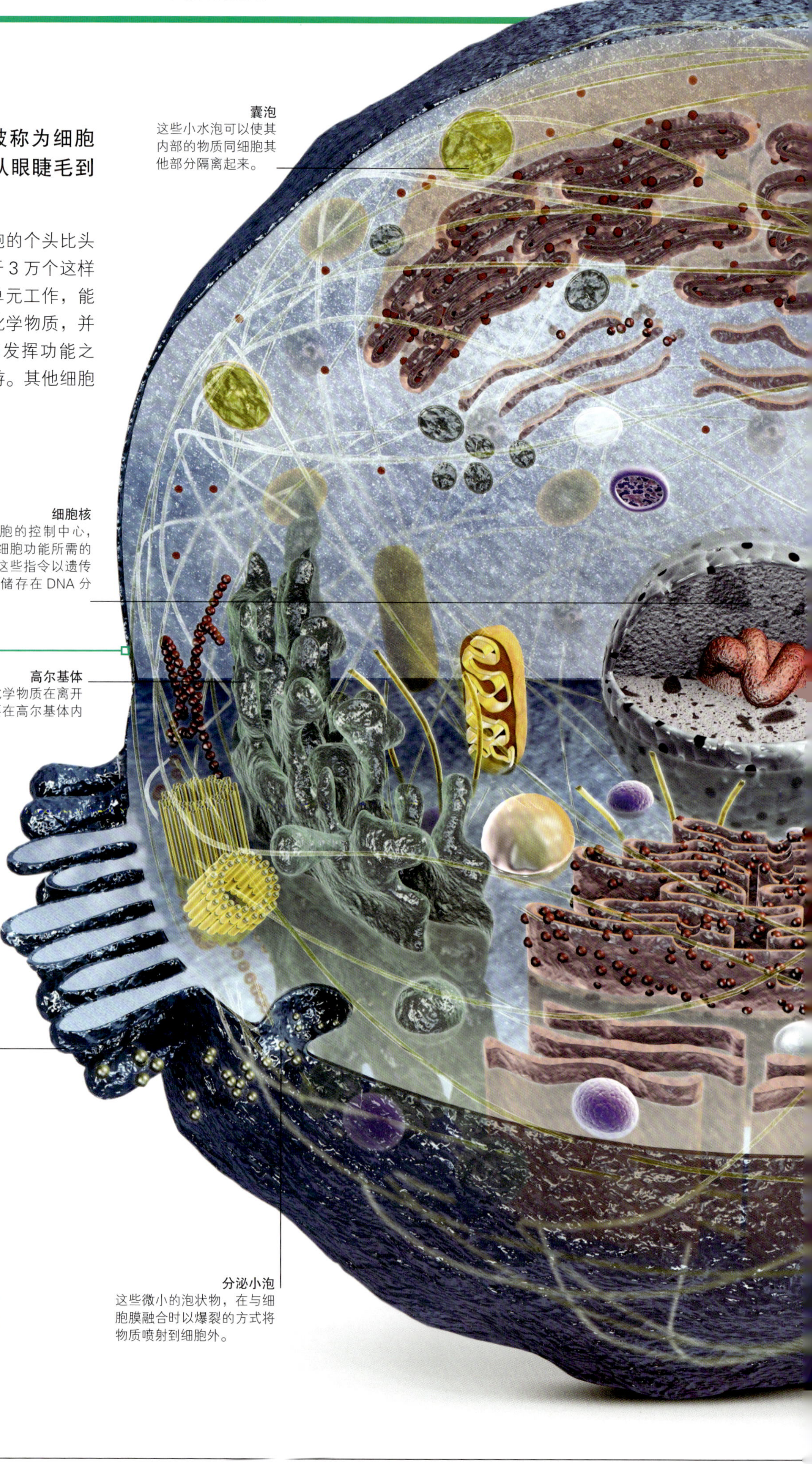

细胞内部

尽管细胞很小，但它的内部构造却异常复杂。每个细胞都像一家工厂，里面摆满了“机器”，这些“机器”被称为细胞器，各有各的用处。最重要的细胞器是细胞核，它能发出指令，控制其他细胞器。其他细胞器能释放能量，制造各种化学物质，运输各种物质进出细胞。

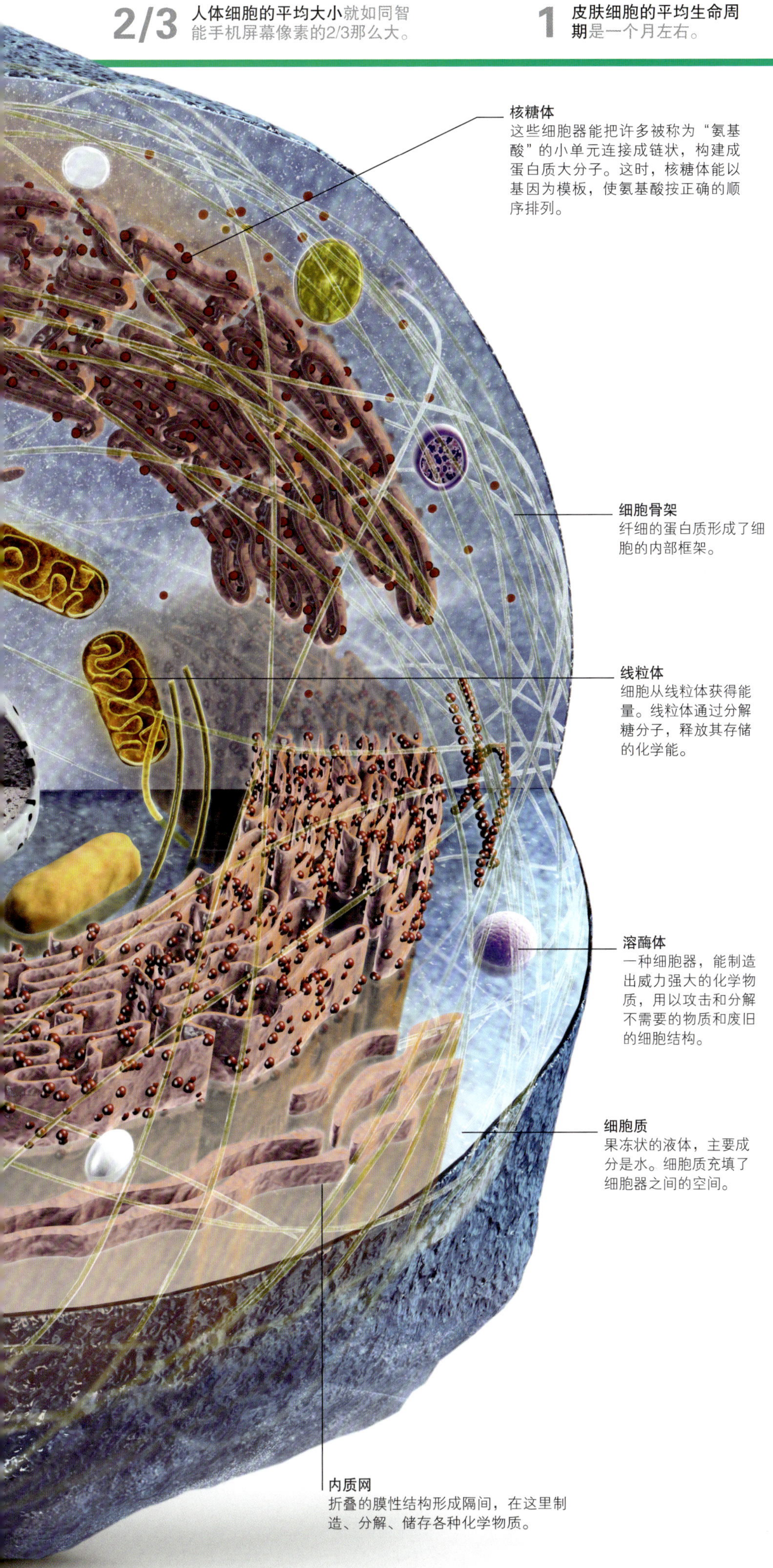

细胞类型

人体内有 200 多种细胞，每种细胞都有特定的形态，以完成特定的功能。有些细胞，如皮肤细胞和血细胞，只能存活几个星期，并被持续不断地更新和替换。其他一些细胞，如脑细胞，能伴随你一生。

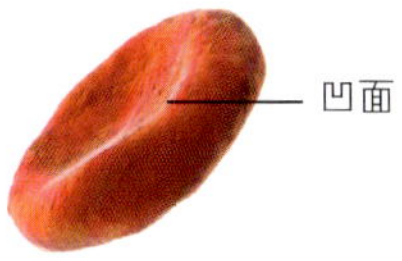

红细胞

这些细胞呈圆盘状，携带氧周游全身。红细胞里充满一种被称为“血红蛋白”的红色素。

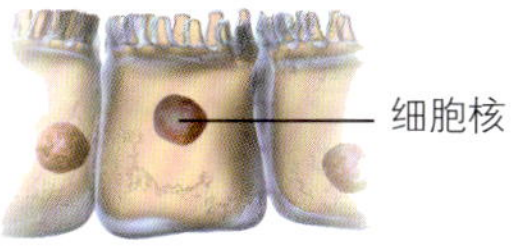

上皮细胞

口和肠管的内部排列着上皮细胞。特殊的硬化的上皮细胞形成皮肤。

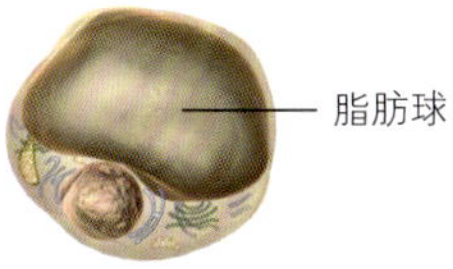

脂肪细胞

人体的脂肪存储在脂肪细胞内。脂肪细胞一旦存储了脂肪，就会像气球一样胀大。脂肪细胞还能维持体温。

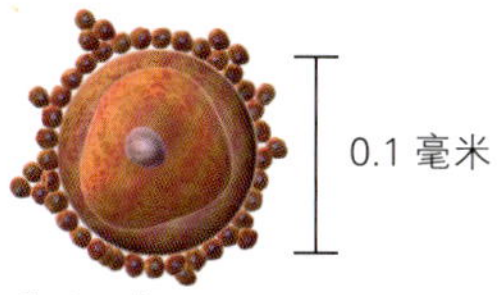

卵细胞

人体最大的细胞是卵细胞，也就是卵子。如果卵细胞和精子结合形成受精卵，就会发育成胎儿。

人体里最长的细胞是从脊髓延伸到脚趾的神经细胞。

基因和脱氧核糖核酸（DNA）

大部分细胞的细胞核都包含着你的整套基因，基因以化学密码的形式储存在 DNA 中。一个细胞的 DNA 完全展开可以有 2 米长。当 DNA 不工作的时候，DNA 紧紧地缠绕在一起，被称为染色体。每个正常细胞核里有 46 条染色体。

新细胞的诞生

人体的形成始于一个细胞，这个细胞一分为二，二分为四，不断增殖到几十亿个细胞。细胞分裂最常见的形式是有丝分裂。首先，染色体倍增到两条。接着，两条染色体分离。最后，细胞的其余部分分裂。

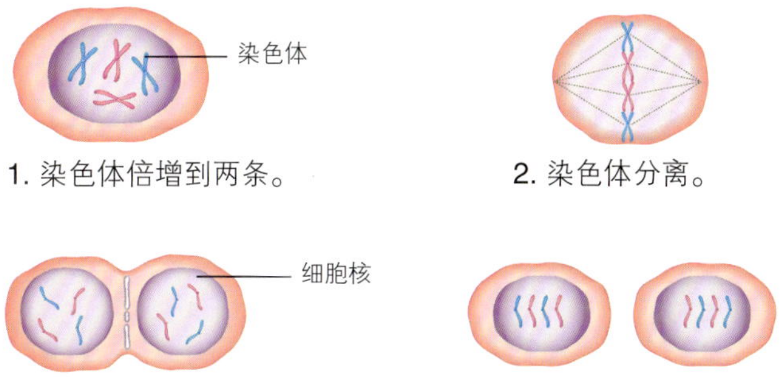

1. 染色体倍增到两条。
2. 染色体分离。
3. 形成两个细胞核。
4. 细胞分裂。

50% 人体50%的骨位于手和足。

人体所有的红细胞都是在骨内制造的。

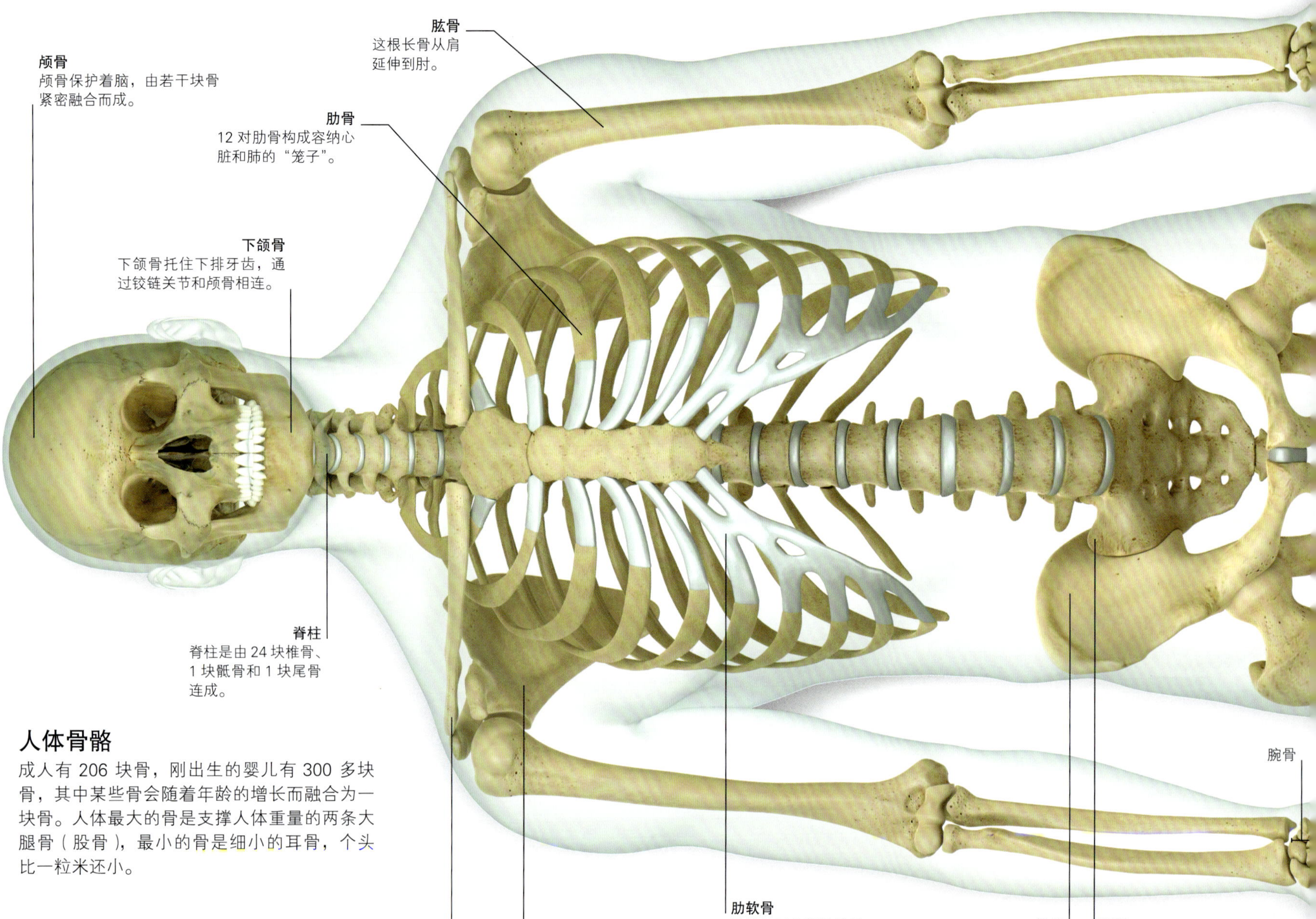

人体骨骼

成人有 206 块骨，刚出生的婴儿有 300 多块骨，其中某些骨会随着年龄的增长而融合为一块骨。人体最大的骨是支撑人体重量的两条大腿骨（股骨），最小的骨是细小的耳骨，个头比一粒米还小。

骨骼

如果没有骨骼，你的身体会塌成一堆没有形状的肉。骨骼不仅起到支撑作用，还提供给肌用于固定的起止点，让你运动。

骨是由活的组织构成的：骨能够感知疼痛，切割它会流血，当骨受损时会自我修复。我们想当然地认为骨是干的还很脆，但是活体骨是湿润的，可轻微弯曲并具有一定弹性。虽然骨的表面又光滑又坚硬，但内部却满是空洞，这使得骨更加轻盈。按质量计算，骨中约有 50% 为白色的富钙矿物质，称为羟基磷灰石，这种物质也同样存在于牙齿中。这种坚硬的、具有晶体结构的物质给予了骨强大的支撑身体的力量。

骨折

骨一旦折断，愈合过程就会迅速开始。首先，在折断处形成血凝块。然后，牢固的纤维组织在折断处生成，以加强受损部位。最后，新生的骨细胞代替血凝块和纤维组织，把断端结合在一起。部分骨折需要复位，用石膏固定，防止愈合后出现畸形。

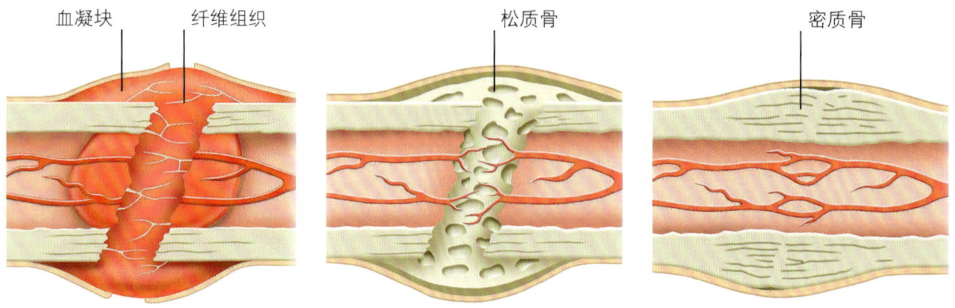

1 2天 血凝块填充骨折处，纤维组织迅速在这里生长。

2 2周 成骨细胞增殖，形成松质骨，取代了血凝块。

3 3个月 密质骨取代了松质骨，骨折处被重塑。

10% 每年有10%的骨被分解和重建。

1 成年人的骨中含有1千克以上的钙。

钙是人体里含量最多的金属元素。

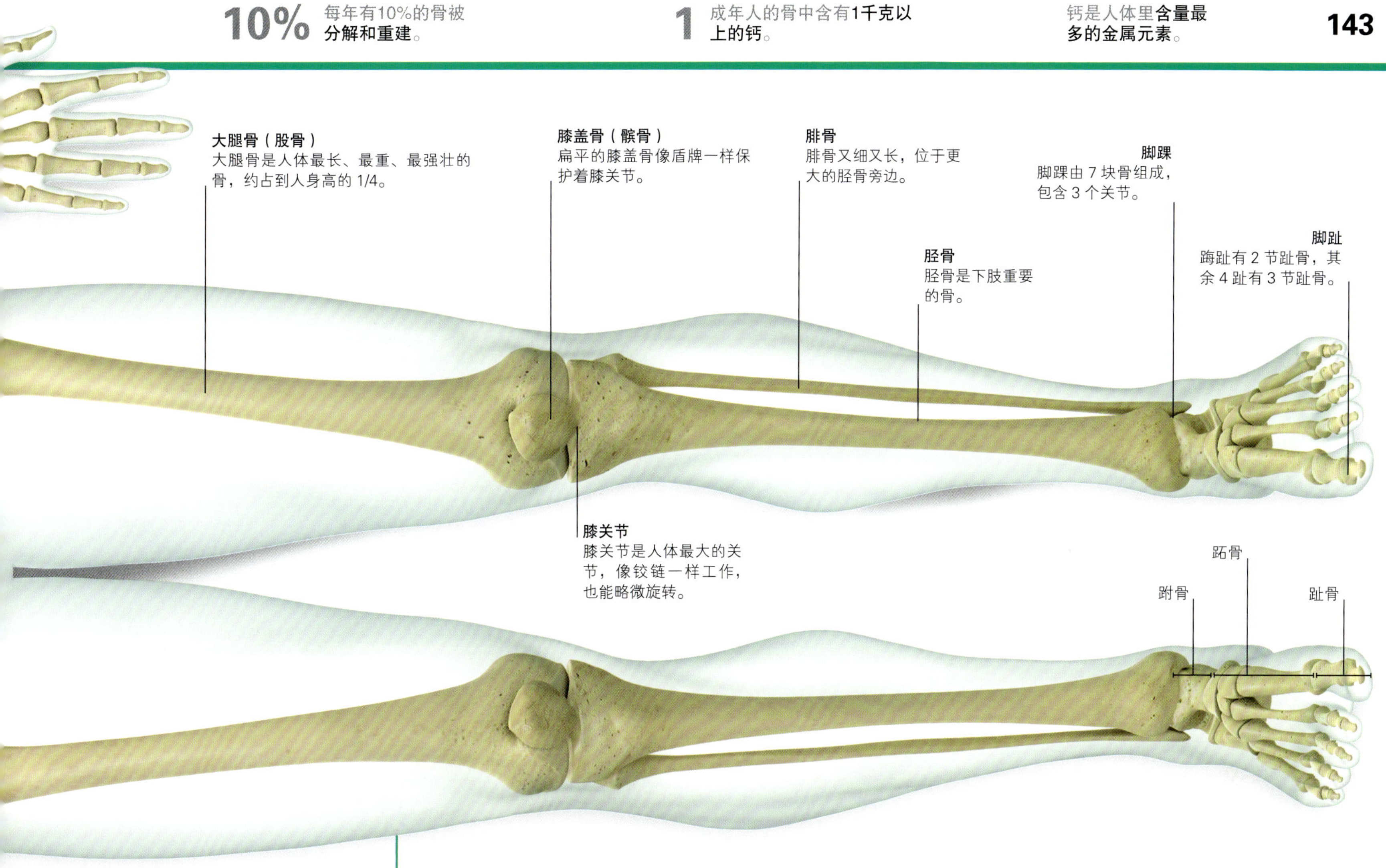

大腿骨（股骨）
大腿骨是人体最长、最重、最强壮的骨，约占到人身高的 1/4。

膝盖骨（髌骨）
扁平的膝盖骨像盾牌一样保护着膝关节。

腓骨
腓骨又细又长，位于更大的胫骨旁边。

脚踝
脚踝由 7 块骨组成，包含 3 个关节。

胫骨
胫骨是下肢重要的骨。

脚趾
踇趾有 2 节趾骨，其余 4 趾有 3 节趾骨。

膝关节
膝关节是人体最大的关节，像铰链一样工作，也能略微旋转。

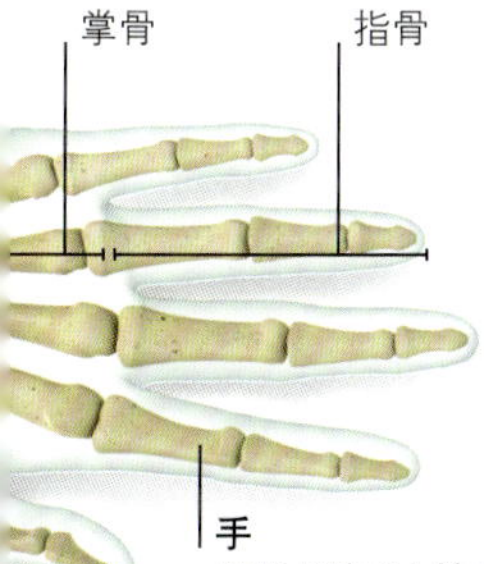

手
双手共有 54 块骨，大约占全身骨总数量的 1/4。

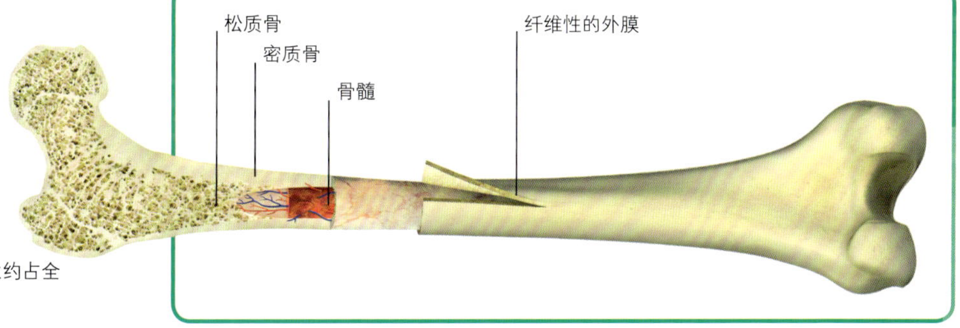

骨的内部

骨的内部是蜂窝状的结构，称为松质骨，这样可以减轻重量。骨的外层坚硬致密，称为密质骨。长骨也有一个充满骨髓组织的中空管腔，血细胞就在这里被制造出来。

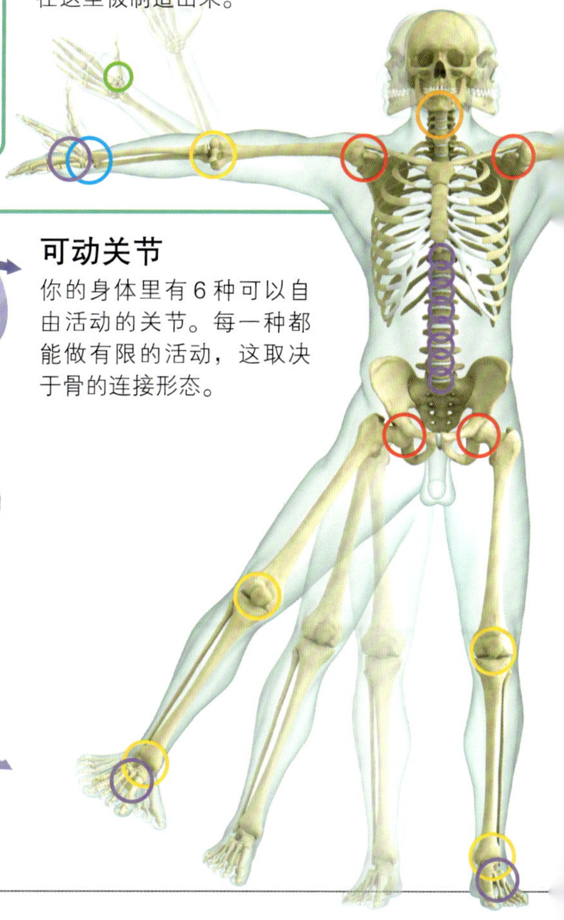

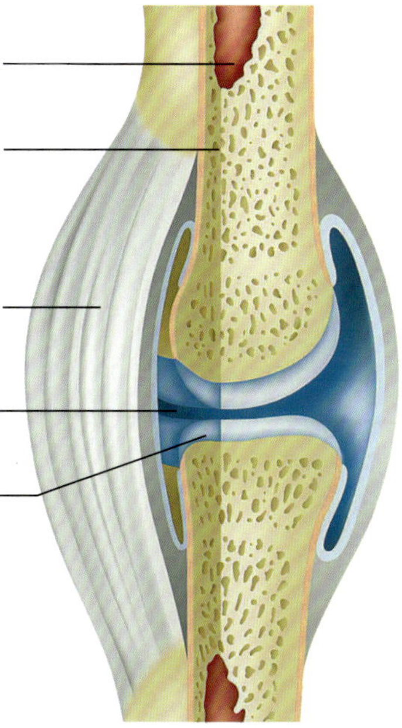

关节

骨与骨之间通过关节连接起来。在某些关节，比如颅骨的关节，骨之间紧密粘连在一起无法活动。但是对于大部分关节，骨并不直接互相接触，而是利用可以让骨活动的坚韧带状组织松散地结合在一起。关节给予了骨令人难以置信的灵活性。

关节内部

骨的末端覆盖着光滑的软骨，周边有少量滑液，这有利于关节内两块骨的移动。

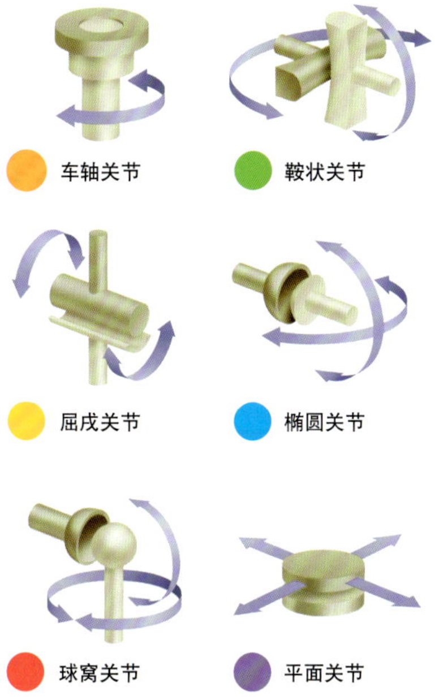

可动关节

你的身体里有 6 种可以自由活动的关节。每一种都能做有限的活动，这取决于骨的连接形态。

40% 人体40%的重量来自肌。

人体有500万根毛发，每根都有自己单独的肌。

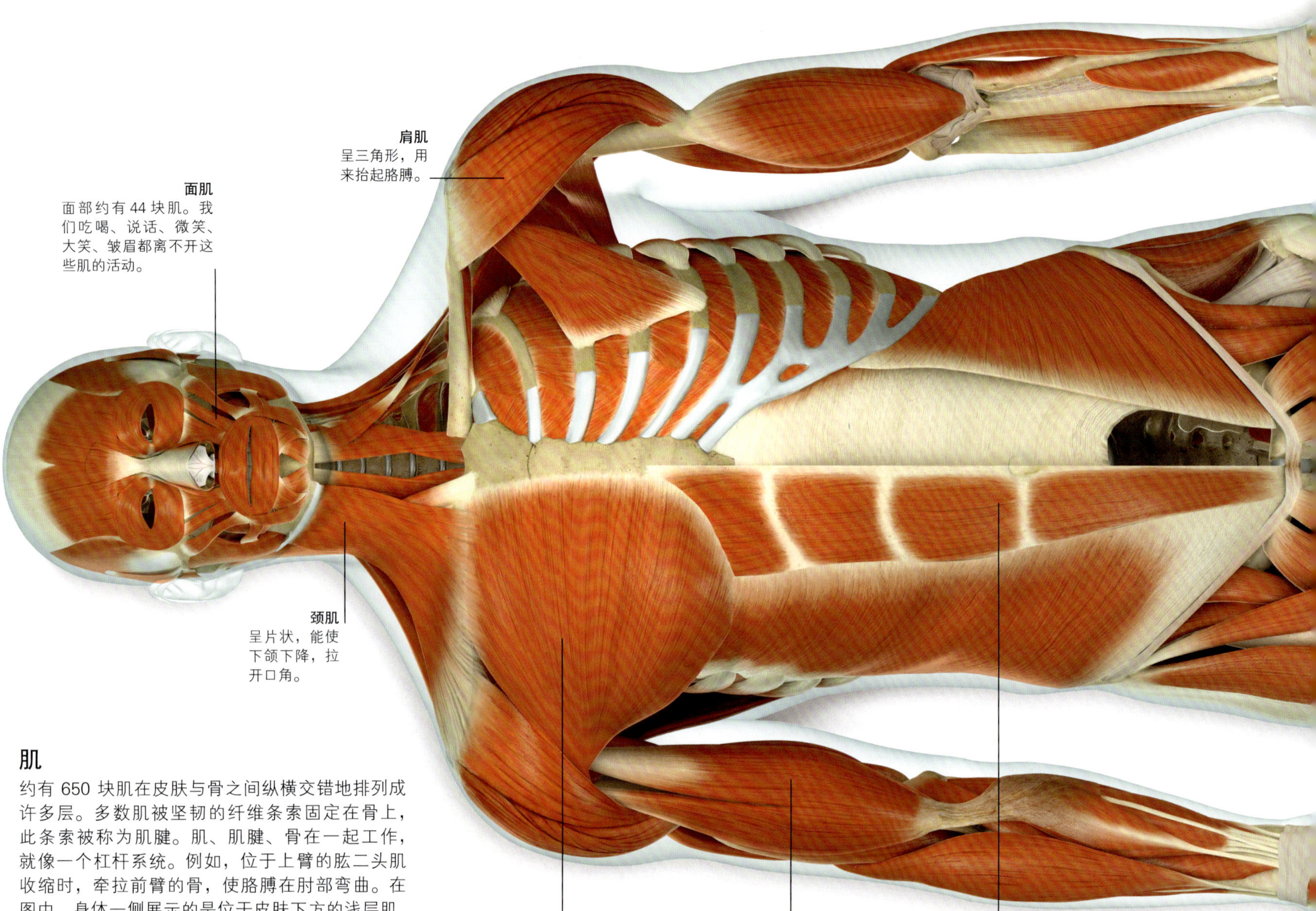

肌

约有650块肌在皮肤与骨之间纵横交错地排列成许多层。多数肌被坚韧的纤维条索固定在骨上，此条索被称为肌腱。肌、肌腱、骨在一起工作，就像一个杠杆系统。例如，位于上臂的肱二头肌收缩时，牵拉前臂的骨，使胳膊在肘部弯曲。在图中，身体一侧展示的是位于皮肤下方的浅层肌，另一侧展示的是深层肌。

肌的力量

肌使我们能走路、跑跳、弯曲手指。肌也推动血液向全身流动，推动食物通过胃肠道，并使我们能够说话。

肌能使我们的身体移动。所有的肌都是由微细的肌纤维构成的，纤维收缩，就使肌缩短，从而牵拉身体的某一部分。人体里那些最大的肌附着在骨上。大部分骨骼肌受意识支配，即人们能随心所欲地控制它们。其他的肌，如心脏和胃的肌，则不需要由意识控制就能活动。总而言之，人体里的肌数量以亿计，包括每根毛发和毛细血管里的极微小的肌。

肌的类型

人体的肌可以分为3个类型：骨骼肌、平滑肌和心肌。骨骼肌附着在骨上，由长长的、丝状的细胞构成，这些细胞能在短时间内迅速、强有力地收缩。平滑肌存在于胃、肠、血管和眼中，由较短的纺锤形细胞构成。与其他类型的肌相比，这些细胞能长时间收缩。心肌只见于心脏，由短小的肌细胞构成，心肌细胞能不知疲倦地有节律地收缩。

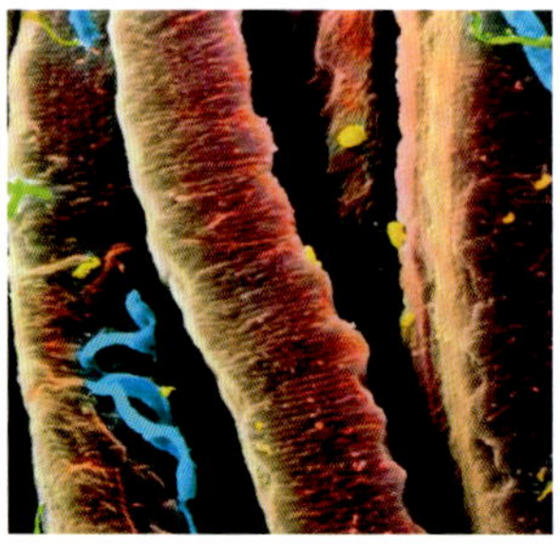
骨骼肌细胞

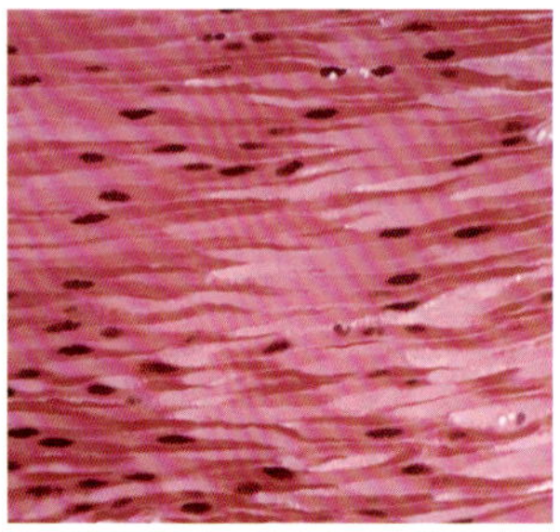
平滑肌细胞

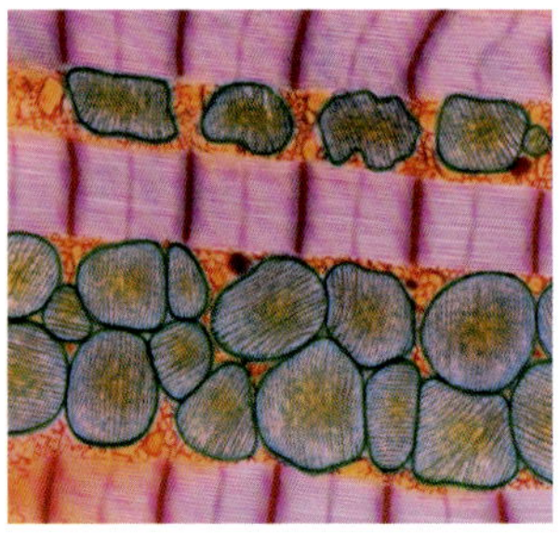
心肌细胞

肌腱
坚韧的纤维组织条带，用来把肌固定到骨上。

足的肌腱
小腿肌的肌腱又细又长，一直延伸至脚趾。你用小腿肌活动脚趾，同样，用前臂肌来活动手指。

缝匠肌
位于大腿内侧的长长的带状肌，是人体最长的肌。

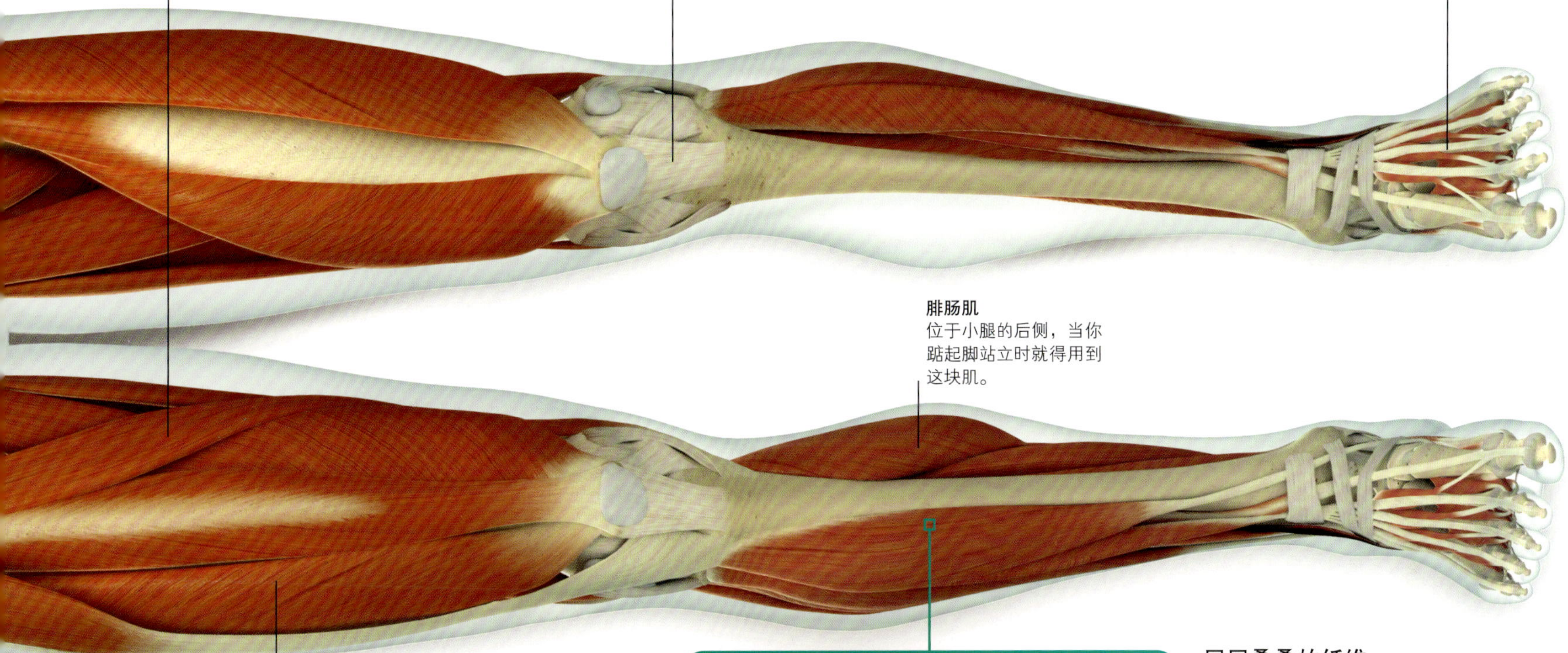

腓肠肌
位于小腿的后侧，当你踮起脚站立时就得用到这块肌。

股四头肌
位于大腿前侧，是人体里最大、最强有力的肌之一。当你走路、跑跳时，股四头肌可以让你伸腿。

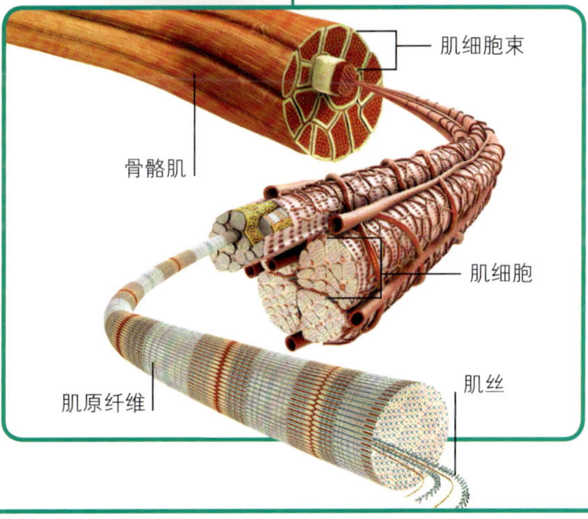

层层叠叠的纤维

骨骼肌，如你腿部的肌，由一束一束的肌细胞（又称肌纤维）组成。每个肌细胞又由一束更细小的杆状纤维——肌原纤维组成。而构成肌原纤维的是更细的纤维——肌丝。

协同工作

骨骼肌常常成对工作，牵拉骨向不同的方向移动。如在上臂有两大块肌：肱二头肌在臂前面，肱三头肌在臂后面。肱二头肌收缩时使臂弯曲，肱三头肌收缩时使臂伸直。

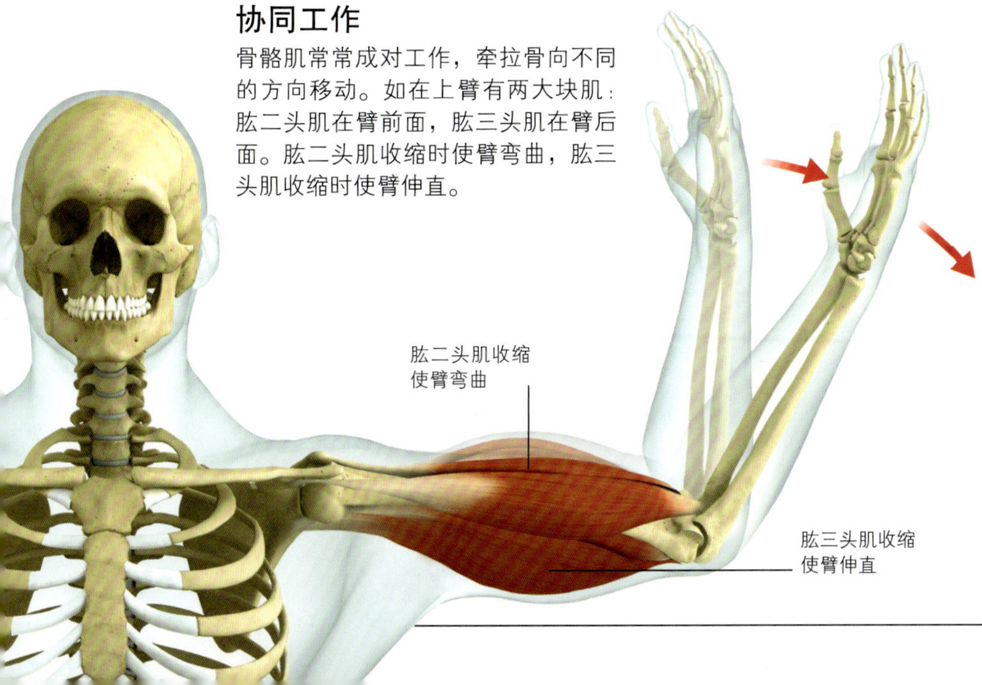

肌的形状

肌的形状各式各样，这取决于它们在人体里的位置和所起的作用。有的肌一端或两端尖，以产生最大拉力，而另一些肌则呈简单的带状。环形肌用来关闭体腔的开口，如口和尿道的开口。

半羽肌
（如手指的肌）

梭形肌
（如肱二头肌）

多羽肌
（如肩部的肌）

带状肌
（如大腿内侧的肌）

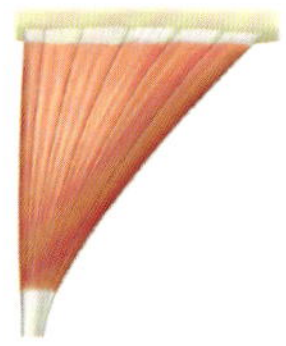

三角形肌
（如胸部的肌）

环形肌
（如口周的肌）

30000 人体每分钟会脱落3万片皮屑。

30 每30天皮肤的外层就全部更新一次。

皮肤

皮肤好像一件包裹着全身的起保护作用的外套，在身体内部与外部世界之间建立起一道屏障。

皮肤是防水的，能防御微生物的入侵，还有自我修复的功能。皮肤能滤掉阳光里的部分有害射线，能产生触觉，并帮助维持体温。

皮肤只有几毫米厚，但它构成了人体最大的器官，占体重的 16% 左右。坚韧的皮肤外层不断损耗，持续不断地由下层组织更新。皮肤也会长出毛发和指甲。这些保护性组织与皮肤外层一样，也是由死细胞构成的，而且含有坚韧的蛋白质——角蛋白，所以这些组织很坚硬。

表皮和真皮

皮肤可以分为两层。上层称为表皮，主要由死细胞构成，起保护作用。眼睑的表皮像纸一样薄，而足部大脚趾的表皮有 0.5 厘米厚。表皮下面的真皮是活的组织，内部布满了血管和能够产生触觉和痛觉的神经。

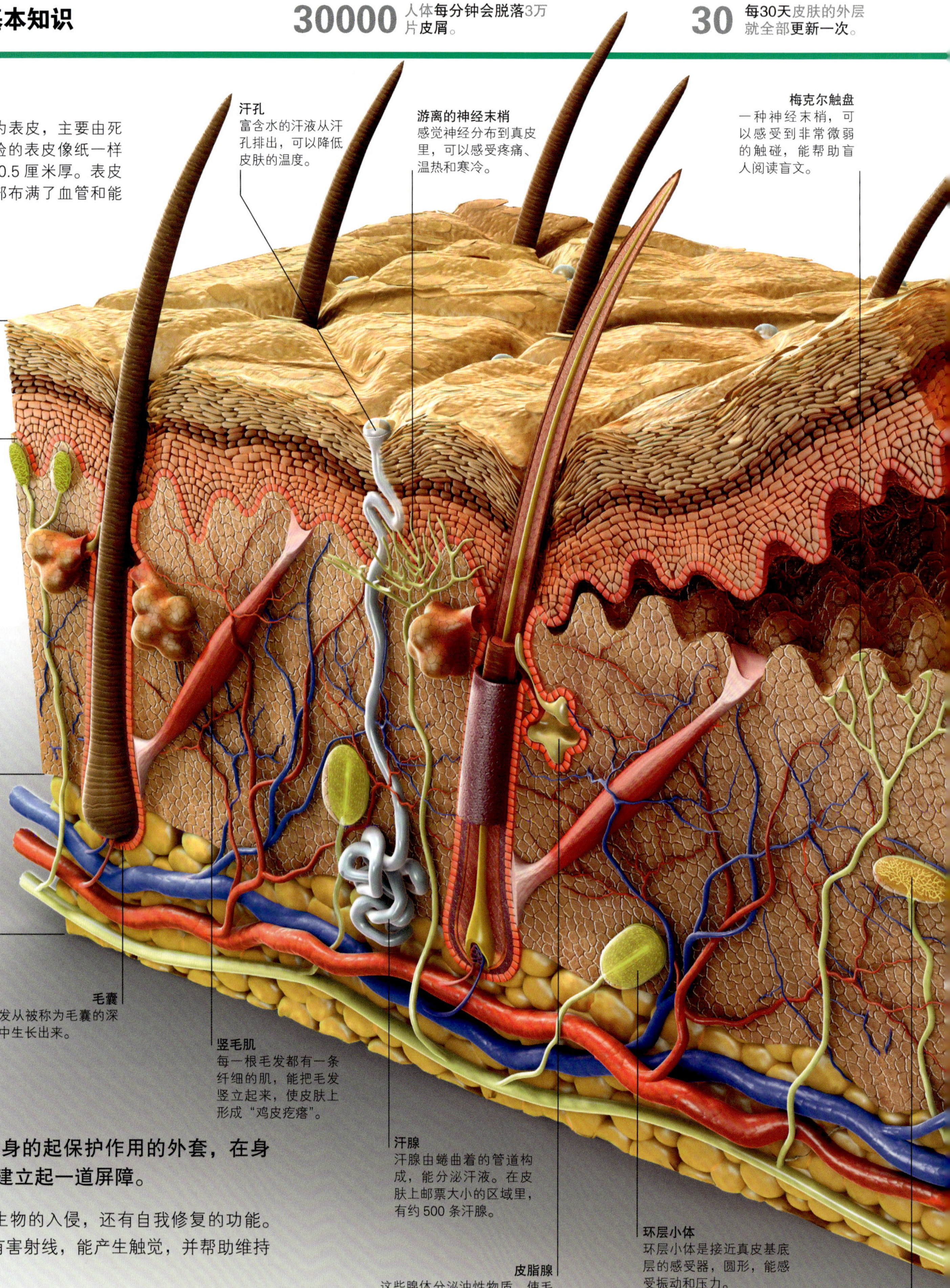

5.6 人类最长头发有5.6米。

3 1个月内指甲平均生长3毫米。

3 指甲生长的速度约是趾甲的3倍。

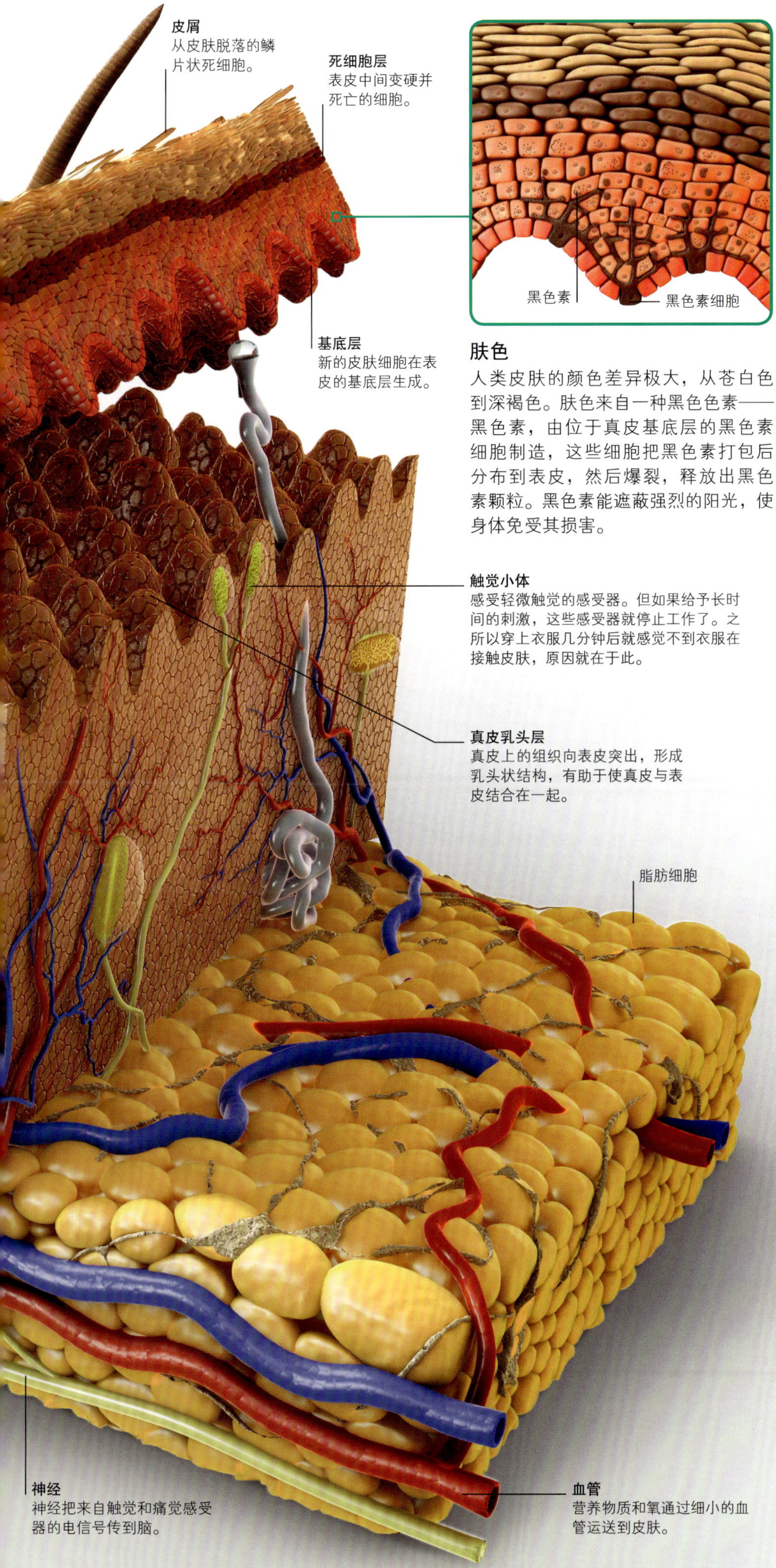

肤色

人类皮肤的颜色差异极大，从苍白色到深褐色。肤色来自一种黑色色素——黑色素，由位于真皮基底层的黑色素细胞制造，这些细胞把黑色素打包后分布到表皮，然后爆裂，释放出黑色素颗粒。黑色素能遮蔽强烈的阳光，使身体免受其损害。

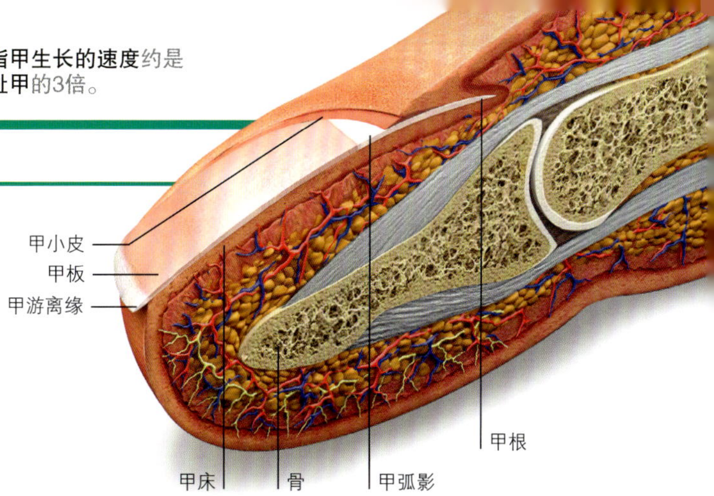

指甲

当人们触摸或抓握物品时，指甲通过产生反作用力使指尖的触觉更加精细。指甲也能帮助人们撬动或抓牢细小的物品。指甲的顶部——甲板由紧紧堆叠在一起的死细胞构成，这些细胞里含有坚韧的蛋白质——角蛋白。甲板下面是有生命力的甲床，这是一种特殊的皮肤，能产生指甲细胞而不是普通的表皮细胞。甲床含有人体分裂得最快的细胞。

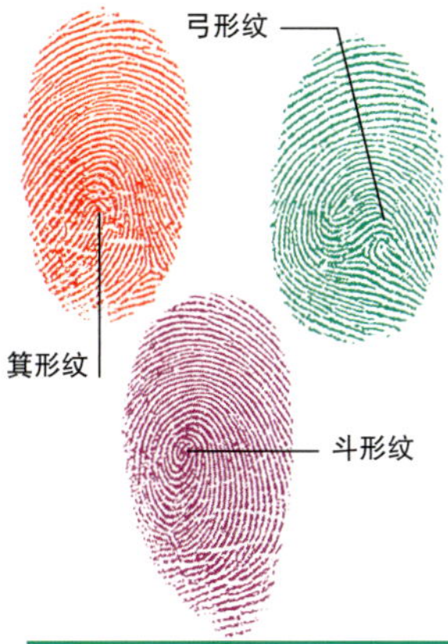

指纹

仔细看看你的指腹，你就能看见皮肤上有纤细的隆起，形成旋涡状结构。这种结构就像轮胎上的纹理，能帮助抓握。没有两个人指纹完全相同，这就是警察利用指纹来鉴定嫌疑人的依据。指纹专家在比较指纹时要寻找区别性的特征，如斗形纹（螺形纹）、弓形纹和箕形纹。

毛发是怎么生长的?

毛发和指甲一样，由堆满了角蛋白的死细胞构成。它们从位于口袋状毛囊中的有生命力的毛根生出。一根典型的毛发，生长期为2~3年，在这以后，毛发的血液供应中断，毛根死亡。随后，长出新的毛发，把旧的毛发推掉。人们每天要脱落50~100根毛发。

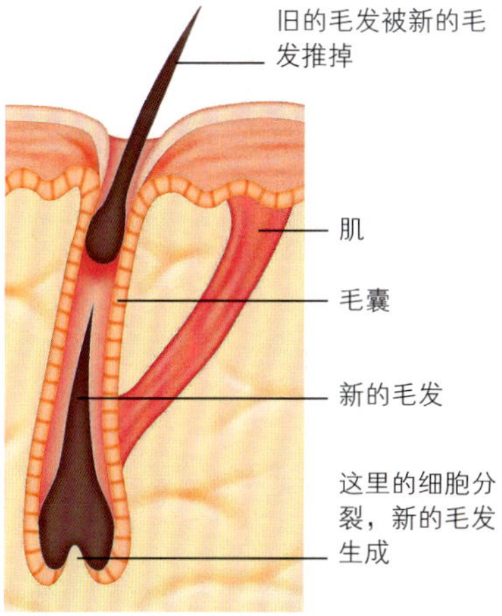

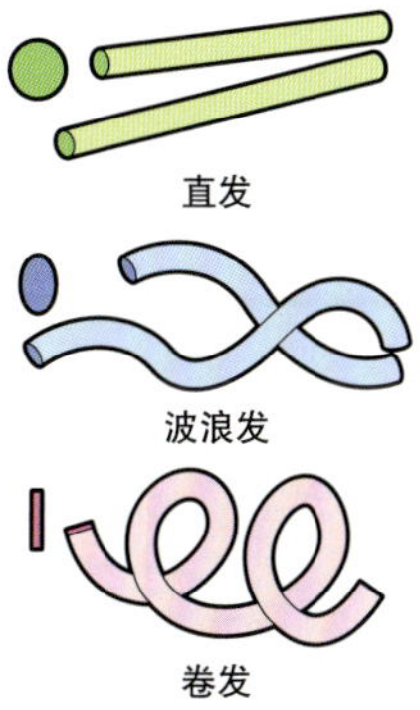

直发、波浪发或卷发?

头发的形状影响着其生长方式。横断面是圆形的头发往往生长成直发。横断面是椭圆形的头发往往生长成波浪发。横断面扁平的头发往往生长成卷发。以一个倾斜的角度从皮肤中长出的头发也会长成卷发。

给人体提供能量

人体里的每个细胞都需要不断得到营养和氧才能存活。营养来自人们吃的食物，而氧来自空气。在每个细胞里，食物分子与氧发生化学反应，释放出能量，给细胞的活动提供动力。人体几个系统协同工作，向细胞提供营养和氧，并带走废物。这些系统包括消化系统、呼吸系统、循环系统和泌尿系统。

呼吸

人体依靠化学过程获取动力，这个过程与给汽车提供动力的过程类似。在汽车发动机里，燃料与氧气反应，释放出能量，驱动车轮。在人体里，食物分子和氧在细胞里发生反应。从空气中获得氧，然后在细胞里利用氧的过程称为“呼吸”。将氧带进身体的器官构成呼吸系统。

呼吸系统

呼吸系统的主要器官是肺和连通肺的气道（如气管）。肺是柔软的海绵样器官，占据了胸腔的大部分空间。肺周围的肌收缩使肺膨胀，吸进空气，让氧进入血液，而代谢废物二氧化碳则以相反的方向返回气道。

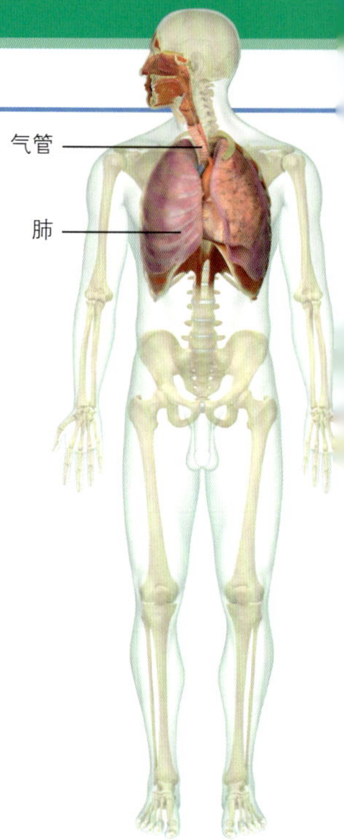

消化

食物是许多不同的有机化合物的混合物，它的主要成分包括碳水化合物、脂肪和蛋白质等。这些化合物由长链分子构成，这些分子太大，不能被吸收进血液和进入身体组织。消化过程把这些大分子分解为较小的容易吸收的单位。经过消化，碳水化合物转化为糖，蛋白质转化为氨基酸，脂肪转化为脂肪酸。

消化系统

分解食物的身体器官构成消化系统。消化过程从口腔开始，在口腔里主要进行机械性加工。食物被咀嚼粉碎，吞下，进入肠胃，在这里，主要经受化学性分解。肠道也能吸收消化的产物，并把不能被消化的食物残渣排出体外。

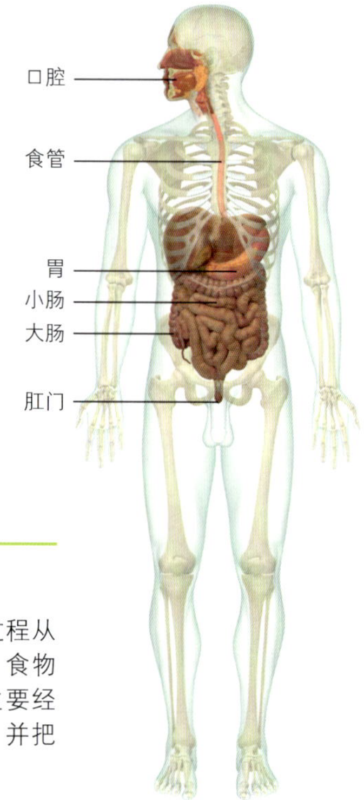

健康的膳食

食物中的主要营养成分是蛋白质、碳水化合物和脂肪。蛋白质是构成和修复人体组织的原料，碳水化合物能提供能量，脂肪能储存能量。健康的膳食还应当包括植物纤维，以及必不可少的维生素和矿物质。植物纤维不能被消化，但有助于肠道的工作。维生素和矿物质的需求量都很小。把形形色色不同类型的食物混合起来吃，才能获得平衡膳食，如下面的饼状图所示。

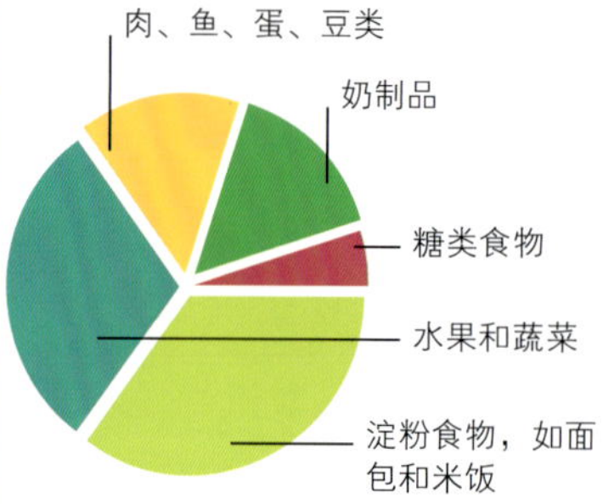

酶

消化器官能分泌酶，这是一种化学物质，通过断开食物中分子的连接，能把食物中的长链分子分解成更小单位。有许多种酶，每一种酶特定分解某一类型的食物分子。例如，蔗糖酶能在肠道里分解蔗糖。

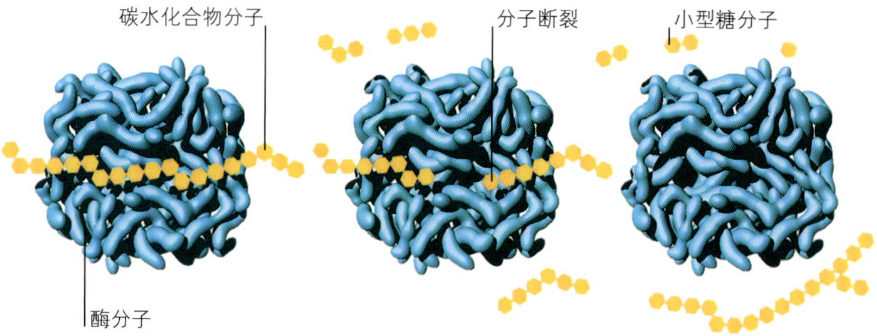

附着
一个碳水化合物分子附着到酶分子的活性部位上。

分解
酶的活性部位使碳水化合物分子里的一些连接断开，把这个分子分解成较短的分子。

释放
酶把这个分子释放，再挑拣其他的分子。一个酶分子每分钟能分解约1万个食物分子。

加酶洗衣粉利用消化酶来分解衣服上的污渍。

来自食物的热量

科学家用焦耳（有时也用卡路里，1卡≈4.186焦）为单位计算食物中所含的能量。你需要多少能量取决于你的活动量和年龄。如果你吃进去的热量比你需要的多，那么多余的能量就会以脂肪的形式在你体内存储起来。经常吃得太多会使你超重，超重会导致很多健康问题，特别是在晚年。

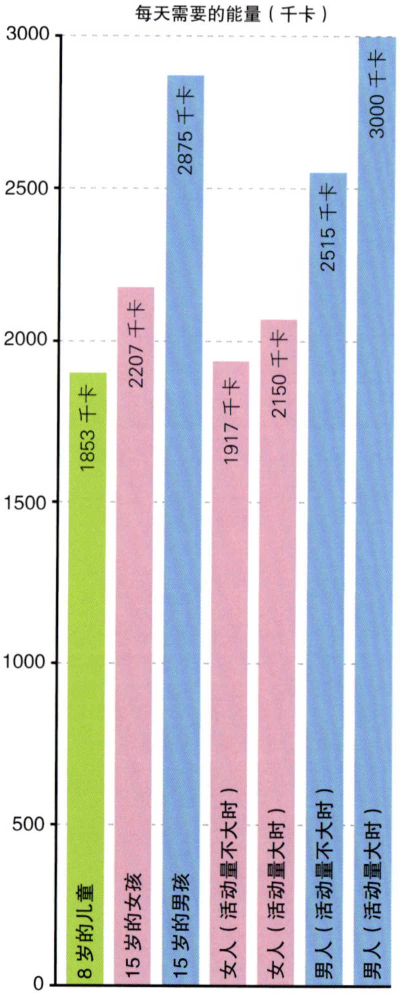

细胞呼吸

食物分子里包含着无法释放的化学能，就如加到汽车里的汽油包含无法释放的能量一样。活细胞通过细胞呼吸过程释放这种能量。例如，糖类分子能与氧分子发生反应，使糖分子内部的化学键断裂以释放这些能量，同时产生副产品——二氧化碳和水。大量二氧化碳是有毒的，因此血液流动把它带走，通过肺的呼吸排出体外。

$$C_6H_{12}O_6 + 6O_2 \longrightarrow 6CO_2 + 6H_2O + \text{能量}$$

糖　氧　二氧化碳　水

线粒体

细胞呼吸发生在被称为线粒体的微小动力工厂里，每一个细胞都有线粒体。有些细胞只含一个或两个线粒体，但是，能量需求较高的细胞，如肌细胞，则含有几百个线粒体。每个线粒体都被两层膜包裹，外膜平滑，内膜则形成很深的褶皱。细胞呼吸的化学反应就发生在内膜上。

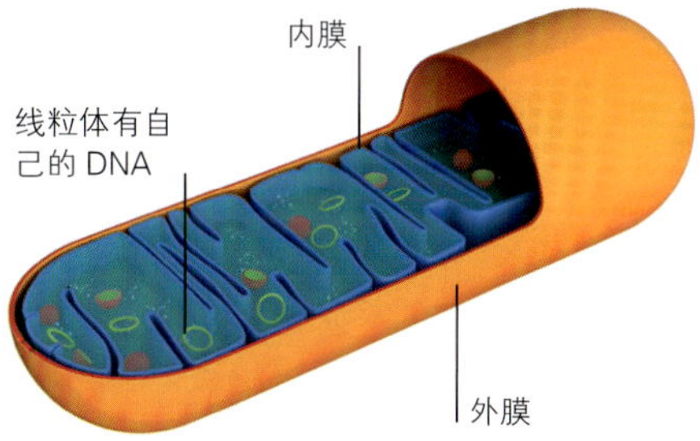

食物加工

肠道吸收的营养物质被血液输送到肝。肝就像一个化工厂，储存着数以百计重要的化合物，许多化学反应在肝里面发生。

肝的主要功能
把糖分子转变为糖原，作为短期储备
从血液中清除有毒的物质，包括药物和酒精
产生胆汁，用来帮助分解肠道内的脂肪
储藏维生素 A、维生素 B_{12}、维生素 D 和维生素 E，以及各种矿物质，包括铁和铜
把过多的蛋白质转变成脂肪，为身体提供能量储备

运输

人体包含长达 10 万千米的血管，从粗如拇指的动脉到细如发丝的毛细血管。好像一个国家里通往每座房子的交通网一样，血管把生命必需的物质输送到身体的每个活的细胞，并把代谢产生的废物带走。

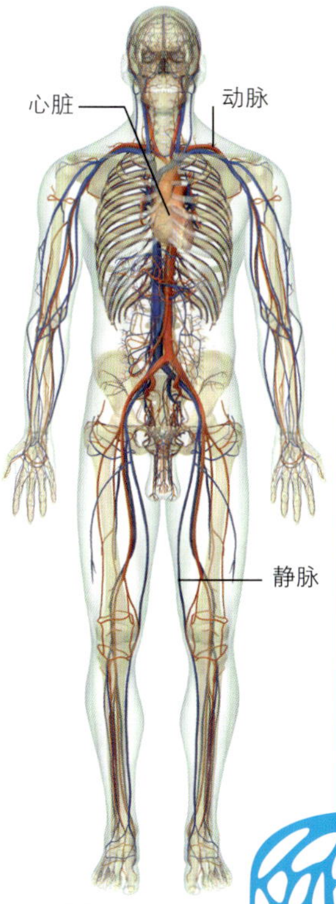

循环系统

心脏和血管构成人体的循环系统。心脏的每一次搏动都把血液泵入厚壁的血管——动脉。血液通过静脉返回心脏。动脉和静脉之间有着由微小的血管组成的庞大网络，这些血管被称为毛细血管。毛细血管管壁薄，能让氧、食物分子，以及其他化学物质自由地通过。

双重循环

心脏驱动血液在体内沿着两个回路流动。较短的回路（下图中以蓝色箭头表示）是心肺之间的循环途径，血液在肺将氧带回心脏。较长的回路（图中以黄色箭头表示）把富氧血送到身体的其他部位。富氧血是鲜红色的，而乏氧血是暗红色的。但是在大部分人体生理示意图中，乏氧血却是用蓝色表示的。

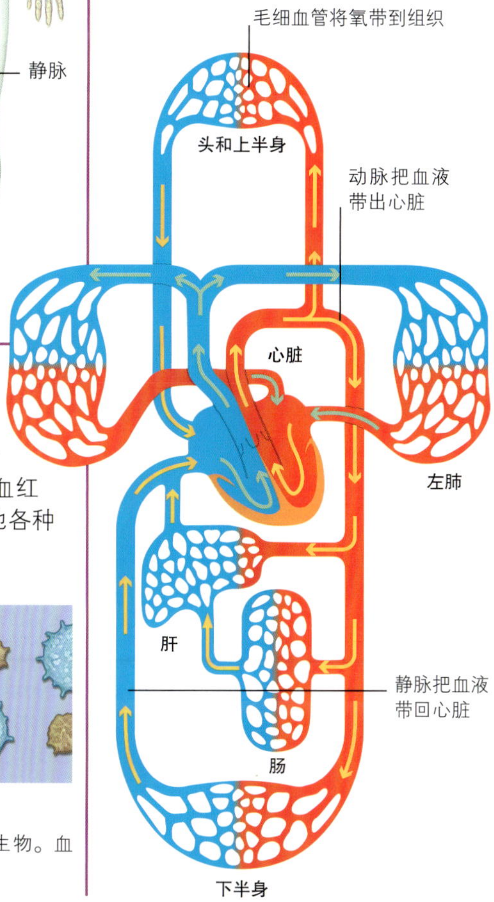

血液是怎样工作的?

血液是一种液体组织，由悬浮在水样液体里的数十亿计的细胞构成，这种水样液体被称为血浆。血液按容积计算，54% 是液体，46% 是细胞。氧由红细胞里被称为血红蛋白的蛋白质携带。食物分子、激素、盐类、废物及其他各种各样的化学物质都溶解在血浆里运输。

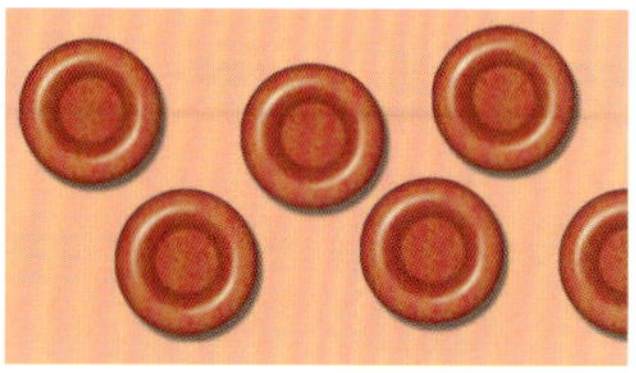

红细胞

圆盘状的红细胞在肺接走氧，并在人体的其他任何地方把氧释放出来。

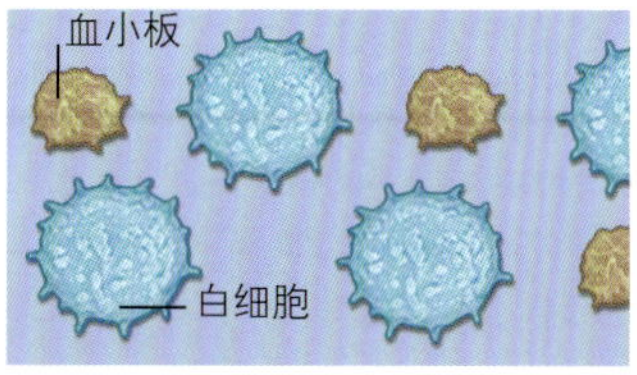

白细胞和血小板

白细胞破坏进入人体的微生物。血小板帮助血液凝结成块。

废物清除

在细胞里进行的化学反应会产生废物，如果这些废物堆积，就会毒害人体。血液将这些废物带至许多器官破坏和清除掉，包括肾、肝、皮肤和肺。

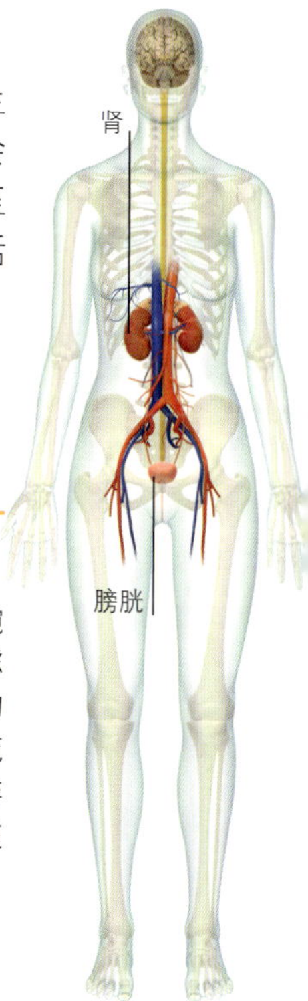

泌尿系统

血液里的许多废物通过两个形似豌豆的器官——肾来清除。肾不断滤出血液中多余的水分和各种化学物质，最终形成的液体就是尿。尿流入膀胱，暂时储存在这里，等待排出体外。肾、输尿管、膀胱和尿道构成人体的泌尿系统。

尿的成分

尿的主要成分是水和尿素。多余的蛋白质在肝分解形成尿素。尿中其他的化合物主要是盐类。如果你喝下大量的液体，尿里的水分就会增加；当你口渴时，尿里的水分就会很少。

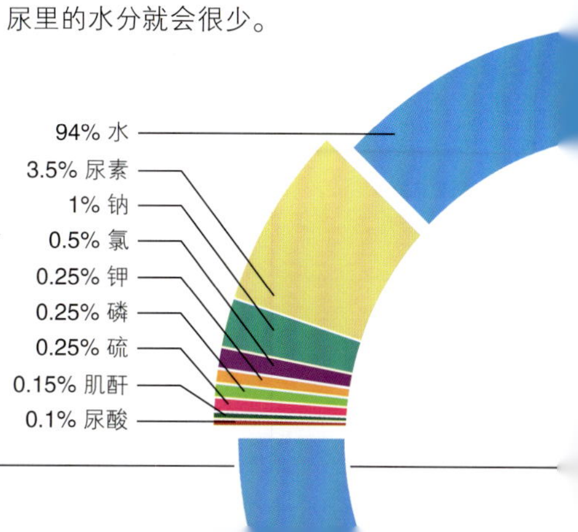

25000 人一生中要分泌2.5万升唾液。

从口到胃

光是想到食物或闻到食物的味道就足以让消化液流进口腔和胃。一旦食物进入体内，就会被磨成糊状，化学物质也立即开始分解食物。

大部分食物中的营养物质都是长链分子，这样的分子太大，不能溶在水中，以至于不能被吸收进入血液。消化过程把这些巨大的分子分解为人体能够吸收的微小单位。消化过程的第一步是物理性的：用牙齿咀嚼，把食物撕开、压碎、研磨。这个物理过程有助于消化液渗入食物，进行化学性分解。

胃充满食物时，
体积扩大到空腹时的70倍。

口腔内

人类不像猫、狗等动物那样能把大块的食物狼吞虎咽地吃到肚子里，而是必须把食物嚼碎才能吞下。在口腔内，食物被牙齿磨碎，并与水样的唾液混合。唾液让食物变得湿润，滑溜溜的，易于咽下。唾液里还含有消化酶，能把食物中的大分子分解成碎片。淀粉酶把面包、米饭等食物中的淀粉分子分解为糖。脂肪酶能分解脂肪。

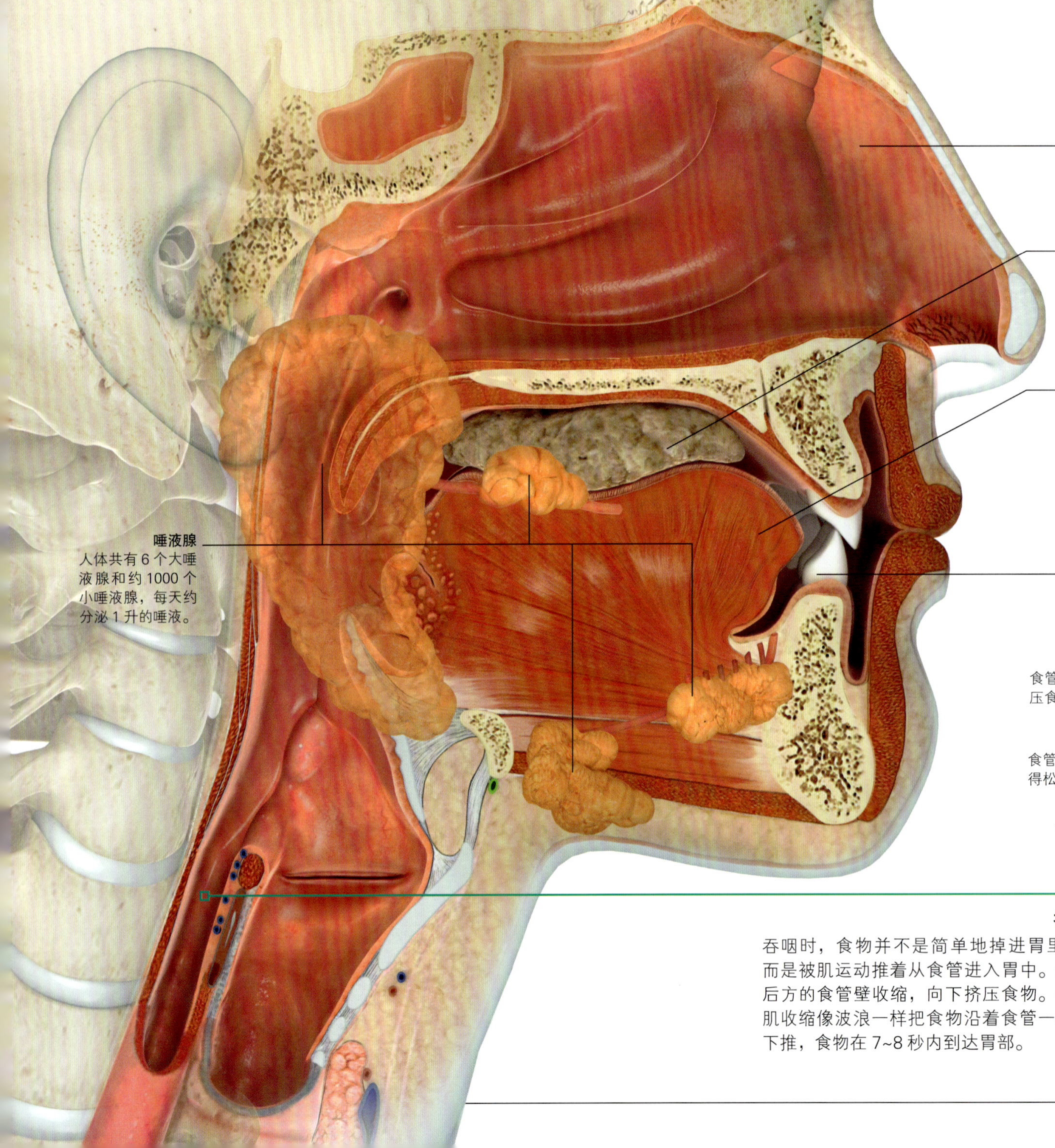

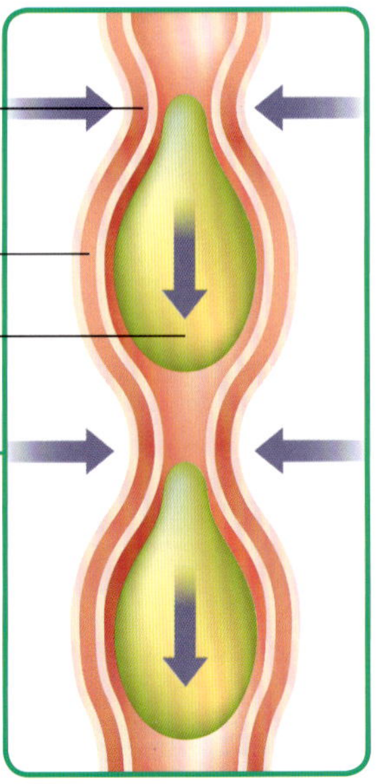

吞咽

吞咽时，食物并不是简单地掉进胃里的，而是被肌运动推着从食管进入胃中。食物后方的食管壁收缩，向下挤压食物。这种肌收缩像波浪一样把食物沿着食管一路向下推，食物在 7~8 秒内到达胃部。

牙齿是怎么工作的？

牙齿是消化过程中的第一道攻击线，它们把食物挤压、碾磨成小块。人一生中有两套牙齿：20 枚乳牙，6~14 岁时陆续脱落更换；32 枚恒牙，保持终生。牙齿有好几个类型。前牙（切牙）的边缘很薄，便于切开和咬断食物。后牙（磨牙和前磨牙）牙冠宽大，有许多粗大的突起，适于挤压和磨碎食物。尖牙牙冠尖形，可以刺破和撕裂食物。人类的尖牙不大，但其他许多哺乳动物的尖牙又长又尖，也就是所谓的犬牙。

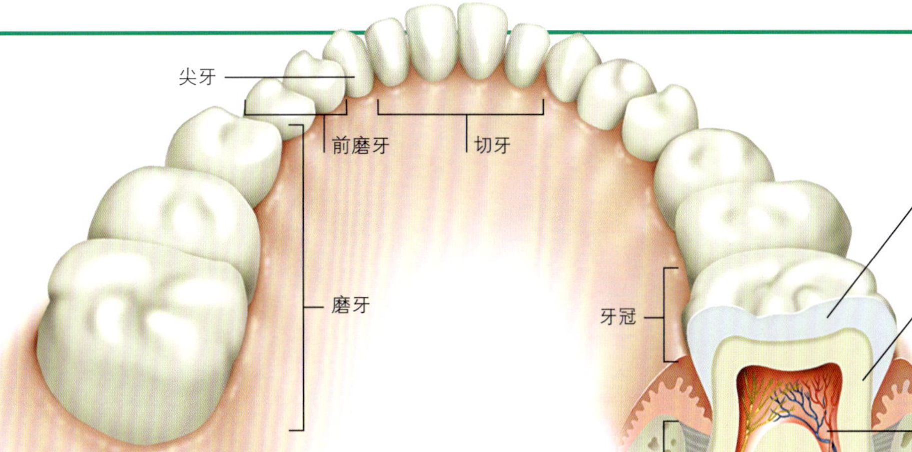

牙齿内部

牙齿的构造使它们能承受终生的磨损。牙的表面覆盖着人体最坚硬的物质——牙釉质。牙釉质的下面是一层与骨类似的组织——牙本质。牙本质又包绕着牙齿柔软的中心部分——对痛觉高度敏感的牙髓腔。

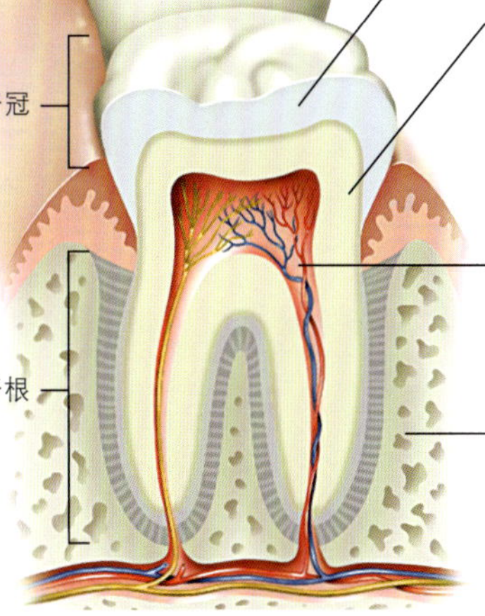

在胃里

胃像一台食品加工机，能把食物搅拌、混合，直到它变成浓稠的液体。胃壁里的腺体分泌胃酸和消化酶，用来分解食物中的蛋白质分子。胃壁不能吸收来自食物的营养素，但能吸收水分和阿司匹林等药物。

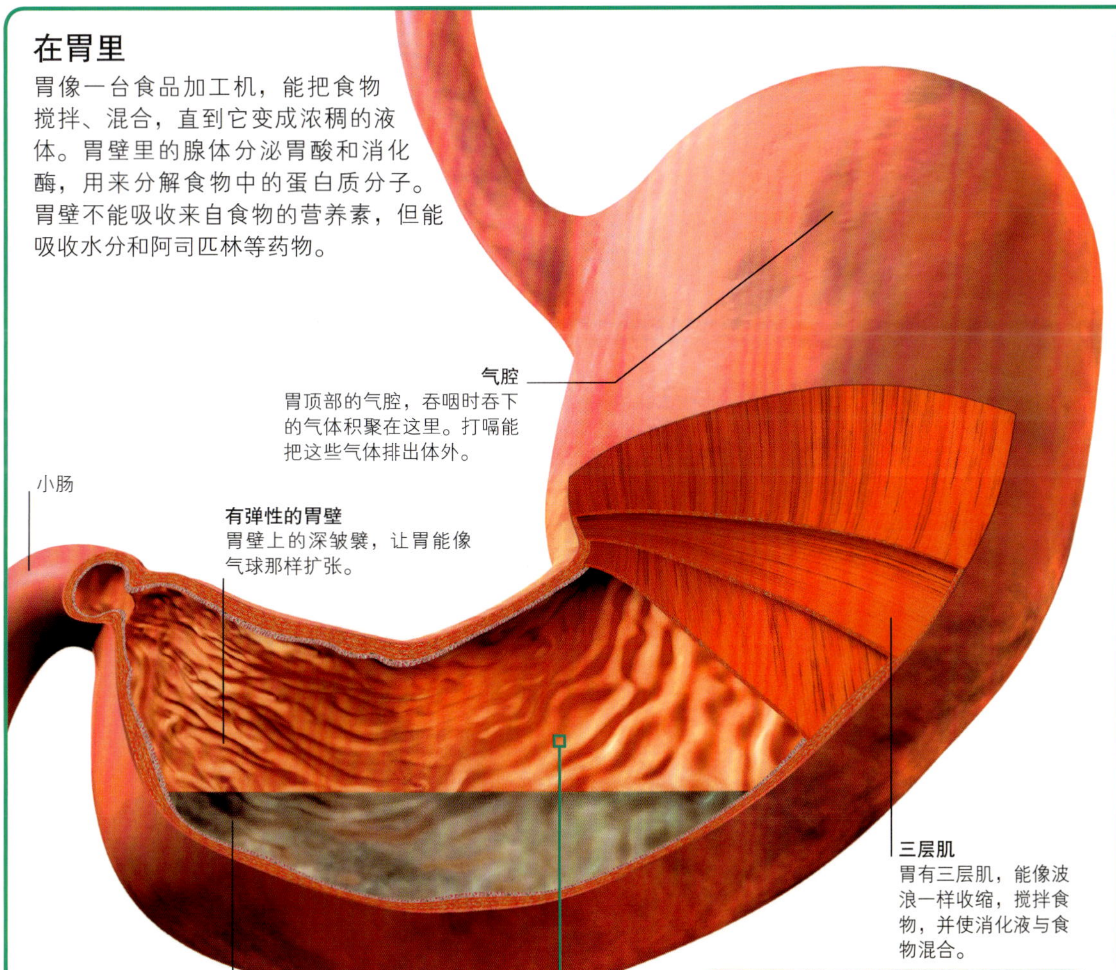

酸浴

胃壁黏膜上有数以百万的微小凹陷（见右图），从那里分泌出一种液体——胃液，胃液的酸性比柠檬汁还强。胃液里的酸能杀灭微生物，活化胃蛋白酶。胃蛋白酶能分解蛋白质。胃壁黏膜还能分泌一层保护性黏液，避免胃把自己消化了。

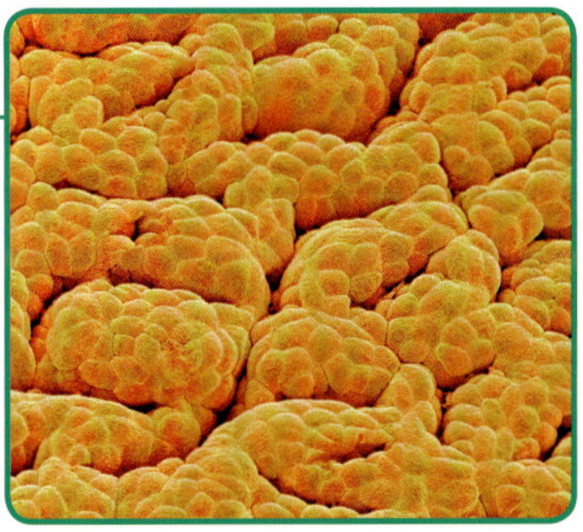

充满与排空

胃充满食物时，它能像气球一样胀大。饱食时胃能轻松地容纳约 1 升的食物和液体，但它的容积还能扩张 3 倍。吞下的食物在胃里停留 40 分钟到 5 小时，这取决于摄入食物的量和油腻程度。

1 填充
进食时，胃扩张，分泌胃液。食物与胃液停留于胃的底部。

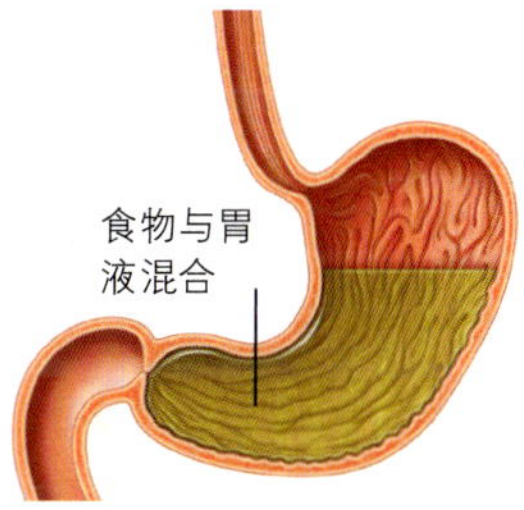

2 搅拌
胃壁的肌节律性收缩，把食物与胃液搅拌在一起。胃液中的酶通过化学作用分解蛋白质分子。

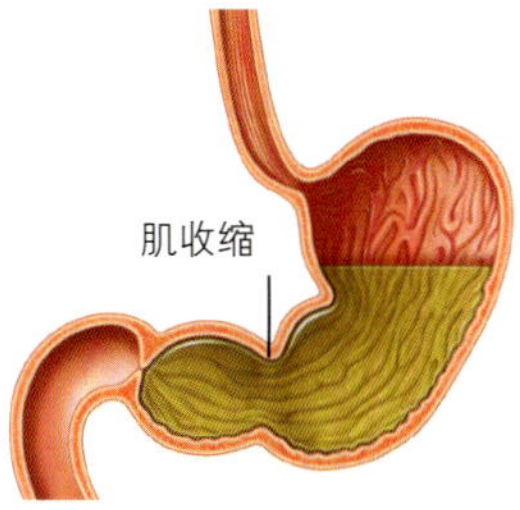

3 排空
环形的肌（幽门括约肌）开放，让食物通过，进入小肠。胃壁收缩，把液化的食物喷出。

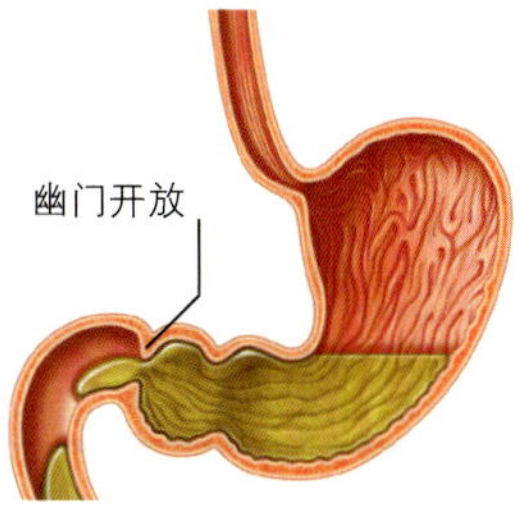

当胃排空时，胃壁的肌收缩，把没用过的消化液挤入肠道，这时会产生咕咕叫的声音。

化学性消化

食物一旦离开胃进入小肠，就与来自两个邻近器官——胆囊和胰分泌的强力化学物质相混合。胆囊中储藏着一种绿色的液体——胆汁，可以用来中和胃酸，并把脂肪转变为容易消化的微小滴状。胰分泌的消化酶至少有 7 种，能将碳水化合物、蛋白质和脂肪分子分解成较小的分子。

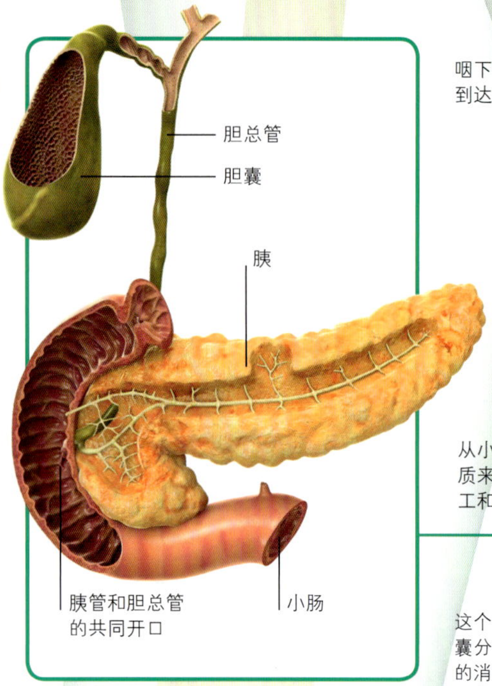

肠

小肠和大肠盘曲在肚子里，它们的总长度有 6.5~8.5 米。当食物通过肠道时，含有多种消化酶的化学混合物就把食物分解为能被吸收的分子形式。

肠道是消化系统中最重要的部分。化学消化过程在这里完成，分解后的营养物质被吸收进血液，再被带到身体的其他地方。同胃一样，肠道也有肌壁，肌收缩把食物向前推挤。食物通过小肠只需要几小时，在这段时间里几乎所有的营养物质都被吸收了。随后，剩下的物质要花费长达 1 天的时间慢慢通过大肠，在那里水分被吸收，细菌帮助消化坚韧的纤维物质。这个旅程终止于肛门，未消化的食物残渣变成粪便通过肛门排出体外。

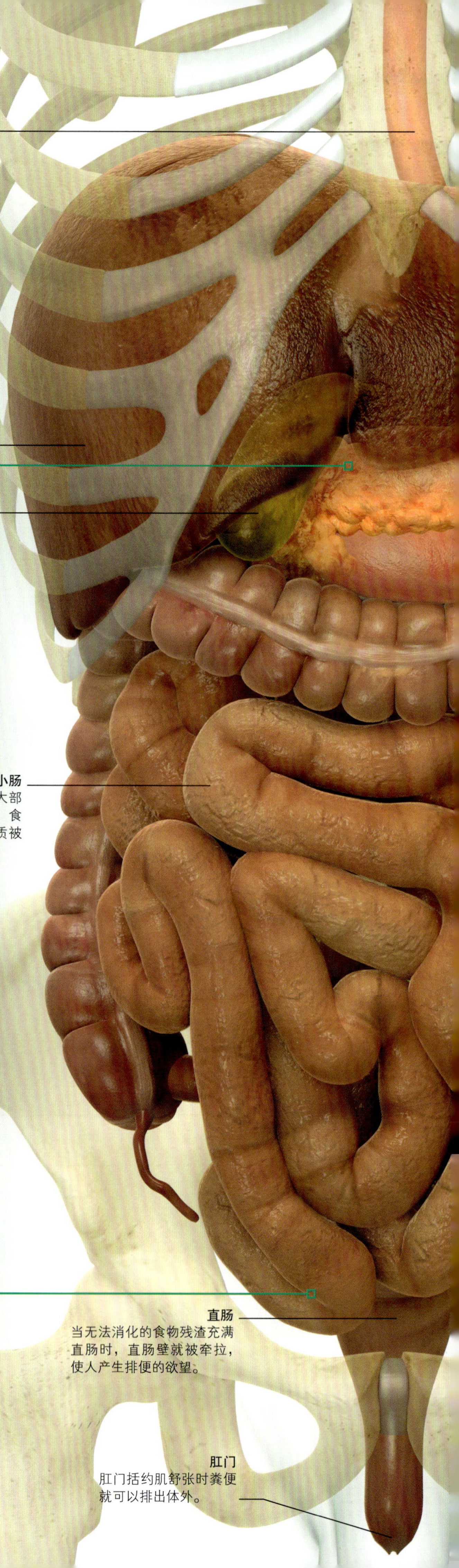

食物的吸收

小肠的内壁上覆盖着数以百万的微小指状突起——小肠绒毛，每根大概 1 毫米长。小肠绒毛可以吸收消化过程中产生的食物小分子，如糖类和氨基酸。这些小分子进入绒毛内的血管，被血液带走。所有小肠绒毛加在一起，提供了一个巨大的能消化和吸收的表面。如果把你所有的小肠绒毛平摊开来，它们大致可以覆盖一个网球场。

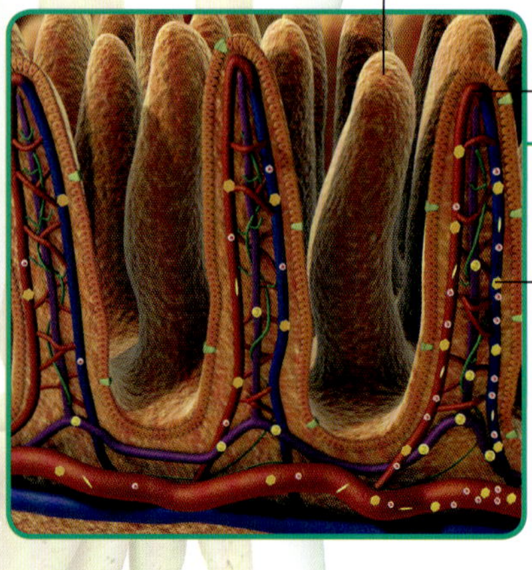

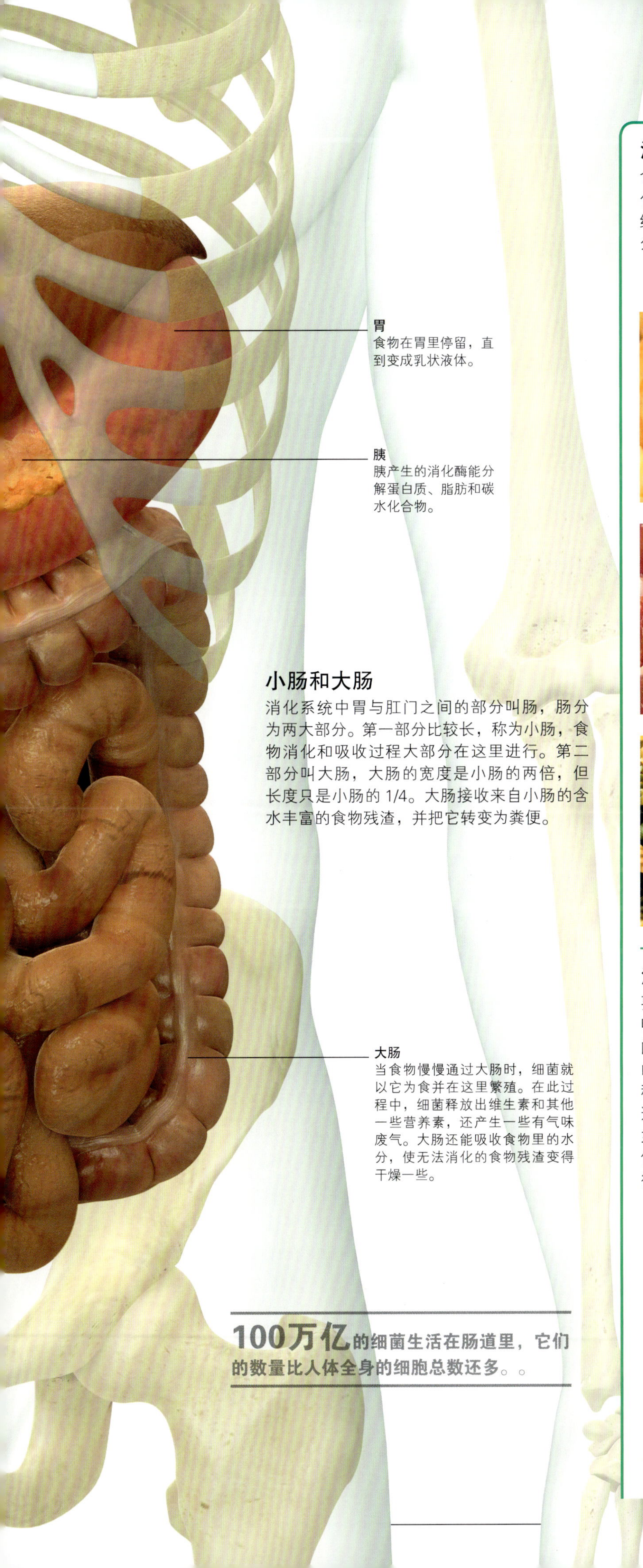

胃
食物在胃里停留，直到变成乳状液体。

胰
胰产生的消化酶能分解蛋白质、脂肪和碳水化合物。

小肠和大肠

消化系统中胃与肛门之间的部分叫肠，肠分为两大部分。第一部分比较长，称为小肠，食物消化和吸收过程大部分在这里进行。第二部分叫大肠，大肠的宽度是小肠的两倍，但长度只是小肠的 1/4。大肠接收来自小肠的含水丰富的食物残渣，并把它转变为粪便。

大肠
当食物慢慢通过大肠时，细菌就以它为食并在这里繁殖。在此过程中，细菌释放出维生素和其他一些营养素，还产生一些有气味废气。大肠还能吸收食物里的水分，使无法消化的食物残渣变得干燥一些。

100万亿的细菌生活在肠道里，它们的数量比人体全身的细胞总数还多。

消化过程是怎样的？

食物中的营养物质本来固定在一些巨大的分子里，不能直接被人体吸收。消化过程把这些大分子分解成能够溶解于体液和吸收入血液的小分子。消化系统的器官能产生一系列酶，用来分解食物。每种酶只能消化特定类型的食物分子。

脂肪

黄油和食用油是脂肪的来源。小肠里的脂肪酶把脂肪分解为脂肪酸和甘油。

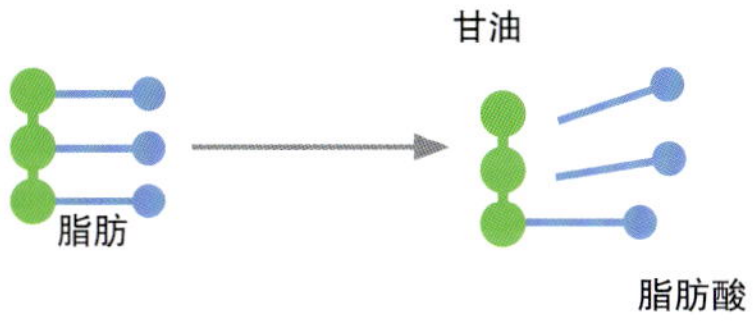

蛋白质

肉类和奶酪富含蛋白质。胃和小肠里的蛋白酶能把蛋白质分解成氨基酸。

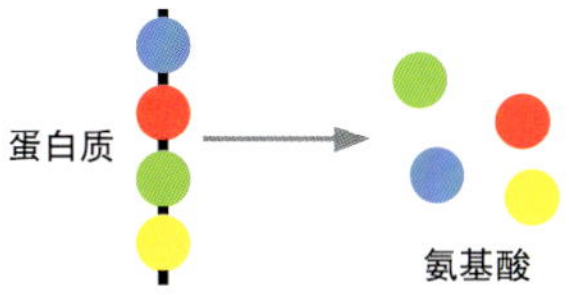

碳水化合物

富含碳水化合物的食物包括面食、米饭等。口腔和小肠里的淀粉酶能把碳水化合物分解成糖类。

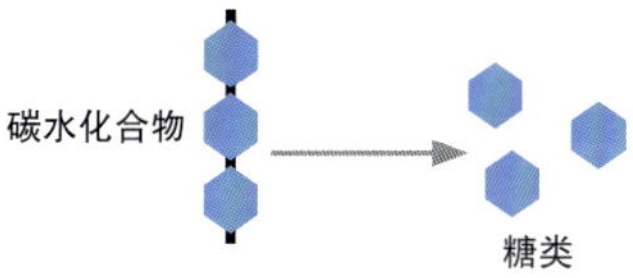

消化过程花费的时间

要把食物中所有的营养物质都吸收到人体中，这需要花费时间。从把食物吃下到把无法消化的食物残渣排出体外，这个过程约花费 20~44 小时。消化的速度取决于你吃的是什么食物。如果你吃的是水果和蔬菜，它们通过身体的速度比肉类要快得多。

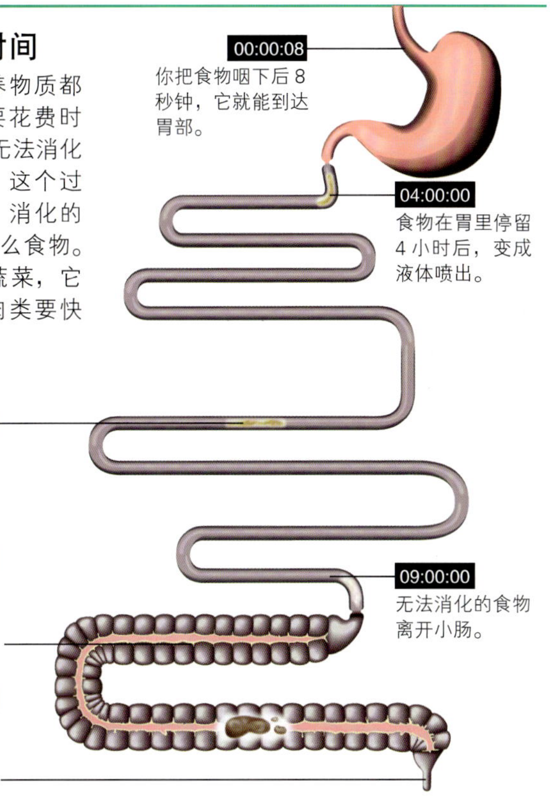

人体里**血管的全长**约为10万千米。

在血液中

血液是人体的运输系统。它把营养物质、氧、激素、热量及其他必不可少的资源携带到人体的每一个活细胞，并将废物带走。

血液无尽无休地在体内循环，流经长达 10 万千米的血管。最大的血管就像花园里用来浇水的软管那么粗。最小的血管则只有头发丝的 1/10 那么细，用肉眼根本观察不到。当血液流过这些最细的血管时，释放氧和营养物质，使人体细胞得以存活并发挥功能，同时又从这些细胞收集废物，把废物带走，排出体外。血液里还有能攻击微生物和修复伤口的细胞。血液还能运输激素、帮助热量散布全身等。

循环系统

心脏和血管构成人体的循环系统。血液离开心脏后进入动脉（图中用红色表示），动脉分成越来越细的分支。然后血液通过被称为“毛细血管”的纤细血管，在这里释放营养物质并收集废物。毛细血管集合起来，形成较粗的静脉（图中用蓝色表示），静脉把血液带回心脏。

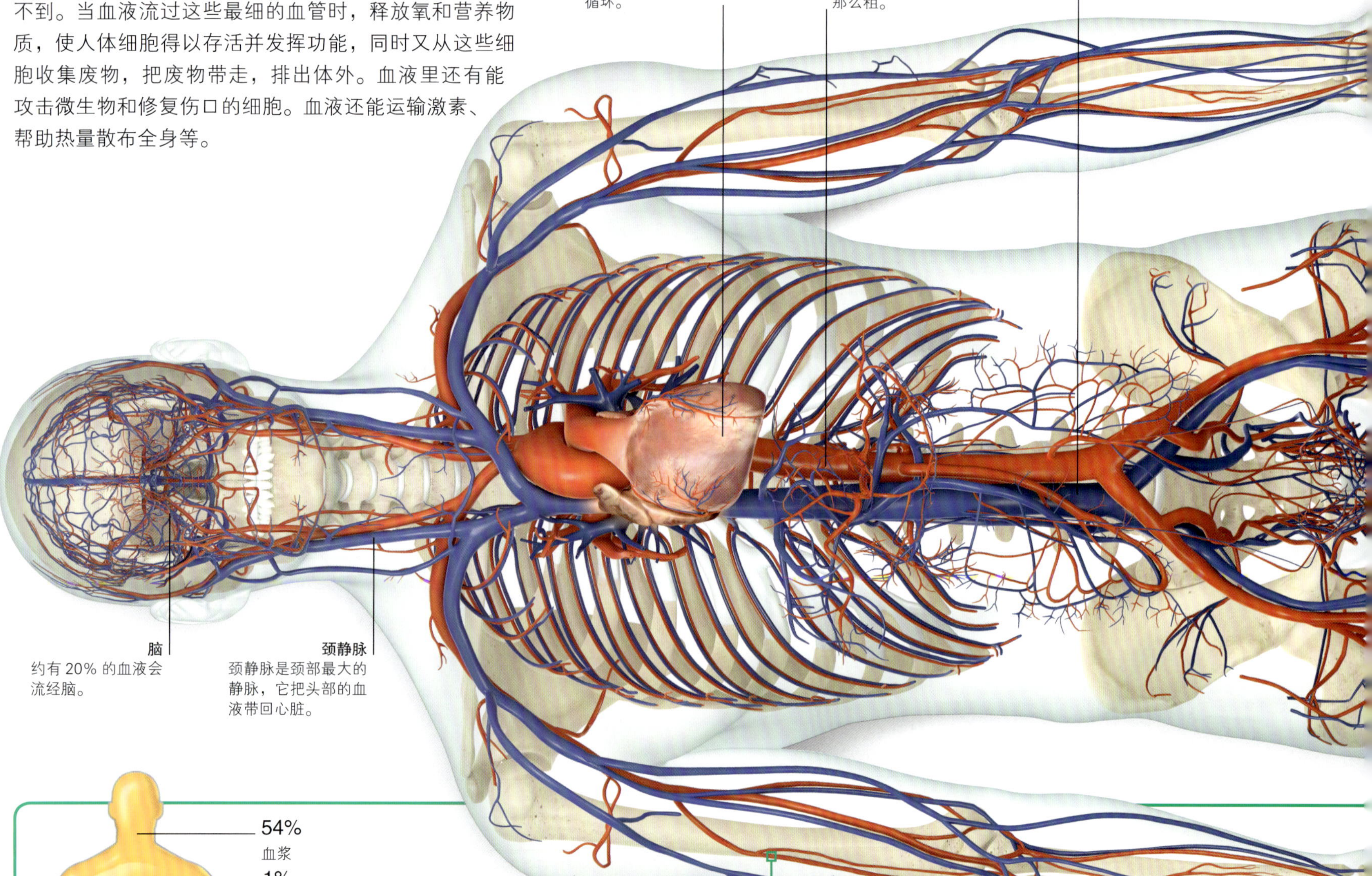

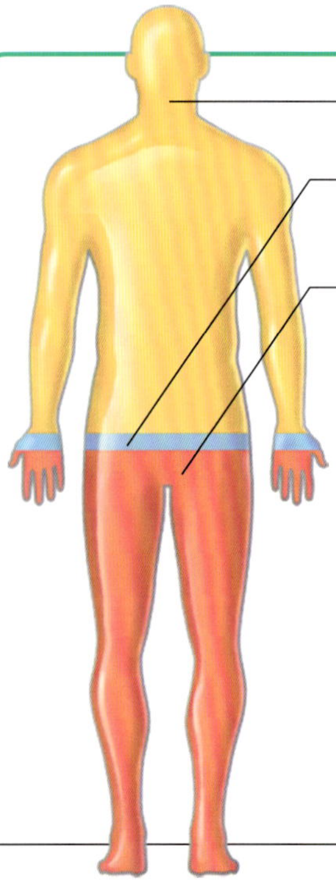

血液的成分是什么?

血液是一种活性组织，包含 20 万亿个微小的活细胞，活细胞漂浮在一种被称为血浆的黄色液体中。血浆的主要成分是水，但也包含几百种必不可少的物质，如盐、糖、脂肪和蛋白质。身体要保持活力，就必须要有这些物质。血液也会把废物带走。一个普通的成年人有约 5 升的血液。

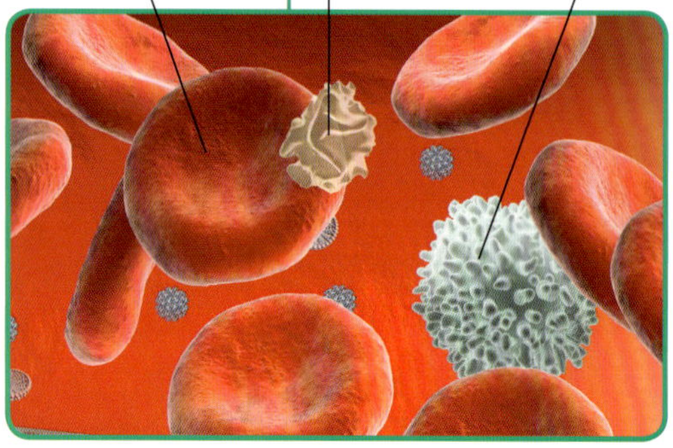

血细胞

血细胞有 3 种主要类型。数量最多的是红细胞。这些细胞是鲜红色的，呈圆盘状，它们唯一的任务就是在肺里收集氧，把氧释放到身体各处。白细胞游走于全身各处，寻找侵入人体的微生物并把它们杀死。血小板是微小的细胞碎片，在皮肤被割伤时能形成血凝块。

7% 血液的质量占人类体重的7%。

5 成年人体内的血液约有5升。

1滴血中有500万个红细胞。

动脉

动脉比较粗大，它把血液带离心脏。心脏每搏动一次，血液就涌出，强而有力的动脉管壁便向外扩张。伸展之后，动脉管壁又缩回原来的大小，这有助于推动血液向前流动。

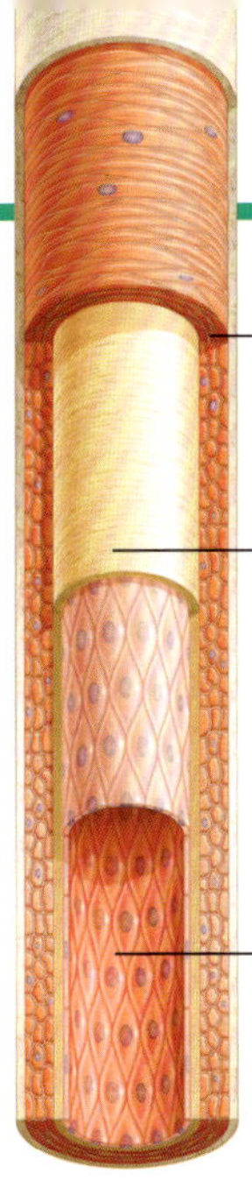

静脉

把血液带回心脏的血管称为静脉。静脉管壁比动脉管壁薄。静脉内心搏的推力非常弱，因此静脉里有许多瓣膜，以防止血液倒流，保证血液向一个方向流动。

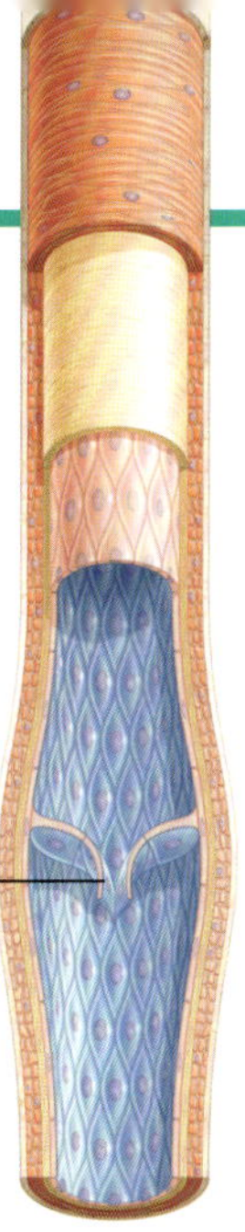

毛细血管

动脉和静脉之间的微小血管被称为毛细血管。毛细血管几乎遍布全身。毛细血管壁非常薄，它允许氧和营养物质离开血液进入身体组织，也允许废物进入血液。

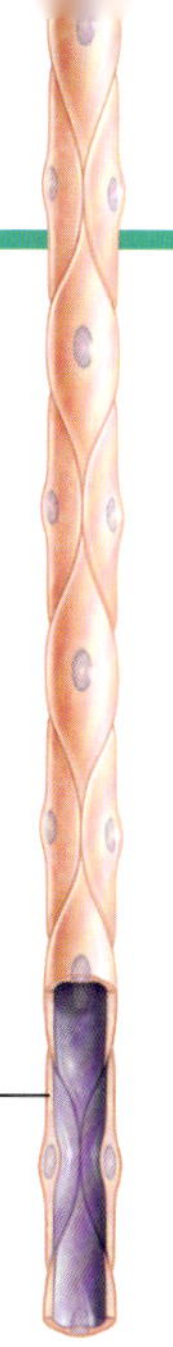

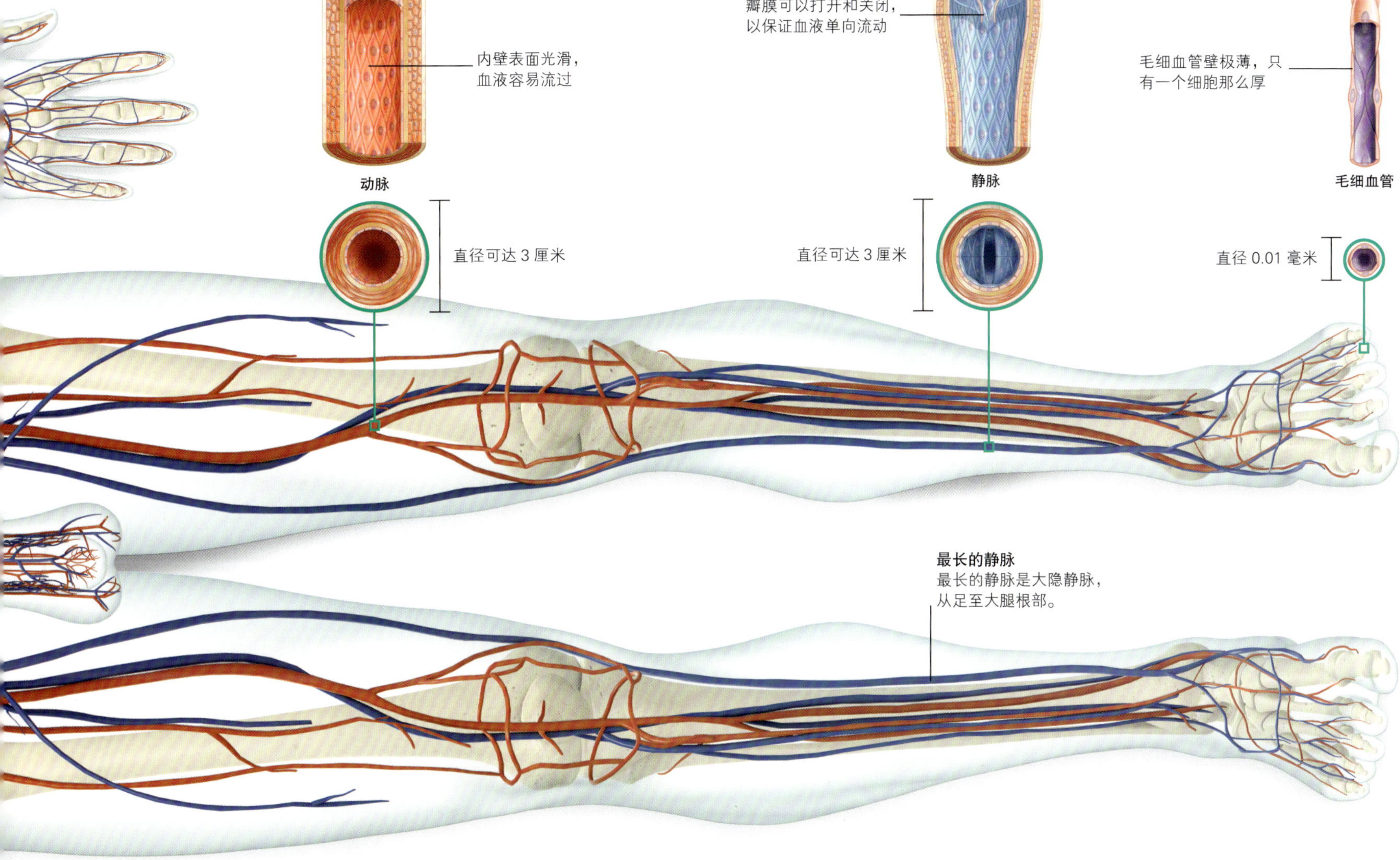

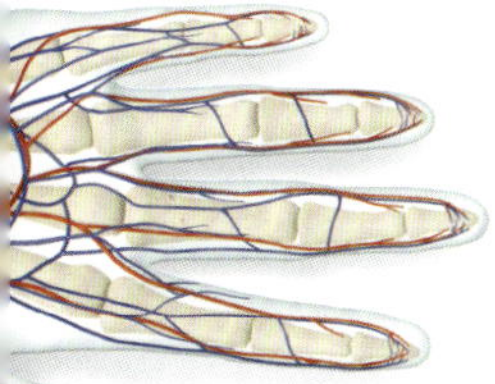

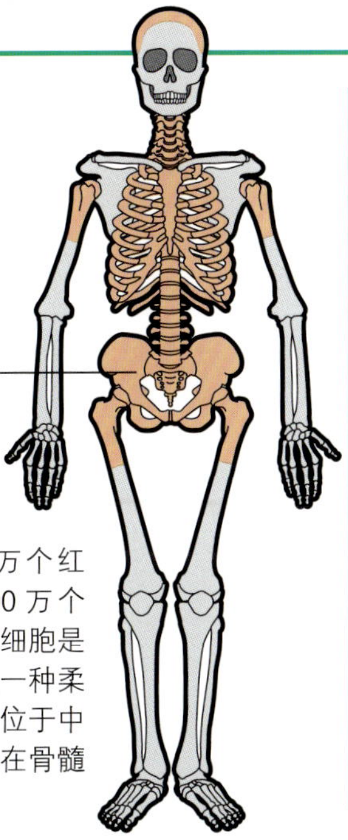

造血

每秒钟，人体约有 200 万个红细胞死亡，同时，约 200 万个新生红细胞产生。新生红细胞是在骨髓里生成的。骨髓是一种柔软的、富含脂肪的组织，位于中空的骨内部。白细胞也是在骨髓里生成的。

血痂如何形成？

如果皮肤被割破，一系列化学反应就会发生，促使血浆里的纤维蛋白形成捕获血细胞的拦截网。同时，血液里微小的血小板改变形状，成为棘状，并粘连成团。这两个过程使血液凝固，形成血凝块。凝固的血液变硬变干，形成保护性的血痂。

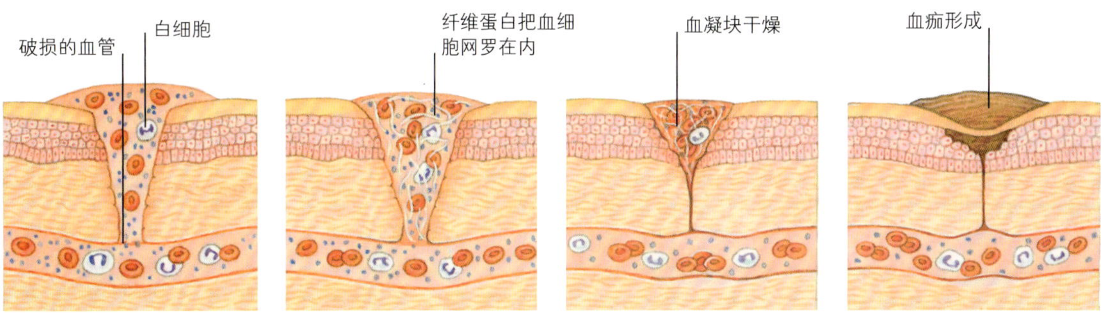

1 受伤 血液从破损的血管里流出，并促发凝血过程。

2 血凝块 纤维蛋白纵横交错，缠绕形成网状，阻止了血液流失。

3 封闭 血凝块把损伤区域封住，阻止血液进一步流失。

4 血痂 伤口愈合时，血块会凝固成保护性的血痂。

心脏

人们曾经认为心脏是思想的器官，是情绪的发源地。但现在人们更加准确地认识到心脏是一个肌泵。它不知疲倦地搏动着，使血液在全身流动。

人体的其他肌在费力工作后，都需要休息和恢复，但心脏却在永不停歇地工作。心脏每分钟跳动约 70 次，每天 10 万次，每年 4000 万次。按人均寿命计算，心脏泵出的血液足够装满 3 艘超大型油轮。心脏每跳动一次就能挤出一满杯的血液，心跳的力量足够推动血液流遍全身 10 万千米长的血管。连续不断的新鲜血液供应对人体全身细胞是必不可少的，如果没有了新鲜血液供应，细胞几分钟后就会因缺氧而死。

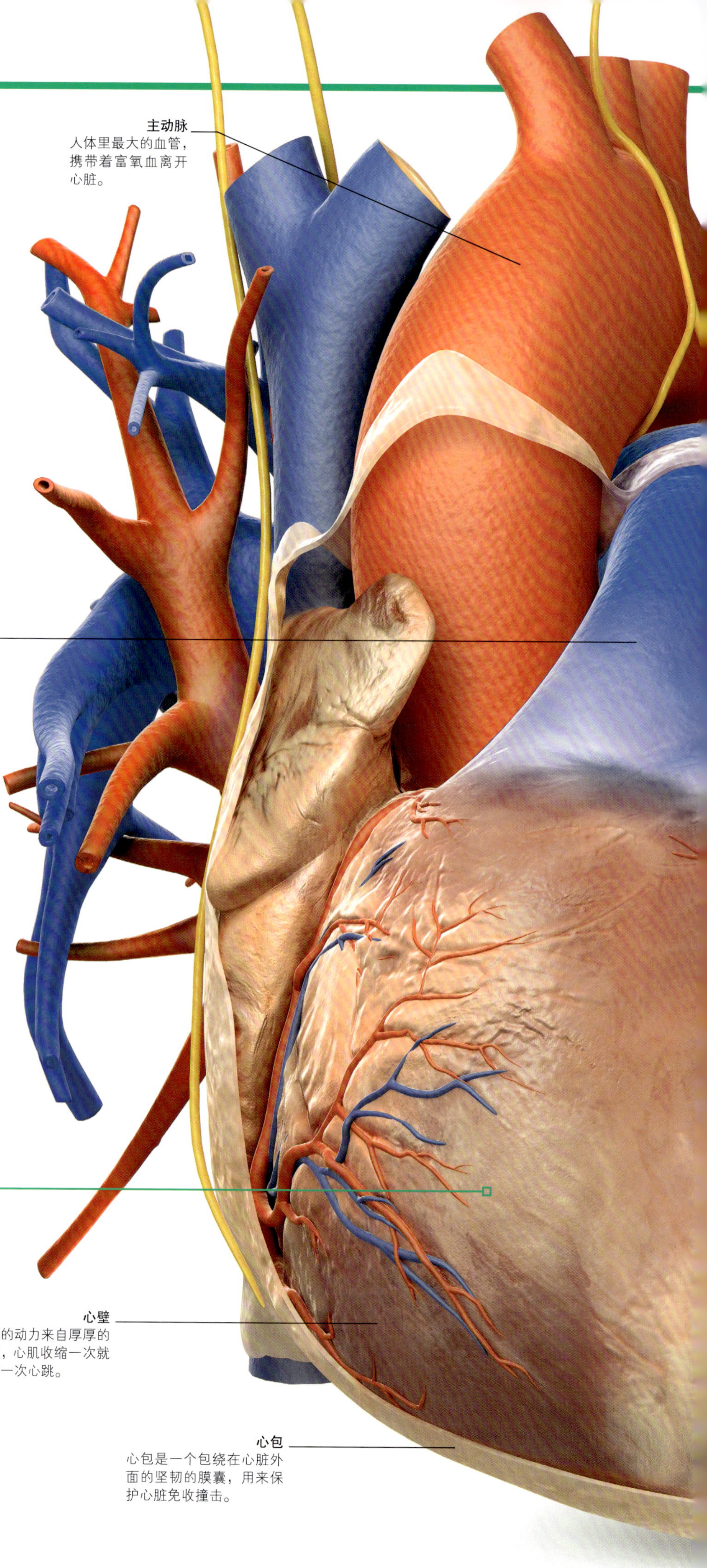

心跳

心脏的大小与握紧的拳头差不多，也像握紧的拳头一样有力。心脏是中空的器官，心壁由强有力的肌构成。它的顶部连着一个迷宫般的大型血管系统。血液通过静脉流入心脏，充满心房。心脏跳动时，肌壁把血液挤出，推动血液流经动脉。

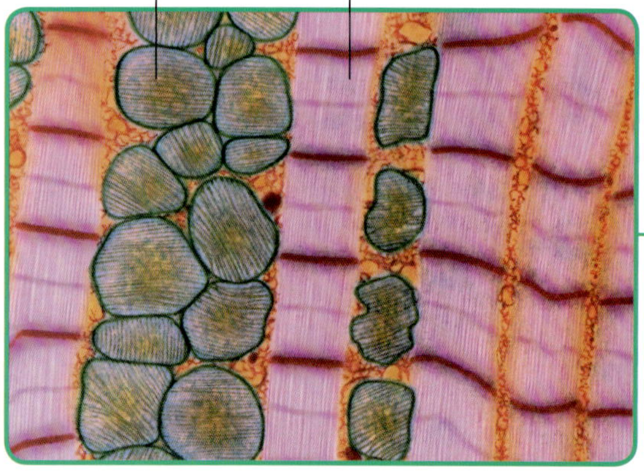

心肌细胞

心脏由一种特殊的肌（心肌）构成，上图是心肌放大了几千倍的显微镜图像。心肌细胞耗费的能量是惊人的，它们需要的能量和氧比其他细胞要多得多。它们的能量来源是脂肪，能量从椭圆形的细胞器——线粒体里释放出来。就如普通的肌细胞一样，心肌细胞里也挤满了平行排列的微小的肌原纤维。这些纤维相互滑动，使细胞得以收缩。

7000 1个人每天通过心脏的血液量是7000升。

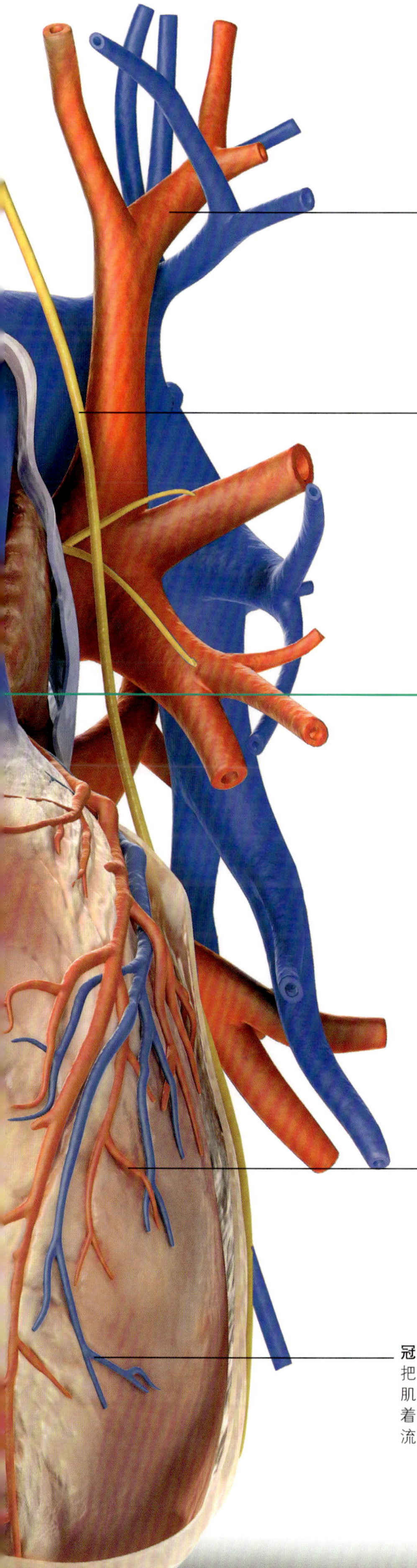

肺静脉
血液在肺收集了新鲜的氧后，沿着肺静脉流回心脏。

神经
把来自脑的信号带到心脏，告诉它什么时候跳动得快点或慢点。

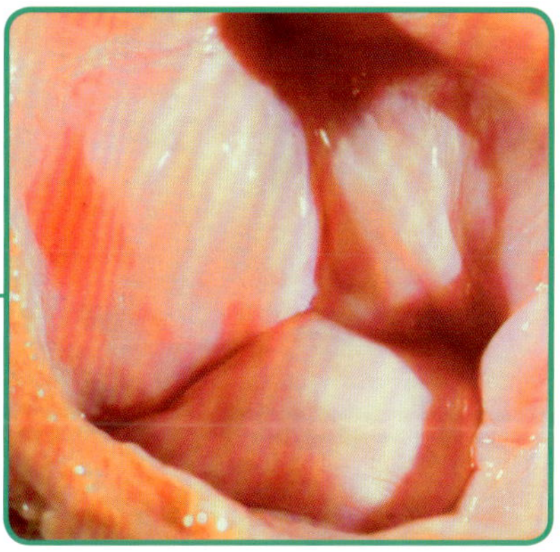

心脏瓣膜
心脏里面有4块大瓣膜，以确保血液只朝一个方向流动。心脏瓣膜有2个或3个瓣叶。当心脏泵血时，血流把瓣叶推开。当血液回流时冲击瓣叶，把它们挤在一起，关闭了瓣膜。瓣膜突然关闭时发出的声音就是心跳的声音。

冠状动脉
心脏不但把血液泵到全身，也将血液泵至心壁。心肌工作强度很大，需要大量富氧血的供应。

冠状静脉
把氧和能量供应给心脏的肌壁后，消耗过的血液沿着静脉（图中以蓝色表示）流回心脏。

心脏内部

心脏可以分为两半，像一台二合一的泵那样工作。右心室把乏氧血泵到肺，收集来自空气的氧。左心室则把富氧血泵到身体其他部位。

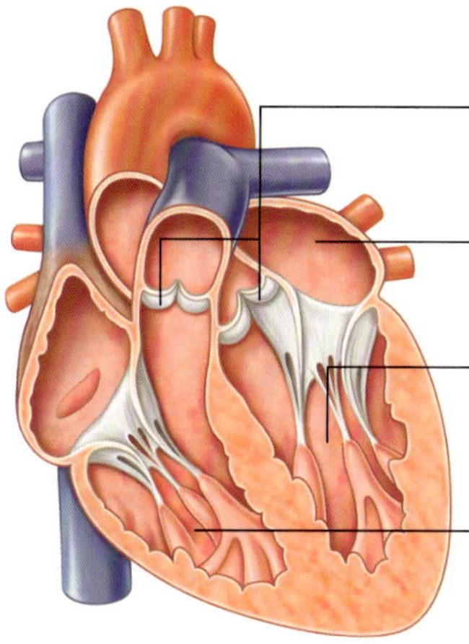

瓣膜
单向的瓣膜能阻止血液回流。

心房
心脏上部的两个较小的空腔称为心房。

左心室
一个较大的肌性空腔，把血液泵到人体的大部分器官组织。

右心室
比左心室小，位于右侧，能把血液泵到肺和背部。

心跳周期

每次心跳都有好几个步骤，这些步骤的发生时间和次序都恰到好处。整个顺序受到电流波动的控制，电流扫过心脏的肌壁，触发肌细胞的收缩。

1 心房充满血液
两次心跳之间，血液通过静脉进入心脏，充满位于心脏上部的空腔——心房。

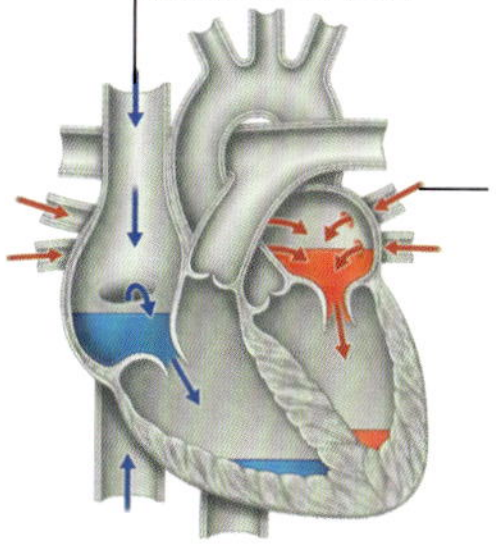

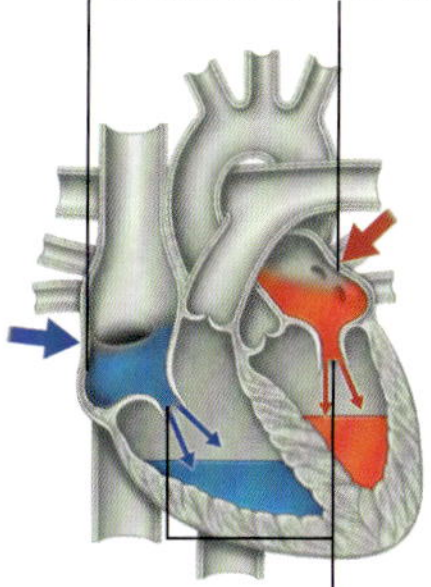

2 心房收缩
两个心房收缩，把血液通过瓣膜挤入心脏下部的两个空腔——心室。

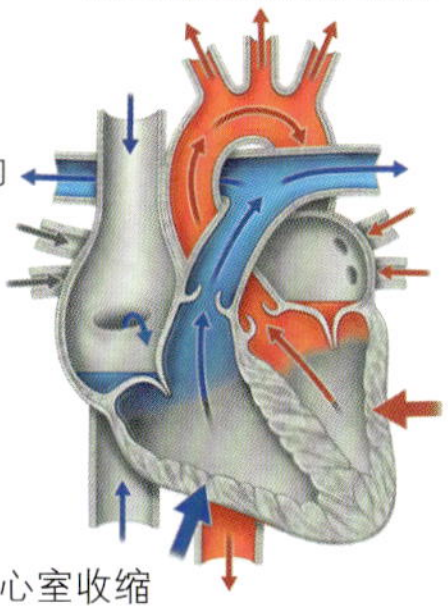

3 心室收缩
最后，心室强有力地收缩，把乏氧血推进肺，把富氧血推出，流向全身各处。

快和慢

当人们情绪激动或进行体力活动时，心率可以增快到每分钟200次左右，但当休息或睡着时心率却会减慢到每分钟60次。

平均心率是每分钟
70~80次

眼泪
每眨一下眼，水样的眼泪就会清洗掉眼睛表面的污垢和细菌。眼泪里还含有溶菌酶，这是一种化学物质，能破坏细菌的细胞壁。

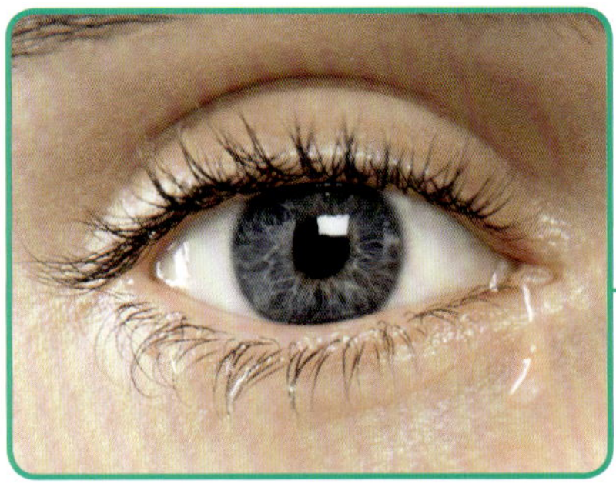

唾液
脸颊和舌下的腺体不断产生唾液。唾液能将口中的病原微生物冲到胃里，那里的胃酸能破坏它们。唾液里还含有一系列能攻击病原微生物的抗菌化学物质。

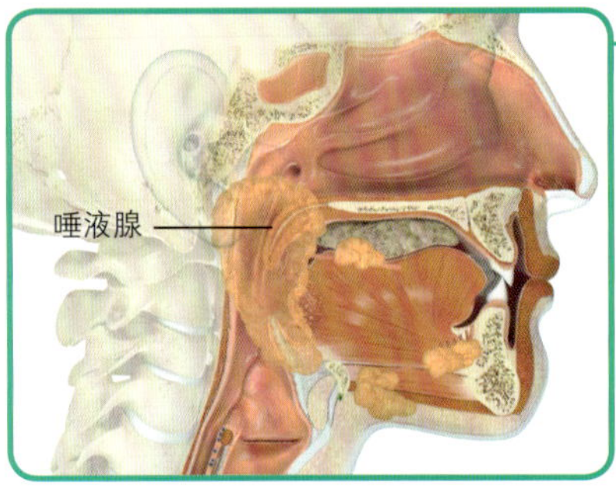

扁桃体
这块柔软的红色结构位于口腔后部，里面满是白细胞，能杀灭食物或空气中的病原微生物。当你患了由病毒或细菌引起的喉咙痛时，扁桃体就会与它们抗争，从而变得肿大。

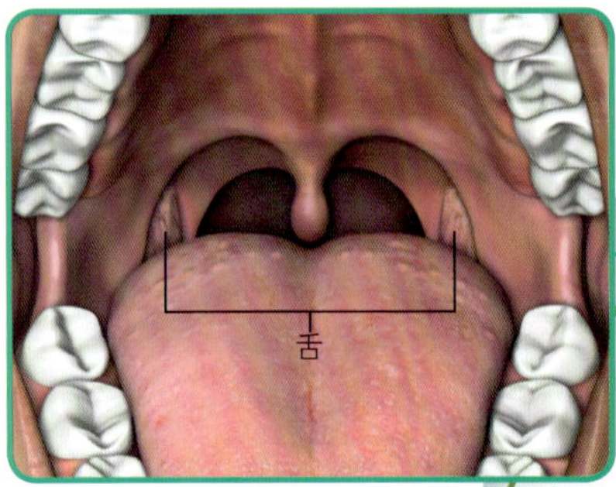

皮肤
皮肤构成了一层厚实的保护性屏障，除非有破损，否则病原微生物无法通过。皮肤里一些腺体分泌的汗液和皮脂都含有能驱除病原微生物的化学物质。

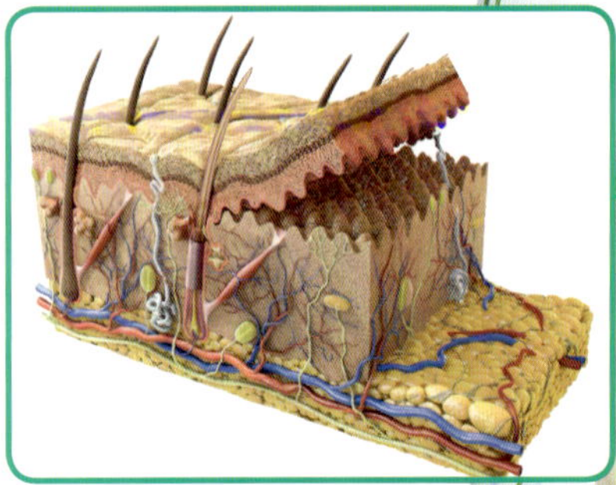

胃酸
胃的内壁能分泌强效盐酸，盐酸杀灭食物中的病原微生物。人们不断吞下咽喉分泌的黏液，以保持气道的清洁。这些黏液中的病原微生物也会被盐酸杀灭。

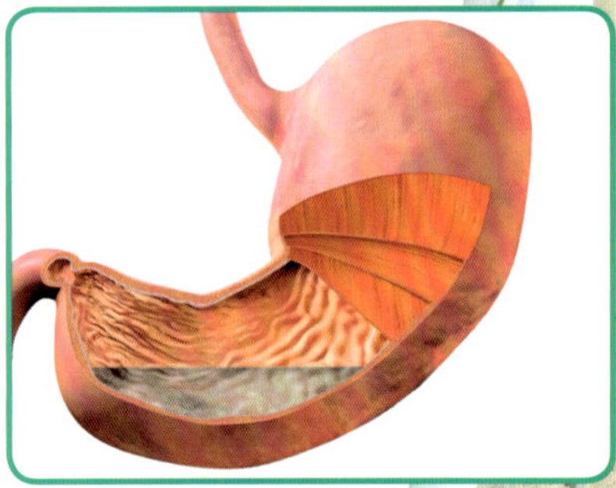

淋巴结
体液流经淋巴系统的管道时会被膨大的结构滤过，这个结构就是淋巴结。淋巴结大小不一，小的如英文句号，大的有葡萄大小。淋巴结里含有大量白细胞，这些白细胞可以从流经淋巴结的体液中筛查出病原微生物并将其消灭。

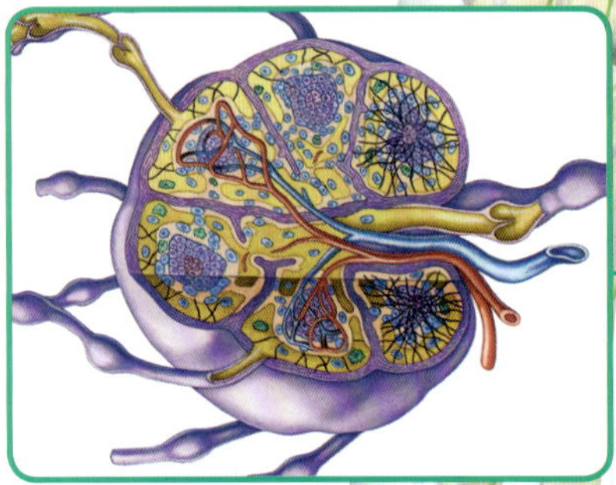

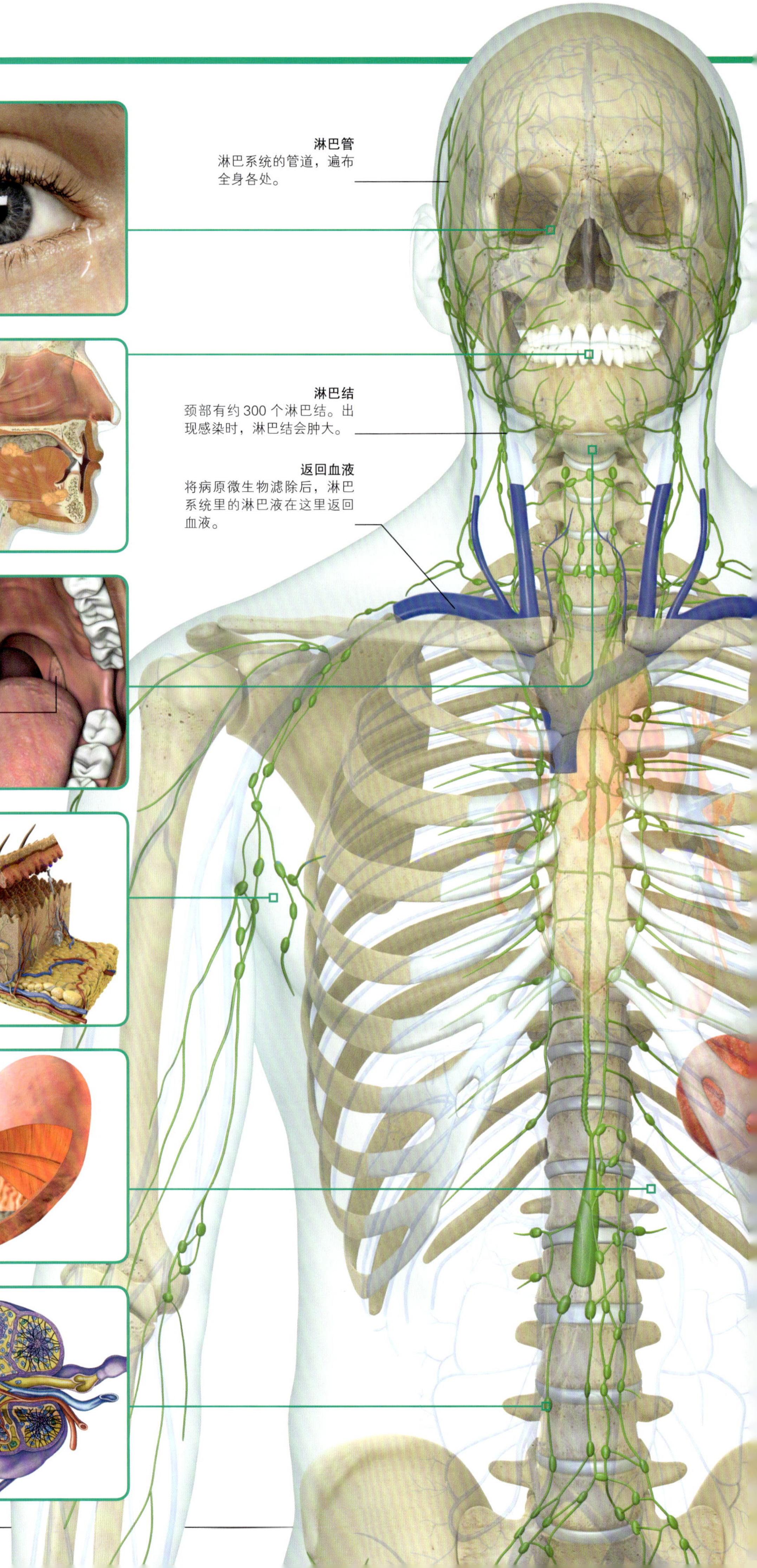

抗击病原微生物

人体不断受到攻击。微小的病原微生物持续不断地试图侵入人体内并在那里繁殖，于是你就可能会生病。幸运的是，人体有一个强大的免疫系统，能驱除这些入侵者。

第一道防止病原微生物入侵的防线是你的身体表面，它的作用如同一个屏障。所谓身体表面，不仅包括你的皮肤，还包括你眼睛的表面以及口、鼻、咽喉和胃等器官的软组织的表面。如果病原微生物在你身体的任何部位找到了突破口，比如一个割破的伤口，受损的组织会立即做出反应——发炎。这时，受损的组织会肿胀，充满了能杀灭病原微生物的血细胞。免疫系统的许多部分都会发挥作用，去阻挡所有类型的病原微生物，但有些部分则会做出更特异性的反应。你的适应性免疫系统能辨别新入侵的病原微生物，并做出针对性的反应。以后，当这种病原微生物再次入侵时，免疫系统还能记得它们，这样你对它们所引起的疾病就有了免疫力。

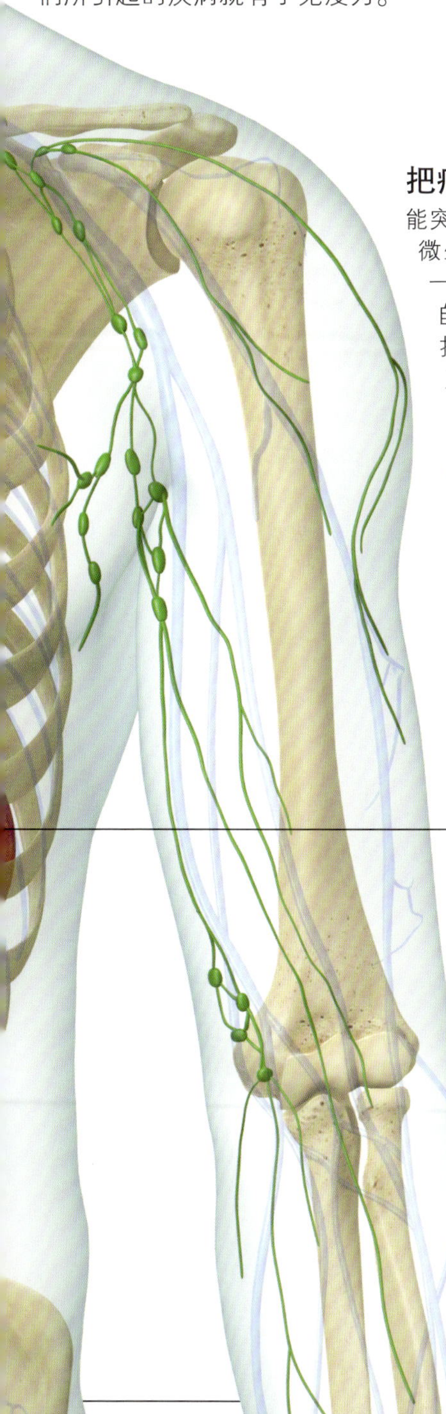

把病原微生物滤掉

能突破身体屏障侵入人体内部组织的病原微生物通常都存活不了多久。人体中有一个由微小脉管组成的网络，能收集来自每个器官的体液，并仔细滤过体液以找出其中的病原微生物，然后将它们杀灭。这个脉管网络叫作淋巴系统。沿着淋巴管分布着很小的行使滤过功能的器官——淋巴结。淋巴结中充满了能杀灭病原微生物的细胞。

脾
淋巴系统里最大的器官，能滤过血液，找出病原微生物，杀灭被抗体黏附的病原微生物，还能储存淋巴细胞。

免疫系统也会攻击一些无害物质，如花粉或室内灰尘，此时会发生变态反应。

病原微生物

每当你接触或吸入某些东西时，你都会把微小得肉眼看不见的微生物带入体内。这些微生物大多是无害的，但还是有一些试图侵入你的身体，并从你的身体获取营养。这些有害的微生物被称为病原微生物。病原微生物中最常见的类型是病毒和细菌。病毒会引起感冒、疣等疾病。细菌会使伤口肿胀并引起多种疾病。

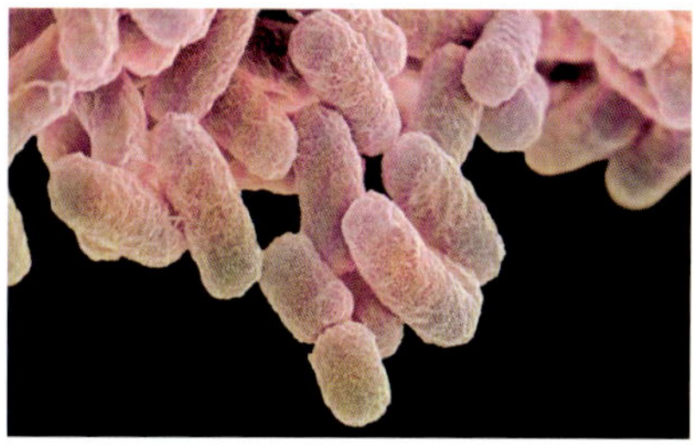

细菌
细菌是单细胞微生物。它们很小，小到1个针尖上能容纳数以百计的细菌。

人体的防御部队

人体里有约500亿个白细胞。它们是身体的卫士，能利用多种方法找出并杀灭病原微生物。被称为巨噬细胞的白细胞能把病原微生物整个吞噬，并且把它消化。

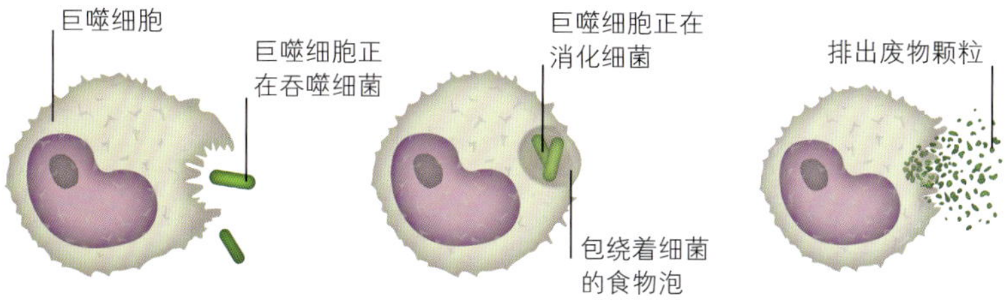

抗体是怎样起作用的?

抗体是一类化学物质，黏附于某种特定的病原微生物上，使它们变得虚弱，容易被破坏。病原微生物有数百万种，但人体能制造100亿种抗体，确保你无论遇到什么样的病原微生物，人体内总有一种抗体在等着它。一旦抗体细胞遇到与它相匹配的病原微生物，细胞就被激活并复制自己，从而使人体具有免疫力。

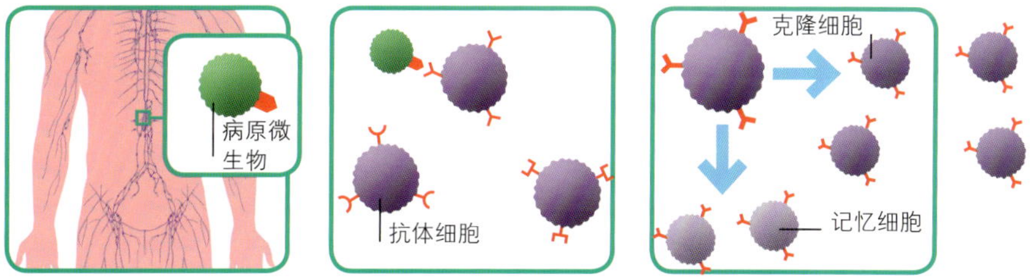

1 感染 一个新的病原微生物侵入人体并繁殖。体液把它带到淋巴结，在这里许多不同的白细胞对它进行检查。

2 检查 抗体细胞与病原微生物接触，看看它是否与自己匹配。最终，一个匹配的抗体细胞黏附到病原微生物上。

3 激活 现在，匹配的抗体细胞被激活，复制出大量的克隆细胞，也产生了记忆细胞。记忆细胞将在体内存留多年，以防这种病原微生物再次入侵。

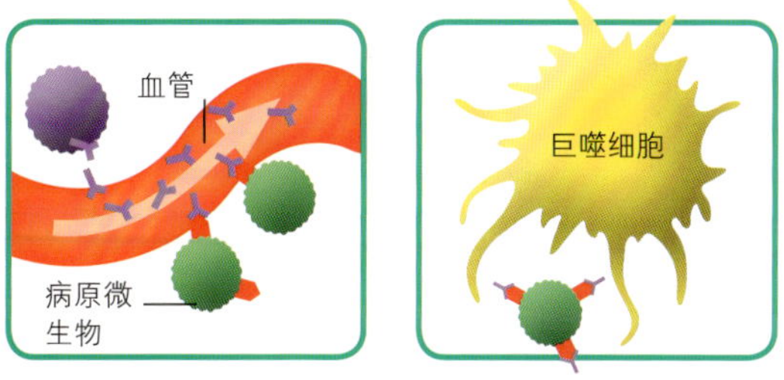

4 寻找 这些克隆细胞产生抗体，并将其释放到血液中。当找到病原微生物时，抗体便黏附其上。

5 消灭 抗体的作用是给巨噬细胞当路标。巨噬细胞能吞噬并消灭病原微生物。

疫苗能激发身体产生抗体，从而使身体对某种疾病产生免疫力，让你不会得这种病。

排尿

膀胱壁有弹性，所以膀胱能储存多达 800 毫升的尿液。但当膀胱里的尿量达到这一数字的 1/4 时，你就会有尿意。

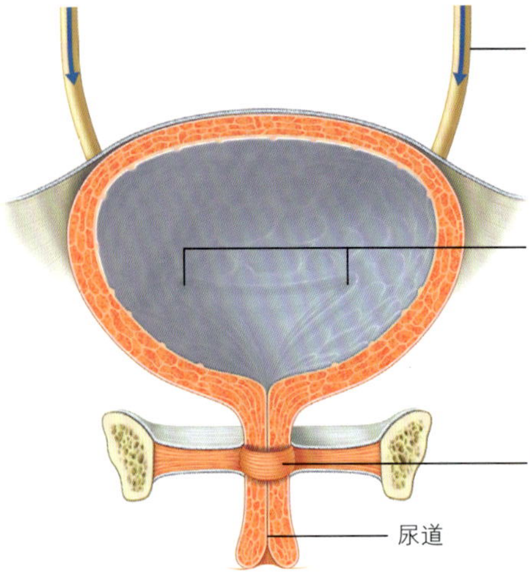

膀胱充满了尿液

当膀胱里储存了一定量的尿液时，肌性的膀胱壁就会拉伸，其中的神经细胞受到刺激，发出信号传入脑，从而激发尿意。

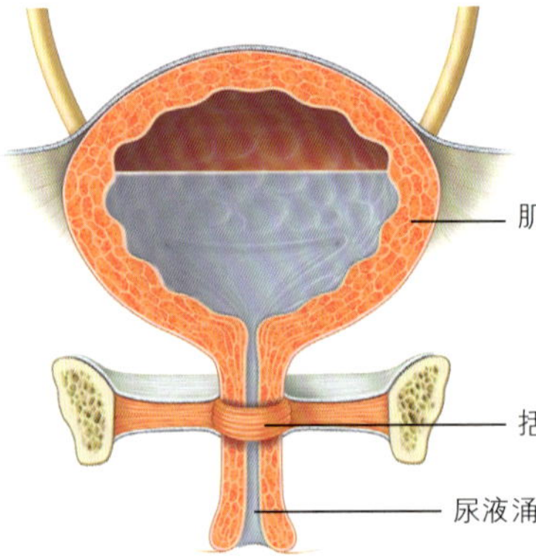

膀胱排空

正常情况下，括约肌使膀胱的出口关闭。排尿时，括约肌松弛，膀胱壁收缩，推挤尿液，使其通过尿道排出体外。

为什么尿液带黄色？

人体内的老旧红细胞被破坏后，产生的化学物质随尿液排出，所以尿液的颜色微黄。有些食物会使尿液的颜色改变，如甜菜根会使尿液带红色，芦笋使尿液带绿色。尿液中含水量的多少也会影响尿液的颜色。

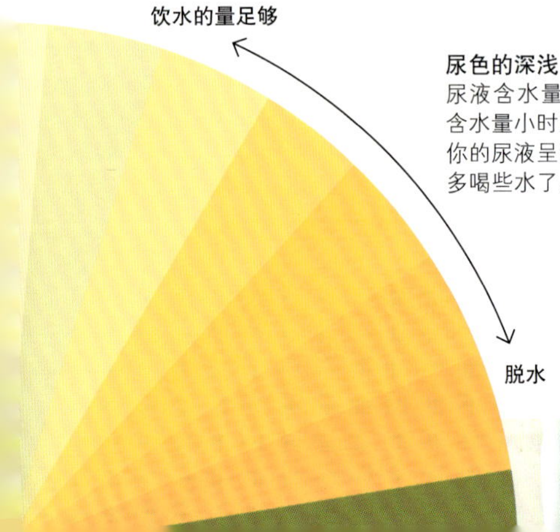

尿色的深浅
尿液含水量大时尿色就浅，含水量小时尿色就深。如果你的尿液呈深黄色，你就该多喝些水了。

泌尿系统

泌尿系统包括 2 个肾、1 个膀胱以及输送尿液的几条管状器官。肾呈浅红褐色，位于脊柱两侧，好像鼠标那么大。肾产生的尿液像涓涓细流一样不断通过两条细长的管子——输尿管流入有伸展性的储存器官——膀胱。排尿时，尿液通过管状的尿道排出体外。

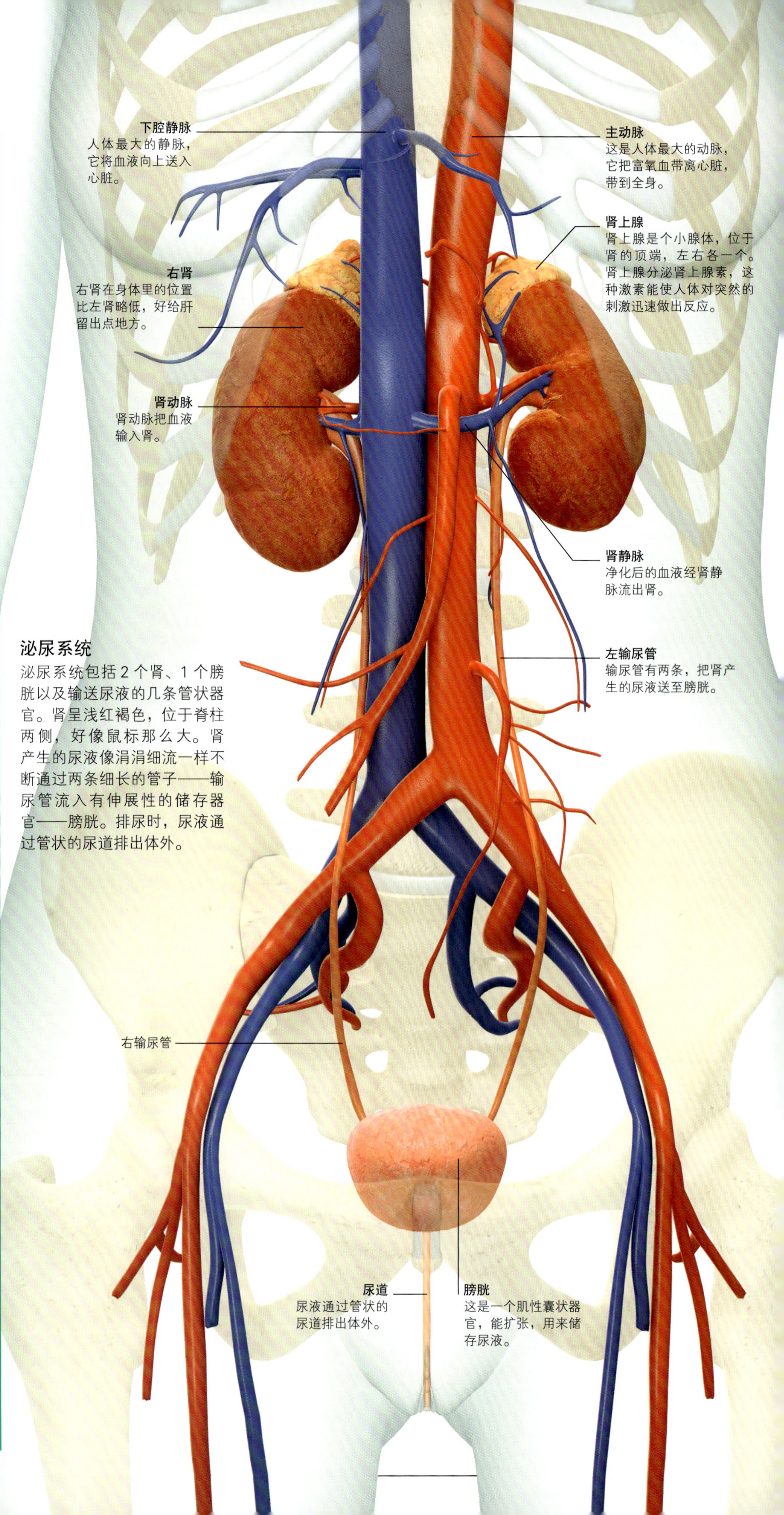

抗击病原微生物

人体不断受到攻击。微小的病原微生物持续不断地试图侵入人体内并在那里繁殖，于是你就可能会生病。幸运的是，人体有一个强大的免疫系统，能驱除这些入侵者。

第一道防止病原微生物入侵的防线是你的身体表面，它的作用如同一个屏障。所谓身体表面，不仅包括你的皮肤，还包括你眼睛的表面以及口、鼻、咽喉和胃等器官的软组织的表面。如果病原微生物在你身体的任何部位找到了突破口，比如一个割破的伤口，受损的组织会立即做出反应——发炎。这时，受损的组织会肿胀，充满了能杀灭病原微生物的血细胞。免疫系统的许多部分都会发挥作用，去阻挡所有类型的病原微生物，但有些部分则会做出更特异性的反应。你的适应性免疫系统能辨别新入侵的病原微生物，并做出针对性的反应。以后，当这种病原微生物再次入侵时，免疫系统还能记得它们，这样你对它们所引起的疾病就有了免疫力。

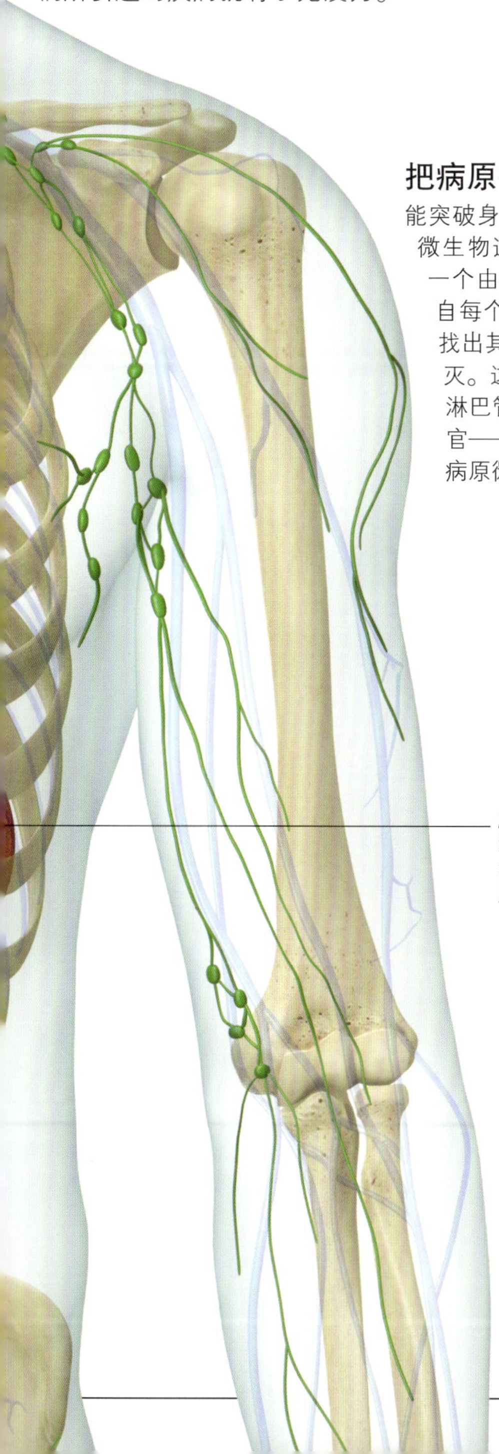

把病原微生物滤掉

能突破身体屏障侵入人体内部组织的病原微生物通常都存活不了多久。人体中有一个由微小脉管组成的网络，能收集来自每个器官的体液，并仔细滤过体液以找出其中的病原微生物，然后将它们杀灭。这个脉管网络叫作淋巴系统。沿着淋巴管分布着很小的行使滤过功能的器官——淋巴结。淋巴结中充满了能杀灭病原微生物的细胞。

脾
淋巴系统里最大的器官，能滤过血液，找出病原微生物，杀灭被抗体黏附的病原微生物，还能储存淋巴细胞。

免疫系统也会攻击一些无害物质，如花粉或室内灰尘，此时会发生变态反应。

病原微生物

每当你接触或吸入某些东西时，你都会把微小得肉眼看不见的微生物带入体内。这些微生物大多是无害的，但还是有一些试图侵入你的身体，并从你的身体获取营养。这些有害的微生物被称为病原微生物。病原微生物中最常见的类型是病毒和细菌。病毒会引起感冒、疣等疾病。细菌会使伤口肿胀并引起多种疾病。

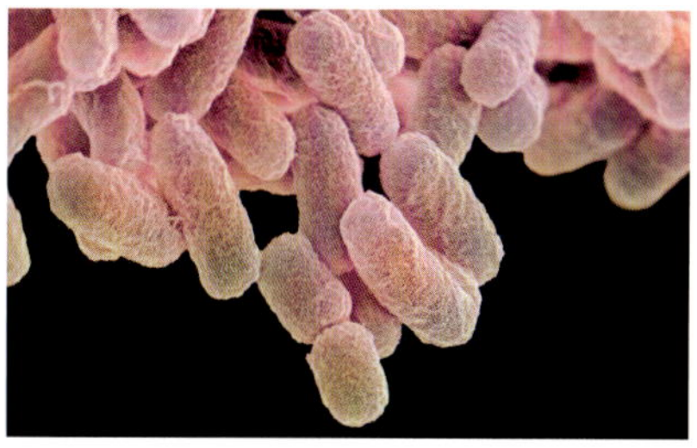

细菌
细菌是单细胞微生物。它们很小，小到1个针尖上能容纳数以百计的细菌。

人体的防御部队

人体里有约500亿个白细胞。它们是身体的卫士，能利用多种方法找出并杀灭病原微生物。被称为巨噬细胞的白细胞能把病原微生物整个吞噬，并且把它消化。

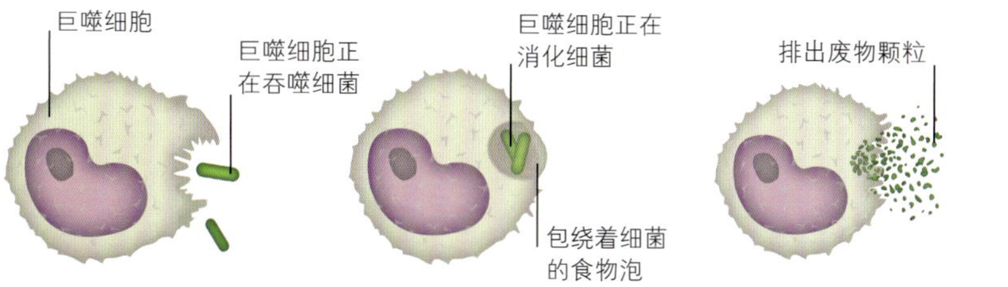

抗体是怎样起作用的?

抗体是一类化学物质，黏附于某种特定的病原微生物上，使它们变得虚弱，容易被破坏。病原微生物有数百万种，但人体能制造100亿种抗体，确保你无论遇到什么样的病原微生物，人体内总有一种抗体在等着它。一旦抗体细胞遇到与它相匹配的病原微生物，细胞就被激活并复制自己，从而使人体具有免疫力。

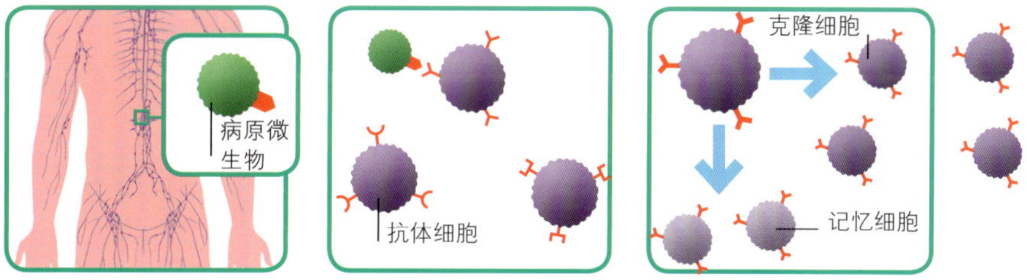

1 感染
一个新的病原微生物侵入人体并繁殖。体液把它带到淋巴结，在这里许多不同的白细胞对它进行检查。

2 检查
抗体细胞与病原微生物接触，看看它是否与自己匹配。最终，一个匹配的抗体细胞黏附到病原微生物上。

3 激活
现在，匹配的抗体细胞被激活，复制出大量的克隆细胞，也产生了记忆细胞。记忆细胞将在体内存留多年，以防这种病原微生物再次入侵。

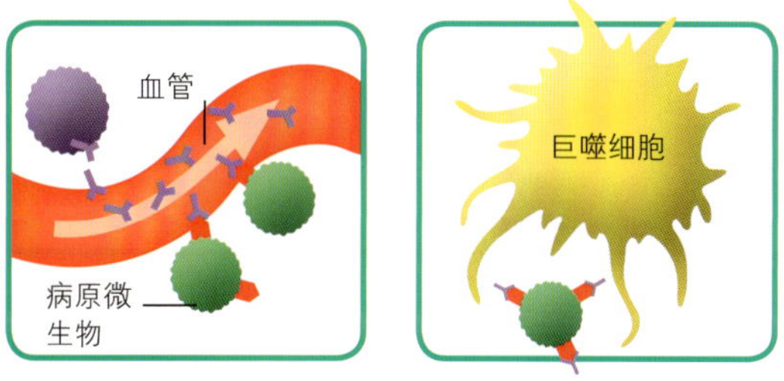

4 寻找
这些克隆细胞产生抗体，并将其释放到血液中。当找到病原微生物时，抗体便黏附其上。

5 消灭
抗体的作用是给巨噬细胞当路标。巨噬细胞能吞噬并消灭病原微生物。

疫苗能激发身体产生抗体，从而使身体对某种疾病产生免疫力，让你不会得这种病。

排尿

膀胱壁有弹性，所以膀胱能储存多达 800 毫升的尿液。但当膀胱里的尿量达到这一数字的 1/4 时，你就会有尿意。

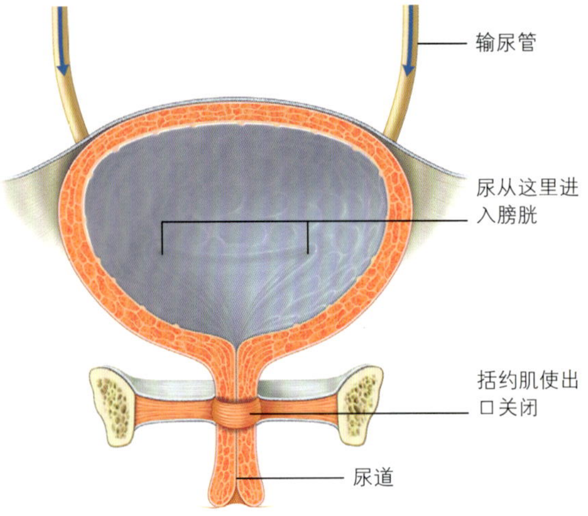

膀胱充满了尿液

当膀胱里储存了一定量的尿液时，肌性的膀胱壁就会拉伸，其中的神经细胞受到刺激，发出信号传入脑，从而激发尿意。

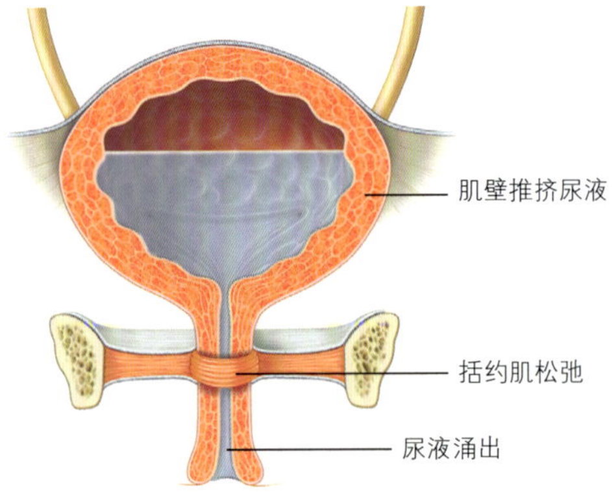

膀胱排空

正常情况下，括约肌使膀胱的出口关闭。排尿时，括约肌松弛，膀胱壁收缩，推挤尿液，使其通过尿道排出体外。

为什么尿液带黄色？

人体内的老旧红细胞被破坏后，产生的化学物质随尿液排出，所以尿液的颜色微黄。有些食物会使尿液的颜色改变，如甜菜根会使尿液带红色，芦笋使尿液带绿色。尿液中含水量的多少也会影响尿液的颜色。

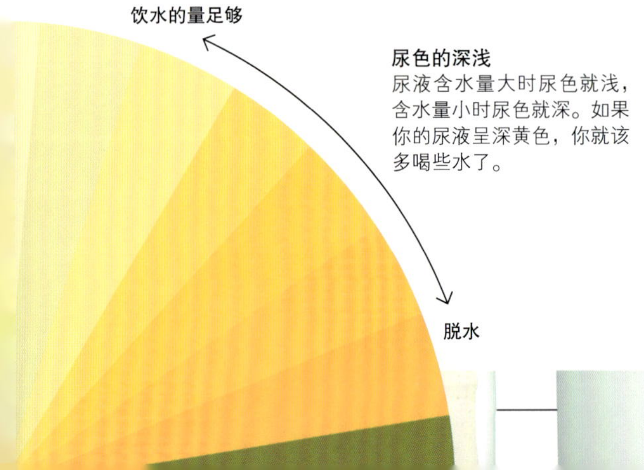

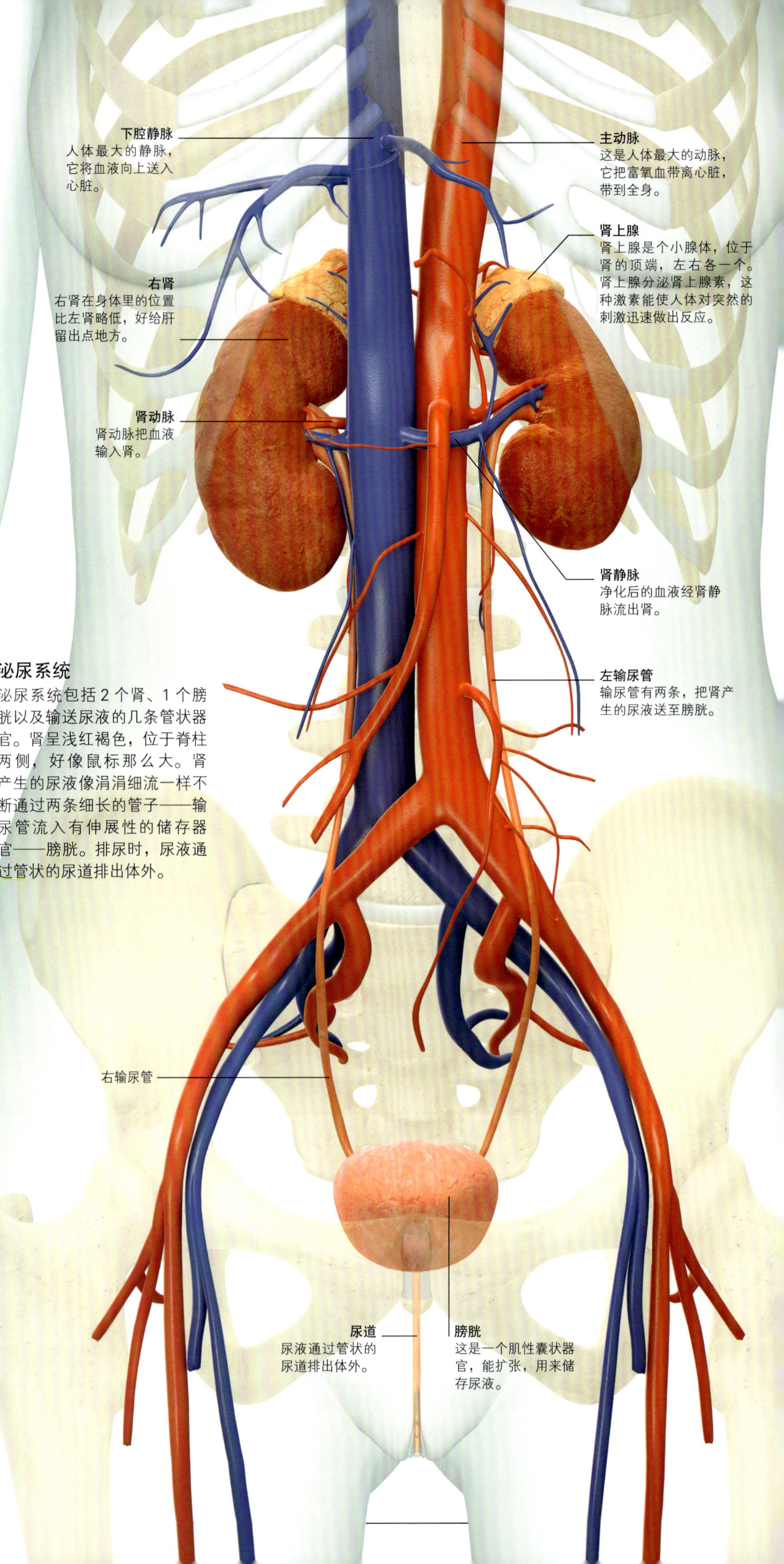

泌尿系统

泌尿系统包括 2 个肾、1 个膀胱以及输送尿液的几条管状器官。肾呈浅红褐色，位于脊柱两侧，好像鼠标那么大。肾产生的尿液像涓涓细流一样不断通过两条细长的管子——输尿管流入有伸展性的储存器官——膀胱。排尿时，尿液通过管状的尿道排出体外。

净化血液

人体有自己的“保洁服务公司”，称为泌尿系统，用来净化血液。泌尿系统把有毒的废物和多余的水分转变成尿液排出体外。同时，有用的物质被重新吸收，留在体内。

血液携带着氧和营养物质周游全身，同时一路收集身体代谢产生的废物。如果任由这些废物积聚，它们就会产生毒害作用，因此需要泌尿系统把它们清除。

肾是一对蚕豆状器官，紧挨着脊柱两侧，血液就在这里滤过和净化。每天，全身的血液要在肾里通过 300 次。虽然我们有两个肾，但只要一个肾能发挥 75% 的功能，人就能存活。人能够把自己的一个肾捐给另一个双肾都受损的人，原因就在于此。

水平衡

泌尿系统既能把废物排出体外，又能帮助人们把身体里的水分保持在一个健康的水平。当血液中的水分过多时，肾就让大量水分进入尿液；当血液中的水分过少时，大脑就释放一种激素，指示肾重新吸收尿液中的一些水分。因此，当人们脱水时，尿量就会少，尿液的颜色更深，其成分也更浓缩。

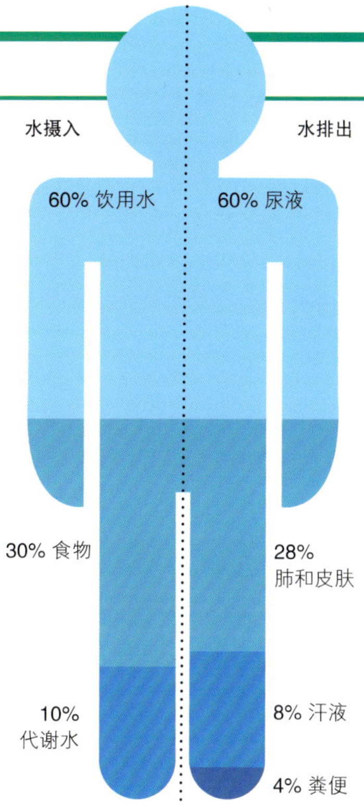

人体内水分的来源和去向

人体内的水分大部分来自食物和饮用水，但还有一部分是代谢水，由细胞内的化学反应产生。水分丢失的主要途径是排尿和呼吸。

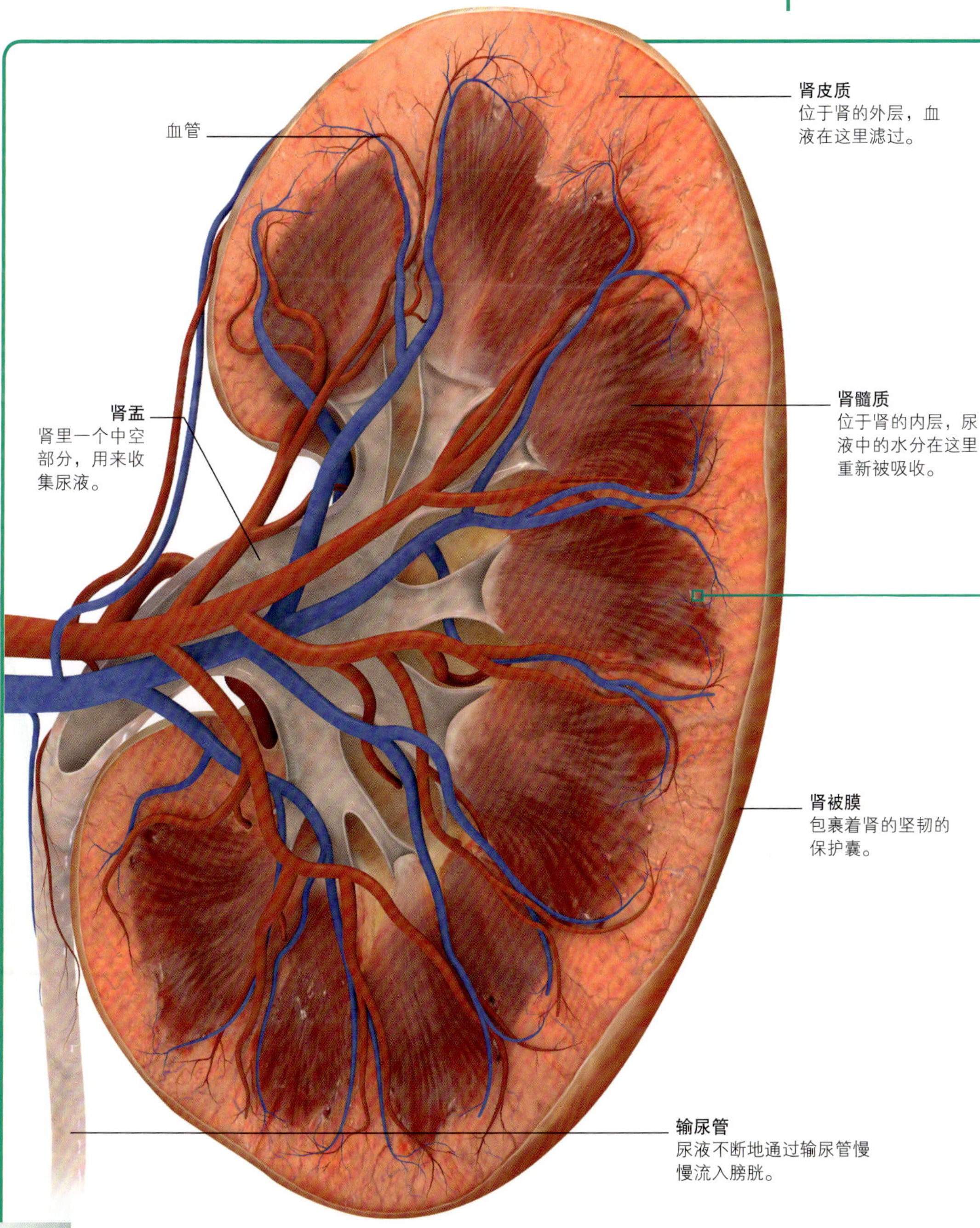

肾的组织学结构

每个肾由约 100 万个在显微镜下才能看到的肾单位构成。肾单位的开始部分为毛细血管缠结而成的微小球状物——肾小球，液体可以从中滤出。滤出的液体沿着一条细长弯曲的小管流动，有用的物质和水分在这里被重新吸收。剩下的液体变成尿液，引流到肾，储存在膀胱中。

滤过血液

在肾小球中，血液流进毛细血管丛（见上图，粉红色）。附着在上面的是足细胞（见上图，米黄色）。足细胞的作用好像筛子，只允许水分子那样的小分子通过，不允许血细胞和大分子离开血液。

在中世纪，医生试图通过研究尿液来诊断疾病。他们检查尿液的颜色、气味及浑浊度，然后再尝尝尿液样品的味道。

空气供应

人每分钟大约要呼吸 15 次，好把空气吸进肺里。这个至关重要的呼吸过程使人全身的细胞都能获得维持生命必不可少的氧气。

氧气对生命不可或缺。没有氧气，人体内的细胞就不可能把隐藏在食物分子里的能量释放出来。每吸入一口空气，新鲜的氧气就被吸入肺的深处。空气通过分支越来越细的管道系统进入体内。最终，空气到达管道的终端——数百万个肺泡，空气流入时，肺泡能像气球一样膨胀起来。氧通过肺泡壁进入围绕着肺泡的微细血管，被红细胞带走。而代谢产生的二氧化碳则沿着相反的方向，从血液进入肺泡，再被呼出体外。

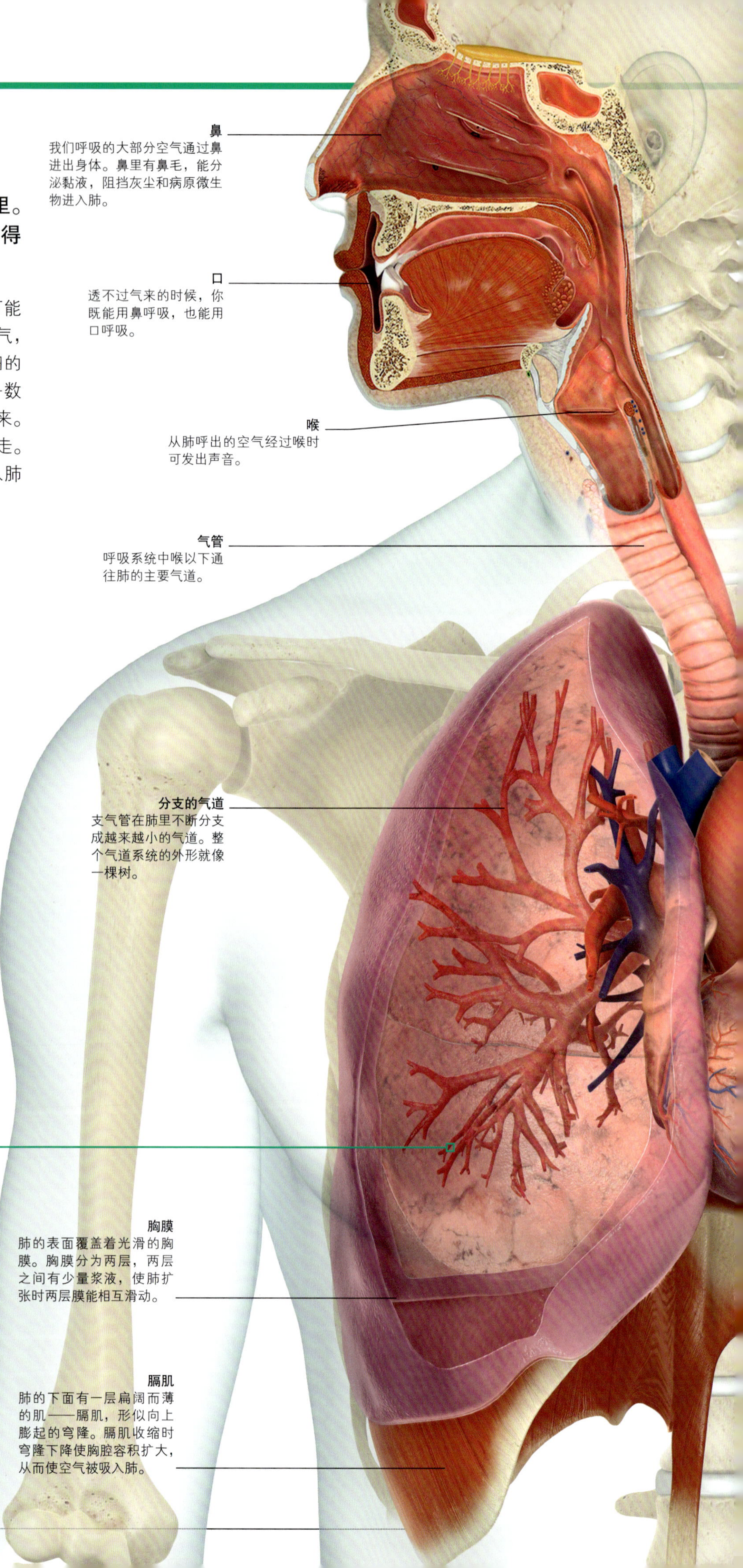

在肺里

肺是海绵状的很轻的器官，胸腔的大部分空间被肺充满。肺的体积的 10% 是固体组织，90% 是空气，所以肺轻到可以漂浮在水面上。肺泡虽然微小，但所有肺泡的表面积加起来可以达到 70 平方米，这是你全身皮肤面积的 40 倍。人体确实需要巨大的肺泡表面积，只有这样每次呼吸才能从空气中吸入尽可能多的氧气。

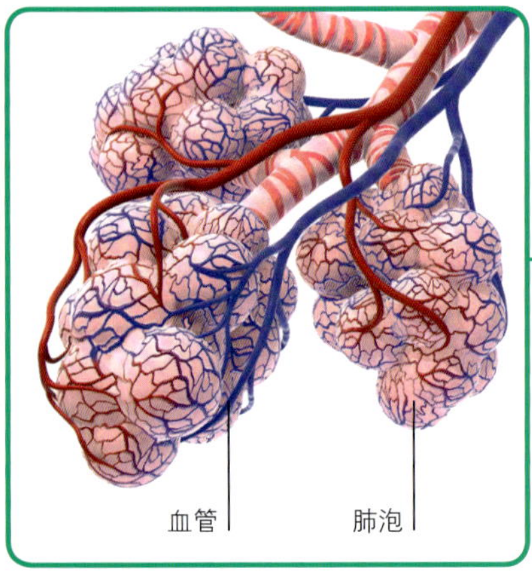

肺泡

肺中的这些小气囊就是肺泡。每个肺泡的直径平均只有 0.2 毫米，肺泡壁上包绕着毛细血管网。肺泡壁和毛细血管壁都非常薄，所以氧能够自由地进入血液。

使肺保持清洁

空气中有许多可能损害人肺部的微小灰尘和细菌。为了除去这些脏东西，气道会分泌一种黏液来粘住它们。气道的内壁又衬着微小的纤毛，它们前后摆动，把黏液推向咽喉。黏液在这里通过咳嗽或喷嚏排出体外，或者被吞咽下去。

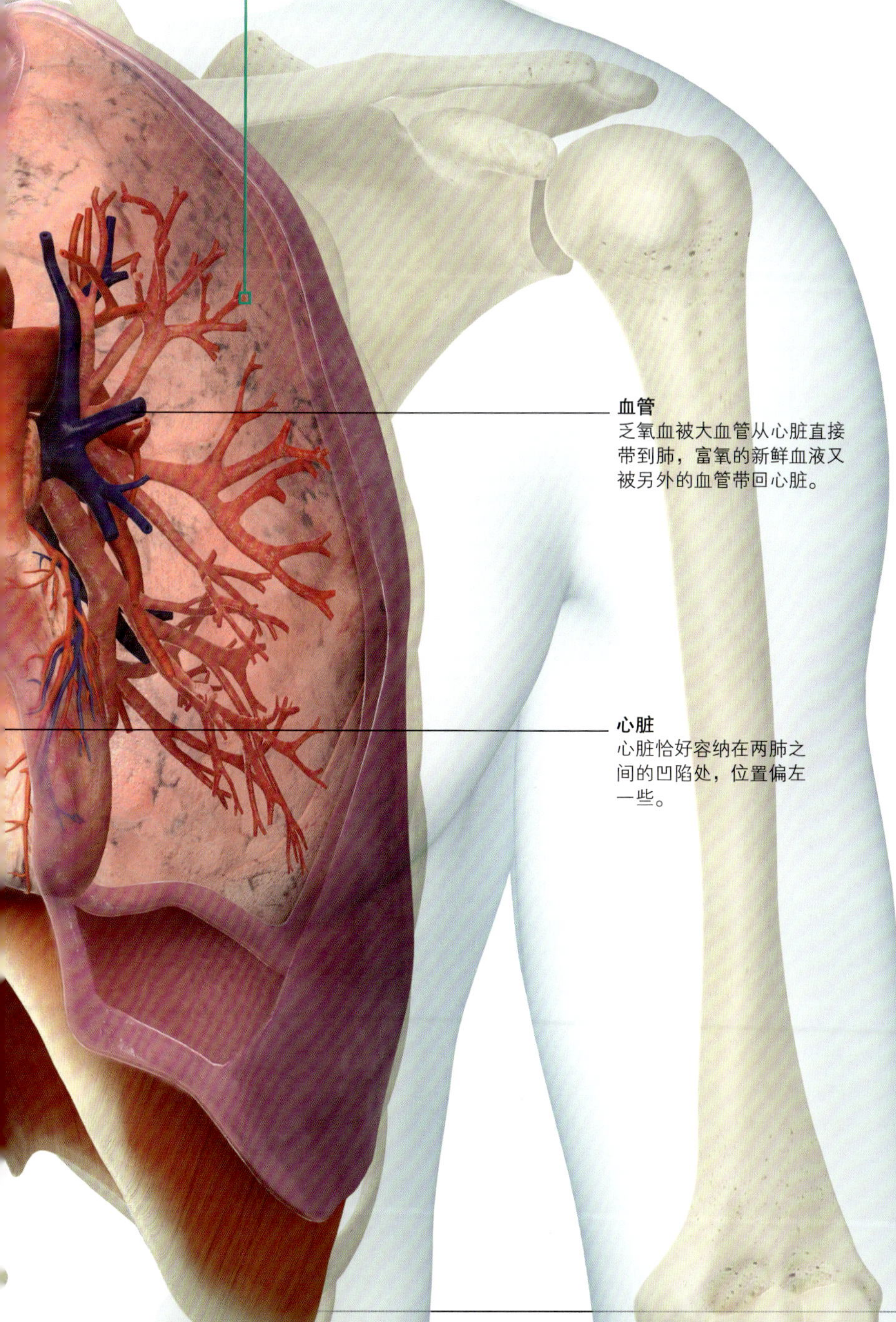

血管
乏氧血被大血管从心脏直接带到肺，富氧的新鲜血液又被另外的血管带回心脏。

心脏
心脏恰好容纳在两肺之间的凹陷处，位置偏左一些。

人是如何呼吸的？

肺没有肌，它依赖周围的肌把空气吸进和呼出。呼吸运动大部分由膈肌完成，但肋间肌也给予了助力，特别是深呼吸时。

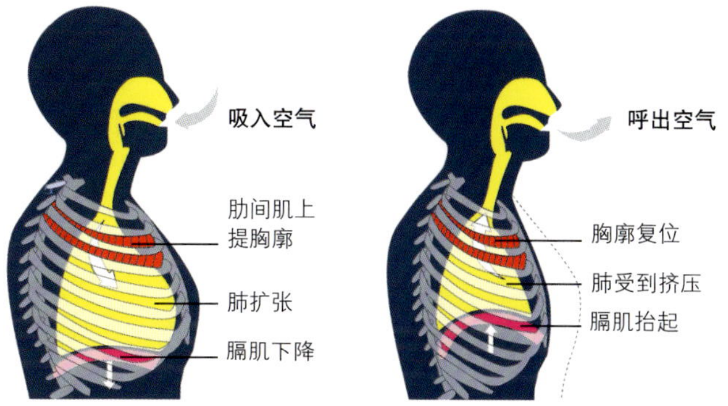

把空气吸入肺

膈肌收缩，被拉扁，同时肋间肌上提胸廓。胸腔增大，肺扩张，空气被吸入肺。

把空气呼出体外

膈肌舒张，突然抬起。胸廓复位。胸腔变小，挤压肺，把里面的空气排出。

气体交换

肺从空气中获取氧，把代谢废物二氧化碳排出体外，所以你吸入的空气与你呼出的空气是不同的。呼出的空气中含有更多来自潮湿气道的水汽。在寒冷的日子里，你呼气时可以看到水汽变成了雾。

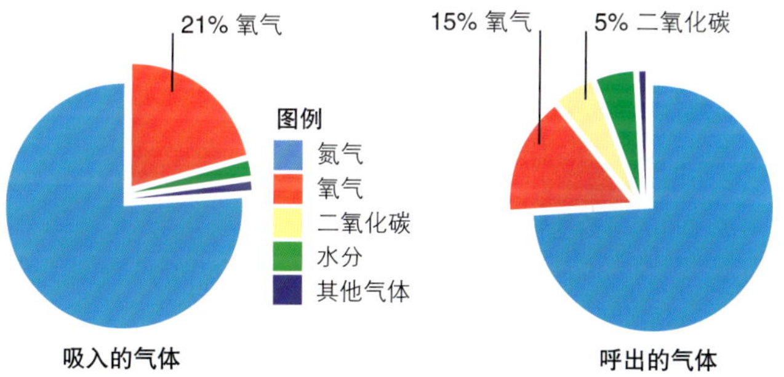

你每天吸进 10000 升空气。

这足够充满 1000 个气球。

肺与肺叶

右肺比左肺略微大一些。右肺有 3 个分叶，而左肺只有 2 个。同身体许多部分一样，肺是成对的器官。如果一侧的肺因外伤或疾病而受损，另一个也可以使生命得以延续。

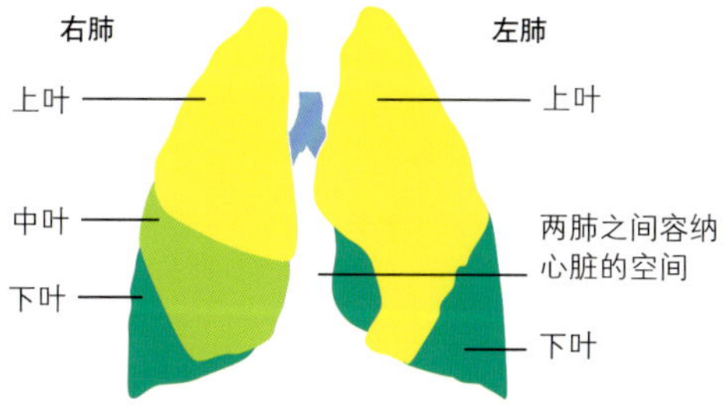

控制身体活动

正如交响乐队需要指挥一样，人体的许多器官也需要协调配合才能更好地工作。神经系统就是人体主要的控制网络，它利用高速电信号把信息沿着神经发出，控制着肌、腺体和其他器官。人体也用一些化学物质——激素，通过血液来传送信息，但激素起效比神经慢得多。

控制中心

脑和脊髓构成中枢神经系统，中枢神经系统是神经系统的控制中心。对一些身体结构非常简单的动物来说，脑除了协调本能的反射活动，几乎没有其他功能。然而，人类本能的反射活动是由脊髓产生的。人脑已经进化得极为复杂，产生了内心世界和自我意识，可以对外界做出反应、制订计划和做决定。这些高级的功能是怎么实现的，对科学界来说仍是一个谜。

人脑

人脑占据了颅内的空腔，其中一个大型多褶皱结构——大脑，具有最重要的作用。人的大脑远比动物的大脑大得多，负责思考、计划、社会判断和交流。大脑下方是产生情绪的边缘系统和协调运动的小脑。

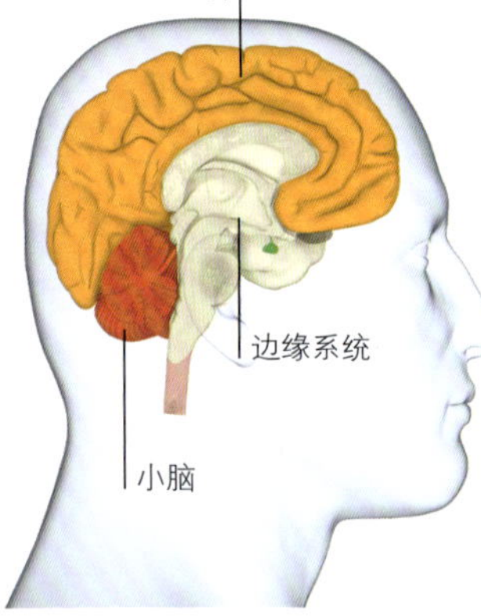

脑在运转

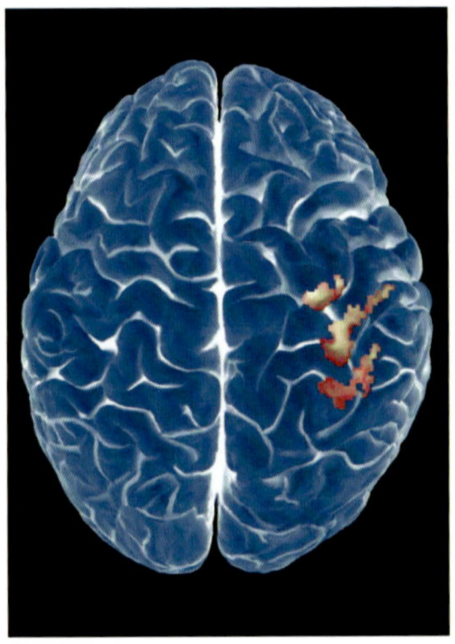

直到最近，科学家也只能推测脑是如何产生思维的。脑扫描仪的发明提供了一个了解脑是如何工作的窗口。功能性脑扫描揭示：脑的不同区域已经特化，负责特定的任务。但心理过程常常需要多个脑区共同参与。

脑扫描

这幅脑磁共振扫描图显示，当左手活动时右脑有个区域会发亮。

脑的进化

人脑与其他脊椎动物的脑具有共同的特征，这表明它们有着相似的进化史。与人类亲缘最近的脊椎动物是哺乳动物，它们与人一样，都有一个很大的大脑。作为脑的“思维”部分，大脑使哺乳动物能学习复杂的行为。哺乳动物的脑也有边缘系统，它能产生情绪，如愤怒和恐惧。

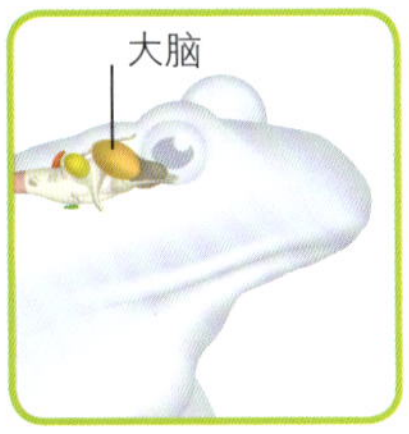

蛙类的脑

蛙类的大脑比较小。蛙类的活动更依赖于预先设定好的本能，而不是后天习得的行为。

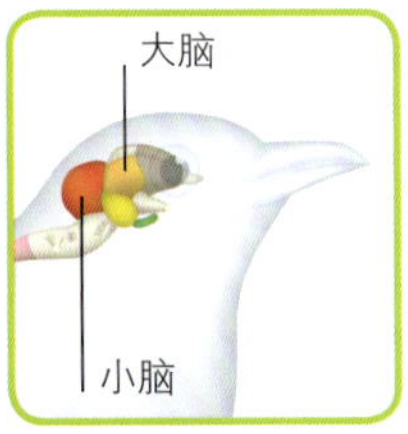

鸟类的脑

鸟类的小脑发育得很好，这有助于在飞行时控制平衡和速度。

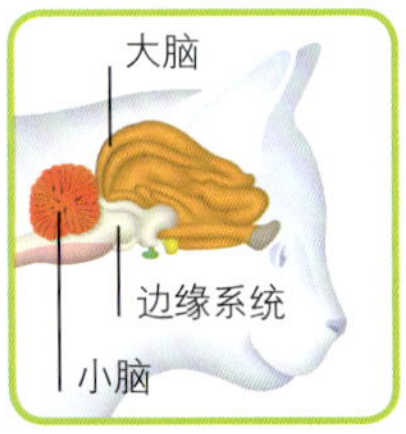

猫的脑

哺乳动物的大脑大于其他动物，因此它们更善于学习和适应变化。

神经系统

脑、神经和感觉器官构成人体的神经系统。神经系统将信息以电信号的形式输送到全身。神经系统的各个部分不停地交流，时刻处于活动状态。每一瞬间都有来自感官的信息涌入脑。同时，脑协调着全身几百块肌，从活动眼睛的微小的肌到跑步时用到的大块的肌，使这些肌能精准地运动。

控制网络

人体里许多神经细胞集合成束状的神经。神经好似电缆，分布到人体的各个部分，以高达 400 千米 / 时的速度传输电信号。大部分神经通过脊髓（脊柱内的柱状神经组织）与脑联系。

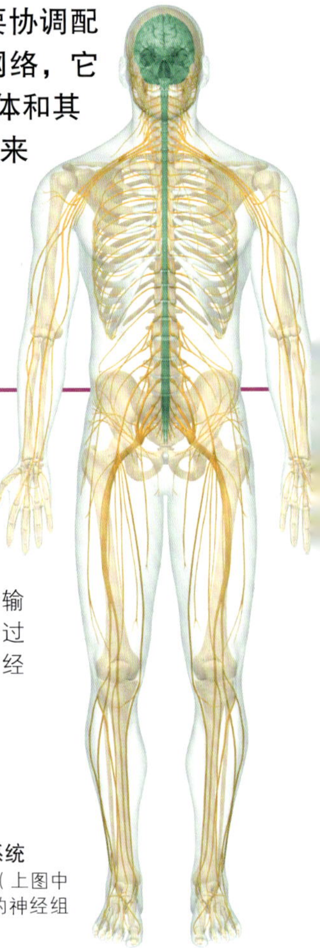

中枢神经系统和周围神经系统

脑和脊髓构成中枢神经系统（上图中用绿色表示），而体内其余的神经组织构成周围神经系统。

感觉和反应

神经系统分为三大部分。第一部分从感觉器官收集信息，感觉器官监测着外部世界和身体内部的状态。第二部分是中枢神经系统，对信息进行处理并产生意识。第三部分能让人体做出反应。这三部分非常迅速地协同工作，使人体瞬间就对刺激做出反应。

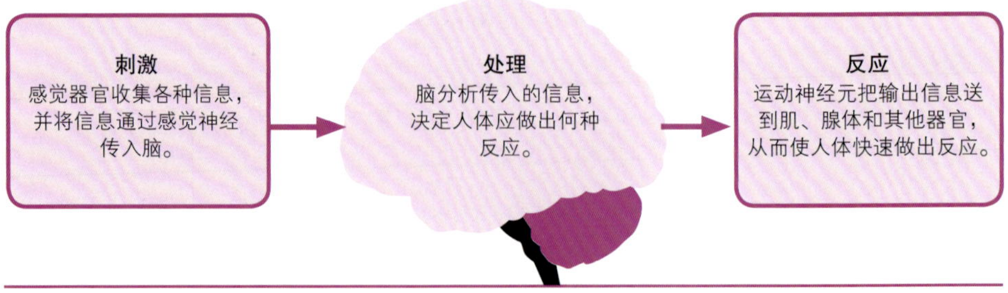

随意运动和不随意运动

有些神经系统产生的反应是人们能随意控制的，而另一些则不能，也就是说反应的发生不受人的意识控制。神经系统中控制随意运动的部分叫作躯体神经系统，而控制不随意运动的部分叫作自主神经系统。

躯体神经系统

躯体神经系统可以通过意识控制身体部位，如拿起书本和踢球时用到的肌。

自主神经系统

自主神经系统无须意识支配就能控制器官。它可以让你的心跳加快或减慢，推动食物通过胃肠道，还能控制瞳孔的大小。

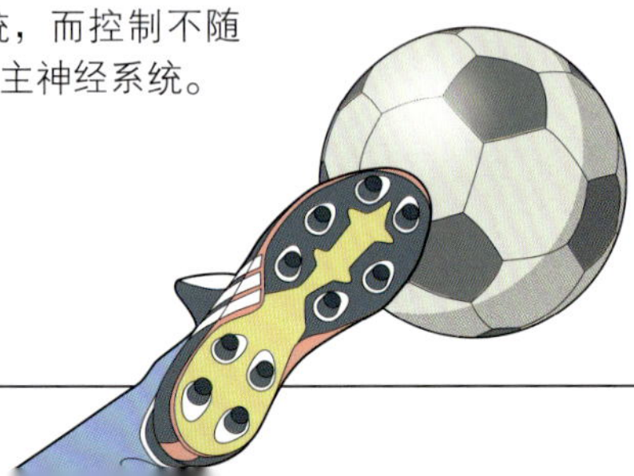

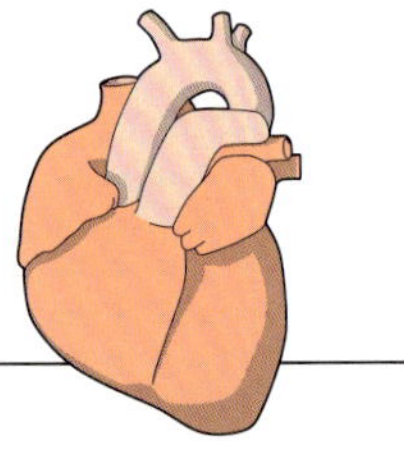

激素

通过神经迅速传递的电信号并不是传遍全身的唯一的信息。激素是一种携带着信息的化学物质。它们由腺体分泌进入血液，随血液循环至全身各处，从而产生极强的效应，但它们比神经信号起效慢。激素只作用于特定靶细胞，改变其工作方式。激素激活靶细胞的方式主要有两种。

水溶性激素

这种激素能溶于水，却不能溶解于脂类，因此它们不能穿过靶细胞的细胞膜。反之，它们能与靶细胞表面的受体结合，并触发细胞内的化学反应。

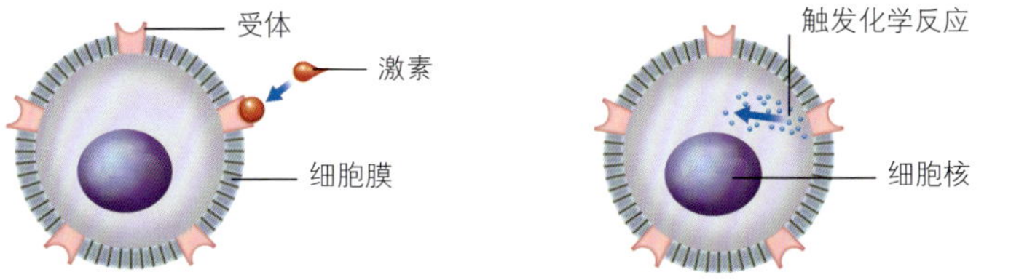

激素结合到细胞表面　　细胞做出反应

脂溶性激素

这种激素能溶于脂类。它们能通过靶细胞的细胞膜并与细胞内的受体结合。然后，这种激素进入细胞核，开启或关闭某些基因。睾酮等性激素就是脂溶性激素。

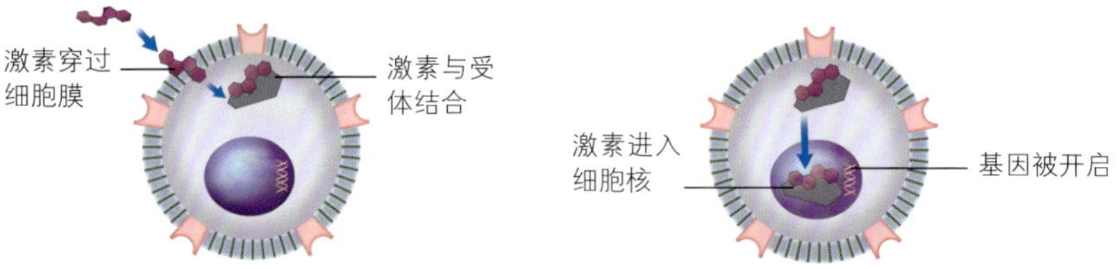

激素进入细胞　　细胞做出反应

神经细胞

构成神经系统的细胞称为神经细胞或神经元。神经元沿着轴突传递电信号，轴突外包裹着一层髓鞘，让神经信号传导得更快。神经元有 3 种类型。

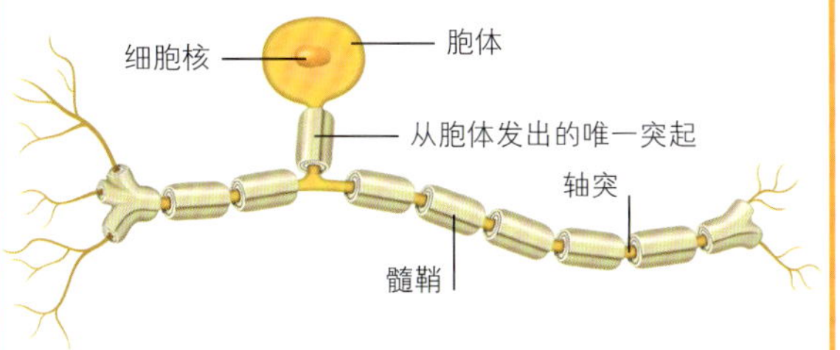

假单极神经元

假单极神经元只有一个突起，通常传递传入的感觉信号。

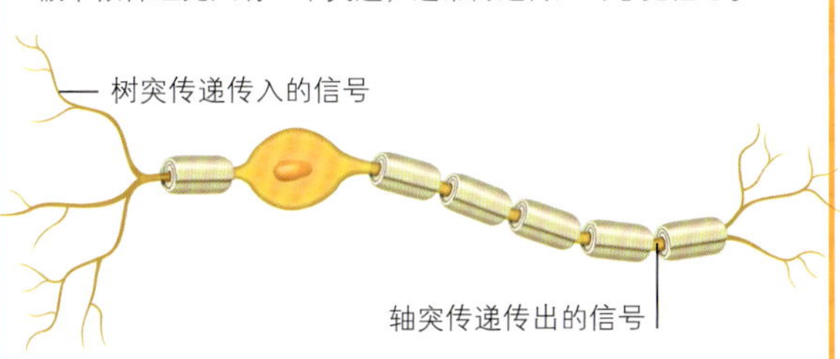

双极神经元

双极神经元存在于眼睛和肌，它的胞体有两个突起。

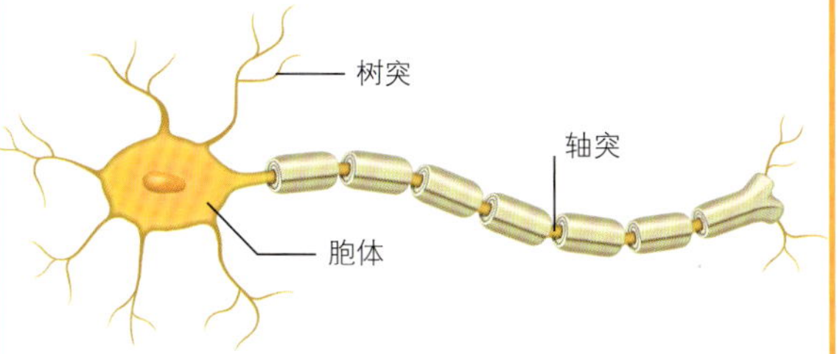

多极神经元

多极神经元存在于脑部，是最常见的神经元，其胞体有许多突起。

人脑的轴突长度加起来约达
165000 千米。

感觉

感觉器官收集环境信息，把信息像电流一样传递到脑。脑将这些信息解码，并产生人们意识到的感觉。

主要的感觉

5 种主要的感觉支配着人们的内心世界，其中最重要的是视觉。人们主要的感觉大部分由特化的器官（如眼睛和耳朵）产生。脑的大部分区域就是用来处理从这些感觉器官传来的信号。

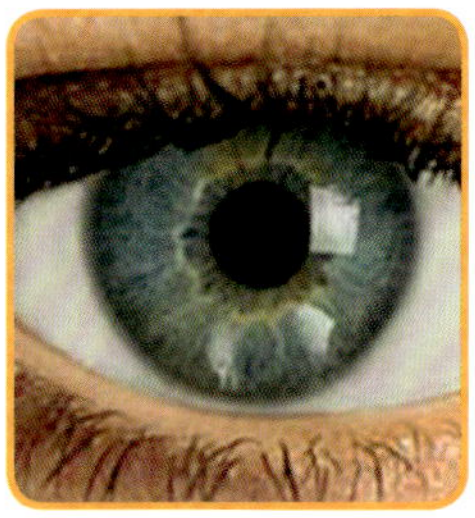

视觉

视觉来自能够感受光线的神经元。就如照相机一样，眼睛能把光线聚焦，从而产生影像。

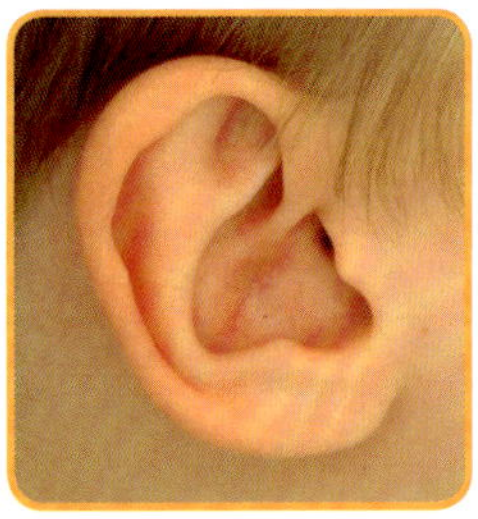

听觉

声音由在空气中高速传播的看不见的波构成。人耳捕捉并放大这些声波。

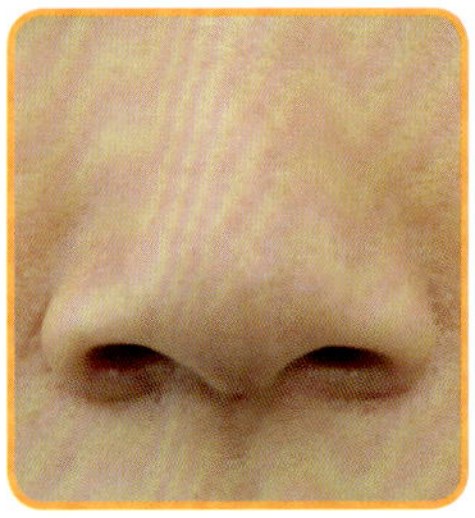

嗅觉

鼻腔顶部的神经元能检测出我们吸入的空气中的数千种化学物质，从而产生嗅觉。

味觉

口腔里的化学感受器能检出 5 种味道：咸、甜、酸、苦和鲜。

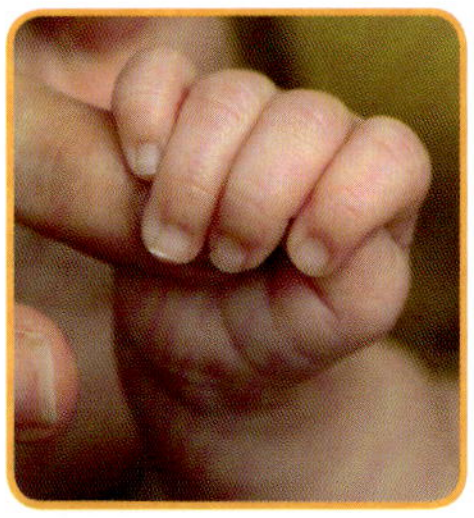

触觉

皮肤里有一系列不同的感受器，对各种形式的触碰产生感觉。

其他感觉

人体的感觉远不止 5 种。还有的感觉能帮助我们移动，保持平衡，感觉到冷热、疼痛和时间的流逝。

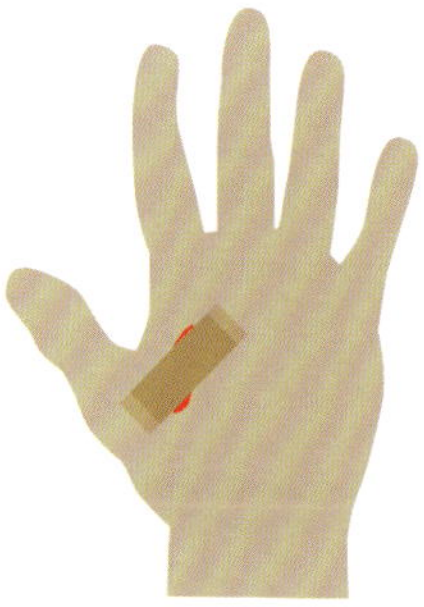

痛觉

痛觉是一种警告，告诉你身体的某个部位受到了损伤，不能打扰它，这样伤口才能愈合。

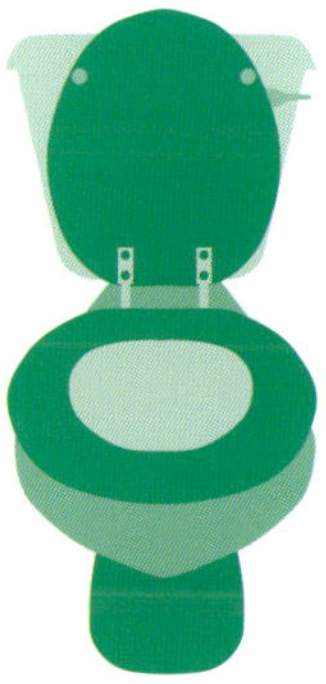

尿意和便意

膀胱壁和直肠壁的牵张感受器能让我们产生尿意和便意，告诉你该上厕所了。

温度觉

皮肤、嘴唇和口腔里的温度觉感受器能感受冷热。即使冷源和热源离人体有一段距离，它们也能被感受到。

肌感觉

肌里有许多牵张感受器，把身体的姿势、位置和运动方式等告诉脑。

重力感

内耳中有微小的重力感受器，能告诉脑哪个方向是上，从而帮助人们保持平衡。

时间感

脑深处的一组神经元就像体内的闹钟一样工作，能帮助人们感知时间。

0.01 神经信号从人脑传到脚趾只需0.01秒。

神经系统分为哪几个部分？

神经系统有两个主要部分。中枢神经系统由脑和脊髓构成（下图中用绿色表示），它们共同对传入的信号进行处理，决定身体应当做出什么反应。周围神经系统（下图中用黄色表示）把信号传递到全身各处，从而将中枢神经系统与感觉器官、肌及其他身体部分联系起来。

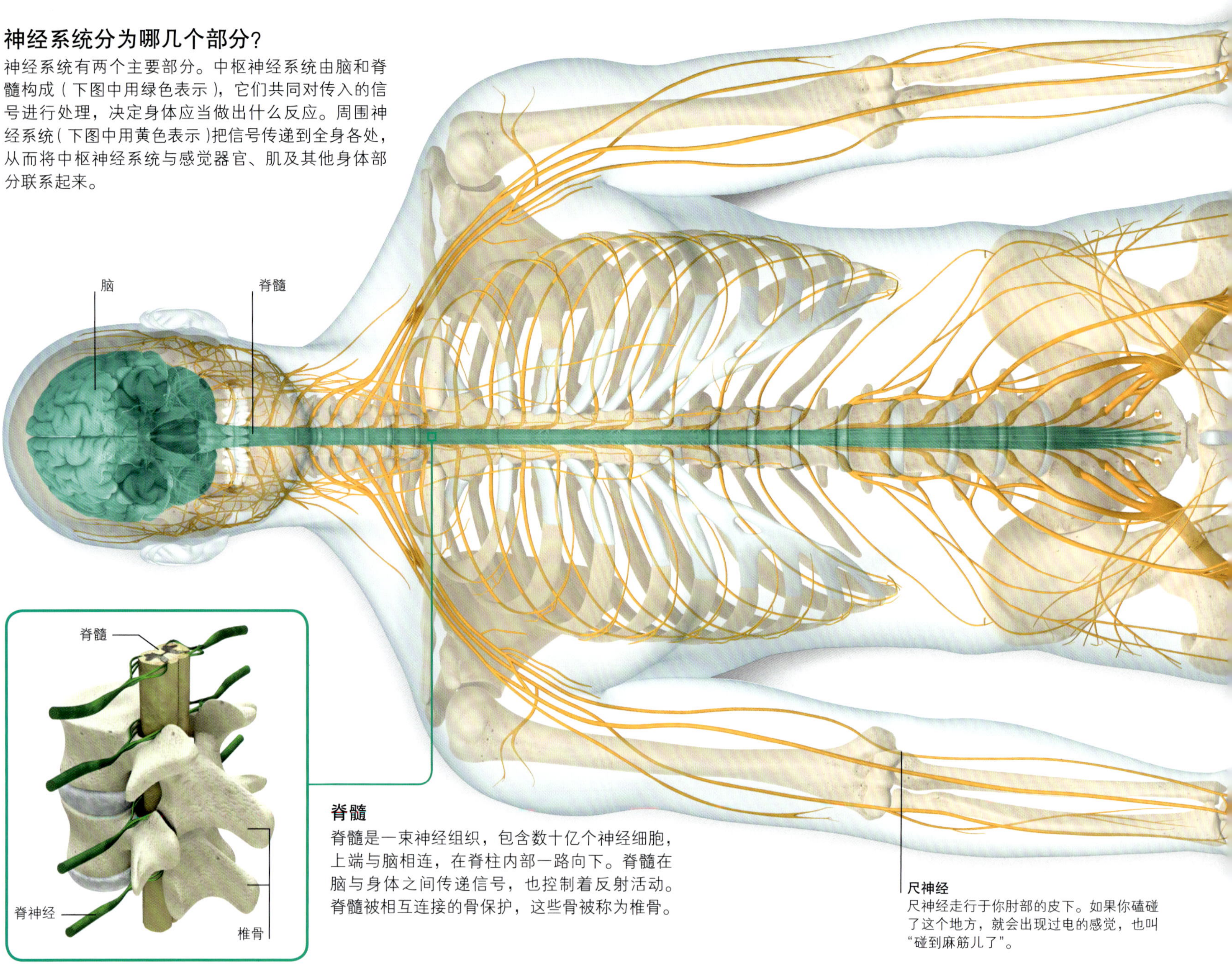

脊髓

脊髓是一束神经组织，包含数十亿个神经细胞，上端与脑相连，在脊柱内部一路向下。脊髓在脑与身体之间传递信号，也控制着反射活动。脊髓被相互连接的骨保护，这些骨被称为椎骨。

尺神经

尺神经走行于你肘部的皮下。如果你磕碰了这个地方，就会出现过电的感觉，也叫“碰到麻筋儿了”。

神经系统

人体受神经系统控制，神经系统是由有生命的“电线”组成的网络。工业制造的电线输送电力，而构成神经系统的细胞则输送信息。

神经系统能使你瞬间对外界做出反应。来自感觉器官的电信号每时每刻都在沿着你的神经快速传递，以大约350千米的时速传入脑。脑分析这些如潮水般涌入的信息，决定如何做出反应，并向肌和其他器官发送信号，告诉它们该怎么做。你的大部分神经系统是受意识控制的，也就是说你可以选择如何反应。但是，神经系统还有很多部分的活动是自主进行的，在你无意识的情况下控制着你的内脏器官和反射活动。

神经元

神经系统是由神经元组成的。这些奇特的细胞从胞体突出许多分支很细的神经纤维。典型的神经元有一条很大的神经纤维（轴突），携带着传出的电信号，还有大量较小的神经纤维（树突），传递传入的信号。神经元之间通过一种特化的结构——突触沟通信息。

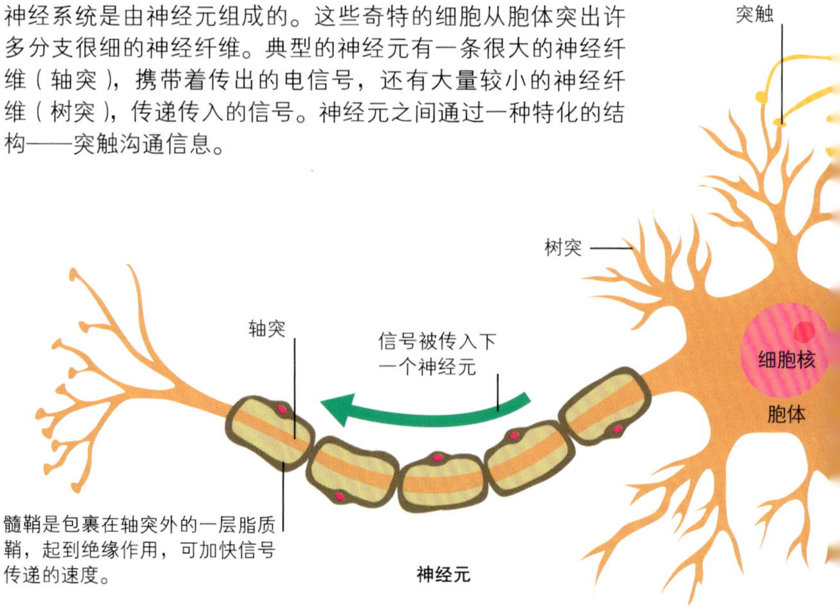

髓鞘是包裹在轴突外的一层脂质鞘，起到绝缘作用，可加快信号传递的速度。

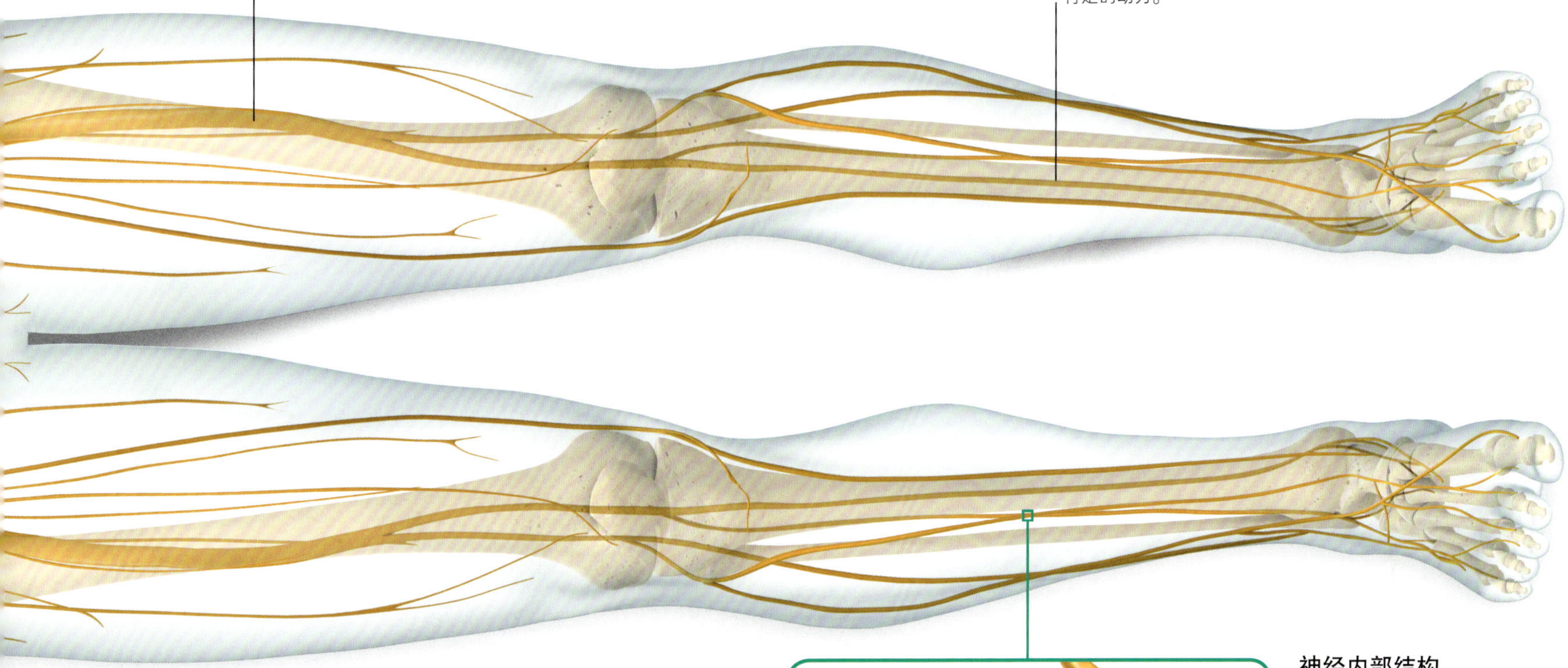

最长的神经
坐骨神经是人体最长的神经，从脊柱延伸至足。

胫神经
胫神经支配腓肠肌。腓肠肌收缩时足尖下垂，从而产生行走的动力。

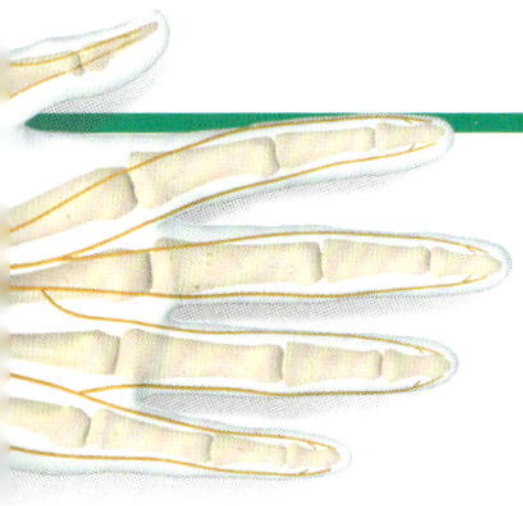

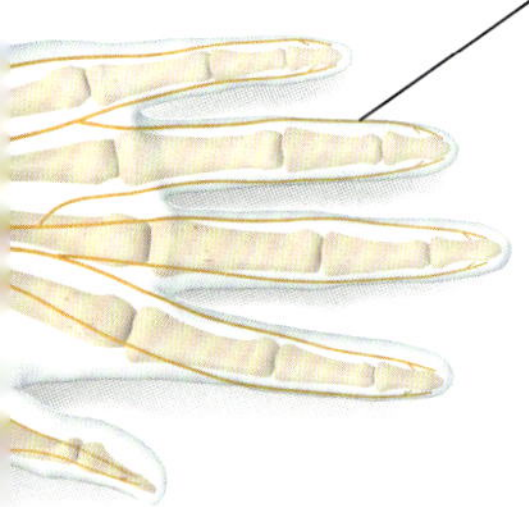

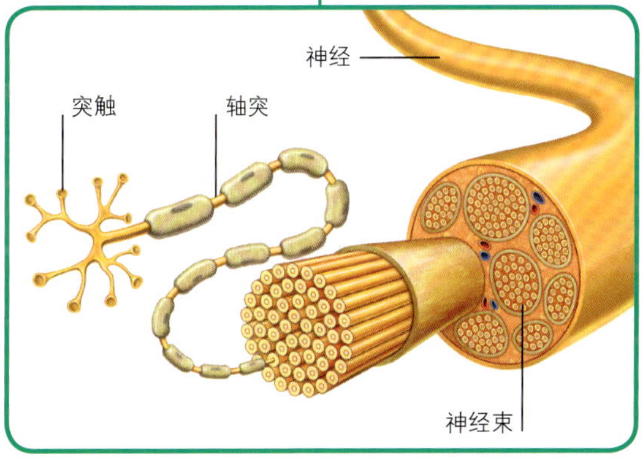

指部神经
位于手上的神经，将来自手指触觉感受器的信号传入脑。

神经内部结构
神经细胞有一条很长的突起，称为轴突，长度可达1米。遍布全身的轴突聚集起来构成神经，就如许多电线聚集起来构成电缆一样。神经里的每根轴突都传递独立的电信号。

如果把你身体里所有的神经细胞头尾相接排列起来，它们能绕地球两圈半。

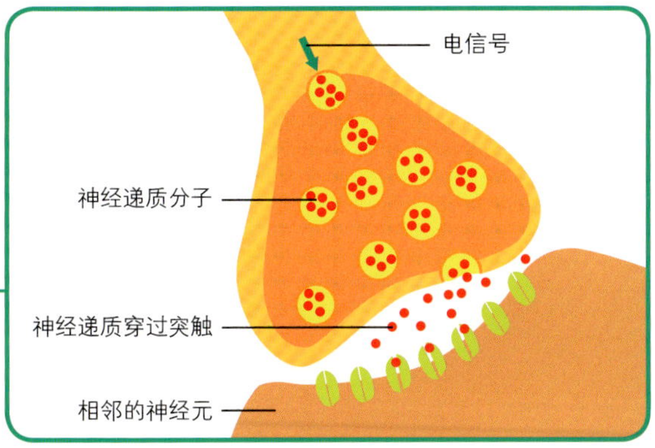

突触

电信号沿着神经纤维传送。当信号到达一个神经元的末端时，有个狭窄的间隔——突触会阻止信号通过。此时，有一些被称为“神经递质”的化学物质流入间隙，激发下一个神经元里出现新的信号。

反射活动

在人体做出反应之前，大部分来自感觉器官的信号就已经被脑处理了。但是，反射会采取通过脊髓的捷径，发生得更为迅速。例如，如果你的手碰到什么引起疼痛的东西，你的脑还来不及产生疼痛的感觉，反射就发生了，让你的手立刻缩了回去。

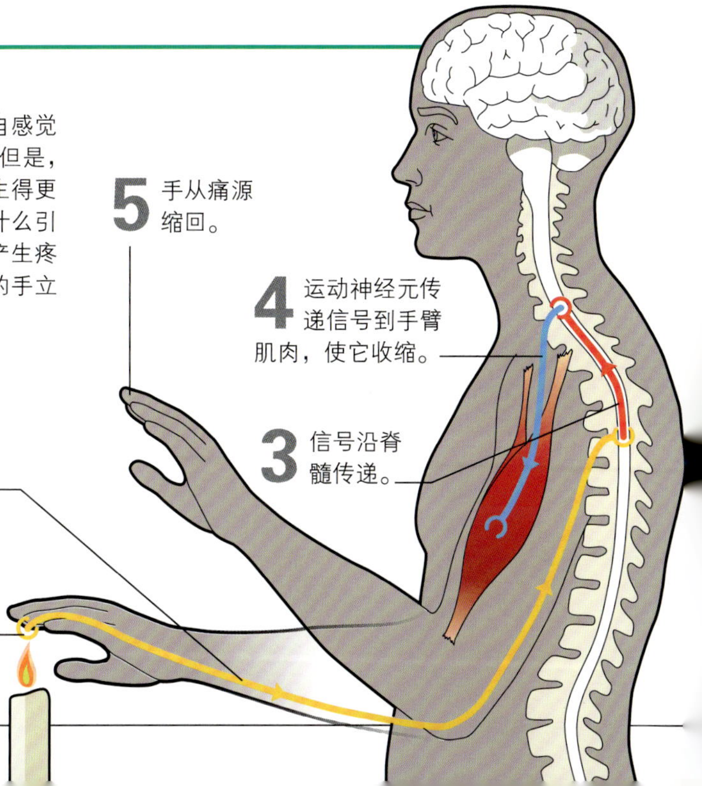

1 碰到火焰，皮肤上的痛觉感受器受到触发。

2 痛觉感受器把神经信号送到脊髓。

3 信号沿脊髓传递。

4 运动神经元传递信号到手臂肌肉，使它收缩。

5 手从痛源缩回。

人脑里的**神经元**约有860亿个。

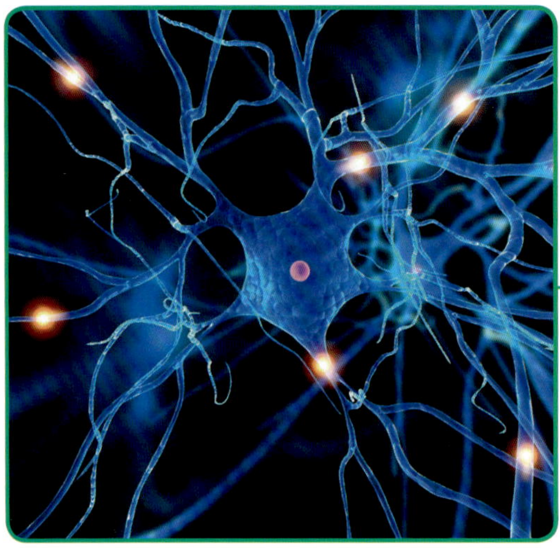

脑细胞
脑由神经元构成。神经元通过电线一样的轴突相互传传递信号，它们之间的连接点称为突触。一个计算机芯片约含有 10 亿个晶体管，每个晶体管有3~4 个连接点，而人脑约含有 860 亿个神经元，每个神经元有多达 1 万个突触。突触比计算机芯片里的简单开关要复杂得多。每一个突触都可能包含多至 1000 个分子开关，赋予了人脑卓越的处理能力。

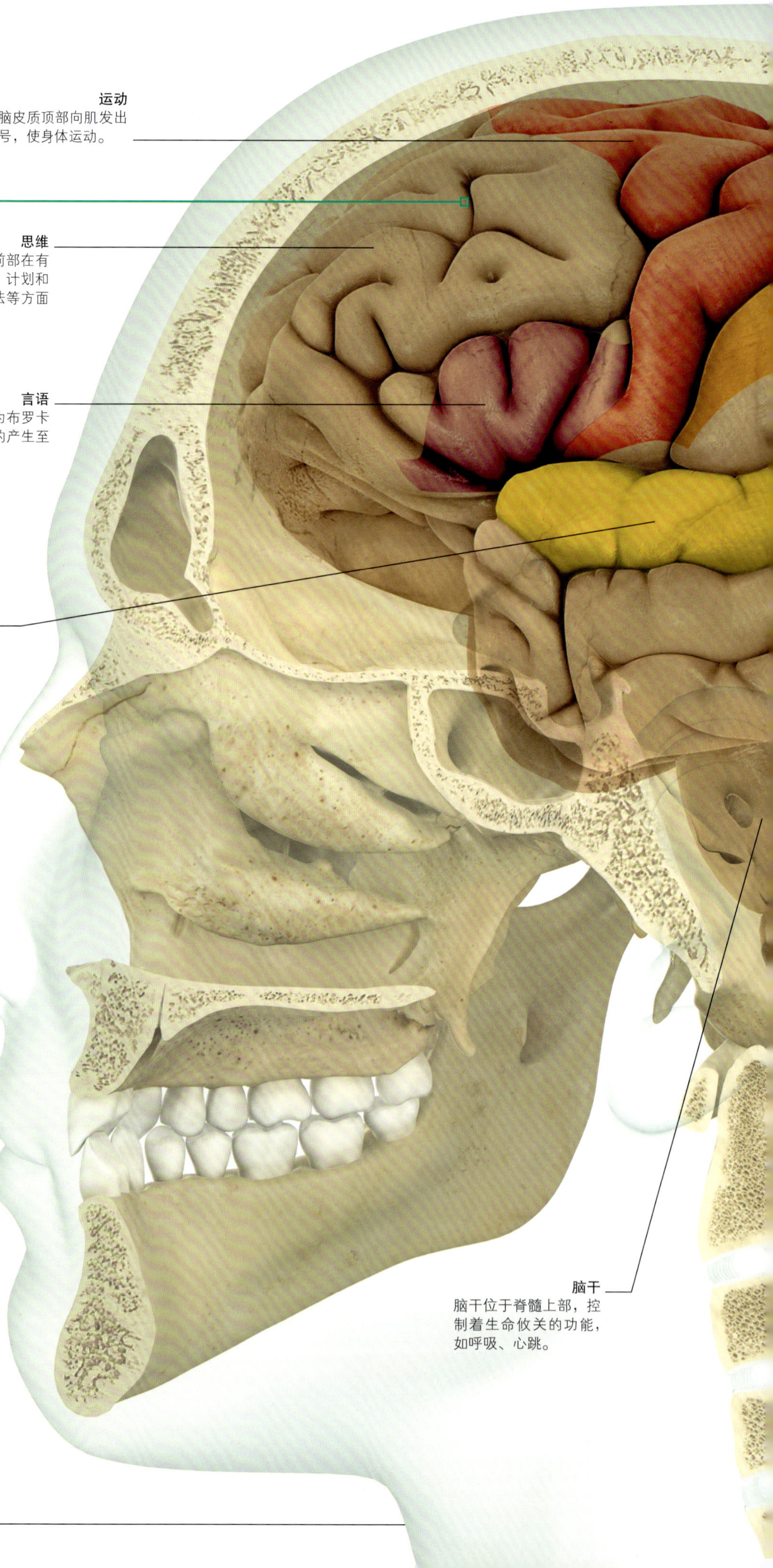

脑

人脑被安全地保护在颅骨里面。它既是神经系统的司令部，也是人体的控制中心。

人脑与其他动物的脑相比更为复杂，功能更强大，它是人类了解得最不透彻的人体器官。但不知为何，正是这个菜花状的神经细胞群创造了一个以体验为基础的完整的内在世界，又产生了自我意识。人们看到的、触到的、想到的、梦到的和记得的一切都在脑里产生。在某些方面，脑就如同一台计算机，但这台计算机在学习和适应的过程中不断重塑自己。脑的基本成分是神经元（神经细胞），这是一种类似电线的细胞，它们向其他神经元发送电信号，形成复杂的回路。细胞之间的连接千变万化，如同迷宫，数万亿的电脉冲每时每刻都在脑细胞间穿梭，在迷宫中构建出无限复杂的通路。

1.35 成年人的脑的平均质量是1.35千克。

78% 人脑的78%是水，11%是脂类。

20% 人们摄入的能量中，有20%用于脑。

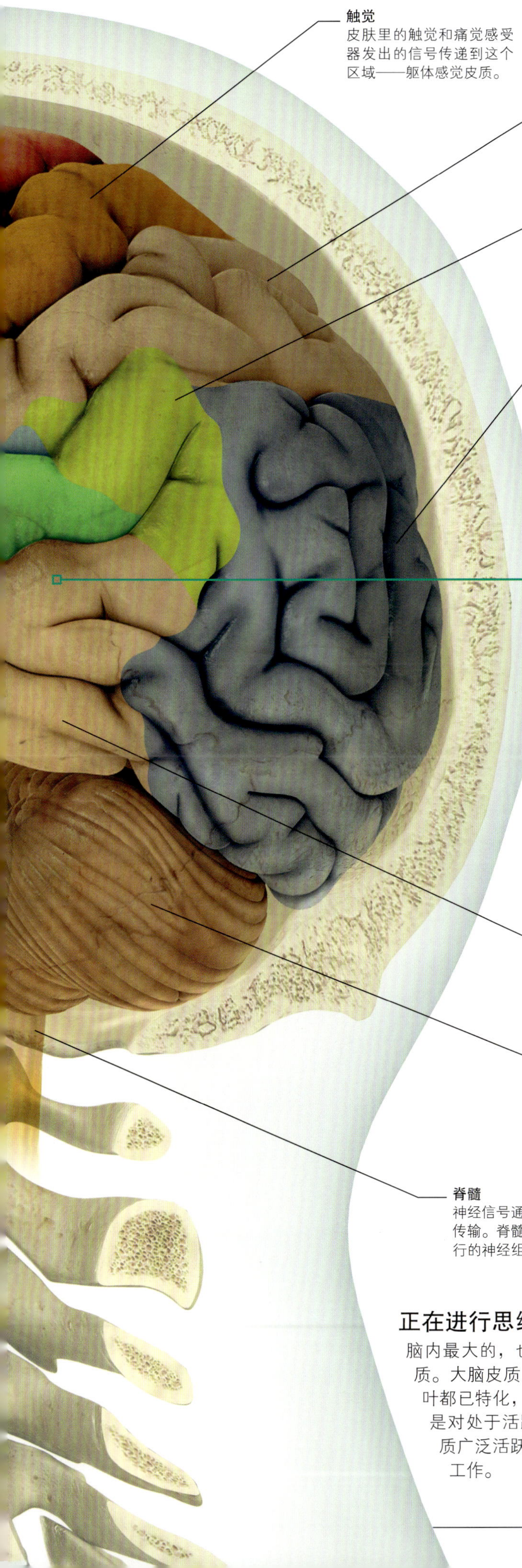

触觉
皮肤里的触觉和痛觉感受器发出的信号传递到这个区域——躯体感觉皮质。

触觉处理
触觉信号从触觉区传到这个区域进行处理，让人知道碰触到的是什么。

学习语言
这个区域叫作顶下小叶，对幼年时期学习语言非常重要。

视觉
视皮质接收并处理来自眼睛的信号，从而辨认形状、颜色等。

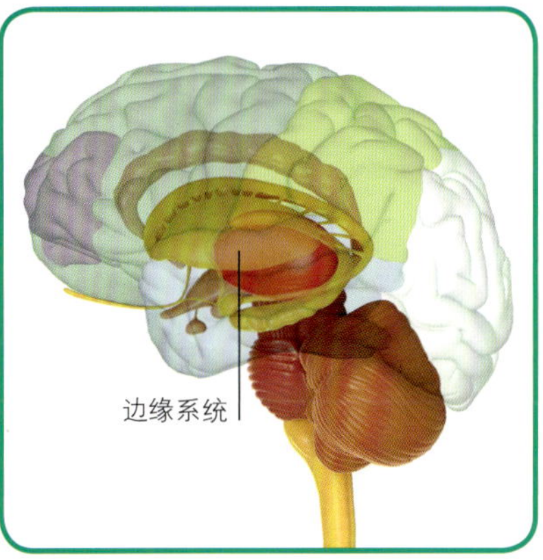

本能
脑的外层部分负责高级心理活动，如思考，而位于脑深层的结构则控制着基本情绪，如愉悦、恐惧、愤怒等。这些结构形成所谓的边缘系统。

视觉处理区
视皮质辨认出的基本形状、颜色等在这个区域进一步处理，这样人们就能识别看到的到底是什么。

小脑
小脑与脑的其他部分是分开的。小脑的功能是协调肌的运动，使肌的运动准确无误。

脊髓
神经信号通过脊髓在脑和身体之间传输。脊髓是一束沿着脊柱向下走行的神经组织。

正在进行思维活动的脑

脑内最大的，也是最聪明的部分是它的最外层——大脑皮质。大脑皮质上的褶皱把其分成不同的区——叶。脑的各叶都已特化，各自负责不同的功能，如语言、视觉等。但是对处于活跃状态的脑进行扫描的结果显示整个大脑皮质广泛活跃，这表明脑内不同的区域以复杂的方式协同工作。

脑的大小

大部分复杂的处理过程都发生在脑的表面——大脑皮质，这里有着大量突触。人类大脑皮质的面积比动物的大，给予了脑更强的处理能力。

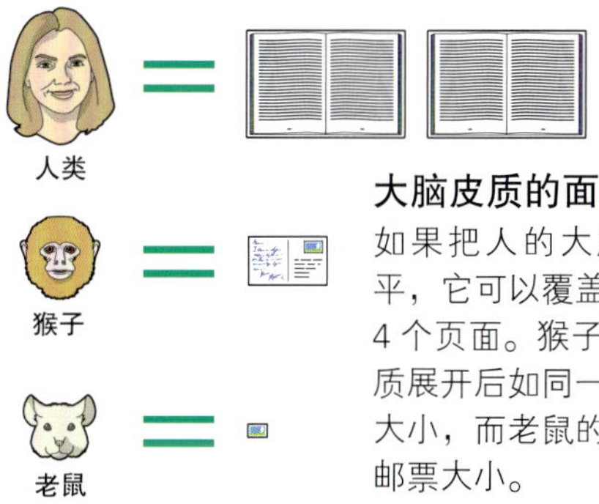

大脑皮质的面积
如果把人的大脑皮质展平，它可以覆盖这本书的4个页面。猴子的大脑皮质展开后如同一张明信片大小，而老鼠的如同一枚邮票大小。

触觉

大脑皮质的顶部用来处理触觉。但是人体有些部位同其他部位相比，有更多相对应的皮质。本图表明脑从不同部位接收触觉信号的多少，可以明显看出有些部位的触觉比其他部位更为灵敏。

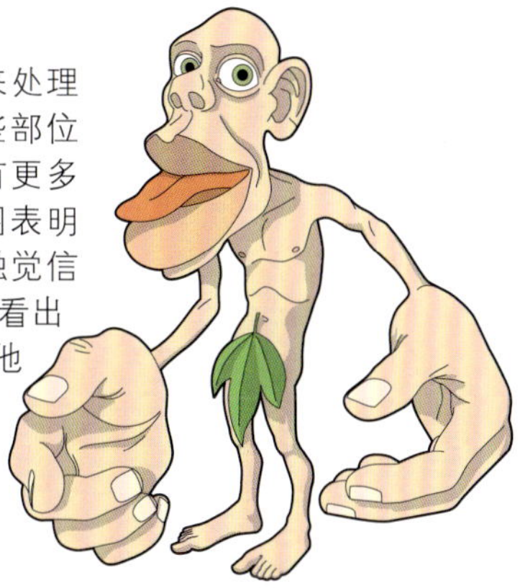

记忆是怎样工作的？

脑以神经元网络的形式储存记忆。每段新的经历或新的信息都能使神经元以特定的方式激发。当回想这个事件时，神经元以同样的方式再激发一次，从而加强记忆。

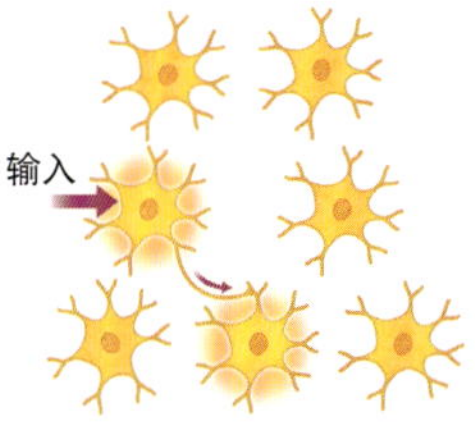

1 体验
新的体验使神经元以特定的方式发出信号。实际上，数以百计的神经元参与了这个网络。

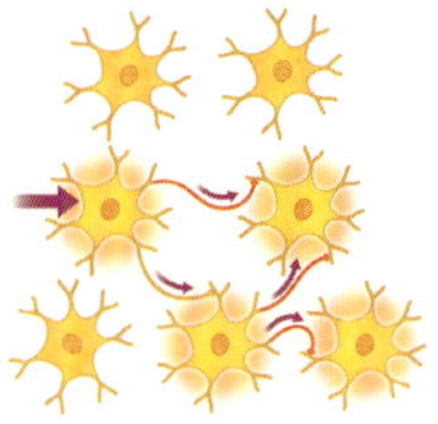

2 重复
重复或回想这个体验会导致新的连接形成，使这个网络变得更广泛，更容易被激发。

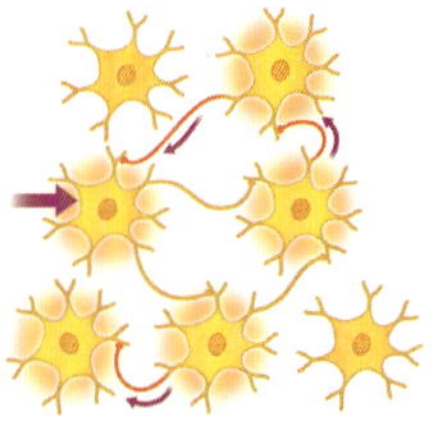

3 加强
反复体验会进一步强化这个网络，巩固记忆。如果连接得不到刷新，往往会逐渐消失，乃至完全丧失。

24 人的眼球平均直径是24毫米。

视觉是如何产生的？

视觉是人类最重要的感觉。人通过眼睛收集到的信息比通过其他感觉收集到的信息加起来还要多。

不用一秒钟，一个场景便可收入眼底。但是，看东西不像拍快照那么简单。人的眼球本能地快速扫视，只在脑认为重要的细节（如人脸、移动的物体）和你感兴趣的东西上短暂地停留一下。

人眼的工作原理很像照相机，都是捕捉光线并用透镜把光线聚焦，形成清晰的影像。但与照片不同的是，人眼只有最中间是非常精细、色彩鲜明的。我们视野中这个小而清晰的点是眼睛后部视网膜上被称为“中央凹”的一个微小凹陷形成的。当你在阅读这个句子时，中央凹就把句中的字处理成高清影像。

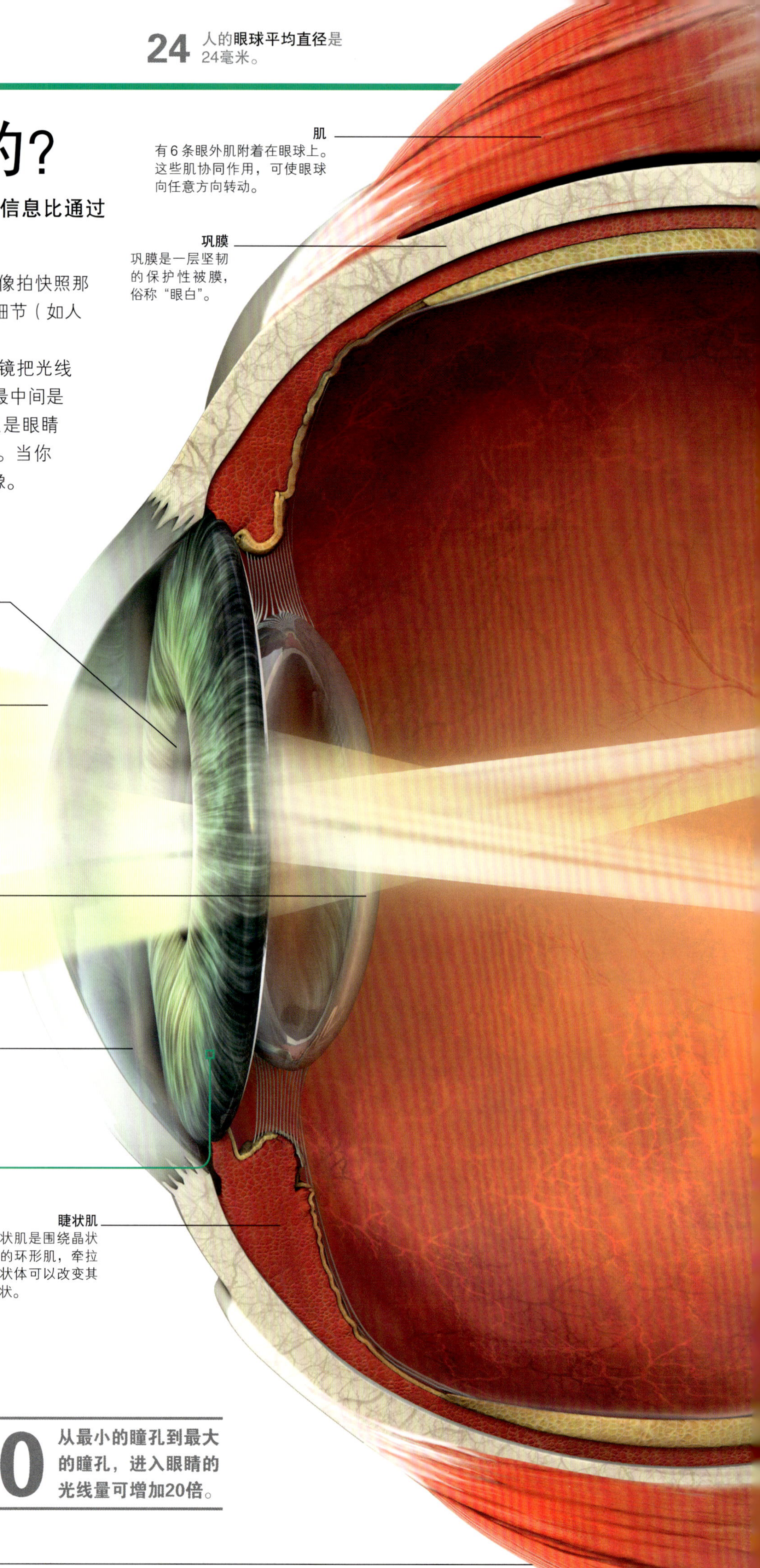

眼球内部

人的眼睛是一个中空的球体，里面充满了果冻样的透明液体，可让光线通过。进入眼球的光线有些被眼球前方弯曲的角膜聚焦，有些被可调节的晶状体聚焦。照相机通过移动镜头自动调焦，而人眼则通过改变晶状体的形状来调焦。视网膜是衬于眼球内壁的感光细胞层，可以捕捉物体的影像。然后把影像以电信号的形式送到脑。

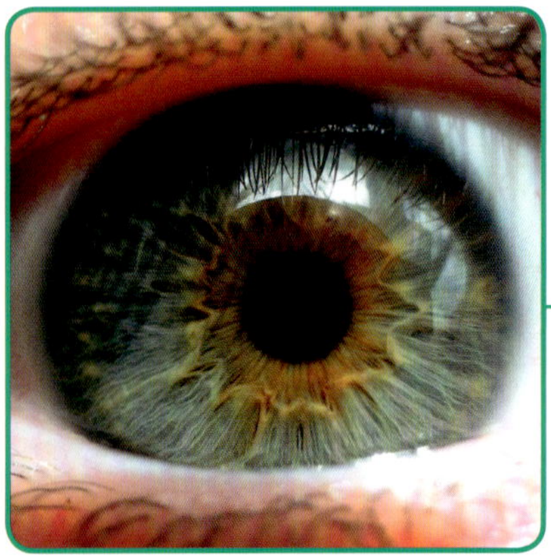

虹膜

眼睛里有颜色的部分叫作虹膜。虹膜是肌纤维环，能控制进入瞳孔的光线量。在亮的地方，瞳孔直径缩小到2毫米；在暗的地方，瞳孔直径扩大到9毫米。瞳孔不仅对光线，也会对情绪做出反应：如果你看见喜欢的人或物，你的瞳孔就会扩大。虹膜的颜色来自黑色素，毛发和皮肤的颜色也来自同样的色素分子。

20 **从最小的瞳孔到最大的瞳孔，进入眼睛的光线量可增加20倍。**

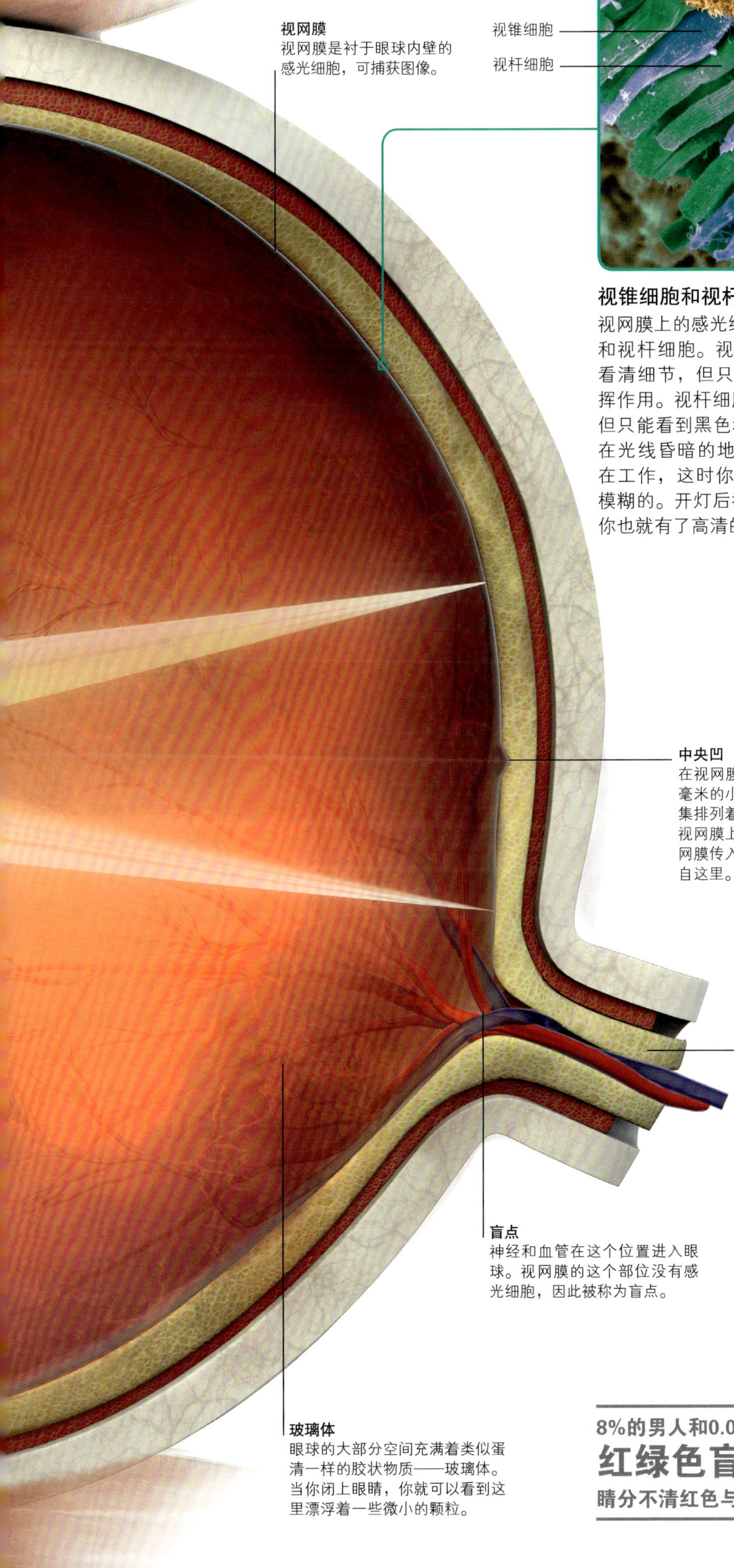

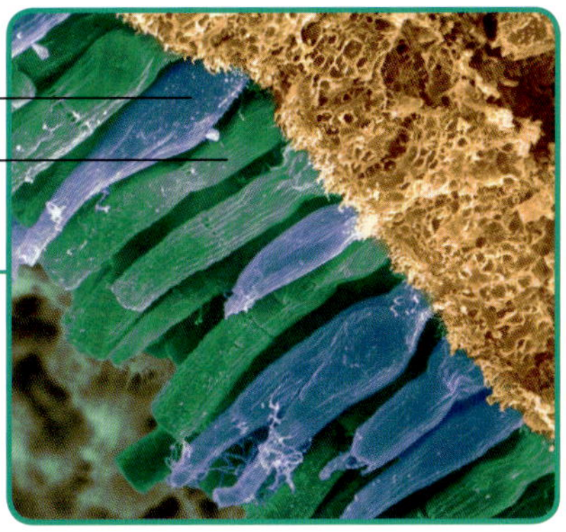

视锥细胞和视杆细胞

视网膜上的感光细胞有两种：视锥细胞和视杆细胞。视锥细胞能分辨色彩和看清细节，但只有在接收强光后才发挥作用。视杆细胞能在弱光下起作用，但只能看到黑色和白色，看不清细节。在光线昏暗的地方，只有视杆细胞还在工作，这时你看到的世界是黯淡且模糊的。开灯后视锥细胞就开始工作，你也就有了高清的彩色视觉。

8%的男人和0.04%的女人是红绿色盲，他们的眼睛分不清红色与绿色。

聚焦影像

光线从物体发出时是向四面八方发散的。为了获得清晰的影像，眼睛必须把光线折射，聚在一个点上，这个过程就是聚焦。角膜和晶状体协同工作，使光线聚焦在视网膜上。这样获得的影像是上下颠倒的，是脑把它正了回来。

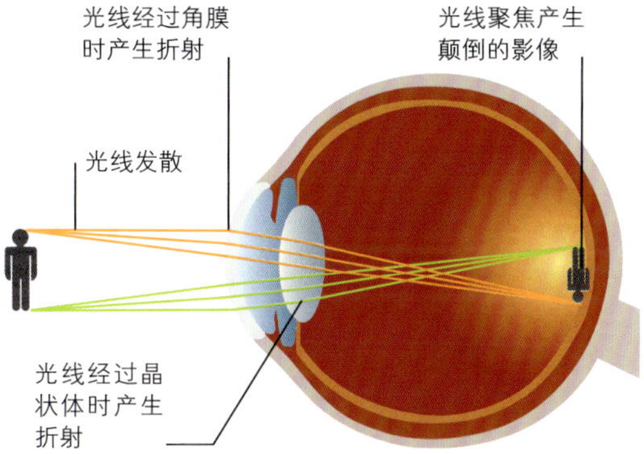

视近和视远

当你看着近处的物体时，围绕晶状体的肌就收缩，使晶状体变圆，从而增加它的聚焦能力。当你看着远处的物体时，这些肌松弛，使晶状体变扁。有些人晶状体的聚焦能力会太强或太弱，这时可以靠戴眼镜来纠正。

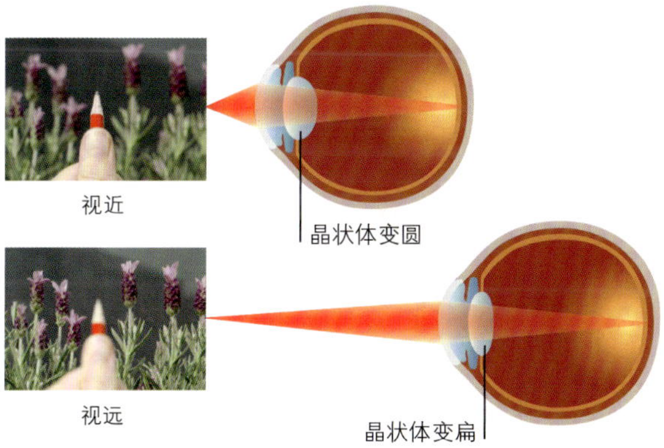

立体视觉

人们的双眼是从两个略微不同的视点来看世界的，这就产生了两个不同的影像。这两个影像在脑中结合起来，产生单一的三维影像。有了立体视觉，就能判断距离。

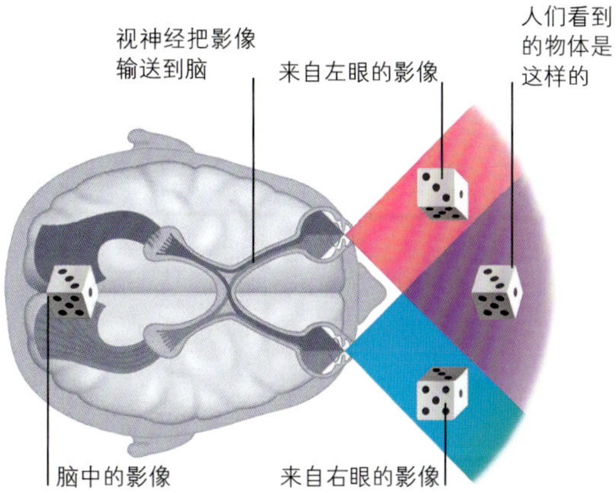

1230 声音在空气中传播的速度是1230千米/时。

耳朵里面

声音是由通过空气传播的肉眼看不见的声波产生的。声波的速度可达每小时 1000 多千米。人耳能捕捉到这些快速而微弱的振动并加以分析，这样就产生了听觉。

把一颗石子扔进池塘，会激起水波，水波呈同心圆状向外扩散。声音也是这样传播的，在空气中形成肉眼看不见的球状涟漪。但与水面波不同，声波是一个高压的区域，在这里空气分子被短暂地挤压在一起，这些压力波以每秒 20~2 万次的频率到达我们的耳朵。在每只耳朵的深处都有一块纤弱的膜——鼓膜。鼓膜能捕捉到最微弱的声音，并以与声波相同的频率振动，这样耳朵便能判断音调高低。

除了让我们听见声音，人耳还包含许多微小的感受器，它们会根据运动和重力来回摆动，让人们产生了位置觉和平衡觉。

耳朵各部的构造

人类的耳朵有 3 个部分：外耳、中耳和内耳。耳郭是露在外面的部分，由弹性软骨覆以皮肤而成，能把声音汇集送入耳道。耳郭的形状很奇特，前凹后凸，有助于我们辨别声音的来向。耳道是一根中空管道，通往颅骨深处，把声音传到鼓膜。鼓膜后连着 3 块小骨，能把振动通过充满空气的中耳传到充满液体的内耳。

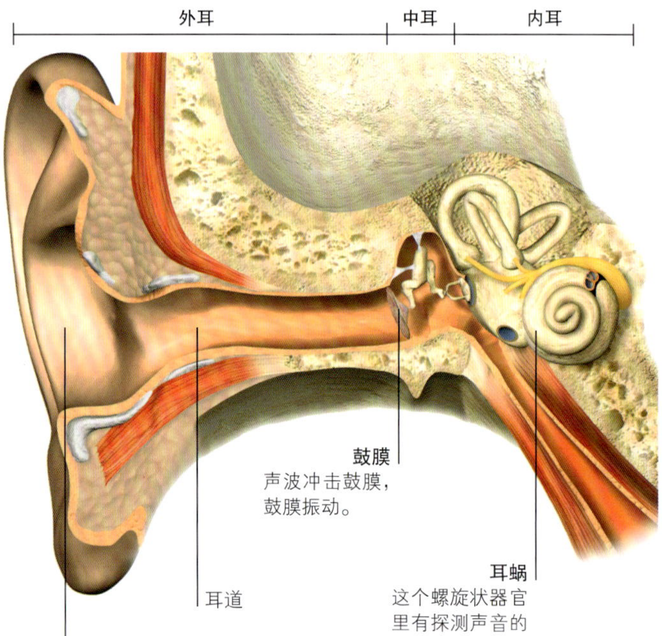

听到声音

中耳里充满空气，这里有由 3 块小骨（锤骨、砧骨和镫骨）组成的听骨链。鼓膜的振动传到听骨链并被放大。听骨链上最后一块骨——镫骨，又把声波的振动传入内耳。在这里，振动通过液体传到螺旋形的耳蜗。在耳蜗里，液体振动触发神经信号，信号又被送入脑。

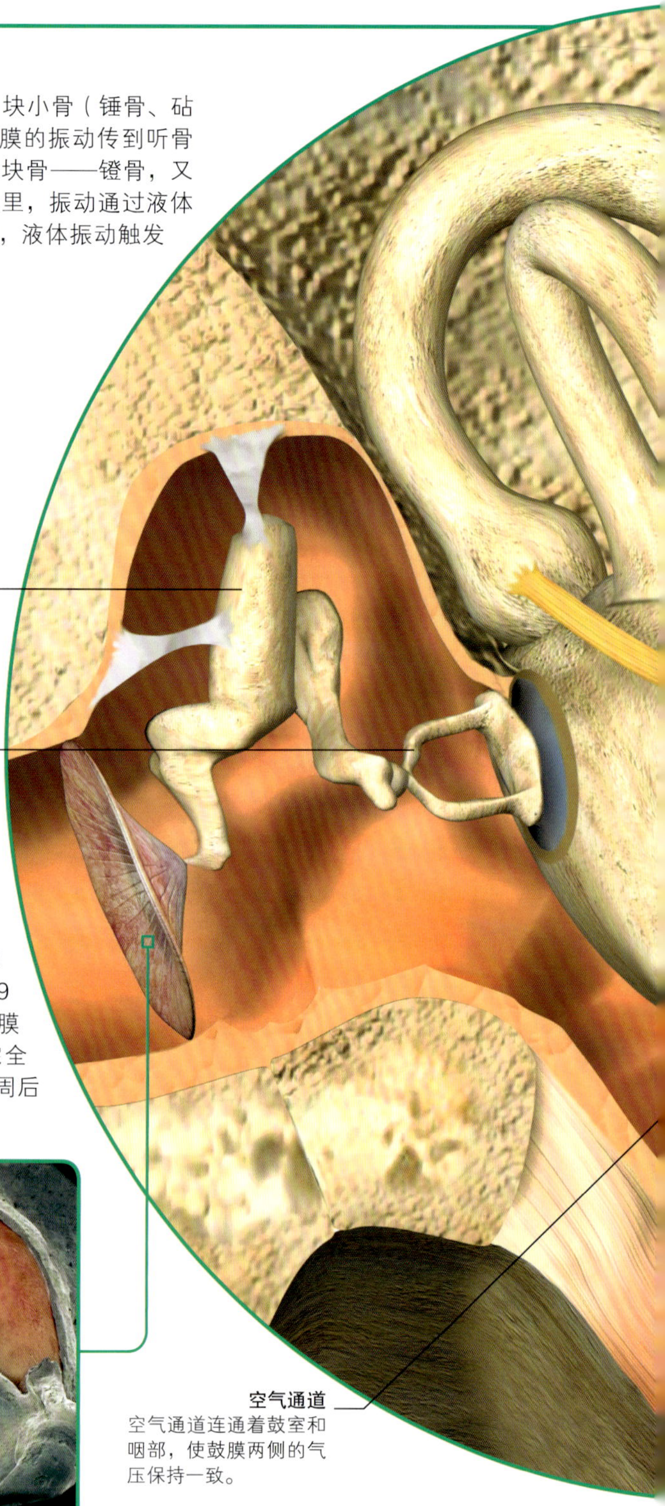

鼓膜

鼓膜是像纸一样薄的紧绷着的膜，略成圆锥状，宽度约为 9 毫米。当声波冲击鼓膜时，鼓膜振动，且振动的频率与声波完全一致。假如鼓膜受损，通常几周后会自愈。

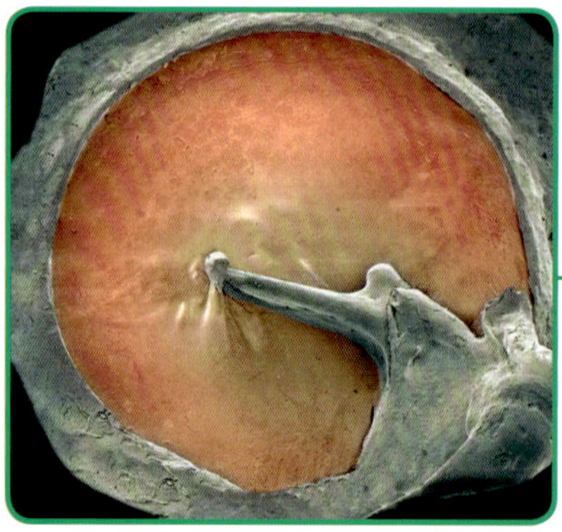

平衡器官

人的耳朵不仅能用来听声音，还能产生平衡感。内耳里面有一套复杂的充满液体的隔室和管道，其中有一些可以来回摆动的结构。当你转头时，耳朵里的液体旋转，这些结构随之摆动。还有些结构能对重力做出反应。所有这些结构都将信号送入脑，使身体位置和运动状态的信息得到持续更新。

半规管能觉察头部的转动。

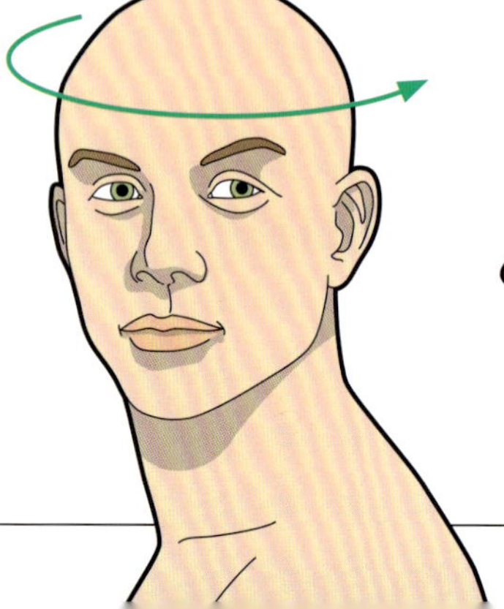

球囊能感觉到向上或向下的垂直运动。

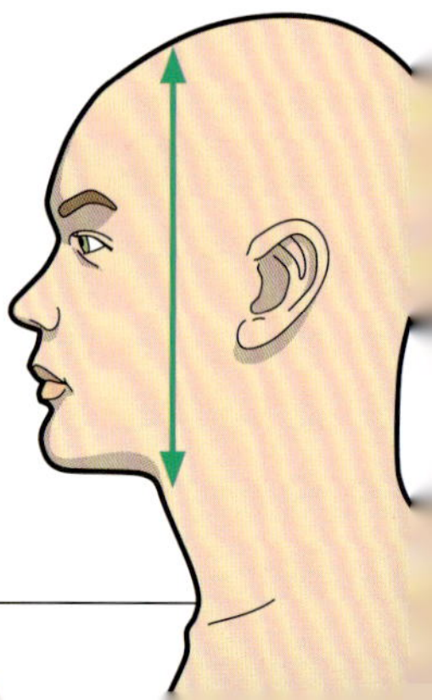

即使是微弱到使鼓膜振动的振幅不足一个原子直径的声音，**我们也能听到。**

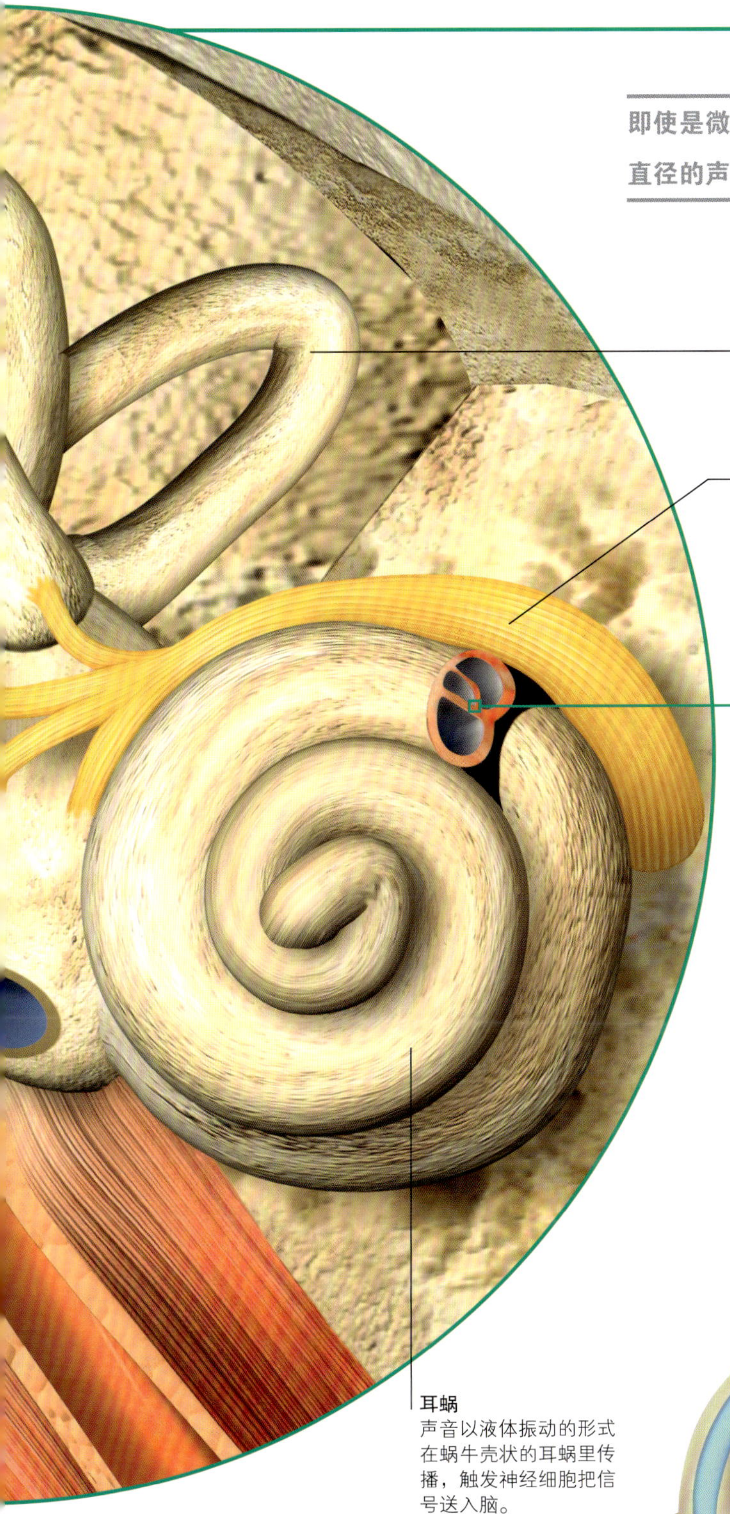

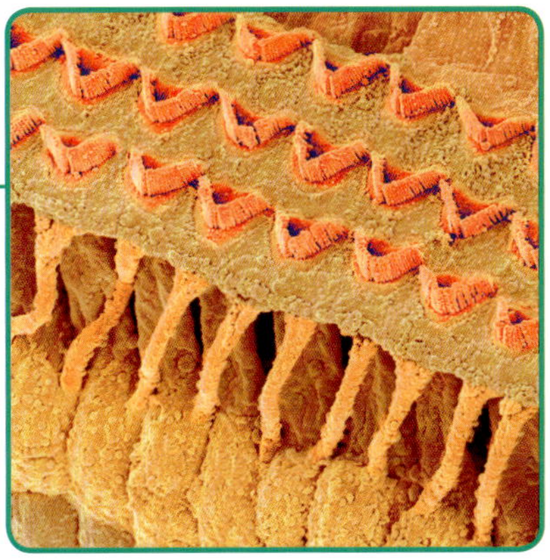

毛细胞

在耳蜗内，液体振动传播时引起一层膜的振动，这层膜贯穿整个耳蜗。在这层膜上嵌有 V 形的纤毛簇（上图中以粉红色表示）。膜振动时，纤毛弯曲，引起连接纤毛的细胞兴奋，向脑发出信号。声音太大会损伤这些细胞，导致听力受损。

椭圆囊能觉察倾斜移动。

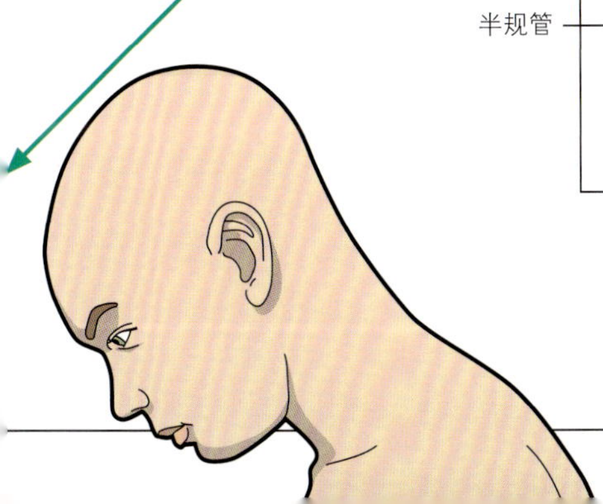

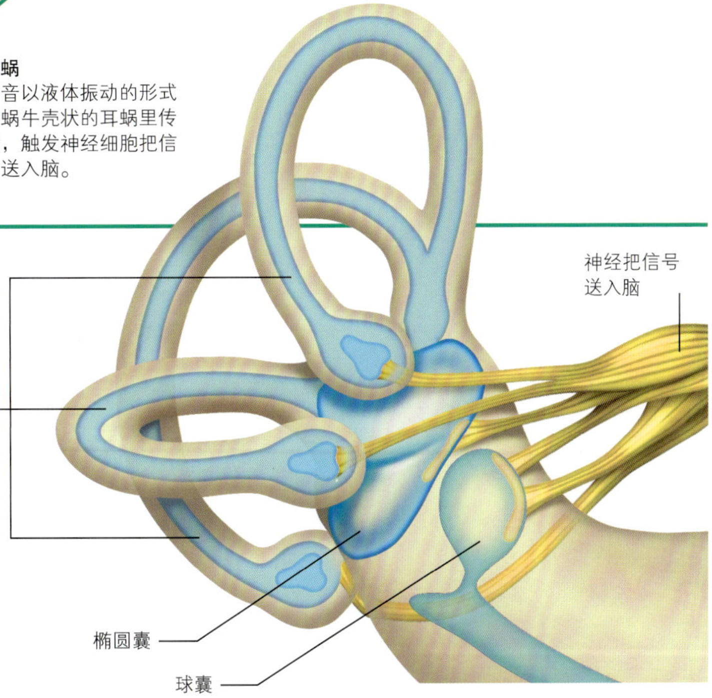

音调是如何产生的？

人们的耳朵能听到波长 1.7 厘米～17 米的声音。波长短的声音频率很高（几千赫兹），听起来声音很尖。波长长的声音频率比较低（几十赫兹），听起来声音低沉。

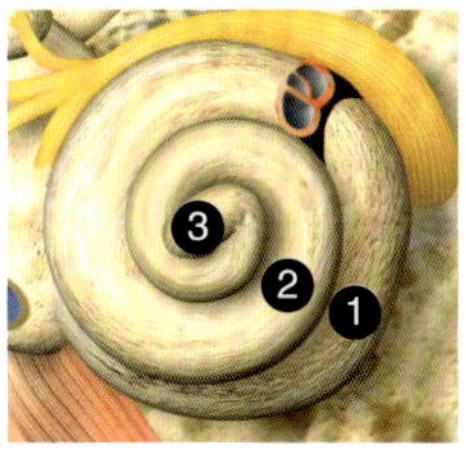

螺旋式向内

声波先从耳蜗靠外部分进入，然后旋转着传向中心。高音调的声音最先被接收，然后依次接收较低音调的声音。

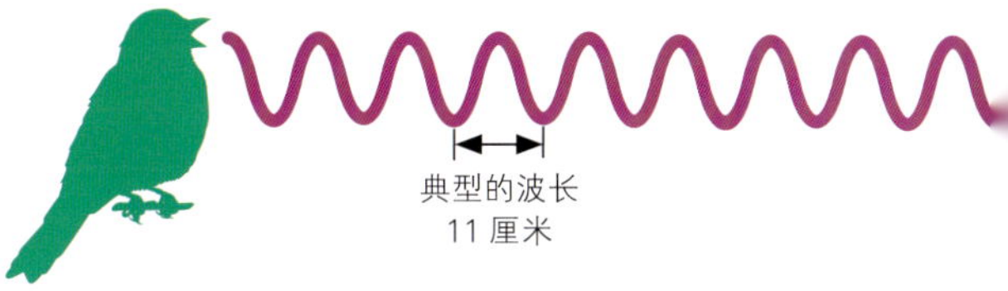

❶ 高音调的声音

耳蜗的靠外部分能听到高音调的声音，如鸟鸣。一般的歌声频率通常约为 3000 赫兹，波长约为 8 厘米。频率高于 2 万赫兹的声音大多数人是听不到的。

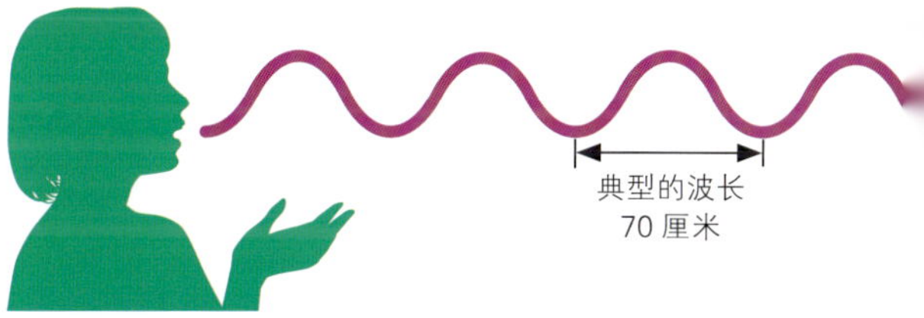

❷ 中音调的声音

话语声是包含着不同声音的复杂混合体，频率为 100~1000 赫兹，波长为 30 厘米~3 米。耳蜗的大部分都能听到这样的声音。

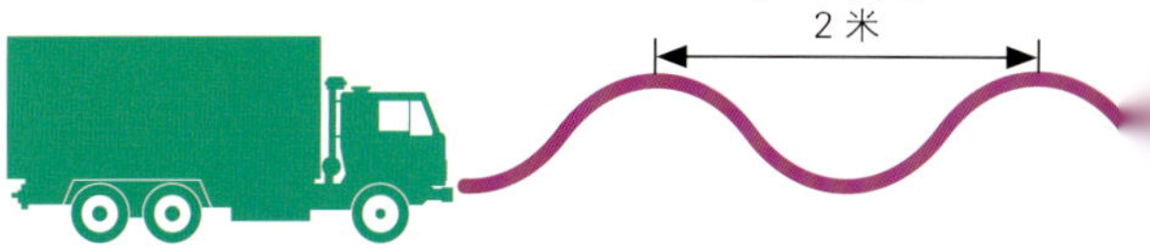

❸ 低音调的声音

卡车开过时发出低沉的隆隆声，频率约为 100 赫兹，这些声音是在靠近耳蜗中心部位听到的。人耳听不到频率低于 20 赫兹的声音，虽然我们偶尔能感觉到这些声音引起了骨的振动。

蝙蝠能听到的声音频率 10 倍于人耳所能听到的声音频率，但人类发出的声音对蝙蝠来说频率太低了，它们听不到。

10 味蕾的平均生命周期是10天。

人的舌上约有1万个味蕾，每个味蕾包含多达100个味细胞。

嗅细胞

鼻腔的顶部有一小片组织，比邮票还小，称为嗅上皮，嗅觉就从这里开始。来自空气的气味分子溶解于覆盖在嗅上皮上的黏液中，并激活嗅细胞顶端细小的纤毛（上图中以粉红色表示），随后嗅细胞发送信号给脑。

舌的表面

舌的表面给人以粗糙的感觉，因为那里覆盖着数以百计微小的指状突起，称为舌乳头，功能是帮助舌控制食物。体积最大的舌乳头也帮助产生味觉，其表面嵌着几十个小凹陷——味蕾。味蕾含感觉细胞，能感受盐和糖等物质的味道。

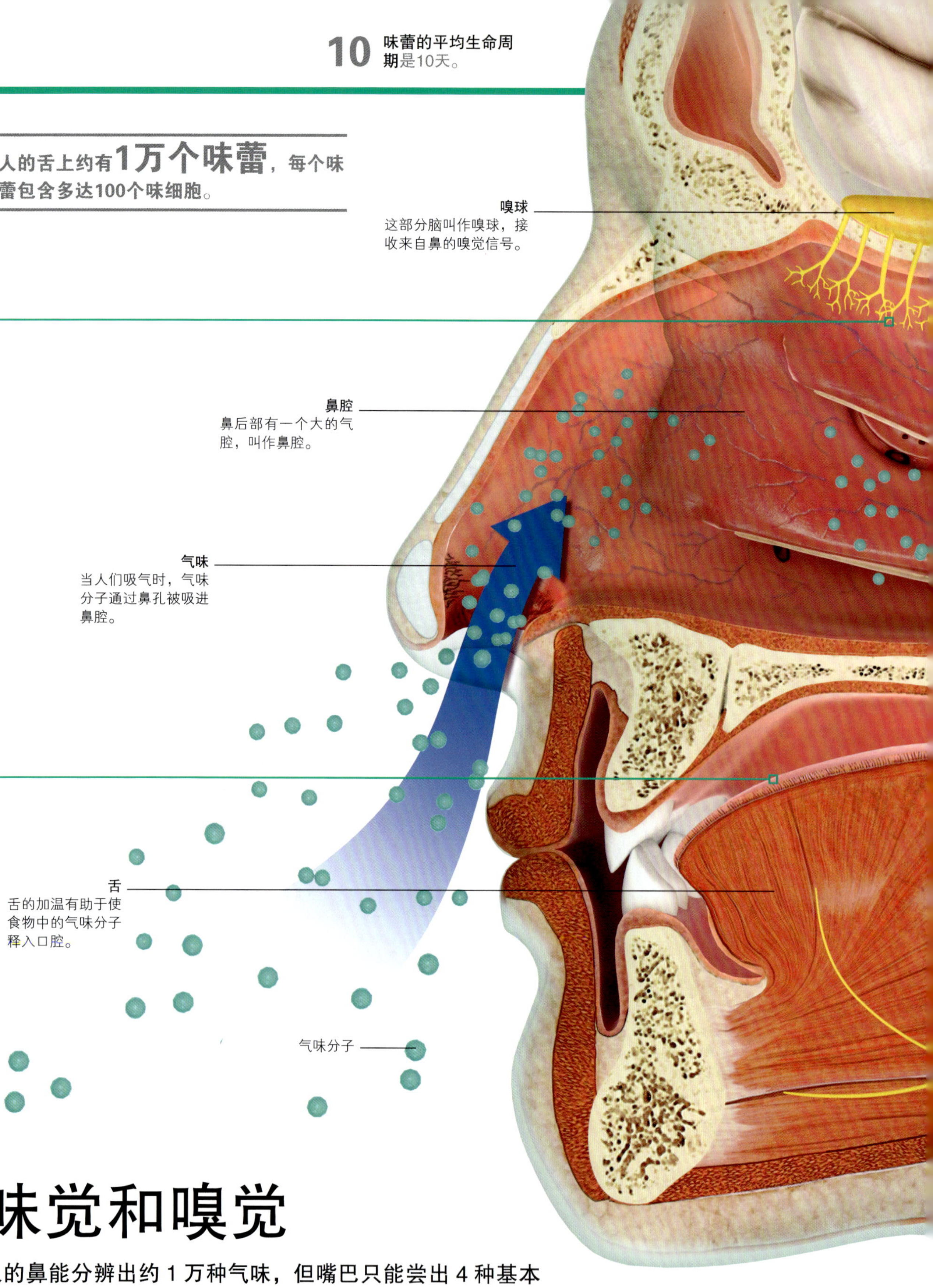

味觉和嗅觉

人的鼻能分辨出约 1 万种气味，但嘴巴只能尝出 4 种基本味道。在脑内这两种感觉结合起来，使得人们吃的食物具有各种滋味。

新鲜的食物
非常新鲜的食物有独特的气味，我们的鼻能立即闻出来。

味觉和嗅觉产生的方式是相同的，它们都是“化学感觉”，即两种感觉都是通过分辨出具体的化学物质而产生的。从比萨饼到鲜橙汁，人们爱吃的食物具有的独特味道其实都是味觉和嗅觉共同作用而产生的。事实上，人们体验到的所谓“味道”，居然多达 75% 是闻出来的，这就是为什么鼻塞时你会觉得吃的食物淡而无味。味觉和嗅觉使人们产生愉快的感觉，告诉人们哪些食物是富有能量的，哪些吃起来是安全的。如果某些东西是危险的，味觉和嗅觉就会触发一种强烈的厌恶感，从而警告人们“这可吃不得”。

鼻和口腔

味觉主要来自舌，但是口腔顶部、咽喉，甚至肺，也有味蕾，而嗅觉只来自鼻。当食物在口腔里时，气味分子飘至口腔后部，然后进入鼻，这样你就感受到食物的风味了。

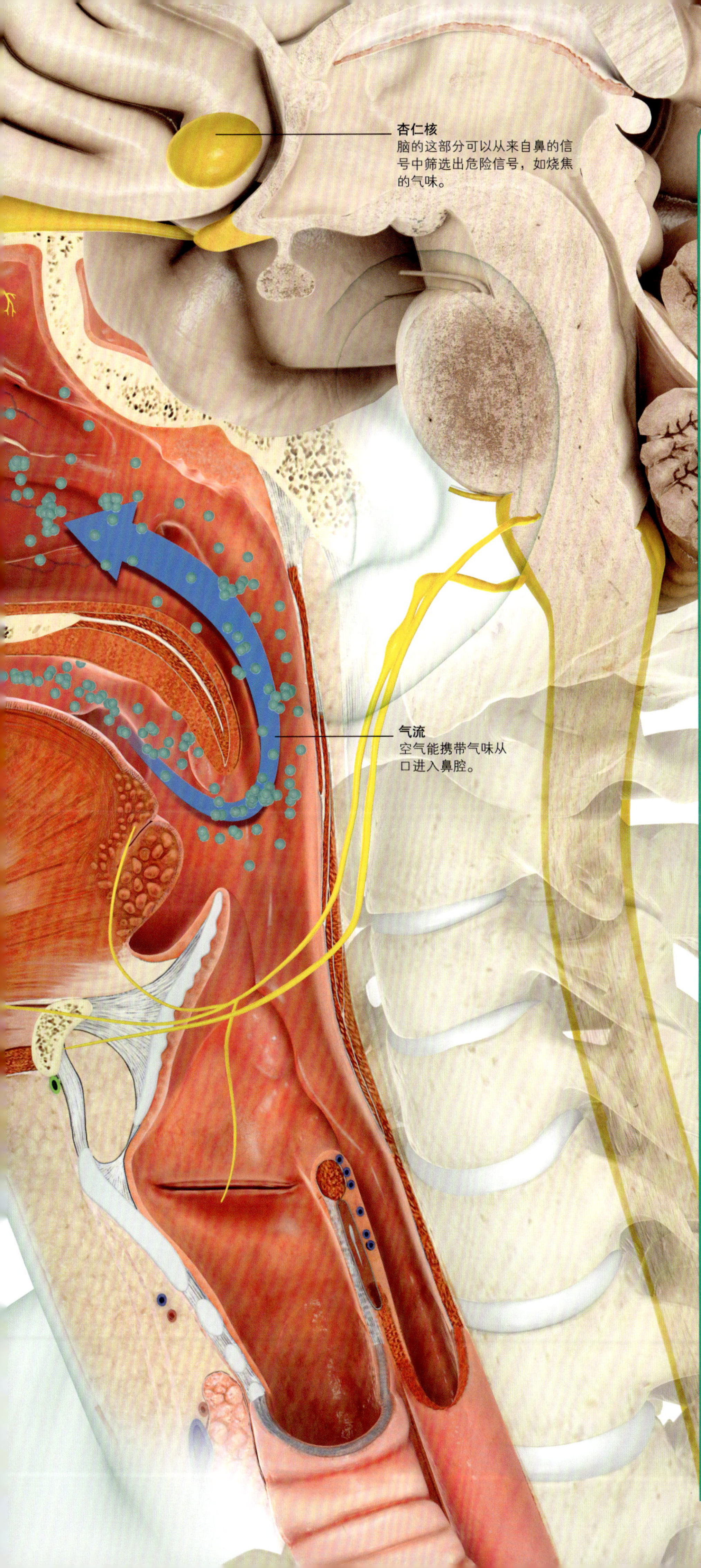

舌

舌是由8块肌组成的复杂交织的结构。舌强壮和灵活得令人惊异，它能触碰并控制口腔里任何位置的食物。舌的表面粗糙，可保持口腔清洁。它不仅是重要的味觉器官，对于说话也是必不可少的。

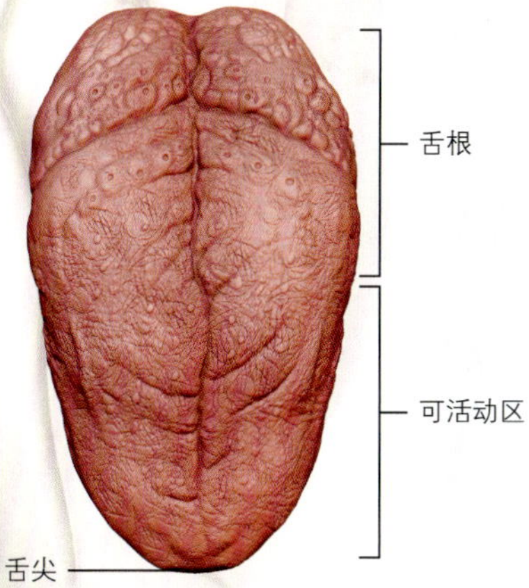

味蕾是如何起作用的？

食物中的化学物质溶解到覆盖着舌的唾液里，随后唾液从舌乳头的味孔流入味蕾。味孔里的味觉感受细胞顶端有微小的纤毛，能感受4种基本的味觉（见下文）。味蕾受到不同化学物质分子的刺激，产生电信号，并将其高速传入脑，从而产生有意识的味觉。

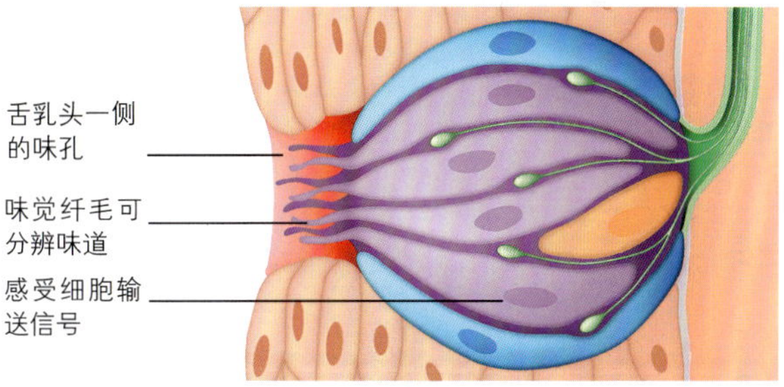

4种味觉

味觉是食品刺激味蕾产生的一种感觉。4种基本的味觉是甜、苦、酸、咸。

甜

甜味的食物刺激能辨识糖类的味蕾。

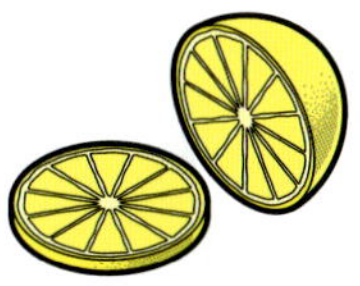

酸

酸味来自能辨识酸类（如柠檬汁）的味蕾。

苦

有毒的食物或不能吃的食物刺激感受苦味的味蕾。

咸

对盐敏感的味蕾能触发一种非常强烈的咸的感觉。

嗅觉与记忆

嗅觉有时能把深深印在脑中的记忆唤醒。例如，闻到大海的气味可能使人生动地回想起自己曾经度过的愉快假日。科学家猜想，这种事情的发生，原因在于脑中负责识别气味的区域与杏仁核间存在着密切的联系，而杏仁核在情绪和记忆中起关键的作用。

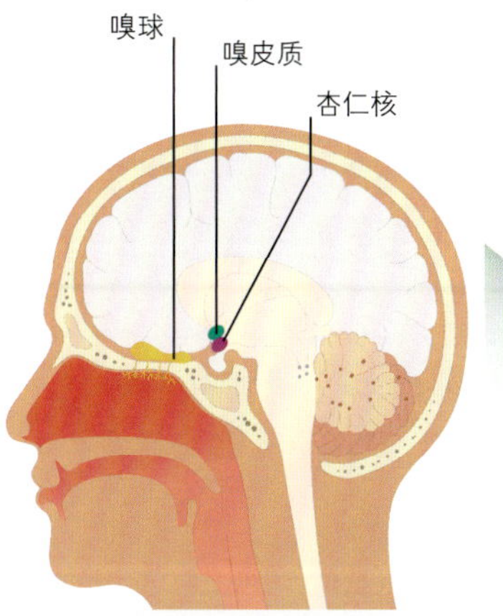

内分泌系统

内分泌系统由大量散布于人体各处的能分泌激素的腺体和组织构成。它们分泌的激素进入血液循环。内分泌系统与神经系统一道，使人体各部分功能相互协调。内分泌系统在内稳态中起到极为重要的作用，维持人体内环境的稳定。

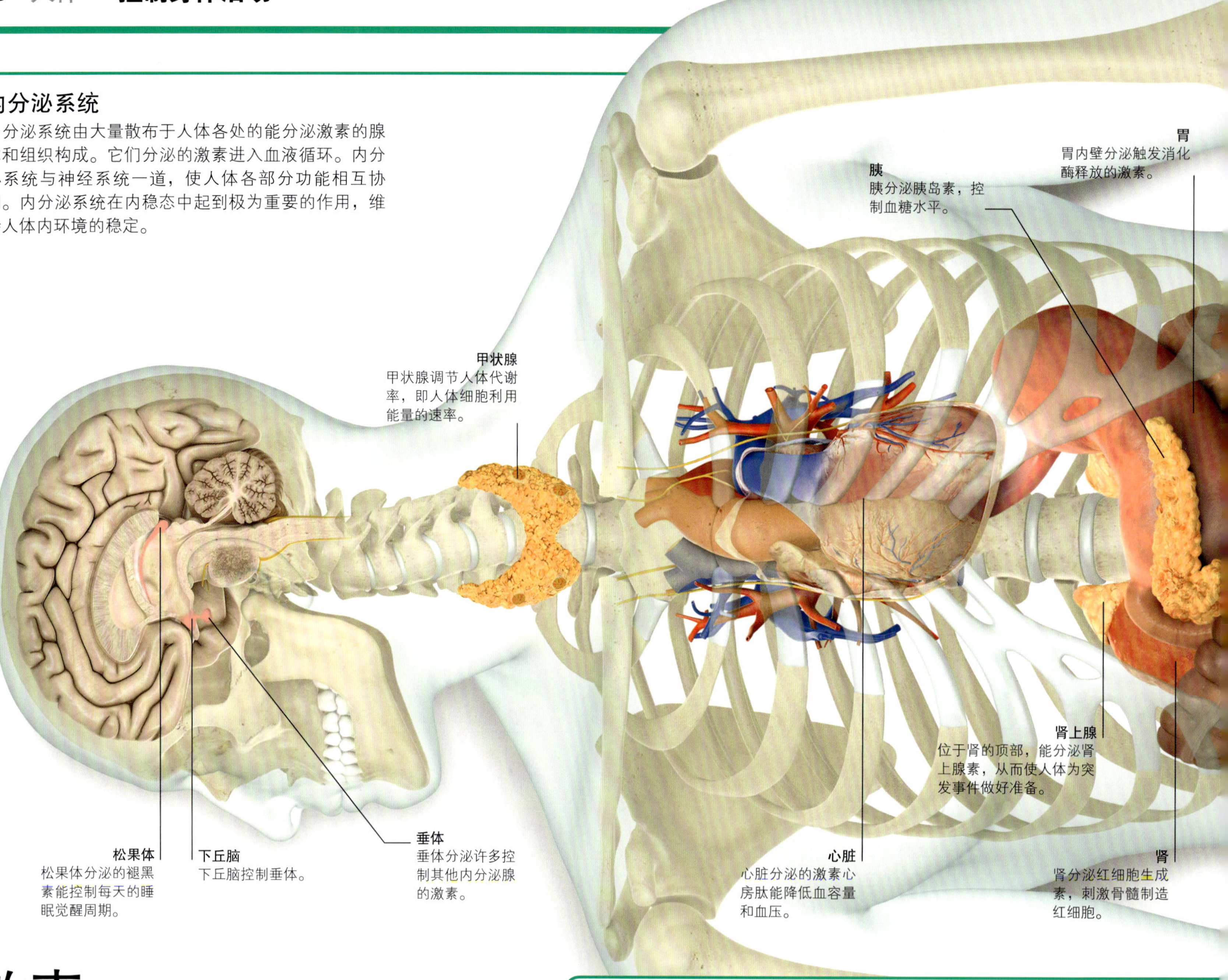

激素

每时每刻，都有许多被称为“激素”的化学物质存在于你的血液中。激素是在体内生成的，作用于特定的靶器官，控制着它们的工作。

激素是复杂的化学物质，功能是调节身体，如生长、水平衡、性发育等。它们是由内分泌腺分泌进血液的。同瞬间流经神经的电脉冲相比，激素起作用的速度慢，但通常作用的持续时间更长。

激素随着血液到达人体各个部位，但它们只作用于特定的靶器官和组织。它们到达目的地后，就在细胞内触发重要的化学变化，有时还启动或关闭特定的基因，从而改变细胞的运作方式。许多激素也受到其他激素的控制，有一些激素还成对地发挥作用以维持体内化学物质（如血糖）的平衡。

主宰腺体

垂体位于脑的底部，像一颗豌豆那么大，因为它在内分泌系统中占据重要的位置，所以又被称为主宰腺体。垂体分泌 9 种激素，其中 5 种直接控制着重要的身体功能，而另外 4 种则激发其他内分泌腺体，促使它们分泌激素。下图是部分作为垂体激素靶器官的身体组织。

2.7 **有历史记录的身高最高的人罗伯特·瓦德罗患巨人症，体内生长激素分泌过多。他的身高是2.7米。**

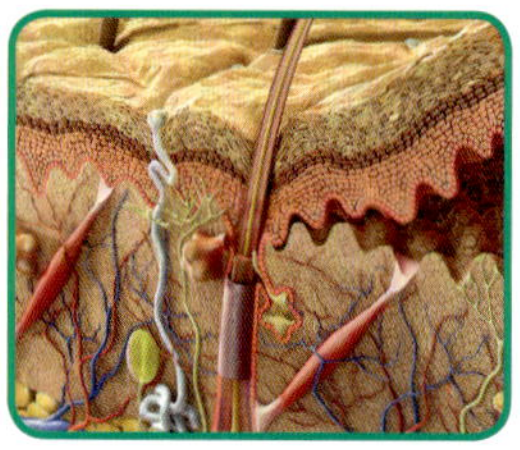

皮肤
黑色素细胞刺激激素促使皮肤细胞产生黑色素，黑色素能使皮肤颜色加深。

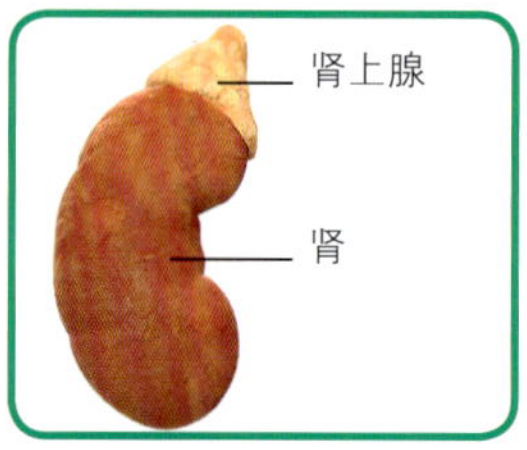

肾上腺
促肾上腺皮质激素促使肾上腺分泌肾上腺素，肾上腺素帮助身体针对应激做好准备。

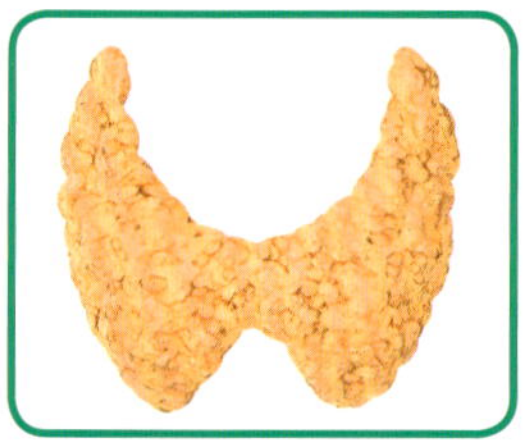

甲状腺
促甲状腺激素促使甲状腺分泌甲状腺素，甲状腺素能加速人体化学反应。

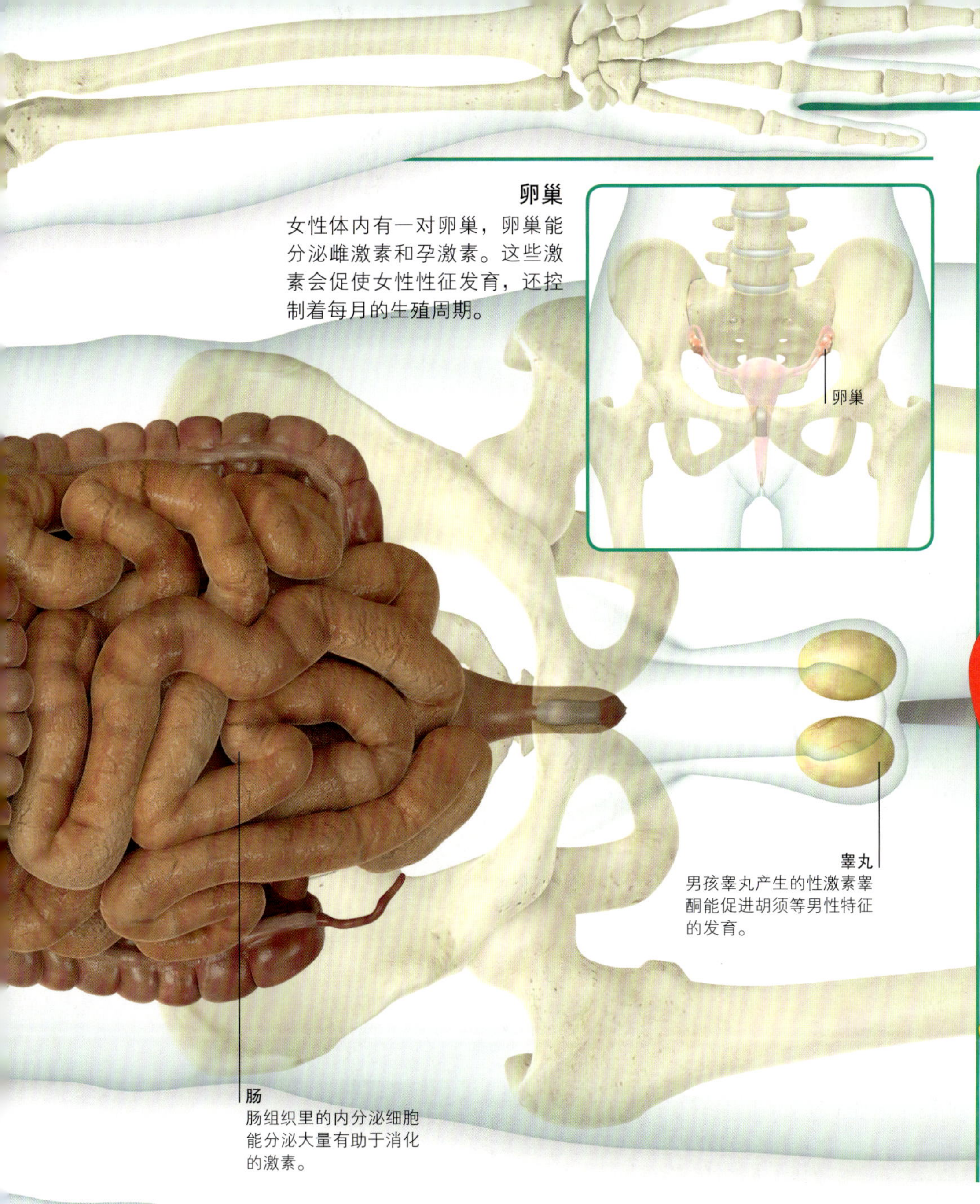

卵巢
女性体内有一对卵巢，卵巢能分泌雌激素和孕激素。这些激素会促使女性性征发育，还控制着每月的生殖周期。

睾丸
男孩睾丸产生的性激素睾酮能促进胡须等男性特征的发育。

肠
肠组织里的内分泌细胞能分泌大量有助于消化的激素。

血糖平衡

激素能使体内的化学物质水平保持稳定。例如，胰能分泌胰岛素和胰高血糖素，用以控制体内的血糖水平。葡萄糖是一种单糖，给人体所有活动提供能量，血中的葡萄糖就是血糖。胰岛素可降低血糖水平，而胰高血糖素则使血糖升高。如果血糖过高，胰就会分泌胰岛素；如果血糖过低，胰就会分泌胰高血糖素。两种激素协同作用，使血糖水平保持稳定。

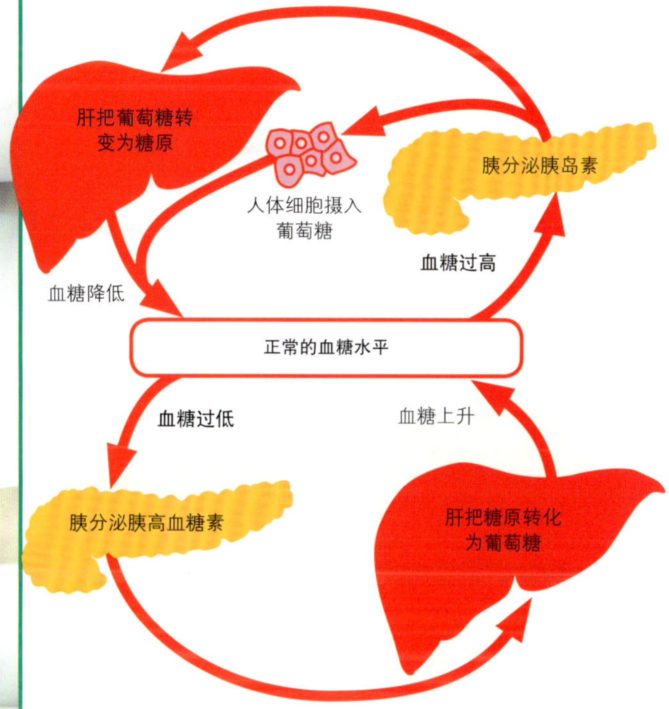

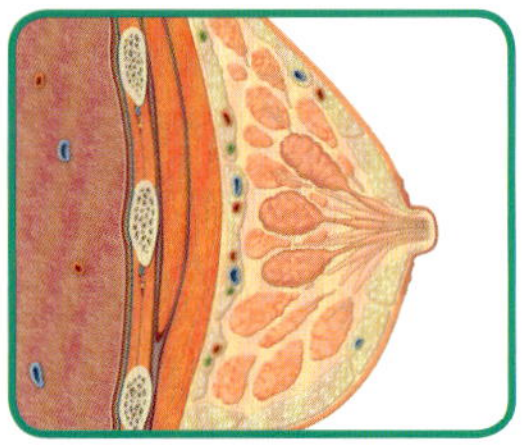

催乳素
女人分娩后，垂体激素催乳素促使她的身体开始分泌乳汁。

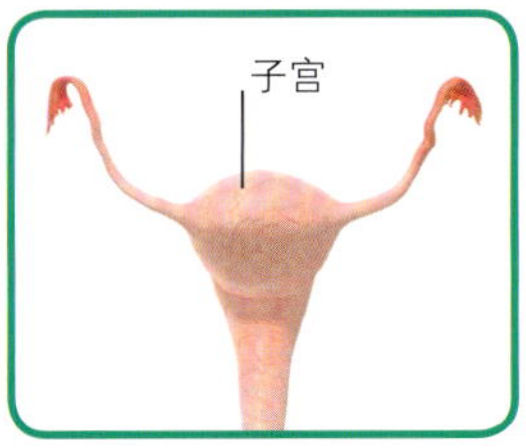

子宫
在分娩过程中，催产素促使子宫肌收缩，把胎儿推出子宫。

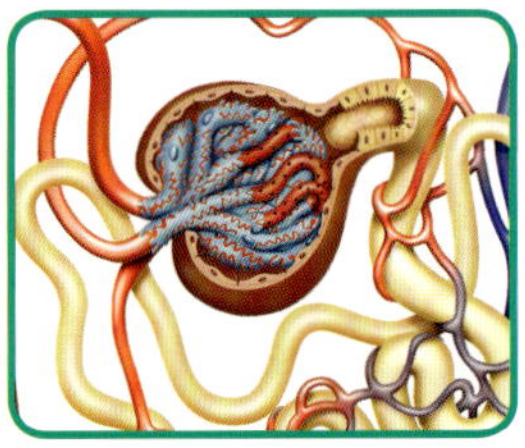

肾小管
抗利尿激素促进肾对尿液中水分的再次吸收，从而有助于身体保留住水分。

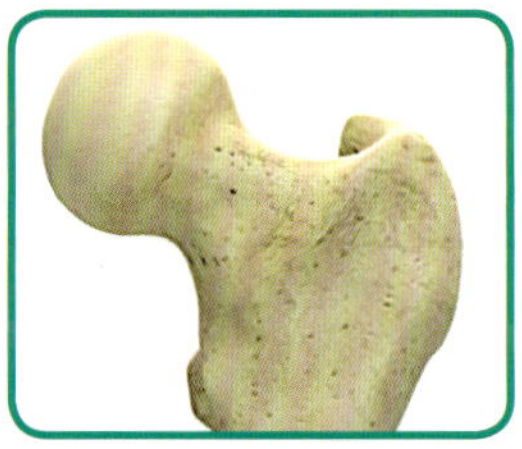

骨
在儿童时期，生长激素刺激骨里的生长板，让身体长大。

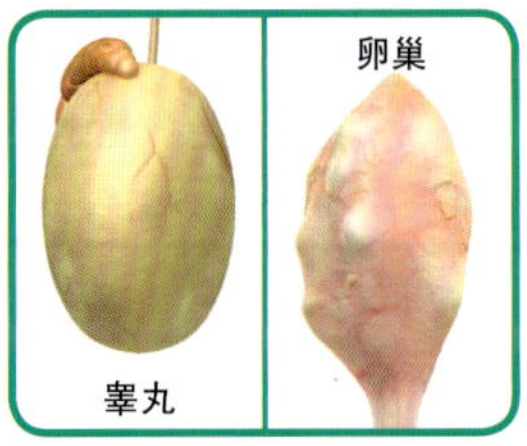

性器官
垂体促性腺激素刺激睾丸和卵巢的活动，促使这些性器官释放性激素。

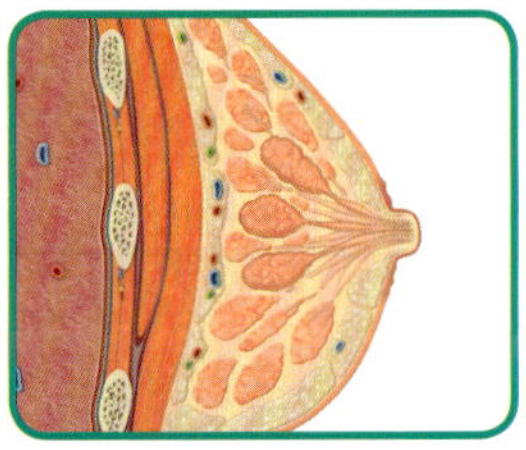

泌乳
当宝宝吮吸乳头时，垂体会分泌催乳素。催乳素能刺激乳汁分泌。

肾上腺素

当受到惊吓或兴奋时，心跳得更快、更剧烈，呼吸加重。这两种效应都是肾上腺分泌的肾上腺素引起的，这是一种快速起效的激素，能使人体做好在紧急情况下快速行动的准备，所以又被称为"或战或逃"激素。它能增强心脏和肺的活动，使体内的肌获得更多的氧和能量供应。

肾上腺素运动
冲浪等运动项目涉及高速的动作和有风险的技巧。进行这一运动时肾上腺素分泌增加，以应对运动带来的兴奋、风险和刺激。

生命周期

人类的生命周期开始于一个肉眼勉强可见的细胞。这个生命的微粒继承了来自父母的基因，按照基因进行分裂和增殖，变成了细胞团，于是一个人体就开始生长。生长发育约 20 年后人已经足够成熟，可以孕育后代了。从最微小的病毒到最高大的树木，就如所有的生物一样，人也会力争在衰老之前孕育后代，这个过程称为生殖。

有性生殖

与大部分动物一样，人类也是进行有性生殖的。这就是说，要生育后代，父亲和母亲二者缺一不可。有性生殖把来自父母双方的基因结合起来，这样做就把父母的特征结合起来，使每个孩子（除了孪生子）都是独一无二的。父母能产生特别的细胞——生殖细胞。男性和女性的生殖细胞在母亲体内融合，形成胚胎。在随后的 9 个月中，胚胎在母亲子宫的保护性环境中发育成胎儿，做好在外部世界生活的准备。

精子和卵子

精子是男性生殖细胞，卵子（也叫卵细胞）是女性生殖细胞。精子和卵子都携带单套基因，基因储存在染色体里。精子和卵子结合后，两套染色体合并，给予新个体全套基因。卵子里储存着营养物质，所以卵子比精子大。

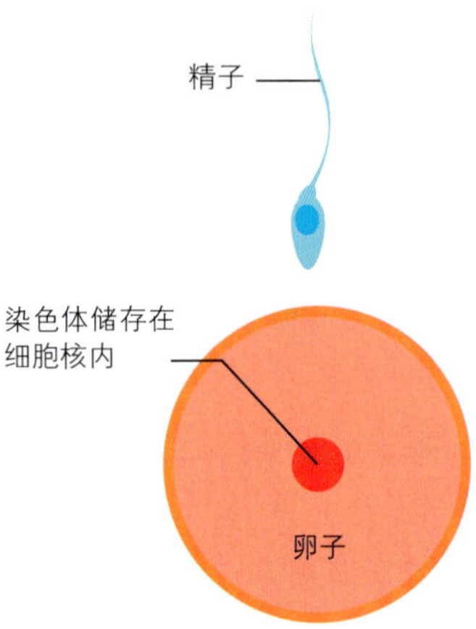

精子遇到卵子
精子必须游动才能遇到卵子，遇到卵子后就钻了进去。

精子是最小的人体细胞，卵子是最大的人体细胞。

产生生殖细胞

生殖细胞是通过一种特殊的细胞分裂方式——减数分裂产生的。在减数分裂过程中，基因在染色体之间交换位置，染色体总数减半。

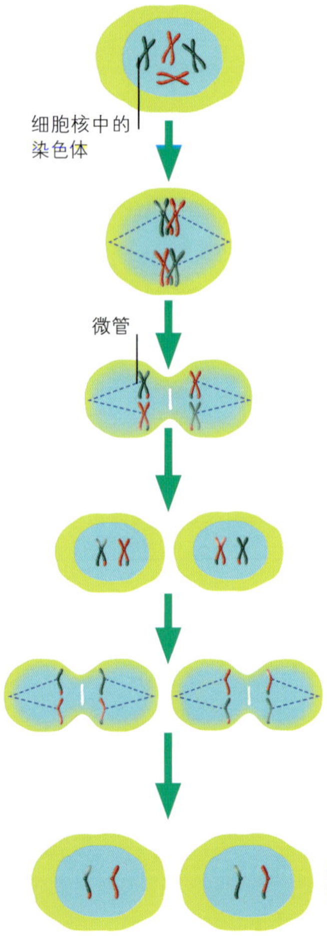

1 正常细胞含有两套染色体：一套来自母亲（图中以红色表示），另一套来自父亲（图中以绿色表示）。减数分裂前，每条染色体都自我复制，形成X形。

2 细胞核消失。母源染色体与父源染色体配对，并随机地交换一部分。

3 被称为微管的细线附着在染色体上，把染色体拉开。细胞开始分裂。

4 现在有两个细胞，每个细胞的染色体数是原来的一半。

5 细胞再次分裂。每个染色二倍体现在分成染色单体。

6 现在有4个生殖细胞，染色体数是体细胞的一半。每个生殖细胞都包含独一无二的基因组合。两个生殖细胞融为一体时，染色体数恢复正常。

生殖系统

用来繁殖后代的人体构件组成生殖系统。男性和女性的生殖系统是极为不同的，二者都能产生生殖细胞，但女性的生殖系统还必须为胎儿提供营养，保护生长发育中的胎儿。

男性生殖系统

男性的睾丸一刻不停地以每分钟 5 万个的速度产生男性生殖细胞——精子。睾丸悬在人体外，位于一个疏松的皮囊——阴囊里。精子以精液的形式通过阴茎被送入女性体内。精子约占精液体积的 5%。

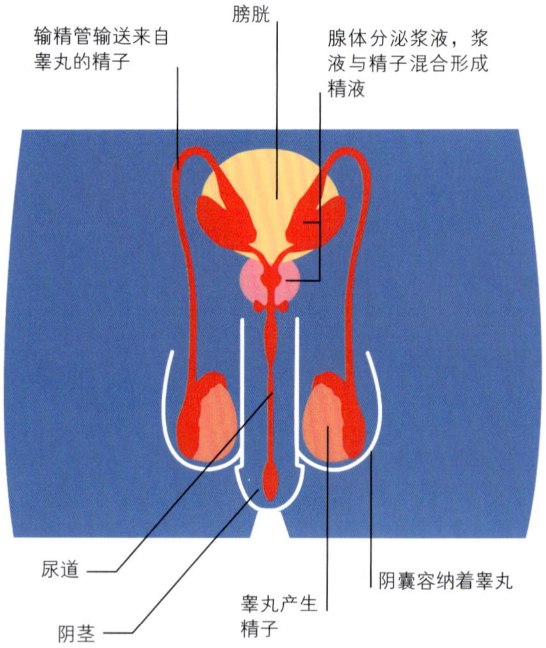

女性生殖系统

女性生殖细胞在女孩降生之前就已在她体内产生，并储存在卵巢里。在女性体内，每个月从一侧卵巢排出一个卵子，卵子沿着输卵管向子宫移动。卵子一遇到精子，受精就发生了。随后受精卵植入子宫，在这里发育成一个胎儿。

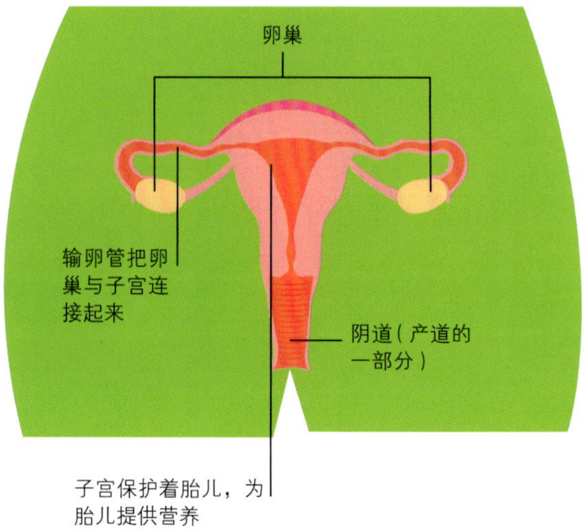

基因和DNA

每个活细胞都携带着一套控制细胞内化学活动的指令，这套指令就是基因，被 DNA 分子以 4 种字母编码形式储存。人类的细胞含有约 2 万个基因。基因指导着发育过程，从单细胞受精卵发育成为一个有数十亿细胞的、功能完善的人体。

遗传密码

DNA 储存在染色体中。正常人体细胞核里有 46 条染色体。每条染色体都包含 1 个紧紧缠绕起来的 DNA 分子。如果将 DNA 分子拉直，就会看到它是由两条链相互缠绕形成的双螺旋结构。沿着两条链，有许多横档把它们连接起来，横档由碱基这种化学物质构成。DNA 中有 4 种碱基，它们沿着 DNA 分子构建 4 种字母编码。

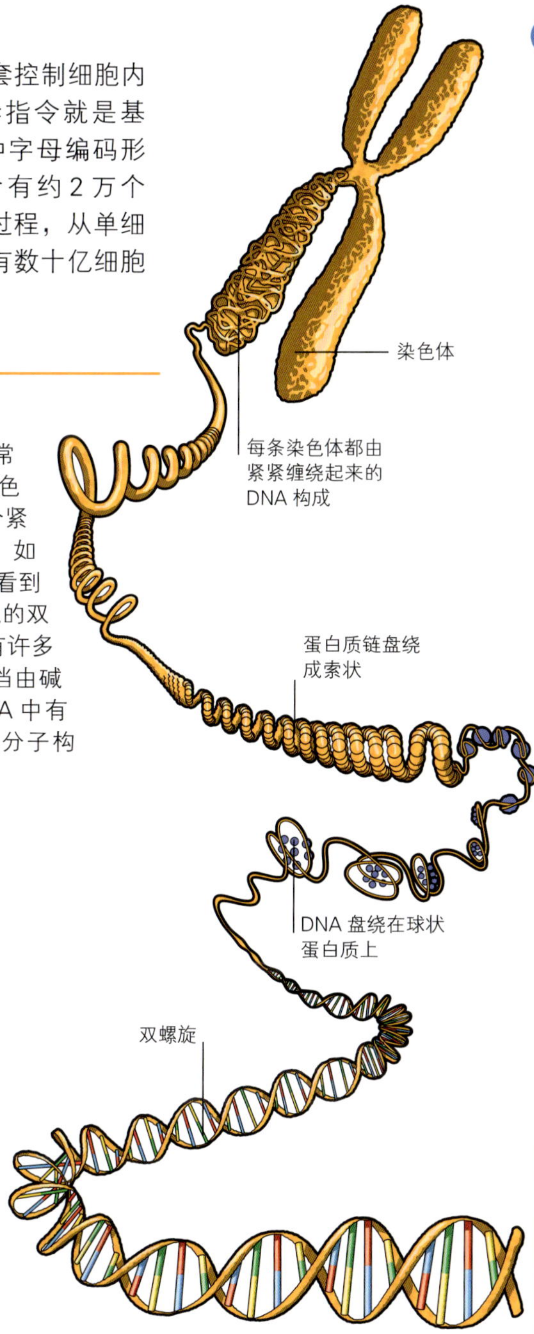

DNA分子

DNA 具有非凡的自我复制能力，双链能从中分开，然后各自再生一条互补单链。每当体内的细胞分裂时，细胞核中的 DNA 就复制自己，生成所有染色体和所有基因新的拷贝。

性染色体

人的性别取决于两种特别的染色体——形似字母 X 的 X 染色体和形似字母 Y 的 Y 染色体。女性有两条 X 染色体，而男性有一条 X 染色体和一条 Y 染色体。Y 染色体比 X 染色体短小得多，包含的基因也少得多。X 染色体有 2000 多个基因，而 Y 染色体含有的基因还不到 100 个。母亲的卵子总是携带着一条 X 染色体，而父亲的精子不是携带着一条 X 染色体，就是携带着一条 Y 染色体。

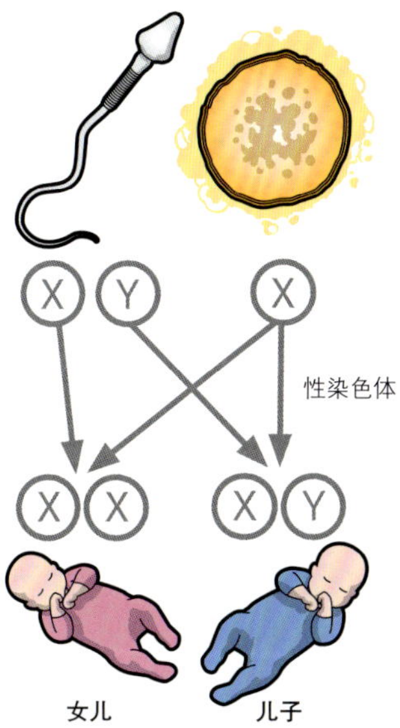

性别是怎么决定的?

母亲的卵子永远是把 X 染色体传给孩子，所以说孩子的性别是由父亲的精子决定的。如果父亲的精子携带的是 X 染色体，他们的孩子就是女孩；如果父亲的精子携带的是 Y 染色体，他们的孩子就是男孩。

生命的终结

人的身体不是永恒的。到了晚年，许多器官衰老，患癌症等疾病的风险也会上升。然而，由于医药、卫生和饮食方面的进步，如今人类的平均预期寿命比过去任何时候都长，而且还在继续延长。你能活多久，很大程度上取决于你生活在世界的哪个地方。

预期寿命

世界各地的人口平均预期寿命差异极大，且与财富水平相关。在富裕地区，如北美洲和欧洲，2/3 的人能活到 70 多岁。在较贫穷的地区，如非洲，人均预期寿命就短得多，部分原因是婴幼儿的死亡率高。

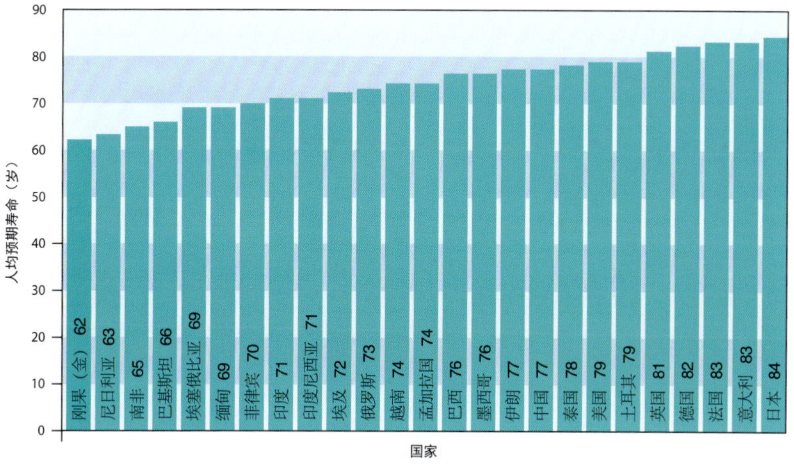

世界各国人均预期寿命

这张图显示了一些国家的人均预期寿命。贫穷国家和受战争影响的国家预期寿命最短，而发达国家的预期寿命最长。数据来自世界卫生组织发布的《2022 年世界卫生统计》报告。

已知寿命最长的人是法国的让娜·卡尔芒。她出生于 1875 年，1997 年在 122 岁 164 天时去世。

死因

在发展中国家，艾滋病、疟疾等传染病是主要的死因之一。对婴幼儿来说，最多的死因是营养不良和腹泻。腹泻是由不洁的水中含有的细菌所引起的。在富裕国家，医疗保健、卫生设施及饮食都要好得多，所以主要的死因是与衰老有关的疾病，如心脏病和癌症。肺病在全世界都是一个常见的死因，其中许多都与吸烟有关。科学家估计，成人死亡中约 10% 是吸烟造成的。

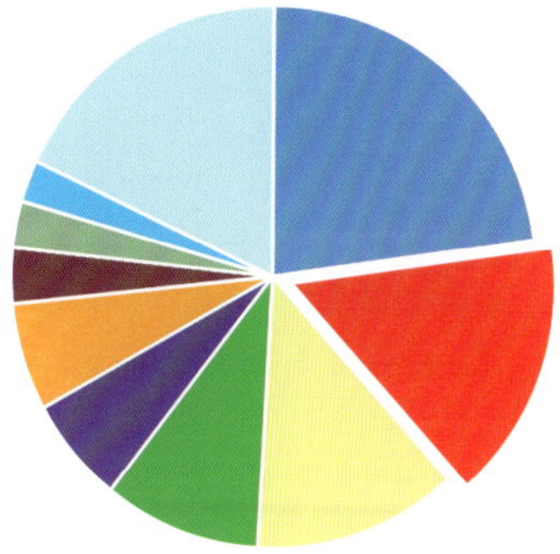

死因

- 传染病
- 心脏病
- 癌症
- 脑卒中
- 肺病
- 意外伤害
- 消化系统疾病
- 故意伤害
- 脑部疾病
- 其他原因

男人体内每天能产生3亿个精子。

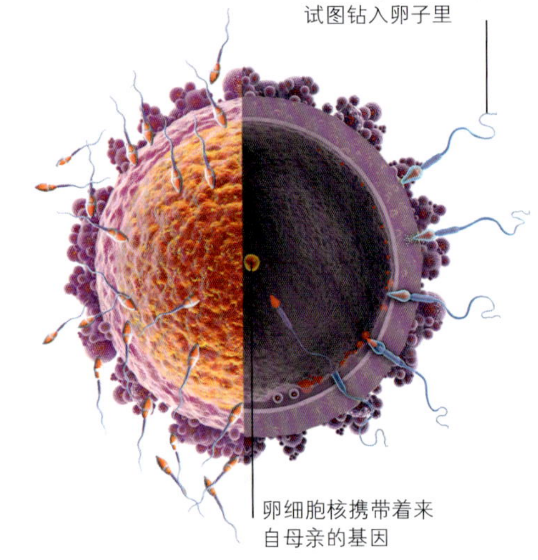

卵子与精子相遇
精子成功地钻入卵子并输入自己的基因，一个新的胚胎就形成了，这个过程称为受精。性交时，大约有3亿个精子进入女性体内，但只有1个精子能赢得比赛，使卵子受精。精子有尾巴，在游过体液时像蝌蚪一样快速摆动尾部。

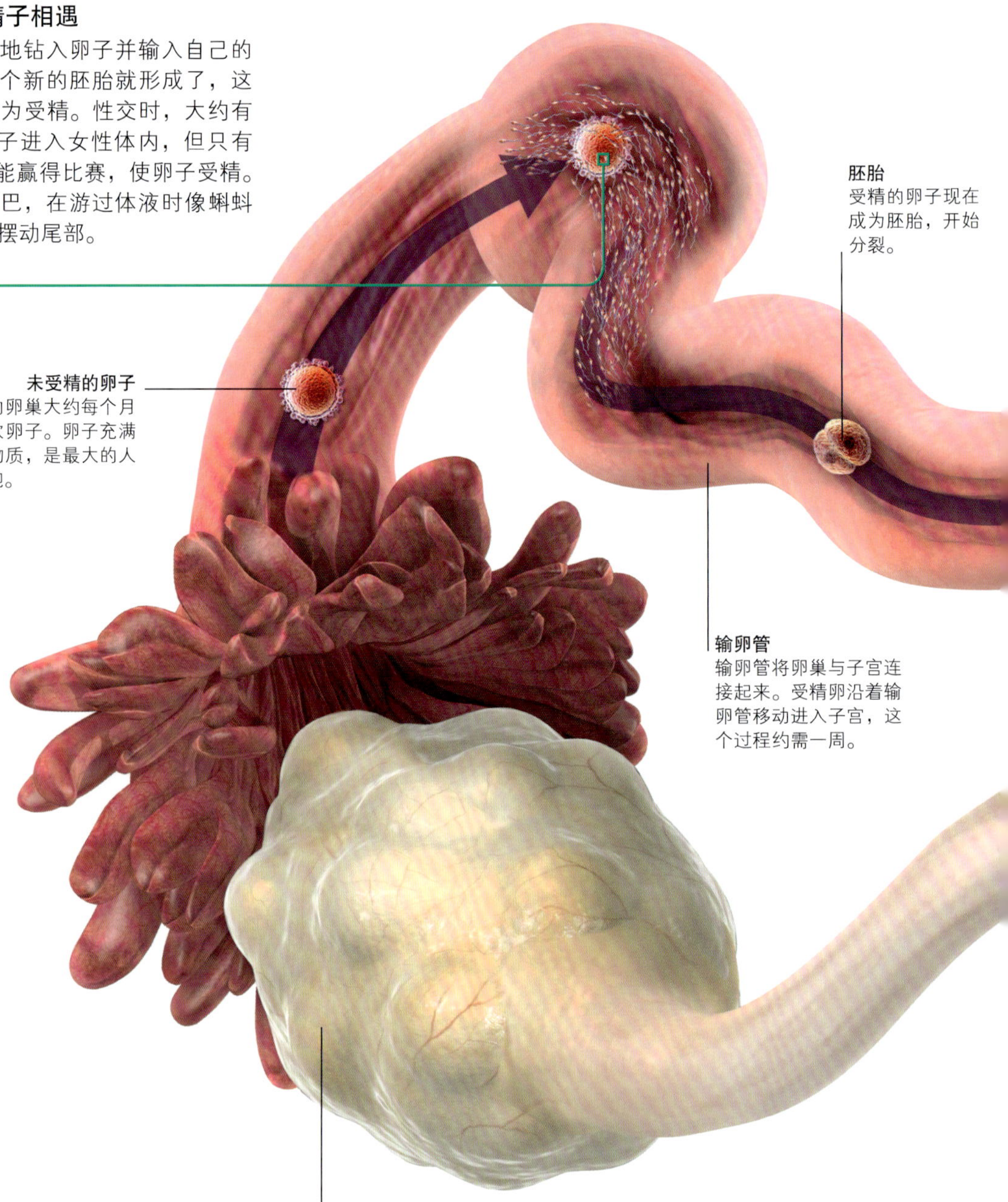

新的生命

我们的生命起源于一个宽度只有英文句号一半大小的细胞。这个有生命的小不点接收自身内部的基因指令和母体的滋养，很快就变为一个独一无二的由数以万亿的细胞组成的人体。

当两个生殖细胞结合并把它们的基因汇聚在一起时，一个新的生命就诞生了。来自父亲的生殖细胞（精子）与来自母亲的生殖细胞（卵子）在母亲体内结合，形成胚胎。在最初几天里，胚胎看起来一点也不像个人体，但是4个星期后，它有了头部，眼睛和四肢的初始形态出现，心脏开始搏动。这两页上的图片显示了胚胎发育的第一个月里都发生了什么。第182~183页显示了随后的发育情况。

生长中的胚胎

新形成的胚胎要经历一系列令人难以置信的变化。在第一个星期，观察不到胚胎生长。但在此时，这个受精卵一分为二，二分为四，四分为八……直到变成一个桑葚状的细胞团。其中，大部分细胞将长成支持和滋养生长中的胎儿的部分。只有一小部分细胞会形成扁平的胚盘，将来要发育成人体。几个星期后，胚盘就发育成可以辨认的人体雏形，有头、四肢、眼睛、跳动的心脏及内部器官。

0天

起初，胚胎由单个细胞构成，被一层厚厚的被膜保护。胚胎被衬于输卵管内壁上的细小鞭毛（纤毛）推动，缓慢地沿着充满液体的输卵管移动。

实际大小 →○
（请仔细看）

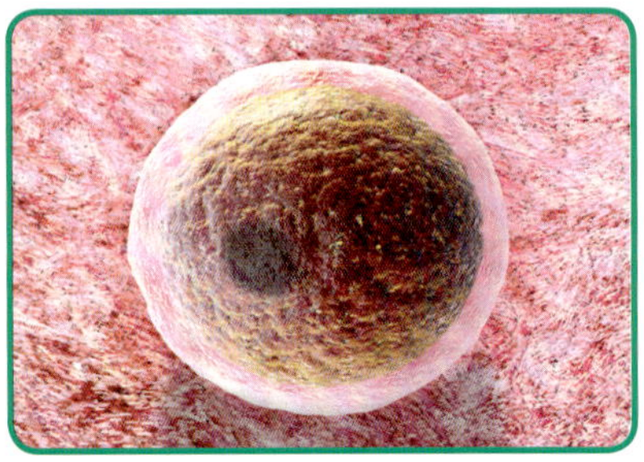

4天

大约在受精1天后，细胞分裂成两个。大约12小时后，细胞再次分裂。4天以后，胚胎变成了一个由32个细胞构成的小球，看起来像桑葚。

实际大小 →○

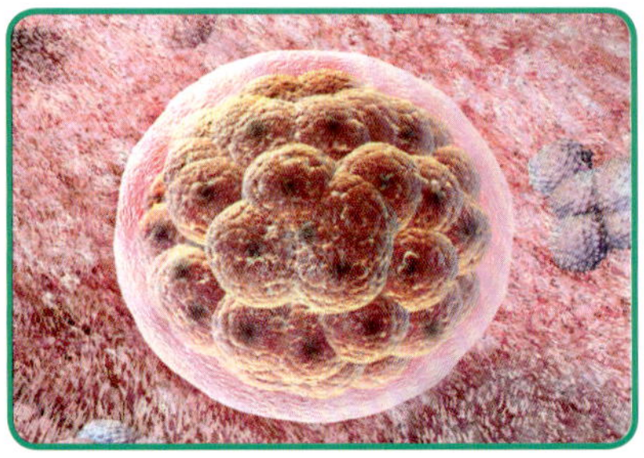

1周

现在胚胎已进入子宫，以指状的突起附着于子宫壁上，从母体血液中获取营养。

实际大小 →○

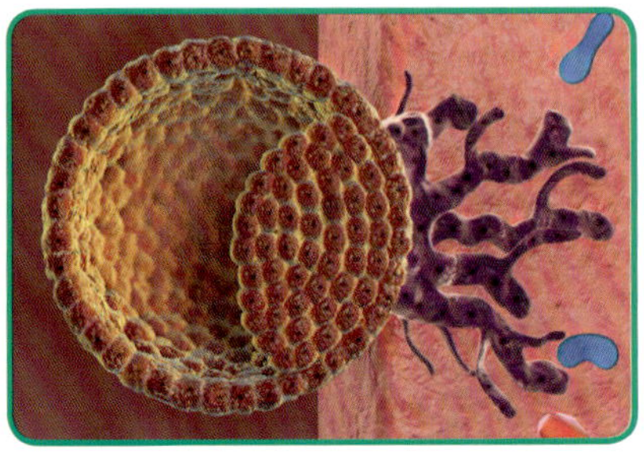

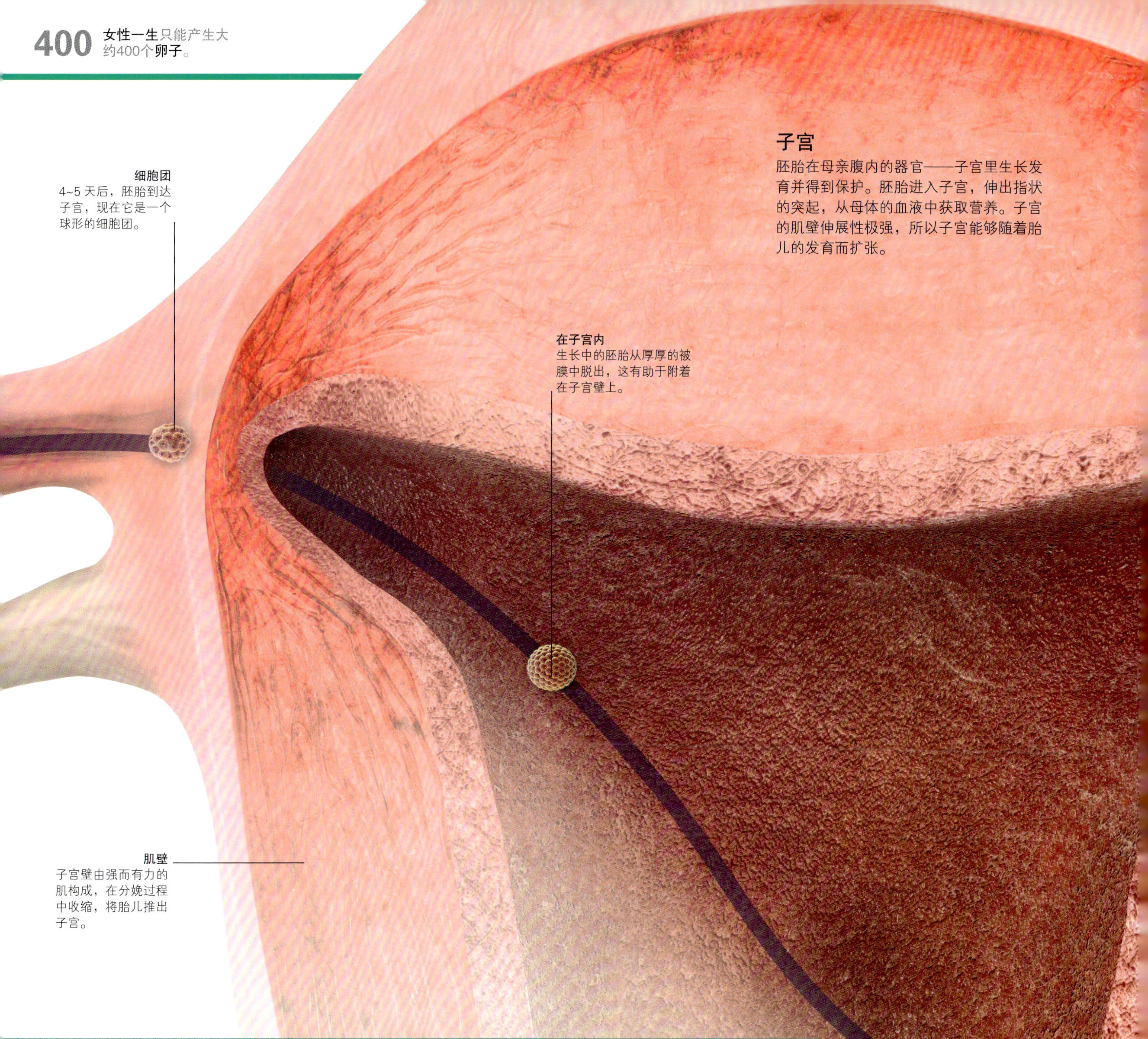

子宫

胚胎在母亲腹内的器官——子宫里生长发育并得到保护。胚胎进入子宫，伸出指状的突起，从母体的血液中获取营养。子宫的肌壁伸展性极强，所以子宫能够随着胎儿的发育而扩张。

细胞团
4~5 天后，胚胎到达子宫，现在它是一个球形的细胞团。

在子宫内
生长中的胚胎从厚厚的被膜中脱出，这有助于附着在子宫壁上。

肌壁
子宫壁由强而有力的肌构成，在分娩过程中收缩，将胎儿推出子宫。

着床
胚胎进入柔软的子宫内膜，并开始从母体组织获取营养，就像种子播入土壤一样。

2周

又过了 1 周后，胚胎发育出一个卵黄囊（黄色）和一个充满液体的羊膜囊（蓝色）。羊膜囊中的一层细胞——胚盘，将发育成胎儿的身体。

实际大小 →

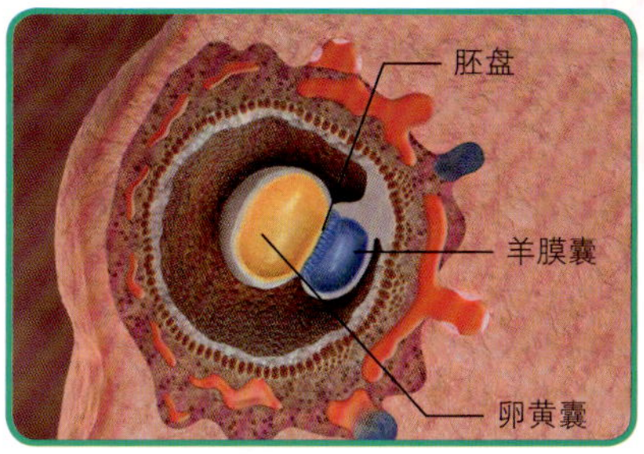

3周

胚盘生长迅速，折叠成弧形，几天之内就发育出头、血管以及主要内部器官的雏形。

实际大小 →

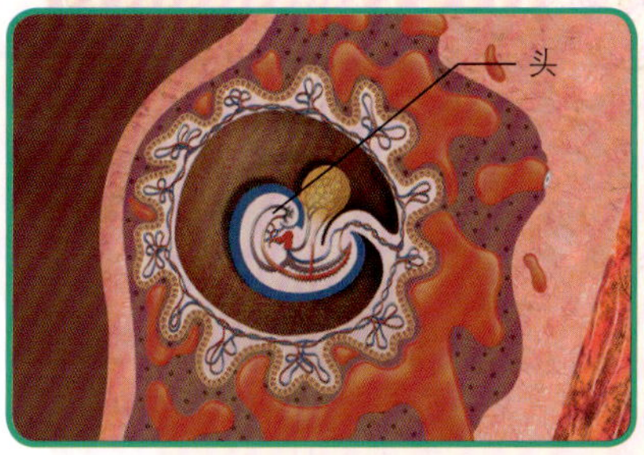

4周

现在胚胎像一颗豆子那么大，已经有了四肢的雏形。心脏开始搏动。神经和肌在发育。眼睛开始成形，但最初还没有眼睑。

实际大小 →

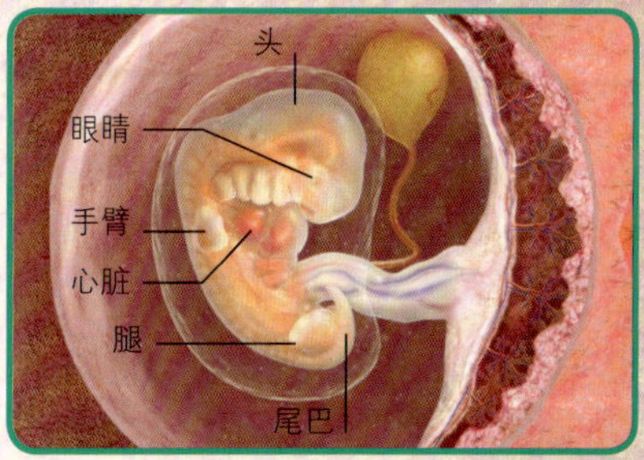

子宫内的生命

未出生的宝宝（胎儿）在母亲的子宫里迅速生长发育，从母亲的血液中获取营养，并得到母体的保护。每4~5个星期，胎儿的体重就会翻一番。

虽然我们记不住出生以前那段时期是怎么样的，但那时我们的脑和感觉器官早就开始工作了。在妊娠晚期，未出生的胎儿已能看到从母亲皮肤透进来的粉红色微光，能听到妈妈说话的声音、心跳声和子宫内液体晃荡的声音。胎儿用自己的手和脚探索周围的水世界，感受自己的身体。因为胎儿浸没在液体环境里，所以它还不能呼吸，但会通过吸入和吞下羊水来练习呼吸。在9个月的时间里，子宫提供了一个安全、温暖、舒适的环境，母亲的血液为生长中的胎儿供应他所需要的全部氧和营养物质。

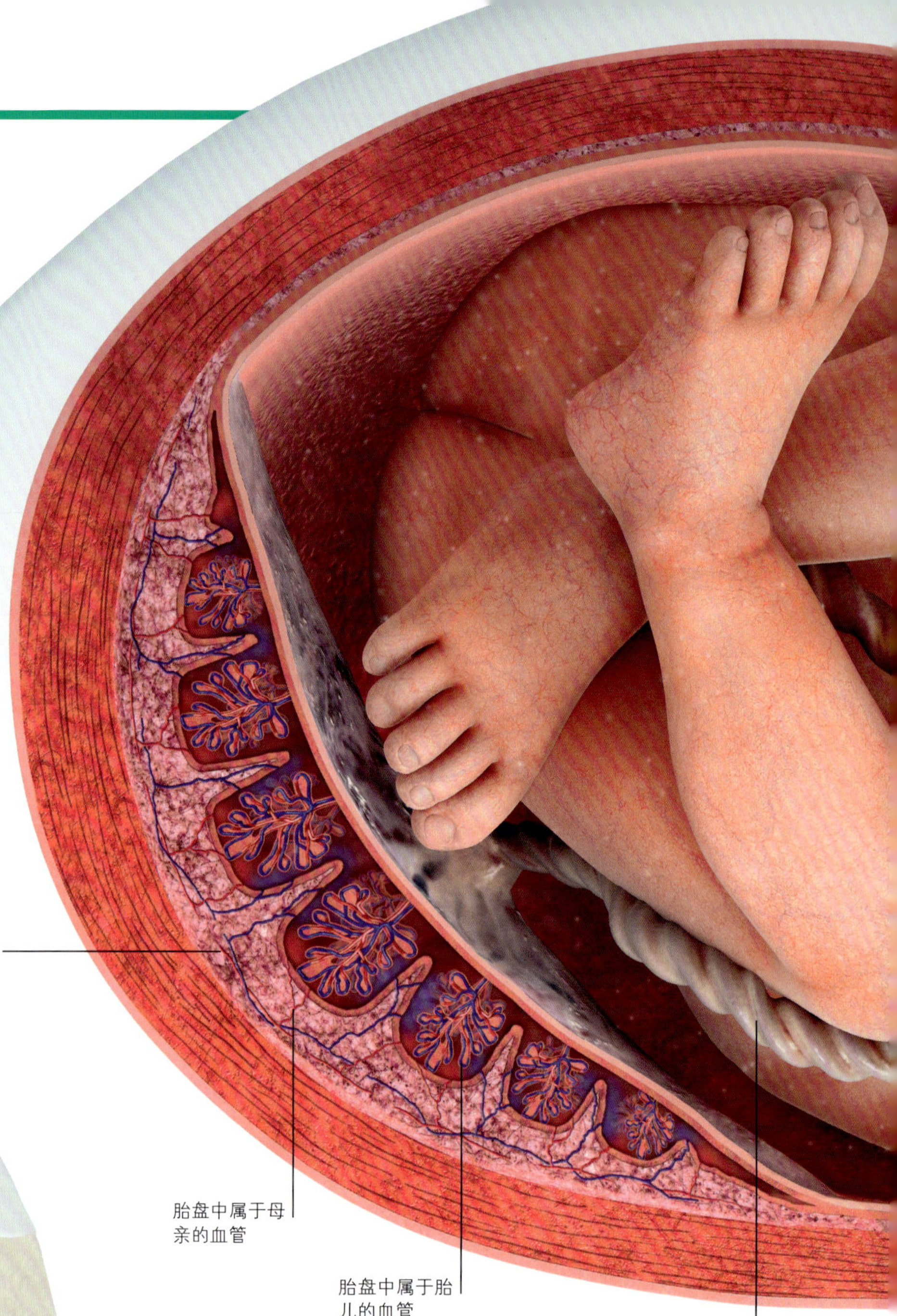

为出生做准备

到妊娠晚期，胎儿处于头向下的姿势，为出生做好准备。虽然他的消化系统现在已经能够处理食物了，但他要继续通过一束血管——脐带从母体摄取营养。在妊娠晚期，一层纤细的毛发覆盖着胎儿全身，但出生前这层毛发就消失了。

> 胎儿6个月时，**眼睛睁开**，但只能辨清明和暗。

生长中的胎儿

在妊娠前10周内，所有主要器官开始出现，此时发育中的胎体被称为胚胎。从第11周开始，胎体被称为胎儿。在接下来的7个月里，胎儿发育迅速。复杂的组织和系统形成、强化，并开始工作。骨开始形成，但最初是由弹性软骨组织而不是骨构成的。脑和感觉器官在发育——胎儿在出生前就能看、听、闻、尝和感觉周围的世界。

4周

4周的胚胎形状像只虾，有一条尾巴。四肢的形态与植物刚长出来的芽很像。眼睛和耳朵正在形成，心脏开始泵血，心率是成年人的2倍，每分钟150次。

体长：1.1厘米

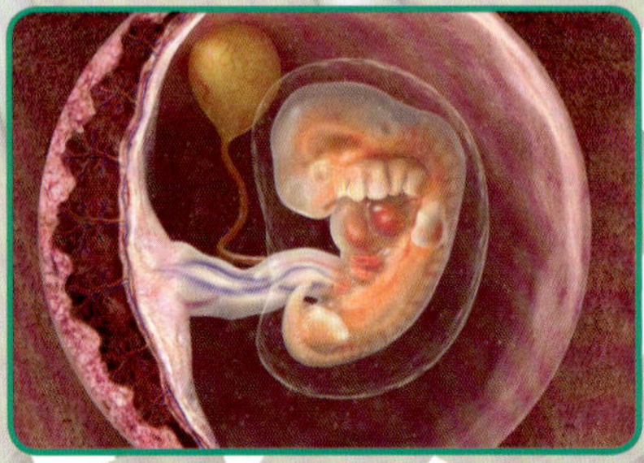

6周

面部正在成型。手和脚正在形成，开始时外形好像短桨，这是因为手指和脚趾被薄膜样的皮肤连在一起。部分胚胎的软骨开始硬化成骨。

体长：1.6厘米

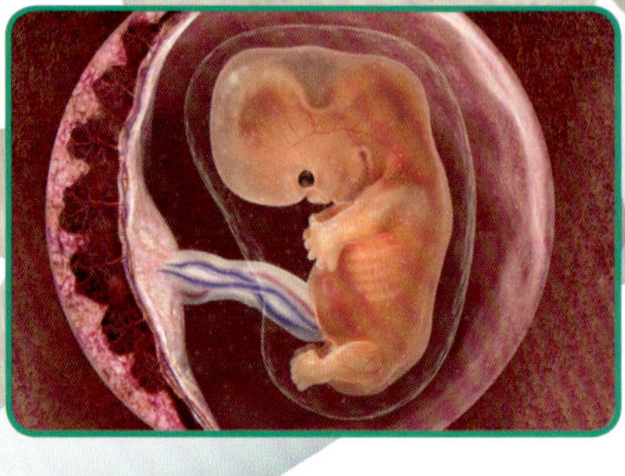

11周

胎儿有了眼睑，但在紧接着的3个月里，上下眼睑融合在一起。胎儿能吞咽，开始把尿液排到羊水里。肘关节和腕关节已经形成，能做一些简单的手和臂的动作。

体长：5.4厘米

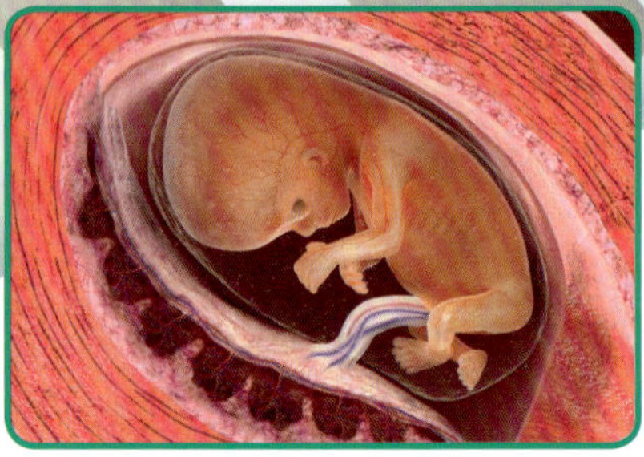

当胎儿的身体像一颗小扁豆那么大时，他的心脏就开始搏动。

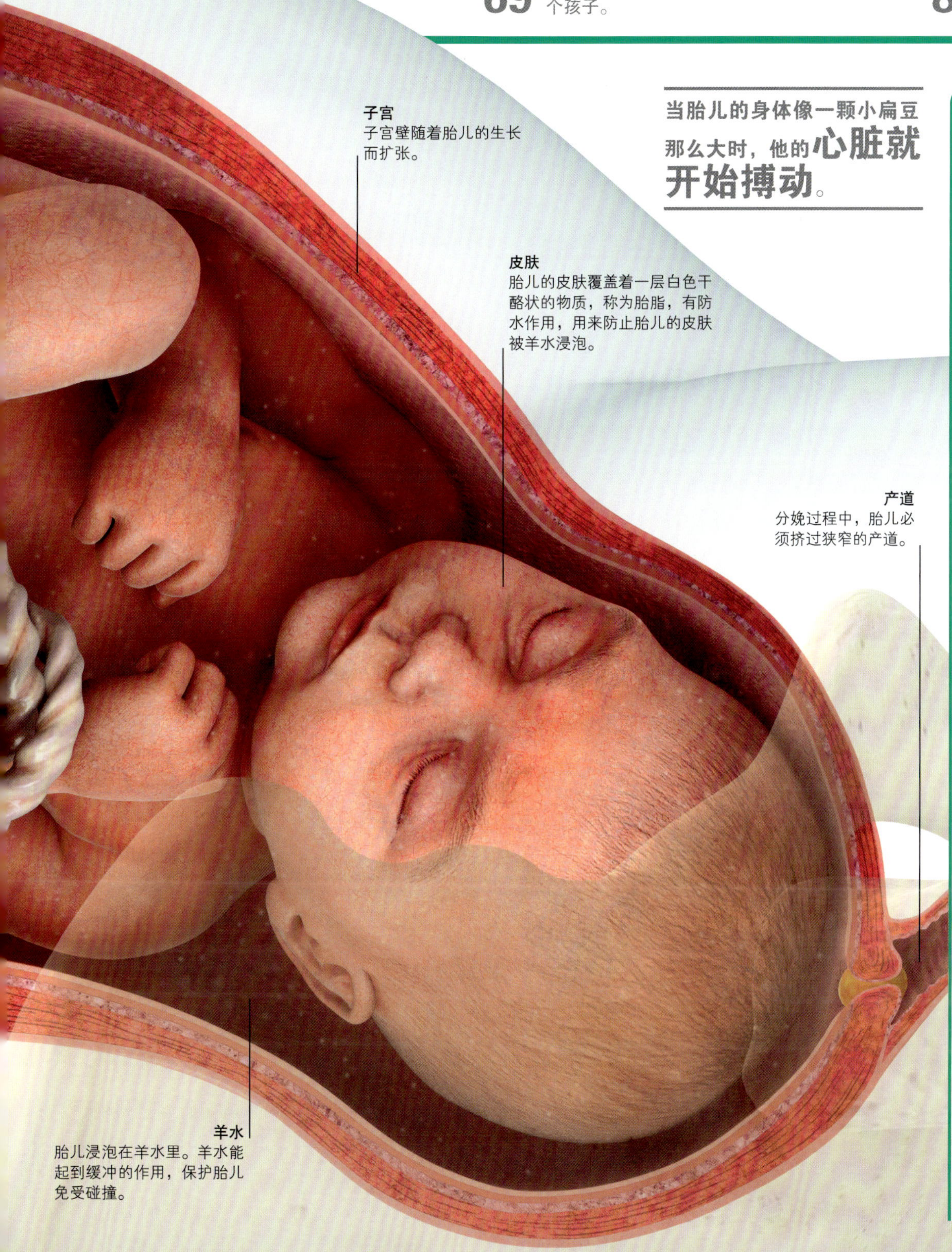

不断变化的头身比例

在妊娠的早期，因为脑和神经系统发育得非常迅速，所以头部比身体其他部分长得大。到了第9周的时候，头部占全身长度的一半，看起来非常巨大。在以后的孕周中，身体其他部分的发育会追赶上来。

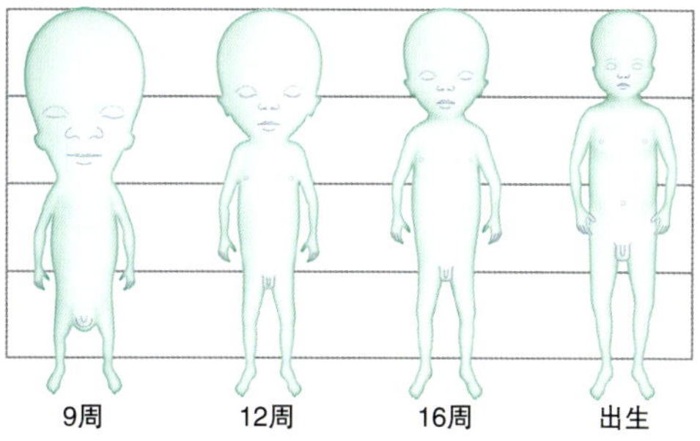

多胎分娩

有时，同一时间不止一个宝宝在子宫里生长。约80次妊娠中会出现一次双胞胎，约8000次妊娠中会出现一次三胞胎。双胞胎可以来自两个不同的受精卵（异卵双生，两个孩子长得不一样），或由同一个受精卵分裂而来（同卵双生，两个孩子长得一模一样）。

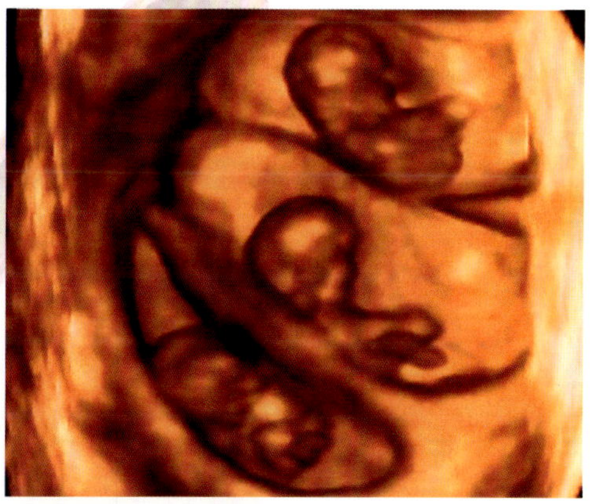

三胞胎
这幅超声波扫描图显示三胞胎在同一个子宫里发育。每个胎儿都包裹在自己的羊膜囊中。

15周

现在胎儿像仓鼠那么大，头大，身子小。面部特征已经形成，会做出表情，包括微笑和皱眉头。胎儿会吞羊水、打嗝，而且动作剧烈到母亲都能感觉到。

体长：13厘米

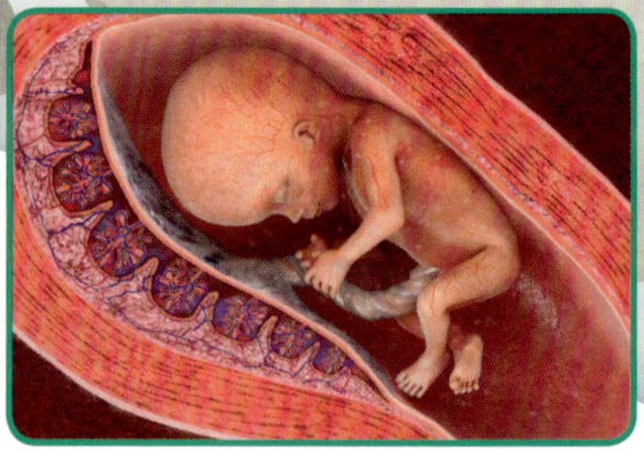

22周

妊娠刚过一半，胎儿现在能动手指，也长指纹了。胎儿能对声音做出反应，很容易被大的声音吓一跳。母亲开始能够感到孩子在自己体内踢腿。

体长：30厘米

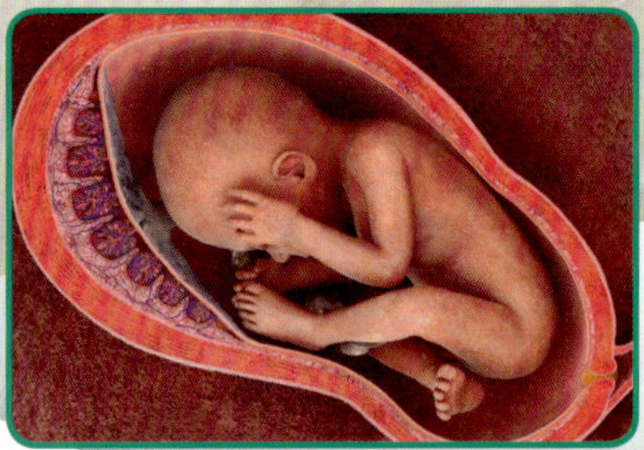

34周

胎儿几乎发育成熟，90%的时间都在睡觉，还会做梦，通过每分钟吸入羊水约40次来练习呼吸。胎儿能品尝到母亲所吃食物的味道，并辨认出母亲的声音。

体长：47厘米

出生

切断脐带后，宝宝有了第一次呼吸。液体从肺流出，空气充满双肺。现在宝宝是从自己肺部的空气中获得氧，而不是通过胎盘从母体血液中获取。

体长：53厘米

生长发育

生长发育时，我们的身体和脑也在改变。婴儿期和十几岁时变化最为剧烈，这种变化延续终生。

刚出生的婴儿体重只有3千克左右。他还不会走，不会自己吃东西，只能看清眼前十几厘米处的东西，他的生存完全依赖父母。到20岁的时候，体重长到初生时的几十倍，人可以独立生活。从婴儿变为成人是一个连续的过程，但会出现两次重要的发育高峰。第一次出现在头6个月，这时婴儿的体重翻番。第二次发生在青春期，这时体内性激素释放，促使第二性征出现。生长发育的不仅仅是身体，在慢慢获得复杂的知识和应对成人世界的社会技能时，我们的脑也随之改变，我们在情感和智力上也成长了。

骨的发育

当你长得更高、更壮时，你的骨也变得更长、更宽。骨太硬，难以简单地直接长大，但靠近骨两端处有一些软组织，新的骨细胞就分散在这里。这样的组织称为生长板，从X光片上看是一条间隙。当你成年时，你的骨停止生长，生长板被密实的骨填充而消失了。

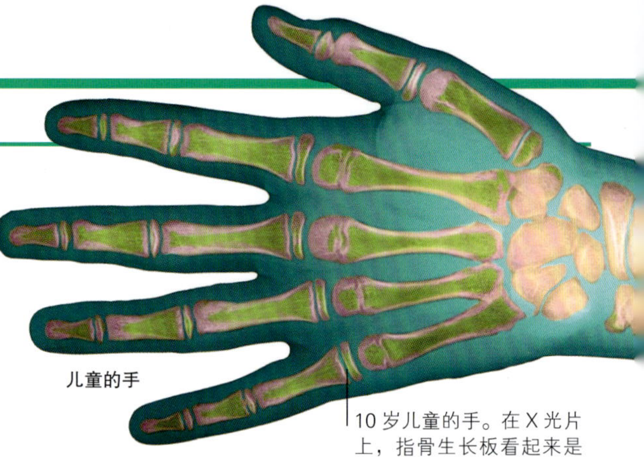

10岁儿童的手。在X光片上，指骨生长板看起来是一条间隙。

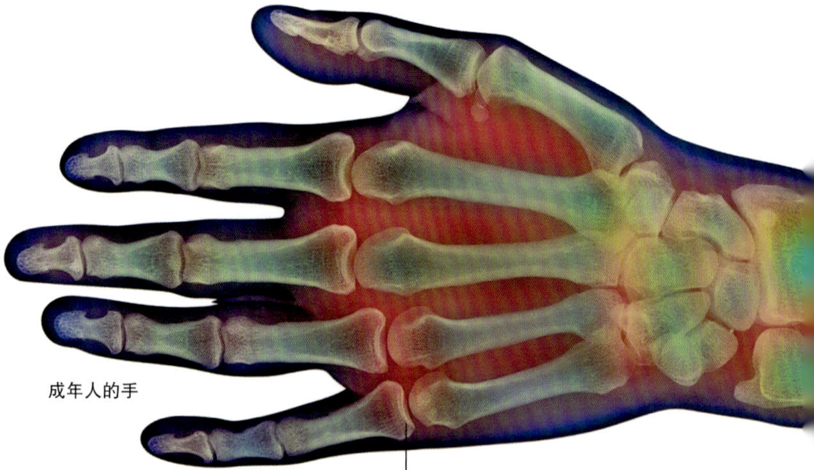

20岁成人的手。骨已停止生长，生长板已被骨填充。

身体的改变

在人的一生中，身体在不断地变化。在出生后的头18年里，人从依赖父母才能生存的无助婴儿发育成一个有能力抚养孩子的成年人。在20～35岁时，男人和女人都处于身体的全盛时期。但三十五六岁之后，身体开始慢慢走下坡路了。衰老的速度每个人差异极大，这取决于基因和生活方式等因素，生活方式包括了饮食和运动。

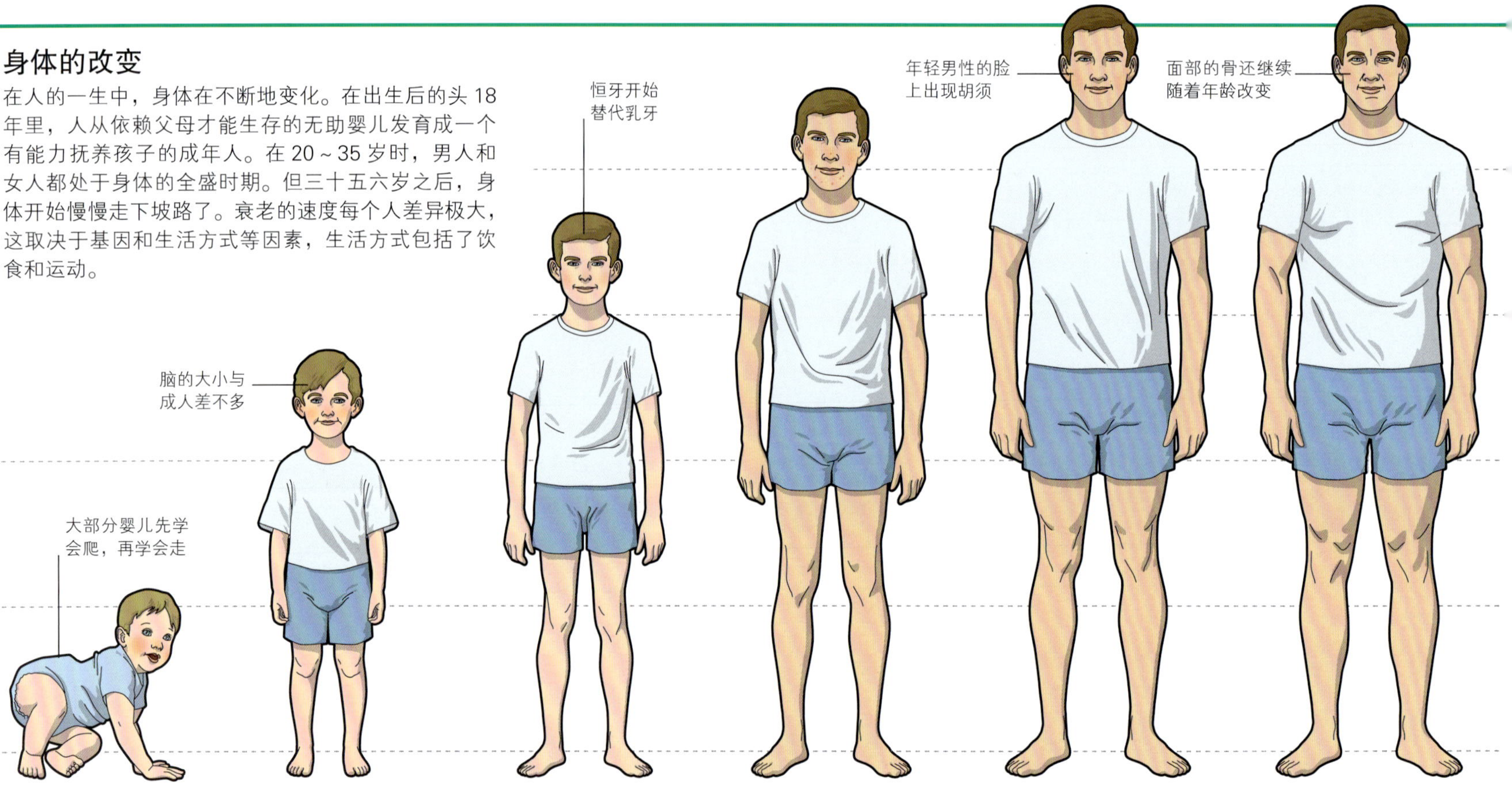

婴儿期
与躯干相比，婴儿的头大而四肢短。12~18个月时，他们已有相当的力量和保持平衡的能力，足以迈出人生第一步了。

幼儿期
四肢的生长速度开始追上头的生长速度。幼儿学会走和跑，能用手精确地操纵物体。

儿童期
身体继续稳步地生长，身高每年增加约6厘米。在这个阶段，儿童掌握了许多身体技能，如骑自行车、游泳、攀爬和其他一些运动技巧。

青春期
身高增加显著。随着性激素的释放，第二性征开始出现。此时的情绪易变化，情绪波动在青春期很常见。

成年早期
已达到成年人的身高，身体状况接近巅峰状态。这个年龄的男女已有生育能力，但要达到心智成熟还需要几年。

成年期
20~35岁，人体处于全盛期。此时的骨最为强健，人体所有的系统都顺畅运转。这是抚育孩子最理想的年龄。

脑的发育

刚出生时，新生儿脑的大小约为成年人的 1/4，但其中的细胞数（约 1000 亿个）几乎与成人相同。直到 6 岁，脑的发育都非常迅速，6 岁时，脑的大小达到成人的 90%。在幼儿期，脑细胞形成了一张密集的、相互联系的网络，因此脑有极大的学习新技能的潜能。后来，从未使用的联系渐渐消失，而留存的联系得到加强。

儿童的脑

大约 3 岁，脑中被称为海马的部分成熟，生动的记忆得以形成。网状结构的改变使儿童能更长时间地集中注意力。随着顶叶皮质和前额皮质逐渐成熟，儿童的语言功能提升，社会技能也得到发展。

十几岁青少年的脑

在这个年龄段，产生情绪的脑区（如杏仁核）达到成熟，但涉及思维和计划的脑区（前额皮质）还没有成熟。这就导致了青少年往往不经思考，一时心血来潮就采取行动。在这个年龄段，不再使用的那些神经回路被清除。

成人的脑

在成年期，前额皮质成熟，这使人能进行更深度的感知，并减弱了杏仁核的影响。没使用过的回路已被清除，因此脑获取新技能的能力降低。除了海马，脑的大部分已不能产生新的脑细胞。

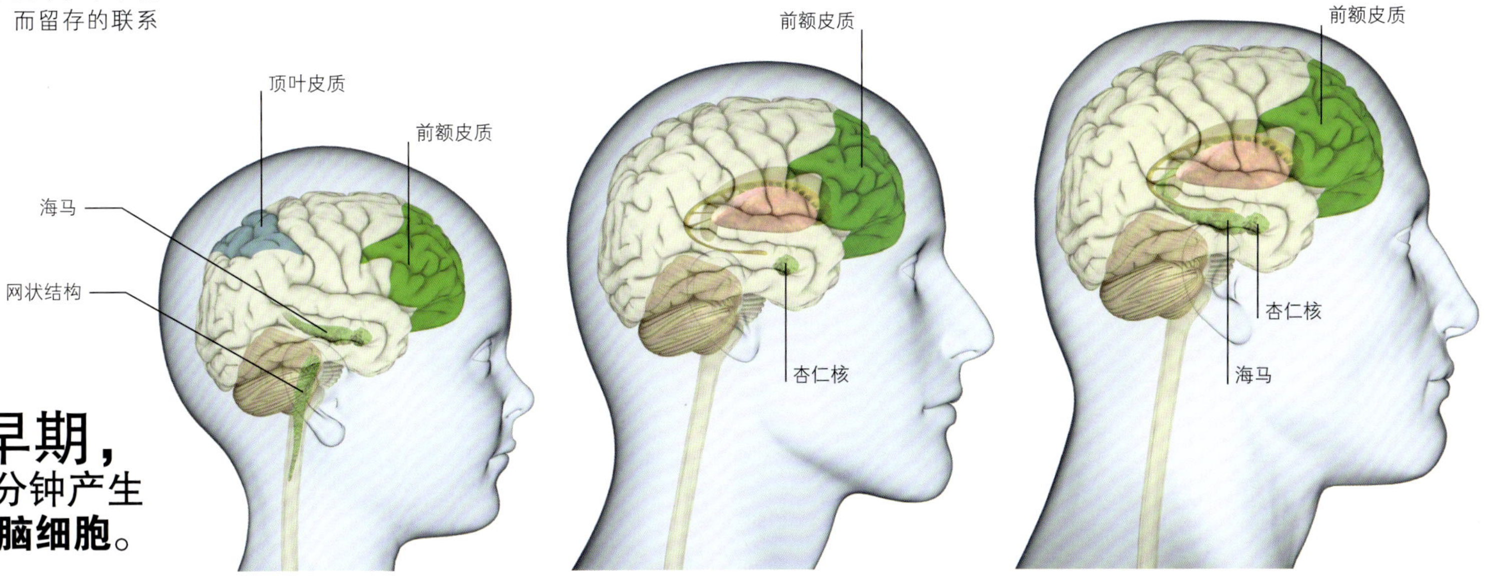

在妊娠早期，
胚胎的脑每分钟产生
25万个新的脑细胞。

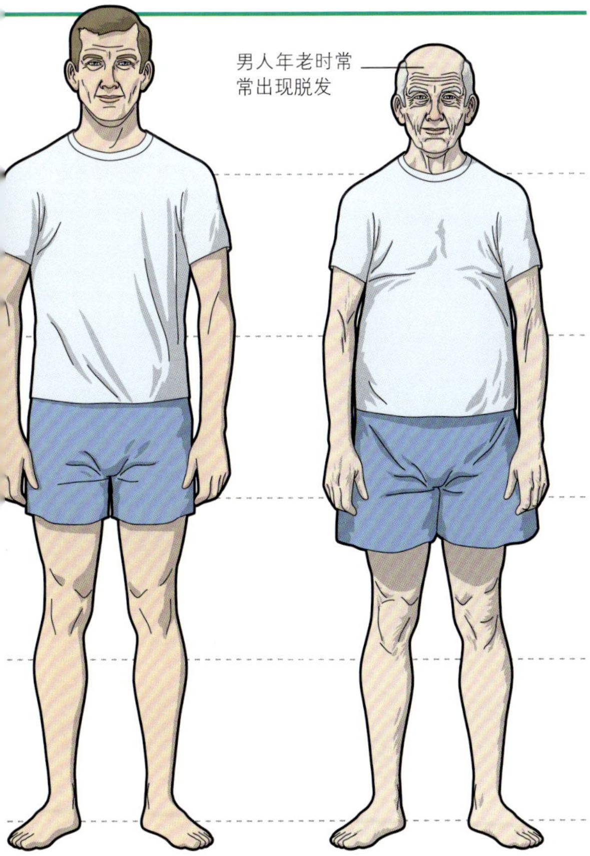

成年晚期

五六十岁时，人们的皮肤失去弹性，并出现皱纹。肌萎缩，视力和听力开始减退。女人失去生育孩子的能力。

老年

骨、关节、肌都变得虚弱，人也变矮了。关节也变得僵硬，这使得运动变慢。到 90 岁时，脑萎缩了约 10%。感觉迟钝，心脏功能变差。

青春期

女孩在 10~14 岁，男孩在 11~15 岁，身体处于一个迅速生长和性发育的时期，这个时期称为青春期。男孩的睾丸和女孩的卵巢释放性激素，引起许多身体变化，如长出体毛和胡须，乳房发育，月经来潮，以及身高和体形改变等。身体的改变伴随着情绪和行为改变，这些改变与脑的成熟度有关。脑的成熟是一个缓慢的过程，要持续到 20 多岁时才完成。

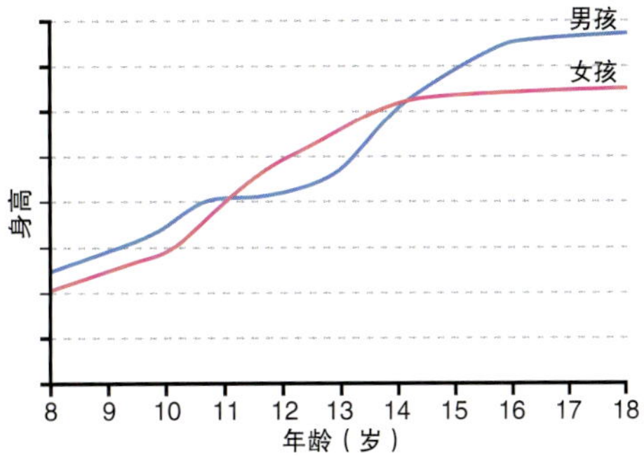

发育高峰

骨在青春期生长得最快，这使得身高突然增长。女孩达到青春期比男孩早，约在 11 岁时女孩的身高会超过男孩，约在 14 岁时男孩追上来。最终，男孩的平均成人身高超过女孩。

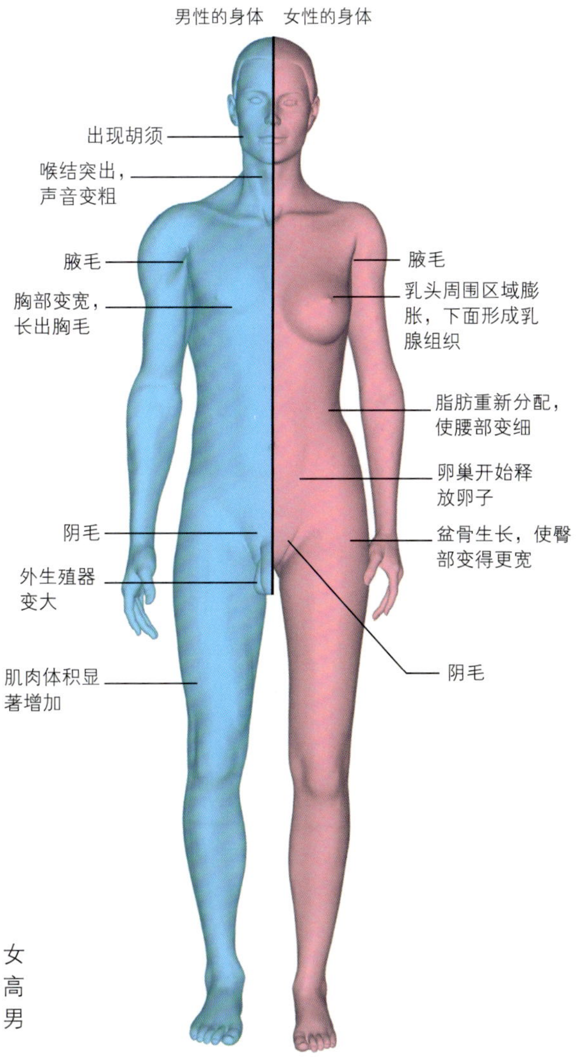

1 每条染色体中只有一个DNA分子。

基因和DNA

人体内每个细胞核里都有一套指令，控制着你身体的工作和发育。这些指令称为基因，是脱氧核糖核酸（DNA）分子上具有遗传效应的片段。分子中4种碱基的排列顺序决定了遗传密码。

除非你是同卵双胞胎中的一个，否则你体内的那套基因就是独一无二的，与任何人都不一样。人的基因，一半来自父亲，另一半来自母亲。这两组基因结合起来，形成一套完整的基因——基因组。每个基因都包含来自母亲的成分，也包含来自父亲的成分。基因组控制着人的大部分身体特征，从眼睛颜色到身材。它也能影响人的能力和人格，而生活经历也会对此产生影响。

400 **如果把你全身每个细胞里紧紧缠绕着的DNA分子都解旋，头尾相连排列起来，形成的长链足够在地球和太阳之间来回400次。**

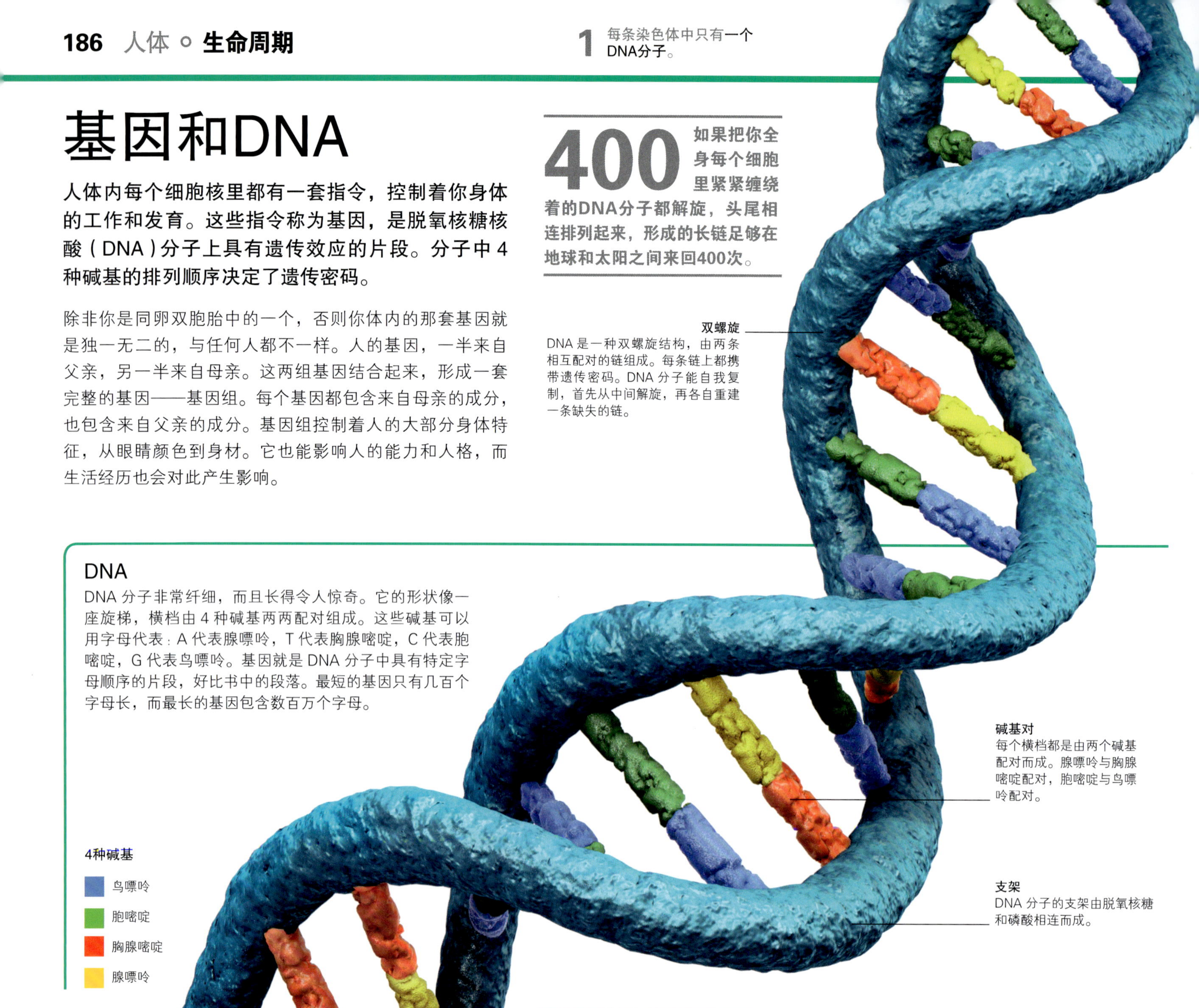

双螺旋
DNA是一种双螺旋结构，由两条相互配对的链组成。每条链上都携带遗传密码。DNA分子能自我复制，首先从中间解旋，再各自重建一条缺失的链。

DNA

DNA分子非常纤细，而且长得令人惊奇。它的形状像一座旋梯，横档由4种碱基两两配对组成。这些碱基可以用字母代表：A代表腺嘌呤，T代表胸腺嘧啶，C代表胞嘧啶，G代表鸟嘌呤。基因就是DNA分子中具有特定字母顺序的片段，好比书中的段落。最短的基因只有几百个字母长，而最长的基因包含数百万个字母。

4种碱基

- 鸟嘌呤
- 胞嘧啶
- 胸腺嘧啶
- 腺嘌呤

碱基对
每个横档都是由两个碱基配对而成。腺嘌呤与胸腺嘧啶配对，胞嘧啶与鸟嘌呤配对。

支架
DNA分子的支架由脱氧核糖和磷酸相连而成。

合成蛋白质

在大部分基因中，碱基的字母顺序是决定氨基酸序列的密码——氨基酸是建造蛋白质分子所必需的。蛋白质构成你的身体组织，控制着细胞内的化学活动。每一种氨基酸都是由DNA中相邻的3个碱基决定的。为了合成蛋白质，细胞将遗传信息复制到信使核糖核酸（mRNA）上。然后，mRNA自己作为模版，指导转移核糖核酸（tRNA）携带氨基酸到特定的位置，从而组装成肽链。蛋白质就是这样合成的。

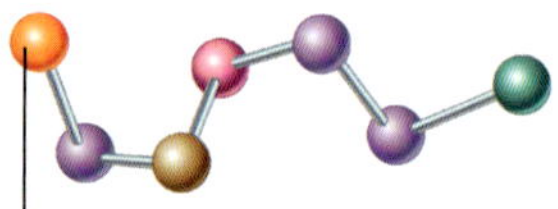

蛋白质分子
蛋白质分子是由氨基酸组成的链状结构。

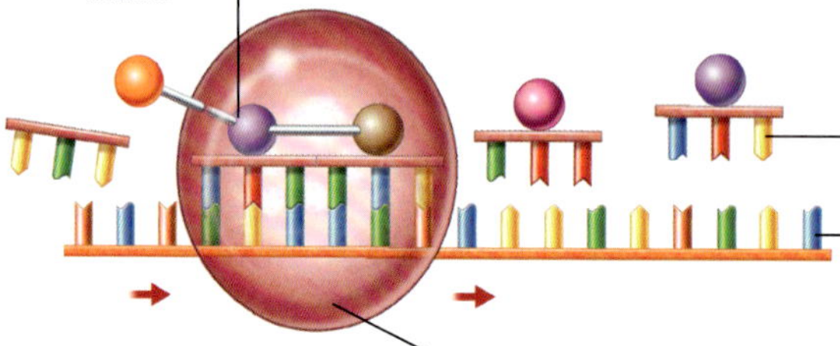

转移核糖核酸（tRNA）
这类小型RNA短链仅能运输特定种类的氨基酸。

信使核糖核酸（mRNA）
mRNA把遗传信息带到蛋白质合成的场所——核糖体。

44 一条染色体里的DNA分子的平均长度是44毫米。

已知最长的基因中碱基的数量为240万个。

25% 人类与黄水仙有25%的基因是相同的。

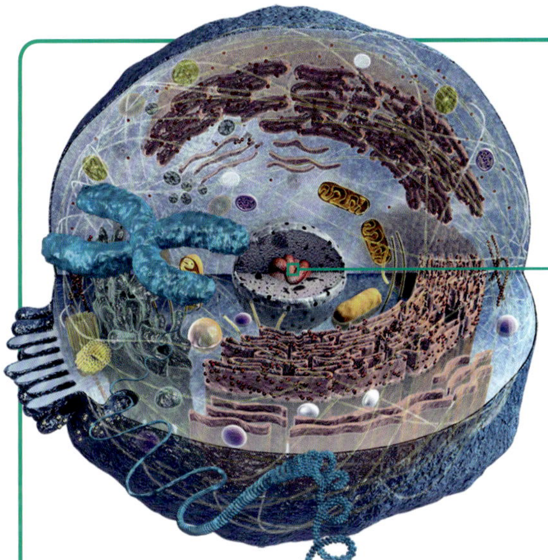

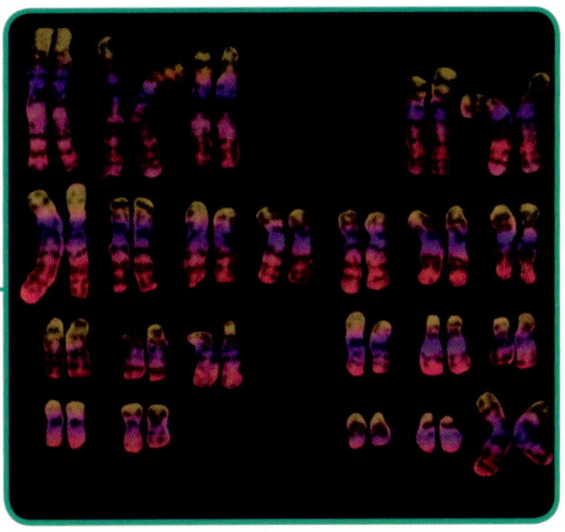

染色体

除了没有细胞核的红细胞，体内每个细胞里都有一套 46 条染色体，挤在细胞核里。其中两条特别的染色体——X 染色体和 Y 染色体，决定了性别。

把DNA打包

为了适合狭小的空间，DNA 分子被巧妙地打成了包。每个 DNA 分子都缠绕在小球状的蛋白质（核小体）上。这些蛋白质排列成“粗线”，这根“粗线”缠绕起来形成一根更粗的“绳子”，“绳子”继续缠绕，形成一个短粗的 X 形结构——染色体。每条染色体包含一个大约 4 厘米长的 DNA 单分子。染色体太小，肉眼看不到——1 万条染色体也没法填满一个句号。

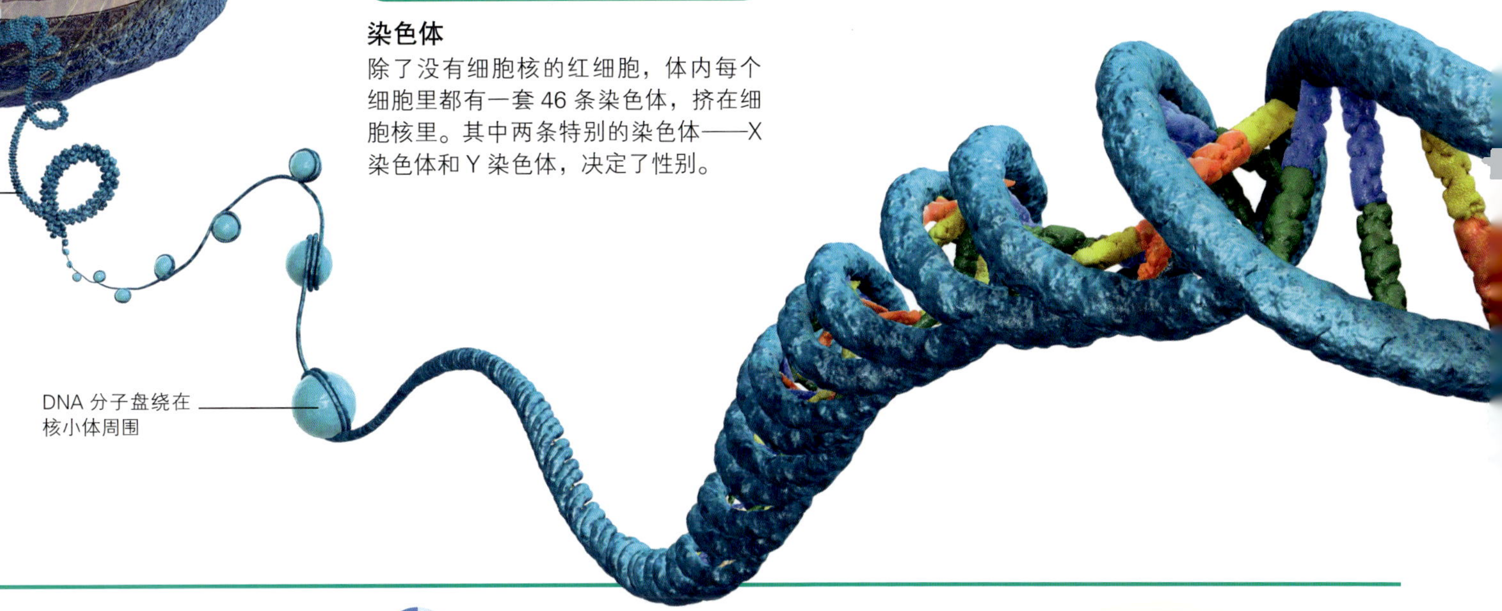

继承基因

你的基因组有两个版本的基因（等位基因），一个来自父亲，一个来自母亲。其中，一些基因是显性的。“显性”意味着这些基因起决定作用，不管配对的另一个基因什么样，这些基因始终对你的身体发挥着作用。另一些是隐性基因。也就是说，隐性基因与显性基因配对后，隐性基因的作用显不出来。除非你从父亲和母亲身上分别继承了两个隐性基因，否则它就不能影响表型。

血型

血型取决于人携带的 3 种等位基因（A、B 和 O）是如何组合的。等位基因 A 和 B 都是显性的，而等位基因 O 则是隐性的。携带两个 O 基因的人，血型就是 O 型。

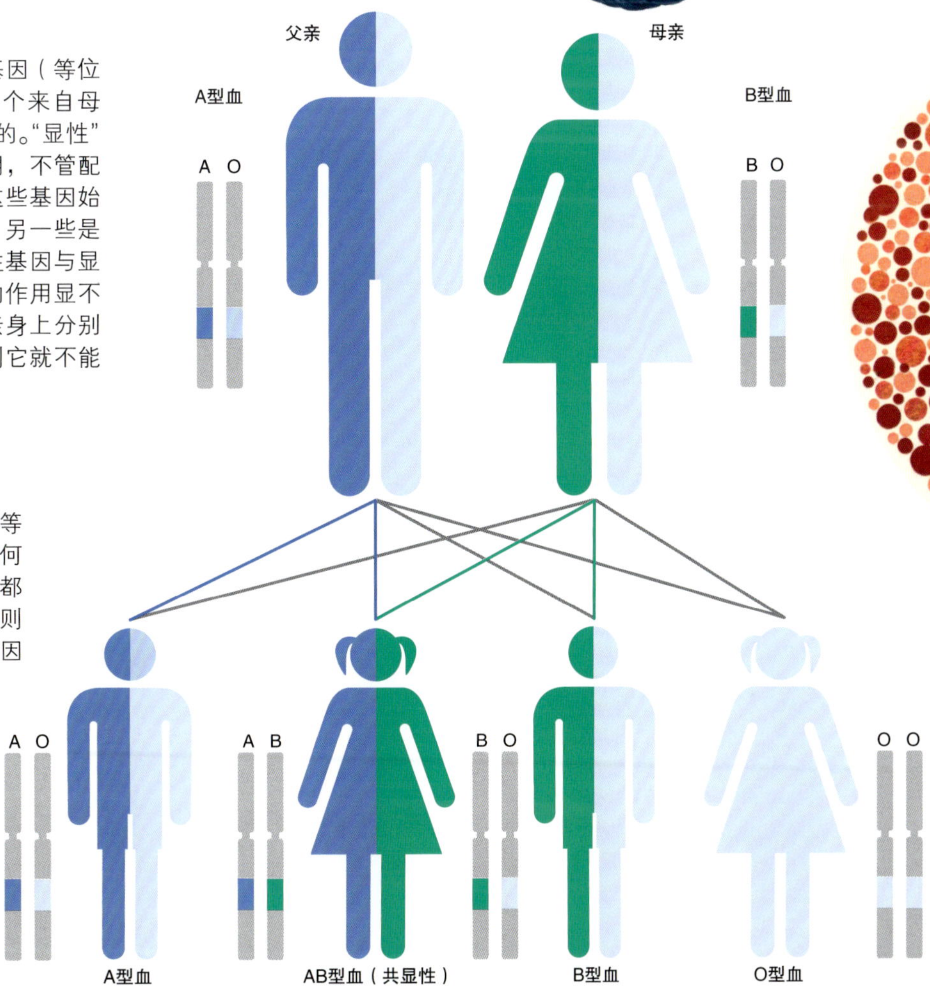

图例

A等位基因

B等位基因

O等位基因

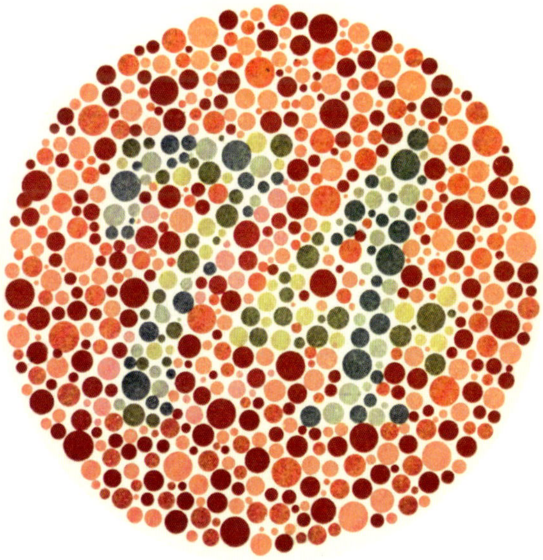

X连锁基因

有些基因是由 X 染色体携带的。因为男孩只有一条 X 染色体，而女孩却有两条，所以有缺陷的基因更容易在男孩身上显出问题。一个常见的例子就是色盲，测试色盲可以用色盲检查图。上面就是一张色盲检查图。如果你认不出图中的数字 74，你就很可能携带着色盲基因。欧洲血统中 8% 的男性患有色盲，而女性患色盲的只有 0.5%。

科 学

科学探索宇宙万物运行的隐秘法则，从原子、光到重力和磁都包含其中。技术指导人们应用知识制造更多复杂机器与设备。

物质

也许你觉得自己是固体，但其实你身体的大部分都被液体和气体填充。物质由原子构成，有固态、液态和气态 3 种基本状态。人体的大部分仅由氧、碳、氢和氮 4 种元素构成，但需要 100 多种元素才能构成整个世界。通过不同的方式将这些元素的原子组合起来，你可以得到一切事物，不管是一棵树还是一把牙刷。

什么是物质?

你能看到的身边的一切都是物质。原子构成更大、更复杂的单元，如分子（原子的集合）和构成生物的细胞，进而构成物质。在原子内部还存在更小的物质单元，如质子和中子，甚至在它们的内部还有更小的物质单元。

宇宙中的物质

我们以为地球就是陆地（固体）加上周围围绕着的空气（气体）和海洋（液体），太空则几乎一片空旷，只有恒星和行星等天体点缀其中。事实上，宇宙只有极小一部分是可见物质，大部分属于两种神秘的形式——暗物质和暗能量。

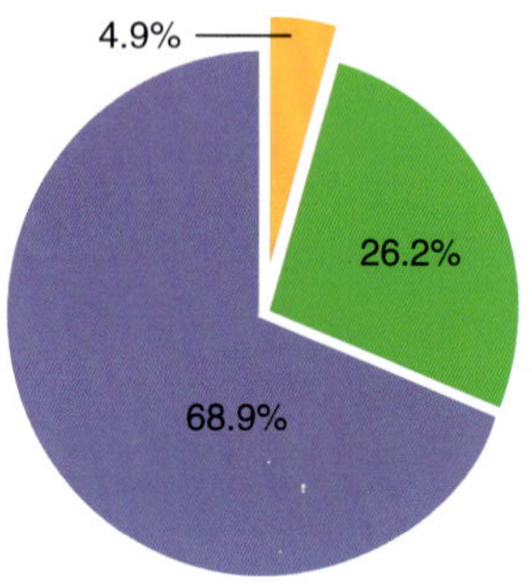

图例

- 可见物质
- 暗物质
- 暗能量

物质分解

可见物质只是现代宇宙的一小部分。在接近宇宙大爆炸时，几乎一切都是可见物质或暗物质。

暗物质

与我们四周的可见物质不同，暗物质不可见。我们只能通过暗物质对可见物质的影响确定它的存在。天文学家最早提出"暗物质"的概念，是用它来解释某些恒星和星系的质量为何比估计的小。

暗能量

科学家用暗能量理论来解释宇宙扩张的速度为何比预期要快，他们相信是某种力在克服重力使宇宙快速膨胀。虽然有证据能证明这一观点，但并不是所有科学家都相信暗能量的存在。

地球上的物质

我们身边的一切不是物质就是能量。人们每天都在使用成千上万种不同的物质。我们可以确定这些物质是有生命的（生物）还是无生命的（非生物）。虽然两者都由原子组成，但它们运作的方式不同。生物不断更新自己，而非生物只有在周围事物迫使其改变时才发生变化。

生物

生物通过吸收环境中的能量和养分来生长和改变。它们通过阳光获取能量，这种能量能让植物生长，从而为动物提供食物。

非生物

陆地大部分是岩石，岩石含有数十种元素，并以多种形式被人们利用。非生物是日常生产和发明背后的助力。

能量

爱因斯坦发现微量的物质可以转化为巨大的能量。这一过程为太阳提供能量，产生能维系地球生命的光能。

物质的构成

100 多种元素构成了地球上所有的物质，每种元素都由原子组成。原子可以相互结合形成更大的结构——分子。不同元素的原子结合后形成化合物。通过研究其构成，我们可以了解地球上的几乎所有物质。

生命物质

细胞是生命的组成部分。虽然我们可以想象某些事物（如树叶）是原子的集合，但还是不能在这么微观的层面准确理解它们。从更大的单元——细胞思考可以让我们更容易理解树叶的生存和死亡。

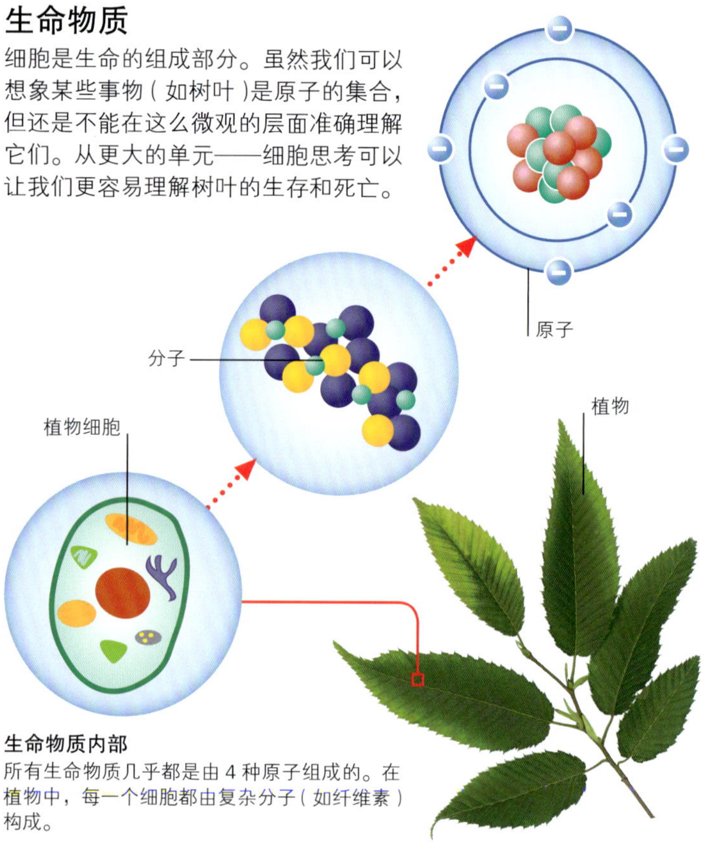

生命物质内部

所有生命物质几乎都是由 4 种原子组成的。在植物中，每一个细胞都由复杂分子（如纤维素）构成。

非生命物质

与植物一样，非生命物质（如塑料牙刷）也是由原子构成的，而且构成牙刷和树叶的原子实际上是相同的。然而，刷毛里的原子结合成了长且有弹性的分子，这就是刷毛很柔软的原因。

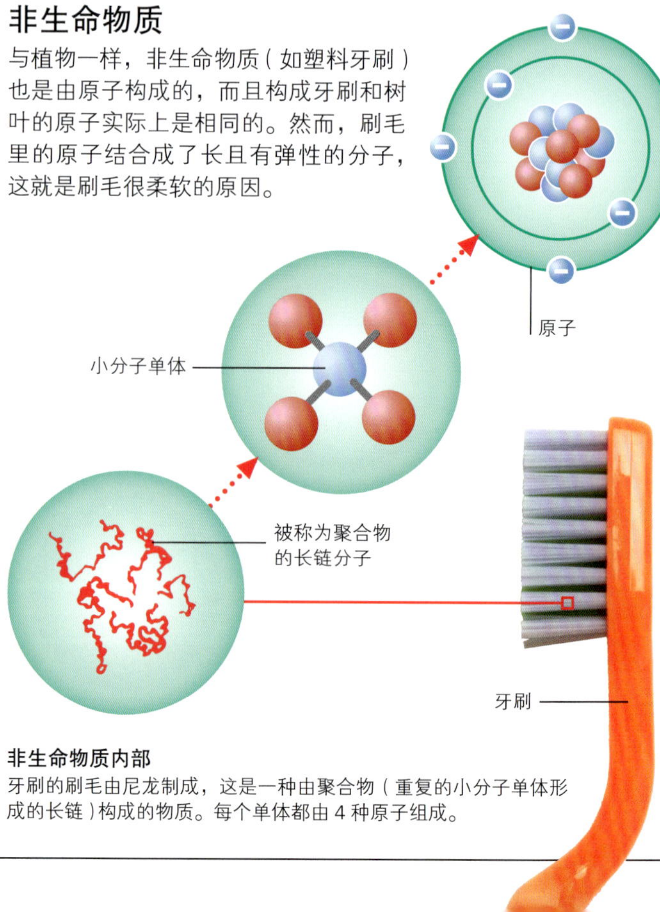

非生命物质内部

牙刷的刷毛由尼龙制成，这是一种由聚合物（重复的小分子单体形成的长链）构成的物质。每个单体都由 4 种原子组成。

不断变化的物质

生物是不断变化的，而非生物看起来总是一成不变，比如地球上有的岩石已经有数亿年的历史了。生物死后会转化成其他物质，如枯叶会成为树的养料。生物还会再生为非生物。海底微小的植物死后，经过数百万年的转化，形成石油。

变化的类型

世界上的各种变化背后总有科学逻辑。我们通过观察生物和非生物在变化前后的状态来研究它们是否发生了物理、化学或生物学的变化，进而理解其中的逻辑。

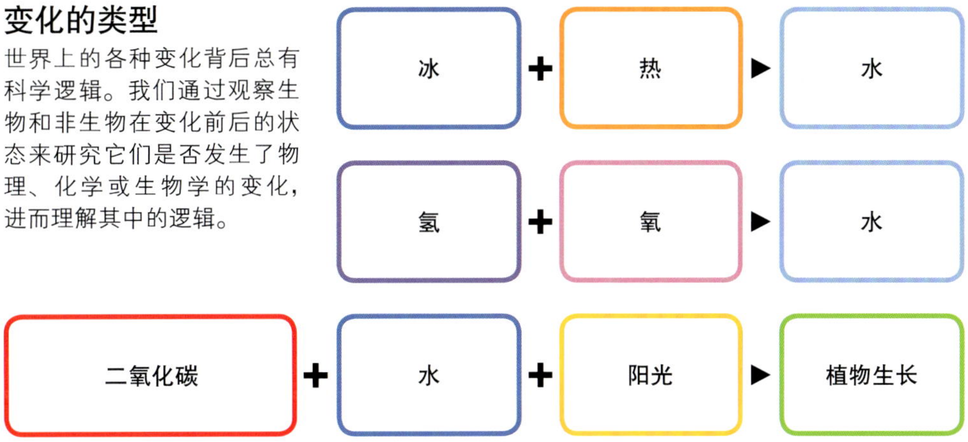

物理变化
冰受热变成水，虽然冰和水还是同一种物质，但发生了物理变化。

化学变化
氢和氧结合生成水，原来的物质发生了改变。

生物学变化
植物利用水生长。在这一变化中，最初的物质消失了。

我们的化学世界

从盘中的食物到脚上的鞋子，化学创造了人们生活中大部分事物。化学是研究元素和元素如何结合的科学，远比在试管里将物质混合摇晃复杂得多。

日常活动中的科学

古时候，人们只知道利用身边的简单材料，如石头、木头和骨头。后来，人们发明出制造更好材料的方法，如向提炼后的纯铜中加入锡或铅可制成青铜。今天，科学家了解了成千上万种材料，并能很好地利用它们的特性完成特定的工作。

家用日化
很多日用品都是化学制品。肥皂和洗发水通过化学反应分解并洗掉污垢。涂料通过降低反应速度来保护材料，使材料免于光照造成的锈蚀和损坏。

有机化学
碳对生物来说是一种关键的元素，也是塑料和石油的主要组成元素。有机化学研究以碳为基础的化合物和它们的使用。

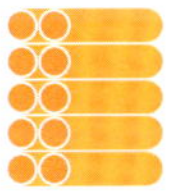

材料科学
科学家研究材料（如玻璃或木头）的原子结构，并开发出更多有用的材料。

生物化学
维生素和矿物质是元素的混合物，人体需要这些元素来保持正常运转。药物是复杂的化学品，可以帮助人体自我修复。

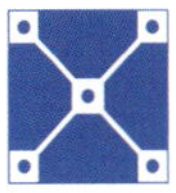

工程
工程师利用材料学、化学和物理学知识，设计安全耐用的产品。

原料来自哪里?

地球就像一个巨大的仓库，堆积着人类可能需要用到的几乎所有原料。不幸的是，原料的形成需要时间，即使一棵树也要多年才能长成，煤和石油的形成则需要数百万年。由于地球人口增长迅速，像石油这样的原料会愈发昂贵。科学家不得不寻找石油的替代品，或以更科学的方式，让现有的原料能用得更久。

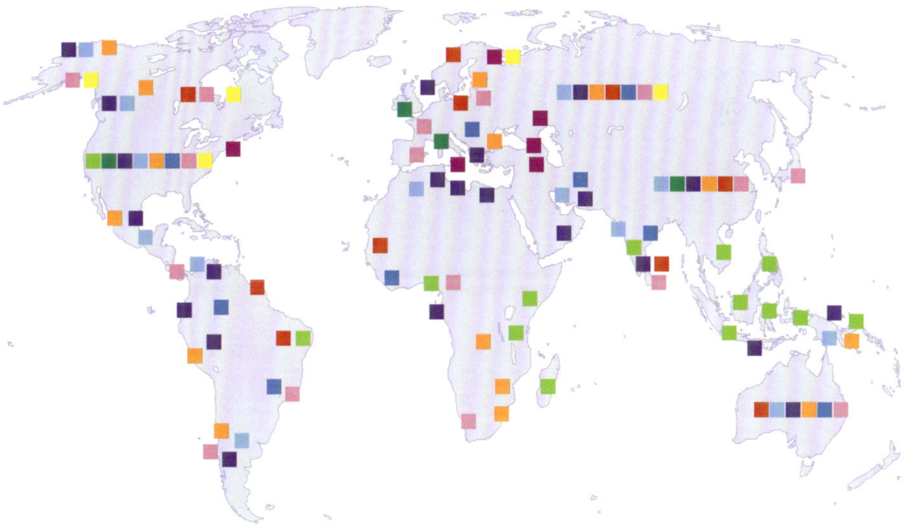

原料的分布
通常，各个国家拥有埋在其领土之下的原料。中东有着极丰富的石油贮藏，而中国和美国有大量煤炭资源。

图例

- 铝土矿
- 铜
- 高岭土
- 石油
- 硫
- 煤炭
- 铁矿石
- 天然气
- 盐
- 木材

材料的比较

每天人们都要对比、选择不同的东西，本质上也是在比较材料。你可能早餐不吃吐司，而选择鸡蛋，因为可以吃得更饱。这种选择的依据是两种材料谁包含的能量更多。根据天气的不同，你可能选择一件厚羊毛衫或一件薄棉T恤。这种选择的依据是材料的物理性质，看哪种材料更保暖。洗澡时，你可能会选择香皂或沐浴露，这是第三种类型的选择——化学性质的对比，对比它们分解污物的能力。

材料性质

每种材料都可能因为其性质而对一些东西有益，对另一些无益。材料的物理性质包括硬度、加工成型的难易程度，以及对热、电和光的反应。材料的化学性质包括与酸或碱等物质接触时的变化方式。

物质	能否浮于水上	颜色	透明性	光泽	溶解性	导电性	质地
铜	不能	红色	不透明	有光泽	溶于酸	导体	光滑
白垩	不能	白色	不透明	无光泽	溶于酸	绝缘体	粉状
石墨	不能	黑色	不透明	有光泽	不溶	导体	滑
松木	能	棕色	不透明	无光泽	只溶于特殊溶剂	绝缘体	纤维质
氯化钠晶体	不能	白色	半透明	有光泽	溶于水	均有	沙砾质
玻璃	不能	多种	透明	有光泽	只溶于特殊溶剂	绝缘体	光滑
滑石	不能	多种	不透明	蜡质光泽	溶于酸	绝缘体	油脂质
金刚石	不能	多种	透明	有光泽	不溶	绝缘体	光滑

注："均有"表示固态时为绝缘体，熔化状态下为导体。

6×10^{19} 1 粒沙中的原子个数。

原子和分子

我们所知的宇宙中的所有物质都由被称为原子的不可见的微小粒子构成。原子填满了你能看到的一切东西——从手指的皮肤到这本书上的文字，甚至那些你看不到的东西，比如你呼吸的空气和血液中流动的细胞。

原子是科学界最早提出的概念之一。有些古希腊哲学家认为原子是最小的物质，而且不能再被分解。他们选择“atom”（原子）这个名字，是因为它的意思是“不可切割的、不可见的”。这种对于原子的早期认知持续了数千年，直到 20 世纪早期，聪明的科学家“分解了原子”，将其分成更微小的粒子。

原子结合在一起时形成更大的物质，被称为分子。虽然世界上只有 100 多种元素的原子，但它们却能形成数百万种不同的分子。

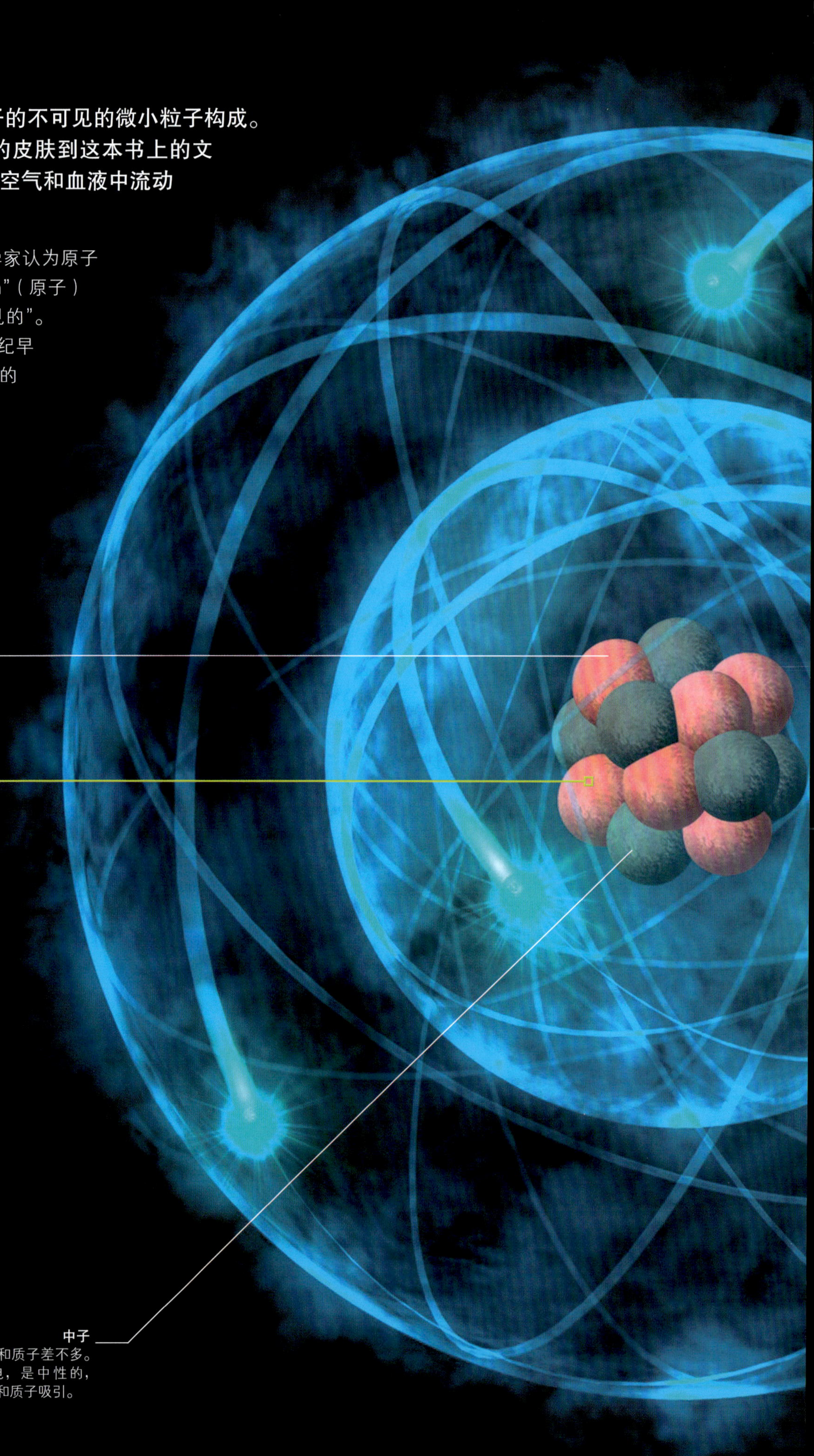

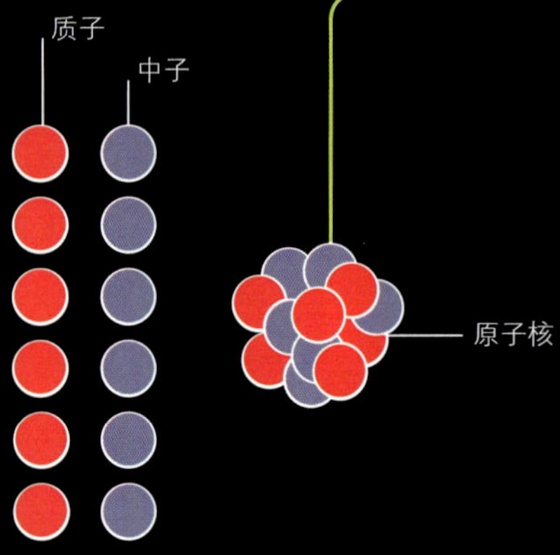

原子核
一组质子和中子组成了原子的原子核。原子核占据了一个原子的大部分质量，但只有很小的体积。在原子核外面，一个原子所占空间的 99.99% 以上是空的。如果一个原子有足球场那么大，那么原子核就相当于足球场中心的一颗豌豆，电子则在原子核外做无规则运动。

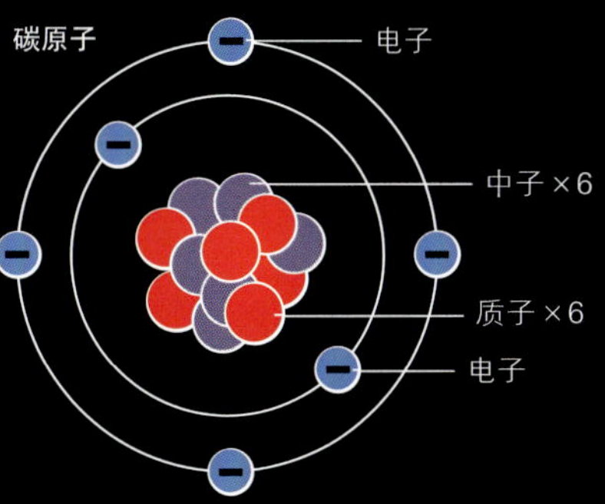

电子层

一个原子通常含有等数量的带负电的电子和带正电的质子。有些大的原子含有的电子和质子数量都超过100个。碳原子（上图）有电子和质子各6个。电子围绕着原子核分层（被称为电子层）排列，就像环绕地球的卫星。把电子想象成是分层的可以帮助我们理解原子是如何结合在一起组成分子的。

电子
这些粒子以接近光速的速度围绕原子核运动。它们带负电荷。

原子结构

原子内部有更小的物质微粒，即质子、中子和电子。质子和中子位于原子中心的原子核内，且在强大的作用力下紧密结合在一起。电子围绕原子核在电子层区域内运动。

组成分子

原子可以结合在一起，形成分子。分子可由相同或不同的原子组成。像氢气这样的气体分子很简单，只由两个原子组成。而塑料可能由无数重复的分子组成，这些分子又是由成千上万个排成长链的原子结合而成的。

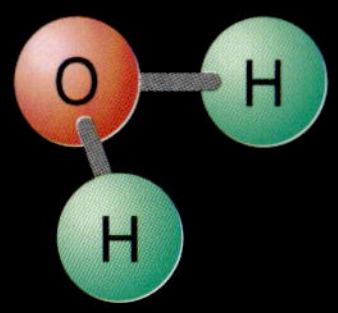

水（H_2O）
一个水分子由两个氢原子和一个氧原子组成。

二氧化碳（CO_2）
一个二氧化碳分子由两个氧原子和一个碳原子组成。

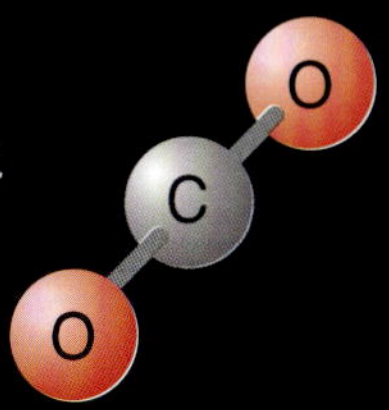

原子怎样结合？

原子利用其电子相互结合形成分子。它们得失电子或共享电子。共有3种类型的化学键使原子结合在一起。

离子键
一个原子给另一个原子提供电子。第一个原子变为带正电，而后面的原子变为带负电，于是两个原子结合起来。

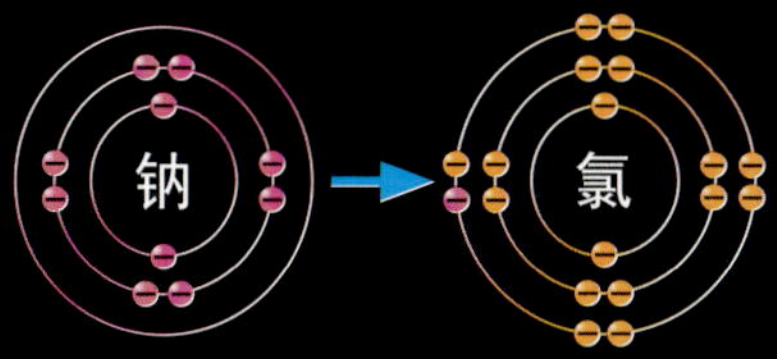

共价键
两个原子通过重叠电子层共享外部的电子。

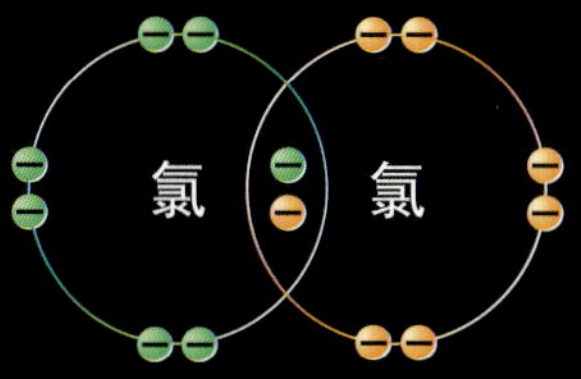

金属键
金属原子通过共享外部自由电子形成巨大的电子海结合在一起，从而形成金属晶体。

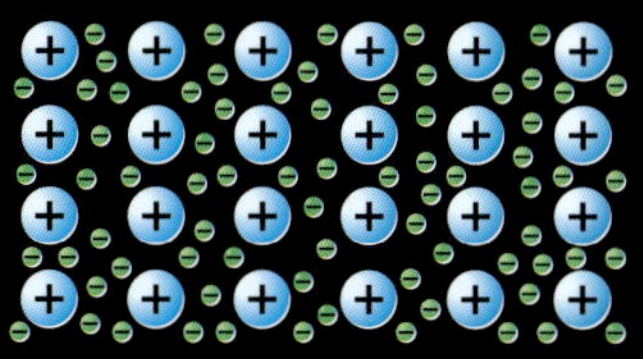

夸克和弦

原子的原子核是由质子和中子构成的，那质子和中子又是由什么构成的呢？看起来每个粒子都包含3个更小的叫作夸克的微粒。一些科学家相信万物的形成其实都源于物质或者说是被称为弦的能量的振动。但迄今为止，如果问弦是由什么构成的，尚无人知晓。

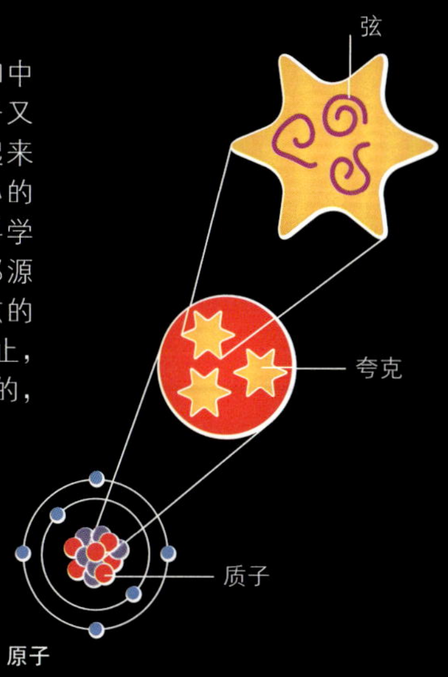

每秒钟，在大型强子对撞机内会发生6亿次碰撞。

大型强子对撞机

这台长达 27 千米的巨大的机器位于一个地下 100 米深的环形隧道中。它让两束原子粒子反向快速沿隧道运动，速度十分接近光速，然后使两束粒子转向并相撞。监测环上有 4 台探测器研究这些猛烈的粒子撞击，分别是大型重离子实验探测器（Alice）、超环面仪器（Atlas）、紧凑型缪子螺线管探测器（CMS）和底夸克实验探测器（LHC-b）。

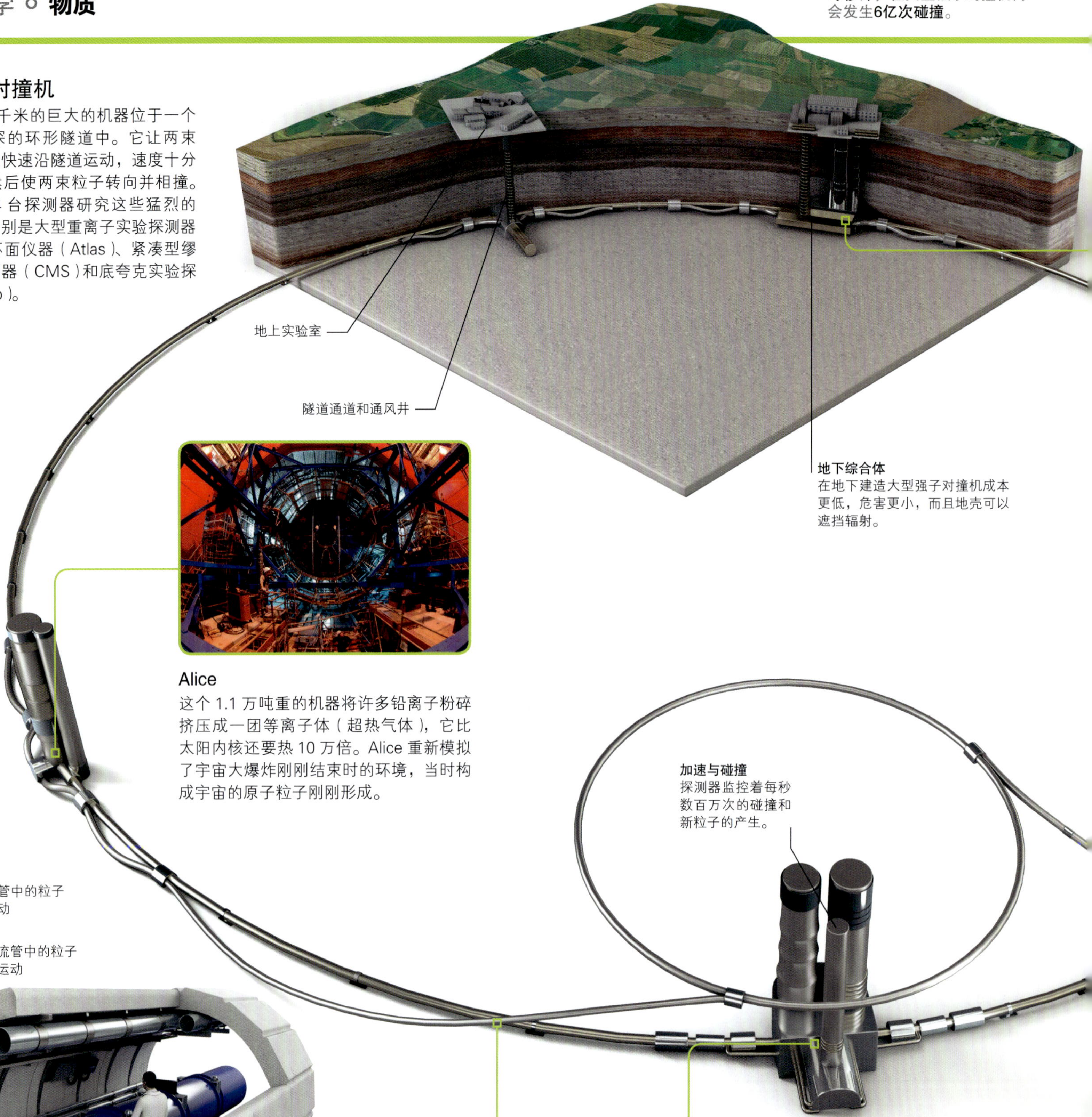

Alice

这个 1.1 万吨重的机器将许多铅离子粉碎挤压成一团等离子体（超热气体），它比太阳内核还要热 10 万倍。Alice 重新模拟了宇宙大爆炸刚刚结束时的环境，当时构成宇宙的原子粒子刚刚形成。

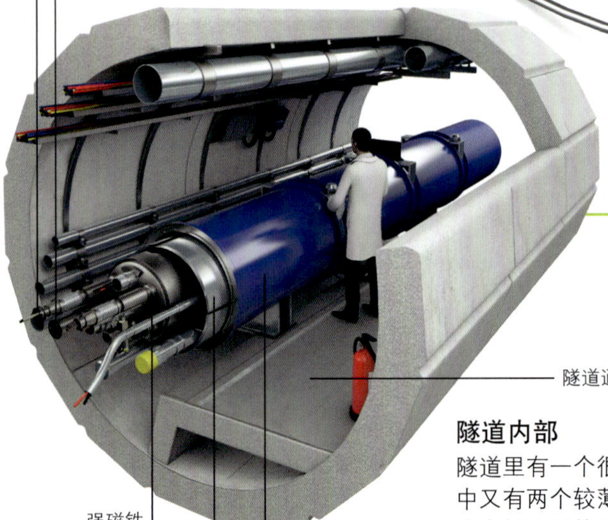

隧道内部

隧道里有一个很厚的蓝色管子，其中又有两个较薄的管子，承载运动方向相反的粒子束。绕在薄管子外面的是 1600 多块磁铁，可使粒子束弯曲，控制它们，并将它们挤压到一起，使其发生碰撞。

Atlas

该探测器用套在束流管上的一个巨大的环形磁铁系统来观察质子间的碰撞。它在寻找一种被称为希格斯玻色子的神秘粒子。科学家希望该粒子能有助于理解其他粒子为什么会有质量。

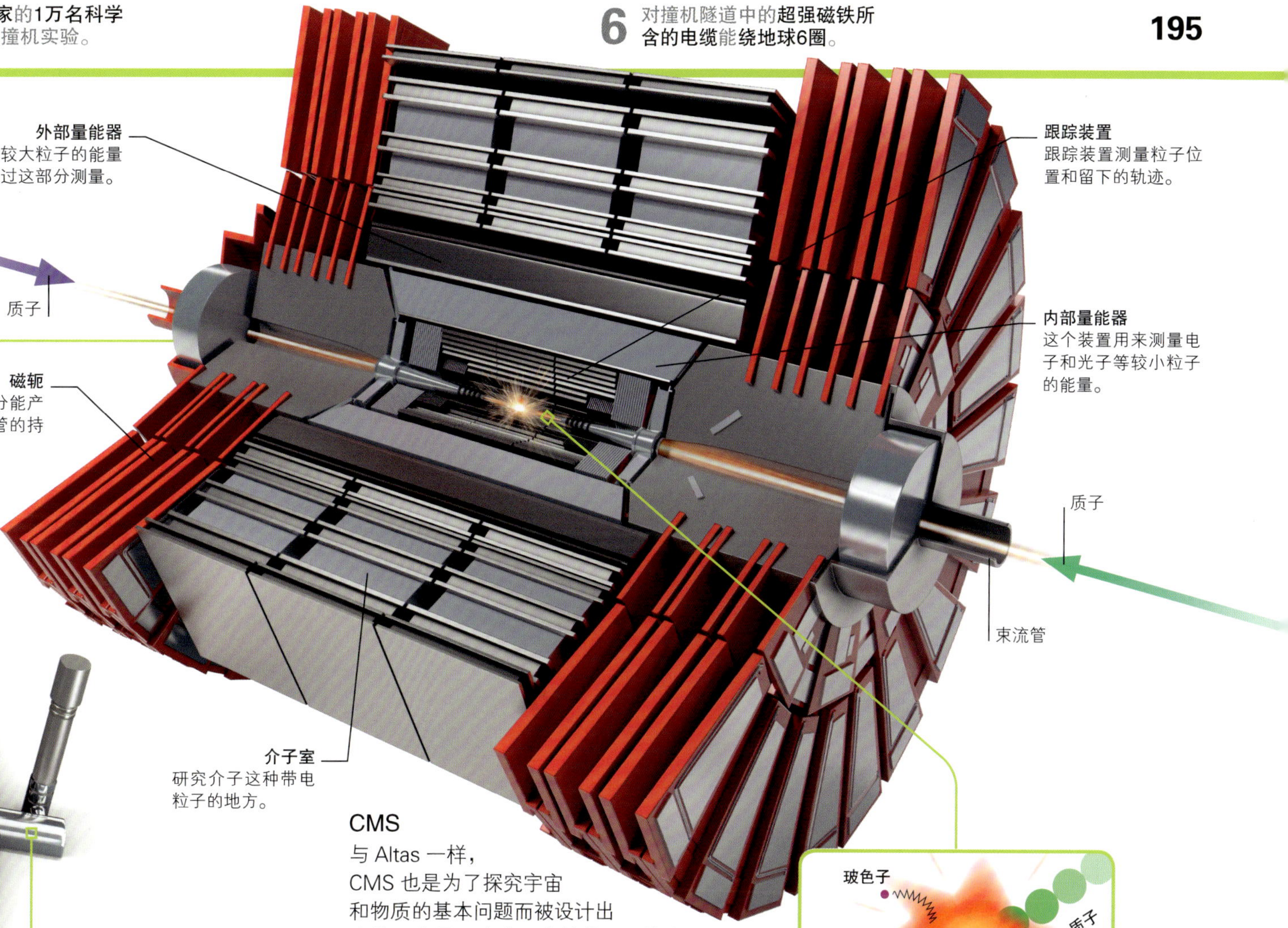

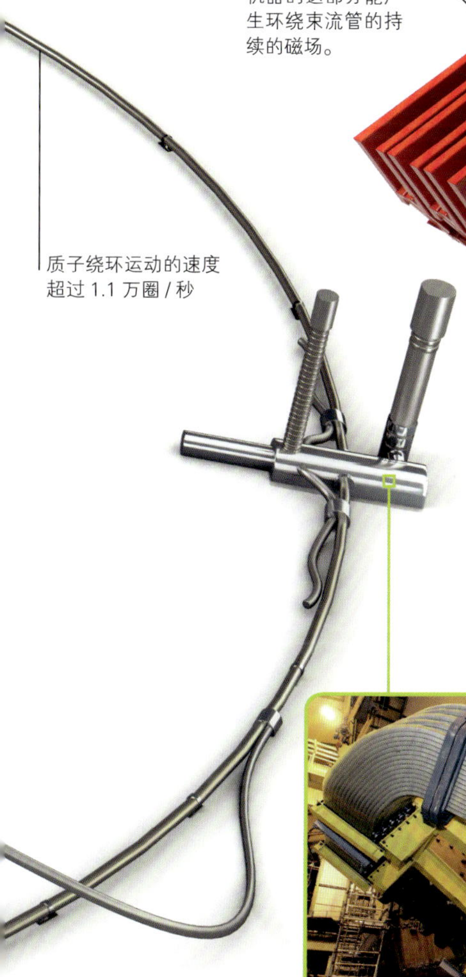

CMS
与 Altas 一样，CMS 也是为了探究宇宙和物质的基本问题而被设计出来的。它是一个由巨大铁线圈环绕束流管组成的大型磁铁。它产生的磁力是地球磁场的 10 万倍。探测器内的铁比埃菲尔铁塔的铁还要多，探测器比 30 架喷气式客机还要重。

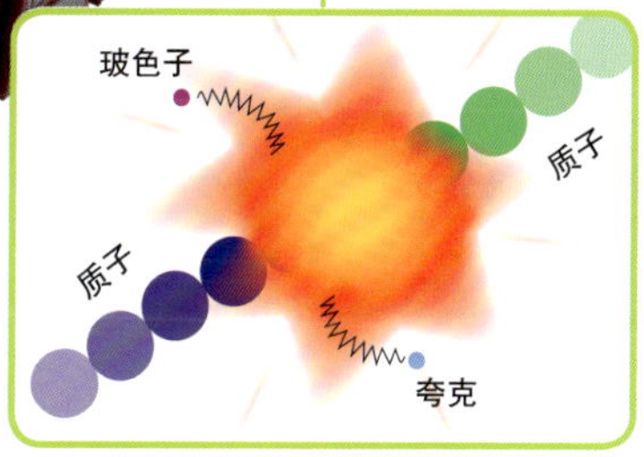

粒子碰撞
科学家利用粒子加速器发现原子中有数百个粒子。粒子（如质子）相撞会产生更小的粒子（如玻色子和夸克）向不同的方向飞散。这些粒子可以根据其在 CMS 内留下的轨迹被识别出来。

LHC-b
这台探测器研究反物质和反粒子，它们是电子和质子等粒子的镜像。宇宙大爆炸后，出现了等量的物质和反物质，但反物质现在似乎消失了。LHC-b 将帮助科学家研究反物质消失的原因。

粒子加速器

宇宙是人们能想象到的最大的物质，但关于宇宙形成的秘密可能仍紧锁在最小的物质——原子及其内部的微粒中。

人们知道的大部分关于原子的信息都是通过粒子加速器将它们分裂得到的。最早的粒子加速器建造于 20 世纪 30 年代，它用电来加速短的直管内的粒子。后来，科学家发现他们可以使粒子绕轨道运动，直至达到非常高的速度。粒子能在猛烈的撞击中分裂成许多更小的微粒，人们可以捕获并研究这些微粒。

今天，位于法国和瑞士交界处的欧洲核子研究中心（CERN）的国际实验室拥有世界上最大的粒子加速器。CERN 正在进行最大胆、最昂贵的科学实验。该实验使用大型强子对撞机（LHC），试图重现约 138 亿年前宇宙大爆炸后，宇宙刚刚形成时的环境。

大型强子对撞机的隧道是世界上最大的“冰箱”，能将温度冷却至低于外太空的水平，并配有真空泵将空气排出。

70 当气压降低时，水的沸点也降低。在珠穆朗玛峰峰顶这样的低气压环境中，水在70℃左右就会沸腾。

固态、液态和气态

把一个冰块放在手心，冰块很快就变成一捧水。如果放置的时间足够长，水就会蒸发消失。是什么使水呈现冰的样子而不是水蒸气？是什么让水可以在固态、液态和气态3种状态之间转换？

每种物质都由不断运动的原子或分子构成。不同的温度和来自周围环境的不同压力决定了物质的原子或分子等粒子运动的快慢，是聚集在一起还是分散开。正是物质内部粒子奇怪的运动使得它们在固态、液态和气态——物质的3种主要状态间转换。

虽然物质在固态、液态或气态下含有等数量的原子，但它们却有不同的内部结构。冰、液态水和水蒸气看起来截然不同，性质也很不同，这都是因为其内部分子排列方式不同。

固态

当物质遇冷或受到压力，其中的粒子会紧紧结合在一起。粒子之间的强作用力使固体很难弯曲或发生其他变形。有些材料形成有序的固体，被称为晶体；另一些则形成无序（无固定形状）的固体，被称为非晶体。

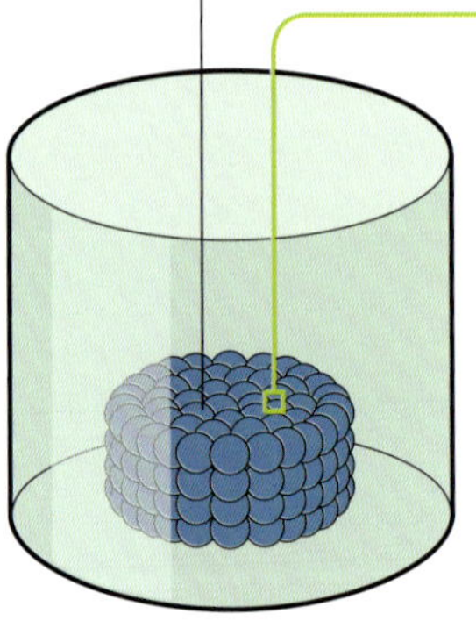

固态水

大部分物质冻结时都会收缩，但水不一样。水在结冰时会膨胀，所以冰的密度比水略小。因此冰能浮在水面上，水管在上冻时会裂开。

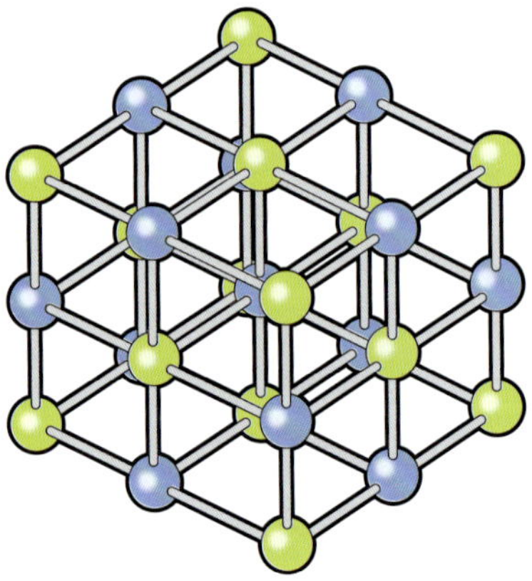

晶体

如果慢慢冷却一种液体，它就有时间将自身的粒子排列成非常有规则的形式，即晶体。很多金属都是这样的。

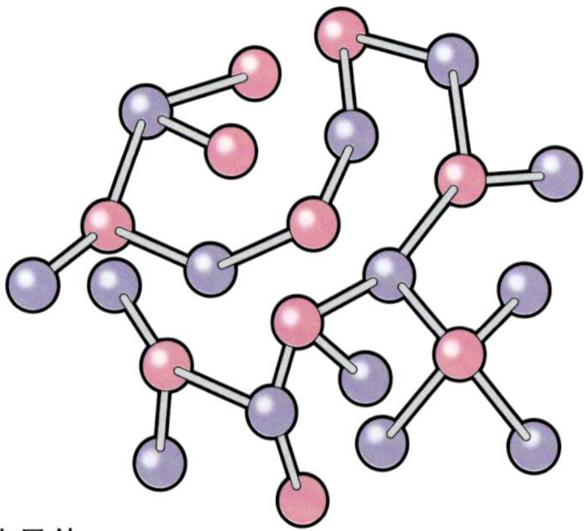

非晶体

有的材料冷却时会形成更随意的结构。玻璃就是这样，介于规则的固体和无序的液体之间。

液态

液体通常比固体密度低，其粒子之间距离较远，作用力较弱，因此粒子能更加自由地运动。这就是液体没有固定形状而能去适应容器形状的原因。

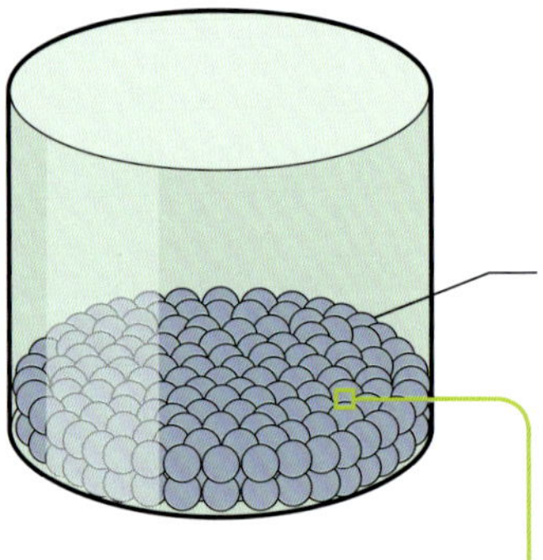

液态水

生命因为有水而能在地球上存在。水在日常温度和气压下是液体，这意味着水很容易运输和循环，也容易被植物和动物吸收。

黏度

由于液体粒子间的作用力较弱，所以液体在倾倒时能流动。液体的黏度代表着流动的快慢。

气态

在气体中，粒子间的作用力极弱。它们有足够的能量，可以自由运动，经过不断地相撞，扩散并充满任何容器。

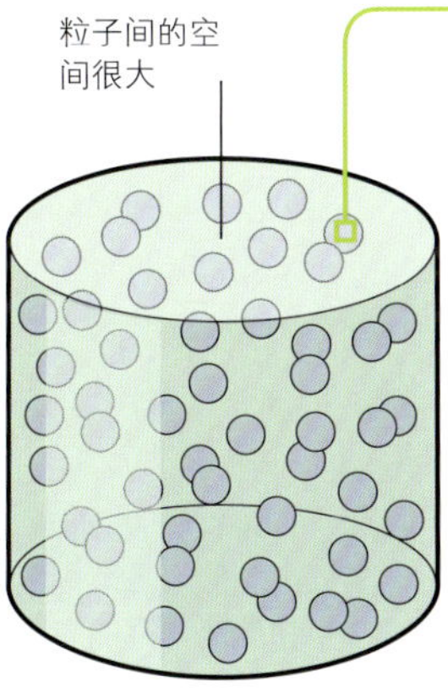

气态水

物质在气态下一般比在固态下热，因此，水蒸气的温度比水高。气压低时也会形成气体，比如高空的气压低，所以云中的水是一种冷气体（水蒸气）。

等离子体

加热气体到足够高的温度或把气压降到够低，原子就会发生电离（电子离开原子核），形成等离子体。等离子体主要由带电粒子，即电子和离子（失去电子的原子）组成。因此，当附近有电和磁时，会出现奇异的景象。

极光

来自太阳的等离子体撞击地球大气并被地球磁场弯曲，产生极光。

物态变化

加热水时，水会由液态转化成气态（水蒸气）。冷冻食物时，食物中的液态水变成固态水（冰）。水的状态很容易改变，因为它的固态、液态和气态能在日常的温度和气压下存在。而金属材料很难变成液体或气体，因为这需要很高的温度和压力。

1600 水蒸气所占的空间是等量的液态水所占空间的1600倍。

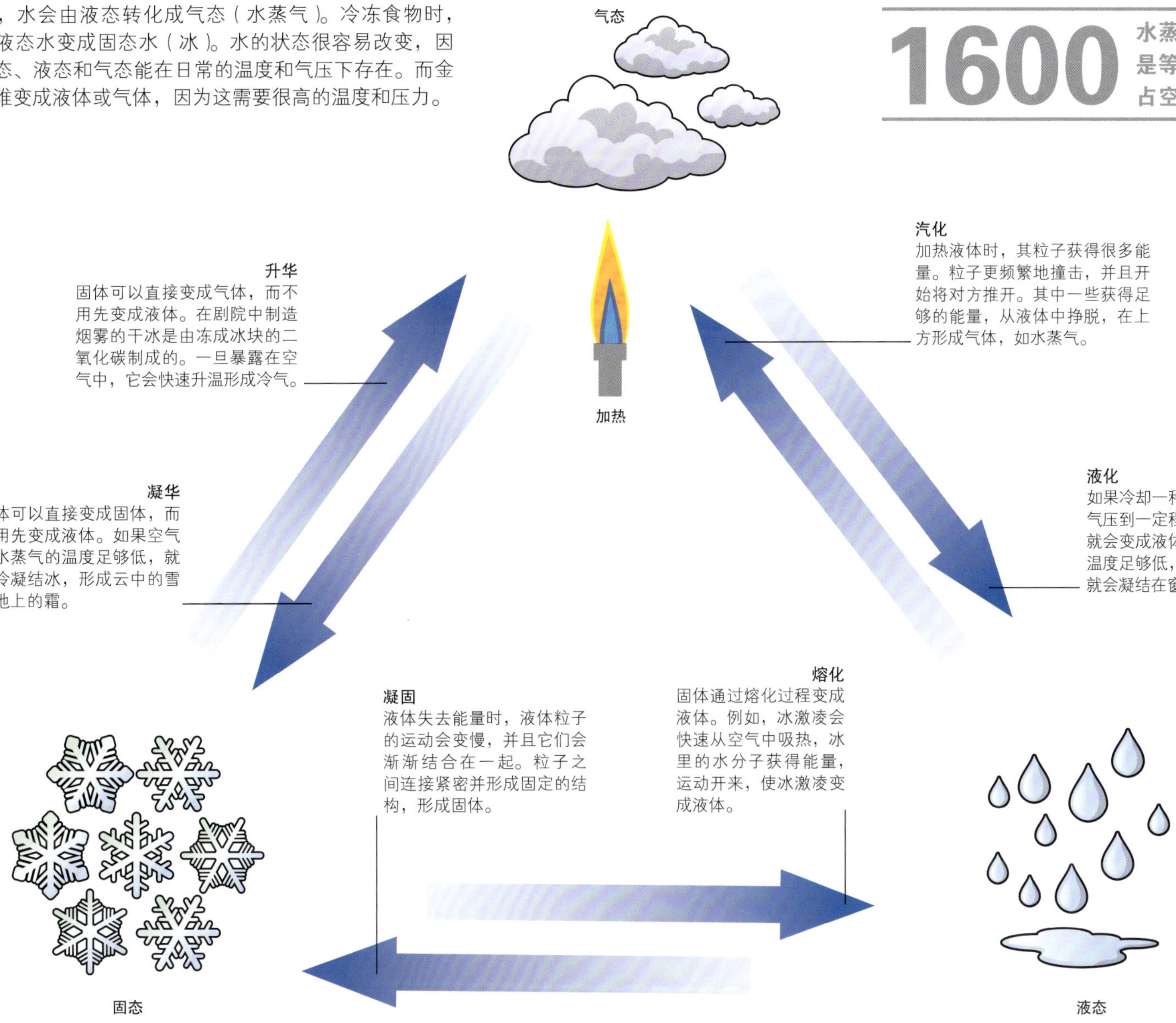

升华
固体可以直接变成气体，而不用先变成液体。在剧院中制造烟雾的干冰是由冻成冰块的二氧化碳制成的。一旦暴露在空气中，它会快速升温形成冷气。

汽化
加热液体时，其粒子获得很多能量。粒子更频繁地撞击，并且开始将对方推开。其中一些获得足够的能量，从液体中挣脱，在上方形成气体，如水蒸气。

凝华
气体可以直接变成固体，而不用先变成液体。如果空气中水蒸气的温度足够低，就会冷凝结冰，形成云中的雪或地上的霜。

液化
如果冷却一种气体或降低其气压到一定程度，这种气体就会变成液体。如果室外的温度足够低，家中的水蒸气就会凝结在窗户上。

凝固
液体失去能量时，液体粒子的运动会变慢，并且它们会渐渐结合在一起。粒子之间连接紧密并形成固定的结构，形成固体。

熔化
固体通过熔化过程变成液体。例如，冰激凌会快速从空气中吸热，冰里的水分子获得能量，运动开来，使冰激凌变成液体。

铂是最贵重的元素之一。一块和人体质量差不多的铂价值约200万英镑。

最近发现的117号元素砸是2010年在实验室中制取出来的。

化学元素

化学元素简称元素，是物质的基本化学构成，原子则是一种元素的基本单位。地球上的任何东西，小到最小的甲虫，大到最高的摩天大厦，都是由若干元素构成的。

以碳元素为基础，你可以利用少数几种元素制造出生物。只用氢和氧两种元素就可以生成覆盖了地球大部分面积的水，但想要制造出地球上的一切事物就需要 100 多种元素。大部分元素是自然产生的，它们或存在于岩石中，或飘散在大气里。因为质子、中子和电子能通过强作用力聚在一起形成元素，所以制取全新的元素也就成为可能。科学家已经在实验室做到了这一点，使已知元素的总数增加到 118 种。

变大的原子

沿着元素周期表的每一列（族）向下，原子会变大变重。这是因为原子核里的质子数增加，电子层上环绕原子核的电子也增加了。沿着一族原子每向下移动一位，原子的电子层就增加一层。

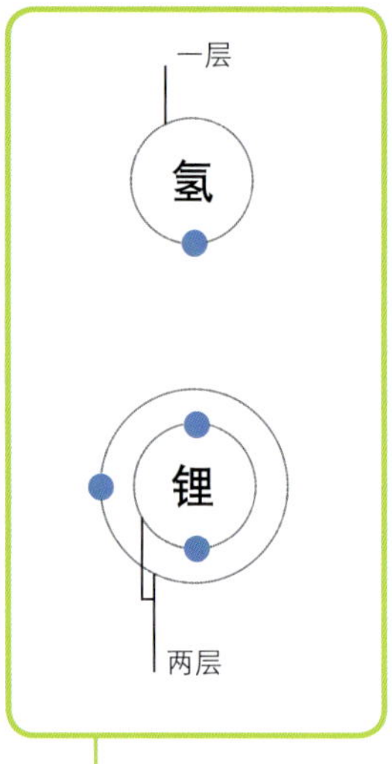

缩小的原子

如果沿着元素周期表的每一横排（周期）向右，原子的质子和电子数会增加。每个原子的电子层数一样，但带正电的质子数增加，将电子层向内拉，于是“缩小”了原子，使原子更紧凑。

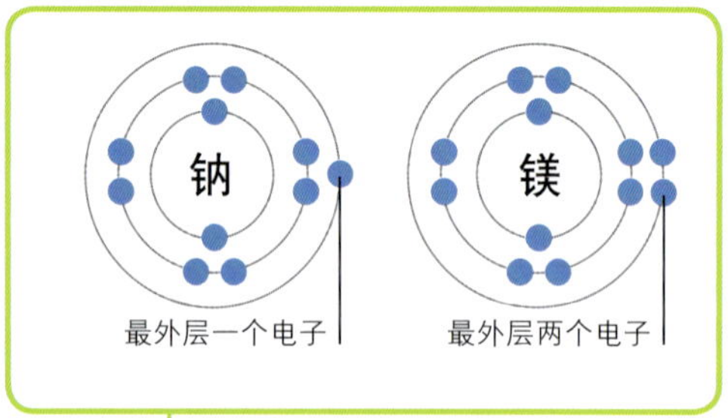

元素周期表

如果将元素根据原子结构分类列表，就能看到规律。性质相似的元素被排列为一族，因此我们可以通过元素在表格中的位置预测它的性质。这个表被称为元素周期表，它是俄国化学家门捷列夫在 1869 年创造出来的。

	1	2	3	4	5	6	7	8	9	10	11	12
1	1 1.0079 氢H											
2	3 6.941 锂Li	4 9.0122 铍Be										
3	11 22.990 钠Na	12 24.305 镁Mg										
4	19 39.098 钾K	20 40.078 钙Ca	21 44.956 钪Sc	22 47.867 钛Ti	23 50.942 钒V	24 51.996 铬Cr	25 54.938 锰Mn	26 55.845 铁Fe	27 58.933 钴Co	28 58.693 镍Ni	29 63.546 铜Cu	30 65.41 锌Zn
5	37 85.468 铷Rb	38 87.62 锶Sr	39 88.906 钇Y	40 91.224 锆Zr	41 92.906 铌Nb	42 95.94 钼Mo	43 (96) 锝Tc	44 101.07 钌Ru	45 102.91 铑Rh	46 106.42 钯Pd	47 107.87 银Ag	48 112.41 镉Cd
6	55 132.91 铯Cs	56 137.33 钡Ba	57~71 镧系 La~Lu	72 178.49 铪Hf	73 180.95 钽Ta	74 183.84 钨W	75 186.21 铼Re	76 190.23 锇Os	77 192.22 铱Ir	78 195.08 铂Pt	79 196.97 金Au	80 200.59 汞Hg
7	87 (223) 钫Fr	88 (226) 镭Ra	89~103 锕系 Ac~Lr	104 (261) 𬬻Rf	105 (262) 𬭊Db	106 (266) 𬭳Sg	107 (264) 𬭛Bh	108 (277) 𬭶Hs	109 (268) 鿏Mt	110 (281) 𫟼Ds	111 (272) 𬬭Rg	112 285 鿔Cn

57 138.91 镧La	58 140.12 铈Ce	59 140.91 镨Pr	60 144.24 钕Nd	61 (145) 钷Pm	62 150.36 钐Sm	63 151.96 铕Eu	64 157.25 钆Gd	65 158.93 铽Tb
89 (227) 锕Ac	90 232.04 钍Th	91 231.04 镤Pa	92 238.03 铀U	93 (237) 镎Np	94 (244) 钚Pu	95 (243) 镅Am	96 (247) 锔Cm	97 (247) 锫Bk

超铀元素

原子序数大于铀（92）的元素称为超铀元素。与 1~92 号元素不同，这些元素不是在自然界中发现的，而需要利用粒子加速器或核反应堆制取，因此它们的使用成本很高。

图例

- 氢元素
- 碱金属元素
- 碱土金属元素
- 过渡金属元素
- 镧系元素和锕系元素
- 硼族元素
- 碳族元素
- 氮族元素
- 氧族元素
- 卤族元素
- 稀有气体元素

在室温下，汞和溴这两种元素是液体，有 11 种元素是气体，剩下的都是固体。

碳 这是第四常见的元素。植物和动物体内有 18% 都是碳。

氦 这一元素大约构成了宇宙的 1/4。

13	14	15	16	17	18
					2 4.0026 氦He
5 10.811 硼B	6 12.011 碳C	7 14.007 氮N	8 15.999 氧O	9 18.998 氟F	10 20.180 氖Ne
13 26.982 铝Al	14 28.086 硅Si	15 30.974 磷P	16 32.06 硫S	17 35.453 氯Cl	18 39.95 氩Ar
31 69.723 镓Ga	32 72.64 锗Ge	33 74.922 砷As	34 78.971 硒Se	35 79.904 溴Br	36 83.80 氪Kr
49 114.82 铟In	50 118.71 锡Sn	51 121.76 锑Sb	52 127.60 碲Te	53 126.90 碘I	54 131.29 氙Xe
81 204.38 铊Tl	82 207.2 铅Pb	83 208.98 铋Bi	84 (209) 钋Po	85 (210) 砹At	86 (222) 氡Rn
113 284 鿭Nh	114 289 𫓧Fl	115 288 镆Mc	116 293 𫟷Lv	117 294 鿬Ts	118 294 鿫Og
66 162.50 镝Dy	67 164.93 钬Ho	68 167.26 铒Er	69 168.93 铥Tm	70 173.05 镱Yb	71 174.97 镥Lu
98 (251) 锎Cf	99 (252) 锿Es	100 (257) 镄Fm	101 (258) 钔Md	102 (259) 锘No	103 (262) 铹Lr

什么是元素?

元素是具有相同质子数的同一类原子的总称。如果两个原子有相同数量的质子，它们就是同一种元素的原子。

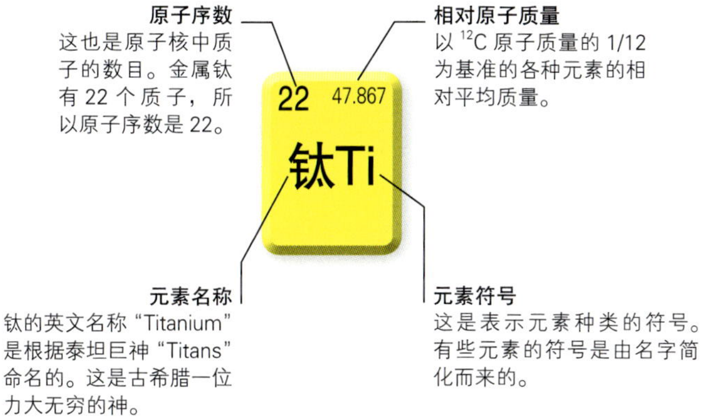

你身体的96%是由仅仅4种元素组成的，它们是氧、碳、氢、氮。

构建模块

元素周期表由横排的周期和竖列的族构成。除第一周期外，沿着周期从左到右，元素会由固体金属变成气体。

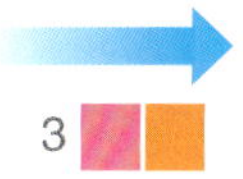

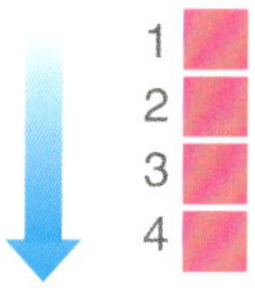

周期
同一周期的元素有相同的电子层数。

族
同族的元素有相似的性质，因为它们的最外层有等数量的电子。

序列
元素周期表里有更大的元素版块，其中的元素表现出相似的性质。左侧是像钠一样的活泼金属。大部分常见金属都位于周期表中间部分，被称为过渡金属。非金属大部分在表的右侧。

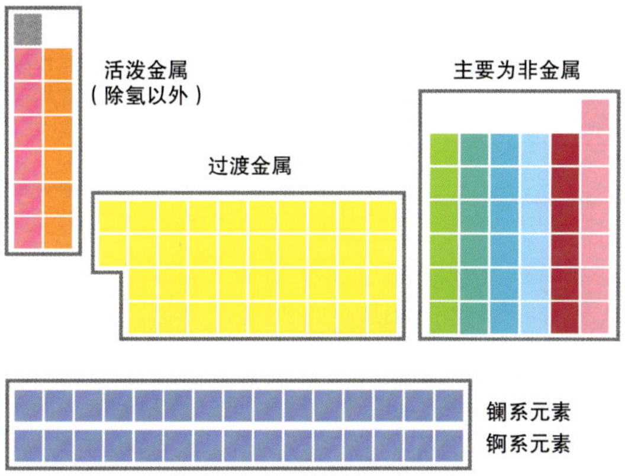

先看到烟花绽放，后听到声音，因为光的传播速度比声音快约90万倍。

810904 单次演出中使用烟花的最大数量（菲律宾，2016年）。

化学反应

焰火发射，发出声响，在空中一路燃烧，此时你看到的是化学能在反应中释放。

世界常常看似一成不变，但事实上，很少有东西能长时间不变。原子和分子在不断重组——分解原有物质，合成新物质。化学通过被称为化学反应的一步步变化来解释这一过程的发生。

在一次反应中，元素聚在一起组成更大的单元——化合物，或者化合物分解成最初的单质。很多反应无声无息地发生，而另外一些却很猛烈，例如烟花绽放。化学反应是一种神奇的变化，使我们身边的许多事物运转起来。当蜡烛燃烧或蛋糕在炉子里膨胀时，化学反应正在重组原子，形成新的物质。

2 外壳爆炸

一旦烟花顺利升上空中，延时导火线会点燃外壳，将火带进芯部，使烟花在空中滑行时产生十几个单独的小爆炸。

什么是烟花？

烟花是一个里面包裹着爆炸化学物的“火箭”，它们被发射到高空，然后散开并发生一系列精准控制的、色彩鲜艳的化学反应。在大部分化学反应中，最终的产物才是最重要的，而产物形成的过程并不重要。烟花却相反——我们想看的正是化学反应的过程。

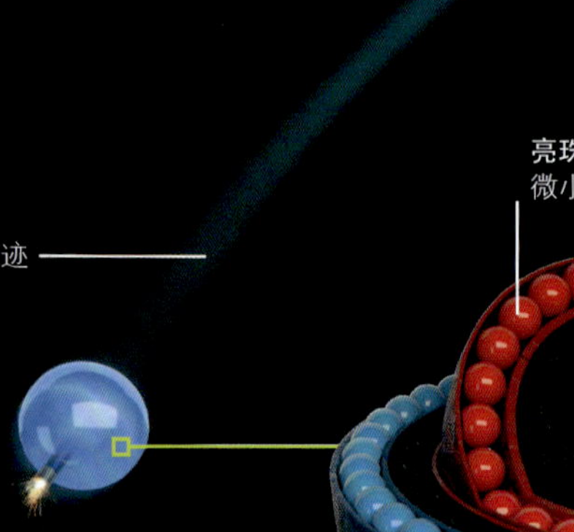

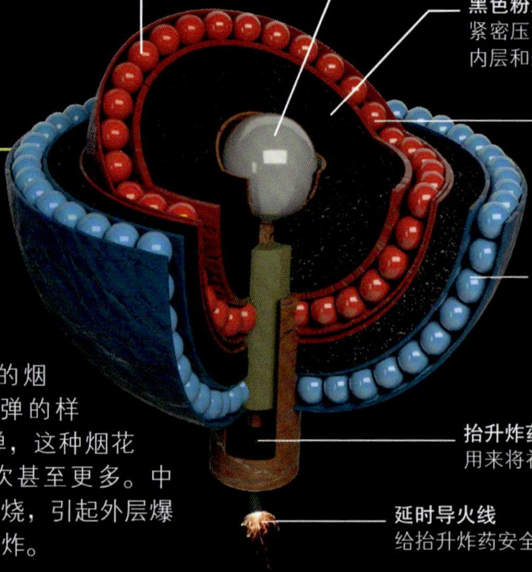

礼花弹内部

大型演出中使用的烟花通常被做成炮弹的样子，也叫作礼花弹，这种烟花能在空中爆炸2次甚至更多。中间的导火线开始燃烧，引起外层爆炸，然后是内层爆炸。

1 发射

大部分化学反应需要利用活化能来“启动”。在放烟花时，火花会点燃导火线。烟花底部的小型爆炸物开始燃烧，使烟花冲出轨道。

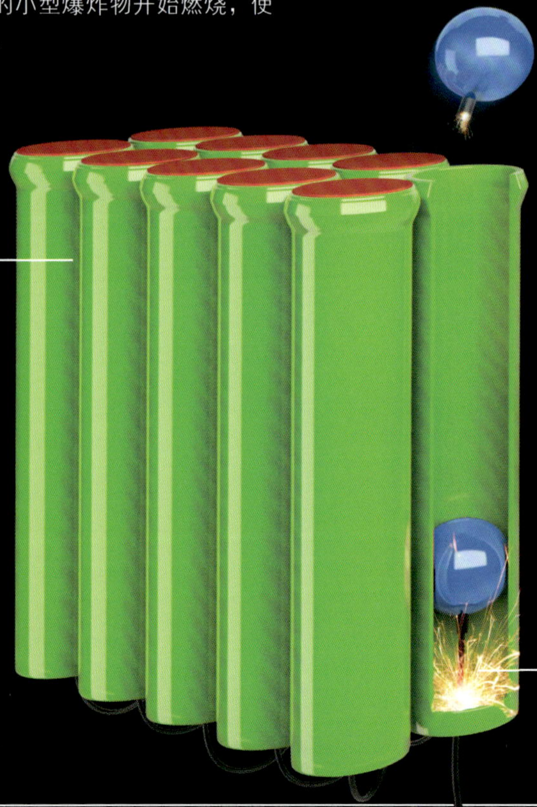

什么是化学反应？

在化学反应中，一种反应物和另一种反应物结合。在反应过程中，反应物原有的化学键断裂，原子重新排列，形成新的化学键，从而产生新物质，也就是产物。

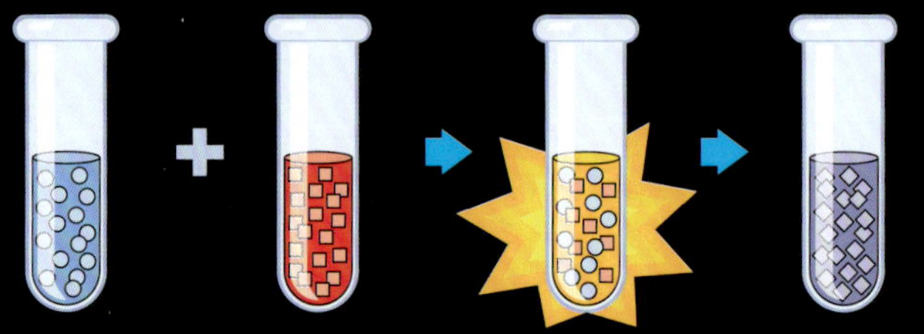

漂亮的形状
烟花在空中的造型是由其内部排列的亮珠决定的。

3 最终的爆炸

延时导火线以精确的速率燃烧，因此当烟花到达最高点时，最后的爆炸才会发生。大部分爆炸物在烟花中心，所以最后的爆炸是最大、最壮观的。

镁

铜盐

硝酸锶

化学的色彩

化学反应中的原子受热释放能量时会发光。不同大小的原子吸收和释放的能量多少不同，从而产生了不同颜色的光。在烟花中，每种颜色是由一种金属物质产生的。

硝酸钡

氯化钠

铁

化学反应的种类

虽然产物可能和反应物非常不同，但没有原子会被创造或被消灭。所以不管反应怎样发生，反应后每种原子的数量和反应前总是一样的。化学反应主要有3种。

化合反应——两种或两种以上反应物结合在一起

分解反应——一种反应物分解成两种或两种以上产物

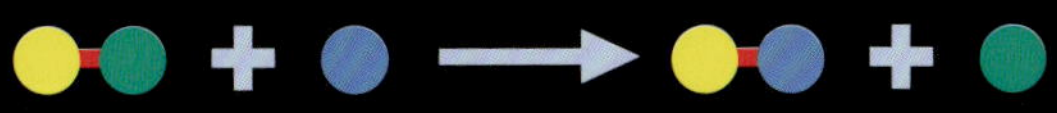

置换反应——一种化合物和一种单质发生反应，生成新的化合物和新的单质

燃烧

汽车发动机、发电站、家庭供暖都需要氧化（燃烧）反应提供能量。反应物是燃料（可能是汽油或煤）和空气中的氧气。添加热能（点燃燃料）为反应提供活化能，启动反应，以燃烧的形式释放更多能量。

40.5 2014年，新加坡的一个青年俱乐部用**回收**的共40.5米长的**饮料纸盒**创作了世界上**最大的雕塑**。

材料的世界

我们不用混凝土做衣服，不用金属做书，不用玻璃制造自行车，这些都是有原因的。每种材料都有适用性，材料科学就是了解和研究材料内部的原子和分子结构，以及如何在恰当的条件下使用恰当的材料。

如何避免火箭在冲向空中的时候解体？为什么橡胶轮胎让自行车骑起来这么舒适？通过显微镜研究材料，你会发现这些问题背后的答案。制造太空火箭使用的坚硬的合金中，原子之间的作用力很强。在自行车轮胎的橡胶中，分子相距较远，组成了柔软的"海绵垫"。了解物质的神秘之处有助于我们为各项工作挑选理想的材料，并在未来研发出更好的材料。

选择材料

虽然像木头和塑料这样的材料有很多用途，但没有哪种材料是万能的。我们选择材料时，必须仔细考虑它们的用处。应该选择坚硬的还是柔软的？需要坚固耐用的还是足够脆弱、能在垃圾填埋场快速分解的？

陶瓷

陶器和砖块这样的材料都属于陶。它们由黏土制成，黏土经过造型、火烧，变得坚硬。它们耐高温，对电绝缘，却很容易碎。

玻璃

玻璃是一种独特的透明材料。它并不昂贵，制作时容易成型，耐高温。虽然易碎，但通过层压（将其夹在几层塑料之间）能使其变坚韧。

塑料

塑料很便宜，易成型，能制成多种颜色，透明的也可以。塑料分类广泛，从硬的ABS塑料（丙烯腈－丁二烯－苯乙烯塑料，硬度足以制作汽车保险杠）到轻巧柔韧的聚乙烯（制作饮料瓶）。

合成纤维

天然纤维（如羊毛）很保暖，但不能防水，也不易清洗。因此，许多人都穿着合成纤维（如尼龙、涤纶和莱卡）制成的衣服。这些合成纤维尤其适合做运动服。

复合材料

复合材料由两种或两种以上材料混合而成，性能更好。冲浪板需要强度高、相对较轻、易浮起而且防水的材料，最好是用结实的复合材料制成，如玻璃纤维（用玻璃强化过的塑料）。

石墨烯气凝胶是地球上最轻的固体，
一个草莓大小的
石墨烯气凝胶小方块
能在一片草叶上保持平衡。

新材料

经过了数千年的发展，你可能会以为人们拥有了所有可能需要的材料。但科学家还在不断优化木头、玻璃和金属等传统材料，以研发出更好的材料。

生物塑料

塑料很难循环使用，在自然界需要500年的时间才能降解，因此造成了很多污染。科学家已经通过自然材料（如玉米淀粉）发明出生物塑料，这样的塑料只需要几个星期或几个月就会在土壤中降解。用它做垃圾袋很完美。

自愈材料

如果汽车涂层能自动修复划痕岂不是很棒？自愈材料就是这样的。它有内置胶囊，里面有黏合剂，能流出来填充任何划痕。甚至有些航空材料能自动填补弹洞。

变色塑料

额头温度计和电池监测器由热变色塑料制成，这种材料变冷或变热时会变色。它的内部有很多层分子，在温度上升和下降时，会吸收和释放不同频率（颜色）的光。

纳米技术

如果能在显微镜下移动原子和分子，理论上就能制造出人们想要的任何材料。这一想法被称为纳米技术，它能改革未来研发材料的方式。

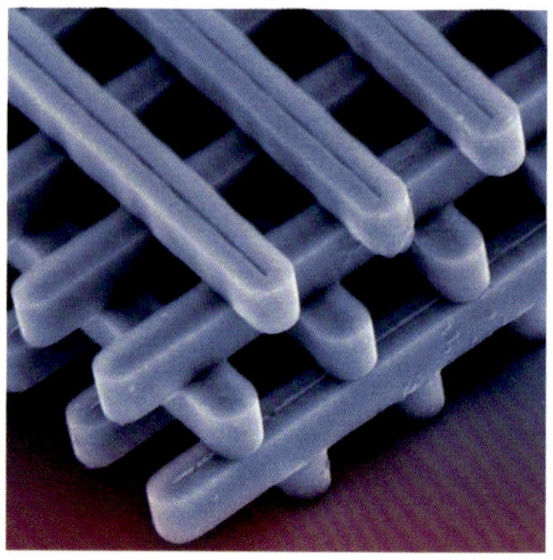

原子建筑工地

纳米技术使人们能构建出粗细是人类头发几千分之一的微小结构。我们可以一层层地造出新的药物、人体器官、微型机器和人们需要的其他一切东西。

材料的团队合作

专业的自行车手在路上飞奔时，材料科学最新的成果为他们提供了助力。合金和复合材料等高科技材料使自行车运动员在比赛中更有优势。在自行车上应用强力复合材料能让车子更轻、更快，而头盔和衣服上的吸能塑料能在你摔倒时保护你。

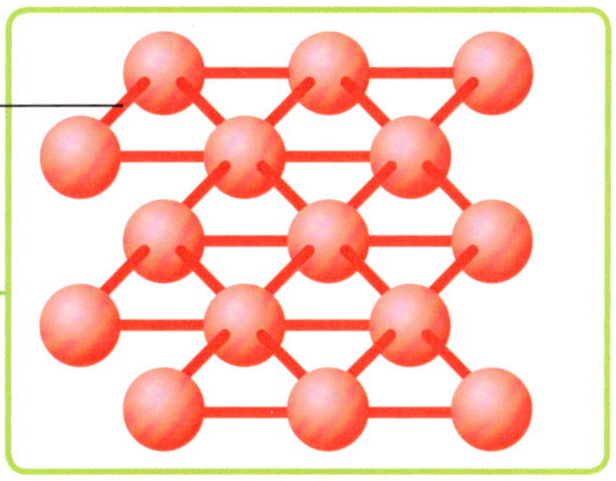

D30 头盔

D30 是种凝胶状物质，很软。但如果发生撞击，它的分子会紧扣在一起使它变得像岩石一样坚硬。因此，这种材料是用来缓冲撞击的理想材料。

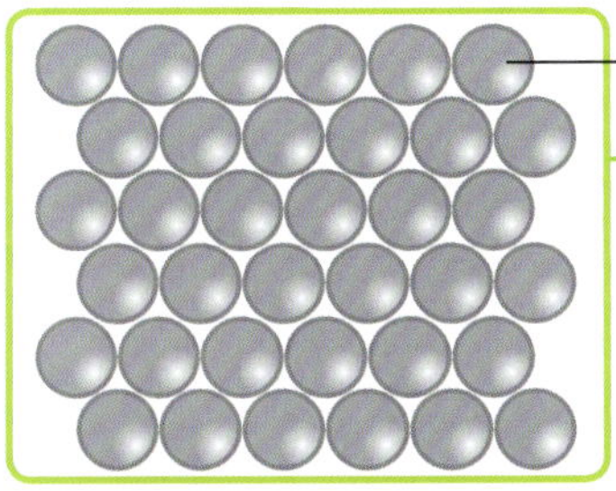

氯丁橡胶短裤

氯丁橡胶（人造橡胶）内部有很小的氦气泡，能很好地缓冲撞击和保暖。

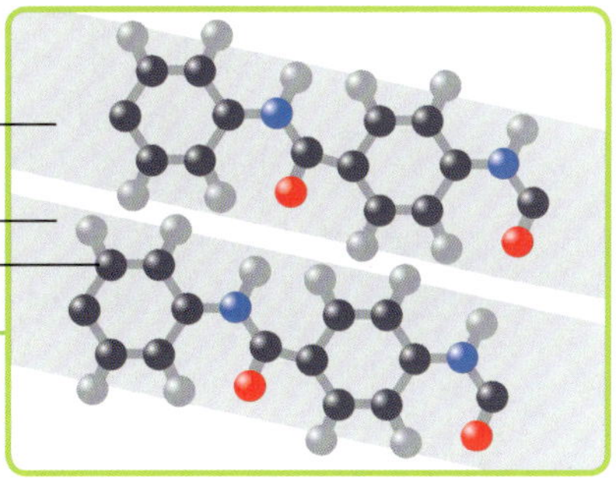

刹车

刹车通过车轮上的车轮减速块（闸皮）减慢车速。有些刹车使用了凯芙拉防弹塑料，这种塑料由紧密排列的碳棒组成，强度是钢铁的 6 倍。

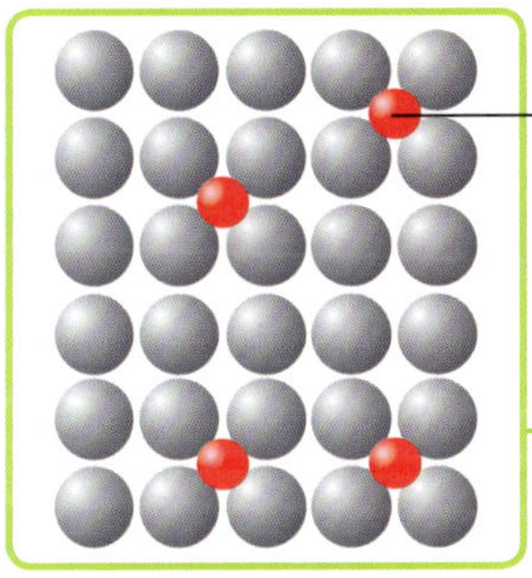

合金的脚蹬和曲柄

合金是金属和其他元素的混合物。因为在大的金属原子间有其他元素的小原子，所以整体结构更坚固。

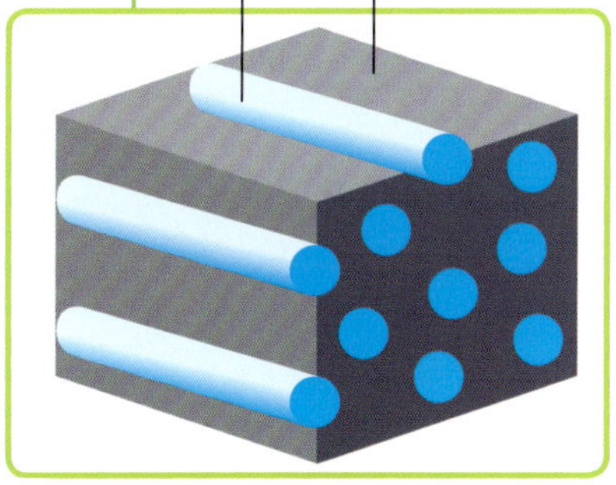

碳纤维结构

碳纤维复合材料强度大、重量轻。它们通常由微小的航空碳纤维和尼龙塑料组成。

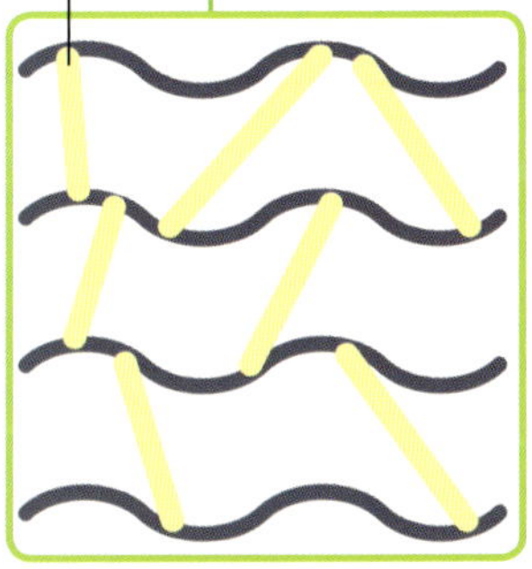

轮胎

在自然结构中，橡胶有延展性而且很脆弱。如果加入硫，就会形成很强的分子键，生成硫化橡胶，硬度足以做轮胎。

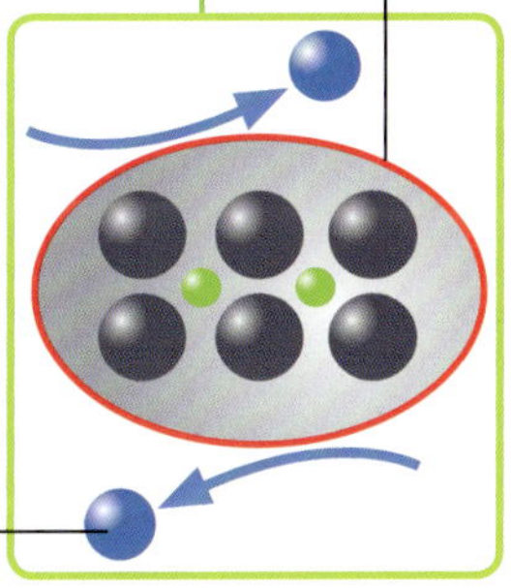

不锈钢辐条

自行车的零件是用不锈钢制成的，这是一种铁铬合金。铬形成了包裹铁的外皮，能防止水进入使铁生锈。

力

无论是飞机从头顶呼啸而过，还是汽车急刹车，力都在其中起了很大作用。在宏观层面上，万有引力在宇宙中无处不在，它使星球聚集在一起形成星系，并使八大行星围绕太阳转。在微观层面上，原子可以产生黏着力和摩擦力。

什么是力？

力可以使物体发生推拉作用。踢球时，脚的力能让球飞向空中。力通常是不可见的。重力是一种不可见的力，让物体待在地面上，而磁力也是一种不可见的力，能让指南针旋转。简单的力能改变物体的形状、方向或速度。

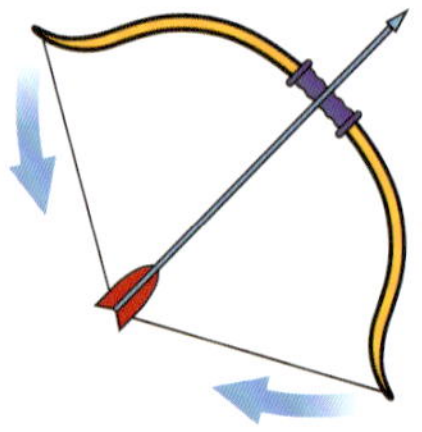

改变形状
弯曲物体时，你将推力和拉力施加到内部的原子上，使物体改变了形状。

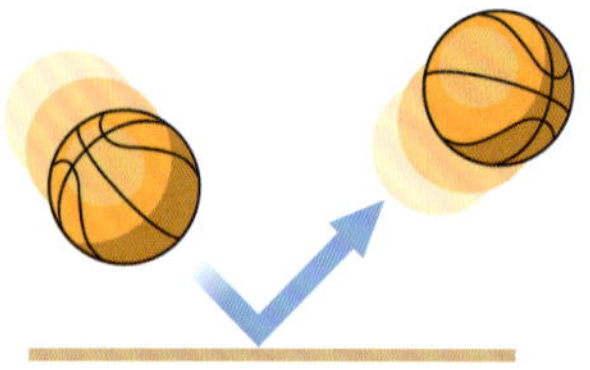

改变方向
网球拍给了球一个力，改变了它的运动方向。

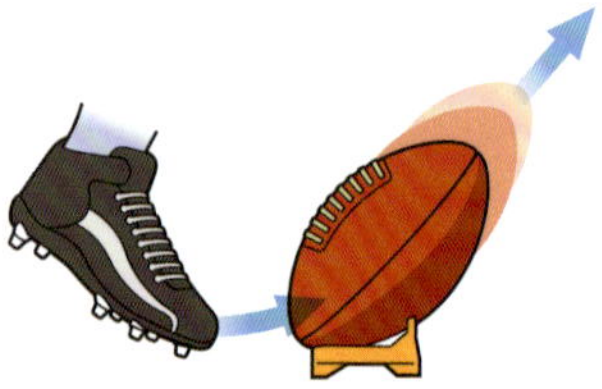

改变速度
你的脚踢橄榄球的力越大，球就飞得越远。

平衡力

作用于同一物体上的两个力，如果大小相等、方向相反，它们会相互抵消，不会改变物体运动状态。建筑师设计建筑物，就要使向下的重力和向上的力相互平衡。

支撑桥梁
你也许认为悬索桥上没有力的作用。事实上，桥上有巨大的力在完美地相互平衡。桥面本应向下落入河里，但巨大的缆索承载着它的重量。

简单机械

杠杆、轮子、滑轮和齿轮都能把力放大，使工作变得更容易。这些放大力的工具被称为简单机械。如果你坐在跷跷板上，只需移到离平衡点更远的位置，就能压起比自己重的人。跷跷板的工作原理是杠杆，它放大了你的抬升力。你用一个很小的力向下压，杠杆的另一端产生了更大的抬升力。吊车等工具是由很多共同工作的简单机械组成的。

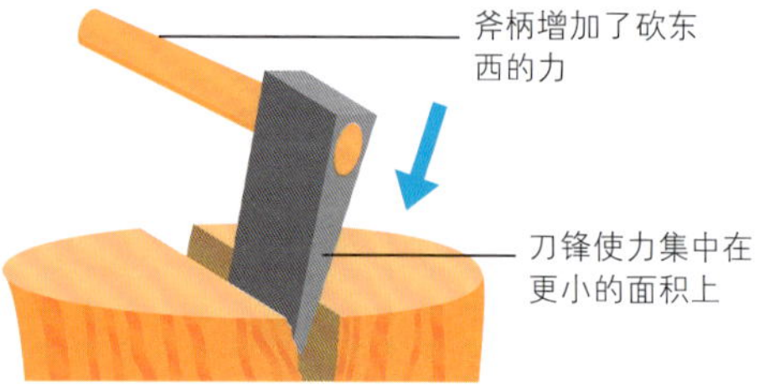

使力集中
斧头是两种工具的简单结合。它的斧柄是杠杆，让你更有效率。斧头是楔子，能把力集中在薄的刀锋上，让切砍更容易。

产生运动

解释力如何产生运动有 3 个法则：1. 除非有力的作用，否则物体会保持静止状态或匀速直线运动；2. 力发生作用时，会改变物体的运动速度或运动方向；3. 力发生作用时，在相反方向总有一个同样大小的作用力。

速度和加速度

一个物体在特定方向上运动的快慢就是它的速度，速度的大小是速率。如果物体加速、改变方向或减速，速度就改变。加速度是描述速度改变的量。物体产生加速度需要力的作用。

加速
汽车加速时，发动机产生更大的力让车子加速。

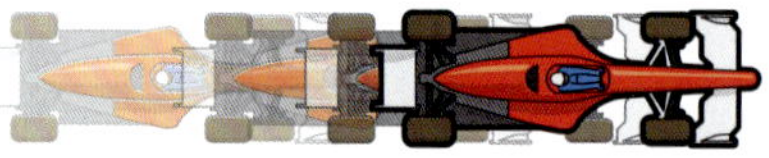

改变方向
汽车转弯时会产生加速度，即使运动的速率相同，方向的改变也会导致速度的改变。

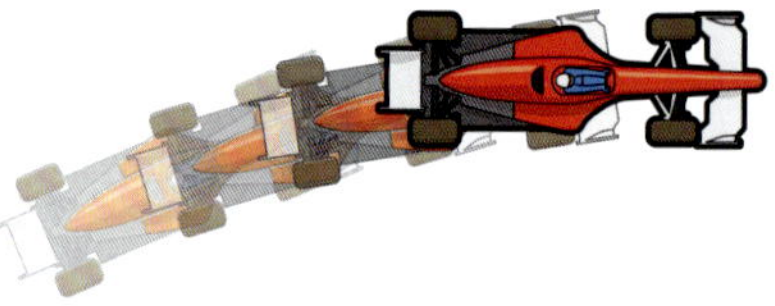

减速
司机刹车时，力作用在车轮上，减慢汽车运动。

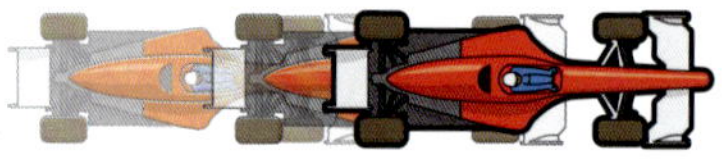

相对速度

两个运动中的物体的速度差被称为它们的相对速度。因为速度是特定方向的速率，所以在计算相对速度时你必须考虑物体运动的方向。

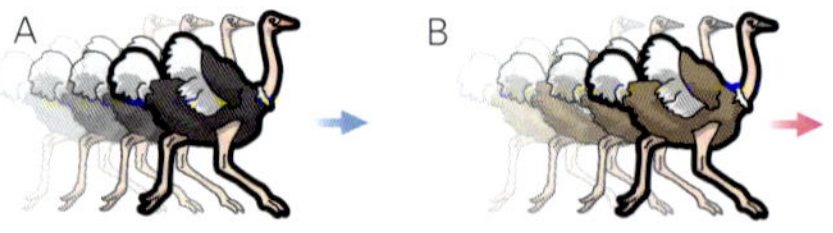

相对速度为0
当两只鸵鸟朝同一个方向以同样的速率运动时，它们的相对速度为 0。

同相运动
当一只鸵鸟与另一只同向奔跑时，它们的相对速度是二者的速率之差。

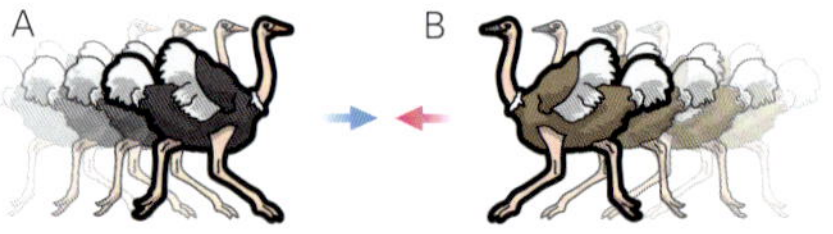

相向运动
如果两只鸵鸟朝相对的方向运动，它们的相对速度是二者的速率之和。

什么更快？

有强大发动机的机器（如火箭）通常速度很快，因为发动机能为其提供巨大的力，推动它们高速运动。如果挣脱了地球引力，物体在太空会运动得更快。

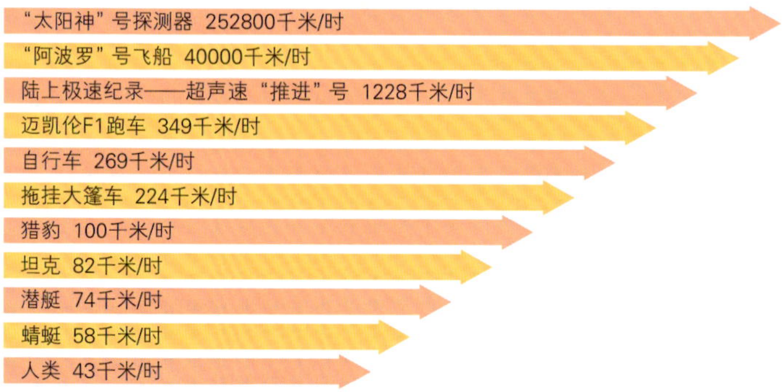

万有引力和宇宙

万有引力将宇宙中的一切连在一起，像神奇的无形蛛网一样。万有引力也是你身体和地球间的吸引力，使你能够站在地面上。

万有引力的拉力

宇宙中一切由物质构成的东西（有质量）对其他东西都有引力。物体质量越大，距离越近，相互之间的引力就越大。因为地球有引力，所以我们不会飘浮到太空中，而物体会掉落到地上。如果没有空气阻力减慢物体掉落的速度，从同一高度掉落的物体都将以相同的速度下落。

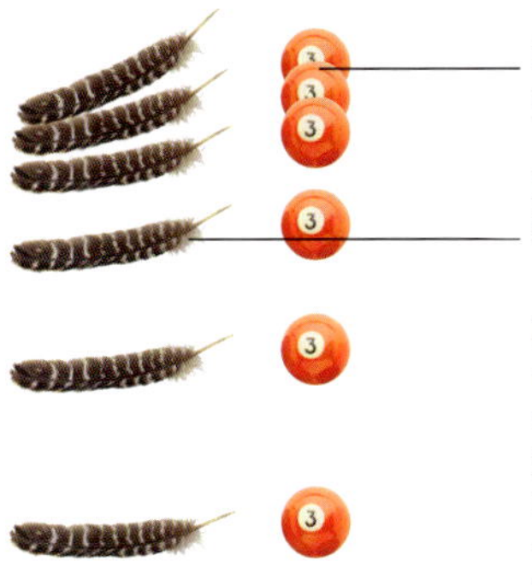

真空中的万有引力
台球通常比羽毛下落得更快，是因为其形状产生的空气阻力较小。而在真空中，没有空气阻力，从同一高度掉落的台球和羽毛将以相同的速度下落。

万有引力和相对论

来自巨型天体（如太阳）的引力能作用在很远的距离，而且永远不会完全消失。它会影响光和物体。根据物理学家阿尔伯特·爱因斯坦（1879~1955）提出的相对论，太阳等天体的引力实际上弯曲了空间与时间，更像是把一个重物放在橡胶垫上。由于时空被弯曲了，所以在太阳附近运动的天体的轨道会向太阳弯曲，好像被拉进去了一样。

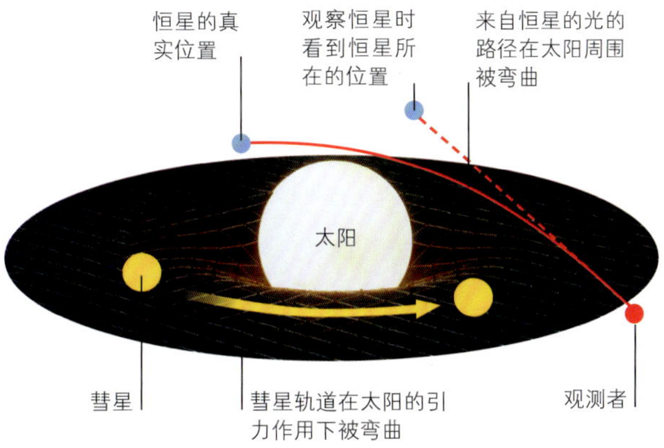

弯曲的时空
太阳极大的质量弯曲了时空，使天体轨道向太阳弯曲。一颗绕太阳转动的彗星被拉近，来自遥远恒星的光也同样被拉近。

摩擦力

两个互相接触的物体有相对运动或有相对运动趋势时，接触面上产生的阻力就是摩擦力。也许你没意识到，但只要你在路上走，就会用到这种力。摩擦力帮助你的鞋子抓住地面，使你不会滑倒。

一种“粗糙”的力

当一个物体在与其接触的另一物体上运动时，两个物体粗糙的表面会“抓住”对方。这个黏着的过程使物体移动更困难，产生了两个物体之间的摩擦力。通常，物体表面越粗糙，产生的摩擦力越大。但即使抛光的表面看起来和摸起来都很光滑，还是会有微小的凹凸，可以产生摩擦力。减小摩擦力的方法之一是让物体变得足够光滑，这样它们就可以彼此自由滑动。另一种方法是使用润滑剂。

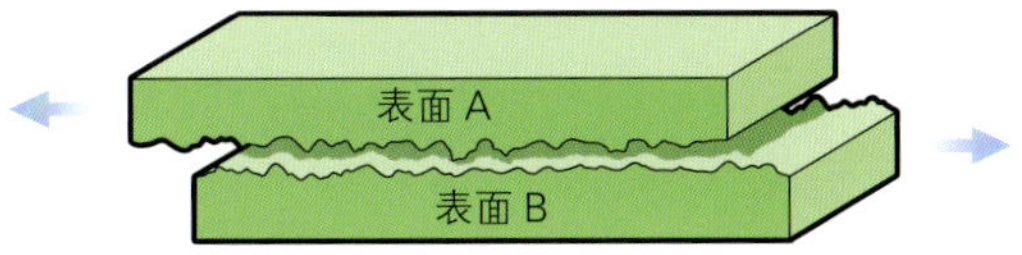

摩擦力如何作用?
两个粗糙的表面相贴滑动时会“抓住”对方，通过将动能转换为热能，来减慢滑行速度。

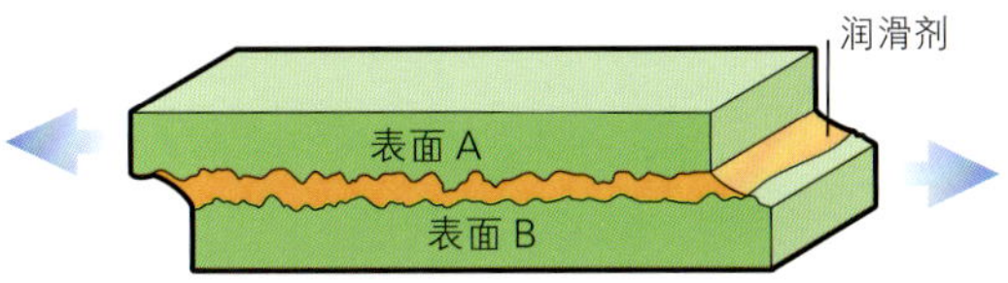

润滑剂——克服摩擦力
将润滑物质（如油）放在两个表面之间，两个表面在滑动时就会更自由。油是一种润滑剂，是一种轻薄的容易流动的液体。

水的阻力
在水中移动比在空气中移动更困难，因为水是厚重的液体。水能拉着船头，通过拖拽力减慢船速。船在向前行进时会抬起船头，减小拖拽力，以解决这个问题。

压强

相同的力会产生非常不同的效果。如果你穿着普通鞋子站在雪地上，你自身的重力会让你下沉。但如果你踩着滑雪板，你的重量就会分布到较大的面积上从而使你不会下沉，这是因为你产生的压强小。压强与压力的大小和作用面积有关。压力越大，作用面积越小，压强就越大。

$$压强 = \frac{压力}{面积}$$

面积越大，压强越小
你无法把一根粗棒子打进墙里。用一定的力作用在棒子的一端，这个力虽然能通过棒子传导，却不能让棒子穿透墙壁。

面积越小，压强越大
如果削尖棒子的一头，使力集中在较小的面积上，压强就会增加，使棒子能刺进墙壁。这就是钉子一端很尖的原因。

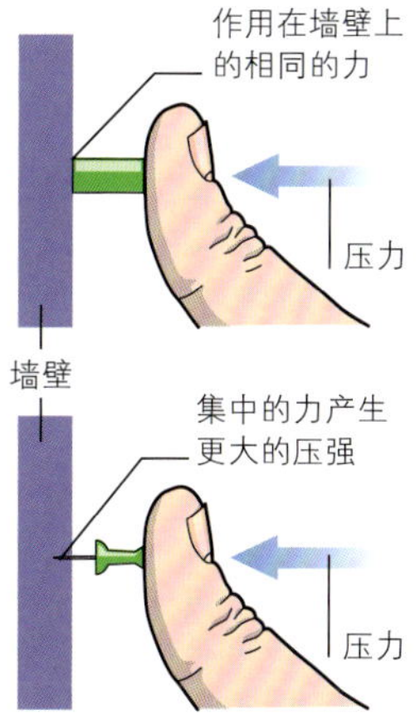

水压

浸于水中的物体会受到来自水的压力。越深处，压在上面的水量越大，水压就越强。

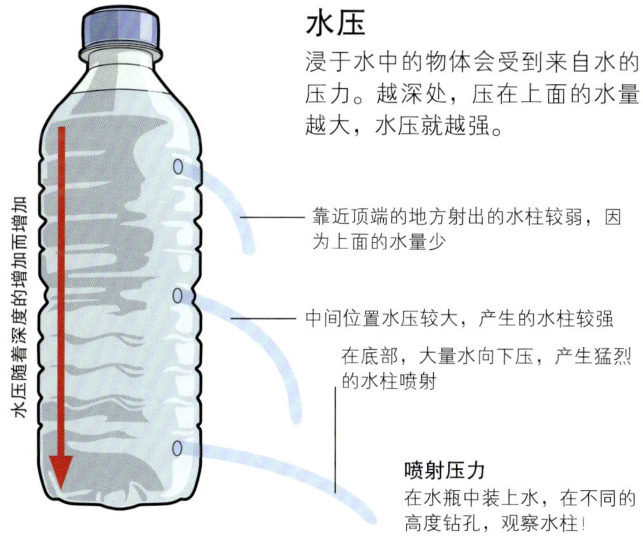

喷射压力
在水瓶中装上水，在不同的高度钻孔，观察水柱！

磁力

磁体周围有一个无形的磁场，南极和北极的磁场最强。磁体可以通过磁力吸引和排斥其他物体。地球的铁芯是一块巨大的磁铁，它也有磁场。罗盘有一根磁针，会被地球磁极影响。

罗盘

40 蜻蜓每秒钟扇动翅膀40次，产生的力让自己在空中加速。

运动定律

无论看起来多么平静，世界上都没有东西会永远静止不动。在所有物体深处，即使是我们身边的空气里，原子和分子都在不停地运动。

一切运动，即使是原子的无规则运动，都是由力产生的。力的作用是有规律的，所以世界上大部分事物都以我们能够理解和预测的方式运动着。为此，我们会用到三大运动定律——一套简单的科学规律，在 300 多年前首次被提出。

艾萨克・牛顿

运动定律又称牛顿定律，最早由英国物理学家艾萨克・牛顿（1643~1727）在 1687 年提出，出自他的《自然哲学的数学原理》一书。这本书是历史上最伟大的科学著作之一。虽然牛顿独自研究出了运动定律，但他是在伽利略等科学家早期的研究基础上完成的。他曾说过："如果我能比别人看得远，那是因为我站在了巨人的肩膀上。"

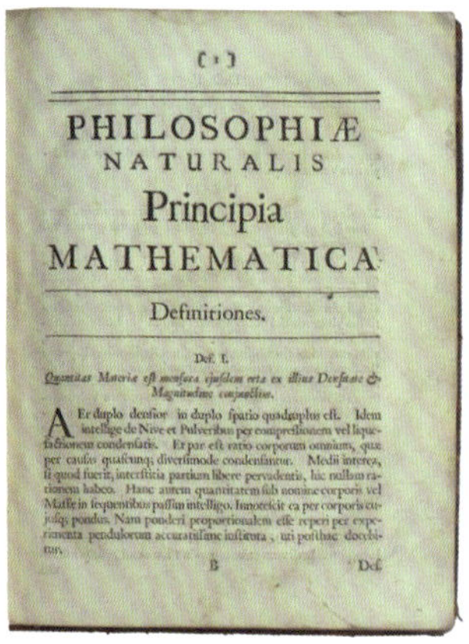

牛顿的《自然哲学的数学原理》

第一运动定律

一切事物在没有力的作用下要么保持静止，要么做匀速运动。物体的质量越大，惯性越大，因此越重的物体越容易保持不动或抵抗运动发生的变化。

静止
足球在地面上保持静止，是因为其重力与地面对足球向上的力平衡，而且没有其他力的作用。

作用力
踢球时，你的力作用在足球的一侧。没有其他力可以平衡这个力，于是球开始运动。

运动停止
球射向空中或以几乎均匀的速度滚过地面，直到撞到东西，比如你的脚。当你的脚提供作用力时，球就会停止运动。

第二运动定律

当力作用于某物时，会产生加速度（变快、变慢或改变方向）。加速度的大小取决于力的大小和物体的质量。力越大，物体越轻，加速度就越大。

力 = 质量 x 加速度

- 力：质量和加速度的产物（以牛顿为单位）
- 质量：物体所含物质的量（以千克为单位）
- 加速度：加速度形容速度（米/秒）变化的快慢，它的单位是米/秒 ^{2}

小的质量，较小的力
用很小的力轻轻踢一个球，球会均匀加速。加速度等同于均分在球的单位质量上的力的大小。

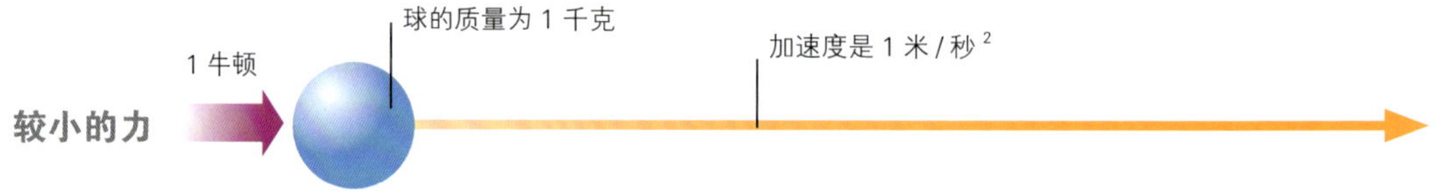

小的质量，中等的力
用 2 倍的力踢同一个球，会得到 2 倍的加速度。如果球沿着直线飞出，它在同样的时间内会加速到 2 倍的速度。

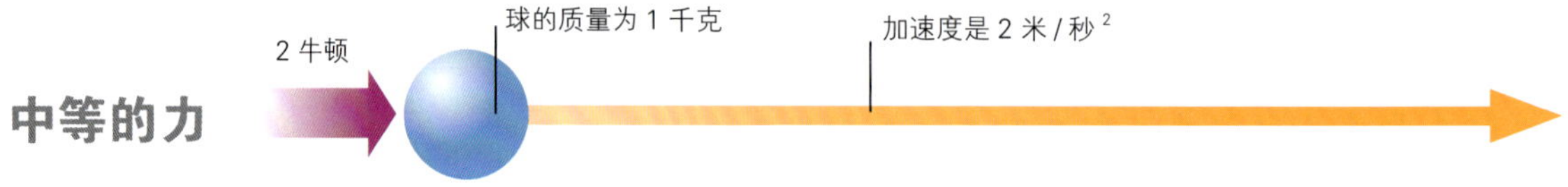

质量翻倍，更大的力
较重的球需要较大的力来移动。如果用 8 倍的力，球变成原来的 2 倍重，加速度则变为原来的 4 倍。

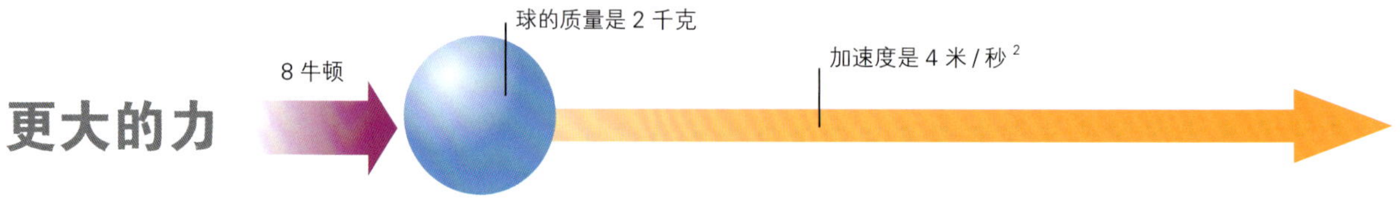

第三运动定律

牛顿第三定律告诉我们，当力作用于物体时，总有另一个大小相同的力作用在反方向上。如果最开始的力叫作用力，那相反方向的力就叫反作用力。所以第三定律常常被简单地描述为：每个力都有一个大小相同、方向相反的反作用力。

作用力

想象一下，如果你站在滑板上推墙（作用力），墙会有一个反作用力推回来，让你远离墙。

反作用力

如果你推一个同样站在滑板上的人，你的作用力就会使对方远离你。如果你们的体重相等，那么反作用力则使你朝相反的方向以同样的速率移动。

1台火箭发动机产生的动力比1万辆汽车
产生的动力之和还要大。

发射升空

牛顿定律早在人们试图制造火箭之前就证明了火箭能够运行。罗伯特·戈达德（1882~1945）是现代火箭之父，但当他在1916年第一次提出建造一个火箭时，人们都觉得他疯了。人们认为火箭在太空中没有空气推动，根本飞不起来，而运动定律证明了戈达德的想法是正确的。

7 全世界共有超过10亿辆汽车，每7个人就至少拥有1台发动机。

发动机

无论乘坐汽车、飞机、轮船还是太空火箭，都是火焰和发动机内部严密控制下的爆炸在为你提供动力。

石油、煤和天然气等化石燃料为我们提供了日常所需动力的 80%。汽油和柴油（都由石油制成）将大量能量储存在小体积的液体中，因此用在交通工具上特别方便。发动机是通过燃烧释放能量的机器。当燃料遇到氧气发生燃烧时，它们的分子相撞并以热能的形式释放能量。发动机捕获这种能量，将其转化成动力，供各种交通工具在陆地、水上或空中行驶。

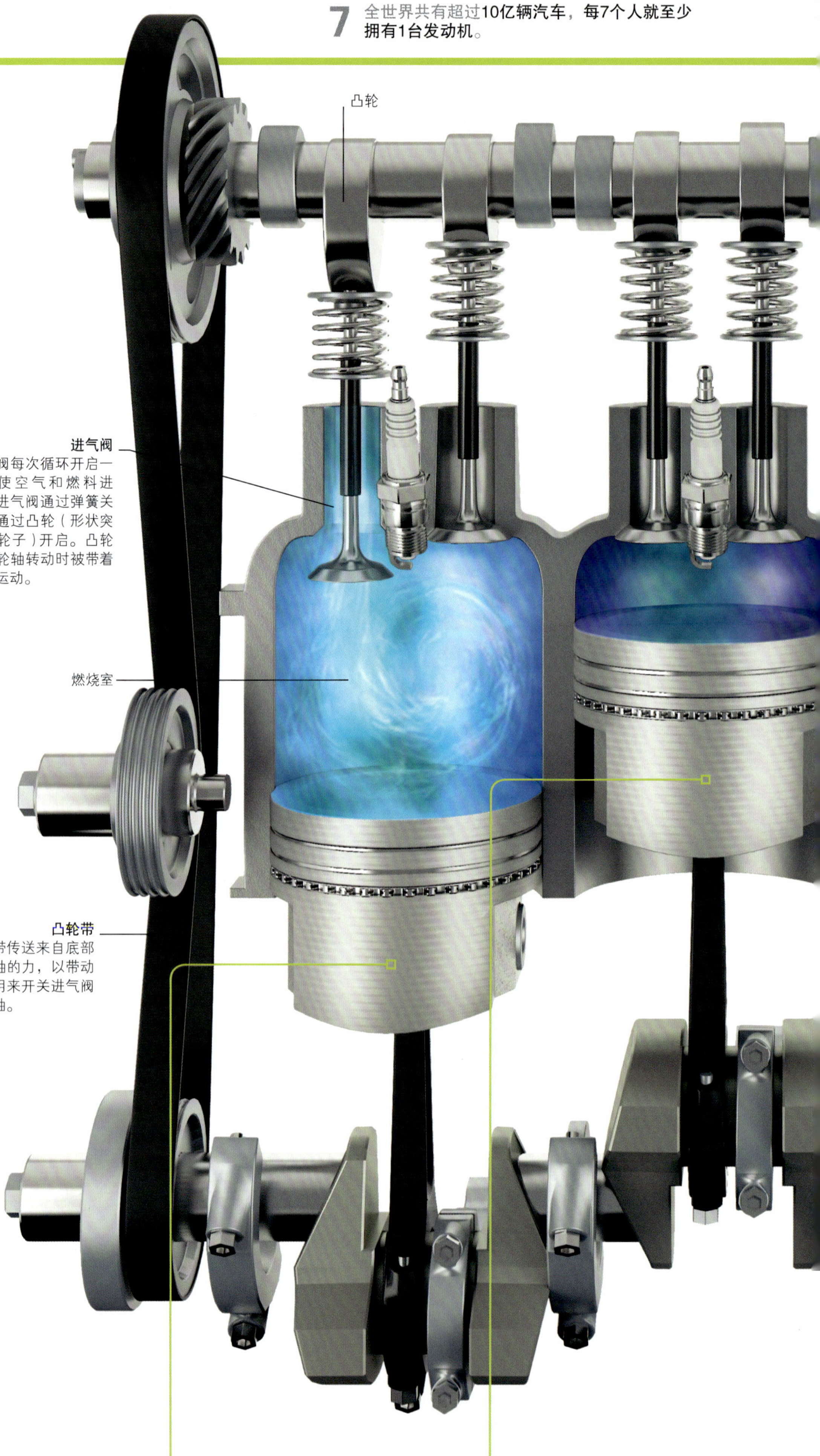

内燃机

在汽车发动机内部，燃料（汽油或柴油）在金属气缸中爆炸，推动活塞上下运动，产生动力并驱动车轮。活塞发动机要经历 4 个简单的不断重复的步骤来带动汽车行驶，这个过程叫作四冲程循环。

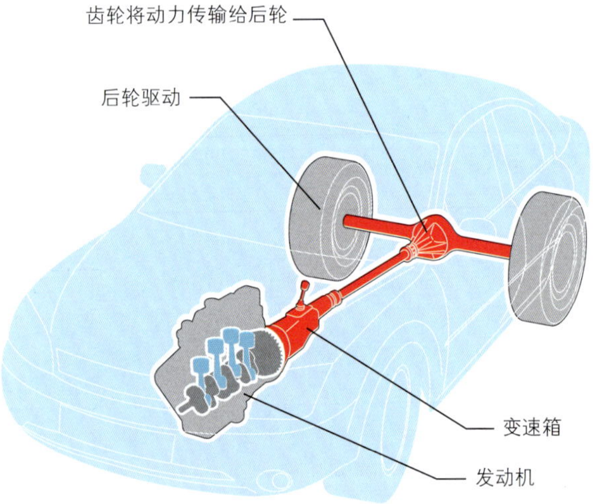

汽车内部

当活塞快速运动时，发动机处于最佳工作状态，但汽车本身有时需要更慢或更快的速度。安装在发动机和车轮之间的变速箱可以通过改变发动机动力使车轮转动速度满足驾驶者的需要——爬坡时需要速度慢、动力大，而在平地行驶时需要速度快、动力小。

1 抽气
气缸顶端的进气阀打开时，一个循环开始。活塞向下运动，将空气和燃料通过打开的进气阀吸进来，它们混合在一起形成高度易爆混合物。

2 压缩
进气阀关闭，活塞向上运动，将混合物的空间压缩至 1/10，并将混合物加热。混合物被压缩得越多，它燃烧和膨胀时产生的能量就越大。

50 高速行驶的**赛车的发动机**内每秒发生的**爆炸**的次数。

世界上**最小的内燃机**像硬币一样大。

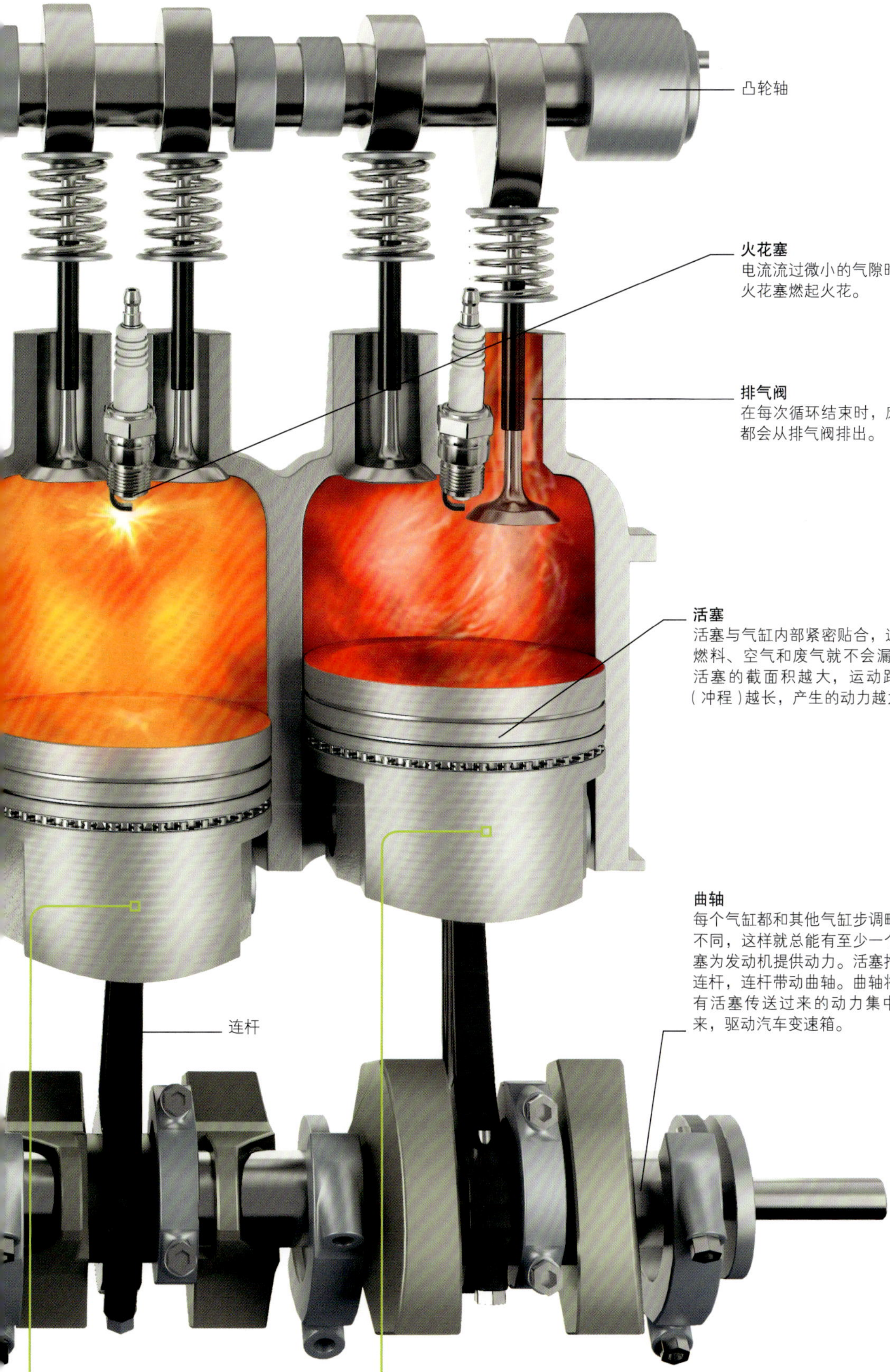

3 点火
精确控制的电流点燃火花塞，进而点燃混合物，引发爆炸。爆炸推动活塞向下运动，转动曲轴，为发动机提供动力。

4 排气
燃料和氧气燃烧后，会转化成二氧化碳、蒸汽和污染物，这些必须被清除。排气阀开启，活塞向上运动，将废气排出，为下一次循环做好准备。

不同类型的发动机

物体所需运动速度越高，需要的能量就越多，燃料燃烧就必须更快。这就是赛车比普通车需要更大的发动机和更多气缸，以及飞机需要大型喷气发动机的原因。

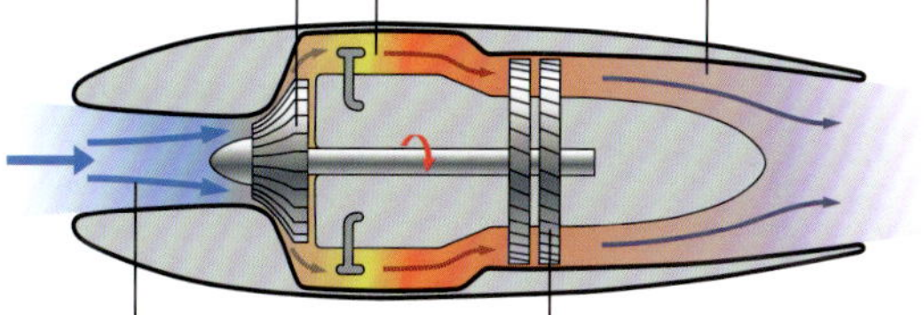

喷气发动机

喷气式飞机起飞需要的速度比汽车快，因此它需要更多燃料。喷气发动机不使用活塞发动机和四冲程循环，而是通过连续的空气流燃烧燃料，产生能量。

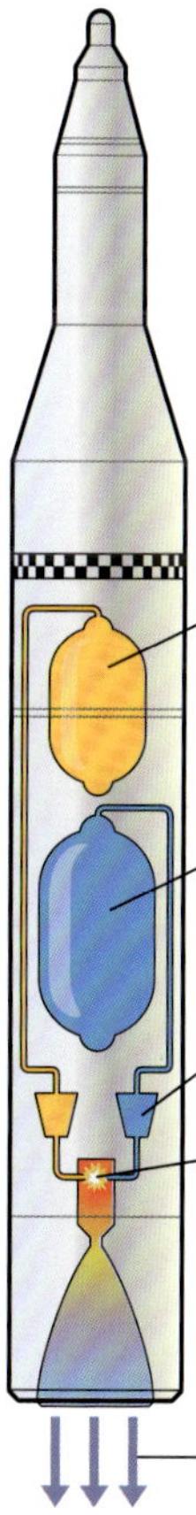

火箭发动机

火箭发动机和喷气发动机的原理相似，但有一个很大的不同——太空中没有氧气，所以它必须用一个巨大的容器携带氧气。

多亏了齿轮和轮子，骑自行车消耗的能量是走路的20%~30%。

2.5 埃及吉萨大金字塔可能是用斜面运送石头建造的，每块石头重约2.5吨。

简单机械

不管你有多强壮，都不能徒手抬起汽车或者劈开原木。但有了工具的帮助，做这些事就会相对容易一些。工具可以放大你自身的力。

科学上，任何能放大力的设备都被称为简单机械。我们身边使用的大部分工具都属于这类设备，包括斧子、钻、螺丝刀。甚至连我们的身体也拥有最简单的机械——杠杆，即我们的胳膊和腿。通常，我们使用工具是因为它们能放大我们自身的力，但有些简单机械也能帮助我们提高速度，比如轮子和齿轮，它们能让自行车和汽车达到我们的身体永远难以企及的速度。

杠杆

杠杆是在中心轴（支点）的帮助下将力放大的棒。施力点到支点的距离越远，放大力的倍数越高。根据施力点、阻力点和支点排列方式的不同，共分为3类杠杆。

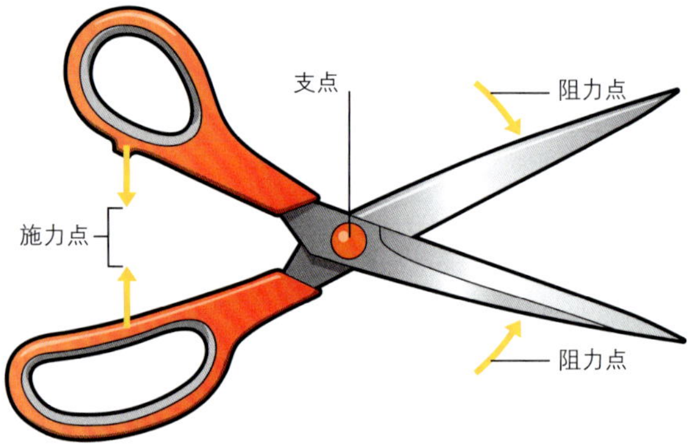

第一类杠杆

剪刀的柄很长，因此在挤压时能放大压力。

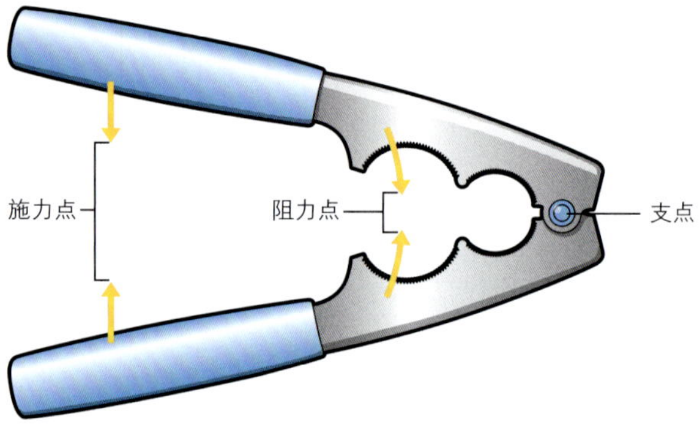

第二类杠杆

胡桃钳的支点在钳子一端，能在两柄之间产生很大的挤压力。

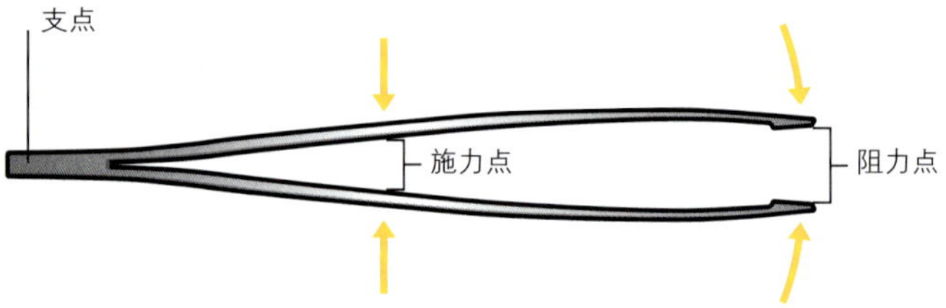

第三类杠杆

施力点靠近支点时，镊子和筷子能减小你所需的挤压力，让你更好地控制它们。

轮子和轴

在地面上推动重物很难，因为需要克服摩擦力。如果把重物放在手推车上，就只有轮子和轴（穿过轮子中间的圆木）之间微小的摩擦，这样推重物就会容易很多。

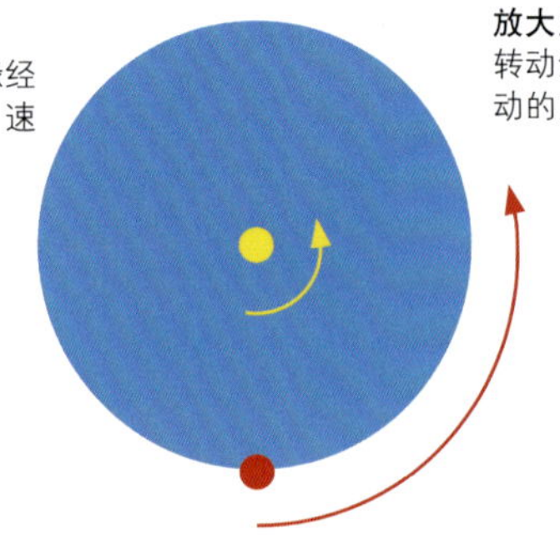

轮子如何起作用?

轮子能像杠杆一样放大力，也能提高速度。竞赛自行车的轮子很大，能放大踏板传送来的速度。

斜面、楔子、螺钉

斜面能帮你提升重物，而不必直接向上抬。你可以将重物推上一个斜面，用更少的力移动更长的距离。楔子（如斧子的刃）也是类似的。当你砍木头时，是在利用刃的斜面。

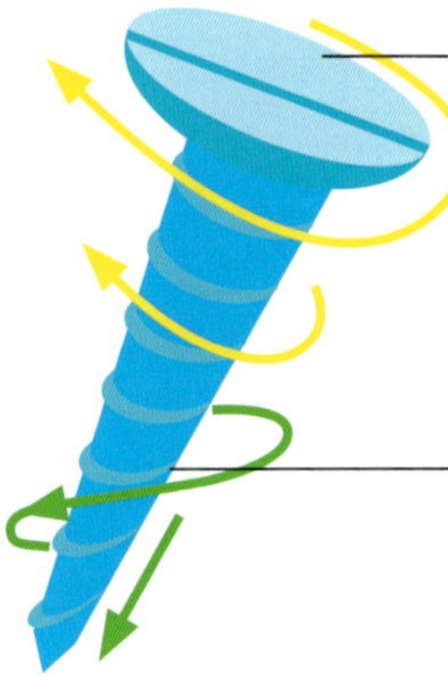

螺钉如何工作?

螺钉的工作原理就像一个螺旋状的斜面。大的头部和螺纹使螺钉容易钻进墙壁。

滑轮

利用一组绳子和轮子，你能提起重物，这就是滑轮。轮子越多，绳子越长，你需要用的力就越小，但需要拉绳子的距离也越长。虽然滑轮减小了所需的力，更容易提起重物，但你需要付出的能量和不用滑轮是一样的，有时还要更多。

单一滑轮

只用一个轮子和一根绳子，你可以用一定的力提起一定重量。

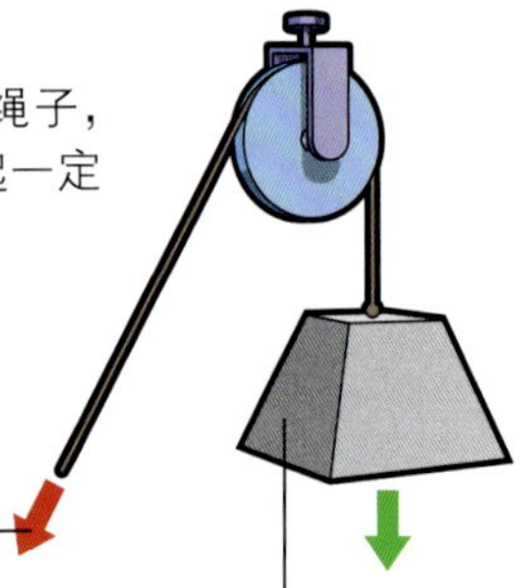

滑轮组

利用两个轮子和绳子，你可以用一半的力提起同样的重量，但将重物提起同样的距离，需要拉两倍距离的绳子。

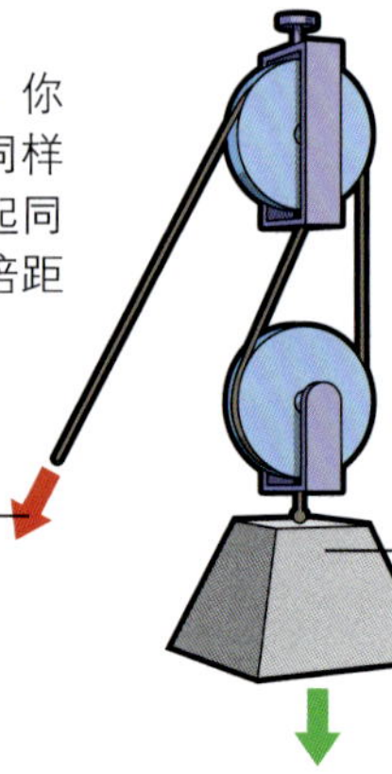

齿轮

这种轮子的边缘有阻止滑动的齿。两个齿轮啮合在一起工作，就像两个相连的杠杆。多个齿轮一起转动，能相互增加对方的速度或力。

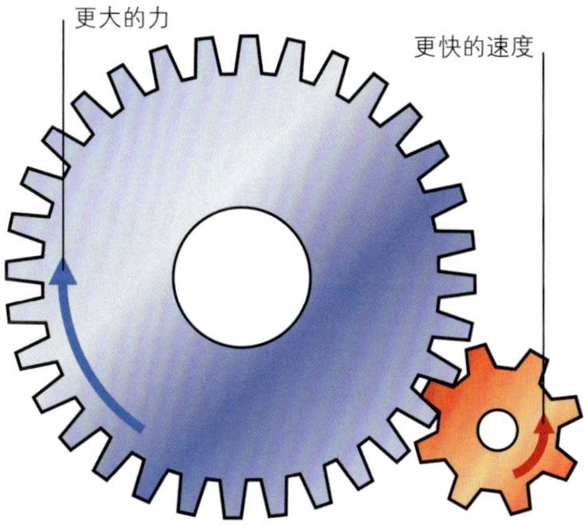

齿轮齿数比

如果一个大齿轮带动一个小齿轮，小齿轮会转得更快但力更小。如果一个小齿轮带动一个大齿轮，大齿轮会转得更慢但更有力。

液压

把液体压缩几乎是不可能的，因此如果在一根管子里装满液体，你可以利用它来传导力。如果管子一端比另一端宽，力就会被放大，但你必须把液体推得更远。这种想法就是液压，可以用来为活塞、吊车和挖掘机提供动力。

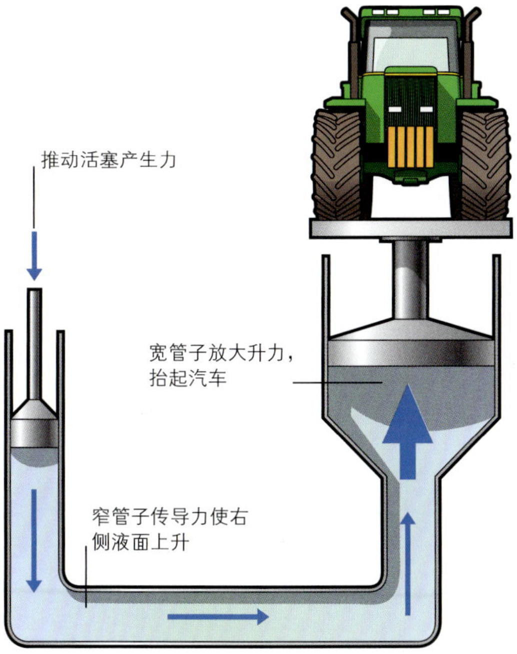

液压活塞是如何工作的?

当推动活塞时，液体流过管子，产生向上的升力。由于升力管比活塞管宽，所以你可以用较小的力抬起汽车。但是，活塞向下推动的距离要比车抬起的距离长。

实际应用中的简单机械

我们身边的大型机械是通过连接很多简单机械来工作的。这台巨大的吊车的发动机带动了一台液压泵，可以使吊车的主吊杆上下移动。吊杆是一根很长的杠杆，抬起一点就能将重物吊得很高。吊杆末端的滑轮可帮助增加提升力。

7500

世界上最大的吊车是美国生产的AFRD 125吊车，最大吊重7500吨。

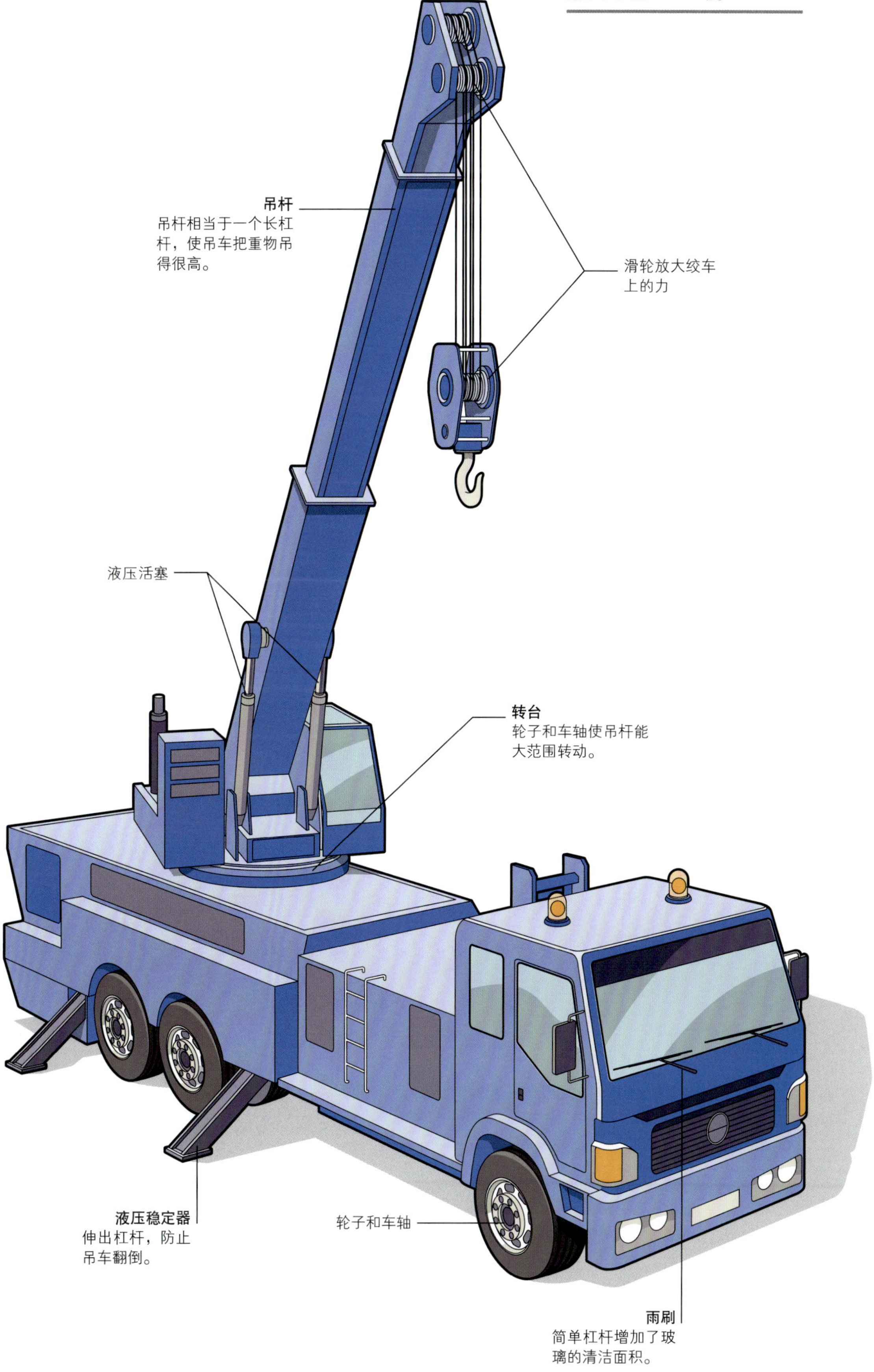

2.5 潜艇在**水下前进的速度**比在水面上**快2.5倍**。

"弗吉尼亚"级核潜艇价值**18亿美元**。

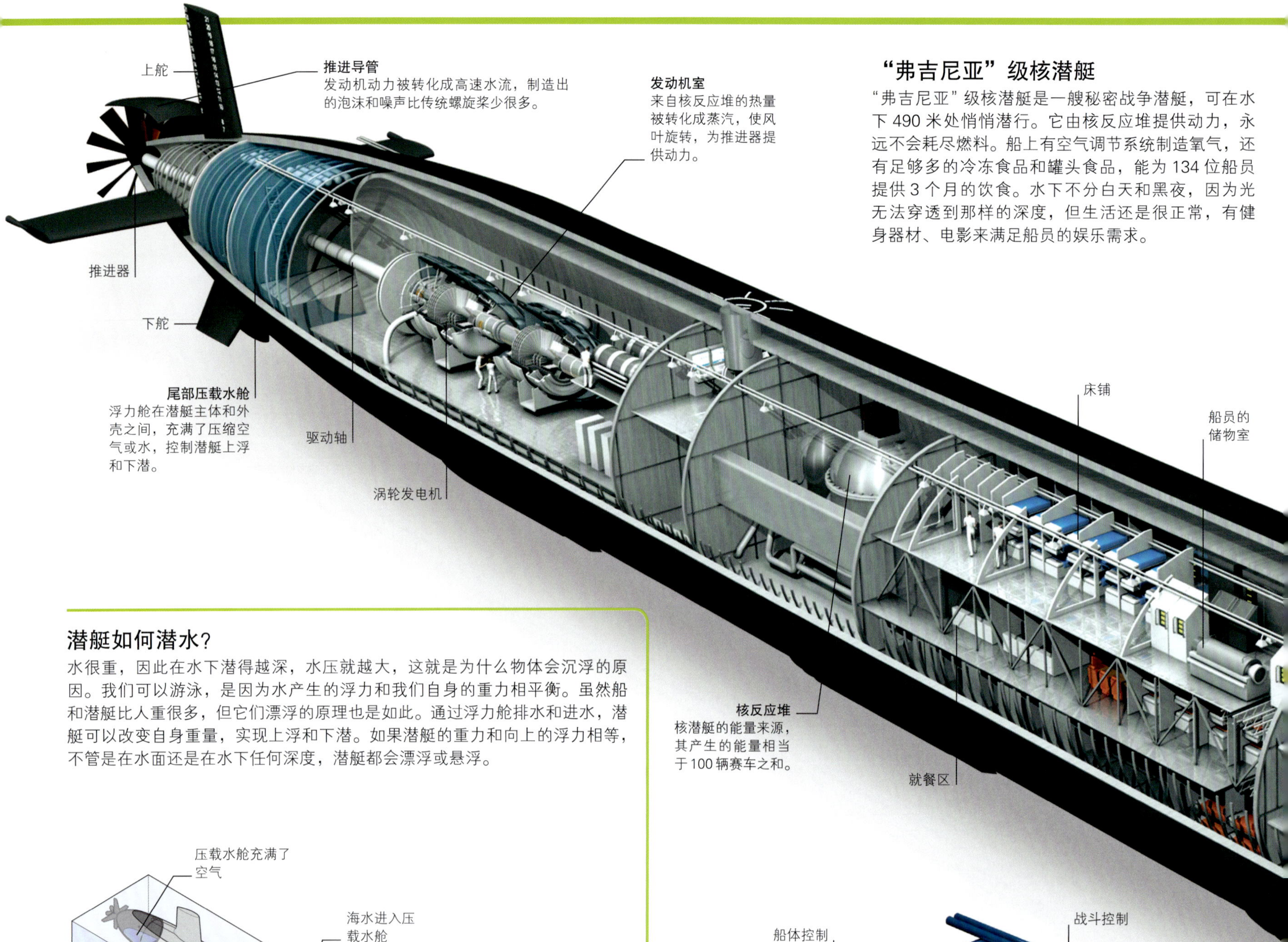

"弗吉尼亚"级核潜艇

"弗吉尼亚"级核潜艇是一艘秘密战争潜艇，可在水下490米处悄悄潜行。它由核反应堆提供动力，永远不会耗尽燃料。船上有空气调节系统制造氧气，还有足够多的冷冻食品和罐头食品，能为134位船员提供3个月的饮食。水下不分白天和黑夜，因为光无法穿透到那样的深度，但生活还是很正常，有健身器材、电影来满足船员的娱乐需求。

潜艇如何潜水？

水很重，因此在水下潜得越深，水压就越大，这就是为什么物体会沉浮的原因。我们可以游泳，是因为水产生的浮力和我们自身的重力相平衡。虽然船和潜艇比人重很多，但它们漂浮的原理也是如此。通过浮力舱排水和进水，潜艇可以改变自身重量，实现上浮和下潜。如果潜艇的重力和向上的浮力相等，不管是在水面还是在水下任何深度，潜艇都会漂浮或悬浮。

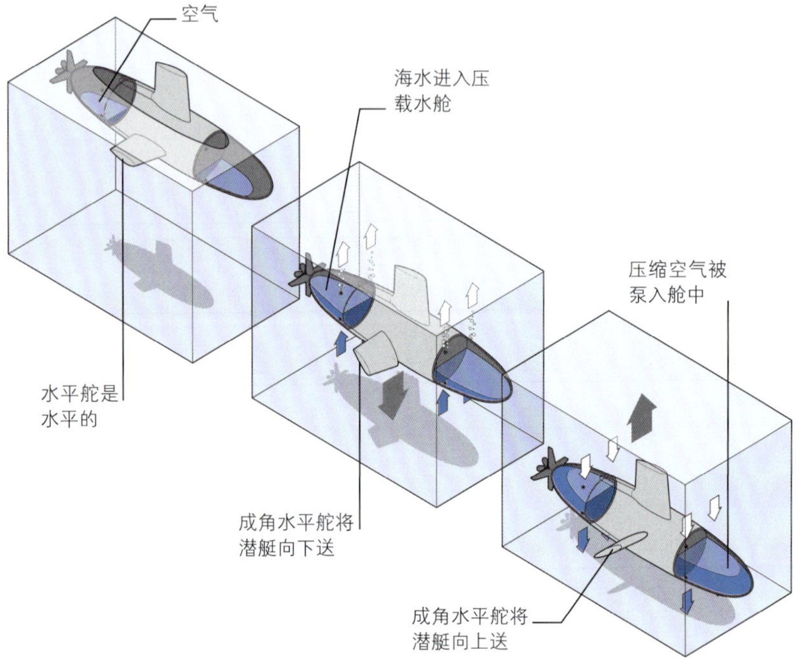

1 漂浮
空气充满压载水舱时，潜艇变轻，下方的浮力足以支撑它。

2 潜水
水进入舱内，潜艇增重。水向上的浮力比潜艇的重力小，于是潜艇下沉。

3 上升
空气被泵回舱内，潜艇减重，水向上的浮力将潜艇推出水面。

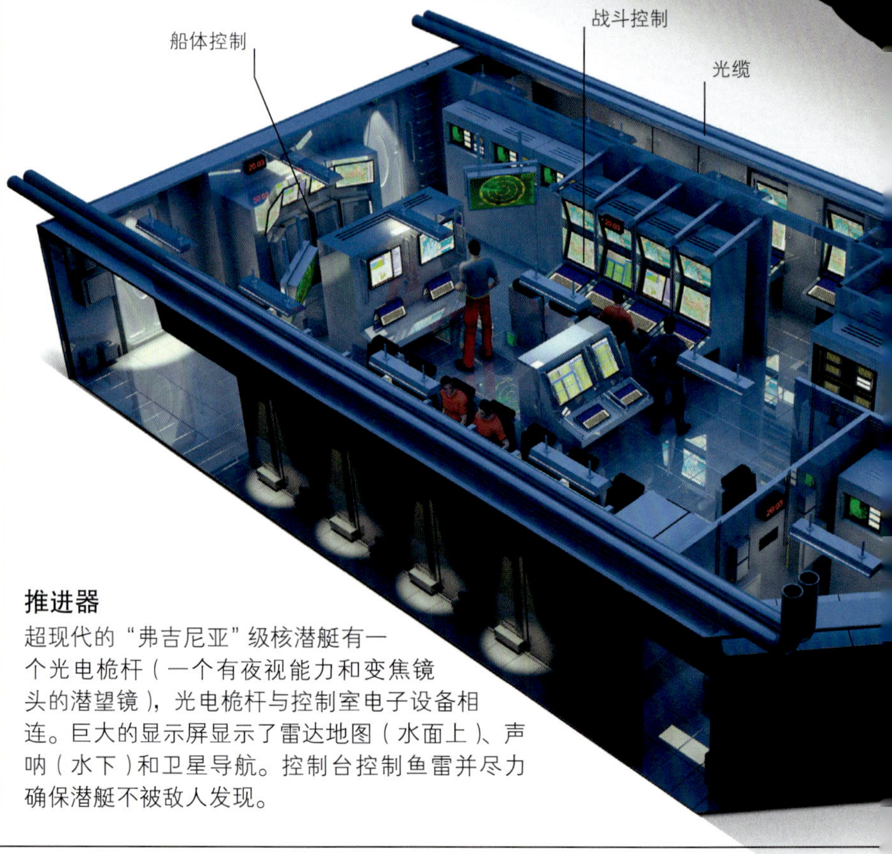

推进器
超现代的"弗吉尼亚"级核潜艇有一个光电桅杆（一个有夜视能力和变焦镜头的潜望镜），光电桅杆与控制室电子设备相连。巨大的显示屏显示了雷达地图（水面上）、声呐（水下）和卫星导航。控制台控制鱼雷并尽力确保潜艇不被敌人发现。

漂浮

船在水面上乘风破浪。潜艇则相反，它悄悄地潜入水中，依靠调节自身重量上浮和下潜。

物体漂浮或下沉与其自身的重量同排开水的重量之差有关。很重的船能够漂浮是因为排开了大量的水。潜艇通过浮力舱改变重量，掌控沉浮。

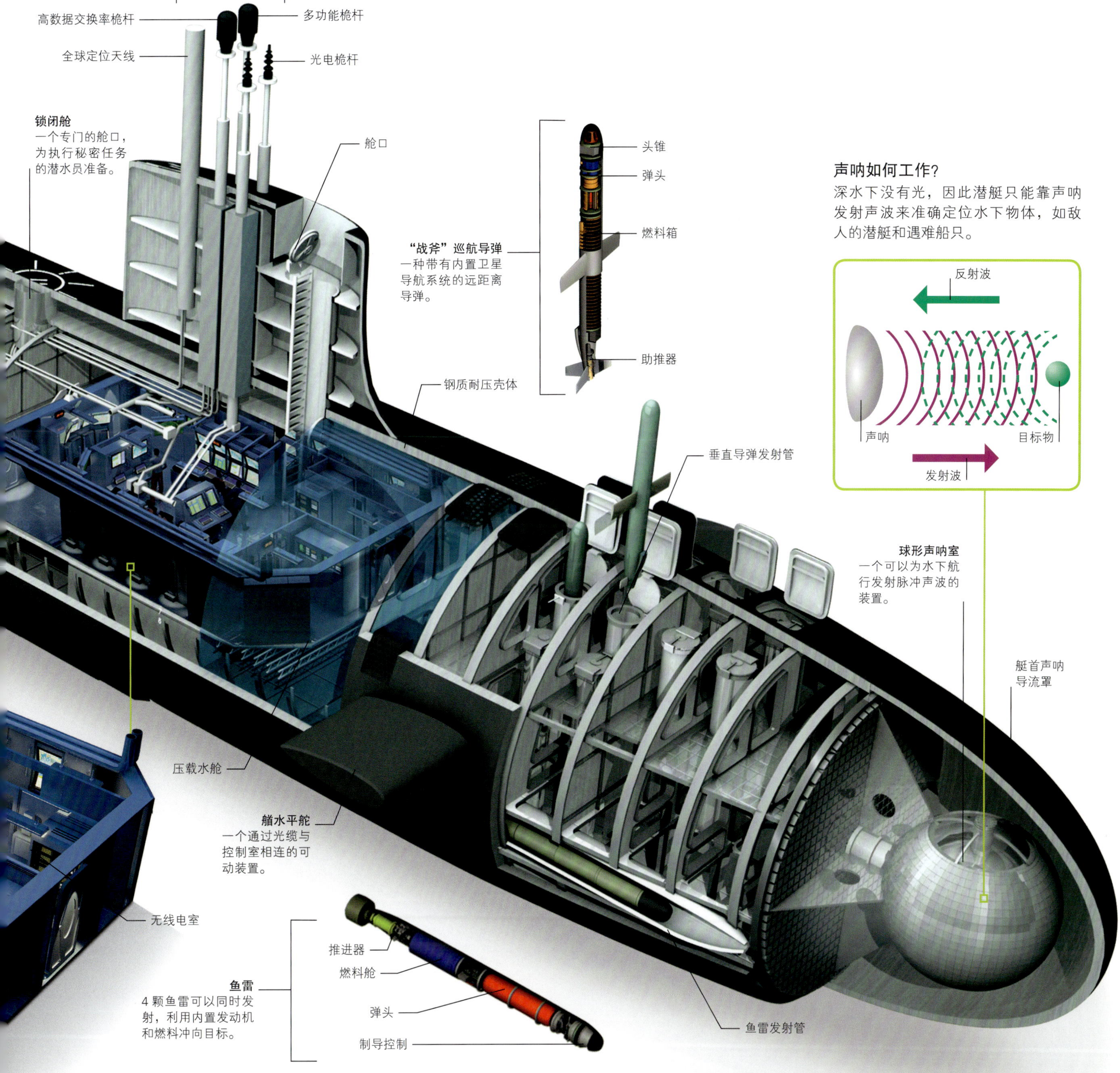

声呐如何工作?

深水下没有光，因此潜艇只能靠声呐发射声波来准确定位水下物体，如敌人的潜艇和遇难船只。

个人收集冰箱贴纪录保持者是美国拉斯维加斯的路易斯·格林法布。截至2015年，她搜集的冰箱贴有4.5万个。

磁

磁帮助人们探索世界。地球就像一个大磁铁，其稳定的磁力使指南针发挥作用，指引着克里斯托弗·哥伦布这样的探险家在海上航行。指南针为航行指引方向，帮助人们了解世界。

像重力一样，磁力也是一种不可见的力，存在于我们的世界中。我们能看到重力的作用，但磁力却很难被人们探测到。对动物来说磁力更有用：隐藏在地球周围的弯曲的磁感线（也叫磁力线）帮助鸽子、海龟等动物找到它们回家的路。

虽然磁看似很神奇，其实是原子内部盘旋的电子在提供动力。电也由电子运动产生，这是电和磁紧密联系的原因。电和磁共同工作，带动发动机，为我们现代社会中的电力机车和真空吸尘器等设备提供动力。

发现磁

人们在发现地球内的某些岩石能自然吸引物体时，发现了磁。古代中国人还发现可以用这些岩石做成磁针，并将针悬在标有方向的环上，由此制造了指南针。

船上的天然磁石
天然磁石被人们带上船，用来重新磁化指南针。

天然磁石
天然磁石（磁铁矿）是一种由氧化铁构成的天然磁性材料。

磁力

磁铁有不同的两端，叫作两极，可以吸引物体或排斥物体。虽然人们看不到磁，但如果将两块磁铁靠近，却可以看到磁的效果。如果两块磁铁的同极放在一起，它们会互相排斥；如果相反的两极放在一起，它们会互相吸引。

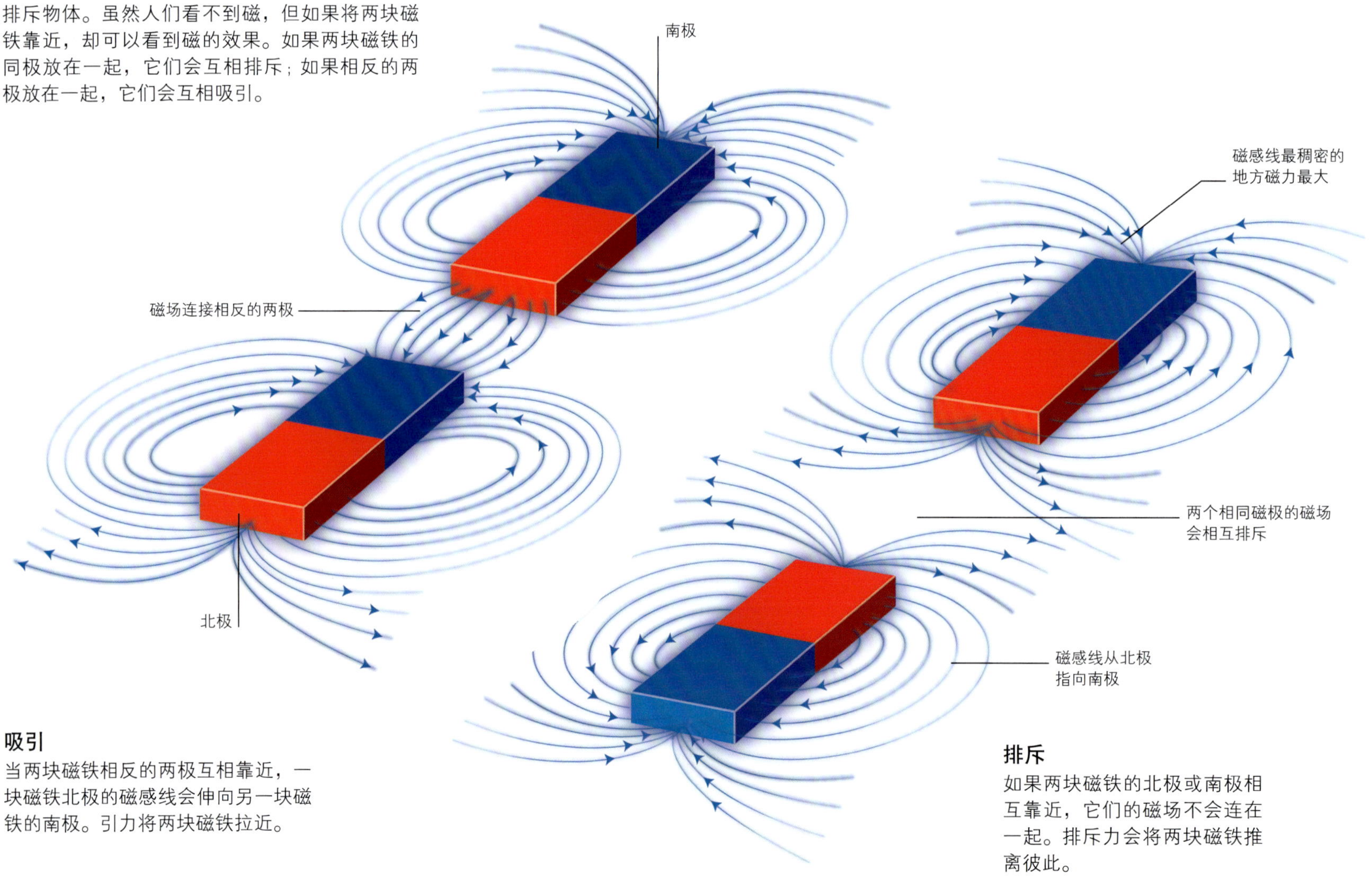

吸引
当两块磁铁相反的两极互相靠近，一块磁铁北极的磁感线会伸向另一块磁铁的南极。引力将两块磁铁拉近。

排斥
如果两块磁铁的北极或南极相互靠近，它们的磁场不会连在一起。排斥力会将两块磁铁推离彼此。

磁性材料

大部分具有磁性的东西都由铁及其化合物或合金（铁和其他元素的混合物）制成。磁铁本身通常是由铁、镍、钴或元素周期表中的稀土金属（特别是钕和钐）制成。

磁性物体

钢是一种铁的合金，可用来制造勺子和别针。有些硬币中含有镍。

钢勺 别针 硬币

非磁性物体

这些物体对磁场没有反应。塑料瓶是非磁性的，铝制易拉罐和铜管乐器也是非磁性的。

塑料瓶 铝制易拉罐 铜管乐器

家鸽
喙上的小磁铁矿晶体像指南针一样。

动物磁力

在没有指南针或定位系统的情况下，动物们是怎么找到回家的路的呢？科学家一直相信鸽子、蝾螈和海龟等动物能利用地球磁场导航。鸽子头上有很小的磁铁矿晶体，就在喙的上方。磁铁矿晶体像一个小指南针，帮助鸽子找到方向并按照精确的路线飞行。

电磁学

电和磁是紧密联系的，它们能互相产生。英国科学家迈克尔·法拉第（1791~1867）是认识到这一现象重要性的第一人。1821年，他让一根导线通电，将导线绕在磁铁上，发明了电动机。10年后，他发现在磁场中穿过的电导体可以产生电，从而发明了发电机。法拉第的研究成果创造了我们现在的电力世界。

利用电磁铁

电磁铁可用来挑拣废金属。通电，产生强磁场，吸起金属；关掉电源，磁力消失，金属掉落。

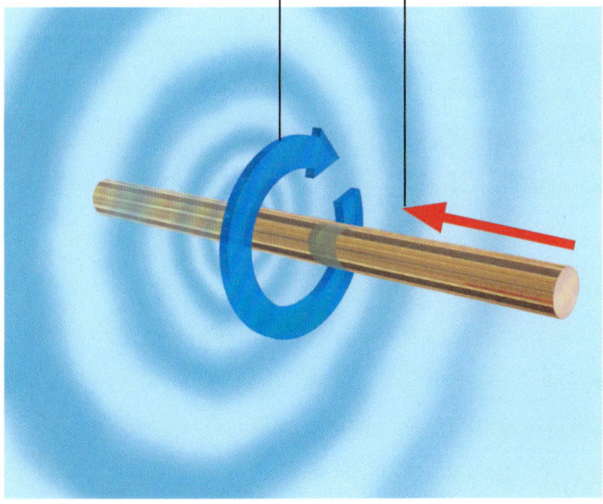

绕导线的磁场

当电流通过导线时，它会在导线周围产生环形磁感。你可以把指南针放在通电的导线附近去观察。电流越大，磁力就越强。

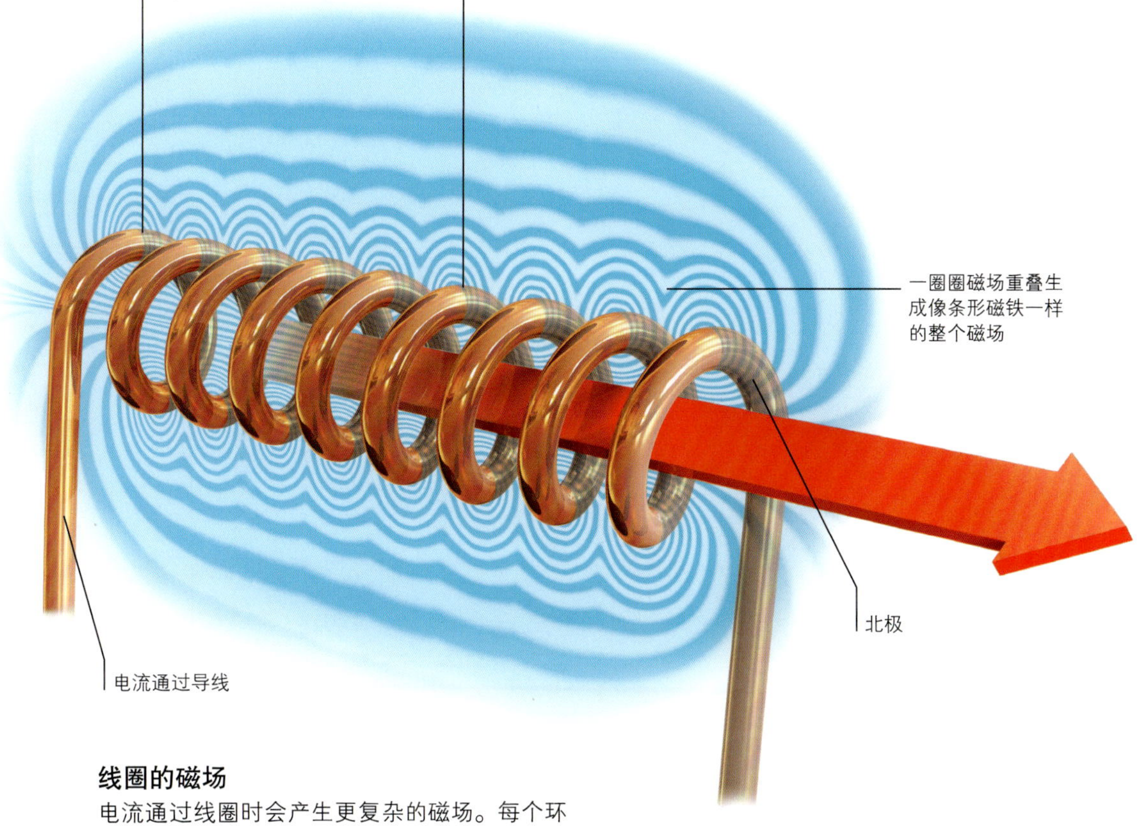

线圈的磁场

电流通过线圈时会产生更复杂的磁场。每个环都产生一个单独导线的磁场。这些磁场组合起来，构成整个磁场，其形式类似一个条形磁铁的磁场。

地球表面的磁力很微弱。一个普通的冰箱贴的磁力比它都要强200倍。

50 在月球上，地球上最优秀的跳远运动员能跳50米远，大约是3.5辆公交车的长度。

万有引力

当地球自转时，赤道上的人们以约 1600 千米 / 时的速度转动，但他们不会被抛向天空。万有引力使我们站在地球上，而且让地球在太空中不停公转。万有引力是一切物体对其他物体的拉力，它将宇宙聚拢在一起，像一个巨大的隐形蛛网。简单地说，地球表面附近物体受到的地球引力叫作重力，重力也泛指任何天体使物体向该天体降落的力。

你离地心越远，受到的地球引力就越小，因此，你在山顶上的重力就会比在矿井里小一些。但是，无论你爬得多高，即使你乘着火箭去了其他星球，还是逃脱不了地球引力，因为它会无限延伸。战胜重力的唯一方法就是用另一个力与它平衡。飞机和直升机通过朝向天空的升力克服重力。但也不是所有人都想克服重力，比如，跳伞者从飞机中跳出，依靠重力，向地面降落。

质量和重量

“质量”和“重量”两个词通常用于表示同样的意思，但它们其实是不同的。质量是物体所含物质的量，而重量是物体所受重力的大小。而且，你的重量随着位置的不同会发生改变，因为地球上的重力会随位置改变。

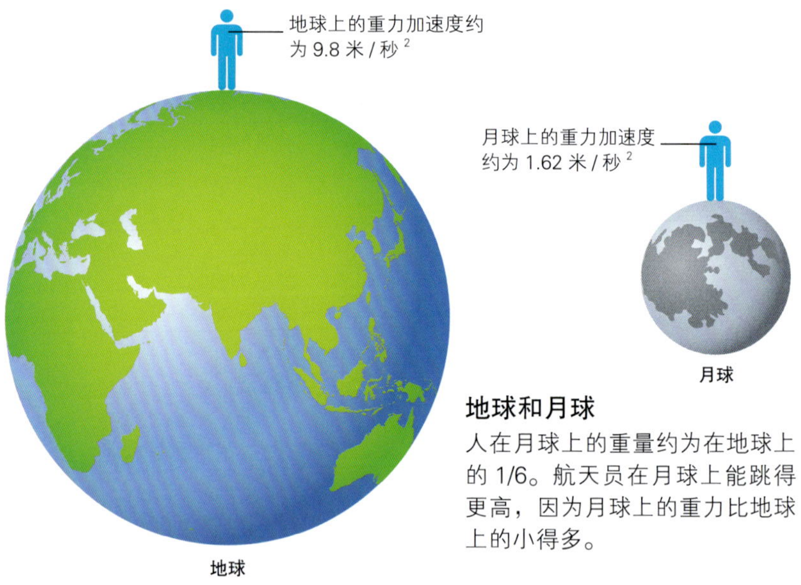

地球和月球

人在月球上的重量约为在地球上的 1/6。航天员在月球上能跳得更高，因为月球上的重力比地球上的小得多。

引力

万有引力是一种引力——通常是拉力而不是推力，而磁力及其他力可能是拉力（吸引），也可能是推力（排斥）。两个物体间的引力取决于它们的质量和距离。质量越大，距离越短，引力就越大。

下落的梨

万有引力使梨和地球以同样大小的力相互吸引。梨落到地面上是因为地球的质量大，它的加速度比梨小很多。

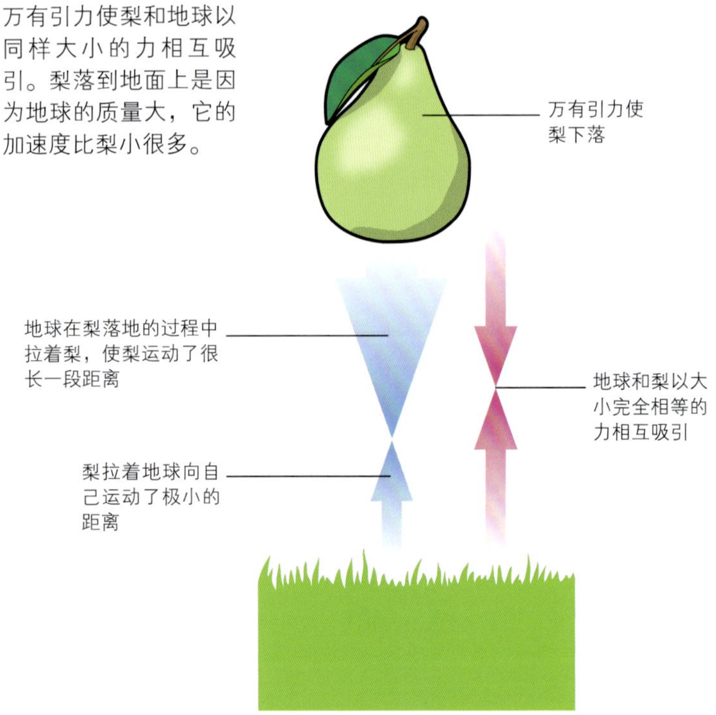

万有引力看似神奇，
但它其实是宇宙中最微弱的力。

拉动潮水

月球比地球小且轻，距离地球约 38.4 万千米。即使这样，它的大小也足以在其绕着地球转动时牵引地球上的海水，这就是潮汐产生的原因。距离地球更远的太阳也会影响潮汐。每月两次，太阳、月球与地球会排列成一条直线，这时潮水会因为太阳和月球共同的拉力作用比平时变得更高或更低。

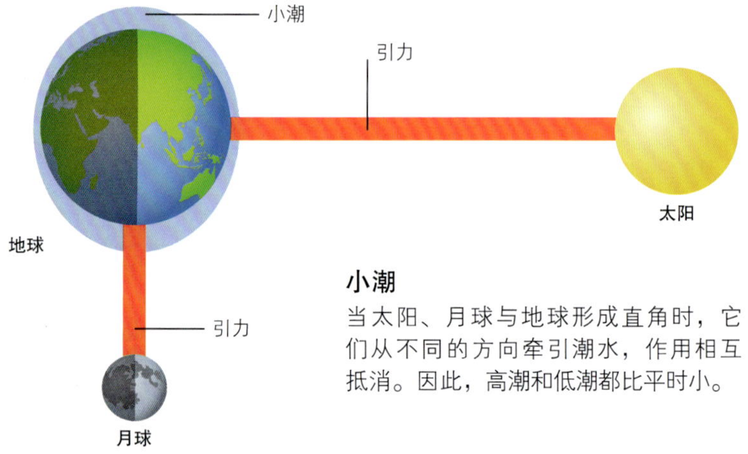

小潮

当太阳、月球与地球形成直角时，它们从不同的方向牵引潮水，作用相互抵消。因此，高潮和低潮都比平时小。

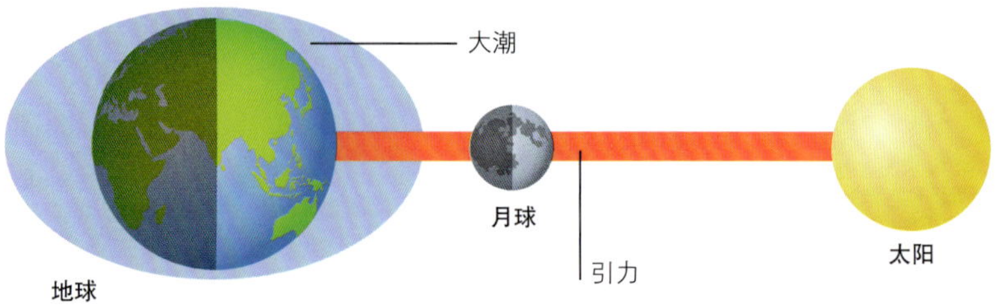

大潮

当太阳、月球与地球成一条直线时（如图），它们的引力相互叠加，使得高潮比平时更高，低潮则更低。

打破纪录的高空跳伞

自由落体的过程一直在对抗重力。虽然在刚跳下飞机时会加速，但空气阻力迅速增加，抵消了重力的作用，因此你最终会以平稳的速度下降。2012 年 10 月，奥地利跳伞家菲利克斯·鲍姆加特纳成为以快于声速的速度自由落体的第一人。这一次，他还创造了高空跳伞高度的世界纪录。2014 年，美国跳伞运动员艾伦·尤斯塔斯打破了这一纪录。

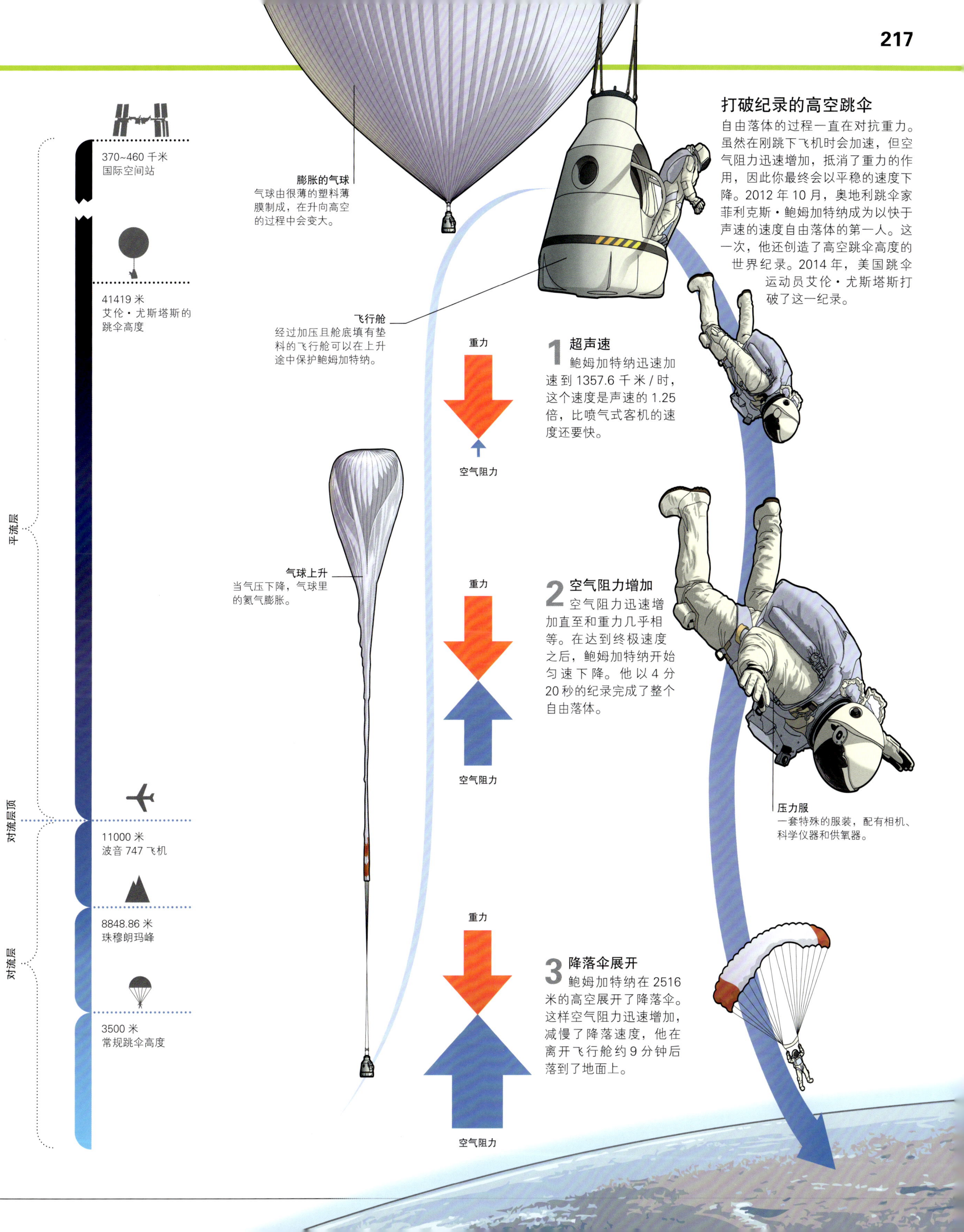

1 超声速

鲍姆加特纳迅速加速到 1357.6 千米 / 时，这个速度是声速的 1.25 倍，比喷气式客机的速度还要快。

2 空气阻力增加

空气阻力迅速增加直至和重力几乎相等。在达到终极速度之后，鲍姆加特纳开始匀速下降。他以 4 分 20 秒的纪录完成了整个自由落体。

3 降落伞展开

鲍姆加特纳在 2516 米的高空展开了降落伞。这样空气阻力迅速增加，减慢了降落速度，他在离开飞行舱约 9 分钟后落到了地面上。

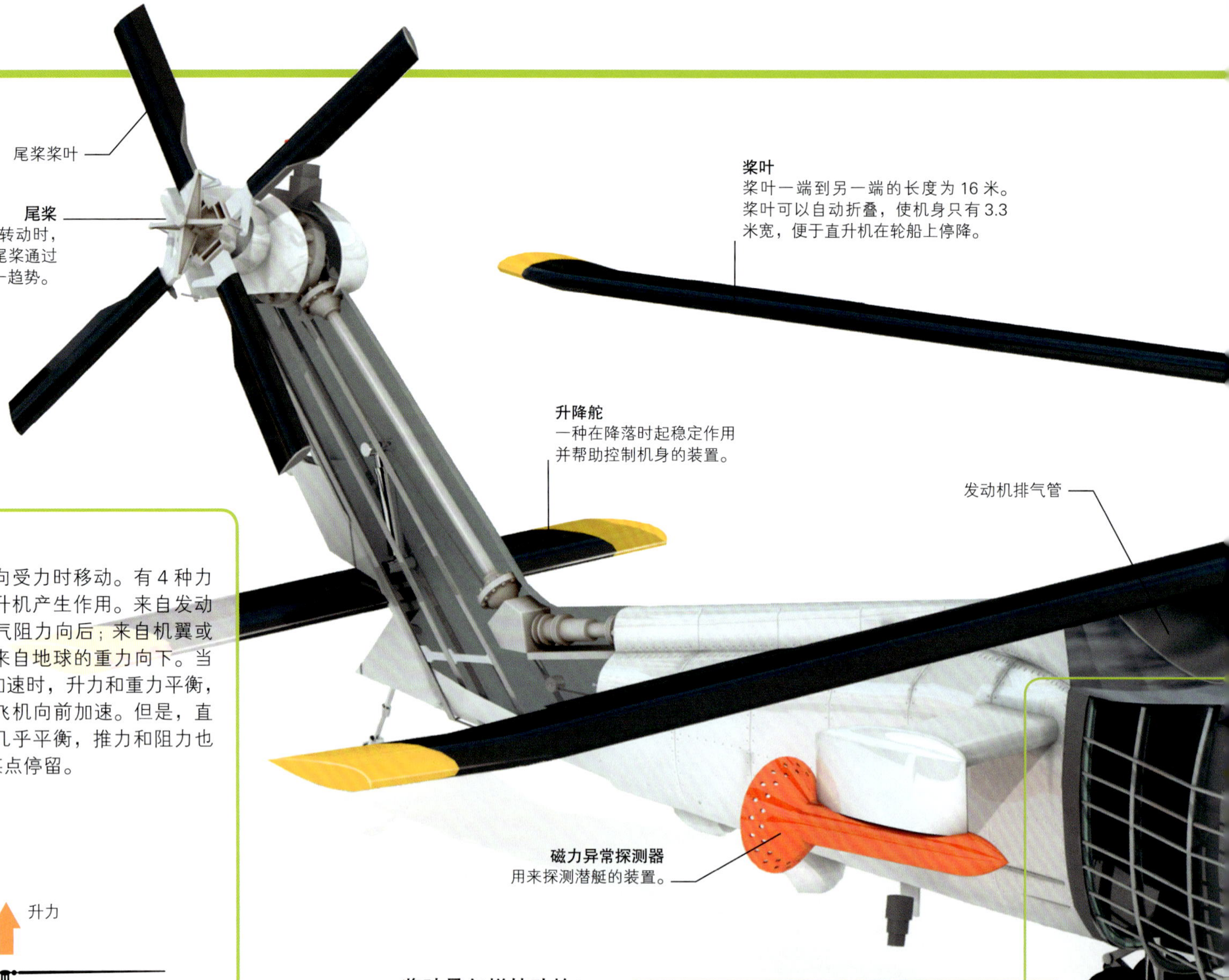

飞行的力

飞机和直升机在特定方向受力时移动。有4种力对空中飞行的飞机和直升机产生作用。来自发动机的推力向前，同时空气阻力向后；来自机翼或旋翼的升力向上，同时来自地球的重力向下。当飞机在一个稳定的高度加速时，升力和重力平衡，但推力比阻力大，因此飞机向前加速。但是，直升机悬停时升力和重力几乎平衡，推力和阻力也是，因此它能在空中的某点停留。

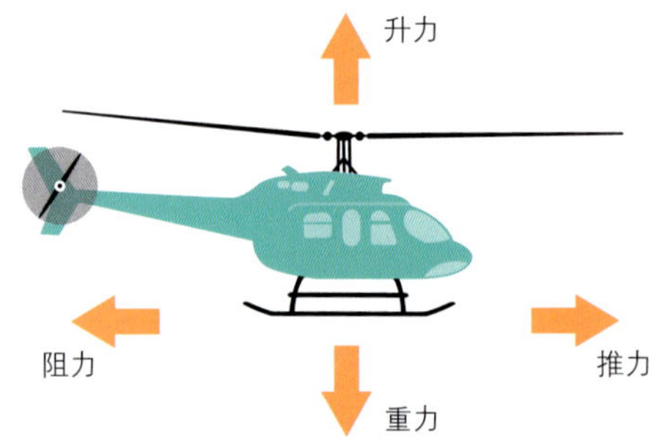

产生升力

弧形的机翼或桨叶能通过两种方式产生升力。首先，空气在机翼上方曲面比在相对平直的下方流动的距离更远，使得空气加速。加速的空气比慢速空气压强小，于是机翼上下表面的气压差产生了升力。又因为机翼微微向后倾斜，所以空气先向上掠过，然后再向下，进而使飞机向上。

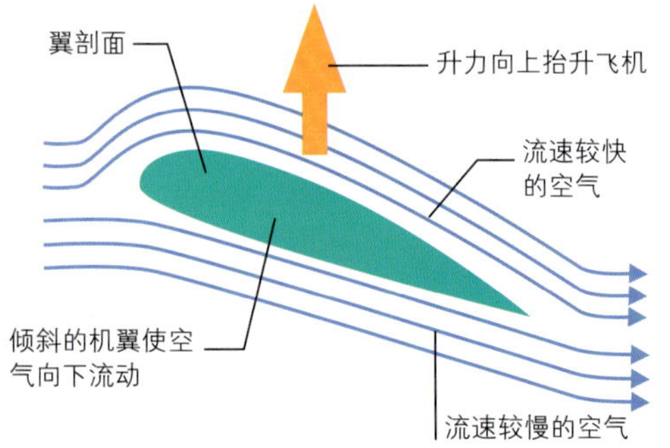

桨叶是怎样转动的？

“海鹰”号由两个涡轮轴发动机提供动力。进入发动机的空气被压缩，并和燃料混合，燃料燃烧为轴旋转提供动力。齿轮将水平的发动机和垂直的旋翼连接起来。

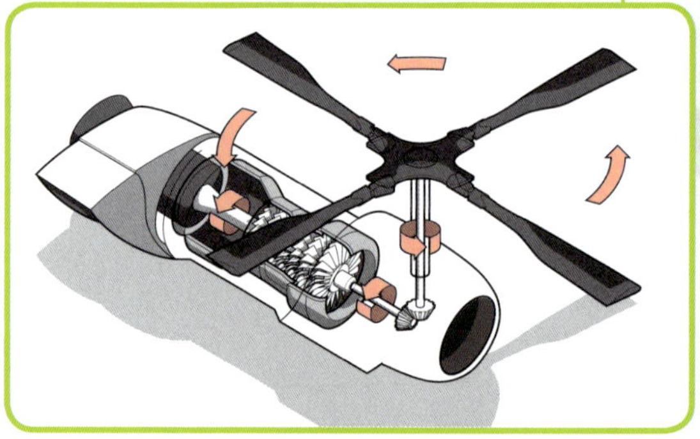

飞行

力让我们不离开地面，但如果方式正确，力也能把我们带到空中。如果你想飞行，就需要升力（一种向上的力）比你的重量大。飞机和直升机能利用机翼和旋翼使大量的气流运动，产生升力。

飞机有巨大的固定的机翼，当空气通过时可以产生升力。飞机发动机只需向前推动机翼，使机翼穿过空气。机翼使飞机升上天空，机翼越大，速度越快，气流和随之产生的升力就越大。直升机（如美国海军的西科尔斯基“海鹰”号）与飞机不同，它不需要向前飞以产生升力。与飞机机翼相比，直升机的旋翼很小，但它们每分钟能转数百转，产生足够的升力将直升机拉向空中。

飞机可以在不依赖发动机的情况下滑翔一段时间：只要飞机在前进，机翼就会继续产生升力。如果直升机的发动机坏了，旋翼也可以靠惯性转动使直升机安全着陆。

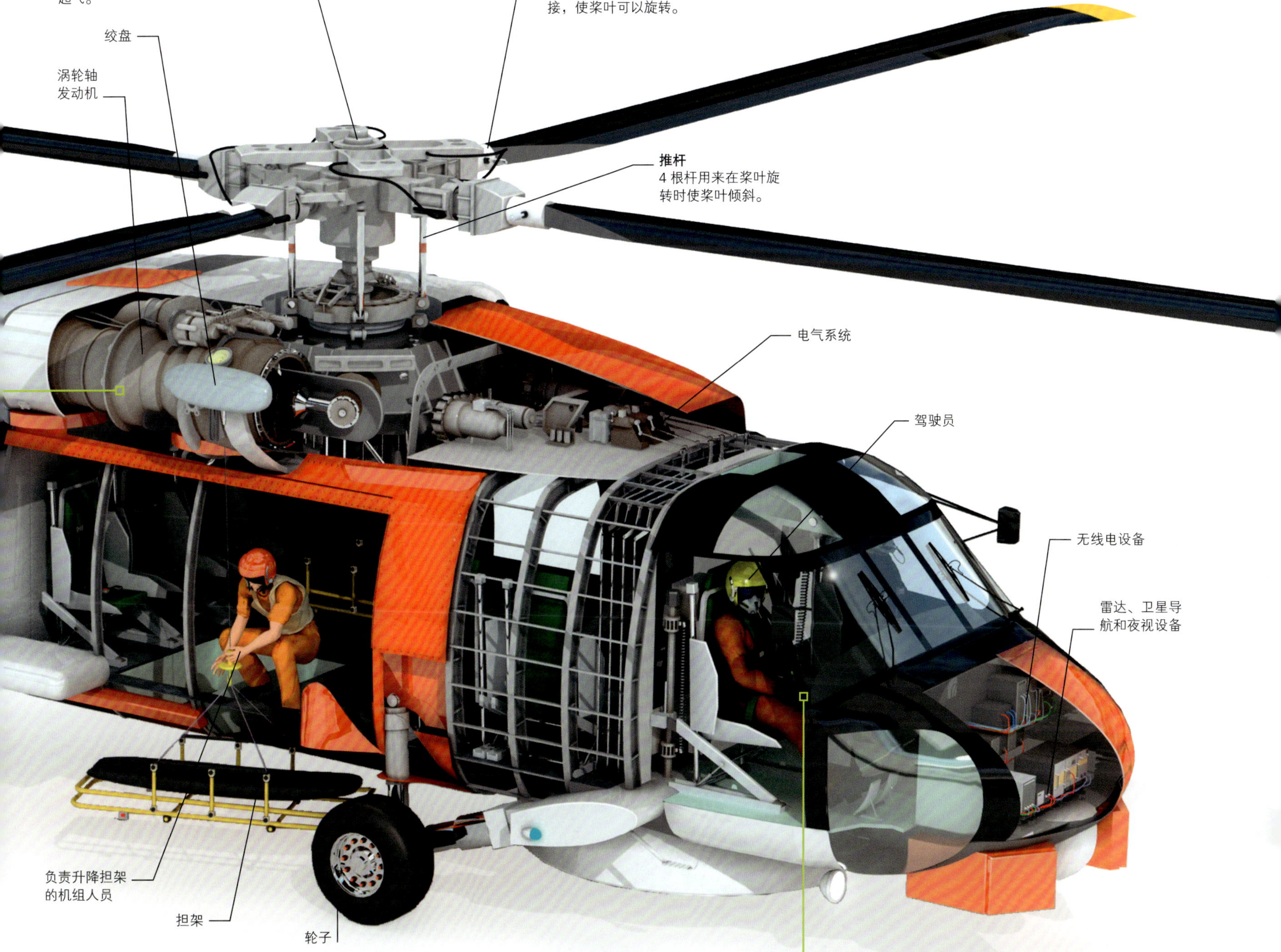

“海鹰”号直升机

“海鹰”号的主要工作之一就是在海上执行搜索和救援任务。直升机的机鼻部位装有雷达、卫星导航和夜视设备等，能发现并跟踪目标。同时，机身侧面的声呐装置（声音探测）能定位水下的物体。宽阔的货门和大机舱足以容纳好几副担架，这是为救援海上伤亡人员专门设计的。

驾驶舱

“海鹰”号的驾驶舱有4个显示屏，向驾驶员展示重要的信息。双人控制系统使驾驶员和副驾驶员都能控制飞行。总距操纵杆用来操纵直升机升空，而周期变距操纵杆就像一个游戏手柄——它通过提升直升机一侧的高度使直升机向另一侧倾斜。

能量

每一天，每一秒，太阳都在向地球释放能量，使我们的星球充满光照和生命。虽然人眼看不到能量，但能量却无处不在。它存在于物体内部的原子中，并使人的心脏保持平稳跳动，向全身输送血液。它能向太空发射卫星，也能使树木生长。能量是世界万物背后一种神奇的力量。

什么是能量？

一切事情的发生都是因为有力的作用，而力产生作用时一定需要能量。质量是另一种形式的能量。微小的质量可以被转化为强大的能量。

闪电
除闪电之外，很少有如此壮观的例子能展现能量。一次普通的闪电能携带约 10 亿焦耳的能量——相当于一个发电站一秒钟产生的电能。

测量能量

能量的单位是焦耳（J），是以研究能量的英国物理学家詹姆斯·焦耳（1818~1889）的名字命名的。

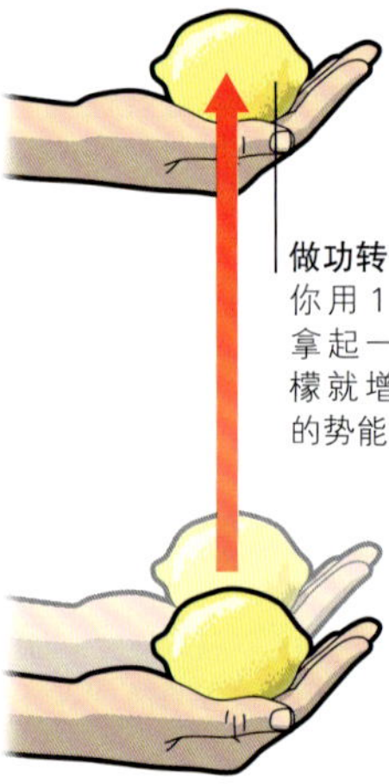

做功转化为能量
你用 1 焦耳的能量拿起一个柠檬，柠檬就增加了 1 焦耳的势能。

1焦耳
当你把一个 100 克的柠檬举到 1 米高时，你使用了 1 焦耳的能量来克服重力。

能量转换

宇宙中能量的总和是不变的。在我们使用能量时，其实是将能量转换成了不同的形式。转换前的总能量和转换后的总能量是相等的。

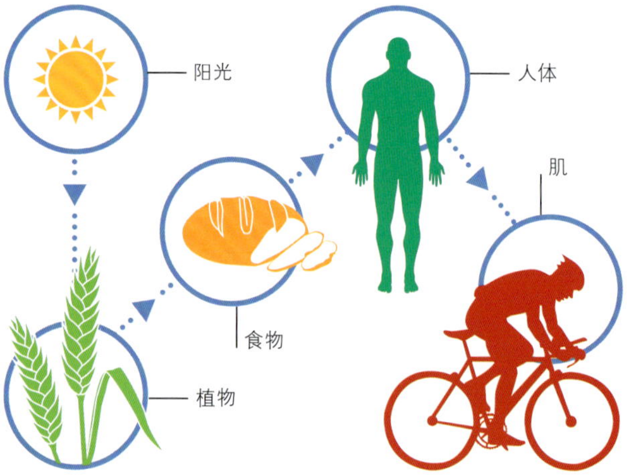

神秘的太阳能
地球上几乎所有的活动，即使是循环，最终也是由阳光来提供能量。当你蹬自行车时，肌中的能量来自食物——我们从动植物摄取的“燃料”。动物也会吃植物，植物则吸收来自太阳的能量以供生长。

能量的多种形式

能量能以多种形式存在，大部分能量能转换为其他形式。当煤燃烧时，是将煤中的化学能转换为热能。如果在发电厂里这样做，可以将热能转换为电能。一旦能量形式转换为电能，就很容易被转换为动能、光能、热能、声能或其他任何形式的能量。

动能
运动的物体拥有动能。物体越重，运动得越快，动能就越大。

电能
电能是一种带电粒子携带的能量，这种粒子就是在导线中移动的电子。

热能
热的物体比冷的物体热能大，因为热的物体内部的粒子运动得更快。

光能
光以直线高速传播。就像无线电波和 X 射线一样，它也是一种辐射能。

化学能
食物、燃料和电池将能量储存在组成它们的化合物中。

势能
这是一种储能。向高处攀爬时，你储存了势能，可使你跳、滚或下降到原来的位置。

声能
物体振动时会发出能量波，波在空气中传播，就形成了我们听到的声音。

核能
原子核中隐藏的能量。当原子核在核反应中分裂或聚合时，会释放这种能量。

暗能量
宇宙中大部分能量以神秘的暗能量形式存在。没人真正知道什么是暗能量。

能量波

能量穿过空气、水等介质时以波的形式传播。我们可以看到水面上的波，但看不到光波和引发地震的地震波。

平均来说，一个成年人身体所含的能量
相当于一个核电站90年产生的能量。

不同种类的波

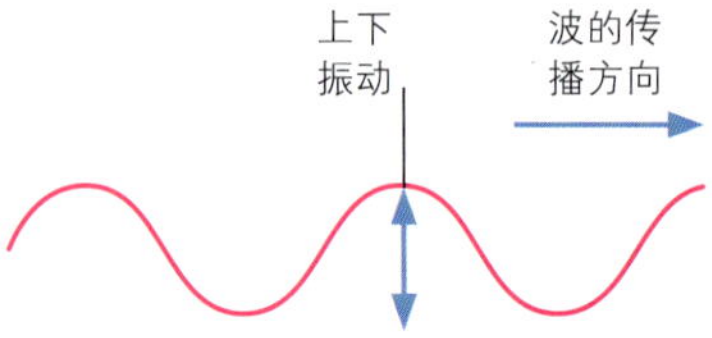

横波
海浪是横波。当能量在水面传播时，水上下振动，海浪向前移动。

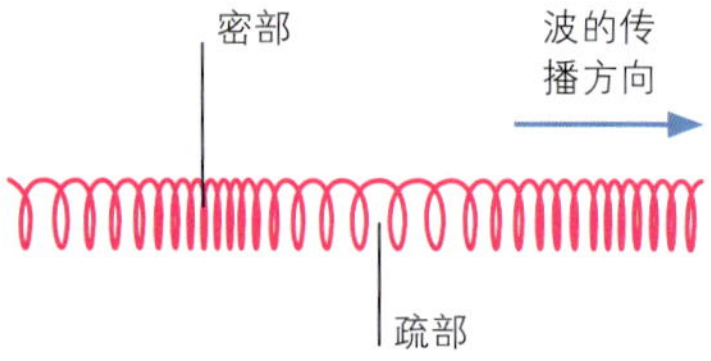

纵波
击鼓时，声波通过空气的压缩（密部）和拉伸（疏部）传向我们的耳朵。

测量波

能量波有一种上下波动的波形，拥有波峰和波谷。人们可以通过 3 个指标来测量波：波的高度就是振幅；从一个波峰到相邻波峰的距离是波长；每秒钟产生波峰的数量就是频率。

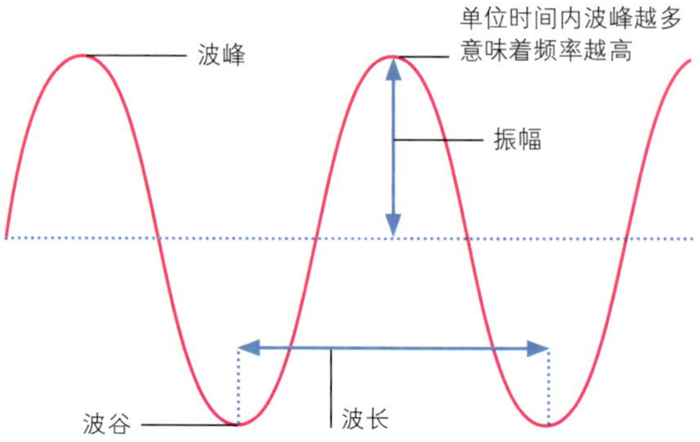

能源

煮饭、取暖、运动和制造东西都需要能量。史前人类依赖火获取所需的能量，而现在人们使用着各种各样的能源。有些能源（如为汽车提供动力的燃料）的量有限。可再生能源来自无限的自然资源，如阳光、风和波浪。

能量时间轴

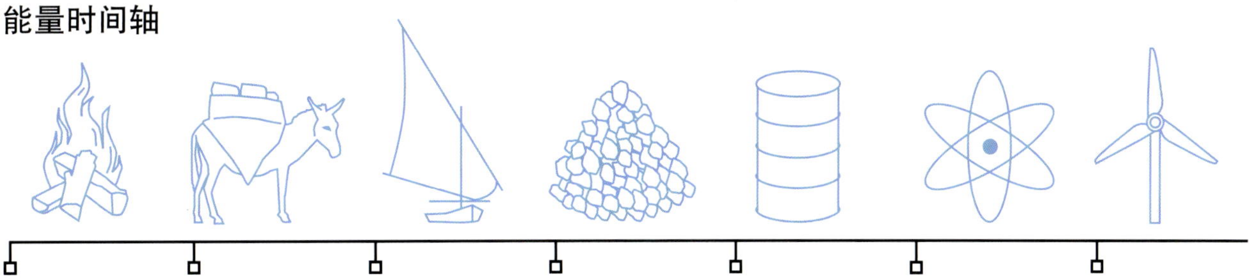

火
史前人类燃烧木头、泥炭和动物粪便来获得热能。

畜力
古代人骑动物，并用它们把货物从一个地方运送到另一个地方。

风能
中世纪，人们通过帆船和风车来利用风能。

煤
18~19 世纪，人们燃烧煤带动发动机和其他机械。

石油
石油在 20 世纪成了地面交通、船和飞机的燃料。

核能
在 20 世纪中叶，科学家知道了如何通过分裂原子核释放能量。

可再生能源
未来，人们可能会更多地依赖风能、太阳能和波浪能。

污染

我们使用的能源中超过 80% 来自化石燃料（煤、天然气和石油）。这些燃料的问题是燃烧时会造成污染，释放有毒废物危害环境。其他形式的能源，如核能，也会对气候产生影响。

空气污染
汽车发动机的废气和发电站、工厂的有害气体会导致空气污染，并引发哮喘等健康问题。

酸雨
二氧化硫气体从发电站泄漏后混入雨水中使雨水呈酸性。这种酸雨会危害树木，使湖水有毒性，杀死鱼类等生物。

放射性废物
核电站产生的放射性废物很难安全处理，可能会泄漏到江河湖海里并传播得很远，造成水污染。

侵蚀珊瑚礁
燃烧化石燃料释放的气体正在使地球变暖。其中一个后果就是破坏了珊瑚礁，它们会在过于温暖的水中变白并退化。

噪声污染
汽车、飞机和机器都会以噪声的形式消耗能量。噪声污染对人类和动物造成了干扰，导致紧张和焦虑。

石油泄漏
油轮、钻探设备和精炼厂的意外泄漏会把大量的石油排放到海中。这对海鸟、鱼类等海洋生物来说是致命的。

世界能源使用

随着世界人口的增长、燃油汽车的发明和房屋的修建，人们的能源需求也增长了。世界的能源总使用量自 20 世纪初起大幅增长。

能源类型

- 核能
- 水力发电
- 天然气
- 石油
- 煤
- 生物燃料

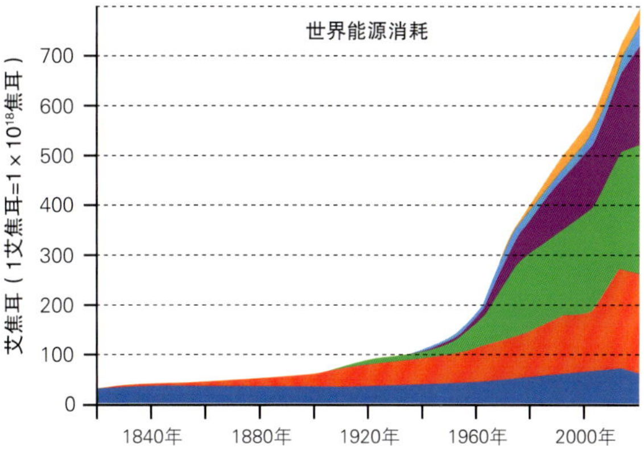

能量当量

汽车流行起来的一个原因是石油所含的能量充足，能带动交通工具远距离行驶。核电站发电用的铀储存着更多的能量。虽然煤含有很多能量，但它很难运输，而且会造成污染。天然气易于通过管道传输，但需要很大的量才能使所获能量与从几桶石油或一堆煤中获得的等量。

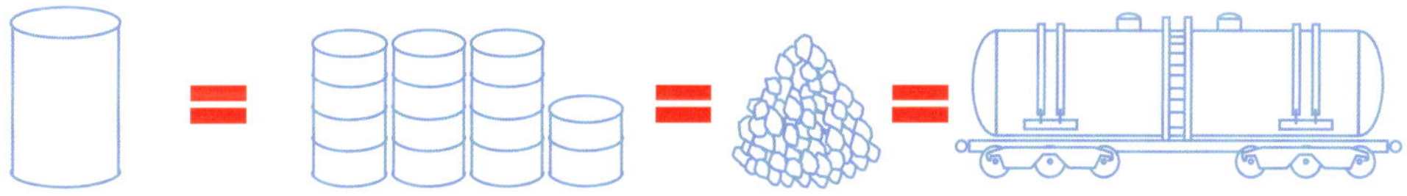

1 个铀芯块（实际大小如图） = 3.5 桶石油（556 升） = 811千克煤 = 481 立方米天然气

热损失与隔热

如果你的房子密封性很好，你就可以只在冬天开始时供暖一次，直到春天房子内部都会保持温暖。事实上，所有的房子都会散失热量。能源很贵，所以需要使用特殊材料使屋子隔热，以保持屋内温度，抵挡屋外的寒冷。

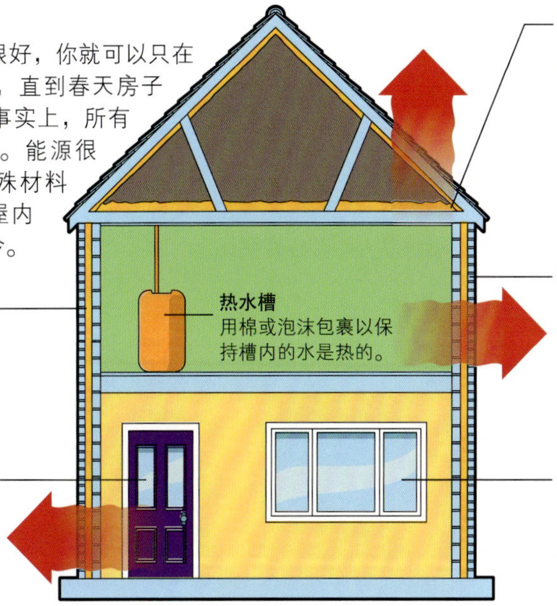

阁楼隔热
房子内的热量有 1/4 都从屋顶流失了。厚的阁楼隔热层能有效减少这种散失。

透热的墙
房子内 30%~40% 的热量从墙壁散失。

夹心墙
墙壁之间的空隙可以填充上泡沫、矿物棉或其他材料来减少热量散失。

门窗
门廊能阻断热量从门散失，厚重的窗帘也能隔绝窗边的空气。

双层玻璃
双层玻璃之间的空气（良好的隔热物质）形成屏障，减少热量散失。

昆虫和鸟类能看到紫外线，但紫外线在人类可见光谱之外。

电磁波谱

太阳向地球发射光线，照亮了我们的世界。但除了我们能看到的光，还有很多看不见的射线到达地球。

光在太空中穿梭时，会产生涟漪，就像海面上的波纹。光不是唯一有这种特点的能量形式，还有一大批类似的波，它们构成电磁波谱。有些波的波长很长，从一个波峰到另一个波峰的距离很远；有些则很短，波峰相距很近。不同的波因波长不一而有不同的用途。

虽然大部分电磁波人们都看不到，但它们却有很多用途，从拍摄骨折到看电视节目，能帮助人们做很多事。

电磁辐射来自哪里？

光是当原子像萤火虫一样闪烁时产生的。如果你加热一根铁棒，它会变得又红又热。其中的原子吸收热能，变得不稳定。为了恢复原态，必须以发光的形式释放能量。其他种类的电磁波也是通过相似的方式产生的。

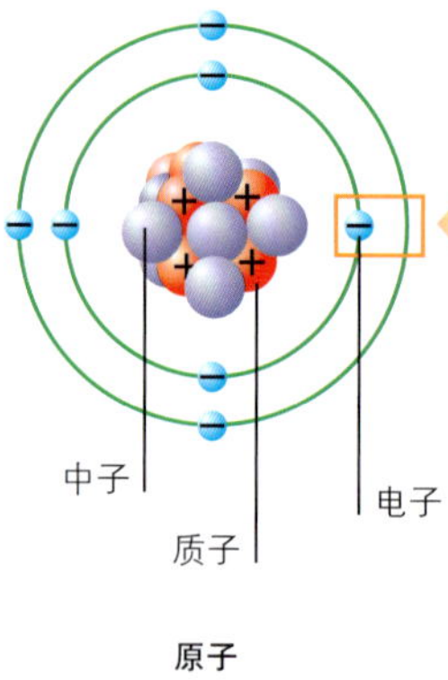

原子

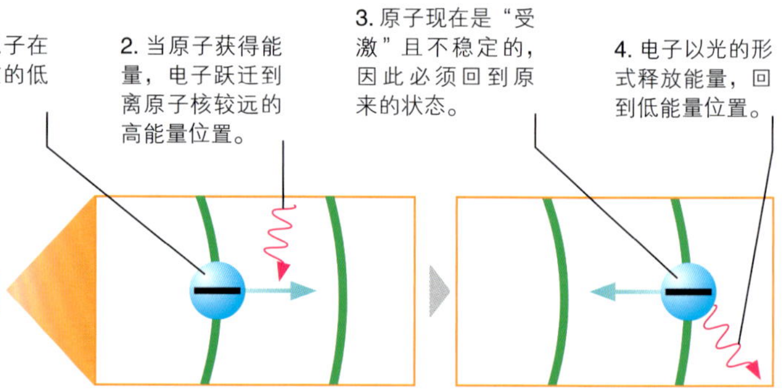

能量吸收
当原子获得能量时，电子远离原子核以势能的形式储存能量，我们称这种原子是“受激”的。

能量释放
受激原子现在是不稳定的。它通过释放储存的等量的能量（以电磁辐射的形式）回到原来的状态。

波长

电磁波谱中最长的波是无线电波，从一个波峰到下一个波峰可能有数千千米长。在电磁波谱的另一端，γ射线的波长可能比原子还小，且能量很高。最短的波振动最快，有最高的能量和频率，而最长的波振动较慢，能量较低。沿着波谱观察，能看到不同波长的波，它们的用途各不相同。

微波
微波的波长相当于一根钢笔。和其他电磁波相同，它以光速传播，适合传送电话信号和网络数据。

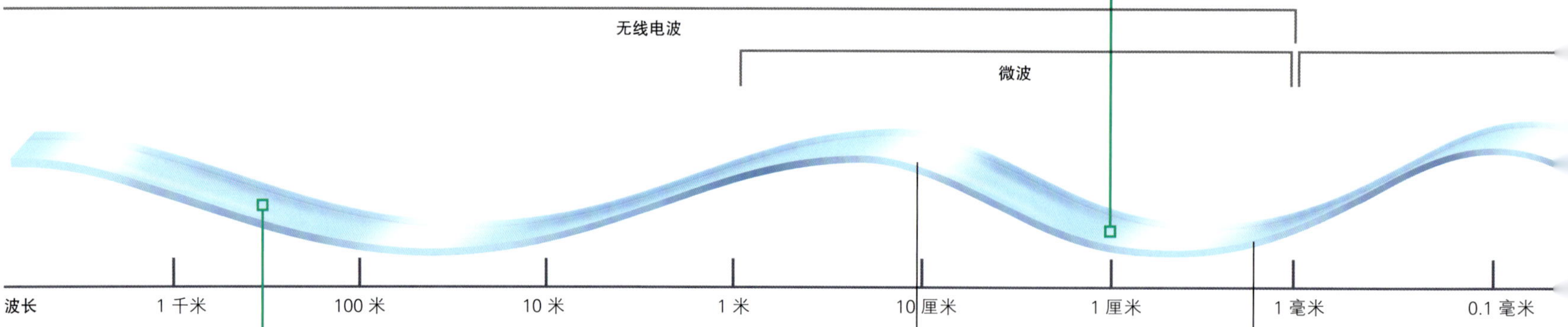

无线电波
无线电波能在大型天线（如图）之间传送无线电信号。长波能被电离层中的地球大气反射，尤其是在夜间，这就是为什么你在夜间能接收到更多国际电台的原因。

微波
微波炉利用 12 厘米长的波加热食物。

雷达
这种短波长的无线电波可用于为船和飞机导航。

可见光谱

在我们眼中看似白色的光，其实是不同颜色光的混合。我们可以通过让光束穿过楔形棱镜观察这一现象，这种棱镜会把光分散成光谱。彩虹的原理与此相同。当太阳光穿过雨滴，每一滴水都像一个微型棱镜。

7.5 **1秒钟内光能绕地球传播的圈数。光传播的速度约为30万千米/秒。**

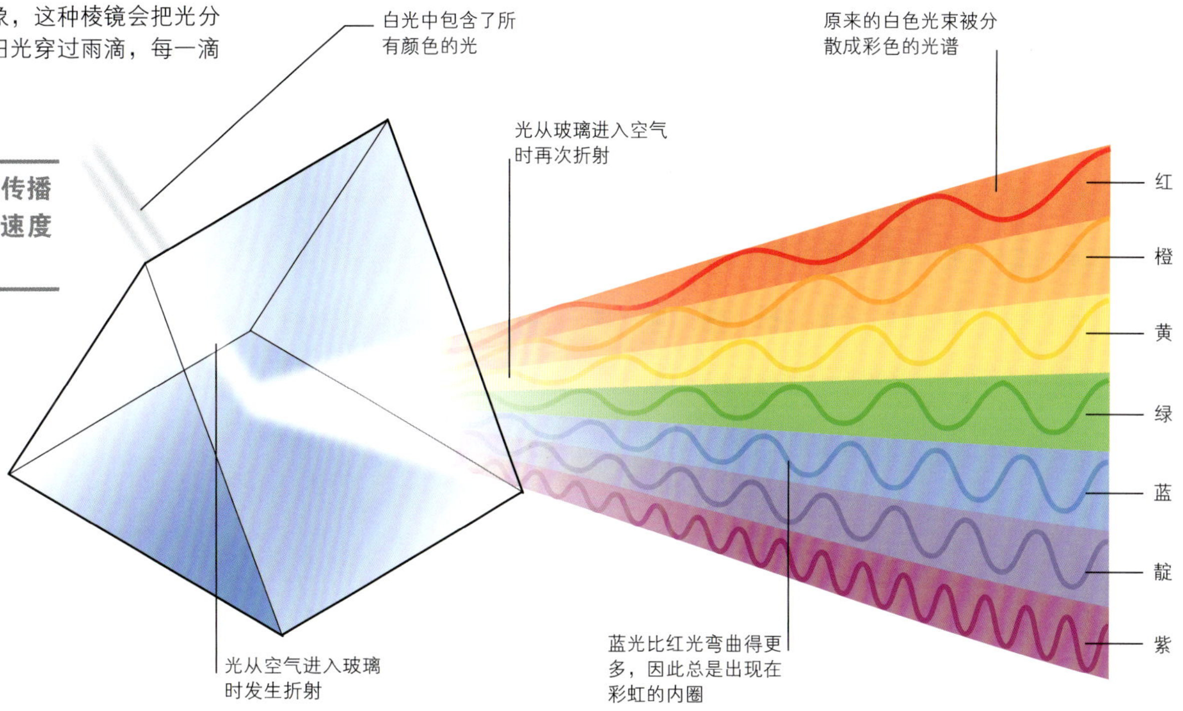

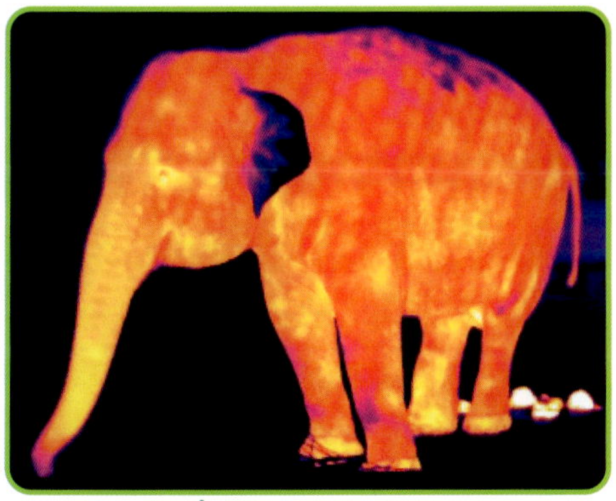

红外线

当身体里的原子吸收到一种被称为红外线的“热光”时，人们会感到热。虽然红外线不可见，但它却能出现在温感（热敏）相机中，就如拍摄这头大象的相机。

γ射线

波长最短的电磁波，能对人体造成极大的伤害。它们是核反应时从原子核内部发出的。

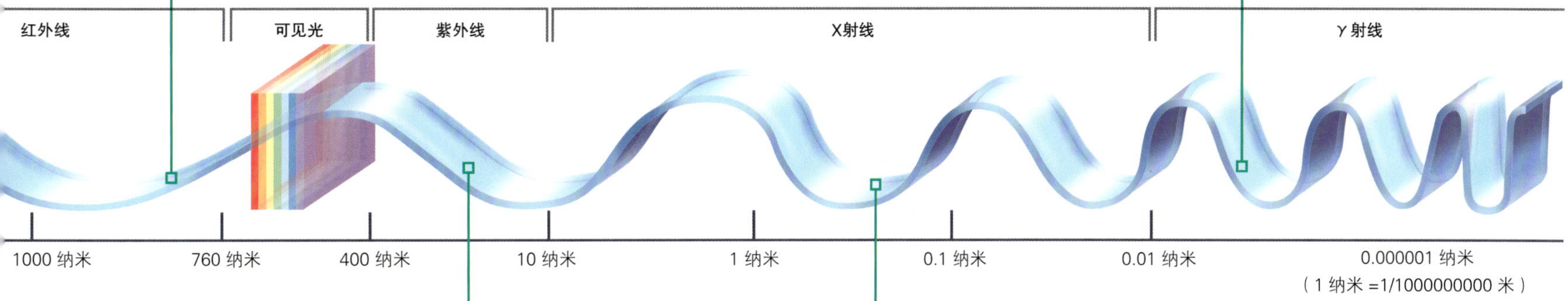

紫外线

波长比紫光更短的是能量很高的紫外线（UV）。阳光中主要含有三种紫外线：UVA、UVB 和 UVC。紫外线能加速皮肤老化并引发癌症。

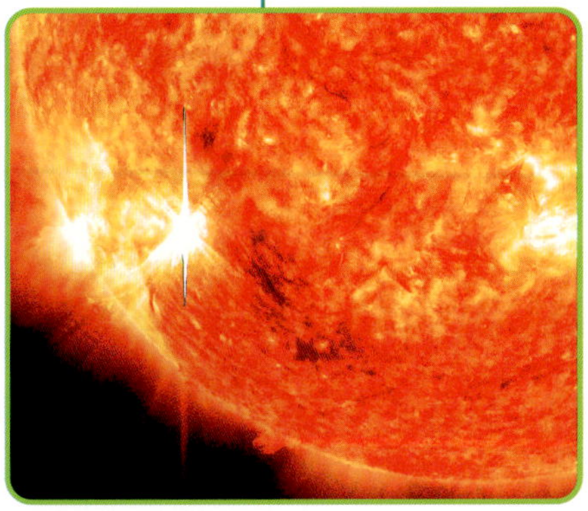

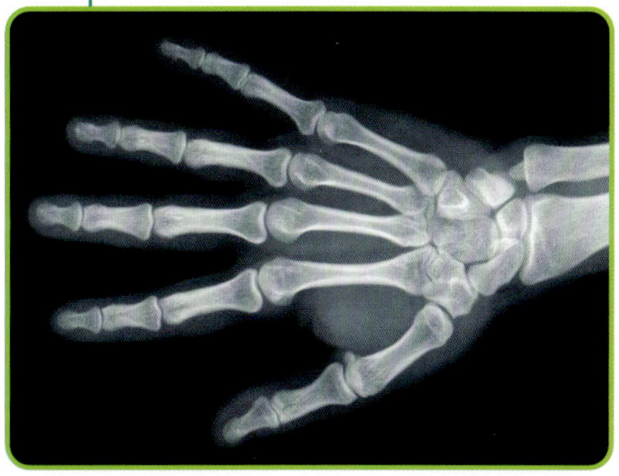

X射线

这些短波有足够的能量穿透柔软的身体组织（皮肤和肌），但不能穿过骨。这正是 X 射线图像能显示骨阴影的原因。高剂量 X 射线对人体的伤害很大。

2013年2月，在升空过程中意外损毁的“国际通信卫星”27号的造价为4亿美元。

来自太空的信号

不管是在攀登珠穆朗玛峰还是在撒哈拉沙漠徒步，你和朋友联系上只需几秒钟。这是因为通过太空卫星连接的电话和网络，可以以光速将信息从地球上一个地方传送到其他地方。

地球虽然很大，但任何两个地方相距都不会超过地球周长的一半（约 2 万千米），而一束光在 0.1 秒内就能穿行这个距离。当你和远在异地的朋友通过电话或网络聊天时，你的声音、影像和输入的信息都在 1 秒内通过太空卫星在地球上传送。来自太空卫星的信号能告诉你所处的位置。全球定位系统（GPS）让迷路几乎变成了不可能的事情。中国也已自行研制出卫星导航系统——北斗卫星导航系统（BDS）。

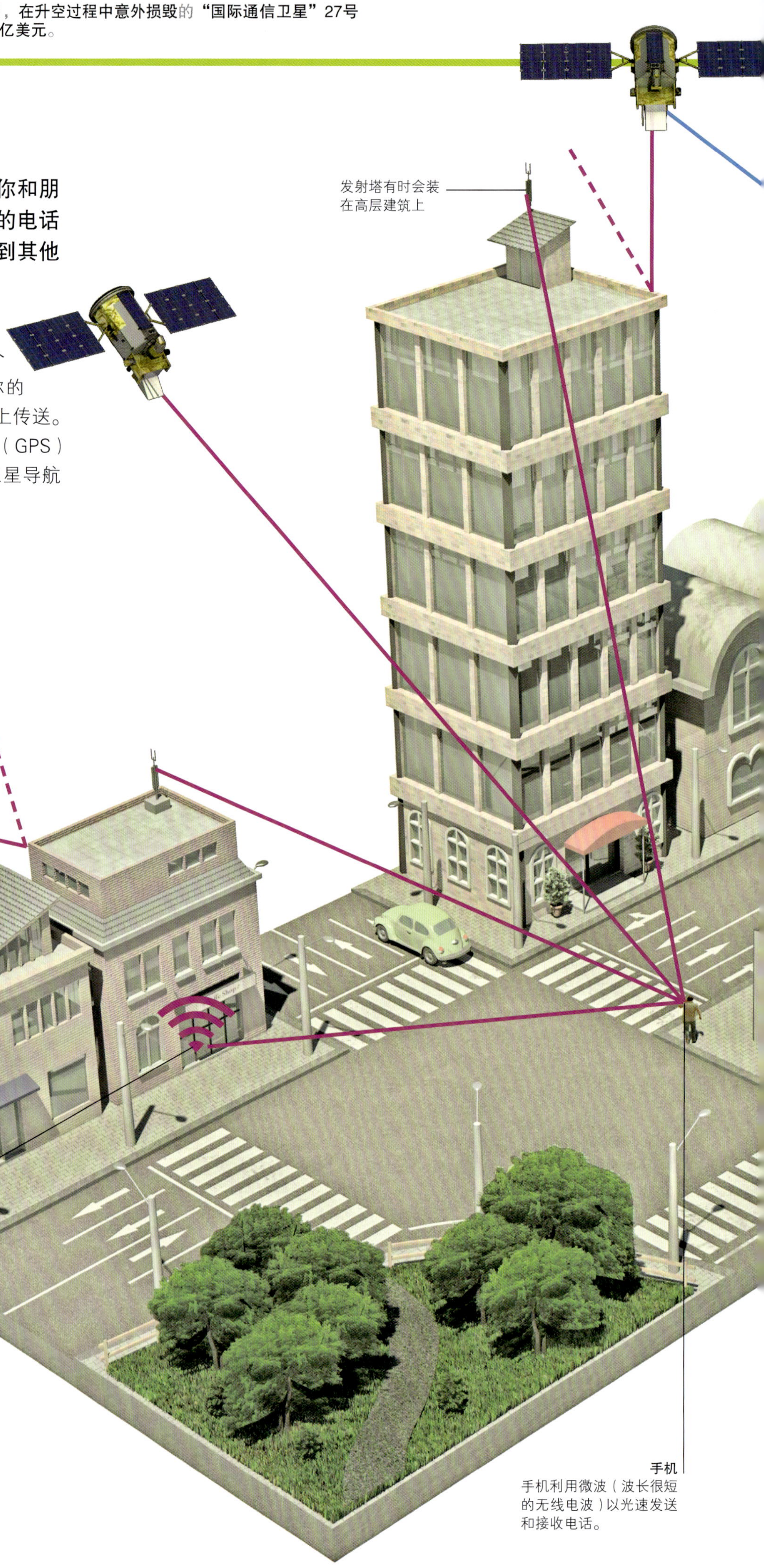

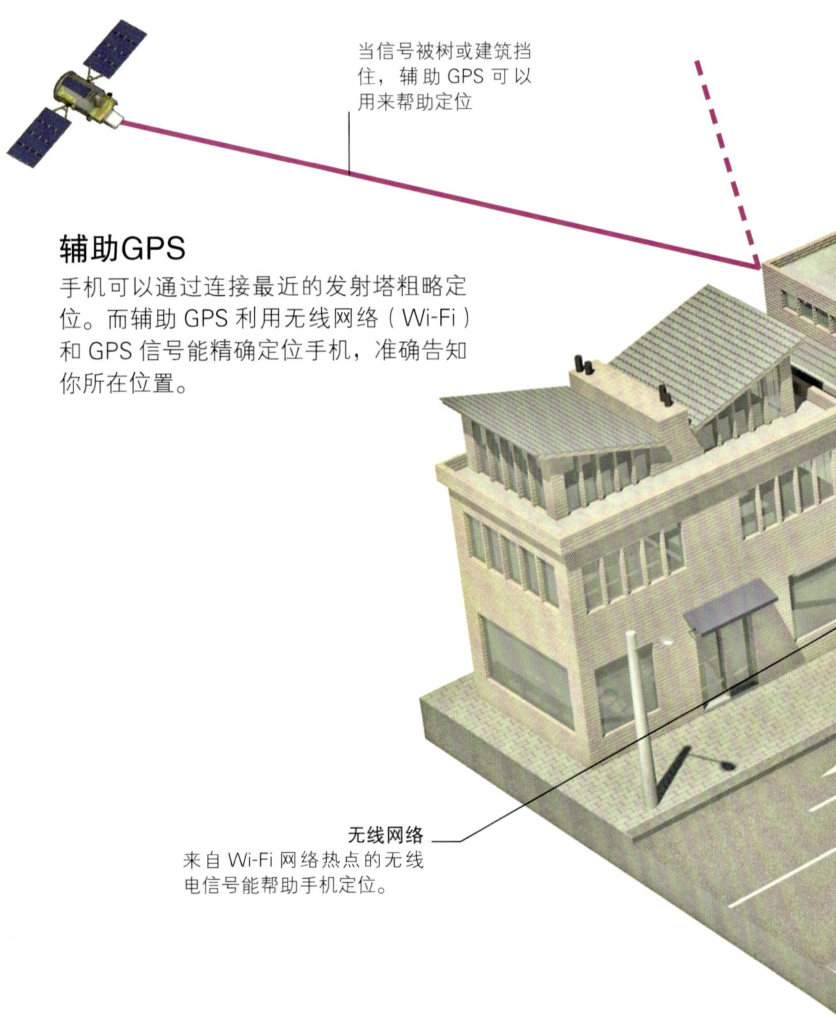

辅助GPS

手机可以通过连接最近的发射塔粗略定位。而辅助 GPS 利用无线网络（Wi-Fi）和 GPS 信号能精确定位手机，准确告知你所在位置。

240 “国际通信卫星”1号每次能传输240路电话，它是世界上第一颗实用型通信卫星，发射于1965年。最新发射的卫星每次能传输10万多路电话。

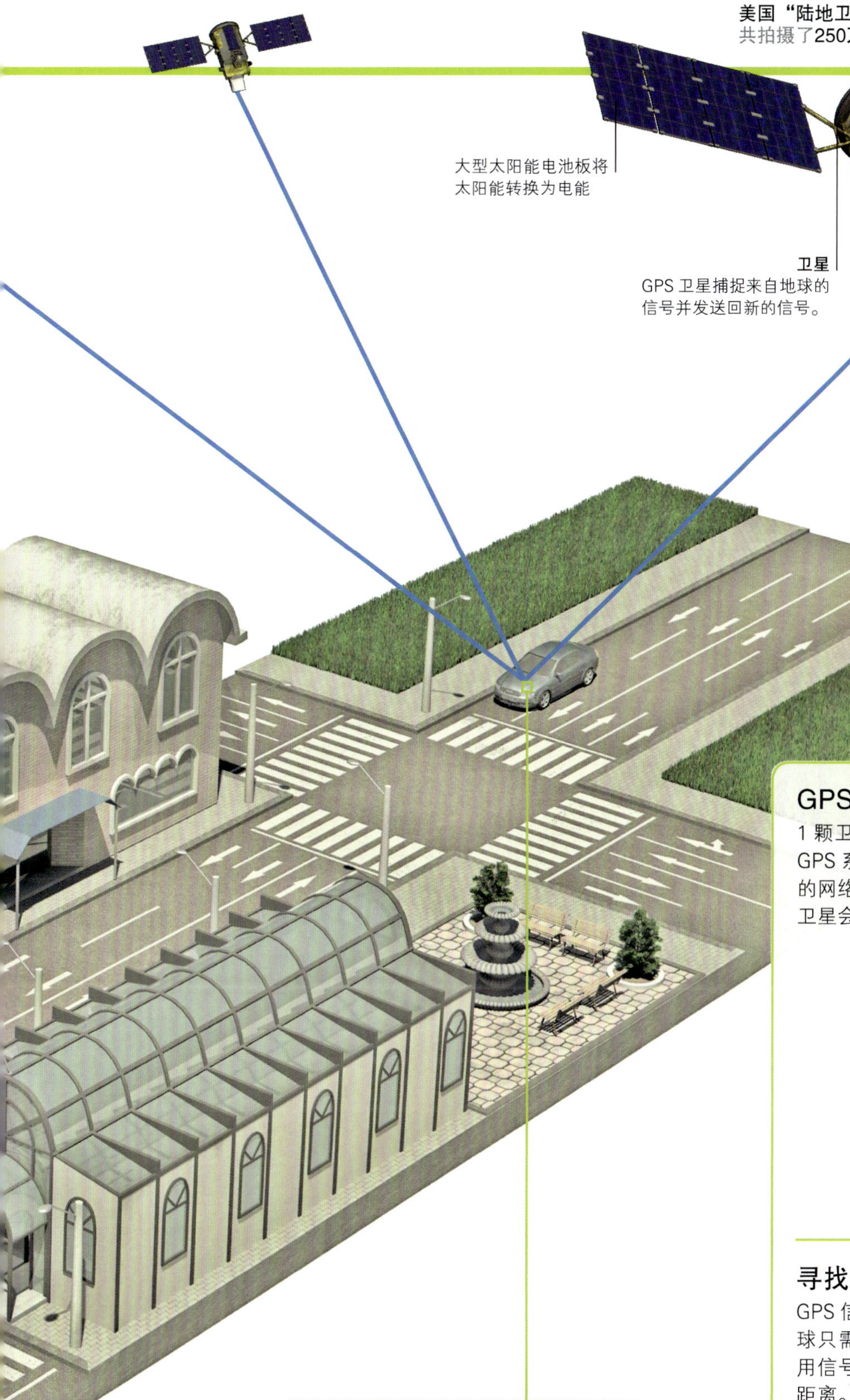

GPS 信号

GPS 卫星和普通卫星的工作方式不同。它每次向地球发送两组信号。一组短波信号传输迅速，可以让人们较为准确地定位。另一组信号更精确，需要更长时间来传输，帮助军队精准地发射导弹。

GPS 卫星

1 颗卫星不能一次性覆盖整个地球，所以 GPS 系统有一个至少由 24 颗卫星组成的网络。不管你在哪里，至少有 4 颗卫星会向你的手机发送信号。

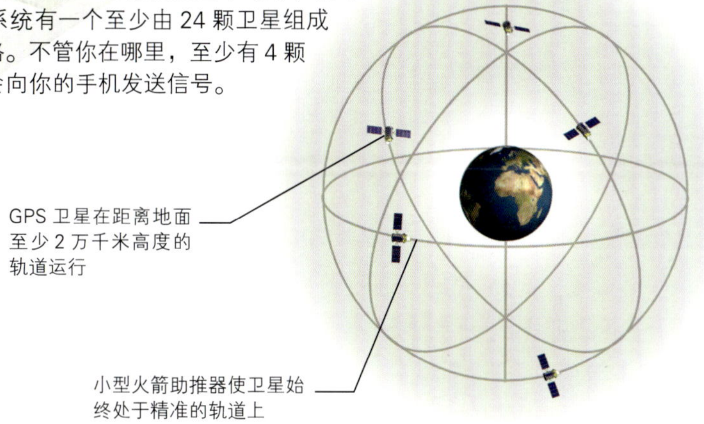

寻找你的位置

GPS 信号以光速传输，从太空到地球只需要不到 1 秒。GPS 接收器会用信号传输的距离计算你与卫星的距离。利用至少来自 3 颗（最好是 4 颗）卫星的信号，GPS 就可以计算出你的准确位置。

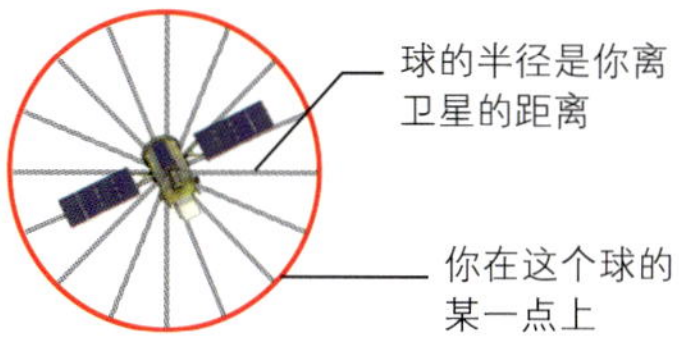

1 **1颗卫星**
如果卫星和你相距特定的距离，你的位置一定在一个球面上，这个距离就是球的半径。

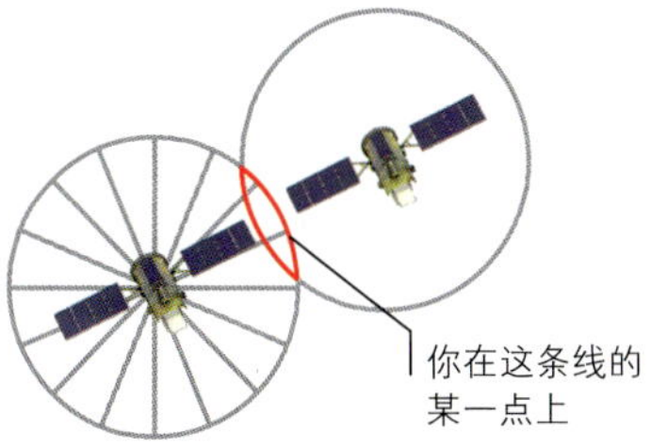

2 **2颗卫星**
如果有 2 颗卫星，你的位置一定在信号重叠的区域。

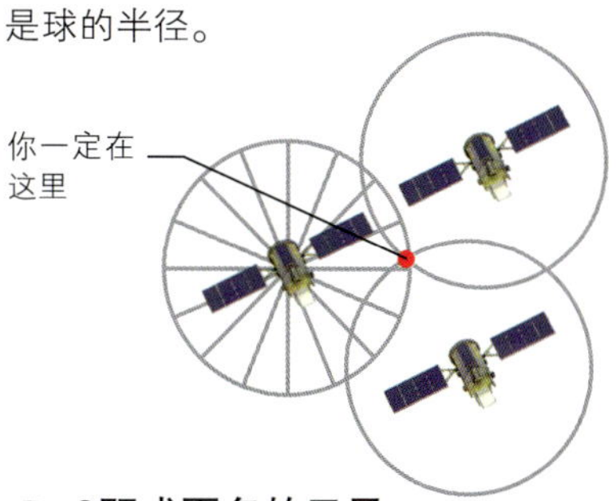

3 **3颗或更多的卫星**
3 个信号只能在地球上相交于一点，这就是你的准确位置。

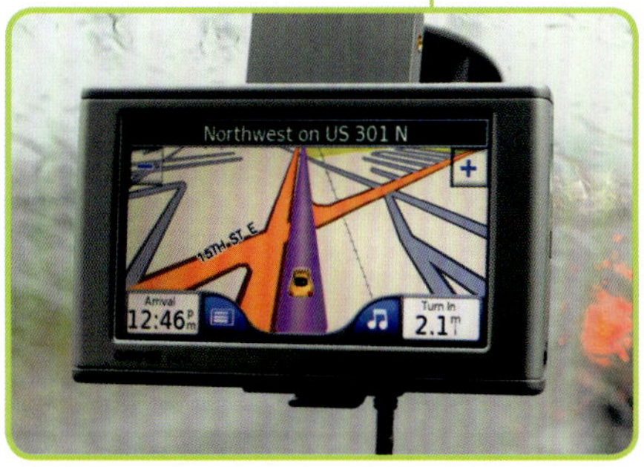

卫星导航

汽车的导航设备使用和 GPS 卫星定位相连的地图存储数据库。当你开车时，GPS 接收器会检测到你的位置变化。导航中的计算机会计算出你的移动速度并不断重绘地图来显示你的驾驶进程。

99.9999% 最精确的实验用镜子能反射回来的光的百分比。普通镜子反射的光量不足90%。

光

光是一种在太空中传播的辐射。大多动物，包括我们人类，都有眼睛，能通过感知光来观察和了解周围的世界。

虽然光看起来很特别，但它其实只是另一种形式的电磁波，就像无线电波一样。光通常沿着直线快速传播，会非常精准地反射和折射。我们眼睛能看到的大部分光都很微弱，因为它们已经是从别的物体上反射回来的了。然而，并非所有的光都如此微弱，激光就有很强的穿透力，还能切割金属。

光的折射

光在水和玻璃等密度大的物质中的传播速度比在空气中慢。速度的变化导致光从空气穿进玻璃和穿回空气时发生折射（弯曲）。透镜利用折射放大物体，这是因为透镜弯曲了光线，使光看起来像来自一个离我们更近的点，于是物体会看起来更大。

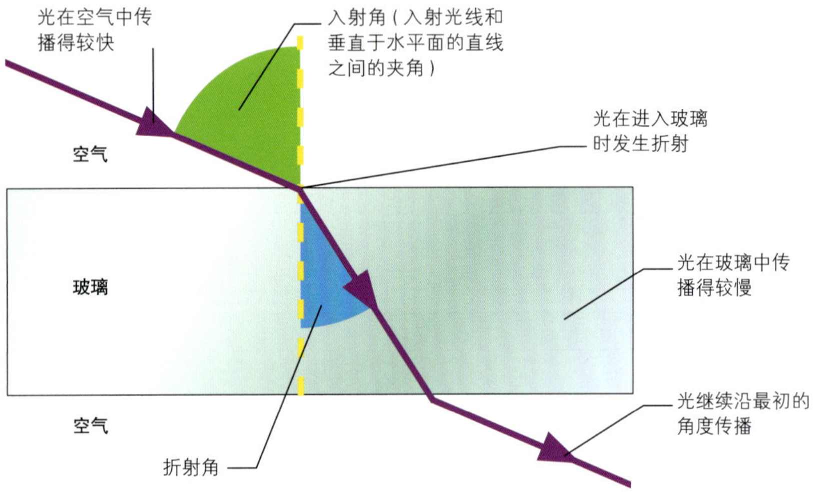

改变方向

光从空气进入玻璃时，速度降低并发生折射，而从玻璃穿回空气时，速度加快，再次发生折射。

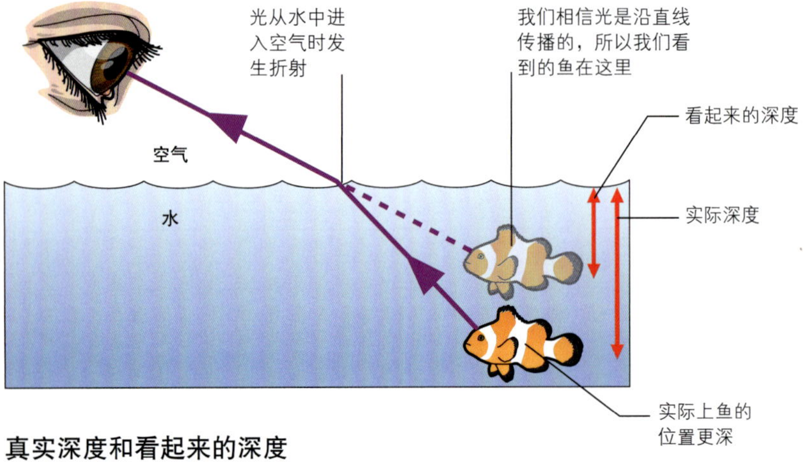

真实深度和看起来的深度

折射使鱼看起来离水面更近。因为我们的大脑假设光是沿直线传播的，不会弯曲，所以我们看到的鱼比实际位置浅。

光的反射

我们能看到东西是因为光会反射到眼中。如果平面是光滑的，比如镜子，光就会以相同的角度反射回来，产生一束光束，即镜面反射。如果平面是粗糙的，光就会以任意角度反射回来，即漫反射。

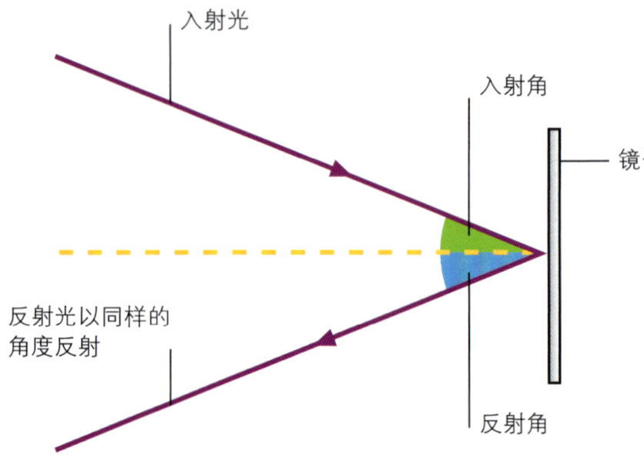

反射定律

射向镜子的光会以相同的角度被反射回来。用更科学的语言表述，即入射角等于反射角。

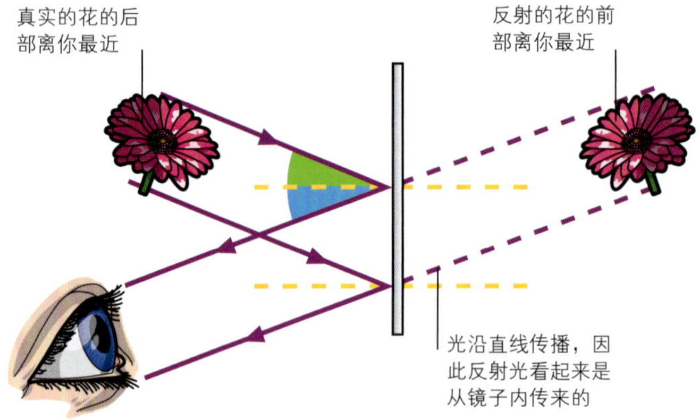

镜子如何颠倒东西?

镜子不会使东西左右颠倒——文字之所以在镜子里左右颠倒是因为我们把它转向了镜子。镜子实际上是把物体前后位置调换了。

现实中的反射

平静的水面就像一面镜子，它能通过镜面反射映出上面的东西。当水面起波纹时，光以任意角度反射回来，此时的倒影很模糊。

干涉

当频率相同、相位差恒定、振动方向相同的两列或两列以上光波、水波或声波叠加时，会发生干涉。在某些位置，波相互叠加（相长干涉），而在另外一些位置，波相互抵消（相消干涉）。其结果是振幅在某些地方变大而在某些地方变小，形成了一个新的波。这就解释了为什么一个海浪过后会有一个大得多或小得多的浪。

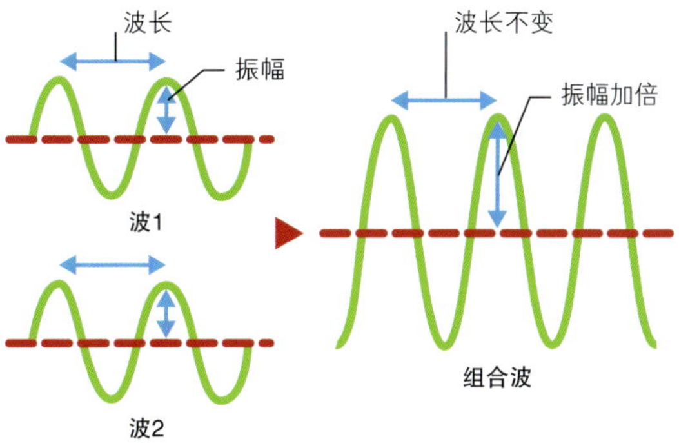

相长干涉

当两列相同的波同相叠加时，叠加而成的新波波长不变，振幅加倍。如果两列光波这样叠加，发出的光比原来的亮一倍。

彩色的肥皂泡

干涉使肥皂泡表面有变幻的色彩。肥皂泡各处的厚度不同。当光射进肥皂泡并在内外表面发生反射时，光波相消或增强，使肥皂泡呈现出不同的颜色。

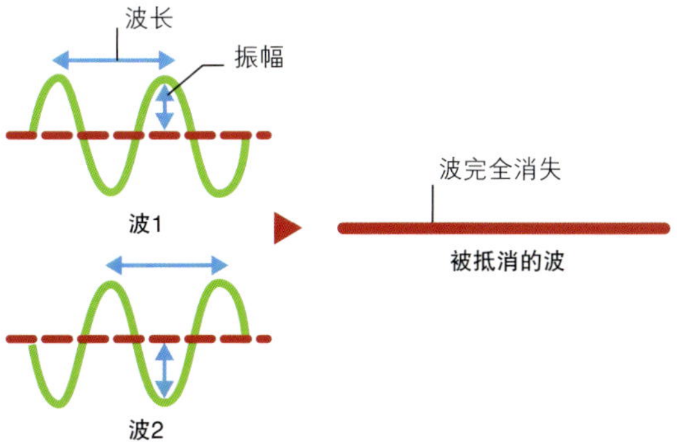

相消干涉

两列相同的波异相叠加时会相互抵消，生成的新波振幅为0。如果两列光波这样叠加，就会变成一片黑暗。

衍射

光波绕过障碍物边缘或通过孔隙时会发生衍射，继续传播。孔隙越小，衍射越显著。如果你把眼睛眯成缝盯着街灯，也能看到衍射。如果闭上眼睛，你会看到光好像在眼睑之间的缝中发生了衍射。

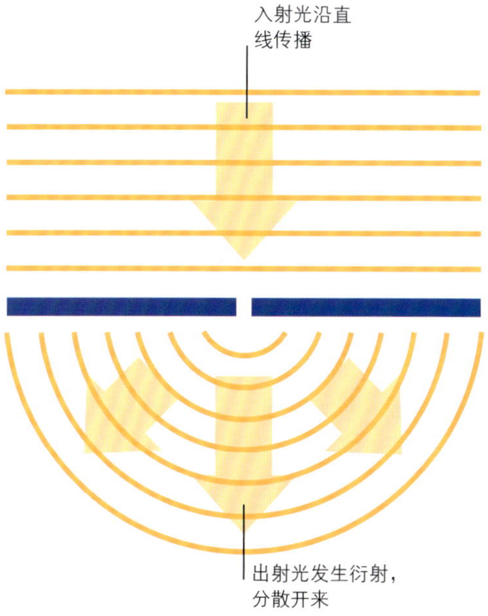

穿过孔隙的衍射

要发生明显衍射，孔隙宽度必须和波的波长差不多或更小。声波也会发生衍射，这就是为什么我们能通过门缝和拐角听到其他房间的声音的原因。

激光

激光器能产生强光束。与普通电灯不同，激光的光波有一致的步调，并相互叠加（相长干涉）。因此，激光可以传播很远的距离，最强的激光器（二氧化碳激光器）能焊接或切割金属。

192 **美国国家点火装置（NIF）能射出192束激光，是世界上最大的激光器。眨眼间，它就能产生大量能量，比整个美国在相同时间内消耗的能量还多。**

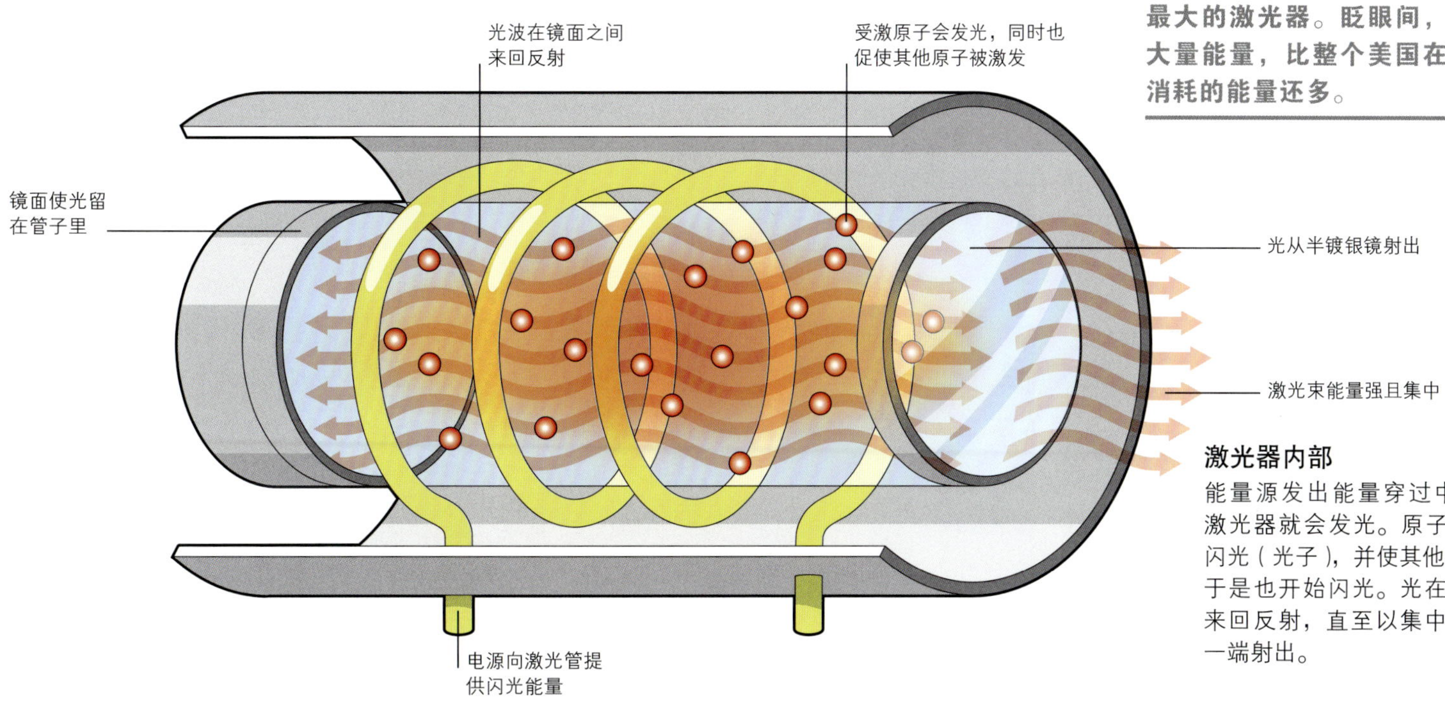

激光器内部

能量源发出能量穿过中心的管子时，激光器就会发光。原子被激发，发出闪光（光子），并使其他原子也被激发，于是也开始闪光。光在两面镜子之间来回反射，直至以集中光束的形式从一端射出。

30 帕拉纳尔天文台建于山上，那里全年只有30天会有云层遮住视线。

甚大望远镜（VLT）很强大，它能找到月球上的一对车灯。

天文望远镜

人们对宇宙的了解大部分来自专业的大型望远镜，它们有些像办公大楼一样大。这些望远镜利用透镜和平面镜来捕获光或使光折射，让人能清晰地看见遥远的星球。

巨型镜子很重，且造价高昂，因此可以把几个望远镜连在一起当作一个使用。世界上最大的光学望远镜是智利的甚大望远镜。它能将两三台 8.2 米口径的望远镜组合在一起，合成一个单独的仪器，生成比单个望远镜更清晰的图像。

激光制导

星星闪烁是因为它的光被地球大气扭曲了，于是显得模糊。一束射向大气的强大激光束能形成人造星星，用来监控大气的影响。随后，计算机可以消解这种模糊效应。

帕拉纳尔天文台

甚大望远镜由 4 个固定的大型望远镜、4 个沿着轨道分散分布的小型辅助望远镜和大约 20 个用来分析这些望远镜捕获的光的科学仪器组成。4 个大型望远镜分别叫 Antu、Kueyen、Melipal 和 Yepun（这是智利一种本土语言，含义分别为太阳、月亮、南十字座和天狼星）。

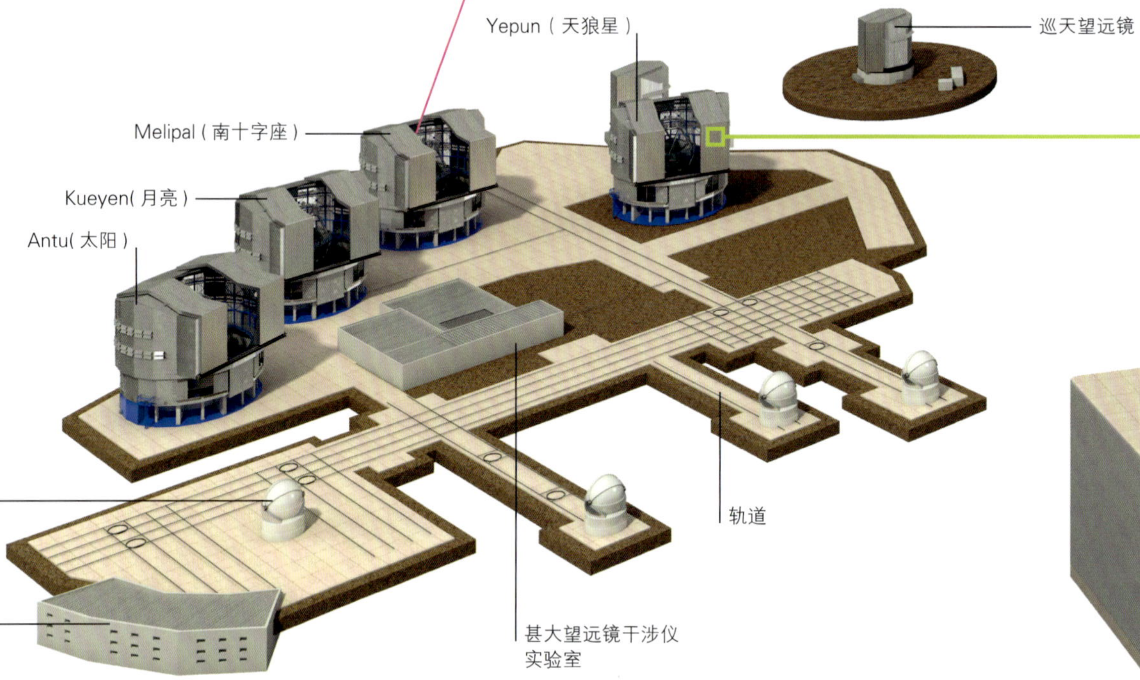

外太空的图像

通过两三台望远镜的共同工作，甚大望远镜可以观测到地球上其他望远镜无法捕捉到的微小细节。甚大望远镜自 2000 年开始运行，已经拍摄了一些来自恒星、星系和星云的图像，帮助人们加强对宇宙的了解。最近，该望远镜拍摄到了系外行星（太阳系外的星球）的照片。

草帽星系
来自草帽星系的光用了 3000 万年的时间到达甚大望远镜，这个星系的形状像一个墨西哥草帽。整个星系的质量相当于 8000 亿个太阳。其外圈由恒星、气体和尘埃组成，高密度的核心由成熟的恒星组成。

蟹状星云
蟹状星云是一颗巨大恒星爆炸生成超新星留下的残骸。这张照片是甚大望远镜捕捉到的，中心的蓝色区域由围绕一个磁场旋转的高能电子组成。蟹状星云已经存在了约 1000 年，直径达 5 光年。

大麦哲伦星云的N70星云
作为银河系的邻居，大麦哲伦星云距离地球 16 万光年。古代天文学家觉得它看着像一团模糊的云或是一座朦胧的山。N70 星云是大麦哲伦星云中一个巨大的气泡星云。

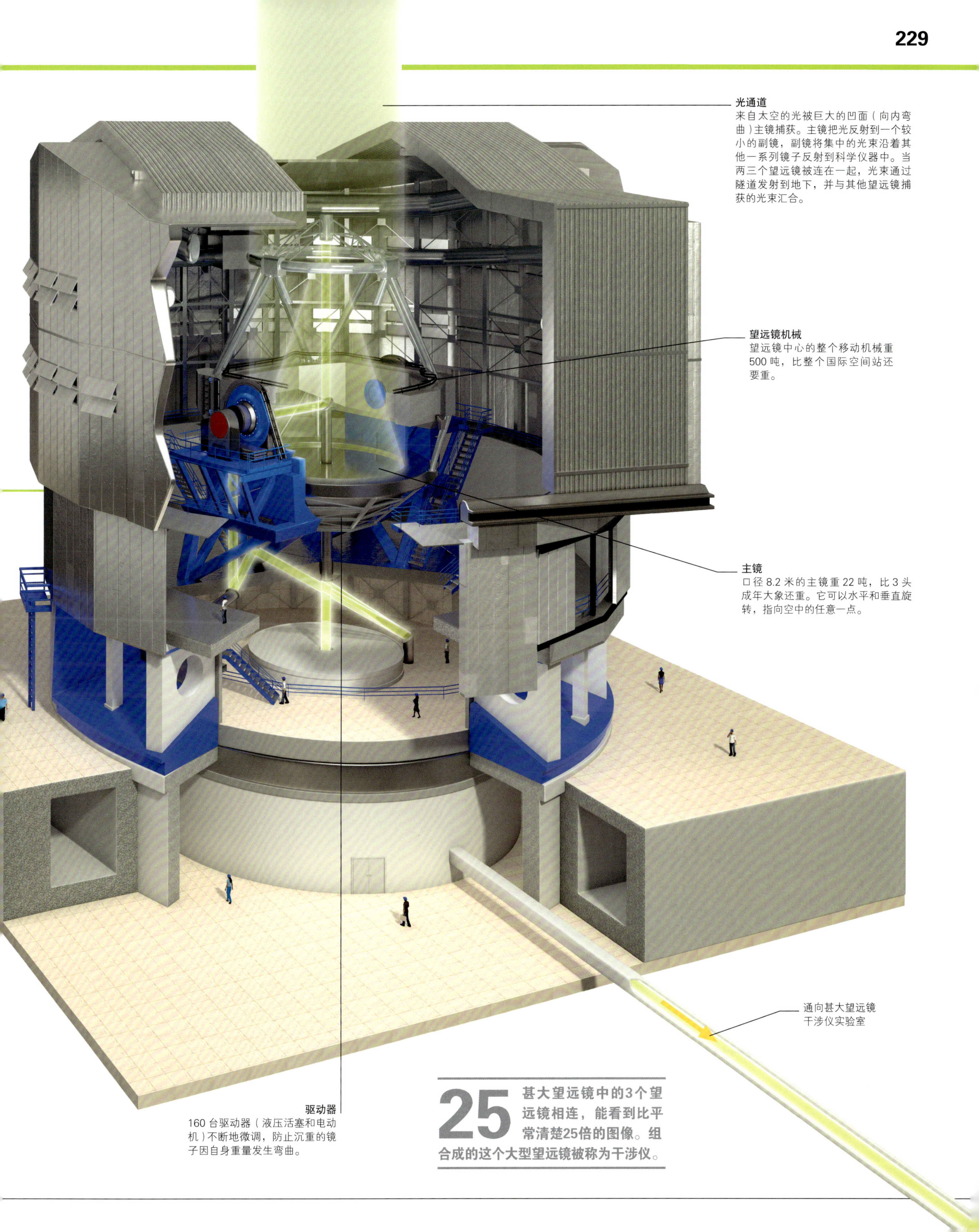

25 甚大望远镜中的3个望远镜相连，能看到比平常清楚25倍的图像。组合成的这个大型望远镜被称为干涉仪。

4800 1883年，印度尼西亚**喀拉喀托火山**的爆炸声是迄今**最大的噪声**，**远在4800千米外**的澳大利亚艾丽斯普林斯**都能听到**。

声音

如果有人喊“你好”，就有数十亿个分子在你周围的空气中推挤和碰撞，使声音加速到达你的耳朵。如果我们能观察到这一过程，就会意识到声音是在传播时挤压和拉伸空气的能量波。

所有声音都以波的形式传播，而且声音与声音的不同仅仅因为波的形状不同。水面上的波纹在向前传播时上下起伏，与这种波不同，声波在传播时沿着同一方向推拉。

像光和热一样，声音也是一种形式的能量，但它对我们而言很特殊，因为它能高速传送话语和音乐。没有声音，我们就无法听到鸟儿在树上鸣叫，也听不到电台播放的流行音乐。声音能影响我们的情绪，激发我们对周围世界的兴趣。

声音如何传播?

击鼓时鼓皮会振动，并振动周围的空气分子。这会推动周围的分子，这些分子又带动其他分子，使声音迅速向外扩散，向各个方向传播能量。能量最终到达我们的耳朵，引起耳朵内部鼓膜的振动，我们就听到了声音。

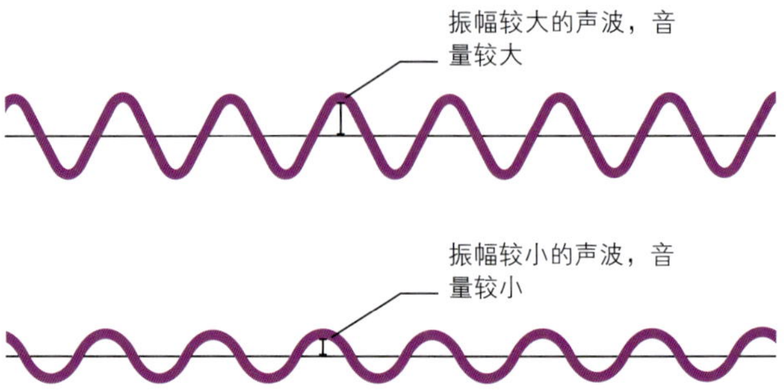

音量

发出的声音越大，所需的能量越多。击鼓越用力，鼓面振动越厉害，从而使空气分子振动越剧烈，音量就越大。

音调

声音的音调取决于声波的振动方式，频率越高，音调越高。紧绷的鼓皮比松的鼓皮振动得更剧烈，能产生音调更高的声音。这些振动比音调低的声音频率高。

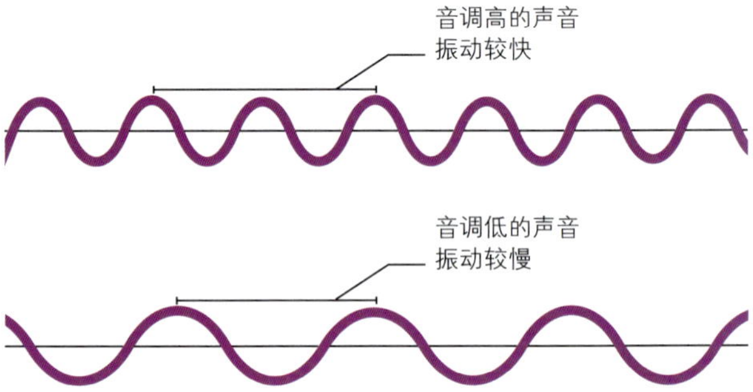

声速

我们先看到闪电，几秒后才听到雷鸣，这是因为光的传播速度比声音快得多。在地面，空气温度为 20℃时，声音的传播速度是 343 米 / 秒。但声音不是在所有介质中都以同样的速度传播。因为声音通过粒子的振动传播，其速度取决于介质的内部性质（内部粒子相距有多远）和温度。

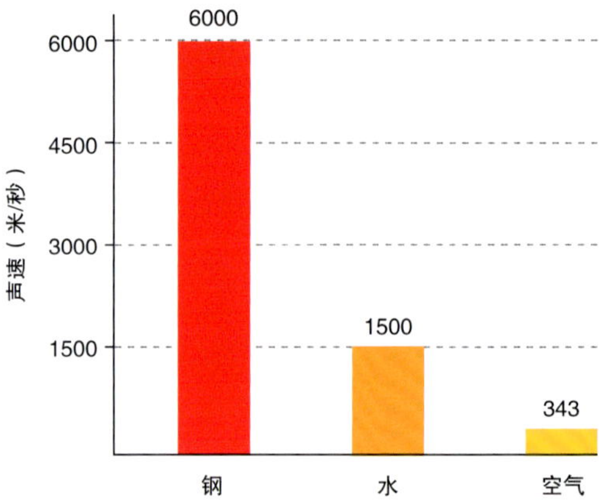

不同介质中的声速

人在空气中比在水中走得快，所以你可能会推测声音也是这样。但声波在固体中传播得最快（因为粒子距离最近），在液体中传播得较慢，在气体中传播得更慢。声音在钢中的传播速度是在空气中的 17 倍多。

超声速运动

当你听到一架超声速飞机在头顶呼啸时，它应该已经飞过去了。飞机速度比声速快，将噪声远远地留在身后。超声速飞机之所以噪声很大，是因为它撞击和挤压前方的空气，在身后留下巨大的冲击波。

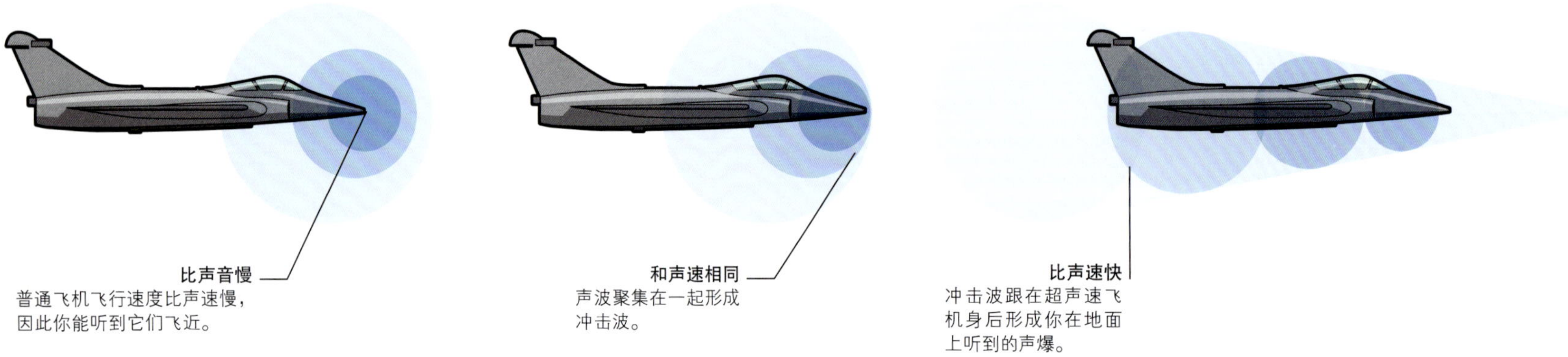

多普勒效应

当一辆警车向你驶来时，你会感到它的喇叭发出的声音音调升高，这是因为声源正朝着向你发出声波的方向行驶，声波也随之一起向你靠近，且以更高的频率到达你的耳朵。当喇叭经过后，你会感觉音调突然降低，这是因为声源远离时，你听到的声波波长增大，频率降低。这就是多普勒效应，是以发现它的科学家的名字命名的。

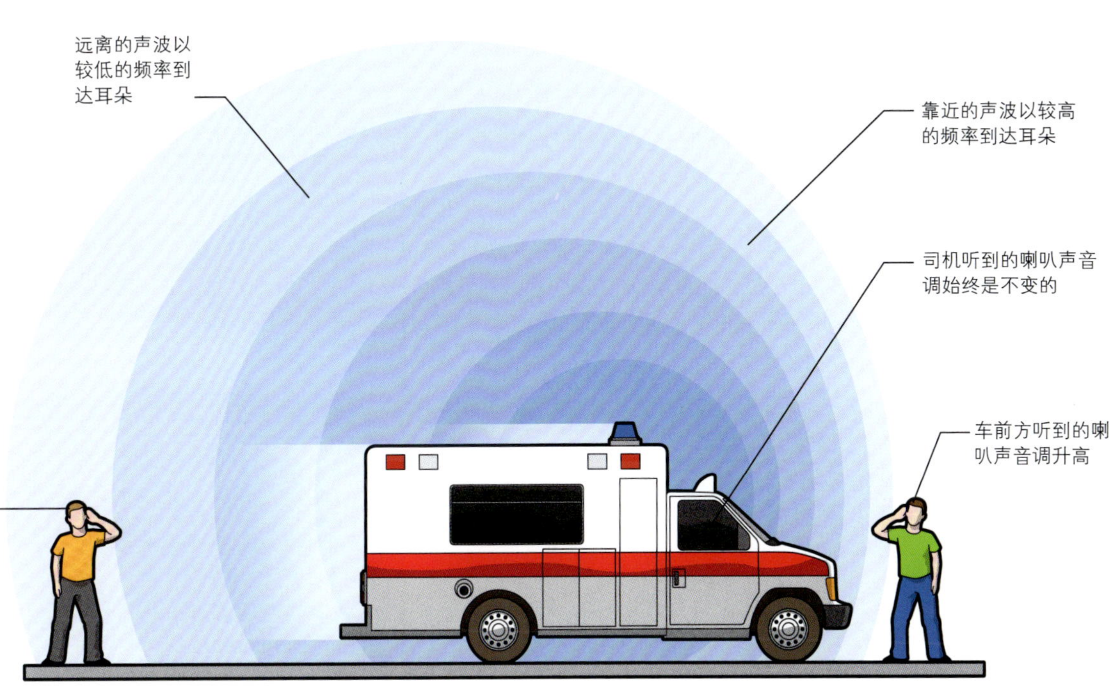

移动的喇叭

喇叭声音调的高低有助于我们判断一辆车是在向我们靠近还是在远离。当车经过时，你和汽车司机听到的喇叭声是一样的。

音乐的声音

我们的大脑总能立刻分辨出噪声和音乐。如果你用八度音阶弹奏 8 个音符，最高音比最低音的频率要高 1 倍。如果用不同的乐器弹同一个音符，会产生频率相同但形状不同的复杂的波。

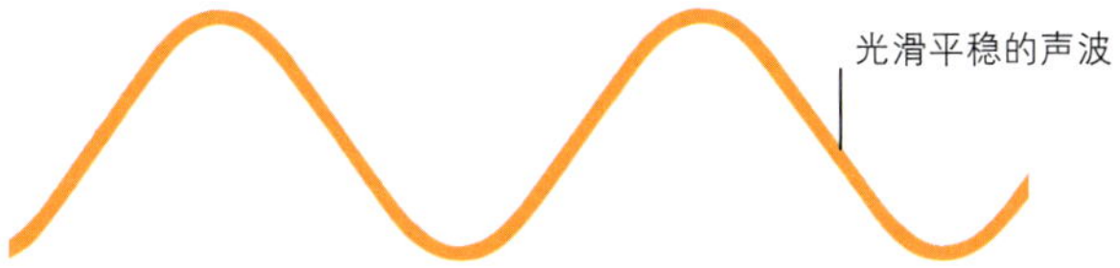

音叉

敲击音叉会产生一种简单、有规律、上下振动的声波，叫作正弦波。每个音叉只能发出一个音符（频率），你需要不同的音叉来发出不同的音符。

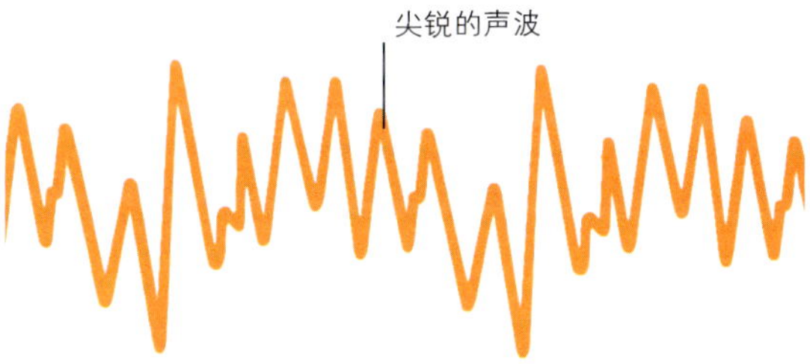

小提琴

拉小提琴时，琴弦振动使空心木箱内的空气振动。小提琴的声波是一种尖锐的声波。

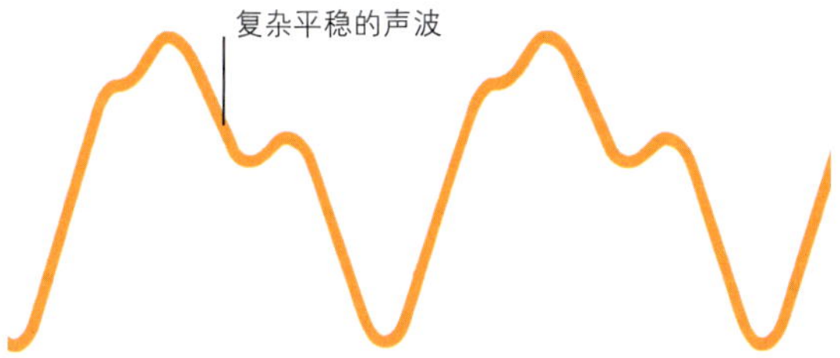

长笛

吹长笛时在管中制造振动，产生声波，发出声音。这种声波和音叉的正弦波相似，但稍微复杂一些。

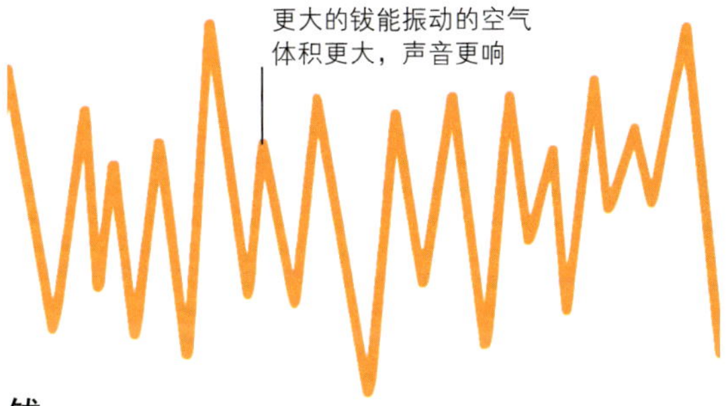

钹

钹是一种敲击时能发声的打击乐器。其声波和音叉正弦波精确的波形相比，更像一种突发的随机噪声（白噪声）。

激情万丈的歌手如果以和玻璃振动相同的频率歌唱，可能会震碎玻璃杯。

15 夏天，**埃菲尔铁塔**因**热膨胀**会增高**15厘米**。

热

如果冰激凌顺着你的手下滴，要怪就怪科学吧。热（藏在物体内的动能）严格遵守恒久不变的定律在我们的世界里流动。

热是一种微观粒子在物体内部运动的过程中储存起来的能量。高温物体比低温物体含有更多的热，因为其内部的粒子运动得更快。热并不总是停留在一个地方——如果高温物体挨着低温物体，则会发生热传递，直到两者温度相同。高温物体温度下降，是因为它的能量一部分传递到了低温物体上，而低温物体获得等量的能量，温度上升。

分子运动论

气体越热，内部的粒子（原子或分子，物理上一般都称为分子）运动得越快。运动得越快，它们与容器相撞的频率越高。如果你加热或挤压气体，粒子运动就会变快，碰撞变频繁，压强和温度会升高。这一原理叫作分子运动论。

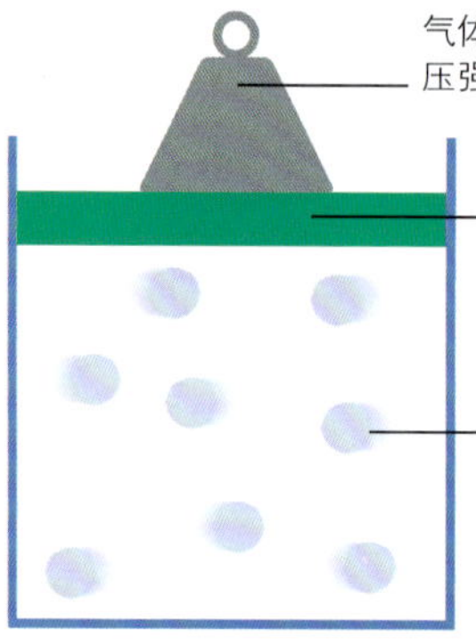

扩散使气体冷却
气体中的粒子运动空间变大。总的热能在更大的空间扩散，于是气体变冷。

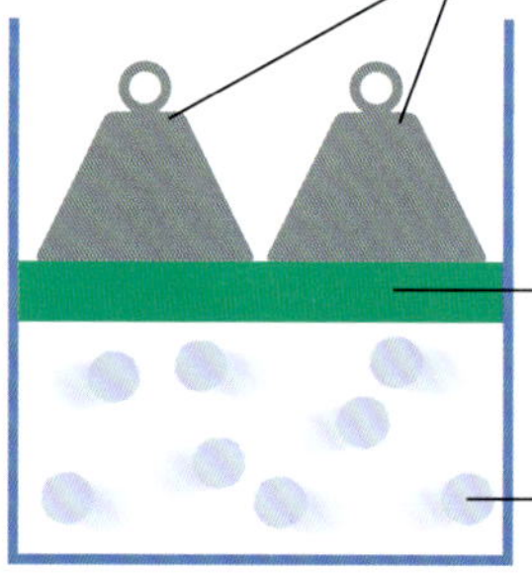

压缩使气体升温
活塞向下压，粒子被挤压得更紧凑，撞击更频繁，于是气体升温。

温度

人类在地球上经历的温度范围不到150℃。而从绝对零度（最低可能温度）到大型强子对撞机内部的最高温度，温度的最大可能变化范围约为4万亿℃。

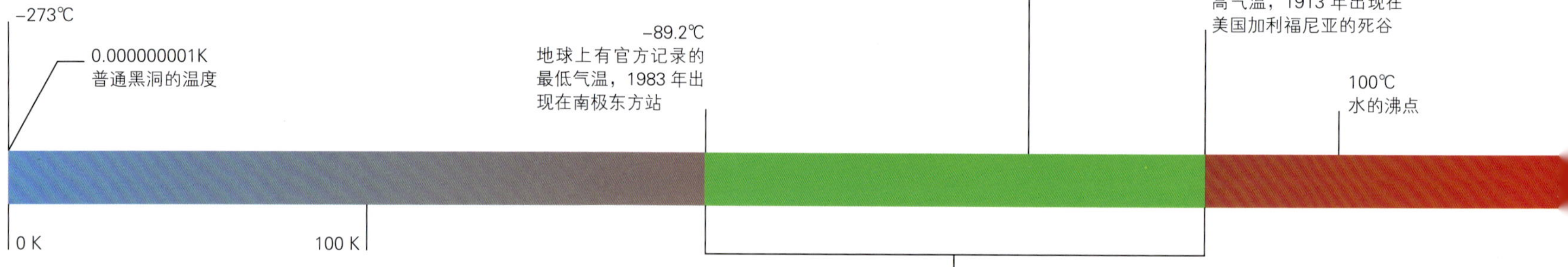

绝对零度
在最低可能温度下，物体内部的原子和分子都停止运动，保持静止。我们称此温度为绝对零度。虽然科学家已使温度无限接近绝对零度，但目前还没有人能将物体温度降到这么低。

热如何传递？

和其他形式的能量一样，热倾向于均匀地扩散。高温物体通过3个过程向周围的低温物体传递能量，分别叫作热传导、热对流和热辐射。通常，同时有不止一种过程发生。你房间里的暖气可以通过热传导（直接接触）、热对流（暖空气流）和热辐射（向外辐射热）将热传递给墙和地板。

热传导
当高温物体接触到低温物体时，高温物体内部运动得较快的粒子带动了相邻的低温物体的粒子。热迅速传导至整个物体。

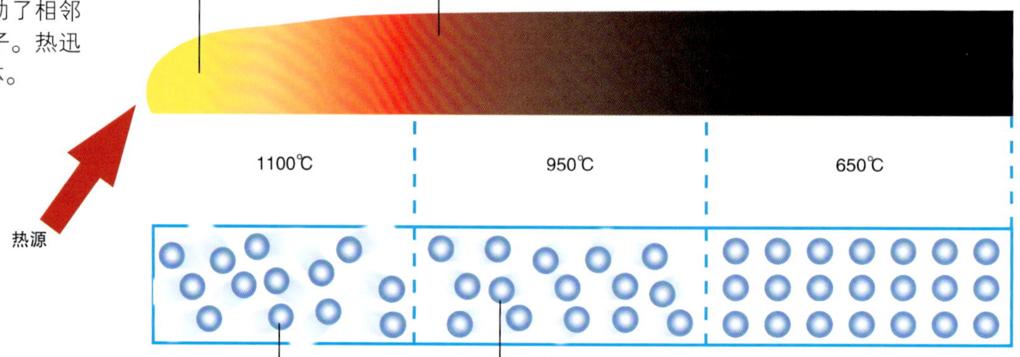

温度的测量

温度能衡量物体的冷热程度，但不能衡量其所含热能的多少。冰山如此巨大，虽然看起来很寒冷，但其中所有运动的粒子中都含有大量的热能。一杯咖啡虽然比较热，但比冰山小很多，因此所含的热能总量较少。

衡量温度的方式

我们用 3 种方式来衡量温度。华氏温度（℉）是美国和其他一些国家的官方标准。摄氏温度（℃）是最常用的测量单位。热力学温度（K）是科学家最常用的单位。

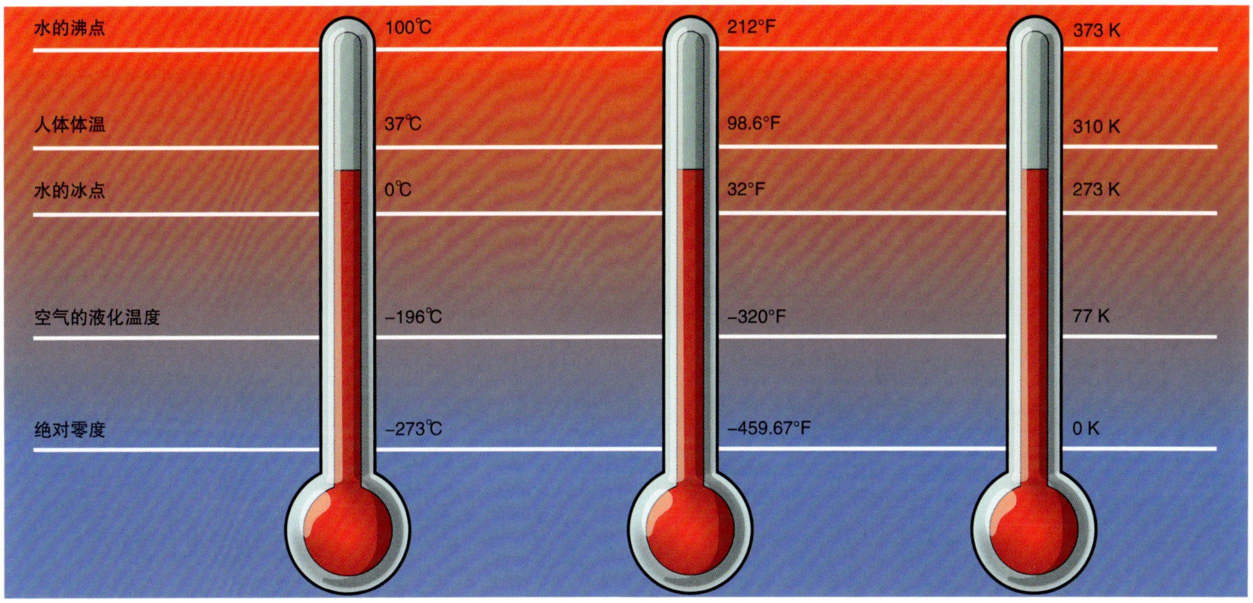

摄氏温度
以水的沸点和冰点为基准的刻度，两点之间相差 100℃。

华氏温度
以水的沸点和冰点为基准的刻度，两点之间相差 180° F。

热力学温度
以绝对零度为起点，每间隔 1 K 与间隔 1℃的温差是相同的。

绝对最高温度

科学家能想象的最高温度是 1.4×10^{32} K（普朗克温度）。人们相信宇宙在大爆炸后的某个瞬间达到过这个温度，但从那以后再没有任何物体接近过这一温度。

热对流

热对流是热在流动的液体和气体（流体）中循环的方式。当你加热水壶中的水时，热水上升，冷水下沉，最终所有的水都被加热。

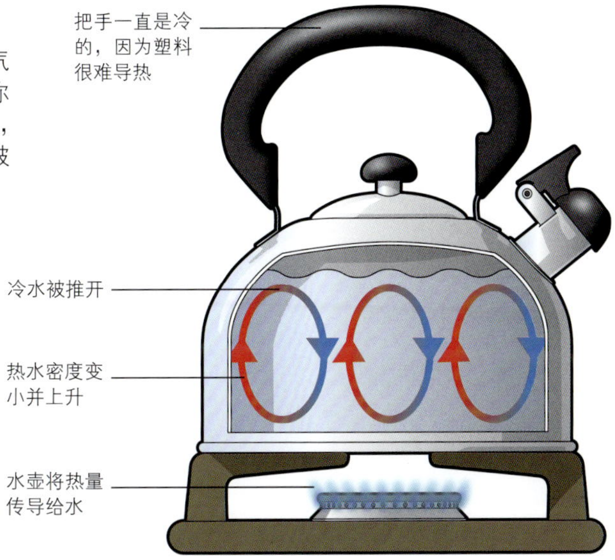

热辐射

和光一样，热能从热的物体上辐射出去，甚至能在真空中传输。物体的表面积越大，热辐射的效率越高，冷却得越快。

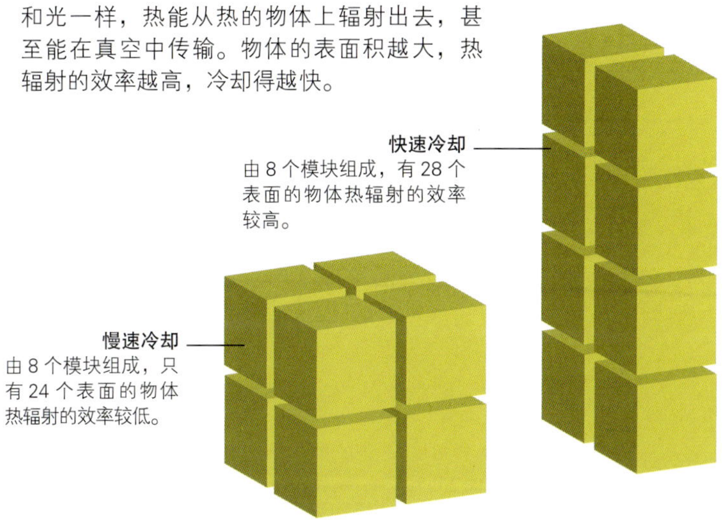

0.05 世界上**最小的电池**长0.05毫米。它于2011年在美国的一个**实验室**被制造出来。

电

闪电由电子提供能量。这些微小的带电粒子在原子内部做不规则运动，它们几乎是我们能想象到的最小的物质。所有电器最终都是由它们驱动的。

从为我们的家庭取暖、照明到为火车提供动力，电能做很多了不起的事情。电子通过导线将能量携带到各处，形成电流。在家里，任何插在插座上的东西都是由电流供电的；在没有插座的时候，电池会为我们的手机和笔记本电脑供电。电荷在某处聚集，就产生了静电。脱毛衣时噼啪响的就是静电。

电流流动时发生了什么？

当你开灯时，电能流入了金属导线。导线中的金属离子不动，而自由电子在其周围运动，每个电子都带有微量的电——电荷。虽然每个电子运动得很慢，但导线中充满了电子，所以电基本不花时间就能从电源流到用电处。一开灯，灯立即亮了起来。

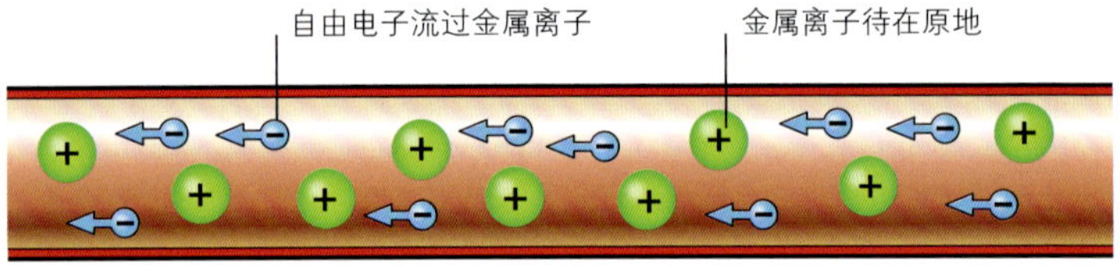

电流流动

断开开关，导线中的电子开始移动。电压越大，通过导线的电子越多，电流就越大。

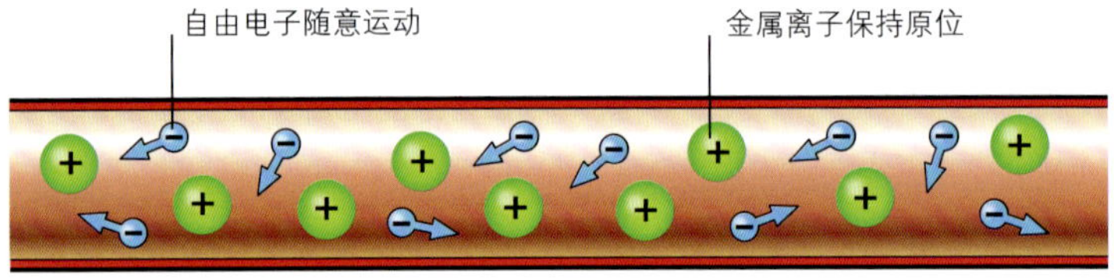

没有电流流动

闭合开关，没有力推动电子朝同一个方向运动。它们不再以电流的形式流动，而是做无序运动。

电池如何工作？

电池是一种利用化学能发电的便携式电源。它们有负极（底部的金属外壳和极板）和正极（顶部的金属凸起），以及中间的电解质（化学混合物）。当你将电池连入电路时，在电池内部会发生化学反应，产生电子和正离子（失去电子的原子）。正离子在电池内部流动。电子在外部电路中流动，为任何与电池相连的电器提供电力。

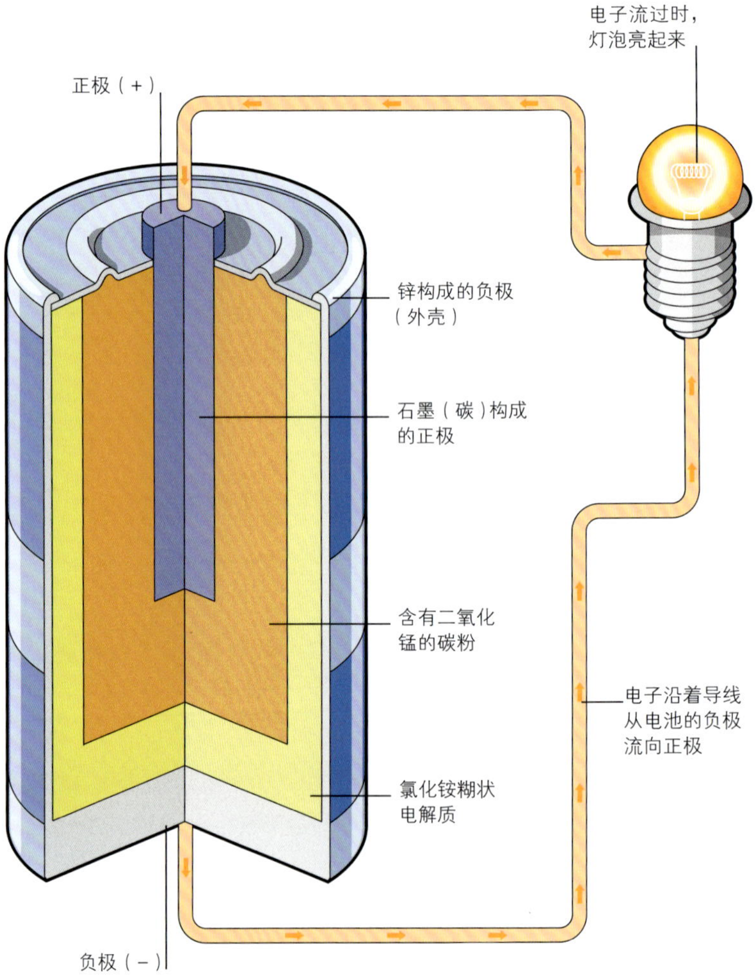

电池

最简单的电池由锌制成的负极和石墨制成的正极组成，而且是一次性的。可充电电池使用的材料可以发生可逆化学反应，因此能重复使用上百次。

电路

电路是由电路元件和互连导线等组成的回路。电路能将能量从电源（如电池）输送到元件（如电灯），再回到电源。只有当电路形成闭合回路时才会产生电流。如果回路在某处断开，电子不能通过，电流也就停止流动。开关的工作原理就是闭合和断开电路。

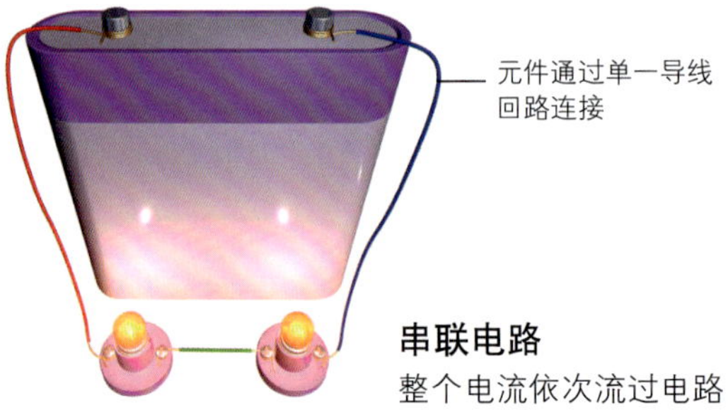

串联电路

整个电流依次流过电路的每个元件。流经每个灯泡的电流是一样的。

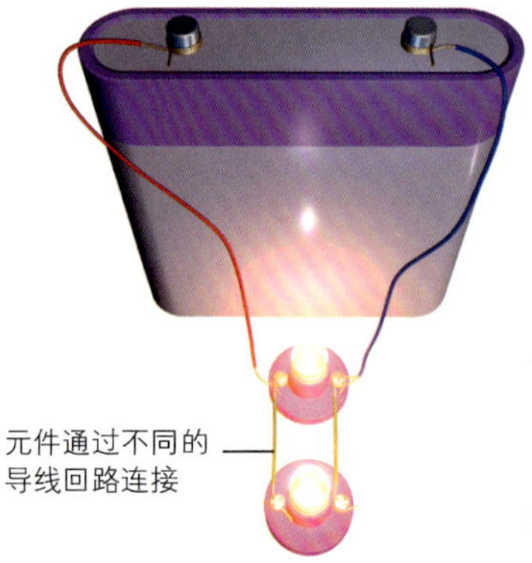

并联电路

电流必须分开流向电路的不同元件。流过每个灯泡的电流只有串联时的一半。

静电

人们通常认为电必须流过某个物体才行，但当电子在没有电路的情况下聚集起来，就会形成静电。静电使头发在被化纤T恤摩擦过后竖起来，使气球在毛衣上摩擦后能粘在墙上。在这些例子中，气球等物体的表面从其他物体表面“偷走”了电子，多余的电子使其带负电。

5 闪电能将周围的空气加热到太阳表面温度的5倍以上。

负电荷

如果你在毛衣上摩擦气球，气球就会带负电。如果将气球贴近墙，气球会排斥墙中的负电荷，使墙的表面带正电。气球就粘在了墙上。

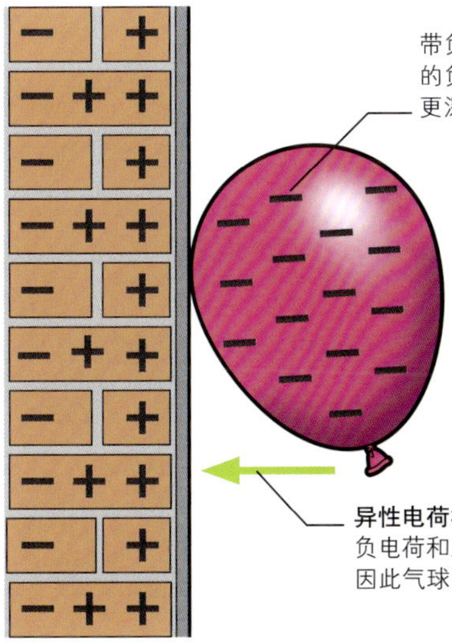

排斥

如果先后用两个气球在毛衣上摩擦，两个气球都会带负电。如果你尝试将两个气球放在一起，它们的负电荷会相互排斥。

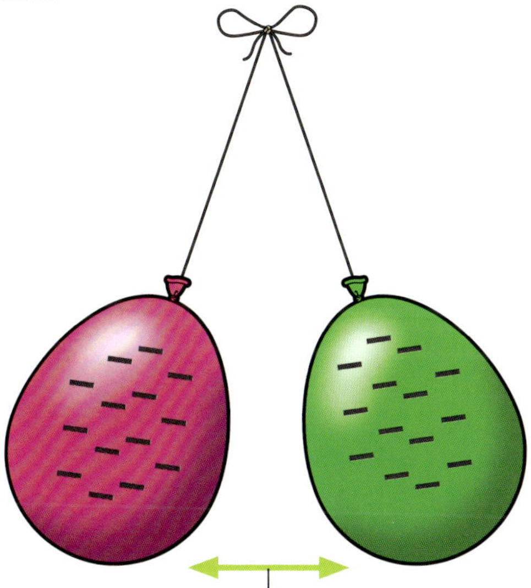

等离子球

在这个充满了混合气体的透明玻璃球中有转动的光流，这种现象是静电导致的。当中间的棒通入了高电压，球内的气体原子发生电离（原子分裂成离子和电子），形成等离子体。球中心的电压使离子和电子快速流到外缘，产生了微型闪电流。

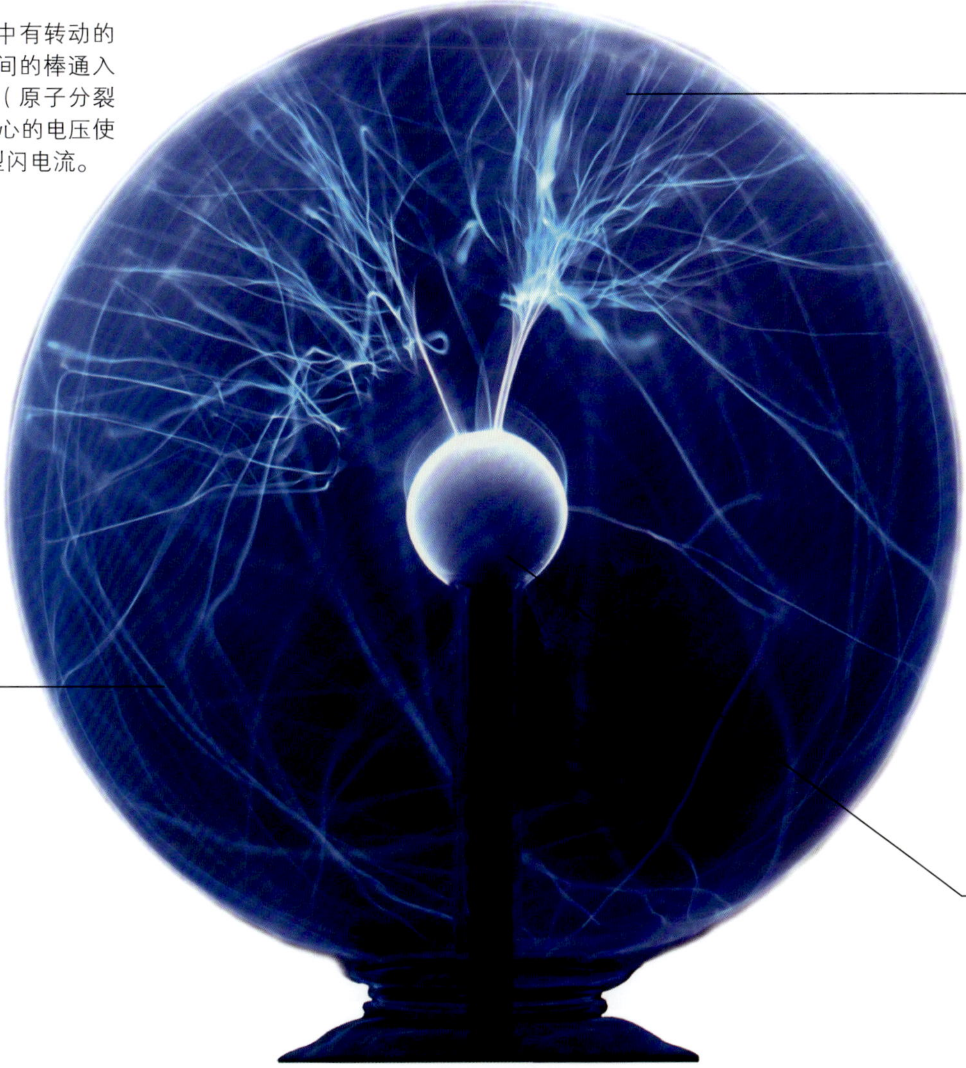

闪电在空气中的传播速度远小于光速。

23 风速必须达到23千米/时才能通过风力机发电。

16 家用照明用的电量比交通照明多16倍。

从发电站到家里

电通过复杂的电网将发电站和各种电器连接起来。人一天中的用电量时高时低，但是有多种形式的发电来满足人们的日常需求，因此我们不会把电用光。

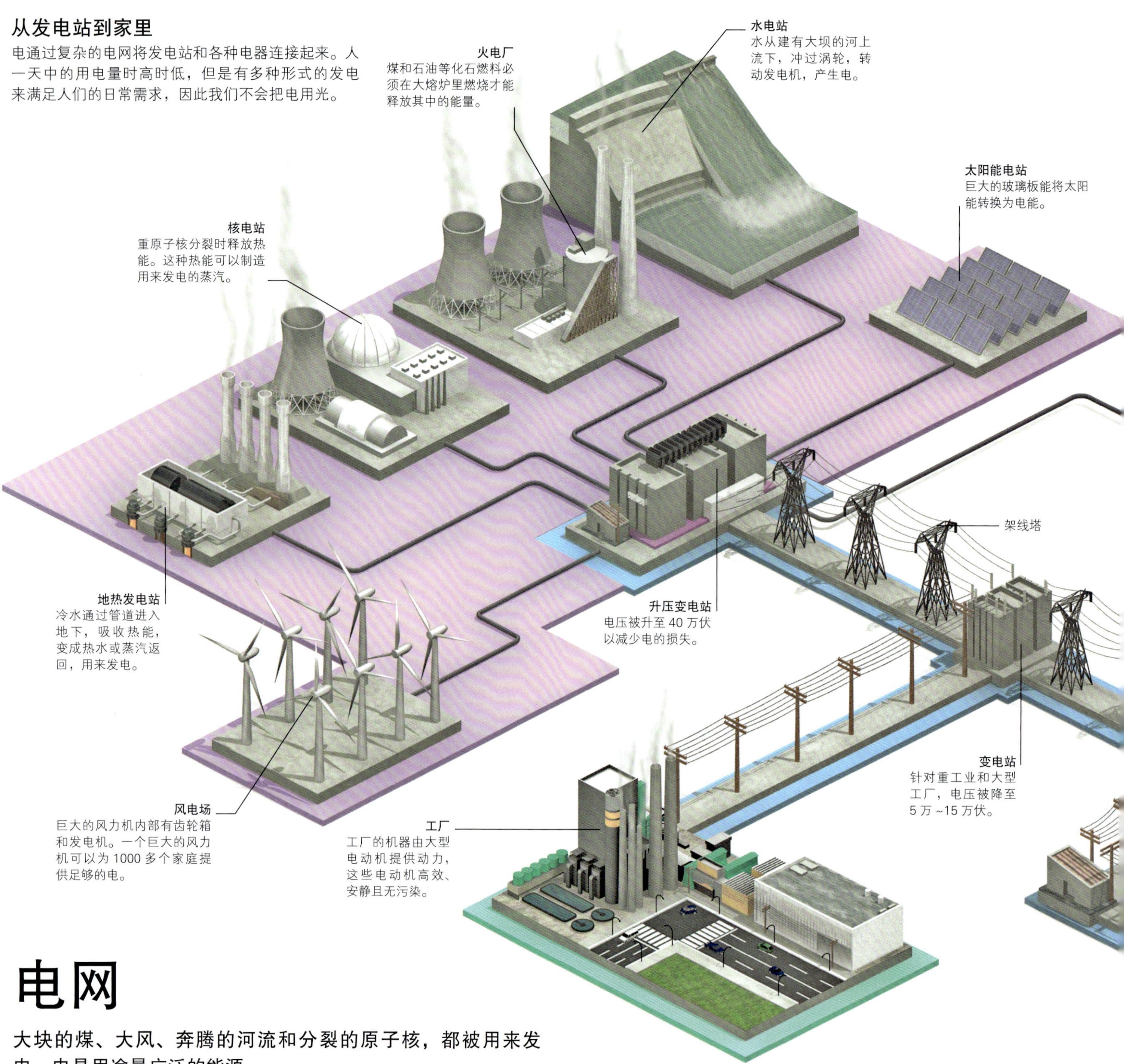

电网

大块的煤、大风、奔腾的河流和分裂的原子核，都被用来发电。电是用途最广泛的能源。

在 1882 年第一座发电站建成之前，人们必须通过燃烧木头、煤等燃料来获得能量，这些燃料通常很脏而且很耗时。大型发电站解决了这些问题，可以在一个地方发电，然后将电沿着电线输送到几千米外需要用电的地方。木头只能供暖，汽油只能为交通工具提供动力，而电却有多种用途——取暖、照明，以及带动发动机驱动一切电器，小到电动牙刷，大到大型电力火车。

1 发电

传统发电站通过燃烧燃料释放热能来发电。释放的热能被用来烧水，进而生成蒸汽转动风车状的涡轮。涡轮带动发电机，发电机就像反向运作的电动机，能把机械能转换为电能。

2 传输

燃料中只有 1/3 的能量转化为可用的电，剩下的在发电或输电过程中流失了。用很高的电压传输电能减少电的损失。变电站能把电压降回到较低水平。

将电输送回电网

能发电的家庭通常能生产出富余的电。像小型发电站一样，他们可以把多余的电输送回电网，并以此挣钱。当家庭发电量超过需要量，他们的电表就会倒着转！

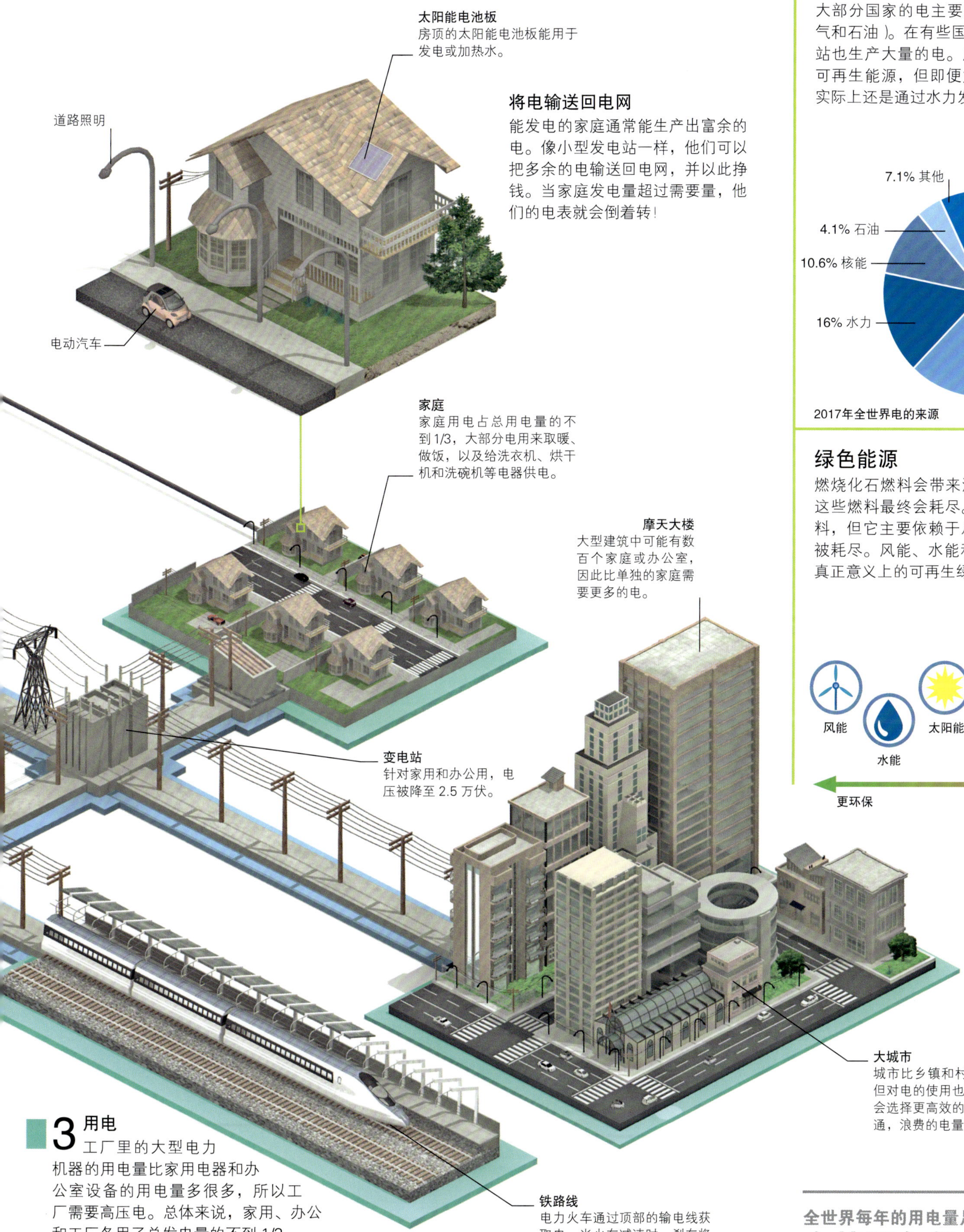

3 用电

工厂里的大型电力机器的用电量比家用电器和办公室设备的用电量多很多，所以工厂需要高压电。总体来说，家用、办公和工厂各用了总发电量的不到 1/3。

电的来源

大部分国家的电主要来自于化石燃料（煤、天然气和石油）。在有些国家，比如法国和日本，核电站也生产大量的电。风能和太阳能是家喻户晓的可再生能源，但即便如此，大部分的可再生能源实际上还是通过水力发电得来的。

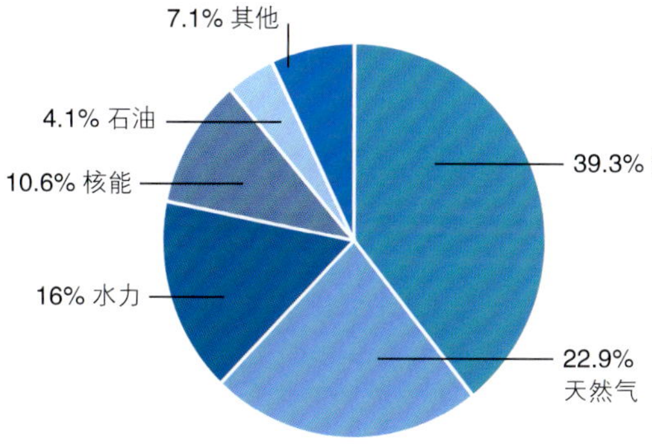

2017年全世界电的来源

绿色能源

燃烧化石燃料会带来污染，加剧全球变暖，而且这些燃料最终会耗尽。虽然核电站不使用化石燃料，但它主要依赖于从地下开采的铀，而铀也会被耗尽。风能、水能和太阳能永远不会枯竭，是真正意义上的可再生绿色能源。

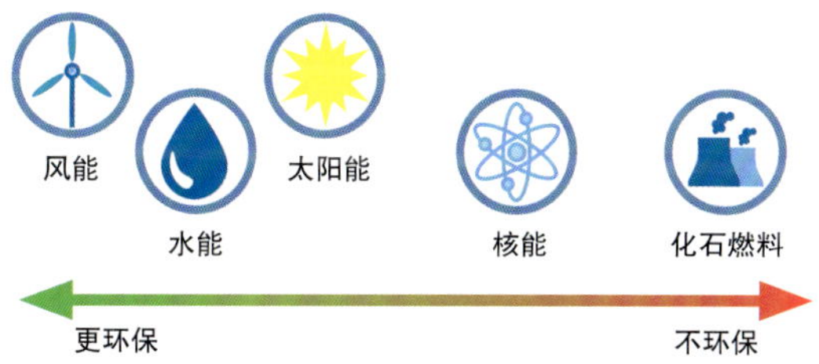

全世界每年的用电量足以带动 10万亿台烤面包机工作1个小时。

1/5000000 如果将一个核电站用导线接入一个电水壶，1/5000000秒就能把水烧开。

辐射种类

不稳定的原子分裂时会释放 3 种射线——α射线、β射线和γ射线。α射线和β射线由分裂后原子的碎片组成。γ射线则是一种电磁辐射，与光相似，但能量更强，而且很危险。

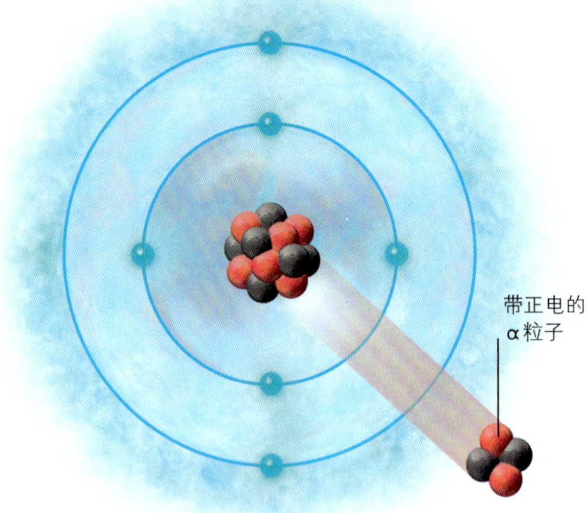

α辐射

放射性物质中最慢最重的是α粒子。每个α粒子有两个质子和两个中子，与氦原子核相同。

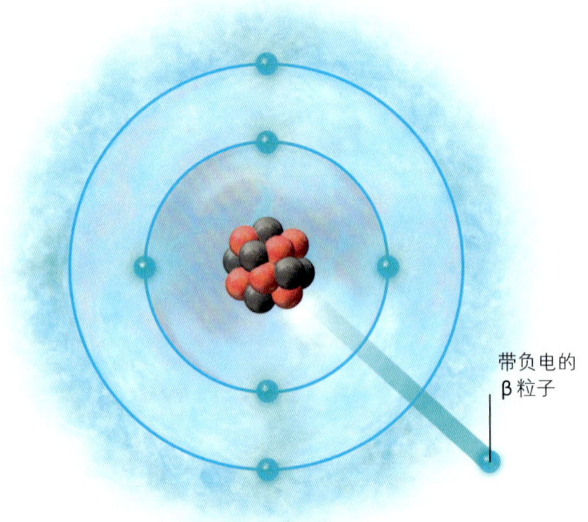

β辐射

β粒子是一种较小较快的放射性物质。事实上，它们只是不稳定的原子以 1/2 光速的速度释放出的电子流。

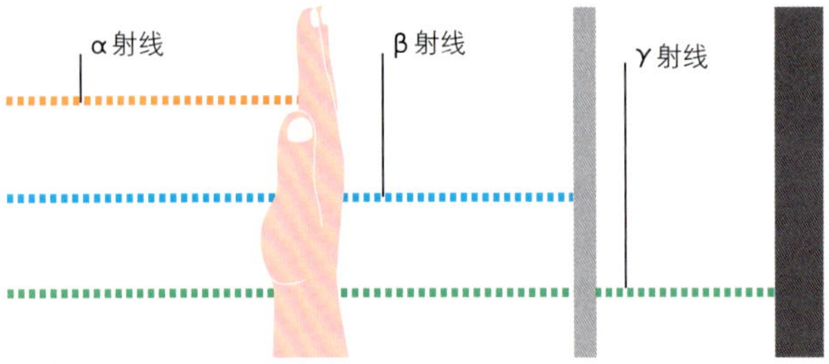

穿透力

α射线、β射线和γ射线分别能穿过不同量的物质，因为它们的速度和能量不同。α射线连纸都穿不过。β射线能穿过皮肤，但不能穿过金属。γ射线只能被很厚的铅和混凝土挡住。

放射性

核电站通过使原子核碰撞分裂发电。原子核被巨大的力"锁"在一起，分裂时会释放大量的能量。

许多元素都有中子数不同的原子，称为同位素。其中有些非常不稳定（有放射性），能自然分裂成更稳定的形式，释放能量。在核电站和原子弹中，原子核被人为分裂。虽然放射性物质很危险，有的足以致命，但也能帮助人类挽救生命。放射性物质可以用在烟雾报警器中，还可以杀死有害细菌，有助于保存食物。它们也被用来检测和治疗危及生命的疾病，如癌症。

原子的能量

原子以两种方式释放能量。重的、不稳定原子（如铀）的原子核分裂成较轻的核时会释放热能。这个过程被称为核裂变（分裂）。核裂变会释放热能是因为较轻核中的总能量比原始核小。第二种过程叫作核聚变（结合），轻的核（如氢的同位素）碰撞在一起时会结合并释放能量。世界上所有的核电站目前都是核裂变电站，但科学家希望建造出核聚变电站，因为这种方式更清洁。

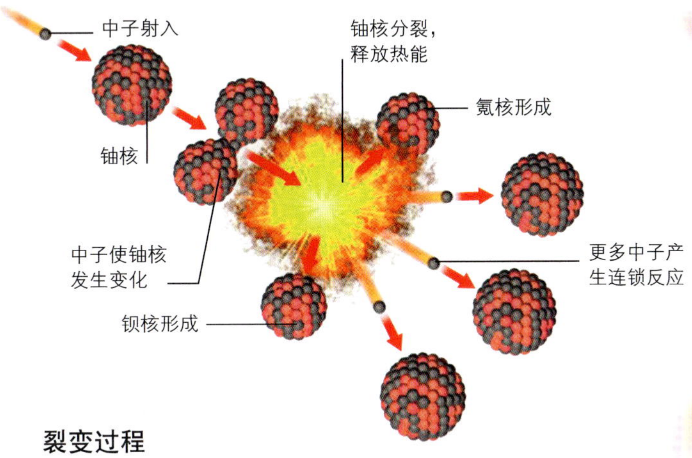

裂变过程

一个中子射入铀核，将其分裂成两个较轻的核。更多的中子在这一过程中被释放，产生连锁反应。

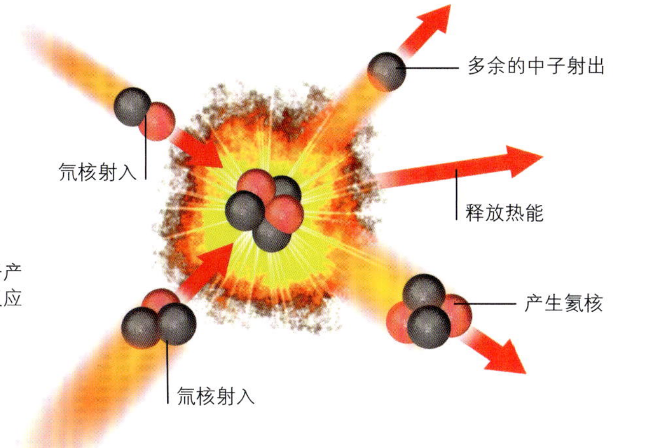

聚变过程

两个较轻的氢的同位素（氘核和氚核）相撞形成氦核。一个多余的中子被射出，同时释放热能。

核电站如何工作?

在核电站中，使水沸腾成蒸汽发电的热能不是通过燃烧煤或天然气得到的，而是通过在巨大的核反应堆中分裂原子核，并获取其中的能量而得到的。发电量的多少可以通过升降操纵杆来加速或减慢核反应进行控制。

11% 目前，世界上11%的电力来自核能发电。

而在1973年，这个占比仅为3%。

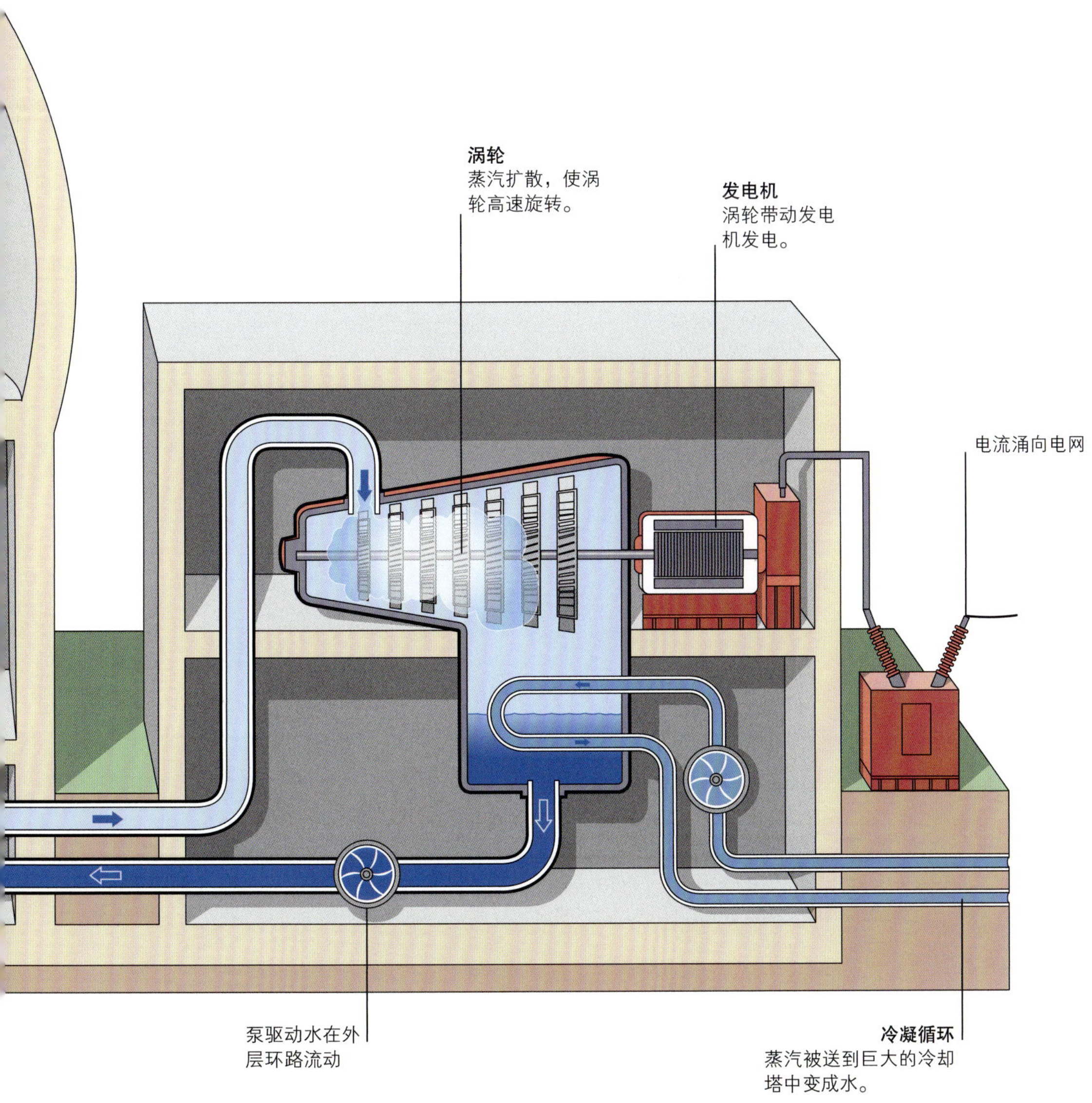

放射性物质的其他用途

从考古发掘到制造炸弹，放射性物质有很多用途，其中许多都和医疗有关。心脏起搏器曾经使用过微小的核电机组，因为它的寿命比电池长几十年。医学扫描通常需要人们吞下或注射安全的放射性物质，之后用身体外部的扫描设备探测辐射，生成体内详细图像。放射性物质还可以用来治疗癌症。放射性疗法可以用 γ 射线治疗肿瘤，杀死癌细胞并阻止其扩散。

核武器

大部分原子武器利用核裂变，且需要纯净的铀或钚，从而使连锁反应持续不断地发生。氢弹威力更大，其原理是核聚变。

原子弹（复制品）

放射性岩石年代测定

地球上的岩石含有不稳定的放射性原子（如铀），它们在以恒定的速率持续不断地变成更稳定的原子（如铅）。如果我们比较一块岩石中铀和铅的含量，就可以算出岩石的年代。

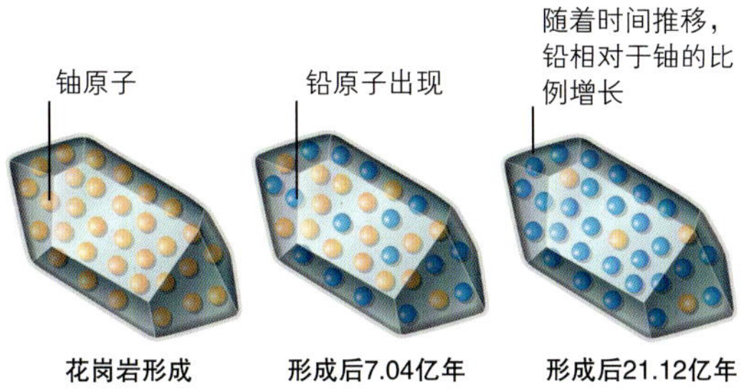

电子技术

通过在电路中传输电子可以播放你最喜欢的音乐，开关电视，或者拍摄数码照片。当有东西以这种方式使用电子时，我们就说它们是电子产品——它们通过比简单家电更精确、更细微的方式用电。电子技术是计算器、计算机（电脑）、机器人和网络背后的神秘力量。

什么是电子技术？

用电水壶烧水和家庭取暖都需要大量的电（很大的电流），但电子技术能精确控制大小是其数百万分之一的电流，甚至有时只需要利用单个电子就能做有用的事。

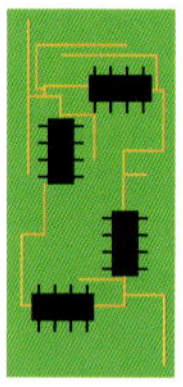

电路
电子技术利用复杂的电路，但这些电路只需要很小的电流，因为它们消耗的能量很少。很多电子器件可以用电池供电。

控制

我们可以利用电子技术开关电器。按下电视遥控器的按钮，电子电路就会检测到你的需求，并向电视发射肉眼看不见的光束。电视检测到光束，其中的某个电路做出响应。

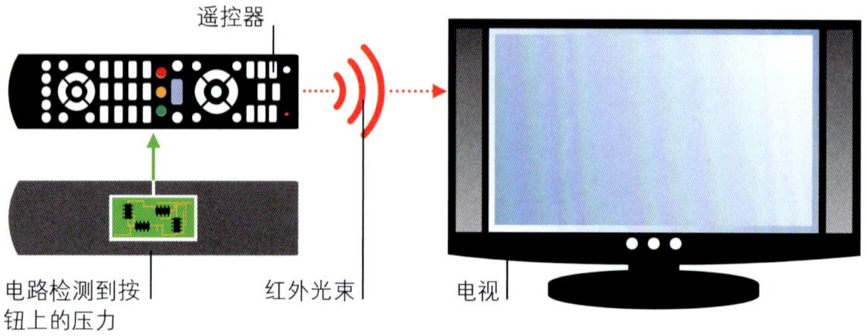

放大

电子电路能把微小的电流放大。电吉他利用电磁体将弦的振动转化成电流。这些信号都通过放大器放大，进而使扬声器发出更大的声音。

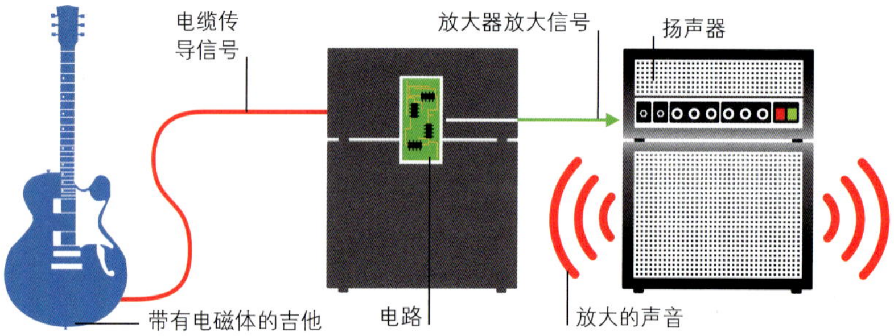

加工信息

计算机里的电子电路能加工信息。当你打字时，电子电路解码你的按键，分析你打字的内容，并在屏幕上显示文字。

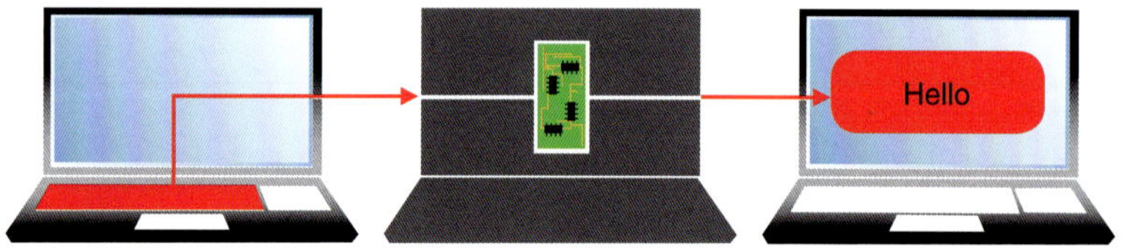

1 键盘探测 键盘上的电子开关能检测到你按下的键。

2 计算机响应 计算机里的电路会识别出你正在输入的字母。

3 屏幕显示 电路将字母转化成屏幕的光。

通信

在手机中，电子电路将我们的语音或短信转化成在空气中传播的不可见的无线电波，也能将其他手机的无线电波转换回语音或短信。

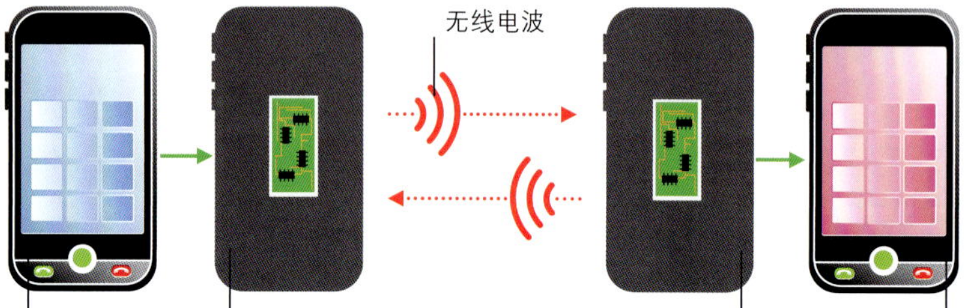

元件

一个电子电路由许多元件组成。晶体管收音机可能有几十个元件，而计算机里的处理器和存储芯片可能有数十亿个元件。电阻、电容、二极管和晶体管这 4 种元件相当重要，几乎出现在每个电路中。

电阻

电阻能降低电流强度。有些电阻有固定的大小，而有些是可变的。电视音量就是由可变电阻控制的。当你按下音量键改变电阻的时候，电流也发生改变，使声音变大或变小。

电阻

电容

电容将电储存在被空气或塑料隔开的金属箔夹层里。电容的充电时间很精确，因此电容经常在电路中充当计时器。电容也充当手机按键和平板电脑触摸屏的感应器。

电容

二极管

二极管是电路板的单行道：电流只能朝着一个方向流动。二极管通常用来把双向流动的电流（交流电）转换成单向电流（直流电）。

二极管

晶体管

晶体管能开关电流，或将较小的电流转变成较大的电流。大部分晶体管用在计算机里。一个强大的计算机芯片含有 10 亿个或更多的晶体管。

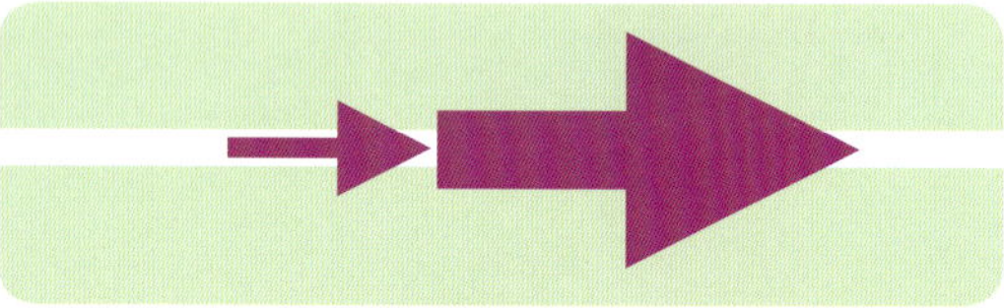

晶体管

集成电路

尽管早期晶体管等元件只有豌豆大小，但含有 10 亿多个元件的计算机也是个庞然大物了，很难组装，不牢固，且耗电量大。1958 年，美国工程师杰克・基尔比和罗伯特・诺伊斯找到了将元件及其连接缩小到一个很小的空间的方法。这一想法就是现在的集成电路，又称芯片。

印制电路板

手机或电视里通常需要数百万个电子电路。为了节省成本，减少错误，机器将元件组装成现成的印制电路板（PCB）。每个电路板都是特定的装置。电路由板上纵横交错的金属线路组成，连接芯片。印制电路板上没有可活动的部分，因此很牢固。

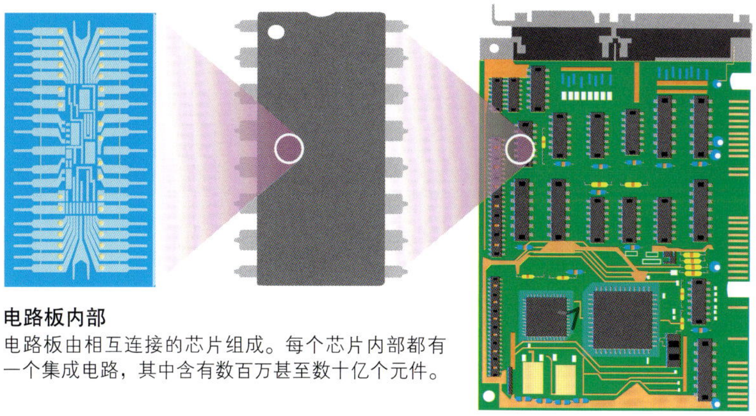

电路板内部
电路板由相互连接的芯片组成。每个芯片内部都有一个集成电路，其中含有数百万甚至数十亿个元件。

生产芯片

芯片很复杂，必须在极洁净、无尘的环境里生产。从晶体硅（砂中的一种化学元素）上切下来的薄圆片可以一次性生产出许多芯片。

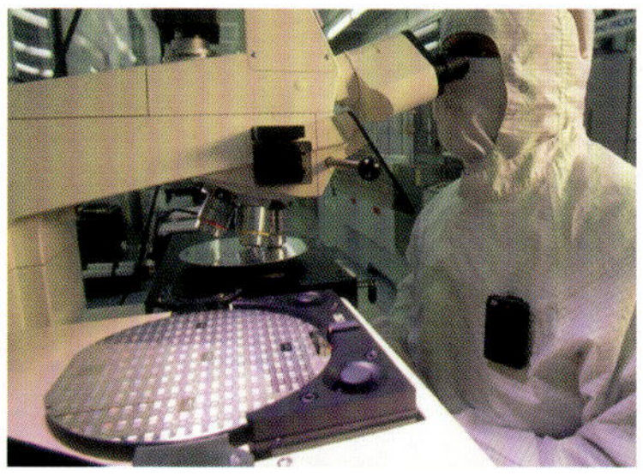

测试
每个芯片都要经过测试，以保证线路连接正常，能正确工作。一旦测试完成，会将单个芯片从圆片上切割下来密封，为生产电路板做准备。

摩尔定律

工程师在不断研发新的方法为芯片加入更多的元件。这个图显示了自 1971 年第一台单片计算机出现起，大约每两年，计算机的能力（一块芯片上晶体管的数量）就会翻倍。这被称为摩尔定律，是以英特尔公司的创始人戈登・摩尔的名字命名的。

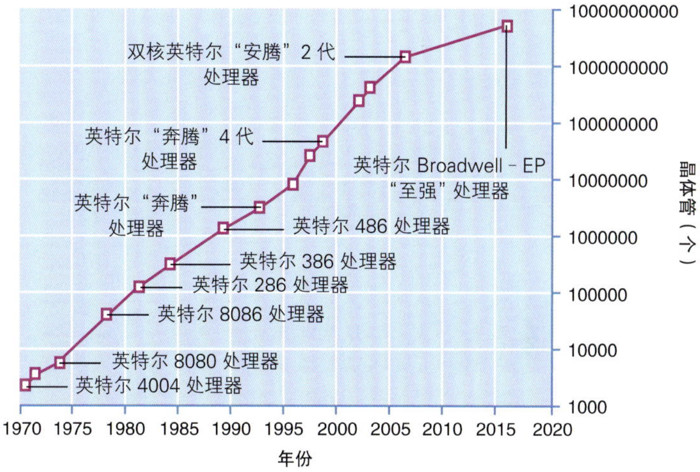

数字电子技术

我们日常生活所依赖的大部分小玩意都使用了数字技术——把信息转换成数字，对数字进行处理，而不是处理原始信息。数码相机将图片转换成数字的形式（数码照片），手机不是以声音的形式拨打和接收电话，而是用一长串数字。这些数码产品利用集成电路，以数字的形式转换、储存和处理信息，这种技术被称为数字电子技术。

模拟和数字

普通的信息，如吉他发出的声波，被称为模拟信息。如果你使用示波器（一种电子绘图机）来绘制这些声波，它们看起来就像你所听到的声音一样，声波随着声音起伏而波动。数字技术通过采样将这些模拟信息转换成数字。

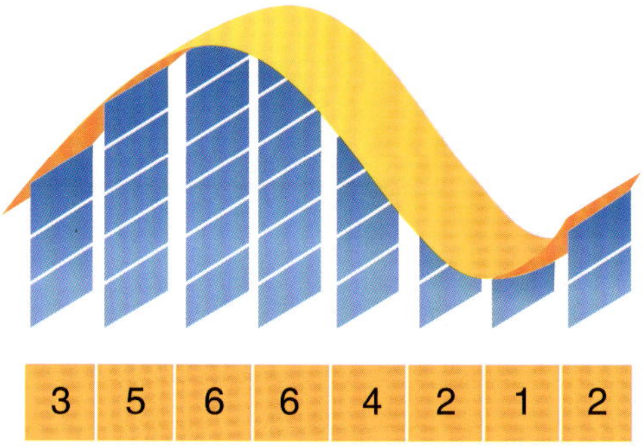

采样
为了将音乐转换成数字 MP3 文件，声波必须转换成数字。波的大小在不同的时间点被采样并记录其值，生成一串数字。声波采样频率越高，效果越好。

数字版的声波

逻辑门

计算机通过逻辑门处理数字信息。这些逻辑门比较两个数字（0 和 1），并根据结果生成第三个数字。主要的逻辑门有与门、或门和非门。

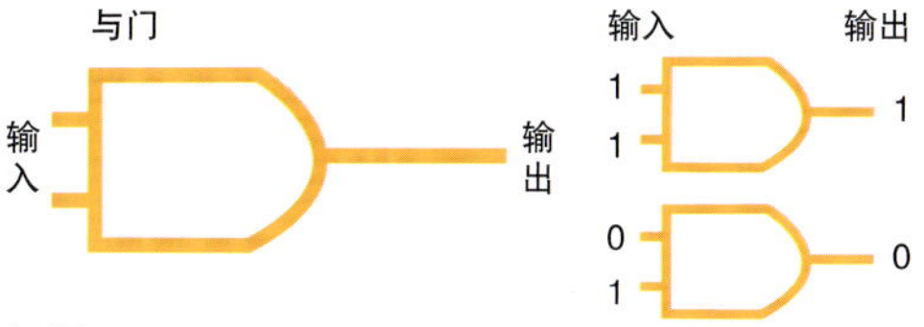

与门
这种逻辑门比较两个数字，如果两个数字相同则开启。

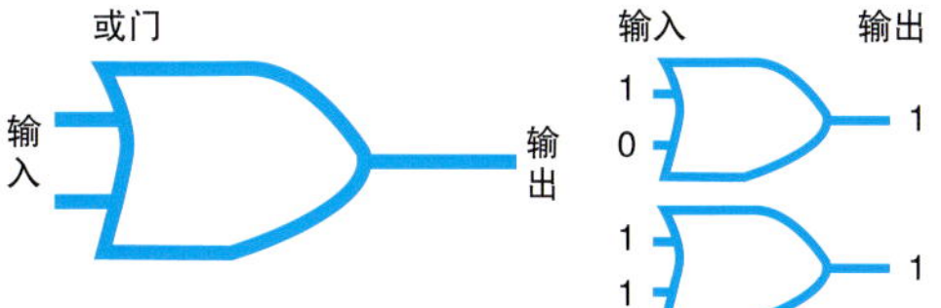

或门
这种逻辑门在其中任意一个数字为 1 时开启。如果两个数字都是 0，则关闭。

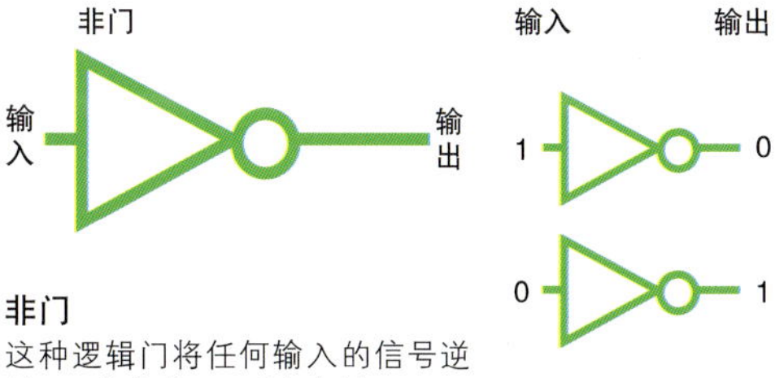

非门
这种逻辑门将任何输入的信号逆转。0 会变成 1，反之亦然。

计算器

计算器利用逻辑门加减数字。除法通过重复做减法完成，乘法通过重复做加法完成。

计算器内部
按键下隐藏的开关将你按下的键转化成数字。这些数字储存在存储器里。逻辑门对它们进行对比处理，计算并显示结果。

存储器

计算机储存并处理信息。这一过程发生在由晶体管制成的存储器中。要储存一个字，计算机须将其转换成 0 和 1 的二进制编码。每个 0 和 1 都由自己的晶体管存储，代表关或开。

1010101010101010000101
0001010101010100001000
0101010101010011100100
1010101010101010011111

二进制编码

1/3 脸书拥有超过27亿的用户，约占世界人口的1/3。

数字世界

计算机和人脑哪个更厉害？计算机每秒钟能处理数十亿次加法运算，并告诉你历史上每位国王和王后的名字。但即便是世界上最快的超级计算机也没有老鼠的脑强大，而且超级计算机的体积比鼠脑大了 100 多万倍。

计算机属于电子设备。我们可以通过改变存储在计算机内部的指令（程序）来做很多事。最初的计算机和巨型计算器差不多大。后来，人们发现计算机有超强的记忆力——它们能存储的信息量比人脑多得多，也更可靠。现在很多人把计算机作为交流工具，用来交朋友、发邮件，分享他们喜欢的东西。世界上所有计算机都通过因特网这个巨型网络连接在了一起。因特网改变了人们的生活。

早期的计算机

计算机是基于能进行简单加法运算的计算器制造的。最早的机械计算器出现在 17 世纪。在人们找到使计算器自动计算的方法时，计算机就诞生了。第一台可以通过编程完成不同工作的电子计算机是埃尼阿克（ENIAC，电子数字积分计算机），它诞生于 1946 年。这台计算机比卡车还要大，有 10 万多个零件。

差分机
数学家查尔斯·巴贝奇是第一个设计出能独立运行的计算机械的人。巴贝奇一生都没完成差分机的制造，但这一了不起的发明在他死后被造了出来。

计算机的工作原理

计算机是一种电子设备，可以接收、记录并用多种方式处理信息，然后显示处理结果。这 4 个步骤分别叫作输入、存储、处理和输出。这些步骤由几个独立的部件完成。你可以通过键盘、鼠标、触摸屏或麦克风输入信息，信息通常存储在硬件或芯片中，信息处理由主处理器芯片来完成，处理结果输出在屏幕上或由扬声器播放出来。

处理器芯片
这是一种复杂的集成电路，又叫作微处理器，能执行计算机所有主要的操作。微处理器越强大，解决问题的速度就越快。

键盘
大部分计算机用键盘输入信息，但平板电脑则使用屏幕上的键盘。

鼠标
移动鼠标可以控制屏幕上的光标。鼠标可以是有线连接，也可以是无线连接。

存储芯片
现代计算机通常使用闪存芯片，而不是磁性硬盘，因为前者更可靠，耗电量更少。

计算机屏幕
普通计算机使用 LCD 屏（液晶显示屏）来显示输出内容。在平板电脑上，触摸屏既可以输入，也可以输出。

输入　　　　存储和处理　　　　输出

计算机的种类

台式计算机有 4 个独立的部件：键盘、鼠标、处理器和屏幕。笔记本电脑把所有这些部件都集中在一个单独且便携的设备中。平板电脑通过让屏幕承担键盘和鼠标的角色，把与之功能相同的组件压缩进更小的空间。

连入网络的移动设备比地球上的人还要多。

90% 过去两年生成的数据占全世界总数据的百分比。

80% 发达国家中高于80%的人能上网，而发展中国家这一数据只有40%多。

因特网的工作原理

因特网是世界范围的网络，几乎连接了地球上的每一台计算机。每台计算机都有自己的地址（IP 地址），因此网络上的其他任何机器都能立即向它发电子邮件或信息，或接收来自这台计算机的电子邮件或信息。

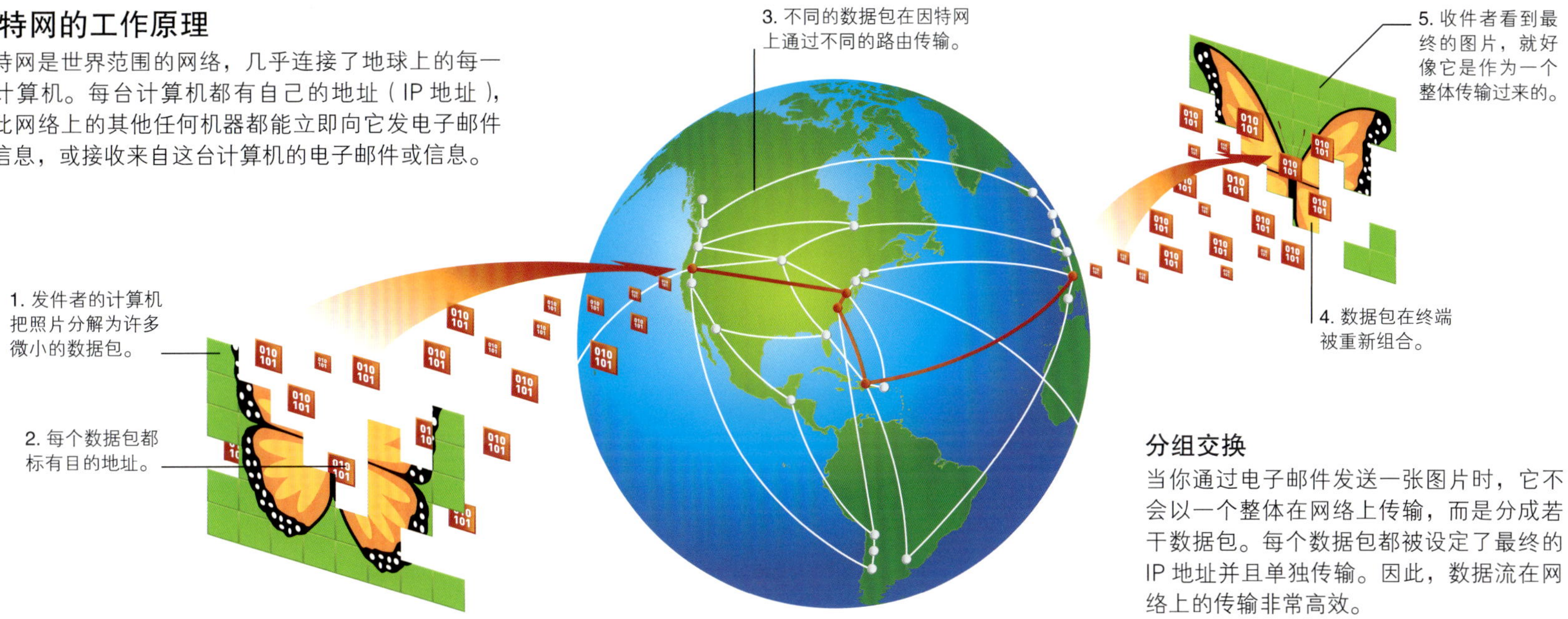

分组交换

当你通过电子邮件发送一张图片时，它不会以一个整体在网络上传输，而是分成若干数据包。每个数据包都被设定了最终的IP 地址并且单独传输。因此，数据流在网络上的传输非常高效。

超级计算机

有些科学问题很庞大、很复杂，普通家用计算机要花几年时间才能解决。针对复杂问题，比如预报天气，我们需要更强大的计算机来换种方式解决。有些计算机里有成千上万个处理器，而且可以同时处理问题。

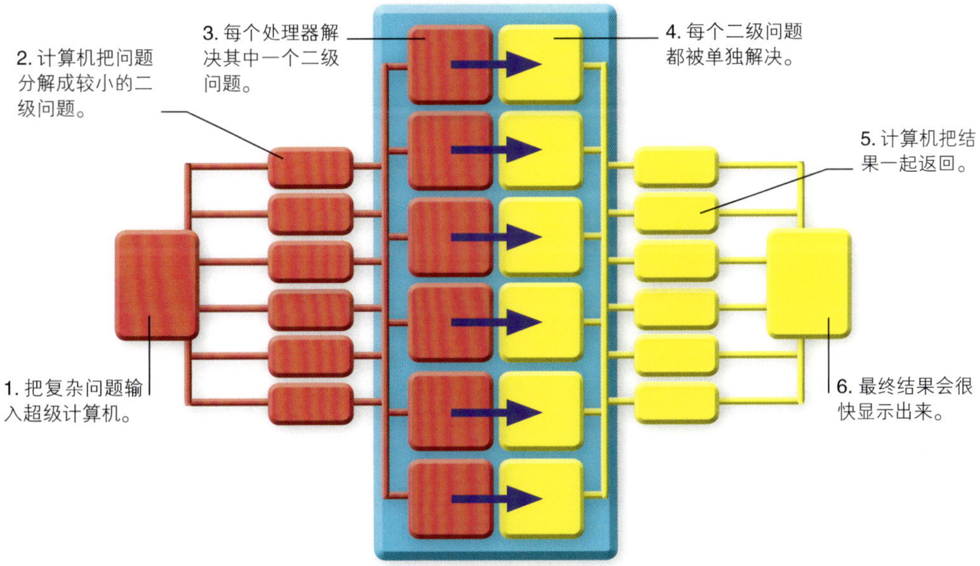

超级计算机的工作原理

大多数巨型超级计算机使用并行处理系统，问题被分解成小问题，由单独的处理器解决。虽然分解和重组问题要花费时间，但总的来说这种方式还是要快很多。

1500亿

据估计，每天通过因特网发送的电子邮件的数量。

NASA超级计算机

美国国家航空航天局（NASA）使用的这台强大的超级计算机名叫昴星团。它有112896个独立的处理器，分布在185个独立的工作站。

上网

目前全世界一半以上的人口都能上网。20 世纪 90 年代中叶，发达国家的人最早接触网络，但现在，一些贫穷的发展中国家的人也能上网。获取最新资讯可以使贫困地区的人更容易得到良好的教育。

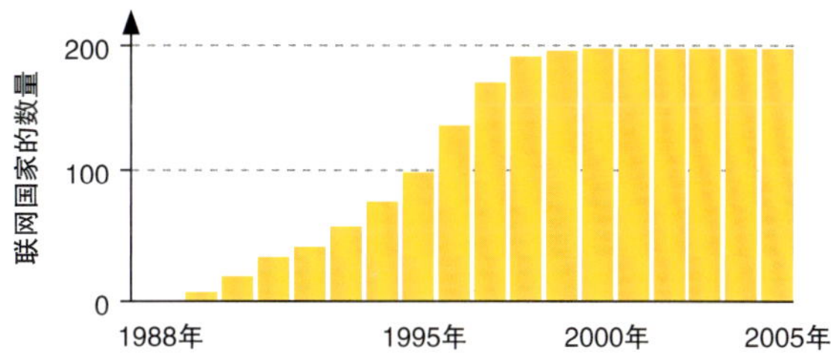

联网国家的数量

1989 年万维网被发明出来后，许多国家都开始上网。21 世纪早期，几乎所有的国家都能上网了。

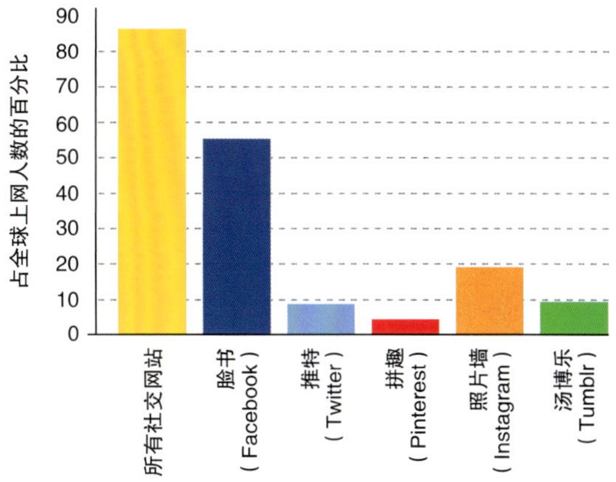

社交网站

很多人上网和朋友聊天，分享新闻和图片。流行的社交网站（如脸书、推特）已经有了上亿用户。

世界上第一个工厂机器人尤尼梅特在1966年出现在电视节目上，它在节目上打了高尔夫球，倒了一杯啤酒，并指挥了一支管弦乐队。

机器人

富有创造力的发明家已经设计出做各种事情的机器人，从下国际象棋到探索火星。但到目前为止，还没有哪个机器人能独自做所有的事。

机器人一半机械，一半电子，是一种自动化机器。它们到处忙碌，做着人们不愿做的肮脏、危险的工作。机器人能探测炸弹，从地震中救出幸存者，甚至能确保核爆炸的安全。

现在大部分机器人还不能独立思考，而且每次做新的任务时都要重新编程。在未来，机器人可能会变得自主——有内置的计算机大脑，能独立思考，还能从错误中学习，甚至可能比人类做得更好。

眼睛

在机器人的眼窝后面，有两个能发射红外辐射并接收反射的探测器。NAO 利用这些红外传感器同电视等设备交流。它的头顶还有两个摄像头，可以通过拍照来识别人脸和球等物体。

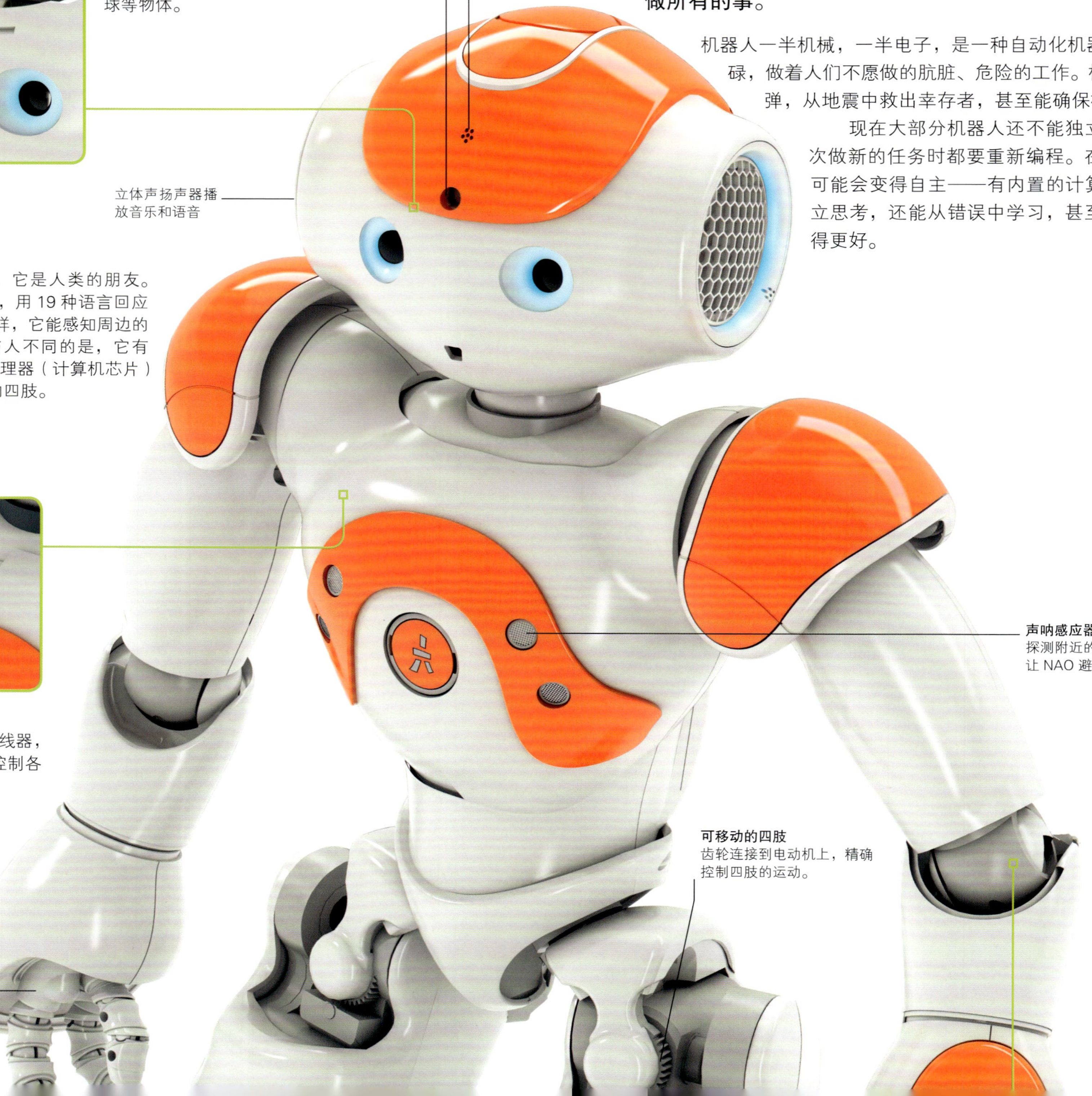

NAO机器人

NAO 由日本软银集团制造，它是人类的朋友。它能识别你的脸，听你说话，用 19 种语言回应你，甚至还会跳舞。跟人一样，它能感知周边的事物，思考并做出反应。与人不同的是，它有 50 个电子传感器、1 个微处理器（计算机芯片）大脑和由 25 个电动机驱动的四肢。

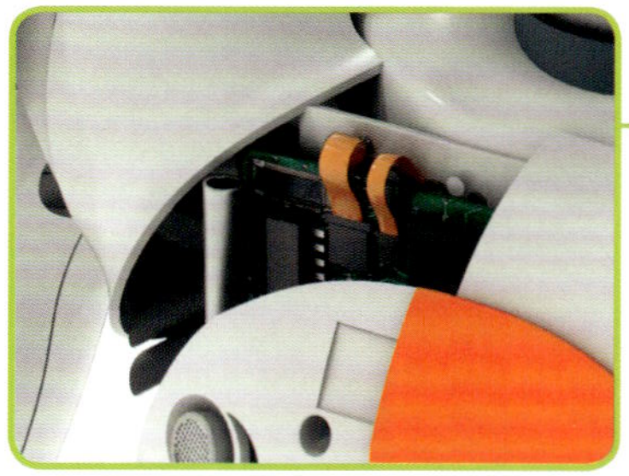

胸

NAO 的胸部是一个繁忙的集线器，里面装有电子电路板，用来控制各个关节和传感器。

0.637

Sub1 Reloaded机器人能在0.637秒内还原一个魔方。

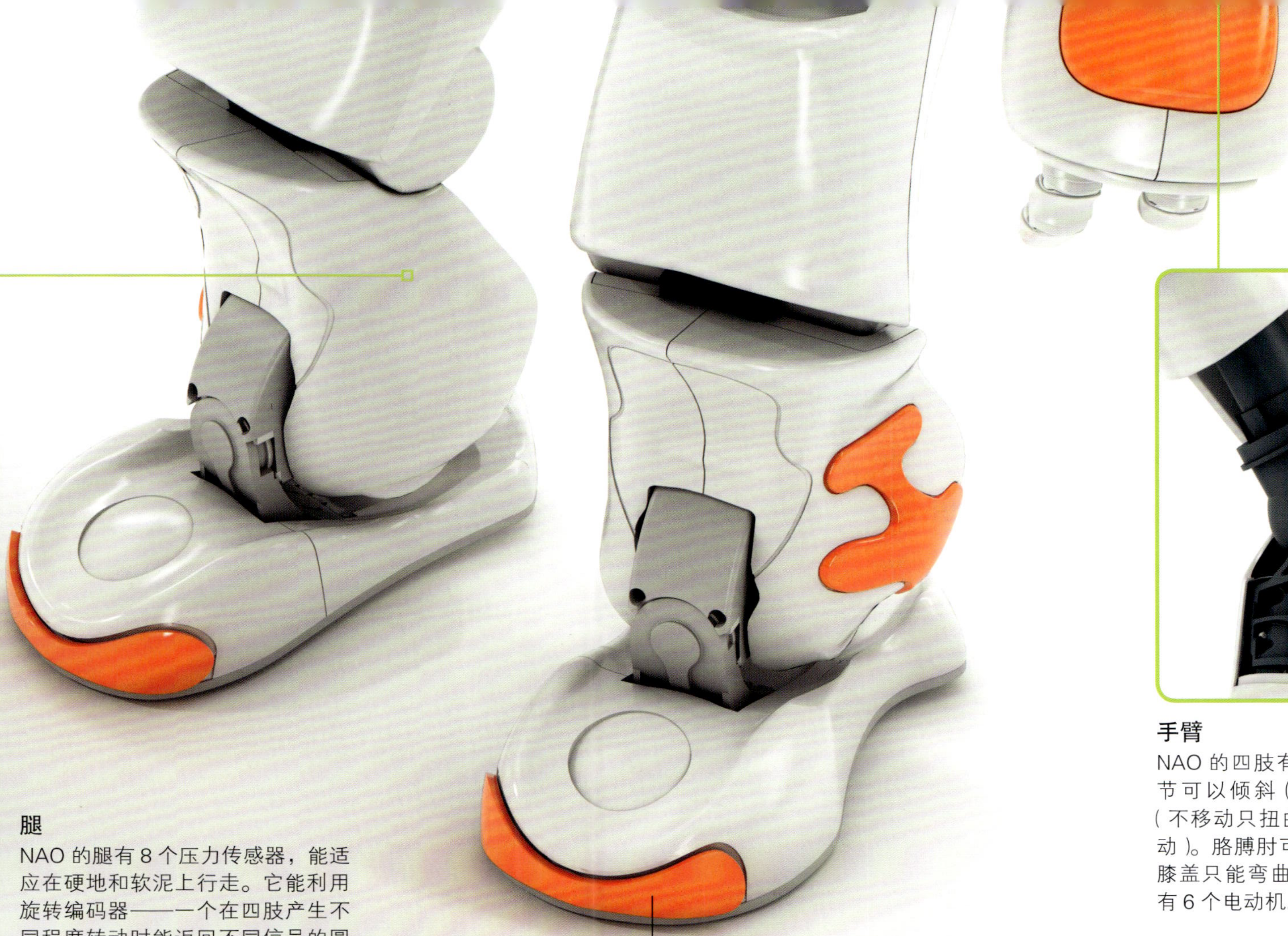

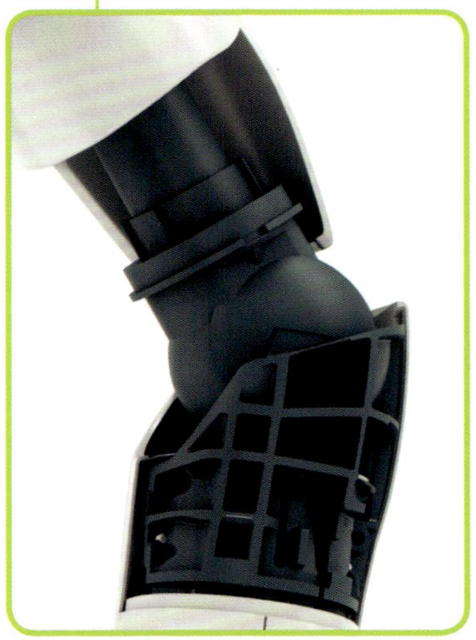

手臂

NAO 的四肢有铰链式的关节，关节可以倾斜（上下弯曲）、转动（不移动只扭曲）或横摆（左右晃动）。胳膊肘可以转动或横摆，而膝盖只能弯曲。NAO 的每条手臂有 6 个电动机。

腿

NAO 的腿有 8 个压力传感器，能适应在硬地和软泥上行走。它能利用旋转编码器——一个在四肢产生不同程度转动时能返回不同信号的圆盘——感知手臂和腿的位置，防止四肢在摆动时相互碰撞。

脚趾上的缓冲器

触敏缓冲器能感应到 NAO 在踢或走向某个物体。

人工智能

计算机和机器人的聪明程度取决于制造它们的人类，但如果我们给它们编程，使其能从自己犯的错误中学习，会怎样呢？它们会渐渐变得更聪明，成为人工智能。

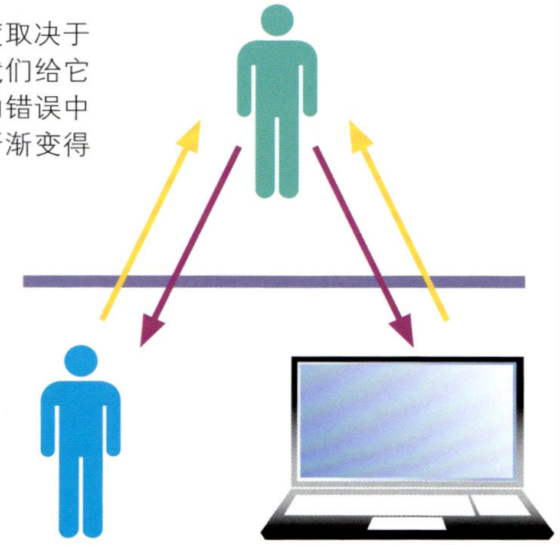

图灵测试

一个人坐在房间里，向一个藏起来的人提问。如果藏起来的人其实是台计算机，但它能像人一样回答问题，这就意味着它和人类一样智能。

移动的机器人

大部分机器人在工厂里工作。它们固定在某点，被设置了程序，重复简单的工作，比如焊接或喷漆。在未来，自主式机器人将走出工厂，不再依赖人类的操控。

猎豹机器人

机器人很难像人一样直立行走，因此未来的机器人可能会模拟 4 条腿的动物。这个猎豹机器人的奔跑速度可以超过 45 千米 / 时。

动态机器人

美国波士顿动力公司的工程师设计了一个名为阿特拉斯的实验机器人。它能协调躯体和四肢的动作，在崎岖的地面上行走。

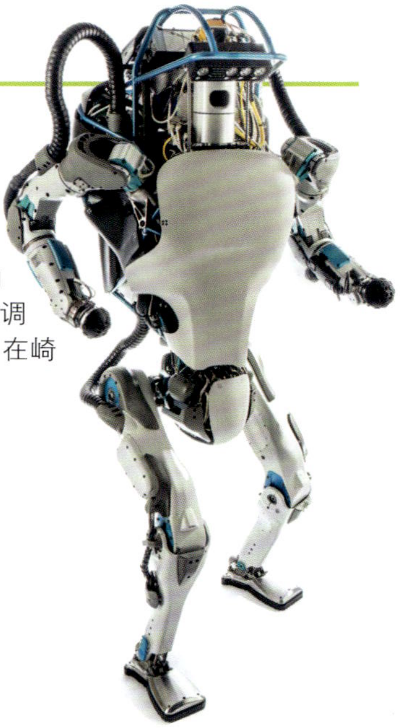

历　史

人类的历史不仅有可怕的战争和灾难，也有文化和科技的巨大进步。从石器时代到太空时代，伟大的人类文明经历了兴衰变化，使世界成为人们今天看到的样子。

古代世界

人类的故事从早期的人类祖先开始，人类的祖先与大约 700 万年前在非洲出现的类人猿很难区分。现代人类的发展历史只有大约 20 万年。分散在世界各地的人类开始建立独立的狩猎部落，但最终都在农耕村庄定居，随后又建立了小城镇。金属工具代替了石器，并且村民开始向城市迁移。公元前 500 年，古典时代开始，人类在对世界的认知与改造上有了质的飞跃。在这个时代，世界上伟大的文明孕育出了庞大的帝国，城市里满是宏伟的建筑。

帝国的崛起

约公元前 4000 年，第一批城市在美索不达米亚（今伊拉克）和埃及兴起。分布在这些地区的河流使土地变得肥沃，物产丰富，为更大规模的人类聚集提供了充足的食物。有些早期城市的统治者有钱有势，他们控制了周边的土地，建立了王国。有的统治者又派出军队征服邻国，建立了帝国。

最早的城市

苏美尔人建立了美索不达米亚最早的城市。他们使用了新的农业技术，种植了更加高产的作物，作物长势良好。粮食的丰收使他们有条件在乌鲁克、乌尔、尼普尔和拉格什这样的小国（城邦国家）中建造神庙和宫殿。埃及等地的城市很快便效仿他们的做法。约公元前 3100 年，最早的文字诞生，方便了统治者留存文献，也便于商人贸易。

卡纳克神庙遗迹，埃及
埃及人建造了复杂的大型建筑，如巨大的卡纳克建筑群。

石器时代

大约在 330 万年前，一些类人物种开始把石头作为工具。在这之后的 320 万年中，人类开始住在小部落里，用石斧和石矛狩猎，并采集树根、浆果和其他植物。他们生活在洞穴里或是用树枝搭成的遮蔽物下，生火做饭。

洞穴艺术
早期人类创造了世界上最初的艺术：在深深的洞穴里的岩壁上绘制捕猎到的动物的图案。

早期人类

现代人类（智人）从非洲散布到世界各地。他们最成功的迁移大约从 6 万年前开始，当时，地球的大部分地区都处在冰期。他们非常聪明而且适应性强，在约公元前 15000 年，他们取代了欧洲的尼安德特人，建造船只到达了澳洲，并穿过冰冻的海洋到达了北美洲。这些早期人类开发出了复杂的石器，发明了弓和箭，还有最早的乐器。

最早的村庄

大约在 1 万年前，人类开始组成更大的群落，并在村庄里定居。他们用任何可以从附近获取的材料建造房屋。大部分村民都在周围的土地上耕种。由于之前用于打猎的时间空了出来，村庄里出现了像制陶工匠、建筑工匠和祭司这样专门从事某一工作的人。

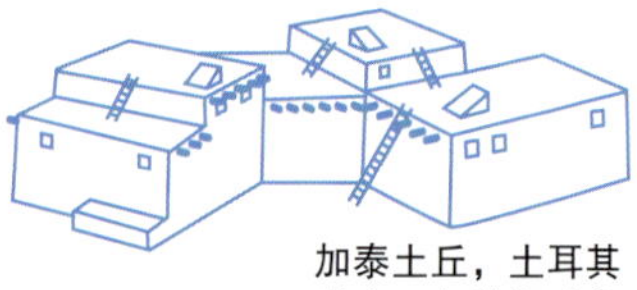

加泰土丘，土耳其
建在一起的泥砖房。

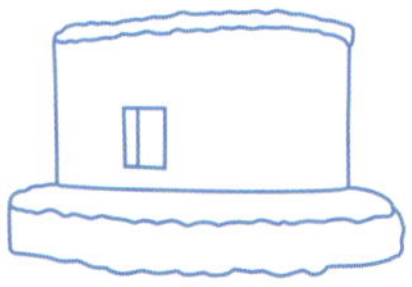

乔伊鲁科蒂亚，塞浦路斯
用石头建造的圆形房屋。

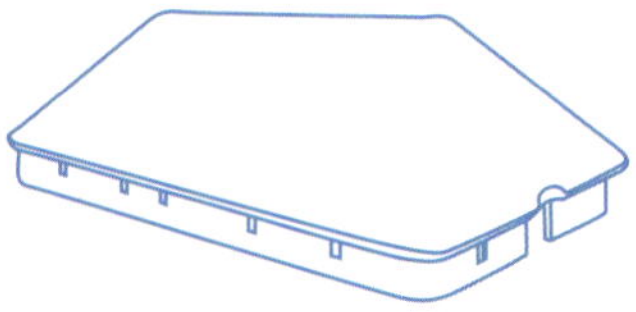

苏格兰住宅，英国
用木头和草皮建造的长形住宅。

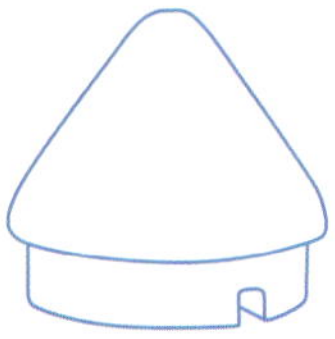

奥克尼，英国
在这种石头房屋里甚至还有石头床。

从石头到金属

约公元前 7000 年，人类开始制造简单的金属工具。最初是用铜，而后用铜和锡混合铸出了一种适于制作盔甲和武器的更加结实的金属——青铜。在约公元前 1000 年，金属工匠发现了冶炼铁的方法，铁是一种更加坚硬的金属。

- **公元前7000年**
  冷加工（锤打黄金或铜）是一种最初的金属加工工艺。
- **公元前5500年**
  中东地区出现了炼铜技术（通过熔化矿石来提炼出纯金属）。
- **公元前3200年**
  金属铸造，也就是用熔化的金属浇铸成型，最早在美索不达米亚出现。
- **公元前3000年**
  青铜的制作方法是将锡加到熔炉中的铜里面。用青铜能制作出更结实的工具。
- **公元前1300年**
  在埃及，带风箱的熔炉能产生足以熔化铁的高温。

人类远古的祖先在大约 260 万年前就开始使用石器。

农业

约公元前 11000 年，农耕开始出现，当时中东地区新月沃地的居民开始播种并收获野生麦子。逐渐地，农夫们培育出产量更高的作物，驯化了牛、羊这样的动物。因为食物供给变得更加稳定，所以更大规模的村庄和小城镇开始出现。

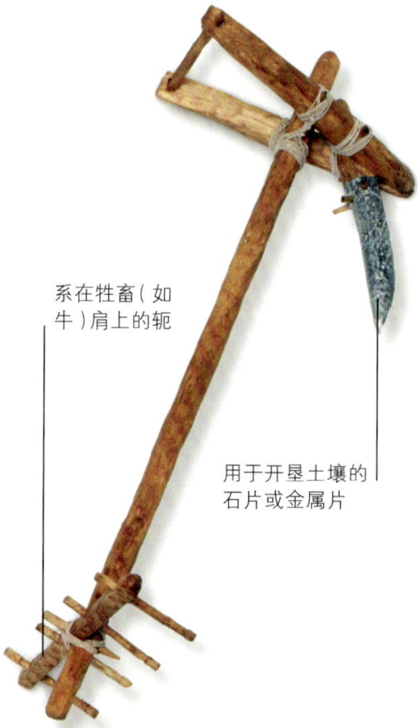

早期的犁
人们用犁在土地上开垦出犁沟，方便播撒种子。这比用锄头在地上开垦要容易得多，也能将更多的土地用于耕种。

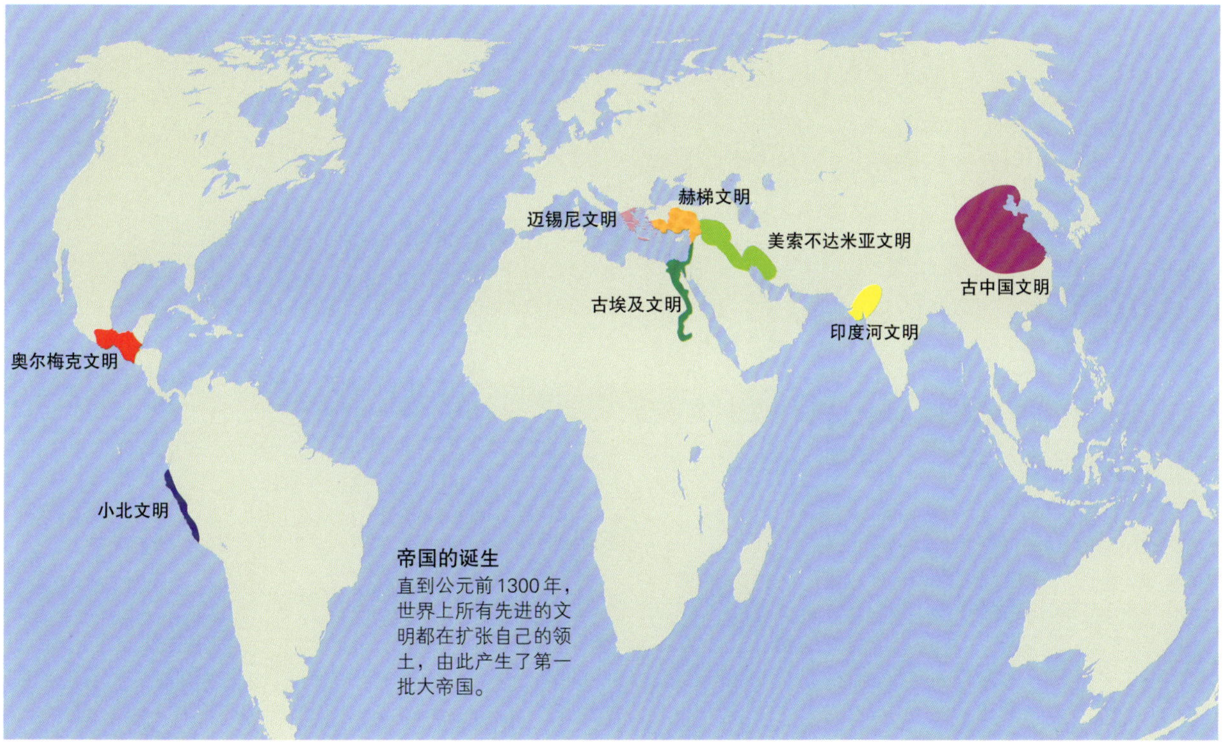

早期文明

各个早期文明差异很大。有些是由强大的统治者领导的帝国，而有些则是由城邦国家组成的联盟。

- **古埃及文明：**约公元前 3100 年，埃及统一，创造出了一个持续了 3000 年的先进文明。
- **印度河文明：**约公元前 2350 年，印度河流域出现了大城市。那里的人们共享同一个贸易和文字体系。
- **美索不达米亚文明：**萨尔贡在约公元前 2340 年统一了敌对的城邦国家，建立了美索不达米亚地区第一个伟大的帝国——阿卡德王国。
- **赫梯文明：**安纳托利亚地区的古代文明，由来自黑海北岸的赫梯人创造，是古代西亚地区主要文明之一。
- **古中国文明：**人类最古老的文明之一，黄河流域和长江流域是其重要的发源地。
- **奥尔梅克文明：**公元前 10 ~前 3 世纪，奥尔梅克人在现在墨西哥南部地区建造了许多城市。金字塔式台庙是这里的标志性建筑。

史前巨石建筑

大约公元前5000年，人们开始大范围建造巨石建筑。目前人们还不知道建造它们的确切目的，但是它们有可能是被当作一种历法，用来计算季节和日月的轨迹。

重要的史前巨石阵

1 **哥贝克力石阵，土耳其**
已知最早的史前巨石阵，约在公元前 9500 年建造。它是一座山顶神庙，有巨大的石灰岩石柱，最初柱子上可能还建有一个屋顶。

2 **卡纳克列石，法国**
这个石柱群有超过 3000 个石柱，建造时间为公元前 4500~ 前 3000 年。石柱的排列位置可能有某种天文学意义。

3 **巨石阵，英国**
公元前 2600 年左右，巨大的砂岩块加上巨大的石头横梁形成了第一个环形巨石阵，之后又有了小一些的青石石环。

4 **纽格兰奇墓，爱尔兰**
石墓建于约公元前 3200 年，包含一个带有巨大石头屋顶的墓室，顶部是一个土丘。每年冬至的黎明时分，阳光才能穿过连接的通道照亮石墓里黑暗的内室。

古典时代的世界

从公元前 500 年开始，伟大的古希腊文明、古罗马文明、波斯文明、印度河文明、古中国文明和中美洲文明发展到新的高度。它们产生了科学的思想，并发展出了丰富的艺术形式和文字。新的宗教兴起，如佛教和基督教。更大的帝国能负担得起更大规模的军队，从而使战争持续时间更长，作战条件也更加艰苦，如古罗马与迦太基之间的战争、希腊城邦与波斯之间的战争。

征服世界

财富、制度和野心促使古典时代的文明建立了前所未有的强大帝国。有些国家，如波斯帝国，控制了重要贸易据点。其他国家，如罗马帝国，向繁华且人口众多的地区扩张，并将自己的文化以法律、艺术、建筑和宗教的形式传播到那里。

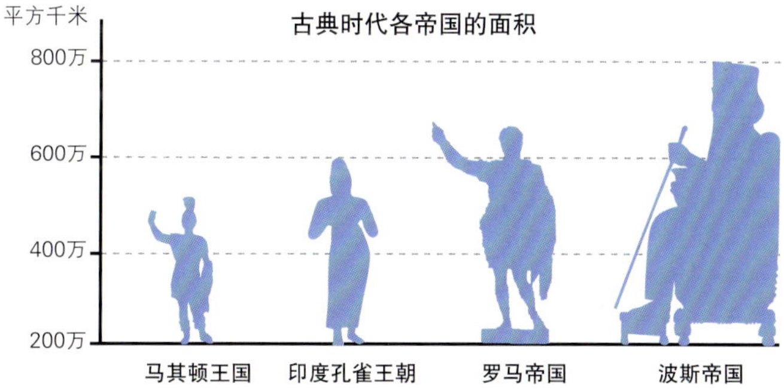

中国第一位皇帝秦始皇的陵墓中有一支由超过 8000 个兵马俑组成的军队

保卫墓穴。

新思想

在古典时代出现了第一批哲学家和科学家，同时，数学、天文学、物理学、医学和建筑学领域也出现了新的思想。

数学
希腊人，如毕达哥拉斯和阿基米德，提出了重要的数学原理。同一时期，中国人发明了很多工具，如用于计算的算盘。

政治和法律
公元前 5 世纪，古典时代的雅典人开创了世界上最早的民主。大约同一时期，中国的孔子建构了一个富有哲学智慧的思想体系，涉及政治、伦理、教育等诸多领域。

医学
公元前 6 世纪，印度出现了早期的阿育吠陀医学。公元前 5 世纪，希腊的希波克拉底让医学成为一种科学。

哲学
世界上伟大的思想家开始提出“我们是谁”和“我们该怎样生活”的问题。柏拉图、亚里士多德和苏格拉底是其中最著名的3个。

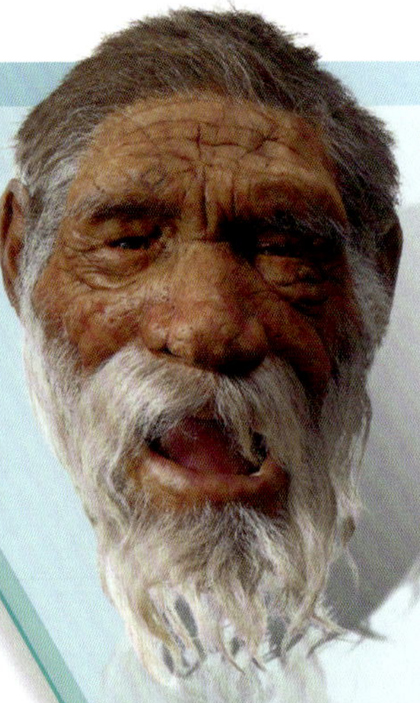

尼安德特人
约 25 万年前，尼安德特人在欧洲南部进化出来。他们身强体壮，能很好地抵御冰期的寒冷气候。他们的脑量很大，并且有充分的证据表明他们会埋葬死者的尸体。

锋利的燧石刀片
早期人类知道如何从大块燧石上打掉石片来获得更锋利的刀片，而不是在大块石头上凿出刀锋。图中展示的是约 30 万年前的刀片。

现代人类的出现
在最近的 100 万年里，人类的进化发生了巨大的变化。智人这一物种出现，其他所有类人物种都灭绝了。与此同时，现代人类发展兴旺，文明开始。

100万年前

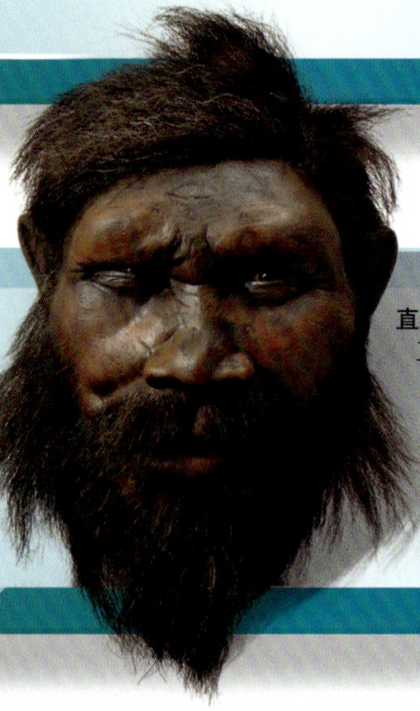

直立人
直立人生活在 180 万~20 万年前。他们是第一个建造公共火炉（炉灶）来烹饪食物的人种。中国的周口店北京猿人、元谋人、蓝田人都属于直立人。

早期人类

最早的类人动物，也就是我们的祖先，是从几百万年前的猿类进化而来的。进化过程中产生了许多不同的物种，但这些物种全部在现代人类出现之前灭绝了。

在 1000 万~800 万年以前，从现今存活的与人类最相近的动物——黑猩猩的祖先那里分出了后来进化为现代人类的一支。经历了数百万年，这些祖先们（也就是古人类）逐渐进化出了适于直立行走的腿、较小的颌骨和容量更大的脑。

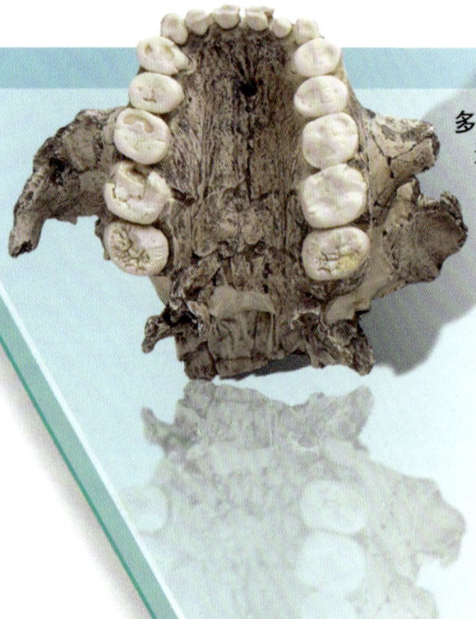

多样的饮食
这些是鲍氏傍人的牙齿，他们生活在 260 万~120 万年前。他们的后牙可以咀嚼坚硬的植物，如块茎和坚果。

奥杜威定居点
坦桑尼亚的奥杜威峡谷曾是一个古代湖泊。260 万年前，有几种古代人类住在这里。在将近 200 万年间，这里都有人居住。在这里发现了已知最早的一些石器。

人类进化的历程

科学家发现了许多种古代人类的遗骸。人们可以从这些遗骸中了解许多东西，如某一物种是如何行走的（用两条腿走路还是用四肢走路），以及他们吃什么东西。

800万年前

从树枝到地面
古代人类是由在非洲丛林外围的树上生活的猿类发展演变而来的。有的猿开始用更多时间在地面上活动，最终学会了用两条腿行走。

乍得沙赫人
在 700 万年前，乍得沙赫人生活在非洲西部的草地和森林里。他们可能是用两条腿走路的，嘴里的犬齿比猿类小，脑量比黑猩猩大不了多少。

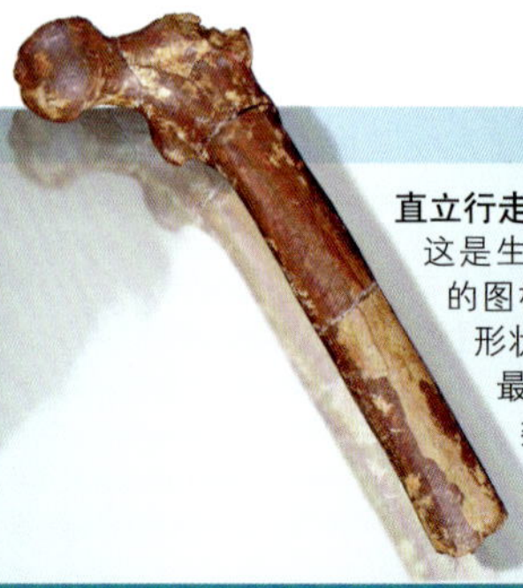

直立行走
这是生活在 620 万年前左右的图根原人的股骨。骨头的形状和厚度说明他们可能是最早用两条腿行走的古代人类之一。

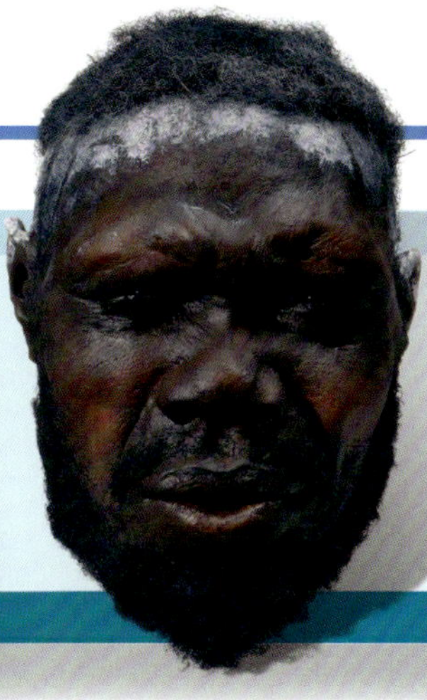

智人
约 20 万年前，智人在非洲发展起来，并在大约 10 万年后开始向其他地区扩散。智人有着很大的脑量，能说话。智人还有较强的适应能力，知道如何制作更先进的工具。

洞穴壁画
约 4 万年前，早期人类开始在洞穴里绘制壁画，这说明了他们发展出了艺术。绘画内容通常是早期人类捕猎到的动物，可能对早期人类有着不可思议的意义。

农业、陶器和文字
最后一个冰期在 1.1 万年前结束，在此之后，人类迅速发展。农业和陶器被发明出来，人们开始在农耕村庄里生活。大约 6000 年前，出现了第一批城市。之后，文字也被发明出来。

旧石器时代的手斧
燧石能被凿出锋利的边缘，所以被用于制作早期的工具。一种比较常见的工具是手斧，如图中这把 170 万年前的手斧。它是用另一块石头从一大块燧石上凿下制成的。

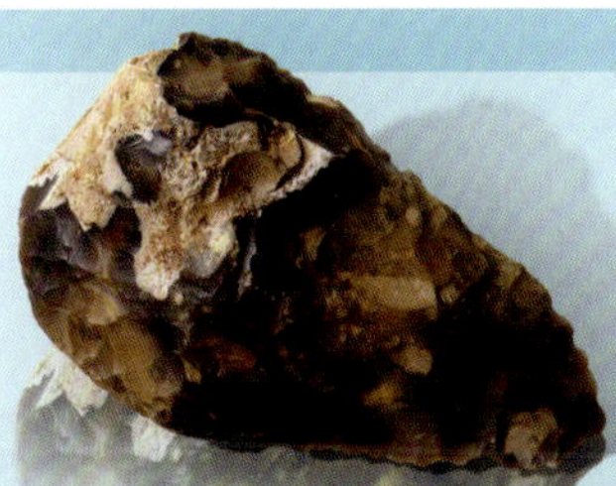

匠人
匠人的脑量比之前的古代人类更大，使用的工具比能人更复杂。他们于 190 万~140 万年前生活在非洲，并可能扩散到了中东地区。

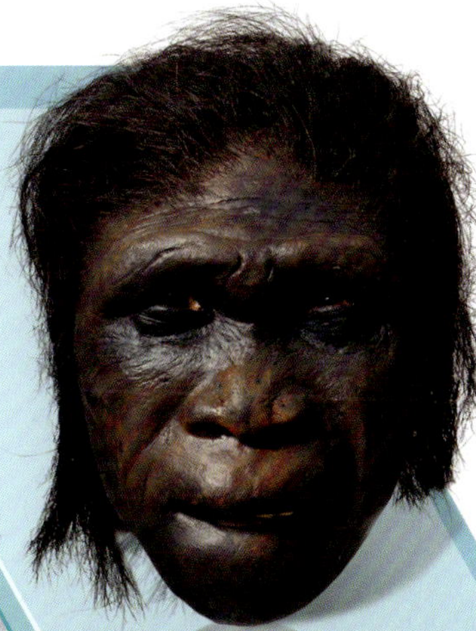

能人
能人生活在 240 万~150 万年前。他们是已知最早的有章法地使用石器的人种。使用石器是通往文明的漫漫长路的第一步。

200万年前

走出非洲

最早的人类都生活在非洲。直至约 200 万年前，新的人种才开始向世界其他地区扩散。他们发明了新的工具，定居地最远到达东亚地区。

最早的人类

大约在这个时期，最早的人属（包括现代人类在内的一组物种）在非洲东部出现。大约在 260 万年前，人类开始使用石器，标志着旧石器时代——石器时代早期的开始。

300万年前

非洲南猿
和许多早期物种相似，这些古代人类眼睛的上方也有突出的眉骨。他们生活在有草的地方，可能会食用有韧性的植物和柔软的果实。科学家从其臀部和腿部骨的形状判断他们用两条腿行走。

400万年前

更轻的骨头

440 万~150 万年前，“南方古猿”一支是最成功的古代人类。他们进化出了比祖先更大的脑量，身体也没有猿类那样重。

阿法南猿
他们生活在 370 万~300 万年前。他们的手指很长，而且有力量，适于抓取东西，但并不适合抓捏细小的物体。他们也用两条腿走路。

石器时代的丧葬仪式包括将黏土涂到死者的颅骨上做成面具。

最早的村庄

在石器时代晚期，游荡的狩猎部落开始定居下来。他们以种植作物取代了野外采集，还建造了农场和房屋，不再过游荡生活。

农耕为人们提供了比狩猎和采集食物更稳定的食物供给。农夫们会种植产量最高的作物，并饲养肥美、性情温顺的牲畜，因此他们每年都能生产出更多的食物。多余的食物被储存起来，以备荒年时食用。房子是用土坯或石头建成的，可以储存食物和放置工具。

在一个地方定居的人们容易受到前来窃取牲畜和存粮的入侵者的袭击。村民们不得不想办法保卫家园，如通过在家园周围建造城墙来抵御入侵。他们也会和其他部落交换多余的食物和产品，有时还会和相隔很远的部落交易，这就是全球贸易的开端。

石器时代的工具

在人类开始使用金属之前，石器时代便出现了最早的定居地。那里的居民用任何可以找到的材料制作工具，其中最有用的是那些坚硬且容易被切削成形的东西。木头可以用于制作弓、箭和手斧的柄。人们把燧石和黑曜石（火山玻璃）这样的石头削出锋利的边缘，做成箭头、刀和锤子，把动物的骨头削出尖头，做成针和梳子。

木头

燧石

骨头

黑曜石

加泰土丘

这个现位于土耳其的定居地是至今发现的最大的早期村庄之一。公元前 9500~前 6200 年，有多达 8000 人生活在这里。房屋很密集地排列在一起，这样入侵者就不容易找到突破口攻进村庄里了。

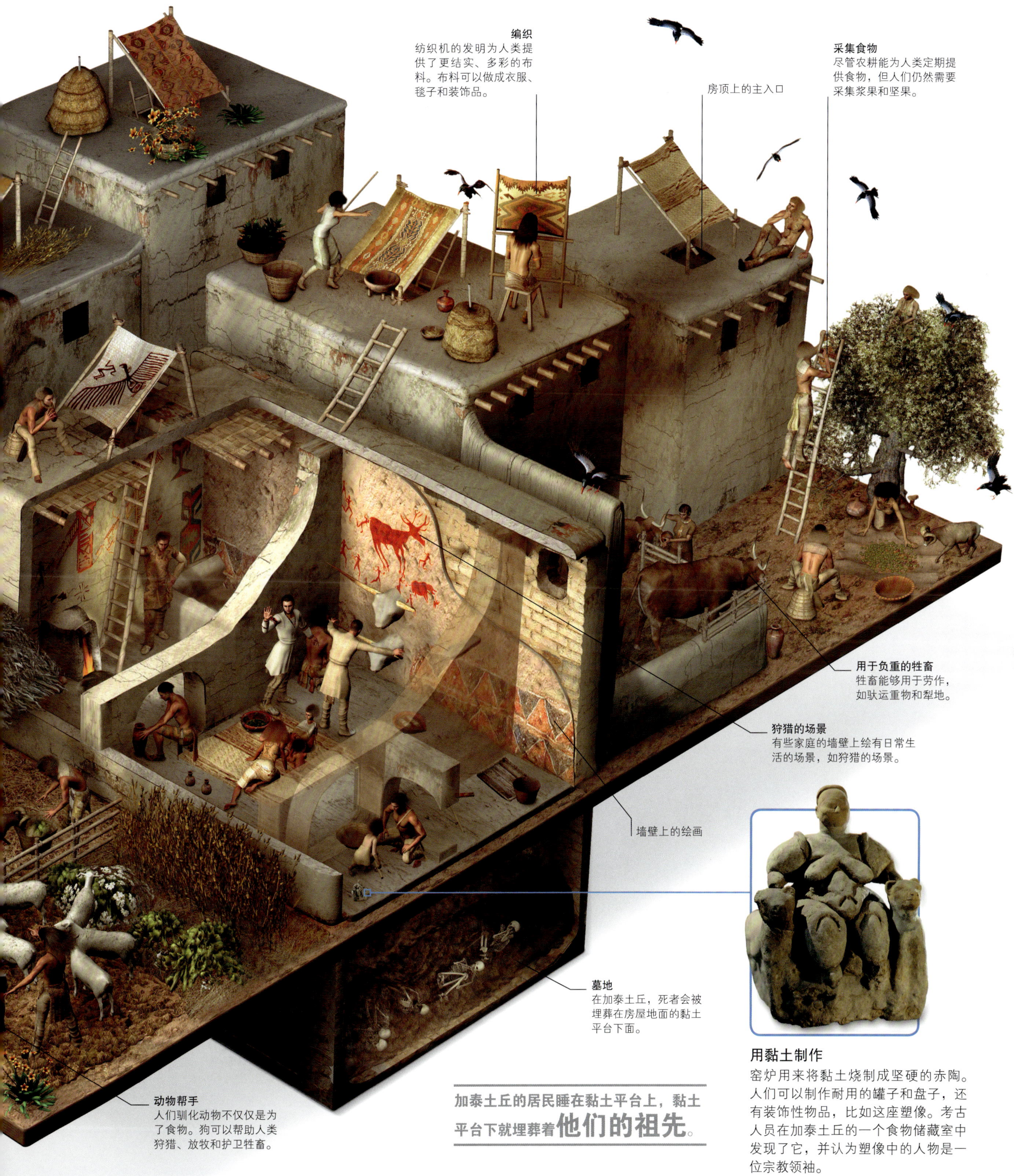

用黏土制作

窑炉用来将黏土烧制成坚硬的赤陶。人们可以制作耐用的罐子和盘子，还有装饰性物品，比如这座塑像。考古人员在加泰土丘的一个食物储藏室中发现了它，并认为塑像中的人物是一位宗教领袖。

加泰土丘的居民睡在黏土平台上，黏土平台下就埋葬着他们的祖先。

10 尼布甲尼撒的宫殿的占地面积超过10个足球场。

早期的帝国

随着早期城镇的发展，人们需要发展新的管理系统，掌握储藏、分配食物和保卫家园的新方法。最强大的定居地通过征服邻近的定居地来扩张领地，早期的帝国就这样形成了。

其中一个最强大的早期帝国是古巴比伦王国。公元前 18 世纪，巴比伦人征服了现今中东地区的大片领土，但随后又被他们的敌人赫梯人打败。巴比伦人在公元前 6 世纪再次崛起，建立了新巴比伦王国。他们的首都巴比伦成为古代世界最富有、最宏伟的城市之一。

巴比伦古城

这座伟大的城市坐落在王国的中心。约公元前 580 年，国王尼布甲尼撒二世建造了城中这些巨大的建筑，他希望自己的都城成为该地区最宏伟的城市。

世界奇观
巴比伦空中花园是世界七大奇观之一。没有人知道它的确切位置。但是在 20 世纪早期，人们在这里找到了阶梯状的花园地基。

防御技术
巴比伦古城的防御严密。城墙上的士兵会把石块、矛和箭投向或射向进攻者。

王室宫殿
奢华的王室宫殿是国王权力的象征，目的在于使他的臣民和敌人感到敬畏。

宫殿群里的大庭院

城墙
富庶的城市是游牧民族和敌军侵略的目标。巴比伦古城用泥砖建造了坚固的城墙用作防御。

幼发拉底河
早期城市的发展依赖于可以饮用的水源和可供耕种的肥沃土壤。这些幼发拉底河都可以提供，而且它还是船运的重要贸易线。

文明的摇篮

美索不达米亚是底格里斯河和幼发拉底河之间的区域，因为土壤很肥沃，所以它成了理想的农耕区。因此，许多定居地在此建立，其中尼尼微、乌尔和巴比伦变得非常强大。这个地区第一个帝国是萨尔贡在约公元前 2340 年建立的阿卡德王国。萨尔贡建立了一座新的城市阿卡德作为首都。现在人们已经不清楚这座城市的位置了，但大家认为它应该在巴比伦附近。

纪念性建筑

新帝国的统治者常常要求臣民建造巨大的纪念性建筑。这是彰显他们的权力和财富，以及使敌人或对手感到敬畏的好方法。巴比伦伟大的埃特曼安吉塔庙有 90 米高，这个高度是纽约自由女神像的两倍。但是它在 146 米高的吉萨大金字塔面前也显得矮小。在长达 3700 多年的时间里，吉萨大金字塔都是世界上最高的建筑。

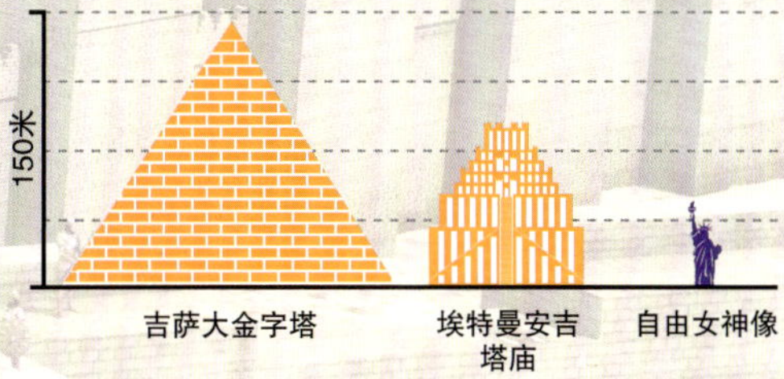

法典

随着帝国的发展，人民需要详细的法律条文来解决纷争、保护财产。古巴比伦国王汉穆拉比在约公元前 1750 年制定颁布了一套严密的法律体系。如果有人触犯法律，他就会受到严酷的惩罚。

> 将正义的统治带到这片土地上，摧毁邪恶的和作恶的人，这样强者就不能伤害到弱者。
> ——《汉穆拉比法典》

现代考古学家没有发现那些原本应该在金字塔里的木乃伊。它们被盗墓者偷走了。

古埃及

在 3000 多年里，埃及都是古代世界最先进的文明发源地之一。埃及人留下了许多关于当时生活方式的记录，小到宗教文献，大到巨大而又神秘的金字塔。

埃及人在法老的统治之下，而他们认为法老是神的孩子。他们复杂的社会有着严格的阶级划分，从祭司、统治者、长官到士兵和农夫。他们发明了一个严密的文字系统，用来记录财富和所有权。

埃及人的生活里充满了各种仪式。他们崇拜的神有数百位。法老和祭司要举行复杂的仪式，试图以此获得好的收成、远离疾病并赢得战争。他们还为死者建造了巨大的墓穴，许多墓穴里都装满了财宝。

图画中的文字

古埃及的文字是一种被称为象形文字的"图画"。每个符号都代表着一个发音、一个单词或一个动作。埃及人不用纸，他们用被称为莎草纸的一种由芦苇制成的平整薄板来书写。铭文也可以印在黏土上、画在陶器上或刻在石头上。人们认为文字是智慧之神透特赐予的礼物，只有祭司和经过特殊训练的抄写员才能学习如何阅读和书写。

家喻户晓的名字

重要人物的名字，如法老和王后的名字，会被写在一个椭圆形的"王名圈"里，作为永生的标志。

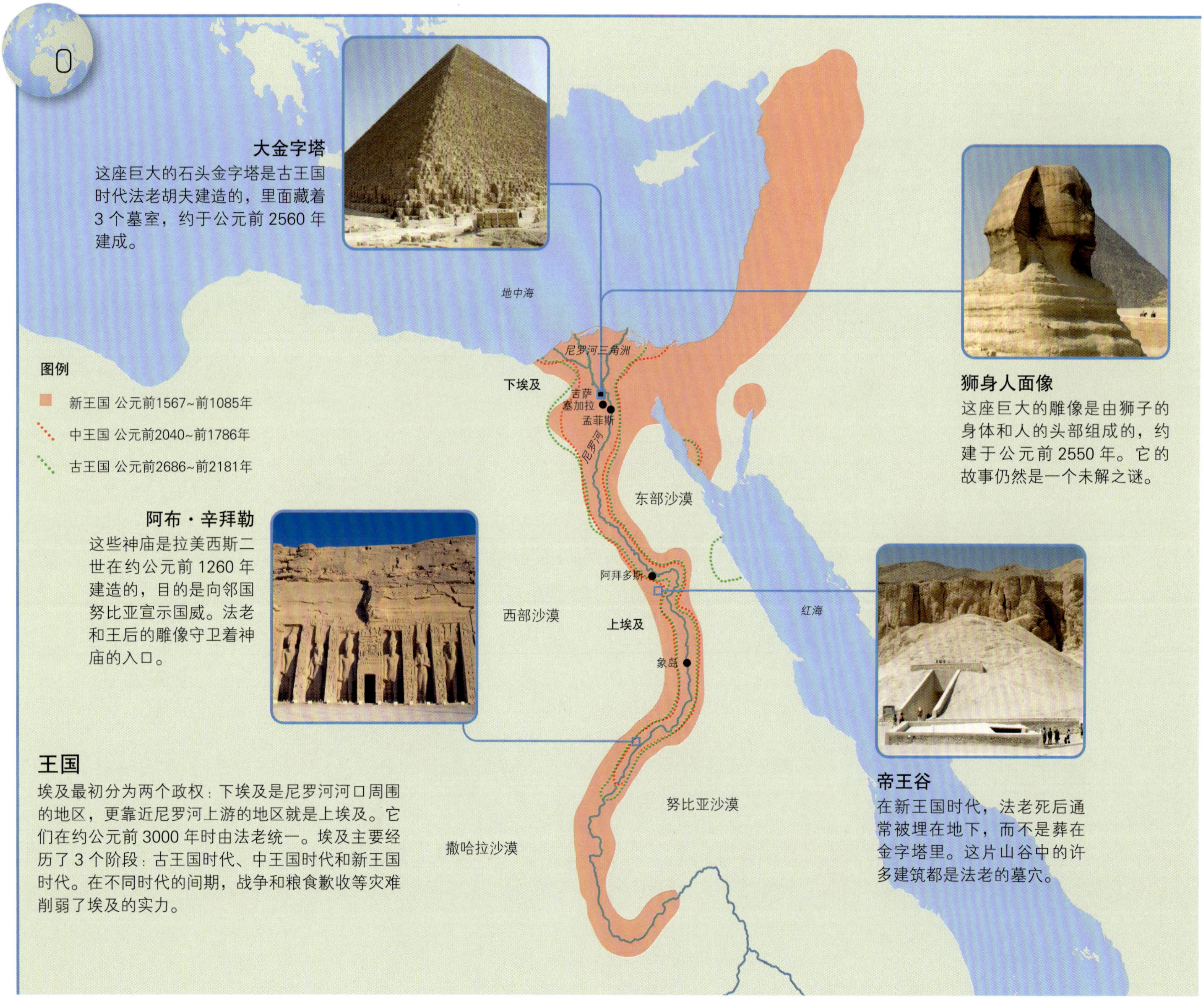

图例

- 新王国 公元前1567~前1085年
- 中王国 公元前2040~前1786年
- 古王国 公元前2686~前2181年

大金字塔

这座巨大的石头金字塔是古王国时代法老胡夫建造的，里面藏着 3 个墓室，约于公元前 2560 年建成。

狮身人面像

这座巨大的雕像是由狮子的身体和人的头部组成的，约建于公元前 2550 年。它的故事仍然是一个未解之谜。

阿布・辛拜勒

这些神庙是拉美西斯二世在约公元前 1260 年建造的，目的是向邻国努比亚宣示国威。法老和王后的雕像守卫着神庙的入口。

帝王谷

在新王国时代，法老死后通常被埋在地下，而不是葬在金字塔里。这片山谷中的许多建筑都是法老的墓穴。

王国

埃及最初分为两个政权：下埃及是尼罗河河口周围的地区，更靠近尼罗河上游的地区就是上埃及。它们在约公元前 3000 年时由法老统一。埃及主要经历了 3 个阶段：古王国时代、中王国时代和新王国时代。在不同时代的间期，战争和粮食歉收等灾难削弱了埃及的实力。

死者的旅行

埃及人相信死者的灵魂要经历一次冒险的旅行才能到达另一个世界。死后，灵魂在通过神的审判之前都会在地下世界游荡。死神阿努比斯将称出他们心脏的重量，以衡量他们的价值。好人会得到一个幸福的来世，而坏人则会被长着鳄鱼头、狮子上身和河马下身的可怕怪兽阿米特吞噬。

审判的天平
死者的心脏放在天平的左边。另一边则放上"真理的羽毛"。恶人的心脏会比羽毛重。

神的见证
死者的灵魂要在神面前宣誓自己没有犯下罪行。

可怕的命运
阿米特已经做好了吃掉恶人灵魂的准备。

死者之神
长着胡狼头的阿努比斯要保证天平的平衡。

智慧之神
长着朱鹮头的透特是智慧之神，负责记录审判的结果。

尼罗河上的生命

埃及周围环绕着沙漠，因此这个古代王国完全依赖尼罗河生存。河水每年泛滥时会淹没沿岸的农田。洪水裹挟着高地上肥沃的土壤来到下游。埃及人建造了沟渠和矮墙，让泥和河水留在河两边的田地里，它们可以使土地变得肥沃，适于种植小麦、大麦、葡萄和蔬菜等作物。整个王国都依赖洪水生存。如果遇到了旱年，许多人就要挨饿了。

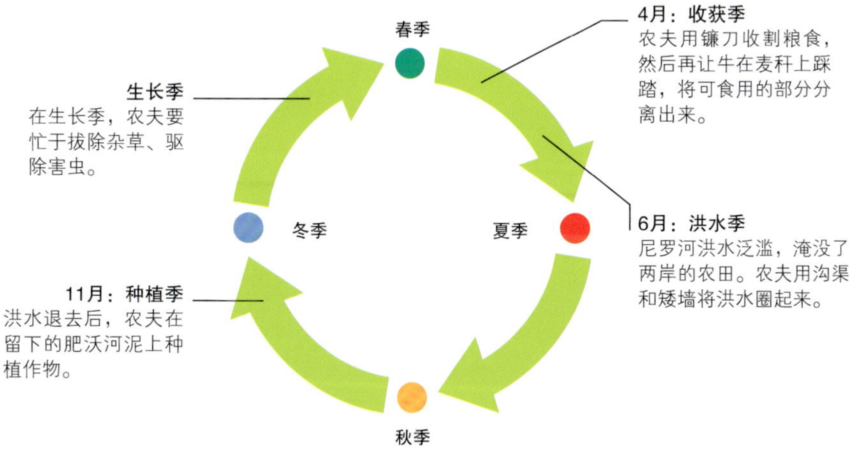

神

埃及人崇拜的神有很多，这些神通常都是以动物和自然力量的形式出现的。太阳神拉是最伟大的神，他创造了宇宙。长着牛头的哈托尔是母爱女神。智慧之神透特长着朱鹮头，而尼罗河之神索贝克则是鳄鱼的形象。努特女神在大地上拱起身体，形成天空。

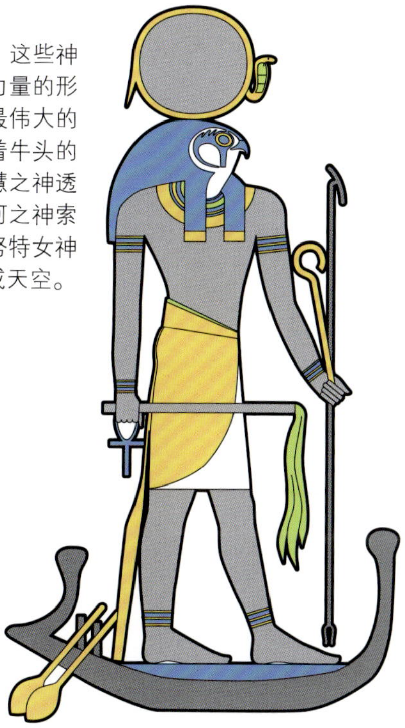

太阳神
太阳神拉以太阳的形态出现。他头上的圆盘射出光芒。他站在一艘船上，从早到晚穿过天空。

10 清点**图坦卡蒙墓中的财宝**花费了10年。

法老

法老统治着古埃及，他们是被人当作神来崇拜的强大的国王。今天，关于他们，最为著名的是雄伟的金字塔和神庙，还有在他们墓穴里发现的无价宝藏。

法老行使着非常大的权力。他制定法律，征收赋税，带领军队作战，裁决法律案件。与此同时，他也承担着许多责任。人们认为他掌控着尼罗河的洪水，这对粮食的生长很重要。如果发生了灾难或饥荒，法老就要乞求神的帮助。如果情况没有改善，他就有可能会遭到人们的责难。

法老和重要的人物在死后会被做成木乃伊，目的是保存好他们来世的身体。有些埃及早期的法老长眠在巨大的金字塔里，而之后的许多法老则被埋在了地下墓穴中。

图坦卡蒙墓

图坦卡蒙在 9 岁的时候成为法老。他仅仅在位 9 年，公元前 1323 年就去世了。他被埋葬在尼罗河西岸帝王谷的地下墓穴里。尽管盗墓者盗取了墓葬中的部分宝物，但在 1922 年考古学家发现这座墓穴之前，里面仍有数千件珍贵的手工艺品在这 3000 多年中没有遭到破坏。

储藏器官
作为制作木乃伊的一个步骤，法老体内的器官被保存在一种叫作卡诺匹斯罐的容器里，然后再被放进神龛里。

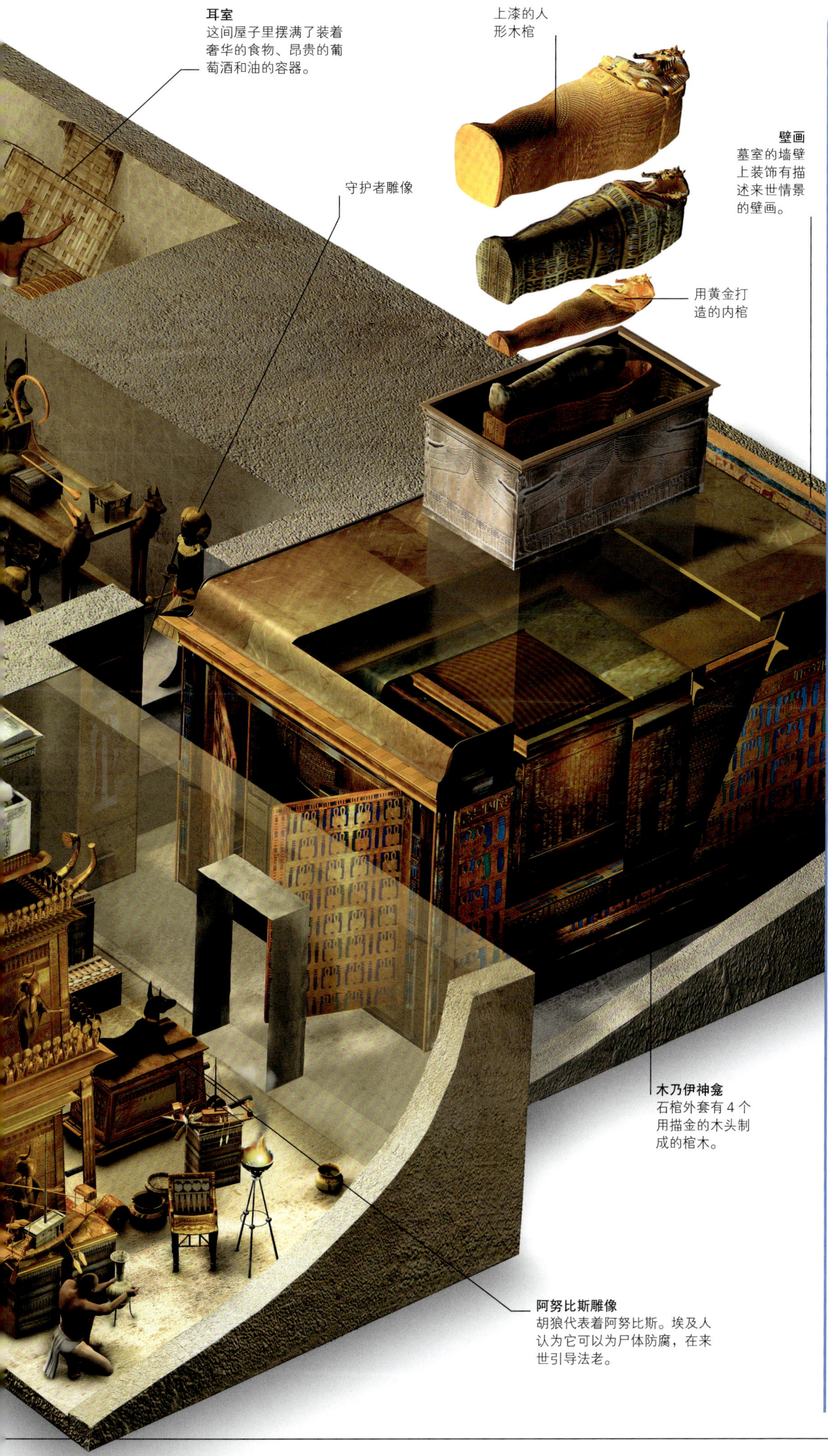

制作木乃伊

埃及人相信，如果死者的身体在这个世界腐烂或损毁，他的灵魂就会在来世受苦。富有的埃及人为了死后自己的身体得以保存做好了准备。他们的技术非常精湛，这些木乃伊中有许多至今都完好无损。

1 取出器官

在用葡萄酒清洗完身体后，祭司将内部器官取出。他们用一种特殊的钩子从死者的鼻孔里掏出脑浆。因为埃及人相信心脏是寄托灵魂的地方，所以他们会把心脏留下。

2 使身体干燥

人们往被掏空的身体里塞入许多包泡碱，这种天然的盐会把肌肉里的水分吸出来。这个过程要经过 40 天。

3 清洗身体

身体完全干燥后会被放在葡萄酒中清洗，去除里面的盐，然后再填满木屑和浸泡过树脂的亚麻布。皮肤上擦上油和香水，时常还会刷上树脂作为额外的保护。

4 缠上绷带

下一个步骤是给木乃伊缠上绷带，还会戴上护身符（传说有魔力的珠宝）来保证逝者在去往另一个世界的路上能够安全。最后一步是戴上有装饰的面具。

5 进入棺木

木乃伊被放进一具棺木或石棺中，棺上面画着或刻着死者的样子。富人的木乃伊会被套上几层棺木，依次放入大木头做成的神龛中。

6 葬礼

在去世整整 70 天后，木乃伊被下葬。游行队伍将棺材和陪葬的物品抬进墓穴。人们通常会把墓穴密封起来，以防盗墓者进入。

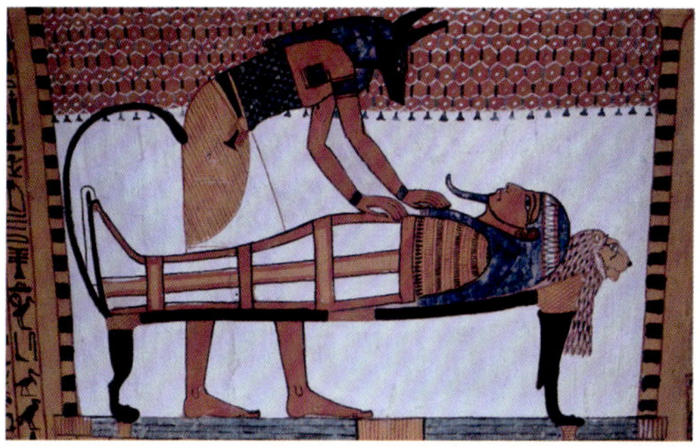

丧葬祭司

制作木乃伊的过程是一个宗教仪式，整个过程由祭司仔细监督。一名祭司会戴着胡狼的面具，来代表指引死者灵魂的阿努比斯。

帝王谷中的大部分墓穴都有绘有图案的墙壁，而图坦卡蒙墓只有墓室里的墙壁是绘有图案的。人们猜测这是由于准备的时间仓促。

亚历山大大帝从无败绩。他赢得了每一次战争的胜利。

古希腊

从数学大师到作家，从伟大的哲学家到武力征服者，许多西方文明中最著名的人物都出现在古希腊。

公元前 2000 年，古希腊文化发源于东地中海群岛上的贸易帝国，如克里特岛上的米诺斯文明。随着时间的推进，权力中心转移到了大陆上的好战国家手中，如迈锡尼。随着城邦国家进一步发展，它们更加重视伟大的思想家、建筑师和作家，而且最早的民主就出现在雅典。他们还向东打败了强大的波斯帝国的军队。希腊在亚历山大大帝统治时期发展到了顶峰。亚历山大大帝是一位军事天才，他将帝国的领土一直扩张到印度河流域。

神

希腊人崇拜许多神，而神的故事以艺术的形式流传到今天。主神的行为与人类很相似，他们住在奥林匹斯山上，由宙斯和他的妻子赫拉统治。在地上，诸如赫拉克勒斯和奥德修斯这样伟大的英雄，以及阿喀琉斯和赫克托耳这样的勇士的事迹也在许多故事里出现。

海神波塞冬

普南城

城邦国家是希腊定居地的主要形式。每个国家都以一个控制着周边乡村的强大城市作为中心。最重要的城邦，如雅典、科林斯和斯巴达，都有一大片领土，并且发展得十分繁荣。普南城（位于今土耳其西南部）是一座典型的希腊城邦。它最早建于约公元前 1000 年，但在公元前 350 年时重建。

剧场

每年举行宗教节日庆典和竞赛时，希腊的戏剧都会在这里上演，其中既有悲剧也有喜剧。

水神庙

像这样的小神庙是为了供奉宁芙（次要的自然女神）而建造的，周围通常有一个或多个喷泉。

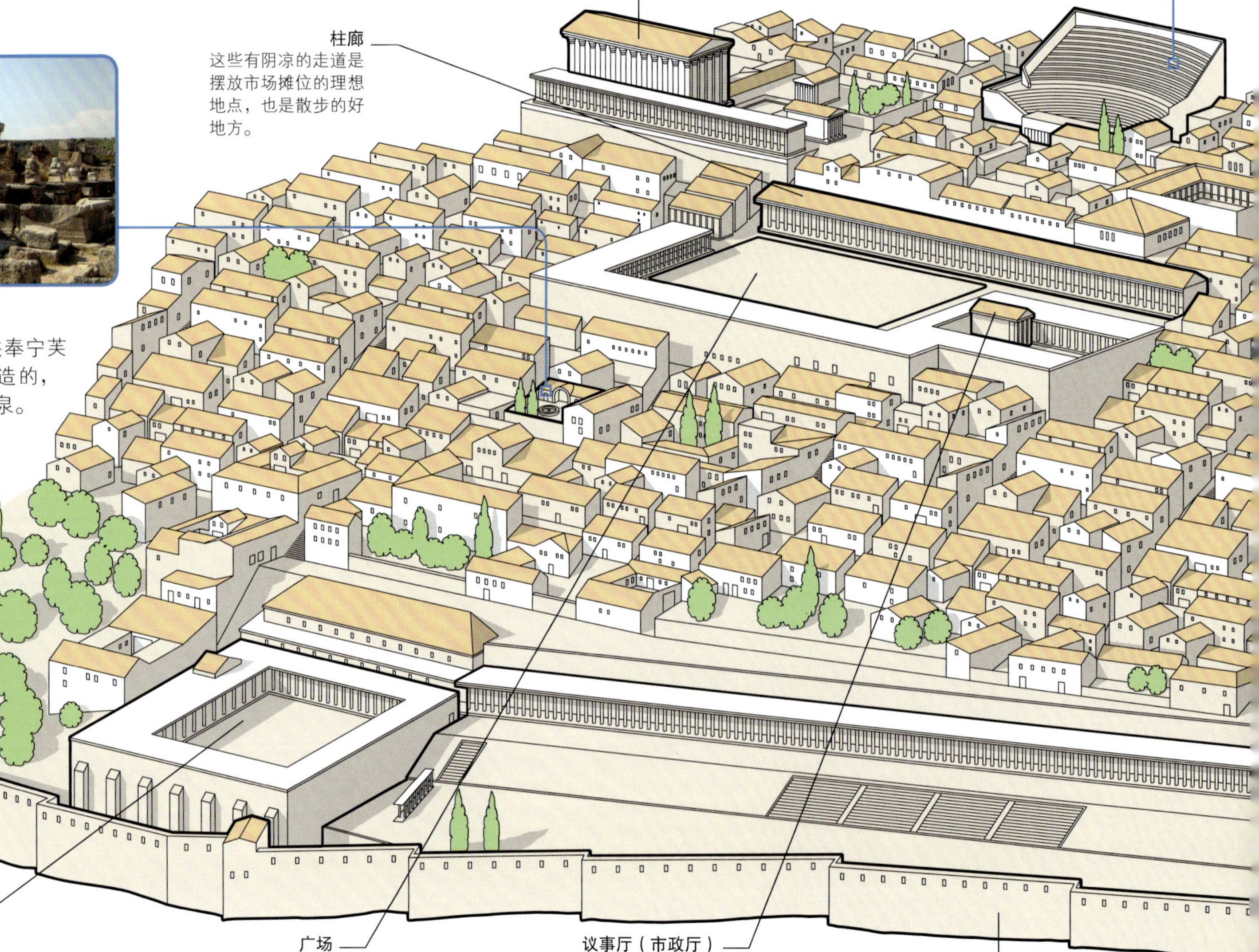

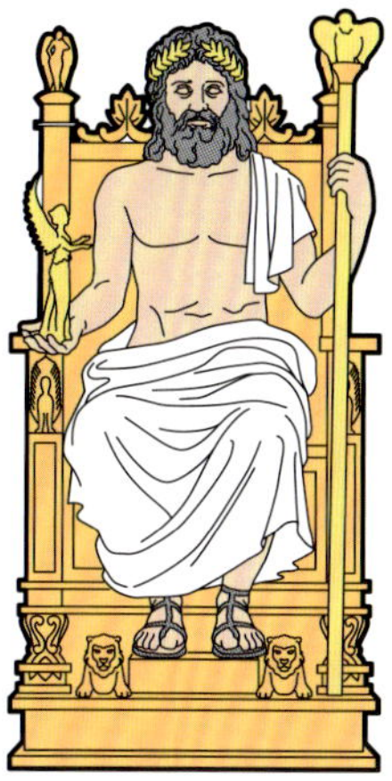
众神之王宙斯

狩猎女神阿尔忒弥斯

智慧女神雅典娜

英雄赫拉克勒斯杀死一条巨大的蛇

只有男性才能成为**城邦的公民，参与选举。**女性和儿童被排除在外。

奥林匹克运动会

古希腊人将定期举行体育竞赛作为崇拜神的一种方式。其中最重要的竞赛就是奥林匹克运动会，最早的记录是公元前776年，每4年举办一次。参加奥林匹克运动会的运动员必须是希腊公民，但他们是以个人名义参加比赛，并不代表自己的家乡。胜利者将获得奖励，但并不是值钱的奖品或奖牌，而是用野生橄榄枝编成的花环。运动会最初只举办1天，后来延长到5天。

为期5天的奥林匹克运动会

第一天
宗教游行。运动员们在神面前宣誓诚信比赛，裁判宣誓公平裁决

第二天
五项竞技在第二天举行。这五项包括跳远、掷铁饼、掷标枪、跑步和摔跤。后来，战车比赛也在第二天举行

第三天
未成年运动员比赛跑步、摔跤和拳击。在这一天，人们将100头牛献祭给宙斯，并在他的神庙前把最好的肉烧掉

第四天
第四天要进行的是成人摔跤、拳击和一种融合了摔跤和拳击的野蛮运动——古希腊式搏击。全副武装的竞走比赛也在这天举行

第五天
在最后一天为所有赢得比赛的运动员颁发用橄榄枝编成的花环。人们用第三天献祭的牛做成菜肴，结束庆祝

体育场
用于举行体育竞赛等比赛的地方。体育场里有跑道，古希腊的长度单位“施塔德（stade）”就是由体育场“stadium”一词演变而来的。

我们宣誓：我们将秉承骑士精神参加**奥林匹克运动会，**为国家的荣誉与运动的荣耀而战。

——《奥林匹克宣言》，1892年

从岛屿到帝国

在几个世纪里，希腊都是由许多敌对的小国家组成的。他们有时因相同的传统和语言联合在一起，组成同盟对抗共同的敌人，如击退波斯人的进攻。希腊城邦在亚历山大大帝和他的父亲腓力二世统治时期实现了整合。但在亚历山大死后，他的帝国就瓦解了，落入罗马人的统治之下。

公元前1900~前1450年

米诺斯时代

从公元前1900年开始，克里特岛的米诺斯人建立了一个贸易帝国。他们变得非常富有，并建造了像克诺索斯王宫那样伟大的宫殿。约公元前1450年，地震、叛乱和入侵导致了米诺斯文明的衰落。

米诺斯晚期绘有章鱼图案的瓶子

公元前1600~前1100年

迈锡尼时代

约公元前1600年，新的部落开始在迈锡尼和梯林斯等地定居下来。作为一个好战的民族，他们征服了克里特岛，在海上劫掠船只和经商。约公元前1200年，新的入侵者摧毁了迈锡尼大部分城市。

迈锡尼国王的金仪葬面具

公元前1100~前800年

荷马时代

从约公元前1100年开始，希腊进入了“黑暗时代”，现在的人们对这一时代所知甚少。约公元前800年，古希腊文明开始复兴，出现了许多使用共同的语言和字母系统的小城邦。诗人荷马在史诗《伊利亚特》中描绘的就是这一时代。

青铜头盔

公元前800~前323年

古风时代和古典时代

城邦发展到了一定的规模，并在海外建立了殖民地。希腊曾两次遭到波斯帝国军队的入侵，但都赢得了战争的胜利。在这个时代，城邦之间也发生了战争，特别是在雅典和斯巴达之间。

绘有赫拉克勒斯“十二苦差”之一的瓶子

公元前323~前30年

希腊化时代

公元前338年，在战争持续了十几年后，马其顿国王腓力二世征服了希腊大部分城邦，建立了一个新的王国。他的儿子亚历山大大帝在公元前334~前323年入侵波斯并征服了它。之后，古希腊文明的版图达到最大，创造了一个新的希腊化文化。

带有亚历山大大帝头像的硬币

1089 据估计，建造菲迪亚斯的**雅典娜雕像**使用了1089千克**黄金**。

古雅典

公元前 5 世纪，古希腊城市雅典是历史上一些最杰出的艺术家、哲学家和政治家的家园，他们的作品和思想直到今天依然闪耀夺目。目前世界上已知最早的民主就在这里诞生。

公元前 5 世纪早期，希腊曾两次遭到波斯帝国军队的入侵。在公元前 490 年的马拉松陆战和公元前 480 年的萨拉米斯海战中，雅典人扮演着重要的角色。这些战争的胜利为雅典带来了巨大的财富和权力。公民们建造了漂亮的神庙、剧院等建筑。到公元前 5 世纪末，雅典与相邻的希腊城邦，如斯巴达，展开了一次时间长、代价极高的战争。在经历了战争失败和一场可怕的瘟疫之后，雅典人最终在公元前 404 年被斯巴达人击败。

据估计，建造帕提农神庙和卫城的大门使用了22000吨大理石。

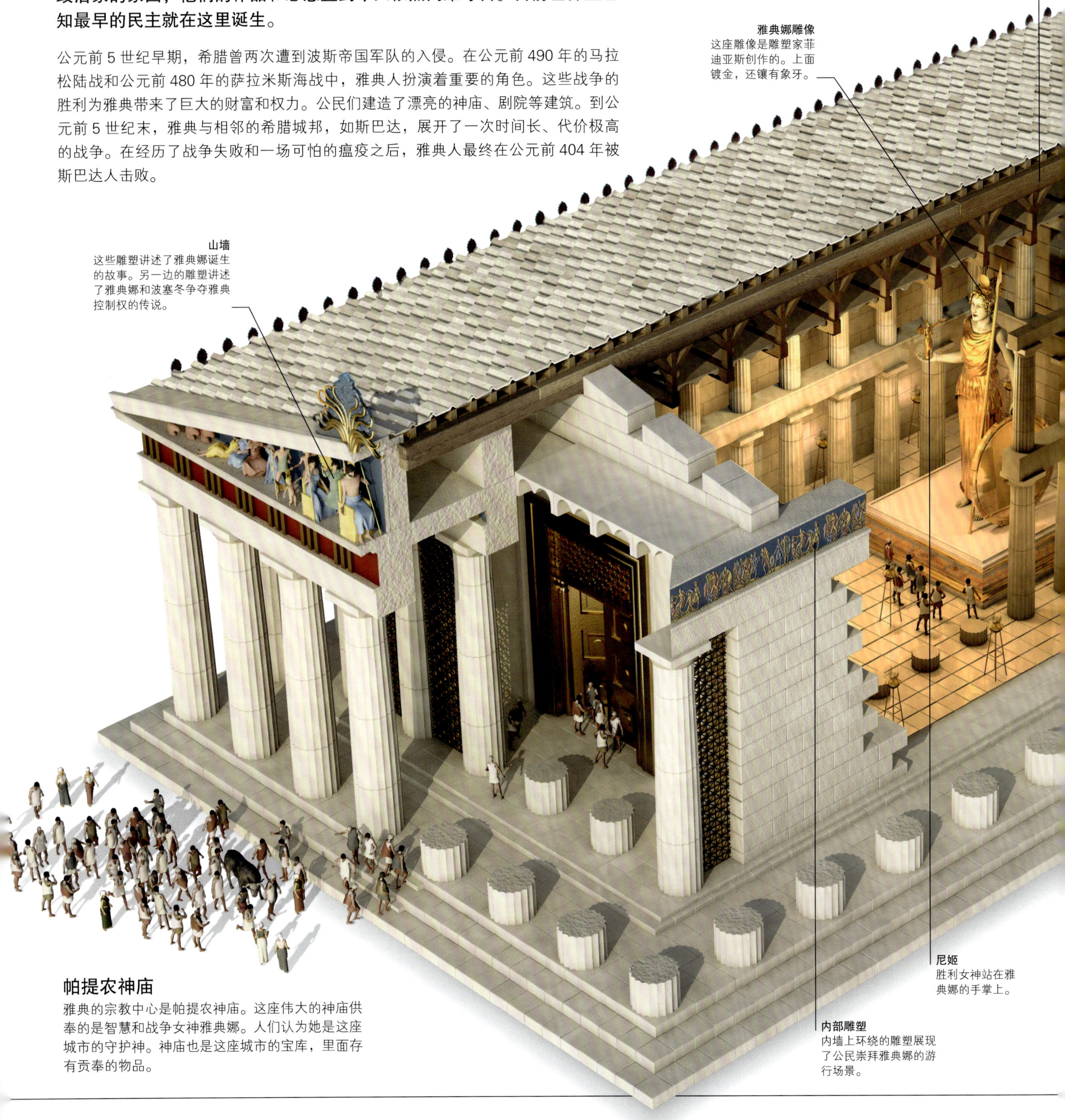

帕提农神庙

雅典的宗教中心是帕提农神庙。这座伟大的神庙供奉的是智慧和战争女神雅典娜。人们认为她是这座城市的守护神。神庙也是这座城市的宝库，里面存有贡奉的物品。

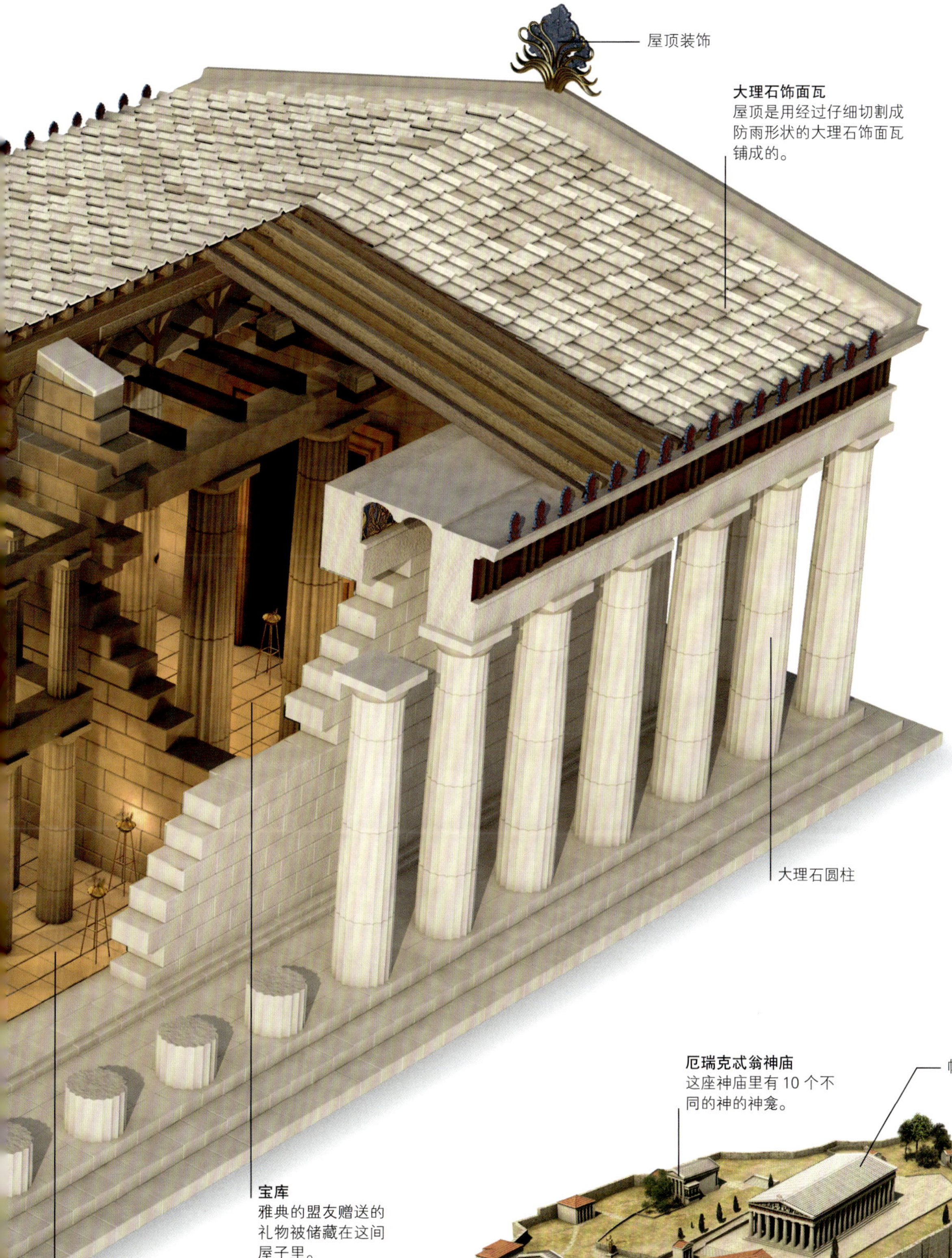

最早的民主

雅典所有的政治决策都是通过普选完成的。但是，只有男性公民才有权利投票，而他们只占总人口的 12%。

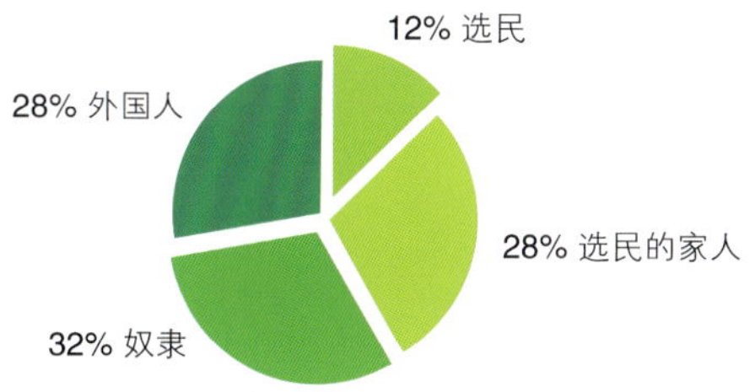

雅典社会人口构成

敌对的邻居

斯巴达是希腊城邦中文化相当特别的一个，接受国王的统治。斯巴达人民认为战斗力高于一切。男孩要经过严酷的军事训练。斯巴达人曾与雅典人联合在一起对抗波斯人，但随后又与雅典人反目成仇。

> **没有人能在战争中证明自己是一个好人，除非他能一直面对鲜血和屠杀，接近敌人，用自己的双手战斗。**
>
> ——斯巴达诗人提尔泰奥斯

雅典卫城

帕提农神庙坐落在雅典中心的一座小山上，也就是雅典卫城上。这里原来是一个防御堡垒，随着雅典变得更加安全，卫城成为敬神的地方。在卫城的城墙里有几处神庙和圣地，而墙外是狄俄尼索斯剧场，人们在这里观看戏剧。

罗马人在奥古斯都的统治下建立了最早的消防队。

25 罗马军队里的士兵必须服役25年。

罗马帝国

从意大利中部的一个小村庄开始，罗马逐渐发展成为历史上最大、最繁荣的帝国之一。它的军队似乎无往不胜，征服了欧洲、北非和中东的部分地区。

罗马于公元前 753 年建立，最初由几个国王统治。公元前 509 年，国王的统治被共和制取代，城市的统治权落入由元老院（长老议事会）选出的执政官手中。元老院，还有之后的“王”也会指派将军领导军队征服其他国家。他们将获得的区域进行划分，由长官管理，并由士兵守卫。他们建立了新的城市，修筑道路，推行法律。尽管他们可能有些残忍，尤其是对反抗者来说，但是罗马人将财富、安定和有价值的新思想带给整个帝国。

征服已知的世界

公元前 200 年时，罗马已经征服了意大利的大部分地区，并在北非打败了强大的迦太基。公元前 262~ 前 146 年，罗马征服了西西里岛、撒丁岛、西班牙和北非。公元前 50 年，罗马又征服了高卢（今法国），还有中东的部分地区。公元 43 年，罗马入侵不列颠。约公元 117 年，在占领了达契亚（今罗马尼亚），以及今叙利亚与伊拉克的部分地区之后，罗马帝国的版图达到最大。

古罗马的遗产

直至今天，人们仍然受到罗马的影响。在许多个世纪里，罗马的政治和哲学启发了欧洲人的思想。他们用先进的工程技术建造了不可思议的建筑，其中有许多保存至今。罗马文字在许多现代语言中都有出现，甚至有的现代法律还将罗马的案例作为参考。

法律和学问

罗马人在历史、诗歌、政治和哲学领域都有伟大的著作。这些作品的复制本遍布整个帝国。在今土耳其以弗所古城的塞尔苏斯图书馆有约 1.2 万卷（册）典籍。

建筑和工程

罗马人是杰出的工程师。他们用混凝土建造了结实的水密结构，还发明了石拱。这座位于法国的庞杜加德高架渠是保存至今的罗马地标性建筑之一。

联结着的帝国

罗马人建造了巨大的路网，使军队、信使和商人们能在帝国内快速通行。道路和详细的地图帮助罗马人掌控着这个庞大且繁荣的帝国。

比学习更好的是创造！创造是生命的本质。

——罗马独裁官司尤利乌斯·凯撒，统治时间为公元前49~前44年

古罗马的兴衰

随着罗马军队越来越强大，将军的权力超过了元老院。在军队将领之间发生的一系列内战之后，共和国瓦解，凯撒成为唯一的统治者。他的养子奥古斯都成为罗马第一位皇帝。公元 395 年，帝国被分成两部分。西罗马帝国仍以罗马城为中心，东罗马帝国以君士坦丁堡（旧称拜占廷）为中心。西罗马帝国逐渐被日耳曼人侵占，最后一位皇帝在公元 476 年被废黜。

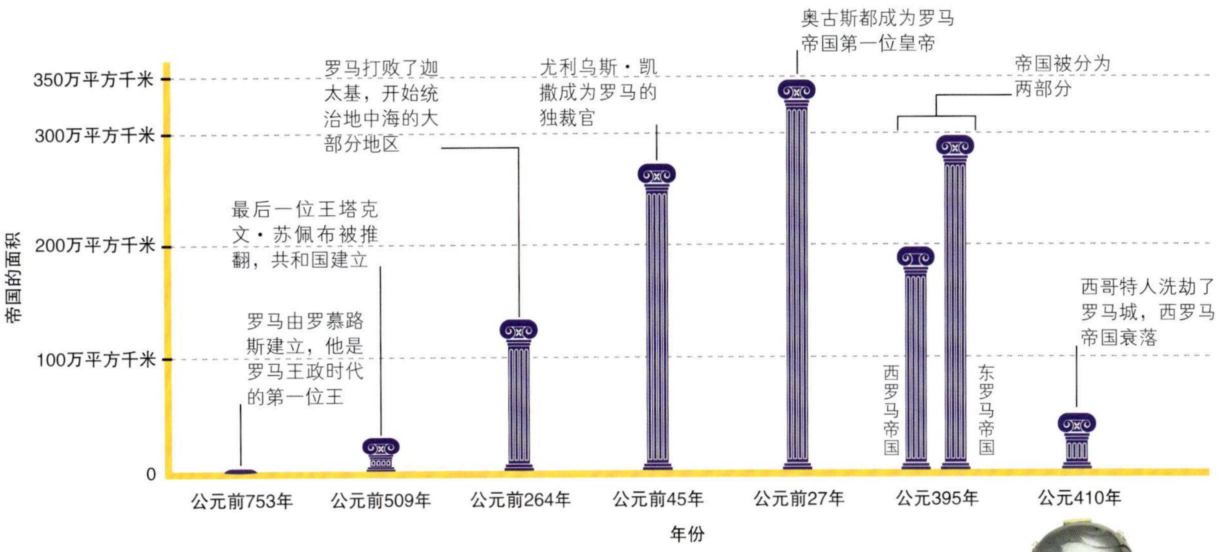

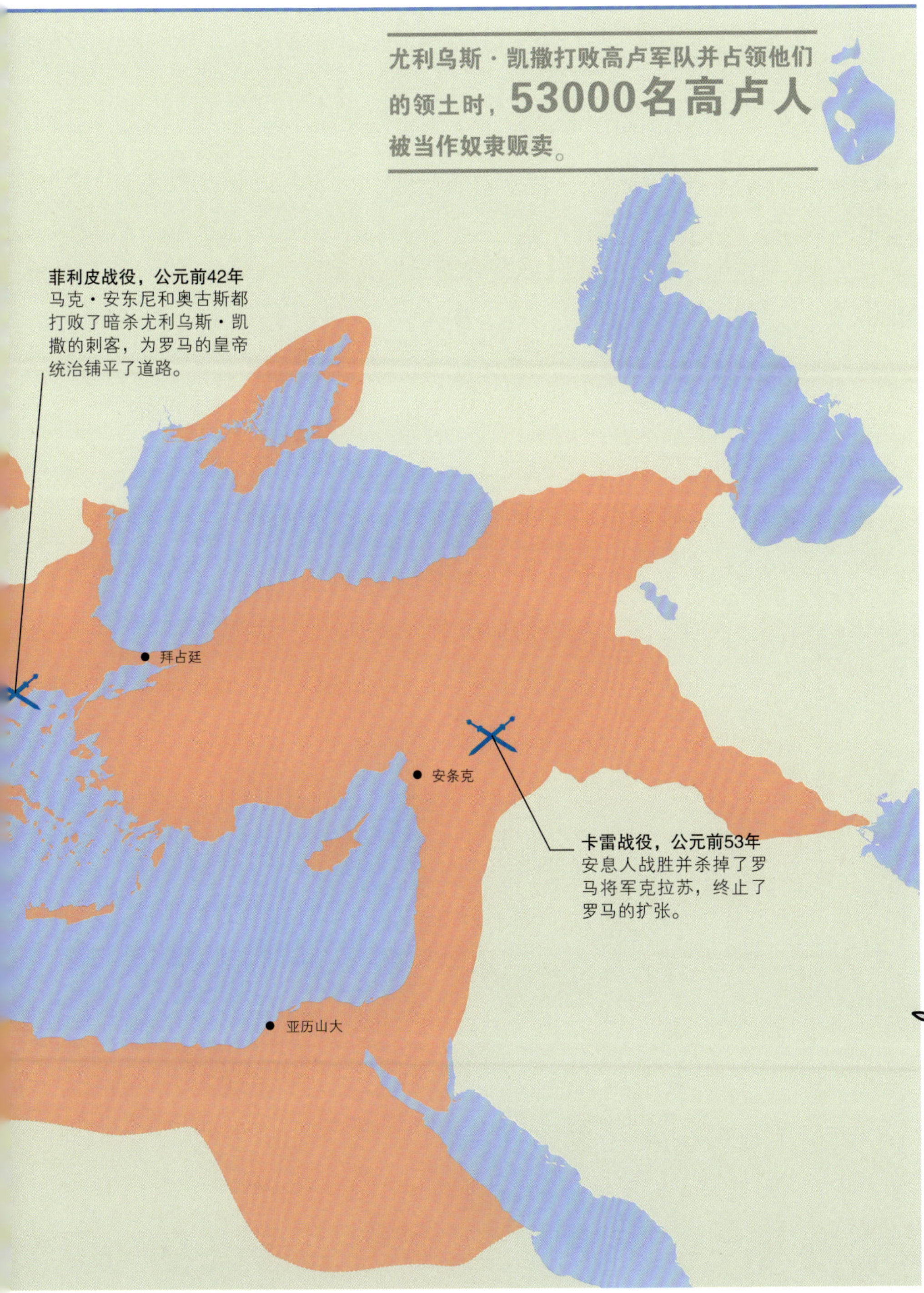

罗马军队

罗马军队经过了严格的训练，并配有精良的装备。他们分成不同的军团，每个军团又分成 10 组，每组大约 480 人，由骑兵团作为后援。罗马军队也会训练战败国的士兵作为后备军。这里面包括了骑兵、投石兵、弓箭手，甚至骆驼军团。罗马士兵因守纪而闻名，他们排成严密的队形，用精妙的战术打败对手。

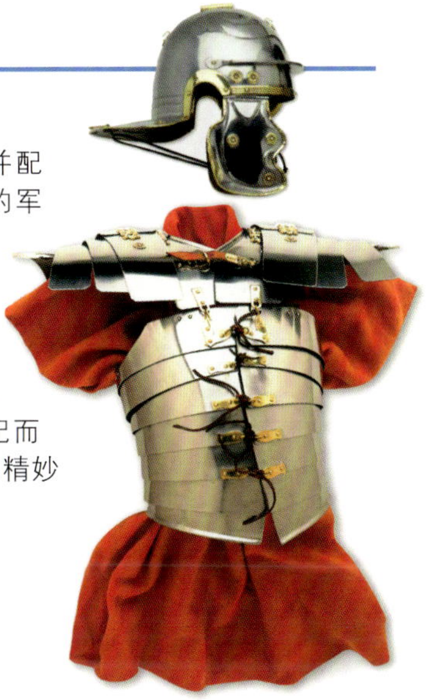
罗马盔甲的复制品

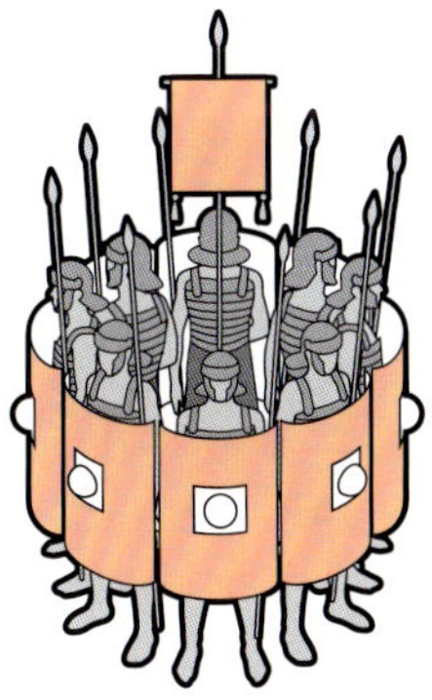
圆形队列
这种防御型队列在士兵受到敌人包围时使用。它能保护象征军团荣誉的军旗。

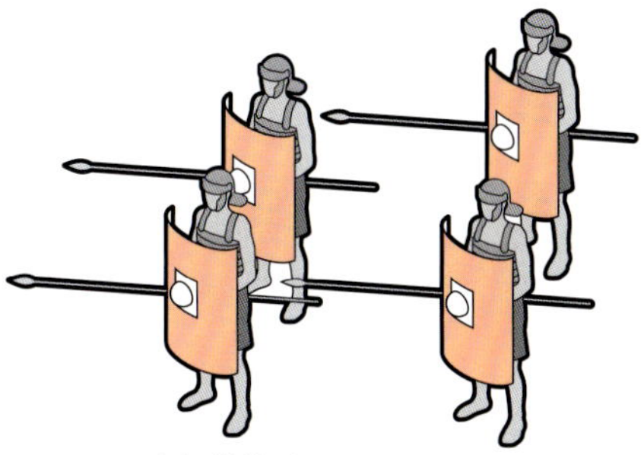
小规模战斗
这种松散的队列给士兵向逐渐靠近的敌军投掷长矛留出了空间。

防御骑兵
如果对方是骑兵，军团就会组成一个方阵，从用盾牌组成的防护墙后刺出长矛，杀死敌军的马匹。

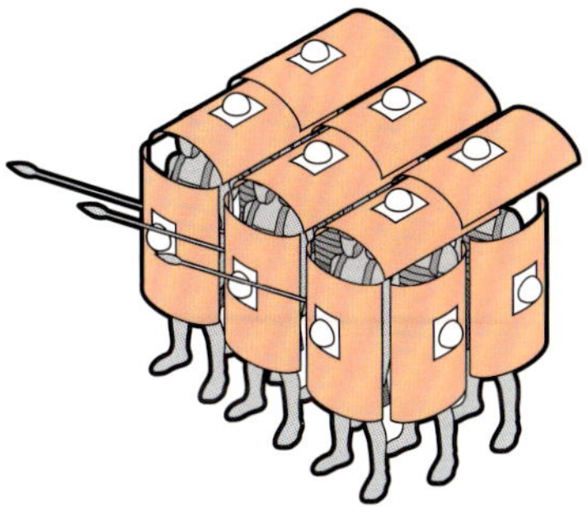
龟甲形连环盾
如果面对的是成簇的箭，士兵们就会组成龟甲形队列。重叠的盾牌保护他们不受到伤害。

古罗马社会

罗马城位于罗马帝国的中心区域。在 500 多年中，罗马城都是西方世界最强大的城市。

罗马城在很多方面都像一座现代城市。城里铺设了道路，建有地下污水管道，甚至还有多层公寓楼群。食物从帝国各地输送进来，以满足人们的需求，人工水渠把周边乡村地区的新鲜水源带到这里。街上满是罗马的统治者和有权势的政治家为了展示自己的权力而建造的壮观的纪念碑。市中心是用于举办公共会议和庆祝活动的露天场所，周围是竞技场、神庙、公共浴场、剧院、市场和宫殿，其中有许多建筑在数千年后的今天仍然屹立不倒。随着帝国的发展，罗马城变得愈发富有，人口也愈发膨胀。学者普遍认为在罗马帝国最鼎盛时，罗马城的人口数达到了 120 万，和现在布拉格的人口数差不多。

职业斗士

总共有 20 多种角斗士，每一种都配有不同的武器和盔甲。罗马人喜欢欣赏不同类型的角斗士相互打斗，看哪种类型和装备最有战斗力。角斗士是奴隶，但如果他们表现足够好，就有机会获得自由。最棒的角斗士能成为喜爱他的粉丝们心中的名人。

角斗士的头盔
这顶青铜头盔属于一位角斗士。他全副武装，手持短剑和矩形大盾牌战斗。

社会地位

罗马竞技场里的座位反映了罗马的社会阶级。前排被预留给富人和地位更高的人，不那么富有的人坐在后面。皇帝有自己和留给客人的私人包厢。奴隶只能在服侍主人时进入竞技场。

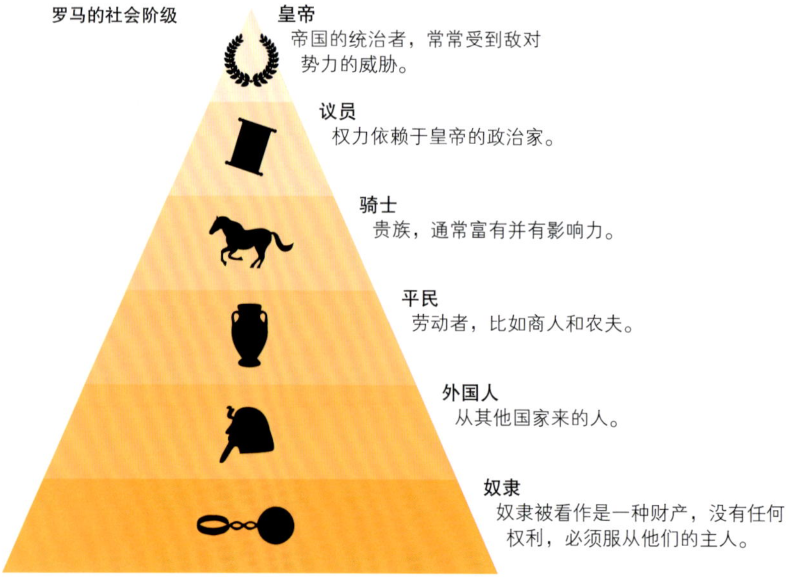

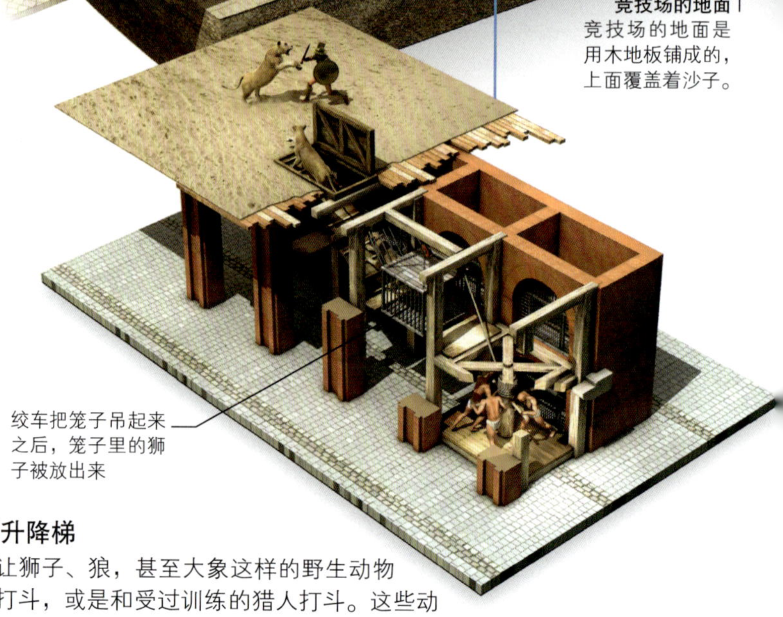

地下升降梯

人们让狮子、狼，甚至大象这样的野生动物互相打斗，或是和受过训练的猎人打斗。这些动物被圈养在地下的笼子里，通过升降梯被送到地面上，在活板门打开后进入竞技场。

竞技场

精心准备的表演在这个巨大的竞技场里进行。表演包括杂技、野兽打斗、公开的死刑和职业斗士之间的角斗，这些职业斗士被称为角斗士。

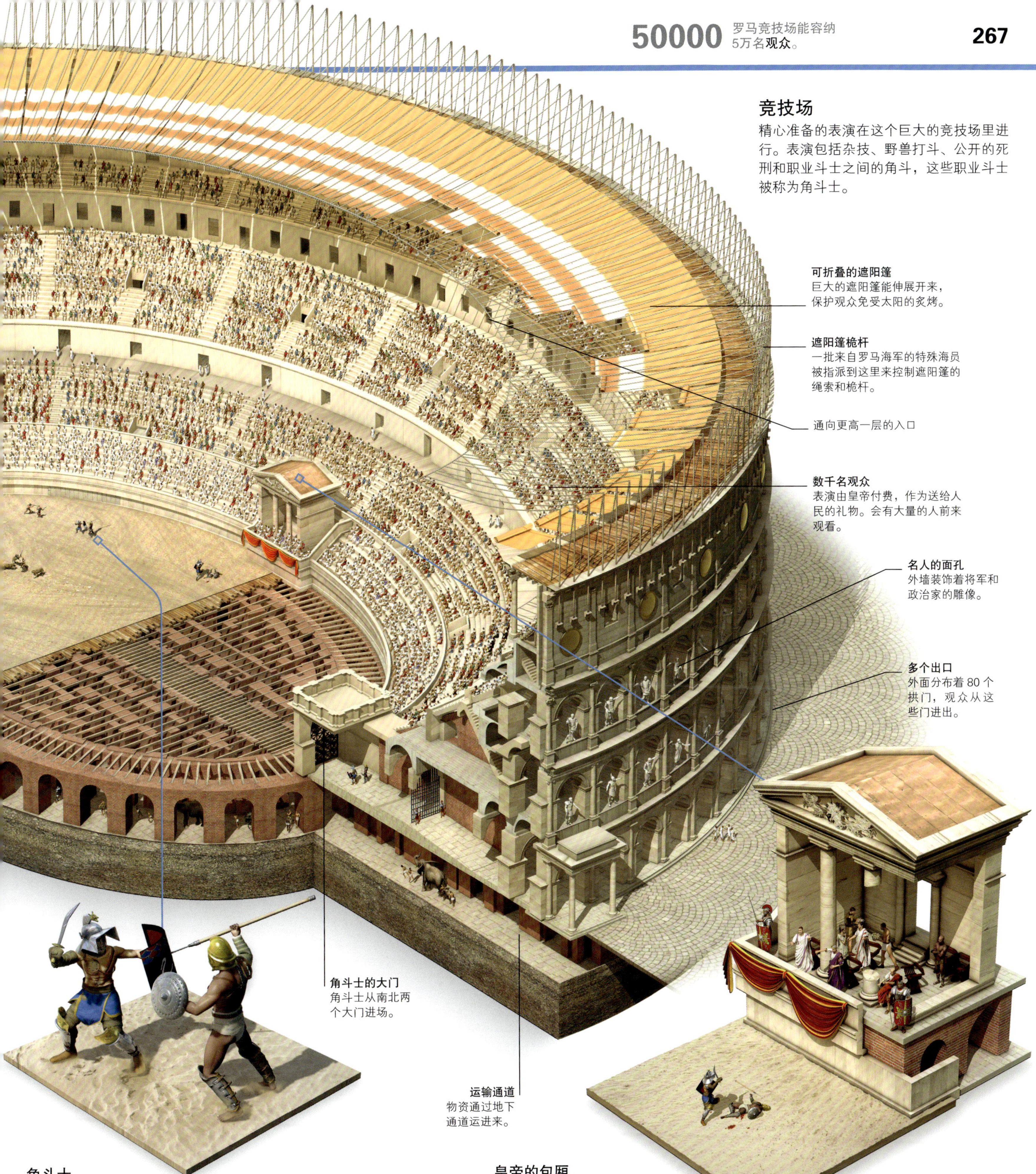

角斗士

在斗兽表演结束后，角斗士进入竞技场。这是整场表演最受欢迎的部分。他们两人一组，在竞技场上角斗。虽然大部分角斗士都是奴隶，但如果他们在竞技场上表现得好，就有可能获得自由。

皇帝的包厢

皇帝和他的客人坐在私人特设包厢里。角斗士在受了伤无法继续比赛的时候可以乞求宽恕。皇帝可以决定角斗士是获得豁免，还是被对手杀死。

中世纪的世界

5 世纪，西罗马帝国瓦解，分裂成了诸多贫穷落后的小国。在中东地区，巨大的阿拉伯帝国崛起，保留并吸收了古希腊和古罗马的知识。中国和印度有了新的科学发现，这些科学发现比欧洲早了数百年。

罗马帝国的衰落

4 世纪，罗马帝国分为东西两部分。以罗马城为中心的西罗马帝国衰落，无法抵抗日耳曼人的入侵。在 4 世纪末，西罗马帝国失去了大部分领土。公元 476 年，西罗马帝国最后一位皇帝被废黜。

拜占廷帝国

东罗马帝国（或称拜占廷帝国）比西罗马帝国存在了更长时间。东罗马帝国皇帝查士丁尼在 6 世纪重新夺回了意大利和北非地区，但在这之后帝国很快便遭到了穆斯林军队的入侵。1453 年，奥斯曼土耳其人占领了帝国的首都君士坦丁堡。

基督教城市
这幅马赛克上绘有拜占廷皇帝将君士坦丁堡献给耶稣和圣母马利亚的画面。

蛮族入侵者

约公元 450 年，蛮族部落在原来属于罗马人的领地上建立起了王国。新的国王接受了一些罗马的习俗，如推行成文法。

萨顿胡头盔
考古发现这顶带有装饰的头盔被埋在 7 世纪一位盎格鲁 – 撒克逊国王遗体旁的船只里。

匈奴人
这个来自中亚地区的游牧民族在 5 世纪对罗马进行了毁灭性的打击。

哥特人
哥特人在公元 410 年洗劫了罗马城。随后，他们分成了西哥特人（今西班牙人）和东哥特人（今意大利人）两部分。

盎格鲁–撒克逊人
这些北方日耳曼入侵者占领了原先罗马在英格兰的领土，建立了新的王国。

马扎尔人
中亚地区的马扎尔人从公元 850 年开始入侵东欧，于公元 900 年在匈牙利定居。

维京人
从公元 793 年往后的 200 年中，凶猛的维京人入侵欧洲沿岸地区，夺取了法国、爱尔兰和不列颠的土地。

神圣罗马帝国

在西罗马帝国灭亡 400 年后，西罗马帝国的土地落入基督教统治者手中。公元 800 年，查理被罗马教皇加冕为“罗马人皇帝”，史称查理大帝，开始在欧洲重新建立起一个基督教帝国。到公元 900 年时，他的帝国已经瓦解，但在之后的几个世纪里，野心勃勃的德意志诸侯仍沿用了“神圣罗马皇帝”的称号。

查理曼帝国
在公元 814 年去世前，查理大帝征服了欧洲的一大片地区。到公元 843 年时，他的帝国已经分裂成了 3 个王国。

变化的欧洲

在中世纪的欧洲，人们每天的生活都被教会和有权势的国王控制着。法国被一个日耳曼部落——法兰克人占领，之后成为欧洲最强大的国家。1337~1453 年，英、法两国进行了百年战争。北非的摩尔人在 8 世纪征服了西班牙，之后又因一系列战争被驱逐出去，战争一直持续到了 1492 年。在此期间，最具灾难性的是席卷欧洲并造成数百万人死亡的瘟疫——黑死病。

据估计，欧洲有 45% 的人口死于黑死病。

封建主义

在欧洲兴起的封建制度下，贵族成了国王的追随者（封臣），宣誓效忠国王，并承诺在战时支持他。作为交换，国王视情况将土地分给贵族统治。

国王
国王是封建社会的首领，重要的贵族是他的封臣。同时，国王以土地作为回报。

封臣
有的贵族也有自己的封臣，如骑士，他们得到较小的领地作为为贵族服务（通常是军事上的）的回报。

农夫
处于社会最底层的是农夫，他们也宣誓对领主效忠，只不过不参加军事服役，而是在田里劳作。

教会和国家

基督教在中世纪变得更加有权力。大部分人都要将收入的少部分，也就是其中的 1/10 作为税款上交给教会。欧洲各地的城市里新建起了许多巨大的教堂。教会由罗马教皇领导，他拥有的权力常常激起其他统治者的仇恨。

沙特尔大教堂，法国

信仰的战争

7 世纪早期，阿拉伯半岛的部族在先知穆罕默德领导的新宗教——伊斯兰教下统一了起来。阿拉伯穆斯林军队占领了拜占廷帝国的领土——巴勒斯坦和叙利亚，还占领了圣城耶路撒冷。11~13 世纪，基督教军队试图通过一系列的十字军东征夺回耶路撒冷，甚至还在那里建立了短暂的王国。

阿拉伯学者

阿拉伯人的思想通常比中世纪欧洲的思想要先进很多。穆斯林军队占领了波斯并夺取了拜占廷帝国的大片属地，他们在那里再次发现了古希腊和古罗马手稿。阿拉伯学者在数学和医学上也有巨大的成就。

星盘

这种装置被用于天文学研究。阿拉伯学者从古希腊文字记录中获得了灵感，对星盘加以改进。

阿拉伯帝国的崛起

先知穆罕默德约在公元 610 年时开始布道。在公元 632 年他去世之前，穆斯林军队已经征服了阿拉伯半岛的大部分地区。穆罕默德死后，在新任领导者（哈里发）的带领下，阿拉伯人的领土延伸出了阿拉伯半岛，之后穆斯林军队又占领了埃及（641）、波斯（640）以及叙利亚与巴勒斯坦的大部分土地。公元 661 年，倭马亚王朝建立。在这一时期，穆斯林军队入侵了北非的其他地区，并在公元 711 年占领了西班牙的大部分领土。在东部，阿拉伯帝国的边境线延伸到了阿富汗和印度西北部。

图例
公元643年阿拉伯人的领土
公元656年阿拉伯人的领土
公元756年阿拉伯人的领土

阿拉伯帝国

8 世纪中叶，阿拉伯帝国领土面积达到最大。后来它又占领了小亚细亚和巴尔干半岛，但从那时开始，帝国就不再是一个统一的国家了。

伊斯兰世界

随着阿拉伯帝国的发展，城市不断扩张，城市里建造了统治者居住的宫殿、宏伟的清真寺、医院和图书馆。这些地方也成为贸易和学术中心。

麦地那

在公元 622 年先知穆罕默德和他的早期追随者来到这里之后，麦地那成为第一座强大的穆斯林城市。

大马士革

公元 661 年，这座叙利亚城市成为倭马亚王朝的首都。大马士革是一直有人居住的最古老的城市之一。

耶路撒冷

公元 637 年，穆斯林军队占领了耶路撒冷。城中有一座清真寺，这座清真寺是早期的大清真寺之一。

巴格达

巴格达于公元 762 年建立，这座作为学术中心的城市是阿拔斯王朝的首都。阿拔斯王朝在公元 750 年取代了倭马亚王朝。

开罗

开罗于公元 969 年建立，靠近古埃及首都孟菲斯。到了 1325 年，开罗已经是世界上最大的城市。

伊斯坦布尔

拜占廷的首都君士坦丁堡于 1453 年被奥斯曼土耳其人占领，后更名为伊斯坦布尔。在之后的 450 年里，伊斯坦布尔一直都是奥斯曼帝国的首都。

亚洲帝国

中世纪时期，世界最伟大的帝国位于亚洲。中国、日本和印度在当时有比欧洲先进许多的司法机构和政府。蒙古人是来自中亚地区的游牧民族，在中国建立了元朝；日本被卷入内战之中；印度遭到北部民族的入侵。

中国唐朝

中国在经过了南北朝时期几个世纪的分裂之后，在公元 589 年重新统一。公元 618 年，唐朝建立。唐朝的首都长安位于从中国到地中海的贸易线——丝绸之路的一端，这条贸易线给中国带来了巨大的财富。在唐朝的统治下，中国军队征服了许多绿洲城市，并到达了中亚腹地。公元 755 年，一次由安禄山发起的叛乱削弱了唐朝的统治，唐朝政权在公元 907 年灭亡。

大雁塔

中国西安（古称长安）的大雁塔是建于公元 652 年的唐朝建筑。

印度

从约公元 320 年开始，印度的大部分地区都在笈多王朝的统治之下，以先进的文学、艺术和科学，以及富有著称。和平维持了近 150 年，在约公元 540 年时，笈多王朝覆灭。而后，戒日王朝统治北印度，但在公元 647 年戒日王死后，印度分裂为许多小国，直到 13 世纪才重新统一在一起。

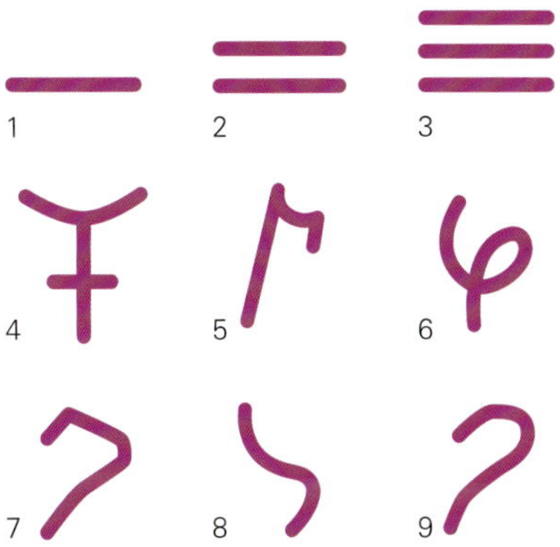

婆罗米数字

印度数学家在 5~6 世纪采用并发展了这种古老的数字系统。这是阿拉伯数字的基础。

大蒙古国

1206 年，成吉思汗建国于漠北，号大蒙古国。通过不断的征服战争，大蒙古国统治了亚洲大部分和欧洲部分地区。

征战中的蒙古军

蒙古人是出色的弓箭手、骑手，也是野蛮的勇士。

维京掠夺者

从公元 8 世纪晚期开始，凶猛的斯堪的纳维亚勇士对欧洲沿海定居地造成了威胁。他们毫无预警地袭击该地区，杀掉了所有抵抗的人，并掳走了财富和奴隶。他们就是维京人。

也许传说中维京人很可怕，但他们不仅是残忍的掠夺者，也是造船专家。他们建造出的船只能又快又安全地穿越最险恶的海洋。他们是勇敢的探险家，先于其他欧洲人数百年抵达了美洲。他们在北欧和格陵兰等地建立了定居地，他们的文化在几个世纪里影响着当地的生活。

突袭队

维京掠夺者乘坐的是一种速度快且造型优美的维京长船，这种船能用来袭击沿海和沿河的任何一个地方。船上有方形大船帆和在逆风时使用的船桨。

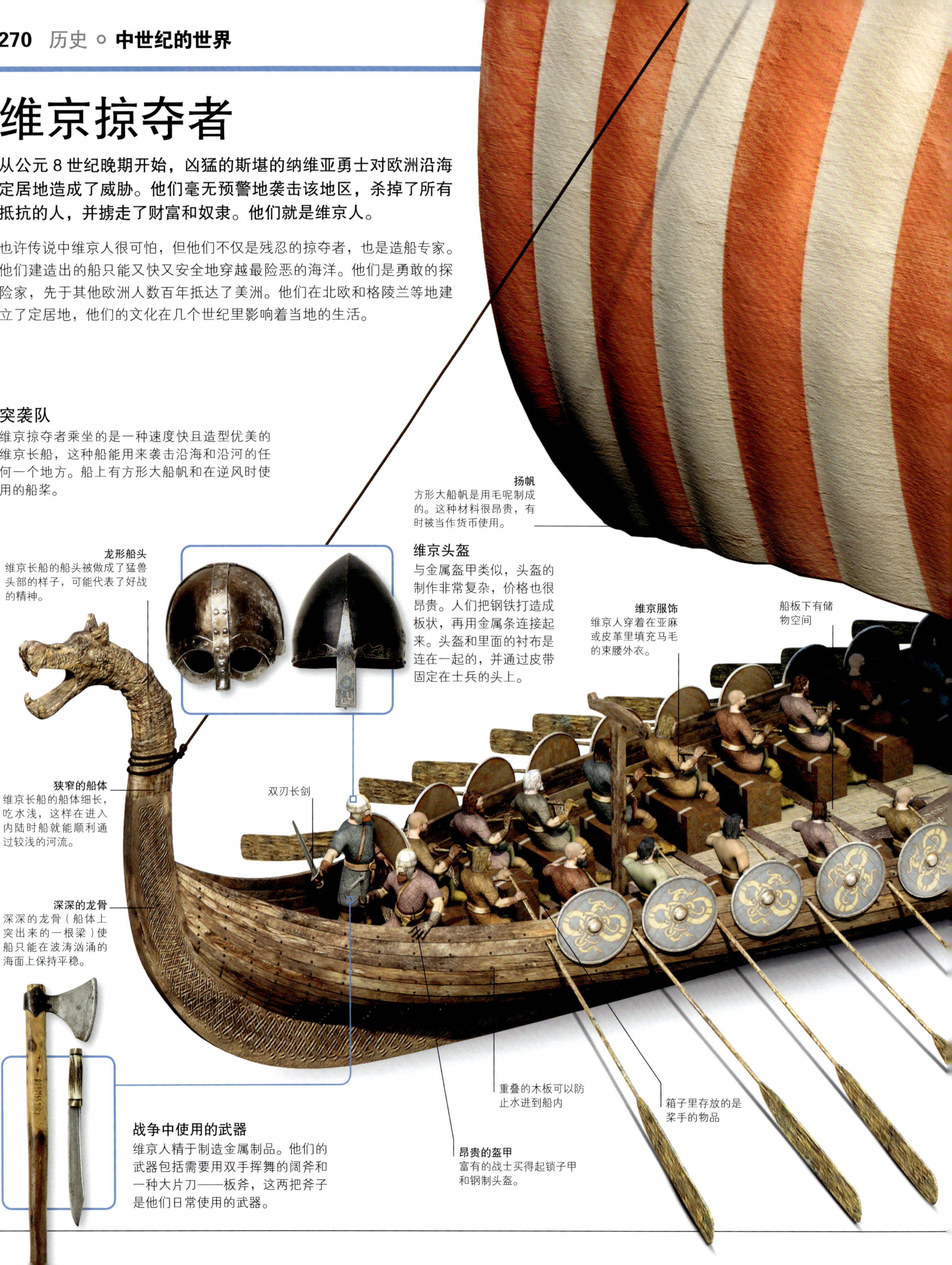

扬帆
方形大船帆是用毛呢制成的。这种材料很昂贵，有时被当作货币使用。

维京头盔
与金属盔甲类似，头盔的制作非常复杂，价格也很昂贵。人们把钢铁打造成板状，再用金属条连接起来。头盔和里面的衬布是连在一起的，并通过皮带固定在士兵的头上。

龙形船头
维京长船的船头被做成了猛兽头部的样子，可能代表了好战的精神。

维京服饰
维京人穿着在亚麻或皮革里填充马毛的束腰外衣。

船板下有储物空间

狭窄的船体
维京长船的船体细长，吃水浅，这样在进入内陆时船就能顺利通过较浅的河流。

双刃长剑

深深的龙骨
深深的龙骨（船体上突出来的一根梁）使船只能在波涛汹涌的海面上保持平稳。

重叠的木板可以防止水进到船内

箱子里存放的是桨手的物品

昂贵的盔甲
富有的战士买得起锁子甲和钢制头盔。

战争中使用的武器
维京人精于制造金属制品。他们的武器包括需要用双手挥舞的阔斧和一种大片刀——板斧，这两把斧子是他们日常使用的武器。

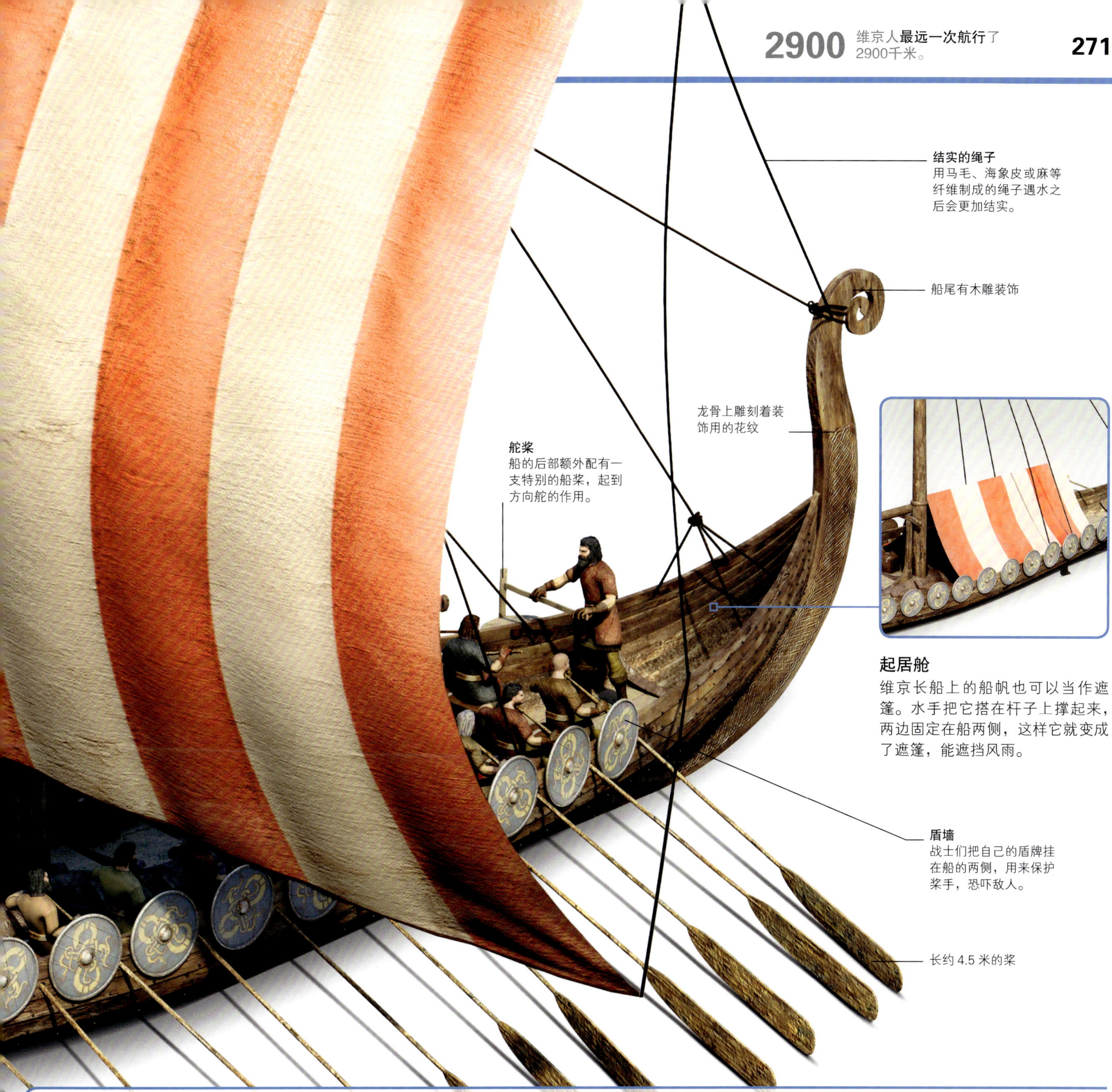

起居舱

维京长船上的船帆也可以当作遮篷。水手把它搭在杆子上撑起来，两边固定在船两侧，这样它就变成了遮篷，能遮挡风雨。

伟大的探险家

维京人不仅是勇猛的战士，还是勇敢的探险家。以家乡斯堪的纳维亚半岛为起点，维京船队的航行范围辐射数千千米以内的各个地区。维京人是第一批抵达美洲的欧洲人，比哥伦布早近 500 年。人们在加拿大的纽芬兰发现了维京定居地遗迹。他们的脚步还遍及欧洲，他们沿着海岸和河流航行，甚至在无法走水路时抬着船只从陆路前进。

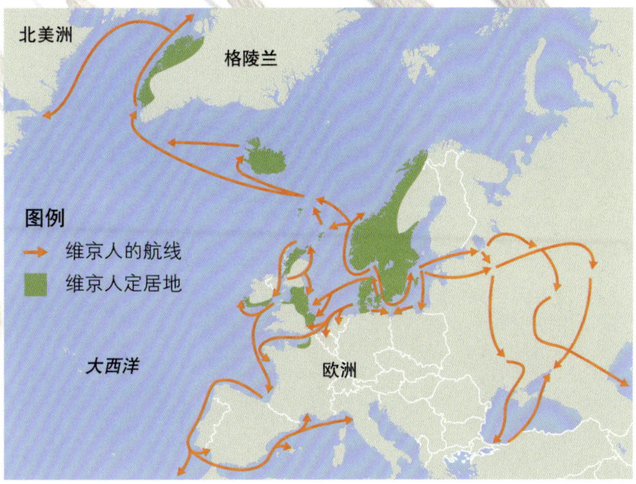

技术精湛的手工艺人

维京手工艺人能制作出精美的皮革制品和精巧的金属饰品。最开始，他们的作品大多都是以传说中的怪兽和巨人为原型创造出来的。约 11 世纪，许多维京人改信基督教，十字架开始代替了那些古老的符号。

十字架

龙形胸针

有些入侵者在围攻城堡时会**把尸体扔到城墙**内，目的是**使城堡内的人患病**。

城堡

城堡高耸的石墙上有狭窄的箭口、城垛等防御设施。在中世纪，对于任何入侵者来说，城堡都是一道防守严密的屏障。

世界各地都建有城堡，小到简单的木头围场，大到巨大的石头宫殿。其中，许多城堡都是由欧洲贵族建造的，他们需要一个在自己外出征战时供家人居住和存放财宝的安全的地方。在圣城耶路撒冷，十字军随时可能遭到攻击，他们依靠城堡守卫自己的地盘。

城堡的中心是一座主楼，领主和他的家人在这座高塔里居住。即使城堡的其他部分被攻陷，主楼仍然能起到防御作用。环绕在主楼四周的是守卫区，这片开放区域是城堡里的其他人居住和工作的地方，它们全部被石墙所围绕。

门楼
城堡的入口戒备森严。这里通常是一段狭窄的通道，两端装有木头或石头做成的城门。顶部有洞可以把热油或热水倾倒到通道内的入侵者身上。

索恩城堡的护城河有18米宽、26米深，足以装下一个网球场。

城堡生活

在和平时期，这种 13 世纪的同轴城堡是领主、他的家人、仆人和守卫居住的地方。许多城堡就像小村庄一样，有厨房、铁匠铺、花园、马厩和小礼拜堂。受到袭击时，城堡里储备的各种生活必需品能支撑人们活下去，直到获得援助。

城堡的种类

随着时间的推移，入侵者和防御者都掌握了新的技术，从而有了不同类型的城堡。

土墩与外廓式城堡

常见于：10~11 世纪。
建筑：在土坡上建起的木头城堡，四周有用于防御的围栏。
优点：建造时间短，造价低。
缺点：不能抵御攻城槌和火攻。

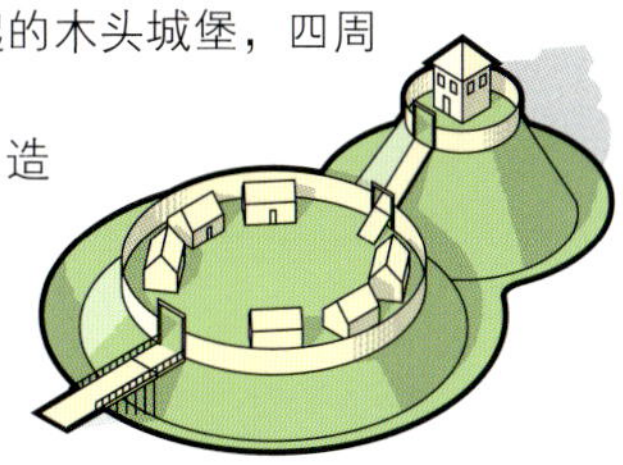

同轴城堡

常见于：12~15 世纪。
建筑：中心堡垒或主楼被几层石墙围绕。
优点：耐用，难以被攻破。
缺点：建造时间长，防御者可能会被困在里面，难以使用大炮。

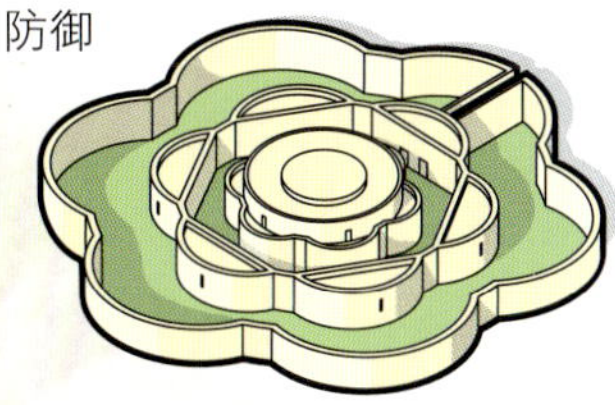

星形要塞

常见于：16~20 世纪。
建筑：石头或混凝土建造。
优点：可以从尖角上发射炮弹，而且可以从不同角度向敌人开火。
缺点：无法抵御现代烈性炸药。

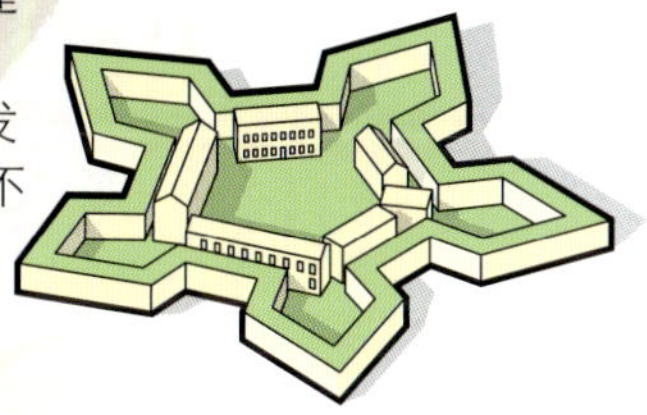

袭击城堡

在火药被发明出来之前，城堡的城墙几乎是不可能被攻破的。入侵的敌人有两种选择：用攻城工具打破城墙，或是堵住城堡的所有出口，等城堡内的人缺少供给，在饿死之前投降。

火攻

用燃烧的箭点燃城堡。在城墙下挖出的坑道里放火能让城墙倒塌。

攻城塔

士兵能从塔里爬到城墙上。

攻城槌

沉重的撞槌用来攻破城门。

投石机

用于投掷沉重的石头，可以破坏防御设施或打击城墙内的防御者。

投石机

70000 据说十字军在1099年夺取耶路撒冷时阵亡的人数。

信仰之战

1096~1291 年，欧洲军队进行了一系列十字军东征。十字军东征是为了夺回 7 世纪落入穆斯林掌控之中的基督教圣城耶路撒冷而展开的军事远征行动。

教皇乌尔班二世号召基督教骑士加入十字军并发誓夺取耶路撒冷。第一次十字军东征在 1096 年开始，数千名骑士响应，在圣城的穆斯林统治者产生分歧后，骑士们成功地夺取了耶路撒冷。十字军建立起小国，并建造了城堡。城堡通常由宗教骑士团，如圣殿骑士团守卫。但在萨拉丁和拜巴尔斯等统治者统一穆斯林之后，十字军渐渐处于不利地位。穆斯林在 1187 年夺取了耶路撒冷。1291 年，最后一座十字军城堡沦陷。

最初的4次十字军东征

1096~1204 年的 4 次十字军东征因为军队的人数最多、战争的规模最大，有时被称为“大十字军东征”。除此之外，后来还出现了 5 次“小十字军东征”和其他许多次远征。

图例

- 第一次十字军东征
- 第二次十字军东征
- 第三次十字军东征
- 第四次十字军东征

君士坦丁堡

拜占廷帝国是由罗马帝国的基督徒后裔建立的。十字军有时并不信任他们，而且会和他们发生争执。1204年，一支正向耶路撒冷进发的东征十字军袭击并洗劫了拜占廷的首都君士坦丁堡。

萨拉森骑手

十字军把他们的穆斯林敌人称为“萨拉森”。萨拉森士兵穿着铁环连成的盔甲，是出色的弓箭手。

耶路撒冷

耶路撒冷是基督教和伊斯兰教的圣城。1099年，十字军占领这里后建国，耶路撒冷成为这个基督教王国的首都。但是，他们没有充足的骑士长期驻守。

埃及

后来的一些十字军在埃及登陆，期望能打败统治开罗的穆斯林苏丹。1250年，一个新的王朝马穆鲁克统治了埃及。13世纪70年代，马穆鲁克王朝的统治者苏丹拜巴尔斯夺取了许多十字军城堡。

几个世纪的斗争

十字军第一次东征在中东地区占领了土地，建立了基督教王国。但在穆斯林的反击之下，十字军被驱赶了出去。

1095年11月
教皇乌尔班二世在法国克勒芒号召第一次十字军东征，呼吁基督教骑士夺回位于巴勒斯坦的圣城。

1097年6月
第一次十字军东征的军队在艰难的战争之后打败了突厥人，开辟出了一条穿越安纳托利亚高原的道路。

1099年7月
十字军在一次短时间的围攻后夺取了耶路撒冷。许多居民（穆斯林、犹太人和当地的基督徒）都遭到了屠杀。

1144年12月
埃德萨伯国是叙利亚的一个十字军王国，但被穆斯林领袖赞吉占领。第二次十字军东征的目的就是要将埃德萨伯国夺回来。

1147年11月
康拉德三世带领的第二次十字军东征中的一支军队被塞尔柱突厥人打败。

1148年7月
第二次十字军东征的残余军队围攻穆斯林城市大马士革，但最终被打败了。

1187年7月
在圣城的十字军的几乎所有领土都被穆斯林领袖萨拉丁夺走了。由此引发了第三次十字军东征。

1191年5~6月
法国国王腓力二世·奥古斯都和英王理查一世带领十字军到达耶路撒冷附近的阿克。

1191年9月
理查一世在圣殿骑士团和医院骑士团的帮助下打败了萨拉丁。

1202年10月
第四次十字军东征的军队在威尼斯聚集起来，乘坐威尼斯船穿越亚得里亚海。

1202年10~11月
作为使用威尼斯船的回报，十字军在基督教城镇扎达尔袭击了威尼斯的敌人。

1204年4月
在与拜占廷皇帝阿历克塞四世因金钱问题发生争执后，十字军洗劫了拜占廷首都君士坦丁堡。

1218年
第五次十字军东征的队伍没能夺取耶路撒冷，转而入侵埃及。1221年，他们在开罗城外被击败。

1228~1229年
神圣罗马帝国皇帝腓特烈二世领导了第六次十字军东征，夺回了耶路撒冷的大部分地区。

1248~1254年
第七次十字军东征入侵埃及，但结局是埃及苏丹俘虏了他们的领袖——法国国王路易九世。

1291年
苏丹阿什拉夫·哈利勒夺取了最后一次十字军东征的最后据点阿克。

4200 世界上大约有4200个宗教。

世界宗教

世界上有数百万人崇拜着某种赋予他们人生意义的伟大力量。对于许多人来说，宗教是他们的内在世界。

宗教是一种信仰，关乎生命最重要的方面，包括出生与死亡、喜悦与悲伤，以及善良与罪恶。有些人崇拜神，有些人则追随宗教导师。宗教不仅仅是信仰本身，它还包括将信仰表现出来的宗教仪式与礼仪。宗教能把小型社会群体的人们联系在一起，或者使人融入这个巨大的全球组织。世界上有六大宗教：基督教、犹太教、伊斯兰教、印度教、佛教和锡克教。这些宗教中的成员占世界信徒总数的85%，其余的数百万信徒分别信奉或新或老的宗教，这使宗教成为人类历史上丰富、多元又时而富有争议的一页。

世界宗教

除了六大宗教的信徒，还有约7.5%的人属于其他信仰、宗派和宗教团体。所有宗教都有共同的需求——理解世界并使自己的存在有意义。

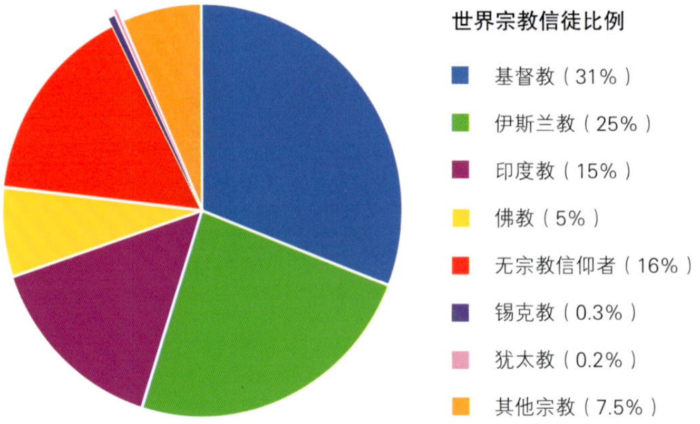

犹太教

犹太教是犹太人的宗教，以亚伯拉罕为中心，他教导犹太人崇拜唯一的神。现今约有1400万犹太教徒，但犹太教也有不同的派别，包括正统派和改革派等。犹太人在犹太会堂里祈祷，观看游行仪式，在安息日休息。犹太人曾经在仇恨中挣扎，在第二次世界大战期间，超过600万名犹太人在大屠杀中被害。大部分犹太人现在住在美国和以色列。

《托拉》
最神圣的犹太经书是《托拉》，书中包含了日常生活的各种规定。

伊斯兰教

伊斯兰教徒被称为穆斯林。世界上约有18亿穆斯林，分为逊尼派和什叶派。他们的信仰以五功为基础，即念功、拜功、斋功、课功和朝功。他们遵从圣书《古兰经》，《古兰经》记录的是真主传授给先知穆罕默德的话语。

清真寺
许多穆斯林每天都去清真寺做礼拜，而且周五所有人都会到清真寺聆听伊玛目布道。大清真寺里有图书馆和教室。

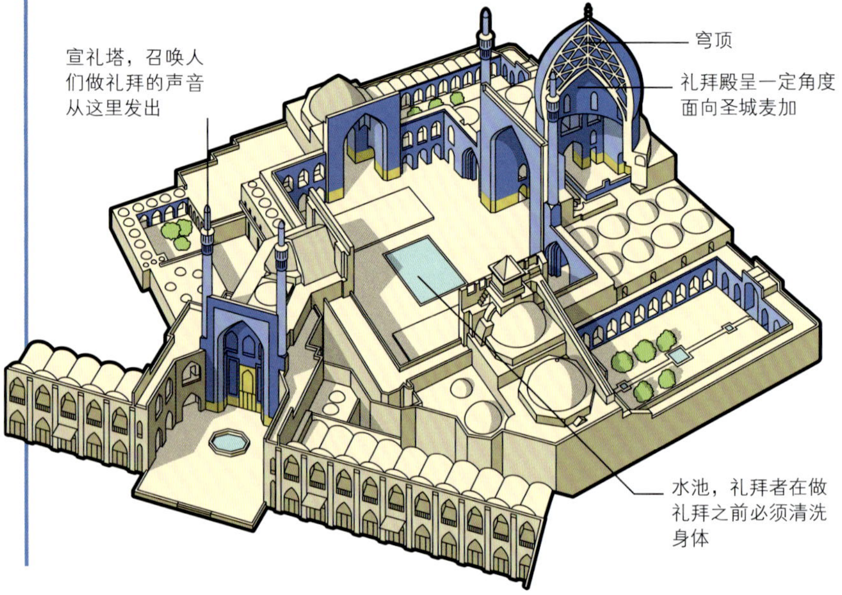

基督教

基督徒遵循耶稣基督的教导，他们相信耶稣是上帝之子。世界上约有22亿基督徒，他们都信仰同一个神，把《圣经》当作经典，通过祈祷进行敬拜。但是，基督教的分支（新教、天主教和东正教）对于该如何践行自己的信仰有着不同的看法。

新教	天主教	东正教
没有正式的领袖	由梵蒂冈的教皇领导	由普世牧首领导
16世纪，马丁·路德发起宗教改革，创立了第一个新教大宗派路德宗	相信教皇是耶稣的12个信徒之一的圣彼得的继承人	形成于9~11世纪东、西基督教会的分裂时期
世界各地都有分布，但主要集中在北欧、北美洲、新西兰、澳大利亚和非洲的部分地区	世界各地都有分布，但主要集中在南欧、东欧和南美洲	主要分布在希腊、巴尔干半岛、俄罗斯、中东和北非
主张礼拜活动以民族语言进行	通过精心准备的仪式赞美上帝，有时还会使用拉丁语	使用包括希腊语和古叙利亚语在内的不同语言，精心举办仪式来赞美上帝
没有修道院，但是有教堂	有男女分开的修道院	有男女分开的修道院
相信人人都可以凭借信仰与上帝沟通	相信大部分人能通过神职人员与上帝沟通	相信大部分人能通过神职人员与上帝沟通

印度教

对于世界上 10 亿印度教徒来说，印度教是非常多样的宗教。印度教徒相信的大神婆罗门虽然不可见，但却无处不在。他们崇拜许多神，每位神都代表了婆罗门力量的一个不同方面。最主要的三大主神是创造之神梵天、毁灭与再生之神湿婆和保护之神毗湿奴。在印度教中，每个人都有灵魂，即使在死后灵魂仍然存在。灵魂以一个新的形式开始一段新的生命，循环往复，这就是"轮回"。对于印度教徒来说，他们的目标就是摆脱这种循环，获得与婆罗门同在的自由。每个善行都使他们离目标更进一步，而每个恶行都使他们后退，这就是业。

梵天
婆罗门的创造之神。据描述，梵天长着 4 条手臂和 4 张脸，分别诵读 4 部宗教经典。

湿婆
湿婆具有破坏和转变的力量，有时慈祥，有时又很可怕。他会站在火圈里跳舞。

毗湿奴
蓝色皮肤的毗湿奴负责维护宇宙运转的法。

吉祥天女
吉祥天女是幸运和财富女神，她是印度神中崇拜人数最多的一位。她常常坐在一朵莲花上。

哈奴曼
哈奴曼长得像猴子一样。他最著名的故事是在英雄罗摩对抗恶魔时帮助了罗摩。

象头神
象头神长着象头，他是掌管智慧、文学、艺术、科学和破除障碍的神。

佛教

佛教起源于 2500 年前的印度。当时一位名为乔答摩·悉达多的王子得到启示，成了佛陀（"觉悟的人"）。佛教逐渐从印度传到其他国家。今天，世界上约有 5 亿人追随佛陀的教导，也就是佛法。佛法寻求的是结束苦难，找到生命的真正意义。佛教徒通过尊崇包含正确思想和行为指南的八正道、遵守五蕴和诵读三宝，来期望自己达到平静的觉悟状态，即涅槃。

我们是自己认识的自己。
所有发生的一切都是因我们的思想而来。
我们塑造了世界。
——佛陀

佛陀冥想塑像
佛教徒通过冥想（禅定）来修行，努力清除心中尘世的干扰，从而更清晰地认识宇宙。

53840 1670年，苏丹穆罕默德四世手下的禁卫军的人数。

737 1670年，皇家御用裁缝的人数。

奥斯曼帝国

在超过600年中，奥斯曼土耳其人一直统治着史上最大的帝国中的一个。这个帝国横跨中东、中欧和南欧，还有非洲。强大的皇帝苏丹统治着这片广阔的土地，他们手下有由奴隶和士兵组成的私人军队——禁卫军。

奥斯曼帝国一开始只是位于现今土耳其西北地区的一个小国。奥斯曼人是技巧娴熟的勇士，他们迅速扩张领土。1453年，他们夺取了东罗马（拜占廷）帝国的首都，即已经有1100年历史的君士坦丁堡，并把它更名为伊斯坦布尔，使它成为帝国的中心。它的统治者（苏丹）也成为伊斯兰世界的领袖。

在15~16世纪，帝国变得非常强大且富有。苏丹建造了大型清真寺和宫殿，其中有许多今天仍然能见到。不同城市里的手工工匠制作不同的工艺品，这个城市也会因此而闻名，其中有伊兹尼克的制陶工艺、布尔萨的丝绸和纺织品、开罗的毯子，以及巴格达的书法。

伊斯兰之城

奥斯曼人夺取君士坦丁堡之后，将这座城市命名为伊斯坦布尔，并开始将它改造成新的首都。他们建造了巨大的清真寺，街道两边点缀着漂亮的花园、市场和宏伟的墓园。名为托普卡珀宫的奢华建筑群是政府所在地，也是苏丹的家。

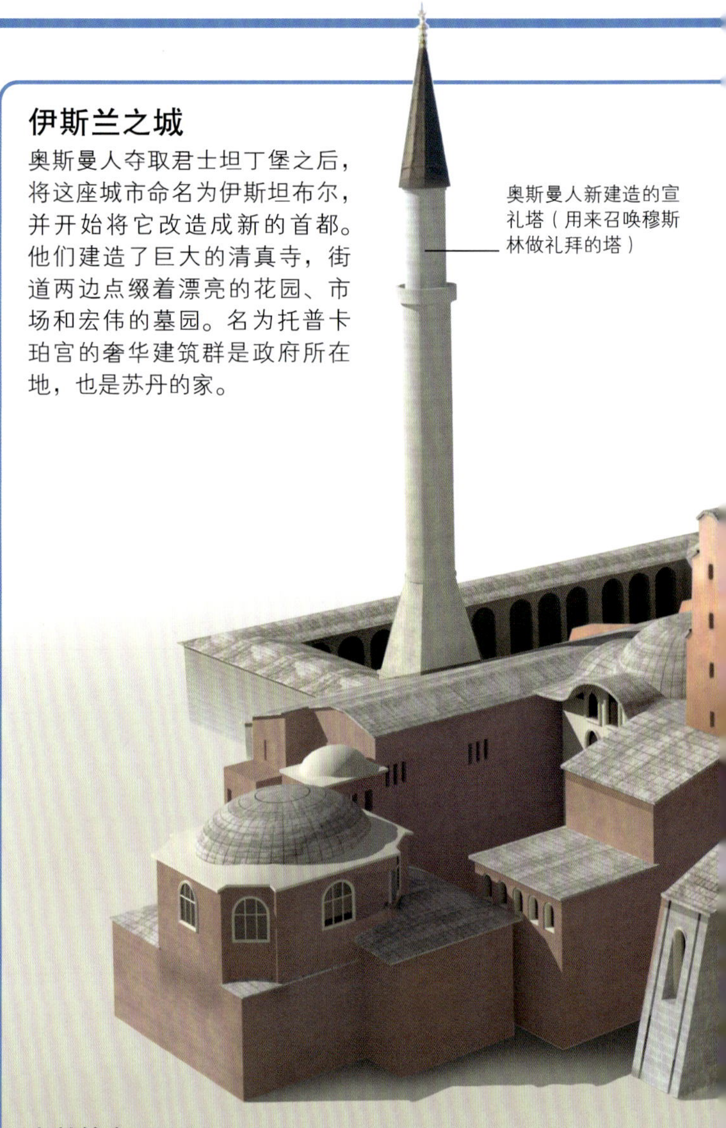

宗教转变
在拜占廷皇帝统治时期，圣索菲亚大教堂矗立在君士坦丁堡的中心。奥斯曼人将它变成了一座清真寺，还另外建造了宣礼塔，并覆盖住了建筑内部的基督教图案。

伊斯兰征服者

来自中亚的入侵者建立了奥斯曼帝国。约1300年，他们在土耳其西北地区开辟出了一片家园，并很快开始扩张，征服了欧洲和中东的一些土地。但是，他们适应新作战策略的速度太慢了，从1700年开始，领土逐渐被欧洲国家侵占。苏丹的无能和政府的腐败给国家带来进一步的破坏。1918年，帝国在第一次世界大战中被击败，之后不久就灭亡了。

奥斯曼艺术与设计

伊斯兰教不允许公共场所出现人和动物的真实形象。但是，奥斯曼人根据植物和阿拉伯文字创造了美丽的图案来装饰清真寺等建筑。在伊斯坦布尔的托普卡珀宫中，最有天赋的艺术家、设计师、织工和书法家都聚集在工坊里为苏丹和他的家庭制作用品。他们的设计是当时帝国里最时尚的东西。

伊兹尼克的墙砖
位于土耳其西北部的奥斯曼小镇伊兹尼克因美丽的瓷砖而著名。

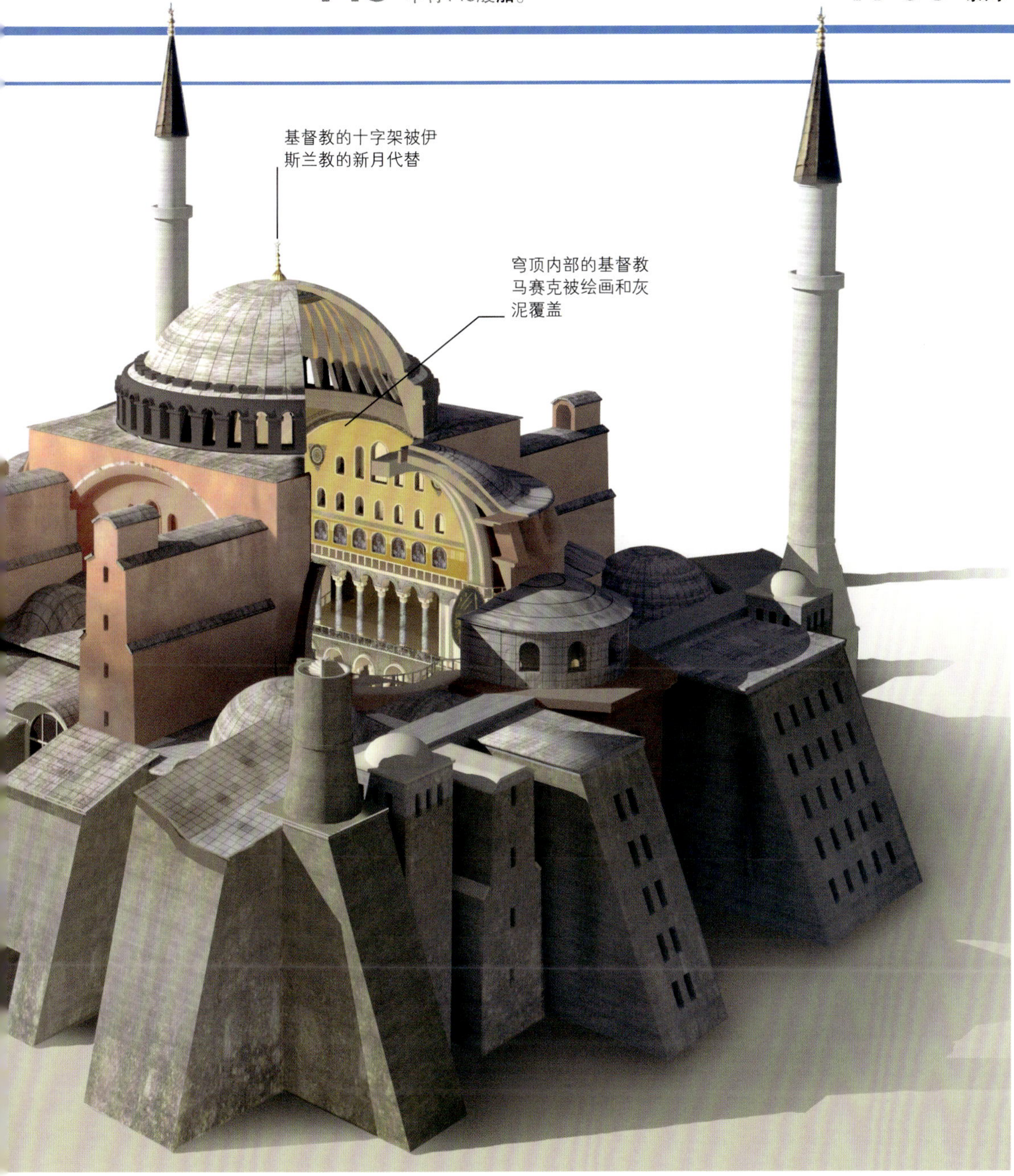

苏丹

奥斯曼帝国在600年内都是由一个家族统治的。早期的苏丹是通过征战夺取更多土地的勇士。在他们的统治下，帝国大部分时间都平静且安宁。之后，苏丹不像原来那样充满野心，而帝国也逐渐被来自欧洲的敌人占领。

奥尔汗

统治时间1324~1360年

第二位奥斯曼苏丹，从父亲奥斯曼一世那里继承了一个小王国，他一生都致力于将这个国家扩张成为一个帝国。他和基督教拜占廷帝国开展战争，并从他们手中夺取了土耳其西北地区的大部分土地，将布尔萨作为奥斯曼第一座首都。在奥尔汗统治期间，奥斯曼的军队第一次进入欧洲。

穆拉德一世

统治时间 1360~1389年

在穆拉德一世的统治下，帝国向欧洲进一步扩张，占领了马其顿、波斯尼亚和保加利亚。穆拉德将奥斯曼的首都迁至土耳其西北部的埃迪尔内（哈德良堡），并将当地的穆斯林敌人赶出了帝国。他组织禁卫军为苏丹提供有偿服役，并创立了征召制度。

穆罕默德二世

统治时间1451~1481年

穆罕默德二世又被称为“征服者”，他带领军队占领拜占廷的首都君士坦丁堡时仅有21岁。他既是一名勇猛的战士，也是文化、科学和法律领域的先驱。欧洲一些最顶尖的艺术家和学者都到穆罕默德的宫殿去拜访，他还邀请不同种族和信仰的人来首都居住。

苏莱曼一世

统治时间1520~1566年

苏莱曼一世被称为“大帝”，他是最伟大的奥斯曼苏丹之一。在他的统治下，帝国成为一个世界强国。苏莱曼是勇敢的军事领导者，他曾亲自带领军队作战。同时，他还喜爱艺术和诗歌创作。

苏莱曼一世

秀发亮丽的我的妻，
蛾眉弯弯的我的爱，
眼中充满淘气的我的爱，
我会永远歌唱你的赞歌。

——苏莱曼一世写给妻子的诗

帝国的结构

虽然帝国由许多不同种族组成，也有几个主要的城市，但整个帝国还是由伊斯坦布尔的苏丹管理。苏丹既是政治领袖，也是伊斯兰世界的哈里发，即宗教领袖。他的手下有大维齐尔，即首席大臣，还有其他法庭官员和军事指挥官。志愿加入军队的士兵会得到土地作为服役的回报。禁卫军是苏丹的精锐部队，这是一支强硬、受过高强度训练的步兵，随时愿意将自己的生命献给他们的统治者。

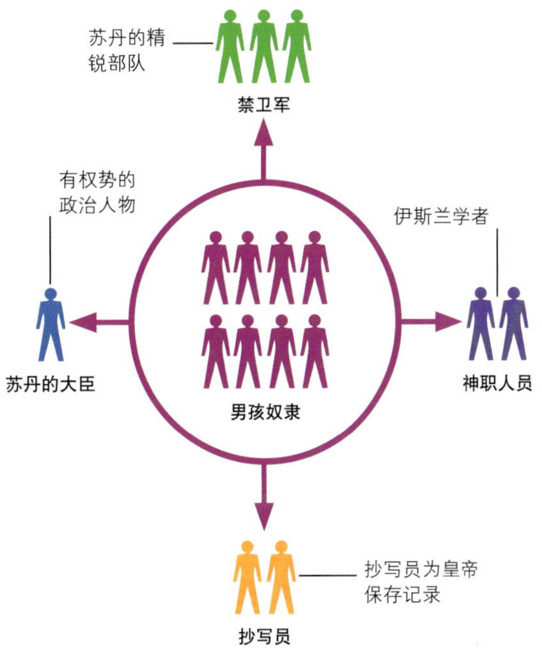

奴隶军队

奥斯曼人实行的是一种“征召制度”——将基督教家庭的男孩作为奴隶，男孩必须转信伊斯兰教，并成长为效忠苏丹的人。大部分人都成了禁卫军的一员，有些人成了抄写员或神职人员。其中最聪明的人成了苏丹倚重的大臣，他们能变得富有且有权势。

4000 公元408年，为了免受**西哥特人**的**洗劫**，罗马人向他们献出了4000件**束腰外衣**。

丝绸之路

中国古代经中亚通往南亚、西亚以及欧洲、北非的贸易通道，因大量中国丝绸和丝织品多经此路西运，故称丝绸之路，简称丝路。

丝路的正式开辟始于汉朝派遣张骞出使西域，从此揭开了丝路发展和兴盛的序幕。沿着丝路运送货物的商人获得了巨大的利润，他们沿路停留的地方通常都变成了富裕的城市。随着时代变迁，不断有新的道路开辟。丝绸之路在中国唐朝（618~907）达到了顶峰。13 世纪，马可·波罗从威尼斯出发，沿着丝绸之路来中国旅行，到达元朝大都。

欧洲

早在大约公元前 4 世纪，丝绸就从中国传到了欧洲。但是，在 13 世纪意大利人马可·波罗拜访元世祖忽必烈之前，只有为数不多的欧洲人到过中国。马可·波罗的中国之旅从威尼斯开始。

阿拉伯世界

7 世纪，阿拉伯人征服了从地中海海岸到波斯东部边境的领土。阿拉伯帝国的首都大马士革和巴格达因丝绸之路而繁荣起来。

阿拉伯银瓶

利润丰厚的交换

丝绸之路上的商人并不只运送丝绸。去往阿拉伯世界和欧洲的商人还带着中国的其他商品，如玉、漆器、陶器和青铜器，这些商品在欧洲的价格非常高。去往中国的商队载着黄金（用于购买丝绸）和在中国少见的商品，如象牙和玻璃。

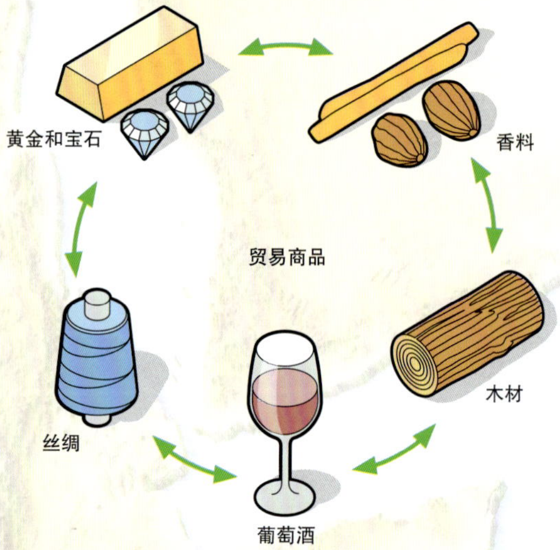

贵重的商品

直到 6 世纪，阿拉伯人和拜占廷人才知道如何纺制丝绸。因此，丝绸非常贵重。

友好的象征

随着丝绸之路上的贸易增多，游牧民族，如匈奴，开始袭击商队，而中国则保护着丝绸之路上的贸易。丝绸之路也会途径一些危险的地区，如罗布泊沙漠，没有带足水的人会有渴死的风险。丝绸之路不仅是东西商业贸易之路，还是中国和亚欧各国间政治往来、文化交流的通道。旅行者沿着丝绸之路带来了艺术和宗教思想，中国的文化也通过此路传向西方。至今，丝绸之路仍是东西方交往的友好象征。

中国

中国为丝路上的商人提供了安全的通道。特别是唐朝，还在西域大兴屯田，设置驿站，派军戍守。这一系列的举措保证了丝路的畅通和中西贸易、文化交往的发展。

中亚

这个区域遍布酷热的沙漠和高耸的山峰。8 世纪时，阿拉伯帝国崛起，也参与了丝绸之路的贸易。帖木儿帝国在 14 世纪和 15 世纪征服了一系列领土，其中包括像撒马尔罕这样美丽的城市。在南方，莫卧儿王朝在 16 世纪控制了大半个印度。

君士坦丁堡

君士坦丁堡是拜占廷帝国的首都，它是欧亚商人会合的地方。这是一座富有且强大的城市，它控制着分隔欧洲和亚洲的博斯普鲁斯海峡。

伊斯法罕

丝绸之路从中亚进入波斯，穿过伊斯法罕，这座城市因富有而闻名。后来，伊斯法罕变得至关重要，并在 1598 年成为萨非王朝统治下的波斯的首都。

撒马尔罕

撒马尔罕是位于丝绸之路北部地区的主要城市之一。在 1220 年蒙古人占领撒马尔罕以前，阿拉伯人和突厥人等势力也曾争夺过这里。

敦煌

敦煌位于中国西部。在旅行者实现一个月穿越罗布泊沙漠之前，敦煌是重要的落脚点。1900 年，人们在这里发现了重要的手抄佛经。

长安

长安（今西安）是中国汉朝和唐朝的首都，也是当时商人沿丝绸之路西行的起点。长安非常富有，到 8 世纪时成为当时世界上最大的城市之一，人口超过 100 万。

大都

大都（今北京）是中国元朝的都城，在元代丝绸之路中占有重要地位。1275 年，马可·波罗经由丝绸之路到达这里。他的旅行从威尼斯开始，耗时 3 年多。

武士

封建时代的日本由天皇统治，但各地真正的管理者却是被称为大名的地方封建领主。大名之间常常发生斗争。军队的上层是一些有史以来最可怕的勇士——武士。

武士在等级森严的社会中属于上层。虽然天皇和他的家人最受百姓尊重，但武士却控制着财富和政权。富有且有势力的大名给支持他的武士土地，作为交换，武士为大名战斗。耕种土地的农民以食物和金钱的形式向主人支付租金。

尽管武士因战争而著名，但他们也重视音乐、诗歌和艺术。许多人都对佛教禅宗感兴趣，禅宗教导他们通过冥想和逃离自我来理解宇宙，而这些可以通过绘画和剑道实现。

17世纪中叶到19世纪中叶，日本推行**锁国政策**，违者以死罪论处。

武器与盔甲

武士喜欢用锋利的刀近身搏斗。他们搏斗时要求动作灵活，因此盔甲必须轻便，不能减慢他们的速度。武士没有护盾，他们用武士刀的一侧抵抗敌人的攻击。

人们在**尸体**或被判有罪的**犯人**身上**试验**新武士刀的**刀刃**。

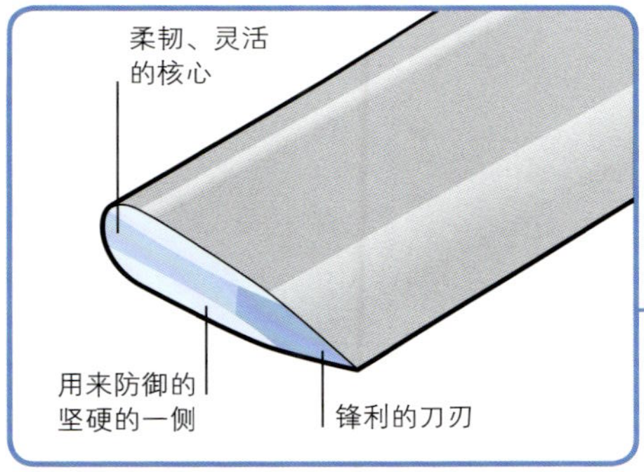

武士刀的横截面

武士刀因其不可思议的力量和锋利而闻名。为了实现这一点，打造刀剑的铁匠让刀刃的不同部分以不同速率冷却。刀刃的边缘坚硬而锋利，但刀身柔韧且灵活，不容易折断。

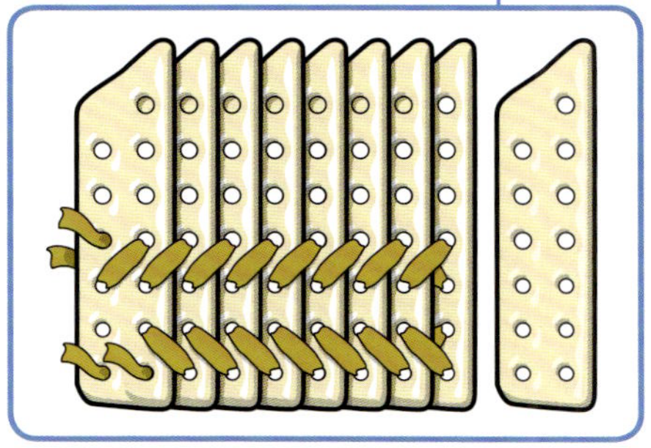

盔甲

武士的盔甲需要既坚固又轻便，以配合武士灵活的战斗风格。盔甲是把上漆的细金属条用丝绸绑在一起做成的。16 世纪，随着枪支的引入，武士开始用钢板覆盖住像胸部这样脆弱的部位。

战国

最初，武士是天皇的侍卫，但在 12 世纪，他们已经成为日本的实际统治者。虽然天皇仍然是名义上的统治者，但实权却掌控在最有权势的武士集团的首领——幕府将军手中。为了成为幕府将军，敌对的大名之间发生了许多次战争。最激烈的战争发生在 1467~1600 年的战国时代，在此期间，日本全国都被卷入内战之中。最终德川家康获胜，在他的带领下日本进入和平的江户时代。1868 年，新的政府取代了德川统治者。明治维新后，日本废除了武士制度。

姬路城

有权势的武士领主建造城堡作为家、防御和自己权力的象征。这座城堡是 17 世纪在姬路建造的。

有尊严的死亡

作为一名完美的勇士，武士们必须时刻保持尊严，甚至在面对敌人的时候也一样。战争常常要遵照严格的礼仪进行，一开始是将军之间互相射箭，接着是两军齐射，之后是剑士之间的单打独斗。武士完全效忠于他们的领主，不畏惧死亡。失去尊严的武士会切腹（仪式性的自杀），而不能屈辱地生存下去。切腹自尽是首选的自杀方式：武士会切开自己的肚子，然后由一位朋友砍下他的头。

发现的时代

1450~1750 年，世界经历了巨大的变革。随着探险家在世界各地建立了新的殖民地和贸易网，一波新的思想浪潮席卷欧洲。欧洲竞争者之间、欧洲和亚洲权力帝国之间为了争夺新的领土常常发生战争。

新的思想方法

在中世纪，基督教会控制着欧洲的艺术和学术界。这一情况大约在 1450 年发生了变化，古希腊和古罗马的重要著作再现于世并流行起来。伊拉斯谟等学者发起了一场名为“人文主义”的新运动，呼吁艺术和科学应建立在实验和观察的基础上，而非旧的传统之上。

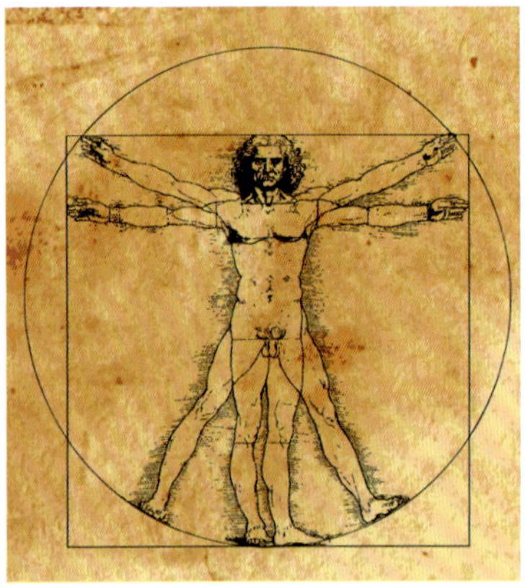

文艺复兴

大约 1400 年，意大利的大批古罗马艺术与建筑保存了下来。它激发了米开朗琪罗、莱奥纳多・达・芬奇和拉斐尔等艺术家的灵感，使他们创作出大胆的新作品。这场艺术运动被称为“文艺复兴”，很快发展至整个欧洲。

《维特鲁威人》
文艺复兴的艺术家使艺术尽可能地接近真实，如达・芬奇细致地研究人体解剖。

宗教改革

1517 年，马丁・路德对教皇的富有和决定人们信仰的权力进行抨击。以路德为主要领导人的宗教改革，是基督教史上的一次巨大分立运动，以致今日的基督教世界仍大体呈现出天主教、东正教、新教三分天下的局面。

为什么教皇不用自己的钱建造教堂，而是花费贫穷信徒的钱？

——马丁・路德

科学思想

由约翰内斯・谷登堡发明的印刷术使人们可以快速印刷书籍，知识的传播变得更加迅速。新的科学思想产生，其中包括 1543 年波兰天文学家哥白尼提出的地球绕太阳运转的日心说和 1687 年艾萨克・牛顿发表的关于地心引力的理论。

科学器械
1668 年，牛顿发明了一个新式望远镜。这个望远镜使用了一系列反射镜，使成像更加清晰。

全球性的野心

15 世纪，欧洲的胡椒和肉豆蔻等香料只能通过与东亚的贸易获得，所以价格非常昂贵。丝绸之路等陆路运输线被伊斯兰国家控制。因此，欧洲探险家只能探索海上航线，在印度、南亚和美洲建立殖民地和前哨基地。

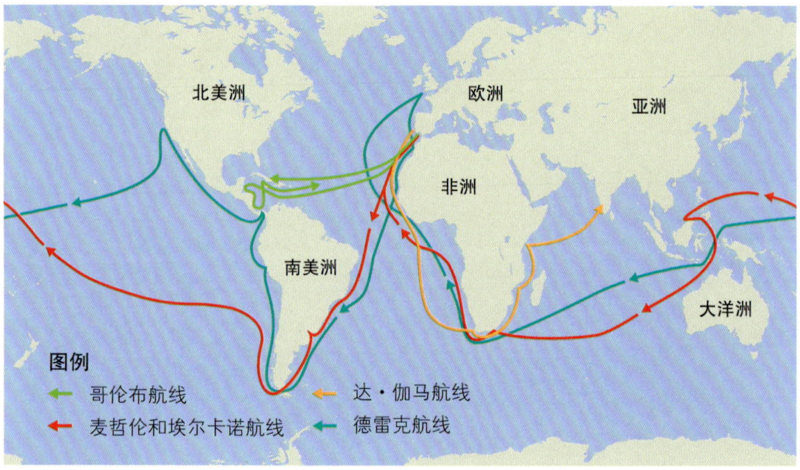

发现之旅

克里斯托弗・哥伦布于 1492 年抵达美洲。1498 年，葡萄牙船长瓦斯科・达・伽马绕好望角航行到达了印度。1519~1521 年，为西班牙效力的葡萄牙人斐迪南・麦哲伦带领船队第一次环游世界。随后英国人弗朗西斯・德雷克在 1577~1580 年进行了第二次环球航行。

探险家的竞争
许多勇敢的探险家都出发去寻找新的海上航线，并宣布占领新的领土。有些人获得了盛誉，但许多人在海上失踪了。

在麦哲伦环游世界带领的 237 名船员中，只有 18 人活了下来。

贸易帝国

与亚洲和美洲殖民地之间的贸易为欧洲各国带来了巨大的财富。西班牙和葡萄牙的船只从美洲带走了大量的黄金和白银，但常常遭到海盗和敌对国家扶持的私掠船的洗劫。

巨大的财富
西班牙在美洲的矿场每年能开采出 100 吨白银，重量相当于 10 辆公交车。

欧洲国家

流入欧洲的新财富使一些欧洲国家变得非常强大。虽然战争和对抗时常发生，但新帝国也见证了科学的进步、艺术与文学新运动的兴起。

伊丽莎白一世时期的英格兰
在伊丽莎白一世统治时期（1558~1603），虽然新教徒与天主教徒之间发生了冲突，还面临着西班牙的威胁，但英格兰却变得富有。

路易十四统治下的法国
在路易十四长期的统治之下（1643~1715），法国成为欧洲最强大的国家。路易十四因他强大的军队和执政能力而著名。

西班牙的斐迪南二世和伊莎贝拉
得益于 1494 年与葡萄牙签订的条约，西班牙的统治者阿拉贡的斐迪南和卡斯蒂利亚的伊莎贝拉控制了美洲的新领土。

哈布斯堡王朝的崛起
这个家族控制了中欧大部分地区。后来从这个家族产生了西班牙的国王和庞大的神圣罗马帝国的统治者。

新世界

在欧洲探险家到达美洲之前，美洲人已经建立了文明和帝国。但是，他们没有火器，军队也被手持火枪的西班牙士兵打败。欧洲人还带来了新的疾病，导致美洲土著人大量死亡。

据说中美洲将近 90% 的土著人**因西班牙人带来的疾病和战争而死亡。**

印加人、阿兹特克人、玛雅人

西班牙人遭遇到的发展程度最高的人是印加人（居住地在今秘鲁）和阿兹特克人（居住地在今墨西哥），他们都控制着庞大的帝国。西班牙人在 1519 年袭击了阿兹特克人，在 1531 年袭击了印加人，并很快攻占了他们的首都。

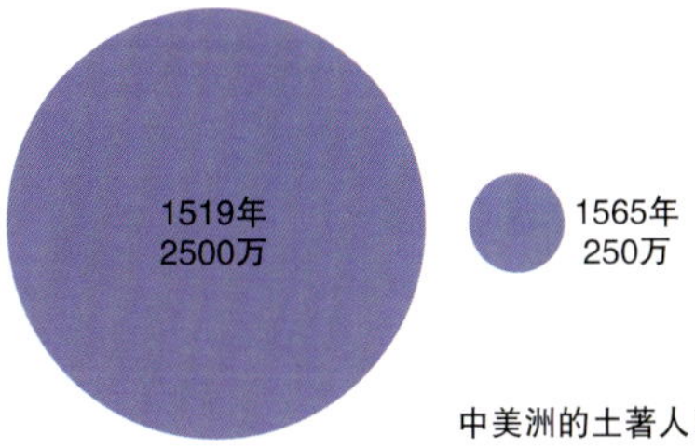

中美洲的土著人口

欧洲殖民地

不久，欧洲各国迅速来到美洲抢夺地盘，西班牙人必须面对其他欧洲国家的竞争。大约在 1500 年，葡萄牙人在现在的巴西定居。法国和英国占据了加勒比海的岛屿，但他们的势力主要集中于北美洲。1607 年，英国在詹姆斯敦建立了第一个殖民地。

殖民扩张

到大约 1700 年，西班牙人的控制范围最远到达现在的加利福尼亚、得克萨斯和佛罗里达地区。法国和英国在此以北地区建立殖民地。

图例

西班牙殖民地　英国殖民地

法国殖民地

东方势力

在亚洲，强大的帝国仍然在抵抗欧洲竞争者，但它们彼此之间也常常发生冲突。中国的明朝在 1644 年结束，清军入关建立清朝，使得中国重新强大起来。日本为了抵抗欧洲人的影响，在超过 200 年的时间里实行锁国政策。印度的莫卧儿王朝和土耳其的奥斯曼帝国十分强盛，但后来发展停滞，最终灭亡。

奥斯曼的扩张

位于现今土耳其的奥斯曼帝国迅速扩张。他们控制了中东和阿拉伯世界的大部分地区。他们从陆路向欧洲推进的步伐在哈布斯堡统治下的维也纳停了下来，而在地中海地区则是因遇到像威尼斯这样富有的意大利城邦而停滞。

围攻君士坦丁堡

1453 年，奥斯曼苏丹穆罕默德二世占领了拜占廷帝国的首都君士坦丁堡。他用大炮摧毁了坚固的城墙，随后将这座城市作为自己的首都。

莫哈奇战役

1526 年，奥斯曼苏丹苏莱曼一世的军队在莫哈奇战役中击败并杀死了匈牙利国王路易二世。之后，奥斯曼帝国占领了匈牙利的大部分地区。苏莱曼的军队还征服了巴尔干、中东和北非的大部分地区。

勒班陀海战

奥斯曼帝国在 1570 年占领了塞浦路斯。西班牙和意大利派出了一支强大的舰队前去将其夺回。1571 年，他们在希腊沿海的勒班陀击败了土耳其人。他们的胜利挫败了奥斯曼帝国控制地中海的企图。

围攻维也纳

1683 年，一支奥斯曼军队试图占领哈布斯堡的首都维也纳（今属奥地利），但被波兰国王约翰三世打败。奥斯曼帝国以后再没有向西到达过如此远的地方。

中国清朝

清朝是中国历史上最后一个封建帝制王朝，由满族创建。建国初，清政府很快统一全国，迅速改变了初期的落后政策，实行一系列有利于国计民生的政策，使社会经济发展到了新的高度。

更大的帝国

清朝征服了新的领土，使中国的面积扩大。

印度莫卧儿王朝

1526 年，一位名叫巴布尔的穆斯林率军从中亚来，占领了德里并建立了莫卧儿王朝。莫卧儿从印度北部稳步扩张，在皇帝阿克巴的统治之下（1556~1605）领土达到最大。莫卧儿王朝很富有，它以华丽的艺术作品和美丽的建筑享誉世界。

文化融合

莫卧儿的建筑，如 1556 年去世的苏丹胡马雍的陵墓，结合了伊斯兰传统和印度文化，形成了新的风格。

德川统治下的日本

在强大的德川将军宣布成立幕府（军事统治者）之后，日本战国时代结束。他将首都迁到了江户（今东京），并削弱了之前掌控日本的大名的势力。德川家族对日本的统治直到 1868 年才结束，在此期间日本几乎与世界隔绝。

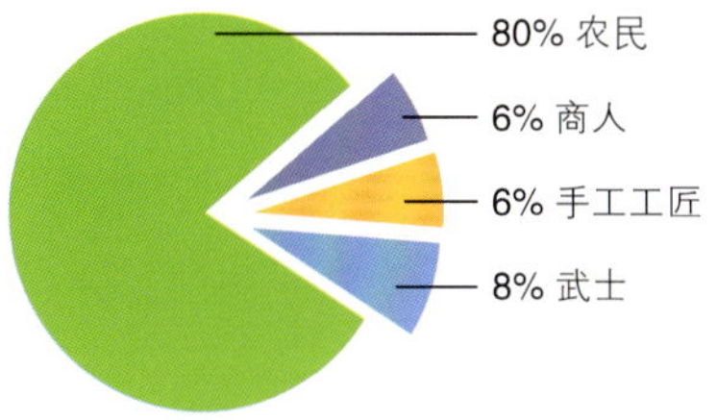

德川统治时期日本的社会阶级

武士社会

武士是贵族，是日本社会中最受尊敬的阶级。商人和手工工匠可能会很富有，但他们的地位却比贫穷的农民还低。

西班牙快帆船

哥伦布航队中有3艘船，他将“圣玛丽亚”号作为自己的旗舰。没有人知道这3艘船的确切型号和大小，但其中的两艘可能和图中这艘小型商船类似。

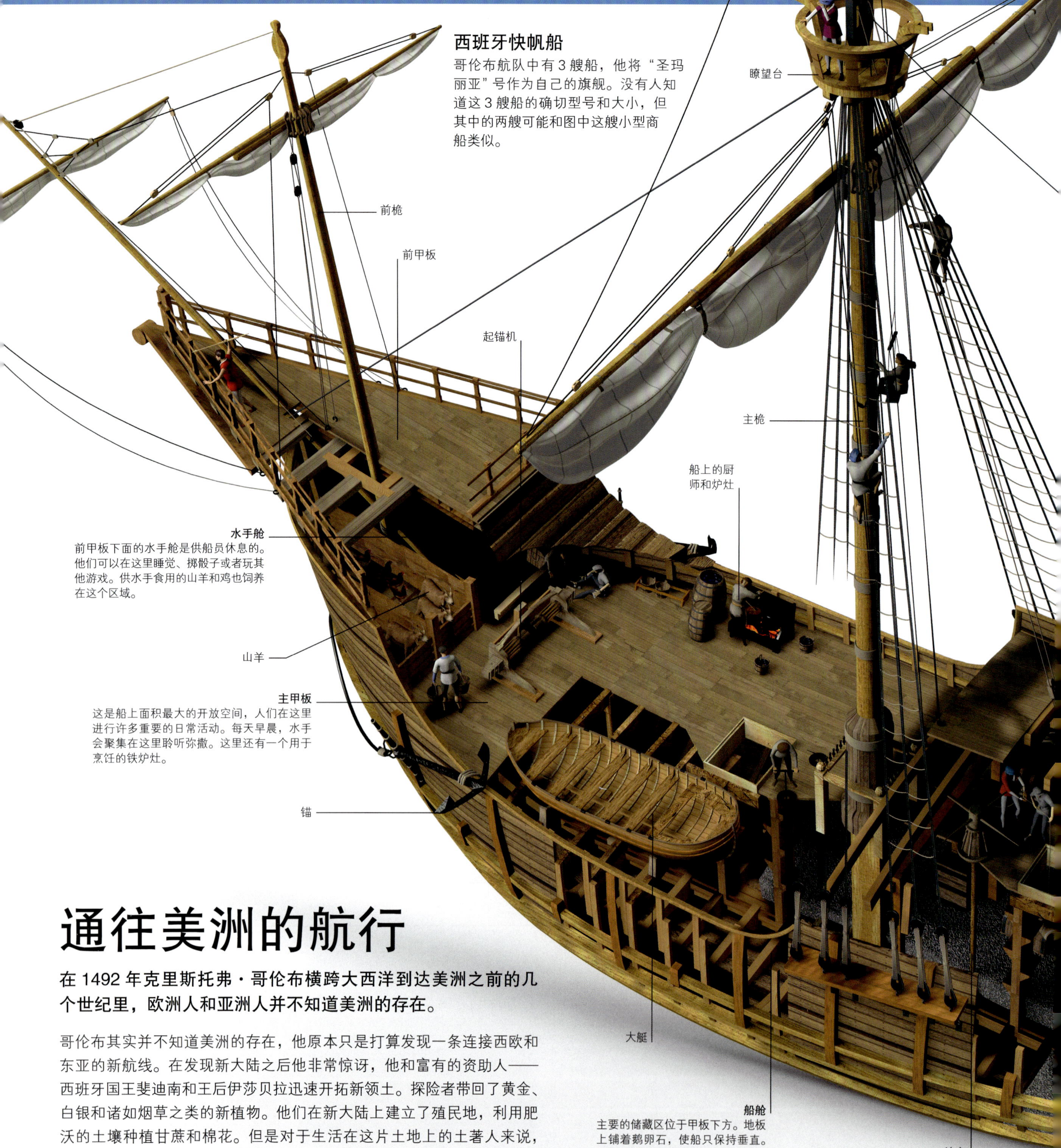

通往美洲的航行

在1492年克里斯托弗·哥伦布横跨大西洋到达美洲之前的几个世纪里，欧洲人和亚洲人并不知道美洲的存在。

哥伦布其实并不知道美洲的存在，他原本只是打算发现一条连接西欧和东亚的新航线。在发现新大陆之后他非常惊讶，他和富有的资助人——西班牙国王斐迪南和王后伊莎贝拉迅速开拓新领土。探险者带回了黄金、白银和诸如烟草之类的新植物。他们在新大陆上建立了殖民地，利用肥沃的土壤种植甘蔗和棉花。但是对于生活在这片土地上的土著人来说，欧洲探险者的到来是一场灾难，给他们带来了疾病、战争、奴隶制度和死亡。

40 “圣玛丽亚”号上有40名船员。

70 哥伦布第一次从西班牙到达美洲用了70天。

1500 1500人加入了哥伦布的第二次航行。

新大陆是在午夜2点发现的，当时船队距离新大陆约10千米。

——哥伦布航海日记，1492年10月11日

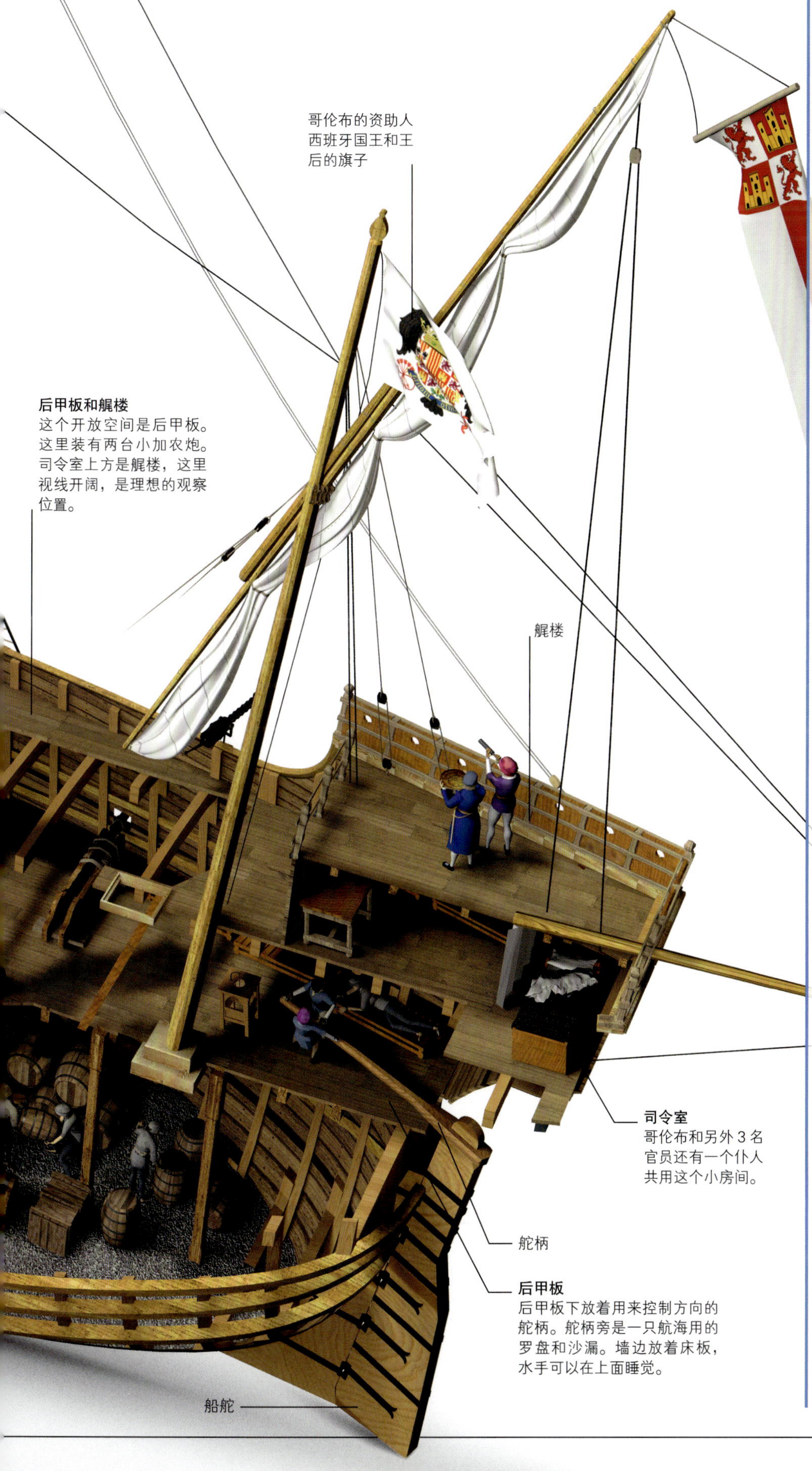

哥伦布的航行

哥伦布曾 4 次航行去往美洲。第一次他到达了加勒比群岛，第二年进行第二次航行时在这里建立了殖民地。1498 年，他踏上了美洲大陆，在现在的委内瑞拉岸边登陆。他在 1502 年开始最后一次航行，这次他沿着中美洲海岸线航行，想要找到一条通往太平洋的路线。

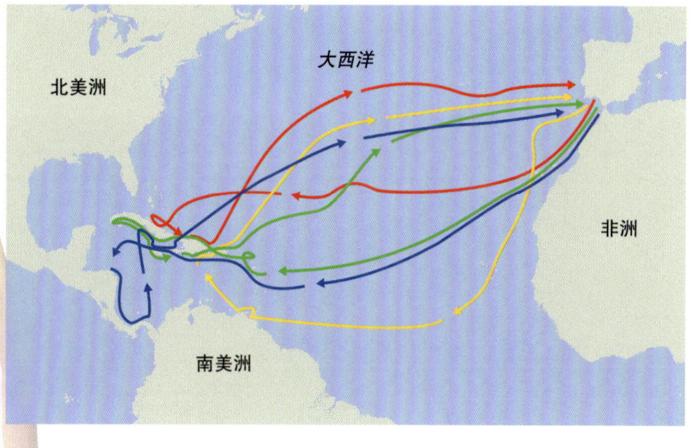

图例

- 第一次航行，1492年
- 第二次航行，1493年
- 第三次航行，1498年
- 第四次航行，1502年

找到你的路

像哥伦布这样的探险家通常没有地图，他们必须用其他方法导航。他们用罗盘测量船前进的方向，用沙漏判断时间。他们还用一种名叫象限仪的装置通过测量太阳和星星的角度来计算纬度。

象限仪

罗盘

沙漏

180 推翻印加帝国的西班牙军队中只有180人。

人类祭品

阿兹特克人相信太阳需要用人类献祭者的鲜血供养才能“不熄灭”。战争中的俘虏被献祭给太阳。祭司将尖锐的刀插入献祭者的胸膛，然后将他仍在跳动的心挖出来。

死亡面具

这副面具是用献祭者的头骨做成的，可能被戴在主持献祭的阿兹特克祭司的脸上。

印加文明

1438~1533 年，印加人在南美洲西部建立了一个庞大的帝国。他们的首都是山城库斯科。他们建造了连接国内各地的路网，使国家变得富裕而强大。但是在 16 世纪 30 年代，帝国被西班牙入侵者摧毁。

特诺奇蒂特兰

这座巨大的阿兹特克城市建在特斯科科湖的岛上。岛上这座大神庙的一半供奉的是雨神特拉洛克，另一半供奉的是守护神威齐洛波特利。献祭者的头颅会被扔下神庙的台阶。

特奥蒂瓦坎

这是一个神圣的地方。在公元 700 年神秘地被摧毁和废弃之前，特奥蒂瓦坎是这个地区最强大的城邦。

托尔蒂克勇士的塑像

托尔蒂克人

托尔蒂克人很好战，他们在阿兹特克人之前统治着墨西哥中部，时间为公元 950~1150 年。人们对他们真正的历史所知不多，但普遍认为阿兹特克人继承了托尔蒂克人文化的某些方面。

古代美洲

公元前 3000~ 公元 1500 年，几个先进的文明控制着中美洲和南美洲。这些文明以强大的城邦为中心，相互之间常常发生战争。

北奇科人在约公元前 2600 年建造了南美洲最早的城市，奥尔梅克人在约公元前 1000 年建造了中美洲最早的城市。这两种文明都建造了巨大的金字塔式台庙，在之后的 2000 年里，这些地区的城市都具有这样的特点。在几个世纪里，不同的文化兴起又衰亡。后来，大部分城邦都成为印加帝国（今秘鲁）或阿兹特克帝国（今墨西哥）的一部分。但是，这两个帝国最终都在 16 世纪早期被欧洲入侵者征服。

玛雅人

公元 300~900 年，危地马拉和墨西哥尤卡坦半岛的玛雅城市发展到鼎盛时期，但城市后来可能由于人口过剩、居住环境恶化而遭到废弃。玛雅文字系统里的象形文字揭示了许多关于这段时期的历史。

玛雅雨神塑像

阿兹特克人

阿兹特克黄金唇饰

从 1325 年起，阿兹特克人以他们的首都特诺奇蒂特兰为中心，打造了一个庞大的帝国。阿兹特克人攻打邻国，虏获战俘献祭给他们的神。尽管阿兹特克人是勇猛的战士，但还是在 1521 年被西班牙入侵者征服。

13000 莱奥纳多·达·芬奇死后留下了大约1.3万页的笔记。

文艺复兴

14~16 世纪，一次新思想的爆发改变了欧洲，带来了艺术、科学和发明上革命性的成果。这个时期在历史上被称为文艺复兴。

约 1350 年，文艺复兴在意大利兴起，学者们在那里重新研究古希腊和古罗马数学家、艺术家、哲学家的著作。这些著作中的思想使人文主义学术流派兴起，他们崇尚将实验与经验作为知识的来源，反对中世纪所提倡的传统与迷信。这种新的思考方式传遍欧洲，启发了一大批艺术家、建筑学家和哲学家。其中最著名的就是具有独创性的科学家、艺术家和发明家莱奥纳多·达·芬奇，他代表了理想的人文主义，或者说他代表了“文艺复兴人”。

新的创作技巧

透视是文艺复兴时期学者们重新研究的技巧之一，这是一种在素描和油画中表现出纵深的技巧。远处的物体比近处的物体看起来更小更矮。古罗马人用数学公式来模拟这种绘画效果。文艺复兴时期的艺术家将古罗马的技巧复制过来，使绘画看起来惊人地逼真。

绘制距离

艺术家用透视技巧将远处的物体画得更小。他们设定了一个或多个“消失点”，也就是距离太远的物体消失了的点。

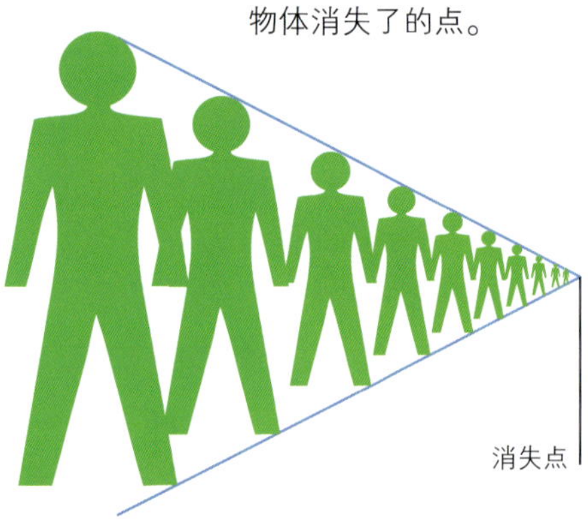

油画

文艺复兴时期的画家试着尽可能真实地表现世界。他们希望自己的画作看起来就像透过窗户看到的情景一样，而不是像一个平盘子上摆满了人物。他们用绘画技巧，如透视，使图画有纵深，并且将人物栩栩如生地表现出来。他们画了许多主题：中世纪的艺术大部分表现的是宗教场景和肖像，但是文艺复兴时期的艺术家也画历史场景、古希腊和古罗马神话，以及人们每天的日常生活。

《雅典学派》（1509~1511）
这幅油画是文艺复兴时期最受欢迎的艺术家之一拉斐尔为教皇创作的。它描绘的是柏拉图创办雅典学院的场景。

建筑

许多意大利城市里都有古罗马建筑的遗迹，文艺复兴时期的建筑师决心要让自己的作品和这些古罗马建筑一样宏伟美丽。他们研究建筑和几何方面的古罗马著作，使自己设计出来的建筑外形更协调。他们还仿制古希腊和古罗马风格的柱子和拱券作为装饰。

佛罗伦萨大教堂（1436）

佛罗伦萨城的统治者希望新的大教堂能使所有敌对者嫉妒。到1418年时，大教堂已经基本完成了，但没有人知道如何建造巨大的穹顶。建筑师菲利波·布鲁内莱斯基设计出了一种用轻质砖建造的双层穹顶，解决了这个问题。

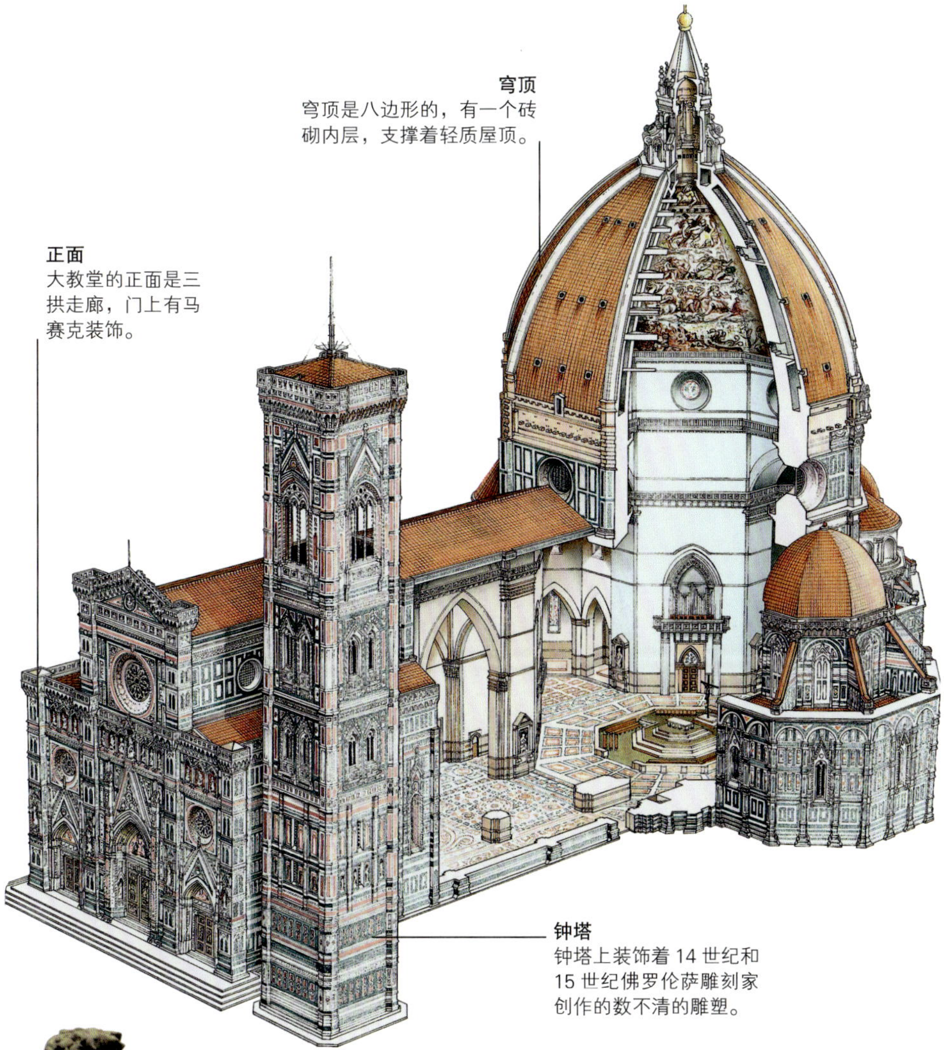

穹顶
穹顶是八边形的，有一个砖砌内层，支撑着轻质屋顶。

正面
大教堂的正面是三拱走廊，门上有马赛克装饰。

钟塔
钟塔上装饰着14世纪和15世纪佛罗伦萨雕刻家创作的数不清的雕塑。

文艺复兴时期的统治者

15世纪，意大利由富有的商人家族统治的城邦组成。城主和贵族作为资助人，资助艺术家创造出艺术品、纪念碑，鼓励并资助发明，好向敌对国家炫耀。同时，新的政治思想兴起，其中外交官尼科洛·马基雅维利的理论最为出名。他主张贵族要更残酷，不择手段以达到目的。

美第奇盾徽
美第奇家族从1434年开始统治佛罗伦萨。他们盾徽上的球可能代表金币，显示出他们的起源是商人和银行家。

人受两种冲动驱使：爱和恐惧……恐惧比爱安全得多。

——《君主论》，尼科洛·马基雅维利，1513年

北方的文艺复兴

文艺复兴的思想很快从意大利传播到了西欧。富有的国王，如法国国王弗朗西斯一世，以及比利时和荷兰的富有的商人，渴望从新思想中获取利益。他们的艺术家学习意大利文艺复兴时期发展出的技巧，并创造出自己的新风格。荷兰人德西迪里厄斯·伊拉斯谟等学者将古希腊和古罗马的著作翻译成能被广泛阅读的版本。

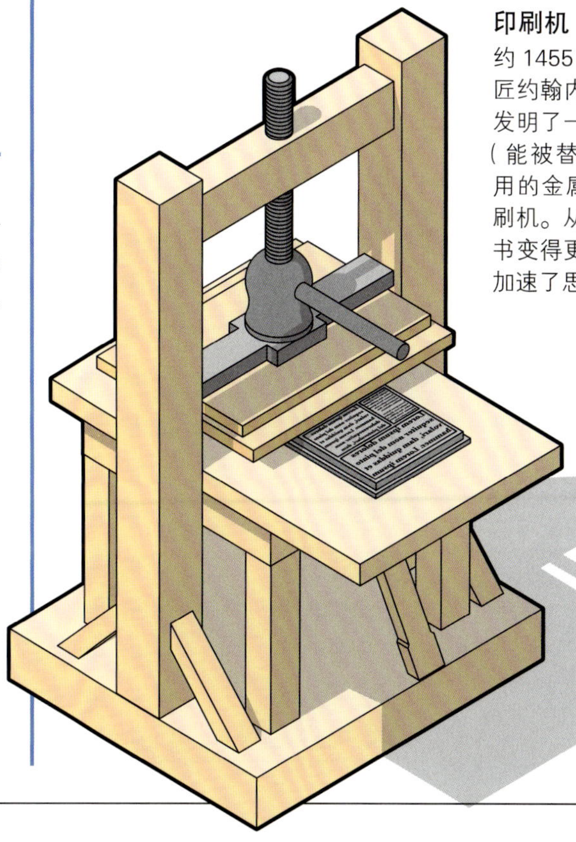

印刷机
约1455年，德国铁匠约翰内斯·谷登堡发明了一种使用活字（能被替换和重复使用的金属字母）的印刷机。从此，复制图书变得更容易，从而加速了思想的传播。

雕塑

与现代画家类似，文艺复兴时期的雕塑家也努力使自己的作品尽可能地逼真。他们受到古希腊和古罗马雕塑家的影响，作品中的人物都呈现出自然的姿态，带有如头发、衣褶等细节。许多艺术家研究人体解剖，因此他们的作品完全符合真实的手臂、肌肉和血管的样子。

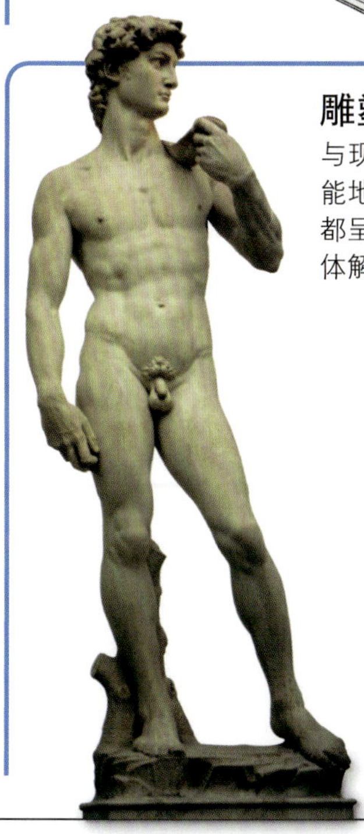

文艺复兴时期的医生和艺术家通过解剖罪犯的尸体研究人体结构。

米开朗琪罗的《大卫》（1504）
米开朗琪罗是文艺复兴时期最伟大的画家和雕塑家之一。他雕刻的《圣经》中的以色列英雄大卫王雕像是史上最完美的大理石人物雕像之一。

莎士比亚的有些戏剧非常血腥。《泰特斯·安德洛尼克斯》里有几处谋杀、砍头，甚至是食人的情节。

舞台
演员化妆间有3扇门通往舞台。演员也可以从观众席或舞台地板上的暗门来到舞台。天花板上画着星星，代表天空。

莎士比亚的剧院

文艺复兴时期，不仅绘画和雕塑艺术革新，戏剧也发生了变化。特别是这个时代出现了史上最著名的剧作家——威廉·莎士比亚。

在欧洲，中世纪的剧院里大多根据固定程式演出道德剧和《圣经》中的故事。约在公元16世纪中叶，新的戏剧开始表现爱情故事、悲剧和冒险故事，它们是在经典神话、历史，甚至是时事的基础上创作出来的。新的戏剧非常受欢迎，从贫穷的劳动者到富有的商人和贵族，所有人都涌入新剧院。最有名的演员甚至被邀请进入宫廷为王室表演。

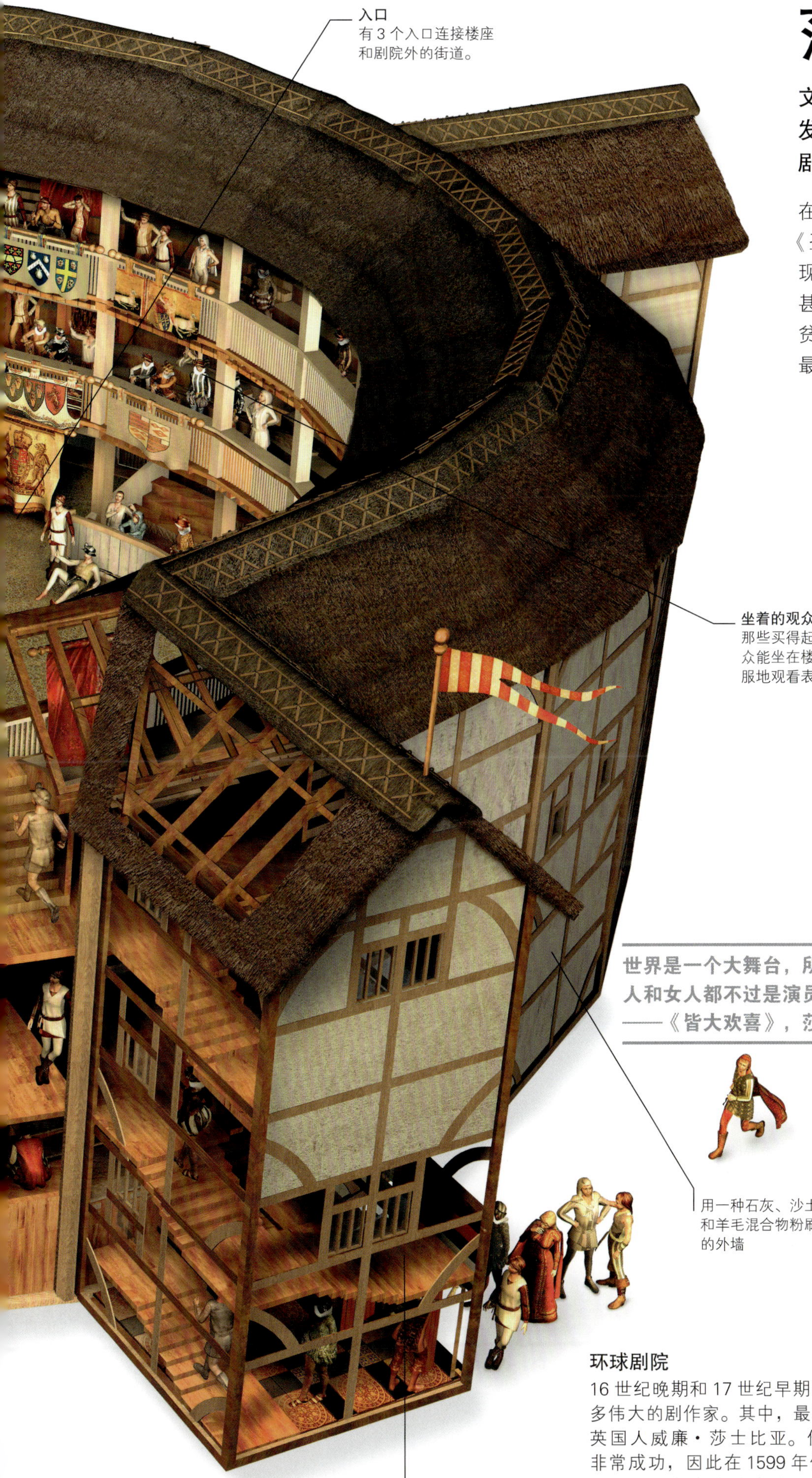

世界是一个大舞台，所有的男人和女人都不过是演员。
——《皆大欢喜》，莎士比亚

环球剧院

16世纪晚期和17世纪早期出现了许多伟大的剧作家。其中，最著名的是英国人威廉·莎士比亚。他的剧作非常成功，因此在1599年他所属的剧团有能力在伦敦建造一座常设剧院——环球剧院。现在的人们仿照这座剧院在原址附近建造了一座新剧院。

舞台上的故事

数千年来，人们在剧院里分享故事和想法。古希腊人建立了最早的一些剧院。他们将戏剧分成两种类型。

悲剧

英雄在经历苦难之后通常在结尾死去的严肃故事称为悲剧。悲剧常常追求光荣、正义或命运，迫使人们违背个人情感。

喜剧

喜剧用幽默讲述故事，尽管并不都是快乐的结局。有的变体，也就是人们常说的讽刺喜剧，在剧中指出人类，特别是那些有权势的人的弱点和恶行。

剧院设计

戏剧几乎可以在任何地方表演，大到开放的街道，小到小型片场。大部分戏剧都会在能让观众看到演员、听到演员的声音，并且场景看起来尽可能真实的建筑物里上演。

古希腊剧院

这种设计利用排成弧形的座位来反射声音，甚至台上的一句耳语都能被所有观众听到。

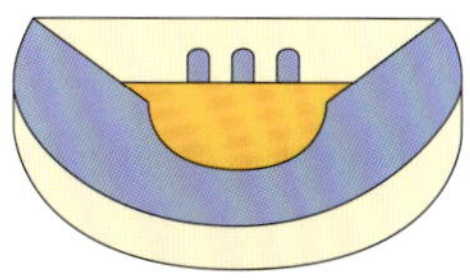

环绕型剧院

中世纪欧洲的巡回演员常在三面甚至是四面环绕着观众的舞台上表演。

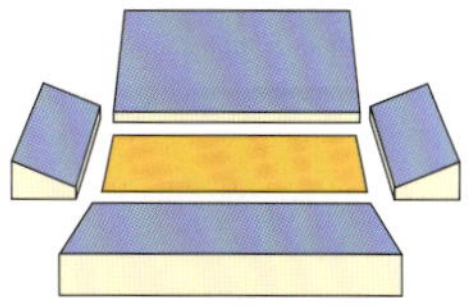

镜框式舞台

现代舞台通常有一个“大门”，将舞台上的表演框在里面，与观众分隔开。

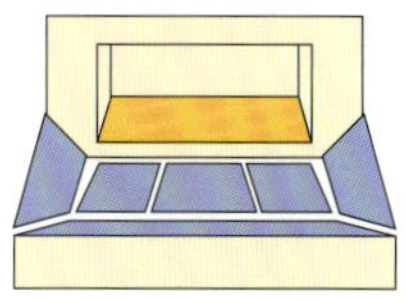

6.5 长城墙身的平均宽度约为6.5米。

长城

在几个世纪中，中国面临的最大威胁来自北方。北方的好战民族对边境军力薄弱的地方发起了快速而猛烈的袭击。为了防御，中国皇帝建造了绵延数万千米的长城。

21196 2016年国家文物局公布的《中国长城保护报告》指出，长城墙壕遗存总长度为21196千米。

古代中国

在鼎盛时期，中国曾是世界上最强大的国家。中国皇帝拥有的财富和影响力超过了欧洲君主的想象。

中国是世界文明古国之一。约在公元前2070年，中国出现了第一个王朝——夏。此后，夏、商、周各朝相继建立起多民族的国家。公元前221年，秦始皇统一中国后开始形成了以汉族为主体的、统一的多民族国家。古代中国的帝制社会大体来说稳定而有序。从隋朝开始，想要成为官员必须通过科举考试。中国探险家建立了远及欧洲和阿拉伯的贸易通道。中国的工匠创造出很多人类历史上最重要的发明，如造纸术、活字印刷、指南针、火药和瓷器等。

长城线路

最早的几段城墙是从公元前7世纪的楚国开始建造的，目的是保护边境不受北方势力侵犯。公元前3世纪，秦始皇将几段长城连接起来。后来的朝代巩固并延长了已有的城墙。到明朝时，长城的规模达到最大。

朝代更替

在几十个世纪里，从夏朝和商朝开始，分别有几十个王朝建立了政权。有些朝代经历了战乱和饥荒，有些朝代在哲学、科技和艺术上有了突飞猛进的发展。

周朝

公元前1046–前256年

周武王伐纣灭商，建立了周朝。这个朝代出现了几位伟大的圣人——道家学派的创始人老子和至今仍对中国文化产生影响的孔子。

战车上的装饰

战国时期

公元前475–前221年

这一时期各国混战不休，故称之为“战国”。国势强盛的7个诸侯国，即秦、齐、楚、赵、魏、韩、燕，史称“战国七雄”。

皮制盔甲

统一的中国

公元前221年

战国时期以秦国的胜利作为结束，在几个世纪的战乱之后，秦朝使中国重新统一。秦始皇修建了新的道路，建造长城，统一了度量衡。

秦始皇驾崩

公元前210年

秦始皇在称帝11年后驾崩。他被葬在了一个巨大的陵墓中，并由数千个配有武器和盔甲的兵马俑严密守卫。

汉朝

公元前202–公元220年

秦始皇的儿子胡亥在位仅仅3年就在一次起义中驾崩。出身平民的刘邦成为有权势的将军，而后控制了整个帝国，建立了汉朝。

汉代漆碗

唐朝和宋朝

公元618–1279年

经过几个世纪的混战，唐朝和宋朝的中国再次回到和平状态。随着疆域的扩张，艺术、文学和科技繁荣起来，中国也变得非常富有。

唐代陶马

明朝

1368–1644年

宋朝灭亡后，来自北方的蒙古人建立了元朝。之后，元朝被朱元璋的起义推翻。朱元璋建立了明朝，明朝的皇帝在“紫禁城”这座巨大的宫殿里统治着中国。

明代酒壶

最后一位皇帝

1912年

到19世纪时，清朝统治阶级日益腐朽，帝国主义侵略加深。1912年，辛亥革命推翻了清朝的统治，结束了中国长达两千年之久的君主专制制度。

13 阿克巴登上王位时只有13岁。

印度的统治者

莫卧儿人是来自中亚的骑兵勇士，他们在16世纪横扫印度北部。莫卧儿统治者建立了伟大的帝国，印度教徒和穆斯林相对和平地共同生活在这个帝国里。

1525年，莫卧儿人在勇士巴布尔的指挥下入侵印度。他们占领了印度北部重要的城市德里，巴布尔成为莫卧儿王朝第一位皇帝。在150年中，他的后代使帝国的领土不断扩张，占领了印度大部分地区。

莫卧儿王朝统治着超过1.5亿人口。他们虽然是穆斯林，但对印度教信仰很宽容。皇帝们是非常慷慨的艺术资助者，他们的工匠建造了许多美丽的建筑。但帝国在达到鼎盛之后仅仅一个世纪，就失去了大部分的领土。

发现一个帝国

巴布尔是莫卧儿王朝的建立者。作为成吉思汗的后代，他原本统治着现今阿富汗喀布尔附近的一个小国。他喜爱诗歌和园艺，同时也是一名勇士。1526年，他打败了德里的苏丹，将这座城市作为新的首都。他的儿子胡马雍在1540年被驱逐出印度，但之后又返回印度继续莫卧儿王朝的统治。

锥形头盔

塔瓦尔（弯刀）

锁子甲

武器和盔甲

大部分莫卧儿勇士在马背上战斗。他们在下颈部、手臂、躯干和小腿部位穿着锁子甲，还佩戴两块铁制胸甲作为额外的保护。他们的军队也配备了枪和大炮。

战争与征服

1526年4月，德里附近的帕尼帕特发生了一次大规模战争，巴布尔的军队仅有1.2万人，却打败了由10万名士兵和1000头大象组成的军队。此后，莫卧儿王朝建立起来。巴布尔的军队具有火器（大炮和火枪）上的优势，这是他们的敌人所缺乏的。莫卧儿军队继续征战其他印度王国，并将这些王国的勇士编入自己的军队。同时，他们获得了训练有素的装甲骑兵，并最终拥有了10万名士兵。

莫卧儿皇帝

从16世纪中叶开始，莫卧儿王朝进入黄金时期，它的统治者建立了强大的政府，并征服了新的领土。帝国变得富有且强大，留下了伟大的历史遗迹，其中有许多保存至今。

阿克巴大帝（1556~1605年在位）

阿克巴是莫卧儿王朝第三位皇帝，他是有史以来最伟大的统治者之一。他对敌人毫不留情，打败了阿富汗人和乌兹别克人，并征服了古吉拉特邦和孟加拉。但他对自己的臣民非常宽容温和。他和臣服于他的印度拉杰普特王公们结盟，促进整个帝国的和平发展和宗教宽容。

贾汗吉尔（1605~1627年在位）

贾汗吉尔是阿克巴的儿子，他更专注于治理国家，而不是征服新的领土。但他打败了拒绝加入阿克巴联盟的最后一位拉杰普特王公。贾汗吉尔是一位伟大的艺术资助者。在他的统治时期，莫卧儿的画家们在细致描绘周围世界的基础上发展出了一种新的精致的绘画风格。

沙·贾汗（1628~1658年在位）

曾经反抗父亲贾汗吉尔的沙·贾汗在父亲死后继承了皇位。他将帝国的领土进一步扩大，并建立了一座新的城市沙贾汉纳巴德作为自己的首都。沙·贾汗积极地资助宗教与艺术发展。在他的统治之下，莫卧儿的建筑文化繁荣起来。他还下令建造泰姬陵作为妻子的陵墓。

帝国的终结

沙·贾汗的儿子奥朗则布在印度南部征服了新的领土，使帝国的领土扩大了 1/4。但是帝国又遭到新势力——马拉塔联邦的攻击。持续不断的战争耗尽了帝国的财富，帝国开始崩溃。奥朗则布在非穆斯林中也不受拥戴。在 1707 年他去世之后，由于软弱的统治者无法抵御外敌，帝国四分五裂。1739 年，波斯统治者纳迪尔沙入侵并洗劫了德里城，掠夺了莫卧儿的大量财富。到 1857 年，莫卧儿人统治的地区仅剩德里一隅。同年，皇帝巴哈杜尔·沙加入反抗英国的队伍。之后他被废黜，莫卧儿王朝终结。

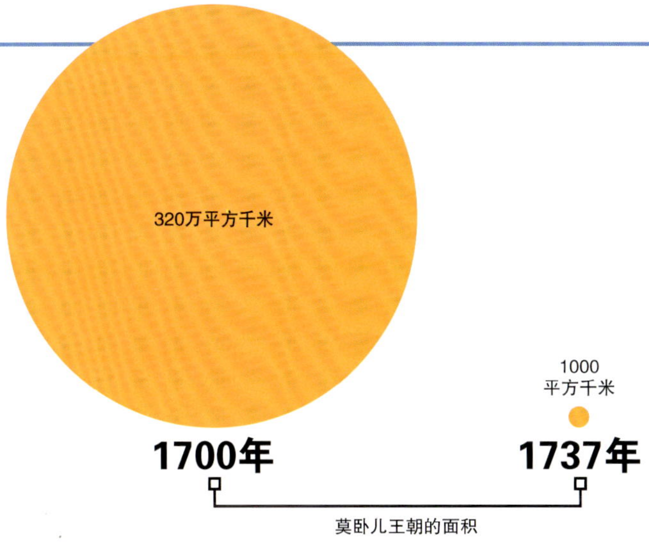

27 年

马拉塔联邦和莫卧儿王朝间的战争历时27年。

莫卧儿艺术

莫卧儿人使艺术和建筑文化繁荣起来。绘图精美的手稿格外有价值。人们从这些遗产中得到了许多关于莫卧儿王朝的信息。皇帝下令建造布满美丽建筑的新城市，如法塔赫布尔西格里和沙贾汉纳巴德。有些建筑，如阿格拉的泰姬陵，至今仍然世界闻名。

泰姬陵

沙·贾汗下令建造泰姬陵作为妻子莫卧儿皇后蒙泰吉·玛哈尔的陵墓。人们花了 17 年时间才建造完成这座白色的大理石建筑，它代表了天国。

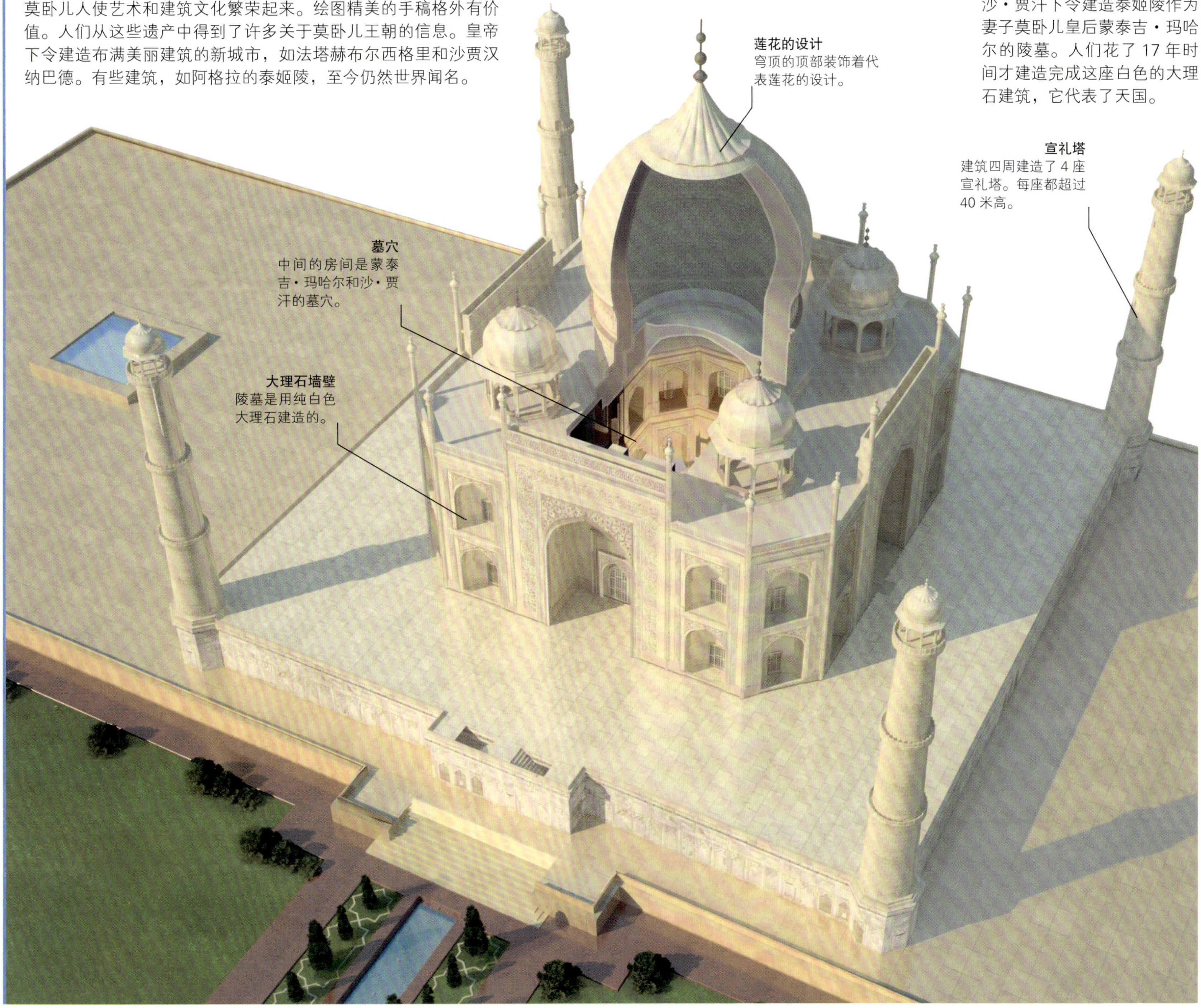

现代世界

从 1750 年开始，世界的每个地区都发生着巨大的动荡。19 世纪，全球范围的帝国崛起，但又随着权力从贵族和皇帝手中转移到平民手中而瓦解。新科技改变了农业、工业、交通和战争，一场数字革命永远地改变了通信和娱乐的方式。

革命的时代

从 1750 年开始，新的政治运动要求统治者和政府承认人民拥有更多自由。与此同时，殖民地开始努力从统治国家手中寻求独立。当统治国家拒绝了他们想获得更多自治权的要求后，殖民地人民开始反抗。有的殖民地通过战争获得了自由，建立了新的国家，如美国。

法国大革命

1789 年，法国发生革命。国王路易十六被推翻并遭到处决。在被称为“恐怖统治”的暴力时期，新的领导人之间互相残杀，大革命演变成一场大屠杀。

拿破仑・波拿巴
在法国大革命之后，人气高涨的将军拿破仑成为法国皇帝，开始了征服欧洲的漫长的血腥战争。

拉丁美洲的自由

1813~1822 年，西蒙・玻利瓦尔和何塞・德・圣马丁领导的革命运动将南美洲大部分地区从西班牙的控制中解放出来。墨西哥也在米格尔・伊达尔戈领导的革命中独立。

共产主义的到来

19 世纪，德国哲学家卡尔・马克思提出了关于政府的新理论——共产主义。共产主义认为国家的财富应当被所有公民平等享有。1917 年，俄国的革命者推翻了沙皇的统治，建立了世界上第一个社会主义国家，后来发展成为 20 世纪超级大国——苏维埃社会主义共和国联盟（简称苏联）。

弗拉基米尔・列宁
推翻沙皇的统治之后，列宁成为俄国领导人。他一直是国际社会主义运动的领袖，直到 1924 年去世。

帝国主义的时代

19 世纪，欧洲国家将海外殖民地扩张为庞大的帝国。欧洲军队训练有素并且装备精良，能轻易镇压反对他们扩张的势力。这种获得新殖民地的政策，即帝国主义，使欧洲的统治在 1900 年时就覆盖了非洲大部分、大洋洲和亚洲的很大一部分地区。

瓜分世界

截至 1914 年，少数几个强大的国家几乎控制了世界的每个地区。最大的帝国当属英国，它的殖民地有强大的海军守卫，英国海军控制着世界的各大海洋。

帝国规模对比

帝国的土地
到 1910 年，英国在帝国竞赛中遥遥领先。英国国土面积是排名第二的法国的两倍多。

殖民地人口对比

帝国人口
到 1910 年，全世界有数亿人生活在殖民统治之下。英国殖民地遍及非洲、美洲、亚洲和大洋洲。

帝国竞争

这一时期的战争规模和血腥程度都是前所未有的，敌对的帝国用尽全力互相对抗。

- **七年战争（1756~1763）**
  世界上第一次全球战争中相互对抗的两个主要国家是英国和法国。两国都想夺取印度和北美洲的殖民地。
- **拿破仑战争（1793~1815）**
  拿破仑・波拿巴发动了一场征服之战，并于 1804 年宣布自己是法国的皇帝，但他在滑铁卢被欧洲几个国家的联军打败。
- **克里米亚战争（1853~1856）**
  俄国试图从奥斯曼帝国手中夺取领土，但被英法和奥斯曼帝国组成的联军打败。
- **鸦片战争（1840～1842）和第二次鸦片战争（1856～1860）**
  中国抵制英国商人向中国倾销鸦片，英国进而发动了侵略中国的战争，称为鸦片战争。后来，英、法发动了第二次鸦片战争，其实质是鸦片战争的继续和扩大。两次战争中，外国侵略者都强迫清政府签订了不平等条约。
- **日俄战争（1904~1905）**
  日本和俄国为争夺在朝鲜和中国东北的权益进行的以中国东北为主要战场的帝国主义战争，使中国人民遭受深重的灾难。

后殖民地的世界

亚洲和非洲的欧洲殖民地获得独立的过程没有美洲那样容易。但是，两次世界大战极大地削弱了欧洲各个帝国的力量。1947 年，在甘地领导的大规模民众抗议之后，印度和巴基斯坦从英国独立。1957 年，获得独立的加纳成为非洲第一个摆脱西方殖民统治的国家，其他非洲国家很快也获得了独立。

你可以锁住我，你可以折磨我，你甚至可以毁灭我的肉体。但你永远不能囚禁我的思想。
——甘地，印度独立运动领导者

一个世纪的战争

20 世纪上半叶发生了人类历史上两次最血腥的战争。两次都是从欧洲的冲突开始，之后波及世界各地。第一次世界大战中数百万士兵在堑壕战中死去。第二次世界大战中军队开始大规模使用坦克和飞机，战争促进了原子弹的发明。战火平息的时候，世界上最强大的国家变成了美国和苏联。两国以大规模核武器为后盾进行了冷战。

第一次世界大战

1914 年，奥地利的弗朗茨・斐迪南大公在萨拉热窝被刺杀，引发了以德国、奥匈帝国为主的同盟国和由英国、法国、俄国为主的协约国之间的战争。战争大部分发生在法国东部和比利时，建造防御严密的堑壕体系的战略导致了大量伤亡。直到 1918 年，协约国才成功打破僵局，打败了同盟国。

第一次世界大战公墓

将近 1000 万士兵在第一次世界大战中死亡，其中有许多人被就近葬在了当地的墓地里。

第二次世界大战

1931 年，日本制造九一八事变，发动侵华战争，拉开了第二次世界大战的序幕。1939 年，德国入侵邻国，第二次世界大战全面爆发。德国在 1945 年被同盟国打败。日本军队在中国人民的英勇抗争下节节败退。1945 年 8 月 15 日，日本宣布无条件投降。

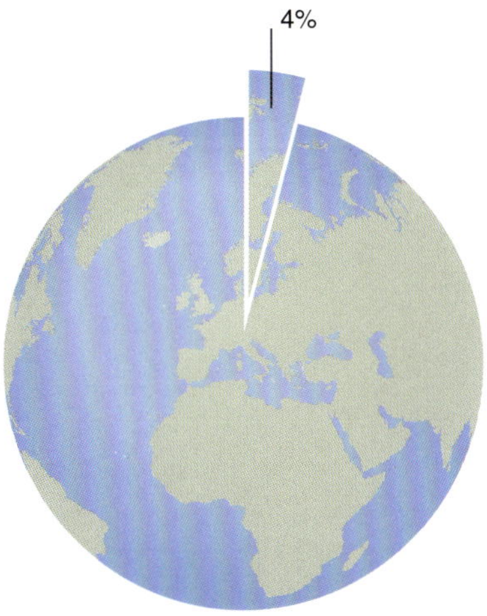

糟糕的代价

第二次世界大战造成了 8000 余万人死亡。据估计，死亡人数占战前世界总人口的 4%。

冷战

虽然美国和苏联在第二次世界大战中是同盟，但战争一结束双方就成了敌人。两国并没有进行直接的战争，而是通过其他方式“冷战”，如推翻与对方友好的国家的政府。在双方都拥有能杀死数百万人的核武器的情况下，冷战极其危险。

1982 年，苏联和美国两国已经拥有超过 20000 个核弹头，据估计其拥有的能量相当于摧毁广岛的核弹释放出的能量的 100 万倍。

变化后的世界

在战争和革命带来政治变革的同时，科学技术的进步也改变了社会。医学的发展治愈了曾使数百万人死亡的疾病。工业革命带来了可以代替几十名工人工作的新机器。新社会更加公平，随着女性和有色人种争取平等权利的抗争兴起，旧秩序被推翻。

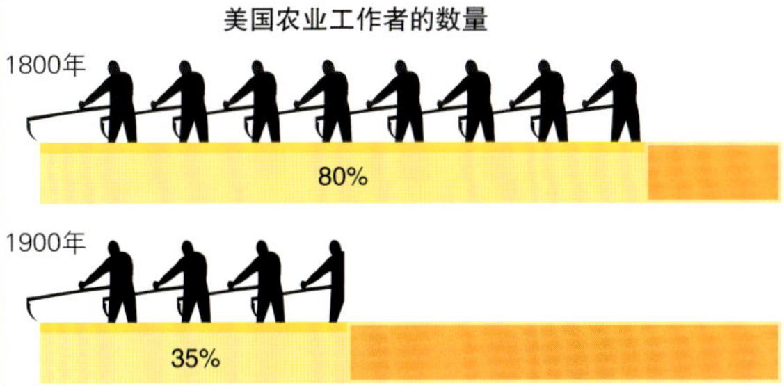

工业的兴起

工业革命带来了伟大的新发展，但也引起了新的问题。人们开始在工厂中大规模生产商品，这种生产方式代替了手工生产，商品变得更加廉价。在城市里，许多工人的薪水都很低，生活贫困。

平等的权利

在 20 世纪以前，女性、非洲裔美国人和欧洲殖民地的有色人种常常得不到基本的自由。许多勇敢的运动领导者决心要让人人能拥有像参与选举和接受教育这样基本的权利。

- **1893年** 新西兰成为第一个承认女性在全国大选中拥有选举权的国家。
- **1920年** 美国宪法第 19 条修正案承认女性有选举权。
- **1948年** 南非通过歧视非白种人的法案，这一政策被称为“种族隔离”。
- **1964年** 《民权法》（美国）使教育和住房等方面的种族歧视成为非法。
- **1965年** 《选举权法》（美国）消除了非洲裔美国人参与选举的阻碍。
- **1994年** 南非举行了第一次不分种族的大选。

科技和医学

20 世纪见证了人类历史上前所未有的科技进步。抗生素治愈了以前无法医治的疾病，汽车和飞机将原本需要几天或几周的路程缩短到几小时。人类有了比以往更多的关于宇宙、人类历史和人类自身的发现。

一个人从未犯错是因为他不曾尝试新鲜事物。

——阿尔伯特・爱因斯坦

环境的挑战

19~20 世纪，世界人口迅速增长，人类使用的资源大量增加。煤炭、石油甚至是淡水资源都可能变得稀缺。许多动植物的天然栖息地已经被污染或被人类砍伐破坏。全球不断上升的气温威胁着世界各地大面积的农田和人类的生活空间。

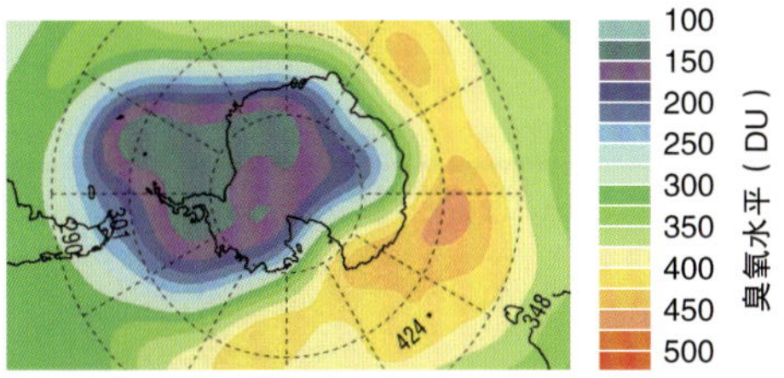

臭氧洞

臭氧层是地球大气的一部分，可以保护人类免受有害辐射伤害。20 世纪 90 年代，大气污染导致了臭氧层的分解。最大的臭氧洞位于南极洲上方，面积有欧洲的两倍大。图中 DU 为多布森单位，小于 220DU 的区域为臭氧洞。

北美洲

到 1790 年，约 65 万非洲奴隶被送往位于今天美国南部的地区。在更加工业化的北方，商人有时会在三角贸易中跳过欧洲，直接将制成品卖给非洲换来奴隶。这种国际奴隶贸易在 1808 年被美国禁止。

为奴隶烙印的烙铁

奴隶种植园

大部分被运往美洲的奴隶都被送到加勒比地区和美国南部的棉花、甘蔗、烟草种植园工作。种植园的工作环境非常恶劣，奴隶常常被烙上烙印或锁上枷锁。在种植园里从事管理工作的监工非常残忍。

奴隶贸易

美洲的欧洲定居者需要劳动力在种植园工作。1500~1900 年，这种需求将 1200 万非洲奴隶带到了美洲。

奴隶贸易发生在三地之间，所以常常被称为“三角贸易”。欧洲的商品被运往非洲交换奴隶，奴隶穿越大西洋的“中央航路”去往美洲。之后，这些奴隶又被用于交换在欧洲贩卖的作物。许多奴隶在去往美洲的路上就死了，活下来的奴隶将面对种植园可怕的工作环境。19 世纪，一次国际运动禁止了大西洋的奴隶贸易。

欧洲商人

直到1640年，葡萄牙还是唯一一个在美洲贩卖奴隶的欧洲国家。后来，英国、法国、荷兰、西班牙、瑞典和丹麦都加入进来。欧洲商人将制成品，如纺织品、串珠、枪和弹药等运到他们在非洲的殖民地，并卖给当地的商人，以交换奴隶。

非洲奴隶

大部分奴隶来自非洲西海岸（今塞内加尔和安哥拉附近）。他们在战争中被俘虏或被绑匪虏获，用来交换来自欧洲的贸易商品。

奴隶船上的镣铐

糟糕的环境

横跨大西洋的旅程可能会花费6周到6个月的时间，奴隶们都挤在甲板下的船舱里，只有少量新鲜的食物和淡水。男性奴隶被锁链拴在一起，目的是防止他们袭击船员。

奴隶船

为了尽可能多地获得财富，贸易者将奴隶装进很小的空间，有时甚至不足30厘米高。声名狼藉的奴隶船"布鲁克"号能装下600名两两铐在一起的奴隶。

> **船上太拥挤了，**以至于每个人都无法转身。**狭小的空间**几乎使我们窒息。
>
> ——奥拉达·艾奎亚诺（曾经的奴隶）

致命旅程

狭窄的生存空间和稀缺的食物与淡水导致180万奴隶在去往美洲的中央航路上死于疾病或饥饿。他们的尸体被从船上扔进海里。

死亡人数

在最糟糕的大西洋航线上，奴隶的死亡率高达25%。

终结的呼声

结束非人道的奴隶贸易的呼声带来了1807年英国奴隶贸易制度的废除。其他国家紧随其后，巴西在1888年结束了奴隶贸易，是美洲最后一个废除奴隶制的国家。

> **除非我们停止，否则**将永远不能把污点从教名上抹去，我们将永远不能从现在为之服役的罪恶中解脱，不能消去这条血腥航线的痕迹。
>
> ——威廉·威尔伯福斯（反奴隶制运动领导者）

72000 狄德罗《百科全书》的条目大致有7.2万条。

启蒙运动

18 世纪是革命的时代，政府、宗教信仰和科学原则都受到一批决心屏弃过时传统的新思想家的挑战。

文艺复兴带来了有关科学和哲学的新的思考方式，但仍然是以旧传统——教会的教导和古希腊、古罗马的著作为基础。启蒙运动时期的思想家想要摒弃这些“智慧之源”，崇尚个人的发现、实验和逻辑（理性准则）。这种进步思想带来了战争、革命和现代科学。

艾萨克·牛顿

启蒙运动的其中一个奠基人是英国科学家艾萨克·牛顿（1643~1727）。他最著名的发现是万有引力定律和运动定律，证明了月球和行星的运动同地球上的物体一样遵循着某些规律。他还在光和热的本质上有重要的发现，是最早发明数学计算法——微积分的科学家之一。他对于世界的好奇心有时会使他做出奇怪的事情。比如他将钝头的针扎进自己的眼窝里，目的是观察眼球形状的变化如何影响视力，这是对光如何运动的研究的一部分。

思想的革命

18 世纪，想要了解世界的人们研究自然哲学，其中包括所有自然科学。当时，得益于探险家在亚洲、非洲和美洲的新发现，新信息的浪潮通过印刷传遍欧洲。由德尼·狄德罗和让·勒朗·达朗贝尔领导的一群巴黎自然哲学家完成了一部百科全书，这部巨大的 28 册著作集结了他们所了解的关于科学、艺术和工艺的所有知识。他们传递出的信息是能够被应用到大部分学科中的原理和科学。这种思想传遍了整个欧洲和美洲。德国哲学家伊曼纽尔·康德这样总结这种新的思考方式：“敢于去了解。有勇气拥有自己的理解。”

《百科全书》
这部狄德罗的伟大著作不仅涵盖了艺术和科学，还包括日常方面，如音乐、厨艺，甚至是耕作。

天球
从 16 世纪开始，天文学家已经知道了地球和其他星球是围绕太阳运转的。艾萨克·牛顿关于万有引力的理论解释了其中的原因。

男性和女性的权利

除了科学发展之外，启蒙运动另一个特点是出现关于社会的新思想。大约从 1750 年起，法国一些哲学家开始宣扬质疑传统思想的观点。他们认为国王、贵族和神父不应当享有其他人没有的特权和优待。其他思想家，如让－雅克·卢梭和玛丽·沃斯通克拉夫特，提出了强有力的论证，呼吁所有人都应被平等地对待。与此同时，伏尔泰和孟德斯鸠等作家写出了讽刺制度和过时观念的作品。

1748年
法国思想家孟德斯鸠的《论法的精神》出版。书中呼吁国家权力应划分为立法、行政、司法三权，实现三权分立。

1759年
法国哲学家伏尔泰所写的《老实人》强调了世界各地许多人所忍受的艰难和不公平。伏尔泰写道：“对于想要真正自由的人们，他们必须能够运用理性的力量，必须了解并捍卫全人类的基本权利。”

1762年
瑞士哲学家让－雅克·卢梭提出，政府只有在得到人民认可的情况下才能进行统治。他在《社会契约论》一书中写道：“人生而自由，却无往不在枷锁之中。”

财富的革命

这一时期涌现的新的发展理念还包括经济科学，即对财富和货币的研究。大帝国通过全球贸易变得富有。银行为存款提供了安全的场所，并为需要资金开始新生意的人提供贷款。普通人也被鼓励投资盈利项目。金融项目有时会变成灾难性事件，如 1720 年英国南海公司破产，投资者损失了数百万英镑的资产。

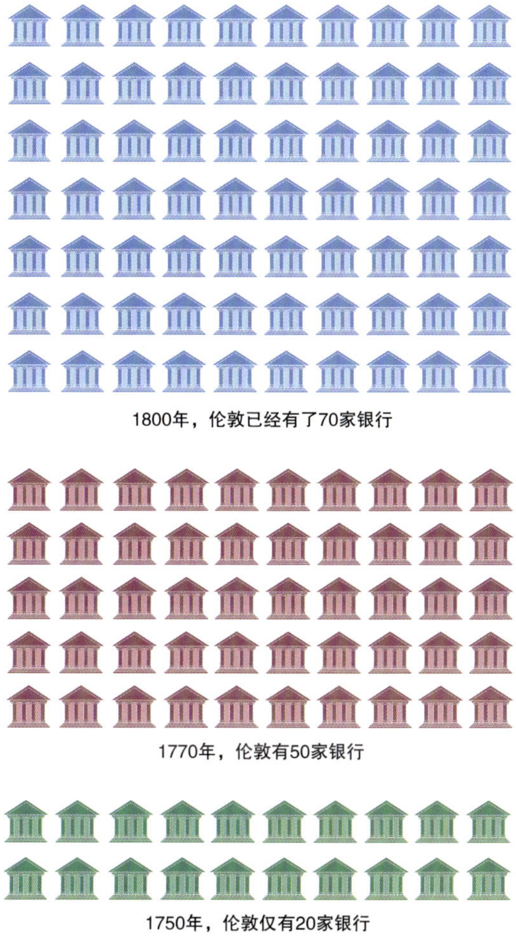

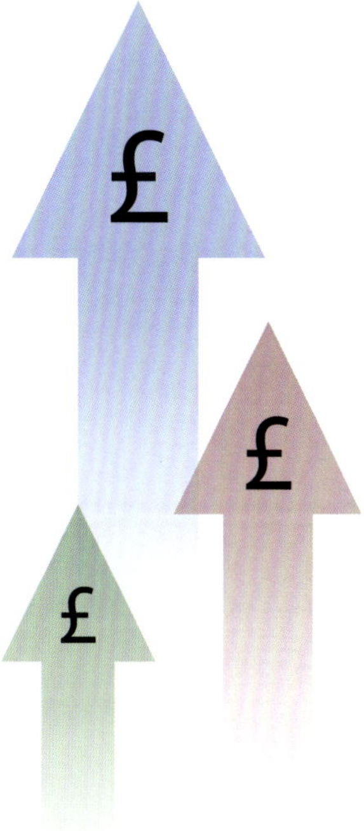

金融中心

随着资本主义的崛起，像伦敦和阿姆斯特丹这样的城市成了金融中心，聚集着大量的财富。

劳动是第一价格，是购买所有东西所支付的原始货币。世界上所有的财富最初都是用劳动来购买的，既非黄金，也非白银。

——苏格兰经济学家亚当·斯密，1776年

1776年

英裔美国人托马斯·潘恩撰写了一本名叫《常识》的小册子，支持美国从英国的统治下独立。他后来的作品《人的权利》论证了当政府滥用权力的时候人们应当推翻它。

1792年

英国女权主义者玛丽·沃斯通克拉夫特在《女权辩护》中呼吁女性和男性享有同等的受教育权和机会。她设想出了一个基于理性准则建立的社会，在这种社会中，所有人都受到尊重。

浪漫主义革命

启蒙运动的思想迅速传播，在 18 世纪晚期，它已经激起了强烈的反响，特别是在画家、音乐家和诗人当中。一场新的浪漫主义运动兴起，认为对理性的绝对依赖忽视了情感和自然之美的价值。著名的浪漫主义者包括作曲家贝多芬、诗人约翰·济慈和埃德加·爱伦·坡，以及画家欧仁·德拉克洛瓦。

《上议院和下议院的火灾》

英国浪漫主义画家约瑟夫·透纳创作了表现自然力量的画作。这幅作品画的是 1834 年英国议会发生的一场大火。

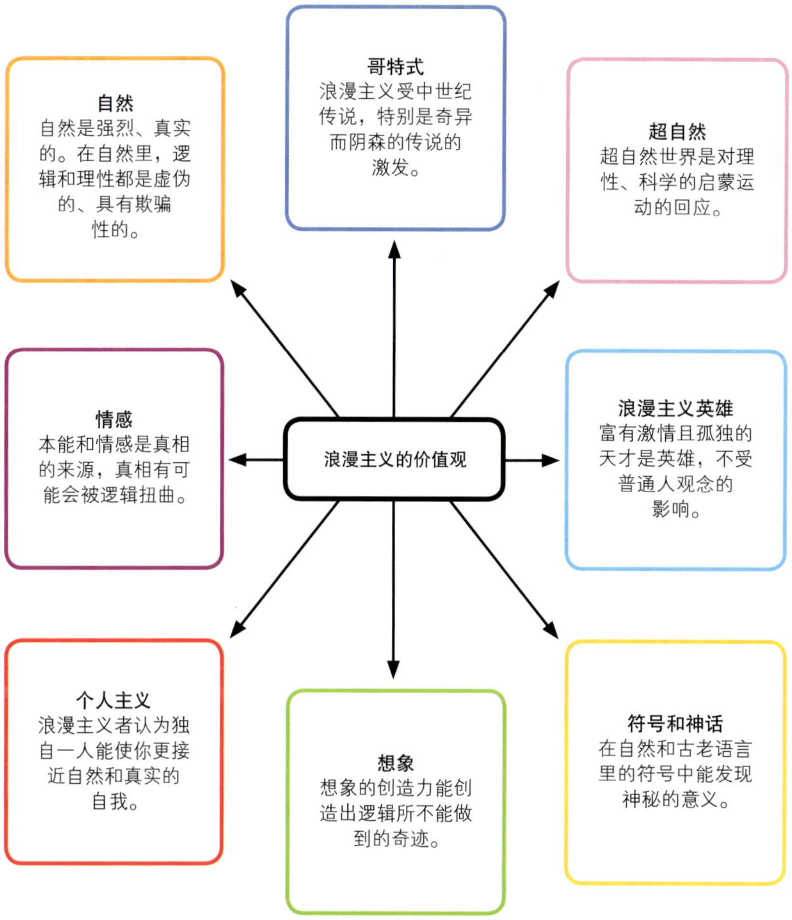

士兵们需要自己购买装备。

北美独立战争

18 世纪，英国统治着北美洲东海岸的 13 个殖民地。从 1770 年起，这些殖民地开始反抗英国的统治。13 年后，它们赢得了独立。

英国在北美洲的殖民地接受伦敦的管理。殖民地居民是英国公民，但不享有全部权利：他们不能参与选举，议会中也没有代表他们意见的议员。殖民地的人民对这种不公平的待遇感到愤怒，但是英国不理睬他们的意见，并通过了不受欢迎的法律，对糖、茶和纸等日用品征收高昂的税。

1775 年，紧张的关系发展成战争。1776 年，一支庞大且训练有素的英国军队进入殖民地，以支援在殖民地驻守的英军，但由乔治·华盛顿带领的指挥官们灵活地运用战略战胜了英军。战争以英国的失败而告终，一个新的独立国家——美利坚合众国成立。

大陆军

从 1775 年开始，各殖民地开始将自己的志愿军编入常规军。乔治·华盛顿决心训练一支军队，打败训练有素的英国士兵，于是他组建了大陆军。在战争的大部分时间里，士兵们都只有很少的报酬和装备。尽管如此，他们仍然取得了胜利。

训练有素的齐射

一支军队需要掌握的关键技能之一是齐射，因为士兵不能在敌人前进的时候过早开火。这需要严格的训练和纪律才能完成。

战争导火索

英国在七年战争（1756~1763）期间欠下了巨额的债务，急需钱来还清。政府打算通过在北美殖民地征税来筹集资金。殖民地居民反对“无代表权征税”，并且从英国统治下独立的思想也传播开来。1773 年，英国对茶叶征收高昂的税，波士顿的殖民地居民继而采取了行动。他们登上了停在港湾的一艘船，将一箱箱英国茶叶倒入海中。这一事件被称为“波士顿倾茶事件”，它成了战争的导火索。英国将严格的新法律强加给殖民地，特别是波士顿地区。由 13 个殖民地代表组成的大陆会议将这些法律称为“不可容忍法令”，并向英王提出抗议。

在波士顿倾茶事件中，殖民地居民毁掉了 342 箱茶叶，总价值约 18000 英镑。

新国家

在战争的最后，13 个争取独立的殖民地成为美国最早的州。1783 年，美国与英国签署了和平条约，条约中承认美国拥有西部大量的领土。

《独立宣言》

13 个进行反抗的殖民地组建了自己的领导机构——大陆会议，大陆会议很快决定将各殖民地从英国完全独立出来。弗吉尼亚的律师托马斯·杰斐逊受指派起草《独立宣言》，正式声明立场。宣言里的论述基于下面 4 个关键点。1776 年 7 月 4 日，13 个殖民地的代表同意签署建立新国家——美利坚合众国的宣言。

1 反抗的权利
只要有适当的理由并能做出解释，殖民地必须有权断绝和统治者之间的关系。

2 合法的政府
唯一可以接受的政府形式是尽力为国民做事并尊重他们权利的政府。

3 国王的罪行
英国国王统治殖民地却不尊重殖民地居民的权益。

4 宣告独立
因此，殖民地有权推翻英国的统治，实行自治，不再是英帝国的一部分。

我们认为下面这些真理是不言而喻的：人人生而平等，造物主赋予了他们若干不可剥夺的权利，其中包括生命权、自由权和追求幸福的权利。

——《独立宣言》

总司令

乔治·华盛顿曾是弗吉尼亚的一名种植园主和训练有素的土地测量员。他曾在七年战争期间同北美洲的法国人作战。他反对英国对待北美殖民地的方式，并因此被指派为大陆军的总司令。华盛顿将手下的士兵编成一支专业的战斗队。在艰难时期和战争失利时，华盛顿将士兵凝聚在一起，引领他们走向胜利。1789 年，他当选美国第一任总统。

华盛顿雕像
华盛顿对美国独立做出重大贡献，他被尊为“美国国父”。

双方

殖民地武装很大程度上依赖着民兵组织（将参与者编入小团体进行战斗的当地组织）。大陆军也得到法国、西班牙军队和一些美洲土著的支援。而英国军队则得到效忠派（希望继续作为英国一部分的殖民地居民）、德国雇佣兵，以及希望保护与英国的贸易和领土协议的美洲土著的协助。英国海军控制着沿海地区，但并不能影响内陆的战争。

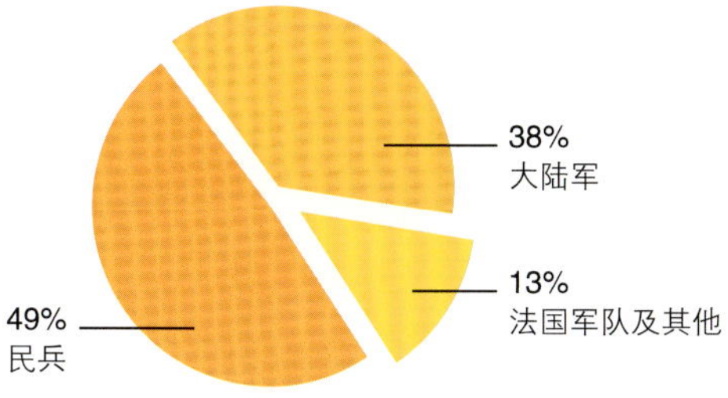

大陆军及其盟友

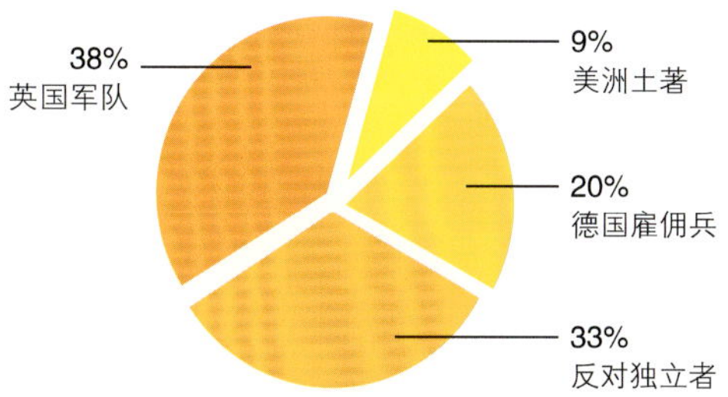

英军及其盟友

向独立进军

在北美独立战争早期，几乎所有战役都以大陆军失败告终。对于大陆军来说，英国军队太强大了，无法打败。但大陆军利用当地居民的支援和对地形的了解躲避英军的袭击。随着战争的持续，更强有力的领导和来自外国盟友的帮助使战争胜利的天平向大陆军一方倾斜，英国人遭遇惨败。

1773年 反抗之路
殖民地居民销毁英国停在波士顿海港船只上的货物之后，英国通过了限制殖民地自由的法律，加强对殖民地的控制，这成了压死骆驼的最后一根稻草。两年后，北美独立战争第一枪打响。

效忠派士兵的腰带，上面有皇家标志

1775年4月 第一战
英军在马萨诸塞的康科德登陆，目的是突袭殖民地的武器库。殖民地派出了一支民兵力量进行抵抗。虽然他们最终被迫撤回，但成功地阻止了英国人，保护了自己的供给。

1777年秋 萨拉托加之战
超过 6000 名英国士兵被大陆军包围，被迫投降。这次完胜鼓励法国加入了战争，站到了美国这一边。随后，西班牙和荷兰也加入了盟军。

1777年冬 福奇谷
在盟军的一路支持下，大陆军在宾夕法尼亚附近的福奇谷建立了防御营地。虽然不受英军袭击的威胁，但他们整个冬天都忍受着艰苦的环境和稀缺的供给。据估计，其中有 2000 人死于疾病和饥饿。

1781年10月 殖民地的胜利
在后来的几次失利之后，英军被迫退回东部海岸。大陆军和法国海军包围了他们。英军被困在了弗吉尼亚的约克镇，之后投降。战争结束了，美国人获得了胜利。

1783年 和平条约
在 1783 年 9 月的巴黎，经过长时间的谈判，双方最终达成了一致，签订《巴黎条约》。英国将大片领土交给美国，并和美国的欧洲盟友法国、西班牙和荷兰分别签署了条约。

第一枚美国银币的拟用模型，1777年

有时，起义的男性会打扮成女性的样子，因为女性起义者受到的惩罚较轻。

法国大革命

1789 年，一次血腥的革命将法国国王推下王位。反叛者建立了一个由公民而非贵族管理的政府，但内讧却带来了混乱和流血暴力。

18 世纪末，在一系列代价高昂的战争之后，法国几乎面临破产。更糟糕的是，1788 年的歉收使大部分人口缺少食物。在整个国家面临饥荒时，国王路易十六和贵族们却过着奢华的生活。有传言称，他们当时正在囤积穷人迫切需要的粮食。法国人已经听闻美国人如何在 1776 年推翻了英国国王的统治，穷人的不满情绪越来越强烈，他们要求变革。1789 年，面包价格的暴涨导致巴黎街头发生暴乱。同年，当国王要求增加赋税的时候，人民采取了行动，法国大革命开始。

不平等的社会

法国社会分为 3 个等级。第一等级是神职人员，第二等级是非常富有的贵族。虽然他们仅占总人口的 3%，但却掌握着 40% 的土地，而且几乎不用交税。余下 97% 的人口组成了第三等级，从商人、手工业者到贫穷的农民，他们都是平民。3 个等级都在政府会议——三级会议中派出自己的代表。1789 年 6 月 17 日，第三等级决定建立自己的政府——国民议会。

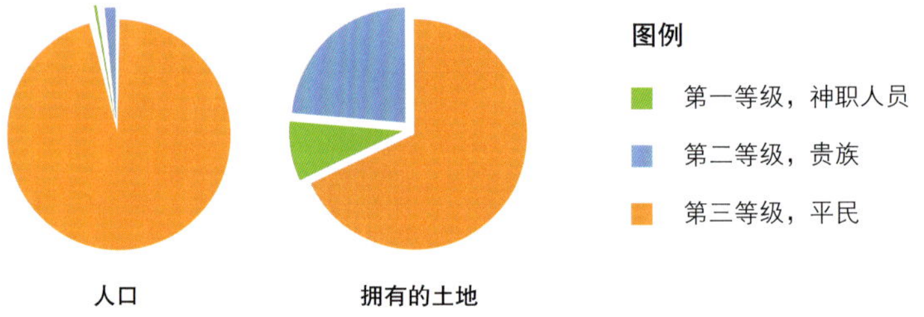

君主制的终结

新的国民议会承诺给予民众权力，国王只是一个名誉领袖。当有传言说国王已经派兵解散了国民议会时，民众组成了一支国民自卫军进行反击。他们的第一个目标是关押着旧政府敌人的巴士底狱。1789 年 7 月 14 日，人们冲进了巴士底狱。许多原本支持国王的人都选择了逃跑或加入了革命，国王本人被囚禁在巴黎的土伊勒里宫里。他试图通过同意政治改革的方式重新获得人们的支持，但失败了。1792 年 8 月 10 日，民众涌入他的宫殿，国王被送进监狱。1793 年，他因犯叛国罪被送上断头台。

《夺取土伊勒里宫》
1792 年 8 月 10 日，一批民众涌入国王和王后居住的土伊勒里宫，并将他们监禁起来，结束了法国的君主制。这幅画描绘了革命者的数量之庞大，他们的人数远超保卫皇宫的卫队。

7 当民众涌入巴士底狱时，监狱里几乎已经空了。只有7名犯人得到解救，但却有98名革命者在这次战斗中死去。

时间轴

尽管怀疑和残暴仍然让许多人生活在恐惧中，但无论如何，法国大革命使法国从由国王统治的君主制变为由人民掌权的共和制。大革命的结束见证了一个新帝国的崛起。

1789年6月17日
法国国王路易十六要求政府同意提高税率。第三等级的代表们已经对国家食物短缺和不公平的征税感到愤怒，于是他们便与其他两个阶级分隔开来，宣布要自己治理这个国家，并成立国民议会。

1789年7月14日
有传言称国王已经派兵解散了新的国民议会。愤怒的民众在巴黎发动暴乱，城市变得一片混乱。一批民众涌入巴士底狱，释放了 7 名犯人。这一天成为大革命的开始。直到今天，7 月 14 日仍被作为法国的国庆日来庆祝。

1789年10月5日
7000 名妇女向巴黎城外的凡尔赛宫行进，抗议面包短缺问题。后来有传言说，当法国王后玛丽·安托瓦内特听到人们没有面包可以吃时回答："让他们吃蛋糕啊！"这被看作是君主丝毫不了解人民疾苦的铁证。

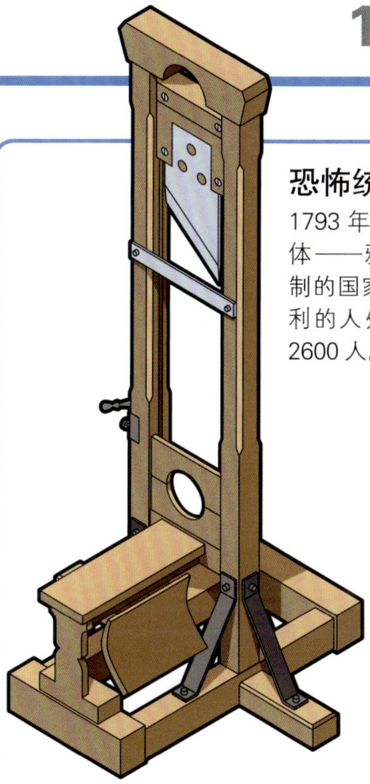

恐怖统治

1793 年国王死后，国民议会由罗伯斯庇尔领导的一个政治团体——雅各宾派主导。他们认为全国遍布着希望法国恢复君主制的国家派来的间谍。雅各宾派开始将所有他们怀疑会对自己不利的人处决。仅在这段血腥的恐怖统治时期，巴黎就处死了约 2600 人。1794 年罗伯斯庇尔被送上断头台之后，这段时期才结束。

断头台

这种可怕的装置在法国大革命时期被用来尽可能快速高效地实施死刑。

断头台得到了“国家剃刀”的外号，它一天最多处死过 20 个人。

大革命的理想

新的法兰西共和国受到 1776 年美国从英国获得独立的影响。和美国人一样，法国革命者发表《人权宣言》，巩固新政府。宣言称所有人生而平等，因此国王和贵族无权统治人民，应当允许人民通过民主选举进行自治。这些思想至今仍然是民主和人权理论中重要的内容。

罗伯斯庇尔

法国律师罗伯斯庇尔站在大革命的前线。他强烈崇尚权利平等和人民政府。但是他决心以处决所有反革命者的方式实现大革命的成功，背叛了自己本来的信仰。成千上万所谓的“大革命的敌人”在罗伯斯庇尔及其盟友的命令下被处决。

拿破仑战争

在大革命之后，法国面临着没有强有力的领导者却被敌人包围的局面。1800 年，年轻的将军拿破仑·波拿巴（1769~1821）在一系列惊人的军事胜利之后成了人们心中的英雄。1804 年，他宣布自己成为法国的皇帝，开始了对整个欧洲的征战。1805~1807 年，他的军队打败了奥地利、俄国和普鲁士，直到他的帝国拥有了欧洲大部分土地。最终，他在 1815 年的滑铁卢之战中被欧洲反法联盟打败。

法国步兵制服

拿破仑的士兵是欧洲最令人敬畏的士兵。他们训练有素，使用紧密的队形作战。他们的制服包括白色马裤、深蓝色夹克和装饰着红色羽毛的有檐平顶筒状军帽。每个人都配有一杆又大又重的火枪。

1791年6月20日

国王和王后企图乔装从法国逃走，但被人识破并押回了巴黎，囚禁在土伊勒里宫加以看守。1792 年，他们被转移到监狱里。1793 年，他们被指控帮助法国大革命的敌人奥地利，也就是王后的祖国，随后被送上断头台处决。

1792~1801年

法国的邻国都对国王路易十六被推翻并处死感到愤慨。他们也希望在法国大革命的混乱中趁机夺取法国的领土。因此，法国和欧洲其他国家，如奥地利、普鲁士和英国，还有海地等法国海外殖民地之间展开了战争。法国军队获得了胜利。

1793年春

罗伯斯庇尔创立了救国委员会，目的是反击暗中腐蚀大革命的旧政府的残余势力。救国委员会逐渐失去了控制，许多无辜的人民遭到背叛共和国的指控。大约 4 万人在这段恐怖统治时期被公开处决。

1804年12月2日

拿破仑宣布自己成为法国的皇帝，并在巴黎接受加冕。他是一个军事天才，在 1792~1801 年获得一系列惊人的胜利之后，他在法国民众中已经极负盛誉。加冕礼之后，拿破仑的军队开始了对整个欧洲的征战，最初确实非常成功。

7 19世纪，孩子被送去工作时的平均年龄。

工业革命

1760~1860 年，随着工厂使用机器生产商品，人们向城镇迁移，长久以来的农业和手工业出现变革。

这种改变从英国开始，有独创性的投资者和工程师将新的科学思想应用到旧的农业、矿业和手工业生产方式中。英国也已经准备好充足的原料供给，如煤炭和铁矿石，为新发明提供动力。希望到工厂中工作和想要购买工厂生产出来的新商品的人数迅速增长。工业革命改变了人们的生活方式，给一些人带来了巨额财富，但也使许多人陷入了贫困。

缩短的旅程

工厂的优势是能将大量原料（如煤炭和棉纤维）加工成大量成品。原有的运输方式，如马车队和帆船运输速度不够快，也不能运送足够多的商品。工业国家建立了庞大的运河网，由马匹拉运载重量将近 30 吨的驳船。铁路网和蒸汽机车使人和商品能快速完成远距离运输。蒸汽机船使海上航行比以前快得多，也更加安全。

蒸汽机车

铁路成为工业革命最伟大的标志之一。从 1840 年开始，在美国的带领下，全世界生产出快速、可靠的蒸汽机车，如这辆于 1863 年由巴尔的摩和俄亥俄铁路公司生产的蒸汽机车。

新机器

工业革命的支柱是新的机器。例如，制棉一直是一个漫长的过程，需要经过几小时的艰苦工作。但珍妮纺纱机（1764）和走锭纺纱机（1779）等发明的出现实现了在短时间内完成自动化生产。最初，这些笨重的机器是由水车提供动力的，因此工厂都建在靠近河流的地方。第一座水力纺织厂于 1771 年在英格兰德比郡由企业家理查德·阿克赖特创办。后来，蒸汽机代替了水车，工厂转移到了城市里。

水力纺织厂

制作棉线需要梳理出蓬松的纤维，然后纺成线。在工业革命之前，这些工作都是由工人在家完成的。而纺织厂能加工的数量大得多，速度快得多。

第117号“撒切尔·珀金斯”号机车

城市里的贫穷

工业革命为工厂主和企业家带来了巨额财富，还生产出了比以往更便宜的基本生活品，如食品和服装。但是，它也引发了一种新型贫困。大量人口涌入城市寻找工作，他们生活在拥挤肮脏的地方。许多人找不到工作，最终只能因欠债而入狱，或是被迫搬进济贫院这样居住条件很差的地方。在那里，他们做着艰苦的工作却依然食不果腹。而那些有工作的人也并不安稳。他们常常只能拿到微薄的薪水，许多家庭挣扎着维持基本的生活。

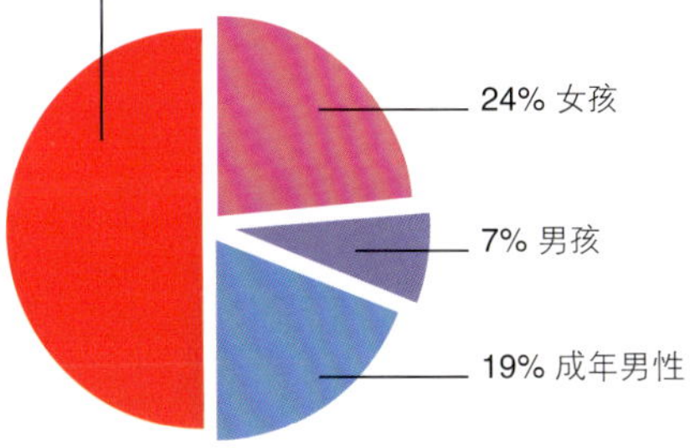

纺织厂的工人，1859年

纺织厂 1/3 的工人是儿童，最小的只有 5 岁。有些工人一天要工作 12 小时。危险事故时常发生。

机器的流行

工厂带来的变化很快在欧洲和北美洲蔓延开来。新的工厂生产出便宜的商品，还为贫穷的劳动者提供了工作。与此同时，机械化农业的诞生使许多农民失去了工作，迫使他们迁移到城市进入工厂工作。有很多人前来寻求工作机会，工厂主只支付低廉的报酬，这就意味着劳动者只能购买更便宜的商品。科学家和企业家用获得的利润制造新机器，创办新工厂，使物价下降，还创造了更多就业岗位。

科学
新发现启发科学家发现更好的做事方法。他们研发出新事物，如蒸汽机和廉价的钢。

发明
工程师和发明家试验新的想法，并发明出使耕作和制造加工更便捷的机器。

机械化
企业家投资新发明。农场和作坊用机器代替了人力，工厂也建立起来。

向城市迁移
机器代替人力承担了农场上的许多工作。同时，新工厂为城市创造了工作机会。劳动者从农村转向城市寻找工作。

更低的薪水
在拥挤的城市里，许多人为了工作而竞争。因为雇员很难在别的地方再找到工作，所以企业家只支付给他们微薄的薪水。

对低价商品的需求
贫穷的工人需要廉价的食物和商品。这种需求刺激了企业家创办更多工厂，寻找更廉价的生产方式。

想法之岛

18~19 世纪，在富有的企业家的资助下，科学家和工程师使许多新的想法成为可能。他们一起发明出新的机器（如蒸汽机）、新的生产方式（如工厂大规模生产）和新的工业生产技术（如贝塞麦转炉炼钢法）。

1701~1831年

用机器耕作

不断增加的人口需要更多的食物和更有效的种植方式。1701 年，英国农民杰思罗·塔尔发明了一种能自动播种作物的播种机。蒸汽动力驱动的犁在 19 世纪 20 年代出现。美国人赛勒斯·麦考密克在 1831 年设计出了一种机械收割机。

播种机

1771年

最早的工厂

理查德·阿克赖特在英格兰德比郡创办了最早的水力纺织厂。快速流动的水流为纺纱机的运转提供了足够的动力。更多的棉线在更短的时间内被生产出来，这使大批量生产棉布成为可能。阿克赖特成为现代工厂的先驱。

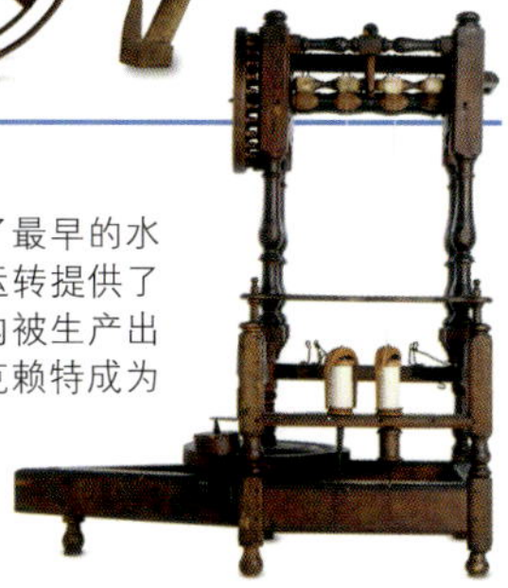

阿克赖特细纱机

1776年

瓦特蒸汽机

几百年来，全世界的发明家一直尝试利用蒸汽为机器提供动力，但收效甚微。1776 年，苏格兰发明家詹姆斯·瓦特制造了一架效率更高的发动机。这种发动机能通过上下运动抽水和圆周运动带动机器。

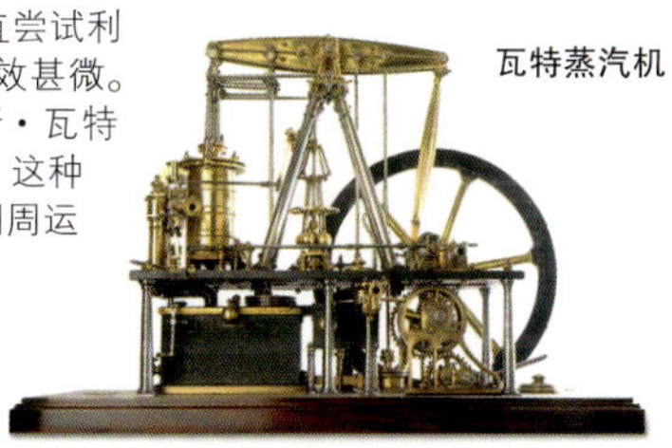

瓦特蒸汽机

1779年

钢铁之桥

现代造桥时代始于 1779 年，以英国大铁桥在英格兰的什罗普郡建成为标志，这是第一座完全用坚固的铸铁建造的桥。因为铁的质量更好，桥梁更加坚固，所以人们能够建造更长的桥，铺设道路和新的铁路线。

1790年

煤气照明

从煤矿中得到的煤气在灯泡中燃烧，点亮了街道和家庭。大城市中遍布管道网，煤气通过这些管道输送。18 世纪 90 年代，苏格兰工程师威廉·默多克推动了大规模煤气照明的实现，除此之外他还改进了蒸汽机。煤气照明比蜡烛和油灯更明亮，也更安全，使工厂能整夜运作。

煤气街灯

1833年

布律内尔和铁路

伊桑巴德·金德姆·布律内尔是一名桥梁和铁路工程师，他监督建造了英国大部分铁路网。他 27 岁时成为大西铁路的工程师，在职期间他建造了超过 1600 千米的铁轨。他因高架桥和隧道的创新设计而出名。

1856年

钢铁革命

1856 年，英国人亨利·贝塞麦发明了一种成本更低的新型制钢方法。他用一种名为“贝塞麦转炉”的机器将铁中的杂质烧出来。钢是建造铁路、机器、工厂和交通工具的重要材料。贝塞麦的新工艺使制钢成本降低，并使钢的使用得到普及，极大地加快了工业化进程。

蒸汽时代

在几千年中，人类一直依靠动物或人力移动沉重的货物和驱动机器。18 世纪，因为一个大胆的新发明——蒸汽机的出现，这一切都改变了。

蒸汽机的运转依靠燃烧燃料将水加热至沸腾。沸水升腾出滚烫的蒸汽，蒸汽经过压缩产生压力，从而驱动机器。这种简单的原理使强大的新型发动机的出现成为可能。蒸汽机比需要建在特殊地点的风车和水车更灵活，比人力和畜力更强大。蒸汽机能为工厂和农场的设备提供动力，拉动犁穿过田地，驱动火车在轨道上行进。更大一些的蒸汽机能抽送大量的水为水渠供水，还可以将大量矿石从采石场拖走。蒸汽机为工业革命中许多发明提供了驱动力。

蒸汽机如何工作?

火箱里的煤炭燃烧产生热量，为发动机提供动力。火焰散出的热气穿过锅炉里的铜管，将水加热到沸点，产生蒸汽。蒸汽受热膨胀，在锅炉中产生压力。

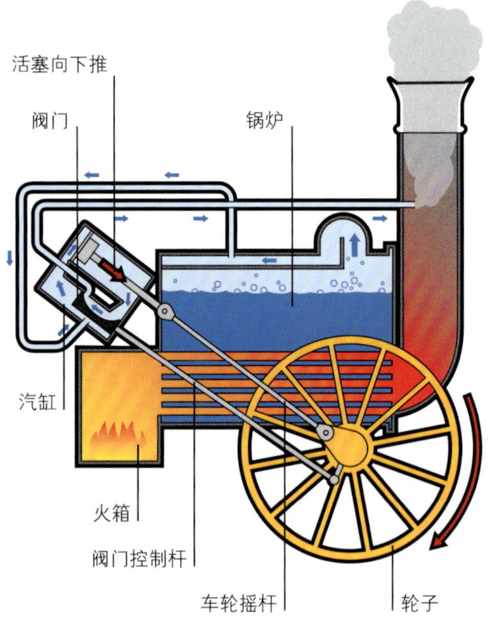

1 活塞向下运动

锅炉顶上的开口使蒸汽进入一个叫作汽缸的密封筒，每个轮子都配有一个汽缸。蒸汽所产生的压力将汽缸中的活塞向下推，活塞上连着一根摇杆使轮子转动起来。轮子的转动使汽缸中控制蒸汽流动的阀门运动。

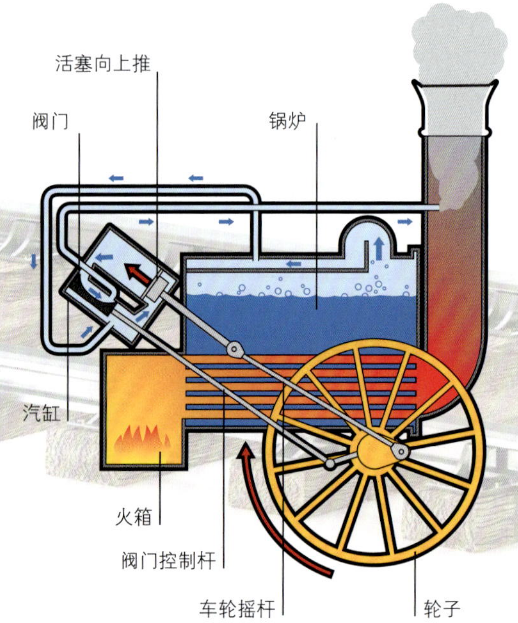

2 活塞向上运动

当活塞到达底部时，汽缸里的阀门让气流从汽缸上部流向底部。现在蒸汽会推动活塞向上运动，拉动车轮摇杆使轮子转动。蒸汽和火箱释放出的烟通过烟囱排到空气中。

斯蒂芬森的“火箭”号

最初的蒸汽机车性能并不稳定，车身还很沉重。1829 年，人们举行了一场比赛，选出在新建成的利物浦—曼彻斯特铁路上使用的机车。赢家就是由罗伯特·斯蒂芬森和他的父亲乔治·斯蒂芬森设计出来的“火箭”号蒸汽机车。

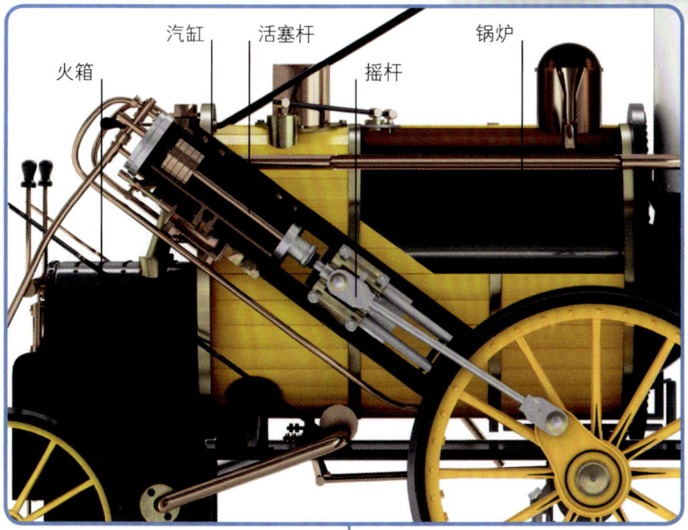

蒸汽机车内部

早期的蒸汽机车用一个大的汽缸同时带动所有轮子。“火箭”号蒸汽机车有两个倾斜的汽缸，每个汽缸都通过一根连杆直接连着一个轮子。这种改进再加上其他创新，如送风管和往锅炉输送热气的复合管，使“火箭”号比之前的蒸汽机车速度更快，也更高效。

战争进程

北方和西方 23 个联邦州与南方 11 个同盟州发生冲突。北方在人数、财富和武器上占有优势，虽然南方曾取得了几次辉煌的军事胜利，但最终被迫投降。

① **1861年4月12日**
北方和南方之间的紧张局势不断加剧。同盟军向驻扎在南卡罗来纳萨姆特要塞的联邦士兵开火，并强迫他们降下美国国旗以示投降，战争开始。

② **1861年7月21日**
同盟军在弗吉尼亚附近的布尔溪赢得了第一次战役。作为反击，联邦军封锁了南部州的港口和边境，试图破坏它们的经济。

③ **1862年9月16~18日**
安提塔姆河战役是最血腥的战役之一，2.3 万名士兵在这次战役中伤亡或失踪。同盟军在此战争转折点上被击退。

④ **1863年5月18日~7月4日**
密西西比河畔由同盟士兵把守的维克斯堡被联邦军占领。控制密西西比河至关重要，因为南方各州需要用它运送食物和士兵。

⑤ **1863年7月1~3日**
在宾夕法尼亚的葛底斯堡，联邦军经过历时 3 天的战斗之后打赢了战争中最大的一次战役。罗伯特·爱德华·李将军领导的同盟军中有 2 万名士兵伤亡。

⑥ **1865年4月9日**
在军队被包围之后，李将军在弗吉尼亚里士满的一间房子里向尤利塞斯·辛普森·格兰特将军投降。

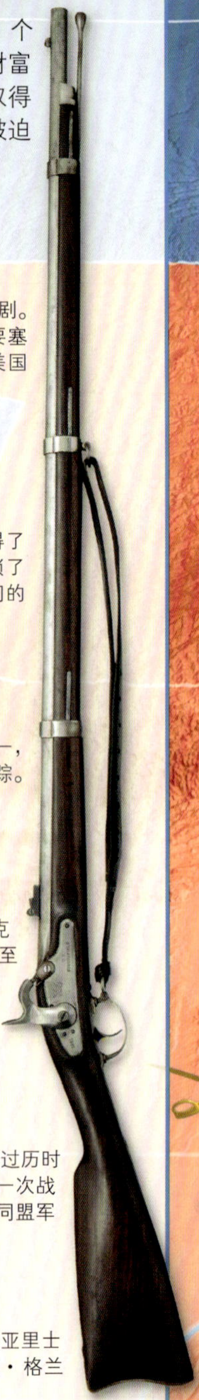
1861年斯普林菲尔德步枪

林肯

美国第 16 届总统林肯是一名出色的演说家。他决心不惜一切代价防止美国各州分裂。在战争之后，他希望弥合南北的裂痕，但却于 1865 年在一座剧院里被一名南方支持者杀害。

一个民有、民治、民享的政府永远不会从地球上消失。

——林肯在葛底斯堡对联邦军的演说，1863年

南部同盟

南方 11 个州从联邦中脱离出来，组成了南部同盟，11 个州分别是南卡罗来纳、北卡罗来纳、佐治亚、亚拉巴马、密西西比、路易斯安那、佛罗里达、得克萨斯、田纳西、阿肯色和弗吉尼亚。他们为了这些州的政权和奴隶制度而战。南部同盟的首都在弗吉尼亚的里士满，同盟还有单独的货币、旗帜（见左图）和总统——杰斐逊·戴维斯。

被分割的国家

战争在美国各地爆发，但主要集中在弗吉尼亚、田纳西及边境各州，这些都是蓄奴州。大部分冲突都发生在南部同盟的首都弗吉尼亚里士满和北方联邦的首都华盛顿附近。

北方联邦
由总统林肯领导的北方联邦有人数更多的军队，其中包括因加入军队而获得自由的奴隶。他们也拥有更充足的资源。联邦的胜利不仅仅意味着奴隶制的终结，还代表着美国仍然是在一个政府统治下的国家。但重建遭受战争破坏的国家是一个漫长而又艰辛的过程。

美国内战

1860 年，亚伯拉罕·林肯当选总统，美国一分为二。南北方因各州的权利和奴隶问题爆发内战。

美国一直是由许多州组成的国家，但在 19 世纪中叶，它被分裂开来。北方得益于从欧洲引入的工业和欧洲的移民而变得强大，并不认同南方以奴隶制为基础的老式种植园文化。南方人民怀疑北方想破坏他们的生存方式。在林肯当选总统后，南方 11 个州害怕他会废除奴隶制，于是从联邦中脱离。后来的战争使亲友分离，超过 62 万名士兵死亡。虽然国家最终得到统一，但苦难仍然持续了几十年。

84 据估计，德国战斗机飞行员“红男爵”击落过84架敌机。

第一次世界大战

德国、奥匈帝国与英国、法国、俄国半个世纪的力量抗衡最终以4年的血腥战争作为结束，世界上大部分国家都卷入了这次战争。

欧洲是战争的主战场，但战火也蔓延到了中东、非洲和亚洲。各国参与了炸弹袭击、化学战，还使用了坦克、军用飞机和潜艇。但战争主要还是用普通的火炮、机枪和马匹。这次战争的不同之处在于卷入战争的人数庞大：数以百万的士兵战斗、牺牲，国家期望全体人民都能参与制造武器，支援战争。

战线

战争发生的地区，也就是“战线”，向东推进穿过欧洲。两个主要战区，也就是“战场”，是西线战场和东线战场。西线从北海延伸到瑞士边境，由连续不断的堑壕组成。东线在欧洲的另一边，是德国和奥匈帝国对战俄国的战场。

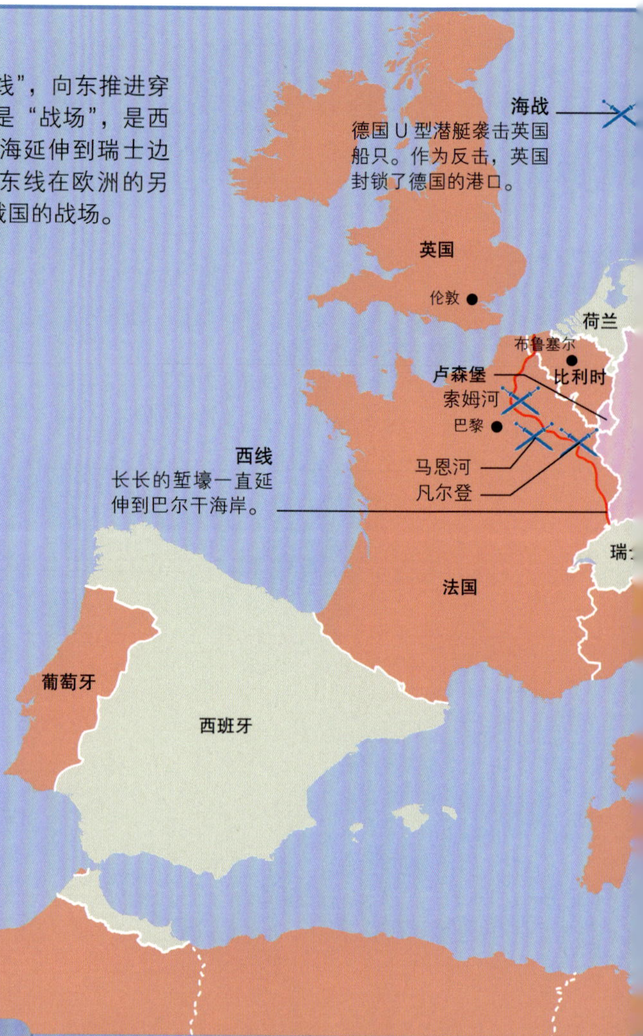

欧洲战场

第一次世界大战的大部分战役发生在欧洲，战争双方是同盟国——德国、奥匈帝国、奥斯曼帝国、保加利亚，以及协约国——英国、法国、意大利、俄国、日本和后来加入战争的美国、中国等国。

战争的起因

1914年6月28日，奥匈帝国的皇储弗朗茨·斐迪南在巴尔干半岛被一名塞尔维亚民族主义者暗杀。奥匈帝国因此对塞尔维亚进行谴责并向其宣战。俄国向塞尔维亚提供支援。德国向俄国宣战，随后又向法国宣战。各国纷纷支援自己的联盟或是向敌对国家宣战，最终世界各地都有军队在战斗。大部分人相信战争很快就会结束，但不幸的是，他们预料错了。

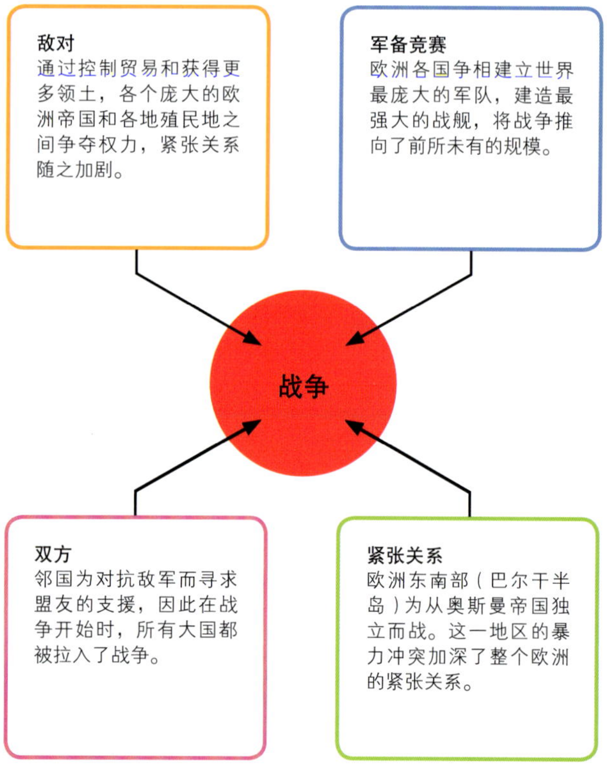

战争之路

20世纪早期，强大的欧洲国家为贸易和土地相互竞争，建立了庞大的军队。国家之间达成协议相互支持，组成联盟，但这种联盟通常都很脆弱。两个相互对立的国家集团——同盟国和协约国出现。

战争的过程

血腥的战争持续了4年。西线战场穿过了法国东部，那里发生了一部分最激烈的战争。直到1917年，同盟国似乎就要赢得战争，但美国的加入改变了局势。

1914年 坦嫩贝格

1914年8月，德国在与俄国的坦嫩贝格战役中赢得早期的胜利，俘虏了9万人。同时，德国为了袭击法国，入侵保持中立的比利时，他们希望速战速决。英国军队前来支援比利时和法国。

1914年 马恩河

德国入侵法国的脚步在法国首都巴黎以东的马恩河被迫停下来，使得德国和奥匈帝国面对着来自东西两面的夹击。双方在正面作战中都损失惨重，于是开始建立用于防御的堑壕体系。

后方的战火

第一次世界大战是第一场“全面”战争，意味着不仅是士兵，而是全体人民都参与了战争。整个国家通过后方支援推动战争继续进行。公民只能得到固定配额的食物，以确保军队有足够的供给。男性从军后，女性承担了许多原本由男性做的工作。德国、法国和一些英国城市受到空袭，平民也被卷入了战争。

俄国海报

每个人都要扮演自己的角色

这张俄国海报上写着“一切为了战争”。在战时，女性承担了男性在农场、工厂和办公室中的工作。国家希望所有男性都可以加入战斗，军事首脑基奇纳勋爵号召英国男性参军。

1915~1916年

加利波利

英国军队（包括澳大利亚和新西兰的许多士兵）在加利波利对奥斯曼帝国发动了进攻。他们在1915年4月登陆，死伤惨重，被迫撤退。

1916年

凡尔登

持续的堑壕战使西线战场陷入僵局。德国试图打破僵局，对法国设在凡尔登的防御工事展开攻击。在几个月的野蛮战斗后，英勇奋战的法国军队迫使德国军队后退。

1916年

索姆河

在两年的毫无进展之后，英国和法国开始了"大推进"，这是一次大规模袭击，目的是打破德国在法国索姆河的防线。超过 60 万名协约国士兵伤亡，但战事收效甚微。

1918年

百日攻势

因德国潜艇袭击了美国船只，美国在 1917 年加入了战争。1918 年，美国、英国和法国的士兵成功地发动了一系列袭击，也就是"百日攻势"，逼迫同盟国投降。

新式战争

在战争一开始，战争双方仍旧使用过时的战术，如骑兵和刺刀冲锋。但随着机枪这样的杀伤性武器被广泛使用，这些旧战术不再适用，因为它们造成了大批士兵死亡。在战争末期，双方都发明出了新的武器，如飞行器。双方用毒气杀死敌方士兵。马匹不适合现代战场，被早期的坦克代替。

德国毒气弹

毒气

人们最开始没有防御毒气的措施，直到战争中期，战争双方才开始使用防毒面具。投入使用的毒气大约有 30 种，造成超过 120 万人死亡。

230 在4年3个月的战争中，平均每小时死亡的士兵人数。

英国海报

战争的代价

人类之前从未有任何一场冲突达到过这样的规模，也没有如此多的人丧生。世界上参与战争的 6500 万人中伤亡超过半数，还有许多人死于疾病。超过 600 万的平民因疾病或饥饿而死。欧洲变成废墟，政府系统和人们工作生活的方式被永远地改变。

阵亡

据估计，在第一次世界大战中有 2000 万士兵和平民死亡，其中一半以上是在战争中阵亡的，尤其是俄国和德国士兵。

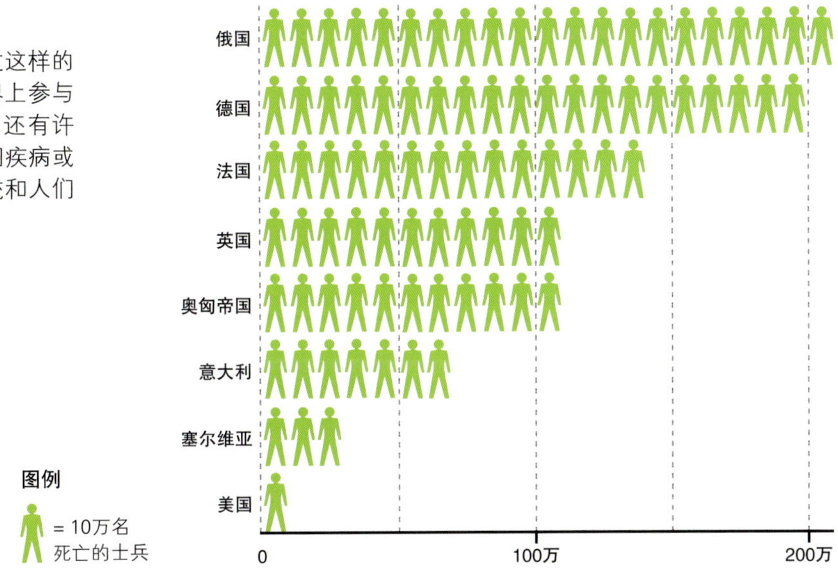

10000 据估计，**法国和比利时**的**堑壕**长1万千米。

堑壕战

第一次世界大战中，战争双方的士兵都面临着子弹、炮弹和毒气弹致命的攻击和轰炸。战场上的堑壕延伸得很远，士兵就在深深的堑壕中生活和战斗。

在最初的几个月中，因为用密集步兵直接对抗致命的火炮，战争双方都遭受了严重的损失。很明显，任何一方都不能突破对方的防线。于是，他们开掘出了横跨欧洲的长长的防御堑壕。在之后几年中，战争陷入了僵局，士兵在堑壕中宿营，隔着一片无人区对峙。

炮弹爆炸
火炮的炮弹着陆时会伴随着爆炸、毒气或是炸散的金属弹片。

毒气战争
双方都使用毒气作为武器，所以防毒面具至关重要。

无人区
堑壕之间的区域是被炮弹炸出来的一片泥地。死去士兵的尸体常常会留在这里几天，因为马上挪动尸体非常危险。

隧道支撑

地下战争
除了在地面上袭击，双方还试图从地下隧道进入敌方堑壕放置炸弹。双方的挖掘者在地下相遇时会发生激战。

新武器

在第一次世界大战的战役中，前线士兵的死伤率超过了历史上任何一次战争。部分原因是人们发明了强大的新武器，如机枪和烈性炸药炮弹，它们能在短时间内造成大规模的死伤。

火炮
最大的火炮能轰炸到几千米之外的堑壕。炮弹直接命中能炸出一个大坑，造成十几人死亡。

致命的敌人

堑壕中的生活非常危险。约970万名士兵在战斗中死亡，更多的士兵在几乎不停歇的子弹、炮弹和毒气弹的攻击中受重伤。

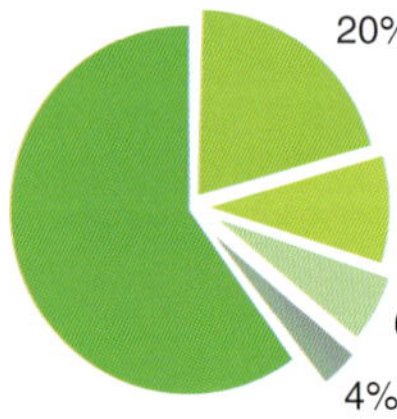

士兵死于何种武器

堑壕中的生活

堑壕中的生活很艰苦。冬天，堑壕里全是泥土和冰雪，全年都有大老鼠肆虐。士兵们常常又湿又冷，饥饿疲惫。更糟糕的是，他们知道敌人随时有可能发动袭击。

> **这是怎样一场大屠杀，这是怎样一个可怕的场景……地狱都不会像这里一样恐怖。**
> ——法国士兵阿尔贝·茹贝尔，1916年，凡尔登

4000 **堑壕中**的英国士兵**每天食物的配额**为4000卡路里。

1937年12月13日，日军在中国南京制造了惨绝人寰、震惊中外的南京大屠杀，杀害战俘和平民30万人以上。

57 闪击战期间，伦敦连续57个夜晚遭到轰炸。

第二次世界大战

1939 年 9 月，由残忍的独裁者阿道夫·希特勒领导的德军大举入侵波兰，第二次世界大战（简称二战）全面爆发。这是历史上死亡人数最多的一次战争。

第一次世界大战被看作是一场“结束所有战争的战争”，但战败国认为自己受到了过于严苛的和平条约的约束。20 世纪 30 年代，一次灾难性的全球经济衰退爆发，许多人变得穷困潦倒。生活无望之后，德国人开始寄希望于换一个更有能力的新领导人以求改变。

于是在德国，纳粹党在阿道夫·希特勒的领导下掌权。为了给德国人寻求更多的“生存空间”，他发动了大规模的入侵，向西入侵他国，向东入侵苏联。与此同时，日本为夺取亚洲和太平洋的控制权而发动侵略战争。对抗德国、日本及其盟国的战争扩大到全球，数千万人付出了生命的代价。

法西斯的崛起

一种新型民族主义法西斯主义从第一次世界大战的灰烬中滋长出来。当人们在大规模失业和贫穷中挣扎的时候，他们受到贝尼托·墨索里尼（意大利）和弗朗西斯科·佛朗哥（西班牙）等独裁者的吸引，这些独裁者向人们许诺他们会让国家繁荣统一。在德国，阿道夫·希特勒宣布自己成为元首，领导国家步入战争。

纳粹的标志

这个德军徽章上的图案是一只鹰站在代表由希特勒领导的德意志民族社会主义工人党（又称纳粹党）的标志上。

密码、间谍和政治宣传

第二次世界大战是第一次使用现代科技和电子技术作战的战争。双方都擅长间谍活动，并使用密码传递秘密信息。间谍尽力欺骗敌人。在国内，各国用海报、电影和广播进行宣传，传播有影响力的信息，目的是激起民族自豪感、忠诚感和对敌人的仇恨。

“恩尼格玛”密码机

“恩尼格玛”密码机是一种用于发送密报的德国机器。密报只能用另一台“恩尼格玛”密码机才能解码。英国人在 1941 年用一种早期的计算机破译了密码。

转子组
字母通过一组转子加密。这种密码只能用相同的设置解锁。

键盘
输入字母的时候，键盘向转子发送电子信号进行编码。

接线板
接线板极大地增加了编码的组合数量。

战争的战区

战争在西欧、东部前线、地中海地区、北非、太平洋和大西洋的陆海空全面展开。只有极少数国家保持中立，其余国家要么支持同盟国（以中国、苏联、美国和英国为首），要么支持轴心国（日本、德国和意大利）。

大西洋战争
同盟国需要保持大西洋航线的畅通，这样从美国运来的重要供给才能到达英国和苏联。德国潜艇击沉了许多运输船，但同盟国最终击败了德国海军。

美国
美国在战争开始时保持中立，通过给予贷款和物资帮助同盟国。1941 年，日本向美国发动突袭，将美国拉入战争。

北非

1940~1943 年，轴心国和同盟国在北非对战。英国将军伯纳德·蒙哥马利率领军队在穿越沙漠的坦克战中战胜了德国陆军元帅埃尔温·隆美尔的军队。

犹太人大屠杀

阿道夫·希特勒认为德国人是“优等民族”，其他民族，如犹太民族，是“劣等民族”。在德国的占领区，犹太人被赶进犹太区，在那里许多人都被饿死。1942 年，希特勒启动“最终解决”计划，企图将犹太人全部杀害。他建立集中营，无数犹太人、同性恋者、吉普赛人和苏联战俘在这场屠杀中被毒气毒死。

黄星

犹太人被迫佩戴黄色六角星标识以表明自己犹太人的身份。

尽管发生了这些事情，我仍然相信，人的本质是善良的。

——犹太受害者安妮·弗兰克

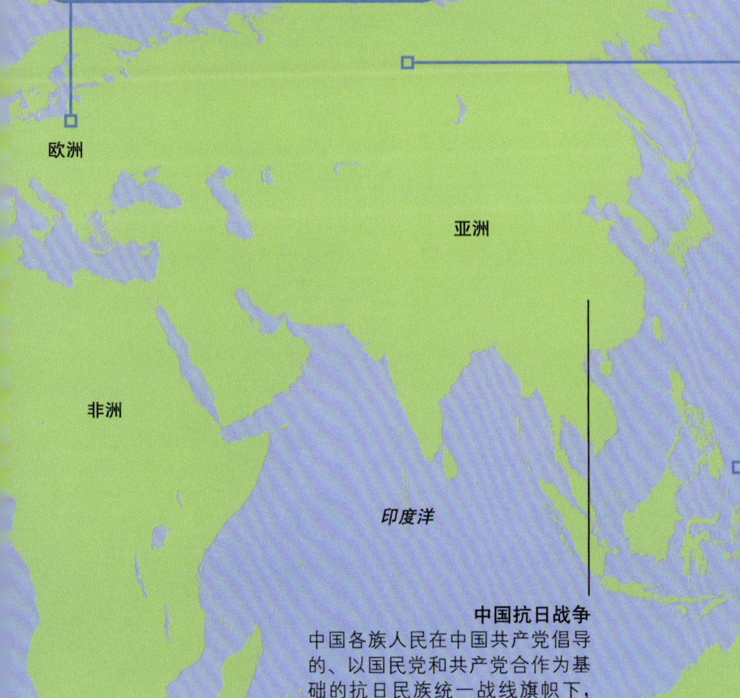

欧洲

战争开始时，德国的闪击战战术非常成功，欧洲大陆大部分土地落入德国人手中。1942~1943 年，同盟国开始反击。

苏联

1941 年，希特勒派兵入侵苏联，战争扩大。德国在战争早期获得的优势在一次最为血腥的战役中被苏联军队和苏联人民的顽强抵抗摧毁。

中国抗日战争

中国各族人民在中国共产党倡导的、以国民党和共产党合作为基础的抗日民族统一战线旗帜下，抗击日本帝国主义侵略。它是世界反法西斯战争的重要组成部分和东方主战场。

太平洋

1941 年 12 月 7 日，日军偷袭美国珍珠港，美国和英国对日宣战。日本还向东南亚等地区发动了进攻。在亚洲，中国牵制着大部分日本陆军，为世界反法西斯战争的胜利做出了巨大贡献。

战争的过程

1931 年，日本制造九一八事变，发动侵华战争，拉开了二战的序幕。1937 年，日本制造七七事变，发动全面侵华战争，中国全民族抗战开始。在欧洲，希特勒的军队很快占领了欧洲大片土地。随后，他向苏联展开了攻击，但遇到了顽强抵抗。当 1941 年美国加入同盟国之后，局势发生了转变。德国军队被迫在苏德战场上后退，日本在惨烈的亚洲和太平洋战争中被击败。

1939年9月1日

德国入侵欧洲

希特勒入侵波兰。第二年，德国军队占领丹麦、挪威、比利时、荷兰和法国大部分地区。1940 年 5 月，英国成功将困在法国敦刻尔克的 34 万名同盟国士兵撤离。

1940年

不列颠之战

在不列颠之战期间，德国飞机和英国飞机争夺制空权。德国受挫，停止了入侵英国的脚步，但却开始了对英国城市的致命空袭。

英国城市中发放给儿童的防毒面具

1940年8月

百团大战

中国抗日战争时期，八路军在华北地区使用 105 个团的兵力，向日伪军发动了大规模进攻战役，史称百团大战。百团大战历时 5 个多月，沉重地打击了日军的侵略气焰，鼓舞了中国人民夺取全国抗战胜利的信心。

1941年12月7日

珍珠港

德国的盟友日本对停在夏威夷珍珠港的美国舰队发起突袭，将美国拉入战争。1942 年 6 月，美国舰队在太平洋的中途岛战役中打败了日本海军，阻止了日本的势头。

1942年10月

阿拉曼

英国在阿拉曼战役中将德国人驱赶出埃及，同盟军赢得了一次重大胜利。

北非英国军队的“沙漠之鼠”旗帜

1942年冬

斯大林格勒

东部战线的战争焦点是发生在苏联境内的激烈的斯大林格勒战役。双方军队为争夺城市控制权而战，战争异常艰难。苏联红军击败了骄傲的德国军队，并开始向德国进军。

1944年6月6日

诺曼底登陆

经过两年的计划，同盟军开始对欧洲实施“霸王”行动——诺曼底登陆。为了解放法国，4000 艘登陆艇、600 艘战舰和数千架同盟军飞机向诺曼底的 5 个海滩发起袭击。德国在仅仅 11 个月后就被迫投降。

1945年8月6日

广岛

在战争的最后，美国用一种新式武器原子弹逼迫日本投降。美国向广岛和长崎两座城市投放了原子弹。这两次爆炸造成超过 10 万人死亡。

现代战争

现代科技创造出了新的杀伤性武器，使得第二次世界大战成为历史上最具毁灭性的战争。战争见证了导弹、大规模坦克战、喷气发动机、原子武器和强大的轰炸机的出现。

希特勒的军队计划用出其不意的空袭和快速的坦克入侵让同盟军投降，这种策略被称为闪击战。随着战争的进行，双方都制造了大量的坦克、飞机和船只，这些武器造成了大量的人员伤亡，并将城市及乡村夷为平地。1000 多架轰炸机昼夜不停地轰炸城市，直到战争结束。

轰炸机

在第二次世界大战期间，双方都使用轰炸机袭击对方城市，目的是摧毁敌方的工厂，削弱敌军的士气。1940~1941 年，在一系列闪击战的袭击中，德国飞机袭击了英国城市。然而在 1945 年，同盟军的飞机也瞄准了德国城市，如德累斯顿。

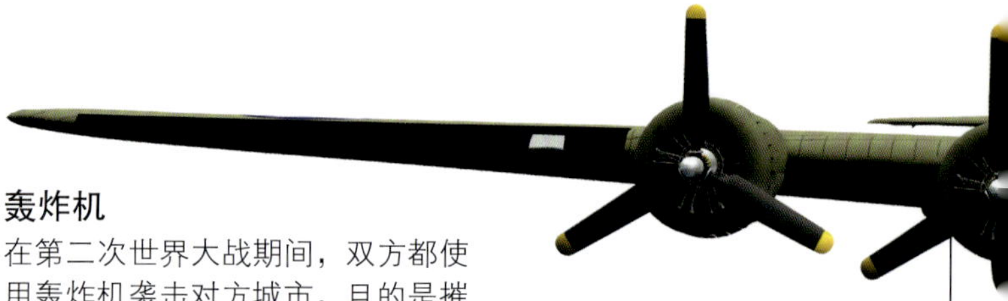

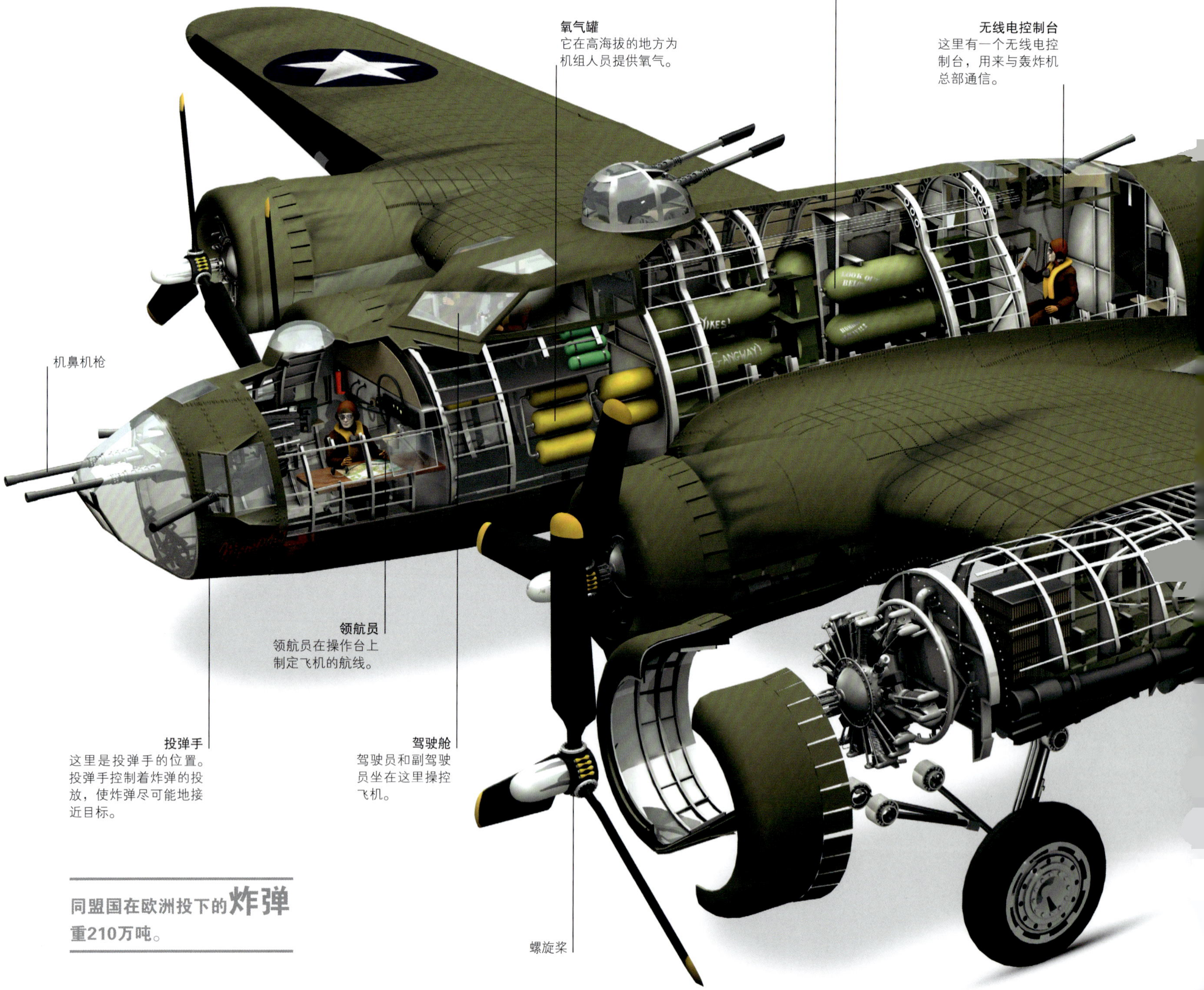

同盟国在欧洲投下的炸弹重210万吨。

B-17 轰炸机

美国波音 B-17 轰炸机是第一种大规模生产的带有 4 个发动机的重型轰炸机。它是为长距离、高海拔飞行设计的，完成了遍及欧洲的 294875 次任务，投下了 650240 吨炸弹，其中大部分都落在德国的工厂。

机械化战争

第二次世界大战是机械化战争。希特勒的闪击战证明了速度和机动性至关重要。坦克部队由空军和火炮协助。运输工具将军队和武器快速送往前线。潜艇使供应线中断，航空母舰成为关键性进攻武器。工程师疯狂地设计更快、更轻和更致命的武器。

苏联T-34坦克
这种快速、用途广泛的坦克是苏联成功抵御德国入侵的一个关键因素。

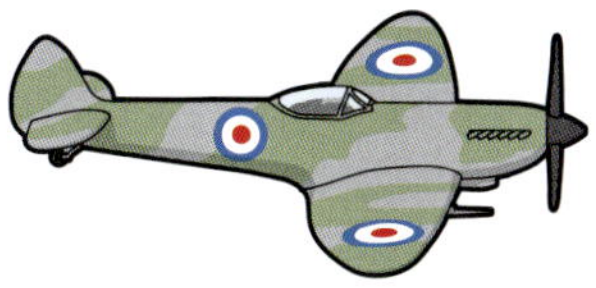

英国“喷火”战斗机
英国“喷火”战斗机战胜了德国空军，抵挡住德国的入侵。

美国“约克镇”号航空母舰
这种巨大的舰船使飞机能够飞越太平洋作战。

德国U型潜艇
潜艇击沉了数百艘美国向其盟友输送供给的船只。

德国V-2火箭
这种远程弹道导弹能依靠自身产生的动力飞到敌方城市爆炸。

在第二次世界大战期间，33000 人在德国对伦敦的导弹袭击中伤亡。

18 在朝鲜战争中，朝鲜的22个主要城市在空袭中被夷平了18个。

分裂的世界

冷战见证了两个超级大国之间的对抗，它们背后分别有世界各地盟友的支持，主要表现为以苏联为首的华沙条约组织和以美国为首的北大西洋公约组织的全面对抗。

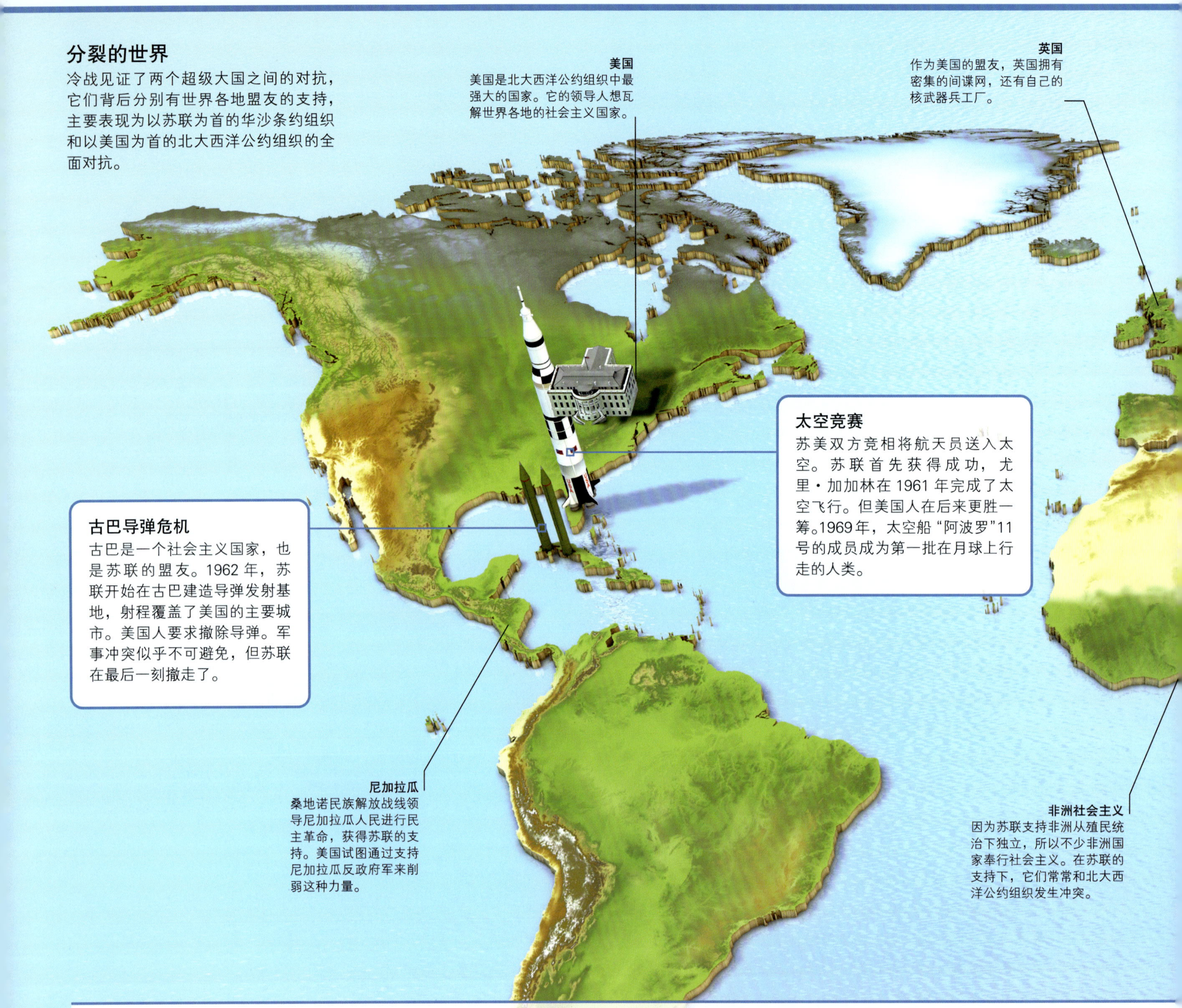

美国
美国是北大西洋公约组织中最强大的国家。它的领导人想瓦解世界各地的社会主义国家。

英国
作为美国的盟友，英国拥有密集的间谍网，还有自己的核武器兵工厂。

太空竞赛

苏美双方竞相将航天员送入太空。苏联首先获得成功，尤里·加加林在1961年完成了太空飞行。但美国人在后来更胜一筹。1969年，太空船“阿波罗”11号的成员成为第一批在月球上行走的人类。

古巴导弹危机

古巴是一个社会主义国家，也是苏联的盟友。1962年，苏联开始在古巴建造导弹发射基地，射程覆盖了美国的主要城市。美国人要求撤除导弹。军事冲突似乎不可避免，但苏联在最后一刻撤走了。

尼加拉瓜
桑地诺民族解放战线领导尼加拉瓜人民进行民主革命，获得苏联的支持。美国试图通过支持尼加拉瓜反政府军来削弱这种力量。

非洲社会主义
因为苏联支持非洲从殖民统治下独立，所以不少非洲国家奉行社会主义。在苏联的支持下，它们常常和北大西洋公约组织发生冲突。

全球冲突

美国和苏联的对抗在全球范围内展开。英国首相丘吉尔的铁幕演说揭开了长达40多年冷战的序幕。非洲、拉丁美洲和亚洲爆发了暴力冲突。最终，经济利益压倒了军事对抗，冷战结束。

1945年
随着第二次世界大战结束，同盟国各国领导人计划瓜分欧洲。苏联扶持波兰和匈牙利等东欧国家成为社会主义国家。到了1948年，欧洲被分成了西欧资本主义阵营和东欧社会主义阵营两部分。

1948年
柏林被分成了两部分，苏联控制着东柏林，美国、英国和法国控制着西柏林。苏联试图通过封锁公路和铁路将盟国排挤出去。英国和美国通过空运绕过封锁，向西柏林运送了超过100万吨物资。

1950年
美国政府害怕苏联间谍已经进入军队和情报部门等关键机构。一位名叫乔·麦卡锡的议员发动了一场清除敌人特务的行动。他的搜寻演变成一次政治迫害，许多无辜民众遭到牵连。

1956年
苏联在东欧的盟友匈牙利选举出了一位新的领导人纳吉·伊姆雷，他允诺要改革政府。苏联决心要保持对匈牙利的控制权，派遣坦克来恢复自己的控制，并夺去了纳吉的实权。许多公民死伤。

1979年
在阿富汗的苏联军队受到阿富汗抵抗组织的袭击。美国向阿富汗军队提供武器并协助训练，而苏联也派出一支军队支援。战争几乎持续了10年，数百万阿富汗民众被迫逃离自己的家乡。

1987年
苏联面临经济崩溃。新的领导人米哈伊尔·戈尔巴乔夫宣布采取开放政策，改革政府，寻求与西方和平相处。1989年，戈尔巴乔夫和美国总统乔治·布什宣布结束冷战。

据估计，在1979~1988年的**阿富汗抗苏战争**中被迫**逃离家乡**的**阿富汗人**有600万。

参加1980年**波兰工人大罢工运动**的人有1000万。

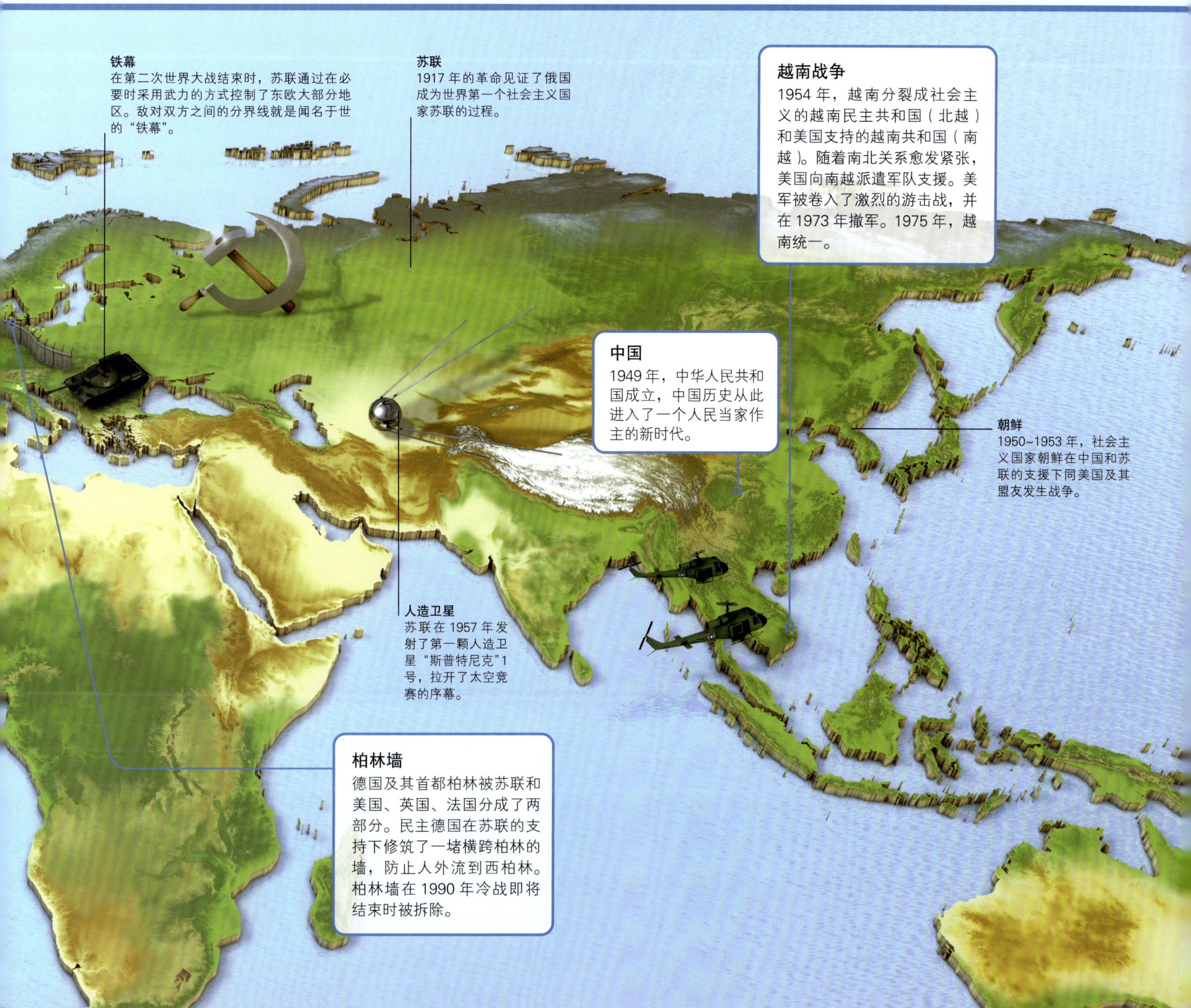

米哈伊尔·戈尔巴乔夫在苏联推行改革，引发社会动荡，民族矛盾表面化。1991 年，他辞去总统职务，苏联解体。

冷战

在第二次世界大战之后，世界被两个敌对的超级势力苏联和美国分割开来。这两个敌对的超级大国背后都有大规模的核武器兵工厂做后盾。

苏联是社会主义国家，而美国是资本主义国家。双方都拥有大量的核武器储备，如果战争爆发，这些核武器足以摧毁对方。这种“相互确保摧毁”的威胁迫使他们通过其他手段斗争，使用间谍和经济手段削弱对方的实力。他们大部分的战争都发生在越南和尼加拉瓜等小国，两国都在极力争夺与维护自己在国际政治中的地位和作用。

20世纪60年代

20 世纪 60 年代充满了政治革命、独立运动和青少年的反叛。这是一个变化的十年，旧价值观和传统受到了新一代的挑战。

对于欧洲和美国来说，20 世纪 60 年代是社会变化时期。在经历第二次世界大战的恐怖之后成长起来的新一代乐观地看待未来，相信自己能改变世界。他们拒绝了父母的价值观，挑战一切形式的权威，追捧令人震惊的时尚、致幻艺术和鼓动性音乐。同时，呼吁全世界和平、结束种族歧视和追求女性平等权利的运动正在进行。

20 世纪 60 年代，越南、尼日利亚和塞浦路斯发生战争，中东地区的阿拉伯人和以色列人之间也发生了冲突。非洲国家摆脱了原来的殖民统治，赢得了独立，其中一些国家成为新的民主国家，而其余国家则开始了内战。这十年中虽然经历了混乱，但随着人类第一次踏上月球，混乱终于以人类科学技术和勇敢无畏的胜利告终。

和平与友爱

许多人都被自己在新电视屏幕上看到的暴力，特别是越南战争报道中的暴力画面震惊了。在印度教和佛教等东方哲学的影响下，他们发起了呼吁抵制暴力、支持和平和博爱的运动。核裁军运动（CND）要求冷战双方放弃核武器。嬉皮士运动在美国洛杉矶兴起，他们希望通过放荡与自由自在的生活方式，宣扬和平、快乐与社会理想主义。

战争与和平

虽然有大量的和平抗议，但 20 世纪 60 年代仍然出现了更多的暴力。在东西方之间的冷战中，美国和苏联的关系越发紧张，双方都建立了大规模的核武器兵工厂。但在这一时期也出现了更多对平等权利的诉求。美国宣布对黑人的歧视非法，女性对自己的生活和选择有更大的掌控权。

民权运动

20 世纪 60 年代初，美国南方的许多州鼓动白人和黑人分开（“种族隔离”）。1960 年 2 月，4 名黑人学生在南卡罗来纳州以坐在“白人专用”座位上的方式抗议，并拒绝起来。他们的行为在种族隔离州引发了抗议活动。

太空第一人

1961 年 4 月 12 日，苏联人尤里·加加林成为第一个到太空飞行的人。他乘坐的仅能容纳 1 人的“东方”1 号飞船绕地球轨道飞行 1 周。这次飞行从发射到着陆持续了 108 分钟。

总统之死

美国总统约翰·肯尼迪乘车穿过得克萨斯州达拉斯大街时遭到枪杀。这次枪杀震惊了世界。对于美国人来说这是一场灾难，未来变得不确定，美国和苏联之间的关系变得紧张。

CHICAGO DAILY NEWS
RED STREAK
PRESIDENT IS KILLED
Texas Sniper Escapes; Johnson Sworn In
Story Begins on Next Page

美国报纸报道了肯尼迪的死亡

1960年 | 1961年 | 1962年 | 1963年 | 1964年

非洲的独立

在第二次世界大战之前，非洲大部分地区都在欧洲帝国的统治之下。这些帝国在战争中遭到了严重的削弱。1960 年，17 个非洲国家获得了独立，其中包括尼日利亚、乍得、索马里和马达加斯加等。去殖民化（将权力交还给本地人民）的过程持续了许多年。

肯尼亚的纸币上有第一位总统乔莫·肯雅塔的画像

马丁·路德·金

美国的民权运动是由马丁·路德·金领导的。1963 年 8 月，他在华盛顿向运动民众发表了一个影响很大的演说——《我有一个梦想》，呼吁结束种族歧视。5 年之后，他被谋杀。但 1964 年，美国颁布了《民权法》，全面禁止种族歧视。

马丁·路德·金在华盛顿向民众发表演说

“我梦想有一天，我的 4 个孩子能在一个不以他们的肤色，而是以他们品格上的优劣来评价他们的国度里生活。”

“不列颠入侵”

流行音乐成为有影响力的文化力量。1964 年，“披头士”“滚石”和“谁人”等英国乐队风靡世界，占据了美国的音乐排行榜。

“披头士”抵达美国

大众野营车

20 世纪 60 年代的一个标志就是这种车。对于希望脱离主流社会、环游世界和尝试新事物的人来说，它们是完美的选择。

新艺术与时尚

欧洲的许多国家和美国在 20 世纪 60 年代变得非常富有。青少年突然有了购买力，他们的购买习惯创造出了新的文化潮流。安迪·沃霍尔等艺术家用广告、漫画和电影中的画面创造了波普艺术。玛丽·匡特等设计师改变了时尚，年轻人不再像他们的父母那样穿着打扮。伦敦的卡纳比街成了这股创新力量的中心。在法国，“新浪潮”时期的导演对电影做了新的尝试，他们将焦点放在现实处境和当时重要的社会问题上。

现在的年轻人没有以往的年轻人那么物质，也更加聪明。

——超短裙的设计师玛丽·匡特，1967年

时尚革命

玛丽·匡特设计出的超短裙是 20 世纪 60 年代时尚的一个标志。老一代人认为超短裙是粗俗的、不体面的，而年轻一代却很喜欢。新的设计使崔姬（原名莱斯莉·霍恩比）等模特一夜成名。

越南战争

越南战争是冷战时期最血腥的战争，美军支援南越对抗北越。对于美国来说，这场战争是一次灾难。在几年激烈的战争之后，美军被迫撤退。

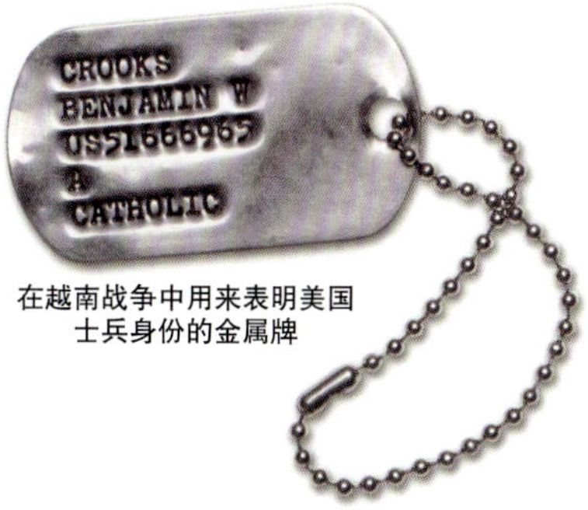

在越南战争中用来表明美国士兵身份的金属牌

土著旗帜

澳大利亚的平等

在 20 世纪 60 年代，澳大利亚土著人一直在争取平等。他们的土地被白人定居者占据，他们也没有受教育和医疗的权利，其中许多人都不能参与选举。1967 年，澳大利亚终于承认土著人的公民身份，但争取平等权利的抗争仍然持续了许多年。

持续一年的抗议

1968 年春天，巴黎的学生发起了大规模抗议，把自己关在学校大楼里，拒绝离开。他们呼吁结束越南战争，呼吁警察和政府给予人民更多的自由。抗议活动不断扩大，直到法国各地共有超过 800 万人参加罢工和抗议游行。在接下来的几个月里，西班牙、波兰、捷克斯洛伐克、美国和墨西哥也出现了类似的抗议活动。

伍德斯托克

1969 年 8 月，伍德斯托克音乐节在美国纽约州贝塞尔附近的农田里举行。数十万观众前来观看表演。这十年间最著名的音乐家，如琼·贝兹、贾妮斯·乔普林和吉米·亨德里克斯，都曾在此表演。

1965年 | 1966年 | 1967年 | 1968年 | 1969年

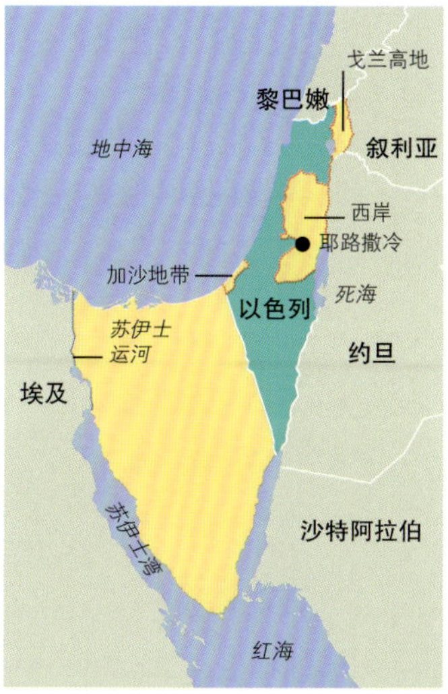

图例

战争前以色列的领土

战争中以色列占领的土地

六天战争

以色列长久以来一直和阿拉伯邻国有争端。1967 年，因为害怕埃及抢先发动袭击，以色列先发制人，在仅持续了 6 天的战争之中占领了埃及、叙利亚和巴勒斯坦的大片领土。

“布拉格之春”

捷克斯洛伐克从 1948 年起成为社会主义国家，苏联对捷克斯洛伐克政府的影响力很大。1968 年，捷克斯洛伐克领导人亚历山大·杜布切克试图给人民新的自由。但苏联担心其领导地位发生变化，遂与华沙国家联合出兵捷克斯洛伐克，终止了改革。

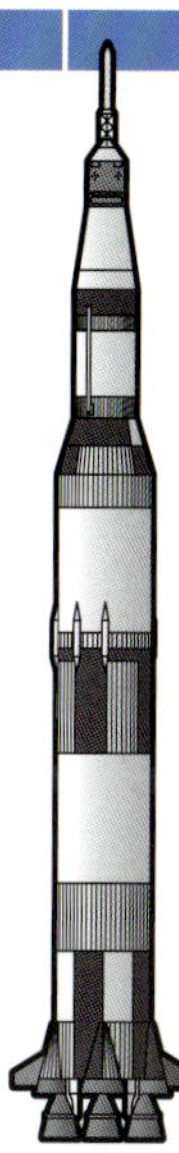

“土星”5号运载火箭

登陆月球

20 世纪 60 年代最终以惊人的成就作为结尾。1969 年 7 月，美国航天器载着尼尔·阿姆斯特朗和巴兹·奥尔德林在月球表面着陆。约 6 亿观众惊讶地在电视屏幕前观看着陆过程。

2019年，全球正在使用的手机有80亿部。

进入21世纪时，世界人口数量为61亿。

21世纪

20 世纪末，世界已经准备好开始举办派对。全球各地都举行了盛大的庆祝活动迎接 2000 年这个新千年的开始。新世纪不仅带来了重大的变化，还带来了令人惊讶的机遇。

随着世界人口不断增长，人类的需求迅速扩大。21 世纪仍在继续，科学家们越来越担心人们可能已经耗尽了某些自然资源，还担心人类的活动使环境恶化。许多国家还不得不应对毁灭性的自然灾害。恐怖袭击给许多城市带来了恐惧和冲突，全球性金融危机使数百万人的生活更加艰难。

与此同时，21 世纪也见证了科技上的惊人进步。智能手机和平板电脑改变了人们沟通的方式，互联网的大规模普及使全球各地的网民拥有了话语权。

数字革命

数字革命开始于 20 世纪 80 年代，计算机价格下降使其成为人们有能力购买并能在家庭中使用的东西。最早一批计算机都是大的金属箱，但今天的计算机都隐藏在日常的物品中，如智能手机、平板电脑、MP3 播放器和照相机等。互联网迅速发展，在社会中扮演着重要的角色，改变了文化、经济和政治的面貌。据说全球有超过 46 亿互联网用户，所有用户都能实现即时的信息交换。

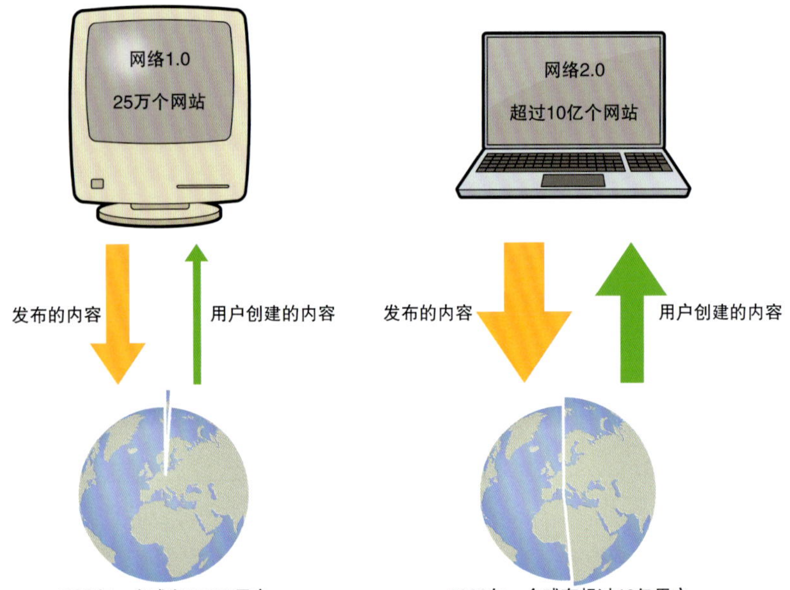

网络使用

在 20 世纪 90 年代，大多数人只用互联网来搜索信息。21 世纪，用户创建的内容大幅度增加，人们能在社交网络分享自己的观点和体验。

2001 年，谷歌搜索中的图片大约有 2.5 亿张。2020 年，这个数量超过 1 万亿。

反恐战争

2001 年，一个名叫“基地”组织的恐怖组织对美国发动了一系列袭击，接着是 10 年的冲突。美国及其盟友发动了“反恐战争”，在阿富汗抓捕恐怖分子，阻止他们进一步袭击。同时，“基地”组织及其盟友密谋在世界其他国家制造更多死亡和破坏。

2001年9月

9・11事件

2001 年 9 月 11 日，美国遭受了灾难性的恐怖袭击。由伊斯兰极端恐怖分子组成的“基地”组织的成员劫持了 4 架飞机。他们驾驶其中的两架飞机撞上了纽约的世界贸易中心大厦，还有一架撞上了五角大楼。第四架在宾夕法尼亚州坠毁。将近 3000 人在这次袭击中丧生，整个事件震惊了世界。

伊拉克战争

1991 年，伊拉克的领导人萨达姆・侯赛因下令入侵邻国科威特。他的军队被美国领导的国际部队驱赶出去，但美伊关系仍然处于高度紧张状态。美国怀疑萨达姆・侯赛因持有能造成大批民众伤亡的大规模杀伤性武器。中东地区“反恐战争”加剧了紧张关系。2003 年，由美国和英国主导的军队发动了伊拉克战争，将萨达姆・侯赛因推下台。虽然战争仅持续了几周，但在伊拉克发生的暴力冲突却持续了许多年。

萨达姆・侯赛因的雕塑被推倒

2003 年 4 月，美国坦克驶入伊拉克首都巴格达。为了表示萨达姆・侯赛因的独裁统治结束，伊拉克民众将前领导人的巨大雕塑推倒。

自然灾害

21 世纪的最初几年，人们一直受到自然灾害和极端天气的侵扰。2003 年，超过 4 万人在席卷欧洲的热浪中死去。2004 年，一次巨大的海啸在印度洋沿岸地区造成了毁灭性的破坏，在 14 个国家造成将近 23 万人死亡。第二年，一场强大的风暴卡特里娜飓风以 225 千米 / 时的速度席卷美国城市新奥尔良。2010 年，大地震重创了加勒比海的海地岛，造成超过 30 万人死亡，数百万人无家可归。2011 年，一次地震引发了日本的海啸，房屋遭到破坏，福岛核电站放射性物质泄露。

全球危机

世界各地的很多国家在 21 世纪初都经历了毁灭性的自然灾害。其中的一些是不寻常的随机事件，而其他的则与全球气候变化有关。

2001年10月

阿富汗战争

美国及其北约联军在9·11事件之后开始了“持久自由”军事行动，目的是追捕奥萨马·本·拉登。美方认为恐怖分子头目在阿富汗，因为当地的塔利班政权和“基地”组织关系紧密切。战争推翻了塔利班政权，但暴力冲突仍然在阿富汗持续了多年。

2004年3月

马德里爆炸案

在西班牙政治选举的前夜，“基地”组织成员在马德里的4列火车上引爆了炸弹，导致191人死亡，1841人受伤。事件起因是西班牙政府之前支持2003年美国入侵伊拉克。西班牙民众迅速将当权政党赶下台，让将西班牙军队从伊拉克撤出的政党当选。

2005年7月

伦敦爆炸案

2005年7月7日，英国遭遇了恐怖袭击，恐怖分子在伦敦的交通系统上实施了自杀性爆炸袭击。3枚炸弹在地铁上爆炸，还有1枚在双层巴士上爆炸。“基地”组织在网站上声明他们发动袭击的目的是报复英国参与入侵伊拉克和阿富汗的行为。

2011年5月

本·拉登之死

美国总统贝拉克·奥巴马收到情报，“基地”组织头目本·拉登藏在巴基斯坦阿伯塔巴德的豪宅内。在一次名为“海神之矛”行动的大胆的夜间突袭中，美国海豹突击队将本·拉登和另外4名“基地”组织成员击毙。这是“反恐战争”中一个重要的里程碑，但依旧没有终结伊斯兰极端恐怖分子的恐怖袭击。

阿拉伯之春

2010年，一名突尼斯男子用自焚来抗议突尼斯警察的虐待行为，在深陷独裁、腐败、压迫统治下的阿拉伯国家激起了一场动荡。首先，突尼斯领导人本·阿里被迫下台。随后，抗议扩大到埃及，埃及总统胡斯尼·穆巴拉克在大规模民众抗议后辞职。2011年，也门、巴林、利比亚和叙利亚发生反政府示威。利比亚的领导人穆阿迈尔·卡扎菲被反对派推翻。多数阿拉伯国家开始政治改革，但还有一些国家，如叙利亚和也门，则被卷入内战。

反抗的浪潮

突尼斯的游行扩大到阿拉伯世界的各个国家。

全球金融危机

2007年，美国银行意识到他们将钱贷给了几十万名无力偿还贷款的用房屋作为抵押的客户。更糟的是，银行已经将这些抵押捆绑到价值数十亿美元的其他投资上。这部分资产突然失去了价值，威胁到全球金融系统。投资收益暴跌，美国和欧洲的大型银行破产。这场危机给世界各地的许多国家带来了贫穷和失业。

损失和紧急财政援助

大量公司在金融危机中破产。政府被迫投入巨额资金，以维持本国经济。

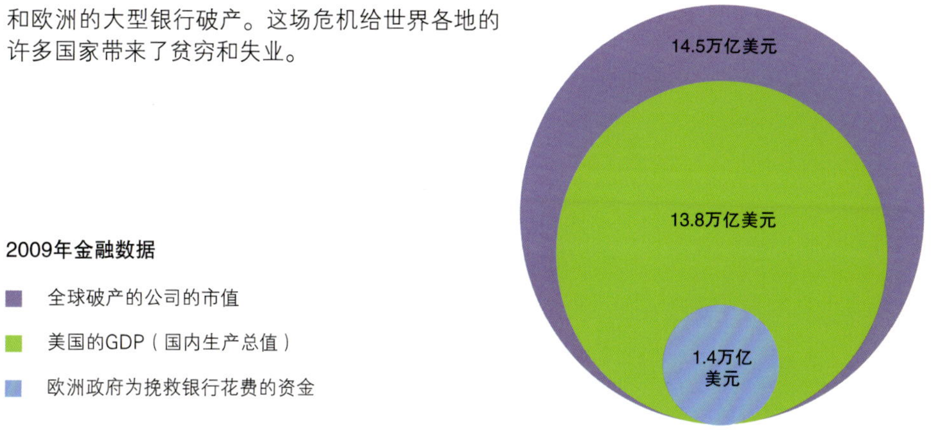

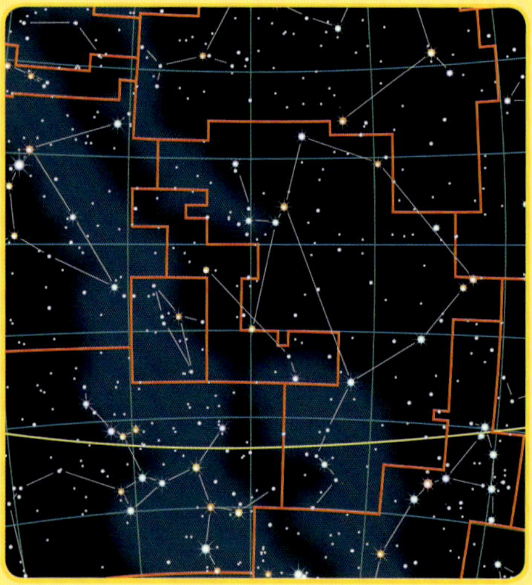

附　录

请在附录部分找到星座、战争、国旗、帝国、发明、世界奇观、动物之最，以及历史上最疯狂的统治者。词汇部分有助于你理解本书中出现的很多名词术语。

星图

六张图组合在一起形成了一幅完整的夜空全景图。这些图共同构成了人们所熟知的“天球”，涵盖了在地球上肉眼可见的所有星星。人们也会将一些星星连接起来组成某些图形，即人们熟知的星座，共有 88 个。有些星座内部包含有更小的形状。图中的红线将天球分成了不同的区域，每个区域的中心都有一个独立的星座。这些点表示星星——点越大，代表这颗星越明亮。

星座

白羊座	雕具座
半人马座	杜鹃座
宝瓶座	盾牌座
北冕座	飞马座
波江座	飞鱼座
苍蝇座	凤凰座
豺狼座	海豚座
船底座	后发座
船帆座	狐狸座
船尾座	绘架座
大犬座	唧筒座
大熊座	剑鱼座

北极星空

北极星空最主要的特征就是北极星。尽管它不是特别明亮，但它非常重要，人们可以根据它找到北方，从而确定行进的方向。由于地轴指向的点离北极很近，因此北极星看上去似乎一直是静止的，星空围绕着它旋转。

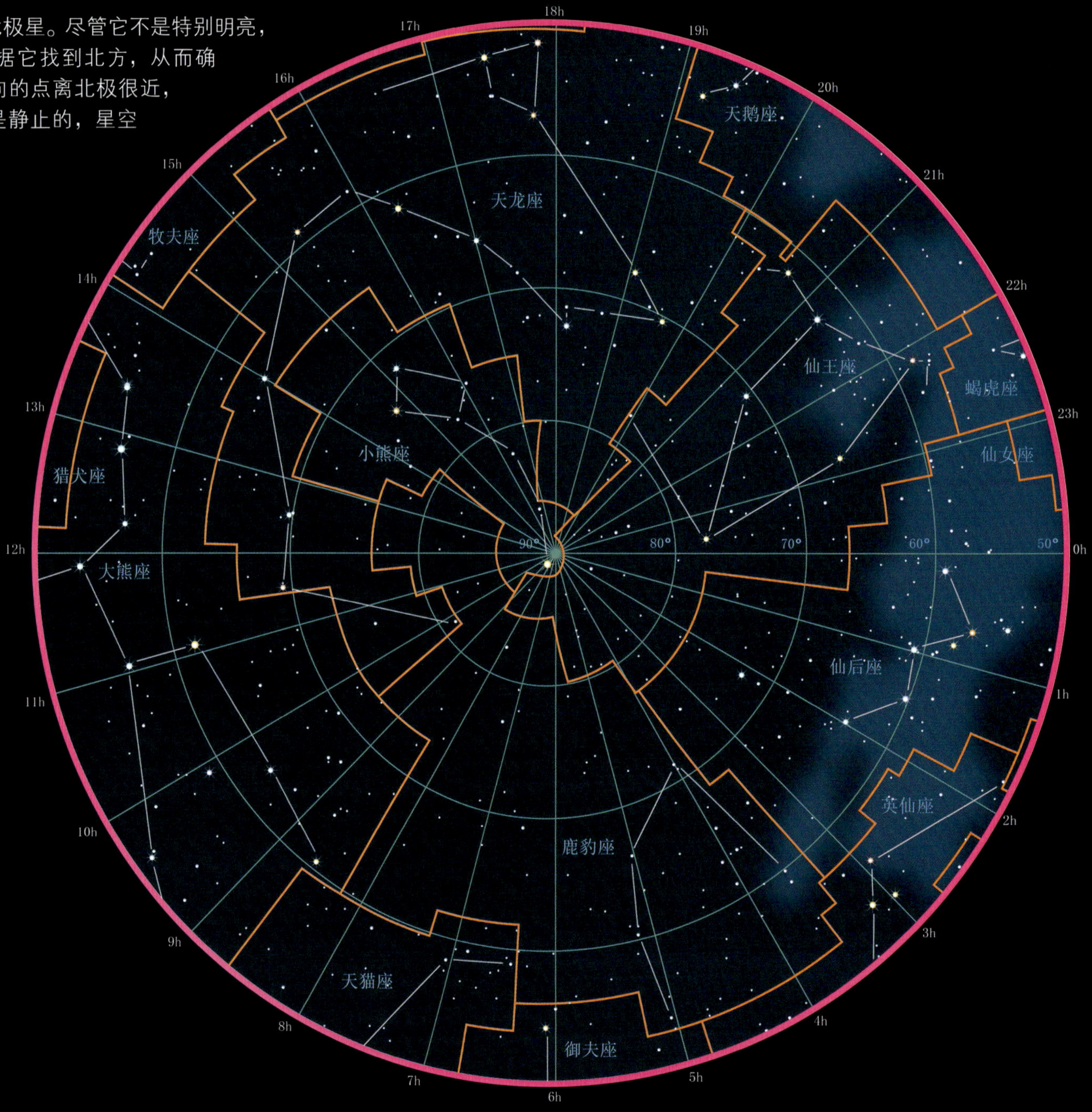

天球

星座

金牛座	罗盘座	蛇夫座	天龙座	武仙座	英仙座
鲸鱼座	摩羯座	狮子座	天炉座	仙后座	玉夫座
矩尺座	牧夫座	时钟座	天猫座	仙女座	御夫座
巨爵座	南极座	室女座	天琴座	仙王座	圆规座
巨蛇头	南冕座	双鱼座	天坛座	显微镜座	长蛇座
巨蛇尾	南三角座	双子座	天兔座	小马座	
巨蟹座	南十字座	水蛇座	天蝎座	小犬座	
孔雀座	南鱼座	天秤座	天燕座	小狮座	
猎户座	麒麟座	天鹅座	天鹰座	小熊座	
猎犬座	人马座	天鸽座	网罟座	蝎虎座	
六分仪座	三角座	天鹤座	望远镜座	蝘蜓座	
鹿豹座	山案座	天箭座	乌鸦座	印第安座	

南极星空

在北半球，北极星可以为旅行者指明方向，但是南半球却没有可以发挥类似作用的“南极星”。在南半球，南天极位于夜空中昏暗的地带，夜空观察者必须采用一种相当复杂的方法才能找到它。不过，南天极附近的星座中含有很多神奇的星星，而且银河的美景在此可以一览无余。

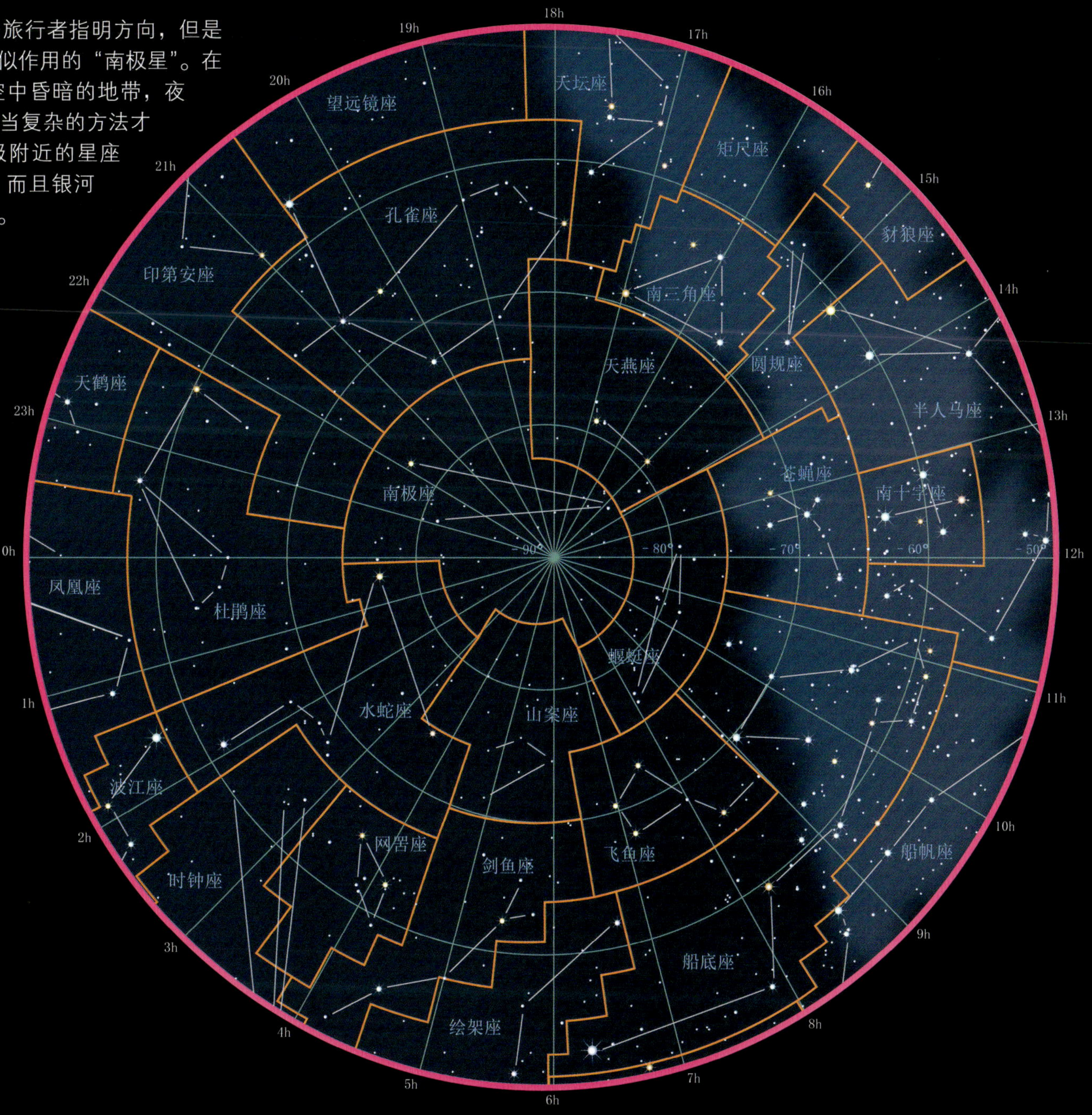

天球

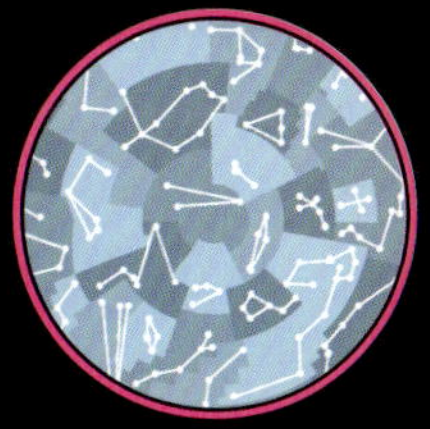
星座

赤道星图一

这片星空的最佳观测时间为 9 月、10 月、11 月的夜晚。虽然它主要由太空中的空旷的空间和一些暗淡的星星构成，但是星空中有些天体也值得特别关注。在仙女座中，你可以看到仙女星系，也就是银河系附近最大的星系。四边形的飞马座在天体赤道（见图中的黄线）的正北方。北落师门是南鱼座的主星，也是该区域中最亮的星星。

天球

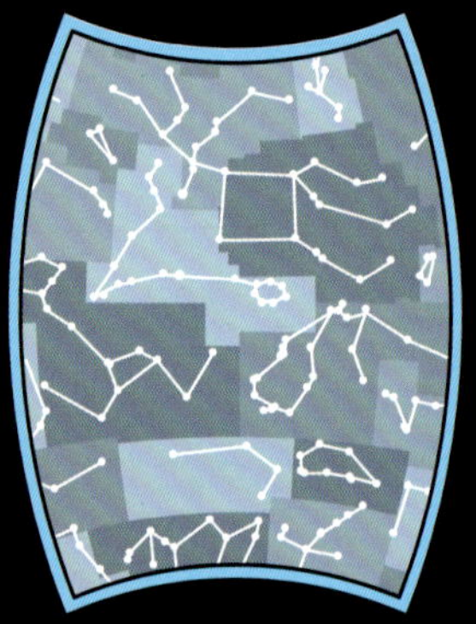
星座

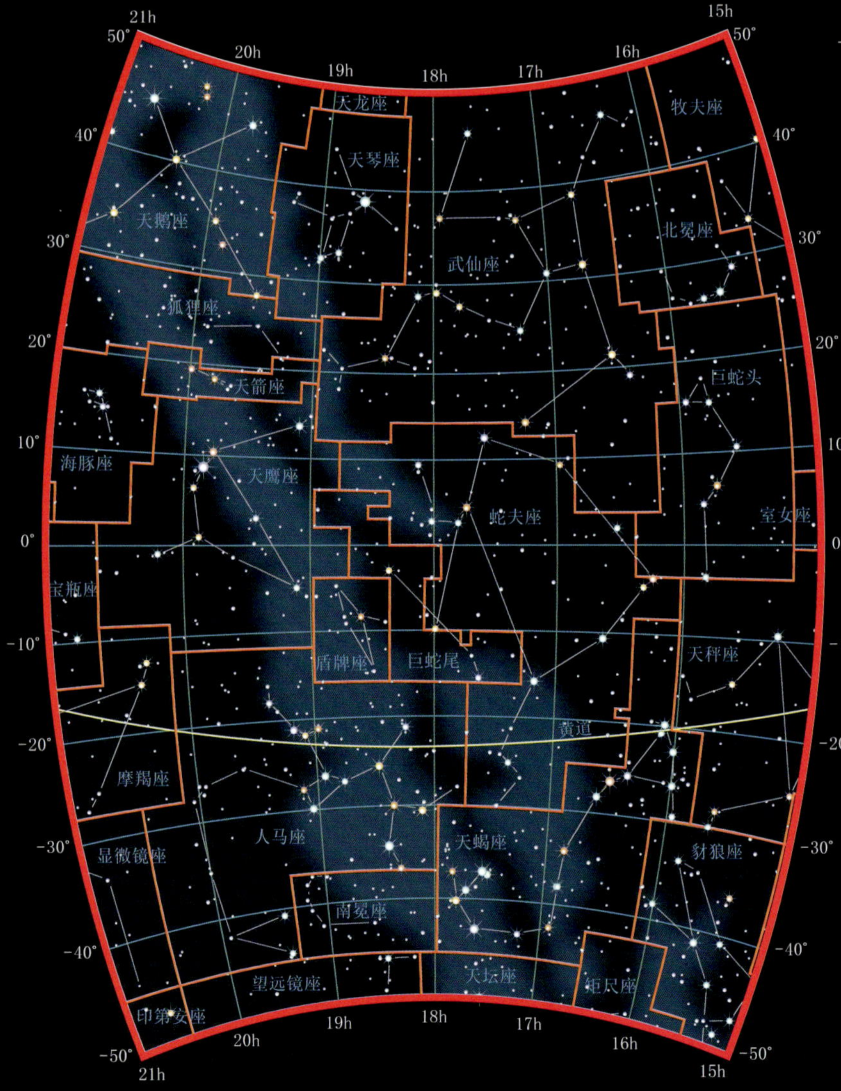

赤道星图二

这片星空中有很多有趣的星座，它的最佳观测时间为 6 月、7 月和 8 月的夜晚。星空北边主要是由三大星星组成的夏季大三角，这 3 颗星星是天鹅座的主星天津四、天琴座的织女星和天鹰座的牛郎星。星空南边一群弧形排列的星星组成了天蝎座，人马座也在附近。

天球

星座

赤道星图三

这片星空的最佳观测时间为 3 月、4 月和 5 月的夜晚。星空中悬挂着整个天球中最亮的两颗星：牧夫座的淡红色大角星和室女座的淡蓝色角宿一。室女座是第二大星座，它的正南边是最长的星座长蛇座，该星座横跨整片星空。这片星空右上方散布着构成狮子座的星星。狮子座是为数不多容易辨认的星座之一，它的头部由 6 颗星星组成，看上去就像一个反向的问号。

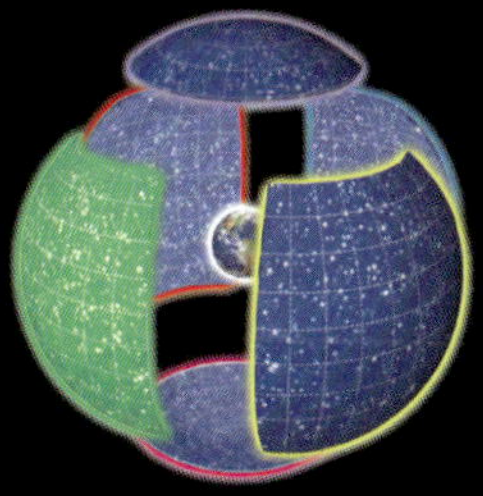

天球

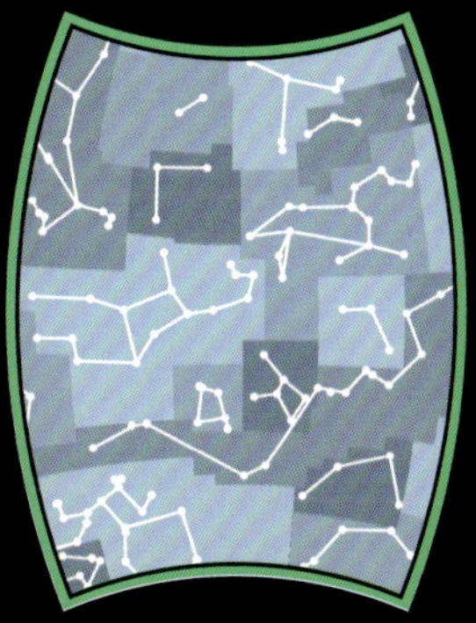

星座

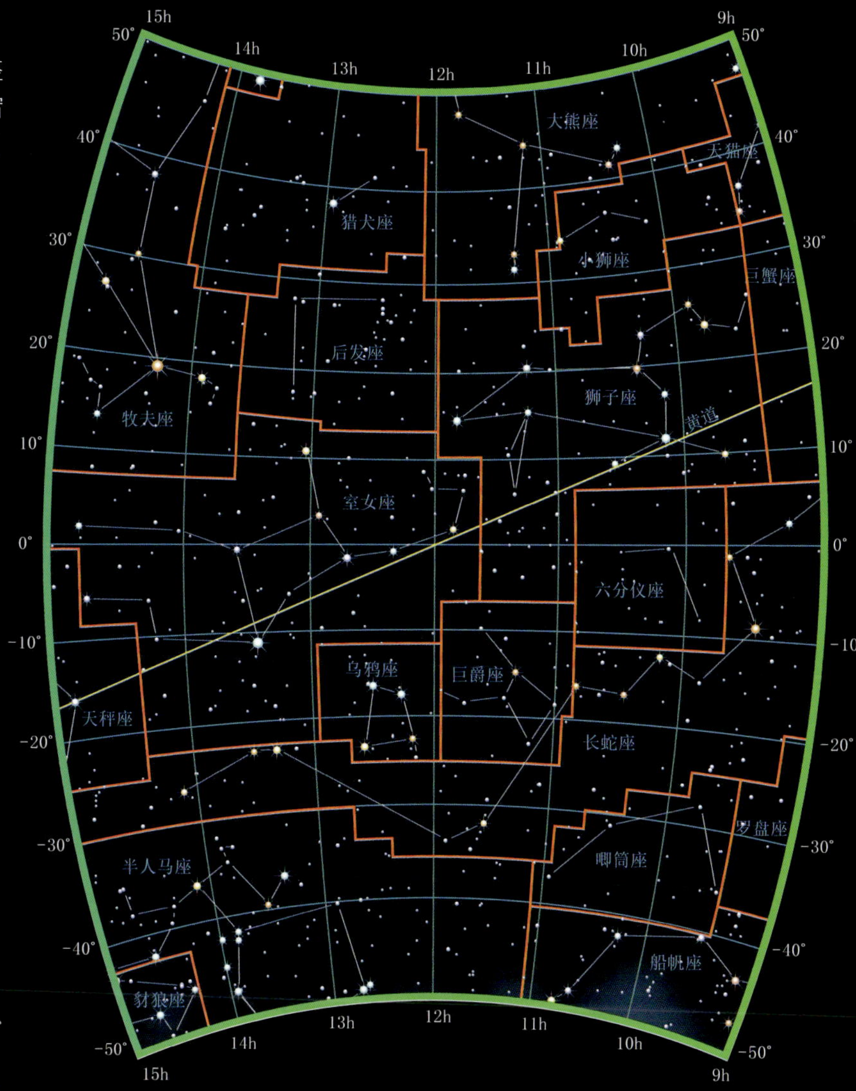

赤道星图四

这片夜空最佳的观测时间为 11 月、1 月和 1 月的夜晚。这里的星星比其他地方要明亮，因此这里也是夜空中最亮的区域之一。该区域中有美丽的猎户座，它的中央有一条由 3 颗亮星组成的直线，也就是人们熟知的猎户座“腰带”，很容易识别。猎户座旁边是金牛座，金牛座中有一等星毕宿五，以及这片星空中最亮的星团——昴星团，又名七姐妹星团。

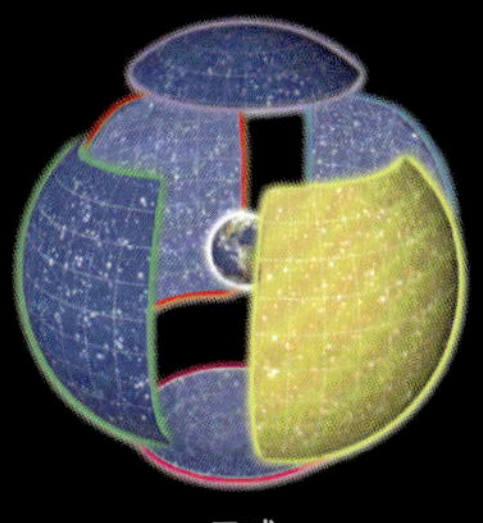

天球

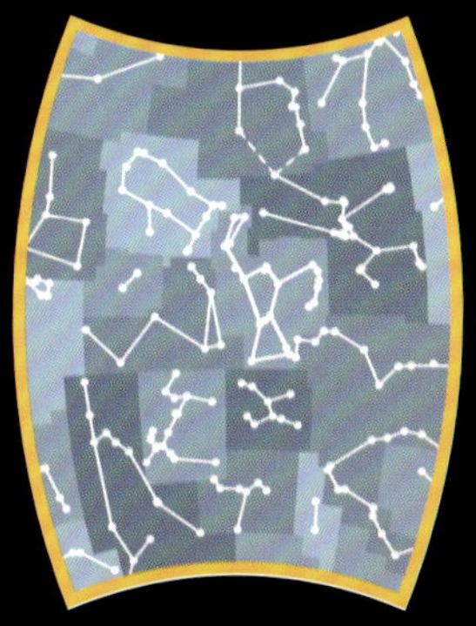

星座

世界

地球陆地习惯上可分为七大区域，也就是七大洲：南极洲、北美洲、南美洲、欧洲、亚洲、非洲和大洋洲。这些大陆又被进一步划分成不同的国家。南极洲是唯一一个例外，尽管很多国家对外宣称拥有南极洲部分土地的所有权，但是在这个洲没有任何国家。

各大洲的人口

世界上人口大约有 76 亿（2020 年）。亚洲是人口密度最大的洲，大约聚集了世界上 60% 的人口，其中，中国（14 亿人）和印度（13 亿人）是世界上人口最多的两个大国。相比之下，南极洲气候极其恶劣，任何时候这里的人口都不会超过几千人，而且大部分人是在此开展科学研究的科学家。

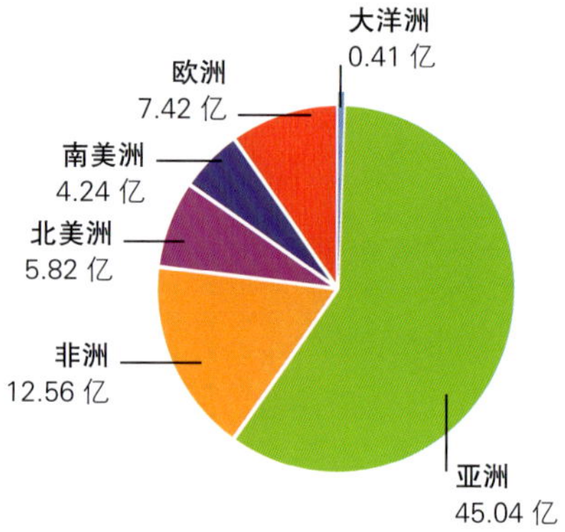

世界划分

这幅世界地图显示了各个大洲和国家。赤道是一条假想线，它沿地球中央向东西两个方向延伸。赤道两侧的南、北回归线之间称为热带。这是世界上最热的地区，太阳光常年直射。

时区

经线是将地球划分成不同区域的连接南北的假想线。每向东或向西移动 15° 时就会增加或减少一个小时。各国根据经度的不同归为不同的时区，理论上应该是经度每差 15° 就相差一个小时，但是为了方便起见，有些国家把时区定为早于或晚于邻国 30 分钟或 45 分钟。

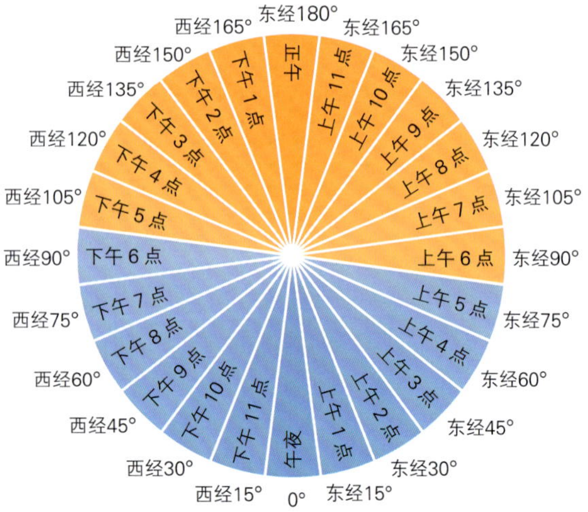

各大洲的面积

亚洲是世界上面积最大的洲。大洋洲是面积最小的洲，面积仅为亚洲的 1/5。世界上面积最大的国家是俄罗斯，它横跨欧亚两大洲，面积约为 1709.8 万平方千米。世界上面积第二大和第三大的国家分别是加拿大和中国。加拿大面积约为 998 万平方千米，中国面积约为 960 万平方千米（陆地面积）。

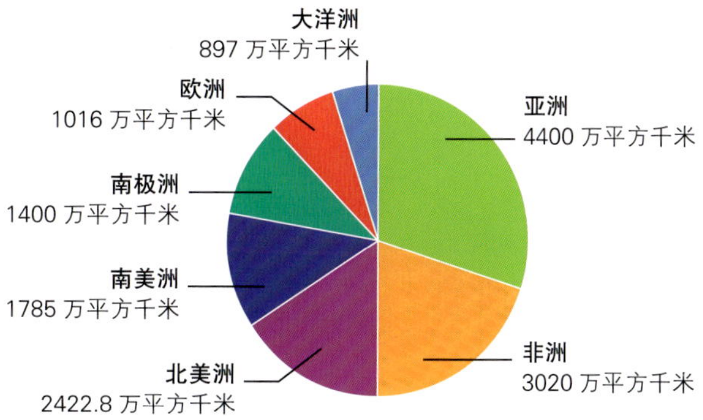

梵蒂冈面积仅为0.44平方千米，是世界上面积**最小的国家**。

各国国旗

每个国家都有国旗，独特的设计能使其从其他国家的国旗中脱颖而出。对于国旗的设计，国际上没有统一的标准——每个国家都可以随意选择图案，但是它们通常会根据本国的历史和文化进行设计。大多数国旗是长方形的，只不过长和宽的比例有所不同。但也不能一概而论。例如，尼泊尔的国旗就与众不同，它不是长方形的，而是由两个三角形组成。国旗从 19 世纪开始普及，但是早在 13 世纪，丹麦就拥有了最古老的国旗，并且一直使用至今。

北美洲

非洲

南美洲

欧洲

阿尔巴尼亚 爱尔兰 爱沙尼亚 安道尔
奥地利 白俄罗斯 保加利亚 北马其顿
比利时 冰岛 波黑 波兰
丹麦 德国 俄罗斯 法国
梵蒂冈 芬兰 荷兰 黑山
捷克 克罗地亚 拉脱维亚 立陶宛
列支敦士登 卢森堡 罗马尼亚 马耳他
摩尔多瓦 摩纳哥 挪威 葡萄牙
瑞典 瑞士 塞尔维亚 塞浦路斯
圣马力诺 斯洛伐克 斯洛文尼亚 乌克兰
西班牙 希腊 匈牙利 意大利
英国

亚洲

阿富汗 阿联酋 阿曼 阿塞拜疆
巴基斯坦 巴勒斯坦 巴林 不丹
朝鲜 东帝汶 菲律宾 格鲁吉亚
哈萨克斯坦 韩国 吉尔吉斯斯坦 柬埔寨
卡塔尔 科威特 老挝 黎巴嫩
马尔代夫 马来西亚 蒙古 孟加拉国
缅甸 尼泊尔 日本 沙特阿拉伯
斯里兰卡 塔吉克斯坦 泰国 土耳其
土库曼斯坦 文莱 乌兹别克斯坦 新加坡
叙利亚 亚美尼亚 也门 伊拉克
伊朗 以色列 印度 印度尼西亚
约旦 越南 中国

大洋洲

澳大利亚 巴布亚新几内亚 斐济 基里巴斯 库克群岛 马绍尔群岛 密克罗尼西亚联邦 瑙鲁
纽埃 帕劳 萨摩亚 所罗门群岛 汤加 图瓦卢 瓦努阿图 新西兰

生命之树

虽然生物已经进化出多种神奇的生命形式，但是它们与 38 亿年前最早出现在地球上的生物仍然密切相关。这棵“生命之树”显示了最简单的单细胞生物，如细菌等原核生物，是如何演变为更加复杂的单细胞真核生物、多细胞植物、菌类，乃至动物的。

这张图展示了主要的生物类型。人类属于灵长类哺乳动物，因此在数十亿年前，尚未进化的人类与地球上最简单的生物也有亲缘关系。

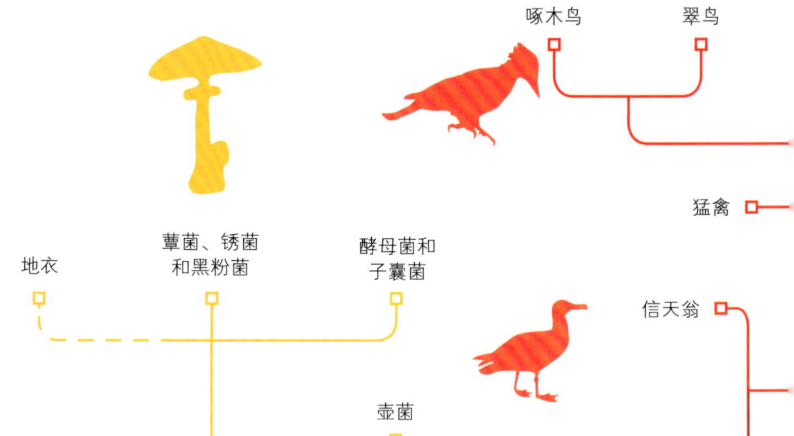

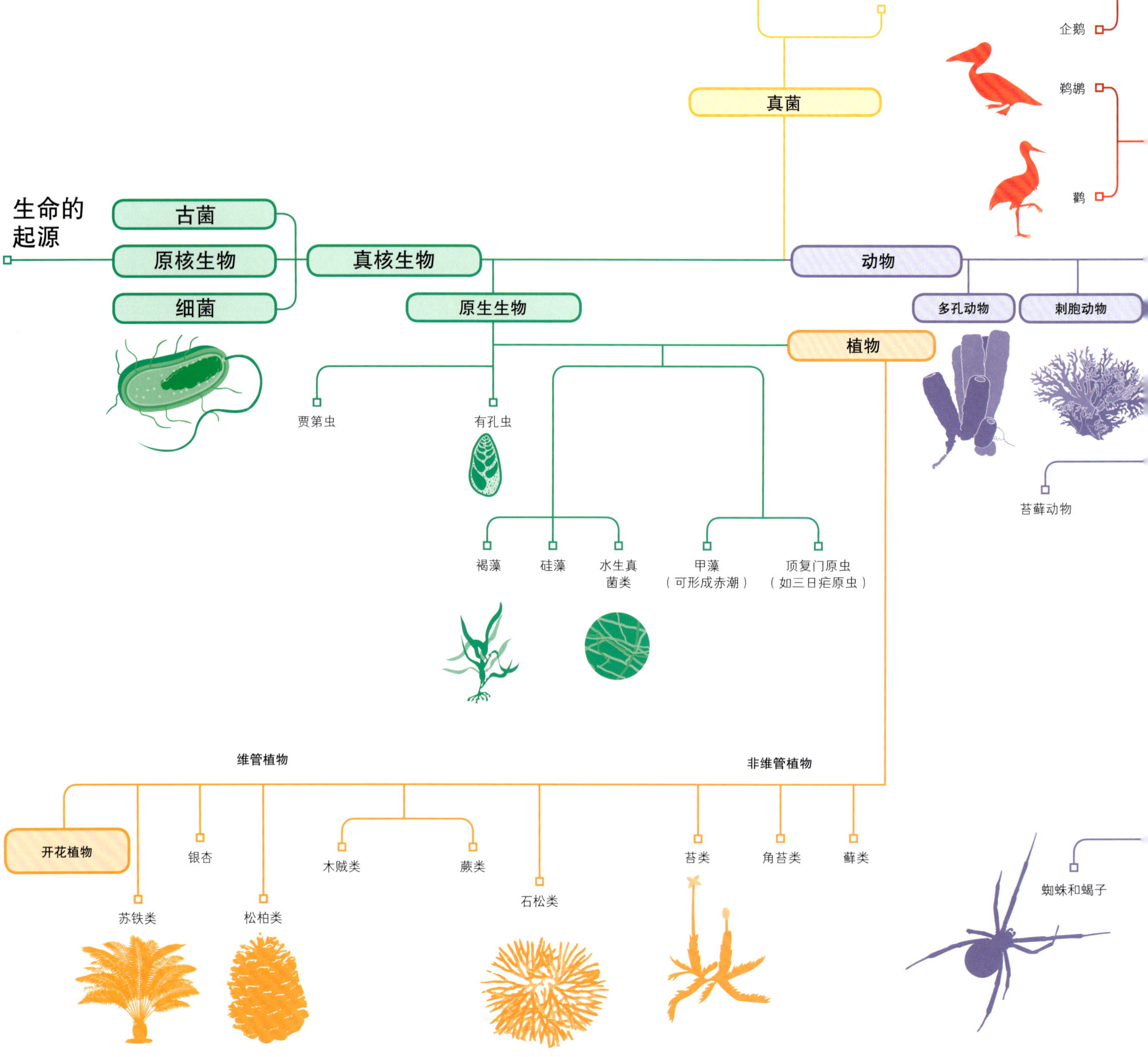

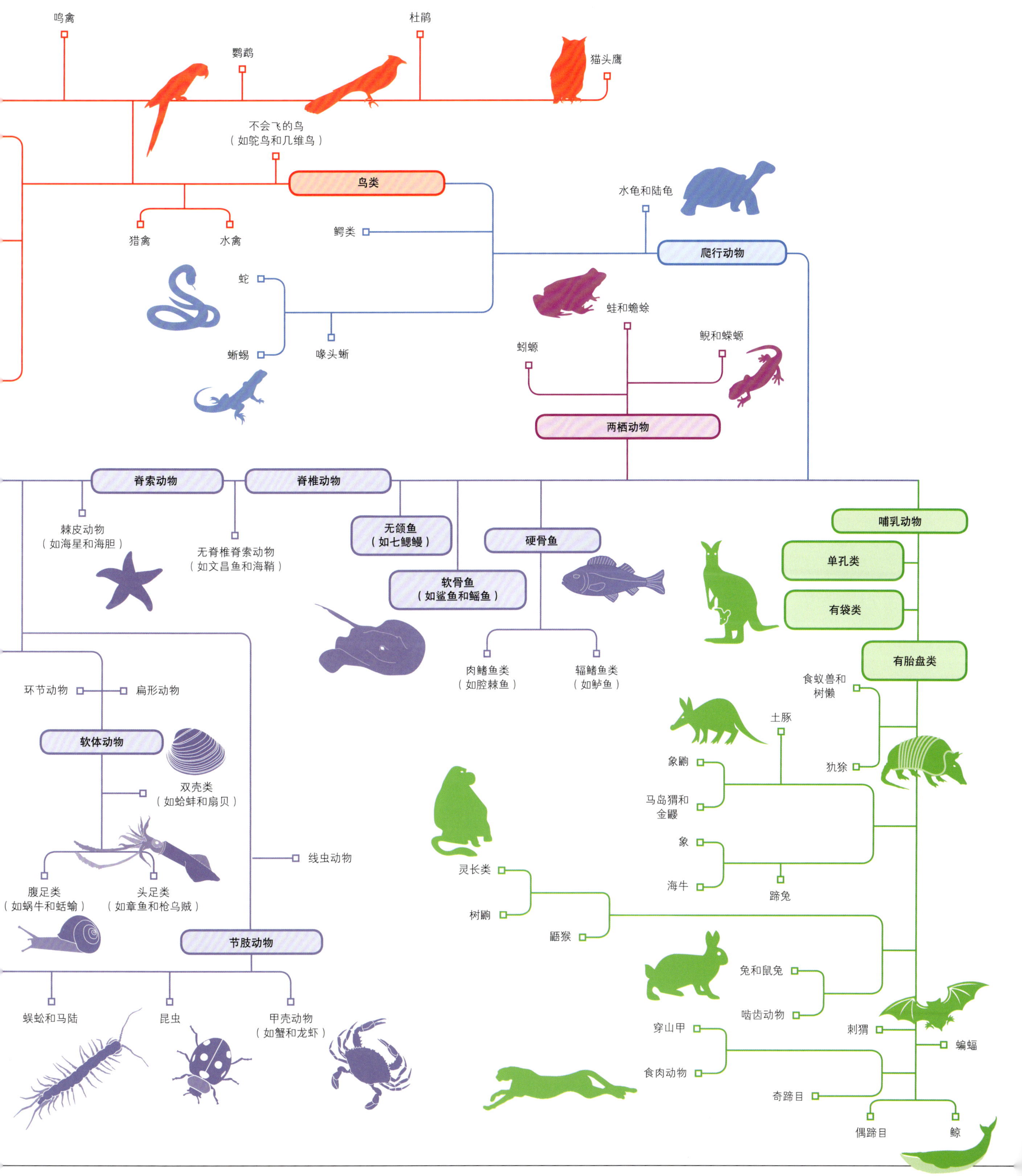
鸣禽
杜鹃
鹦鹉
猫头鹰
不会飞的鸟
（如鸵鸟和几维鸟）
鸟类
猎禽
水禽
鳄类
水龟和陆龟
爬行动物
蛇
蜥蜴
喙头蜥
蛙和蟾蜍
蚓螈
鲵和蝾螈
两栖动物
脊索动物
脊椎动物
棘皮动物
（如海星和海胆）
无脊椎脊索动物
（如文昌鱼和海鞘）
无颌鱼
（如七鳃鳗）
硬骨鱼
软骨鱼
（如鲨鱼和鳐鱼）
肉鳍鱼类
（如腔棘鱼）
辐鳍鱼类
（如鲈鱼）
哺乳动物
单孔类
有袋类
有胎盘类
食蚁兽和
树懒
土豚
象鼩
犰狳
马岛猬和
金鼹
象
海牛
蹄兔
灵长类
树鼩
鼯猴
兔和鼠兔
啮齿动物
穿山甲
刺猬
蝙蝠
食肉动物
奇蹄目
偶蹄目
鲸
环节动物
扁形动物
软体动物
双壳类
（如蛤蚌和扇贝）
线虫动物
腹足类
（如蜗牛和蛞蝓）
头足类
（如章鱼和枪乌贼）
节肢动物
蜈蚣和马陆
昆虫
甲壳动物
（如蟹和龙虾）

自然界之最

有的动物拥有神奇的技能，如行动速度特别快或是能发出极其响亮的声音。有的动物则因其大小而著称——要么是沉重的巨人，要么小到令人难以想象其身体是如何正常运作的。有的动物寿命非常长，而有的只能活几天。

庞大的野生动物

大多数体重最重的动物都生活在海洋中，如鲸和巨鲨。海水可以支撑它们的体重。

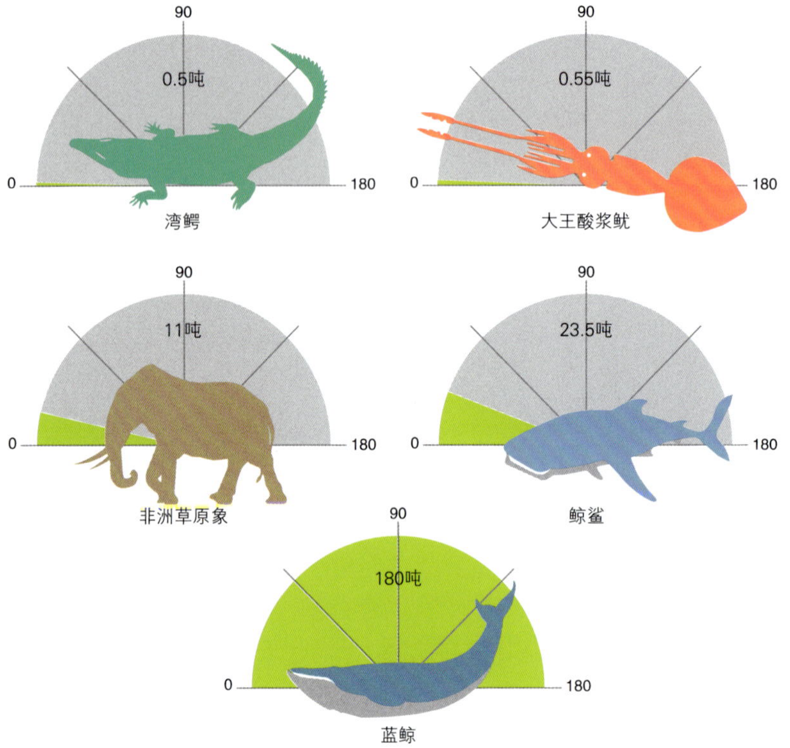

四处游走

有些捕食者会以惊人的速度袭击猎物。相比之下，树懒的生活节奏却极其缓慢。

最快的动物

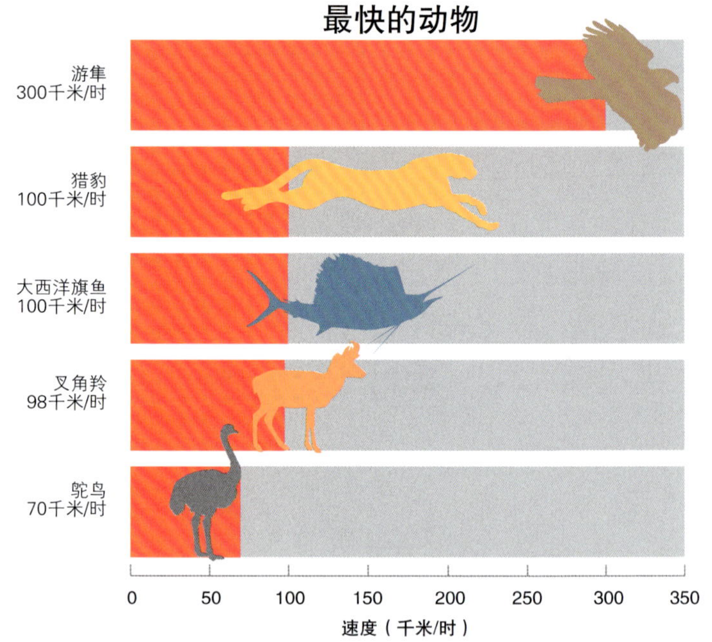

最慢的动物

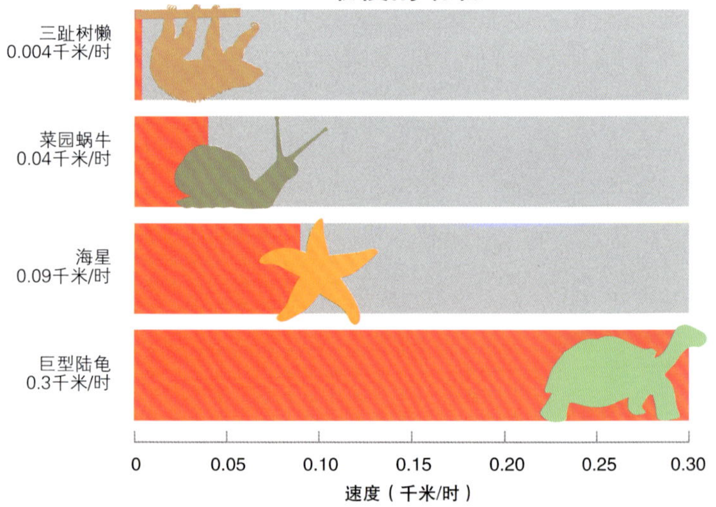

声音最大的动物

鼓虾发出的响声比其他任何动物都大，足以震晕猎物。不过幸运的是，这种响声会瞬间消失。

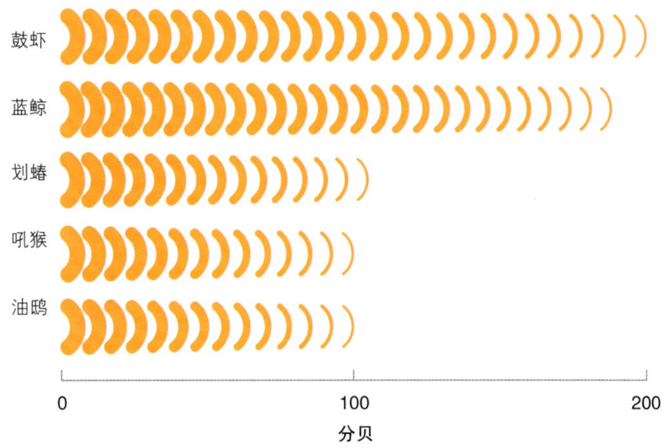

跳跃能手

在崎岖的山地中，雪豹会纵身一跃袭击猎物。很多动物也会通过跳跃来逃离危险。

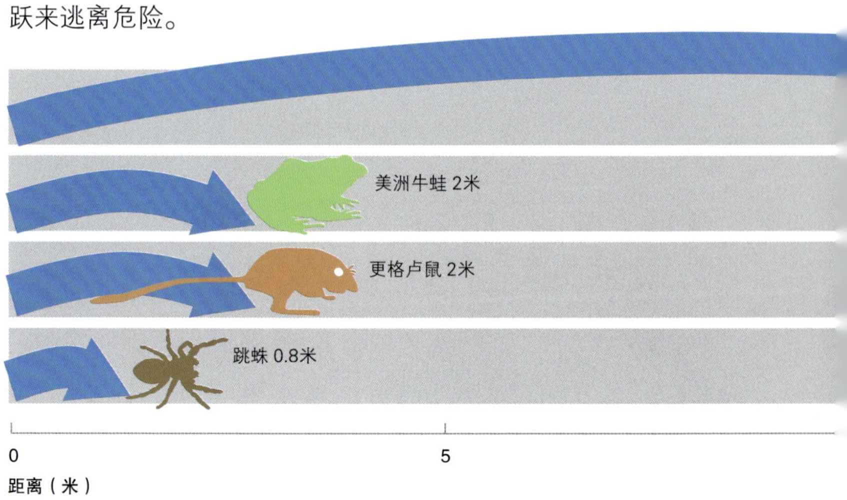

动物寿命

大型动物的寿命比小型动物长，有的昆虫，如蜉蝣，发育为成虫后仅能存活几小时。

最长的寿命（年）

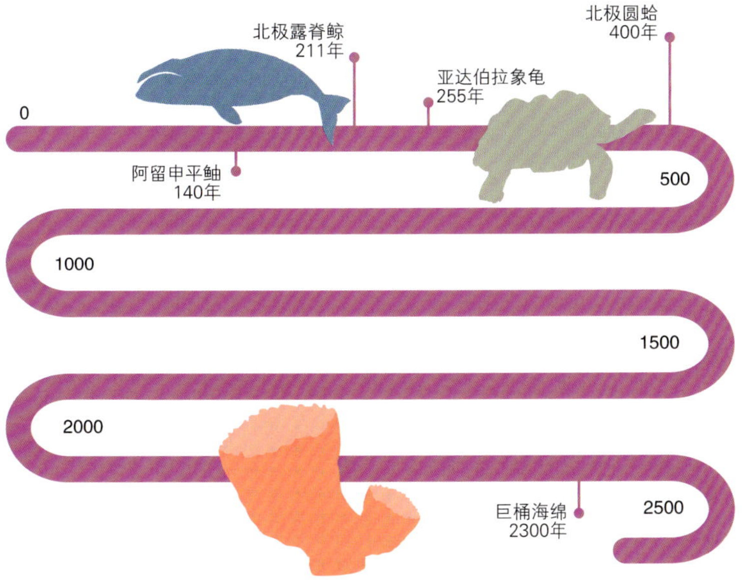

最短的寿命（天）

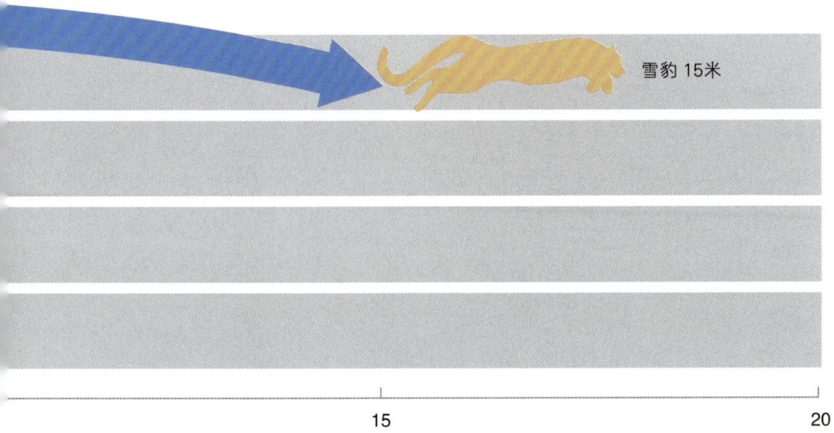

大个子和小矮子

最小的动物在显微镜下才能观察到，如栖居在水池或溪流中的轮虫。有的动物非常高大，比其他生活在一起的动物都要高。

最高的动物

最小的动物

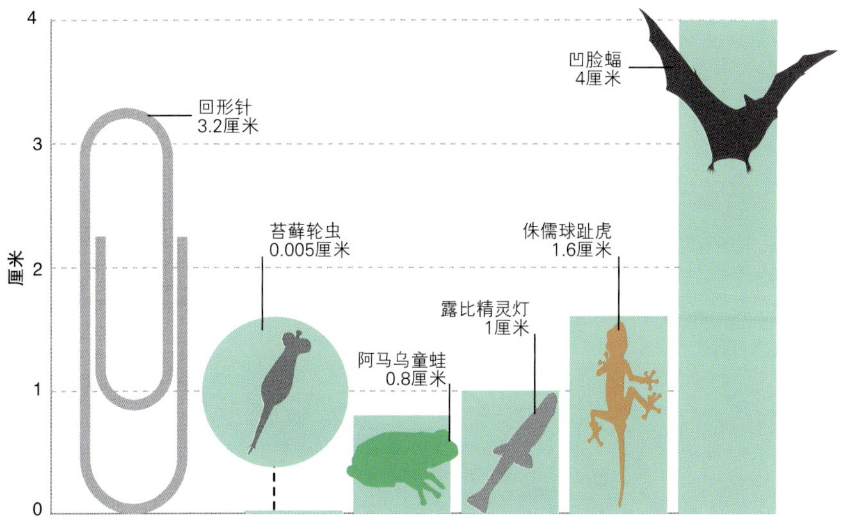

换算表

量度非常重要，它们能够帮助人们在某些问题上达成一致。没有准确的量度，就不会有世界纪录，烹饪只能靠推测，人们也无法找到合身的衣服。古代的量度以身体部位为依据，所以现在的量度中仍然含有英尺（英尺的英文是 feet——脚的英文 foot 的复数形式）等单位。但是，人的身体尺寸有差别，因此现在人们需要采用更加标准的量度。

单位换算

你可以通过乘以或除以一个固定的数值——转换因子，将英制和公制进行互换。不过，唯有温度不能用这种方法进行转换，它的转换方式比较独特。

计量单位

大部分事物一般都可采用两种计量制度来测量。一种是英制，这套体系在美国仍然非常流行。另一种广泛使用的是公制，多用于科研工作。在公制标准中，大小单位之间以十进制换算。

面积

公制	
100 平方毫米	1 平方厘米
10000 平方厘米	1 平方米
10000 平方米	1 公顷
100 公顷	1 平方千米
1 平方千米	1000000 平方米
英制	
144 平方英寸	1 平方英尺
9 平方英尺	1 平码
1296 平方英寸	1 平码
43560 平方英尺	1 英亩
640 英亩	1 平方英里

长度

公制	
10 毫米	1 厘米
100 厘米	1 米
1000 毫米	1 米
1000 米	1 千米
英制	
12 英寸	1 英尺
3 英尺	1 码
1760 码	1 英里
5280 英尺	1 英里
8 弗隆	1 英里

液体体积

公制	
1000 毫升	1 升
英制	
8 液盎司	1 量杯
20 液盎司	1 品脱
4 及耳	1 品脱
2 品脱	1 夸脱
4 夸脱	1 加仑
8 品脱	1 加仑

质量

公制	
1000 毫克	1 克
1000 克	1 千克
1000 千克	1 吨
英制	
16 盎司	1 磅
14 磅	1 英石
112 磅	1 英担
20 英担	1 英吨

温度

	华氏温度（℉）	摄氏温度（℃）
水的沸点	212	100
水的冰点	32	0
绝对零度	−459	−273

时间

公制和英制	
60 秒	1 分钟
60 分钟	1 小时
24 小时	1 天
7 天	1 周
52 周	1 年
1 年	12 个月

温度

从华氏温度转换为摄氏温度
摄氏温度 =（华氏温度 −32）÷ 1.8

从摄氏温度转换为华氏温度
华氏温度 =（摄氏温度 ×1.8）+ 32

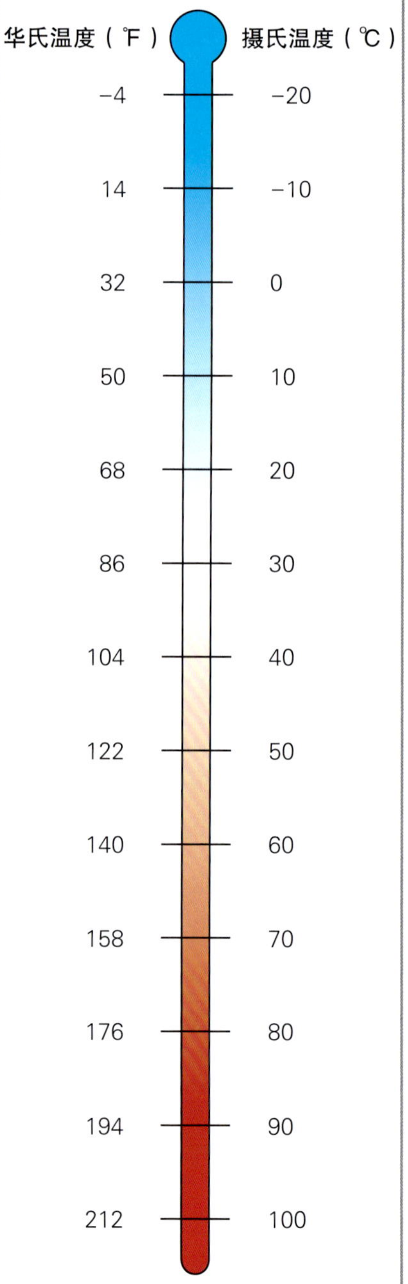

公制和英制的转换方法

待转换的单位	转换为	乘以
盎司	克	28.35
磅	千克	0.45
吨	英吨	0.98
公顷	英亩	2.47
毫米	英寸	0.04
加仑	升	4.55
克	盎司	0.04
厘米	英尺	0.03
厘米	英寸	0.39
立方厘米	立方英寸	0.06
立方米	立方英尺	35.31
立方英尺	立方米	0.03
立方英寸	立方厘米	16.39
码	米	0.91
米	码	1.09
米	英尺	3.28
米 / 分	厘米 / 秒	1.67
米 / 分	英尺 / 秒	0.05
品脱	升	0.57
平方厘米	平方英寸	0.16
平方码	平方米	0.84
平方米	平方码	1.20
平方米	平方英尺	10.76
平方千米	平方英里	0.39
平方英尺	平方米	0.09
平方英寸	平方厘米	6.45
平方英里	平方千米	2.59
千克	磅	2.20
千米	英里	0.62
千米 / 时	英里 / 时	0.62
升	加仑	0.22
升	品脱	1.76
英尺	厘米	30.48
英尺	米	0.30
英寸	厘米	2.54
英吨	吨	1.02
英里	千米	1.61
英里 / 时	米 / 秒	0.45
英里 / 时	千米 / 时	1.61
英亩	公顷	0.40

待转换的单位	转换为	除以
克	盎司	28.35
千克	磅	0.45
英吨	吨	0.98
英亩	公顷	2.47
英寸	毫米	0.04
升	加仑	4.55
盎司	克	0.04
英尺	厘米	0.03
英寸	厘米	0.39
立方英寸	立方厘米	0.06
立方英尺	立方米	35.31
立方米	立方英尺	0.03
立方厘米	立方英寸	16.39
米	码	0.91
码	米	1.09
英尺	米	3.28
厘米 / 秒	米 / 分	1.67
英尺 / 秒	米 / 分	0.05
升	品脱	0.57
平方英寸	平方厘米	0.16
平方米	平方码	0.84
平方码	平方米	1.20
平方英尺	平方米	10.76
平方英里	平方千米	0.39
平方米	平方英尺	0.09
平方厘米	平方英寸	6.45
平方千米	平方英里	2.59
磅	千克	2.20
英里	千米	0.62
英里 / 时	千米 / 时	0.62
加仑	升	0.22
品脱	升	1.76
厘米	英尺	30.48
米	英尺	0.30
厘米	英寸	2.54
吨	英吨	1.02
千米	英里	1.61
米 / 秒	英里 / 时	0.45
千米 / 时	英里 / 时	1.61
公顷	英亩	0.40

神奇的历史

古往今来，世界的每个角落都在发生新的历史。从疯狂的统治者、天才少年到庞大的帝国和改变世界的发明，各种令人难以置信的人和事构成了人类历史。这里列举了其中一些事件、发明和人物。

最大的帝国

历史上出现过的最大的几个帝国统治着大片土地，通常横跨几个大陆。帝国由某个君主或政治寡头（一个小集团，如某个强大的家族）统治。他们不仅统治着广袤的土地，还必须时刻维护其统治，并在计划扩张时不断征服新的领地。

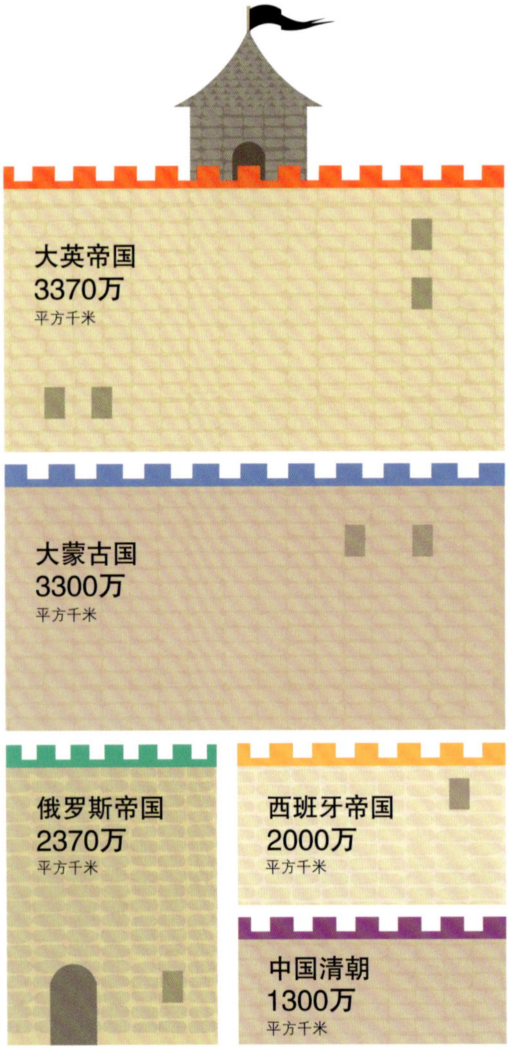

大英帝国
19 世纪晚期，大英帝国对外扩张到达顶峰，统治着地球上约 1/4 的土地。它被称为“日不落帝国”。

大蒙古国
13~14 世纪，大蒙古国在成吉思汗的领导下迅速扩张。帝国统治了亚洲大部和欧洲部分地区。

俄罗斯帝国
俄罗斯帝国建立于 1721 年，1917 年俄国二月革命将其推翻。19 世纪中期，帝国统治达到顶峰，疆域横跨东欧、亚洲和北美洲。

西班牙帝国
16~17 世纪，哈布斯堡王朝统治下的西班牙帝国一跃成为世界强国，统治了南北美洲和欧洲的部分地区。

中国清朝
从 17 世纪中叶起到 20 世纪初期，清朝统治了中国 268 年，是中国历史上最后一个封建王朝。

最长的战争

纵观历史，世界各地都发生过战争。有的战争很快就平息，但是有的持续了数十年，甚至一个世纪。

116年

百年战争，1337~1453年
百年战争是有史以来持续时间最长的战争，发生在英法之间。虽然名为百年战争，实际上该战争持续了 116 年。

43 年

布匿战争，公元前264~前146年
布匿战争是指迦太基（海洋强国）和古罗马（意大利半岛的统治者）之间发生的 3 次战争。公元前 146 年，罗马打败迦太基，毁掉了罗马城。

30年

三十年战争，1618~1648年
该战争爆发的原因众多，但根源是天主教与新教之间的宗教矛盾不可调和。战争主要发生在德意志，后来发展成了一场政治战争，改变了欧洲的格局。

30年

玫瑰战争，1455~1485年
约克家族和兰开斯特家族为了争夺英国王位发起这场战争，战争持续了 30 年。最终，都铎王朝的国王亨利七世带领兰开斯特家族打败了约克家族的理查三世。

27年

伯罗奔尼撒战争，公元前431年~前404年
伯罗奔尼撒战争发生在以雅典和斯巴达为首的两个敌对的希腊城邦同盟之间。雅典是当时的海洋霸主，斯巴达是陆地强国，最终斯巴达打败了雅典军队。

23年

拿破仑战争，1793~1815年
拿破仑·波拿巴是一位骁勇善战的将军，1804 年他宣布自己成为法国的皇帝。在他的领导下，法国曾向欧洲强国发动了一系列战争，最终他在滑铁卢之战中彻底战败。

最短的战争

并非所有的战争都是持久战，有些战争几天就结束了。英桑之战是历史上最短的战争，其起因是老苏丹病逝后，未经英国领事同意，其侄自立为苏丹。战争打响后不久便结束了，新苏丹在投降后仓皇而逃。

38 分钟

英桑战争，1896年
英国与桑给巴尔苏丹国之间的战争。

6 天

六天战争，1967年
以色列与邻国埃及、约旦和叙利亚之间的战争。

13 天

第三次印巴战争，1971年
印度与巴基斯坦之间的战争。

14 天

塞保战争，1885年
塞尔维亚和保加利亚之间的战争。

24 天

格鲁吉亚–亚美尼亚之战，1918年
格鲁吉亚和亚美尼亚之间的战争。

神奇的发明

如果没有这些发明，我们的日常生活将会完全不同。从简单的家庭日用品到复杂的现代科技，这些神奇的发明不仅改变了我们的生活方式和思维方式，也改变了历史的进程。

1440年：印刷术
活字印刷起源于中国。后来，约翰内斯·谷登堡发明欧洲活版印刷术后，可以以更低廉的价格快速复制书籍。

1776年：蒸汽机
詹姆斯·瓦特在早期的蒸汽机中添加了一个独立的冷凝室，极大地提高了蒸汽机的效率。

1876年：电话
亚历山大·格雷厄姆·贝尔因发明电话而闻名于世，但也有不少人宣称他们先于贝尔发明了电话。

1879年：灯泡
托马斯·爱迪生和约瑟夫·斯旺的聪明创意，将电灯带入千家万户。

1886年：小汽车
德国工程师卡尔·本茨开着一辆由内燃机驱动的三轮车驶向了大路。

1903年：飞机
莱特兄弟发明了一台飞行机器，改变了人们环游世界的方式。

1928年：青霉素
亚历山大·弗莱明偶然发现了一种长在细菌上的霉菌，也是第一种抗生素——青霉素。

1941年：现代计算机
第一代可编程的电子计算机是由康拉德·楚泽发明的，名为Z3。

1969年：因特网
美国五角大楼首创因特网。20年后，蒂姆－伯纳斯·李创建了万维网。

疯狂的统治者

人类历史上有很多古怪的统治者。有的只是负面宣传的受害者，也有一些极其残忍，行为疯狂。

哈特谢普苏特（公元前1472年~前1458年独自执政）
这位埃及统治者知道臣民们不喜欢女法老，为此她戴上假胡须，称自己为“国王”而非“女王”。

亚述纳西拔二世（公元前883~前859年在位）
这位亚述国王喜欢吹嘘自己的战功，在宫殿大门上刻上了背叛者将遭受的酷刑。

尼布甲尼撒二世（约公元前630~前562）
尼布甲尼撒二世是新巴比伦王国国王。他认为自己是一头牛，于是在田间生活了7年，四肢爬行，吃草如牛。

庇西特拉图（约公元前600年~前527）
这位雅典公民宣称有人袭击他，要求雅典执政者允许他雇佣保镖。随后，他利用他的保镖夺取了雅典的统治权，成了统治者。

尼禄（公元37~68）
这位罗马皇帝杀死了自己的母亲和父母领养的兄弟。据说他囚禁了基督徒，并在花园中将他们烧死以照明。

卡利古拉（公元12~41）
这位罗马皇帝生性残忍，生活奢靡。他自封为神，并要求臣民敬拜他。他将雕塑上众神的头像换成自己的头像，这样众神看上去就与他长得一模一样。

伊琳娜（公元752~803）
伊琳娜是君士坦丁六世的生母，为了取代儿子统治拜占廷帝国，她刺瞎了儿子的双眼。

巴西尔二世（公元976~1025）
1014年，拜占廷帝国皇帝巴西尔二世打败了保加利亚，他命士兵挖掉了1.5万名保加利亚囚犯的眼睛。仅有一人留下了一只眼睛，这样就可以带其他囚犯回家。

跛子帖木儿（1336~1404）
跛子帖木儿是中亚帖木儿王朝的奠基人，挡其道者必遭其杀害。据说，他曾经杀光了整座城里的3万名居民。

弗拉德三世（1431~1476）
弗拉德三世也被称为“穿刺公”，他是特兰西瓦尼亚的统治者，曾入侵邻国保加利亚，将2万名囚犯刺死在木桩上。

法鲁克一世（1920~1965）
这位埃及国王喜欢在国事访问时行窃。他曾偷过温斯顿·丘吉尔一只昂贵的手表。

天才少年

有的人天资聪颖，年轻时已经成就了一番大事。这些聪明的孩子有的是数学家，有的是音乐家，他们以其瞩目的成就和非凡的天赋留名史册。

阿维森纳（公元980~1037）
这位阿拉伯医学家、哲学家10岁就能熟背《古兰经》，18岁就成为名医。

帕斯卡（1623~1662）
他是一位天才的数学家，16岁时就发表了一部有关几何学的重要专著。

玛丽亚·阿涅西（1718~1799）
阿涅西是数学家、语言学家和哲学家，13岁时她就至少会说7国语言。

沃尔夫冈·阿玛多伊斯·莫扎特（1756~1791）
莫扎特4岁就会弹钢琴、拉小提琴，5岁就会谱曲。

让·弗朗索瓦·商博良（1790~1832）
16岁时，这位法国语言学家就会12种语言。成年后，他就可以译解埃及的象形文字。

巴勃罗·毕加索（1881~1973）
在父亲的培养下，毕加索很小的时候就创作了伟大的作品。

古代奇观

古代世界七大奇观是东地中海一带的地标，让来这里旅行的人惊叹不已。不过，在这七大奇观中，吉萨大金字塔是唯一一个保存至今的奇观。

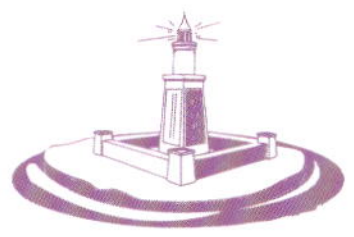

亚历山大灯塔
亚历山大灯塔于公元前3世纪建于尼罗河畔，是世界上第一座灯塔。它利用镜子将太阳光反射到海上。

吉萨大金字塔
吉萨大金字塔坐落于开罗附近，是由胡夫金字塔、哈夫拉金字塔和门卡乌拉金字塔共同构成的金字塔群。这些金字塔由埃及法老兴建。

奥林匹亚宙斯巨像
古希腊雷神宙斯的雕像高13米。神像位于奥林匹亚，即古代奥林匹克运动会的遗址上。

阿尔忒弥斯神庙
这座大型神庙是为了敬拜古希腊主管狩猎和生育的女神阿尔忒弥斯而建。整个神殿由大理石构成，共有127根柱子。

罗得岛太阳神铜像
这座古希腊太阳神赫利俄斯的雕像由铜铸成，高33.5米。它屹立于罗得岛60余年，后来在一次地震中倒塌。

摩索拉斯陵墓
这座白色的大理石陵墓是为加里亚国王摩索拉斯而建。摩索拉斯的妻子痛失伴侣，为了纪念他们之间的爱情，她建造了此陵墓。

巴比伦空中花园
巴比伦空中花园建在砖瓦平台之上，据说悬空22米。很多专家认为这些花园根本就不存在。

词汇表

板块边界
构成地壳的两个巨大的活动板块相接触的地带。

变温动物
体温随环境变化而变化的动物，又叫冷血动物。例如，两栖动物都是变温动物。

变态
从一种形态转变为另一种完全不同的形态。昆虫和两栖动物在发育过程中会发生变态。

变质岩
在巨大的热力和地层压力作用下，类型发生了变化的岩石。

冰川
由积雪形成的可活动的冰块。有的冰川像河流一样可以流动，有的形成了辽阔的冰盖，如覆盖在南极和格陵兰岛上的很多冰川。

冰碛
在冰川作用过程中，携带的岩石和泥土沉积而成的堆积物。

病毒
具有生命最基本特征的非细胞形态结构的寄生性微小的生命体。病毒可以入侵人体细胞，在细胞内增殖，引发疾病。

捕食者
以其他动物为食的动物。

哺乳动物
长有脊椎的恒温动物，它们通常身披厚厚的毛，用乳汁来喂养幼崽。

步兵
由徒步作战的士兵组成的部队。

超新星
演化到终期时产生灾变性爆发的恒星。

沉积岩
较古老的岩石颗粒成层堆积，压缩后变硬所形成的岩石。

城邦
拥有独立政体和领地的城市。古希腊时期的雅典、斯巴达和科林斯都是非常强大的城邦。

触角
昆虫和甲壳动物（如龙虾、蟹或木虱）头顶的敏感器官。

触手
长长的、类似于手臂的弹性结构。有些动物利用触手来感知、四处移动或获取食物。

刺胞动物
海洋动物的一大类别，如水母和各种珊瑚，它们的触手上分布着刺细胞。

大气
主要由氧气和氮气组成的、环绕在地球上空的气体层。

等离子体
由带电物质构成的一种类似于气体的云状物。

地核
地球内部最深、最炽热的部分，由固体内核和液体外核组成，外核主要含有铁和镍。

地幔
地壳下方的岩石层，向内几乎延伸至地球最深处的地核，是地球质量最大的一层。

地壳
地球最外层的坚硬的岩石层。

地震波
由地震震源向四处传播的振动。

电离层
有大量离子和自由电子，足以反射电磁波的部分大气层。

电子
原子内部的微小粒子，带负电。

毒素
动植物等生物体产生的一种有毒物质。

断层
岩层或岩体两侧发生向上、向下或横向的相对位移。岩层的持续运动会引发地震。

法老
古埃及国王的称号。埃及人认为法老拥有神圣的权利。

反应物
与其他物质相结合引发化学反应的一个成分。

分子
物质中能独立存在而保持其组成和化学特性的最小微粒。

封建主义
中世纪时形成的一种社会体制。在这种制度下，被统治阶层（如劳动者和农民）必须效忠其领主，从而获得领主的保护。

俯冲
构成地壳的巨大板块快速冲到另一个板块之下的地质过程。

复眼
昆虫成虫和一些节肢动物的眼睛由很多小眼组成。每个小眼都有一个晶状体，可以一起拼接成像。

公民
具有一国国籍，享有该国宪法和法律规定的权利并承担相应义务的自然人。最初也可以用来指属于某一城镇或洲的居民。

公元
世界上多数国家现在采用的一种纪年法。公元的英文缩写是 CE（Christian era）。

公元前
公元前指公元 1 年（公元元年）之前的年份。公元前的英文缩写为 BC(Before Christ)。

共产主义
无产阶级的思想体系和理想的社会制度。“共产主义”一词源于拉丁文 communis，原意为“公有”。

共和国
通常指由人们自由选举领导人而不是以皇室为元首的国家。

构造板块
构成地壳的巨大的、缓慢移动的板块。

古菌
只能通过显微镜才能观察到的一类单细胞生物。它们外形酷似细菌，但是基因与其迥异。

惯性
在力的作用下物体静止或者以不变的速度沿直线运动的趋势。

光合作用
植物利用太阳光能把水和二氧化碳转变为氧气和有机物的化学过程。

光年
天文学家经常使用的长度单位，1 光年表示光在 1 年内传播的距离。

轨道
物体运行的路径。例如，行星围绕着恒星运行的路径。

海啸
海底火山运动和地震引发的一种急速上涨的巨浪。海啸传播速度快，影响范围广，会对沿海地区带来毁灭性的后果。

核裂变
原子核分裂成两个或多个质量较小的原子核的一种核反应。

核聚变
两个原子核对撞后合二为一的过程。

黑洞
太空中引力极强，甚至连光都无法逃逸的天体。

黑色素
使皮肤变黑的一种生物色素，也分布于头发和眼睛中的有色部分（虹膜）。

恒温动物
无论外界温度如何，体温几乎可一直保持恒定的动物。

化合物
由有两种或两种以上元素结合形成的化学物质。

化石
较早的岩层中保存下来的生物遗骸或生物活动所留下的遗迹。

彗星
由冰和尘土构成的围绕太阳运行的小天体。

火成岩
地球内部炽热的岩浆流向地表后冷凝变硬形成了火成岩。

火山
地壳上的一个开口，为岩浆上涌到地表提供了通道。

火山喷发
火山岩浆、炽热的灰尘和气体从火山中喷薄而出，是一种奇特的地质现象。

基因
细胞内部决定生物体外形和功能的小单位。基因可以从上一代传给下一代。

激素
由腺体产生的一种化学物质，可在血液中循环从而影响身体的某些部位。

极光
太空中的高能带电粒子与大气中的原子和分子激烈撞击后产生的绚烂光带。

棘皮动物
身体呈对称形状并长满棘刺的海洋动物。沿其身体中央从任何一个方向将其一分为二，两个部分外形完全一样。海星和海胆都属于棘皮动物。

脊椎动物
长有脊椎的动物。

加速度
物理学术语，用来描述速度变化的快慢程度。

角蛋白
分布在皮肤最表层及头发、指甲、角和蹄子中的坚硬蛋白质。

节肢动物
长有节状外壳的无脊椎动物，包括昆虫、蛛形动物和甲壳动物等。

飓风
伴随有暴雨和大风的强烈热带风暴，风速高达 120 千米 / 时。

君主制
以君主为国家元首的政体形式，与共和制相对应。君主的王位是以血缘关系为纽带世代继承的，并且终身任职。

喀斯特
地表水和地下水对石灰岩等可溶性岩石进行的以化学溶解为主的地质作用及其所形成的地貌。

考古学
通过观察人类过去居住的建筑遗址或用过的遗物来研究历史的学科。

夸克
构成原子核中微粒（中子和质子）的一种基本单位。

矿物
地球上自然形成的一种固态的无机物。矿物可根据其元素和晶体结构分成不同的类别。

离子
由于失去或得到一个或多个电子从而使自身带正电或负电的原子。

两栖动物
既可栖息在水中，又能生活在陆地上的变温动物，如蛙和蝾螈。

猎物
遭到其他动物捕食的动物。

林冠层
森林中树木最顶层。林冠层也可指植物位于地面的部分。

陵墓
一座大型的坟墓，通常指拥有多个墓穴的壮观建筑。

螺线管
当电流经过时可产生均匀磁场的金属线圈。

酶
动植物体内可加快化学反应的一种蛋白质。

门
生物分类系统根据生物的外形和身体结构将其分成不同类别。门是这个系统的等级之一。

灭绝
某种生物从地球上彻底消失。

民主
人民拥有权利管理政府的一种政治体制，通常通过人民选举出政治家来代表其观点。

摩擦力
一个物体在与它接触的物体上移动时产生的阻力称为摩擦力。

内战
同一国家内部不同政治集团或宗教派别之间发生的战争。

黏度
液体流动能力的量度。

农业
利用土地种植粮食作物或饲养家禽。

爬行动物
皮肤上布满鳞片的变温脊椎动物。蛇和蜥蜴都属于爬行动物。

胚胎
动植物形成的最初阶段。精子和卵子相结合形成了胚胎。

栖息地
动物在大自然中的安家之地。

骑兵
过去，骑兵指的是骑在马背上的兵种。现在，骑兵也指乘坐汽车或坦克四处活动的陆军。

气孔
树叶下表皮上的细小开孔，可以控制植物吸收及排出气体和水分的量。

迁徙
为了寻找食物和繁殖地，动物从一个地方前往另一个地方，进行季节性的大规模活动。

腔棘鱼
一种外形奇特的深海鱼，人们曾认为它们已经灭绝，但后来又重新发现。腔棘鱼与恐龙时代的鱼类化石有很多共同特点。

侵蚀
地球表面的岩石或土壤在风、水或冰川（移动的冰块）的作用下逐渐消失的过程。

燃烧
一种化学反应，发生反应时，一种物质（如燃油）会与另一种物质（氧气）混合并燃烧。

染色体
细胞核中一种线性结构，由盘绕的DNA（有机体的基因密码）链构成。

妊娠
卵子受精后，受精卵在母体子宫内生长发育成胎儿，直到胎儿分娩的过程。

熔岩
火山喷发时喷涌而出的炽热的熔融状岩石。

食肉动物
以肉为食的动物，它们的牙齿形状很适合撕咬肉。

肾单位
肾的过滤单位，每个肾中有100多万个肾单位。

生态系统
同一栖息地中的动植物相互作用而形成的共同体。

生物群系
拥有特殊气候和特定植物物种的大型生物聚落，如热带雨林。

生物体
所有有生命的物质，包括动物、植物和细菌等在显微镜下才能观察到的生命形式。

声呐
利用声波来探测水下物体或测量距离的设备。

石器时代
史前的一段时期，始于300多万年前。当时人类及其先祖们主要利用石头制造工具。

石笋
在洞穴或地下通道底部的一种自然结构。顶部的石钟乳滴下富含碳酸钙成分的水，沉淀后日积月累形成了石笋。

石钟乳
悬挂在洞穴或者地下通道顶部的一种自然结构。石钟乳是水滴所携带的碳酸钙逐渐积聚而成的。

食草动物
以植物为食的动物。

食腐动物
以其他动物尸体为食的动物。

史前时代
人类文明出现之前的时代，当时人类还无法记录已发生的事情。

视网膜
位于眼球内部，由感光细胞构成一层内衬膜。

适应
动植物等生物物种改变其外形或行为以适应环境的现象。

苏丹
伊斯兰国家世袭君主的称号。

速率
物体在某一方向移动的速度大小。

胎儿
动物未出生的幼体。对人类来说，妊娠10周后的胚胎可称为胎儿。

胎盘
对于哺乳动物而言，胎盘是其怀孕时子宫内部形成的一个器官。它就像一条输送管，将母体血液中的营养物质和氧输送给正在发育的胚胎。

苔原
树木不生的寒冷地区，几乎全年被冰雪覆盖，只有一些低矮、耐寒的植物和具有特殊适应力的动物才能在此生存。苔原主要分布在北极和一些高山地区。

太阳黑子
太阳表面温度较低的黑暗区域。

太阳系
环绕太阳运行的天体构成的集合体及其所占有的空间区域。地球及小行星等其他较小的天体都属于太阳系。

同位素
同一化学元素的两种或多种原子之一，与该元素的其他原子相比，它的中子（不带电的粒子）数不同。

脱氧核糖核酸(DNA)
构成染色体的成分，储存着生物体的遗传信息。

外骨骼
可以用来支撑并保护身体的坚硬的外部骨骼，如节肢动物的外骨骼。

王朝
统治了一个国家几代的家族或集团。

维齐尔
旧时某些伊斯兰国家的高官。

伪装
动物与其环境相融合或者利用掩盖物躲避捕食者的行为。例如，有的动物皮毛的颜色会随季节而变化，还有的动物会模仿一个更加危险的动物。

文化
一个社会共有的传统、信仰和行为。

无脊椎动物
没有脊椎的动物，如昆虫、蠕虫和软体动物。

系外行星
太阳系以外的行星。

细胞核
细胞核是细胞的调控中心，储存生物体的基因信息。

细菌
显微镜下才能观察到的单细胞生物，有些是有益的，如帮助人们消化，或者保持土壤健康的细菌。有的也会引发一些严重的疾病。

纤维素
植物细胞壁的主要成分，支撑起了植物的结构。

线粒体
细胞中制造能量以维持细胞生命的微小细胞器。

小行星
由岩石和金属化合物组成的绕太阳运行的小天体。

星云
太阳系外由气体和尘埃组成的云雾状天体。有些星云由死亡恒星的碎片构成，有的星云是恒星形成的区域。

星座
夜空中组成某种图案的一组星星。很多星座以动物或神话人物命名。

岩浆
地球内部的炽热的熔融状岩石。

叶绿素
帮助植物吸收太阳光的绿色色素，在光合作用中发挥重要作用。

叶绿体
植物细胞内的特殊结构，内含叶绿素。

页岩
黏土经过数百万年的堆积后形成的具有薄层结构的岩石。

银河系
地球和太阳所在的由恒星、星云和星团构成的巨大恒星系统。

营养物质
生物生存和生长所必需的物质。

蛹
飞蛾或蝴蝶等完全变态昆虫的幼虫变成成虫前的生命阶段。

游击战
小型独立作战部队以突袭的方式向敌人发动进攻。

游牧民族
从一个地方到另一个地方进行季节性迁移的人，他们不会永久定居在某地。

有袋类动物
将正在发育的幼崽安置在腹部育儿袋中喂养的哺乳动物。

元素
构成同类原子的简单化学物质。

原生生物
简单的单细胞生命形式，大多数原生生物只能借助显微镜才能观察到。原生生物生活在水中，包括藻类和可以活动的原生动物。

原始人类
所有已经灭亡的人类祖先，包括南方古猿、直立人、能人等。

原子
构成化学元素的基本单元和化学变化中的最小微粒。

原子核
原子核是原子的核心部分。

陨石
从太空坠落到地球的一些岩石或碎片。

藻类
简单的单细胞有机物，有些外形像植物。藻类可以在各种环境中生存，不过通常生活在水中。

蒸腾作用
水分通过植物的叶片和茎蒸发的过程。

支点
支撑杠杆活动的一个固定点。

殖民地
最初指古代和中世纪时期，一国用强力侵占并将本国居民大批移往居住的地区；资本主义时期，指遭受外来资本主义列强侵略，完全受资本主义强国支配和统治，丧失了主权和独立的国家和地区。

质量
一个物体所含的物质总量。

质子
原子内部的一种微粒，带正电。

中世纪
欧洲历史上的 5~16 世纪。

中子
组成原子的一种微粒，不带电。

种族隔离
原指南非白人政府为保持其种族主义统治，在白人居民和非白人居民之间采取的一种极端的种族歧视政策，后推广适用于南非以外国家（如美国）曾实行的类似政策。

重力
物体在行星以及其他星体表面所受到的引力。重力可以防止物体飘向太空。

资本主义
由资本家控制的社会体系。资本家指通过生产商品和提供服务来赚取利益并积累财富（资本）的人和私营机构。

索引

D

E

F

M

N

O

P

致谢

感谢以下人员在编写本书的过程中给予帮助：Sam Atkinson, Ann Baggaley, Alexandra Beeden, Sreshtha Bhattacharya, Lili Bryant, Jane Evans, Pakshalika Jayaprakash, Suefa Lee, Vibha Malhotra, Monica Saigal, Steve Setford, Sarah Tomley, and Debra Wolter for editorial assistance; Steve Crozier, Paul Drislane, Mandy Earey, Gadi Farfour, Nidhi Mehra, Anjana Nair, Priyabrata Roy Chowdhury, Ankita Mukherjee, Ranjita Bhattacharji, Niyati Gosain, Mark Lloyd, Payal Rosalind Malik, Vaibhav Rastogi, Laura Roberts, Mary Sandberg, and Sharon Spencer for design assistance; Caroline Hunt for proofreading; Elizabeth Wise for the index; Aldebaran Robotics, Mark Burdett and Rachel Smart, Sarah Fowler, Professor Thomas Hildebrandt, Richard Hook and Francoise Delplancke-Stroebele of the European Southern Observatory, and KwaZulu-Natal Sharks Board for expert advice; Kennis & Kennis Reconstructions for models of early human ancestors; and Surya Sarangi for picture research assistance.

史密森学会审订人员：

美国国家自然历史博物馆
Dr. Don E. Wilson, Curator Emeritus, Department of Vertebrate Zoology; Sally Kuhn Sennert, USGS/Global Volcanism Program, Department of Mineral Sciences; Dr. Jeffrey E. Post, Geologist and Curator-in-Charge, National Gem and Mineral Collection; Dr. Nancy Knowlton, Sant Chair of Marine Sciences; Dr. Michael Brett Surman, Museum Specialist for Fossil Dinosaurs, Reptiles, Amphibians and Fish, Department of Paleobiology; Thomas F. Jorstad, Paleobiology Information Officer, Department of Paleobiology; Dr. Gary Krupnick, Head of the Plant Conservation Unit, Department of Botany; Dr. Christopher L. Mah, Research Collaborator, Department of Invertebrate Zoology; Gary F. Hevel, Research Collaborator, Department of Entomology; Jeremy F. Jacobs, Collections Manager, Division of Amphibians and Reptiles; Christopher M. Milensky, Museum Specialist, Division of Birds, Department of Vertebrate Zoology; Dr. M. G. (Jerry Harasewych, Research Zoologist and Curator of Marine Mollusks, Department of Invertebrate Zoology; Jim Harle, Map curator volunteer; Dr. Briana Pobiner, Paleoanthropologist and Educator, Human Origins Program; Salima Ikram, Egyptology Unit Head, Department of Anthropology; Dr. William W. Fitzhugh, Curator of Archaeology and Director of Arctic Studies Center, Department of Anthropology; J. Daniel Rogers, Curator of Archaeology, Department of Anthropology

美国国家肖像画廊
James G. Barber, Historian

美国国家航空航天博物馆
Dr. F. Robert van der Linden, Chairman, Aeronautics Division; Roger Connor, Curator, Aeronautics Division; Andrew Johnston, Geographer, Center for Earth and Planetary Studies

非裔美国人历史和文化国家博物馆
Ester Washington, Director of Education

美国弗瑞尔美术馆和赛克勒博物馆
Dr. Alexander Nagel, Assistant Curator of Ancient Near East; James T. Ulak, Senior Curator of Japanese Art; J. Keith Wilson, Curator of Ancient Chinese Art; Debra Diamond, Associate Curator of South and Southeast Asian Art

美国国家历史博物馆，肯尼斯·贝林中心
David K. Allison, Associate Director for Curatorial Affairs; Dwight Blocker Bowers, Curator, Division of Culture and the Arts; Roger E. Sherman, Associate Curator, Division of Medicine and Science; Ann M. Seeger, Deputy Chair and Curator, Division of Medicine and Science; Dr. Paul F. Johnston, Curator, Division of Work and Industry; L. Susan Tolbert, Deputy Chair and Curator, Division of Work and Industry; Jennifer Locke Jones, Chair and Curator, Division of Armed Forces History

感谢以下人员提供照片：
(Key: a-above; b-below/bottom; c-centre; f-far; l-left; r-right; t-top)

10 NASA: JPL (ftr); R. Williams (STScI) / The Hubble Deep Field Team (cra). **11 Corbis**: NASA (tc/planet). **Dorling Kindersley**: Julian Baum (tc/dwarf planet). **NASA and The Hubble Heritage Team (AURA/STScI)**: NASA / ESA / A. Nota (STScI / ESA) (ftr). **NASA**: (cr); JPL / University of Arizona (tl); JPL / ESA / SOHO (tr). **Science Photo Library**: (c); John Thomas (ftl); David Parker (br); Mark Garlick (bl); Volker Springel / Max Planck Institute For Astrophysics (fbr). **13 NASA**: COBE / DMR (cr). **14 ESO**: (fclb/crab nebula); S. Gillessen et al (fcl/galactic centre). **NASA and The Hubble Heritage Team (AURA/STScI)**: NASA / ESA (fbl). **15 NASA**: ESA / Z. Levay and R. van der Marel, STScI / T. Hallas / A. Mellinger (br). **16 NASA and The Hubble Heritage Team (AURA/STScI)**: NASA / ESA / M. Robberto (Space Telescope Science Institute / ESA) (b). **17 SuperStock**: Science Photo Library (b). **20 NASA**: K. Reardon (Osservatorio Astrofisico di Arcetri, INAF) IBIS, DST, NSO (cla). **22 NASA**: JPL (tc). **24 Science Photo Library**: Dr. Michael J. Ledlow (clb). **25 NASA**: (br). **26 NASA**: (ftl); JPL (crb). **28 NASA**: (c); JSC (br). **29 NASA**: (tr). **33 NASA**: Chandra X-ray Observatory / ESA / JHU / R. Sankrit & W.Blair (r). **36 NASA**: (fcla/jupiter); SDO (fcla/sun); NASA and The Hubble Heritage Team (STScI / AURA Acknowledgment: R.G. French (Wellesley College), J. Cuzzi (NASA / AMES), L. Dones (SwRI), and J. Lissauer (NASA / AMES) (fcla/ saturn). **Science Photo Library**: NASA / JPL-Caltech (bl). **37 Science Photo Library**: David Ducros (cr). **42 Dorling Kindersley**: Shutterstock (cla). **46 Dorling Kindersley**: Tom Coulson (bl). **47 Alamy Images**: G. Brad Lewis Agency / Photo Resource Hawaii (cl, clb); Tom Pfeiffer (bl). **50 Corbis**: Michael DeFreitas / Robert Harding World Imagery (cra). **54 Alamy Stock Photo**: Christine Webb (clb). **55 Alamy Images**: Photoshot Holdings Ltd (crb). **Dorling Kindersley**: Greg Ward / Rough Guides (tr). **56 Dorling Kindersley**: Natural History Museum, London (fcl/copper). **58 Dorling Kindersley**: NASA / Digitaleye / Jamie Marshall (br). **59 Corbis**: (fbr). **64 Dorling Kindersley**: Greg Ward / Rough Guides (bl). **65 Fotolia**: Okea (tr). **66 Dorling Kindersley**: Tim Draper / Rough Guides (cl). **71 NASA**: Jacques Descloitres, MODIS Land Science Team (bl). **76 Dorling Kindersley**: Atlantic Digital (bl, tl). **Getty Images**: Flickr / www. MartyPhotography.com.au (cla). **Science Photo Library**: Henning Dalhoff (cl/l, cl/c, cl/r). **77 Corbis**: Annie Griffiths Belt (tr). **78 Dorling Kindersley**: Jon Hughes (cla); Andrew Kerr (c, crb, tr). **79 Dorling Kindersley**: Jon Hughes (crb, ca, fcl); Andrew Kerr (c, bc, cla); Jon Hughes / Bedrock Studios (cl); Richard Tibbets (clb). **80 Dorling Kindersley**: Dennis Wilson - Staab Studios - modelmaker (clb); Andrew Kerr (bl, br). **81 Dorling Kindersley**: Jon Hughes and Russell Gooday (cla); Andrew Kerr (cra). **Science Photo Library**: Mark Garlick (bc). **82 Dorling Kindersley**: Natural History Museum, London (cl). **84 Dorling Kindersley**: Natural History Museum, London (tr). **85 Dorling Kindersley**: Dinosaur State Park, Connecticut (ftr); Barrie Watts (ftl); Courtesy of the Naturmuseum Senckenburg, Frankfurt (cr); Natural History Museum, London (tr). **86 Dorling Kindersley**: Malcolm Coulson (c). **Dreamstime.com**: Irochka (clb); Andrey Sukhachev (cl). **89 Corbis**: Lilly / Imagebroker (fbl). **Getty Images**: E+ / KingWu (fclb). **92 Corbis**: Pulse (crb). **93 Alamy Images**: Martin Strmiska (fcr). **Corbis**: Kai Schwabe / Westend61 (bc). **Dorling Kindersley**: Tim Draper / Rough Guides (cr). **94 Corbis**: Konrad Wothe / Minden Pictures (bl). **Getty Images**: Flickr / Nicolas Reusens (tr). **98 Corbis**: Tui De Roy / Minden Pictures (br). **Getty Images**: Encyclopaedia Britannica / UIG (bl). **98-99 Dorling Kindersley**: Kenneth Lilly (b/whale); John Temperton (b/diplodocus). **99 Corbis**: DLILLC (fbl); David Pattyn / Foto Natura / Minden Pictures (fbr); Paul Souders (bl). **Getty Images**: National Geographic / Joel Sartore (br). **101 Corbis**: Dave Fleetham / Design Pics (cr). **SeaPics.com**: Doug Perrine (br). **103 SuperStock**: Scubazoo / Science Faction (tr). **104 Dorling Kindersley**: Natural History Museum, London (br, cra). **105 Corbis**: Thomas Marent / Minden Pictures (br, bc); Wolfgang Thieme / DPA (bl). **naturepl.com**: Fabio Liverani (fbr). **108 123RF.com**: Smileus (clb). **Corbis**: Paul Marcellini (MYN) / Nature Picture Library (bc). **Dorling Kindersley**: Jerry Young (cb). **Getty Images**: Flickr Open / Peter Schoen (cra). **109 Dorling Kindersley**: Jerry Young (cr). **Science Photo Library**: Edward Kinsman (bc). 110 Science Photo Library: Dante Fenolio (tr); William H. Mullins (cl). **113 Corbis**: Mitsuaki Iwago / Minden Pictures (br). **SeaPics.com**: Doug Perrine (bl). **116 Corbis**: John Abbott / Visuals Unlimited (clb/bats); Denis Scott (bl); James Hager / Robert Harding World Imagery (cl); Thomas Marent / Minden Pictures (clb/ lemur). **117 Dorling Kindersley**: Tim Shepard / Oxford Scientific Films (tr). **Fotolia**: Peter Kirillov (cla, clb). **119 Corbis**: DLILLC (br). **120 Corbis**: Flip Nicklin / Minden Pictures (cl). **Dorling Kindersley**: Jamie Marshall (clb); Kevin Jones (br). Neep (bl, bc, fbl). **122 Dorling Kindersley**: Kanapaha Botanical Gardens (fbr); Alex Robinson / Rough Guides (bl). **Getty Images**: Visuals Unlimited, Inc. / Science VU (br). **123 Getty Images**: Stone / Lester Lefkowitz (br). **Science Photo Library**: Copyright Tom Van Sant / Geosphere Project, Santa Monica (bl). **125 Corbis**: Mark Moffett / Minden Pictures (br). **130**

Photolibrary: Moodboard (br). **131 Getty Images**: Oxford Scientific / Mark Conlin (tl); Oxford Scientific / Luis Javier Sandoval (crb). **132 Corbis**: Anthony Bannister / Gallo Images (cl). **135 Corbis**: Michael & Patricia Fogden (bl); Visuals Unlimited (fbl); Thomas Marent / Minden Pictures (fbr). **naturepl.com**: Edwin Giesbers (br); Mark Payne-Gill (cl, cr, fcr). **139 Corbis**: Zephyr / Science Photo Library (cl). **Dorling Kindersley**: Spike Walker (Microworld Services) (bl). **Dreamstime.com**: Irochka (bc). **Fotolia**: Dario Sabljak (ca). **Getty Images**: Stone / UHB Trust (c). **PunchStock**: Image Source (fcl). **SuperStock**: Science Picture Co. / Science Faction (fbl). **140 Science Photo Library**: Hybrid Medical Animation (cl). **144 Science Photo Library**: (br); Steve Gschmeissner (fbr); Prof. P. Motta / Dept. Of Anatomy / University "La Sapienza", Rome (bc). **145 Dorling Kindersley**: Zygote Media Group (br/unipennate, br/fusiform, br/multipennate, br/strap, br/triangular, br/circular). **151 Science Photo Library**: Susumu Nishinaga (bc). **153 Corbis**: Paul Anton (tr); Piet Mall / Stock4B (cr); Tetra Images (cra). **155 Dorling Kindersley**: Halli Verrinder (br). **156 Science Photo Library**: Steve Gschmeissner (bl). **157 Science Photo Library**: (c). **158 Corbis**: Mike Watson / Moodboard (tc). **Dorling Kindersley**: Tony Graham (bc). **159 Corbis**: Photo Quest Ltd / Science Photo Library (tr). **161 Science Photo Library**: Thomas Deerinck / NCMIR (crb). **162 Dorling Kindersley**: Zygote Media Group (bl). **163 Science Photo Library**: Eye Of Science (cla). **164 Fotolia**: Aptyp_koK (bc). **Science Photo Library**: Sovereign, ISM (cl). **165 Alamy Images**: Image Source (cr). **Dorling Kindersley**: Zygote Media Group (l, tr, ftr). **166 Dorling Kindersley**: Medimation (cl). **167 Dorling Kindersley**: Zygote Media Group (c). **168 SuperStock**: Science Photo Library (tl). **168-169 Dorling Kindersley**: Zygote Media Group. **169 Dorling Kindersley**: Zygote Media Group (c, br). **The Natural History Museum, London**: (cr). **171 Science Photo Library**: Omikron (tc). **172 Science Photo Library**: Steve Gschmeissner (cb). **173 Science Photo Library**: Susumu Nishinaga (c). **174 Science Photo Library**: Steve Gschmeissner (cl, tl). **176 Dorling Kindersley**: Zygote Media Group (br, fbr). **177 Dorling Kindersley**: Zygote Media Group (tc, fclb, clb, cb, fbl, bl/l, bl/r, bc). **183 Getty Images**: Flickr / Gen Umekita (fbr). **Science Photo Library**: Dr. Najeeb Layyous (cr). **184-185 Getty Images**: Stone / Michel Tcherevkoff (b). **184 Science Photo Library**: (cra); AJ Photo (tr). **187 Corbis**: Ocean (fcrb); Visuals Unlimited (tc). **194 Getty Images**: Lionel Flusin / Gamma-Rapho Via Getty Images (cla). **Science Photo Library**: Claudia Marcelloni, CERN (br). **195 Science Photo Library**: CERN (cl). **202 Corbis**: John Nakata (c). **Science Photo Library**: Sandia National Laboratories (fbr); Sheila Terry (ca). **206 Dorling Kindersley**: The Science Museum, London (tr). **207 NASA**. **214 Science & Society Picture Library**: Science Museum (tr). **215 Corbis**: David Chapman / Design Pics (cr). **222 Getty Images**: E+ / Scott Hailstone (c); Jordrell Bank Observatory / AFP (bl). **223 Corbis**: Ocean (cr). **Dorling Kindersley**: Richard Trillo (br). **NASA**: SDO (bc). **Science Photo Library**: T-Service (cl). **225 Getty Images**: Photolibrary / Dennis Macdonald (bl). **228 ESO**: (bc, br); P. Barthel / Acknowledgments: Mark Neeser (Kapteyn Institute, Groningen) and Richard Hook (ST / ECF, Garching, Germany). (bl). **Science Photo Library**: European Southern Observatory / G. Hudepohl (tr). **235 Dorling Kindersley**: The Science Museum, London (bc). **241 Corbis**: Bohemian Nomad Picturemakers / Kevin R. Morris (cl). **Dorling Kindersley**: The Science Museum, London (fcrb). **242 Dorling Kindersley**: The Science Museum, London (cra, cr). **243 NASA**: Dominic Hart / NASA / Ames (bl). **245 Boston Dynamics**: Atlas Robot image courtesy of Boston Dynamics (tr). **Getty Images**: Mark Ralston / AFP (cr). **250 Camera Press**: Marc Deville / Gamma (br). **Dorling Kindersley**: Natural History Museum, London (crb); Matthew Ward / The Trustees of the British Museum (tr). **Kennis & Kennis / Alfons and Adrie Kennis**: (tl, cra, bc). **The Natural History Museum, London**: (c). **251 Alamy Images**: Zev Radovan / BibleLandPictures (tr). **Kennis & Kennis / Alfons and Adrie Kennis**: (tl, cl, cra, crb, bc). **252 Dorling Kindersley**: The Museum of London (bl/bone shuttle); The Science Museum, London (clb/flint knife, clb/wood axe). **253 Corbis**: Nathan Benn / Ottochrome (br). **256 Dorling Kindersley**: David Peart (cl). **257 Dorling Kindersley**: John Hepver / The Trustees of the British Museum (t). **261 Dorling Kindersley**: Max Alexander / Tap Service Archaeological Receipts Fund, Hellenic Republic Ministry Of Culture (tr); Stephen Dodd / The Trustees of the British Museum (br); Nick Nicholls / The Trustees of the British Museum (cr, crb); Chris Christoforo / Rough Guides (cra). **265 Dorling Kindersley**: Ermine Street Guard (cr, cra). **266 Dorling Kindersley**: Christi Graham and Nick Nicholls / The Trustees of the British Museum (c). **268 Dorling Kindersley**: Peter Hayman / The Trustees of the British Museum (bl). **269 Dorling Kindersley**: Whipple Museum of History of Science, Cambridge (cla). **270 Dorling Kindersley**: Courtesy of Vikings of Middle England (fbl/axe, fbl/sax). **276 Dorling Kindersley**: Jewish Museum, London (bl). **277 Dorling Kindersley**: Karen Trist / Rough Guides (bc). **279 Corbis**: The Gallery Collection (br). **281 Dorling Kindersley**: Judith Miller / Sloan's (tr). **284 Dorling Kindersley**: The Science Museum, London (bl). **285 Bridgeman Images**: British Library, London, UK / © British Library Board (clb). **287 Dorling Kindersley**: The Science Museum, London (fbr); James Stevenson / National Maritime Museum, London (br). **Getty Images**: Science & Society Picture Library / SSPL (crb). **290 Corbis**: The Gallery Collection (b). **291 Dorling Kindersley**: Robbie Polley (cl). **Getty Images**: Karl Weatherly / Photodisc (bl). **295 Dorling Kindersley**: The Trustees of the British Museum (crb); David Gower / The Trustees of the British Museum (cr); Alan Hills / The Trustees of the British Museum (fcra, tr, br). **296 Dorling Kindersley**: Board of Trustees of the Royal Armouries (fcra, tr, cr). **298 Getty Images**: OFF / AFP (bl). **300 Dorling Kindersley**: Ray Moller / Wilberforth Collection, Hull Museums (cl). **301 Dorling Kindersley**: Royal Geographical Society, London (bl); Wilberforce House Museum, Hull (cra). **302 Alamy Images**: The Art Archive (clb). **Corbis**: Stefano Bianchetti (br); Lebrecht Music & Arts (bc). **Dorling Kindersley**: National Maritime Museum, London (cr). **303 Corbis**: Lebrecht Music & Arts (bc); Michael Nicholson (fbl); Philadelphia Museum of Art (tr). **304 Getty Images**: Brendan Smialowski (cra). **305 Dorling Kindersley**: Chas Howson / The Trustees of the British Museum (br); Courtesy of Queens's Rangers (cra); National Constitution Center (c). **306 Getty Images**: De Agostini Picture Library (cb). **307 Dorling Kindersley**: Max Alexander (cb); Courtesy of David Edge (cr). **309 Alamy Images**: Streetlife (crb). **Dorling Kindersley**: B&O Railroad Museum, Baltimore, Maryland, USA (tl); Museum of English Rural Life, The University of Reading (tr); The Science Museum, London (cr, cra). **312 Dorling Kindersley**: Confederate Memorial Hall, New Orleans, LA (tc). **313 Dorling Kindersley**: Peter Keim (c). **314 Corbis**: (br). **315 Dorling Kindersley**: Imperial War Museum (fcr). **Getty Images**: Popperfoto (bl). **316 Dorling Kindersley**: Royal Artillery Museum / Royal Artillery Historical Trust (cl). **318 Dorling Kindersley**: Imperial War Museum, London (bl). **Getty Images**: Capt. Poston / IWM via Getty Images (br). **319 Dorling Kindersley**: By kind permission of The Trustees of the Imperial War Museum, London (tc); Eden Camp Museum, Yorkshire (cra). **Getty Images**: Hulton Archive (cl); Roger Viollet (c); Sgt. Lou Lowery / MCT / MCT via Getty Images (bc). **323 Alamy Images**: ITAR-TASS Photo Agency / Yuri Lizunov (bl). **324-325 Corbis**: Heide Benser (t); Hulton-Deutsch Collection (b). **324 Getty Images**: Central Press / Agence France Presse / Hulton Archive (bc). **325 Corbis**: Nathan Benn (cl). **Getty Images**: Popperfoto (tr). **326-327 Getty Images**: Gilles Bassignac / Gamma-Rapho Via Getty Images. **327 Corbis**: Masatomo Kuriya (tl). **Getty Images**: Mohammed Al-Shaikh / AFP (cr).

All other images © Dorling Kindersley.